EINLEITUNG

IN DAS

NEUE TESTAMENT.

VON

THEODOR ZAHN.

ERSTER BAND.

Einleitung in das Neue Testament - 1 ISBN: 978 90 5719 559 4

Jakobus - Galater - Thessalonicher - Korinther - Römer
Philemon - Kolosser - Epheser - Philipper - Timotheus - Titus

Einleitung in das Neue Testament - 2 ISBN: 978 90 5719 558 7

Petrus - Judas - Hebräer - drei ersten Evangelien
Apostelgeschichte - Schriften des Johannes
Chronologische Übersicht - Register

Einleitung in das Neue Testament - Erster Band
Theodor Zahn (1838-1933)
Nach zweite, vielfach berichtigte Auflage 1900,
Leipzig: A. Deichert'sche Verlagsbuchhandlung Nachf. (Georg Böhme)

ISBN: 978 90 5719 559 4

Importantia Publishing
www.importantia.de

Vorrede.

Früher, als ich zu hoffen wagte, darf ich dieses Lehrbuch zum zweiten Mal den Mitarbeitern zur Prüfung, den Lernbegierigen zur Einführung in die Entstehungsgeschichte der neutestamentlichen Schriften darbieten. Die Zwischenzeit zwischen der Vollendung der ersten Auflage im Oktober des vorigen Jahres war doch lang genug, um den Verfasser nicht nur auf Unebenheiten der Anordnung und Darstellung, sondern auch auf mancherlei Unrichtigkeiten aufmerksam werden zu lassen. Die Berichtigung nicht weniger Ziffern in den zahllosen Citaten verdanke ich zumeist der Teilnahme jüngerer Freunde. Insbesondere sei Herrn Kandidaten Chr. Haffner in Windsbach, welcher mich diesmal in der Korrektur unterstützt hat, für seine unverdrossene Beihilfe herzlicher Dank gesagt. Im Text ist sehr wenig, in den Anmerkungen ziemlich viel berichtigt und auch ergänzt worden. Durch Streichung von Entbehrlichem wurde ein Anschwellen des ohnehin umfangreichen Werks verhütet, so daß bis zum Erscheinen der zweiten Auflage auch des zweiten Bandes die dortigen Register ohne große Unbequemlichkeit ihrem Zweck dienen können. Von S. 110 des gegenwärtigen Drucks an bis gegen den Schluß hin sind die sämtlichen Ziffern des Registers nur um eins zu erhöhen.

Sachen, die man in einem Lehrbuch der Einleitung suchen möchte, nachträglich in das meinige aufzunehmen, konnte ich mich nicht entschließen. Über Geschichte und Aufgabe der neutestamentlichen Einleitung habe ich in der Protest. REncyklopädie V³, 261—274 gesagt, was ich zu sagen weiß. Wer die weitläufige und noch der Vollendung harrende Geschichte des neutestamentlichen Kanons (2 Bände 1888—1892) nicht zu Rate ziehen mag, wird vielleicht in dem ausführlichen Artikel über „Kanon des Neuen Testaments“, den ich für die Protest. REncyklopädie übernommen habe, einen bequemen Grundriß finden. Für das Wenige, was ich in der Vorrede der ersten Auflage über die Geschichte des Textes und über Textkritik anhangsweise zu geben in Aussicht stellte, bietet in vielen Beziehungen einen erwünschten und reichlichen Ersatz E. Nestle's „Einführung in das griechische Neue Testament“, zweite vermehrte und verbesserte Auflage, 1899. Die Abhandlung über Brüder und Vettern Jesu, welche ursprünglich als ein Excurs zur Einleitung gedacht war (Bd. II[1], 463. 626), wird zugleich mit einer solchen über Apostel und Apostelschüler in der Provinz Asien, so Gott will, demnächst im 6. Teil meiner Forschungen erscheinen, der sich jetzt unter der Presse befindet.

Erlangen, den 10. Dezember 1899.

Th. Zahn.

Inhalt.

Abkürzungen.

A 1. 2 ff. = Anmerkungen hinter dem Text der einzelnen Paragraphen. *AT* = Altes Testament. *atl* = alttestamentlich. *Ev* = Evangelium. *Evv* = Evangelien. *Forsch I—VI* = Zahn, Forschungen zur Geschichte des neutestamentlichen Kanons und der altkirchlichen Literatur 1881—1900 (Teil VI unter der Presse). *GK I. II* = Zahn, Geschichte des neutestamentlichen Kanons 1888—1892. *HK* = Handkommentar zum NT von Holtzmann, Lipsius, Schmiedel, v. Soden, Bd. I—IV, 2. Aufl. 1892—1893. *LA* = Lesart. *NT* = Neues Testament. *ntl* = neutestamentlich. *Pl* = Paulus. *Pt* = Petrus. *RA* = Redensart. *Vf* = Verfasser.

Die Bezeichnungen der Bibelstellen und der biblischen Bücher, wie „Rm 1, 16; Hb 3, 1; AG 15, 29; Ap 22, 21" und auch „der Rm, der Jk, die AG" werden unmisverständlich sein. — Das AT ist überall, auch in den Psalmen, Jeremia u. s. w. nach der Zählung der hebräischen Drucke citirt, die atl Apokryphen und Pseudepigraphen, wo nicht Anderes bemerkt ist, nach der Ausgabe von Fritzsche 1871. — Die Zeugen für den ntl Text sind durchweg nach Tischendorf benannt. Nur für die verschiedenen Gestalten des syrischen NT's gebrauche ich andere Zeichen: S^1 = Peschittha, S^2 = Philoxeniana (nur für die 4 kleineren katholischen Briefe und die Apokalypse selbständig erhalten). S^3 = Recension des Thomas von Heraklea. Außerdem noch und daneben für die Evv: *Sc* = Syrus Curetonianus, *Sh* = Syrus Hierosolymitanus, *Ss* = Syrus Sinaiticus. — Bekannte Werke wie: Hofmann, Die hl. Schrift des NT's zusammenhängend untersucht I—II, 3, (soweit 2. Aufl.) III—XI, 1868—1886; Schürer, Geschichte des jüdischen Volks im Zeitalter Jesu Christi I (2. Aufl. 1890); II. III (3. Aufl. 1898); Weizsäcker, Das apostolische Zeitalter der Kirche, 2. Aufl. 1892, sind überall unter dem bloßen Namen der Verfasser zu verstehen.

I. Sprachgeschichtliche Vorbemerkungen.

§ 1. Die Ursprache des Evangeliums.

Älter als das Neue Testament ist das Evangelium. Seit den Tagen, da Jesus die Botschaft vom Kommen der Königsherrschaft Gottes verkündigt hat, mögen etwa zwei Jahrzehnte verstrichen sein, bis die erste auf uns gekommene Schrift aus seiner Gemeinde hervorging, und etwa 70 Jahre, bis die letzte der im NT vereinigten Schriften entstand. Auch wenn die Untersuchung dieser ältesten christlichen Literatur zu dem Ergebnis führen sollte, daß kein einziges Stück derselben dem Boden Palästinas und der jüdischen Christenheit der ersten Generation entstamme, würden wir ohne einige Kenntnis der Formen, in welchen Jesus gelehrt und die Apostel sein Ev den Juden Palästinas gepredigt haben, von den Anfängen christlicher Literatur keine richtige Vorstellung gewinnen können. Denn unberührt von aller literarischen Kritik, insbesondere auch von der Frage, ob die ntl Schriften, wie die Überlieferung sagt, fast ausnahmslos von geborenen Juden und zu nicht geringem Teil von palästinischen Juden verfasst seien, bleibt die Tatsache, daß die christliche Predigt von Palästina ausgegangen und von Juden, die nicht gesonnen waren, ihr Volkstum aufzugeben, über die Grenzen ihres Heimatlandes und ihrer Nation hinausgetragen worden ist. Das, worin Paulus (Rm 15, 27), Lucas (AG 11, 19) und Tacitus (ann. XV, 44) übereinstimmen, bedarf keines weiteren Beweises. Es bedarf aber der Erklärung, daß eine religiöse Bewegung, welche im Judentum Palästinas wurzelt, sehr bald nach ihrer Entstehung eine eigentümliche Literatur erzeugt hat, welche uns ausschließlich in griechischer Sprache vorliegt. Es fragt sich vor allem, in welcher Sprache Jesus dem Volk gepredigt und mit seinen Jüngern als ihr Lehrer verkehrt hat (A 1). Für die Beantwortung derselben sind wir glücklicherweise nicht auf unsere noch sehr der Klärung und Befestigung bedürftige Kenntnis der sprachlichen Verhältnisse Palästinas zur Zeit Jesu und auf Schlußfolgerungen aus Beispielen ähnlicher Natur angewiesen; denn die Evv, besonders diejenigen, die nach Marcus und Johannes genannt worden sind, haben uns nicht nur einzelne Wörter, welche von Jesus und seiner Umgebung gebraucht wurden, sondern auch einige kurze Aussprüche Jesu im ursprünglichen Wortlaut aufbewahrt. Niemand kann bezweifeln, daß die Evangelisten, welche in ihre griechischen Bücher diese fremdsprachigen Worte, vielfach mit einer griechischen Übersetzung versehen (A 2), aufnahmen, fest davon überzeugt waren, hiemit den ursprünglichen Laut der Rede Jesu wiederzugeben, und daß es ihnen angelegen war, diesen Laut auch ihren, meist nur des Griechischen kundigen Lesern zu übermitteln. Hierin können sie sich aber auch nicht geirrt haben; denn, abgesehen davon, daß, wie später zu zeigen, der Verfasser des zweiten Ev ein Kind von Jerusalem und derjenige des vierten einer der 12 Apostel gewesen ist, wäre ein Irrtum in diesem Stück nur dann denkbar, wenn diese griechischen Schriftsteller von Jesus und seinen Ohrenzeugen durch eine Periode der Geschichte getrennt wären, während welcher, und durch ein Ländergebiet, in welchem das Ev nicht mehr in seiner Ursprache, aber auch noch nicht in griechischer Sprachform fortgepflanzt worden wäre. Nur unter dieser Voraussetzung hätten griechische Christen, welchen alle Kenntnis von der Vorgeschichte ihres Glaubens fehlte, für Original nehmen können, was doch bereits Übersetzung war. Aber Zwischenglieder, wie die angedeuteten, hat es zwischen Jesus und unseren Evv nicht gegeben. Wenige Jahre nach dem Tode Jesu hat das Ev unmittelbar von Jerusalem seinen Weg zu der griechischen Bevölkerung Antiochiens gefunden. Wir besitzen also urkundliche Zeugnisse über die Sprache Jesu. Es sind nicht Bruchstücke von Predigten, aber doch lauter gewichtige, in bedeutsamen Augenblicken gesprochene Worte, darunter zwei Gebetsworte (Mr 14, 36; 15, 34). Eines der letzteren ist überdies ein Psalmwort, in welches der mit dem Tode ringende Jesus sein flehentliches Gebet faßt (Mt 27, 46; Mr 15, 34). Daraus erkennen wir die Sprachform, in welcher er die Worte des AT's in seiner Seele bewegte und betend mit seinem Gott verkehrte. Es ist dieselbe, in welcher er nach anderen Stellen unter dem Volk von Galiläa Kranke zur Gesundheit und Tote zum Leben rief (Mr 5, 41; 7, 34). Damit ist auch bewiesen, daß Jesus in dieser Sprache dem Volk gepredigt und die Jünger gelehrt hat. Alles aber, was uns von Worten Jesu und seiner Umgebung in ursprünglichem Wortlaut aufbewahrt ist, trägt den gleichen Sprachcharakter. Es ist nicht Hebräisch, auch nicht ein buntes Gemisch von Hebräisch und einer anderen Sprache, sondern abgesehen von einigen mehr oder weniger umgebildeten Fremdwörtern Aramäisch (A 3) oder Syrisch. Letzterer Name wäre geschichtlich ebenso berechtigt als der erstere; denn in den Jahrhunderten, während welcher diese Sprache in Palästina die vorherrschende war, wurde sie von den Juden und von solchen Christen, welche vermöge ihrer Lebensstellung mit den Sprachverhältnissen Palästinas und der angrenzenden Gebiete vertraut sein mußten, ganz gewöhnlich Syrisch genannt (A 4). Nur weil wir uns gewöhnt haben, diesen Namen auf die Sprache der seit dem Ausgang des 2. Jahrhunderts zunächst in Edessa entstandenen christlichen Literatur der syrischen Nationalkirche zu beschränken, empfiehlt es sich, die Sprache Jesu und seiner ersten Gemeinde Aramäisch statt Syrisch zu nennen. Gegenüber der irrigen Vorstellung, daß dies eine ungebildete Volkssprache, ein jüdischer Jargon gewesen sei, können uns die Namen Aramäisch und Syrisch daran erinnern, daß es sich um die Sprache handelt, welche während des halben Jahrtausends, das den Anfängen des Christentums voranging, an Ausdehnung ihrer Herrschaft allmählich die erste Sprache Vorderasiens geworden war und dies trotz der seit Alexander eingetretenen Konkurrenz des Griechischen in weiten Gebieten geblieben ist, bis der Islam das Arabische an ihre Stelle setzte. Es war nicht so ganz unveranlaßt, daß ein Syrer des 6. Jahrhunderts n. Chr. sie die Königin unter den Sprachen nannte (A 5). Sie hat lange geherrscht. Schon um 700 v. Chr. konnten die Hofbeamten zu Jerusalem einem assyrischen Feldherrn den Vorschlag machen, aramäisch mit ihnen zu verhandeln, damit das dabeistehende, nur des Hebräischen kundige Volk nichts davon verstehe (Jes 36, 11; 2 Reg 18, 26). Das Aramäische war beiden Teilen nicht Muttersprache, sondern ein Mittel des Verkehrs zwischen verschiedensprachigen Mächten, wie das Französische zwischen Russen und Italienern. Zur Zeit der persischen Weltherrschaft war es bereits die Amtssprache geworden, in welcher die Reichsregierung und die Satrapen der westlichen Provinzen bis nach Ägypten mit ihren vielsprachigen Untertanen verkehrten (A 6). Von da an drang das Aramäische aber auch als lebendige Volkssprache erobernd vor, besonders in den Gebieten, wo bis dahin andere semitische Sprachen geherrscht hatten. Die alte „Sprache Kanaans", wie die Israeliten ihre eigene Sprache einst nennen konnten (Jes 19, 18), weil sie von den Sprachen ihrer nächsten heidnischen Nachbarn nicht wesentlich abwich, war zur Zeit Jesu längst nicht mehr die lebende Sprache Palästinas und der angrenzenden Gebiete. In Tyrus und Sidon hatte man aufgehört, phönicisch zu sprechen. Während diese alte Sprache in Karthago und nach dem Untergang des Staats von Karthago noch Jahrhunderte lang in den römischen Provinzen Nordafrikas fortlebte, war sie in der Heimat dem Aramäischen oder Syrischen erlegen (A 7). In den alten Wohnsitzen der Edomiter und Moabiter und in dem ganzen nabatäischen Königreich, welches sich vom älanitischen Meerbusen bis gegen Damaskus hin erstreckte, herrschte zur Zeit Jesu und des Königs Aretas IV (etwa 9 v. Chr. — 40 n. Chr.), des Schwiegervaters des Herodes Antipas (cf 2 Kr 11, 32), wie die zahlreichen Inschriften beweisen, das Aramäische (A 7). Mitten im Lande wohnte das Mischvolk der Samariter, dessen Sprache vielleicht vom Anfang seiner Geschichte an eine aramäische Mundart gewesen ist. Dieser allgemeinen Entwicklung konnte auch der kleine Rest der jüdischen Nation, welcher in und um Jerusalem wieder angesiedelt war, nicht auf die Dauer Widerstand leisten. Als das bis dahin gedrückte Volk durch die makkabäische Erhebung eine größere Unabhängigkeit errang, hatte es aufgehört, seine eigene Sprache zu reden. Allerdings hatten die Juden, was den benachbarten Völkern fehlte, eine große Literatur aus den Zeiten der Könige und Propheten, eine heilige Literatur, an welche sie sich nun als die Urkunde ihres nationalen Berufs und als das Gesetz des Gottesdienstes, des Glaubens und des Rechtslebens anklammerten. Man sammelte diese Literatur und man vermehrte sie durch neue prophetische, historische und poetische Schriften in der alten heiligen Sprache. Gerade im Gegensatz zu dem Andrang des von allen Stämmen, in deren Mitte das kleine jüdische Gemeinwesen sich zu behaupten hatte, gesprochenen Aramäisch mied man strenger als in den Zeiten vor und während des Exils das Eindringen aramäischer Formen und Wörter. Die hebräische Bibel lieferte die Lieder und die liturgischen Formeln für den Tempelkultus; sie wurde dem Volke in den Synagogen vorgelesen und ausgelegt; sie bildete bald den Gegenstand einer zunftmäßigen Schriftgelehrsamkeit. Einem Volk, dessen Eigenart und Fortbestand so ganz durch seine Religion, und dessen Religionswesen so sehr durch das Festhalten an seiner klassischen Literatur bedingt war, wie dies von dem jüdischen Volk zur Zeit des zweiten Tempels gilt, konnte die Sprache dieser Literatur nicht völlig abhanden kommen. Sie stand nicht bloß in den heiligen Büchern und auf Münzen geschrieben (A 8); man strengte sich auch an, sie am Leben zu erhalten. Die Schriftgelehrten bevorzugten sie als die heilige Sprache in ihren Disputationen und im Vortrag ihres erblichen Wissens. Um sie dazu geschickt zu machen, gestalteten sie dieselbe durch Bildung neuer Formen und Aufnahme fremder Worte zu einer Gelehrtensprache um, zu dem Neuhebräisch der Mischna (A 9). Sie redeten verächtlich wie von dem ungelehrten Volk (Jo 7, 49; AG 4, 13), so auch von dessen Sprache, der „Sprache der Idioten“. Zu einer Zeit, in welcher sie selbst die heilige Sprache der Bibel kunstmäßig erlernen mußten, protestirten sie gegen den Gebrauch der lebendigen Sprache des Lebens wenigstens in ihrem gelehrten Kreise (A 10). Es war vergeblich, weil es zu spät mit gebieterischer Entschiedenheit geschah. Lange vor Christus war diese von den Gelehrten verachtete Sprache, das Sursi, wie es die Juden im hl. Lande zu nennen pflegten (A 4), die Landessprache Palästinas und der im Osten und Norden angrenzenden Gebiete geworden (A 11). Wie jeder andere Semit, der in diesen Ländern aufwuchs, empfing auch der Jude sie als Muttersprache, ehe er lesen und schreiben lernte und die hebräische Bibel studiren konnte. Die Forderung eines alten Gesetzesauslegers, daß der Vater seinen Sohn zuerst die hl. Sprache lehre, zeigt nur, daß das Gegenteil die Regel war. Von den Töchtern, welche ausdrücklich von dieser Forderung ausgenommen werden, erwartete niemand, daß sie Hebräisch lernen (A 10). Also auch in den gesetzeseifrigen Familien verstanden die Frauen kein Hebräisch. Muttersprache im vollen Sinne des Wortes war es für keinen Juden der Zeit Jesu. Die wenig umfangreichen Gebiete, in welchen die Juden in dichter Menge beisammenwohnten, waren durchsetzt und umklammert von anderen aramäisch redenden Stämmen, Samaritern, Syrern, Edomitern, Nabatäern. Es mußte sich auf dem engen Raum eine wesentlich gleichartige Sprache bilden. Ohne

Dolmetsch unterhielt sich Jesus mit der Samariterin aus Sychar wie mit anderen Samaritern (Jo 4, 7—43; Lc 17, 16) und mit der syrisch redenden Phönicierin (A 7). Syrer, welche im römischen Heer dienten, verstanden jedes Wort, welches Juden, in der Meinung von jenen nicht verstanden zu werden, über Tisch mit einander redeten (Jos. bell. IV, 1, 5). Die nachweislich vorhandene Sprachgemeinschaft, welche es erlaubt, von einer Landessprache zu reden, schloß nicht sehr spürbare mundartliche Verschiedenheiten aus. Diese mußten um so bedeutender sein, als das Aramäische nur erst wenig zu literarischen Zwecken verwendet worden war, und namentlich keine gemeinsame Literatur die aramäisch redenden Stämme und Religionsgemeinden zur Einheit zusammenführte. Die Samariterin am Jakobsbrunnen wird Jesus sofort an der Mundart als Juden erkannt haben (Jo 4, 9), wie er sie als Samariterin. Insbesondere in jüdischem Munde mußte das Aramäische ein eigenartiges Gepräge haben. Aus der Sprache der Bibel, des Kultus, der Rabbinen mußte eine Menge hebräischer Ausdrücke in die Sprache des Lebens eines in der Ausübung der Religion so eifrigen Volkes übergehen, und nur teilweise wurden diese, so gut es ging, aramäisch umgeformt. Wie die neuhebräische Gelehrtensprache nicht ohne starken Einfluß des Aramäischen ihre Eigentümlichkeit gewonnen hatte, so konnten und wollten die Juden im ganzen Orient, zumal in Palästina und vor allem in Jerusalem, dem Sitz des nationalen Kultus und der Schriftgelehrsamkeit, nicht ohne einiges Hebraïsiren aramäisch reden. Die Juden selbst nannten ihr Aramäisch, wenigstens im Verkehr mit Griechen und Römern und im Gegensatz zum Griechischen nicht selten auch Hebräisch (A 12). Es war nicht nur die heimische, sondern auch die nationale Sprache, und Hebräer im Gegensatz zu den Hellenisten nannte man die dieser treu gebliebenen Volksgenossen (§ 2). Unvermeidlich war auch der Einfluß der besonderen aramäischen Mundarten, welche die Nichtjuden der verschiedenen Landschaften sprachen, auf das Aramäisch der daselbst wohnenden Juden. Es lautete in Babylon anders als in Jerusalem, und es lautete nicht ganz gleichmäßig im Munde aller Juden Palästinas. Der Galiläer verriet sich in Jerusalem leicht durch seine Aussprache (A 13). Aber über diesen Verschiedenheiten, welche nicht größer waren als diejenigen zwischen den heute noch gesprochenen oberdeutschen Dialekten (A 14), darf man nicht den gemeinsamen Charakter des von allen „Hebräern“ d. h. den nicht hellenisirten Juden des Orients gesprochenen Aramäisch außer Acht lassen. Ganz irrig ist namentlich die Vorstellung, daß man zur Zeit Jesu in Jerusalem und Judäa hebräisch und nur in Galiläa aramäisch gesprochen habe. Der Sprache der Jerusalemer gehört nach AG 1, 19 der aramäische Name des Blutackers an, und aramäisch waren die Namen anderer Örtlichkeiten in und bei Jerusalem wie Bethesda (A 15). Die Festpilger aus Galiläa riefen mit den Bewohnern Jerusalems bei den Prozessionen des Laubhüttenfestes und beim Einzug Jesu das hebräische Hoschia-na in dem aramäisch gefärbten Ton eines Oschanna (A 3 S. 14). In bezug auf die Menge aramäischer Eigennamen, welche neben den althebräischen in Gebrauch waren, kann man zwischen Judäa und Galiläa keinen Unterschied wahrnehmen (A 16). Allen „Hebräern" gemein waren viele oft gebrauchte und seit langer Zeit gebräuchliche aramäische Wortformen, darunter auch solche, welche das religiöse Leben und Denken berührten, wie der Titel Messias und der Parteiname Pharisäer (A 17). Der Priestersohn Joseph aus Jerusalem glaubte den Juden bis über den Tigris hinaus und nach Arabien hinein verständlich zu sein, wenn er in seiner „väterlichen Sprache", also in der Sprache Jerusalems die Geschichte des jüdischen Kriegs schrieb, welche er später auch in griechischer Bearbeitung herausgegeben hat. Das war aber, wie schon aus dieser seiner Absicht und aus dem Zusammenhalt aller einschlagenden Angaben des Josephus selbst sich ergibt, weder die Sprache des AT's, noch die gelehrte Sprache der Rabbinen, sondern die Landessprache Palästinas, welche alle, ihrem Volkstum noch nicht völlig entfremdeten Juden verstanden, die eigentlichen „Hebräer" aber regelmäßig sprachen und auch in schriftlichem Verkehr gebrauchten. Wir besitzen drei amtliche Schreiben (A 18), welche Gamaliel, wahrscheinlich nicht der berühmte Lehrer des Paulus (AG 5, 34; 22, 3), sondern dessen ebenso berühmter gleichnamiger Enkel etwa um 80—110 n. Chr. zugleich im Namen seiner Kollegen, d. h. des obersten jüdischen Gerichtshofes zu Jabne in Angelegenheiten des Kalenders und der Zehnten erlassen hat. Eines derselben ist an die Brüder in Ober- und Untergaliläa, ein zweites an diejenigen im oberen und unteren Daroma d. h. Judäa, Südpalästina, das dritte an die Brüder der Diaspora Babyloniens, an diejenigen der Diaspora in Medien, an die griechische Diaspora und an alle übrigen Exulanten Israels gerichtet. Die Erzählung, in welche die drei Urkunden eingerahmt sind, ist hebräisch geschrieben, die Schreiben selbst gut aramäisch. Darnach kann nicht bezweifelt werden, daß das Schreiben des damals noch bestehenden Synedriums zu Jerusalem, mit welchem der nachmalige Apostel Paulus sich bei der Judenschaft von Damaskus einführen und legitimiren sollte (AG 22, 5), gleichfalls aramäisch abgefaßt war. Wenn aber die gelehrteste Körperschaft der Nation es angezeigt fand, diese Sprache in ihren amtlichen Erlassen anzuwenden, ohne in dieser Beziehung zwischen den Volksgenossen in Judäa, in Galiläa und in der Diaspora einen Unterschied zu machen, so ergibt sich doch wohl mit Notwendigkeit, daß Josephus seine Geschichte des Krieges von 63—70, eine auf rasche Wirkung abzielende Tendenzschrift, in derselben Sprache geschrieben hat. Eine hebräische Darstellung würde die Zeitgenossen, zumal die Juden in Mesopotamien und in Arabien, welche Josephus dabei mit im Auge hatte (A 12), nicht viel anders angemutet haben, als uns eine Geschichte des Krieges von 1870/71 in der Sprache des Nibelungenliedes. Vor versammeltem Synedrium hätte Paulus, wenn die Rücksicht auf den anwesenden römischen Kommandanten ihn nicht genötigt hätte, griechisch zu reden (AG 22, 30—23, 10), allenfalls mit der Hoffnung, verstanden zu werden, hebräisch reden können. Nur würde das den Eindruck eines gelehrten

Vortrages statt den einer Verteidigung seines bedrohten Lebens gemacht haben. Für den aufgeregten Volkshaufen, zu welchem er von den Treppenstufen der römischen Kaserne herab redete (AG 21, 40—22, 21), würde eine Rede in der Gelehrtensprache oder in der Sprache eines Jesaja größtenteils verlorene Mühe gewesen sein, wenn sie nicht geradezu zum Lachen gereizt hätte. Die ἑβραΐς διάλεκτος (AG 21, 40; 22, 2), deren er sich bediente, kann nur die aramäische Sprache des täglichen Lebens gewesen sein. Wenn in einem hebräischen Werk wie die Mischna die Aussprüche der redend eingeführten Personen in der Regel hebräisch mitgeteilt werden, so folgt daraus ebensowenig, daß diese hebräisch geredet haben, als aus unseren Evv folgt, daß Jesus griechisch gesprochen hat. Wenn dagegen in derselben Mischna einzelne Aussprüche eines Hillel, der etwa 30 Jahre früher als Jesus geboren war, und anderer Zeitgenossen aramäisch überliefert sind, so läßt dies auf eine weitgehende Anwendung dieser Sprache auch in den Kreisen der Rabbinen schließen (A 19). Auch in den Gottesdienst der Synagoge war es zur Zeit Jesu eingedrungen (A 20). Was von Gamaliel dem Älteren, dem Lehrer des Paulus, berichtet wird, daß er ein Targum, eine paraphrasirende aramäische Übersetzung des Buches Hiob in die Erde habe vergraben lassen, beweist freilich nicht, daß es bereits solche schriftliche Übersetzungen auch von Gesetz und Propheten gab, und noch weniger, daß man solche statt des heiligen Textes oder neben demselben in den Synagogen gelesen habe, was erst in späterer Zeit geschehen ist, wohl aber beweist die Existenz eines Targum zu Hiob um das J. 40 n. Chr. für diese Zeit die Unverständlichkeit der hebräischen Bibel auch für solche, welche über den Kreis der biblischen Perikopen, der Paraschen und Haphtaren, hinaus mit der Bibel sich beschäftigten. Lange ehe die geschriebenen und zum Teil erhaltenen Targume entstanden sind, wurde dem Bedürfnis einer Verdeutlichung des dem Volk nur wenig verständlichen Bibeltextes in den Synagogen durch mündliche Dolmetschung in das Aramäische abgeholfen. Daß die hieran sich anschließende Auslegung und Anwendung, die Predigt, gleichfalls aramäisch vorgetragen werden mußte, wenn sie ihren Zweck erfüllen sollte, liegt auf der Hand. Dies gilt auch von der Predigt Jesu in den Synagogen und auf den Bergen Galiläas und in den Hallen des Tempels zu Jerusalem. Was wir durch außerbiblische Nachrichten über die damaligen sprachlichen Verhältnisse in Palästina erfahren, bestätigt lediglich das, was wir den urkundlichen Zeugnissen der Evv entnehmen. Die Sprache, in welcher Jesus gebetet, zum Volk und den Jüngern geredet hat, ist auch in der Gemeinde, welche sich bald nach seiner Auferstehung in Jerusalem sammelte, in Gebrauch gewesen. Unmittelbare Zeugnisse für eine so selbstverständliche Tatsache hat man kaum ein Recht zu fordern. Doch ist zu bemerken, daß der Beiname, welchen der Levit Joseph aus Cypern nach AG 4, 36 in den ersten Zeiten der jungen Gemeinde von den Aposteln empfing, ein aramäischer, und zwar nicht ein gebräuchlicher Name, sondern eine sinnvoll gewählte Bezeichnung ist (A 16). Die nichtgriechischen Worte, welche wir von

Anfang an im Kultus der griechischen Christengemeinden antreffen, wie das hebräische αμην, welches auch der aram. betende Jude unverändert ließ, und das aram. gefärbte ωσαννα (A 3 S. 14), wozu auch αλληλουϊα (Ap 19, 1—6 cf Mr 14, 26) gehören wird, haben die Heidenchristen nicht aus dem griech. AT, welches sie nur zum Teil enthielt, auch nicht aus der hebr. Bibel, welche sie nicht besaßen, geschöpft, sondern mit dem Ev zugleich von Jerusalem her überkommen. Das Vorkommen des aram. Satzes μαρανα θα in den griechischen Abendmahlsgebeten der sogenannten Didache 10, 6, in nächster Nähe eines ωσαννα und eines αμην, weist auf eine Gemeinde mit aram. Sprache des Gottesdienstes als den Geburtsort dieser liturgischen Formeln zurück. Das kann nur die Gemeinde von Jerusalem, die Kirche Palästinas gewesen sein. Paulus wendet diese Formel an, wo er gewisse fremde Leute, welche in Korinth den Frieden der Gemeinde und deren Verhältnis zu ihrem Apostel gefährdeten, von seinem Gruß an die Gemeinde ausdrücklich ausschließt (1 Kr 16, 22). Spätere Untersuchung wird zeigen, daß es Judenchristen aus Palästina waren, welchen er damit einen drohenden Wink gab (§ 18 A 11). An der Anwendung der Sprache ihrer heimatlichen Kirche sollten sie selbst und sollten die griechisch redenden Christen von Korinth erkennen, wen der Apostel im Auge habe. Nachkommen und Erben der judenchristlichen Kirche von Jerusalem, welche seit Hadrian aufgehört hat zu existiren, sind die Nazaräer im Ostjordanland und an einigen weiter nördlich gelegenen syrischen Orten wie in Aleppo. Diese hingen noch im 4. Jahrhundert zähe an ihrem Volkstum, waren nach dem Zeugnis des Epiphanius (haer 29, 7) sehr geübt in der hebräischen Sprache, lasen das AT wie die Juden im Original, wußten von der rabbinischen Tradition bis zur Zeit Hadrians; aber das einzige Ev, welches sie in Gebrauch hatten, das sogen. Hebräerev, war ein aramäisches Buch, dessen Dasein seit der Mitte des 2. Jahrhunderts bezeugt ist (GK II, 648—672). Dies also war die Sprache ihres Gottesdienstes seit der Zeit ihrer unfreiwilligen Losreißung von Jerusalem vor der Mitte des 2. Jahrhunderts.

Die Anwendung dieser Ergebnisse auf die Anfänge der christlichen Literatur muß der Untersuchung der einzelnen Schriften vorbehalten bleiben. Vorher jedoch ist noch ein anderes sprachliches Element in Erwägung zu ziehen, welches auf dem weiten Gebiet der apostolischen Missionsarbeit das vorherrschende, aber auch in Palästina von großer Bedeutung war.

1. G. De Rossi, Della lingua propria di Cristo e degli Ebrei nazionali della Palestina da' tempi de' Maccabei, Parma 1772. Im Anschluß hieran schrieb Pfannkuche über die pal. Landessprache im Zeitalter Christi und der Apostel in Eichhorn's Allg. Bibl. der bibl. Literatur VIII, 3 (1798) S. 365—480.— Cf ferner Fr. Delitzsch, Über die paläst. Volkssprache, welche Jesus und seine Jünger geredet haben in „Saat auf Hoffnung" 1874 S. 195—215. Über spätere Auslassungen desselben Gelehrten, worin er statt des Aramäischen das Hebräische für die Ursprache wenigstens des Mtev erklärte, s. unten § 55. — A. Neubauer, On the dialects spoken in Palestine in the time of Christ in „Studia biblica" (vol. I der Oxforder Studia bibl. et ecclesiastica) 1885 p. 39—74.

Marshall, The Aramaic Gospel, eine lange Reihe von Artikeln im Expositor, Neue Folge vol. II—VIII (1890—1893). A. Meyer, Jesu Muttersprache. Das galiläische Aramäisch in seiner Bedeutung für die Erklärung der Reden Jesu und der Evv überhaupt, 1896. E. Nestle, Philologica Sacra. Bemerkungen über die Urgestalt der Evv und der AG, 1896. G. Dalman, Die Worte Jesu mit Berücksichtigung des nachkanonischen jüdischen Schrifttums und der aramäischen Sprache erörtert, Bd. I Einleitung und wichtige Begriffe. Nebst Anhang: Messianische Texte, 1898. In sprachlicher Beziehung ist grundlegend G. Dalman, Grammatik des jüdisch-palästinischen Aramäisch 1894. Dazu von demselben: Aramäische Dialektproben, Lesestücke zur Grammatik etc. 1896. Lexikalische Hilfsmittel: J. Buxtorf, Lex. chaldaicum, talmudicum et rabbinicum 1639; J. Levy, Neuhebr. u. chald. Wörterbuch 4 Bde. 1876—1889; auch desselben Chaldäisches WB. über die Targumim 2 Bde 1876; M. Jastrow, Dictionary of the Targumim, the Talmud babli and yeruschalmi, 1886 ff; noch unvollendet. G. Dalman, Aramäisch-neuhebräisches Wörterbuch zu Targum, Talmud und Midrasch. Teil I, 1897. Wie erfreulich der Aufschwung dieser Studien ist, so wenig scheint es an der Zeit, jetzt schon weittragende Folgerungen für Geschichte und Lehre des NT's zu ziehen. Von Wellhausen's teilweise sehr richtigen Bemerkungen über den Begriff Menschensohn (Israelit. u. jüd. Gesch. 1. Aufl. S. 312) zu den Ausführungen von A. Meyer (a. a. O. 91 ff.) und von da zu Lietzmann, der Menschensohn (1896) und zu Wellhausen selbst (Skizzen u. Vorarbeiten VI, 187—215) führt ein wenig verlockender Abweg. Cf. Dalman, Worte Jesu S. 191—219.

2. In bezug auf Worte Jesu Mr 5, 41; 15, 34 *ὅ ἐστιν μεθερμηνευόμενον* (cf Mt 1, 23; Mr 15, 22; AG 4, 36; 13, 8); Mr 3, 17; 7, 11. 34 *ὅ ἐστιν* (cf Mt 27, 46; AG 1, 19); Mr 14, 36 bloße Nebeneinanderstellung des aramäischen und des griechischen Ausdrucks (cf Rm 8, 15; Gl 4, 6). Johannes gebraucht teils dieselben oder ähnliche Formeln 1, 38. 41. 42; 9, 7; 11, 16; 20, 24; 21, 2; teils bemerkt er, daß ein von ihm gebrauchter Name ein hebräischer sei, ohne jedoch eine Übersetzung beizufügen 5, 2; teils gibt er an, wie ein von ihm griechisch benannter Ort auf hebräisch heiße 19, 13. 17.

3. Aramäische Worte, welche Jesus entweder von sich aus gebraucht oder aus der Redeweise seiner Volksgenossen angeführt hat, sind folgende: 1) Mr 5, 41 *ταλιθα κουμ* (א BL) oder *κουμι* (AD, die Lateiner, S¹, Aphraat p. 65), zu schreiben טְלִיתָא קוּמִי cf Dalman Gr. 118 A 6; 266 A 1. Die griechische Variante läßt es zweifelhaft, ob das in semitischer Schrift jedenfalls zu schreibende, schließende *i* noch gehört wurde. Die Angabe eines anonymen Onomastikon (ed. Lagarde 199, 78) *κουμ* sei masc., *κουμι* fem., ist grammatisch richtig, wahrscheinlich aber doch nur Buchweisheit ohne Rücksicht auf die wirkliche Aussprache. 2) Mr 7, 34 *εφφαθα* (so die meisten, *εφφεθα* D א^c Lat., *aeffeta* Hieron. Onomast. ed. Lagarde 64, 2) von Mr (*ὅ ἐστιν διανοίχθητι*) und den syrischen Übersetzern (Ss Sh S¹ אתפתח) mit Recht als ein an den Tauben gerichteter Zuruf im Singular gefaßt, nicht als ein an die Ohren gerichteter Zuruf im Plural mit Abwerfung der Endung cf Dalman Gr. 222 A 1. 3) Mr 15, 34 = Mt 27, 46. An beiden Stellen ist der Text zum Teil infolge Berücksichtigung der Parallelstelle sehr mannigfaltig überliefert. Für Mr wird gelten dürfen *ἐλωϊ ἐλωϊ λεμα* (א CL, *λαμα* BD, *λιμα* AKM, *λειμα* EFG) *σαβαχθανι* (EFKL Eus. dem. X, 8, 14, *σαβαχθανει* CGH, *σαβακτανει* א, *ζαφθανει* DLat, *ζαβαφθανει* B); für Mt *ἠλει ἠλει* (dafür aus Mr *ελωι* א, *ελωει* B) *λεμα* (א BL, *λαμα* D, *λιμα* oder *λημα* die meisten) *σαβαχθανι* (al.-*νει*, DLat. *ζαφθανει*). Von den alten syrischen Übersetzern (Sc fehlt an beiden Stellen, Sh Mr. 15, 34) hat Ss in Mr אלהי אלהי למנא שבקתני, also ganz nach Ps 22, 1 syr., die Frage ebenso in Mt, auch S¹ in beiden Evv, dagegen Sh Mt 27, 46 למא שבקת יתי, die Anrede in Mt אלי אלי Ss Sh, in beiden Evv איל S¹ cf meine Schrift über das Petrusev. 1893 S. 33. 78. Epiphanius haer. 69, 68 Dindorf III, 221 cf 69, 49 p. 196 bemerkt zu Mt 27, 46, die Worte *ηλι*, *ηλι* habe Jesus

dem Grundtext des Psalmes entsprechend hebräisch, das weiter Folgende syrisch gesprochen. Lagarde, Gött. gel. Anz. 1882 S. 329 wies auf diese Stelle als Beweis für systematische Korrektur auch unserer ältesten Hss. Es steht jedoch nichts im Wege, das hebräische אלי bei Mt statt des aram. אלהי bei Mr dem griech. Übersetzer des aram. Mt beizumessen, welcher dadurch das Misverständnis des Volks Mt 27, 47—49; Mr 15, 35 dem Leser verständlicher zu machen suchte. Dagegen wird allerdings die occidentalische LA ζαφθανει in beiden Evv, welche in verderbter Gestalt auch in B eingedrungen ist (s. vorher), auf einer Kunde vom hebr. Psalmtext beruhen cf Westcott-Hort append. 21, denn offenbar ist hier ein hinter λεμα leicht ausgefallenes α zu ergänzen, so daß ursprünglich αζαφθανει geschrieben war, eine ganz ordentliche Umschreibung von עזבתני. Da ferner D in beiden Evv, B wenigstens in Mr λαμα (statt λεμα, λιμα) hat, so ist in dieser Recension der ganze Satz hebräisch geworden. Luther hat sich in beiden Evv die gleiche gelehrte Freiheit genommen. Den ursprünglichen Laut hat nicht der griechische Mt, sondern Mr bewahrt. Allerdings sollte man nach Analogie von *Tălithâ*, *Tăbithâ*, *Mârthâ* etc. statt ελωϊ vielmehr ελαϊ oder αλαϊ (אֱלָהִי) erwarten, aber bei einem Worte wie „Gott" ist eine hebraïsirende Aussprache im Munde Jesu am wenigstens befremdlich cf Dalman Gr. 123, anders Worte J. 142 A 1. 4) Mr 7, 11 κορβαν = δῶρον, Mt 15, 5 nur diese Übersetzung. Bei Mt 27, 6, wo die Hohepriester reden, εἰς τὸν κορβανᾶν (v. l. -βοναν, -βανα, -βαν) und bei Jos. bell. II, 9, 4 (wo doch sicher κορβανας, nicht mit Niese κορβωνας zu lesen) tritt der aramäische stat. emphat. zu Tage. Bei Mr 7, 11, wo das Wort Prädikat ist (cf Jos. ant. IV, 4, 4; c. Apion. I, 22), war diese Form wenigstens nicht erforderlich, daher auch Ss Mr 7, 11; Mt 15, 5 mit dem stat. absol. קורבן (Sc S¹ קוּרבני) sich begnügt, dagegen Mt 27, 6 Ss S¹ בית קורבנא, Sh בקורבנא. 5) Mr 14, 36 ἀββα = ὁ πατήρ. In den Evv nur hier, aber auch Rm 8, 15; Gl 4, 6, cf § 2 und über Bar-abba unten A 16. Dafür Ss hier wie Mt 26, 39 (πάτερ) אבי, was S¹ hier pedantisch genug als syrische Übersetzung neben das genau transscribirte אבא stellt und anderwärts sowohl für πάτερ als für das vokativisch gemeinte ὁ πατήρ gebraucht Mt 11, 25. 26; 36, 39; Lc 10, 21. Den Ostsyrern erschien אבי als besseres Syrisch, während Sh Mt 26, 39; Lc 10, 21 אבא hat. 6) Mr 3, 17 Βοανηργες (v. l. -εργης, -εργες, min. 700 [al. 604] ed. Hoskier βανηρεγεζ, min. 565 [al. 473] ed. Belsheim βανηρεγες) = υἱοὶ βροντῆς. Ss בני רגשי, ebenso S¹ mit beigefügter Übersetzung בני רעמא. Hieronymus zu Dan. 2, 7, Vall. V, 625 und Onom. ed. Lagarde 66, 9 forderte geradezu Änderung des angeblich corrupten Textes in *bane* (oder *bene*) *reem*. Nach Kautzsch, Gr. des bibl. Aram. S. 9, Dalman Gr. 112. 158 nicht von רגש, sondern von רגז „zürnen" (Ss S¹ Mt 5, 22). Die freie Übersetzung des Mr erklärt sich wohl daraus, daß υἱοὶ ὀργῆς sehr misverständlich wäre cf Eph 2, 3. Auffällig bleibt die Transscription. Ein überschüssiges α in Ἰωαχεβέδη (Jos. ant. II, 9, 4 cf III, 5, 3, überdies unsicher überliefert) bietet keine Erklärung für das überschüssige *o* in *Boanerges*. Delitzsch und Nöldeke, Gött. gel. Anz. 1884 S. 1023 erkannten darin den Versuch, eine besondere galiläische Aussprache wiederzugeben, wogegen Dalman, Worte J. 39 entweder *o* oder *α* gestrichen haben möchte. 7) Jo 1, 43 Κηφᾶς = ὁ Πέτρος, in den übrigen Evv nur diese griech. Übersetzung. Über den Gebrauch bei Pl s. unten § 38 zu 1 Pt 1, 1. Hieron. Onomast. 66, 14; 77, 15 *Syrum est*, mit Recht, denn es ist nicht das im AT nur zweimal im Plural vorkommende כֵּף, sondern das bei den Syrern ganz gewöhnliche כאפא (so Ss S¹ Jo 1, 43 und die Syrer überhaupt regelmäßig statt Πέτρος, Sh כיפא). Durch die Übersetzung ὁ Πέτρος, statt dessen man Πέτρος, allenfalls auch πέτρα, ohne Artikel erwarten sollte (cf AG 4, 36), beweist Johannes, daß er den stat. emphat. als Determination empfunden hat. Durch Mt 16, 17 wird bestätigt, daß Jesus diesen neuen Namen in Gegensatz zu dem gestellt hat, was Simon von Natur, als Sohn seines leiblichen Vaters ist. Mt hat die aram. Form בַּר יוֹנָה bewahrt. Der Vater hätte demnach den Namen des Propheten Jona getragen cf Mt 12, 39—41; Lc 11, 29—32, welcher bei palästinischen Juden auch noch in späterer Zeit üblich war (Levy, Neuhebr. Lex. II, 229 „Name vieler Amoräer, besonders in *jerus.* Gemara"). Nach dem richtigen Text von Jo 1, 43; 21, 15—17 und zwei Fragmenten des Hebräerevangeliums (GK. II, 693. 694. 712) hieß derselbe vielmehr Johannes. Letzterer Name wird im AT יְהוֹחָנָן oder kontrahirt יוֹחָנָן geschrieben z. B. Nehem 12, 22 = Esra 10, 6; erstere Form noch auf den Münzen des Johannes Hyrkan (a. 135—105; Madden, Coins of the Jews p. 76—80) und im Targum (z. B. 2 Chron 17, 15) neben der kürzeren (z. B. Jerem 40, 13). Die althebräische Aussprache ist griechisch am genauesten wiedergegeben durch *Ἰωανᾶν* (2 Chron 17, 15; Esra 10, 6; Jerem 40, 13; 41, 11 etc. in LXX; Lc 3, 27; woneben hier und da auch *Ιωαννᾶν*, *Ιωαννα*, *Ιωναν* und 2 Reg 25, 23 in cod. B sogar das ganz fehlerhafte *Ιωνα* überliefert ist), demnächst *Ἰωάνης*, so im NT cod. B durchweg, auch wo Tischendorf es nicht angemerkt hat, zuweilen auch in א Mt 16, 14; 17, 1. 13, cod. L Jo 1, 32. In der AG tritt D, welcher in den Evv überall die geschärfte Aussprache hat, auf die Seite des B: AG 1, 5. 13. 22; 3, 1. 11; 10, 37; 13, 24. 25; 19, 3. 4. Einmal 3, 4 hat D allein diese Form. Sie muß der älteren Recension der AG und somit dem Verf. selbst zugeschrieben werden. Auch für den entsprechenden weiblichen Namen haben Lc 8, 3 BD, Lc 24, 10 DL *Ἰωάνα*. Die weite Verbreitung der Schreibung *Ἰωάννης* (cf auch יוּחַנָּן bei den Syrern) kann nicht auf bloßem Versehen der griech. Abschreiber beruhen, sondern setzt voraus, daß neben der althebräischen auch eine geschärfte Aussprache in Palästina üblich war, cf Dalman Gr. 142 A 9. Analog ist der Name des Hohenpriesters חָנָן (Jos. ant. XVIII, 2, 1; bell. V, 12, 2 richtig *Ανανος*), welchen wir im NT (Lc 3, 2; Jo 18, 13; AG 4, 6) fast ohne Variante *Αννας* geschrieben finden, was doch auch nicht wohl aus trügerischer Erinnerung an den Namen חַנָּה (1 Sam 1, 2; Lc 2, 36; Virg. Aen. IV, 9) erklärt werden kann. 8) Mt 5, 22 *ῥακα* (BE und die meisten, *ῥαχα* א*D und die Lateiner) wird mit dem talmudischen Schimpfwort רֵיקָא (stat. emph.) zusammengestellt und dieses als Verkürzung aus רֵיקָן erklärt, so auch Dalman Gr. 138 A 2 und wegen des ersten *α* S. 66. Die Syrer, welche ohne jede Andeutung davon, daß ein fremdsprachiges Wort vorliege, רקא schrieben (Ss Sc Sh S[1]), scheinen es für ein syrisches Wort gehalten zu haben, das sie mit רקק „speien, anspeien" zusammengebracht haben werden. Das daneben stehende *μωρέ* ist natürlich griechisch. Da aber dieses griech. Wort als מוֹרָה, מורוס im Midrasch öfter als Ausdruck für „Narr" vorkommt (Neubauer, Athenaeum 1881, II, 779; Stud. Bibl. Oxford 1885 p. 55; Krauss, Lehnwörter I, 50; II, 328), so folgt, daß übrigens aramäisch redende Galiläer es wie viele andere griechische Wörter im gewöhnlichen Leben gebrauchten. — Es sind hier auch solche nichtgriechische Wörter zu nennen, von welchen zwar nicht ausdrücklich überliefert ist, daß Jesus sie gebraucht hat, deren Aufnahme in die griech. Evv und in den kirchlichen Sprachgebrauch sich aber nur unter dieser Voraussetzung erklärt. So 1) das hebr. אָמֵן, ursprünglich Adjektiv, aber regelmäßig elliptischer Ausruf zu feierlicher Bekräftigung eines Gebetes, Gottesworts u. dgl., von LXX gewöhnlich durch *γένοιτο*, zuweilen aber auch (1 Chron 16, 36; Nehem 5, 13) durch *ἀμήν* wiedergegeben und in dieser Form in den liturgischen Gebrauch der griechischen Kirchen sofort eingeführt 1 Kr 14, 16; 2 Kr 1, 20. Auch im Munde Jesu ist das einfache oder doppelte *ἀμήν* elliptischer Ausruf, wie *ναί* Mt 11, 9; Lc 11, 51, und nicht etwa ein Adverb zu *λέγω* oder gar zu der durch *λέγω* eingeleiteten Aussage, so daß *λέγω* ein parenthetisches *inquam* wäre. Letzteres ist schon durch die vielen Fälle ausgeschlossen, wo ein von *λέγω* abhängiges *ὅτι* folgt. Eigentümlich aber ist der Rede Jesu das *ἀμήν, λέγω ὑμῖν* (30 mal bei Mt, 13 mal Mr, 6 mal Lc, 25 mal mit doppeltem *ἀμήν* Jo) an der Spitze einer Aussage, welche weder Antwort auf eine Frage ist, noch überhaupt auf eine andere Aussage als deren feierliche Bestätigung sich zurückbezieht, wie Jerem 28, 6; 1 Reg 1, 36; Ap 5, 14; nicht wesentlich anders auch Ap 7, 12; 19, 4; 22, 20. Über Ap 3, 14 s. § 68 A 8. Delitzsch (Ztschr. f. luth. Theol. 1856 S. 422 f.)

vermutete als Grundlage אָמֵין אָמֵינָא, letzteres aus אָמַר אֲנָא kontrahirt. Die Synoptiker hätten genau übersetzt, Johannes außerdem auch noch nach seiner Weise den Laut nachgeahmt. Obwohl Delitzsch die vorausgesetzte Ausstoßung des ר bei der Kontraktion nur aus dem bab. Talmud zu belegen wußte, weshalb Dalman Gr. 193 sie in der Rede Jesu nicht gelten lassen will, bleibt die Vermutung wahrscheinlich. — 2) Mt 6, 24; Lc 16, 9—13 *μαμωνᾶς* (nur bei Mt auch *μαμμωνᾶς* einigermaßen bezeugt, in der kirchlichen Literatur letzteres vorherrschend), ממון Pirke Aboth II, 12, aram. ממונא nicht selten Levy II, 138 f., so auch Ss Sc S[1], מומונא Sh Lc 16, 13. Hier. ep. 22, 31 (cf ep. 121, 6; ad Matth. 6, 24 Vall. VII, 36) *nam gentili Syrorum lingua* (ep. 121 *non Hebraeorum, sed Syrorum lingua*) *Mammona divitiae nuncupantur.* Derselbe Anecd. Maredsol. III, 2, 86 *Mamona in lingua hebraea divitiae nuncupantur, non aurum, ut quidam putant.* Adam. dial. c. Marc. (lat. ed. Caspari 37, im griech. Text verwischt): *Mammonam ... pecuniam dicit gentili lingua,* was wahrscheinlich auf Theophilus von Antiochien zurückgeht und auf das vor den Toren Antiochiens gesprochene Syrisch sich bezieht cf Ztschr. f. KGesch. IX, 232 f. 238 f.; Iren. III, 8, 1 (wahrscheinlich von Theophilus oder Justinus oder von beiden abhängig): *secundum Judaïcam loquelam, qua et Samaritae utuntur* etc. August. de serm. in monte II, 14, 47 und serm. 113 in Lc 16 (cf quaest. ev. II, 34; enarr. in ps. 53, 2) unterscheidet das „hebräische" *mammona*, dessen Deutung durch Hieronymus ihm bekannt war, von dem ihm aus eigener Sprachkunde bekannten, punischen *mammon*, welches *lucrum* bedeute cf Schröder, Phönic. Sprache 30. Die Etymologie des Wortes seit Irenäus sehr verschieden beurteilt s. auch Dalman Gr. 135. — 3) *σατανᾶς*, in den Evv und der AG, deren Vf selbst regelmäßig *διάβολος* gebrauchen, ausgenommen Mr 1, 13; Lc 22, 3; Jo 13, 27 nur im Munde Jesu (auch AG 26, 18), einmal auch des Petrus (AG 5, 3), auch von Paulus gewöhnlich (2 Kr 12, 7 antioch. LA *σατᾶν* wie LXX 1 Reg 11, 14. 23) gebraucht, erst in den späteren Briefen, von Eph 4, 27 (?) an, zuweilen durch *διάβολος* ersetzt. Die aram. Form schon Sir 21, 27, im Targum auch ohne Anhalt im Grundtext, in den syr. Evv zuweilen auch für *διάβολος*, Sc Mt 4, 1; Ss Lc 4, 2. 13; Ss Sc Jo 6, 70, seltener z. B. Mt 13, 39 S[1], dagegen regelmäßig Sh. — 4) *γέεννα* außer den Evv (7 mal Mt, 3 mal Mr, 1 mal Lc) nur noch Jk 3, 6, das hebräische גֵּיהִנֹּם; die Aussprache *ge-hinnâm*, woraus durch Abwerfung des *m* die hellenisirte Form des NT's entstand, wird auch für die Targume und Talmude angenommen. — 5) *τὸ πάσχα* im Munde Jesu Mt 26, 2. 17. 18; Mr 14, 14; Lc 22, 8. 11. 15, schon in LXX überall, daher auch bei Philo und Josephus (bei diesem mehrfach ant. V, 1, 4; IX, 13, 3; bell. II, 1, 3 auch *φασκα* überliefert) regelmäßig in dieser aramaïsirten Form des hebr. פֶּסַח, von Sh Mt 26, 2. 17. 18; Lc 22, 8 und öfter (cf. auch Dalman Gr. 107) פיסחא, aber auch Lc 2, 41 פסחא geschrieben, in Sc Ss S[1] פצחא. Die Ausspr. *Pascha* muß bei den Juden älter sein als *Pischa*. — 6) *σάββατα* formell als Plural zu *σάββατον* behandelt und AG 17, 2, auch wohl Mt 12, 5. 10. 12; Lc 4, 31 als Plural gemeint, ist doch ursprünglich Singul. emphat. שַׁבְּתָא und bedeutet a) den einzelnen S a b b a t h t a g Mt 12, 1. 11; Mr 1, 21; 2, 23; 3, 2, cf LXX sehr häufig, fast noch deutlicher Jos. ant. I, 1, 1; III, 6, 6; Hor. sat. I, 1, 69 *hodie tricesima sabbata,* daher auch *ὀψὲ σαββάτων* Mt 28, 1 und *ἡμέρα τῶν σ.* Lc 4, 16; 13, 14. 16; 14, 5; AG 13, 14; 16, 13, dies letzte im NT nur bei Lc, in Mr 6, 2 von den Occidentalen fälschlich eingetragen; b) die W o c h e, so jedenfalls in *μία [τῶν] σαββάτων* Mt 28, 1; Mr 16, 2; Lc 24, 1; Jo 20, 1. 19; AG 20, 7; 1 Kr 16, 2, unjüdisch in *πρώτῃ σαββ.* Mr 16, 9 verändert, = חַד בְּשַׁבָּא, erster Wochentag, Sonntag. Auch bei den Juden hat שבת, שבתא und kontrahirt שַׁבָּא neben שובא die Bedeutung von שָׁבוּעַ „Woche" angenommen (Levy IV, 493. 506; Dalman 196). Da auch Josephus trotz seiner etymologischen Gelehrsamkeit, wonach *σάββατα* = *ἀνάπαυσις* sei (ant. I, 1, 1; c. Ap. II, 2, 11), *ἑβδομάς*, was doch eigentlich das Siebent, die Woche bezeichnet, auch für den siebenten Tag der Woche, den Sabbath gebraucht (bell. I, 2. 4; 7, 3; II, 19, 2;

c. Ap. II, 39 cf 2 Makk 6, 11), so ist wohl klar, daß für das volkstümliche Sprachgefühl שַׁבָּת, שַׁבְּתָא oder vielmehr die kontrahirte Form שַׁבָּא mit שֶׁבַע, שַׁבְעָא „sieben" zusammenfloß. Daraus allein erklärt sich die Bedeutung unter b. — 7) Hieher stelle ich *Βεελζεβούλ*, von Jesus aus dem Munde seiner Gegner als Schimpfname für ihn selbst und für den Teufel als seinen Bundesgenossen angeführt (Mt 10, 25; Lc 11, 18), von den Evv jenen in den Mund gelegt (Mt 12, 24; Mr 3, 22; Lc 11, 15), von Jesus selbst angeeignet (Mt 12, 27; Lc 11, 19) und in gutem Sinne gedeutet (Mt 10, 25). Die syr. Übersetzer (Ss Sc S[1], leider fehlt Sh für sämtliche Stellen) haben dafür überall בעל זבוב, also den Fliegengott von Ekron 2 Reg 1, 2 gesetzt, und diese Umdeutung stand schon dem Hieronymus so fest, daß er daraufhin die in griech. Hss. gar nicht bezeugte LA *Beelsebub* für die allein richtige erklärte (Onom. 66, 11—13) und die lateinische Kirche durch seine Vulg. mit dem uns geläufigen *Beelsebub* beschenkte. Davon, daß die späteren Juden den Namen des Gottes von Ekron so willkürlich umgestaltet und überhaupt für denselben sich interessirt hätten, müßte aus LXX, den Resten der anderen griech. Versionen, dem Targum und der talmudisch-rabbinischen Literatur doch erst irgend ein Zeugnis beigebracht werden, ehe man sich, wie noch Kautzsch 9; Dalman 105; Gr. Baudissin RE II[3], 514, bei diesem Quidproquo beruhigen könnte. Mag immerhin der Gedanke an זבל düngen, זֶבֶל Mist, זִבּוּל Düngung und die üblich gewordene Übertragung dieser Worte auf den Götzendienst (Levy I, 509 f.) dazu beigetragen haben, dem Namen Beelzebul einen schimpflichen Sinn zu geben, eine Transscription von *sebel* oder *sibbul* kann der Name nach den allein überlieferten Formen *Βεελ* (oder *Βεε* oder *Βε*) -*ζεβουλ* nicht sein, sondern nur von בְּעֵיל זְבוּל, „Herr der Wohnung". Unter der Wohnung ist dann natürlich nicht diejenige Gottes, der Tempel, gemeint (1 Reg 8, 13), sondern die Behausung der Toten (Ps 49, 15), die Burg des Hades, von wo alle Mächte des Verderbens hervorbrechen (Mt 16, 18; Lc 8, 31; Ap 9, 1—11; 20, 1—3). Jesus nimmt seine Gegner beim Wort. Wenn sie den Teufel einen Herrn der Behausung nennen, so sollten sie auch bedenken, daß er als solcher einem geordneten Hauswesen vorsteht, welches er selbst nicht mutwillig zerstören und, solange er sich wehren kann, nicht ausrauben lassen wird (Mt 12, 25. 29). Haben sie ihn selbst so genannt, so kann er den Namen sich aneignen, indem er den Jüngern zu bedenken gibt, daß er der Herr des Hauses ist, dessen Genossen sie sind (Mt 10, 25). Das erste Wort des zusammengesetzten Namens hat aram. Form, das zweite ist ebensowohl hebräisch. — Hieher gehören auch solche Wörter, welche in der Umgebung Jesu gebraucht worden sind, ohne daß ausdrücklich berichtet wäre, er habe sie in den Mund genommen: 1) Mr 10, 51; Jo 20, 16 *ῥαββουνι*, von den Varianten ist nur *ῥαββωνει* cod. *Δ* in Mr, D Vulg. in Jo beachtenswert. Die Aussprache von רַבּוּנִי, „mein Herr, Gebieter" mag zwischen *u* und *o* in Penultima geschwankt haben, die jüdische Aussprache *ribboni* (Levy IV, 416) wird späterer Zeit angehören. Von den Syrern haben Sh S[1] Jo 20, 16 dies Wort beibehalten, S[1] Mr 10, 51 רבי, Ss an beiden Stellen רבולי, Sc fehlt. Das Wort unterscheidet sich von *ῥαββι*, der Anrede des Schülers an den Lehrer (Mt 23, 7 f., also auch Jo 13, 13 vorausgesetzt; bei Mt 4 mal; Mr 3 m., Jo 8 m., Lc gar nicht), welche Jo 1, 39 richtig durch *διδάσκαλε* übersetzt wird; denn das Suffix „mein" (Lehrer) wurde, wie die Anwendung von seiten sehr fern Stehender und der Gebrauch des Titels in bezug auf dritte Personen beweist, nicht mehr empfunden (cf *monsieur*). — 2) Joh 1, 42; 4, 25 *Μεσσίας* durch *Χριστός* übersetzt, daher überall als Original des letzteren vorauszusetzen, und von den Syrern in der Transscription משיחא für *Χριστός* gesetzt. Nur Sh, der auch sonst griechische Formen (z. B. יסוס = Jesus) bewahrt hat, schrieb Jo 1, 42; 4, 25 מסיא, wodurch ihm möglich wurde, worauf Ss Sc S[1] verzichteten, auch in sklavischer Nachbildung des Originals eine Übersetzung beizufügen. Durch Weglassung des Artikels Jo 4, 25 trotz der begrifflichen Determination beweist der Schriftsteller, daß er die determinirende Bedeutung des st. emphat. מְשִׁיחָא = hebr. הַמָּשִׁיחַ empfindet

s. oben S. 10 über Kepha = ὁ Πέτρος. Die Meinung Lagarde's (Verhältnis des deutschen Staats etc., 1873 S. 29; Semitica I, 50; Symmicta II, 92; Übersicht über die Bildung der Nomina 1889, S. 93—95; Register und Nachträge dazu, 1891, S. 62 f.), daß *Μεσσίας* auf ein מְשִׁיחָא zurückgehe, welches anfänglich assyrisch oder babylonisch, später nabatäisch d. h. ostjordanisch sein und „der wiederholt Salbende" bedeuten sollte, hat mit Recht keinen Anklang gefunden. Schon der erste Schriftsteller, der es in griechische Buchstaben übertragen hat, hätte es gründlich misdeutet durch seine Übersetzung *ὁ Χριστός*, aber ebenso schon vor ihm die griechisch redenden Christen, welche schon vor dem J. 43—44, während dessen in Antiochien der Name *Χριστιανοί* aufkam (§ 40 A 9), ihren Herrn *ὁ Χριστός* nannten. Das doppelte *σσ* besonders im Inlaut für einfaches שׁ hat Analoga genug: *Αβεσσα* cod. B 1 Sam 26, 6; Jos ant. XVII, 1, 3; *Αβεσσαλωμ* LXX 2 Sam 3, 3; 13, 1 ff., was auch 1 Mkk 11, 70; Jos. ant. VII, 1, 4 nicht unbezeugt ist; *Ελισσαιος* cod. A von 1 Reg 19, 16 an durchweg, bei Jos. ant. VIII, 13, 7 überwiegend, bei Lc 4, 27 nicht unbedeutend bezeugt; *Ιεσσαι* 1 Sam 16, 1 ff.; Jes 11, 1 (א *Ιεσαι*), Mt 1, 5 f.; Lc 3, 32; שְׁחִיתָא Dan 6, 5 (al. 4) von Hieron. (Vall. V, 658) durch *essaitha* wiedergegeben. Wenn dies alles nicht genügen sollte, die Form *Μεσσίας* zu erklären, dürfte man die Jo 1, 42; 4, 25 nicht ganz gering bezeugte LA *Μεσίας* für die ursprüngliche erklären. — 3) Mt 21, 9. 15; Mr 11. 9. 10; Jo 12, 13 *ωσαννα*, Ss Sc (soweit sie vorhanden sind) und S[1] überall אושענא, dagegen Sh הושענא, *osanna* auch im Hebräerev nach Hieron. epist. 20 (GK II, 650. 694), nach Didache 10, 6 früh in die Abendmahlsliturgie aufgenommen; nach Hegesippus (Eus. h. e. II, 23, 14) auch vom Volk in Jerusalem im J. 66 gerufen. Es liegt, wie auch die umgebenden Worte in den Evv zeigen, ohne Frage das הוֹשִׁיעָה נָּא aus Ps. 118, 25 zu Grunde, welches jedem jüdischen Kind wenn nicht aus diesem Psalm, dann aus der Liturgie des Laubhüttenfestes geläufig war, an welches auch die Palmzweige erinnerten cf Delitzsch, Ztschr. f. luth. Th. 1855 S. 653 ff. Die wohl zuerst von Merx bei Hilgenfeld, NT extra can. IV, 26, ed. II p. 25 vorgetragene Ansicht, welche Siegfried Ztschr. f. wiss. Th. 1884 S. 359 u. A. gebilligt haben, daß ein aramäisches אוֹשַׁעְנָא = „rette uns" zu Grunde liege, hat erstens alle Tradition gegen sich. Die griech. Übersetzer von Ps 118, 25 und die alten Ausleger haben *σῶσον δή* verstanden cf auch Hieron. Onomast. 62, 29. Daß aber Juden durch Misverständnis in der biblischen Form ein Suffixum der 1. Person Plur. gefunden hätten, müßte doch erst bewiesen werden. Zweitens vertragen sich die Dative „dem Sohne Davids" (Mt 21, 9. 15) oder „dem Gotte Davids" (Did. 10, 6) nicht damit, daß die, welche Jesu so zujauchzten, oder die, welche dies berichtet haben, in dem *Osanna* ein „uns" enthalten dachten. Drittens aber gibt es im Aram. ein Verbum ישׁע oder ein damit stammverwandtes gar nicht. Das Hiphil dieses hebr. Verbs wird in Targ. und Pesch. regelmäßig durch פרק wiedergegeben. Das talmudische הוֹשַׁעְנָא als Name des Lulab und (mit יוֹם) des letzten Laubhüttenfesttags, welches in der Form אושענא als Fremdwort zu den Syrern übergegangen und auf den Palmsonntag übertragen worden ist (Payne Smith Thes. s. v.), kann ja nichts anderes sein, als eine zusammengezogene Aussprache des hebr. Ausrufs, welche die Evv und die Liturgie der Didache genau wiedergegeben haben. Den aramäisch redenden Juden wird diese Aussprache als eine Assimilirung an ihre gewöhnliche Sprache erschienen sein; und wenn die Ostsyrer Ss Sc S[1] das anlautende ה durch א ersetzt haben, während Sh die hebräische Schreibung mit ה beibehielt, so ist das eine weitere Aramaïsirung des hebr. Fremdworts, ebenso oberflächlich und scheinbar, als wenn ein und derselbe Eigenname im palästinischen Talmud *Hoschaja*, im bab. Talmud *Oschaja* heißt (Levy I, 48. 460), oder wenn das von הִגִּיד gebildete, also hebräische הַגָּדָה in beiden Talmuden auch אַגָּדָה und אַגַּדְתָּא geschrieben wird. Das Wort ist dadurch etwa ebenso sehr und so wenig zu einem aramäischen geworden, als Pension-irung deutsch ist. Umgekehrt wird das aramäische Wort „Königin" auf dem

Sarkophag einer jüdischen Fürstin, wahrscheinlich aus Adiabene (C. I. Sem. II nr. 156 s. A 12) einmal mit syrischer Schrift richtig מלכתא, einmal in hebr. Quadratschrift מלכתה geschrieben, was jüdischer aussah. Ob im Hebräerev das *ωσαννα* mit einem ה oder einem א anfing, können wir aus dem Bericht des Hieronymus nicht ersehen, und noch weniger läßt sich entscheiden, mit wie starkem Anhauch am Palmsonntag die Einen und die Andern in dem gemischten Volkshaufen die erste Silbe dieses Wortes ausgerufen haben.

4. Schon LXX (und Theodotion) haben Dan 2, 4; Esra 4, 7 אֲרָמִית durch *συριστί* (Vulg. *syriace*) übersetzt, also das sogen. biblische Aramäisch Syrisch genannt. Das entsprechende סוּרִיסְטִין und לְשׁוֹן סוּרְסִי ist bei den palästinischen Rabbinen üblich gewesen zur Bezeichnung sowohl des biblischen Aramäisch als der Umgangssprache ihrer Zeit cf Dalman Gr. 2; Levy I, 168; II, 529; III, 495. Nach Sota 49 b (cf Baba Kamma 83 a) sagt der um 200 in Palästina lebende Juda, der Nasi, der Redaktor der Mischna: „Was soll im Lande Israels die syrische Sprache? Nur entweder die heilige Sprache oder die griechische.“ Ein in Babylonien lebender R. Joseph hat das so umgestaltet: „Was soll in Babel die aramäische Sprache? Nur entweder die heilige Sprache oder die persische.“ Nach jer. Sota VII fol. 21 c sagt dagegen Samuel bar-Nachman im Namen des R. Jochanan: „Nicht sei die syrische Sprache gering in deinen Augen; denn in der Thora, den Nebiim und den Kethubim ist sie gesprochen“, was sodann durch Gen 31, 47; Jer 10, 11; Dan 2, 4 belegt wird; cf Midrasch zu Gen 31, 47 übersetzt von Wünsche S. 364. In jer. Sota VII fol. 21 c schließt sich an: „Jonathan von Bethgubrin (also ein Südpalästinenser) spricht: Vier Sprachen sind geeignet, daß die Welt sich ihrer bediene, nämlich die griechische zum Liede, die römische zum Kriege, die syrische zur Klage, die hebräische zur Rede, und Einige sagen: auch die assyrische zur Schrift.“ Justinus, aus der Kolonie Flavia Neapolis in Samarien gebürtig, nennt dial. 103 die Sprache der Nichtgriechen Palästinas *ἡ Ἰουδαίων καὶ Σύρων φωνή* und unterscheidet sie, soweit der verderbte Text erkennen läßt, von *ἡ Ἑβραίων φωνή*. Eusebius von Cäsarea, welcher als Bischof einer Stadt, deren nichtjüdische Bewohner und Nachbarn Jos. vita 11; bell. II, 18, 1 f. Syrer nennt, der Landessprache nicht unkundig bleiben konnte, und welcher auch einige Kenntnis des Hebräischen wohl schon in jungen Jahren bei Dorotheus in Antiochien erworben (Eus. h. e. VII, 32, 2) und als Exeget vielfach betätigt hat, nannte „Syrisch“ nicht nur die Sprache von Edessa, aus welcher er die Legende von König Abgar ins Griechische übersetzt hat (h. e. I, 13, 5. 20; IV, 30), sondern auch die Landessprache Palästinas, in welche für die Nichtgriechen in den sprachlich gemischten Gemeinden wie Jerusalem und Skythopolis die einzelnen Stücke des griechischen Gottesdienstes durch Dolmetscher mündlich übersetzt werden mußten (Syr. Text des Buchs von den Märtyrern Palästinas ed. Cureton p. 4 cf die von Violet herausgegebenen lateinischen und griechischen Excerpte in Text. und Unters. XIV, 4, S. 7. 110). Ebenso Silviae peregrin. ed. Gamurrini p. 107; Hieron. epist. 108, 30; vita Hilarionis c. 22. 23 (Vall. I, 723; II, 25); Marci vita Porphyrii Gaz. (Bonn 1895) p. 55—57. Gemeint ist die Sprache des sogenannten Evangeliarium Hierosolymitanum. Cf überhaupt Forsch I, 18—44; 268—272; II, 292—299; GK I, 43; II, 659 f. Eusebius trägt aber auch kein Bedenken, die Muttersprache der galiläischen Apostel Syrisch zu nennen: demonstr. ev. III, 7, 10 *ἄνδρες τῇ Σύρων ἐντραφέντες μόνῃ φωνῇ* cf III, 4, 44; theoph. syr. ed. Lee IV, 6; V, 26. 46, teilweise auch griechisch bei Mai, nova p. bibl. IV, 1, 118. 120. So quaest. ev. ad Steph. bei Mai p. 270 (wahrscheinlich Worte des Julius Africanus, welcher 100 Jahre vor Eusebius zu Nikopolis in Palästina schrieb, Forsch I, 40 A 4): *ὁ Ματθαῖος Σύρος ἀνήρ*. In diesem Sinn nannte Lucian, dessen Muttersprache das in Samosata gesprochene Syrisch war (Forsch II, 297), Jesus den allbekannten Syrer aus Palästina, der sich auf Heilung Dämonischer versteht (Philopseudes 16), und wurde der jüdische König Agrippa von den Alexandrinern als ein Syrer durch den Zuruf מָרִי, etwa = *monseigneur* verhöhnt (Philo

c. Flaccum 6 Mangey II, 522 f. cf Dalman Gr. 120 A 2). Der „fünfsprachige“ Epiphanius (Hieron. c. Rufin. III, 6), ein Palästinenser von Geburt, nach einer wenig glaubwürdigen Biographie sogar ein Jude und von einem Rabbi auferzogen (opp. ed. Dindorf V p. V f.), nennt da, wo er genau reden will (haer. 69, 68 oben S. 9), die aramäisch gesprochenen Worte des Gekreuzigten im Unterschied von den bei Mt 27, 46 damit verbundenen hebräischen Worten „syrisch“. Hieronymus in seiner Erklärung der hebräischen Namen in der Bibel setzt zu den von ihm als aramäisch angesehenen Namen und Worten des NT's regelmäßig *Syrum est* (Onomastica ed. Lagarde p. 62, 19; 63, 3. 13; 64, 27; 65, 12; 66, 14. 28; 67, 27; 71, 7; 73, 24; 75, 25), häufig noch mit dem Zusatz *non hebraeum* (p. 60, 18. 21. 25. 29; 61, 23; 63, 17 cf die Stelle über Mammonas oben S. 12 und die deutliche Unterscheidung von Hebräisch und Syrisch Quaest. hebr. in Gen. ed. Lagarde 22, 11; 50, 29). Wo der Unterschied zwischen hebr. und aram. Form unerheblich ist oder ein Teil eines zusammengesetzten Wortes eine hebr. Deutung zulässig erscheinen läßt, drückt er auch dies, allerdings manchmal ziemlich unklar aus. Onom. p. 60, 22 *„Barjona“, filius columbae, syrum est pariter et hebraeum, „bar“ quippe lingua syra filius, et „jona“ columba utroque sermone dicitur* cf p. 65, 30 f.; 67, 22. 28; comm. in Matth. 10, 13 (Vall. VII, 60 cf die textkritische Note dazu) *quod enim graece dicitur χαῖρε et latine „ave“, hoc hebraico syroque sermone appellatur „Salom lagh (lach?)“ sive „Salama lach“ id est „pax tecum“*; comm. in Gal. 2, 11 (Vall. VII, 409) *quod quam nos latine et graece petram vocemus, Hebraei et Syri propter linguae inter se viciniam Cephan nuncupent.* Dazu kommt, daß Hieronymus mit Rücksicht auf Dan 2, 4 das biblisch-jüdische Aramäisch *sermo chaldaeus* oder *chaldaicus* zu nennen beliebte (Praef. in Dan., Tob., Judith IX, 1361; X, 2 f. 22), während er doch in der Übersetzung von Dan. 2, 4 *syriace* gebraucht hatte. Daher dann die Verbindung *Syrorum et Chaldaeorum lingua* im Prol. galeatus n ll. Regum (Vall. IX, 454) und die Aussage über das Hebräerevangelium c. Pelag. III, 2 (Vall. II, 782) *chaldaico quidem syroque sermone, sed hebraicis literis scriptum est* cf GK II, 659 ff. Der des Syrischen kundige Theodoret (cf Forsch I, 39—43) erkennt innerhalb der syrischen Sprache, die man in Palästina, Phönicien, am Euphrat und in Edessa rede, keine anderen mundartlichen Verschiedenheiten an als solche, wie sie nach Judic 12, 6 innerhalb des alten Israels bestanden (opp. ed. Schulze I, 337). Dazu das Urteil eines neueren Philologen (Sachau, über das palmyrenische Steuergesetz vom J. 137 n. Chr. Ztschr. d. deutsch. morg. Ges. 1883 S. 564): „Dem biblischen Aramäisch steht kein inschriftliches Denkmal so nahe, wie diese palmyrenische Steuerinschrift. . . . Es ist die Sprache, welche man in Palästina zur Zeit der Abfassung der Bücher der Chronik (um 200 v. Chr.) und des Daniel (167. 166 v. Chr.), dieselbe die man zur Zeit Hadrians in Palmyra sprach . . . Es ist die Sprache Christi und seiner Zeitgenossen.“ Die alten syrischen Übersetzer der Evv erkannten in den griechisch geschriebenen aramäischen Worten und Sätzen ihre eigene Sprache wieder und haben diese Worte entweder ganz unverändert (Mr 5, 41) oder mit geringer Änderung der Form (Mr 15, 34) in syrische Buchstaben umgeschrieben, so daß fast alle die Übersetzung betreffenden Bemerkungen der Evv wegfallen konnten. Erst S[1] im Unterschied von den älteren Ss Sc zeigt öfter z. B. Mr 14, 36; Jo 20, 24 das überflüssige Bemühen, auch solche für sie entbehrliche Bemerkungen den Syrern zu erhalten.

5. Die Schatzhöhle (syrisch und deutsch von Bezold, deutscher Teil S. 29, auch am Rand des syr. Textes) nennt als Ursprache der Menschheit „die syrische Sprache, welche die aramäische ist; denn diese Sprache ist der König (so, weil לשׁן masc.) aller Sprachen . . ., denn alle Sprachen auf der Erde sind von der syrischen ausgegangen, und mit ihr gemischt sind alle Reden in den Büchern“. Cf das Urteil des Syrers Tatian über das Griechische or. c. Graec. 1. 26 und meine Erklärung desselben Forsch I, 271 f.

6. Über das Aramäische in persischer Zeit cf Nöldeke, die semit. Sprachen, eine Skizze, 2. Aufl. (1899) S. 34. Den Beweis liefern unter anderem die aramäischen Inschriften und Papyri aus Ägypten, beginnend mit a. 482 v. Chr. (C. I. Sem. II. nr. 122). Cf Esra 4, 7.

7. Das heidnische Weib aus der Gegend von Tyrus und Sidon nennt Mt 15, 22, seinem altertümlichen Stil entsprechend (cf 2, 20 f. *γῆ Ἰσραήλ* und dazu den Ausspruch Juda's oben S. 15 A 4), eine Kanaaniterin, Mr 7, 26 mit Rücksicht auf ihre heidnische Religion *Ἑλληνίς* (s. § 2 A 2), daneben aber *Συροφοινίκισσα*, um sie nach ihrer Abstammung als Phönicierin und nach ihrer Sprache als Syrerin zu bezeichnen, und gewiß nicht, um überflüssigerweise zu sagen, in welchem Lande Tyrus (7, 24) liege; cf Lucian, deor. concil. 4, wo *Συροφοίνιξ* im Gegensatz zu *Ἕλλην* den syrisch redenden Phönicier bezeichnet. *Συροφοινίκη* findet man erst bei Justinus, welcher es mit Rücksicht auf eine neuerdings getroffene, wahrscheinlich jedoch nur vorübergehend in Geltung gebliebene administrative Maßregel gebraucht, indem er dial. 78 im Gegensatz zur Zeit der Geburt Christi von Damaskus sagt: *νῦν προσνενέμηται τῇ Συροφοινίκῃ λεγομένῃ* (cf Spart. Hadrianus 14 und den auf Justin fußenden Tertullian c. Marc. III, 13), ein Ausdruck, welchem die Archäologen nicht gerecht werden, wenn sie die erste Einrichtung einer Provinz dieses Namens erst um 194 ansetzen s. die Zusammenfassung bei Marquardt, Röm. Staatsverw. I², 423 f. — Die Inschriften aus der Zeit des Aretas (Haritat) IV bei Euting, Nabatäische Inschriften (1885) nr. 1—20 oder C. I. Sem. II, nr. 196 ff. Vielleicht sprach man schon zur Zeit Nehemias in Moab und in Asdod aramäisch in verschiedenen Mundarten, so daß das „Jüdisch" Nehem 13, 24 wesentlich den gleichen Gegensatz hat wie Jes 36, 11.

8. Noch unter den hasmonäischen Fürsten Johannes Hyrkan (a. 135—105) und Aristobul (a. 105—104) ist die Sprache der Münzen ein reines Hebräisch (Madden, Coins of the Jews, 1881 p. 76—83). Auch als Alexander Jannai (a. 104—78) es wagte, neben Münzen mit hebräischer Schrift, worauf er sich als Hoherpriester bezeichnete, Münzen mit griechischer Schrift auf der einen, mit semitischer auf der anderen Seite prägen zu lassen, worauf er sich den Königstitel gab, bediente er sich auf beiderlei Münzen eines rein hebräischen Ausdrucks (Madden p. 83—90). Selbst sein aramaïsirter Name יַנַּאי ist durch die ursprünglichen hebräischen Formen יהונתן oder ינתן, seltener יונתן ersetzt.

9. Hilfsmittel zur ersten Orientirung über das Neuhebräische der Gelehrten: Geiger, Lehr- und Lesebuch zur Sprache der Mischnah, 2 Teile, 1845; Siegfried und Strack, Lehrbuch der neuhebräischen Sprache, 1884. Da das griech. *ἰδιώτης*, von den Juden הֶדְיוֹט gesprochen, den Ungebildeten im Gegensatz zu dem Gelehrten, bei den Juden also zum Schriftgelehrten bezeichnet (AG 4, 13 *ἀγράμματοι καὶ ἰδιῶται* cf Artemid. IV, 59 = *ἀπαίδευτοι*), so bildet לשון הדיוט zunächst den Gegensatz zur „Sprache der Gelehrten" (לשון חכמים) oder der „Sprache unserer Lehrer". Da aber die letztere mit dem biblischen Hebräisch zusammen der aramäischen Volkssprache gegenüber als eine einzige sich darstellte, so tritt die Idiotensprache ebenso der „heiligen Sprache" gegenüber (jer. Sanhedr. 25d Z. 8), wie anderwärts das „Sursi" (S. 15 A 4), welches eben die Idiotensprache ist, während andrerseits die „Sprache der Gelehrten" auch wieder von der „Sprache der Thora", dem biblischen Hebräisch unterschieden wird.

10. Nicht nach so gebieterischen Worten wie denjenigen Juda des Nasi (oben S. 15 A 4) muß man das wirkliche Verhältnis von Hebräisch und Aramäisch auch in den gelehrten Kreisen beurteilen. Wenn unter den guten Werken, wodurch man sich das ewige Leben verdient, auch dies genannt wird, daß Einer, der im Lande Israels wohnt, auch die heilige Sprache rede (jer. Schekalim III, 47c Z. 2 v. u.), so sieht man, daß das eine bedeutende Leistung war. Ein sehr alter Kommentar (Sifre bei Ugolini, Thes. XV, 581) betont zu Deut 11, 19, daß dort nur von den Söhnen, nicht von den

Töchtern die Rede sei, und fügt die Bemerkung eines R. Jose ben Akiba (soll wohl heißen Akabja s. Strack, Einl. in d. Talmud 84) hinzu: „Daher sagt man: Wenn der Knabe anfängt zu sprechen, soll der Vater mit ihm die hl. Sprache sprechen und ihn die Thora lehren. Unterläßt er dies, so ist das so gut, als ob er ihn begrübe." Dem Origenes bekannte ein gelehrter Jude in Palästina, von Dingen, welche nicht irgendwo in der hl. Schrift genannt seien, getraue er sich nicht zu sagen, wie sie auf hebräisch heißen, und den Gelehrtesten gehe es darin nicht besser; es sei aber voreilig, in solchen Fällen die syrische Sprache anstatt der hebräischen heranzuziehen (Orig. epist. ad Afric. § 6, Delarue I, 18).

11. Josephus gebraucht neben *πάτριος γλῶσσα* (bell. V, 6, 3) und *πατρίως* (bell V, 2, 1) nicht selten und mit Recht auch *ἡ ἐπιχώριος γλῶσσα.* Wenn ein Jude in dieser Sprache *δορκάδος παῖς* „Sohn der Gazelle" geheißen haben soll bell. IV, 3, 5, so hat er בַּר טְבִיתָא geheißen cf AG 9, 36; Levy II, 134. Cf bell. V, 4, 2 *ἐκλήθη δ' ἐπιχωρίως Βεζεθᾶ τὸ νεόκτιστον μέρος ὃ μεθερμηνευόμενον ἑλλάδι γλώσσῃ καινὴ λέγοιτ' ἂν πόλις.* Dieser Name ist hier und II, 15, 5; 194; V, 5, 8 sehr mannigfaltig überliefert s. unten A 15.

12. Das von den Juden Palästinas gesprochene Aramäisch oder Syrisch (oben S. 2 f.) wird *ἑβραϊστί* genannt Jo 5, 2; 19, 13. 17; denn wie immer man über die LA 5, 2 entscheiden mag, es liegen an allen drei Stellen aramäische Wortformen vor (A 15). Das Gleiche ist dann auch für den Kreuzestitel 19, 20 die nächstliegende Annahme. Ist Jo 20, 16 an der Echtheit von *ἑβραϊστί* nicht zu zweifeln, so gilt es einer junghebräischen Bildung. Auch Josephus nennt ohne Unterschied hebräische und aramäische Formen hebräisch: ant. III, 10, 6 *πεντηκοστή, ἣν Ἑβραῖοι ἀσαρθᾶ καλοῦσι,* hebr. עֲצֶרֶת, aram. עֲצַרְתָּא und erst so in der Bedeutung von Pentekoste. Obwohl ihm der Unterschied von Hebräisch und Syrisch aus den Studien seiner Jugend wie aus dem AT (ant. X, 1, 2 cf III, 7, 2) ganz deutlich gewesen sein muß, substituirt er doch ohne weiteres aramäische Formen für hebräische, nicht nur in *σάββατα, πάσχα,* worin LXX vorangegangen war (oben S. 12), sondern auch auf eigene Hand, wie wenn er ant. III, 7, 1 von den Priestern sagt *οὓς χαναναίας* (besser *χααναίας*) *καλοῦσιν* = כַּהֲנַיָּא cf Siegfried, Ztschr. f atl. Wiss. 1883 S. 50. Wenn *ἀδώμα* = „roth" hebräisch sein soll (ant. II, 1, 1), so kann auch *χαγίρας* oder *ἀγίρας* = „lahm" (bell. V, 11, 5) hebräisch heißen. Die „Sprache der Hebräer", in welcher ein Freigelassener des Königs Agrippa I diesem in Rom den Tod des Tiberius meldete (ant. XVIII, 6, 10), wird keine andere sein, als die, welcher die Alexandriner für denselben Agrippa den Spottnamen *Mari* entlehnten (oben S. 15). Es ist die *πάτριος γλῶσσα* der Jerusalemer (bell. V, 6, 3; 9, 2; cf c. Apion. I, 9), deren Gebrauch bell. VI, 2, 1 *ἑβραΐζειν* heißt. In dieser Sprache hat Josephus sein Werk über den jüdischen Krieg ursprünglich geschrieben, damit die Juden im ganzen Orient es läsen (bell. I prooem. 1 f.). Indem er ebendort den Leserkreis, auf welchen jene erste Ausarbeitung berechnet war, zunächst als *οἱ ἄνω βάρβαροι* im Gegensatz zum Bereich der griechischen Literatur bezeichnet (§ 1) und dann erst (§ 2), wo er als deren Wohnsitze die entlegensten Teile Arabiens, ferner Parthien, Babylonien und Adiabene nennt, beiläufig merken lässt, daß er wesentlich doch nur seine dortigen Volksgenossen im Auge habe, spricht er auch aus, daß die lebendige Sprache, welche er seine *πάτριος γλῶσσα,* wir würden sagen, seine Muttersprache nennt, im Grunde die gemeinsame Sprache des ganzen beschriebenen Ländergebiets sei. Wenn der zum Judentum übergetretene adiabenische König Izates 5 seiner Söhne nach Jerusalem schickte, damit sie die dortige Sprache und Bildung genau erlernten (*γλῶτταν τὴν παρ' ἡμῖν πάτριον* sagt Jos. ant. XX, 3, 4), so folgt nur, daß ein Syrer aus Adiabene das Aramäische eben nicht genau so sprach, wie man es, um mit Josephus zu reden, „bei uns" in Jerusalem sprach. Der Sarkophag einer Prinzessin wahrscheinlich dieses Fürstenhauses trägt eine doppelte aramäische Inschrift (C. I. Sem. II nr. 156 cf Schürer III, 121 oben S. 15 Z. 1). Dies also war die *πάτριος γλῶσσα*

des Josephus, welche er nicht selten hebräisch nennt. So drückten sich auch diejenigen Kirchenlehrer aus, welchen Kenntnis des Sachverhalts nicht abzusprechen ist. Eusebius, oder vielleicht Julius Africanus (oben S. 15) nennt in einem Atemzug den Matthäus einen syrischen Mann und „der Sprache nach einen Hebräer“. Derselbe nennt das aramäische Hebräerev, welches er in Händen gehabt und mit Verstand excerpirt hat, „das Ev, welches bei den Juden ist in hebräischer Sprache“ (theoph. IV, 12). Ebenso nennt Hieronymus, welcher sich mit diesem Ev als Abschreiber und zweimaliger Übersetzer genau bekannt gemacht und seinen Sprachcharakter genau bezeichnet hat (oben S. 16), sehr häufig ein hebräisches Ev oder den hebräischen Matthaeus (GK II, 651 ff.), und dieselben aramäischen Wörter und Namen des NT's, welche er im Onomastikon und auch sonst für nicht hebräisch, sondern syrisch erklärt, nennt er anderwärts doch wieder ganz häufig hebräisch (oben S. 12 Z. 11; GK II, 660). Epiphanius, welcher, wie S. 10 Z. 1 gezeigt, Hebräisch und Syrisch sehr wohl zu unterscheiden weiß, faßt doch an derselben Stelle, wo er die Unterscheidung ausspricht, und unmittelbar bevor er dies tut (haer. 69, 68 Dind. III, 221, 26), beide Sprachen unter den Begriff der *ἑβραϊκὴ διάλεκτος* zusammen. Ebenso rechnet er haer. 26, 1 das syrische נוּרָא „Feuer“ zunächst zur hebräischen Sprache, fügt aber sofort hinzu, freilich nicht zu der „tiefen“ d. h. alten Sprache dieses Namens, in welcher das Feuer ganz anders heiße, sondern zum syrischen Dialekt. Trotzdem behauptet er anderwärts, *βάρ* sei ein hebr. Wort (ancyr. 2). Noch um 600 nannte Johannes Moschus die Landessprache Palästinas *ἑβραϊστί* (Prat. spir. 136, Migne 87, 3000, in der alten Übersetzung syriace). Aus alledem folgt, daß auf dem ganzen Gebiet der ntl und der altkirchlichen Literatur das Wort „Hebräisch“ ebensogut die aramäische Sprache der orientalischen Juden als die Ursprache des AT's und die Gelehrtensprache der Rabbinen bezeichnet.

13. Was Mr 14, 70 auch nach dem gereinigten Text voraussetzt, aber nicht ausspricht, weil seine, wahrscheinlich in Rom zu suchenden Leser mit den Sprachverhältnissen Palästinas nicht bekannt waren, spricht Mt 26, 73 *καὶ γὰρ ἡ λαλιά σου δῆλόν σε ποιεῖ* für seine palästinischen Leser aus. Das Wort ist nicht gleich *διάλεκτος* im antiken Sinn dieses Wortes (AG 2, 6. 8), bezeichnet nicht eine grammatisch und lexikalisch verschiedene Sprache oder Mundart, sondern die Sprechweise (cf auch Jo 8, 43) und bezieht sich auf Accent und Aussprache. Solche Verschiedenheiten hatten von jeher bestanden cf Judic 12, 6 und dazu Theodoret (Schulze I, 337). Die Anekdoten, wodurch im Talmud der galiläische „Dialekt“ verspottet wird, besonders Erubin 53b, betreffen die Aussprache ähnlich lautender Konsonanten (Neubauer 51; Dalman 43 und zur Veranschaulichung Fischer in seiner Bearbeitung der Chald. Gramm. von Winer 31 ff.). Es fehlt im NT jede Andeutung davon, daß Jesus in Jerusalem durch seine Sprache aufgefallen sei, obwohl er wie Petrus als Ungelehrter (Jo 7, 15) und als Galiläer (Jo 7, 41) scheel angesehen wurde. Bei aller Hochachtung vor der gelehrten Gründlichkeit, womit neuerdings Dalman judäisches und galiläisches Aramäisch von einander zu sondern bemüht war (besonders Gr. S. 33—40), darf man fragen, ob die zu Grunde gelegte Unterscheidung der Quellen eine genügend sichere Grundlage für ein solches Unternehmen bietet.

14. Wie der Vergleich der von Nichtjuden gesprochenen aramäischen Mundarten (Ostsyrisch, Westsyrisch, Nabatäisch, Palmyrenisch), deren Einfluß auch die aramäisch redenden Juden sich nicht entziehen konnten, mit den oberdeutschen Dialekten (Alemannisch, Schwäbisch, Bayrisch, Fränkisch etc.), die trotzdem bestehende Einheit der Sprache veranschaulicht, so mag die Erinnerung an den Gegensatz von Oberdeutsch (Hochdeutsch) und Niederdeutsch (Plattdeutsch) dem Unkundigen eine gewisse Vorstellung vom Verhältnis des Hebräischen zum Aramäischen geben. Wie oberdeutschem z und ß plattdeutsches t entspricht (Zeit = *Tid*, lassen = *lâten*, beißen = *biten*, muß = *möt*), so hebräischem זהב Gold, צור Fels, אשור Assyrien aramäisches דהב, טור, אתור. Dadurch aber

wird der Abstand sofort viel größer, daß das Aram. keinen Artikel und in seinem auf â auslautenden Status emphaticus (טוּרָא) nur einen mangelhaften Ersatz dafür besitzt.

15. Wenn Jo 5, 2 der in den Hss sehr mannigfaltig geschriebene Name des Schwimmteichs am Schaftor nicht wie 9, 7 übersetzt, aber doch bemerkt wird, daß er ein hebräischer sei, so zeigt dies, daß der Ev auf die Wortbedeutung reflektirt hat. Das hatte einen Grund und Sinn aber nur, wenn er *Βηϑεσδα* geschrieben und dies als בֵּית חֶסְדָּא „Haus der Gnade, Huld" verstanden haben wollte. Durch eine Tat barmherziger Liebe hat Jesus in Nachahmung seines allezeit wirkenden Vaters (5, 17—21) trotz des Sabbaths den Namen des Ortes wahrgemacht, während die Gegner, welchen die göttliche Liebe fehlt (5, 42), ihn als Sabbathschänder darum verklagen, dadurch aber auch von seiner belebenden Wirkung sich ausschließen (5, 40). Diese durch die griech. Hss (mit Ausnahme von D und den nahe zusammengehörigen א BL) vertretene LA ist von den alten Syrern (Sc Sh S¹, es fehlt Ss) so wie vorhin verstanden und transscribirt worden. Der Versuch von Delitzsch, Ztschr. f. luth. Theol. 1856 S. 622 f., es auf בית אסטיו und somit auf griech. *στοά* zurückzuführen, hat alles gegen sich: das *ἑβραϊστί*, die Bedeutungslosigkeit des so verstandenen Namens und die Beispiellosigkeit der Form, in welcher mit *πέντε στοὰς ἔχουσα* eine Art von Übersetzung beigefügt wäre. Er kann auch nicht durch die Behauptung gerechtfertigt werden, daß חסדא im Sinn von „Huld, Milde" im Aram. nicht recht gebräuchlich sei, cf dagegen beide Lexika von Levy, auch Dalman Gr. 107. Die v. l. *Βηϑσαιδα* (B Tert. bapt. 5; c. Jud. 13; Vulg. ed. Wordsworth I, 532; Hieron. nom. loc. hebr. Onomast. 108, 9 und die ägypt. Versionen) = בית צידא (Dalman 109), etwa „Jagdhausen", wäre bedeutungslos und erklärt sich daraus, daß man an Stelle eines unverstandenen Wortes einen aus dem NT bekannten Ortsnamen setzte. Ähnlich verhält es sich mit *Βηϑζαϑα* (א L) und *Βηζαϑα* (Eus. Onom. 240, 15) und anderen Variationen des letzteren Namens wie *Βελζεϑα* (D). Dieser nach Eusebius, wie es scheint, in der Lokaltradition von Jerusalem fortgepflanzte Name wird nichts anderes sein, als das *Βεζεϑα* des Josephus. Dieser Name eines Stadtteils von Jerusalem wird die Zerstörung im J. 70 und die Veränderungen unter Hadrian überdauert haben und wurde dann von der christlichen Bevölkerung an die Stelle des unverstandenen Bethesda gesetzt, immerhin noch etwas passender, als Bethsaida. Übrigens ist die Schreibung bei Josephus unsicher, und die Deutung zweifelhaft. Während noch Siegfried, Ztschr. f. atl. Wiss. 1883 S. 52 die Übersetzung des Josephus *καινὴ πόλις* (oben S. 18 A 11) auf aram. בית חדתא zurückführt und zu rechtfertigen sucht, legt Dalman 115 der Übersetzung des Josephus hebr. בית חדשׁה unter, verwirft sie aber, da der Name aram. בית זיתא „Ölbaumort" sei. Aramäisch wäre also der Name auf alle Fälle. — Ebenso *Ακελδαμα* (so die meisten, חקל דמא S¹, *Ακελδαμαχ* B, *Αχελδαμαχ* D, *Ακελδαμακ* E), welches nach AG 1, 19 der Sprache der Jerusalemer angehört (S¹ „in der Sprache des Orts") und in Übereinstimmung mit Mt 27, 8 *χωρίον αἵματος* übersetzt wird. Der erste Teil des zusammengesetzten Namens חקל, in den Targumen Übersetzung des hebr. שָׂדֶה, hat kein wesentlich identisches hebr. Wort zur Seite. Die Zurückführung des zweiten Teils auf syrisches דמך „schlafen" und die entsprechende Übersetzung „Totenfeld" oder „Todesacker" durch Klostermann Probl. S. 1—8 erscheint exegetisch nicht ausreichend begründet, soll dem palästinischen Sprachgebrauch nicht entsprechen und läßt sich durch das allerdings wahrscheinlich echte *χ* am Schluß nicht begründen. Dalman Gr. 161 cf 304 vergleicht *Ιωσήχ* Lc 3, 26 für יוֹסֵי, das abgekürzte Joseph, und *Σειράχ* für סִירָא. — *Γαββαϑα* Jo. 19, 13 (weniger richtig auch *Γαβαϑα* geschr., Sh גיבתא, S¹ גפיפתא, Ss Sc fehlen) wird wohl גַּבְּתָא sein (Neubauer 56; Dalman Gr. 108). Wenn aber der Ev *λιϑόστρωτος* (oder *-ον*), „gepflasterter Boden, besonders auch Mosaikboden", zwar nicht als seine Übersetzung gibt, aber doch bemerkt, daß die Juden diesen bestimmten Mosaikboden am Prätorium zu Jerusalem oder jeden solchen in ihrer Sprache Gabbatha nennen, so muß er eine Ableitung im Sinn haben, welche dies erklärt. Er

kann also nicht wohl an גב „Rücken, Hügel" oder an גַּבַּחְתָּא „Glatze" (Dalman, Worte S. 6) gedacht haben, sondern wohl eher an גבב (Stroh, Holz, Kräuter u. dgl. auflesen, zusammenraffen) und Subst. גבבה, גבבא (kleines Holz u. dgl., Beispiele bei Jastrow 204, Levy I, 291). Die Bedeutung Parket- oder Mosaikboden läge nahe genug. — *Γολγοθα* Mt 27, 33; Mr 15, 22; Jo 19, 17, in Sh גולגולתא, genau so geschrieben wie im Targ. Onkelos Exod 16, 16, der Stat. emph. zu גולגלא „Schädel", entsprechend dem hebr. גלגלת, im Griechischen durch Ausstoßung des zweiten, in Ss S[1] des ersten ל mundgerecht gemacht. — Die Örtlichkeiten bei Jerusalem *Βηθφαγη* Mt 21, 1; Mr 11, 1 (?); Lc 19, 29 (Sh בית פגאי, Ss S[1] ohne א, von Juden auch בית פאגי geschr., wörtlich „Haus der unreifen Feigen") und *Γεθσημανει* (*-νι*, *-νη*) Mt 26, 36; Mr 14, 32 (von allen syrischen Versionen verkannt, ist גַּת שְׁמָנֵי, wörtlich „Kelter der Öle") sind nicht etwa, wie so viele Namen bei Josephus, durch Anhängung einer Endung hellenisirt, sondern als indeklinabel behandelte, genaue Wiedergaben aramäischer Plurale auf ē oder ī für īn cf Dalman Gr. 152 A 1—3. — Auch *Ὀφλᾶς* Jos. bell. II, 17, 9; V, 4, 2 ist aramaïsirt. Selbstverständlich sind daneben altehrwürdige Namen in Gebrauch geblieben, wie שִׁלֹחַ Jes 8, 6, in LXX (א auch Nehem 3, 15); Lc 13, 4; Jo 9, 7. 11 *Σειλωάμ* oder *Σιλωάμ*, von Josephus wohl regelmäßig *Σιλωᾶ* geschrieben, um es dekliniren zu können, bell. V, 4, 1. 2. Die heilige Stadt selbst wird der Jude, zumal der palästinische Jude, wenn er ihren Namen nicht etwa den Griechen durch die Umformung in *Ἱεροσόλυμα* mundgerecht machen wollte, nie anders als *Jeruschalem* gesprochen haben und gewiß niemals, wie man in Edessa sagte, *Urischlem*.

16. Es kann hier kein Onomastikon des NT's gegeben werden, aber doch einige Bemerkungen, die zum Teil von Belang sind für später folgende Einzeluntersuchungen. Wir finden althebräische Namen wie Jakob, Jochanan, Joseph, Juda, Simon ebensogut bei Galiläern als in Jerusalem und Judäa. Es mag sein, daß Jerusalemer wie der Geschichtschreiber Josephus die volle Form יוסף bevorzugten (Jos. vita 1; bell. I prooem. 1 *Ἰώσηπος*, wie der Patriarch ant. I, 19, 7, die Hohenpriester Joseph Kaiaphas ant. XVIII, 2, 2; Joseph Sohn des Kami ant. XX, 1, 3; der Vater Jesu, ein Judäer, im NT nie anders als *Ἰωσήφ*), und daß dagegen bei den Galiläern das abgekürzte יוסי (Dalman 75. 139 A 3) üblicher war (Mr 6, 3, wahrscheinlich auch Mt 13, 55, ein Bruder Jesu, Mr 15, 40. 47 [Mt 27, 56] ein anderer; Jos. bell. IV, 1, 41. 9 wahrscheinlich *Ἰωσην* zu lesen, ein Jude in Gamala; unter den großen Rabbinen „Jose der Galiläer", aber auch viele andere, welche nicht Galiläer waren, in den Verzeichnissen bei Strack, Einl. in d. Talmud S. 77—93 etwa ein Dutzend). — Das hebr. שִׁמְעוֹן wird schon Sirach 50, 1; 1 Mkk 2, 3 (neben *Συμεων* 2, 1. 65), bei Josephus und im NT regelmäßig *Σίμων* geschrieben, was mit einem griechischen Namen schon der klassischen Zeit vollständig zusammenfällt (Pape-Benseler WB. der griech. Eigenn. s. v.; Fick-Bechtel, Griech. Personennamen S. 251) und daher dem Griechen nicht so fremd klang wie *Συμεών*, was in LXX regelmäßig, in 1 Mkk an manchen Stellen allein überliefert ist, zuweilen auch von Josephus gebraucht ant. XII, 6, 1 (neben *Σίμων*); bell. IV, 3, 10; im NT von dem Greise Lc 2, 25. 34; im Munde des Jakobus AG 15, 14 und des Petrus selbst 2 Pt 1, 1 in bezug auf Simon Petrus; von einem Lehrer in Antiochien AG 13, 1; von dem israelitischen Stamme Ap 7, 7; einmal in der Genealogie Lc 3, 30. Diese Form klang altertümlicher und echter jüdisch. Das *ε* derselben war ein Versuch, den Laut des ע wiederzugeben, wie in *Ἐλ-ε-άζαρος*, und *υ* wie in *Συχέμ* Gen 34, 2 neben *Σίκιμα* Gen 33, 18. — In einem Hause zu Jerusalem führte der Mann den hebr. Namen Chananjah, die Frau den aram. Schappira oder Schafira (AG 5, 1). — Sehr verschiedenartige Namen finden wir in dem Hause zu Bethanien mit einander vereinigt, nämlich erstens מרים, welches die Masoreten (Exod 15, 20) *Mirjam* gelesen haben wollten, welches aber in ntl Zeit und schon lange vorher allgemein *Marjam* gesprochen zu sein scheint; denn LXX hat überall *Μαριαμ*, Josephus nach seiner Weise,

um griechisch dekliniren zu können, überall *Μαριάμη* (so mit einem *μ* wohl überall zu schreiben), nur einmal bell. VI, 3, 4 (Niese VI, 201) *Μαρία*. Die Mutter Jesu heißt entsprechend dem altertümlich hebraïsirenden Stil der Kindheitsgeschichten, worin allein sie häufiger vorkommt (sonst nur Mt 13, 55; Mr 6, 3; AG 1, 14), im Nominativ (v. l. Lc 2, 19), Akkusativ (auch Mt 1, 20) und Vokativ *Μαριάμ*, im Genetiv aber *Μαρίας*, im Dativ einmal *Μαρίᾳ* (AG 1, 14), einmal *Μαριάμ* (Lc 2, 5). Letztere Form nur noch Rm 16, 6 gut bezeugt von einer Christin aus dem Orient (unten § 23 A 1). Alle anderen Marien des NT's heißen stets *Μαρία*, so auch die von Bethanien. Cf Bardenhewer, Bibl. Stud. I, 1, 1—17, besonders auch S. 9 A. 1. 2. Die Schwester Martha trägt den aram., auch in der talmudischen Literatur nicht seltenen (Zunz, Ges. Schr. II, 14; Levy II, 234. 251), aber ganz unhebräischen N. מַרְתָּא „die Herrin" cf auch Orig. c. Cels. V, 62; Epiph. haer. 19, 2; der Bruder den althebr. Namen אֶלְעָזָר in einer damals gebräuchlichen Abkürzung *Λάζαρ* (-*ος*) Jo 11, 1 cf Lc 16, 20; Jos. bell. V, 13, 7; Jastrow 72. — Bezeichnend für die Sprache sind die zahlreichen Patronymika mit *Bar*, neben welchen im NT kein einziges mit dem entsprechenden hebr. *Ben* sich findet. Das bei Josephus, abgesehen von Barnabazos, was jüdische Umformung des persischen Pharnabazos sein wird (ant. XI, 6, 4), auch kein *Bar* — sich findet, kommt nur daher, daß er es durch *υἱός* oder *παῖς* übersetzt oder durch den Genetiv des Vatersnamens ersetzt. Der Simon, welchen er den Sohn des Gioras nennt bell. II, 19, 2; 22, 1, hieß nach Dio Cass. 66, 7; Tac. hist. V, 12 gut aramäisch בר גיורא d. h. Sohn des Proselyten. Wie dieser Simon werden die meisten, wenn nicht alle Träger solcher Vatersnamen daneben einen eigentlichen Personennamen geführt haben s. oben S. 10 über Simon Petrus. So die vielen, welche *Bar-abba*, „Sohn des Vaters", hießen (C. I. Sem. II nr. 154 und das Verzeichnis der Talmudlehrer in Strack's Einl. in d. Talmud 2. Aufl. S. 88. 90). So hieß der Bar-abba Mt 27, 16—26; Mr 15, 7—15; Lc 23, 18; Jo 18, 40 nach sehr alter Tradition, welche neuerdings durch Ss zu Mt 27, 16 bestätigt ist, Jesus (Forsch I, 105. 108; GK II, 699; dort auch über die aus dem Hebräerev stammende Misdeutung des Namens, als ob er „Sohn ihres Lehrers" bedeutete). So der Barsabbas AG 1, 23, welcher als seinen eigentlichen Namen Joseph und außerdem noch den lat. Beinamen Justus führte, und der Andere AG 15, 22, welcher eigentlich Juda hieß. Abgesehen von der öfter vorgekommenen Verwechselung des ersteren mit dem Joseph Barnabas AG 4, 36 (GK II, 562), schwankt die LA an beiden Stellen der AG wie bei Papias (Eus. h. e. III, 39, 9) zwischen -*σαββας* und -*σαβας*. Je nachdem wäre entweder an שׁבא (= שׁבתא Sabbath und Woche oben S. 12) zu denken, woran Hitzig, Merx' Archiv I, 107 erinnerte (während er selbst צבא, Kriegsheer, bevorzugte), oder an סָבָא, „der Greis", wie Theodoret das Wort auch als Eigennamen übersetzte (hist. rel. 2 Schulze III, 1119). Anderes bei Dalman Gr. 143 A 10. Auch über das zweite Element von Bar-nabas gehen die Meinungen noch weit auseinander (Hitzig l. l. 106; Klostermann, Probleme 8—14; Deißmann, Bibelstud. 177; Neue Bibelst. 16; Dalman, Gr. 142; Worte J. 32; Nestle, Phil. sacra 19f.), und der Wortsinn von Bar-timai (Mr 10, 46) ist auch durch Nestle, Marginalien 83—92 noch nicht aufgeklärt. Der Ev, welcher gegen seine Gewohnheit hier einen von Jesus Geheilten mit Namen nennt, offenbar weil dieser unter diesem Namen in christlichen Kreisen bekannt war (cf Mr 15, 21 und Klostermann, das Mrev 222, 292), zeigt nicht das geringste Interesse an der Bedeutung von Timai. Sonst würde er es übersetzt haben. Er hätte sich mit *ὁ υἱὸς τοῦ Τιμαίου* begnügen können, wie Ss umgekehrt mit Bar-Ṭimai, wenn nur nicht ein solcher Ausdruck statt eines eigentlichen Eigennamens griechischen Lesern in prosaischer Darstellung ebenso fremdartig, wie jüdischen und syrischen geläufig gewesen wäre; daher setzt er hinter die griech. Worte die aramäische Form mit griech. Endung, wodurch deutlich wurde, daß dies ein Eigenname oder der gebräuchliche Ersatz eines solchen sei. — Den eigentlichen Namen kennen wir auch nicht vom Apostel *Βαρθολομαῖος* (Mt 10, 3; Mr 3, 18; Lc 6, 14; AG 1, 13, Ss S[1] בר תולמי, Sh בר תומלאי, was „Sohn des Ptolemäus“ heißen, aber ebensogut auf einen semitischen Namen zurückgehen kann Dalman Gr. 148. Bei den ältesten Syrern, Aphraat p. 65 und dem Übersetzer von Eus. h. e. I, 12, 3; II, 1, 1; III, 25, 6; 29, 4; 39, 10 ist der Name Matthias AG 1, 23 durch Thulmaj verdrängt). Es ist daher sehr wohl möglich, was sich durch sehr einfache Kombination als wahrscheinlich ergibt, daß er *Ναθαναήλ* = נְתַנְאֵל geheißen hat (Jo 1, 46—50), ein althebr. Name (Num 1, 8; 1 Chron 2, 14; 15, 24; 24, 6, aus späterer Zeit Esra 10, 22; Nehem 12, 36, auch noch Jos. ant. XX, 1, 2; jer. Chagiga 77a Z 8 v. u.). War er, wie es scheint, in ntl Zeit selten, so erklärt sich um so leichter, daß Nathanael wie Barabba, Barnaba, Bartimai, in der Regel nur mit seinem Vatersnamen oder Beinamen genannt wurde. — Auch *Σιλᾶς* AG 15, 22 ff. ist ein aram. Name. Vor allem ist abzuweisen, daß es eine Kontraktion aus *Σιλουανός* oder *Σιλβανός* (so B 1 Pt 5, 12) sei, welche vielmehr *Σιλουᾶς* oder *Σιλβᾶς* sein würde (Jos. bell. VII, 8, 1 ein *Φλαουιος Σιλβας*, dessen Name nach Inschriften und Schriftstellern teils Silva, teils Silvanus lautet s. Prosopographia II, 75 nr. 243). Bezeichnen die Namen Silas und Silvanus im NT dieselbe Person (s. unten § 13 A 1), so liegt einer der vielen Fälle vor, in welchen ein Jude neben seinem heimatlichen Namen einen anklingenden griechischen oder römischen Namen trug. Ob es einen griech. Namen *Σίλας* gegeben hat, erscheint zweifelhaft. Ich finde ihn nur C. I. Graeciae sept. nr. 1772. Dagegen ist er bei Syrern und Juden ziemlich häufig. In der Form שילי auf einer ostaramäischen Inschrift schon des 5. Jahrh. v. Chr. (C. I. Sem. II nr. 101, dort von שאל abgeleitet), in der Form שאילא auf einer palmyrenischen, citirt von Dalman 124 A 5; ein Rabbi שילא jer. Schabbath 5a med., ein babylonischer R., Strack, Einl. in d. Talmud S. 88; s. auch Midrasch zu Cant 8, 10 und die von Levy IV, 546 citirte Stelle bab. Gittin 69a. Ebenso wird *Σιλᾶς* in der AG von S[1] geschrieben. Ein Jude aus Babylonien Jos. bell. II, 19, 2; III, 2, 1 f., andere Juden ant. XIV, 3, 2; XVIII, 6, 7; vita 17. 53. Ein Syrer in Emesa vom J. 78 n. Chr. Le Bas-Waddington III nr. 2567 *Σαμσιγέραμος ὁ καὶ Σειλᾶς*. Ist der Name also zweifellos aramäisch, so ist auch nicht mit Hieron. zu Gal 1, 7 (Vall. VII, 374 und Onomast. Lagarde 71, 16; 72, 25 cf auch die Griechen daselbst p. 198, 61; 199, 70) an שלח „schicken“, oder gar mit Zimmer (Jahrb. prot. Th. 1881 S. 723) an שֶׁלַח Gen 10, 24; 1 Chron 1, 18. 24 (LXX und Lc 3, 35 *Σαλα*) zu denken, sondern an שאל, „bitten, erfragen“.

17. Da Namen von Parteien, wie auch die meisten Völkernamen, regelmäßig zuerst im Plural, dann erst im Singular angewandt werden, so sollte man schon deshalb nicht sagen, daß *Φαρισαῖος* der st. emph. sing. פְּרִישָׁא = hebr. הַפָּרוּשׁ sei, sondern daß *οἱ Φαρισαῖοι* der st. emph. plur. פְּרִישַׁיָּא = hebr. הַפְּרוּשִׁים sei. Auch sprachlich ist jenes unhaltbar, denn den zahlreichen Namen auf *αῖος* (*Ἀγγαῖος*, *Ἀλφαῖος*, *Βαρθολομαῖος*, *Ζακχαῖος*, *Ζεβεδαῖος*, *Θαδδαῖος*, *Λεββαῖος*, *Ματθαῖος*), auch den Volks- und Heimatsnamen *Ἀριμαθαῖος*, *Γαλιλαῖος*, *Ἰουδαῖος*, *Ναζωραῖος* liegen stets solche hebr. oder aram. Formen zu Grunde, welche als Auslaut mindestens *i*, meist aber den Diphthong *ai*, *aj* bereits enthalten, so daß die angehängte griech. Endung nicht *ιος* ist, wie Dalman 124 A 2 meint, sondern *ος*. Dagegen würde von Perischâ oder Pherischâ *Φαρισας* gebildet werden müssen, wie von גיורא *Γιωρας*, von חגירא *Χαγιρας* (oben S. 18 A 12; S. 22 Z. 20) cf Messias, Kaiaphas, Kephas, Sabas etc. Da nun nirgendwo eine andere griech. Form des Parteinamens als *Φαρισαῖοι* nachzuweisen ist, so muß man annehmen, daß das jüdische Volk, unter welchem etwa um 150—130 v. Chr. der Name aufkam, damals wie später nie anders als in aram. Form sie benannt hat. Wesentlich das Gleiche gilt von *Σαδδουκαῖοι* und *Καναναῖος* (wenn Mt 10, 4; Mr 3, 18 so zu lesen ist = *ζηλωτής* Lc 6, 15; AG 1, 13), sowie von den im NT nicht vorkommenden *Ἀσιδαῖοι* (1 Makk 2, 42; 7, 13; 2 Makk 14, 6) und den vielberufenen *Ἐσσαῖοι*. Wenn in der talmudischen Literatur, welche aus den Kreisen der ehemaligen Pharisäerpartei hervorging, der Name regel-

mäßig die hebr. Form פְּרוּשִׁין hat, so ist das eine affektirte Altertümlichkeit, welche gegen die Zeugnisse für den lebendigen Sprachgebrauch bei dem Pharisäer Paulus, den Evv und Josephus nichts beweist. Über die das religiöse und gottesdienstliche Leben betreffenden aramäischen Formen *Μεσσίας*, *κορβανᾶς*, *χαναίαι*, *ἀσαρθᾶ*, *πάσχα*, *σάββατα* s. oben S. 12. 13. 18.

18. Über die drei Schreiben Gamaliel's cf Derenbourg, Hist. et géogr. de la Palestine 241—244. In jer. Sanhedrin I, 18d (wesentlich gleichlautend, aber in der Reihenfolge abweichend jer. Maaser scheni V 56c und anderwärts) heißt es nach einleitenden Worten wörtlich: „Es sagte ihm (dem Priester und Sekretär Jochanan) Rabban Gamliel: Schreibe unseren Brüdern, den Söhnen des oberen Daroma, und unseren Brüdern, den Söhnen des unteren Daroma: euer Friede möge sich mehren. Ich tue euch kund“ etc. Der Gruß שלמכון יסגא = *ἡ εἰρήνη ὑμῶν πληθυνθείη* kehrt in allen drei Briefen wieder cf 1 Pt 1, 2; 2 Pt 1, 2. Nur in dem dritten Schreiben nennt Gamaliel neben sich seine Genossen, die auch in der Einleitung genannten Ältesten (הזקנים) als Teilhaber des Beschlusses und Erlasses. Einen vokalisirten Text gibt unter anderen alten Urkunden Dalman, Dialektproben 3, derselbe in der Gramm. 12 eine Übersicht über aram. Stücke verwandter Art, cf überhaupt dort S. 5—31; Worte J S. 3 f.

19. Aram. Sprüche Hillel's Pirke Aboth I, 13; II, 6. In jer. Sota IX, 24b (cf Jos. ant. XIII, 10, 3) wird eine Offenbarungsstimme, welche der Hohepriester Jochanan (Johannes Hyrkanus 135—105 v. Chr.) vernahm, aram. wiedergegeben, und auf derselben Seite wird von einem Wort, welches R. Samuel der Kleine sterbend ausrief, ausdrücklich bemerkt, daß dies in aramäischer Sprache gesprochen wurde. Cf den Midrasch zu Cant VIII, 10 übersetzt von Wünsche S. 188.

20. Über Gamaliel's des Älteren und des Jüngeren Verhalten zum Targum des Hiob s. Derenbourg 241. 243. Über mündliche Dolmetschung in der Synagoge s. in Kürze Zunz, die gottesdienstl. Vorträge der Juden, 2. Aufl., S. 9; Schürer II, 457; König, Einl. in das AT 99; mehr Einzelheiten bei Hamburger, RE. für Bibel u. Talmud II, 1167—1174. Selbst wenn die Vorschriften der Mischna (Megilla IV, 4) bereits zur Zeit Jesu in Geltung gewesen wären, würde eine so kurze und nur einen einzigen Satz bildende prophetische Perikope wie die, welche Jesus in Nazareth verlas (Lc 4, 18—19; Jes. 61, 1—2a), ohne Unterbrechung durch den *M^e^thurg^e^man* (auch *Thorg^e^man* = Dragoman), den Dolmetscher, hebräisch vom Vorleser gelesen und darauf erst von demselben oder einem anderen gedolmetscht worden sein. Letzteres zu erwähnen, hatte der Erzähler keinen Anlaß, da es stets geschah. Hat Jesus es unterlassen, den Text selbst zu dolmetschen, solange er mit der Buchrolle in der Hand dastand (Lc 4, 16), so wird er die Dolmetschung mit der Predigt, die er sitzend hielt (Lc 4, 20), verbunden haben. Cf für spätere Zeit Joël Müller, Masechet Sopherim Einl. 24; Kommentar 256. — Jo 7, 15 soll natürlich nicht gesagt sein, daß Jesus nicht lesen und schreiben gelernt (cf das alte Apokryphon Jo 8, 6), sondern daß er keine gelehrte Bildung empfangen habe, wie sie sonst Voraussetzung der öffentlichen Lehrtätigkeit war. Man wunderte sich in Jerusalem wie in Galiläa (Lc 4, 22; Mt 13, 54; Mr 6, 2) mit gewiß sehr gemischten Empfindungen über den genialen Autodidakten. Dazu wäre gar kein Anlaß gewesen, wenn seine Schriftkenntnis so dürftig gewesen wäre, wie sie A. Meyer, Muttersp. Jesu 54 f. nach den Reden in den Evv mit Ausschluß des vierten und auch solcher Stücke wie Mt 4, 1—12; 24, 15; Lc 24, 27 vorzustellen geneigt ist. Die Frage: „woher hat er diese Gelehrsamkeit oder Kunstverständigkeit“, können wir nicht durch biographisch genaue Angaben beantworten. Die Erzählung Lc 2, 46 berechtigt zu der Annahme, daß Jesus von Jugend auf jede Gelegenheit, Schriftkenntnis zu erwerben, mit ungewöhnlichem Eifer benutzt hat. Im Urteil der Ohrenzeugen seiner Reden und in der Erinnerung seiner Gemeinde stand er in dieser Beziehung nicht hinter den zunftmäßigen Lehrern zurück.

§ 2. Die griechische Sprache unter den Juden (A 1).

Die Tatsache, daß zur Zeit der Entstehung der ntl Schriften das Griechische die Weltsprache war, beruht wohl zunächst auf den raschen Siegen Alexanders und dem andauernden Fortbestand der mächtigen Reiche seiner Nachfolger, erklärt sich aber in ihrem ganzen Umfang nur daraus, daß die mit griechischer Kultur genährten Römer Orient und Occident in einem Weltreich vereinigt haben. Nach einer mehrfach zu beobachtenden Regel folgt den großen politischen Umwälzungen deren volle Wirkung auf die sprachlichen Verhältnisse nur langsam nach. Wie z. B. in Gallien nicht unter den römischen Kaisern, sondern erst unter den fränkischen Königen das Keltische als Volkssprache dem Lateinischen völlig erlegen ist, so hat die solange vorbereitete Hellenisirung Kleinasiens unter der römischen Herrschaft die größten Fortschritte gemacht und ist erst in der Kaiserzeit vollendet worden. Syrien und Ägypten sind unter der Herrschaft der Seleuciden und der Ptolemäer noch viel weniger als um dieselbe Zeit Kleinasien griechische Länder geworden. Gerade in der Diadochenzeit ist das Aramäische noch weiter vorgedrungen und tiefer eingedrungen als in der persischen Zeit; erst jetzt wurde es die allgemeine Sprache der „Hebräer“ und die Landessprache Palästinas, und es behauptete sich im ganzen Seleucidenreich als die eigentlich nationale Sprache auch in der Römerzeit. Vor den Toren Antiochiens, der schönen Stadt der Griechen, wie ein syrischer Dichter sie nennt, sprach das Volk bis zum Siege des Islam syrisch. Während die ungebildete Landbevölkerung großenteils des Griechischen völlig unkundig war, verstanden manche Städter etwas von der Sprache des Landes. Je weiter ab von der Residenz, von den Hafenstädten und den Straßen des Welthandels, um so ungestörter behauptete das Aramäische seine Herrschaft, um so oberflächlicher war überhaupt der Einfluß der griechischen Kultur. Nicht ganz ebenso lagen die Verhältnisse in Palästina, solange es unter der Herrschaft der Ptolemäer und sodann der Seleuciden stand. Das jüdische Gemeinwesen dieser Zeiten war eine kleine Insel, nicht nur umrauscht, sondern auch je und dann überflutet von den Wogen der beiden hellenistischen Großmächte, in deren Mitte es lag. Ohne Zusammenhang mit den Volksgenossen in Galiläa und Peräa war es von einem Kranz heidnischer Städte eingefaßt, welche teils dem Andrang griechischer Kultur und Sprache nur geringen Widerstand entgegensetzten, teils eigens zum Zweck der Hellenisirung des Landes gegründet oder neu besiedelt waren. Macedonische Stadtnamen wie Pella und Dion im Ostjordanland erinnern an die Zeit Alexanders selbst, Ptolemaïs (Akko) am Meere, Philadelphia im Osten zeugen durch ihre Namen von der ptolemäischen Herrschaft. Im Süden und Südosten des Sees Genezaret bildeten die Gebiete der nichtjüdischen Städte Hippus, Gadara, Skythopolis, Pella eine zusammenhängende Landschaft, welche Mr 5, 20; 7, 31; Mt 4, 25 nach dem ursprünglich aus 10 autonomen Städten bestehenden Bunde ἡ Δεκάπολις heißt. Im alten Samaria hatte schon Alexander macedonische Kolonisten angesiedelt, und dadurch daß Herodes d. Gr. die heruntergekommene, von ihm neugegründete und dem Augustus zu Ehren Sebaste genannte Stadt zum Teil mit ausgedienten Soldaten bevölkerte, wurde sie erst recht eine heidnische Stadt mit griechischer Sprache. Das Gleiche wird von den durch Herodes gegründeten Städten Antipatris (AG 23, 31) und Phasaëlis nördlich von Jericho gelten. Allerdings darf man sich nicht durch Stadtnamen bei griechischen Schriftstellern, durch Münzaufschriften, durch Spuren hellenischer Kulte u. dgl. zu dem Irrtum verleiten lassen, daß in den beispielsweise genannten und anderen ihnen gleichartigen Städten wie Cäsarea (Stratons Turm) am Meere und in deren Gebieten durchweg griechisch gesprochen worden wäre. Da bei den Juden, welchen seit dem 3. Jahrhundert vor Chr. das griechische Heidentum zuerst als verführerische Macht zusetzte, dann aber mit Drohung und Gewalt sich aufdrängte, „hellenisch" soviel wie „heidnisch" hieß, so darf man πόλις ἑλληνίς nicht ohne weiteres in sprachgeschichtlichem Sinne deuten (A 2). Unter der Einwohnerschaft derselben Städte, welche Josephus so nennt, gab es starke jüdische Minderheiten, und die nichtjüdischen Einwohner waren großenteils „Syrer" von Herkunft und Muttersprache. Wenn in den nachchristlichen Jahrhunderten in und bei Gaza und Skythopolis viele nicht nur syrisch sprachen, sondern auch des Griechischen unkundig waren, so ist das im wesentlichen nicht als Wirkung einer Reaktion, sondern als Fortsetzung der vor und zur Zeit Christi bestehenden Zustände zu denken; und nur weil die alten semitischen Stadtnamen neben den griechischen fortgelebt haben, konnten sie in nachchristlicher Zeit diese großenteils wieder verdrängen. Das Griechische blieb nach Anschauung der Juden Palästinas eine fremde Sprache oder vielmehr „die Fremdsprache" (A 3). Aber wie tief war diese fremde Sprache und diejenige Kultur, deren Träger sie war, doch schon um 170 v. Chr. in das jüdische Volk eingedrungen! Hohepriester entlehnten ihre Namen der griechischen Sage, wie jener Jesus, welcher seinen hebräischen Namen durch Jason ersetzte, und jener Menelaus, dessen hebräischen Namen wir nicht kennen. Auf die in solchen Dingen sich äußernde Denkart und Bildungsrichtung der vornehmen Kreise Jerusalems stützte sich Antiochus Epiphanes mit seinem Versuch, das Judentum zu vernichten. Die makkabäische Erhebung bewies die Lebenskraft des jüdischen Glaubens und Volkstums; aber des Hellenismus konnte man sich nicht mehr erwehren. Durch Gebet und Schwert erkämpfte man die Freiheit der Religionsübung; aber dasjenige Maß politischer Unabhängigkeit, ohne welches die Religionsfreiheit nicht bestehen konnte, war nicht ohne Diplomatie zu erringen und zu behaupten. Die Abgesandten des Judas Makkabäus, welche im J. 161 im Senat zu Rom auftraten, konnten dort nicht anders als griechisch reden. Diese Griechenfeinde, deren Väter noch die hebräischen Namen Jochanan und Eleazar führten, hießen Eupolemos und Jason, und der erstere ist wahrscheinlich einer der ersten Juden gewesen, welche jüdische Geschichte griechisch geschrieben haben (A 4). In dem Maße, in welchem die hasmonäischen Hohenpriester sich zu weltlichen Fürsten entwickelten, nahm die Hellenisirung der Regierenden zu. Ihre Münzen veranschaulichen das. Der erste, der sich König nannte und ein Philhellene genannt wurde (Jos. ant. XIII, 11, 3), Aristobul (a. 105—104), nennt sich auf seinen Münzen doch nur „Juda der Hohepriester"; sein Nachfolger Alexander Jannai (a. 104—78) ließ neben Münzen mit der nur hebräischen Aufschrift „Jonathan der Hohepriester" auch solche prägen, welche auf der einen Seite die griech. Schrift „König Alexander", auf der anderen die hebr. Schrift „Jonathan der König" zeigen. Von Herodes dem Gr. und seinen Nachkommen sind überhaupt nur griech. Münzen auf uns gekommen. Der Stifter dieser fremden, durch die Gunst der Römer und durch eigene List und Gewalt zur Herrschaft gekommenen Dynastie machte kein Hehl daraus, daß er sich den Griechen verwandter fühlte als den Juden (Jos. ant. XIX, 7, 3). Sein erster Minister Nikolaus von Damaskus war ein griechischer Literat, und Leute ähnlichen Schlages umgaben den König. Seine Söhne ließ er in Rom erziehen. Seine Truppen bestanden großenteils aus fremdländischen Söldnern: Galatern, Germanen, Thraciern, welche sich an ein anderes als griechisches Kommando nicht gewöhnt haben würden. In den Theatern, Amphitheatern, Hippodromen und all' jenen heidnischen Instituten, welche unter Herodes in und bei Jerusalem, in Jericho und überall in den vorwiegend heidnischen Städten des Landes wie Cäsarea entstanden (A 4), wird man kaum andere als griechische Rede gehört haben. Wenn der jüdische Tragödiendichter Ezechiel, dessen althebräischer Name eher an Palästina als an Alexandria als seine Heimat denken läßt, seine Dichtungen mit der Absicht verfaßt haben sollte, sie auf der Bühne aufgeführt zu sehen, so würden seine griechischen Jamben beweisen, daß ein anderes als griechisches Drama undenkbar war. Waren doch auch die Rabbinen der Ansicht, für das „Lied", für alle auf Unterhaltung und Ergötzung berechnete Poesie sei das Griechische die rechte Sprache (oben S. 15 A 4). Dadurch, daß im J. 6 n. Chr. Judäa und Samaria unmittelbar römischer Verwaltung unterstellt und mit kurzer Unterbrechung bis zum Untergang Jerusalems durch die in Cäsarea residirenden römischen Prokuratoren regiert wurde, ist das weitere Eindringen der griechischen Sprache nicht aufgehalten, sondern vielmehr gefördert worden. Nach Josephus (c. Apion. I, 9) wäre im römischen Heer zur Zeit des jüdischen Kriegs außer ihm selbst kein Mensch vorhanden gewesen, welcher die jüdischen Überläufer verstanden hätte. Die herodäischen Fürsten waren doch soweit Juden, daß sie die Landessprache verstanden; die häufig wechselnden römischen Beamten haben sich nie darum bemüht. Ihre Amtssprache war hier wie überall im Orient die griechische. Manche lateinische Sachbezeichnungen mögen erst jetzt in Palästina häufiger gehört worden und als Fremdwörter in den Gebrauch aller Landeseinwohner übergegangen sein. Ohne Frage erschien es auch als eine schuldige Rücksicht auf die regierende Nation, daß öffentliche Bekanntmachungen zuweilen nicht nur in griechischer, sondern zugleich auch in lateinischer Sprache angeschrieben wurden (A 5). Praktischen Wert hatte das hier so wenig wie auf Denkmälern und Meilensteinen in Kleinasien und anderen Ländern des Ostens. Den buntgemischten Truppenkörpern, welche die römische Herrschaft in Palästina aufrechterhielten, kann als gemeinsame Sprache nur das Griechische gedient haben (A 6). Mochten die Zollpächter und deren Unterbeamte im römischen Gebiet (Lc 19, 2—9; Jos. bell. II, 14, 4) ebenso wie in demjenigen des Herodes Antipas (Mr 2, 14; Mt 9, 9) geborene Juden sein, ihr ganzer Geschäftsverkehr mit der Oberbehörde in Cäsarea konnte nur griechisch vor sich gehen. Es war aber nicht nur die seit Jahrhunderten in wechselnden Formen auf dem jüdischen Lande lastende Fremdherrschaft, wodurch griechisches Wesen eingeführt wurde. Jerusalem war die Metropole der gesamten Judenschaft, auch der „griechischen Diaspora". Unter den Gesandtschaften, welche aus allen Teilen der Welt Zehnten und Opfergaben zum Tempel in Jerusalem brachten, unter den Pilgern, die aus persönlichem Antrieb zumal zu den hohen Wallfahrtsfesten nach Jerusalem strömten, waren nicht wenige Juden, welche in der Fremde ihre Muttersprache gänzlich oder sogut wie ganz verlernt und mit der griechischen vertauscht hatten. Es waren darunter auch Hellenen und hellenisirte Barbaren, welche ohne durch die Beschneidung förmlich und völlig das Judentum angenommen zu haben, zum jüdischen Glauben und Kultus sich hingezogen fühlten und im Tempel, soweit er ihnen geöffnet war, als Anbeter sich einstellten (A 7). Groß war aber auch die Zahl der auswärtigen Juden, welche dauernd in Jerusalem ihren Wohnsitz nahmen, um dem Tempel nahe zu sein, in der heiligen Stadt ihr Leben zu beschließen und im „Lande Israels" ihr Grab zu finden. Soweit sie im Gebrauch der griechischen Sprache groß geworden waren, sahen sie sich in Jerusalem nicht veranlaßt, diese aufzugeben. Das sind diejenigen Juden, welche man im Gegensatz zu den „Hebräern", den der aramäischen Volkssprache treu gebliebenen Landeskindern, „Hellenisten" nannte (A 8). Die Sprache, die sie nicht mehr fahren lassen wollten, wird der Hauptgrund gewesen sein, warum sie in Jerusalem ihre besonderen Synagogen hatten. Zwei solche werden AG 6, 9 ziemlich deutlich unterschieden, die eine, zu welcher die aus Alexandrien, Cyrene und Rom zugewanderten Hellenisten sich hielten, und eine zweite, welcher diejenigen aus Kleinasien, insbesondere aus den Provinzen Cilicien und Asien angehörten (A 8). Sie würden sich nicht so landsmannschaftlich zusammengetan haben, und man hätte sie nicht Hellenisten genannt, wenn sie nicht den griechischen Gottesdienst und die griechische Übersetzung des AT's, die Septuaginta, an welche sie sich in der ihnen zur Heimat gewordenen Fremde gewöhnt hatten, in diesen Synagogen zu Jerusalem wiedergefunden und festgehalten hätten. Gegen solchen Gebrauch der Fremdsprache hatte das pharisäische und rabbinische Judentum um so weniger einzuwenden, als jene Hellenisten, welche großenteils aus Gründen echt jüdischer Frömmigkeit in Jerusalem sich niedergelassen hatten, in bezug auf die religiösen und gottesdienstlichen Verpflichtungen zu den eifrigsten Bestandteilen der Bevölkerung gehörten. Das vergebliche Eifern der Rabbinen für die hl. Sprache richtete sich nicht gegen das Griechische, sondern gegen die aramäische Idiotensprache (A 9). In den vornehmeren Rabbinenfamilien selbst wurde viel griechisch gesprochen; und es steht auf gleicher Linie mit anderen Entsagungen, in welchen sich der besondere Ernst der Zeiten und die Sorge um den Fortbestand der wesentlichsten Güter der Nation äußerte, wenn einmal das Verbot erlassen wurde, die Söhne griechisch lernen zu lassen. Dies führt auf die Frage nach der Verbreitung griechischer Sprachkenntnis in den mittleren und niederen Schichten des Volks. Daß irgend welches Maß derselben bei den meisten mit dem öffentlichen Leben sich berührenden, am Handel und Wandel sich beteiligenden Juden Palästinas vorhanden gewesen sein muß, ergibt sich schon aus den angeführten geschichtlichen Tatsachen und Verhältnissen, zumal wenn man die Enge des mehr oder weniger ausschließlich von Juden bewohnten Gebietes dabei nicht aus dem Auge verliert. Selbst von Jerusalem aus bedurfte es nur einer einzigen Tagereise oder wenig mehr, um nach den verschiedensten Richtungen in Städte zu kommen, in welchen mehr griechisch als aramäisch gesprochen wurde. Vollends in Galiläa, auf der ganzen Linie von Cäsarea am Meere bis nach Cäsarea Philippi müssen sich ähnliche Verhältnisse gebildet haben, wie wir sie heute überall einige Stunden weit diesseits und jenseits der Sprachgrenzen antreffen, daß nämlich sehr viele, übrigens wenig Gebildete in zwei Sprachen sich leidlich auszudrücken vermögen; und es bedarf kaum der Bestätigung durch ähnliche Vorkommnisse unserer Zeit, daß die Weltsprache, ohne die kein gesellschaftlich höher stehender Jude auskommen konnte, überall im Vorteil war gegenüber der aramäischen Landessprache, um deren Kenntnis sich zu bemühen, für keinen Griechen oder Römer eine Nötigung bestand. Leute aus dem Volk, wie die Apostel Andreas und Philippus, müssen im gewöhnlichen Leben mit diesen griechischen Namen genannt worden sein, da hebräische Namen, die sie daneben geführt haben könnten, sonst irgendwo einmal zum Vorschein kommen würden (A 10). Die aramäische Volkssprache wie die hebräische Gelehrtensprache wimmelte von griechischen Fremdwörtern, wozu man auch die lateinischen rechnen kann, welche die Juden Palästinas durch Vermittlung der Griechen und der griechisch redenden Beamten, Mitbürger und Anwohner empfangen haben. Insbesondere die Kunstausdrücke auf dem Gebiet des Rechtslebens waren wohl überwiegend griechisch, aber auch für Gegenstände und Verhältnisse des alltäglichen Lebens und des gesellschaftlichen Verkehrs sind griechische und lateinische Wörter sehr gebräuchlich gewesen. Da die Juden sich dieselben in mannigfaltiger Weise mundgerecht zu machen und sogar von griechischen Substantiven wieder neue, semitisch geformte Verba zu bilden wußten, werden dem Volk diese fremdsprachlichen Elemente der eigenen Rede meistens gar nicht als solche zum Bewußtsein gekommen sein. Es kann nicht bezweifelt werden, daß auch Jesus seiner aramäischen Rede viele solche Fremdwörter beigemischt hat. Wörter wie *συνέδριον, διαθήκη, παράκλητος, κύριε* (als Anrede), *δηνάριον, ἀσσάριον, κοδράντης, πανδοκεύς, πανδοκεῖον, λεγεών* und viele andere, welche uns in den Reden Jesu begegnen, sind nicht Übersetzungen der Evv, sondern von Jesus selbst in jüdischer Umlautung gesprochen und von den Evv nur ihrer ursprünglichen griechischen Form in Laut und Schrift zurückgegeben worden (A 11). Aber Jesus und seine Jünger müssen auch im Stande gewesen sein, gegebenen Falls auf eine griechische Anrede griechisch zu antworten. Leute, welche schwerlich Hellenen genannt sein würden, wenn sie wie die Juden aramäisch gesprochen hätten, wenden sich mit ihrem Wunsch, die persönliche Bekanntschaft Jesu zu machen, ohne weiteres an die beiden Apostel griechischen Namens (Jo 12, 21). Über die Verhandlungen des Pilatus mit den vor dem Prätorium stehen gebliebenen Vertretern des Synedriums und mit dem in das Prätorium hineingeführten Jesus haben wir verschiedene und ziemlich ausführliche Berichte. Sind selbstverständlich die Verhandlungen mit ersteren griechisch geführt worden, so könnte doch auch in der Darstellung der letzteren nicht jede Andeutung davon fehlen, daß die Verständigung zwischen Pilatus und Jesus auf sprachliche Schwierigkeiten gestoßen wäre, oder daß es dazu eines Dolmetschers bedurft hätte. Während der Befehlshaber der römischen Besatzung von Jerusalem sich wundert, daß Paulus, den er für einen ungebildeten Ägypter gehalten hatte, Griechisch verstehe, ist das Volk überrascht, von Paulus in seiner aramäischen Muttersprache angeredet zu werden (AG 21, 37—22, 2 cf oben S. 7). Schon ehe er seinen Mund auftat, war erwartungsvolle Stille eingetreten. Die griechische Ansprache, die man von ihm erwartete, wäre also nicht zweckwidrig gewesen; sie wäre nicht bloß von den Festbesuchern aus der griechischen Diaspora (21, 27), sondern auch von vielen Jerusalemern verstanden worden. Sehr begreiflich aber ist, daß die Aufmerksamkeit sich steigerte, als Paulus seine „Brüder und Väter“ in der heimischen Sprache anredete. Auch die von auswärts zugereisten oder in Jerusalem ansässigen Hellenisten, welchen dadurch das Verständnis erschwert, teilweise sogar unmöglich gemacht wurde, mußten von diesem Ausdruck echt israelitischer Denkweise und Lebensrichtung sympathisch berührt werden. Solange man daran festhält, daß die regelmäßige Sprache der in dem eigentlichen Palästina einheimischen Juden die aramäische war, kann man mit der Annahme, daß gleichzeitig eine gewisse praktische Vertrautheit mit dem Griechischen nicht nur in Galiläa, sondern auch in Jerusalem, nicht nur in der vornehmen Welt, sondern auch in den mittleren und unteren Schichten verbreitet war, nicht leicht zu weit gehen (A 9 a. E.).

Eigentümlich aber war es in dieser Beziehung mit der ersten Gemeinde zu Jerusalem bestellt. Nach den Angaben der AG, außer welchen wir überhaupt keine Nachrichten hierüber besitzen, bestand dieselbe anfangs sogar überwiegend aus Hellenisten (A 8. 12). Die ersten 3000, welche sich um die großenteils aus Galiläa stammenden persönlichen Jünger Jesu scharten (AG 2, 41), waren keine geborenen Jerusalemer und Palästinenser. Nach den Namen ihrer

Heimatländer muß man annehmen, daß die Sprache, „in welcher" die meisten von ihnen „geboren waren", eben die griechische war. Es ist wahrscheinlich, daß der Zuwachs in der Folgezeit zum großen Teil aus Landeseingeborenen bestand, und daß die Hellenisten sich bereits in der Minderheit befanden, als sie sich über die Zurücksetzung ihrer Witwen hinter diejenigen der Hebräer beschwerten (AG 6, 1). Daß aber jene noch immer einen beträchtlichen Teil der Gemeinde ausmachten, darf man daraus schließen, daß von den 7 Männern, welche aus diesem Anlaß mit der Verwaltung der Witwen- und Armengelder betraut wurden, einer ein Proselyt aus Antiochien war und keiner einen hebräischen Namen trägt. Ist die Gemeinde nach dem Tode des Stephanus versprengt worden, so werden doch viele der Flüchtlinge wieder zurückgekehrt sein, als wieder Friede eintrat und in Jerusalem sich die Gemeinde wieder sammeln konnte, welche nach wie vor als die Muttergemeinde der Christenheit galt. Sie war und blieb eine sprachlich gemischte. Unter den Flüchtlingen, welche überall, wohin sie kamen, ihren Glauben bezeugten und den Kern neuer Gemeinden bildeten, werden Leute aus Cyrene und Cypern als die mutigsten hervorgehoben (AG 11, 19—21). Wenn diese zuerst in Antiochien es wagten, sich mit ihrer Predigt nicht nur an die Juden, sondern auch an die Hellenen zu wenden, so sind sie selbst damit als Hellenisten oder doch, um nicht zuviel zu sagen, als des Griechischen mächtige Juden gekennzeichnet. In den bedeutendsten Städten auf dem Wege von Jerusalem nach Antiochien, in welchen, zunächst in folge dieser Auswanderung, judenchristliche Gemeinden entstanden sind, in Cäsarea (AG 8, 40; 10, 1 ff; 21, 8), in Ptolemaïs und Tyrus (21, 4—7) wurde ohnehin mindestens ebensoviel griechisch, als aramäisch (syrisch) gesprochen. In den cyprischen Städten und in Antiochien sprach alle Welt griechisch. Also schon vor dem Beginn der Missionsarbeit des Paulus hat die griechische Sprache in der noch ganz überwiegend aus geborenen Juden bestehenden Christenheit einen breiten Raum eingenommen, und es ist nicht anzunehmen, wie uns auch nichts davon überliefert ist, daß die „Hebräer" gegen diese in der Natur der Verhältnisse begründete und mit dem Wachstum der Kirche immer deutlicher hervortretende Entwicklung damals sich gesträubt haben. Leute, welche sich selbst mit Stolz Hebräer nannten (2 Kr 11, 22), fanden doch bald darnach in den griechischen Gemeinden Kleinasiens und Griechenlands ein ergibiges Feld für ihre Agitation. Wie das jüdische Volk Palästinas überhaupt erst seit den letzten Kämpfen mit den Römern in den Jahren 66—70, um 116 und um 133 sich der griechischen Sprache wieder ernstlich zu erwehren strebte (oben S. 29 und A 9), so will es auch aus der letzten Katastrophe in der Geschichte Jerusalems und der jüdischen Nation begriffen sein, daß jene nazaräischen Gemeinden, welche wir aus den Schilderungen des Epiphanius und des Hieronymus kennen, sich in ihrem Gottesdienst wie im Leben so ängstlich auf ihr Volkstum und ihre nationale Sprache beschränkten (oben S. 8). Durch die Verfügungen Hadrians, welcher Jerusalem in eine heidnische Stadt mit dem Namen

Aelia Capitolina verwandelte, waren auch sie von dort verbannt. Um ihr Volkstum sich zu erhalten, rissen sie sich von Jerusalem los und verloren dadurch den Zusammenhang nicht nur mit der heidenchristlichen Kirche, sondern auch mit dem hellenistischen Teil der jüdischen Christenheit. In apostolischer Zeit dagegen waren Hellenisten und Hebräer in der Kirche von Jerusalem und von ganz Palästina vermischt und so innig verbunden, daß nur ganz beiläufige Bemerkungen in unseren Quellen von dem Vorhandensein dieser Sprachverschiedenheiten Zeugnis geben. Es liegt auf der Hand, daß mit diesem Tatbestand vor allem die Leiter und Lehrer der palästinischen Christenheit zu rechnen hatten. Ein Jakobus, welcher mindestens 20 Jahre lang an der Spitze der zweisprachigen Muttergemeinde stand, ein Philippus, welcher in dem überwiegend heidnischen und zur Hälfte griechischen Cäsarea seinen dauernden Wohnsitz fand, aber auch die Apostel Petrus und Johannes, welche anfangs für die Hellenisten wie für die Hebräer in der Gemeinde zu Jerusalem Prediger und Armenpfleger zugleich waren und später von Jerusalem aus als Aufseher der im Lande zerstreuten Gemeinden und als Missionsprediger in Palästina und den angrenzenden Gebieten tätig waren (AG 2, 42; 6, 2; 8, 14—25; 9, 32—11, 18; 12, 17; Gl 2, 11; 1 Kr 9, 5): sie alle konnten ohne eine beträchtliche Fertigkeit in mündlicher Handhabung der griechischen Sprache die nächsten Aufgaben ihres Berufs gar nicht erfüllen, ganz zu schweigen von der ihnen in Aussicht gestellten Ausübung des Apostolats über alle Grenzen der Länder und Nationalitäten hinaus. Wieviel Kenntnis des Griechischen sie schon vor ihrem Eintritt in die Jüngerschaft Jesu und in ihren kirchlichen Beruf besessen haben; welches, bei den Einzelnen vielleicht sehr verschiedene, Maß sprachlicher Begabung ihnen eignete; ob sie sich förmlich um Vervollkommung in dieser Richtung bemüht haben, das sind Fragen, die niemand beantworten kann. Aber mit den allgemeinen Verhältnissen in Palästina und der besonderen Berufsstellung der genannten Männer unverträglich wäre die Vorstellung, daß sie 20 oder 30 Jahre nach dem Tode Jesu noch die reinsten „Hebräer“ gewesen seien, welche kein griechisches Buch zu lesen, keinen griechischen Brief zu schreiben und nur mit Hilfe eines Dolmetschers an Hellenen und Hellenisten eine Ansprache zu halten im Stande gewesen wären.

Schon mehr als einmal war auf die sprachlichen Verhältnisse der jüdischen Diaspora zur Zeit der Apostel Bezug zu nehmen. Daß die Juden in Ägypten, wo man deren eine Million zählte, in Kleinasien, in den europäischen Provinzen und in Rom im täglichen Leben wie im Gottesdienst der griechischen Sprache sich bedienten und durchweg nur dieser kundig waren, unterliegt keinem Zweifel. Es sei nur erinnert an die Entstehung der alexandrinischen Übersetzung des AT's, welche wir, entsprechend den sagenhaften Berichten über ihre Entstehung, die Septuaginta nennen; an Schriftstücke wie die Vorrede, mit welcher der Enkel des Jesus Sirach seine griechische Übersetzung der Sprüche seines Großvaters bei den Juden Ägyptens einführte; an Schriftsteller wie Philo von Alexandrien, welcher sich in Rücksicht auf Sprache und Bildung als Hellene fühlte und als solcher den Hebräern gegenüberstellte, und an die Grabschriften der römischen Juden (A 13). Die beinah völlige und in vielen Fällen überraschend schnell sich vollziehende Hellenisirung der „Diaspora der Hellenen" kann um so weniger befremden, wenn man bedenkt, daß die weit überwiegende Mehrheit der jüdischen Auswandrer das „Land Israels" erst verlassen hat, nachdem dort das Aramäische bereits über die alte hl. Sprache den Sieg davongetragen hatte. Allerdings besaßen die Juden, welche in Alexandrien das AT ins Griechische übersetzten, noch ein achtungswertes sprachliches Verständnis des Originals; daß aber nicht das Hebräisch des AT's, welches sie leidlich zu lesen verstanden, sondern das Aramäisch, welches sie gleichfalls in einigen Kapiteln des AT's angewandt fanden, ihre eigene Sprache war, beweisen ihre Transscriptionen hebräischer Kunstausdrücke und nicht wenige Übersetzungen einzelner Worte. Was diese Gelehrten nicht verleugnen konnten, muß in gesteigertem Maße von der ungelehrten Masse der Juden in der Diaspora gegolten haben. Ihre Kenntnis des Hebräischen war von Haus aus auf ein gedächtnismäßiges Kennen einiger nur notdürftig verstandener liturgischer Stücke beschränkt; bei der zweiten Generation nach der Auswanderung wird es zusammengeschrumpft sein auf wenige hebräische Wörter, wie man sie auf jüdischen Grabsteinen den übrigens griechischen Inschriften beigefügt findet. Die aramäische Umgangssprache aber, welche die erste Generation aus Palästina mitbrachte, vertauschte die im Ausland geborene zweite Generation um so leichter und um so völliger mit der griechischen Weltsprache, deren sie doch nicht entraten konnte, als das Aramäische bei den Juden des Orients selbst, deren regelmäßige Sprache es war und blieb, durchaus kein sonderliches Ansehen genoß (oben S. 4. 15). Es war keine heilige Sprache, deren Kenntnis dem frommen Juden den Zugang zu den Urkunden seiner Religion offengehalten hätte, und es war eine Sprache des Verkehrs nur im Orient. Wesentlich die gleichen Gründe, welche die Verdrängung des Hebräischen durch das Aramäische bei den Juden des Ostens herbeigeführt hatten, bewirkten die Hellenisirung der Juden in Ägypten, Kleinasien und Europa. Da aber der Verkehr zwischen dem Heimatland und den griechischen Städten des Auslands ein sehr reger war und neben der Rückwanderung nach Palästina (oben S. 28) immer neue Auswanderungen in die Fremde hergingen, so war das Maß, in welchem die einzelnen Juden der Diaspora ihre Muttersprache verlernt und mit der griechischen vertauscht hatten, selbstverständlich ein sehr verschiedenes. Der orientalische Jude, welcher nach Ephesus oder Rom übersiedelte, mochte sich rasch genug des Griechischen soweit bemächtigen, als seine Zwecke es erforderten, konnte aber seine Muttersprache nicht vergessen und wird nicht leicht griechisch zu denken und zu beten gelernt haben. In dieser Lage waren erst seine Kinder. Unter den 7 Synagogen in Rom, welche bis jetzt aus Inschriften nachgewiesen sind, ist auch eine Synagoge der Hebräer (A 14). Es kann kaum bezweifelt werden, daß die neuerdings aus dem Orient zugewanderten

Juden, welche das hebräische AT mit aramäischer Dolmetschung und Auslegung, woran sie in den Synagogen der Heimat gewöhnt waren, in Rom nicht missen wollten, zu dieser Synagoge sich hielten. Das ist das Gegenstück zu den Synagogen der Hellenisten in Jerusalem (oben S. 28). Ein uns näher angehendes Beispiel für die Erhaltung der nationalen Sprache in der Diaspora ist der Apostel Paulus. Man setzt sich in Widerspruch nicht nur mit AG 21, 40; 22, 2; 26, 14, sondern auch mit dem bestimmtesten Selbstzeugnis des Pl, wenn man ihn sich als einen Hellenisten vorstellt. Er nennt sich selbst zweimal mit Nachdruck einen Hebräer (2 Kr 11, 22; Phl 3, 5). Das kann nicht eine Bezeichnung seiner rein israelitischen Herkunft sein, welche an beiden Stellen durch andere Ausdrücke genügend beschrieben wird (cf Rm 11, 1); ebensowenig eine Bezeugung der echt israelitischen Gesinnung oder Lebensrichtung, in welcher er groß geworden; denn Ἑβραῖος ist niemals ein Ausdruck hiefür gewesen, und Phl 3, 5 f. wird die streng jüdische Lebensrichtung durch andere Aussagen, insbesondere auch durch die Erinnerung an seine Zugehörigkeit zur pharisäischen Partei ausgedrückt. Es bleibt nur die Bedeutung, welche das Wort AG 6, 1 als Gegensatz zu den Hellenisten hat. Pl nennt sich einen Hebräer, wo er sich den judenchristlichen Wanderlehrern gegenüberstellt, vor welchen er die Philipper warnt, und ein andres Mal, wo er sich mit den von Palästina nach Korinth gekommenen Petrusleuten mißt. In dem gleichen Sinn, in welchem diese Hebräer waren, ist er es auch. Die Sprache, in welcher er ihnen droht (1 Kr 16, 22 oben S. 8), ist seine eigene Muttersprache und daher auch die Sprache, in welcher er zu beten pflegte. Dies ergibt sich unmittelbar aus Gl 4, 6; Rm 8, 15. Wo Pl den Naturlaut wiedergeben will, in welchen das Bewußtsein der Gotteskindschaft im Gebete vor Gott ausbricht, taugt ihm dazu nur das aramäische *Abba*. Nur bei wenigen Christen in Rom, bei noch wenigeren in Galatien konnte er auf unmittelbares Verständnis dieses Gebetswortes rechnen; darum fügt er an beiden Stellen die griechische Übersetzung bei. Um so sicherer ist, daß er nicht in Rücksicht auf seine Leser, sondern nur aus dem Bedürfnis, den ohne abwägende Überlegung mit unwiderstehlicher Gewalt aus dem Innern seines Gemüts hervorbrechenden Laut unverändert wiederzugeben, sein *Abba* geschrieben hat. Der gegensätzliche Nachdruck aber, mit welchem er sich zweimal einen Hebräer nennt, erklärt sich daraus, daß seine Gegner, besonders die in Korinth, sich gerade ihm gegenüber als Hebräer breit machten. Eine gewisse Geringschätzung der Volksgenossen in der griechischen Diaspora findet sich auch sonst bei den Palästinensern. In der Sprache fand der Unterschied seinen deutlichsten Ausdruck. Daher begreift man, daß jene Petrusleute in ihrer kleinlichen Weise mit verächtlichem Seitenblick auf den aus Tarsus gebürtigen und durch sein langjähriges Herumtreiben in den Griechenländern dem echt israelitischen Wesen entfremdeten Pl damit groß taten, daß sie direkt aus dem Mutterland Israels und Jesu, dessen Sprache auch die ihrige war, nach Korinth gekommen seien. Weit entfernt also, daß die Selbstbezeichnung des

Pl als Hebräer der Angabe der AG, daß er in Tarsus geboren sei, widerspräche, wird durch den gegensätzlichen Nachdruck, mit welchem Pl sich so nennt, vielmehr die Nachricht bestätigt, daß er in der griechischen Diaspora geboren war, und daher sein Charakter als Hebräer in Frage gestellt werden konnte (A 15). Auch daß er sich einen Ἑβραῖος ἐξ Ἑβραίων nennt, erklärt sich aus den biographischen Nachrichten der AG. Weil er in jungen Jahren nach Jerusalem gebracht worden war, um dort unter Gamaliels Leitung zum Rabbi ausgebildet zu werden (AG 22, 3), so konnte seine tatsächliche und von keinem Gegner abzuleugnende Kenntnis des Aramäischen als eine Frucht seiner Jerusalemer Studienjahre angesehen werden, während er der Sohn eines hellenistischen Hauses gewesen wäre. Aber so verhielt es sich eben nicht. Er hatte vielmehr sein Hebräertum von seinen Vätern ererbt. Die Sprache seines Vaterhauses zu Tarsus, die Sprache, in welcher seine Mutter ihn beten gelehrt hat, war die aramäische. Dieser Charakter seines Elternhauses läßt sich noch von anderen Seiten her bestätigen. Auch seine Zugehörigkeit zur pharisäischen Partei war nicht erst eine Folge seiner rabbinischen Erziehung unter dem Pharisäer Gamaliel, sondern ein Erbstück von Vater und Großvater her (A 15). Nun haben gewiß Pharisäer wie andere Juden aus allerlei Gründen (z. B. Mt 23, 15) zuweilen Reisen ins Ausland gemacht; daß aber eine jüdische Familie in der griechischen Diaspora mehrere Generationen hindurch zur pharisäischen Partei sich gerechnet haben sollte, erscheint undenkbar. Die Partei der Pharisäer lebte großenteils von ihrem Gegensatz zu der Partei der Sadducäer d. h. der hohenpriesterlichen Aristokratie und deren Anhang. Der Sitz beider Parteien war Jerusalem; einzelne Angehörige derselben, die ins Ausland zogen, mußten bald ihren Charakter als Pharisäer oder Sadducäer verlieren. Auch hieraus ergibt sich, daß die Familie des Pl erst kürzlich aus Palästina ausgewandert war, und daß sie den Zusammenhang mit dem Mutterland eifrig pflegte. Ersteres bezeugt eine apokryphe Tradition (A 16), letzteres die AG. Der Vater hatte ihm den althebräischen Namen Saul gegeben (A 16) und den Knaben nach Jerusalem geschickt, damit er unter dem angesehensten pharisäischen Lehrer der Zeit seine Studien mache. Eine Schwester des Pl war in Jerusalem verheiratet; ihr Sohn rettete dem Onkel das Leben durch die Anzeige von einem gegen diesen gerichteten Mordplan, welche er dem römischen Kommandanten erstattete (AG 23, 16—22). Wenn Pl später als Apostel immer wieder seine weit ausgreifende Wirksamkeit in den Heidenländern durch Reisen nach Jerusalem unterbrach, blieb er den Traditionen seiner Familie treu. Daß der junge Hebräer Saul während der Jahre, welche er in Jerusalem verlebte, sich zu der Synagoge der Hellenisten aus Cilicien und Asien (AG 6, 9 oben S. 28, unten S. 42) gehalten haben sollte, ist sehr unwahrscheinlich; daß er vielmehr durch die Unterweisung Gamaliels erst recht ein Hebräer geworden und in das Verständnis des hebräischen AT's eingeführt worden ist, darf als sicher gelten. Ein Beweis für das Gegenteil läßt sich jedenfalls aus seinen Briefen nicht führen (A 17). Allerdings ist damit, daß man das Selbstzeugnis des Pl von sich als Hebräer und die damit übereinstimmenden Nachrichten der AG und der apokryphen Tradition zu ihrem Rechte kommen läßt, die sprachliche Bildung und der Anschauungskreis des Mannes, welche seine Briefe bekunden, keineswegs vollständig erklärt. Er schreibt das Griechische nicht wie einer, der die fremde Sprache erst in reiferen Jahren mühsam erlernt hat (A 18). Wie wenig er auf rednerische Bildung Anspruch macht (2 Kr 11, 6; 1 Kr 1, 17) und um sprachliche Reinheit des Ausdrucks sich bemüht, so kraftvoll und mannigfaltig weiß er doch die Sprache zu handhaben. Jede Empfindung seines leicht erregten und oft so tief bewegten Gemütes weiß er bald in zarter Andeutung, bald in scharf zugespitztem Ton bitterer Ironie, bald im vollen Strom einer hinreißenden Beredsamkeit dem Leser hörbar zu machen. Den sprödesten Stoff, eine verdrießliche Kollektenangelegenheit, widerwärtige Disciplinarsachen, empörende Verdächtigungen tief unter ihm stehender Leute weiß er zu einer Höhe der Betrachtung zu erheben, daß auch der den Dingen in jeder Hinsicht fernstehende Leser die Bemühung um das richtige Verständnis reichlich belohnt findet. Nimmt man dazu die dialektische Gewandtheit, welche Pl da zeigt, wo er lehren, beweisen und widerlegen will, so kann noch heute auch der unfreundliche Leser nicht anders wie seine damaligen Gegner urteilen: „Seine Briefe sind gewichtig und stark" (2 Kr 10, 10), der kleine Brief an Philemon, wie der große an die Römer. Es ist nicht Armut der Sprache, sondern Gleichgiltigkeit gegen die Schönheit des Stils, wenn Pl innerhalb eines engen Umkreises gewisse Worte und Redewendungen häufiger zu wiederholen pflegt. Faßt man seine ganze Hinterlassenschaft zusammen, so muß man über den Reichtum des Wortschatzes und der Satzformen staunen. Im Vergleich mit den Briefen des Pl als literarischen Erzeugnissen ist das vierte Ev eintönig, und der Brief des Jakobus arm. Man empfängt aus den Briefen wie aus den Erzählungen der AG und den dort dem Pl in den Mund gelegten Reden gleichmäßig den Eindruck, daß Pl ein feingebildeter, mit den Umgangsformen der griechisch gebildeten Gesellschaft vollkommen vertrauter Mann war. Es erscheint auch unbegründet, daß man die in den Quellen vorhandenen Spuren seiner Vertrautheit mit der poetischen Literatur der Griechen eher auf ein zufälliges Hörensagen als auf eigene Lesung zurückzuführen liebt (A 19). Wo er einen Vers des Epimenides citirt (Tt 1, 12), zeigt er durch die Art, wie er diesen einführt, besser als es durch Nennung des Dichters und des Werks, woraus der Vers genommen ist, geschehen wäre, daß er mit den Überlieferungen über den Dichter vertraut ist. Daß der Vers des attischen Komikers Menander, welchen er 1 Kr 15, 33 anwendet, ein allgemein verbreitetes Sprichwort gewesen sei, kann man nicht beweisen. Der Pl der AG weiß, daß das Dichterwort, welches er auf dem Areopag citirt (17, 28), nicht nur bei einem Dichter, dem Aratus, sondern wesentlich gleichlautend auch noch bei einem andern, nämlich bei Kleanthes, also bei „etlichen Dichtern" und zwar bei Dichtern der stoischen Schule zu lesen war. Ob oder inwieweit Pl sich auch mit philosophischer Literatur beschäftigt hat, ist schwer zu sagen. Jedenfalls hat er viel eifriger als die heidnischen Dichter und Philosophen das griechische AT studirt. Er zeigt sich mit der Septuaginta völlig vertraut; er schließt sich in seinen Anführungen atl Stellen meistens an sie an und macht von seiner Kenntnis des hebräischen Grundtextes so sparsamen Gebrauch, daß man ihm diese gänzlich hat abstreiten wollen (A 17). Die Frage aber, woher dem Hebräer Saul alle diese Weisheit gekommen sei, beantwortet sich doch unschwer aus der Geschichte seines Lebens. Da nicht anzunehmen ist, daß sein Vater ihn vor dem 12. Jahr nach Jerusalem auf die hohe Schule pharisäischer Schriftgelehrsamkeit geschickt hat, und da auch sonst bezeugt ist, daß er seine Kindheit in Tarsus verlebt hat (A 15), so ist nicht wohl zu bezweifeln, daß er neben der aramäischen Muttersprache, welche im väterlichen Hause gesprochen wurde, von früh an das Griechisch, das man auf den Straßen der Stadt sprach, praktisch erlernt hat. Es kann ihm auch in Jerusalem nicht an Gelegenheit gefehlt haben, Gebrauch davon zu machen. Wenn er bei seinem ersten, nur 15 tägigen Besuch Jerusalems nach der Bekehrung sofort gerade auch mit Hellenisten sich einließ (AG 9, 29), so dürfen wir annehmen, daß er auch vor dem Tag von Damaskus mit seinen jüdischen Landsleuten aus Cilicien (AG 6, 9) Beziehungen gehabt hat, wenn er auch nicht zu deren Synagoge sich gehalten hat. Als ein des Griechischen kundiger Hebräer nahm er eine Mittelstellung ein zwischen den Hebräern, die wenig oder kein Griechisch verstanden, und den Hellenisten, welche wenig oder kein Aramäisch verstanden. Entscheidend aber für die Entwicklung der Bildung, in deren Besitz wir ihn finden, war es, daß er nach seiner Bekehrung und den ersten Anfängen einer christlichen Predigttätigkeit mindestens 5 Jahre lang (a. 38—43) in seiner Vaterstadt Tarsus gesessen hat, bis ihn Barnabas dort aufsuchte und zur Mitarbeit in Antiochien heranzog (Abschn. XI Chronol. Übersicht). Da Pl in dieser langen Zeit auf einen neuen göttlichen Ruf zur Predigt unter den Heiden zu warten hatte (AG 22, 21), so ist nicht daran zu zweifeln, daß er sich für diese zukünftige Aufgabe vorbereitet hat. Da er aber auf dem Gebiete des Judentums zum Gelehrten erzogen worden war, so lag ihm nichts näher, als auch auf dem Gebiet des Griechentums, auf welchem sein zukünftiger Beruf liegen sollte, Studien zu machen, welche geeignet schienen, ihn hiefür geschickt zu machen. Dafür aber war Tarsus der rechte Platz (A 20). Die philosophischen und rhetorischen Studien hatten dort eine hervorragende Pflegestätte, und im Gegensatz zu Athen, Alexandrien und anderen Sitzen vielbesuchter Hochschulen wurde der Bürgerschaft von Tarsus nachgerühmt, daß sie für die an den dortigen Schulen gelehrten Wissenschaften ein sehr lebhaftes Interesse zeige. Während auswärtige Studenten nur selten Tarsus aufsuchten, genügte manchen Einheimischen nicht, was die Vaterstadt bot; sie vollendeten ihre dort begonnenen Studien auswärts. Für die Zwecke des Pl wird völlig ausgereicht haben, was Tarsus ihm an literarischen Hilfsmitteln und

Anregungen bot, um ebensowohl den Hellenen ein Hellene zu werden, wie er vermöge der Erziehung des Elternhauses und der in Jerusalem empfangenen rabbinischen Bildung den Hebräern als ein Hebräer begegnen konnte (cf 1 Kr 9, 19—23).

Der Zweck dieses Lehrbuchs erfordert nicht eine sprachgeschichtliche, grammatische und lexikalische Untersuchung des ntl Griechisch. Die in näherer oder fernerer Beziehung zu diesem Gegenstand stehenden Forschungen sind dermalen in so lebhafter Bewegung und daher auch in einem so unfertigen Zustand, daß ich nicht wagen würde, in einem kurzen Abriß darzustellen, was an sicheren Erkenntnissen vorliegt. Doch dürften einige Bemerkungen am Platz sein, damit, was bei der Untersuchung einzelner Schriften über deren Sprache zu sagen ist, nicht gar zu willkürlich erscheine. Bekanntlich hatte sich seit Alexander d. Gr. ein gemeines Griechisch herausgebildet, welches man im Gegensatz zu den Dialekten, in welche die griechische Sprache der klassischen Zeit nicht nur im Leben, sondern auch in der Literatur aus einander gegangen war, ἡ κοινή oder auch ἡ ἑλληνική διάλεκτος nannte. Dies war eine auf dem jüngeren Attisch beruhende Sprache der Literatur und der auf höhere Bildung Anspruch erhebenden Kreise. Daneben aber fristeten nicht nur die alten Dialekte ihr Leben in den landschaftlichen Grenzen ihres früheren Besitzstandes, sondern es bildete sich auch eine von der Literatursprache abweichende Sprache des täglichen Lebens, zwar in einzelnen Ländern mannigfaltig geartet, aber doch gegenüber der allgemeinen Literatursprache als eine gleichfalls allgemeine Verkehrssprache sich darstellend. Ihre nachlässigen Formen und ihr buntscheckiger Wortschatz konnten auf die Dauer nur durch künstliche Anstrengungen aus der Literatur ferngehalten werden. Zu diesem Zweck bemühten sich seit dem Ende der vorchristlichen Zeit die griechischen Sprachmeister und ihre gelehrigen Schüler um Rückkehr zur attischen Reinheit der Sprache. Aber es gab Leute, welchen es mehr um die Sache, als um den Stil zu tun war, und welche daher im wesentlichen ebenso schreiben wollten, wie sie zu reden gewohnt waren. Zu diesen gehörten auch die ntl Schriftsteller. Ein Hauptgrund für die Fortentwicklung der lebendigen Sprache in der Zeit seit Alexander. lag darin, daß unter den griechisch Redenden auf einen echten Griechen zehn Nichtgriechen kamen und darunter sehr viele, welche neben dem Griechischen noch ihre Muttersprache bald mehr, bald weniger in Gebrauch hatten. Es gab in Syrien wie in Ägypten Leute, welche im Verkehr mit Griechen und Römern Griechisch und Muttersprache durcheinander mengten (μιξοβάρβαροι), und Andere, welche zwar Griechisch sprachen und es auch schrieben, wenn das nicht zu umgehen war, aber beides mit groben Verstößen gegen die Grammatik (Soloecismen). Es fehlte andrerseits aber auch nicht an Syrern, welche an stilistischer Gewandtheit hinter keinem geborenen Athener jener Zeit zurückstanden, wie Lucian von Samosata, dessen Muttersprache das Syrische war. Und zwischen solchen äußersten Grenzen liegen beinah eben so viele Zwischenstufen, als es einzelne Schriftsteller gibt. Es gibt kein syrisches und kein ägyptisches Griechisch als einheitliche geschichtliche Größen, wenn auch in dem Maße, als dem Barbaren das Griechische noch eine fremde Sprache war, der nationale Untergrund seiner Redeweise durchschimmert. Dies gilt auch von den griechisch schreibenden Juden. Allerdings erfordert deren Schreibweise eine gesonderte Betrachtung; denn obwohl ihre damalige aramäische Sprache von derjenigen der heidnischen Syrer nicht sehr wesentlich abwich, hat doch ihre ganze Vorstellungswelt an der atl Literatur und dem ganzen untrennbar damit verbundenen Religionswesen eine niemals versiegte Quelle nationaler Besonderheit, welche auch der griechischen Schreibweise der Juden, zumal wo es sich um Gegenstände der eigenen Geschichte und Religion handelte, eine kaum zu verwischende Eigenart verleiht. Aber zu einem einheitlichen Bild läßt sich das von Juden geschriebene Griechisch nicht zusammenfassen. Der seit Anfang des 17. Jahrhunderts aufgekommene Name *dialectus hellenistica* ist schon darum wenig geeignet, den sehr verwickelten Tatbestand zu bezeichnen; er hat aber auch wegen der im Wortbegriff begründeten Dehnbarkeit immer wieder zu allerlei Misverständnissen Anlaß gegeben (A 21). Äußerste Gegensätze innerhalb des von Juden geschriebenen Griechisch bilden einerseits die Septuaginta mit Einschluß der aus dem Hebräischen oder Aramäischen übersetzten nachkanonischen Bücher wie 1 Makk, Sirach, Psalmen Salomos u. a., andrerseits die Schriften des Philo. Letzterer schreibt die gemeingriechische Literatursprache und schreibt mindestens ebensogut Griechisch, weil weniger manirirt, als der in Athen geborene Alexandriner Clemens. Durch die Nachhilfe der griechischen Korrektoren, deren sich Josephus bei Herausgabe seiner Werke bediente, nähern sich seine Schriften gleichfalls der gebildeten *κοινή*. Dagegen haben die alexandrinischen Übersetzer ihr heiliges Original wortgetreu übersetzen wollen und sind dabei über die Grenze dessen, was in der wirklichen Sprache des Lebens vorkam und möglich war, weit hinausgegangen, wenn sie dem Leser auch noch nicht solche Ungeheuerlichkeiten zumuteten, wie in nachchristlicher Zeit Aquila, welcher in Nachahmung des doppelsinnigen hebr. אֵת Gen 1, 1 übersetzte *Ἐν κεφαλαίῳ ἔκτισεν ὁ θεὸς σὺν τὸν οὐρανὸν καὶ σὺν τὴν γῆν* (Field, Hexapla I, 7). Zwischen dem Griechisch der alexandrinischen Übersetzer und demjenigen des Philo liegt eine ebenso stufenreiche Scala von Stilen, wie zwischen dem barbarischen Griechisch mancher kleinasiatischen Inschriften und ägyptischen Papyri und dem Griechisch des Syrers Lucian. Nur besteht der Unterschied, daß man auf dem Gebiet der jüdischen Literatur doch ein weniges von Entwicklung wahrnehmen kann. Die Sprache der Septuaginta mußte auf die Sprache derer, welche sie an jedem Sabbath lesen hörten, einen mächtigen Einfluß üben, welcher sich mit demjenigen der Bibel Luthers auf die Sprache unseres Volkes vergleichen läßt. Die an die Lektion angeschlossene Predigt und die an die griechische Bibel sich anlehnenden Gebete der Synagoge konnten nicht eine völlig andre Sprache reden. Es war nicht unbegründet, daß R. Simon von *le Grec de la synagogue* sprach. Es ist ferner selbstverständlich, daß die geborenen „Hebräer“, welche erst im

Verlauf ihres Lebens des Griechischen sich bemächtigten, zeitlebens damit zu ringen hatten, griechisch zu denken; und es fragt sich, bis zu welchem Maße sie sich darum bemühten. Wenn einem Pl, welcher doch nicht nur „Hebräer" war, noch in seinem Alter das Aramäische als die Sprache seines Herzensgebetes diente (oben S. 34), so werden wir das Gleiche von den Jüngern Jesu anzunehmen haben. Es ist nicht unveranlaßt, von einem „Judengriechisch" zu reden, wenn auch die Erinnerung an das, was man heute „Judendeutsch" nennt, eine übertriebene Vorstellung erwecken kann. Es mag sein, daß etwas, was man in vollem Sinne so nennen könnte, wirklich in jüdischen und judenchristlichen Kreisen gesprochen worden ist. Die im NT zusammengefaßten Schriften sind jedoch unter so verwickelten Verhältnissen und Bedingungen entstanden, daß wir den Sprachcharakter keiner einzigen mit dem einen Wort „Judengriechisch" bezeichnen können. Aber keine derselben, auch nicht das zweiteilige Werk des geborenen Heiden Lucas, verleugnet nach Seiten der Sprache die Herkunft dieses ganzen Schrifttums aus dem Judentum.

1. Über das Eindringen der griechischen Kultur und Sprache in das Judentum cf Schürer II, 21—175; III, 304—562. Die umfangreiche Literatur über den Charakter des von Juden geschriebenen Griechisch, über die Verbreitung griechischer Sprachkenntnis in Palästina zur Zeit Jesu u. dgl. verzeichnet Schmiedel, in der Neubearbeitung von Winer's Grammatik des ntl Sprachidioms (8. Aufl. I Teil 1894) in den Anm. zu § 2—4 und den Nachträgen p. XIII f. Dazu gehören auch einige oben S. 8f. angeführte Werke. Von neueren Arbeiten seien genannt: E. Hatch, Essays in bibl. Greek, Oxford 1889; J. Viteau, Etude sur le Grec du NT (2 Teile) Paris 1893. 1896; E. De Witt Burton, Syntax of the Modes and Tenses in NT Greek, Chicago 1893; H. Anz, Subsidia ad cognosc. Graecorum serm. vulgarem e Pentateuchi vers. Alex. repetita. Halle 1894; Deissmann, Bibelstudien, Marburg 1895; desselben Neue Bibelstudien 1897; Kennedy, Sources of NT Greek or the influence of the Septuagint on the vocabulary of the NT, Edinburgh 1895; Blaß, Grammatik des ntl Griechisch, Göttingen 1896; desselben Philology of the gospels, London 1898. — Js. Voß, welcher in seinen *De septuaginta interpr. dissertationes* (1661) p. 76 ff. c. 24. 25 sich noch damit begnügt hatte, die Auktorität der LXX durch deren Gebrauch seitens der Apostel und Evangelisten zu stützen, ging in der Schrift *De Sibyllinis* (Oxon. 1679) dazu über, den Herrn Christus selbst zum Patron der LXX zu machen p. 75 ff., wollte unter Hellenisten und Hebräern AG 6, 1 Griechenfreunde und echte Nationaljuden verstehen p. 92 f., erklärte es für ein Vorurteil, daß Christus und die Apostel stets und ausschließlich hebräisch gesprochen p. 96 und entrollte ein Bild von den Sprachverhältnissen Palästinas, wonach abgesehen von einer dürftigen Kenntnis des Hebräischen bei den Gelehrten, welche er auch Jesu nicht völlig absprach (p. 94), und einem aus Syrisch und Griechisch gemischten Kauderwelsch der Bauern, alle Welt, also auch Jesus regelmäßig griechisch gesprochen hätte. Hundert Jahre später erschien D. Diodati, J. C. Neapolitani de Christo graece loquente dissertatio, Neap. 1767, gegen welchen de Rossi schrieb (oben S. 8), und wieder ein Jahrhundert später in ähnlichem Sinn A. Roberts, Discussions on the Gospel, I On the language employed by our Lord and his disciples, (Ed. 2) Cambridge and London 1864. Solche Übertreibungen sind schon durch die in § 1 vorgeführten Tatsachen widerlegt.

2. 2 Makk 6, 8 in bezug auf die Zeit des Antiochus Epiphanes *τὰς ἀστυγείτονας πόλεις ἑλληνίδας*, daneben 6, 9; 11, 24 *τὰ ἑλληνικά* heidnische Religion und Sitte cf 4, 10

ὁ ἑλληνικὸς χαρακτήρ, 4, 13 *ἑλληνισμὸς καὶ ἀλλοφυλισμός*. Jos. vita 13 *ἔλαιον ἑλληνικόν* von Heiden bereitetes Öl im Gegensatz zu gesetzlich reinem cf. ant. XII, 5, 1. 5; XV, 9, 5. Als *πόλεις ἑλληνίδες* bezeichnet er Gadara, Hippos, Gaza (bell. II, 6, 3; ant. XVII, 11, 4) immer nur, um auszudrücken, daß die Mehrzahl der Bewohner Nichtjuden und die Verfassung nach Art griechischer Gemeinden eingerichtet war. Zu Anfang des jüdischen Krieges sollen in Caesarea 20,000 (bell. II, 18, 1), in Skythopolis 13,000 (II, 18, 3), in Askalon 2500, in Ptolemaïs 2000 Juden (II, 18, 5) von den Nichtjuden erschlagen worden sein. Den Juden von Skythopolis (= Bethschan, Baischan) wurde nachgesagt, daß sie in der Aussprache gewisse hebr. Konsonanten vertauschen (Levy, Lex. I, 224); sie sprachen also wenigstens häufig unter einander und mit ihren Volksgenossen „hebräisch“ d. h. aramäisch. Josephus nennt die Nichtjuden in Cäsarea, wo es sich um den Gegensatz des heidnischen Kultus zum Judentum handelt, Hellenen bell. II, 13, 7; 14, 4, bemerkt aber gleichzeitig II, 13, 7, daß die großenteils in Syrien ausgehobenen römischen Truppen in Cäsarea, also Syrer von Geburt und Muttersprache (s. oben S. 5), Volksgenossen jener „Hellenen“ gewesen seien und nennt letztere geradezu Syrer ant. XX, 8, 7. 9; bell. II, 18, 1; vita 11 cf oben S. 15. 17 A 7. Über das Fortleben der aram. Sprache in Skythopolis und Gaza in christlicher Zeit S. 15. Von manchen der „hellenischen Städte“, wie Gadara, ist ein griech. Name überhaupt nicht sicher überliefert, andere wie Abila, Gerasa führen den griech. Namen nur auf Münzen und vereinzelten Denkmälern.

3. Das subst. לַעַז (zu hebr. u. syr. Verb לעז Ps 114, 1 gehörig) bezeichnet an sich jede fremde Sprache, aber im paläst. Talmud an der oben S. 15 angeführten Stelle über die 4 Sprachen und anderwärts (s. Levy II, 515) ohne jeden Zusatz die griechische, und daher part. לוֹעֵז und subst. לעוז, eigentlich = *βάρβαρος* (1 Kr 14, 11), gerade den griechisch Redenden. Im Verkehr mit Griechen und in Büchern, welche für Griechen bestimmt waren, mußten die Juden umgekehrt sich und ihre Volksgenossen, sofern diese aramäisch sprachen und des Griechischen unkundig waren, *βάρβαροι* nennen (Jos. bell. I prooem. 1). Soweit konnte ein Jerusalemer wie Josephus in der Selbstverleugnung allerdings nicht gehen, wie der Alexandriner Philo, welcher sich da, wo es sich um den Gegensatz der hebräischen und der griechischen Sprache handelt, zu den Griechen rechnet (de conf. ling. 26 *ἔστι δὲ ὡς μὲν Ἑβραῖοι λέγουσι Φανουήλ, ὡς δὲ ἡμεῖς ἀποστροφὴ θεοῦ*), und welcher unter den Verdiensten des Augustus auch dieses hoch preist, daß er Griechenland um viele Griechenländer vermehrt und die wichtigsten Teile des Barbarenlandes gründlich hellenisirt habe (leg. ad Caj. 21 *ἀφελληνίσας*). Doch gab es schon zur Zeit des Aristoteles völlig hellenisirte Juden (Jos. c. Apion. I, 22 *Ἑλληνικὸς οὐ τῇ διαλέκτῳ μόνον, ἀλλὰ καὶ τῇ ψυχῇ*). Cf dagegen Jos. c. Apion. I, 11 und öfter.

4. Über Eupolemos s. das Referat bei Schürer III, 351 f.; gegen die Identität des Historikers mit dem in 1 Makk 8, 17 spricht Willrich, Juden u. Griechen (1895) S. 157. — Die Münzen findet man am bequemsten geordnet bei Madden, Coins of the Jews. 1881. — Über Truppen des Herodes Jos. bell. I, 33, 9; 15, 6; 20, 3; 22, 2; ant. XVII, 8, 2; über seine Militärkolonien ant. XV, 8, 5; XVI, 5, 2; bell. I, 21, 9. — Über Theater und dgl. in und bei Jerusalem ant. XV, 8, 1 cf Schürer I, 318 f. II, 46; in Jericho bell. I, 33, 6. 8; ant. XVII, 6, 3. 5; 8, 2. — Über den Tragiker Ezechiel (Clem. strom. I, 155; Eus. praep. IX, 28; 29, 4—12) in Kürze Schürer III, 373 f.

5. Der Kreuzestitel Jo 19, 20 (Lc 23, 38?). Doppelsprachige Inschriften aus der letzten vorchristlichen Zeit in Askalon, Tyrus und Sidon Jos. ant. XIV, 10, 2. 3; 12, 5. Anders verhält es sich mit den teils griechischen, teils lateinischen Inschriften an der den äußeren Tempelvorhof von dem inneren trennenden Steinmauer, wodurch jedem Nichtjuden das weitere Vorschreiten bei Todesstrafe verboten wurde Jos. bell. V, 5, 2; VI, 2, 4. Der Zweck war ein sehr praktischer; die lateinischen sollten römische Beamte

und Soldaten warnen. Eine griechische Inschrift dieser Art, 1871 aufgefunden, Survey of Western Palestine vol. III (Jerusalem) p. 423.

6. **Während ein Alexander Jannai in seinem Söldnerheer keine Syrer, sondern** Pisidier und Cilicier haben wollte (Jos. bell. I, 4, 3), bestand die römische Besatzung von Cäsarea um 66 n. Chr. großenteils aus geborenen Syrern (bell. II, 13, 7 cf IV, 1, 5 oben A 2). Wiederholt wird eine Reiterschaar von Sebastenern erwähnt (bell. II, 12, 5; ant. XX, 6, 1 cf XIX, 9, 2, wonach auch Cäsareenser in derselben dienten). Über die Zusammensetzung der Fußtruppen in Cäsarea (5 Cohorten ant. XIX, 9, 2), in Jerusalem (Jo 18, 3. 12; AG 21, 31 ff.; 22, 24 ff.; 23, 17—33) und anderwärts sind wir nicht genau unterrichtet. Der Name σπεῖρα Σεβαστή (*cohors Augusta*) AG 27, 1 sagt nichts über die Herkunft der darin dienenden Soldaten. Dagegen bezeichnet σπεῖρα ἡ καλουμένη Ἰταλική AG 10, 1 allerdings eine ihrem Kern nach aus italiotischen Freiwilligen bestehende Truppe. Was Schürer I, 386 gegen die Geschichtlichkeit der Angabe, daß eine solche damals (etwa um 35—40) in Cäsarea gelegen, geltend macht, sind Kombinationen. Die Angabe bei Jos. ant. XX, 8, 7, wonach im J. 66 nicht nur die erwähnte Reiterschwadron, sondern die ganze römische Besatzung von Cäsarea großenteils aus Cäsareensern und Sebastenern bestanden haben soll, ist an sich unwahrscheinlich, gegen die offenbar genauere Angabe in bell. II, 13, 7 (s. vorher) nicht zu halten und würde nichts für die frühere Zeit von AG 10, 1 beweisen.

7. Philo, welcher Jerusalem, die μητρόπολις aller Juden auf Erden (c. Flacc. 7; leg. ad Caj. 36), wenigstens einmal selbst besucht hat (Fragm. bei Eus. praep. ev. VIII, 14, 64; Mangey II, 646), spricht wohl nicht übertreibend von den Pilgerfahrten der Juden aus allen Ländern de mon. II, 1 und von der Überbringung der Abgaben und Geschenke nach Jerusalem mon. II, 3; leg. ad Caj. 23. 31. 40 cf Jos. ant. XIV, 7, 2; XVI, 6, 2—7; XVIII, 9, 1; Cicero pro Flacco 28. Aus dem NT Jo 12, 20: Hellenen; AG 8. 27: ein wahrscheinlich griechisch redender und die Septuaginta lesender Äthiope; AG 21, 27: Juden aus der Provinz Asien. Umgekehrt stand die Centralbehörde in Jerusalem, später in Jabne und Tiberias, mit der ganzen auswärtigen Judenschaft in Verkehr, so auch mit der διασπορὰ τῶν Ἑλλήνων Jo 7, 35 = גלותא דיון, wie es in einem der oben S. 6. 24 erwähnten Schreiben Gamaliels (jer. Maas. scheni 56^c) heißt.

8. Ἑλληνισταί und Ἑβραῖοι finden wir AG 6, 1 als einen Gegensatz innerhalb der Christengemeinde zu Jerusalem; AG 9, 29, wo die LA Ἕλληνας nicht in Betracht kommen kann, heißen Ἑλληνισταί dem Christentum feindliche Juden in Jerusalem. Wesentlich richtig übersetzt S^1 AG 9, 29 „mit den Juden, welche griechisch verstanden"; genauer Chrysost. hom. 14 zu AG 6, 1 und hom. 21 zu AG 9, 29 (Montfaucon IX, 111. 169). Derselbe Name würde AG 11, 20 einen Gegensatz zu Ἰουδαῖοι bilden, wenn er dort zu lesen wäre, was aber eben deshalb unglaublich ist. In AG 6, 9 kann man schwanken, ob der Vf mit Rücksicht auf das lat. Fremdwort Λιβερτίνων vor demselben τῶν λεγομένων geschrieben, oder ob nach überwiegender Bezeugung τῆς λεγομένης zu lesen sei. In letzterem Fall wäre zweifellos, daß zwei Gruppen unterschieden werden sollen. Dies ist auch im anderen Fall das allein Wahrscheinliche, da sonst statt καὶ τῶν ἀπὸ Κιλ. κτλ. einfach καὶ Κιλίκων καὶ Ἀσιανῶν geschrieben sein würde. Eine Synagoge der Alexandriner in Jerusalem erwähnt auch der jer. Talmud (Megilla 73^d). Nichts scheint natürlicher, als daß sich an diese auch Kyrenäer wie jener Simon (Mr 15, 21) angeschlossen haben. Dazu kamen die Libertiner d. h. Nachkommen von Juden, welche von Pompejus als Kriegsgefangene nach Rom gebracht und als Sklaven verkauft, später aber freigelassen und mit dem römischen Bürgerrecht beschenkt worden waren (Philo leg. ad Caj. 23; Schürer III, 84). Zu den in Jerusalem ansässig gewordenen ausländischen Juden gehören auch die Tausende AG 2, 5 ff.; denn κατοικοῦντες 2, 5. 14, nicht zu verwechseln mit παροικοῦντες (Lc 24, 18), bezeichnet sie als ständige Einwohner Jerusalems (4, 16;

7, 4; 9, 35; 13, 27). Dies wird auch durch die Anwendung desselben Wortes 2, 9 nur bestätigt. Mit Rücksicht auf die Sprache, in welcher sie groß geworden, werden die aus Mesopotamien etc. stammenden Juden, um nicht durch ununterbrochene Folge von Völkernamen zu ermüden, „Bewohner Mesopotamiens" statt „Mesopotamier" genannt. Das Misverständnis, als ob Mesopotamien etc. zur Zeit noch ihr ständiger Wohnsitz sei, war durch V. 5. 14 ausgeschlossen. Auch ἐπιδημεῖν (V. 10), nicht zu verwechseln mit παρεπιδημεῖν (1 Pt 1, 1; 2, 11 unten § 38 A 4), bedeutet nicht einen Festbesuch, sondern wie jedes Lexikon zeigt, sehr gewöhnlich den Aufenthalt in der Heimat und die Rückkehr in die Heimat im Gegensatz zu einem vorangehenden Aufenthalt in der Fremde. Der Versuch von Blaß (N. kirchl. Ztschr. 1892 S. 826 ff, und im Kommentar zu AG 2, 5), durch Beseitigung von Ἰουδαῖοι in 2, 5 (nach א) die Zeugen des Pfingstwunders in „gottesfürchtige" Heiden d. h. sogenannte Proselyten des Tores zu verwandeln, ist abzulehnen. Indem V. 10 von den „Römern" ausdrücklich gesagt wird, daß sie teils Juden, teils Proselyten (d. h. nach dem Sprachgebrauch des NT's, des Josephus und der alten Kirche beschnittene Proselyten der Gerechtigkeit) waren, ist auch gesagt, daß alle übrigen geborene Juden und nur unter den Römern auch einige Proselyten waren. Ohne daß von einer Veränderung im Zuhörerkreis etwas angedeutet würde, redet Petrus die Gesamtheit an als Juden und Israeliten (V. 14. 22. 36. 39), als Einwohner Jerusalems (V. 14. 29 ἐν ἡμῖν = in Jerusalem), als Vertreter des jüdischen Volks, unter und an welchem Jesus gewirkt hat (V. 22), und welches durch der Heiden Hände ihn gemordet hat (V. 23). Für den Vf der AG wäre es ein unerträglicher Gedanke gewesen, daß die Hörer der ersten apostolischen Predigt unbeschnittene Heiden gewesen sein sollten (1, 6. 8; 2, 39; 3, 26; 13, 46 etc.). Ferner ist unerweislich, daß εὐλαβεῖς 2, 5 jemals wie φοβούμενοι oder σεβόμενοι τὸν θεόν jene Proselyten zweiten Grades bezeichne. Diese vom Ausland in die Heimat der Väter zurückgewanderten Juden heißen „Römer, Parther, Araber" etc., wie der Jude Aquila Ποντικός, der Jude Apollos Ἀλεξανδρεὺς τῷ γένει AG 18, 2. 24. Nicht ihre Abstammung, was durch ἐκ παντὸς ἔθνους oder γένους ausgedrückt sein würde (AG 15, 23; Ap 5, 9; 7, 9; Gl 2, 15; Phl 3, 5; Rm 9, 24), sondern ihr Herkommen aus den verschiedensten Ländern ist 2, 5 ausgedrückt cf in bezug auf ἔθνος § 21 A 2. Es sind also durchweg geborene Juden, und nur von den „Römern" wird bemerkt, daß auch einige Proselyten darunter waren. Schwierigkeit macht in diesem Text nur Ἰουδαίαν V. 9, statt dessen vielleicht ursprünglich Ἰνδίαν geschrieben war. Für eines der oben S. 28 angedeuteten Motive der Rückwanderung, nämlich den Wunsch im hl. Lande begraben zu sein, cf die Belege bei Weber, System der altsynag. Theol. 64. 352, für die sonstige Hochschätzung des hl. Landes 62 f. 192. 200 ff. — Alles von den Hellenisten in Jerusalem Gesagte hat selbstverständlich seine Ausnahmen; und es ist auch wahrscheinlich, daß hellenistische Familien in Jerusalem in der zweiten und dritten Generation sich in hebräische zurückbildeten. Z. B. das aus Alexandrien stammende Geschlecht der Boëthusier (Jos. ant. XV, 9, 3), aus welchem während des letzten Jahrhunderts des Tempels 5 oder 6 Hohepriester hervorgingen, trägt in seinen männlichen und weiblichen Gliedern lauter hebräische oder aramäische Namen: Simon, Joazar, Eleazar, Eljonai, Marjam (Jos. bell. I, 28, 4; ant. XVII, 4, 2), Martha (Mischna, Jebam. VI, 4). S. die Zusammenstellung bei Schürer II, 216—220.

9. Die Bevorzugung des Griechischen vor dem Aramäischen durch Juda den Nasi s. oben S. 15. In der von ihm redigirten Mischna Megilla I, 8 heißt es: „Es ist kein Unterschied zwischen den (heiligen) Schriften (einerseits) und den Thephilin und Mesusoth (andrerseits), außer daß die Schriften in jeder beliebigen Sprache, die Thephilin und Mesusoth dagegen nur assyrisch (d. h. hebräisch) geschrieben werden dürfen." R. Simeon, Sohn Gamaliels (des Jüngeren), sagt: „Auch in bezug auf die Schriften hat man nur gestattet, daß sie griechisch geschrieben werden." In jer. Megilla 71c schließt sich hieran:

„Man forschte und fand, daß die Thora nicht anders befriedigend übersetzt werden könne, als griechisch". Ebendort wird erwähnt, daß die griech. Bibelübersetzung des Aquila den Beifall der berühmtesten Rabbinen seiner Zeit (c. 100—130) gefunden habe. Daß man diese sklavisch buchstäbliche Übersetzung vor der Septuaginta bevorzugte, beruht ebenso wie die Entstehung dieser Übersetzung selbst zum Teil auf dem Gegensatz zum Christentum. Gegen gottesdienstlichen Gebrauch des Griechischen hatte man nichts einzuwenden. Man sah darin vielmehr eine Erfüllung der Weissagung Gen 9, 27 (jer. Megilla 71b) und wandte, mit den Worten spielend, auf Aquila, den genauesten Übersetzer der Thora in die Sprache Japhets, Ps 45, 3 an (l. l. 71c). Daß in Cäsarea sogar das sogen. Schema, das Grundbekenntnis des Judentums (Deut 6, 4—9; 11, 13—21; Num 15, 37—41) griechisch gebetet wurde, fand man nicht ernstlich anstößig (jer. Sota 21b, dazu die Mischna selbst Sota VII, 1; Megilla II, 1). Nach dem ausdrücklichen Zeugnis des R. Ismael (Schekalim III, 2) waren an den Opferkasten im Tempel griechische Buchstaben angeschrieben, während nach Schekalim V, 3 gewisse als Quittung für geleistete Altargaben dienende Marken aramäische Inschriften trugen cf Joël, Blicke in die Religionsgesch. II, 170 f. — Es heißt Sota IX, 14: „Im Kriege des Vespasianus wurden verboten die Kronen der Bräutigame und die Pauken. Im Kriege des Titus wurden verboten die Kronen der Bräute, und daß Jemand seinen Sohn griechisch lehre. In dem letzten Kriege wurde verboten, daß die Braut in einer Tragsänfte inmitten der Stadt einherziehe." Daß statt Titus vielmehr Quietus zu lesen und somit an den jüdischen Aufstand unter Trajan um 116 zu denken sei, ist jetzt wohl allgemein anerkannt (Schürer I, 561). Nur von der Satzung, welche im letzten Krieg d. h. dem hadrianischen, entstanden sein soll, sagt die Mischna ausdrücklich, daß sie von den Rabbinen wieder aufgehoben worden sei. Aber auch das Verbot in bezug auf die griech. Sprache ließ sich nicht aufrechterhalten. In echt rabbinischer Weise wurde von Späteren der Buchstabe der Satzung, welche nur von Söhnen, nicht von Töchtern sagt, benutzt, um sie nach Möglichkeit zu beseitigen. Ein Rabbi Abbahu (um 300) erklärt im Namen seines Lehrers Jochanan († 279): „Es ist dem Menschen erlaubt, seine Tochter Griechisch zu lehren, weil es eine Zierde für sie ist" (jer. Schabbath 7d; Sota 24c). Dieser Abbahu, in Cäsarea lebend, zeigt sich allerdings in ungewöhnlichem Maße weltförmig und griechischem Wesen zugänglich (Hamburger, RE II, 4—8; Levy, Verh. der 33. Vers. deutscher Phil., 1879, S. 81). Dem Hause Gamaliels, welches nach dem J. 70 durch eine Reihe von Generationen eine beinah fürstliche Stellung einnahm, wurde eben deshalb der fleißige Gebrauch des Griechischen als Conversationssprache nachgesehen. Darin wird die Tradition Recht haben, daß die Reaktion gegen Aneignung griech. Sprachkenntnis und Bildung mit den letzten krampfhaften Anstrengungen der Nation, ihre Selbständigkeit zu behaupten, zusammenhängt. Vor dem J. 66 zeigt sich auch in den geschichtlichen Nachrichten nichts davon. Josephus, geb. 37 n. Chr., Sohn einer ansehnlichen Priesterfamilie, aber nicht zur eigentlichen Aristokratie gehörig, hat neben der rabbinischen Gelehrsamkeit, deren er sich schon mit 14 Jahren rühmen konnte (vita 2; ant. XX, 12), in Jerusalem doch soviel Griechisch gelernt, daß er mit 26 Jahren, ohne vorher jemals ins Ausland gekommen zu sein, eine Mission nach Rom übernehmen, in den höchsten Kreisen der dortigen Gesellschaft verkehren und z. B. bei der Gemahlin Neros mit Eifer und Erfolg sein Anliegen vertreten konnte, vita 3. Josephus hat nach ant. XX, 12 das Griechische auch schulmäßig, durch Unterricht in der Grammatik zu erlernen sich bemüht, bekennt aber, daß die Gewöhnung an die Muttersprache ihn gehindert habe, sich eine genaue Aussprache des Griechischen anzueignen. Bei der griechischen Neubearbeitung seines Werks über den jüdischen Krieg und wohl auch bei Ausarbeitung der Archäologie bediente er sich der Beihilfe einiger griech. Literaten c. Apion. I, 9. Den Mangel seiner Bildung nach dieser Seite erklärt er ant. XX, 12 daraus, daß bei seinen Landsleuten Kenntnis fremder Sprachen nicht hochgeschätzt werde, weil diese etwas gemeines, nicht nur jedem beliebigen freien Mann, sondern auch jedem Sklaven, der Lust dazu zeige, leicht erreichbares sei. Nur Kunde des Gesetzes und die Fähigkeit, das AT zu erklären, worin es nur Wenige zu etwas bringen verschaffe einem den Ruf der Gelehrsamkeit. Hienach ist es verkehrt, Kenntnis des Griechischen auf die vornehmen oder gar auf die gelehrten Kreise in Jerusalem beschränkt zu denken. Mancher Handelsmann und Handwerker wird hierin berühmten Rabbinen überlegen gewesen sein. Bei den Frauen war Kenntnis des Griechischen jedenfalls viel gewöhnlicher, als Kenntnis der heiligen Sprache (s. vorher und oben S. 4. 17 A 10). Trotzdem war es zweckmäßig, daß Titus, um die belagerten Jerusalemer zur Kapitulation zu bestimmen, durch einen Dolmetscher mit ihnen verhandelte (Jos. bell. VI, 6, 2), wie es auch selbstverständlich war, daß Josephus, wenn er im Auftrag des Titus sie anredete, der Muttersprache sich bediente (V, 9, 2; VI, 2, 1).

10. Unter den Aposteln haben nur Andreas, dessen Vater und Bruder hebr. Namen tragen, und Philippus griechische Namen. Daß die 7 Namen AG 6, 5, worunter wieder ein Philippus sich findet (cf 8, 5; 21, 8), sämtlich griechisch sind, hängt mit dem Anlaß der Einsetzung dieser 7 Männer zusammen. „Hebräer" werden neben dem griech. Namen wohl immer einen hebr. oder aram. gehabt haben, wie die späteren Hasmonäer Jochanan-Hyrkanos; Juda-Aristobulos; Jannaj-Alexandros; Salome-Alexandra. So soll ein Nikodemus (jüdisch *Nakdimon*), vielleicht identisch mit dem Jo 3, 1, von Haus aus Bunaj geheißen haben (bab. Taanith 20a). Sehr gebräuchlich waren auch lat. Namen neben den hebr.: Jochanan-Marcus AG 12, 12. 25; Joseph Barsaba-Justus AG 1, 23; Jesus-Justus Kl 4, 11; Schimon-Niger AG 13, 1; Schila-Silvanus oben S. 23 Z. 12. Auch wo wir nur den lat. Namen kennen, wie bei Niger Jos. bell. IV, 6, 1, Justus Julius Capellus oder Capella und Crispus Jos. vita 9, wird daneben ein jüdischer Name nicht gefehlt haben. Der griech. Name Petrus, welchen A. Meyer S. 51. 60 für einen lat. hält und mit Petronius in Zusammhang bringen will (!), kommt auch bei palästinischen Juden vor (jer. Moed Katon 82d Z. 9 v. u.), eignet aber dem Apostel nur in folge von Übersetzung des von Jesus ihm gegebenen Beinamens Kepha, oben S. 10.

11. Über griech. und lat. Fremdwörter in der jüdischen Literatur: J. Fürst, Glossarium Graeco-hebraicum oder der griech. Wortschatz der jüdischen Midraschwerke 1890; Krauss, Griech. u. lat. Lehnwörter im Talmud, Midrasch u. Targum, 2 Bde 1898.99; Schürer II, 44—67 gibt eine sachlich geordnete Auswahl aus der Mischna, Dalman 145—150 unter grammatischem Gesichtspunkt Beispiele aus der für das paläst. Aramäisch in Anspruch genommenen Literatur. Wahrscheinlich von Jesus gebrauchte griech. und lat. Wörter sind: *συνέδριον* Mt 5, 22; 10, 17; Mr 13, 9, in LXX 9 mal, auch Ps. Salom. 4, 1; 2 Makk 14, 5, jüdisch סַנְהֶדְרִין, Gerichtshof, besonders der oberste zu Jerusalem, Titel eines Traktats der Mischna. Ob auch *ἀντίδικος* Mt 5, 25; Lc 12, 58; 18, 3, dahin zu rechnen ist, welches in der Midraschliteratur ziemlich häufig, in Talmud und Targum dagegen nicht vorzukommen scheint, ist zweifelhaft. Um so sicherer *παράκλητος* Jo 14, 16. 26; 15, 26; 16, 7; 1 Jo 2, 1; Didache 5, 2 *πλουσίων παράκλητοι, πενήτων ἄνομοι κριταί*, Clem. quis dives 25 *τὸν τῆς σῆς συνήγορον καὶ παράκλητον ψυχῆς*, hebr. פְּרַקְלִיט Pirke Aboth IV, 11 „Fürsprecher", hier wie im Targum Hiob 33, 23 im Gegensatz zu קטיגור =*κατήγορος*, oder vielmehr *κατήγωρ* Ap 12, 10, eine Form, welche wahrscheinlich der griech. Volkssprache angehört hat, ebenso wie *συνήγωρ* (= *συνήγορος*) סְנֵיגוֹר, welches in der jüd. Literatur viel häufiger als *peraklit* den Gegensatz zu *kategor* bildet z. B. jer. Joma 44b cf Krauss Byz. Ztschr. 1893 S. 526. Das seltenere *peraklit* hat bei den Juden seinen Begriff erweitert und ist offenbar aktiv = *παρακαλῶν* gefaßt worden. Im Targ. Hiob 16, 20; 33, 23 entspricht aram. פרקליטא dem hebr. מֵלִיץ, welches der Übersetzer an beiden Stellen, auch 16, 20, wo das nicht angeht, im Sinn

von „Dolmetscher, Vertreter eines Anderen vor einem Dritten, Mittler“ genommen hat. Zwei jüdische Übersetzer, Aquila und Theodotion geben Hiob 16, 2 מנחמים „Tröster“ durch *παράκλητοι* wieder, wo LXX *παρακλήτορες*, Symmachus *παρηγοροῦντες* haben (Field, Hexapla II, 30). So drückt Philo, opif. mundi 6 den Gedanken, daß Gott, ohne daß ihm jemand zugeredet, ihn dazu ermuntert hätte, den Reichtum seiner Güte den Geschöpfen zugewandt habe, so aus: *οὐδενὶ δὲ παρακλήτῳ — τίς γὰρ ἦν ἕτερος — μόνῳ δὲ ἑαυτῷ χρησάμενος ὁ θεὸς ἔγνω κτλ.* Weniger bezeichnend ist vita Mosis III, 14. Auch Origenes de orat. 10 faßt das *παράκλητος πρὸς τὸν πατέρα* 1 Jo 2, 1 aktiv, indem er unter anderem paraphrasirt *συμπαρακαλῶν τοῖς παρακαλοῦσι.* Die aktive Fassung des Begriffs ist gewiß nicht die ursprüngliche, aber durchaus nicht sprachwidrig. Zu den Beispielen bei Kühner-Blaß II, 289 gehört auch *λαλητός*, redend, redefähig Iren. fragm. XIV, Stieren 833. Für einen Tertullian, welcher *παρακαλεῖν* *advocare* c. Marc. IV, 14 p. 191, *παράκλησις* *advocatio* pud. 17, *παράκλητος* *advocatus* Prax. 9 übersetzt, war es nötig, *advocator* zu bilden Marc. IV, 15 p. 193; dem Griechen und dem Juden, welcher das Fremdwort *παράκλητος* im Munde führte, war daneben jenes *παρακλήτωρ* der LXX entbehrlich. Jesus, welcher Jo 14, 16 zunächst sich selbst so nennt, war bis dahin nicht der von den Jüngern zu Hilfe gerufene Anwalt gewesen, sondern der im Namen Gottes ihnen zu Herzen redende Lehrer, der Dolmetscher, durch welchen Gott zu ihnen redete. Dieses ist nach seinem Hingang die Aufgabe des Geistes 14, 26. Dagegen ist es der in den Himmel erhöhte Jesus, welcher im Namen und zu Gunsten seiner Jünger Gotte zu Herzen redet, Fürsprache für sie einlegt 1 Jo 2, 1. Der ntl Gebrauch des Wortes entspricht gerade in seiner Dehnbarkeit dem jüdischen. — *διαθήκη* Mt 26, 28; Mr. 14, 24; Lc 22, 20 cf 22, 29 *διατίθεσθαι* von testamentarischer Verfügung, als דייתיקי oder דיאתיקי sehr gebräuchlich, im Sinne letztwilliger Verfügung über seinen Besitz für den Fall des Todes im Unterschied von מתנה Schenkung bei Lebzeiten jer. Pea 17d; dagegen blieb das auch bei den Griechen seltene *διάθεμα* oder das verb. *διεθέμην* (nach Jastrow 294), welches in einem Ausspruch Simons, des Sohnes Gamaliels, vorkommt, einem späteren Rabbi Josua unverständlich (jer. Baba bathra 16c Z. 17—19). — *κύριε* als Anrede des Höherstehenden Mt 7, 21 f. 13, 27; 21, 30; Jo 13, 13 f., dazu die zahlreichen Fälle, wo in der Erzählung Jesus so angeredet wird. Wie gebräuchlich das griech. Wort bei den Juden war, zeigt sich daran, daß קִירִי als Beispiel für schlechte Aussprache der Galiläer angeführt wird, in deren Mund es כירי (angeblich = *χεῖρε*?) lautete b. Erubin 53b; gerade auch das doppelte קירי b. Chullin 139b spricht dafür, daß Mt 7, 21 nicht eine Übersetzung, sondern nur eine Transscription vorliegt. Daß außer den Targumen, welche auch קירים *ὁ κύριος* kennen und sogar von Gott gebrauchen (Levy, Targ. WB. II, 360; Dalman Gr. 148), fast nur קירי und zwar als Vokativ vorkommt, erklärt sich daraus, daß der Zuruf und die Anrede *κύριε* häufiger als die übrigen Casusformen zu hören war und zunächst den Juden geläufig wurde (cf *Monsieur* und *le Sieur*). Es vergleicht sich hierin den griech. Eigennamen, welche von den Syrern vielfach in Form des Vokativs gesprochen wurden (Nöldeke, Syr. Gr. § 144). Übrigens scheint das, was man in den Lexx. unter כירי (auch = *χαῖρε, χαρά* oder *χάρις*), קירי, קירים findet, noch sehr der Sichtung bedürftig. — *πανδοχεύς* oder richtiger *πανδοκεύς* und *πανδοκεῖον* Lc 10, 34. 35, ersteres als פונדקי (aber in Mischna Gittin VIII, 9; Kidd. IV, 12 auch gleich letzterem), letzteres פונדק, פונדקא, פונדקיה sehr gebräuchlich, was besonders auch daraus erhellt, daß auch das fem. פונדקית = *πανδοκεύτρια* nicht selten in Mischna (z. B. Jebam. XVI, 7), Targumen etc. vorkommt. — *δηνάριον* Mt 18. 28; 20, 2—13; Mr 12, 15; Lc 7, 41; 10, 35; 20, 24, im Munde der Jünger Mr 6, 37; 14, 5; Jo 6, 7; 12, 5. Die Umschreibung דינר ist in der Mischna mindestens ebenso häufig, wie das hebr. Äquivalent זוז (Belege bei Schürer II, 54 A 162); in jer. Talmud (auch in aram. Zusammenhang דינרא), Targ. u. Midr. mag das Verhältnis ein ähnliches sein. — Auch *ἀσσάριον* Mt 10, 29; Lc 12, 6, als איסר (אִסָּר) in der Mischna (Erubin VII, 10; Kidd. I, 1 etc.) und aller jüd. Literatur sehr häufig, wird Jesus in dieser Form gebraucht haben; wahrscheinlich auch *κοδράντης* Mt 5, 26 lat. *quadrans* in der Form קדריונטס. Der Jerusalemer Marcus, welcher für seine römischen Leser 12, 42 schreibt *λεπτὰ δύο ὅ ἐστι κοδράντης*, braucht letzteren Ausdruck nicht erst in Rom kennen gelernt zu haben, denn beinah buchstäblich ebenso liest man jer. Kidd. 58d שני פרוטות קדריונטס. Jedenfalls aber hat Lucas, welcher an den Parallelstellen 12, 59; 21, 2 das rein griechische, in die jüdische Volkssprache gar nicht übergegangene *λεπτόν* gebraucht, uns nicht, wie Schürer II, 55 A 169 meint, den Wortlaut der auch von Mt benutzten Quellenschrift aufbewahrt; denn diese war nicht griechisch, sondern aramäisch geschrieben. Lc hat auch sonst das echt griechische Wort an die Stelle des von den Juden Palästinas gebrauchten lat. Fremdworts gesetzt, so *φόρος* 20, 22 (23, 2) statt *κῆνσος* Mt 22. 17; Mr 12, 14 (Mt 17, 25; 22, 19). Wie völlig eingebürgert letzteres war, zeigt sich daran, daß קנס, קנסא meist in der doch erst übertragenen Bedeutung „Geldbuße, Strafgeld" vorkommt, daß ein denominatives Verbum קנס üblich war, und daß eine sonst nicht nachgewiesene griech. Weiterbildung *κήνσωμα* קיסומא vorkommt (Krauss, Lehnwörter II, 534. 554). — *λεγιών*, *λεγεών* Mt 26, 53 cf Mr 5, 9. 15; Lc 8, 30, לגיון, plur. לגיונין und לגיונות. Die von Levy in beiden Lexx. behauptete zweite Bedeutung „Befehlshaber", auf welche A. Meyer kühne Behauptungen zu Mr 5, 9. 15 gründet, ist von vornherein unglaublich, da die Römer gar keinen von *legio* gebildeten Officierstitel hatten. Wo das Wort einen Einzelnen bezeichnet, ist entweder לגיון in ליגטא (*legatus*) zu ändern (Fürst, Gloss. 130) oder ein Soldat (*miles legionarius*) zu verstehen (Krauss II, 305). — Ein dem *ἀγγαρεύειν* Mt 5, 41 (27, 32; Mr 15, 21 cf Hatch. Essays in biblical Greek 37; Deißmann Bibelst. 81) entsprechendes Verbum ist in der jüdischen Literatur noch nicht nachgewiesen, aber das subst. אנגריא = *ἀγγαρεία* (Epict. diss. IV, 1, 79; Artemid. oneirocr. V, 16) ist sehr gewöhnlich, und auch *ἀγγαρευτής* haben die Juden sich angeeignet, was beweist, daß diese aus dem Persischen stammenden Wörter (Herodot VIII, 98) doch erst in der hellenistischen Zeit sich bei den Juden eingebürgert haben. Daß solche Fremdwörter dem Volk meistens nicht als solche bewußt wurden, veranschaulicht die Bemerkung des sprachgelehrten Epiphanius, daß *φοῦρναξ* = *fornax* = *κάμινος* der Landessprache Palästinas angehöre (haer. 30, 12). Als פורנא, פורני ist das lat. *furnus* oder auch *furna* Juden wie Syrern geläufig gewesen cf Krauss, Byz. Ztschr. 1893 S. 524; Lehnwörter I, 72; II, 434.

12. Über AG 2, 5 ff. s. oben S. 42 f. Der halb ausländische Charakter der ersten Gemeinde wird bestätigt durch 4, 36 (Barnabas aus Cypern); 6, 1—5 (oben S. 45 A 10); 11, 20 (*Κύπριοι καὶ Κυρηναῖοι*); 21, 16 (Mnason, ein Jünger aus der Anfangszeit der Gemeinde, aus Cypern). Dazu werden wir die Familie des Simon von Cyrene rechnen dürfen (Mr 15, 21; Rm 16, 13 unten § 22). Das weitere Wachstum 4, 4 ohne Angabe der Herkunft; 5, 16 Leute aus den Städten in der Nähe Jerusalems; 6, 1 die Mehrung der Gemeinde veranlaßt die Klage der Hellenisten, sofern sie jetzt in den Hintergrund gedrängt zu werden schienen; 6, 7 viele Priester oder wahrscheinlicher nach ℵ* S[1] *ὄχλος Ἰουδαίων* d. h. Judäer cf Klostermann, Probleme 13; ferner Pharisäer 15, 5, also sicherlich echte „Hebräer", wenn auch der Eifer um das Gesetz allen Judenchristen in Palästina, gleichviel welcher Herkunft und Sprache, gemeinsam war 21, 20. — Was oben S. 31 von Cäsarea, Ptolemaïs, Tyrus gesagt ist, wird nicht von Damaskus gelten. Obwohl zur Dekapolis gehörig, hat es keinen griech. Namen bekommen, dagegen eine starke Judenschaft, nach Jos. bell. II, 20, 2 fast alle Frauen der Heiden dem Judentum ergeben und 10,500 jüdische Männer an einem Tage erschlagen. Die Namen AG 9, 10 f.: Chananja und Juda sind hebräisch.

13. Über Philo als Hellenen s. oben S. 41 A 3. Die Frage, wieweit seine und anderer Diasporajuden Kenntnis des Hebr. reichte (sehr verschieden beantwortet z. B. von Frankel, Vorstudien zur Septuaginta p. XV, 45 f., der ihm jede Kenntnis ab-

spricht, und von Siegfried, Philo 142 ff.), kann hier umso mehr auf sich beruhen, als es sich zwischen „Hebräern“ und Hellenisten nicht um gelehrte Sprachkenntnis des Hebr., sondern um den praktischen Gebrauch entweder des Griechischen oder des nur ungenauerweise Hebräisch genannten Aramäisch handelt (oben S. 32 f.). — Philo c. Flacc. 6: Die Juden in Alexandrien und in Ägypten bis zur äthiopischen Grenze nicht weniger als 100 Myriaden = 1 Million. Unter etwa 150 jüdischen Grabschriften aus Rom finden sich nach A. Berliner, Gesch. der Juden in Rom I, 53 nur 40 lateinische, die übrigen, und zwar alle aus dem 1.—3. Jahrh. n. Chr., sind griechisch. Nur selten ist das Wort „Friede“ oder „im Frieden“ oder „Friede über Israel“ in hebr. Sprache und Schrift beigefügt. S. die bequeme, wenn auch nicht in jeder Hinsicht befriedigende Zusammenstellung bei Berliner I, 71—92. — Aramäische Formen in LXX s. schon oben S. 12. Dahin gehört auch *γειώρας* statt des hebr. גר = *προσήλυτος* Ex 12, 19; Jes 14, 1 cf oben S. 22 Z. 20. Die Übersetzung *νικήσῃς* Ps 51, 6 cf Rm 3, 4 gibt dem hebr. זכה „rein sein“ die Bedeutung des aram. זכא „siegen“. Andere Beispiele bei Frankel 201.

14. C. I. Gr. nr. 9909, auch bei Schürer, Gemeindeverfassung der Juden in Rom S. 35 Nr. 8, Grabschrift einer gewissen Salome, Tochter des Gadia, welcher den Titel eines *πατὴρ συναγωγῆς Αἰβρέων* = *Ἑβραίων* führt. „Vater der Hebräer“ (*πατρὸς τῶν Ἑβρέων*) nennt denselben Gadia eine andere Grabschrift, zuerst veröffentlicht von Derenbourg in Mélange Renier 1887 p. 439. Für die im Text gegebene Deutung cf Schürer a. a. O. 16; desselben Gesch. III, 46; noch bestimmter Berliner 104, der auch Neubauer dafür citirt, während Derenbourg unter Berufung auf Jos. ant. XI, 8, 6 u. dgl. aus den Hebräern in und bei Rom Samariter machen möchte. Gadia (Jastrow 211 גדיא II; Berliner 55) und Salome waren bei palästinischen Juden gebräuchliche Namen.

15. AG 22, 3 sagt unzweideutig, in welchem Sinne Pl 21, 39 *Ταρσεύς* heißt cf 9, 11. 30; 11, 25, es war eine unnötige Annahme von Fabricius Cod. apocr. NTi III, 571, daß Hieronymus wegen der in A 16 zu belegenden Tradition in AG 22, 3 mit cod. A *γεγενημένος* (nur „gewesen“) gelesen haben müsse. Der Gegensatz zwischen dem Geburtsort und der Bildungsstätte war unverkennbar. An die Herkunft des Pl aus Tarsus knüpfte die ebjonitische Schrift unter dem Titel *ἀναβαθμοὶ Ἰακώβου* (Epiph. haer. 30, 16. 25) die Behauptung, daß Pl von väterlicher wie mütterlicher Seite ein Hellene sei. — Pl würde sich nicht einen Bürger von Tarsus nennen (AG 21, 39), wenn sein Vater und er nicht wirklich außer der *civitas Romana* auch das städtische Bürgerrecht in seiner Vaterstadt gehabt hätten (cf eine Reihe von Inschriften Journ. of hell. stud. 1889 p. 50 ff. nr. 12—20 *Ῥωμαῖος καὶ Λυδάτης* und ähnliches). Daß Pl den ersten Teil seiner Jugend in einer anderen Stadt als Jerusalem und unter einer ihm nicht stammverwandten Bevölkerung verlebt hat, ist auch AG 26, 4 bezeugt; denn wenn an der Echtheit des *τε* (א A B E S[1]) und vollends des *τὴν ἀπ' ἀρχῆς*, welches Blaß streicht, nicht zu zweifeln ist, so kann auch *ἐν τῷ ἔθνει μου* nicht heißen „unter dem jüdischen Volk“, was ohnedies in der an den Juden Agrippa gerichteten Ansprache eine sonderbare Ausdrucksweise wäre (cf dagegen *ἡμετέρα, ἡμῶν* 26, 5—7), sondern = *ἐν τῇ πατρίδι μου*. Cf über diesen Gebrauch von *ἔθνος* unten § 21 A 2. Alle Juden wissen, daß er von Jugend auf, und zwar nicht erst in folge seiner rabbinischen Ausbildung, sondern „von Anfang an“, schon in seiner Vaterstadt Tarsus, wie auch später in Jerusalem ein streng gesetzliches Leben geführt hat. Diese ererbte und nicht erst in Jerusalem durch Gamaliel, sondern schon im Elternhaus anerzogene Frömmigkeit (cf 2 Tm 1, 3) wird 26, 5 als pharisäische Frömmigkeit näher bestimmt cf Phl 3, 5; AG 23, 6, wo sicherlich *Φαρισαίων*, nicht *Φαρισαίου* zu lesen ist. Seit mehreren Generationen gehörte die Familie der Partei an. Auch Gl 1, 14 (*τῶν πατρικῶν* [nicht *πατρῴων*] *μου παραδόσεων*) denkt Pl an seinen Vater, wie Gl 1, 15 an seine Mutter; und man kann sich schwer der Vermutung verschließen, daß er mit den Worten *ὁ ἀφορίσας με* Gl 1, 15, *ἀφωρισμένος* Rm 1, 1 auf

den Namen der Pharisäer anspielt, den er früher mit Stolz getragen, jetzt aber in ganz anderem Sinne deuten kann cf Clem. hom. XI, 28 *τῶν Φαρισαίων . . οἵ εἰσιν ἀφωρισμένοι.*

16. Hieron. in ep. ad. Philem. 23 (Vall. VII, 762): *Quis sit Epaphras concaptivus Pauli, talem fabulam accepimus: Ajunt parentes apostoli Pauli de Gyscalis regione fuisse Judaeae, et eos, quum tota provincia Romana vastaretur manu et dispergerentur in orbem Judaei, in Tharsum urbem Ciliciae fuisse translatos; parentum conditionem adolescentulum Paulum sequutum. Et sic posse stare illud quod de se ipse testatur „Hebraei sunt“* etc. (2 Kr 11, 22) *et rursum alibi „Hebraeus ex Hebraeis“* (Phl 3, 5) *et cetera, quae illum Judaeum magis indicant quam Tharsensem.* Derselbe v. ill. 5: *Paulus apostolus . . . de tribu Benjamin et oppido Judaeae Giscalis fuit, quo a Romanis capto cum parentibus suis Tarsum Ciliciae commigravit.* Aus dieser letzteren Stelle ging die Nachricht auch in lat. Bibeln über cf Card. Thomasii opp. ed. Vezzosi I, 382 (*ex oppido Judaeae Egirgalis*). Man hätte nicht übersehen sollen, daß die in dem früher (a. 387) geschriebenen Kommentar zu Phlm 23 vollständiger mitgeteilte Tradition in v. ill. 5 durch nachlässige Abkürzung wesentlich verändert ist. Die allein in Betracht kommende Tradition besagte nicht, daß Pl mit seinen Eltern von Gischala nach Tarsus gewandert sei, sondern daß seine Eltern bei einer Eroberung Gischalas durch die Römer (in Kriegsgefangenschaft geraten und so, etwa als verkaufte Sklaven unfreiwillig) nach Tarsus verpflanzt worden seien, und daß Pl diesen Stand seiner Eltern (geerbt und) in seiner Jugend geteilt habe. Daß Hier. diese *fabula* nicht durch Hörensagen, sondern aus einem älteren Kommentar kennen gelernt, ist wohl selbstverständlich. Wahrscheinlich ist seine Quelle der Kommentar des Origenes zum Phlm cf GK II, 1002. Aus derselben Quelle, und nicht etwa aus der griechischen Übersetzung von Hier. v. ill., von welcher er sich sonst vielfach abhängig zeigt (Forsch II, 8; III, 35; Wentzel, Die griech. Übers. der viri ill., 1895 S. 1 ff.), schöpft Photius seine entsprechenden Angaben (Quaest. Amphil. 116. 117 Migne 101 col. 688 f.; vielleicht auch das Weitere in quaest. 211 col. 965). Es entspricht z. B. dem *Romana manu* des Hieronymus das *τῷ Ῥωμαϊκῷ δόρατι* des Photius. Es wird die Veröffentlichung der koptischen Fragmente der Paulusakten abzuwarten sein, ehe man entscheiden kann, ob etwa diese von Origenes ziemlich hoch geschätzte Legende (GK II, 865 f.) die letzte Quelle der Überlieferung sei. Doch ist schon jetzt zu bemerken, daß das ziemlich verächtliche *fabula* des Hier. dessen von Origenes abweichender Stellung zu den Apokryphen entspricht, und daß die um 170 verfaßten Paulusakten ihren Helden als Hebräer darstellen. Hebräisch gesprochene Gebete sind die letzten Worte vor seiner Hinrichtung (Acta Petri, Pauli etc. ed. Lipsius p. 115; GK II, 875. 877). Auf alle Fälle ist diese Überlieferung, welche mit der AG nicht in Widerspruch steht, aber noch weniger aus ihr abgeleitet sein kann, von unerfindbarer Bestimmtheit. Darin hat Krenkel, Beiträge z. Gesch. des Pl. S. 8 ff. gegen Hausrath, Ntl Zeitgesch. II[1], 404; Schenkel's Bibellex. IV, 408 Recht; beide aber können durch ihre Kritik nicht befriedigen, weil sie erstens die nachlässige Wiedergabe in v. ill. 5 mit der ursprünglichen Sage verwechseln, und weil sie uns Unglaubliches zumuten durch die Annahme, daß bis zur Zeit des Hier. in Gischala eine wahre (so Krenkel) oder falsche (so Hausrath) Lokaltradition dieses Inhalts existirt habe. Daß die Eltern des Pl in Gischala in Galiläa (cf Buhl, Geogr. Palästinas 233) gelebt haben, ehe sie nach Tarsus übersiedelten, wo ihnen der Sohn geboren wurde, ist eine wahrscheinlich aus dem 2. Jahrh. stammende, selbständige und die Angaben des NT's in willkommenster Weise ergänzende Überlieferung. Wenn der erste, welcher sie aufzeichnete, so wie allem Anschein nach Hieronymus, die Einnahme von Gischala durch die Römer 67 n. Chr. (Jos. bell. IV, 2, 1—5), also etwa im Todesjahr des Pl, als Anlaß der Kriegsgefangenschaft der Eltern des Pl angesehen hätte, so wäre das freilich ein

grober Irrtum des Berichterstatters. Aber abgesehen davon, daß wir dies nicht sicher wissen, täte dies der wesentlichen Richtigkeit der von diesem Berichterstatter verarbeiteten Tradition wenig Eintrag. Es könnte das Ereignis sehr wohl in das J. 4 v. Chr. fallen, in welchem Galiläa durch die Legionen des Varus und dessen arabische Hilfstruppen schwer zu leiden hatte und unter anderen die Einwohnerschaft von Sepphoris in Gefangenschaft und Sklaverei geriet (Jos. ant. XVII, 10, 9; bell. II, 5, 1 cf die Andeutung bei Keim, Gesch. Jesu I, 318 A 1). So berichtigt, verdient die Nachricht auch deshalb Glauben, weil dadurch erklärlich wird, wie eine so streng pharisäische Familie nach Tarsus kam, nicht anders wie der Grundstock der römischen Judenschaft nach Rom, als Kriegsgefangene und sodann Sklaven. Wie jene großenteils ihre Freiheit und zugleich römisches Bürgerrecht erlangten (oben S. 42), so der Vater des Pl und zwar vor der Geburt des Pl, denn dieser ist als römischer Bürger geboren (AG 22, 25—28 cf 16, 37 f.; 23, 27). Als solcher mußte er auch ein römisches Praenomen, Nomen und Cognomen haben, wie etwa: (*Marcus Claudius*) *Paulus.* In der Deutung eines häßlichen Traums sagt Artemidor (Oneirocr. V, 91): Der Sklave erhält bei seiner Emancipation statt des einen Namens, den er bis dahin getragen hat, deren drei, indem er von dem Herrn, der ihm die Freiheit schenkt, zwei Namen annimmt. Die schon dem Origenes (comm. in Rom. praef. Delarue IV, 460) bekannte Meinung, welche besonders Hieronymus (v. ill. 5; ad Philem. 1 Vall. VII, 746 f.) verbreitet und neuerdings Krenkel S. 18 verteidigt hat, daß Pl sich dem von ihm bekehrten Sergius Paulus zu Ehren so genannt habe, findet in AG 13, 9 keine Stütze, wo lediglich gesagt wird, daß Pl neben dem jüdischen Namen Saul auch den römischen Namen Paulus geführt habe, welchen Lc von da an gebraucht. Cf Ἰανναῖον τὸν καὶ Ἀλέξανδρον Jos. ant. XIII, 12, 1; auch Σίμων ὁ καὶ Πέτρος (Alexandrin. Inschr. Bull. di arch. crist. 1865 p. 60); überhaupt über diese Formel meine Anm. zu Ign. Eph. inscr. oder Deißmann, Bibelst. 182. Noch unwahrscheinlicher ist, daß der Apostel seit seiner Bekehrung den Namen Saul mit Paulus vertauscht habe; denn Lc nennt ihn nach wie vor seiner Bekehrung mit dem hebr. Namen. Daß ein Pharisäer, welcher seinem Sohn als geborenem römischen Bürger römische Namen geben mußte, ihm daneben auch noch einen hebräischen gegeben hat, und daß Pl als Rabbinenschüler und Christenverfolger in Jerusalem den letzteren, als Heidenmissionar sein römisches Cognomen zu führen pflegte, ist natürlich. Die Bedenken von Krenkel 20 f. dagegen, daß ein orthodoxer Pharisäer seinen Sohn nach dem König Saul, dem Verfolger Davids, genannt haben sollte, reichen nicht aus, die Nachricht der AG zu verdächtigen. Saul hießen jüdische Zeitgenossen des Apostels in Palästina (bell. II, 17, 4 ein Verwandter des herodäischen Hauses, bell. II, 18, 4 ein angesehener Mann in Skythopolis); Abba Schaul ist eine rabbinische Auktorität des 2. Jahrhunderts (Strack, Einl. in d. Talmud 84); auch der weibliche Name Schaulah kommt in rabbinischen Kreisen vor (Levy, Neuhebr. Lex. IV, 491). Ob die Väter, welche solche Namen gaben, mehr an den König Saul dachten, der ja kein Scheusal war und wie Pl dem Stamme Benjamin angehörte (Rm 11, 1; Phl 3, 5), oder an die Wortbedeutung („der Erbetene"), mag auf sich beruhen. Vermutungen über die Wahl gerade des Namens Paulus in einem Briefe Levy's an Delitzsch, Ztschr. f. luth. Theol. 1877 S. 12.

17. Durch die Arbeiten von Kautzsch, De VTi locis a Paulo apostolo allegatis, 1869 und Vollmer, Die atl Citate bei Pl, 1895 ist die Frage nach dem Maß, in welchem Pl Kenntnis des hebr. AT's bekunde, keineswegs erledigt; sie kann aber durch vereinzelte Gegenbemerkungen, für welche allein hier Raum wäre, nicht gefördert werden. Cf König, Theol. Lit. Bl. 1896 nr. 14.

18. E. Curtius, Sitzungsber. der Berliner Akad. 1893 S. 934: „Pl hat das Griechische nicht erlernt, wie ein Missionar die Sprache der Eingeborenen, um sich ihnen notdürftig verständlich zu machen. Pl hat die Sprache überhaupt nicht zu Missionszwecken er-

lernt, sondern er ist in derselben aufgewachsen." Mit der oben im Text gegebenen Einschränknng ist das richtig. Blaß, Gr. des ntl Griech. 6 f. findet in der Rede des Pl vor Agrippa, welche er als „recht genau wiedergegeben" ansieht, Anzeichen davon, daß Pl auch mit den feineren, attischen Formen einigermaßen vertraut war und vor einer gewählten Zuhörerschaft sich derselben bediente.

19. Schon die Alten schenkten den Citaten des Pl aus der profanen Literatur ihre Aufmerksamkeit Clem. strom. I, 59 (cf paed. II 50); Epiph. haer. 42 ed. Pet. p. 362; Hieron. ep. 70 ad Magn.; comm. in Gal. 4; Eph. 5; Tt 1 (Vall. I, 426; VII, 471. 647. 706); Socrat. h. e. III, 16; Pseudoeuthalius (Zacagni, mon. coll. I, 420. 543. 545. 558. 567). Über Tt 1, 12 s. unten § 35 A 1. Der Vers aus der Thaïs des Menander (Fragm. com. gr. ed. Meineke IV, 132) oder nach dem Kirchenhistoriker Sokrates aus einer Tragödie des Euripides (cf Clem. strom I, 59), welchen Pl 1 Kr 15, 33 sich aneignet, wird von ihm allerdings nicht als Wort eines Dichters citirt. Andrerseits ist aber auch nicht aus der Überlieferung des paulinischen Textes ohne die metrische Form (*χρήσθ'*, wie Lachmann statt des überlieferten *χρηστά* drucken ließ) zu schließen, daß Pl das Wort in unmetrischer Form diktirt habe und sich nicht bewußt gewesen sei, einen Vers zu citiren. Die Abschreiber haben sehr häufig die metrische Form solcher Citate zerstört (z. B. Just. apol. I, 39 *γλῶσσα ὀμώμοκεν* für *γλῶσσ' ὀμώμοχ'* in einem Vers des Euripides); bei einem hl. Text, welcher im Gottesdienst gelesen werden sollte, war die Erinnerung an ein Lustspiel eher unbequem, als anziehend. Doch hat man später auch auf christliche Grabsteine Verse Menanders geschrieben (C. I. Gr. nr. 3902r; Ritter, de compos. tit. christ. 27; de Rossi, Inscr. christ. II, 1 prooem. VIII). — AG 17, 28, wo *ποιητῶν* eine sachlich angemessene Zutat erst der zweiten Textrecension ist, ist auf alle Fälle ausgedrückt, daß mehrere Schriftsteller wesentlich das Gleiche gesagt haben. Wörtlich stimmt das Citat mit Aratus, Phainom. v. 5; ganz ähnlich sagt aber auch Kleanthes, Hymn. in Jovem v. 4 (Mullach, Philos. graec. fragm. I, 150) *ἐκ σοῦ γὰρ γένος ἐσμέν*. Aratus aus Soloi in Cilicien, wohin seine Familie wahrscheinlich von Tarsus übergesiedelt war, soll seine Phainomena in Athen verfaßt haben (s. in Kürze Knaack in Pauly-Wissowa RE II, 394); Kleanthes war in Athen Jahre lang Schüler des Zeno und nachher bis zu seinem Tode Haupt der dortigen stoischen Schule. Beide konnte Pl daher zu den athenischen Dichtern rechnen. Da beide Stoiker waren, konnte er auch mit Rücksicht auf die anwesenden Stoiker (17, 18) *τινὲς τῶν καθ' ὑμᾶς ποιητῶν* sagen. Möglich ist auch, aber farbloser, daß Pl als ein zu Hellenen redender Jude die heidnischen Dichter als solche „eure Dichter" nennt.

20. Obiges über Tarsus (S. 37) nach Strabo XIV p. 673. Derselbe nennt auch eine beträchtliche Anzahl namhafter Stoiker sowie anderer Philosophen und Philologen, die aus Tarsus hervorgegangen. Cf Lightfoot, Epistle to the Philipp. 3. ed. p. 301 ff. 308; desselben Bibl. Essays 205 f. Über die Wartezeit in Tarsus cf außer der chronol. Übers. Abschnitt XI auch Skizzen S. 67. 69.

21. Jos. Scaliger, welcher in seinen Animadv. in chron. Eusebii hinter dem Thes. temp. 1606 p. 124, ed. 1658 p. 134 das richtige alte Verständnis (oben S. 42) von *Ἑλληνισταί* AG 6, 1 wiederhergestellt hat, hat meines Wissens nirgendwo von hellenistischer Sprache geredet. Dagegen Joh. Drusius, Annot. in NT 1612 zu AG 6, 1 (Critici sacri, Frankf. 1696 tom. IV, 2193): *Hi graeca biblia in synagogis legebant et graece sciebant, peculiari dialecto utentes, quam hellenisticam vocant, cuius frequens mentio in his libris.* Wie von *οἱ σοφισταί* gebildet wurde *ἡ σοφιστική* (sc. *τέχνη*, *ἐπιστήμη*), hätte von *οἱ Ἑλληνισταί* gebildet werden können *ἡ ἑλληνιστικὴ διάλεκτος*, was jedoch nicht geschehen ist. Da ferner Lc, welcher in der vorhandenen Literatur als der erste und auf lange hin einzige das Wort gebraucht hat, unter *Ἑλληνισταί* ohne Frage Juden versteht, welche die griech. Sprache angenommen hatten, so schien es nicht unpassend,

das Griechisch solcher Juden Hellenistisch zu nennen. Aber diese Beschränkung des Begriffs liegt doch nur in dem geschichtlichen Zusammenhang. An sich sind Ἑλληνισταί alle Nichthellenen, welche griech. reden oder überhaupt griech. Lebensart, Denkweise angenommen haben. Obwohl nämlich das intrans. ἑλληνίζειν an sich nur heißt „griech. reden“ und überhaupt „sich als Griechen zeigen“, so liegt es doch in der Natur der Sache, daß es nur im Gegensatz zu anderen Sprachen (Luc. Philopseudes 16 ἑλληνίζων ἢ βαρβαρίζων), also in der Regel auch nur von Nichtgriechen gesagt wird (Xenoph. Anab. VII, 3, 25; Aeschines c. Ctesiph. 54 von Demosthenes mit Rücksicht auf seine skythische Großmutter βάρβαρος ἑλληνίζων τῇ φωνῇ), wie ῥωμαΐζειν römische Gesinnung von Nichtrömern (Jos. bell. II, 20, 3), ἰουδαΐζειν jüdische Lebensweise von Nichtjuden (Gl 2, 14) bedeutet. Vollends das trans. und gelegentlich pass. ἑλληνίζειν (Thuc. II, 68; Jos. ant. I, 6, 1) und ἀφελληνίζειν (Philo oben S. 41 A 3) kann überall nur heißen, einen Nichtgriechen oder etwas Ungriechisches griechisch machen, cf unser „germanisiren“ u. dgl. So ist auch ἑλληνισμός in der Regel das von Nichtgriechen angeeignete Griechentum. So wenig wir uns durch Stellen wie 2 Makk 4, 13 (oben S. 41 Z. 1) veranlaßt sehen, diesen Begriff auf die griech. Sprache, Kultur, Sitte zu beschränken, sofern sie gerade von Juden angeeignet wurden, sondern vielmehr die gesamte seit Alexander über die Barbarenvölker ausgebreitete und dadurch eigentümlich modificirte griech. Kultur Hellenismus nennen, ebensogut müßte *dialectus hellenistica* alles von Barbaren (Ägyptern, Syrern, Juden, Phrygiern, Skythen) gesprochene und dadurch irgendwie afficirte Griechisch bedeuten. In der Tat hat man in diesem Sinn nicht selten von Hellenistisch geredet und hat sogar, was vollends verwirrend ist, das hebraïsirende Kolorit des von Juden geschriebenen Griechisch in einen Gegensatz zum Hellenistischen gesetzt und in den von Juden in griechischer Sprache abgefaßten Schriften die Hebraïsmen als Ausnahmen von dem übrigens darin zur Anwendung gebrachten Hellenistischen als der Regel unterschieden. Will man von dem unglücklichen Begriff der *dialectus* oder *lingua hellenistica* nicht lassen, so sollte man sich in den Vorreden zu den Schriften, in welchen man ihn anwenden will, deutlich darüber erklären, ob man den Begriff in dem engen Sinn, welchen ihm Drusius gegeben, oder in dem heute sehr verbreiteten weiteren Sinne gebraucht. In ersterem Fall würden Hebraïsmen gerade die charakteristischen Merkmale jener *peculiaris dialectus* sein. Im anderen Falle wäre das von Juden geschriebene Griechisch eine Varietät innerhalb derjenigen Species griechischer Redeweise, welche man „Hellenistisch“ zu nennen beliebt. Auch diese Varietät im Unterschied etwa von dem Griechisch, welches Kopten (Ägypter) geschrieben haben, würde man an der hebraïsirenden oder aramaïsirenden Färbung erkennen; denn in dem Maße, als es Juden gelungen ist, sich ihrer nationalen Art im Gebrauch des Griechischen zu entäußern, haben sie sich dem Gemeingriechischen, sei es der gebildeten Literatursprache, sei es der ungebildeten Verkehrssprache ihrer Zeit genähert oder sie völlig sich angeeignet.

II. Der Brief des Jakobus.

---

§ 3. Die Bestimmung des Briefs nach der Grußüberschrift.

Über den Ursprung dieses Briefes gibt es keine Überlieferung, welche sich uns vermöge ihres nachweisbaren Alters oder ihrer anscheinenden Ursprünglichkeit als Leitfaden bei der Untersuchung empfehlen könnte. Die Schrift selbst aber, obwohl der Form nach ein Sendschreiben, enthält sehr Weniges, was auf bestimmte, anderweitig bekannte Zeitverhältnisse hinweist. Außer dem Verfasser (1, 1) wird keine zur Zeit des Briefes lebende Person genannt; auf kein geschichtliches Ereignis der näheren Vergangenheit, auf kein äußeres Erlebnis des Vf oder der Leser wird Bezug genommen (A 1). Weder der Aufenthaltsort des Vf noch die Wohnsitze der Leser werden erwähnt. Eine äußere Adresse, welche dem Briefboten dazu hätte helfen können, den ihm anvertrauten Brief in die rechten Hände zu bringen, ist uns von diesem Brief ebensowenig als von irgend einem anderen des NT's erhalten (A 2). Dagegen fehlt ihm nicht, wie einigen anderen Briefen im NT (1 Jo, Hb), die innere Grußüberschrift, welche im Altertum den bei uns üblichen Anruf an den Adressaten und zugleich die Unterschrift des Briefschreibers ersetzte. Die in solcher Grußüberschrift enthaltene Selbstbezeichnung des Briefschreibers mochte in manchen Fällen dem Empfänger erst nach Öffnung des Briefes sagen, wer der Absender sei; dagegen diente die gleichfalls darin enthaltene Bezeichnung des Adressaten in der Regel keinem praktischen Zweck, sondern war samt dem Gruß, welcher die Überschrift zu beschließen pflegte, eine Ansprache, welche in mannigfaltiger Weise zum Ausdruck bringen konnte, wofür der Vf den Adressaten ansah, und wie er sich zu ihm stellte. Daher finden wir auch in solchen Grußüberschriften, welche eine mehr äußerliche Bezeichnung des Adressaten und, wo dazu eine Ortsangabe erforderlich war, auch eine solche enthalten (A 3), daneben regelmäßig doch auch Elemente rein idealer Natur. Wir finden im NT aber auch Grußüberschriften, in welchen die Bezeichnung des Adressaten ausschließlich dieser letzteren Art ist. Dazu gehört Jk 1, 1. Wie aussichtslos das Unternehmen erscheinen mag, so sind wir doch beim Mangel jedes anderen Anhaltspunkts darauf angewiesen, durch exegetische Erörterung der Worte *ταῖς δώδεκα φυλαῖς ταῖς ἐν τῇ διασπορᾷ* uns historisch und geographisch wenigstens vorläufig zu orientiren. Ohne die hier vorliegende Näherbestimmung könnte *αἱ δώδεκα φυλαί* kaum etwas anderes bezeichnen als das jüdische Volk und zwar dieses in seiner Vollständigkeit (A 4). Nun aber ist die nicht nur stillschweigend gemachte, sondern 2, 1 auch deutlich ausgesprochene Voraussetzung des ganzen Briefes die, daß die Leser insgesamt sich zu Jesus als dem Messias bekennen, und es bedürfte auch ohnedies kaum des Beweises, daß wir hier nicht eine in Form eines Sendschreibens gekleidete Ansprache an die gesamte jüdische Nation vor uns haben (A 5). Man erwartet daher, daß das hinzutretende *ταῖς ἐν τῇ διασπορᾷ* die unerläßliche Näherbestimmung des Begriffs bringe. Daß dies nicht eine logisch entbehrliche, für die Bestimmung des Begriffs unwesentliche Charakteristik der Lage der Leser sei (A 6), ergibt sich auch aus den Verhältnissen der apostolischen und der nachapostolischen Zeit. Von Gesamtisrael konnte man damals nicht sagen und hat niemand gesagt, daß es sich im Zustand oder im Gebiet der Zerstreuung befinde. Wie zahlreich und wie weit verbreitet die außerhalb Palästinas wohnenden Juden waren, das Volk als Ganzes hatte noch ein Vaterland. Palästina haben die Juden und Judenchristen lange nach der Zerstörung Jerusalems und nach den noch tiefer einschneidenden Maßnahmen Hadrians „das Land Israels“ genannt, und sie nennen es noch heute so (A 7). Auswärts wohnende Juden wie Philo betrachteten Jerusalem, „wo der Tempel des höchsten Gottes gegründet war“, doch als ihre Metropolis (c. Flacc. 7; leg. ad Caj. 36). Die regierenden Hohenpriester in Jerusalem sahen Land und Leute Palästinas als ihr Herrschaftsgebiet an (Jo 11, 48); und gerade im Gegensatz zu sich, den im Lande der Väter als Volk beisammen Wohnenden, sprachen die Juden Palästinas von ihren auswärts wohnenden Volksgenossen als der Diaspora unter den Hellenen (Jo 7, 35), als den Exulanten von Babel und anderen Ländern (A 7). Demnach konnte ein halbwegs mit den wirklichen Verhältnissen vertrauter Schriftsteller von der jüdischen Nation nicht sagen, daß sie sich in der Zerstreuung befinde. Wenn aber ein Feind der Nation mit diesem ebenso übertriebenen als unbehilflichen Ausdruck (etwa statt *ταῖς κατὰ πᾶσαν τὴν οἰκουμένην διεσπαρμέναις*) auf die übele Lage des gesamten jüdischen Volks hätte hinweisen wollen, so bliebe doch noch unbegreiflich, wie er damit doch zugleich seinen aus Bekennern Christi bestehenden Leserkreis glaubte angemessen bezeichnet zu haben, und wie er es unterlassen konnte, mit einem Wort auf den religiösen Stand hinzuweisen, durch welchen seine Leser von Gesamtisrael geschieden waren. Diese Bedenken bleiben in voller Kraft auch gegenüber der oft versuchten Deutung, wonach Jk sich dem Wortlaut nach an die außerhalb Palästinas wohnenden Juden, seiner Meinung und Absicht nach aber an die dort wohnenden Judenchristen gewandt haben soll (A 8). Außerdem steht diese Fassung in unversöhnlichem Widerspruch mit dem Begriff der „zwölf Stämme“, welcher gerade das gesamte jüdische Volk mit besonderer Hervorhebung seiner Vollständigkeit bezeichnet. Richtig ist an dieser Fassung nur die Einsicht, daß *ταῖς ἐν τ. δ.* zu jener anderen Klasse von Appositionen oder Attributen gehört, durch welche der Begriff erst vollständig wird, und zugleich ein Gegensatz zu einer anderen möglichen oder als bekannt vorausgesetzten Näherbestimmung desselben Begriffs ausgedrückt wird (A 6). Aber nicht einzelne Juden oder einzelne Stämme Israels werden hier den übrigen Juden oder Stämmen gegenübergestellt, sondern dasjenige Zwölfstämmevolk, welches in der Zerstreuung lebt und somit eine heimatlose Diaspora bildet, tritt demjenigen Zwölfstämmevolk gegenüber, von welchem eben dies nicht gilt. So erst findet es seine natürliche Erklärung, daß Jk hinter *ταῖς δ. φ.* das übliche *τοῦ Ἰσραήλ* wegläßt (A 4). Es ist durch einen Zusatz verdrängt, welcher einerseits die Vergleichung mit dem jüdischen Volk festhält, andrerseits aber das, was gemeint ist, in scharfem Gegensatz zum jüdischen Volk charakterisirt. Im Gegensatz zu demjenigen Zwölfstämmevolk, welches an Palästina sein Land, an Jerusalem seine Metropole, am Tempel sein Centralheiligtum hat, charakterisirt er die Leser, an welche er schreibt, als dasjenige Zwölfstämmevolk, welches kein irdisches Vaterland und keine Metropolis auf Erden hat, sondern überall, wo immer es sich angesiedelt haben mag, in einer fremden Welt zerstreut lebt, wie die jüdischen Exulanten in Mesopotamien oder Ägypten. Jk trägt hier keine neue Lehre über ein zwiefaches Israel vor, wozu eine Grußüberschrift der denkbar unpassendste Platz wäre, sondern er setzt voraus, daß der Gedankenkreis, den er damit streift, den Lesern vertraut und gerade auch die besondere Form, in welche er den dorther stammenden Gedanken kleidet, unmittelbar verständlich sein werde. Darin wird er sich wohl nicht geirrt haben (A 9). Nur für uns bleibt vor näherer Untersuchung der geschichtlichen Verhältnisse, unter welchen die Schrift entstanden ist, eine zwiefache Möglichkeit des Verständnisses ihrer Grußüberschrift. Jk will unter dem Zwölfstämmevolk in der Zerstreuung entweder wie Paulus und Petrus mit ihren wesentlich gleichbedeutenden Ausdrücken die gesamte Christenheit seiner Zeit verstanden haben, oder er versteht darunter, wie wiederum Paulus gelegentlich, das christgläubige Israel, die Gesamtheit der jüdischen Christen. Die Entscheidung ist dem Brief zu entnehmen. Dabei ist aber zu bedenken, daß es eine Zeit gegeben hat, in welcher jenes Entweder — Oder noch gar nicht in Frage kam, weil das christgläubige Israel eben die gesamte Christenheit war (A 10).

1. Man hat Jk 5, 11 einen Hinweis auf den Lebensausgang Jesu als ein vor den Augen der Leser geschehenes Ereignis finden wollen. So noch W. Schmidt, Lehrbegr. des Jk S 76. Aber neben *ὁ κύριος*, welches in demselben Vers zweifellos Gott bezeichnet, kann das artikellose *κύριος* am wenigsten Jesum bezeichnen. Wo eine Unterscheidung stattfindet, ist umgekehrt *κύριος* Gott, *ὁ κύριος* Jesus (Jk 5, 8. 10. 14. 15). Versteht man den Tod Jesu, so haben „die 12 Stämme in der Zerstreuung" denselben keineswegs mit angesehen, die Auferstehung hat überhaupt Niemand und die Himmelfahrt haben nur wenige gesehen. Einen verständlichen Hinweis auf die *ὑπομονή* Jesu oder deren seligen Ausgang enthält *τὸ τέλος* nicht. Die Nebeneinanderstellung von *ὑπομονή* und *τέλος* (cf Mt 10, 22; 24, 13; Jk 1, 4) macht es zweifellos, daß das dem geduldigen Ausharren Hiobs entsprechende Ende gemeint ist, das Ende der Prüfungen Hiobs, welches Gott der Herr gemacht hat. Aus logischen Gründen würde sich die LA *ἴδετε* empfehlen, wovor dann stark zu interpungiren wäre. So haben schon griechische Ausleger verstanden: Leontius c. Aphthardoc. et Nestor. III, 13; Cramer, Cat. VIII, 35, unter den Neueren Hofmann z. St.

2. Die Grußüberschriften, welche die meisten auf literarischem Wege auf uns gekommenen Briefe des Altertums an der Stirn tragen, sind nicht zu verwechseln mit der Briefadresse, der außen auf den verschlossenen Brief geschriebenen Aufschrift. Unter den „Ägypt. Urkunden aus den berliner Museen", welche seit 1892 heftweise erscheinen, finden sich nicht wenige Briefe, meist geschäftlichen Inhalts aus den ersten Jahrhunderten n. Chr., welche dies Verhältnis veranschaulichen und auch sonst lehrreich sind. Nr. 37 vom 15. Aug. 51 (also etwa gleichzeitig mit Jk) zeigt an der Spitze des entfalteten Briefs *Μυσταρίων Στοτόητι τῷ ἰδίῳ πλεῖστα χαίρειν*, auf der Außenseite die Adresse *Στοτόητι Λεσώνῃ εἰς τὴν νῆσον τ . . .* Nr 93 *Πτολεμαις* (sic) *Ἀβοῦ(τι) τῷ τιμιωτάτ(ῳ) πατρὶ πλ(εῖστα) χαίρειν*, äußere Adresse *Ἀβοῦτι οὐετρανῷ χ(αίρειν) π(αρὰ) Πτολ(εμαίου) υἱοῦ.* Zuweilen nennt die äußere Adresse auch den Bestimmungsort: Nr. 423 *εἰς Φιλάδελφίαν Ἐπιμάχῳ ἀπὸ Ἀπίωνος υἱοῦ.* Dahinter eine noch genauere

Anweisung an den Briefboten, eingeleitet mit ἀπόδος („abzugeben an"). Dies eine besonders häufige Form der Adresse: Nr. 38. 164. 261. 332. 435. 523. 530. Wie nahe sich vielfach Adresse und Grußüberschrift berühren, so bestätigen doch diese Beispiele den selbstverständlichen Unterschied, daß die Adresse vor allem eine Anweisung für den Briefboten ist, die gelegentlich auch dem Briefempfänger schon vor Öffnung des Briefs sagt, von wem der Brief komme, die Grußüberschrift dagegen eine an den Adressaten gerichtete Anrede und Begrüßung. Chrysostomus (Montfaucon III, 55) bemerkt, bei einem Brief pflege man nicht sofort das Innere zu lesen, ἀλλὰ πρότερον τὴν ἔξωθεν ἐπιγραφὴν ἐπερχόμεθα καὶ ἐξ ἐκείνης μανθάνομεν καὶ τὸν πέμψαντα καὶ τὸν ὀφείλοντα ὑποδέξασθαι. Da die Adresse ihren lediglich praktischen Zweck im Moment der Überreichung erfüllt hat, so ist nicht zu verwundern, daß sie bei literarischer Fortpflanzung von Briefen wegfiel. Zumal bei umfangreicheren, aus mehreren Blättern bestehenden Briefen wird die Adresse samt dem Umschlagblatt (Couvert), worauf sie geschrieben war, in alter wie in neuer Zeit meistens bald vernichtet worden sein. Die Grußüberschrift dagegen, welche im Falle richtiger Einhändigung des Briefs gar keinem praktischen Zweck diente, und daher gelegentlich auch einmal ganz wegbleiben konnte, wurde in der Literatur regelmäßig mit dem Brief, zu dessen wesentlichen Bestandteilen sie gehörte, fortgepflanzt. Von den drei Briefen in der Aristeaslegende (Joseph. ant. XII, 2, 4—6) hat der erste nur eine Adresse, der zweite und dritte nur eine Grußüberschrift. Von den 3 regelmäßigen Stücken der antiken Grußüberschriften (Name des Briefschreibers im Nominativ, Name des Empfängers im Dativ und Gruß) hat das dritte bei den Griechen seit alten Zeiten gewöhnlich die Jk 1, 1 und außerdem im NT nur noch AG 15, 23; 23, 26 angewandte Form χαίρειν cf die 6 Briefe des Königs Philippus (Epistologr. gr. ed. Hercher 461ff.). Die Bemerkung Artemidor's Oneirocr. III, 44 ἴδιον γὰρ πάσης ἐπιστολῆς τὸ χαῖρε καὶ ἔρρωσο (cf AG 15, 23. 29) ist in bezug auf den Eingangsgruß nicht buchstäblich zu nehmen; denn die Selbstbezeichnung des Briefschreibers in 3. Person erforderte, wo nicht der Gruß zu einem grammatisch selbständigen Satz gestaltet wurde, statt des in mündlicher Anrede üblichen χαῖρε (so jedoch auch im Brief Äg. Urk. 435) den elliptischen, durch λέγει, εὔχεται zu ergänzenden Infinitiv χαίρειν (cf 2 Jo 10. 11), dies gelegentlich durch πλεῖστα verstärkt cf Äg. Urk. 37. 93. 623; Ign. ad Polyc. inscr., in den übrigen Briefen des Ignatius außer ad Philad. in christlicher Ausschmückung. Andere griechische Formen wie εὖ πράττειν, angeblich von Plato vor χαίρειν bevorzugt und in den pseudoplatonischen Briefen angewandt (Hercher 492 ff., besonders ep. 3 p. 496 cf Plato Charmides 164), und ὑγιαίνειν (Äg. Urk. 775. 794), welches schon Pythagoras und Epikur gewöhnlich gebraucht haben sollen (Lucian, de lapsu in salut. 4—6 cf Pearson, Annot. in epist. Ign. ed. Smith p. 6; Bernays, Lucian u. die Kyniker 3 f. 88 f.), sind in den gemeinen christlichen Sprachgebrauch nicht übergegangen; cf jedoch AG 15, 29 εὖ πράξετε und 3 Jo 2 εὐοδοῦσθαι καὶ ὑγιαίνειν, auch schon 2 Makk 1, 10.

3. Prosaische Ortsangaben mit ideellen Elementen verbunden finden wir in allen an Ortsgemeinden gerichteten Briefen, also in den paulinischen mit Ausnahme der 4 Privatbriefe und Eph, ferner Ap 1, 4; 1 Pt; Clem. I Cor.; den Briefen des Ignatius, des Polykarp, der Gemeinden von Smyrna (Martyr. Pol.) und Lyon (Eus. h. e. V, 1, 3). Jede äußerliche Bezeichnung des Empfängers, wie sie für eine Briefadresse erforderlich gewesen wäre, fehlt Eph 1, 1 (§ 28 A 4); 2 Pt 1, 1; Jud 1; und wohl auch 2 Jo 1.

4. Gewöhnlich tritt zu αἱ δώδεκα φυλαί noch (τοῦ) Ἰσραήλ oder damit Gleichbedeutendes hinzu: Ex 24, 4; Mt 19, 28; Lc 22, 30; Ap 21, 12; Protev. Jak 1, 1 cf AG 26, 7 τὸ δωδεκάφυλον ἡμῶν, Clem. I Cor. 55, 6 τὸ δωδεκάφυλον τοῦ Ἰσρ., Protev. Jak. 1, 3 τὴν δωδεκάφυλον τ. Ἰσρ. (s. die Varianten bei Tischendorf p. 3, Thilo, Cod. ap. 166), Test. patr. Napht. 5 τὰ δώδεκα σκῆπτρα τοῦ Ἰσρ., Clem. I Cor. 31, 4 τὸ δωδεκάσκηπτρον

τοῦ Ἰσρ., Just. dial. 126 ὑμῶν αἱ δώδεκα φυλαί. Nur der Zusammenhang der Rede kann einen solchen Zusatz entbehrlich machen z. B. Ex 39, 14; Sibyll. III, 249. Auf den Eingang einer Schrift, zumal einer solchen, die jedenfalls nicht an das jüdische Volk gerichtet ist, ist das nicht anwendbar. Somit unterscheidet sich Jk 1, 1 durch den Mangel eines Genetivs bei αἱ δ. φ. von allen genannten Stellen. Ferner ist zu bedenken, daß seit der politischen Teilung des israelitischen Volks und Staats und zumal seit der Rückkehr nur eines Bruchteils der Nation aus dem Exil αἱ δώδεκα φ. τ. Ἰσρ. gleichbedeutend war mit einem betonten πᾶσαι αἱ φ. τ. Ἰσρ. (Jos 24, 1; Judic 21, 5—8) oder πᾶς Ἰσραήλ (2 Chron 29, 24 cf 30, 1. 5; Rm 11, 26) cf Esra 6, 17 oder 1 Reg 18, 31 mit 14, 21, oder Ez 47, 13 mit 48, 19, oder Sirach 33, 11 (συνάγαγε πάσας φυλὰς Ἰακώβ) mit 44, 23 oder Ap 21, 12 mit 7, 4. Gegenüber dem Satz „Ganz Israel (כל ישראל) hat Anteil an der zukünftigen Welt" (Mischna Sanhedrin X, 1) behauptete R. Akiba: „die 10 Stämme werden nicht wiederkommen", wogegen R. Elieser in offenbarer Anlehnung an Jes 8, 23—9, 1 versicherte, daß auch ihnen das Licht zuletzt wieder aufgehen werde (Sanh. X, 3). Wie unmöglich es für einen Juden und Christen alter Zeit war, einen Teil des jüdischen Volks, wie die Judenschaft der Diaspora, als das Zwölfstämmevolk zu bezeichnen, würde, wenn es sich nicht von selbst verstünde, besonders deutlich durch die wahrscheinlich um a. 80 geschriebene Apokalypse des Baruch bewiesen. Vom Standpunkt nach der ersten Zerstörung Jerusalems aus gesehen, zerfällt das Volk in drei Teile: 1) die $2^1/_2$ Stämme des ehemaligen Reiches Juda, welche jetzt nach Babel deportirt sind, 2) die $9^1/_2$ Stämme des ehemaligen Nordreiches, welche weiter nach Nordosten deportirt sind, und 3) die wenigen auf den Trümmern Zions Zurückgebliebenen aus allen 12 Stämmen (c. 77, 1—19; 78, 1; 80, 4 f. cf 1, 2; 62, 5; 63, 3; 64, 5). Diese drei Abteilungen zusammenfassend schreibt Baruch 78, 4; *ecce colligati sumus nos omnes duodecim tribus uno vinculo.* Dazu cf die phantastischen Spekulationen über die verlorenen 10 oder $9^1/_2$ Stämme IV Esra 13, 40 ff. und bei dem Christen Commodianus instr. II, 1; apol. 941—998 ed. Dombart. S. auch Zöckler, Bibl. u. Kircheng. Studien V, 74—114.

5. Dies war die Meinung von M. Baumgarten, Apostelgesch. II, 2, 121. Sie würde, was formale Richtigkeit der Auslegung von Jk 1, 1 anlangt, allerdings den Vorzug verdienen vor der Ansicht von H. Grotius zu Jk 1, 1 und Credner, Einl. 595, daß der Brief an „Juden außerhalb Palästinas" ganz abgesehen von ihrer Spaltung in christgläubige und ungläubige Juden gerichtet sei, und derjenigen Spitta's, daß der Brief von einem Juden verfaßt und an die noch gar nicht vom Christentum berührten Juden der Diaspora gerichtet sei s. A 8 und § 8. Aber auch gegen Baumgarten genügt das oben im Text Gesagte.

6. Die Geschichte der Auslegung von Jk 1, 1 nötigt zu trivialen Erinnerungen. Man muß sich darüber entscheiden, ob ταῖς ἐν τῇ διασπορᾷ zu jener Klasse von Appositionen und Attributen gehört, welche unbeschadet der logischen und grammatischen Vollständigkeit des Begriffs wegfallen könnten, oder ob hier eine wirkliche Näherbestimmung und Verengerung des Begriffs vorliegt und somit ein Gegensatz zu Anderem ausgedrückt ist, worauf der Begriff ohne diese Näherbestimmung bezogen oder mitbezogen werden könnte. Beispiele ersterer Art sind Jk 2, 25 ἡ πόρνη, Mt 1, 6 τὸν βασιλέα, Mt 21, 11 ὁ ἀπὸ Ναζαρέθ, AG 24, 5 πᾶσιν τοῖς Ἰουδαίοις τοῖς κατὰ τὴν οἰκουμένην („alle Juden" sind eben „die Juden in der ganzen Welt"), Mr 4, 31 ebenso πάντων τῶν σπερμάτων τῶν ἐπὶ τῆς γῆς. Beispiele der andern Klasse sind Rm 10, 5 τὴν ἐκ τοῦ νόμου (cf Phil 3, 9), 2 Kr 1, 1 τῇ οὔσῃ ἐν Κορίνθῳ, AG 11, 22; 15, 23 τοῖς ἐξ ἐθνῶν im Gegensatz zu den Schreibern und deren jüdischen Glaubensgenossen. In manchen Fällen wie Gl 1, 22 (ταῖς ἐν Χριστῷ, ob im Gegensatz zu den nicht christgläubigen, jüdischen Gemeinden?) kann die Entscheidung zweifelhaft sein, nicht so Jk 1, 1.

7. In der Pesachhagada (ed. D. Cassel S. 5): „heuer hier, kommendes Jahr im

Lande Israels". So Mt 2, 20 f. und in der Mischna ganz gewöhnlich z. B. Baba Kamma VII, 7; Jebamoth XVII, 7 und oben S. 15 A 4. Gerade auch im Gegensatz zu der Diaspora in Babylonien z. B. bab. Sanhedr. 38a. *Διασπορά*, wie die entsprechenden גּוֹלָה, גָּלוּת, גָּלוּתָא (Levy, Neuhebr. Lex. I, 332; Jastrow 221. 247) ursprünglich abstrakt „Akt oder Zustand der Zerstreuung, Verbannung aus der Heimat" (Jerem 15, 7; Dan 12, 2 LXX; Ps. Sal. 9, 2; Clem. hom. III, 44; so auch 1 Pt 1, 1 § 38 A 5), sodann „das Gebiet, wohin die Verbannten versprengt sind" (Judith 5, 19, so auch Jk 1, 1 und Jo 7, 35, da es dort *εἰς*, nicht *πρὸς τὴν διασπορὰν τῶν Ἑλλήνων* heißt cf Paralip. Jeremiae: *Βαρούχ ἀπέστειλεν εἰς τὴν διασπορὰν τῶν ἐθνῶν*, von Wetstein I, 888 zu Jo 7, 35 citirt, bei Ceriani, Monum. V, 1—18 nicht zu finden); endlich „die außerhalb des Heimatlandes zerstreut wohnenden Juden" (Deut 28, 25 cod. B *ἔσῃ διασπορά*, Jes 49, 6; 2 Mkk 1, 27; Ps. Salom. 8, 34 f.), dieselben, welche in den Sendschreiben Gamaliels oben S. 6. 24 „Söhne der Diaspora" heißen.

8. So meinte es wohl Didymus (Migne 39, 1749) *Judaeis scribit in dispersione constitutis*, mit dem Zusatz, es lasse sich aber auch auf das geistliche Israel umdeuten. Sehr bezeichnend ist, wie Pseudoeuthalius, um den gewünschten Sinn zu gewinnen, dem ungeschickten Vf nachhilft (Zacagni, Coll. mon. I, 486) *τοῖς ἀπὸ τῶν δώδεκα φυλῶν διασπαρεῖσιν καὶ πιστεύσασιν εἰς τὸν κύριον ἡμῶν Ἰ. Χρ.* Auch abgesehn von der Zudichtung des christlichen Charakters, wäre die Ausdrucksweise, welche man bei Jk voraussetzt, kaum vernünftiger als Redewendungen wie etwa diese: „diejenige deutsche Nation, welche in Amerika lebt", oder „das Alldeutschland jenseits des Oceans". Jk hätte, wenn er es mit wirklichen Juden zu tun hatte, schreiben müssen *τοῖς ἐν τῇ διασπορᾷ Ἰουδαίοις* oder *ἀδελφοῖς* cf 2 Makk 1, 1 (auch 1, 10): *τοῖς ἀδελφοῖς τοῖς κατ' Αἴγυπτον Ἰουδαίοις*, Apok. Baruchi 78, 2 *fratribus in captivitatem abductis*, s. auch die Schreiben Gamaliels oben S. 6. 24. Die grobe Misdeutung des von Jk gebrauchten Ausdrucks ist bis heute die Regel geblieben: 1) *αἱ δ. φ.* „das jüdische Volk in seiner Gesamtheit", 2) durch *ταῖς ἐν τ. δ.* auf die außerhalb Palästinas wohnenden Juden beschränkt, 3) ihre Christlichkeit ergibt sich erst aus dem Inhalt des Briefs. Cf die Kommentare von Kern 79, Wiesinger 49, Beyschlag 43, auch Mayor, wie es scheint, welcher uns in der Einleitung CX auf die Auslegung und zu Jk 1, 1 p. 30 auf die Einleitung verweist, ohne hier oder dort in eine genauere Erörterung der Begriffe einzutreten; mit vollster Unbefangenheit neuerdings (1896) wieder Spitta, zur Gesch. u. Literatur des Urchristentums II, 14, jedoch unter Verzicht auf den christlichen Charakter des Leserkreises wie des Vf s. unten § 8.

9. Wegen der Bedeutung dieser Idee für mehrere Fragen der ntl Einleitung muß ihre Entwicklung hier kurz dargestellt werden. Schon der Täufer hatte im Anschluß an atl Prophetensprüche ein Abrahamsgeschlecht der Zukunft wenigstens als möglich ins Auge gefaßt, in welches anstatt unwürdiger Israeliten Nichtjuden aufgenommen würden (Mt 3, 9; Lc 3, 8). Im Munde Jesu wurde dieser Gedanke zur Weissagung einer zukünftigen Wirklichkeit (Mt 8, 11 f.; 22, 9 f.; Lc 13, 28 f.; 14, 21 f.; Jo 10, 16; 12, 32 cf 12, 20, nach der negativen Seite auch Jo 8, 33—40; Mt 15, 13). Von dieser zukünftigen Gemeinschaft sprach Jesus als von einem anderen *ἔθνος* im Gegensatz zu dem von den Hohenpriestern und Rabbinen geleiteten Judenvolk (Mt 21, 43). Es bedarf keines weiteren Beweises, daß er darunter nicht eine einzelne andere Nation, etwa die griechische, verstanden wissen wollte, so daß alle Nichtgriechen, unter anderem seine damaligen Jünger davon ausgeschlossen wären, sondern dasselbe Volk Gottes, welches er anderwärts seine Gemeinde genannt und als ein von ihm zu erbauendes Haus vorgestellt hat (Mt 16, 18; 18, 17). Der Gedanke, daß die aus Menschen verschiedener Nationalität gebildete und überhaupt nicht auf Abstammung, sondern auf den Glauben an Jesus gegründete christliche Gemeinde ein neues Gottesvolk, das wahre Abrahamsgeschlecht oder ein geist-

liches Israel sei, ist demnach dieser Gemeinde von Anfang an eingepflanzt gewesen und ist von ihr in mannigfaltiger Richtung ausgebildet worden. Dahin gehört schon die so häufige Vergleichung der durch Christus bewirkten Erlösung der Menschheit oder seiner Gemeinde mit der Erlösung Israels aus Ägypten (1 Kr 5, 7; 10, 1 ff.; Ap 1, 5 f.; 5, 9 f.; 1 Pt 1, 15—20; Jud 5), welche auch bei jeder Abendmahlsfeier als dem Gegenbild des Passamahls zum Ausdruck kam. Pl hat besonders den Gedanken entwickelt, daß die aus gläubigen Juden und Heiden gebildete Gemeinde die rechtmäßige Fortsetzung des mit Abraham beginnenden Gottesvolks sei (Rm 4; Gl 3, 7—29; 1 Kr 10, 1) oder, anders ausgedrückt, daß die ehedem vom Bürgerrecht in Israel und vom Bereich der Heilsoffenbarung ausgeschlossenen Heiden, jetzt, sofern sie gläubig geworden, dem heiligen Volk einverleibt (Eph 2, 11—22) oder wie wilde Ölzweige in den edlen Ölbaum eingepflanzt sind (Rm 11, 17—24). Während nach diesen Ausführungen des Pl die Christenheit als die Fortsetzung der atl Gemeinde und als das durch Aufnahme gläubiger Heiden erweiterte Israel erscheint, kommt in einer anderen Vorstellungsreihe desselben Pl der gewaltige Riß, den Jesus in sein Volk gebracht hat, zu naturgemäßem Ausdruck. Es ist ja nicht die jüdische Nation, sondern ein kleiner Bruchteil derselben, welcher sich mit den gläubigen Heiden zum neuen Gottesvolk zusammengeschlossen hat. Im Gegensatz zum jüdischen Volk, welches in seiner überwiegenden Mehrheit dem Ev sich verschließt und dem nach dem Fleisch erzeugten Ismael gleicht, weil es nur noch durch leibliche Abstammung und andere Äußerlichkeiten mit Abraham zusammenhängt, gleicht die Christenheit dem nach der Verheißung, also nach dem Geist erzeugten, von seinem Bruder aber verfolgten Isaak (Gl 4, 21—31). Der Gedanke, daß die christliche Gemeinde im Gegensatz zum Judenvolk das geistliche Israel sei, ist dem Pl so geläufig, daß er unter stillschweigender Voraussetzung desselben ganz beiläufig einmal das jüdische Volk mit seinem Kultus das Israel nach dem Fleisch nennt (1 Kr 10, 18 cf Buttmann, Ntl Grammatik 81). Auch dieses geistliche Israel hat seine Metropolis, welche gleichfalls Jerusalem genannt werden kann; sie liegt aber nicht in Palästina, sondern im Himmel, wo der erhöhte König des geistlichen Israel thront (Gl 4, 26 cf Hb 12, 22). Dort sind die Mitglieder des wahren Israel, schon während sie auf Erden leben, angeschrieben (Phl 4, 3 cf Lc 10, 20); dort hat das Gemeinwesen, dessen Bürger sie hier schon sind, seinen eigentlichen Sitz (Phl 3, 20), und dort finden sie, wenn sie vor der Wiederkunft des Herrn sterben, Aufnahme (2 Tm 4, 18). Die Kehrseite dieser Anschauung ist, daß die Christen diesseits keinen festen und bleibenden Wohnsitz (Hb 13, 14) und kein Bürgerrecht haben. Diese Vorstellung hat besonders Pt hervorgehoben, indem er auf die heidenchristlichen Gemeinden nicht nur alle Würdetitel Israels übertrug (1 Pt 2, 9 f. cf 1, 15), sondern auch ihre Lage in der Welt mit der Lage der fern von der Heimat in der Welt zerstreuten Juden verglich, sie Beisassen nannte im Unterschied von den Bürgern der Städte und Länder, in denen sie wohnten, und vorübergehend sich aufhaltende Fremdlinge im Gegensatz zu denen, welche auf dieser Erde leben, als ob sie für immer hier bleiben könnten (1, 1. 17; 2, 11 cf § 38). An Pt zumeist schließt sich der spätere kirchliche Sprachgebrauch in bezug auf παροικεῖν, παροικία an: Clem. 1 Cor. inscr.; II Cor. 5, 1. 5; Pol. ad Phil. inscr.; Mart. Pol. inscr.; Dion. Corinth. bei Eus. h. e. IV, 23, 5; Epist. Lugd. bei Eus. V, 1, 3; Apollonius bei Eus. V, 18, 9; Irenaeus bei Eus. V, 24, 14 bis herab zu unserem abgeschliffenen Gebrauch von „Parochie". Auch der Begriff der διασπορά wirkt noch fort bei Iren. I, 10, 1 (διεσπαρμένη); III, 11, 8; Can. Mur. 77 (GK II, 7. 142). Das Bild der 12 Stämme hat in sehr eigentümlicher und oft misverstandener Weise Hermas sim. IX, 17, auf die ganze Menschheit als das Arbeitsfeld der Mission und die Fundstätte der Materialien für den Bau der Kirche angewandt cf meinen Hirten des Hermas 223—232. Andrerseits stellt Hermas die Kirche als das wahre Israel dar, indem er Michael, den Schutzengel Israels, zum Oberaufseher der Kirche macht sim.

VIII, 3, 3 cf meinen Hirten 230f. 264f. — Aber noch in einer anderen Richtung ist der Gedanke des geistlichen Israel entwickelt worden, und auch dies finden wir bei dem vielseitigen Pl. Da Pl nicht aufgehört hat, an die ideale Fortdauer und das dereinstige Wiederaufleben des religionsgeschichtlichen Berufs seiner Nation zu glauben, so mußte er nach einem realen Unterpfand dieses Glaubens fragen. Er fand die Antwort darin, daß Gott der atl Verheißung gemäß seinem Volk auch jetzt noch einen Rest gelassen habe, in welchem es als Volk für seinen Beruf erhalten ist (Rm 9, 29). Jeder einzelne Israelit, der sich zu Christus bekehrt, ist ein Tatbeweis dafür, daß Gott dieses Volk nicht endgiltig verstoßen hat, und es sind ja nicht Einzelne, sondern Tausende, von welchen dies gilt. Die 7000 zu Elia's Zeit sind ein der Wirklichkeit bei weitem nicht gleichkommender typischer Ausdruck dafür (Rm 11, 1—7 cf AG 21, 20). Diese christgläubigen Juden, welche eine Beschneidung des Herzens durch den Geist empfangen haben, sind die echten Juden (Rm 2, 29 cf Phil 3, 3), sind das „Israel Gottes", welches neben der Christenheit überhaupt als ein engerer Kreis noch besonders hervorgehoben werden kann (Gl 6, 16). Dem entsprechend ist auch die geistliche Vaterschaft Abrahams im Verhältnis zur Christenheit eine doppelte: er ist Vater aller gläubigen Heiden, aber er ist in einem besonderen, durch die Beschneidung näher bestimmten Sinn insbesondere der Vater der christgläubigen Juden (Rm 4, 11f.). Ob dieser Gedanke auch Ap 7, 1—8 (21, 12) obwaltet, ist nicht so leicht zu entscheiden. Es bedarf aber keines Beweises, daß er jedem wie Pl und Jk mit Liebe an seinem Volk hängenden Christen jüdischer Herkunft überaus nahe liegen mußte.

10. Das wesentlich richtige Verständnis der „Adresse" findet man bei Thiersch, Die Kirche im apost. Zeitalter, 3. Aufl. 109; gründlicher erwiesen bei Hofmann VII, 3, 8ff. 159ff.

§ 4. Die Zustände des Leserkreises.

Man hätte nie bezweifeln sollen, daß die Leute, an welche Jk sich wendet, ausnahmslos Christen sind. Ohne jede Andeutung einer Einschränkung auf einen Teil des im ganzen Brief angeredeten Kreises mahnt er die Leser insgesamt, ihren Glauben an Christus nicht in parteiischem Wesen zu haben (2, 1). Das Bekenntnis, welches Jk für seine Person sofort 1, 1 rückhaltlos ablegt, ist das ihrige, und es fragt sich nur darum, ob sie es in einem entsprechenden Lebenswandel zur Darstellung bringen. Das Wort der Wahrheit, durch welches Gott sie wie den Vf zu einem neuen Leben geboren hat, ist ihnen eingepflanzt (1, 18. 21). Seit wann sie Christen sind, und durch wen sie es geworden, hören wir nicht. Die Grußüberschrift lehrt, auch abgesehen von der noch ausstehenden letzten Entscheidung über ihren tatsächlichen Gehalt (§ 3 S. 55), daß der Brief nicht an die Gemeinde eines einzelnen Ortes, sondern an eine über ein größeres Gebiet ausgedehnte Vielheit von Gemeinden gerichtet ist. Nur exemplificirend wird von den Presbytern der Gemeinde geredet, d. h. der betreffenden Gemeinde, in welcher der angenommene Fall einer schweren Erkrankung vorkommt (5, 14). Wenn *συναγωγὴ ὑμῶν* 2, 2, was sehr wohl möglich ist, ein Gebäude und nicht vielmehr die gottesdienstliche Versammlung oder die jeweilen zum Gottesdienst versammelte Gemeinde bezeichnet (A 1), so würde aus der Artikellosigkeit des Ausdrucks folgen, daß es eine Mehrheit solcher Gebäude im Besitz der Leser gab. In der Tat weist der Plural κριτήρια 2, 6 auf eine Mehrheit von Gerichtssitzen im Wohnungsbereich der Leser. Sie wohnen teils in Städten, teils auf dem Land. Neben den reichen Grundbesitzern und ihren Tagelöhnern (5, 1—6) finden sich unter ihnen Kaufleute, welche bald in dieser, bald in jener Stadt für ein Jahr oder länger ihrem Geschäft nachgehen (4, 13—17). Andrerseits gewinnt man, auch wenn man sich vor dem Fehler hütet, Alles, was Jk zu rügen hat, auf alle Leser gleichmäßig zu beziehen, doch den Eindruck, daß sie in bezug auf Geistesart, Neigungen und sittliche Gefahren eine gleichartige Masse bilden. Der theoretische Besitz der Heilswahrheit wird überall vorausgesetzt (1, 18. 21; 2, 1; 4, 17) und nirgendwo der Versuch gemacht, in dieser Beziehung nachzuhelfen. Manche tuen sich auf ihre Gläubigkeit und ihre religiöse Erkenntnis etwas zu gute (2, 14; 3, 13), zeigen einen leidenschaftlichen Eifer, Andere zu belehren, und lassen dabei in ihrem Zorn über die Unbelehrbaren ihrer Zunge die Zügel schießen, bis zu häßlichen Verfluchungen (1, 18 f. 26; 3, 1—18 A 2). Auch unter einander zeigen sie sich eher geneigt, zu schmähen und zu fluchen, als durch Fürbitte und liebevolle Mahnung sich gegenseitig zurechtzuhelfen (4, 11 f.; 5, 16. 19 f.). Dem geht zur Seite ein Eifer in der Erfüllung der äußeren religiösen Verpflichtungen (A 3). Es fehlt auch nicht am Gebet, wohl aber an der Energie des Glaubens und der Lauterkeit der Gesinnung, ohne welche das Gebet weder äußeren Erfolg noch inneren Frieden bringt (1, 6—8; 4, 3. 8 cf 5, 15—18). Was Jk vor allem vermißt, ist die dem wesentlichen Inhalt des gehörten und gekannten Worts entsprechende Tat des Lebens (1, 22—25), die Bewährung des mit dem Munde bekannten Glaubens in einem die Wahrheit und Lebendigkeit des Glaubens beweisenden Wandel (2, 14—26), besonders auch durch Werke barmherziger Liebe (1, 27; 2, 13. 15 f.), durch Zügelung der Zunge (1, 26; 3, 2 ff.), durch Geduld im Leiden (1, 3 f. 12; 5, 7—11). Es könnte Manchem, der sich seiner Gläubigkeit rühmt, begegnen, daß ein Andersgläubiger, offenbar ein Jude, ihn durch sein Wohlverhalten beschämt und nicht ohne Grund den toten Glauben des Christen mit der unfreiwilligen Anerkennung der Existenz Gottes von seiten der bösen Geister auf gleiche Linie stellt (A 4). Den ganzen Brief durchzieht die Anklage auf Überschätzung des irdischen Besitzes. Sie zeigt sich bei den Handeltreibenden in einem alles religiösen Rückhalts entbehrenden Erwerbstrieb (4, 13—17), bei den Grundbesitzern in herzloser Ausbeutung ihrer Feldarbeiter (5, 4—6), bei den Besitzlosen in vergeblichem Verlangen nach Besserung ihrer Lage (4, 2) und in ungeduldigem Seufzen und Murren nicht nur gegen ihre Bedrücker (5, 7—11), sondern auch gegen Gott (1, 13; 4, 7). Die gleiche Grundgesinnung zeigt sich in geringschätziger Behandlung der Armen und in kriechender Höflichkeit gegen die Reichen (2, 1—9). Die Leser insgesamt straft Jk als „Ehebrecherinnen“, welche ihrem Bund mit Gott nicht treu geblieben sind und vergessen zu haben scheinen, daß die Liebe zur Welt an sich selbst schon Feindschaft gegen Gott ist, und daß der Geist, welchen Gott in ihnen hat Wohnung nehmen lassen, ein Geist eifersüchtiger, jede Teilung des Herzens ausschließender Liebe ist (4, 4 f.). Sie alle müssen erinnert werden an die Vergänglichkeit und Wertlosigkeit dessen, was sie überschätzen (1, 10 f.; 4, 14; 5, 2 f.), und an den unvergleichlich höheren Wert dessen, was ihnen als Christen von Gott geschenkt und verheißen ist (1, 9. 12. 17 f. 21; 2, 5; 4, 6; 5, 7 f.). Eine allgemeine Unzufriedenheit scheint sich der Leser bemächtigt zu haben, wenn man sieht, wie Jk hinter dem *χαίρειν* der Grußüberschrift und in hörbarem Anschluß an dasselbe sofort mit der Mahnung beginnt, es als lauter Freude anzusehen, wenn sie in allerlei Anfechtungen geraten, und vor allem Gott nicht als den Urheber der in solchen Anfechtungen liegenden Versuchung zur Sünde anzusehen (1, 2. 13). Der Ausdruck zeigt klar, daß es sich dabei nicht um eine einzige große, den ganzen Leserkreis gleichmäßig betreffende Not und Gefahr handelt, sondern um sehr mannigfaltige, je nach der persönlichen Lage und Anlage verschiedene Anfechtungen. Ein Hauptanlaß dazu war nach 1, 9—11 der schroffe Gegensatz von Arm und Reich. Daß dieser Gegensatz ein innergemeindlicher ist, zeigt sich gleich hier; denn Jk ermahnt seine Leser, statt über die Schwierigkeiten des Lebens zu klagen und nur mit halbem Herzen um Gottes Hilfe zu bitten, solle der Christ stolzer Freude sich hingeben, und zwar, wenn er social niedrig steht, in dem Bewußtsein der hohen Würde, welche ihm als Kind Gottes (1, 18) eignet; wenn er aber reich ist, soll er sich dessen rühmen, daß er trotz seines Reichtums zu den Niedrigen und Geringen gehören darf, welchen die Gnade Gottes gehört (A 5). Ebenso deutlich zielt die Strafrede in 5, 1—6 auf üppig lebende Reiche und hartherzige Grundbesitzer christlichen Bekenntnisses. Ist es schon an sich schwer denkbar, daß Jk eine so ernsthafte und ins praktische Leben eingreifende Strafrede an Nichtchristen gerichtet haben sollte, die sein Wort gar nicht erreicht, so ist dies vollends ausgeschlossen durch den sichtlichen Parallelismus der beiden mit *ἄγε νυν* (4, 13; 5, 1) beginnenden Abschnitte; denn die 4, 13—17 zur Rede gestellten Kaufleute können wegen 4, 15 nur Gemeindeglieder sein. Wenn ferner die Ermahnung 5, 7—9 auf die Strafrede an die Grundbesitzer nicht nur folgt, sondern auch darauf gegründet wird (5, 7 *μακροθυμήσατε οὖν*), und wenn die vorher geschilderte Bedrückung der Feldarbeiter eben das Leid ist, zu dessen geduldigem Ertragen hier ermahnt wird, so folgt aus 5, 9 (*μὴ στενάζετε κατ' ἀλλήλων, ἀδελφοί*), daß Bedrücker wie Bedrückte dem christlichen Leserkreis angehören. Den Brudernamen gönnt Jk den Reichen ebensowenig wie den gewinnsüchtigen Kaufleuten; er läßt ihn erst wieder eintreten, wo er zu tröstlicher Ermahnung der Bedrückten übergeht (5, 7). Er nennt den geplagten Arbeiter „den Gerechten“, weil er es in diesem Gegensatz ist, und er charakterisirt seinen Bedrücker als Mörder (5, 6). Gewiß ein strenges Urteil, wie die ganze Strafrede erschütternd wirken soll. Aber die Aufforderung zur Wehklage über das bevorstehende Gericht 5, 1 war auch schon 4, 9 zu lesen, wo ja zweifellos Christen angeredet sind, obwohl sie nicht Brüder, sondern Sünder genannt werden. Und schon 4, 2 war den Lesern insgemein aufgerückt, daß sie bei ihren Streitigkeiten, die sich um Mein und Dein drehen, Mord üben. Daß dies nicht buchstäblich zu nehmen sei, zeigt schon die dicht daneben (4, 4) stehende Anrede nicht etwa einzelner Leserinnen, sondern aller Leser als *μοιχαλίδες*, welche nach dem Zusammenhang zweifellos im Sinne bekannter Bildreden des AT's und Jesu (z. B. Mt 12, 39) zu verstehen ist. In 5, 6 ist der starke Ausdruck durch 5, 4 vorbereitet. Indem die Gutsbesitzer ihren Erndtearbeitern den pflichtmäßigen Lohn vorenthalten oder verkürzen, während sie selbst ein üppiges Leben führen, haben sie ihnen wie ungerechte Richter ihr Recht abgesprochen und wie Mörder das Leben genommen. Der starke Vergleich findet sich schon Sir 31, 21 f., in einem Buch, welches Jk fleißig gelesen zu haben scheint (§ 6 A 10). Für Leser, welche die hier berührten Verhältnisse vor Augen hatten und etwa auch wußten, wie Jesus den Dekalog ausgelegt hatte, waren die Anklagen auf Mord und Ehebruch wohl verständlich. Anders als mit diesen Stellen verhält es sich mit Jk 2, 1—7. Es wird der Fall gesetzt, daß gleichzeitig ein vornehm gekleideter Mann und ein Armer in unsauberem Gewand das christliche Versammlungslokal betritt. Als Christ ist weder der Eine noch der Andere charakterisirt. Es wird nur beschrieben, wie verschieden der Eine und der Andere von den zum Gottesdienst sich versammelnden Christen empfangen, dem Einen höflich ein guter Sitzplatz, dem Anderen in geringschätzigem Ton ein Stehplatz oder ein geringer Sitzplatz angewiesen wird. Das paßt nur auf Besucher des christlichen Gottesdienstes, welche nicht, oder noch nicht zur Gemeinde gehören (A 6). Den Lesern wird nicht vorgeworfen, daß sie den reichen Nichtchristen vor dem armen Christen bevorzugen, sondern lediglich dies, daß sie den Armen, weil er arm ist und ärmlich aussieht, geringschätzig behandeln (2, 6), und dagegen den Reichen wegen seiner vornehmen Erscheinung mit zuvorkommender Höflichkeit behandeln. Dieses „Personansehen“ verträgt sich weder mit dem Glauben an den zu göttlicher Herrlichkeit erhobenen Christus (2, 1), noch mit dem regelmäßigen Verhalten Gottes zu den Armen und dem regelmäßigen Verhalten der Reichen zu den Christen (2, 5—7). „Hat nicht Gott gerade diejenigen, welche für die Welt, nach weltlichem Urteil arm sind, dazu erwählt, daß sie im Glauben reich und Erben des Königreichs seien, welches er seinen Liebhabern verheißen hat“ (A 7)? So hat Gott es seit den Tagen Jesu tatsächlich mit der Klasse der Armen gehalten. Den Armen in jedem Sinne des Worts ward das Ev gepredigt. Die Klasse der Reichen aber charakterisirt Jk durch Berufung auf die tägliche Erfahrung der Leser. Von den Reichen werden sie vergewaltigt; von ihnen werden sie vor die Gerichte gezogen, und von ihnen wird der schöne Name, den die Leser tragen, verlästert. Sowohl der Fall, von welchem diese Erörterung ausging (2, 2), als die Erinnerung, daß es vor allen die Armen waren, aus welchen Gott seine Gemeinde gesammelt hat (2, 6), läßt es ganz natürlich erscheinen, daß hier von den verhältnismäßig wenigen Reichen in der

Gemeinde abgesehen wird. Mögen diese immerhin mehr als Reiche, wie als Christen sich erzeigen (1, 10; 4, 16; 5, 1—6), mögen sie wie die reichen Nichtchristen ihre armen Mitchristen ihre sociale Übermacht fühlen lassen (*καταδυναστεύουσιν*), und in einzelnen Fällen bei jenen Streitigkeiten um irdische Dinge (4, 1 f.; 5, 4. 6) sie vor weltlichen Richtern verklagen (cf 1 Kr 6, 1 ff.): da wo es galt zu schildern, was den Christen von der Klasse der Reichen zu widerfahren pflegte, hatten nicht sie, sondern die reichen Nichtchristen die Farben zum Bilde zu geben. Nur von Solchen konnte als das Äußerste, was sie den Christen eher unlieb als verehrungswürdig machen sollte, auch das gesagt werden, daß sie den Namen Jesu, welchen nicht sie, sondern die Christen tragen, verlästern (A 8). Daß sie dies gerade auch bei gerichtlichen Verhandlungen tun, ist nicht gesagt, wäre aber sehr begreiflich; ein gehässiger Hinweis auf die Zugehörigkeit des Angeklagten zur Sekte der Nazarener oder Christianer mußte dessen Lage vor dem nichtchristlichen Richter erschweren. In diesem Fall bedürfte es keiner besonderen Erklärung, daß gerade den r e i c h e n Nichtchristen solche Lästerung nachgesagt wird. Aber auch das ist begreiflich, daß im gemeinen Leben die Reichen und Vornehmen leichter und häufiger als die Armen ihrer Verachtung des Nazareners und seiner armseligen Gemeinde Ausdruck gaben (cf Jo 7, 48 f.; Lc 16, 14. — AG 4, 1. 5 f.; 5, 17. — AG 3, 6; 11, 29; Gl 2, 10; 1 Kr 16, 1; 2 Kr 8 — 9; Rm 15, 25—31). — Daß Vf und Leser Juden sind, folgt weder aus 2, 21 (ὁ πατὴρ ἡμῶν cf. dagegen Rm 4, 1 ff.; 1 Kr 10, 1; Clem. I Cor. 31, 2), noch aus der Grußüberschrift (oben S. 55); mit völliger Sicherheit auch noch nicht aus dem Gebrauch von συναγωγή (A 1), und aus der Anwendung von „Herr Zebaoth" (5, 4), an einer Stelle, welche auch schriftkundige Heidenchristen als eine Reminiscenz an Jes 5, 9 erkennen mochten, wohl aber aus dem Gesamtbild des Leserkreises. In diesem durchaus auf das praktische Leben gerichteten Briefe fehlt jede Warnung vor dem Götzendienst und allem, was damit zusammenhängt (A 9), jede Warnung vor der Unzucht, welche in allen an heidnische und unter Heiden lebende Christen gerichteten christlichen Sendschreiben eine so hervorragende Stelle und so breiten Raum einnimmt. Es fehlt jeder Hinweis auf Heiden und heidnische Einrichtungen in der Umgebung der Leser. Auch das Verhältnis der Sklaven zu den Herren, welches auf dem Gebiet der heidnischen Christenheit eine ganz andere Bedeutung hatte, als unter den Juden und Judenchristen Palästinas, wird nicht berührt. Die Nichtchristen, mit welchen sich die Leser berühren, sind Juden und nicht Heiden. Wie das Jk 2, 18 f. handgreiflich wird (A 5), so ist es auch bei 2, 6 f. die allein natürliche Annahme; denn nur in den besonderen Verhältnissen der jüdischen Christenheit Palästinas und ihrer hauptsächlichen Gegner findet es eine natürliche Erklärung, daß gerade die Vornehmen es waren, welche den Namen Jesu in den Trägern desselben verlästerten (s. vorhin). Ferner sind die Sünden und Schwächen, gegen welche Jk eifert, eben diejenigen, welche Jesus an seinem Volk und besonders an den Pharisäern gegeißelt hat. Es sind übriggebliebene Reste angeborener Fehler, deren Beseitigung Jk fordert (A 2 a. E.). Dahin gehört das oberflächliche Anhören des göttlichen Wortes statt des Tuns, welches der rechte Beweis für eine innerliche Aneignung desselben wäre, das fromme Schwatzen und Bekennen statt der Bewährung des Bekenntnisses im Leben (Jk 1, 19—26; 2, 14—26; 3, 13 cf Mt 7, 21—27; 13, 19—22; 15, 8; 21, 28—31; 23, 3), die Neigung Andere zu lehren und zu bekehren (Jk 1, 19 f.; 3, 1—18 cf Mt 7, 3—5; 15, 14; 23, 4. 15 f.; Rm 2, 19—24), der Mangel an Erfüllung der wesentlichen Forderungen des Gesetzes, der barmherzigen Liebe und der Billigkeit, neben äußerlicher Devotion (Jk 1, 26 f.; 2, 8—12. 15 f.; 5, 4—6 cf Mt 12, 7; 15, 2—9; 23, 23—33; Mc 12, 40), das gottvergessene Ansammeln von Reichtümern und die undurchführbare Teilung des Herzens zwischen Gott und irdischem Gut (Jk 4, 4. 13; 5, 2 cf Mt 6, 19—24; Lc 12, 15—34; 16, 13), das Mistrauen des Beters gegen Gott (Jk 1, 5—8. 13. 16 f.; 5, 16 f. cf Mt 7, 7—11; Lc 11, 5—13; 18, 1—8), das Richten, Schmähen und Verfluchen des Nächsten (Jk 3, 9; 4, 11 f. cf Mt 5, 22; 7, 1), das leichtfertige Schwören. Die Jk 5, 12 beispielsweise angeführten Schwurformeln waren nicht bei den Griechen und Römern, sondern bei den Juden üblich (A 10). Die zahlreichen Bezugnahmen auf Naturverhältnisse passen wenigstens vorzüglich auf Palästina (A 11).

Sind nach alle dem die Leser insgemein als Judenchristen kenntlich, die unter Juden leben, so ist doch dadurch nicht ausgeschlossen, daß sich einzelne geborene Heiden und Proselyten unter ihnen befanden. Mit Recht fand Hofmann (VII, 3, 81—84. 159) in Jk 2, 25 einen Hinweis hierauf; denn nachdem die dort vorgetragene Lehre am Beispiel Abrahams vollständig entwickelt und in 2, 24 abschließend formulirt ist, kommt das Beispiel der Heidin Rahab, aus welchem weder dieselbe Wahrheit noch einmal begründet, noch ein neues Stück der Wahrheit entwickelt wird, scheinbar zwecklos nachgeschleppt. Einen guten Zweck aber hatte es, mit Rücksicht auf einige Heiden, welche in die judenchristlichen Gemeinden aufgenommen worden waren, zu sagen: Was für die Söhne Abrahams aus der Geschichte ihres Stammvaters sich ergibt, das gilt nach dem Beispiel der Rahab auch für jene. Von hier aus ergibt sich auch die Abfassungszeit des Briefes und zugleich die Antwort auf die oben S. 55 noch unentschieden gelassene Frage. Versteht Jk unter dem Zwölfstämmevolk in der Zerstreuung die gesamte Christenheit, so ist der Brief zu einer Zeit geschrieben, als nur erst wenige Heiden bekehrt und den übrigens judenchristlichen Gemeinden einverleibt worden waren, also ehe durch die Missionsarbeit des Paulus eine Anzahl überwiegend heidenchristlicher Gemeinden und eine neben der jüdischen Christenheit selbständig sich entwickelnde Heidenkirche entstanden war. Dasselbe Urteil ergibt sich aber auch unter der Voraussetzung, daß Jk durch jenen Ausdruck die jüdische Christenheit als das wahre Israel bezeichnen wollte. Denn seitdem die Gemeinden in Kleinasien, Macedonien, Griechenland und Rom entstanden waren, lebte in diesen eine beträchtliche Zahl christgläubiger Juden mit Heiden verbunden. Jk konnte diese Judenchristen weder stillschweigend von dem Zwölfstämmevolk in der Zerstreuung ausschließen, noch konnte er, wenn er sein Schreiben auch an sie gerichtet haben wollte, deren ganz besondere Lage, die mit ihnen zu Gemeinden zusammengefaßten heidenchristlichen Majoritäten und alle jene damit zusammenhängenden Fragen, welche seit der ersten Missionsreise des Paulus und des Barnabas die jüdische wie die heidnische Christenheit samt ihren Führern bewegten, so völlig ignoriren. Das gänzliche Schweigen über die Frage nach der Verbindlichkeit des mosaischen Gesetzes für alle Christen, die Unbefangenheit, womit hier von dem neugebärenden Wort und dem Gesetz der Freiheit einerseits (1, 18—21. 25; 2, 12) und von der Rechtfertigung aus Werken andrerseits (2, 14—26) geredet wird, ohne daß der Gegensatz des Knechtschaftsgesetzes auch nur ausgesprochen würde, wird geschichtlich unbegreiflich bei der Annahme einer Abfassung nach dem Zeitpunkt, seit welchem ein Teil der jüdischen Christenheit der neu entstandenen Heidenkirche die Beobachtung des mosaischen Gesetzes als Mittel und Bedingung der Rechtfertigung aufzudrängen versuchte. Fällt nun die Gründung der heidenchristlichen Gemeinden Lykaoniens wahrscheinlich nicht früher als in das J. 50 oder 51 (Abschn. XI), so hat Jk spätestens um diese Zeit sich mit seinem Brief an die damals noch durchweg jüdische, auf Palästina und die zunächst angrenzenden Gebiete beschränkte Christenheit gewandt. Von da aus empfängt auch die Bezeichnung des Leserkreises in 1, 1 erst ihr volles Licht. Trotz der Begründung der hier zu Tage tretenden Idee in der Predigt Jesu und schon des Täufers (oben S. 58) verlangt die bestimmte Fassung derselben in Jk 1, 1 eine geschichtliche Erklärung, um natürlich zu erscheinen. Die Gemeinden, welche vor dem J. 50 in verschiedenen Landschaften Palästinas und Syriens entstanden, waren Kolonien der Muttergemeinde von Jerusalem. Bis zum Tode des Stephanus hatte die Christenheit an Jerusalem ihren fast einzigen Wohnsitz; die Verfolgung des J. 35 vertrieb sie von dort, zerstreute sie bis über die Grenzen Palästinas hinaus und zerriß zugleich ein gut Teil der Bande, welche sie mit der jüdischen Nation als ein Glied derselben verknüpft hatten. Die von Jerusalem vertriebenen Christen bildeten überall den Grundstock der neu sich bildenden Gemeinden bis nach Cypern und Antiochien hin. Die Reise des Petrus und Johannes nach Samarien (AG 8, 14—24), die ausgedehnteren Reisen des Petrus (AG 9, 32—11, 2), die Sendung des Barnabas nach Antiochien (AG 11, 22) und die Besuche anderer judäischer Christen wie des Agabus und des Johannes Marcus daselbst (11, 27; 12, 25) zeigen, daß man bemüht war, den Zusammenhang der zerstreuten Glieder festzuhalten. Der Brief des Jk war auch ein Mittel zu diesem Zweck. Wie natürlich war es aber auch, daß das Bewußtsein der Kirche, ein anderes, von Gott durch Jesus erwähltes Gottesvolk, das wahre Israel zu sein, sich nicht nur steigerte, sondern auch in der äußeren Lage der Dinge einen bezeichnenden Ausdruck für das innere Verhältnis des geistlichen

Israel sowohl zur jüdischen Nation, als zu dem überirdischen Gottesreich fand (A 12). Jk bedient sich nicht einer willkürlich von ihm ersonnenen und dunkeln Allegorie, welche dann später von anderen Schriftstellern weitergesponnen und anders gewendet worden wäre, sondern die geschichtlichen Verhältnisse der damaligen Christenheit wurden von selbst zu einem Symbol, welches den beteiligten Zeitgenossen unmittelbar verständlich war.

1. Nach א* BC wird Jk 2, 2 *εἰς συναγωγήν* ohne Artikel zu lesen sein. Schon deshalb ist die Behauptung abzuweisen, daß in unbegreiflichem Widerspruch mit der Grußüberschrift als die wahre Adresse des Briefes „ein einzelnes eng abgeschlossenes Konventikel essäischer Judenchristen" offenbar werde (Brückner, Chronol. Reihenfolge 293). Ebenso sicher ist aber durch *ὑμῶν* hinter der Anrede und deutlichen Charakteristik der Leser als Christen die Ansicht ausgeschlossen, daß es sich um eine jüdische Synagoge handle, welche diese Christen gelegentlich auch noch besuchen. Über *συναγωγή* findet man Einiges bei Harnack zu Herm. mand. XI p. 115 u. in m. Forsch II, 164. Es bezeichnet ursprünglich und in der Profangräcität gewöhnlich 1) den Akt des Sammelns und Sichversammelns, die Zusammenkunft Ex 23, 16; 34, 22; Deut 10, 4; Sir 34, 3; von gottesdienstlichen Zusammenkünften der Christen Ign. ad Pol. 4, 2; Dionys. Al. bei Eus. h. e. VII, 11, 17 cf 9, 2. Auch in einer heidnischen Inschrift bei Foucart, Assoc. relig. 238 nicht eine Korporation, sondern eine „réunion en l'honneur de Zeus"; 2) konkret: die versammelte Gemeinde, gewöhnlich für עֵדָה Ex 12, 3; Nm 14, 7. 10; 16, 19, nicht selten auch für קָהָל Nm 10, 7. Wie bei unsrem „Versammlung" läßt sich manchmal diese zweite Bedeutung von der ersten nicht streng scheiden z. B. AG 13, 43; Herm. mand. XI, 9 von christlichen Versammlungen: *ὅταν ἔλθῃ . . εἰς συναγωγὴν ἀνδρῶν δικαίων* und ebendort § 9. 13. 14 noch dreimal vgl. auch die gnostischen Petrusakten (ed. Lipsius p. 56, 23, cf p. 53, 17) und *ἐπισυναγωγή* Hb 10, 25. So wohl auch Jk 2, 2. Doch ist nicht ausgeschlossen, daß hier vorläge die Bedeutung 3) Versammlungslokal Mt 6, 2. 5; Lc 4, 16; 7, 5; Jo 18, 20; AG 18, 4. 7; 24, 12. Während an diesen und anderen Stellen *συν.* ohne jede Näherbestimmung jüdische Versammlungslokale bezeichnet, wäre hier durch *ὑμῶν* angedeutet, daß die angeredeten Christen ihre besonderen Lokale für sich haben. Eine Inschrift vom J. 318 (Le Bas-Waddington III nr. 2558) bezeichnet ein Gebäude als *συναγωγὴ Μαρκιωνιστῶν*. Ob der Afrikaner Commodian, instr. I, 24, 11 *synagoga* von einer christlichen Kirche versteht, erscheint mir keineswegs sicher. 4) Auch abgesehen von der jeweiligen örtlichen Vereinigung die Religionsgemeinde, Genossenschaft der Gleichgesinnten, für עֵדָה Ex 12, 19. 47; 16, 22; Nm 16, 24 (die Rotte Korah's); Ps 22, 17; für קָהָל Ex 16, 2. 3; Num 15, 15; 16, 47 (al. 17, 12); cf 1 Makk 2, 42 (*συναγ. Ἀσιδαίων*); 7, 12 (*συναγ. γραμματέων*). Ziemlich früh aber galt *συν.* als specifische Bezeichnung der jüdischen Religionsgemeinde im Gegensatz zur christlichen *ἐκκλησία*. Wir sehen den Sprachgebrauch wenigstens in der Bildung begriffen Ap 2, 9; 3, 9; Just. dial. 134 (*Λεία ὁ λαὸς ὑμῶν καὶ ἡ συναγωγή, Ῥαχὴλ δὲ ἡ ἐκκλησία ἡμῶν*). Dies in voller Ausprägung bei Commod. instr. 39, 1—4; apol. 253. Eusebius (theoph. syr. IV, 12) betont, daß Jesus seine Gemeinde nicht *συν.*, sondern *ἐκκλησία* genannt habe. Dagegen nannten die Ebjoniten in Ostpalästina ihre Kirchengemeinschaft *συναγωγή* und scheinen auch den Titel *ἀρχισυνάγωγοι* beibehalten zu haben (Epiph. haer. 30, 18). Das Evang. hieros. übersetzt Mt 16, 18; 18, 17 *ἐκκλησία* durch כנישתא d. h. *συναγωγή* (Forsch I, 372 A 1). Der christliche Bearbeiter der Testamente der 12 Patr. (Benjamin 11) nennt die Kirche und die Einzelgemeinden der Heidenchristen *συναγωγὴ* und *συναγωγαὶ τῶν ἐθνῶν*. Aber auch da, wo ein unmittelbarer Zusammenhang mit Palästina und dem Judentum nicht anzunehmen ist, finden wir das Wort zuweilen von der christlichen

Kirche und ihren Einzelgemeinden gebraucht: Just. dial. 63; Theoph. ad Autol. II, 14 (τὰς συναγωγάς, λεγομένας δὲ ἐκκλησίας ἁγίας); Iren. III, 6, 1 (hier in einer Deutung von Ps 82, 1); Iren. IV, 31, 1 u. 2 (*αἱ δύο συν.*, die jüdische und die christliche im Anschluß an die Geschichte von Lots Töchtern), wie umgekehrt Victorin zu Gal 4, 24 (Mai, script. vet. coll. III, 2, 38) *ecclesiis Judaeorum et Christianorum*. — Sieht man von dem gemeingriechischen Gebrauch unter Nr. 1 ab, und erwägt man, daß Jk das Wort ἐκκλησία zur Bezeichnung der Gemeinde als Korporation keineswegs vermeidet (5, 14), so wird die Bezeichnung der Gemeindeversammlung (oder des Versammlungslokales) durch *συν.* statt durch ἐκκλησία (cf dagegen 1 Kr 11, 18; 14, 28. 35; 3 Jo 6; Didache 4, 14), und dies nicht in einer theologischen Erörterung oder in gehobener Sprache, sondern in der schlichten Beschreibung eines äußerlichen Vorgangs, immerhin als ein Beweis dafür gelten, daß wir uns hier auf jüdischem Boden oder in dessen Nähe befinden. Dahin weisen uns die Ebjoniten des Epiphanius, das in Palästina entstandene und noch manche andere jüdische Ausdrücke aufweisende Ev. hieros., der sei es von Natur, sei es mit absichtsvoller Kunst ganz judengriechisch schreibende Bearbeiter der Testamente (unter Nr. 4). Hermas (unter Nr. 2) zeigt sich in seiner Sprache als Jude von Geburt oder Erziehung (vgl. meinen Hirten des Hermas 485—497). Es dürfte auch zu beachten sein, daß Justin in Palästina geboren ist, daß Theophilus (unter Nr. 4) und Ignatius (Nr. 1) Bischöfe der syrischen Hauptstadt waren, und daß jene marcionitische „Synagoge" einige Meilen südlich von Damaskus gestanden hat. Cf. noch Epist. Hadriani bei Vopiscus, Saturninus 8, 2 *archisynagogus Judaeorum . . . Christianorum presbyter;* Lampridius, Alex. Sev. 6 *Syrum archisynagogum* und in bezug auf die Nichtunterscheidung von Syrern und Juden Origenes zu Job 42, 18 bei Pitra, Analecta II, 390 f.

2. Der unzerreißbare Zusammenhang von 3, 1—18 bestimmt den Sinn des Einzelnen. Die Verfluchung 3, 9 bezieht sich schwerlich auf Mitchristen, welche als solche bezeichnet sein würden (cf dagegen 4, 11), sondern auf Menschen, welche der als Lehrer sich vordrängende Christ (3, 1) belehren und bekehren möchte, weshalb auch nur an die allen Menschen gemeinsame schöpfungsmäßige Würde erinnert wird (3, 9). Auch in 3, 13—18 handelt es sich nicht, wie von 4, 1 an, um das gegenseitige Verhalten der Christen, sondern um das Gebahren dessen, der im Hochgefühl seiner religiösen Erkenntnis Andere belehren will und dabei in bitteren rechthaberischen Ton verfällt, dafür aber auch nicht die beabsichtigte Frucht, nämlich die Gerechtigkeit des zu Belehrenden erzielt (cf 1, 20). Die πραΰτης, welche die rechte Gemütsverfassung für die Aufnahme des Wortes ist (1, 21), ist eine unerläßliche Eigenschaft gerade auch des Lehrers (Mt 11, 29; 2 Tm 2, 24 f.; 2 Kr 10, 1; Gl 6, 1; 1 Pt 3, 15 gegenüber den Nichtchristen; Tt 3, 2 „gegen alle Menschen"; Ign. Trall. 3, 2; ad Pol. 2, 1). Ist μὴ ψεύδεσθε κατὰ τῆς ἀληθείας 3, 14 nicht ein müßiger Pleonasmus, sondern (wie Xenoph. apol. Socr. 13 οὐ ψεύδομαι κατὰ τοῦ θεοῦ) = καταψεύδεσθαί (τι) τινος „über eine Sache oder Person eine lügnerische Aussage machen" (cf Ign. Trall. 10; Herm. vis. I, 1, 7; Jos. c. Apion. II, 10 in.; 13 extr.; Ep. ad Diogn. 4, 3; Ep. Lugd. bei Eus. h. e. V, 1, 14; Hippol. refut. VII, 20 in.; Eus. V, 28, 6 u. 16; Plutarch de superst. 10 extr.), so wird hier nicht einfach vor dem Lügen gewarnt, sondern es ist vorausgesetzt, daß der Betreffende über die Wahrheit, hier also über die Heilswahrheit redet, dabei aber Aussagen macht, welche mit dieser selben Wahrheit in Widerspruch stehen. Demgemäß ist auch κατακαυχᾶσθε, zu welchem gleichfalls κατὰ τῆς ἀληθείας gehört, nicht ein beliebiges Prahlen, sondern ein auf die Wahrheit bezügliches Prahlen, ein Pochen auf die Wahrheit, welches doch zugleich derselben Wahrheit widerspricht. Diese Unwahrhaftigkeit ist aber nicht eine theoretische Abweichung von der christlichen Lehre, sondern jene praktische, welche darin liegt, daß Einer Anderen als Kenner und Lehrer der geoffenbarten Wahrheit gegenübertritt, dabei aber die aus dem wirklichen Besitz der Wahrheit unfehlbar fließende Weisheit und Sanftmut ver-

missen läßt. Eben dahin zielt auch Jk 1, 20. Falsch ist auf alle Fälle die Übersetzung: „des Menschen Zorn tut nicht, was vor Gott recht ist"; denn 1) ist das Bindeglied zwischen 1, 17 und 1, 18—25 offenbar der Begriff *λόγος ἀληθείας*. Also kann es sich 1, 19f. nicht um Schwatzhaftigkeit und Jähzorn überhaupt handeln, sondern um die üble Neigung, Andere das Wort Gottes zu lehren, statt es sich selbst gesagt sein zu lassen, und dabei in Zorn zu geraten, statt darauf zu warten, daß Gott seinen Segen dazu gebe. 2) Der Gedanke jener Übersetzung würde, wenn die Rede einigermaßen deutlich sein soll, *ὁ ὀργιζόμενος* statt *ὀργή* erfordern. 3) Der Gedanke wäre in seiner Allgemeinheit sehr unrichtig; denn es gibt einen heiligen Zorn. 4) Der offenbar beabsichtigte Gegensatz von *ἀνδρός* und *θεοῦ* kommt so nicht zu seinem Recht. Es wird zwar nicht mit den jüngeren Hss. *κατεργάζεται* zu lesen sein, aber *ἐργάζεται* wird auch nicht wie Jk 2, 9; AG 10, 35; Mt 7, 23 = *ποιεῖ*, sondern wie Jo 6, 27; 2 Kr 7, 10 = *κατεργάζεται* (Jk 1, 3) zu fassen sein. Das Objekt ist Produkt. Eines M a n n e s Zorn bewirkt nicht G o t t e s Gerechtigkeit (cf Mt 6, 33 und unten § 7). Diese ist eine Frucht, welche in friedfertigem Geist gesät, und auf deren Wachstum und Reife mit Geduld gewartet sein will (Jk 3, 18). Da nun kein Mensch auf den Gedanken geraten kann, durch zorniges Reden sich selbst Gerechtigkeit zu erwerben, nichts dagegen häufiger ist, als daß Verkündiger der Wahrheit sich einbilden, durch leidenschaftlichen Eifer ihre Hörer bekehren zu sollen, so kann Jk nur letzterer Verirrung entgegentreten cf Schneckenburger, Beiträge z. Einl. 199; Hofmann VII, 3, 35. — Ist Jk 1, 21 *περισσεία* ohne Frage im Sinn von *περίσσευμα* gebraucht (Rm 5, 17), so kann es doch nicht Überschuß bedeuten (Mt 12, 34); denn nicht nur ein gewisses Übermaß von Schlechtigkeit, sondern alle Schlechtigkeit soll man ablegen. Es kann also nur heißen „Überbleibsel, Rest" (Mr 8, 8). Gemeint sind die alten Erbfehler, die auch den von Gott Geborenen, den Erstlingen der Kreaturen Gottes (1, 18) noch anhaften, das schlecht jüdische Wesen, der „Sauerteig der Pharisäer und Sadducäer" (Mt 16, 6—12; 15, 1—20).

3. Jk 1, 26 f. *θρησκός, θρησκεία, θρησκεύειν* bezeichnet nicht die fromme Gesinnung (*εὐσέβεια, ὁσιότης*, auch *θεοσέβεια*, obwohl dieser Begriff zu *θρησκεία* hinneigt cf Seeberg, Forsch. V, 264f.), sondern die äußerlich sich darstellende Religion, Kultus, Zeremonien (Philo, Quod deterior 7, Mang. I, 195 *πεπλάνηται γὰρ καὶ οὗτος τῆς πρὸς εὐσέβειαν ὁδοῦ, θρησκείαν ἀντὶ ὁσιότητος ἡγούμενος καὶ δῶρα τῷ ἀδεκάστῳ διδούς* cf Sap Sal 11, 15; 14, 16. 18. 27; Jos. ant. IX, 13, 3; Kl 2, 18. 23; Clem. I Cor. 45, 7), daher denn auch nicht selten eine öffentlich ausgeübte Religion samt ihrem Kultus im Unterschied von anderen Religionen und Kulten: AG 26, 5; Ep. ad Diogn. 1; Melito bei Eus. IV, 26, 7; Ep. Lugd. bei Eus. V, 1, 63.

4. Mit *ἀλλ' ἐρεῖ τις* Jk 2, 18 wird jedenfalls nicht wie 1 Kr 15, 35 cf Rm 9, 19; 11, 19 ein von einem der Leser oder einem gleichgesinnten Christen zu erwartender Einwand gegen die vorangehenden Behauptungen des Vf eingeführt; denn der in 2, 18. 19 Redende ist mit Jk einig in der Forderung der Werke und in der Verurteilung des werklosen Glaubens, und die in 2, 14—17 charakterisirten Leute sind es, welche auch 2, 18. 19 zur Rede gestellt werden. Andrerseits kann Jk auch nicht sich selbst oder einen ihm gleichgesinnten Christen so redend einführen (cf Rm 10, 18. 19); denn wozu die Form der Einführung eines Dritten, wenn derselbe nichts zu sagen hat, was nicht Jk selbst ebensogut sagen könnte? Ferner wäre schwer verständlich, wie Jk von sich, wenn auch durch die fingirte Maske eines Dritten, so zuversichtlich behaupten mochte, daß er im Unterschied von dem Angeredeten Werke aufzuweisen habe cf dagegen 3, 2. Sodann wäre ganz unveranlaßt die Selbstverteidigung des Jk gegen die Anklage, daß ihm der Glaube fehle, dessen der Angeredete sich rühmt. Diese Anklage bildet nämlich die Voraussetzung des Anerbietens des Redenden, er wolle seinen vom Gegenpart in Zweifel gezogenen Glauben aus seinen Werken beweisen. Endlich konnte Jk seine

Anerkennung der formalen Rechtgläubigkeit des angeredeten Christen unmöglich auf dessen monotheistisches Bekenntnis beschränken. Denn jene Maulchristen begnügen sich ja nicht damit, die Einzigkeit Gottes zu bekennen, was auch die Teufel tun, und auch damit nicht, Gott als ihren Herrn und Vater zu preisen (3, 9), was die Teufel nicht tun, sondern sie bekennen auch ihren Glauben an Christus (2, 1). Aus alledem folgt, daß das ἐρεῖ τις 2, 18 nicht eine inhaltlose und zwecklose Floskel ist, sondern daß dadurch ein als wirklich vorgestellter Dritter, und zwar ein Andersgläubiger in die Verhandlung zwischen Jk und dem τὶς von 2, 14 eingeführt wird. Dieser Dritte kann aber kein Heide, sondern nur ein Jude sein; denn der Redende lobt es, wenn auch in sarkastischem Ton, daß der angeredete Christ sich zum Monotheismus, dem Grunddogma des Judentums bekennt. Das „Schema" aus Deut 6, 4—9, welches jeder Israelit täglich Morgens und Abends betete, haben die jüdischen Christen nicht nur nach dem Vorgang Jesu (Mr 12, 29) seinem Inhalt nach festgehalten, es ist auch nicht zu bezweifeln, daß sie es als „Eiferer um das Gesetz" (AG 21, 20) nach wie vor ihrer Bekehrung mit ihren Volksgenossen gebetet haben. Spätere Judenchristen betonten die μοναρχικὴ θρησκεία dermaßen, daß das Unterscheidende des Christentums hinter dem den Juden und Judenchristen gemeinsamen Grunddogma zurücktrat (Clem. hom. VII, 12; V, 28; Ep. Petri ad Jac. 1). Aber auch Jk hätte seinem Zweck zuwidergehandelt, wenn er den von ihm eingeführten Juden den dogmatischen Gegensatz zwischen Judentum und Christentum hätte aussprechen lassen. Was endlich die Form der Einführung anlangt, so ist es selbstverständlich nicht der erst hinter ἐρεῖ τις redende Jude, sondern Jk selbst, welcher mit einem ἀλλά, das auch ohne καί dazu geeignet ist (cf Jo 16, 2; 2 Kr 7, 11), neben sein eigenes Urteil das doppelt beschämende Urteil des Juden als etwas Neues, Überraschendes stellt. Daß in 2, 18. 19 nicht Jk selbst redet, folgt auch daraus, daß in diesen Sätzen kein einziger Gedanke aus 2, 14—17 weitergeführt wird. Erst mit 2, 20 nimmt Jk wieder das Wort und knüpft an 2, 17 an. Die Annahme von Spitta, Z. Gesch. u. Lit. II, 79, daß hinter ἐρεῖ τις eine Einrede des bisher von Jk bestrittenen werklosen Gläubigen ausgefallen sei, und daß Jk mit σὺ πίστιν ἔχεις hierauf zu antworten anfange, ist durch den Text nicht veranlaßt und sachlich unannehmbar.

5. Da ὁ ταπεινός und ὁ πλούσιος 1, 9 f. einen Gegensatz bilden, so kann ersteres nicht ein schwach betontes, nur verdeutlichendes Epitheton sein (der Bruder, welcher als solcher bekanntlich immer auch arm ist), sondern innerhalb der durch ὁ ἀδελφός (vielleicht besser nach cod. B ohne ὁ) bezeichneten Gattung wird der Arme dem Reichen gegenübergestellt. Bei der Fassung, wonach der reiche Nichtchrist dem armen Christen gegenüberstände, bleibt unklar, wessen der Reiche sich rühmen soll. Sollte ταπείνωσις das gerade Gegenteil von ὕψος, also den Mangel an sittlich religiöser Würde oder gar, was keinerlei Sprachgebrauch für sich hätte, den Reichtum des Reichen bezeichnen, so müßte dasselbe καυχάσθω, welches im Verhältnis zu seinem ersten Subjekt sehr ernsthaft gemeint ist, im Verhältnis zum zweiten den Sinn einer höhnischen Aufforderung haben: der Reiche möge sich immerhin seiner Verworfenheit oder seines elenden Reichtums rühmen. Unmöglich ist dies auch darum, weil die folgende Begründung nicht eine ironische Herausforderung zu sündhaftem Prahlen, sondern eine ernste Mahnung voraussetzt, sich nur der unvergänglichen Güter zu rühmen. Es kann ταπείνωσις freilich auch nicht das Verhalten der Demut bezeichnen (cf Jk 4, 6—10; Sir. 3, 18); denn dessen sich rühmen, wäre schlimmster Hochmut; sondern es bezeichnet entsprechend dem Gegensatz von ὕψος den Stand und Zustand der Niedrigkeit (Lc 1, 48; Phl 3, 21). Ist der Reiche ein Christ, so besitzt er selbstverständlich auch jene Hoheit, deren der arme Christ sich bewußt bleiben soll; aber wie es diesem ziemt, gerade diejenige Seite seines Christenstandes zu betonen, welche einen Kontrast zu seiner äußeren Lage bildet, ebenso auch dem Reichen (cf 1 Kr 7, 22 in bezug auf Sklaven und Freie). Die Erinnerung an Mt

19, 23—26; Lc 6, 24; 16, 14 f. 19—31 macht es verständlich, daß gerade für den Reichen seine Zugehörigkeit zu den von Jesus οἱ μικροί genannten, von der Welt verachteten Bekennern Jesu ein Gegenstand dankbarer Freude sein muß. Die Begründung in 1, 10b—11 gilt zunächst der in 10a mittelbar enthaltenen Warnung des Reichen, damit zugleich aber der positiven Ermahnung. Die Begründung paßt in den Zusammenhang; denn so gut wie die Armut dem Armen, wird der Reichtum dem Reichen zum πειρασμός, und sie paßt auch für den Christen, welcher reich ist, denn in seiner Eigenschaft als reicher Mann, ja als leiblich lebender Mensch gleicht er in der Tat der rasch welkenden Blume cf Jk 4, 14; 1 Tm 6, 6—10. 17—19; Ps 90, 5 f.; 103, 15.

6. Abgesehen von der vorübergehenden Duldung christlicher Predigt in jüdischen Synagogen (AG 9, 22; 18, 4—6; 19, 8) und von dem Besuch der Synagogen von seiten jüdischer Christen in Palästina, gegen welche man jüdischerseits Vorsichtsmaßregeln ergriff (cf Derenbourg, Hist. et géogr. de la Palestine 354 f.), ist 1 Kr 14, 23—25 ein direkter Beweis für das Selbstverständliche, daß auch umgekehrt christliche Gottesdienste von Nichtchristen besucht wurden. Ob das aus religiösem Verlangen oder aus Neugier oder gar in feindseliger Absicht geschah, ist für den hier gesetzten Fall gleichgiltig.

7. Es geht nicht an, Jk 2, 5 πλουσίους κτλ. mit τοὺς πτωχούς als dessen Attribut zusammenzufassen, denn 1) wäre ein δέ oder ἀλλά bei πλουσίους erforderlich, 2) sind die Menschen, welche Gott erwählt hat, nicht bereits vor und abgesehen von der Erwählung im Glauben reich und vollends nicht Erben des Reichs, sondern sie werden es erst durch die Erwählung. Also liegt der gut griechische Gebrauch von ἐκλέγεσθαι mit doppeltem Akkusativ vor, wobei εἶναι (Eph 1, 4) nicht erforderlich ist cf Mayor 79 f. Selbstverständlich sagt Jk hier ebensowenig, daß alle Armen und daß gar keine Reichen von Gott begnadigt worden sind, als aus Mt 11, 25 gefolgert werden soll, daß alle Ungebildeten und daß gar keine Leute höherer Bildung zur Heilserkenntnis gelangen. Die selbstverständliche Meinung solcher, eine Fülle von Einzelerfahrungen kurz zusammenfassender Regeln (1 Kr 1, 27 f.) spricht Pl 1 Kr 1, 26 (οὐ πολλοί) deutlich aus.

8. Die Lästerung Jk 2, 7 ist nicht eine indirekte Entehrung des Namens Gottes oder Christi durch unwürdigen Wandel seiner Bekenner; denn 1) konnte dies nicht wohl unausgedrückt bleiben (cf Eus. h. e. V, 1, 48 διὰ τῆς ἀναστροφῆς αὐτῶν βλασφημούντων τὴν ὁδόν), 2) müßten die Lästernden selbst als Träger des Christennamens bezeichnet sein (ἐπ' αὐτούς statt ἐφ' ὑμᾶς cf Herm. sim. VIII, 6), 3) wird jene indirekte Verlästerung Gottes oder Christi sonst immer passivisch ausgedrückt: Rm 2, 24 (Jes 52, 5); 1 Tm 6, 1; Tt 2, 5; 2 Pt 2, 2; Clem. I Cor. 1, 1 (47, 7); Clem. II Cor. 13, 1—4; Ign. Trall. 8, 2; Pol. ad Phil. 10, 2. „Der schöne Name“ kann schon nach den atl Parallelen, welchen der Ausdruck entlehnt ist (Jes 43, 7; Jerem 14, 9; 15, 16; Amos 9, 12 cf AG 15, 17), nur der Name Gottes oder Christi sein. In welcher Form die Leser ihn tragen, ob als μαθηταὶ τοῦ Ἰησοῦ (Jo 7, 3; 18, 25; AG 4, 13), oder als Ναζωραῖοι (AG 24, 5 nach Ἰησοῦς ὁ Ναζωραῖος Mt 26, 71; Jo 18, 5; AG 26, 9 cf GK II, 662 f. N. 2, dort auch über die Verfluchung der Nazaräer seitens der Juden), oder als Χριστιανοί (AG 11, 26; 26, 28; 1 Pt 4, 16 cf Mr 9, 41), läßt sich dem Ausdruck des Jk ebensowenig entnehmen, als uns jene atl Stellen darüber belehren, in welcher Form Israel den Namen Jahve's trägt. Von einer obrigkeitlichen Verfolgung der Christen um ihres Bekenntnisses willen ist an dieser, für Derartiges auch sehr ungeeigneten Stelle ebensowenig eine Spur zu finden, als an anderen Stellen (z. B. 1, 2—12), wo ein Hinweis auf solche Verfolgungen sehr am Platz gewesen wäre.

9. In bezug auf Götzendienst u. dgl. AG 15, 20. 29; 21, 25; 1 Kr 5, 10 f.; 8, 1—11, 1, besonders 8, 10; 10, 7. 14—22; 2 Kr 6, 15; Gl 5, 20; 1 Jo 5, 21; Ap 2, 14. 20; 21, 8; 22, 15; Didache 3, 4; 5, 1; 6, 3; Herm. sim. IX, 21, 3. Cf auch die Erinnerung an ehemaligen Götzendienst der Leser 1 Kr 6, 9. 11; 12, 2; 1 Th 1, 9; Gl 4, 8; 1 Pt

4, 3; Clem. II Cor. 1, 6; 3, 1; 17, 1 und die Vergleiche Kl 3, 5; Eph 5, 5; Herm. mand. 11, 4; Pol. ad Phil. 11, 2. In bezug auf πορνεία cf AG 15, 20. 29; 21, 25; 1 Kr 5, 1—13; 6, 9—11. 13—20; 7, 2. 9; 10, 8; 2 Kr 7, 1; 12, 21; Gl 5, 13—21; Eph 4, 19; 5, 3—14; Kl 3, 5; 1 Th 4, 3—5; 1 Tm 1, 10; 2 Tm 2, 22; 3, 6; Rm 1, 24—27; 6, 19—21; 13, 13; 1 Pt 4, 3; Ap 2, 14. 20—24; 14, 8; 17, 1ff.; 19, 2; 21, 8; 22, 15; Didache 2, 1; 3, 3; 5, 1; Herm. mand. 4, 1; Clem. II Cor. 4, 3; 8, 6—9, 4; 12, 5; 14, 3—5; Plinius ad Traj. 96, 7. Dagegen spricht Jk nur von weltlichem Wohlleben überhaupt 1, 27; 4, 1—4 (über μοιχαλίδες oben S. 63); 4, 9; 5, 1—3. 5. Vielleicht liegt in 2, 11 ein Zeugnis der durchgängigen Ehrbarkeit der Leser in bezug auf das eheliche Leben. Das Gebot μὴ μοιχεύσῃς wird im allgemeinen gehalten, das Gebot μὴ φονεύσῃς vielfach durch Lieblosigkeit übertreten cf 4, 2; 5, 6. In bezug auf das Leben unter Heiden cf 1 Kr 5, 1. 10ff.; 9, 24; 10, 32; 15, 33; 2 Kr 6, 14—18; Eph 4, 17ff.; 1 Pt 2, 12—17; 4, 3ff.; Rm 12, 2; 13, 1—7; 3 Jo 7; Ign. Trall. 3, 2; 8, 2; Herm. mand. 10, 4; sim. 1, 10; 8, 9, 1. In bezug auf Sklaven cf 1 Kr 7, 21f.; Eph 6, 5—9; Kl 3, 22—4, 1; 1 Pt 2, 18—25; 1 Tm 6, 1f.; Tt 2, 9f.; Phlm 10—21; Didache 4, 10f.; Ign. ad Pol. 4, 3 (1 Kr 12, 13; Gl 3, 28; Kl 3, 11), auch meine Skizzen 93—115, besonders S. 102, auch S. 136ff. 350 A 17.

10. Für die Eidesformeln cf Mt 5, 34—37; 23, 22 und dazu Lightfoot, opp. II, 293. 359; Schöttgen, hor. hebr. 1733 p. 48. 202. Charakteristisch für die jüdischen Eide im Unterschied von den heidnischen ist schon die Vermeidung des Gottesnamens, statt dessen Philo empfiehlt, lieber bei Erde, Sonne, Sternen, Himmel und der ganzen Welt zu schwören (leg. spec. 1 M. II, 271).

11. Der Glutwind 1, 11 (Lc 12, 55), der Früh- und Spätregen 5, 7 (wenn dort ὑετόν eine wenigstens sachlich richtige Ergänzung ist cf Deut 11, 14), Feigen, Öl und Weinbau (3, 12) neben beträchtlichem Getreidebau (5, 4. 7), Salzquellen 3, 12, wenn nicht gar in dem dunkeln und sehr unsicher überlieferten Text eine Beziehung auf ἡ θάλασσα ἡ ἁλυκή (Num 34, 3. 12; Deut. 3, 17; Jos 15, 2. 5 cf Gen 14, 3; Ez 47, 9ff.), auf das tote Meer vorliegt. Andrerseits bot das mittelländische Meer die Anschauungen in 1, 6; 3, 4, ohne daß man darum anzunehmen braucht, Jk habe sich zur Zeit gerade in Joppe aufgehalten, wie Hitzig einmal geäußert hat. Cf übrigens Hug, Einl. II³, 511.

12. AG 8, 1 πάντες διεσπάρησαν, 8, 4 οἱ οὖν διασπαρέντες διῆλθον κτλ., 11, 19 οἱ μὲν οὖν διασπαρέντες διῆλθον ἕως . . . Ἀντιοχείας. Die Anknüpfung von Jk 1, 1 an diese Tatsachen finde ich zuerst bei Georgius Syncellus ad a. m. 5537 ed. bonn. I, 623. Es ist somit zu denken an die Gemeinden in Judäa, Samaria und Galiläa AG 8, 1. 14. 25. 40; 9, 31. 32. 36; 10, 24; 21, 8; Gl 1, 22; 1 Th 2, 14, ferner an die zu Ptolemaïs und Tyrus, auf Cypern und in Antiochien AG 11, 1—26; 13, 1; 21, 3. 7, sodann an Damaskus, wo schon vor dem Tode des Stephanus Jünger gewesen zu sein scheinen AG 9, 2—25. Auch die wieder in Jerusalem sich ansammelnde Gemeinde ist laut Jk 1, 1 nicht auszuschließen. Abgesehen von den halbjüdischen Samaritern AG 8, 14 und so vereinzelten Fällen wie AG 8, 27; 10, 1—11. 18 cf 15, 7 gab es schon vor der ersten Missionsreise nicht wenige Heidenchristen in Antiochien AG 11, 20 f. Waren es viele Hunderte, so verhielten sie sich zu den vielen Myriaden jüdischer Christen (AG 21, 20) doch immer nur wie 1 : 100, und die Art, wie Jk diese Ausnahmen gelegentlich berücksichtigt (oben S. 65), sonst aber durchweg davon absieht, entspricht vollkommen den Verhältnissen bis zum J. 50.

§ 5. Die Person des Jakobus.

Der Vf führt sich bei den Lesern nur durch seinen bei den Juden sehr gebräuchlichen Namen und eine schlichte Bezeichnung als eines Christen ein

(1, 1). Daß er von der Veranlassung seines Schreibens nichts sagt, ist damit noch nicht erklärt, daß seine Schrift nicht eigentlich ein Brief, sondern eine wegen der räumlichen Zerstreuung der Angeredeten in schriftliche Form gefaßte Ansprache ist (A 1). Es fehlt jede Andeutung davon, worauf Jk überhaupt sein Recht gründe, gleichviel in welcher Form, der ganzen Christenheit seiner Zeit so ernst und rücksichtslos seine Meinung zu sagen. Der Ton ist nicht herrisch; Jk faßt sich mit den Lesern als seinen Brüdern nicht nur da zusammen, wo er der erfahrenen Gnade Gottes (1, 18), sondern auch da, wo er der sittlichen Schwachheiten und Vergehen gedenkt (3, 2. 9); aber er redet wie ein älterer Bruder, der daran gewöhnt ist, daß die Brüder auf ihn hören, wenn er Rat gibt, ohne Widerrede sich vor ihm beugen, wenn er straft (A 2). Wer ist dieser in einem so weiten Kreise als Auktorität anerkannte Jk? Nur spät und vereinzelt ist die Meinung aufgetaucht, er sei der Apostel Jk, Zebedäi Sohn (A 3). Da die Zwölfzahl der Apostel in unverkennbarer Beziehung zu den 12 Stämmen Israels steht, so sollte man von einem Apostel, welcher an die 12 Stämme des geistlichen Israel ein Wort richtet, erwarten, daß er sich bei solcher Gelegenheit als einen der 12 Apostel kennzeichne. Es fehlt ferner jede Spur davon, daß der schon i. J. 44 hingerichtete Jk Zebedäi (AG 12, 2), obwohl er zu dem engsten Vertrautenkreise Jesu gehört hatte, eine leitende Stellung eingenommen habe, welche es erklärlich machen könnte, daß er jede Erklärung darüber entbehrlich fand, warum gerade er von den Aposteln der ganzen Christenheit seine Meinung sage. In AG 1—12 treten nur Petrus und Johannes hervor. Ferner finden wir diesen Jk überall als einen der Söhne des Zebedäus oder als Bruder des Johannes benannt (Mt 4, 21; 10, 2; 17, 1; 20, 20; 26, 37; 27, 56; Mr 1, 19; 3, 17; 5, 37; 10, 35; Lc 5, 10; Jo 21, 2; AG 12, 2) oder doch durch den Zusammenhang als solchen charakterisirt (Mr 1, 29 cf 1, 19; 9, 2; 10, 41 cf 10, 35; 13, 3 cf 3, 16—18; 14, 33; Lc 6, 14; 8, 51; 9, 28. 54; AG 1, 13). Diese Erwägungen sprechen, und zwar teilweise mit verstärktem Gewicht, auch gegen die Annahme, daß der Apostel Jk Alphäisohn, etwa nach dem Tode des Zebedäisohnes den Brief geschrieben habe, sofern man nicht diesen zweiten Jk unter den Aposteln in künstlicher Weise mit einem dritten Jk identificirt. Wo wirklich der zweite Apostel Jk genannt wird, wird er auch stets als Sohn des Alphäus bezeichnet (Mt 10, 3; Mr 3, 18; Lc 6, 15; AG 1, 13). Dagegen wird durchweg der Name Jk trotz seiner Häufigkeit als genügend befunden zur Bezeichnung desjenigen Jk, welcher spätestens vom J. 44 an als das Haupt der jerusalemischen Gemeinde und der jüdischen Christenheit sich darstellt: AG 12, 17; 15, 13—21; 21, 18; Gl 2, 9 (nach richtiger Lesart vor Petrus und Johannes genannt); Gl 2, 12. Einen starken Beweis dafür, daß es unter den Christen apostolischer Zeit einen Jk gab, welcher alle seine Namensgenossen in Schatten stellte, liefert Jud 1. Es ist derjenige, welchen die Tradition des 2. Jahrhunderts als den ersten Bischof Jerusalems bezeichnet. Von den zum Teil sagenhaften Berichten bei Hegesippus, Clemens Al. und Späteren ist soviel als geschichtlicher Kern festzuhalten, daß dieser Jk in Liebe zu seinem Volk nicht aufgehört hat, für dessen Bekehrung zu beten, daß er in folge seiner gesetzmäßigen und überdies asketischen Lebensweise und seines fleißigen Tempelbesuchs auch bei den nichtchristlichen Juden in hohem Ansehen stand und unter anderen Ehrentiteln den „des Gerechten“ erhielt, und daß er kurz vor Ausbruch des jüdischen Krieges, also wohl im J. 66 wegen seines öffentlichen Bekenntnisses zu Jesus von fanatischen Juden von der Tempelzinne herabgestürzt, gesteinigt und zuletzt mit einem Knüttel erschlagen worden ist (A 4). Unerfindlich ist an dieser Erzählung das Zurücktreten des eigentümlich Christlichen hinter das Jüdische im Charakterbild des Jk. Eben hierauf sollen orthodoxe Rabbinen und Pharisäer den Versuch gegründet haben, ihn zu einer öffentlichen Verleugnung Jesu als des Messias zu bewegen. Durch sein rückhaltloses Bekenntnis enttäuscht sie Jk. Wenn die ebjonitische Dichtung ihn zu einem Oberhaupt der gesamten, um die Kirche der Hebräer zu Jerusalem sich sammelnden Christenheit macht (A 5), so fehlte es nicht ganz an einem geschichtlichen Anhalt hiefür. Solange die Christenheit nur aus solchen Gemeinden bestand, die ihrem Grundstock nach nichts anderes als die versprengte Gemeinde von Jerusalem waren, und ehe Antiochien durch die von dort ausgegangene Heidenmission eine zweite, von Jerusalem unabhängige Metropolis der Christenheit geworden war, mußte der Mann an der Spitze der Muttergemeinde eine Auktorität für die ganze Christenheit sein. Bis dahin war auch in Antiochien sein Name eine Macht, wodurch man selbst einen Petrus einzuschüchtern vermochte (Gl 2, 12; über die Zeit s. Abschn. XI). Ein solches Ansehen des Mannes ist die Voraussetzung des Briefes, als dessen Vf die Tradition von jeher diesen Jk bezeichnet hat. Ebenso einstimmig bezeichnet die Tradition diesen „Bischof“ Jk als „Bruder des Herrn“. Es kann daher nicht wohl bezweifelt werden, daß Pl eben diesen Gl 1, 19 meint (A 6). In welchem Sinne er ein Bruder des Herrn geheißen, ist seit Anfang des 2. Jahrhunderts ein Gegenstand widersprechender Meinungen und seit dem 4. Jahrhundert heftigen Streites gewesen. Es ist aber leicht zu erkennen, daß es von Anfang an nicht historische, sondern dogmatische und ästhetische Erwägungen gewesen sind, welche die allgemeine Anerkennung des durch die Bibel und die älteste Tradition der Kirche von Jerusalem dargebotenen Sachverhalts verhindert haben. An anderem Orte (A 7) habe ich die Überzeugung begründet, daß dieser Jk ebenso wie sein Bruder Judas (Jud 1) und außerdem noch ein Joseph und ein Simon, jüngere Brüder Jesu, leibliche Söhne Josephs und der Maria gewesen sind (Mr 6, 3; Mt 13, 55). Auch nach dem Tode des Vaters haben sie in häuslicher Gemeinschaft mit ihrer Mutter gelebt (Mr 3, 21. 31—35; Mt 12, 46—50; Lc 8, 19—21), haben aber auch dem öffentlichen Wirken ihres Bruders nicht ferngestanden. Als Jesus Kapernaum zum Mittelpunkt seiner Prophetenarbeit in Galiläa erwählte, sind auch sie mit ihrer Mutter dorthin gezogen (Jo 2, 12 cf Mt 4, 13), während ihre wahrscheinlich verheirateten Schwestern in Nazareth wohnen blieben (Mt 13, 56; Mr 6, 3). Zum engeren Jüngerkreis jedoch haben sie nie gehört. Wir hören Jo 7, 3—10, daß sie noch ein halbes Jahr vor dem Tode Jesu nicht an ihn glaubten. Die Äußerung, welche durch diese Bemerkung erklärt werden soll, zeugt aber von nichts weniger als von Gleichgiltigkeit und auch nicht von Feindseligkeit, wie bitter sie klingt. Als der Höhepunkt der Wirkung Jesu auf die Bevölkerung Galiläas bereits überschritten war, und die Reihen der ständigen Begleiter sich bereits zu lichten begannen (Jo 6, 60—71), fordern sie in ihrer Ungeduld den Herrn auf, nun endlich nach dem lange gemiedenen Jerusalem zu ziehen und dort im Centrum israelitischen Lebens, wo er früher bedeutende Erfolge erzielt hatte (Jo 2, 23; 3, 22—4, 3), durch Taten, wie er sie seither in Galiläa getan, alle Zweifel an seinem hohen Beruf und vor allem die ihrigen zu zerstreuen. Jesus hat ihnen ihren Willen nicht getan oder doch nur so getan, daß sie lernen sollten, sich in seine Wege zu finden. Wir können die Entwicklung ihres Verhältnisses zu Jesus nicht genauer nachweisen. Wir wissen nur, daß sie spätestens in den ersten Tagen nach der Auferstehung Jesu sich für ihn entschieden haben, denn wir finden sie am Tag der Himmelfahrt samt ihrer Mutter mit den Aposteln zum Gebet versammelt (AG 1, 14) und hören von einer Erscheinung des Auferstandenen, welche dem Jk, dem Bruder des Herrn, allein zu Teil geworden ist (A 8). Im J. 57 erwähnt Paulus die Brüder des Herrn neben den Aposteln als verheiratete Missionare. Judas war verheiratet; denn wir hören von Enkeln desselben; von Joseph und Simon mag das Gleiche gelten. An Jk hat Paulus dort schwerlich gedacht; denn die Überlieferung, welche doch von keinem der Brüder Jesu soviel zu berichten weiß, als von Jk, meldet nichts von Nachkommen, sondern nur von anderweitigen Verwandten des Jk. Das Bild des strengen Asketen, welches sich der Erinnerung tief eingeprägt hat, begünstigt die Annahme, daß Jk ehelos blieb. Sodann erscheint er überall, im NT (AG 12, 17; 15, 13; 21, 18; Gl 1, 19; 2, 9. 12), in der kirchlichen Überlieferung und in der ebjonitischen Literatur als in Jerusalem ansässig, 1 Kr 9, 5 dagegen ist von Wanderlehrern die Rede. Vom Tode des Zebedäisohnes Jk a. 44 bis zu seinem eigenen Tode a. 66 muß seine Stellung in Jerusalem eine dermaßen hervorragende gewesen sein, daß alle anderen Träger des gleichen Namens im Kreise der ältesten Christen hinter ihm zurücktraten, nicht nur ein gewisser Jk mit dem Zunamen der Kleine (Mr 15, 40), sondern auch der Apostel Jk Alphäisohn. Mag dieser früh eines unberühmten Todes gestorben sein, oder niemals eine in weitere Kreise reichende Bedeutung gewonnen haben, die Tatsache seines völligen Zurücktretens ist einfach anzuerkennen. Wie der nackte Name Simon selbst da, wo der Apostel Simon Zelotes anwesend zu denken ist (Lc 24, 34; AG 15, 14), den Simon Kephas bezeichnet, so verstand man während der Jahre 44—66 und noch lange nachher unter dem bloßen Namen Jakobus stets den ältesten der vier Brüder Jesu.

1. Im allgemeinen lassen sich, was die im Jk sich wiederspiegelnde Auktoritätsstellung des Vf anlangt, vergleichen die Sendschreiben jüdischer Patriarchen (oben S. 6. 24) die Osterfestbriefe der christlichen Patriarchen von Alexandrien (GK II, 203) oder auch die Fastenhirtenbriefe von Bischöfen unserer Zeit. In solchen Fällen ersetzt die kirchliche Gewohnheit und die anerkannte Amtsstellung der Briefschreiber jede besondere Motivirung. Cf dagegen die Motivirungen oder auch Entschuldigungen Rm 1, 1—16; 15, 14 ff.; 1 Kr 1, 11; 2 Kr 2, 3. 9; 3, 1; 6, 11—13; 7, 8 ff.; 11, 1 ff.; 13, 10; Eph 3, 3 f.; Kl 2, 1—5; Phl 3. 1; 1 Pt 5, 12; 2 Pt 1, 12; Hb 13, 18. 22; Ign. Rom. 4, 3; Eph 12, 1; Trall. 3, 3; Pol. ad Phil. 3, 1; 12, 1. In dieser Hinsicht wüßte ich aus der altchristlichen Literatur nur die johanneischen Briefe mit Jk zu vergleichen und auch diese kaum.

2. Der Wechsel der Empfindung spiegelt sich wieder im Wechsel der Anrede: *ἀδελφοί μου ἀγαπητοί* 1, 16. 19; 2, 5; *ἀδελφοί μου* 1, 2; 2, 1. 14; 3, 1; 5, 12. 19; *ἀδελφοί* 4, 11; 5, 7. 9. 10, bis zur Versagung des Brudernamens 3, 13; 4, 1. 13 und zu strengsten Strafworten 2, 20; 4, 4; 5, 1.

3. Die zuletzt und am besten von J. Wordsworth (Stud. bibl. Oxoniensia I, 113—123) nach der einzigen vorhandenen Hs. (saec. IX oder X) herausgegebene altlateinische Übersetzung des Jk trägt die Unterschrift *Explicit epistola Jacobi filii Zaebedei* (so). Eine Spur dieser Ansicht, für welche Wordsworth a. a. O. I, 144 wohl versehentlich den Hieronymus verantwortlich macht, zeigen die verworrenen Verzeichnisse der 12 Apostel und der 70 Jünger unter den Namen Hippolytus und Dorotheus, wenn dort von Jk Zebedäi gesagt wird, daß er „den 12 Stämmen Israels in der Zerstreuung" das Ev gepredigt habe, und dann entweder gar kein anderer Jk unter den Aposteln und dagegen der Herrenbruder Jk unter den 70 Jüngern steht ohne jede Andeutung, daß dieser den Brief geschrieben (Chron. pasch. ed. bonn. II, 122. 136 cf Cave, Hist. lit. [1720] p. 107), oder der letztere, ohne zum Alphäisohn gemacht zu werden, mitten unter die Apostel zwischen Judas Jakobi und Thaddäus Judas einerseits und Simon Zelotes und Matthias andrerseits gestellt wird (Lagarde, Const. ap. p. 283). In der ersten Druckausgabe des syrischen NT's (ed. Widmanstad, Viennae 1555) steht auf einem Titelblatt vor den katholischen Briefen in syrischer Sprache: „Im Namen unseres Herrn Jesus Christus drucken wir drei Briefe des Jakobus, des Petrus und des Johannes, welche Zeugen der Offenbarung unseres Herrn waren, als er vor ihren Augen auf dem Berge Thabor verwandelt wurde, und sahen den Moses und den Elias, welche mit ihm redeten." Solange nicht nachgewiesen ist, daß derartiges in alten Hss. enthalten ist, muß als ausgemacht gelten, daß dieser ganze Titel ein Werk des jakobitischen Bischofs Moses von Mardin ist, welcher das Manuscript für den Druck von 1555 hergestellt hat. Keineswegs gleichen Sinnes ist es, wenn der Vf des Briefs sehr häufig Apostel genannt wird. So in Hss. der Pesch. aus dem 6. Jahrh. bei Wright, Catal. of syr. mss. p. 80. 81. 82, in den lat. Versionen des Origenes Delarue II, 139. 158. 671 (*apostolus est qui dicit*), niemals in den griechisch erhaltenen Schriften desselben. Abgesehen davon, daß in solchen Fällen die von Hieronymus aufgebrachte Identifikation des Bischofs Jk mit dem Alphäisohn zu Grunde liegen könnte, war man in alter Zeit mit dem Aposteltitel ziemlich freigibig (cf meine Skizzen 341 A 12), verlieh ihn den 70 Jüngern (Iren. II, 21, 2; Tert. c. Marc. IV, 24 in.), besonders aber den Verfassern von Schriften, welche mehr oder weniger bestimmt zum NT gerechnet wurden, wie dem Lucas (Hippol. de Antichr. 56), dem Barnabas (Clem. strom. II, 31 u. 35), dem Clemens Rom. (Clem. strom. IV, 105). — In neuerer Zeit trat für Jk Zebedäi als Verf. des Briefes ein G. Jäger Ztschr. f. luth. Theol. 1878 S. 420 ff.

4. Hegesippus bei Eus. h. e. II, 23; Clemens, teilweise von Hegesippus abhängig an mehreren Stellen seiner Hypotyposen, im 6. Buch, worin die AG ausgelegt war,

über seinen Episkopat (Eus. II, 1, 3; Forsch III, 73. 150) und nach Andreas Cretensis (Analecta Hieros. ed. P. Kerameus I, 2 cf Haußleiter, Ztschr. f. KGesch. 1894 S. 74) schon in diesem Buch über sein Martyrium, über dasselbe ganz kürz im 7. Buch der Hypotyposen wahrscheinlich in der Auslegung des Jk, wo er auch die Verwandtschaft des Jk mit Jesus erörtert zu haben scheint (Eus. II, 1, 4 cf II, 23, 3 u. 19 cf Forsch III, 75. 151). Den Titel *ὁ δίκαιος* gaben ihm nicht nur die Christen wie der Redaktor des Hebräerev (GK II, 700 Frgm. 18); Hegesippus (Eus. II, 23, 18; IV, 22, 4), Clemens (Eus. II, 1, 3 f.), sondern nach Hegesippus Alle von den Tagen Jesu an (Eus. II, 23, 4), insbesondere auch die ungläubigen Juden (Eus. II, 23, 6. 15—17). Hegesippus meint wohl nicht die Belagerung und Zerstörung Jerusalems durch Titus (a. 70), sondern den Ausbruch des jüdischen Kriegs unter Leitung Vespasians (Frühjahr 67 cf Schürer I, 511) als das Ereignis, welches rasch auf den Tod des Jk gefolgt sei (Eus. II, 23, 18 *καὶ εὐθὺς Οὐεσπασιανὸς πολιορκεῖ αὐτούς*). Ein Krieg, welcher nicht nur mit der Belagerung und Eroberung Jerusalems abschloß, sondern auch vorher hauptsächlich in Belagerung und Eroberung fester Plätze bestanden hatte (Jotapata, Gamala, Thabor), konnte füglich ein *πολιορκεῖν τοὺς Ἰουδαίους* heißen cf 2 Reg 17, 4—5; Eus. h. e. IV, 5, 2 u. 6 inscr., auch Chron. ad a. Abr. 2039 von dem ganzen hadrianischen Krieg. An diese Angabe des Hegesippus wird man sich zu halten haben; denn ein unauslöschlicher Verdacht christlicher Interpolation belastet die Angabe des Josephus (ant. XX, 9, 1), wonach „Jk, der Bruder Jesu, des sogenannten Christus" nebst einigen Anderen von einem durch den Hohenpriester Ananus a. 62 eingesetzten Gerichtshof wegen Gesetzwidrigkeiten zur Steinigung verurteilt worden sein soll. Außer dieser vom Eus. II, 23, 21 genau citirten Stelle führt derselbe II, 23, 20 noch eine andere Äußerung des Josephus an, wonach die Zerstörung Jerusalems eine Strafe für die Tötung des Jk gewesen sein soll, eine Angabe, welche man in den vorhandenen Hss. des Josephus vergeblich sucht, dagegen aber wesentlich gleichlautend bei Origenes c. Cels. I, 47 (cf II, 13) liest und anderwärts von Origenes auf die Archäologie des Josephus zurückgeführt findet (zu Mt 13, 55 ed. Delarue III, 463). Da Eusebius das Citat in direkter, Origenes dagegen in indirekter Redeform gibt, so ist ganz unwahrscheinlich, daß Eusebius es aus Origenes geschöpft hat. Vielmehr werden Origenes und Eusebius dies in ihrem Josephus gelesen haben, aber nicht in dem von Eusebius daneben citirten 20. Buch der Archäologie, sondern im jüdischen Krieg, in dessen 5. Buch auch Spätere noch Derartiges gelesen haben (Chron. pasch. ed. bonn. I, 463). Der gedächtnismäßig citirende Origenes hat sich denn hier in der Angabe der Quelle wie auch in anderen Angaben aus Josephus (z. B. in Matth. XVII, 25 Del. III, 805) ein wenig geirrt. Dieser in den Hss. des jüdischen Kriegs heute nicht zu findende Passus ist noch verdächtiger als die in den Hss. erhaltene Stelle ant. XX, 9, 1. Auf letzterer beruht der Ansatz für den Tod des Jk in der Chronik des Eusebius (a. Abrah. 2077, in der Bearbeitung des Hieronymus 2078, also a. 61 oder 62 p. Chr.), dagegen auf der anderen apokryphen Josephusstelle oder auf unberechtigter Deutung der Angabe des Hegesippus der Ansatz a. 69 p. Chr. in der Paschachronik (ed. bonn. I, 460). Wertlos sind auch die von Eusebius abhängigen, alles durcheinander mengenden Angaben des Hieronymus v. ill. 2 (cf 13). Während es nach ihm so scheint, als ob das Grabmal des Jk an der Stätte seiner Hinrichtung neben dem Tempel nur bis zu Hadrian vorhanden geblieben sei, sagt Hegesippus, der erst um 180 schrieb: *ἔτι αὐτοῦ ἡ στήλη μένει παρὰ τῷ ναῷ.* Andreas Cret., welcher um 680 in Jerusalem gelebt hat, sagt l. l. p. 12 von Jk *λαβόντες αὐτὸν ἔθαψαν ἐν τόπῳ καλουμένῳ Καλῷ πλησίον τοῦ ναοῦ τοῦ θεοῦ.* Zur Zeit des Hieronymus (v. ill. 2 extr.) wollten manche ihn am Ölberg begraben wissen.

5. Ep. Petri ad Jac. 1; Clementis ad Jac. 1 cf Skizzen 64 f. 342 A 17. — Über den Anfang des „Episkopats" des Jk schweigt die AG. Ebenso unvorbereitet wie die

Existenz von Presbytern in Jerusalem AG 11, 30 tritt AG 12, 17 die Tatsache zu Tage, daß „Jk und die Brüder" gleichbedeutend mit der ganzen Gemeinde von Jerusalem ist. War er kein Apostel, so gehört er näher mit den Presbytern zusammen AG 15, 6. 13. 22f., wie denn diese sich auch bei ihm versammeln AG 21, 18. Clemens knüpft die Übertragung des Episkopats auf Jk sofort an die Himmelfahrt (bei Eus. II, 1—3 und Forsch III, 73. 75 A 1). Hegesippus sagt, daß Jk nicht wie die Bischöfe anderer Kirchen nach dem Tode der kirchengründenden Apostel als deren Nachfolger, sondern zugleich mit den Aposteln, während diese noch großenteils in Palästina waren, die Leitung der Kirche von Jerusalem übernommen habe (Eus. II, 23, 4 *μετὰ τῶν ἀποστόλων*, nicht *post apostolos*, wie Hier. v. ill. 2). Glaubwürdiger klingt, was Eus. II, 1, 2 wohl nicht ohne Anhalt an anderen Stellen des Hegesippus angibt, daß er nach dem Tode des Stephanus den Bischofsstuhl bestiegen habe. Die veränderte Organisation der Gemeinde von Jerusalem, welche wir von AG 11, 30 an wahrnehmen, wird in der Tat als eine Folge der zeitweiligen Auflösung der Gemeinde im J. 35 (AG 8, 1—4) zu denken sein, und nicht erst als Folge der Ereignisse in AG 12. Noch im 4. Jahrhundert zeigte man in Jerusalem die Kathedra, auf welcher Jk zu sitzen pflegte (Eus. VII, 19; 32, 29). Gregorius Barhebr., Chron. eccl. ed. Abbeloos et Lamy I, 62, der dies nicht aus Eusebius schöpfen konnte, bezeugt dasselbe für die Zeit des antiochenischen Bischofs Timaeus (bei ihm Timotheus genannt) um 270—280. Mag die persönliche Tüchtigkeit des Jk der Hauptgrund seiner hervorragenden Stellung gewesen sein, so wirkte doch noch ein anderes Moment mit. Nach seinem Tode wurde wieder ein Verwandter Jesu, Simeon zum Bischof gewählt (Heges. bei Eus. IV, 22, 4). Die Enkel des Judas, des Bruders Jesu, wurden von Nichtchristen als Davididen im Auge behalten und haben bis in die Zeit Trajans leitende Stellungen in den Gemeinden Palästinas eingenommen (Heges. bei Eus. III, 20, 1—8; 32, 6 cf III, 11. 12. 19). Noch im 3. Jahrh. gab es in und außerhalb Palästinas Blutsverwandte Jesu, welche man durch den Titel *δεσπόσυνοι* (Familienangehörige des *δεσπότης* d. h. Christi cf 2 Pt 2, 1; Jud 4) ehrte und welche sich auf diesen ihren Adel etwas zu gute taten (Africanus bei Eus. I, 7, 11. 14). Nach demselben Africanus hatten sie sich von Nazareth und von Kokaba aus in der ganzen Welt verbreitet. Nach der syrischen Tradition sind drei auf einander folgende Bischöfe von Seleucia während des 3. Jahrhunderts — der dritte wird als ein Zeitgenosse des Christenfeindes Porphyrius bezeichnet — Abkömmlinge des Zimmermanns Joseph gewesen (Greg. Barh. chron. eccl. III, 22f. Assemani, Bibl. or. II, 395). Mit diesen Überlieferungen ist zu vergleichen, daß die Juden nach dem Untergang des Tempels und des Hohenpriestertums, welches bis dahin noch immer von einem Schimmer fürstlicher Würde bekleidet gewesen war (AG 23, 5), nun denjenigen Rabbi, welcher nach a. 70 an der Spitze des obersten Gelehrtencollegiums und Gerichtshofes stand, als Fürsten (נָשִׂיא) betitelten, sein Amt als ein erbliches ansahen und auf die wahrscheinlich durch die mütterliche Seite vermittelte davidische Abkunft Hillel's und seiner Nachkommen Gewicht legten cf Hamburger, RE für Bibel und Talmud II, 401. 838ff. Auch an den sogenannten Exilarchen, das „Haupt der Diaspora" in Babylonien, und an die jüdischen Ethnarchen zu Alexandrien ist zu denken. Solch ein Nasi des christlichen Zwölfstämmevolkes war Jk und nach ihm Simeon. Insofern war es nicht ohne Anhalt in den Anschauungen der ältesten jüdischen Christenheit, wenn Jk Clem. recogn. I, 68 als *episcoporum princeps* dem Kaiaphas als dem *princeps sacerdotum* gegenübertritt.

6. Die Hypothese von C. Wieseler (Th. Stud. und Kr. 1842 S. 80ff. cf desselben Kommentar zum Galaterbrief zu d. St.), daß Gl 1, 19 ein nicht zu den Aposteln gehöriger Bruder Jesu und dagegen Gl 2, 9. 12 der Apostel Jk Alphäi gemeint sei, bedarf heute kaum noch einer Widerlegung. An eine Verschiedenheit des Gl 1, 19 und des Gl 2, 9. 12 genannten Jk möchte eher zu denken erlaubt sein, wenn an der früheren

Stelle von einem Jk schlechtweg und an einer später folgenden Stelle von einem durch ὁ ἀδελφὸς τοῦ κυρίου näher bezeichneten Jk die Rede wäre. Gl 1, 19 handelt es sich um eine Tatsache aus der Zeit, da Jk Zebedäi noch lebte, und der Zusammenhang brachte es mit sich, daß der fragliche Jk als Nichtapostel charakterisirt wurde; Gl 2, 9. 12 dagegen handelt es sich um Tatsachen, welche dem Tode des Zebedäisohnes gefolgt sind.

7. Cf meine Abhandlung über Brüder und Vettern Jesu Forsch VI (1900, unter der Presse).

8. Aus 1 Kr 15, 7 läßt sich nicht entscheiden, ob dort ein Apostel Jk gemeint sei. Auch das Hebräerev ist nicht maßgebend, welches den Jk, dem der Auferstandene erschienen, einerseits als den Bruder Jesu mit dem Beinamen „der Gerechte" bezeichnet, andrerseits aber als einen Teilnehmer am letzten Mal Jesu, also wie es scheint als Apostel vorstellt (Frg. 18 GK II, 700). Dieses Ev setzt sich aber auch mit Paulus und den kanonischen Evv in Widerspruch, wenn es diese Erscheinung offenbar als die erste von allen auf den Ostermorgen verlegt. Nach 1 Kr 15, 7 fällt sie gegen Ende der 40 Tage (AG 1, 3; 13, 31) und somit sicherlich nach Galiläa, wo auch die mehr als 500 Brüder zu suchen sein werden, welche vor Jk den Auferstandenen gesehen haben. Davon daß die Brüder Jesu das Passa besucht haben, an welchem Jesus starb, fehlt jede Andeutung. Beharrten sie auch damals noch in ihrer kritischen Haltung und hielten sie sich diesmal von Jerusalem fern, so wird Jo 19, 26f. um so verständlicher. Wenn das Hebräerev in diesem Punkt von der echten Überlieferung abweicht, so macht doch andrerseits seine Erzählung nicht den Eindruck müßiger Erfindung. Sie hat eine feste Stütze an 1 Kr 15, 7. Das Wort Jesu an Jk: „Mein Bruder, iß dein Brod; denn des Menschen Sohn ist von den Entschlafenen auferstanden" ist schön. Das Gelübde des Jk, welches dieses Wort Jesu voraussetzt, er wolle kein Brod mehr essen, bis er den Herrn auferstanden gesehn habe, ist nicht nur echt jüdisch (AG 23, 14), sondern entspricht auch dem persönlichen Charakter des Jk als Nasiräer (Heges. bei Eus. II, 23, 5), dessen Geschichtlichkeit zu beanstanden kein Grund vorliegt. Die Gesinnung, welche in solchem Gelübde sich ausspricht, ist derjenigen des Thomas nicht unähnlich (Jo 20, 24—29; 11, 16). In dem Widerspruch des Unglaubens glüht eine Sehnsucht, zu sehen, was man noch nicht glauben kann.

§ 6. Bildung und Denkweise des Briefschreibers.

Besser als aus den dürftigen Resten glaubwürdiger Überlieferung lernen wir den Jk aus seinem Sendschreiben kennen. Es wird in den Zuständen seines Leserkreises, aber auch in der Eigenart des Jk begründet sein, daß er sich nicht veranlaßt sieht, den Inhalt des Glaubens, zu welchem er und seine Leser sich bekennen (1, 1; 2, 1), nach irgend einer Seite hin lehrhaft zu entfalten, sondern seine ganze Kraft daran setzt, ihr Verhalten in Einklang mit ihrem rechtgläubigen Bekenntnis zu bringen. Daß es ihm nicht an einer tiefen und lebendigen Anschauung von den Heiligtümern des Christenglaubens fehlt, zeigen die beiläufigen Andeutungen von der Herrlichkeit Christi (2, 1), von der tief in der menschlichen Natur eingewurzelten Sünde (1, 14f.; 3, 7f.), von der neugebärenden und errettenden Wirkung des göttlichen Wortes, welches in den Herzen der Christen Wurzel geschlagen hat und als ein Gesetz der Freiheit von ihnen erfüllt werden soll und kann (1, 18. 21. 25 A 1), von dem Geist, welchen Gott in der Christenheit hat Wohnung nehmen lassen (4, 5) und von der im Vergleich dazu noch größeren Gnade, welche den Christen zu Teil werden soll (4, 6), nämlich von dem mit der Parusie des Herrn eintretendem zukünftigen Königreich, dessen Erben, und von der neuen Schöpfung, deren Erstlinge sie sind als die von Gott durch das Wort der Wahrheit geborenen Kinder Gottes (1, 12. 18; 2, 5; 5, 8 f.). Während aber ein Paulus überall, auch da, wo es ihm um sofortige Anwendung der religiösen Wahrheit auf das Leben zu tun ist, durch Erinnerung an die Tatsachen der Heilsgeschichte und Entwicklung ihrer Konsequenzen den Zusammenhang zwischen dem Inhalt des Christenglaubens und seiner Darstellung im Leben darzulegen bemüht ist, setzt Jk überall unmittelbar mit der praktischen Mahnung ein. Er ist weniger ein entwickelnder Lehrer, als ein Prediger von prophetischem Charakter (A 2). Ein dialektisch veranlagter und schulmäßig gebildeter Lehrer hätte es schwerlich unterlassen, die Leser über die zwei in dem Wort *πειρασμός* zusammentreffenden Vorstellungen aufzuklären, wenn er einmal so ausführlich wie Jk 1, 2—17 davon zu reden hatte. Ein solcher würde auch kaum Gen 15, 6 citirt haben, ohne zu sagen, wie er die dort erwähnte Anrechnung des Glaubens als Gerechtigkeit verstehe, und wie sich dieses Urteil Gottes begrifflich von demjenigen unterscheide, welches er selbst *δικαιοῦσθαι* nennt. Ohne weitläufige Erörterungen und Begründungen zeugt Jk von der in ihm lebenden Wahrheit mit einer Wucht der Rede, welche in der altchristlichen Literatur, abgesehen von den Reden Jesu, ihresgleichen vergeblich sucht. Hier findet man eine von Herzen kommende und die Gewissen treffende Beredsamkeit, welche man in keiner Schule lernt. Ebenso ungekünstelt, wie eine Gedankengruppe sich an die andere anschließt (A 3), ebenso ungesucht scheinen sich die treffenden Worte einzufinden (A 4). Von den nicht wenigen Wörtern, welche uns in der Literatur zuerst bei Jk begegnen, wissen wir nicht, ob er sie teilweise neu gebildet, oder ob sie sämtlich im täglichen Gebrauch seiner Umgebung vorhanden waren. Das aber sieht man leicht, daß die Fähigkeit griechischen Ausdrucks, worüber der Vf verfügt, nicht in der Schule eines Rhetors, sondern im Leben erworben ist. Von gröberen Verstößen ist der Ausdruck ziemlich rein; es zeigt sich sogar ein gewisser Sinn für den Wohllaut und Rhythmus der griechischen Sprache (A 5). Aber in wie engen Grenzen hält sich auch der Gebrauch, welchen Jk von der Sprache macht, die nicht seine Muttersprache war! Der Periodenbildung enthält er sich sogut wie gänzlich; in kurzen Sprüchen, Fragen, Ausrufen bewegt sich seine Rede. Daß Jk überhaupt griechisch geschrieben hat, hätte man weder durch die Annahme einer ursprünglich aramäischen Abfassung des Briefs verneinen (A 6), noch als geschichtliche Unwahrscheinlichkeit gegen die Überlieferung von Jk als dem Vf geltend machen sollen. Wenn die Muttergemeinde von Haus aus zu einem nicht geringen Teil aus Hellenisten bestand, welche auch nach ihrer Niederlassung in Jerusalem an ihrer griechischen Sprache festhielten (S. 28. 30 f.), so gilt das Gleiche eben darum auch von den Kolonien der Muttergemeinde. Zu den geborenen Juden aber, welche man Hellenisten nannte, waren in Cäsarea (AG 10) und gewiß auch in Ptolemaïs und Tyrus (S. 31) einige, in Antiochien aber zahlreiche Heiden und Proselyten hinzugekommen, welche nach wie vor ihrer Bekehrung gar keinen Anlaß gehabt hatten, neben dem Griechischen, welches die allgemeine Verkehrssprache in jenen Städten war, auch noch Kenntnis der jüdischen Volkssprache sich anzueignen. Wer diesen Hellenen verständlich werden, und wer jenen Hellenisten zu Herzen reden wollte, mußte sie griechisch anreden. Er konnte aber auch darauf rechnen, daß weitaus die meisten „Hebräer" in diesem weiten Kreise ihn verstehen würden. Es gab deren gewiß nicht nur in Jerusalem, sondern auch in Lydda, Joppe, Damaskus und anderwärts (oben S. 47 A 12). Aber es lag in der Natur der Verhältnisse, daß der in Jerusalem ansässige Jk die Christen seiner näheren Umgebung, obwohl er sie nicht formell von der Adresse seines Sendschreibens ausschließt, bei Abfassung desselben viel weniger im Auge haben mußte, als die ferner wohnenden Gemeinden bis nach Antiochien, welche seiner mündlichen Belehrung entbehrten. Wir sahen auch, daß Jk auf die Heiden unter seinen Lesern Rücksicht genommen hat (S. 64 f.). Warum sollte er sich ihnen und zugleich den zahlreichen Hellenisten unter den Lesern nicht in der Form anbequemen und in der Sprache schreiben, welche wohl allen verständlich und ihm selbst nicht sonderlich unbequem war? Zeugt doch von bewußter Anbequemung an die Gewohnheiten jener Hellenen und Hellenisten schon der Gruß 1, 1, statt dessen Jk wie Pl und die anderen Apostel unbeschadet der Verständlichkeit einen ins Griechische übersetzten und christlich umgestalteten jüdischen Gruß hätte wählen können (A 7). Daß es dem Jk in seiner Stellung zu Jerusalem an Gelegenheit oder persönlich an der Fähigkeit gefehlt habe, die in diesem Brief bekundete Fertigkeit im griechischen Ausdruck zu erwerben, ist eine willkürliche Annahme (oben S. 32). Ist der Brief während der Jahre 44—51 geschrieben, so war sein Vf seit anderthalb bis zwei Jahrzehnten ein Mitglied und seit Jahren das leitende Haupt der Gemeinde zu Jerusalem, welche in ihren ersten Tagen mehr Hellenisten als Hebräer in sich schloß. In dieser Stellung mußte Jk auch mit dem griechischen AT vertraut werden (oben S. 28), und es ist nur natürlich, daß er sich da, wo er griechisch schrieb, an die Septuaginta anschloß (A 8). Es fehlt in seinem Brief doch nicht ganz an Spuren von Kenntnis des Grundtextes. Jk lebt und webt im AT. Neben wenigen förmlichen Citaten (2, 8. 11. 23; 4, 5. 6) und den namentlichen Erinnerungen an einzelne Personen und Tatsachen (2, 21. 25; 5, 10 f. 17 f.) zeigen dies manche Stellen, wo sich ihm ungesucht atl Worte zum Ausdruck seiner eigenen Gedanken darbieten (1, 10 f.; 2, 7; 3, 9; 5, 4. 20). Von den förmlichen Schriftcitaten bezieht sich eins auf eine uns unbekannte Schrift (A 9). Das Spruchbuch des Palästinensers Jesus Sirach citirt Jk zwar nicht, zeigt sich aber mit vielen Sprüchen desselben wohl vertraut (A 10), ohne daß man von einer sonderlichen Geistesverwandtschaft des Jk mit diesem Jesus reden könnte. Dagegen zeigt seine Denk- und Redeweise eine Ähnlichkeit mit den uns überlieferten Reden seines Bruders Jesus, welche um so mehr auf einer natürlichen Verwandtschaft zu beruhen scheint, je weniger Jk unter dem erziehenden Einfluß Jesu zur Zeit seines öffentlichen Wirkens gestanden hat, und je weniger sie als künstliche Nachahmung oder bewußte Abhängigkeit sich darstellt. Nicht ein einziges Wort Jesu führt Jk als solches an, geschweige daß er ein evangelisches Buch citirte. Er wiederholt auch keines derselben genau in der Form, in welcher sie uns überliefert sind, und doch kann man den Rand dieses Briefes mit Parallelstellen aus den Reden Jesu anfüllen, welche im Gedanken näher mit Jk zusammentreffen, als die dem Wortlaut nach teilweise näher liegenden Parallelen aus der jüdischen Literatur (A 11). Mag Jk die meisten Worte Jesu, welche in der mündlichen Überlieferung der Gemeinde fortlebten, erst durch Vermittlung Anderer kennen gelernt haben, er wird doch nicht wenige, wenn auch manchmal zweifelnd und kopfschüttelnd, aus dem Munde Jesu selbst gehört haben (oben S. 74 f.). Nachdem er zum Glauben gelangt war, mußten jene mit diesen verschmelzen, und unterstützt durch den unvergeßlichen Eindruck der Persönlichkeit Jesu, unter deren Wirkung er von Jugend auf gestanden hatte, konnten sie ihn zu dem christlichen Charakter bilden, als welcher er im Kreise der ältesten Christenheit den Aposteln fast überlegen schien. Er fühlte nicht, wie seine Brüder, den Drang in sich, als Missionar zu wirken (1 Kr 9, 5 oben S. 75). Dem entspricht sein Brief, sofern er kaum etwas vom Evangelium enthält und von allen Schriften des NT's am wenigsten darnach angetan ist, uns ein Bild von der glaubenstiftenden Predigt zu geben, welche doch auch er voraussetzt. Auch darin entspricht sein Brief dem Charakterbild des Jk von Jerusalem, daß die unter Voraussetzung des christlichen Glaubens darin vorgetragene Lehre ein alttestamentliches und jüdisches Gepräge trägt und die specifisch christlichen Formen vermissen läßt. Wenn es anders wäre, müßten wir den Brief dem Jk absprechen, welchen die Judaisten seiner Zeit und die Ebioniten der Folgezeit als ihre höchste Auktorität rühmten, und bei dessen Steinigung jüdische Priester gerufen haben sollen: „Höret auf! was macht ihr? Es betet für euch der Gerechte“. Man konnte sich der Täuschung hingeben, sein christliches Bekenntnis sei eine Zutat zu seiner jüdischen Frömmigkeit, eine Zutat, auf welche er verzichten könnte, ohne ein Anderer zu werden. Aber eben dies erwies sich als eine Täuschung (oben S. 74. 77).

1. Aus dem Zusammenhang von 1, 18. 21. 22. 25 ergibt sich, daß das Gesetz, in dessen Betrachtung die Leser beharren und welches sie erfüllen sollen, mit dem Wort der Wahrheit, durch welches Gott ihnen ihr religiöses Leben geschenkt hat, und welches ihnen eben damit eingepflanzt worden ist, identisch oder doch in demselben als ein wesentliches Element beschlossen ist. Ist nun selbstverständlich, daß 1, 18. 21 f. nicht von der atl Offenbarung, sondern von dem Ev Christi die Rede ist, so ist auch sicher, daß 1, 25; 2, 9—12; 4, 11 f. nicht von dem mosaischen Gesetz als solchem die Rede ist, sondern von dem im Ev enthaltenen Gesetz. Wenn es zunächst als „ein vollkommenes

Gesetz" charakterisirt wird, so kann schon dies nicht ein müßiges Epitheton des göttlichen Gesetzes sein (Ps 19, 8), sondern bezeichnet das den Wiedergeborenen geltende und ihnen eingepflanzte Gesetz als ein vollkommenes im Gegensatz zu einem anderen, welches unvollkommen ist. Noch deutlicher wird dieser Gegensatz durch den Zusatz τὸν τῆς ἐλευθερίας. Ist schon nach der allgemeinen Erfahrung und Redeweise aller Zeiten Freiheit nicht ein mehr oder weniger selbstverständliches Attribut des Gesetzes, sondern bildet vielmehr Freiheit immer zunächst einen Gegensatz zum Gesetz, so hat Jk durch die Form seines Ausdrucks (cf Rm 9, 30) dafür gesorgt, daß der Leser den Gegensatz dieses Gesetzes zu einem andern, von welchem das nicht gilt, empfinde. Es gibt auch ein Gesetz der Knechtschaft, welches eben deshalb auch nicht vollkommen ist. Damit kann kein anderes gemeint sein, als das mosaische, welches nicht in die Herzen eingepflanzt, sondern auf steinerne Tafeln geschrieben war (Jerem 31, 31—34; Hb 8, 7—13; Rm 8, 15; AG 15, 10). und welches zumal unter der Behandlung der Rabbinen zu einem drückenden Sklavenjoch geworden war (Mt 23, 4 cf 11, 29 f. 12, 7), während es andrerseits durch dieselbe Behandlung verkürzt und entleert wurde (Mt 5, 21—48; 15, 1—20). Das im Ev enthaltene Gesetz fordert nicht weniger, sondern mehr, als das von den Pharisäern ausgelegte Gesetz Moses. Daher erinnert Jk nochmals an die Eigenschaft des den Christen geltenden Gesetzes als eines Freiheitsgesetzes gerade da, wo er an die gesteigerte Verantwortlichkeit der Christen und den Ernst des Gerichtes, das ihrer wartet, erinnert (2, 12). Hiemit bewegt sich Jk ganz in den Spuren der Predigt Jesu. Daß in diesem neuen und vollkommenen Gesetz der Freiheit auch Gebote des Dekalogs enthalten sind, und daß das gleichfalls atl Gebot der Nächstenliebe besonders hervorgehoben wird (2, 8—11), entspricht wiederum der Predigt Jesu, aber auch der Lehre des Pl (Rm 2, 23—27; 8, 4; 13, 8—10; Gl 5, 14; 6, 2). Wenn Jk das Gebot der Nächstenliebe ein königliches Gesetz nennt, so kann er damit nicht sagen wollen, daß es von einem König gegeben sei; denn das gilt von allen Geboten Gottes und Christi. Es gibt auch keinen Sprachgebrauch, durch welchen sich die Deutung „ein alle anderen Gebote königlich beherrschendes, ein allumfassendes Gebot" rechtfertigen ließe. Jk will vielmehr sagen, es sei ein Gesetz für Könige und nicht für Sklaven. Auch bei Philo de creat. princ. 4, Mangey II. 364 ist βασιλικὴ ὁδός der Weg und die Lebensführung, die dem König gebühren. So hat, wie es scheint, schon Clemens den Jk verstanden (strom. VI [nicht VII], 164; VII, 73 cf GK I, 323; Mayor 84). Es leuchtet ein, wie trefflich dies in den Zusammenhang paßt. Die Erben des Königreichs (2, 5), welche selbst Könige sind (Ap 1, 6; 5, 10; 1 Pt 2, 9), sollten sich schämen, unter dem Vorwand schuldiger Nächstenliebe den Reichen mit kriechender Höflichkeit zu begegnen und dabei die Armen zu entehren. Der Gegensatz dieses Attributs des Gesetzes ist demnach dem in ἐλευθερίας ausgedrückten nächstverwandt. Als Königssöhne sind die Jünger Jesu frei, wie er selbst es war; und wenn sie als Glieder des vorchristlichen Volkes Gottes leisten, was von ihnen als solchen verlangt wird, bleiben sie doch die Freien (Mt 17, 24—27).

2. Der Gegensatz von διδάσκαλος und προφήτης ist kein absoluter. Man soll die AG 13, 1 aufgezählten Männer schwerlich auf die beiden Titel verteilen. Jk läßt 3, 1 durch den Übergang in die kommunikative Redeform erkennen, daß er zu den διδάσκαλοι im weiteren Sinne gehört. Aber der Unterschied zwischen διδαχή und προφητεία ist bis tief ins 2. Jahrh. hinein im kirchlichen Leben deutlich empfunden worden cf 1 Kr 12, 8—10. 28; 14, 6. 26; Eph 4, 11 (cf 2, 20; 3, 5); Herm. mand. XI; Didache c. 10, 7; 11, 3. 7—12; 13, 1—4 cf Forsch III, 298—302; Ign. Philad. 7. Trotz des andersartigen Gegensatzes, nämlich zum Zungenreden, ist die Charakteristik der prophetischen Rede in 1 Kr 14, 3. 24 f. gemeingiltig und auf Jk anwendbar. Andreas Cret. nennt den Jk einen προφήτης p. 3, 7; 14, 3 und spricht in bezug auf den Brief, aus dem er ausführliche

Auszüge gibt, wiederholt von seiner prophetenartigen Rede p. 4, 31; 5, 24; 7, 28. Luther hat nicht, wie man zu tradiren pflegt, den Jk schlechtweg „eine stroherne Epistel“ genannt, sondern im Gegensatz zu Ev Jo, Rm, Gl und 1 Pt schrieb er a. 1522, was er in späteren Ausgaben seiner Bibel nicht wieder abdrucken ließ: „Darumb ist St. Jakobs Epistel ein recht strohern Epistel gegen sie; denn sie doch kein recht evangelisch Art an ihr hat“ (Erl. Ausg. 63, 115). Es bleibt eine ebenso begreifliche als beklagenswerte Ungerechtigkeit des Urteils hier wie in der Vorrede auf die Episteln Jakobi und Judä (63, 156 ff.). Übrigens cf Kawerau, Die Schicksale des Jk im 16. Jahrhundert (Ztschr. f. kirchl. Wiss. 1889 S. 359 ff.).

3. An das *χαίρειν* 1, 1 schließt sich hörbar (*πᾶσαν χαράν*) der Anfang des 1. Abschnitts 1, 2—18, welcher die rechte Stellung zu den Anfechtungen fordert und lehrt. Die Hervorhebung des neugebärenden Wortes unter den Gaben Gottes 1, 18 bildet den Übergang zum 2. Abschnitt 1, 19—27, worin die rechte Aufnahme dieses Wortes in Herz und Leben gefordert wird. Die Fürsorge für Wittwen und Waisen, welche 1, 27 als Beispiel rechter Betätigung des Wortes genannt war, leitet über zur Rüge der unwürdigen Behandlung der Armen wie der Reichen im 3. Abschnitt 2, 1—13. Der schon zu Anfang dieses Abschnitts ausgesprochene Widerspruch zwischen Glauben und Tun ist das Thema des 4. Abschnitts 2, 14—26. Da in diesem ein in Worten, statt in Taten sich äußernder toter Glaube gegeißelt war (2, 14. 16. 19), so schließt sich der 5. Abschnitt 3, 1—18 passend an, in welchem die Neigung, Andere zu belehren (cf 1, 19) bekämpft und auf die Gefahr der Zungensünden (cf 1, 26) hingewiesen wird. In der Beschreibung der wahren und der falschen Weisheit 3, 13—18 verliert Jk den nächsten Anlaß derselben nicht aus den Augen (oben S. 68 A 2); sie gerät aber doch so umfassend und gestaltet sich am Schluß zu einer so dringenden Empfehlung der Friedfertigkeit, daß sie den Gegensatz der vielen Zänkereien unter den Lesern hervorruft, von welchen der 6. Abschnitt 4, 1—12 handelt. Das Verlangen nach Verbesserung der äußeren Lebenslage, welches als Hauptanlaß jener Streitigkeiten hervorgehoben war, zeigt sich am auffälligsten bei den Kaufleuten und den Grundbesitzern, aber auch bei den gegen diese murrenden Feldarbeitern, auf welche sich der in 3 Unterabteilungen zerfallende 7. Abschnitt 4, 13—5, 12 bezieht. Aber nicht Hiob allein, sondern auch Elia ist Vorbild. Nicht bloß geduldiges Tragen des kaum Erträglichen ziemt dem Christen; an dem Gebet hat der Einzelne und hat die Gemeinde ein auch den Naturlauf überragendes Mittel, irdisches Leid zu beseitigen und sittliche Schäden zu heilen. Das zeigt der 8. Abschnitt 5, 13—20. Von irdischem Leid, Geduld und Gebet handelt Jk am Ende wie am Anfang seines Briefes.

4. Eine umfassende Untersuchung der Sprache des Jk gibt Mayor CLII—CCIV, welcher wohl mit Recht urteilt, daß er von allen ntl Schriften vielleicht mit Ausnahme des Hb am wenigsten förmliche Verstöße gegen die gute Sprache zeige, womit jedoch keineswegs gesagt sein soll, daß Pl nicht eine viel größere Gewandtheit in der Handhabung des Griechischen besessen habe, oder daß man den Stil des Jk mit dem eines griechischen Klassikers verwechseln könne. Im ganzen Brief finden sich nur drei einigermaßen weitläufige Satzgefüge (2, 2—4. 15—16; 4, 13—15); die beiden ersten sind gleichmäßig geformt, das dritte, vielleicht aber auch das zweite ist nicht korrekt durchgeführt. Es fehlt jeder Genet. absol. part., jeder Acc. c. inf., jeder Optativ. Äußerst beschränkt ist der Gebrauch der Partikeln z. B. *ἄν* (3, 4; 5, 7 unecht; nur 4, 4 *ὃς ἐάν*), *μέν* (nur 3, 17, niemals *μὲν—δέ*). Es fehlen gänzlich *ἄρα*, *ἐπεί*, *ὥστε*, nur zweimal (1, 4; 4, 3) *ἵνα*. Seltene Worte sind *ἀνέλεος* 2, 13 (statt *ἀνελεήμων* der LXX), von den Antiochenern in *ἀνίλεως* verbessert, *ἀνεμίζεσθαι* 1, 6; *ἀπείραστος* 1, 13 von Personen „unerprobt oder unversuchbar“ (anders Jos. bell. jud. V, 9, 3; VII, 8, 1), zuerst wieder bei Clem. strom. VII § 45 u. 70; const. ap. II, 8 in einem apokryphen Citat; *ἀποσκίασμα* 1, 17 vielleicht zu-

fällig erst bei späteren Kirchenvätern, da Plutarch ἀποσκιασμός hat; δαιμονιώδης 3, 15 zuerst wieder bei dem Judenchristen Symmachus Ps 91, 6; δίψυχος 1, 8; 4, 8; Clem. I Cor. 11, 2; derselbe in einem apokryphen Citat 23, 3 cf Clem. II Cor. 11, 2, auch abgesehen von διψυχεῖν und διψυχία etwa 20 mal bei Hermas; θρησκός 1, 26 nur bei Grammatikern und Lexikographen; πολύσπλαγχνος 5, 11 mit seinen Derivaten zuerst wieder Herm. vis. IV, 3, 5; sim. V, 7, 4 (cf meinen Hirten 330. 399. 487) und Clem. quis dives 39; προσωποληµπτεῖν 2, 9 (neben dem gewöhnlicheren προσωποληµψία, 2, 1 cf Rm 2, 11; Kl 3, 25; Eph 6, 9); χαλιναγωγεῖν 1, 26; 3, 2 cf Herm. mand. 12, 1, 1; Pol. ad Phil. 5, 3; Lucian, Tyrannic. 4; χρυσοδακτύλιος 2, 2 sonst unerhört.

5. Auch in bezug auf Paronomasie, Alliteration, Rhythmus u. dgl. ist sehr lesenswert Mayor CXCV ff., der an manchen Stellen etwas von „Milton'schem Orgelton" zu hören meint und an andern eine vulkanische Glut durch die Worte hindurchleuchten sieht. Fraglich ist noch immer, ob Jk 1, 17 πᾶσα δόσις ἀγαθὴ καὶ πᾶν δώρημα τέλειον, wie z. B. Ewald, Das Sendschr. an die Hebräer und Jk' Rundschreiben S. 190 und Mayor 53 wahrscheinlich finden, ein von Jk vorgefundener und citirter, oder ob es ein zufällig entstandener Hexameter ist, mit zulässigem Gebrauch der kurzen Endsilbe von δόσις in der Arsis. Für letzteres spricht namentlich die Analogie von Hb 12, 13 cf Winer § 68, 4, sowie der Umstand, daß dieser Hexameter bei Jk nur ein Subjekt ohne Prädikat enthält. Die Vermutung, daß dies ein einzeiliger Spruch sei: „Jede Gabe ist gut, und jedes Geschenk ist vollkommen" im Sinne von: „Einem geschenkten Gaul sieht man nicht ins Maul" (so H. Fischer, Philologus 1891 S. 378) bürdet dem Jk ohne Not eine sehr geschmacklose Benutzung eines ziemlich frivolen Spruchs auf.

6. Die fast verschollene Hypothese eines aramäischen Originals (Berthold, Histor. krit. Einl. VI, 3033 ff.) hat J. Wordsworth (Stud. bibl. Oxon. I, 141—150) erneuert. Sie wird von diesem nicht etwa gegründet auf den Nachweis von Fehlern und Unklarheiten des griech. Textes, welche durch Zurückführung auf ein aram. Original verständlich werden, sondern auf die lat. Übersetzung des cod. Corb., welche ein von dem sonst bezeugten griech. Text stark abweichendes griech. Original voraussetzen soll. Die Existenz aber von zwei so verschiedenen griech. Texten soll ihre Erklärung darin finden, daß sie zwei selbständige Übersetzungen eines aram. Originals seien, was durch Übereinstimmungen zwischen dem lat. Corb. und der Peschittha weiter bestätigt werde. Diese Übereinstimmungen haben nun nicht mehr auf sich als diejenigen des Corb. mit anderen Versionen und griech. Hss. (cf z. B. Tischendorf zu Jk 2, 25) und hätten überhaupt nur dann Bedeutung, wenn man zu behaupten wagte und beweisen könnte, daß die Pesch. überhaupt keine Version, sondern das Original des Jk enthalte. Das Einzige, was zu denken geben könnte, die Übersetzung von ἱμάτια durch *res* Jk 5, 2 als Beweis dafür, daß hier das in der Pesch. gebrauchte syrische Wort zu Grunde liege, ist doch ohne Belang, da, wie Mayor CCVII nachweist, Rufinus Eus. II, 23, 18 ἱμάτια gleichfalls durch *res* übersetzt hat. Für die Originalität des griech. Textes entscheidet nicht nur der Mangel an Anzeichen des Gegenteils, sondern auch die ungezwungene Sprache des Briefs, welche eine im Altertum unerhörte Meisterschaft in der Übersetzungskunst voraussetzen würde, wenn sie eben nicht die Originalsprache wäre. In 1, 1. 2 müßte erst der Übersetzer die für den Gedanken so wesentliche Paronomasie zwischen χαίρειν und χαρά geschaffen haben; denn in einem aram. Original hätte doch nichts anderes stehen können als das שלם der Pesch., welches den Wortanklang ausschließt und von jedem alten Übersetzer im Anschluß an die ntl Grußüberschriften nicht durch χαίρειν, sondern durch εἰρήνη übersetzt sein würde s. folgende A.

7. Das heidnische χαίρειν galt den Juden im hellenistischen Zeitalter als ein Äquivalent für den semitischen Friedensgruß cf Hieronymus oben S. 16 A 4. Schon LXX Jes 48, 22; 57, 21 cf Lc 1, 28; sodann an der Spitze von Briefen und zwar nicht nur heid-

nischer Fürsten an Juden (Zusätze zu Esther 6, 1, Fritzsche 62; 1 Makk 10, 25; 11, 30), sondern auch jüdischer Hoherpriester an Heiden (1 Makk 12, 6; Jos. ant. XII, 2, 6 nach Aristeas). Eine Verbindung des Jüdischen und des Griechischen im Verkehr zwischen den Juden Palästinas und denjenigen Ägyptens 2 Makk 1, 1: zuerst χαίρειν, dann εἰρήνην ἀγαθήν (geschickter Barn. 1, 1 χαίρετε . . ἐν εἰρήνῃ); in dem zweiten Brief 2 Makk 1, 10 ganz griechisch χαίρειν καὶ ὑγιαίνειν s. oben S. 56 A 2. Den semitischen Gruß Dan 3, 31; 6, 25 (cf Esra 5, 7), welchen auch Gamaliel anwendet (oben S. 24 A 18), haben LXX und Theodotion ziemlich wörtlich übersetzt: εἰρήνη ὑμῖν πληθυνθείη cf 1 Pt 1, 2; 2 Pt 1, 2; Jud 2. Das bloße εἰρήνη als Abschiedsgruß 1 Pt 5, 14; 3 Jo 15. Es finden sich auch reinjüdische Erweiterungen, wie Ap Baruchi 78, 2 im Brief an die 9 1/2 Stämme jenseits des Stromes (Ceriani, Monumenta s. et prof. V, 2, 168): רחמא אף שׁלמא נהוא לכון cf Gl 6, 16; Jud 2 ἔλεος καὶ εἰρήνη. Nachdem sich das an χαίρειν anklingende χάρις in der Verbindung mit εἰρήνη festgesetzt hatte, konnte ἔλεος überdies noch hinzutreten 1 Tm 1, 2; 2 Tm 1, 2 (Tt 1, 3?); 2 Jo 3. Jk läßt sich am einfachsten genügen, weil er weiß, daß der feierlichere Gruß des Israeliten zu nichtssagender Förmlichkeit herabsinken (cf Jo 14, 27), und daß der nicht gerade von ernster Lebensauffassung zeugende Gruß der Griechen zum Ausdruck frommer Gedanken erhoben werden kann. Johannes, welcher beiläufig die gewöhnliche Anwendung desselben im mündlichen Verkehr der Christen voraussetzt (2 Jo 10 f.), scheut sich nicht, an die specifisch epikureische Grußform sich anzulehnen 3 Jo 1 cf S. 56 A 2. Bengel im Gnomon zu AG 15, 23: *Non semper utuntur fideles formulis ardentissimis.* Es bleibt merkwürdig, daß dieses χαίρειν, abgesehen von dem Brief eines Heiden AG 23, 26, im NT nur noch AG 15, 23 sich findet, in einem Schreiben, welches auf Antrag des Jk von Jerusalem aus an die Heidenchristen Antiochiens, Syriens und Ciliciens erging. Man hat noch andere Übereinstimmungen zwischen AG 15, 13—29 und dem Jk angemerkt (Schneckenburger, Beiträge zur Einleitung 209; Mayor IV) z. B. AG 15, 13 ἄνδρες ἀδελφοί ἀκούσατέ μου cf Jk 2, 5; AG 15, 17 (Amos 9, 12) ἐφ' οὓς ἐπικέκληται τὸ ὄνομά μου ἐπ' αὐτούς cf Jk 2, 7; AG 15, 29 ἐξ ὧν διατηροῦντες ἑαυτούς cf Jk 1, 27 ἄσπιλον τηρεῖν ἑαυτὸν ἀπὸ τοῦ κόσμου. Solche Anklänge bestätigen immerhin die Überlieferung, wonach beide Briefe der gleichen Zeit und dem gleichen Kreise entstammen.

8. Jk 2, 23 wird Gen 15, 6 nach LXX citirt mit passivem ἐλογίσθη statt der aktiven Konstruktion im Grundtext. Die Anknüpfung durch δέ, welche auch Rm 4, 3 gut bezeugt ist, und Clem. I Cor. 10, 6; Just. dial. 92 wiederkehrt, findet sich schon bei Philo de mut. nom. 33 Mang. I, 605, sodann im Text Lucians ed. Lagarde. Da א B für Gen 15, 6 nicht vorhanden sind, so ist schwer zu sagen, ob καί oder δέ in LXX ursprünglich ist. — Jk 2, 8 = Lev 19, 18 LXX, war aber auch kaum anders zu übersetzen. — Aus Jk 2, 11 kann man schwerlich die Ordnung des Dekalogs erkennen, an welche Jk gewöhnt war. Die Ordnung der Gebote bei Jk ist sachlich begründet (oben S. 72 A 9). Das μή statt οὐ Ex 20, 13 ff. war eine stilistische Besserung cf Lc 18, 20. — Das καθ' ὁμοίωσιν θεοῦ γεγονότας Jk 3, 9 stammt aus Gen 1, 26 LXX. — Jk 4, 6 = Prov 3, 34 stark abweichend vom Hebr., an welches auch θεός statt κύριος keine Annäherung ist. — Liegt Jk 1, 10 f. offenbar Jes 40, 6—8 zu Grunde, so ist ἄνθος χόρτου eine Übereinstimmung mit LXX gegen Hebr. (Blume des Feldes). Das Gleiche gilt von Jk 5, 4, wenn dort Jes 5, 9 wenigstens hauptsächlich zu Grunde liegt. Aber anders verhält es sich wenigstens mit einer, vielleicht mit zwei Stellen. Jk 5, 20 (cf 1 Pt 4, 8) lehnt sich an den masorethischen Text von Prov 10, 12, während mit LXX gar keine Berührung stattfindet. — Jk 2, 23 καὶ φίλος θεοῦ ἐκλήθη will zwar nicht ein Bestandteil des Citats aus Gen 15, 6 sein, wird aber doch als eine zweifellose, also als eine im AT vorliegende Thatsache angeführt. Es stammt aus dem Grundtext von Jes 41, 8; 2 Chron 20, 7, während LXX an beiden Stellen in verschiedener Form aus dem „Liebhaber" einen

„Geliebten" Gottes macht. Die Anwendung dieses Titels auf Abraham braucht jedoch nicht aus eigener Lesung des Grundtextes erklärt zu werden. Jk könnte das auch wie Philo in der Synagoge gelernt haben. Philo setzt nämlich in einer Anführung von Gen 18, 17 (de sobr. 11 M. I, 401) zu dem Namen Abrahams τοῦ φίλου μου hinzu, dem im Hebr. nichts entspricht, in einer anderen Anführung derselben Stelle (leg. all. III, 8 M. I, 93) statt dessen nach LXX τοῦ παιδός μου. Der Titel findet sich auch in dem wahrscheinlich in Palästina während des 1. Jahrhunderts verfaßten Buch der Jubiläen (c. 19, 20; 30, 21 ed. Rönsch 24, 25. 420f.). Zweifelhaft ist, ob schon Apollonius Molon (um 80 a. Chr. nach Schürer III, 402) den Titel berücksichtigt, wenn er den Namen Abraham etymologisch deutet als πατρὸς φίλος (Eus. praep. ev. IX, 19, 2 cf Hilgenfeld Einl. 542). Später hat Symmachus Jes 41, 8 τοῦ φίλου μου übersetzt (Field, Hexapla II, 513), welchem dann die antiochenische Recension der LXX gefolgt zu sein scheint (Holms-Parsons zu 2 Chron 20, 7).

9. Die Formel ἡ γραφὴ λέγει, sogar ohne ὅτι, sowie die abgerissene und dunkle Form des Spruchs Jk 4, 5 verbietet es, mit Hofmann VII, 3, 111 f. und Mayor 131 hierin nur eine freie, zusammenfassende Wiedergabe atl Gedanken zu finden (Ex 20, 5; 29, 45; Deut. 32, 21; Jes 63, 10). Allerdings schließt sich der Spruch an jene schon durch μοιχαλίδες 4, 4 gestreifte atl Gedankenreihe an (cf 1 Kr 10, 22; Rm 10, 19), aber so, daß man erkennt, er muß aus einem uns unbekannten Zusammenhang herausgerissen sein. „In neidischer (eifersüchtiger) Weise begehrt (liebt seinen Gegenstand) der Geist, welchen er (Gott) in uns hat Wohnung nehmen lassen." Spitta 117—123 vermutet, daß der Spruch aus dem von Hermas vis. II, 3, 4 citirten Buch Eldad und Modad stamme. Der Vorschlag Spitta's 118f., πρὸς φθόνον im Sinne eines περὶ τοῦ φθόνου (!) zu ἡ γραφὴ λέγει zu ziehen, wird hoffentlich keinen Beifall finden. Der Wechsel des Subjekts zwischen ἐπιποθεῖ und κατῴκισεν darf in einem aus dem Zusammenhang gerissenen Citat nicht befremden. Sonst wäre es unbedenklich, mit den Antiochenern κατῴκησεν zu lesen. Resch, welcher keinen Anachronismus darin findet, daß Jk bereits Evv als heilige Schrift citirt haben soll, weiß ganz genau, daß hier ein Citat aus einem hebräischen Ev vorliege (Agrapha 256).

10. Jk 1, 5 = Sir 41, 22 μετὰ τὸ δοῦναι μὴ ὀνείδιζε cf 18, 17; 20, 14, überall von Menschen. Jk 1, 13f. = Sir 15, 11—20. Jk 1, 19 = Sir 4, 29 μὴ γίνου ταχὺς (al. τραχὺς, θρασύς) ἐν γλώσσῃ σου (im Gegensatz zur Lässigkeit in den Werken); 5, 11 γίνου ταχὺς ἐν ἀκροάσει σου (und sanftmütig in der Antwort) cf 6, 32. Jk 1, 20 (oben S. 69) = Sir 1, 19. Jk 2, 1—6 = Sir 10, 19—24 (22 ἀτιμάσαι πτωχόν = Jk 2, 6) cf Sir 10, 21. Jk 3, 2 = Sir 19, 16 cf 14, 1. Jk 3, 9 (im Zusammenhang zu würdigen) = Sir 17, 3. 4. Jk 5, 3 = Sir 29, 10. 11 (ἀργύριον μὴ ἰωθήτω . . . χρυσίον) cf 12, 10. Jk 5, 4. 6 = Sir 31, 21—22 cf 4, 1. 5. 6. Jk 5, 13 ff. = Sir. 38, 9—15. Dazu reicht das Material nicht aus, zu entscheiden, ob Jk das noch zur Zeit des Hieronymus vorhandene hebr. Original des Sirach oder die griech. Version oder beides gelesen hat. Die von Schneckenburger, Annotatio in ep. Jac. 1832 zu den einzelnen Stellen; Siegfried, Philo 310—314; Mayor p. L fleißig gesammelten Parallelen aus Philo, sowie die aus Sap. Sal. sind zur Erläuterung dienlich, aber durchaus nicht ausreichend zum Beweise, daß Jk jene Schriften kannte. In bezug auf Philo cf Feine, Jkbrief 142—146. Noch weniger eignen sich dazu Parallelen aus der philosophischen, insbesondere der stoischen Literatur der Griechen (Mayor LXXIX ff.). Eher könnte Jemand versuchen zu beweisen, daß Epiktet den Jk gelesen habe. — Hilgenfeld 539 A 2 fand in Jk 3, 6 (τὸν τροχὸν τῆς γενέσεως) einen „entscheidenden" Beweis dafür, daß Jk mit den Anschauungen der orphischen Mystik vertraut war. Da man in jenen Kreisen unter κύκλος γενέσεως und mit bezug auf das Rad des Ixion gelegentlich auch unter τροχὸς γενέσεως den Kreislauf der Seelen nach der Lehre von der Seelenwanderung verstand (Lobeck, Aglaophamus, 798 ff.), so hätte

Jk hier ein unverstandenes Wort aufgegabelt, ohne sich irgend etwas von der entsprechenden Idee anzueignen. Jk wird γένεσις hier nicht anders wie 1, 23 gebrauchen. Das menschliche Dasein und Wesen vergleicht er hier einem Rade, weil er es sich in seiner unaufhörlichen Lebensbewegung vorstellt. Die Zunge, obwohl selbst ein sehr bewegliches Glied (3, 8), steht doch inmitten des gegliederten Leibes (καθίσταται ἐν τοῖς μέλεσιν) als dessen Centrum und gleicht im Verhältnis zu jenem der Nabe oder Axe des in beständigem Kreislauf um sie herumlaufenden Rades. Mich wundert fast, daß man unter den Anklängen an Orphisches bei Jk nicht auch den Vers bei Clemens strom. V, 127 anführt: δαίμονες ὃν φρίσσουσιν (Jk 2, 19) und das Orakel des Apollo von Milet bei Lact. de ira 23 und die ägyptischen Zauberformeln (Pap. mag. Lugd. ed. Dieterich, Jahrbb. f. klass. Phil., Supplementbd. XVI, 800; Neue griech. Zauberpap. ed. Wessely, Denkschr. der Wiener Ak. XLII, 2, 65).

11. Die Verwandtschaft des Jk mit den Reden Jesu läßt sich nur sehr unvollkommen durch Ziffern darstellen. Entfernteres setze ich in (). Jk 1, 2 = Mt 5, 12 (Lc 6, 23 liegt ferner wegen ἐν ἐκείνῃ τῇ ἡμέρᾳ). Jk 1, 4 = Mt 10, 22; 24, 13. Jk 1, 5 f. 17 = Mt 7, 7 (αἰτεῖτε καὶ δοθήσεται ὑμῖν) — 11; 21, 21 (μὴ διακριθῆτε) — 22 (Lc 11, 9—13; Mr 11, 23). Jk 1, 22—25 = Mt 7, 21—27; Lc 6, 46—49. Jk 1, 26 f. = Mr 12, 40 (Mt 12, 7; 15, 2—9; 23, 2—4. 23—26). (Jk 2, 1—4 = Mr 12, 38 f. Mt 23, 6—12.) Jk 2, 5 = Lc 6, 20. 24; 12, 21; Mt 5, 3. (Jk 2, 8. 10 f. = Mt 5, 19 ff.; 19, 18 f.; 22, 36 ff. mit den synoptischen Parallelen, und in bezug auf die Begriffe ἐλευθερία und βασιλικός oben S. 83 A 1.) Jk 2, 13 = Mt 5, 7; 18, 23—37; Lc 6, 33. (Jk 3, 1 = Mr 12, 40 λήμψονται περισσότερον κρῖμα.) Jk 3, 10—12 = Lc 6, 43—45. (Jk 3, 18 = Mt 5, 9.) Jk 4, 4 = Mt 6, 24; Lc 16, 13 und für μοιχαλίδες Mt 12, 39; Mr 8, 38. Jk 4, 9 = Lc 6, 25. Jk 4, 10 = Mt 23, 12; Lc 14, 11; 18, 14. Jk 4, 11 = Mt 7, 1; Lk 6, 37. Jk 4, 12 = Mt 10, 22. (Jk 4, 17 = Lc 12, 47.) Jk 5, 2 f. = Mt 6, 19. (Jk 5, 8 f. = Mt 24, 33; Mr 13, 29.) Jk 5, 12 = Mt 5, 33—37; 23, 16—22. Jk 5, 17 = Lc 4, 25 (in bezug auf die nicht unmittelbar aus dem AT abzulesende Zeitangabe cf Hofmann VII, 3, 143). Die Sachparallele Jk 5, 14 = Mr 6, 13 weist auf einen nahen Zusammenhang mit der Anfangszeit des Christentums. Die sakramentale Verwendung des Öls in der alten Kirche bleibt hier außer Betracht. Jk steht wie Jesus auf dem Boden des Judentums cf Spitta 144 f. Besondere Beachtung verdienen die Sprüche, auf welche sich Angehörige des Leserkreises in einer dem Jk misfälligen Weise beriefen. Da durch προσωπολημπτεῖτε Jk 2, 9 der Zusammenhang mit 2, 1 festgehalten wird, so ist aus 2, 8 zu entnehmen, daß man sich für die höfliche Behandlung der Vornehmen trotz ihrer meist feindseligen Haltung auf Lev 19, 18 berief, natürlich aber im Sinn der Auslegung, welche Jesus diesem Gebot gegeben hatte Mt 5, 43—47, wonach es seine rechte Erfüllung erst in der Feindesliebe findet. In Jk 2, 14 wird bei den bestrittenen Leuten der Satz vorausgesetzt: ἡ πίστις μου σώζει (σώσει, σέσωκέν) με cf Mt 9, 22; Mr 5, 34; 10, 52; Lc 7, 50; 8, 48. 50; 17, 19; 18, 42 (8, 12). Man hat wiederholt die nahe Verwandtschaft der an die Evv erinnernden Elemente mit Lc hervorgehoben (Nösgen, Stud. u. Krit. 1880 S. 109; Feine, Vorkanonische Überlieferung des Lc im Ev und der AG 132; desselben Jkbrief 70 ff., 133 f.). Von einem Übergewicht der Berührungen mit Lc über die mit Mt kann man nicht reden. Das Einzige, was man folgern kann, ist dies, daß Lc auch in dem, was ihm eigentümlich ist, alter, in Palästina einheimischer Tradition folgt. Dasselbe gilt vom 4. Ev; denn auch an dieses finden sich bei Jk beachtenswerte Anklänge cf P. Ewald, Hauptproblem der Evangelienfrage 58—68; Mayor LXXXIV ff. Jk 1, 18 = Jo 3, 3 [ἀποκυεῖν = γεννᾶν, welches auch Jo 3, 4 zunächst auf die gebärende Tätigkeit der Mutter bezogen wird; βουληθείς cf Jo 3, 8 ὅπου θέλει und die Verneinung jedes anderen θέλημα Jo 1, 13; auch ἄνωθεν καταβαῖνον Jk 1, 17 kann an Jo 3, 3. 13 (6, 33. 50) erinnern, sowie λόγῳ ἀληθείας an Jo 17, 17]; Jk 1, 25 = Jo 8, 31 f. [das Wort Jesu oder

die darin beschlossene Wahrheit wirkt befreiend, wenn man darin beharrt; dazu die Seligpreisung des Täters Jo 13, 17]. Außerkanonische Herrnworte meint Resch, Agrapha 131 ff. 255 ff. in Jk 1, 12. 17; 4, 5. 6. 7 nachgewiesen zu haben, besonders in Jk 1, 12 wegen der angeblichen Citationsformel. Da aber Jk ἐπηγγείλατο, hinter welchem offenbar erst nachträglich ὁ κύριος oder κύριος oder ὁ θεός eingetragen wurde, ohne ausgesprochenes Subjekt gelassen hat, so ist es unmöglich, Jesus, von dem Jk abgesehen von 1, 1 noch nicht geredet hatte, als Subjekt hinzuzudenken cf vielmehr Jk 2, 5 und Sach 6, 14 LXX ὁ στέφανος ἔσται τοῖς ὑπομένουσιν αὐτόν. Der Kranz des Lebens ist ebenso wie der Kranz der Gerechtigkeit (2 Tm 4, 8) und der Kranz der Herrlichkeit (1 Pt 5, 4) ein freigeschaffener Ausdruck für den Siegespreis des ausharrenden Kämpfers. Die Behauptung, daß Jk wegen dieses auch Ap 2, 10 vorkommenden Ausdrucks die Ap gelesen haben müsse, oder daß er sich geradezu auf die dort vorliegende Verheißung Jesu berufe (Pfleiderer, Urchristentum 867), bedarf keiner weiteren Widerlegung. Brückner, welcher dies für unleugbar erklärt (Chronol. Reihenfolge der Briefe des NT's 289), führt noch nichtssagendere Parallelen als diese an. Richtig ist nur, daß eine gewisse Verwandtschaft der Anschauungsweise zwischen Jk und Ap zu erkennen ist, cf Spitta, Offenbarung des Johannes 521; Feine, Jk 131. Unabweislich soll nach Brückner 291 und Pfleiderer 867 auch die Abhängigkeit des Jk vom Hb sein wegen Jk 2, 21. 25 = Hb 11, 17. 31 und Jk 3, 18 = Hb 12, 11, sonstige Parallelen bei Mayor CII. Nach Holtzmann (Ztschr. f. wiss. Theol. 1882 S. 293) stellt der Jk sich mehrfach als eine direkte Beantwortung des Hb dar. Cf ferner M. Zimmer, Das schriftstellerische Verhältnis des Jk zur paulin. Literatur, Ztschr. f. wiss. Th. 1893 (36. Jahrg. 2. Bd.), 481—503; dagegen wieder Feine, Neue Jahrbb. f. deutsche Theol. III, 305—334; 411—434. Über das Verhältnis zum Rm und zum 1 Pt s. § 7.

§ 7. Die äußere Bezeugung.

Zwischen der Abfassungszeit des Briefs, soweit dieselbe bisher ermittelt worden ist, und der allgemeinen Anerkennung desselben als eines Bestandteils des NT's liegt ein Zeitraum von mehr als 300 Jahren. Die lateinische Kirche hat ihn erst nach der Mitte des 4. Jahrhunderts allmählich in ihr NT aufgenommen. Die Kirche Mesopotamiens und der angrenzenden Gebiete hat vom Anfang ihres Bestandes an überhaupt keinen der 7 sogenannten katholischen Briefe in ihrer syrischen Bibel gehabt. Erst in der Peschittha erhielt der Jk mit 1 Pt und 1 Jo seinen Platz. Der frühere dortige Zustand war noch nicht vergessen, als Theodor von Mopsuestia gegen die Auktorität seiner Heimatkirche, der griechischen Kirche von Antiochien, auf den ursprünglichen Kanon der Syrer zurückgriff und mit den übrigen katholischen Briefen auch den Jk ausgeschlossen wissen wollte. Beweisen können wir es nur von der alexandrinischen Kirche, daß sie ihn von jeher, soweit unsere Kunde zurückreicht, mit mehreren anderen katholischen Briefen zusammengefaßt und gleichgestellt hat. Für die Kirchen von Jerusalem und Antiochien ist dies wahrscheinlich zu machen. Diese Tatsachen sind nicht verwunderlich, wenn man erwägt, daß der ntl Kanon die Zusammenfassung der in der heidenchristlichen Kirche eingebürgerten gottesdienstlichen Vorlesebücher aus apostolischer Zeit ist, und wenn man anerkennt, daß der Jk an die noch wesentlich jüdische Christenheit um

d. J. 50 gerichtet war. Eben dieser Ansatz wird aber bestätigt durch die sichtbaren Spuren seines Einflusses auf die christlichen Schriftsteller der nächstfolgenden Zeit. Kam der Brief nach Antiochien zu der Zeit, da Pl und Barnabas dort als Lehrer tätig waren, oder während diese auf der ersten Missionsreise sich befanden, so ist nicht wohl anzunehmen, daß Pl den Brief eines für ihn so wichtigen Mannes sollte ungelesen gelassen haben. Daß er ihn aufmerksam gelesen hat, läßt sich aber auch beweisen. Es ist zwar oft genug behauptet worden, daß Jk 2, 14—26 die Rechtfertigungslehre des Pl oder eine durch die Lehrweise des Pl veranlaßte Entartung des christlichen Lebens bestreite. Ersteres aber ließe sich nur so aufrechterhalten, daß man zugleich behauptete, Jk habe die Lehre des Pl in einer geradezu unglaublichen Weise misverstanden oder boshafterweise verdreht und überdies mit feiger Hinterlist bestritten (A 1). Dem widerspricht aber der Eindruck, welchen jeder urteilsfähige Leser von dem intellektuellen und moralischen Charakter des Vf's aus seiner Schrift empfängt. Jk bestreitet 2, 14—26 überhaupt keine Lehre, sondern eine ungesunde und unwahre Religiosität. Es kann aber auch nicht ein praktischer Misbrauch der Rechtfertigungslehre des Pl sein, dem Jk hier entgegentritt. Wir wissen wohl, daß die evangelische Verkündigung in apostolischer, wie in späterer Zeit bei Solchen, die sie sich oberflächlich angeeignet hatten, eine Erschlaffung statt einer Stärkung der sittlichen Tatkraft herbeigeführt hat. Alle Apostel haben davor gewarnt oder dagegen gezeugt (Gl 5, 13; 1 Pt 2, 16; Jud 4; 2 Pt 2, 1 ff. cf 1 Jo 1, 6; 2, 4; Ap 2, 14. 20—24; 1 Kr 6, 9—20) und sind den von nichtchristlicher Seite hierauf gegründeten Anklagen gegen das Christentum entgegengetreten (Rm 3, 8 cf 6, 1). Es sind auch die Briefe des Pl zu verschiedenen Zeiten misdeutet und misbraucht worden (2 Pt 3, 16), namentlich von Valentin und seinen Schülern. Wie wenig aber diese Gnostiker mit der Lehre von der Rechtfertigung aus Glauben sich eingelassen haben, beweist schon der Dünkel, mit welchem sie auf die nur Glaubenden herabblickten. Von Marcion, der sich als einen treuen Schüler des Pl ansah, wissen wir, daß er mit einem fanatischen Haß gegen das AT eine asketische Ethik verband. Wie aber sollte die eine oder die andere dieser Verirrungen einen Menschen von gesunden Sinnen veranlaßt haben, Jk 2, 14—26 zu schreiben? Über Marcion und die großen Lehrer der Gnosis wird in dieser Beziehung kein Wort zu verlieren sein. Wie diese Richtungen mit der Lehre des Pl von der Rechtfertigung aus Glauben gar nichts zu schaffen hatten, so ist auch völlig unerweislich, daß gerade diese Lehre des Pl und nicht vielmehr die allgemein christliche Lehre von der Erlösungsgnade und der damit gegebenen Freiheit des Christen es war, welche von leichtfertigen Christen misbraucht und von Nichtchristen verlästert wurde. Sodann aber ist das, was Jk bekämpft, gar nicht Libertinismus, sondern nur eine mit dem Bewußtsein der Gläubigkeit und dem rechtgläubigen Bekenntnis verbundene sittliche Trägheit. Nicht unsittliches Leben, sondern Mangel an Werken überführt nach Jk jene Leute von der Wertlosigkeit ihres Glaubens und ihres Bekenntnisses. Da, wo Jk sie redend einführt

(2, 14), legt er ihnen nicht eine Formel des Pl in den Mund, sondern charakterisirt sie als Solche, welche sagen, daß sie glauben, und dabei meinen, daß der Glaube sie rette. Wenn hier überhaupt eine Formel zu Grunde liegt, so könnte es nur das so oft aus dem Munde Jesu gehörte Wort sein: „Dein Glaube hat dich gerettet“ (oben S. 88 A 11). Kann demnach von einer Bestreitung des Pl oder einer fälschlich auf die Rechtfertigungslehre des Pl sich stützenden Richtung keine Rede sein, so ist doch ein Zusammenhang zwischen Jk 2, 14—26 und Rm 4, 1 ff. nicht wohl zu verkennen (A 2). Der Satz, daß Abraham in folge von Werken gerechtfertigt worden sei und dadurch einen Ruhm erworben habe, wird Rm 4, 2 als eine fremde Rede eingeführt. Dieser Satz widerspricht dem Urteil, daß der Weg, auf welchem die Christen zu Gerechtigkeit und Leben gelangen, alles Rühmen ausschließe (3, 27); oder, wenn beides seine Richtigkeit hat, so folgt, daß Abraham eine andere Religion gehabt hat, als die Christen. Insofern motivirt der fremde Satz die Frage, ob Pl und die seiner vorigen Darlegung zustimmenden Leser etwa zu dem Zugeständnis genötigt seien, daß sie von der Religion Abrahams abgefallen seien und in einem nur äußerlichen Zusammenhang mit Abraham stehen. Aber die These selbst, durch welche sich Pl zu der ganzen Darlegung in Rm 4 veranlaßt sieht, tritt völlig unvorbereitet ein. Sie ist nicht eine jener scheinbaren Konsequenzen vorangegangener Ausführungen, welche sich Pl so oft in den Weg wirft, um durch ihre Widerlegung vorangehende Lehrentwicklungen vollends sicher zu stellen. Die fremde These ist auch nicht ein bekannter Gemeinplatz aus dem AT. Pl stellt ihr gerade die Schrift mit Nachdruck gegenüber (4, 3). Woher hat Pl diese These? Wir finden die Rechtfertigung Abrahams aus Werken Jk 2, 21 und den dadurch begründeten Ruhmestitel Abrahams Jk 2, 23, und wir finden ebendort Gen 15, 6 in gleicher Abgrenzung und gleichem Text citirt wie Rm 4, 3 (oben S. 86 A 8). Pl bestreitet nicht die dortige Verwendung von Gen 15, 6; er bestreitet auch nicht direkt die These des Jk; aber er entwickelt aus dem von Jk nur nebensächlich benutzten und ohne bestimmte Erklärung gelassenen Schriftwort seine These, daß die heilsgeschichtliche Bedeutung Abrahams auf der dort berichteten Anrechnung seines Glaubens als Gerechtigkeit und somit auf Rechtfertigung aus Glauben beruhe. Pl bestreitet überhaupt nicht den Jk, sondern führt in bewußtem Anschluß an Jk über dessen unentwickelte Lehrform hinaus. Auch den Begriff δικαιοσύνη θεοῦ (Rm 1, 17; 3, 21; 10, 3 cf 2 Kr 5, 21; Phl 3, 9) hat Pl nicht geschaffen. Er stammt von Jesus her (Mt 6, 33) und wurzelt in dessen Beschreibung der wahren Gerechtigkeit im Gegensatz zu dem menschlichen Machwerk der pharisäischen Gerechtigkeit. In ähnlichem Gegensatz verwendet ihn Jk (1, 20 cf oben S. 69). Pl aber preßt den in θεοῦ doch nur angedeuteten Gedanken und gewinnt dadurch einen neuen Gedanken. Soll es nun ein Zufall sein, daß Pl unmittelbar vor der Stelle, wo er zum ersten Mal δικαιοσύνη θεοῦ schreibt (Rm 1, 17), das Ev eine δύναμις εἰς σωτηρίαν nennt (Rm 1, 16), und daß Jk unmittelbar, nachdem er von δικαιοσύνη θεοῦ gesprochen hat (1, 20), von der christlichen Verkündigung sagt τὸν δυνάμενον σῶσαι (1, 21)? Auch Rm 5, 3 f. berührt sich aufs innigste mit Jk 1, 2—4, zumal wenn man καὶ καυχώμεθα ἐν ταῖς θλίψεσιν cohortativ faßt. Das εἰδότες (Jk γινώσκοντες) ὅτι ἡ θλῖψις ὑπομονὴν κατεργάζεται ist nicht nur ein genauer Wortanklang an Jk 1, 3, sondern auch die richtige Deutung des etwas dunkelen Ausdrucks des Jk, welcher allerdings unter dem „Prüfungsmittel eures Glaubens" nichts anderes als die „mannigfaltigen Anfechtungen" oder nach Pl „Bedrängnisse" verstanden haben wollte. Endlich Jk 1, 4 veranlaßt den nachdenklichen Leser geradezu, darüber nachzudenken, worin denn die ὑπομονή weiterhin bis ans Ende sich beweisen und vollenden soll. Dieser Anregung folgend hat Pl Rm 5, 4 f. geschrieben; auch das Wort δοκιμή ist ein Nachklang des δοκίμιον des Jk; die Erprobtheit oder Bewährung ist eben diejenige Beschaffenheit, welche das Bewährungsmittel, richtig angewandt und geduldig ausgehalten, bewirkt. Wir finden ferner eine trotz der Verschiedenheit wesentlich gleiche, und wahrlich nicht naheliegende Vorstellung ausgesprochen Rm 7, 23 ἕτερον νόμον ἐν τοῖς μέλεσίν μου ἀντιστρατευόμενον τῷ νόμῳ κτλ. und Jk 4, 1 ἐκ τῶν ἡδονῶν ὑμῶν τῶν στρατευομένων ἐν τοῖς μέλεσιν ὑμῶν. Beweisen diese Parallelen, daß Pl zur Zeit der Abfassung des Rm Stellen des Jk im Sinn hatte, so wird man geneigt sein, auch an anderen Stellen, die das an sich nicht beweisen können, Anzeichen davon zu erkennen (A 2). Die Schrift, deren Ausführungen über die Rechtfertigung Abrahams den Pl unbefriedigt gelassen und zu einer im Vergleich mit früheren Erörterungen (Gl 3, 5—7) unvergleichlich gründlicheren Darlegung des Gegenstandes auf Grund von Gen 15, 6 angeregt hatte (Rm 4, 3—24), hat überhaupt auf ihn einen tiefen Eindruck gemacht. Es ist aber wichtig festzustellen, daß von allen Briefen des Pl nur der Rm Spuren davon zeigt. In Rom ist wahrscheinlich a. 63 oder 64 der 1 Pt geschrieben (§ 39). Sind die Berührungen zwischen diesem und Jk der Art, daß die Annahme einer Abhängigkeit des einen vom andern nicht zu umgehen ist, so ist auch leicht zu erkennen, daß Pt durchweg die kurzen Andeutungen des Jk ausgeführt, dessen knappen und körnigen Ausdruck verbreitert, dessen kühnen und schroffen Gedanken gemildert hat (A 3). Die der Zeit nach nächstfolgende Schrift, in welcher sich deutliche Spuren vom Einfluß des Jk finden, ist das wahrscheinlich gleich nach dem Tode Domitians (Sept. 96) abgesandte Schreiben der römischen Gemeinde an die korinthische, als deren Vf alte und einstimmige Überlieferung den römischen Gemeindevorsteher Clemens bezeichnet (A 4). Im Hirten, welcher noch zu Lebzeiten dieses Clemens von Hermas, einem Laienmitglied der römischen Gemeinde, geschrieben wurde, finden wir nicht wenige Stellen des Jk gleichsam als Text für weitläufige Betrachtungen benutzt (A 5). Hiemit sind abgesehen von denjenigen Teilen der Kirche, in welchen der Jk früh zum NT gehörte, und von den Zeiten, in welchen er allgemein recipirt war, die sicheren Zeugnisse seines Einflusses auf die christliche Literatur erschöpft (A 6). Sie stimmen mit dem Ergebnis der Untersuchung des Briefes selbst nicht nur insofern überein, als die Berücksichtigung desselben im Rm und die Benutzung im 1 Pt die Abfassung des Jk um oder vor a. 50 bestätigen. Verdankt die römische Gemeinde ihre Entstehung nicht zum wenigsten jüdischen Christen, welche von Palästina dorthin übergesiedelt waren, und war sie in den ersten Jahrzehnten ihres Bestandes eine überwiegend judenchristliche (§ 23), so kann es doch wohl nicht für zufällig gelten, daß gerade die Verfasser einer Reihe von Schriften, die in den Jahren 63/64 und 96—100 in Rom entstanden sind, sich mit Jk so wohl vertraut zeigen, und daß Pl gerade in dem nach Rom gerichteten Brief ihn berücksichtigt. Gerade bei den dortigen Christen konnte Pl Kenntnis der Lehrweise des Jk voraussetzen, und er tat wohl daran, hierauf Rücksicht zu nehmen.

1. Pl hat seinen Lehrsatz, daß der Mensch nicht durch die Werke des Gesetzes, sondern durch den Glauben an Christus gerecht werde, bekanntlich im Gegensatz zu der judaistischen Forderung entwickelt und verteidigt, daß die Heiden, um ebenbürtige Christen und des Heils teilhaftig zu werden, sich der Beschneidung unterziehen und damit dem ganzen mosaischen Gesetz unterstellen müssen. Damit waren die Gesetzeswerke, welchen Pl rechtfertigende Kraft abspricht, für Jeden, der auch nur etwas von dem großen Kampf der 50er Jahre wußte, geschichtlich genau bestimmt. Der Glaube aber, dem Pl dagegen rechtfertigende Kraft beimißt, ist dadurch näherbestimmt, daß er ihn in seinem streitbarsten Brief als den durch Liebe sich auswirkenden bezeichnet (Gl 5, 5 cf Tt 3, 8); und jedes Misverständnis in bezug auf die sittlichen Konsequenzen seiner Lehre war dadurch ausgeschlossen, daß er die Erfüllung des Gesetzes Christi (Gl 6, 2), oder die Beobachtung der Gebote Gottes (1 Kr 7, 19 cf Rm 8, 4) unbedingt fordert, daß er die Vermeidung alles lasterhaften Lebens als Bedingung der Seligkeit hinstellt (1 Kr 6, 9f.; Gl 5, 21; Rm 8, 5—13) und auch den Christen ein Gericht in Aussicht stellt, in welchem es sich um ihr tatsächliches Verhalten fragt (2 Kr 5, 10; Rm 2, 6ff.; 14, 10; 1 Kr 4, 3—5). Der Glaube aber, welchem Jk die rettende Kraft abspricht, ist nicht nur nicht der Glaube, welchem Pl rechtfertigende Kraft beimißt; er ist auch nicht der Glaube, welchen Jk anderwärts als die unfehlbar wirkende Kraft des Gebetes preist (1, 6; 5, 13—18), und von welchem er rühmt, daß man in ihm bei äußerer Armut reich sei (2, 5). Vielmehr ist dem Jk der ein hohler Mensch (2, 20 *κενός* Gegensatz zu *πλούσιος* 2, 5 cf Lc 1, 53), welcher s a g t, er habe Glauben, während er dabei keine Werke aufzuweisen hat. Allerdings nennt Jk solchen werklosen Glauben auch „Glauben“, aber doch nur so wie 1 Jo 3, 18 das Aussprechen liebevoll klingender Worte ein „Lieben“, nämlich ein Lieben mit Wort und Zunge im Gegensatz zu einem Lieben mit der Tat und in der Wahrheit genannt wird. Jk unterläßt es hier wie in dem ähnlichen Fall, wo die Worte *πειρασμός, πειράζεσθαι* sehr verschiedene Dinge bezeichnen (1, 2—15 oben S. 80), in lehrhafter Umständlichkeit zwischen sogenanntem und wahrem Glauben zu unterscheiden. Aber er hütet sich auch davor, dem Glauben überhaupt rettende Kraft abzusprechen; die Frage *μὴ δύναται κτλ.* 2, 14 ist ebenso wie die Frage *τί τὸ ὄφελος* von dem gesetzten Fall abhängig, wie schon das *αὐτόν* statt *ἄνθρωπον* beweist. Er läßt auch keinen Zweifel darüber, daß diese *λεγομένη πίστις* mit dem, was ihm selbst der Glaube ist, nur den Namen gemein hat. Es ist eine verstandesmäßige Überzeugung, wie sie auch bei den Teufeln sich finden mag. Sie verhält sich zum wahren Glauben, wie teilnehmende Worte zu hilfreicher Liebe (2, 15f.), wie der Leichnam zum Leibe (2, 17. 26). Sowenig nun dieser Glaube, welchem Jk jede heilsame Wirkung abspricht, mit dem Glauben, welchen Pl als Mittel und Bedingung der Rechtfertigung hinstellt, eine Ähnlichkeit hat, sowenig

auch die Werke, als deren Erfolg Jk die Rechtfertigung hinstellt, mit den Gesetzeswerken, welchen Pl solche Wirkung abspricht. Die Opferung Isaaks und die Aufnahme der Kundschafter durch Rahab sind doch nichts weniger als Erfüllung gesetzlicher Bestimmungen, sondern vielmehr Heldentaten des Glaubens, und daß Glaube dazu gehörte und darin seine Vollendung feierte, hebt Jk ausdrücklich hervor (2, 22). Dagegen macht er nicht den geringsten Versuch, sie künstlich als Gesetzeswerke darzustellen, indem er sie etwa als Erfüllung eines außerordentlichen Gebotes Gottes, als Gehorsamsleistung charakterisirt hätte. Wie konnte ein Mann von einigem gesunden Menschenverstand sich einbilden, mit Jk 2, 14—26 etwas gegen Pl gesagt zu haben! Auch der Umstand, daß Jk dieselbe Stelle Gen 15, 6 verwertet, auf welche Pl seine Rechtfertigungslehre stützt, kann nicht beweisen, daß er jene Erörterung des Pl gekannt hat. Im Gegenteil wäre dann unverständlich, daß Jk nicht wenigstens einen Versuch gemacht hätte, durch andersartige Auslegung der Stelle die sehr einleuchtenden Folgerungen des Pl zu entkräften. Jk gibt aber überhaupt keine Auslegung jener Stelle, sondern begnügt sich damit, die darin bezeugte Tatsache als eine Weissagung auf die nachfolgende Rechtfertigung Abrahams aus Werken darzustellen, ohne auch nur anzudeuten, was er unter jener Anrechnung des Glaubens als Gerechtigkeit verstanden habe. Nur wir können aus den umgebenden Sätzen schließen, daß Jk nicht gewohnt war, jene von ihm selbst ohne abschwächenden Zusatz aus Gen 15, 6 angeführte Imputation als ein *δικαιοῦσθαι* zu bezeichnen. Vollends unrichtig war es, aus dem bloßen Gebrauch von *δικαιοῦσθαι ἔκ τινος* bei Jk und Pl zu schließen, daß Einer vom Andern abhänge. Das Verbum hat keiner von beiden geschaffen, und die präpositionale Verbindung ist die allernatürlichste cf Mt 12, 37, ebenso *κρίνεσθαι* Ap 20, 12 (Lc 19, 22). Allerdings faßt Jk das Wohlverhalten, welches er für erforderlich hält, auch als Gesetzeserfüllung auf (1, 25; 2, 8—11; 4, 11 f.). Aber erstens tut das Pl nicht minder, und zweitens kennzeichnet Jk das Gesetz, welches er meint, gerade im Gegensatz zu dem von Moses gegebenen und durch die Rabbinen ausgelegten Gesetz, als das Gesetz der Freiheit, als das den Christen in und mit dem Ev eingepflanzte und von ihnen in königlicher Freiheit zu erfüllende Gesetz (oben S. 82 f.). Wie konnte ein Jk oder Pseudojakobus sich einbilden, mit der Forderung der Erfüllung dieses Gesetzes etwas gegen Pl gesagt zu haben! Die zwischen Pl und den Judaisten strittige Frage nach der Stellung der Heidenchristen zum mosaischen Gesetz berührt Jk mit keiner Silbe, auch da nicht, wo er auf die Heiden unter den Lesern hinweist (2, 25 oben S. 65). Ebensowenig die damit nahe zusammenhängende Frage, inwieweit die jüdischen Christen zur Beobachtung des mosaischen Gesetzes verpflichtet oder berechtigt seien. Die einzige Stelle, welche möglicherweise auf jüdischen Zeremoniendienst bezogen werden könnte (1, 26 f. oben S. 69 A 3), enthält eine Kritik jeder Überschätzung ritueller Frömmigkeit. Hieraus zu schließen, daß dieser Jk in unversöhnlichem Widerspruch mit dem Jk der Geschichte ein Gegner der fortdauernden Beteiligung der Judenchristen am Tempelkultus und der gesetzmäßigen Lebensweise gewesen sei, wäre ebenso verkehrt, als wenn man aus den Streitreden Jesu gegen die Pharisäer auf eine ebensolche Stellung Jesu schließen wollte. Es bedarf auch keines Beweises, daß Jk gegen die Gesetzesbeobachtung der Judenchristen nicht in dieser versteckten und beiläufigen Weise hätte polemisiren können. Sie verstand sich für ihn und seine Leser von selbst und wurde von niemand, auch von Pl nicht, angefochten. Polemik gegen die *δοκοῦντες θρησκοὶ εἶναι* verträgt sich vollkommen mit eigener Legalität cf Mt 23, 23; 3, 15. War Jk nach der Überlieferung (oben S. 74) ein Mann von streng-gesetzlicher und sogar übergesetzlicher Lebensführung, also selbst ein *θρησκός*, so machte dies seine Warnung vor der Überschätzung der *θρησκεία* nur um so wirksamer, wie die Polemik des Pl gegen die Überschätzung des Zungenredens durch seine eigene Virtuosität im Zungenreden (1 Kr 14, 18) gehoben war. Daß der Vf des Jk ein Eiferer um das Gesetz im Sinne der Judaisten des Gl gewesen sei, ist freilich undenkbar. Eine solche Stellung nimmt aber auch der Jk der Geschichte nicht ein. Pl unterscheidet ihn rücksichtlich seiner Stellung zur Heidenmission ebenso scharf von den falschen Brüdern, welche die Verhandlungen des Apostelkonzils notwendig gemacht haben (Gl 2, 4. 9), wie es der Bericht in AG 15, 13—29 tut. Eine einigermaßen genaue Exegese von AG 15, 21 zeigt, daß Jk es als eine ihm und der Muttergemeinde fremde Aufgabe ablehnt, in der Weise der Pharisäer und der Judaisten für die Verbreitung des mosaischen Gesetzes und gesetzlicher Lebensweise Sorge tragen zu sollen. Das *Μωϋσῆς .. τοὺς κηρύσσοντας αὐτὸν ἔχει* heißt nicht einfach *κηρύσσεται*, sondern fordert einen gleichartigen Gegensatz, wie Jo 5, 45 *ἔστιν ὁ κατηγορῶν ὑμᾶς Μωϋσῆς* cf Jo 8, 50. Aus Gl 2, 12 darf man ebensowenig folgern, daß Jk die Teilnahme des Pt an den Mahlzeiten der Heidenchristen in Antiochien misbilligt haben würde (so noch Feine 2. 89), als man den Pt für das Gebahren der Petrusleute in Korinth verantwortlich machen kann. Die objektiv gehaltene Aussage der bei Jk versammelten Presbyter von Jerusalem (AG 21, 20 *ὑπάρχουσιν*, nicht *ὑπάρχομεν*) läßt eher das Urteil durchblicken, daß der Gesetzeseifer der jüdischen Christenheit eine der Schonung bedürftige Einseitigkeit sei, als daß die Redenden selbst auf diesem Standpunkt stehen. Auch die Darstellung des Hegesippus enthält keinen Zug, welcher als judaistisch im geschichtlichen Sinn dieses Wortes gedeutet werden könnte.

2. Als Text von Rm 4, 1f. setze ich voraus *τί οὖν ἐροῦμεν; εὑρηκέναι Ἀβραὰμ τὸν προπάτορα ἡμῶν κατὰ σάρκα — εἰ γὰρ Ἀβραὰμ ἐξ ἔργων ἐδικαιώθη, ἔχει καύχημα — ἀλλ' οὐ πρὸς θεόν*; Mit v. Hengel, v. Hofmann u. A. nehme ich als zweifellos an, daß *τί οὖν ἐροῦμεν* hier wie 6, 1; 7, 7; 9, 14 (cf 3, 5; 6, 15; 8, 31; 1 Kr 10, 19) eine Frage für sich bildet, welche mit der folgenden, eine Verneinung erheischenden Frage zusammen den Sinn ergibt: „Werden wir etwa durch vorstehende Ausführung dazu genötigt, den folgenden Satz auszusprechen?“ Der Sinn wird nicht wesentlich geändert, wenn man *εὑρηκέναι*, wozu sich ein „wir“ als Subjekt ergänzt, mit cod. B streicht. Eine wesentliche Verbesserung der Auslegung brachte Klostermann, Korrekturen zur bisherigen Erklärung des Rm (1881) S. 121. 129 durch den Nachweis der in vorstehendem Abdruck angezeigten Parenthese. Die Frage aber, ob Pl und seine ihm zustimmenden Leser nun etwa zugestehen müßten, daß Abraham zwar in fleischlicher, aber nicht in religiöser Beziehung ihr Ahnherr sei, war nur möglich, wenn die Leser wie der Vf. in der Tat Söhne Abrahams *κατὰ σάρκα* waren (s. unten § 23). — In der Einsicht, daß Pl den Jk berücksichtige, treffe ich mit Spitta 209—217 zusammen, vermisse aber dort jeden stichhaltigen Beweis dafür, daß Pl nur zu einer jüdischen Schrift eine solche Stellung habe einnehmen können, daß er also den Jk als Schrift nicht eines Christen, sondern eines Juden gekannt habe (S. 210. 211. 217). Die Art der Berücksichtigung des Jk in Rm 4, 2 setzt bei den Lesern oder doch bei manchen Lesern Kenntnis und Hochschätzung der Auktorität voraus, welche jenen Satz aufgestellt hatte. Wie konnte Pl dies von der ihm zufällig bekannt gewordenen Privatschrift eines völlig unberühmten Juden voraussetzen? Warum vermeidet er es, jenen Satz direkt als Irrtum zu bestreiten und läßt ihn gewissermaßen gelten oder doch auf sich beruhen, wie wenig er von ihm befriedigt ist? Auch in Rm 3, 28 kann man keine direkte Polemik gegen Jk finden, denn Jk hatte gar nicht den *ἔργα νόμου*, mit welchen Pl es zu tun hatte, rechtfertigende Wirkung zugeschrieben. Trotz seiner Kenntnis des Jk konnte Pl hier ebenso wie Gl 2, 15—21 als Ergebnis der gemeinsamen Erfahrung aller aufrichtigen Christen jüdischer Herkunft die Erkenntnis aussprechen, daß der Mensch mittelst Glaubens unabhängig von Gesetzeswerken gerecht werde. Damit behauptet er ja keineswegs, daß alle Judenchristen, daß ein Petrus oder Jk diesen Lehrsatz im Munde führen. Dann hätte Pl keinen Rm zu schreiben nötig gehabt. Nicht als allgemein anerkannte christliche Lehre, sondern als ein durch sehr umständliche Beweisführungen und Schlußfolgerungen gewonnenes Urteil

spricht er diesen Lehrsatz aus Rm 3, 28. Er ist zu diesem Schluß gelangt, und jeder Leser, der ihm bis dahin zustimmend gefolgt ist, muß schließlich bei diesem Lehrsatz anlangen. Es ist dasselbe „wir“ wie Rm 3, 9; 4, 1; 6, 1 etc. Hiernach ist nicht Rm 3, 28, sondern 4, 2 die Stelle, wo die Berücksichtigung des Jk seitens des Pl spürbar wird. Außer den oben hervorgehobenen Stellen ist zu vergleichen Rm 2, 1; 14, 4 mit Jk 4, 11 ff.; Rm 2, 13. 21—29 mit Jk 1, 22—25; 2, 9; 3, 1; 4, 11 (*ποιητὴς νόμου*); Rm 8, 2 ff. 15 mit Jk 1, 25; 2, 12 (Freiheitsgesetz); Rm 8, 7—8 mit Jk 4, 4—7 (*ἔχθρα τοῦ θεοῦ . . τὸ πνεῦμα ὃ κατῴκισεν ἐν ὑμῖν . . ὑποτάγητε τῷ θεῷ*); Rm 12, 8 (*ὁ μεταδιδοὺς ἐν ἁπλότητι*) mit Jk 1, 5. Überreiche Listen von Berührungen zwischen Jk und den paulinischen Briefen geben M. Zimmer a. a. O. und Mayor XCII—XCV. In seiner maßvollen Erörterung (Jahrb. prot. Th. 1884 S. 163) nannte v. Soden als Beweise der literarischen Bekanntschaft des Vf mit den Paulusbriefen außer Stellen des Rm nur Jk 1, 13 = 1 Kr 10, 13 (wo *ἀνθρώπινος* ja keinenfalls *θεῖος* zum Gegensatz hat) und Jk 2, 5 = 1 Kr 1, 27. Spitta 217—225 kommt zu dem Ergebnis, daß abgesehen vom Rm nur wenige Stellen der paulinischen Briefe zu der Vermutung einer direkten Abhängigkeit von Jk Anlaß geben könnten, läßt aber diesen auffälligen Unterschied zwischen dem Rm und den übrigen Briefen des Pl unerklärt.

3. Für die Abhängigkeit des 1 Pt von Jk ist zuletzt Spitta 183—202 eingetreten. Das umgekehrte Verhältnis haben nachzuweisen gesucht Brückner, Ztschr. f. wiss. Theol., 1874 S. 530 ff.; Chronol. Reihenfolge 60—66; Pfleiderer 868 u. a. Eine sichere Entscheidung in ersterem Sinne folgt schon daraus, daß der Vf des 1 Pt auch in seinem Verhältnis zu anderen Schriften des NT's, besonders dem Rm und dem Eph. als eine zur Aneignung fremder Gedanken hinneigende Persönlichkeit von wenig ausgeprägter schriftstellerischer Eigenart sich zeigt (unten § 40). Dem Jk kann Niemand den einheitlichen Stil, die kraftvolle, ja schroffe Eigentümlichkeit absprechen. Im einzelnen ergibt oberflächliche Vergleichung von 1 Pt 1, 6 f. mit Jk 1, 2—4 unverkennbare Ähnlichkeiten: 1) *ἀγαλλιᾶσθε* = *πᾶσαν χαρὰν ἡγήσασθε*, 2) *λυπηθέντες ἐν ποικίλοις πειρασμοῖς* = *ὅταν ποικίλοις περιπέσητε πειρασμοῖς*, 3) *τὸ δοκίμιον ὑμῶν τῆς πίστεως*. Während aber Jk nach dem Vorgang Jesu (Mt 5, 12; Lc 6, 22 f.) die Leidenden auffordert, die noch andauernde Anfechtung sich einen Gegenstand der Freude sein zu lassen, hat Pt wenigstens hier im Eingang (cf dagegen 4, 13a. 16) den Gedanken dahin gemildert, daß die Christen im Gegensatz zu der Betrübnis, welche in der Gegenwart ihr Recht zu haben scheint, zur Zeit der Parusie sich freuen werden; denn die Anknüpfung durch *ἐν ᾧ* an *ἐν καιρῷ ἐσχάτῳ*, der Gegensatz des *ἄρτι* und die Vergleichung von 1 Pt 1, 8; 4, 13b sichern dem *ἀγαλλιᾶσθε* 1, 6 und 1, 8 den Sinn eines Futurum, wenn es auch unerlaubt scheint, die Form geradezu als ein Fut. attic. = *ἀγαλλιάσεσθε* aufzufassen (cf Schmiedel-Winer, Gramm. § 13 A 5; aber auch A. Buttmann, Ntl Gr. S. 33 a. E.). Ferner ist zu beachten der verschiedene Gebrauch von *τὸ δοκίμιον*. Jk gebraucht es, wie auch Pl ihn verstanden hat (oben S. 92), im Sinn von Prüfungsmittel (= *δοκιμεῖον* cf Orig. exh. ad mart. 6 ed. Berol. 8, 1 *δοκίμιον οὖν καὶ ἐξεταστήριον τῆς πρὸς τὸ θεῖον ἀγάπης νομιστέον ἡμῖν γεγονέναι τὸν ἐστηκότα* [l. *ἐνεστηκότα*] *πειρασμόν*). Pt dagegen nimmt das Wort als Neutrum des Adjectivs *δοκίμιος* = *δόκιμος* (cf Deißmann, N. Bibelst. 86—90) „das Erprobte, Echte“, also wesentlich = *δοκιμή* = „die Erprobtheit“. Ist aber hier Pt der Abhängigkeit von Jk überführt, so kann man sich nicht des Eindrucks erwehren, daß dem Vf des 1 Pt von Anfang an der Jk vorschwebte. Nicht das Wort *διασπορά* 1 Pt 1, 1; Jk 1, 1 hat etwas zu bedeuten, sondern die mannigfaltige Übertragung von Attributen Israels und insbesondere der in der Diaspora lebenden Judenschaft auf die christlichen Gemeinden im 1 Pt (§ 38) erscheint als eine Ausspinnung des Jk 1, 1 mit drei Worten hingeworfenen Gedankens. Der Gedanke der Geburt aus Gott Jk 1, 18 kehrt 1 Pt 1, 23—25 in reicherer Ausführung wieder,

wozu die Jk 1, 10 f. nur gestreifte Stelle Jes 40, 6—8 in vollständigerer Ausführung verwertet wird. Wie Jk 1, 19 ff. auf die Erinnerung an die Wiedergeburt die Forderung folgen läßt, das Wort, dessen lebenerzeugende Wirkung man erfahren hat, immer wieder sich gesagt sein zu lassen, so Pt. Cf Jk 1, 21 διὸ ἀποθέμενοι πᾶσαν . . . τὸν δυνάμενον σῶσαι mit 1 Pt 2, 1 ἀποθέμενοι οὖν πᾶσαν . . εἰς σωτηρίαν. Während Jk von dieser immer wieder erforderlichen Annahme des Wortes in Ausdrücken geredet hatte, welche ebensogut auf das erste Hören des Ev passen würden, bemüht sich Pt, den Unterschied hervorzuheben, indem er im Anschluß an das von Jk dargebotene Bild von der Geburt durchs Wort die Leser als neugeborene Säuglinge vorstellt. Auch die Mahnung, das gehörte Wort zu betätigen, Jk 1, 22—25, folgt bald genug 1 Pt 2, 11 ff. Sie wird von Pt der Sache nach durchaus selbständig und in einer den Verhältnissen seiner heidenchristlichen Leser angemessenen Weise ausgeführt; aber auch hier finden sich Nachklänge: 1 Pt 2, 16 ἐλεύθεροι = Jk 1, 25 τῆς ἐλευθερίας, 1 Pt 2, 11 ἀπέχεσθαι τῶν σαρκικῶν ἐπιθυμιῶν αἵτινες στρατεύονται κατὰ τῆς ψυχῆς = Jk 4, 1 ἐκ τῶν ἡδονῶν ὑμῶν τῶν στρατευομένων ἐν τοῖς μέλεσιν ὑμῶν. Genau so wie Jk 4, 6 (ὁ θεός statt κύριος LXX) wird Prov 3, 34 auch 1 Pt 5, 5 citirt und daran 5, 6 die auch Jk 4, 10 in weniger ausgeführter Form folgende Mahnung zur Selbsterniedrigung angeschlossen, endlich auch noch 1 Pt 5, 8. 9 die von Jk 4, 7 zwischen jenes Citat und diese Mahnung gestellte Forderung, dem Teufel Widerstand zu leisten. Wir haben also wiederum einen größeren Komplex von Gedanken und Formen, in welchen beide Briefe zusammentreffen. Wenn Jk 5, 20 ohne Berücksichtigung der LXX an den hebräischen Text in freier Weise sich anlehnt (oben S. 86), so kann die Übereinstimmung mit 1 Pt 4, 8 nicht zufällig sein. Pt aber, welcher das von Jk nicht aufgenommene ἀγάπη mit der Grundstelle gemein hat, hat auch hier wieder, wie 1 Pt 1, 24, einer Andeutung des Jk folgend, auf das AT zurückgegriffen und hat dadurch dem bei Jk vorgefundenen Gedanken eine andere Wendung gegeben. Man sieht, daß der Vf des 1 Pt den Jk genau gekannt und mit selbständigem Nachdenken gelesen hat. Daraus, daß er dessen altertümliche, im eigentlichen Sinn urchristliche Rede vielfach in die reicher entwickelte christliche Sprache der durch Pl und seine Genossen gestifteten und bisher geleiteten Gemeinden übertragen hat, hätte Spitta 201 nicht einen Beweis dafür machen sollen, daß Pt den Jk nur erst als eine jüdische, noch nicht als christliche Schrift gekannt habe. Daß Pt den Abschnitt Jk 2, 14—26 unberücksichtigt gelassen hat, bedarf ebensowenig einer Erklärung, als daß von den donnernden Strafreden an die Kaufleute (4, 13—17) und an die Grundbesitzer (5, 1—6) nichts in den 1 Pt übergegangen ist. Es liegt auf der Hand, daß nicht alles, was Jk seinen christgläubigen Volksgenossen zu sagen hatte (z. B. 5, 12), für die Heidenchristen Kleinasiens paßte. Der Abschnitt 2, 14—26 war für solche ganz unbrauchbar. Er ließ sich nicht in die Sprache der paulinischen Gemeinden übersetzen, ohne ihn in sein Gegenteil zu verkehren. Eine partielle Aneignung desselben hätte diese Gemeinden nur verwirren können und hätte den 1 Pt 5, 12 ausgesprochenen Hauptzweck des Briefes vereitelt.

4. Clem. I Cor. 10, 1 Ἀβραὰμ ὁ φίλος προσαγορευθεὶς πιστὸς εὑρέθη ἐν τῷ αὐτὸν ὑπήκοον γενέσθαι τοῖς ῥήμασιν τοῦ θεοῦ. 17, 2 ἐμαρτυρήθη δὲ μεγάλως Ἀβραὰμ καὶ φίλος προσηγορεύθη τοῦ θεοῦ. Die bloße Benennung Abrahams als „Liebhaber Gottes" könnte nicht beweisen, daß Clemens Jk 2, 23 gelesen (oben S. 86 f.); er stimmt aber auch darin mit Jk überein, daß er die Verleihung dieses Titels als geschichtliches Ereignis und zwar zweimal erwähnt, und daß er die Erweisung des Glaubens Abrahams in Taten des Gehorsams hervorhebt (10, 1), und daß er in diesem Zusammenhang Gen 15, 6 ganz gleichförmig mit Jk 2, 23 citirt (10, 7) und wie dieser der Opferung Isaaks gedenkt (10, 6). Wenn Clem. 30, 2 Prov 3, 34 wie Jk 4, 6 und 1 Pt 5, 5 mit ὁ θεός statt κύριος der LXX citirt, so könnte neben der Alternative, ob Clemens von Jk oder Pt abhängt, noch die dritte Möglich-

keit erwogen werden, daß es in alter Zeit einen LXXtext mit ὁ ϑεός gegeben habe. Daß Clemens in der Tat dem Jk folgt, ergibt sich daraus, daß er gleich darauf 30, 3 schreibt ἔργοις δικαιούμενοι, καὶ μὴ λόγοις, was um so sicherer auf Jk 2, 21. 24 zurückgeht, als auch dort den Gegensatz zu den Werken zunächst ein λέγειν bildet Jk 2, 14. 16. Derselbe Gegensatz wird Clem. 38, 2 (ὁ σοφὸς ἐνδεικνύσϑω τὴν σοφίαν αὐτοῦ μὴ ἐν λόγοις, ἀλλ' ἐν ἔργοις ἀγαϑοῖς) in einer an Jk 3, 13 cf 3, 1ff. erinnernden Weise ausgesprochen. Daß ein Verehrer des Pl und ein Kenner seiner Briefe den Satz von der Rechtfertigung durch Werke überhaupt auszusprechen wagt, wäre kaum zu erklären, wenn nicht eine andere Auktorität ihn dazu ermutigt hätte. Clemens ist sich des Unterschieds der Lehrweise des Pl und des Jk auch wohl bewußt gewesen, denn es muß wie ein Versuch der Ausgleichung erscheinen, wenn er bald hinter jenem Satz aus Jk (30, 3) die Segnung Abrahams darauf gründet, daß er vermittelst Glaubens Gerechtigkeit und Treue geübt habe (31, 2 cf Jk 2, 22 ἡ πίστις συνηργει τοῖς ἔργοις αὐτοῦ), und sodann von den Frommen aller Zeiten behauptet, daß sie nicht durch sich selbst, sondern durch Gottes Willen, und nicht durch ihre Werke, sondern durch Glauben gerechtfertigt worden seien (32, 3f.), und wenn er endlich durch Darlegung der Notwendigkeit von Werken zu der Formel gelangt (34, 4): προτρέπεται οὖν ἡμᾶς πιστεύοντας ἐξ ὅλης τῆς καρδίας ἐπ' αὐτῷ, μὴ ἀργοὺς μηδὲ παρειμένους εἶναι ἐπὶ πᾶν ἔργον ἀγαϑόν. Cf Lightfoot, St. Clement II, 100. Ähnlich kombinirt Clemens das πίστει Hb 11, 31 mit dem ἐξ ἔργων Jk 2, 25, wenn er 12, 1 schreibt: διὰ πίστιν καὶ φιλοξενίαν ἐσώϑη Ῥαὰβ ἡ πόρνη. Das Gleiche würde von Clem. 49, 5 (ἀγάπη καλύπτει πλῆϑος ἁμαρτιῶν, ἀγαπη πάντα ἀνέχεται, πάντα μακροϑυμεῖ κτλ) im Verhältnis zu Jk 5, 20 und 1 Kr 13, 4. 7 gelten, wenn nicht das Wort ἀγάπη zunächst auf 1 Pt 4, 8 hinwiese (oben S. 97). Aber eine gleichzeitige Beeinflussung durch Jk 5, 20 wird wieder dadurch höchst wahrscheinlich, daß Clem. 50, 5 wie Jk die Liebe als ein Mittel hinstellt, für sich selbst Vergebung der Sünden zu erlangen.

5. Über Hermas und Jk cf Schwegler, Nachapost. Zeitalter I, 339; meinen Hirten des Hermas S. 396—409; GK I, 962; Hofmann VII, 3, 175f.; Taylor, Journal of Philology XVIII, 297ff. Schon ein griechischer Katenenverfasser (Cramer VIII, 4) hat zu Jk 1, 6 Herm. mand. IX excerpirt. Die oft gehörte Versicherung, daß der Beweis für die Abhängigkeit des Hermas von Jk nicht erbracht sei, ist wertlos, solange man sich nicht die Mühe nimmt, die eingehenden Darlegungen des wirklichen Sachverhalts zu widerlegen, die hier nicht wiederholt und auch nicht durch eine Citatentafel (wie die bei Feine 137) ersetzt werden können. Vollends gegenüber dem Urteil von Pfleiderer 868, daß die Priorität auf seiten des Hermas liege, genügt die Bemerkung von Mayor CXLIII f., daß man mit gleichem Recht behaupten könne, Quintus Smyrnaeus sei älter als Homer oder irgend eine moderne Predigt älter als ihr Text.

6. Bekanntschaft mit Jk ist wahrscheinlich anzunehmen bei Irenäus (GK I, 325), bei den Marcosiern (Iren. I, 13, 6), deren Lehrmeister in Syrien zu Hause und hauptsächlich in Kleinasien tätig war (GK I, 729. 759), bei Justinus (GK I, 576; Mayor LXI), welcher in Ephesus Christ wurde und in Rom schrieb. Möglich ist auch, daß die Anklänge an Jk in der alten Predigt unter dem Titel Clem. II Cor. nicht sämtlich aus der vielseitigen Abhängigkeit des Predigers von Clem. I Cor. und von Hermas zu erklären sind, sondern aus selbständiger Kenntnis des Jk herrühren. Clem. II, 3, 4—4, 3 ist ganz im Geist des Jk geschrieben. Cf ferner Clem. II, 15, 1; 16, 4 auch 2, 5—7 mit Jk 5, 19f., in bezug auf 16, 4 liegt aber noch näher 1 Pt 4, 8 und Clem. I Cor. 49, 5 (s. vorhin A 4). Ferner cf Clem. II, 20, 3 mit Jk 5, 7. Von den Anklängen der Test. XII patr. an Jk gibt Mayor LIV—LVI eine lange Liste. Von durchschlagender Beweiskraft ist nichts, und solange über Ort und Zeit der gegenwärtigen Gestalt des Buchs keine größere Sicherheit, als bisher, erzielt ist, wäre auch ein deutlicheres Zeugnis

von geringem Wert. In der pseudoclementinischen Literatur, welche den Bischof Jk so hochstellt (oben S. 74. 77 A 5), erwartet man mehr Berührungen mit Jk, als man findet. Kern 56—60 und Schwegler I, 413. 424 haben die Behauptung einer Ideenverwandtschaft arg übertrieben. Auch noch Feine 81 f. führt Parallelen an, welche bei näherer Betrachtung nur die radikale Verschiedenheit der Denkweise des Jk von dieser ebjonitischen Richtung zeigen (s. auch § 8 A 4). Beachtenswert wäre nur etwa: die Umformung von Mt 5, 37 nach Jk 5, 12 Clem. hom. III, 55; XIX, 2, zumal III, 55 cf XVI, 13 von Solchen die Rede ist, welche unter Berufung auf die Bibel sagen ὅτι ὁ ϑεὸς πειράζει cf Jk 1, 13. Ferner hom. V, 5 von den Dämonen, daß sie, bei den Namen der höheren Engel beschworen, φρίττοντες εἴκουσιν cf Jk 2, 19 und oben S. 88 A 10. An Jk 1, 18 könnte erinnern hom. II, 52; III, 17 von Adam ὁ ὑπὸ τοῦ ϑεοῦ χειρῶν κυοφορηϑείς.

§ 8. Abweichende Ansichten.

Unter denjenigen, welche unseren Brief als eine Schrift Jk des Gerechten anerkannt haben, findet noch immer die Meinung ihre Vertreter, daß Jk denselben erst gegen Ende seines Lebens, etwa zu der Zeit, da Pl in Rom gefangen lag, geschrieben habe (A 1). Der Hauptgrund für diese Annahme, die angebliche Polemik des Jk gegen Pl oder gegen einen Misbrauch paulinischer Lehre, ist selbst eine undurchführbare Hypothese (oben S. 90 f.). Sie müßte mitsamt der Zeitbestimmung, welche darauf gegründet wird, um so mehr aufgegeben werden, wenn man sich überzeugen wollte, daß der Brief an die gesamte Christenheit seiner Zeit gerichtet ist, daß aber diese Christenheit damals eine noch durchweg jüdische war (S. 66). Aber auch wenn man als exegetisch mögliche Auffassung von Jk 1, 1 gelten lassen könnte, daß er an die jüdischen Christen außerhalb Palästinas gerichtet sei, bliebe die völlige Nichtberücksichtigung des Verhältnisses, in welchem viele und wohl die meisten dieser jüdischen Christen um a. 60 zu den zahlreicheren Heidenchristen an ihren Wohnsitzen und zu ihrer heidnischen Umgebung standen, sowie das völlige Schweigen über die laut Zeugnis der Geschichte damals noch immer die Gemüter aller Beteiligten bewegende Frage nach der Bedeutung des mosaischen Gesetzes (A 2) ein unlösbares Rätsel. In einer um a. 60 verfaßten Schrift, welche wiederholt von Erfüllung des Gesetzes und zwar des ganzen Gesetzes redet, welche in polemischem Gegensatz den Satz verficht, daß der Mensch durch Werke gerecht werde und nicht durch Glaube allein, und welche überall die konkreten Verhältnisse der Leser berücksichtigt, wäre das Ignoriren aller jener Wirklichkeiten geschichtlich unbegreiflich, ganz zu schweigen von der Feigheit, durch welche Jk sich hätte bestimmen lassen, von dem ihm so wohl bekannten Urheber der von ihm bestrittenen Schlagwörter völlig abzusehen. Wie solche paulinische Schlagwörter und von Pl ausgegangene Auslegungen einzelner Bibelstellen (Gen 15, 6) in der wirklichen Umgebung des Jk, unter den Eiferern um das Gesetz (AG 21, 20; Gl 2, 12), in den Kreisen, welche von Mistrauen gegen Pl erfüllt waren und überall Mistrauen gegen ihn erregten, einen gefährlichen Einfluß gewinnen konnten, wird Niemand erklären können. Wollte aber Jk trotz der Verabredung mit Pl (Gl 2, 9) über die Grenzen seines anerkannten Berufs hinaus heidenchristliche Gemeinden vor Misverstand oder Misbrauch paulinischer Formeln warnen, so mußte er an diese direkt sich wenden und nicht beiläufig mit einigen schielenden Anspielungen, sondern in gründlicher Auseinandersetzung die wahre Lehre darlegen. Eine so lahme, schiefe und feige Polemik, wie sie hier vorläge, wäre begreiflicher bei einem Manne, der es auch nicht wagte, mit seinem eigenen Namen für seine Überzeugung einzutreten, sondern es vorzog, trügerischerweise die Maske des längst verstorbenen Jk anzulegen. Daher sind auch diejenigen, welche den Brief als ein Erzeugnis der nachpaulinischen Entwicklung der Kirche ansahen, meist zu dem Urteil gelangt, daß er pseudepigraph sei. Die ältere Tübinger Schule fand in demselben eine aus dem Gegensatz zur Rechtfertigungslehre des Pl und einer für das praktische Christentum nachteiligen Auffassung derselben zu begreifende Darlegung eines gemilderten, zum katholischen Christentum hinstrebenden Judenchristentums aus der Zeit um 150 (A 3). Dieses Judenchristentum ist aber nicht eine geschichtlich nachweisbare Erscheinung, sondern ein aus Schriften, die man ohne genauere Untersuchung ihres geschichtlichen Charakters für pseudonym erklärt, geschöpftes Phantasiebild. Das wirkliche Judenchristentum der nachapostolischen Zeit, dasjenige nämlich, welches nach Ignatius, Barnabas, Justin einerseits und der ebjonitischen Literatur andrerseits um Pl und die Fortentwicklung der gesamten Christenheit sich bekümmert hat, hat auch nicht aufgehört, das mosaische Gesetz, zwar meist nicht ohne Abzug, aber doch immer dieses bestimmte Gesetz und die dadurch normirte jüdische Lebensordnung den Heidenchristen aufzudrängen, den Pl aber als den feindseligen Mann und Urheber der Gesetzlosigkeit mit seinem Haß zu verfolgen, während es dessen Rechtfertigungslehre als eine belanglose Theorie auf sich beruhen ließ. Das gilt auch gegen Weizsäcker, welcher den Brief für eine Aussprache des zum Ebjonitismus sich fortentwickelnden palästinischen Judenchristentums aus der Zeit nach dem Tode des Jk und der Auswanderung der Gemeinde von Jerusalem hält, worin dieses „gegen die Heidenchristen abgeschlossene“ Judenchristentum, dem „nichts übrig blieb als die Resignation“, unter Aneignung sehr wesentlicher Gedanken des Pl dessen Grundlehre „einer milden, fast versöhnlichen Betrachtung“ unterzieht und doch zugleich aufs entschiedenste ablehnt (A 4). Nach Pfleiderer (865—880) wäre der Jk ein mit dem Hirten des Hermas nächstverwandtes Erzeugnis des „praktischen Katholizismus“ der nachhadrianischen Zeit, worin der Intellektualismus der Gnostiker oder Pneumatiker (Jk 3, 15), der Antinomismus Marcions (4, 11), die Verweltlichung der vornehmeren Christen bestritten und angesichts der römischen Gemeinde, deren Verhältnisse der Vf zunächst im Auge hat, aber zugleich der gesamten Christenheit, an welche er seine Schrift adressirt, Pl selbst unter das Verdammungsurteil über diejenigen befaßt wird, welche angeblich unter Berufung auf den Glaubensbegriff und die Rechtfertigungslehre des Pl zu all' jenen Verirrungen gekommen sind (oben S. 90 f.). Während Pfleiderer alles das, was uns die jüdische Christenheit Palästinas und der angrenzenden Gebiete als den Boden erkennen lehrte, auf welchem Jk mit seinen Lesern steht, stillschweigend außer Betracht läßt, bestreitet v. Soden (HK III, 2, 160ff), daß irgend etwas auf jüdische Herkunft der Leser oder des Vf hinweis. Bei den allerverschiedensten Urteilen über die im Jk vorausgesetzten Zeitverhältnisse herrscht unter denen, welche ihn dem berühmten Jk von Jerusalem glauben absprechen zu müssen, große Einigkeit darüber, daß er für ein Werk dieses Jk gelten wolle. Aber gerade gegen die Annahme einer literarischen Fiktion fällt die schmucklose Art, in welcher der Vf sich einführt, schwer ins Gewicht. Wollte ein Späterer für Jk den Gerechten gelten, so mußte er sich nach Analogie aller vergleichbaren Literatur als Bruder des Herrn oder als Leiter der Muttergemeinde oder sonst irgendwie als den großen Zeitgenossen der Apostel bezeichnen, und das um so mehr, als es mehr als einen namhaften Jk unter den Christen der ersten Zeit gegeben hat (A 5). Es konnte ihm auch nicht der schlichte, fast heidnisch klingende Gruß an der Spitze genügen, während die schon früher verbreiteten apostolischen Sendschreiben das nicht zu umgehende Musterbild einer Grußüberschrift boten, wie sie sich für einen Apostel und einen apostelgleichen Mann schickte. Der schlichten Würde des Eingangs entspricht der Gesamtcharakter des Briefs als einer literarischen Erscheinung, die Eigenart seines Stils und das in scharfer Zeichnung aus den Worten hervortretende Charakterbild des Vf. Unter den anerkannt pseudepigraphen Schriften der altchristlichen Literatur kann Niemand etwas entfernt Vergleichbares anführen. In bezug aber auf diejenigen Schriften, über welche man in dieser Hinsicht geteilter Meinung ist, müssen die erwähnten Eigenschaften stets als ein gewichtiger Beweis ihrer Echtheit gelten. Die Klasse der originellen und genialen, der schlicht und würdig, knapp und körnig schreibenden Fälscher hat nie existirt. Sehr selten und in der älteren Kirchenliteratur nicht nachzuweisen sind auch die Fälschungen ohne einen erkennbaren Zweck, welcher zugleich die Wahl der bestimmten Maske erklärt. Wer es nützlich fand, als Lehrer und Strafprediger vor seinen Zeitgenossen unter der Maske des großen Jk aufzutreten, mußte einen Zweck im Auge haben, für welchen die Person des Jk, wie sie in der Überlieferung lebte, als eine besonders geeignete Auktorität erschien. Der Inhalt des Briefes aber widerspricht durchaus dieser notwendigen Voraussetzung. Weder in seiner Eigenschaft als Bruder Jesu, noch als erster Bischof Jerusalems, noch als der mit zäher Liebe an seinem Volk und am Tempel hängende Israelit, noch als der von den Judaisten auf den Schild gehobene Mann von gesetzlicher Lebensweise, noch als der übergesetzliche Asket tritt uns der Jk der Geschichte und der Sage aus diesem Brief entgegen. Wir sehen nur die kraftvolle Persönlichkeit des ernsten Christen, der alle jene Eigenschaften in sich vereinigt haben kann. Pseudepigraphe Literatur alter Zeit hat sich niemals von verräterischen Anachronismen rein gehalten, was nur durch Anwendung einer damals unbekannten archäologischen Gelehrsamkeit hätte geschehen können.

Anachronismen im Jk nachzuweisen, ist nicht gelungen (A 6). Was an demselben befremden könnte, ist nicht das anscheinend Moderne, sondern eher der Mangel an deutlichen Zeichen davon, daß Vf und Leser von dem jungen Wein des Evangeliums getrunken haben. Auf diesem Eindruck beruht die Hypothese, durch welche neuerdings Spitta alle Rätsel glaubte lösen zu können. Der Jk soll von Anfang bis zu Ende eine jüdische Schrift aus dem ersten Jahrhundert n. Chr. oder aus dem letzten Jahrhundert v. Chr. sein, welche lediglich durch nachträgliche Einschiebung der Worte *καὶ κυρίου Ἰησοῦ Χριστοῦ* 1, 1 und *ἡμῶν Ἰησοῦ Χριστοῦ* 2, 1 den oberflächlichen Anstrich einer christlichen Schrift erhalten habe (A 7). Daß man eine Schrift, deren Vf nach dem vorliegenden Text sich einen Knecht des Herrn Jesus Christus nennt und denselben Jesus Christus oder dessen Herrlichkeit als wesentlichen Gegenstand des Glaubens seiner Leser bezeichnet, eine Schrift, welche nur durch christliche Hände, aber immer nur als Schrift eines hervorragenden Christen apostolischer Zeit überliefert ist, bisher als ein christliches Erzeugnis hingenommen hat, mag man, wenn man zu anderem Urteil gelangt, als einen Beweis dafür anführen, wie wenig weit wir es in der so lange geübten Kunst der Kritik gebracht haben. Wenn aber Spitta (S. 8) diese bisher geltende Ansicht eine Hypothese nennt, welche man auf morscher Basis errichtet, so beweist er damit nur, wie weit er selbst sich von dem Boden einer gesunden und gerechten Kritik entfernt hat. Wer sich auf diesem zu behaupten strebt, sieht leicht, daß die durch eine mehr als kühne Exegese gestützte neue Hypothese von ihrem Urheber selbst nicht bis zu einer klaren geschichtlichen Ansicht durchdacht ist. Wie könnte derselbe sonst das Verfahren des angeblichen christlichen Interpolators mit den bekannten und anerkannten Interpolationen und förmlichen Umarbeitungen jüdischer Schriften durch christliche Hände vergleichen (S. 39)! Die jüdischen Sibyllinen, die Testamente der 12 Patriarchen, die Ascensio Isaiae und manche andere Bücher, welchen solches widerfahren ist, waren von Haus aus auf die Täuschung leichtgläubiger Leser berechnete Dichtungen. Die ehrwürdigen Namen der Urzeit und des israelitischen Altertums, welche ihnen Anziehungskraft verliehen und ihnen zuerst in jüdischen, dann auch in christlichen Kreisen Glauben verschafft haben, reizten auch dazu, sie den veränderten Zeitverhältnissen und dem religiösen Standpunkt christlicher Leser anzupassen. Dies geschah aber nicht, um ihnen den Schein christlicher Schriften zu geben, sondern vielmehr, um die angeblichen Vertreter längst entschwundener Zeiten und Religionsstufen zu prophetischen Zeugen der christlichen Wahrheit zu machen. Oder nehmen wir das Beispiel eines Werks mit ehrlichem Verfassernamen, wie es der jüdische Jakobusbrief gewesen sein soll. Der Mann, welcher in die Archäologie des Josephus ein Zeugnis für Christus, wahrscheinlich auch die Bemerkung über den Tod des Jakobus, des Bruders Jesu, eingeschoben hat, war ja nicht so töricht, den Juden Josephus zu einem Christen umstempeln zu wollen. Im Gegenteil, als jüdischer Geschichtschreiber der Zeit Jesu war Josephus ihm wichtig, und als solcher sollte er durch jenen Einschub zu einem unparteiischen Zeugen für die wunderbare Größe Jesu gemacht werden. Der Interpolator hat sich bemüht, dem Josephus seinen geschichtlichen Charakter als Jude zu wahren. Daß er das nicht besser verstanden hat, und daß es ihm nicht auf die Dauer gelungen ist, das Auge geschichtlich gebildeter Kritiker zu täuschen, ändert nichts an seiner offenkundigen Absicht. Der Lateiner, welcher statt des ursprünglichen Christus den Namen Jesus in die jüdische Apokalypse unter dem Namen des 4. Buchs Esra (7, 28) eingeschwärzt hat, dachte nicht daran, den angeblichen Esra seinem berühmten Namen und der Chronologie zum Trotz zu einem Jünger Jesu zu machen, sondern er wollte die Schrift des alten Esra noch schöner und für christliche Leser noch erbaulicher machen, indem er ihm eine unzweideutige Weissagung auf den von den Christen als Messias bekannten Jesus in den Mund legte. Das gerade Gegenteil von alle dem hätte der Christ getan, welcher durch Einschiebung von 7 Wörtern die gelehrte und die ungelehrte Christenheit aller Zeiten über den religiösen Charakter des Jk getäuscht haben soll. Er hätte die Schrift eines geschichtlich völlig unberühmten Juden Jakob im übrigen unverändert gelassen und dagegen durch Einschiebung jener 7 Wörter jedem harmlosen Leser von vornherein das Urteil aufgedrängt: das hat ein Christ geschrieben. Erschien sie ihm, so wie sie war, auch für Christen lesenswert, warum behandelt er sie anders, als man die Sprüche des Jesus Sirach und die Weisheit Salomos in der alten Christenheit behandelt hat? Hielt er sie einer christlichen Umgestaltung für bedürftig, warum begnügte er sich mit dem Aufkleben zweier christlicher Bekenntnisse, welche den vorchristlichen oder unchristlichen Inhalt der Schrift um so greller hervortreten ließen? Ebenso undenkbar wie beispiellos ist das Verfahren des angeblichen Interpolators. Es ist bezeichnend für diese Hypothese, daß ihr Urheber sich gar nicht verpflichtet gefühlt hat, uns über die Beweggründe und die Zeitverhältnisse der christlichen Interpolation aufzuklären. Zeigt sich schon Pl, als er zu Anfang des J. 58 in Korinth den Rm schrieb, und Pt, als er im J. 63 oder 64 in Rom seinen Brief an die Kleinasiaten schrieb, mit dem Jk vertraut, so muß er eben schon damals in der Christenheit weit verbreitet gewesen sein. Schon darum ist es äußerst unwahrscheinlich, daß eine erst später erfolgte christliche Interpolation den allgemeinen Erfolg in der Kirche gehabt haben sollte, den sie nach allem, was wir von der Geschichte des Jk in der Kirche wissen, gehabt haben müßte. Ferner zeigt die Art, wie Pl den Jk berücksichtigt, daß er schon dem Pl und den römischen Christen jener Tage als Schrift eines christlichen Lehrers von bedeutendem Ansehen bekannt war (oben S. 91 f.). Die Annahme aber, daß schon um a. 50—60, zu Lebzeiten des Jk von Jerusalem, die christliche Interpolation erfolgt, und daß schon Pl ein Opfer dieser Täuschung geworden sei, würde einer Widerlegung kaum bedürftig erscheinen. Höchst phantastisch ist auch das Bild der jüdischen Schrift und ihres Vf, welches sich uns nach Streichung jener 7 Wörter darbietet. Ein Jude, welcher durch nichts sein Recht hiezu zu begründen weiß, redet seine ganze Nation oder, wie Spitta die „Adresse“ versteht, die ganze Judenschaft der Diaspora, in dem überlegenen Ton eines väterlichen Lehrers und eines prophetischen Strafpredigers an! Das hätte vor der Zerstörung des Tempels vielleicht ein Hoherpriester zu Jerusalem und nach dem J. 70 vielleicht ein anerkanntes Schulhaupt wie der jüngere Gamaliel tun können. Es hätte solches früher etwa auch im Namen der gesamten Judenschaft Palästinas oder des Synedriums mit seiner monarchischen Spitze geschehen können (A 8). Der Jude Jakob, welcher nichts weiter für sich geltend machen konnte, als daß er ein Knecht Gottes sei, hätte sich durch eine solche Schrift lächerlich gemacht. Diejenigen, welche sich, ohne eine anerkannte Auktoritätsstellung einzunehmen, zu ähnlicher Predigt an ihr Volk berufen fühlten, haben es durchweg vorgezogen, ihren Namen zu unterdrücken, und haben lieber im Namen eines Salomo oder Henoch, eines Esra oder Baruch, oder auch der Sibylle und des Hystaspes geschrieben. Es ist aber auch eine Täuschung, daß ein Jude ein Sendschreiben d i e s e s I n h a l t s an seine Volksgenossen gerichtet haben könnte. Für einen solchen gab es gar kein Zwölfstämmevolk in der Zerstreuung; auch die Worte *ταῖς ἐν τῇ διασπορᾷ* 1, 1 müßten eine christliche Interpolation sein (oben S. 53 f. 57 f.). Der Gedanke einer Geburt aus Gott vermittelst eines Wortes der Wahrheit, nämlich des im Gemeindegottesdienst vorgelesenen und gepredigten, die Seelen errettenden Wortes göttlicher Offenbarung (1, 18—21 A 7) ist erst auf christlichem Boden entstanden. Ebenso der Gedanke eines Sittengesetzes, welches im Unterschied von einem früher geltenden unvollkommenen Gesetz ein vollkommenes, und im Gegensatz zu einem zwingenden und knechtenden Gesetz das Gesetz der Freiheit und mit besonderer Rücksicht auf sein Hauptstück, das Gebot der Nächstenliebe, ein Gesetz für Könige heißt (1, 25; 2, 8. 12 oben S. 82 f.). Auch unabhängig vom Christentum haben Juden dem Glauben Großes nachgerühmt; aber daß einer im Glauben schon diesseits reich und auf Grund desselben ein Erbe des verheißenen Königreichs Gottes sei, ist ein christlicher Gedanke (2, 5). Es müßte auch erst bewiesen werden, daß vor Jesus (Mt 5, 12) und unabhängig von ihm ein Jude die Forderung gestellt habe (Jk 1, 2. 9), die Leiden und Anfechtungen des Diesseits nicht etwa nur in Geduld und Hoffnung zu tragen, sondern sich eine Quelle reiner und stolzer Freude sein zu lassen. Vor allem aber der Wahn, welchem Jk 2, 14—26 entgegentritt, daß nämlich der Glaube an sich, abgesehen von seiner Betätigung und Bewährung in Werken, die Seligkeit verschaffe, konnte erst auf dem Grunde der Predigt Jesu entstehen, und die hiegegen gerichtete, eingehende Begründung des Satzes, daß der Mensch in folge von Werken und nicht in folge von Glauben allein gerechtfertigt werde, wäre jüdischen Lesern gegenüber sehr überflüssig gewesen. Immerhin hat der kühne Versuch, den Jk als ein Erzeugnis des noch nicht vom Ev berührten Judentums zu verstehen, aufs neue gezeigt, wie stark die Wurzeln sind, mit welchen dieses älteste Stück christlicher Literatur an dem Boden haftet, welchem es in der Tat entsprossen ist, an dem jüdischen Christentum Palästinas. Dieser echt israelitische Charakter des Briefs und die Abwesenheit der uns soviel vertrauteren Formen der kirchlichen Sprache, die sich erst auf dem Grunde des Ev des Pl entwickelt hat, ist der stärkste Beweis für die Richtigkeit der Auslegung, welche uns nötigte, ihn der Zeit vor dem Apostelkonzil zuzuweisen, und für die Wahrheit der Tradition, welche ihn dem Jk von Jerusalem zuschreibt.

Auf Antrag desselben Mannes haben die im Winter 51/52 in Jerusalem versammelten Apostel und die Presbyter der Muttergemeinde an die Heidenchristen in und bei Antiochien jenes Sendschreiben gerichtet, welches uns AG 15, 23—29 aufbewahrt ist. Es zeigt ebenso wie die Rede des Jk, durch welche die Abfassung desselben herbeigeführt wurde, bemerkenswerte Ähnlichkeiten mit dem Sendschreiben, welches Jk wenige Jahre, vielleicht nur ein Jahr früher im eigenen Namen verfaßt hat (oben S. 86 A 7). Es wird diese Urkunde im Zusammenhang der Frage nach den Quellen der AG auf ihre Echtheit zu prüfen sein. Andere aus der Christenheit Palästinas hervorgegangene und für dieselbe bestimmte Schriften gehören einer beträchtlich späteren Zeit an und haben die selbständige Entwicklung der heidenchristlichen Kirche zur Voraussetzung, deren Urkunden die Briefe des großen Heidenapostels sind (A 9).

1. Ich nenne beispielsweise Kern, Kommentar 65ff.; 82ff.; Wiesinger 36ff.; Feine 57ff. 89f. Letzterer kommt, ohne sich auf eine begriffliche und sprachliche Erörterung der Grußüberschrift einzulassen, zu der Ansicht, daß der Brief ursprünglich eine „an die palästinische Gemeinde" (soll wohl heißen an die Ortsgemeinde von Jerusalem) gerichtete Ansprache des Jk, eine Homilie sei, welche Jk hernach auch in Briefform „an die christgläubigen Juden in der Diaspora", oder auch an die aus Heiden- und Judenchristen gemischten Gemeinden, wahrscheinlich Syriens, habe gelangen lassen (95. 97. 99). Aus jener ursprünglichen Bestimmung erkläre sich die lokale Farbe, aus der nachträglichen Verwendung die dazu angeblich nicht passende „Adresse". Aber wie sollen wir uns die gedankenlose Trägheit des Jk erklären, die ihn verleitete, seine Gedanken in dieser für den weiteren Leserkreis ganz ungeeigneten Fassung niederzuschreiben, oder, wenn die Homilie schon vorher geschrieben war, sie mechanisch abschreiben zu lassen, ohne auch nur mit einigen Worten den neuen Lesern zu sagen, daß er ihnen eine ursprünglich für ganz andere Leute bestimmte Ansprache abschriftlich zu gefälliger Kenntnisnahme mitteile? Es sind ja auch sonst früh genug Briefe über den Kreis ihrer ursprünglichen Adresse hinaus verbreitet worden, ohne daß man ihnen eine neue Adresse vorsetzte (cf Kl 4, 16; Pol. ad Phil. 13, 2). In diesem Falle hätte Jk überdies seine Arbeit an der neuen Auflage auf Anfertigung einer Adresse beschränkt, welche nach Feine selbst (97) wegen ihrer Allgemeinheit der wirklichen, nunmehr ins Auge gefaßten Bestimmung gar nicht entsprach. Im Vergleich dazu wäre beinah noch erträglicher die kecke Annahme von Harnack (Texte u. Unters. II, 2, 106—109), daß unter anderen katholischen Briefen auch diesem erst nachträglich die falsche Etikette seiner Grußüberschrift aufgeklebt worden sei, weil man nur durch „Zufügung eines Apostelnamens" die alte Schrift in ihrem Ansehen erhalten konnte. Abzuweisen ist diese Vermutung, abgesehen vom Mangel an positiven Anzeichen eines solchen Sachverhaltes, erstens darum, weil der berühmte Jk im 2. Jahrhundert und noch viel später gar nicht für einen Apostel galt; zweitens darum, weil der, welcher das Ansehen des Briefes durch Aufkleben der falschen Etikette retten oder heben wollte, entweder den berühmten Jk durch Bezeichnung als

Bruder des Herrn oder als Bischof von Jerusalem oder dergleichen charakterisiren, oder einen der beiden Apostel Jk als Vf angeben, dann aber auch als solchen bezeichnen mußte. Drittens beweist die innerliche Beziehung zwischen dem χαίρειν Jk 1, 1 und πᾶσαν χαράν 1, 2 (oben S. 84 A 3), daß Grußüberschrift und Text von der gleichen Hand herrühren cf Spitta, Der 2. Brief des Petrus 26—30. 475. Die Ausflucht aber (Harnack S. 108), daß in diesem Fall nur die Worte Ἰάκωβος — δοῦλος späterer Zusatz, das Folgende dagegen echt sei, kann doch nicht durch die kühne Behauptung gerechtfertigt werden, daß eine Grußüberschrift ohne Nennung des Vf ebenso vollständig sei, wie die Anfänge des Barnabasbriefs und der Didache, welche keine Grußüberschrift haben. Neuerdings (Chronol. 485—491) erklärt Harnack die ganze Grußüberschrift für eine am Ende des 2. Jahrh. aufgeklebte Etikette und den ganzen Brief für eine wahrscheinlich schon vor 150 angefertigte Kompilation aus verschiedenen Reden eines unbekannten, aber „kraftvollen" Lehrers.

2. Aus der Zeit nach dem Apostelkonzil und dem heißen Kampf in Galatien zeugen für die fortdauernde, wenn auch sehr mannigfach gestaltete Reibung zwischen jüdischem und heidnischem Christentum Stellen wie 1 Kr 16, 22 (1, 12; 3, 16–23; 9, 1f.; 15, 11 cf § 18); 2 Kr 2, 17—4, 6; 5, 11—16; 11, 1—12, 13; Rm 2, 11—3, 8; 3, 29—8, 17; 14, 1—15, 13; 15, 25—33; 16, 4; Kl 2, 6—3, 11; 4, 10f.; Phil 1, 14—18; 3, 2ff.; 1 Tm 1, 3—11; Tt 1, 10. 14; 3, 9. — AG 21, 18–26. — Ign. Magn. 8—10; Philad. 6–9; Smyrn. 1 (cf meinen Ignatius v. Ant. 359ff.); Barn. 3, 6; 4, 6; 9—10; 15; Just. dial. 46—48 (GK II, 671); die Anabathmen des Jk Epiph. haer. 30, 16 = Clem. recogn. I, 55—71 und die gesamte pseudoclementinische Literatur.

3. Baur, Paulus II², 322—340 (jeder Gedanke an Echtheit schon durch die Gewandtheit des Vf in griechischer Sprache und Denkweise ausgeschlossen S. 335); Christent. der 3 ersten Jahrh. 122f. (etwas früher als die Pastoralbriefe). Schwegler I, 418: „Früher als die clementinischen Homilien [deren Existenz vor dem 3. Jahrhundert unerweislich ist] ist er in keinem Fall geschrieben worden." Was Schwegler I, 437 als „die an sich absurdeste Annahme" bezeichnet, daß Jk nicht gegen Pl direkt, sondern gegen ein Misverständnis der paulinischen Lehre streite, hat sich Baur dadurch nicht abhalten lassen, in seine Darstellung aufzunehmen.

4. Aus den schillernden und in allen Teilen beweislosen Ausführungen von Weizsäcker, Apost. Zeitalter 364–369. 671, ist ein bestimmteres Bild als das oben kurz skizzirte, nicht zu gewinnen. Wenn man liest, daß aus 3, 6 die Bekanntschaft des Vf mit griechischer Literatur erhellen, und daß 3, 1ff. „vor allerlei Weisheitslehren" gewarnt sein soll (366), so scheinen die bezüglichen Erörterungen von Hilgenfeld (Einl. 535f. 539 A 2 s. oben S. 87f.) als ausreichende exegetische Grundlage betrachtet zu sein. Weizsäcker geht aber über Hilgenfeld noch hinaus, indem er S. 368 in Jk 3, 1. 13 nicht bloß die falsche Weisheit, sondern das Weisheitsstreben überhaupt bekämpft sieht. Es wäre Torheit, solche Weisheit zu bestreiten, und vergeblich, an Jk 1, 5; 3, 17 zu erinnern. Ebjonitisch soll die Stellung des Jk zu Reich und Arm sein, und er soll bereits die angeblich bei Lc vorliegende ebjonitische Umgestaltung des Eingangs der Bergpredigt voraussetzen (367). Der ebjonitische Grundsatz lautet (Clem. hom. 15, 9) πᾶσι τὰ κτήματα ἁμαρτήματα, Jk dagegen betrachtet nach dem Vorgang Jesu (Mt 13, 22) die Sorgen der Armut ebenso wie den Betrug des Reichtums als Anfechtungen und ermahnt den reichen Christen nicht, sich seiner Güter zu entledigen, sondern sich seiner Niedrigkeit zu rühmen (1, 2—11 oben S. 62). Der Begriff πτωχοί im Munde Jesu stammt bekanntlich aus Jes 61, 1 cf Lc 4, 18; 7, 22; Mt 11, 5, also auch Mt 5, 3; Lc 6, 20, und er entspricht demnach auch ohne das verdeutlichende τῷ πνεύματι Mt 5, 3 dem hebr. עֲנָוִים. Wer das nicht einsieht, sollte wenigstens durch die Tatsache sich belehren lassen, daß die Ebjoniten das kanonische πτωχοί durch das keineswegs gleichbedeutende πένητες

zu ersetzen für gut fanden und dies dann doch nachträglich wieder gegen gar zu grobe Anwendung durch willkürliche Zutaten zu sichern genötigt waren (Clem. hom. 15, 10 *ὁ διδάσκαλος ἡμῶν πιστοὺς πένητας ἐμακάρισεν*). Es soll dem Brief trotz seiner Grußüberschrift jede „Widmung" fehlen, weil „die Adresse nur eine ideale Größe gibt, wie die 144000 der Apokalypse" (S. 366)! Dabei wird die „Adresse", die nicht einmal als „Widmung" gelten soll, ohne jede Erklärung gelassen, und es wird der entscheidende Unterschied übersehen, daß Jk sein Zwölfstämmevolk als seine Brüder anredet und sehr gründlich auf ihre sozialen, sittlichen und religiösen Verhältnisse eingeht, wovon in Ap 7, 1—8 natürlich nicht die Rede ist. Man erhält bei Weizsäcker ebensowenig wie bei Hilgenfeld, welcher den Brief doch auch von einem orientalischen Judenchristen unter Domitian geschrieben sein läßt (540f.), eine Aufklärung darüber, warum die „spielende" Handhabung der griechischen Sprache, welche die Abfassung durch Jk ausschließen soll, bei einem palästinischen Judenchristen 20 oder 40 Jahre später, unter dem Episkopat des Simeon, begreiflicher sein soll, als um 45—50 n. Chr.

5. Wir besitzen einen unechten Brief des Jk (aus dem Armenischen übersetzt von Vetter, Lit. Rundschau 1896 S. 259), welcher beginnt: „Jakobus Bischof von Jerusalem, an Quadratus" etc. cf ferner Clement. ed. Lagarde p. 4 *Πέτρος Ἰακώβῳ τῷ κυρίῳ καὶ ἐπισκόπῳ τῆς ἁγίας ἐκκλησίας κτλ.*, p. 6 *Κλήμης Ἰακώβῳ τῷ κυρίῳ καὶ ἐπισκόπων ἐπισκόπῳ, διέποντι δὲ τὴν Ἱερουσαλὴμ ἁγίαν Ἑβραίων ἐκκλησίαν κτλ.*, dazu die andere Recension (Patr. ap. ed. Cotelerius-Clericus 1724, I, 617) *Clemens Jacobo, fratri Domini et episcopo episcoporum* etc. Cf ferner die unechten Paulusbriefe GK II, 584. 600 und den Brief des Johannes in meinen Acta Jo 63, 2. Über das eigentümliche Versteckspiel des Vf des Protevangelium Jak. GK II, 775.

6. Über die bequem eingerichteten Versammlungslokale (2, 2), die angeblich schon sehr entwickelte Gemeindeverfassung (5, 14) ist kaum nötig etwas zu sagen, cf die kurzen und guten Bemerkungen Hofmann's VII, 3, 157f. Namentlich die Zuversicht, mit welcher dem Gebet Heilkraft zugesprochen wird, ohne daß, wie in der Parallelstelle Sirach 38, 9—15, für den Arzt eine Stelle offen gelassen wird, weist in hohes Altertum. Über die Anwendung von Öl s. oben S. 88 A 11. Das immer wieder auftauchende Urteil, daß so betrübende Zustände, wie sie Jk rügt, wohl 30 oder 60 oder 100, aber nicht 20 Jahre nach dem Tode Jesu in christlichen Gemeinden hätten vorkommen können, läßt sich nicht geschichtlich begründen. Die jüdische Christenheit, in welcher schon vor dem J. 35 ein Murren wie das AG 6, 1, und Fälle wie der AG 5, 1—11 vorkamen, in welcher vielleicht wenige Monate nach Abfassung dieses Briefs Leute ein großes Wort führten, denen Pl die Existenzberechtigung in der Kirche absprach (Gl 2, 4), und welche Jk als unberufene Friedensstörer abwies (AG 15, 19. 24), haben wir kein Recht, über jeden ernsten Tadel erhaben zu denken. Sind die Fehler, welche Jk rügt, die echt jüdischen (oben S. 64f.), so sind sie als unüberwundene Reste vorchristlicher Denkweise gerade in früherer Zeit besonders begreiflich. Pl hat in der eben erst gegründeten korinthischen Gemeinde mehr praktisches Heidentum zu strafen, als die Kirchenlehrer der nachapostolischen Zeit in ihren Gemeinden. Unverständlich wird das geschichtliche Bild der ersten Gemeinden jüdischer wie heidnischer Herkunft nur dann, wenn man die Rügen, die über Einzelnes und Einzelne ausgesprochen werden, verallgemeinert, und wenn man bei Strafpredigern von so hohem sittlichen Pathos wie Jk oder Pl, wie Jesaja oder Jesus den Gleichmut eines Moralstatistikers voraussetzt.

7. Spitta hat seine Hypothese durch einen Kommentar zum Jk (S. 14—155) begründet, dessen Wert in der Anführung von Parallelen aus der jüdischen, insbesondere der judengriechischen Literatur, nicht in der Auslegung des Textes liegt. Letzteres kann hier nur an wenigen Beispielen gezeigt werden, und zwar an Stellen, welche für die Deutung des Ganzen als eines jüdischen Erzeugnisses grundlegend sind. In bezug

auf die „Adresse“ s. oben S. 53. 58 A 8. Es soll 1, 18 nicht von der Wiedergeburt der Christen, sondern von der Erschaffung des Menschen handeln (S. 45). Daß das Schöpferwort Gottes, statt nach der darin sich offenbarenden Macht charakterisirt zu werden (cf Hb 1, 3; Sap Salom 18, 15; Clem. I Cor. 27, 4; Herm. vis. I, 3, 4), „ein Wort der Wahrheit“ heißen sollte, ist an sich kaum glaublich und widerspricht dem Sprachgebrauch schon des AT's, wo das an Israel ergangene Wort der Offenbarung so genannt wird (Ps 119, 43 cf v. 30. 86. 138. 142. 160), ebenso wie dem des NT's (Eph 1, 13; 2 Tm 2, 15; Jo 17, 17 cf Clem. hom. epist. Petri 2). Völlig ausgeschlossen ist dies durch den Zusammenhang, nach welchem das Wort 1, 18, wie auch Spitta anerkennt (S. 48. 50), identisch sein muß mit dem Wort, welches im Gottesdienst gelesen und gehört wird 1, 19—25. Daß aber dieses Seelen rettende Wort von Jk stillschweigend mit dem Schöpferwort identificirt werde, ist eine Behauptung, die der Exeget doch nur dann wagen dürfte, wenn der Text diese verworrene Vorstellung irgendwie andeutete; und auch dann noch bliebe die Wahl des Ausdrucks in 1, 18 ebenso sinnwidrig wie beispiellos. — Um 2, 14—26 auf innerjüdische Gegensätze beziehen zu können und die zu 2, 14 S. 72 als selbstverständlich vorgetragene Fassung der πίστις als jüdische Rechtgläubigkeit vorzubereiten, wird uns zugemutet, das Wort auch 1, 6 so zu verstehen, wo es ja offenbar die Gemütsverfassung des Beters bezeichnet (cf 5, 15), dessen Mangel an kindlichem Vertrauen zu Gott schon 1, 5 entgegentritt. Ein Beweis für das Unglaubliche soll darin liegen, daß nach 1, 7 der Zweifler doch auch etwas von Gott zu empfangen meine; als ob der, welcher gewiß wäre, durch das Gebet nichts von Gott zu erlangen, ein zweifelnder Beter genannt werden könnte und überhaupt noch beten würde. Gerade daß er zwischen Furcht und Hoffnung, zwischen Begehrlichkeit und Mistrauen schwankt, macht ihn zum διακρινόμενος. In bezug auf 2. 14—26 ist eine exegetische Verständigung schon dadurch sogut wie ausgeschlossen, daß Spitta 79 an entscheidender Stelle ohne ausreichende Gründe eine Textlücke annimmt (oben S. 70). Aber es ist ihm nicht gelungen, in jüdischer Literatur irgend ein Beispiel für die von Jk bestrittene Meinung beizubringen, daß der Glaube an sich abgesehen von Werken errette. Auch in den S. 75 angeführten Stellen des IV Esrabuchs, welche ja manchmal als Spuren von Berührung mit christlichen Gedankenkreisen beurteilt worden sind, findet sich nichts entfernt ähnliches, nicht einmal eine Entgegensetzung von Werken und Glauben. Während Spitta S. 54 das Attribut des Gesetzes τέλειος 1, 25 aus dem Gegensatz zu den Gesetzen heidnischer Völker erklärt, übersieht er den schon durch die Ausdrucksform viel schärfer betonten Gegensatz, in welchem dieses Gesetz dasjenige der Freiheit genannt wird, und meint diesen christlichen Gedanken als jüdisch erklärt zu haben durch Hinweis auf die bekannten stoischen Phrasen von der Freiheit des Weisen und Tugendhaften bei Philo und auf den Spruch eines Rabbi Josua aus dem 3. Jahrhundert n. Chr. im Anhang der Pirke Aboth 6, 2: „Niemand ist frei, außer wer sich dem Studium der Thora ergibt.“ Die Anwendung desselben Begriffs 2, 12 bleibt daher auch unbegriffen; denn die Meinung, daß das Gesetz dort so genannt sei, weil es keine unerschwinglichen Forderungen stelle, und um das Gericht als ein billiges oder mildes darzustellen (S. 70), steht in handgreiflichem Widerspruch mit dem Wortlaut von 2, 13 (ἡ γὰρ κρίσις ἀνέλεος κτλ., nicht ἡ δέ oder besser ἀλλά). Auch abgesehen von der Möglichkeit, die Gedanken des Jk von jüdischem Standpunkt aus zu erklären, welche Spitta durch seinen Kommentar nachgewiesen zu haben meint, sollen die 7 Wörter, welche den Vf als Christen erkennen lassen, als störende Interpolationen erkennbar sein. Während im NT die Christen oft genug bald als Knechte Gottes (1 Pt 2, 16; Tt 1, 1; Ap 19, 2), bald als Knechte Christi (Gl 1, 10; 1 Kr 7, 22; Rm 1, 1; Phl 1, 1; Ap 1, 1; 2, 20) bezeichnet werden, soll die Vereinigung beider Ausdrücke Jk 1, 1 als Unicum verdächtig sein. Aber wenn Pl und der Vf der Ap zwischen beiden Vorstellungen wechseln, warum soll Jk nicht beide ebensogut zusammenfassen dürfen, wie wir 2 Pt 1, 1 die beiden Titel des Knechts und des Apostels Christi vereinigt finden, zwischen welchen Pl gewöhnlich wechselt (Gl 1, 1; 1 Kr 1, 1 einerseits, Phl 1, 1; Tt 1, 1 andrerseits), und welche dieser nur einmal Rm 1, 1, jedoch anders wie 2 Pt 1, 1, verbindet. Wie wenig die alten Christen sich vor dem Schein fürchteten, daß sie entweder zwei Herren dienen oder zwischen zwei Herren, Gott und Christus, zu wählen hätten, sieht man 1 Kr 8, 6; Eph 4, 5 f. Im Glauben, in der Anbetung und im Dienst der Arbeit waren Gott und Christus für sie Einer, was gelegentlich auch zu grammatisch auffälligem Ausdruck kommt 1 Th 3, 11; Ap 22, 3, daher auch *ὁ κύριος* nicht selten ein über dem Unterschied von Gott und Christus stehender Name ist 1 Th 3, 12; Rm 10, 9—15. Daß ein Jude ohne Amt und Würden sich bei seinen Lesern als einen Knecht Gottes introducirt haben sollte, bleibt unglaublich, bis es durch Beispiele bewiesen ist. Stellen wie Esra 5, 11 oder die Anwendung der Formel „dein Knecht“ im Gebete Ps 19, 12; Lc 2, 29 wird niemand vergleichbar finden. Die Schwierigkeit, welche 2, 1 den Auslegern bereitet hat, soll nach Spitta 4 f. cf Vorrede IV dadurch entstanden sein, daß der ursprüngliche Teil *τὴν πίστιν τοῦ κυρίου τῆς δόξης*, welcher von Gott zu verstehen wäre, durch Einschiebung von *ἡμῶν Ἰησοῦ Χριστοῦ* im Sinne von 1 Kr 2, 8 verdunkelt worden ist. Aber wie wäre es zu begreifen, daß ein Interpolator, welcher den wichtigen Zweck verfolgte, eine nach Spitta schon von Paulus und Petrus mit größter Hochachtung gelesene jüdische Schrift in eine christliche zu verwandeln, keine anderen Mittel dazu angewandt hätte, als daß er an der einen Stelle durch Einschiebung von 4 Wörtern ein „Unicum“ in der altchristlichen Literatur und an der anderen Stelle durch Einschiebung von 3 Wörtern eine *crux interpretum* geschaffen hätte, während beides zu vermeiden ein Kinderspiel gewesen wäre. Die Schwierigkeit des Textes ist auch hier ein Beweis der Ursprünglichkeit. Es ist aber auch nicht einzusehen, warum man nicht wie die Peschittha, Grotius und Hofmann übersetzen sollte „den Glauben an unseres Herrn Jesu Christi Herrlichkeit“. Zur Wortstellung cf Jk 3, 3 (*τῶν ἵππων — στόματα*); AG 4, 33 (nach B u. Chrysost., *ἀπεδίδουν τὸ μαρτύριον οἱ ἀπόστολοι τοῦ κυρίου Ἰησοῦ [Χριστοῦ] τῆς ἀναστάσεως*), und zu *πίστις τῆς δόξης* cf *εὐαγγέλιον τῆς δόξης* 2 Kr 4, 4; 1 Tm 1, 11; *ἐλπὶς τῆς δόξης* Kl 1, 27.

8. Außer den mehrerwähnten Schreiben Gamaliels (oben S. 24 A 18) cf 2 Makk 1, 1 u. 10; ferner ein Schreiben, welches die Juden Jerusalems zur Zeit des Simon ben Schetach und des Königs Alexander Jannai (104—78 v. Chr.) an die jüdische Gemeinde von Alexandrien gerichtet haben, um die Rückkehr des dorthin geflohenen Juda ben Tabai, des angeblichen Nasi jener Zeit, zu erwirken jer. Chagiga 77[d]; Sanhedrin 23[c] und dazu Joël Müller, Briefe und Responsen in der vorgeonäischen Literatur der Juden, Berlin 1886 S. 7. 21, eine überhaupt lesenswerte Schrift. S. auch oben S. 76 A 1.

9. Als literarische Erzeugnisse der jüdischen Christenheit würden in Betracht zu ziehen sein die Empfehlungsbriefe, durch welche die Petrusleute sich in Korinth einführten (2 Kr 3, 1), wenn dieselben erhalten wären. Von den vorhandenen Schriftstücken gehören hieher der 2 Pt, der Jud und das Ev Mt, wahrscheinlich aber nicht der Hb.

III. Die drei ältesten Briefe des Paulus.

§ 9. Kritische Vorbemerkung.

Vor dem Eintritt in die Untersuchung der unter dem Namen des Pl überlieferten Briefe, welche nicht ohne Auseinandersetzung mit mancherlei abweichenden Urteilen geführt werden kann, scheint zur Vermeidung von Wiederholungen eine allgemeine Übersicht über die Geschichte der kritischen Bemühungen, deren Gegenstand die paulinischen Briefe gewesen sind, am Platz zu sein (A 1). Schon um 150 hat Marcion (GK I, 585—718; II, 409—529), welcher den Pl für den einzigen Prediger des unverfälschten Ev unter den Trägern des Apostelnamens hielt, die Sammlung der Plbriefe, welche in der Kirche jener Zeit verbreitet war, einer durchgreifenden Kritik bedürftig gefunden. Zwar davon hören wir nichts, daß Marcion in bezug auf einen einzigen dieser Briefe der kirchlichen Überlieferung mit der Behauptung entgegengetreten wäre, der Brief sei dem Apostel irrtümlich zugeschrieben oder absichtlich angedichtet worden. Außer den 9 Gemeindebriefen hat er auch den Brief an Philemon in sein Apostolikon, in die für seine Sonderkirche bestimmte Sammlung der Plbriefe aufgenommen. Ob er die Briefe an Timotheus und Titus, welche nicht darin enthalten waren, überhaupt gekannt und sie aus irgend welchen Erwägungen ausgeschlossen hat, ist strittig. Mit Sicherheit dagegen erkennen wir aus der Gestalt, welche er den 10 von ihm aufgenommenen Briefen gab, sowie aus den Angaben seiner Bestreiter, daß er die damals und nachmals in der Kirche verbreitete Gestalt dieser Briefe für das Erzeugnis einer systematischen, im Geiste der judaïstisch entarteten Kirche unternommenen Interpolation hielt. Er unternahm es, durch Ausmerzung vieler großer Abschnitte und kleiner Redeteile, durch Einfügung weniger Sätze und Wörter, welche er meistens anderen Stellen der Plbriefe entlehnte, und durch eine Menge kleiner Emendationen den unverfälschten Text wiederherzustellen. Urkunden und Nachrichten, auf welche er sich mit dieser kritischen Operation hätte stützen können, besaß Marcion nicht, und er behauptete nicht, solche zu besitzen. Das einzige Kriterion, welches ihm selbst und für mehrere Jahrhunderte seiner Gemeinde genügte, war Marcions Vorstellung von dem, was echt christlich und darum auch echt paulinisch sei. Man begreift leicht, daß die Kirche mit der Widerlegung dieser jedes historischen Stützpunktes ermangelnden Kritik der paulinischen Urkunden schneller fertig wurde, als mit der Überwindung des ihr zu Grunde liegenden Gedankens von dem unversöhnlichen Widerspruch zwischen Evangelium und Judentum, welcher ihr in mannigfacher Gestalt noch mehr als einmal in den Weg trat. Was die alte Kirche selbst an kritischen Erwägungen über die Plbriefe aufzuweisen hat, beruht nicht auf geschichtlicher oder sprachlicher Untersuchung der Briefe selbst, sondern darauf, daß Unterschiede der Überlieferung und der Beurteilung, welche längst zwischen verschiedenen Teilen der Kirche bestanden hatten, in das Bewußtsein der allgemeinen Kirche traten. So geschah es vom 3. Jahrhundert an in bezug auf den Hb, welcher in einigen, aber keineswegs in allen Kirchenprovinzen als eine Schrift des Pl und als kanonisch galt; so im 4. Jahrhundert in bezug auf den Brief an Philemon, welchen die syrische Kirche nicht in ihre Sammlung aufgenommen hatte (GK II, 997—1006). Ob auch die Entstehung falscher Plbriefe, deren der Can. Murat. bereits zwei erwähnt; ob insbesondere die Aufnahme eines apokryphen dritten Korintherbriefs in den Kanon der Syrer und dessen späterer Ausschluß zu kritischen Erörterungen Anlaß gegeben hat, wissen wir nicht. Wenn auch bei den so veranlaßten Verhandlungen gelegentlich auf den Stil und den Inhalt der fraglichen Briefe die Rede kam, so gehört dies doch weniger in die Geschichte der theologischen Forschung, als in die Geschichte des Kanons. Vollends gilt dies von den Entscheidungen, bei welchen sich schließlich alle Welt beruhigte. Diejenige Tradition über die Plbriefe, welche in den Hauptpunkten schon vor Marcion bestand und von Marcion anerkannt wurde, und welche nach einigen Schwankungen in wenigen Punkten schließlich in der gesamten Kirche zum Siege gelangte, hat ihre Herrschaft bis in unser Jahrhundert hinein fast unangefochten behauptet. Während über den Ursprung, die Quellen und die Glaubwürdigkeit der Evv bereits Jahrzehnte lang eifrig verhandelt wurde, galt die Echtheit sämtlicher Plbriefe als ausgemachte Sache. Die Bedenken gegen die Echtheit einiger derselben, welche Evanson 1792 bei Gelegenheit seiner Kritik der Evv geäußert hatte (A 2), hatten wenig Eindruck gemacht. Als Schleiermacher 1807 die Echtheit des 1 Tm mit großer Entschiedenheit bestritt, warfen ernsthafte Leute die Frage auf, „ob das Ganze nicht vielleicht bloß ein *lusus ingenii*, ein Spiel des Witzes und des Scharfsinnes habe sein sollen, um zu sehen, wie weit und mit welchem Scheine des Wahrscheinlichen sich der kritische Pyrrhonismus hinaustreiben lasse“ (A 3). Erst als F. Chr. Baur, ein Mann, den Niemand eines Scherzes in wissenschaftlichen Dingen für fähig halten konnte, im Zusammenhang einer neuen umfassenden Anschauung von der Entwicklung des Christentums im Zeitalter der Apostel die ganze literarische Hinterlassenschaft des Pl einer Kritik unterzog, deren Ergebnis die Anerkennung der Echtheit nur des Gl, des 1 und 2 Kr und des Rm (abgesehen von c. 15. 16) war, war die Frage nach der Echtheit sämtlicher Plbriefe eine unumgängliche geworden (A 4). Ein großer Fehler aber war es, daß diejenigen, welche sich von der Unechtheit der von Baur verworfenen Briefe oder einiger derselben nicht zu überzeugen vermochten, die Echtheit der von Baur als echt anerkannten Briefe als völlig unanfechtbar ansahen, obwohl Baur und seine Schüler einen Beweis für den positiven Teil ihrer kritischen Ergebnisse niemals auch nur versucht hatten. Da man es versäumt hatte, die Gründe zu entwickeln und auf ihre Tragweite zu prüfen, welche den Geschichtsforscher nötigen, irgend welche Briefe des Pl als echte Urkunden gelten zu lassen, so brauchte man sich nicht darüber zu wundern, daß Bruno Bauer die sämtlichen Plbriefe für erdichtet und für ein Erzeugnis der Jahre 130—170 erklärte, und daß später, aber unabhängig von Bauer, von holländischen Gelehrten die Echtheit sämtlicher Plbriefe angefochten und schließlich verneint wurde (A 5). Die Lage des Kritikers, welcher durch Verneinung der Echtheit sämtlicher auf den Namen einer berühmten Persönlichkeit lautenden Urkunden sowie der wesentlichen Glaubwürdigkeit auch der ältesten dieselbe betreffenden Nachrichten sich jedes festen und gemeingiltigen Maßstabes zur Beurteilung des etwa Zweifelhaften beraubt, ist nicht beneidenswert. Nur am Echten läßt sich das Unechte als solches erkennen, und nur auf dem Boden einer als glaubwürdig erkannten Geschichte läßt sich mit Aussicht auf Erfolg Kritik üben. Es mag dahin gestellt bleiben, ob es hauptsächlich diese Erwägung, oder ob es der unüberwindliche Eindruck der unerfindlichen Wahrheit des in den Plbriefen sich bezeugenden Lebens gewesen ist, was bis heute die weitere Verbreitung dieser alles verneinenden Kritik verhindert hat. Um so lebhafter ist der Betrieb derjenigen Art von Kritik geworden, deren unerreichtes Vorbild Marcion geblieben ist. Der Zweifel am Einzelnen ließ sich durch die Annahme von Interpolationen befriedigen, ohne daß man durch Verneinung der Echtheit aller überlieferten Tatsachen und Urkunden sich des erforderlichen Stützpunktes für die kritische Operation beraubte. Nachdem bei uns Herm. Weiße und F. Hitzig sich in dieser Richtung versucht hatten, ist sie in neuerer Zeit hauptsächlich in Holland weiter verfolgt worden (A 6). Daneben ist ein zuerst von J. S. Semler eingeschlagener Weg von Manchen beschritten worden. Gewisse Unebenheiten, welche man zwischen den verschiedenen Teilen eines und desselben Briefes wahrzunehmen meinte, schienen durch die Annahme erklärt werden zu können, daß bei Gelegenheit der ersten Vervielfältigung der einzelnen Briefe oder bei Gelegenheit ihrer Vereinigung zu einer Sammlung absichtlich oder versehentlich Verschiebungen und Verwirrungen eingetreten seien, in folge wovon ursprünglich nicht Zusammengehöriges zum Ganzen eines einzigen Schriftstückes verschmolzen worden sei. Da ferner die Mittel zur Herstellung des ursprünglichen Textes der Plbriefe wie des NT's überhaupt nicht ausreichen, jedes Wort und jeden Satz über allen Zweifel zu erheben, so berührt sich die Arbeit der Textkritik vielfach mit der Aufgabe der sogenannten höheren, der literargeschichtlichen Kritik oder geht geradezu in dieselbe über. Die bedeutenderen kritischen Versuche der einen und der anderen Art sind bei der Untersuchung der einzelnen Briefe zu berücksichtigen. Einige Erwägungen allgemeinerer Natur mögen hier in kurze Sätze gefaßt werden.

1. Abgesehen von den Briefen an Tm und Tt haben die Briefe des Pl an dem Apostolikon Marcions ein umfassendes und unanfechtbares Zeugnis ihres hohen Alters. Marcion, welcher wahrscheinlich im J. 144 in Rom aus der dortigen Christengemeinde ausschied und das Haupt einer Sonderkirche wurde,

hat kein Stück seiner Sammlung von Plbriefen erdichtet; denn bei der schroffen Abweisung, welche seine Lehre und seine Behandlung der apostolischen Schriften von Anfang an von seiten der Bischöfe und der ihnen treu bleibenden Gemeinden erfuhr, ist es undenkbar, daß die katholische Kirche, welche um 180 die sämtlichen 10 Stücke des marcionitischen Apostolikons als Schriften des Pl verehrte und im Gottesdienst gebrauchte, ein einziges derselben dem „Erstgeborenen des Satan“ entlehnt haben sollte. Vielmehr Marcion hat diese 10 Briefe von der Kirche, in der er aufgewachsen war, als Schriften des Pl empfangen und in veränderter Gestalt seiner Gemeinde übermittelt. Seine Anerkennung der paulinischen Herkunft dieser Briefe, die kritische Stellung, welche er zu einzelnen Bestandteilen der auf dieselben bezüglichen Überlieferung z. B. zu der herkömmlichen Adresse des Eph (§ 28) einnahm, ferner das seiner Textrecension zu Grunde liegende Urteil, daß der Text der Plbriefe in allen zu seiner Zeit vorhandenen Exemplaren durch die Kirche verfälscht sei, endlich sein Verzicht auf jeden Versuch, seine Textrecension auf alte, unverfälschte Urkunden zu gründen: dies alles beweist, daß um 140—150 Niemand von einem früheren Nichtvorhandensein und einem plötzlichen Auftauchen eines dieser Briefe etwas wußte. Daß einer derselben zu Lebzeiten Marcions oder nach dem J. 110 entstanden sein sollte, ist ausgeschlossen.

2. Die Vergleichung des marcionitischen Textes der Plbriefe mit dem kirchlichen zeigt, daß Marcion manche Lesart vorgefunden hat, welche im Verlauf der innerkirchlichen Fortpflanzung des Textes durch andere Lesarten verdrängt worden ist. Abgesehen hievon aber liegt am Tage, daß die Plbriefe, welche er vorfand, die gleiche Anlage, den wesentlich gleichen Verlauf und Umfang hatten, wie die uns vorliegenden. Schon damals gehörten Rm 15. 16 zum Rm und 2 Kr 1—13 bildete einen einzigen Brief. Daraus folgt, daß auch alle nennenswerten Veränderungen, welche die Anordnung und Zusammensetzung der Briefe erfahren haben könnte, vor dem J. 110 stattgefunden haben müßten.

3. Über die Entstehungszeit mancher altchristlichen Schrift wie z. B. der Briefe des Ignatius, des Polykarpus und des sogen. Barnabas, des Hirten des Hermas, der Didache gibt es Meinungsverschiedenheiten, und selbst so sicher bezeugte und so bestimmt zu datirende Schriften wie der sogen. erste Korintherbrief des Clemens sind noch nicht völlig davor sicher, gelegentlich in der Zeit herabgedrückt zu werden. Trotzdem kann man sagen, daß wir für die Zeit von 90 – 170 mit allgemeiner Zustimmung eine genügende Anzahl christlicher Schriften als Zeugnisse der die damalige Kirche bewegenden Gedanken und der in ihr vorhandenen Geisteskräfte in Anspruch nehmen dürfen. Es mag eine Übertreibung sein, wenn man in dieser Literatur einen allgemeinen Abfall von der Höhe des apostolischen Christentums und insbesondere von der scharf geprägten Eigenart paulinischer Lehre wahrgenommen hat. Soviel aber ist handgreiflich, daß eine Lehrart, wie sie uns in den von Marcion recipirten Plbriefen

entgegentritt, samt den Gegensätzen, zu deren Widerlegung sie dienen soll, in der Literatur der Zeit von 90—170 ihresgleichen nicht hat. Wie wenig diese Zeit im Stande war, die Gedanken des Pl auch nur zu begreifen, zeigen Marcion und die Schule Valentins ebenso deutlich, wie die Schriften der apostolischen Väter und der älteren Apologeten, eines Aristides und eines Justinus. Daß ein den Interessen seiner Zeit fernstehender und zugleich an Tiefe und Höhe des Gedankens hoch über seinen Zeitgenossen stehender Christ um 100 oder 130 nur in zurückdatirten Briefen unter falschem Namen sich geäußert haben sollte, ist eine absurde Annahme. Die Plbriefe müssen einer Zeit entstammen, welche schon um die Wende des ersten und des zweiten Jahrhunderts abgelaufen war.

4. Die Verneinung der Echtheit dieser Briefsammlung oder einzelner Stücke derselben müßte, um allgemeine Zustimmung fordern zu können, festen Grundsätzen entsprechen, welche man bei der Untersuchung der anerkannt pseudepigraphen christlichen Literatur alter Zeit aus den an dieser gemachten Beobachtungen abzuleiten hätte. Außer den schon genannten apokryphen Plbriefen kommen noch andere Briefe (A 7) und als wesentlich gleichartig die Fragmente der alten „Predigt des Petrus“, die Apostellegenden des 2. und des 3. Jahrhunderts und die pseudoclementinische Literatur in Betracht. Das Ergebnis unbefangener Vergleichung wird immer sein, daß von den gemeinsamen Charakterzügen, welche keinen Verständigen an der Erdichtung aller jener Schriften zweifeln lassen, auch die unbedeutendsten und am meisten verdächtigten Plbriefe nur das Gegenteil zeigen.

5. Man hat sich nicht immer die Schwierigkeiten vergegenwärtigt, welche nicht sowohl der Erdichtung als der erfolgreichen Unterschiebung und Verbreitung gerade von Briefen zu allen Zeiten im Wege gestanden haben. Wenn man aus 2 Th 2, 2; 3, 17 schließen dürfte, daß schon zu Lebzeiten des Pl ihm angedichtete Briefe in Umlauf gesetzt wurden, so würden wir dadurch zugleich daran erinnert, daß die Entdeckung des Betruges dem Betrug auf dem Fuße folgte (§ 15). Mit Aussicht auf dauernden Erfolg konnte man damals wie heute unechte Briefe erst nach dem Tode des angeblichen Verfassers und des angeblichen Empfängers verbreiten. Die Adressaten der Plbriefe aber sind, abgesehen von den Briefen an Phlm, Tm und Tt, ganze Gemeinden, welche überhaupt nicht gestorben sind. Es bedarf gar nicht des Zeugnisses, woran es jedoch nicht fehlt (A 8), ist vielmehr selbstverständlich, daß bis zum Schluß des 1. Jahrhunderts in Korinth und anderwärts Christen gelebt haben, welche schon zu Lebzeiten des Pl Gemeindeglieder gewesen waren. Ich bekenne, mir nicht vorstellen zu können, wie ein Brief des Pl an die Korinther oder Thessalonicher, an die Philipper oder Kolosser, welcher um 80 oder 100 erdichtet und verbreitet wurde, in Thessalonich oder Korinth, in Philippi oder Kolossä Aufnahme und Anerkennung finden konnte. Die Alten in der Gemeinde mußten sich einreden lassen, daß sie mit ihren Altersgenossen vor 30 oder 40 Jahren den neuerdings auf-

tauchenden Brief vom Apostel selbst bekommen, seither aber völlig aus dem Auge verloren hatten. Besondere Schwierigkeiten bereiteten die in manchen Briefen reichlich vorhandenen und bedeutsamen Personalien (1 Kr 1, 14—16; 16, 15—17; Kl 4, 9—17; Phlm 1f. 10; Phl 2, 25—30; 4, 2f. 18; Rm 16, 1—23). Selbst wenn es dem Fälscher gelungen war, was äußerst unwahrscheinlich ist und die Analogie der pseudepigraphen Literatur gegen sich hat, auf Grund intimer Kenntnis der einzelnen Gemeinden, an welche Pl geschrieben haben sollte, lauter wirkliche Mitglieder dieser Gemeinden aus der Zeit des Pl zu nennen und deren wirkliche Verhältnisse treu wiederzugeben, so mußten eben diese Personen oder, wenn sie gestorben waren, deren Angehörige mit größtem Interesse, aber auch mit einem nicht zu beschwichtigenden Staunen diese sie so nahe angehenden Bemerkungen lesen, Grüße, mahnende Zurufe, Aufträge des Apostels, welche niemals an ihre Adresse gelangt waren. Jeder Misgriff aber in diesen Dingen, wie solche ein Pseudopaulus kaum vermeiden konnte, mußte den erdichteten Brief wenigstens in der Gemeinde, an welche er adressirt war, während des Menschenalters nach dem Tode des Pl höchst lächerlich und unannehmbar machen. So ist es in der Tat den unechten Briefen unter dem Namen des Pl, soviel wir wissen, ergangen. Sie sind jedenfalls später entstanden als die kanonischen Plbriefe im Falle ihrer Unechtheit, so daß eine Täuschung der Gemeinden, welche sie von Pl empfangen haben sollten, viel weniger schwierig gewesen wäre. Aber der dritte Korintherbrief hat niemals in Korinth, sondern nur im fernen Osten bei den Syrern und Armeniern Aufnahme gefunden. Von den unechten Briefen an die Laodicener und an die Alexandriner scheinen die alten Alexandriner und Kleinasiaten nichts gewußt zu haben. Ein römischer Schriftsteller ist der erste, und, was den zweiten dieser Briefe anlangt, der einzige, der sie erwähnt. Zu einer Anerkennung in weiteren Kreisen haben diese Machwerke es schon darum nicht bringen können, weil die Gemeinden, an welche Pl sie gerichtet haben sollte, und von welchen allein eine erfolgreiche Verbreitung derselben ausgehen konnte, sie nicht anerkannt haben und sie nicht anerkennen konnten.

6. Die Gründe, welche die Unterschiebung unechter Gemeindebriefe des Pl in der Zwischenzeit zwischen dem Tode des Apostels und der Lebenszeit Marcions unwahrscheinlich machen, sprechen auch gegen die Annahme, daß echte Gemeindebriefe des Pl während derselben Zeit wesentliche Veränderungen erlitten haben. Man pflegt solche Veränderungen mit der Herstellung einer Sammlung von Plbriefen verbunden zu denken und die allgemeine Annahme der umgestalteten Texte aus der Verbreitung der Briefe lediglich in Gestalt dieser Sammlung zu erklären. Dies würde voraussetzen, daß die Briefe bis zu ihrer Vereinigung zu einer Sammlung, welche dann allgemein verbreitet wurde, unbeachtet geblieben und nicht vervielfältigt worden wären. Das ist aber wiederum eine an sich unwahrscheinliche und nachweisbaren Tatsachen widersprechende Annahme. Daß die Briefe des Pl nicht erst, seitdem sie der Kirche als heilige Schriften galten, sondern schon zur Zeit ihrer Entstehung großen Eindruck gemacht haben, sehen

wir aus dem NT selbst. Abgesehen von Andeutungen des Pl selbst (2 Kr 10, 9—11) und von der gewöhnlich einer sehr viel späteren Zeit zugewiesenen Stelle 2 Pt 3, 15 f. (§§ 42. 44), sehen wir, daß der Vf des wahrscheinlich im J. 63 oder 64, jedenfalls aber noch im 1. Jahrhundert in Rom geschriebenen 1 Pt den Rm und den Eph des Pl gelesen und sich an dieselben angeschlossen hat (§ 40). Was Kl 4, 16 für einen einzelnen Fall angeordnet wird, muß in anderen Fällen auch ohne eine solche Anordnung geschehen sein, daß nämlich Gemeinden, welche mit einander in Verkehr standen, kürzlich empfangene Briefe des Apostels mit einander austauschten. Es ist schwer denkbar, daß die Briefe des Pl weniger Interesse erregt haben sollten, als die flüchtig hingeworfenen Briefe des Ignatius an die asiatischen Gemeinden, um deren Mitteilung die Gemeinde von Philippi unmittelbar nach der Durchreise des Märtyrers den Bischof von Smyrna bat (Pol. ad Phil. 13). Wir wissen ferner, daß die Gemeinden der nachapostolischen Zeit auf ihre besonderen Beziehungen zu einzelnen Aposteln ein großes Gewicht gelegt haben, und daß dabei die an sie gerichteten Briefe von Aposteln eine große Rolle spielten (A 8). Solche für die gesamte Entwicklung der Kirche maßgebende Vorstellungen können nicht plötzlich entstanden sein und können nicht etwa als unmittelbare Folge der Einführung einer Sammlung von Plbriefen oder von apostolischen Schriften überhaupt gedacht werden. Hat vielmehr die Entstehung und allgemeine Verbreitung solcher Sammlungen jenes Interesse für die Apostel und ihre schriftliche Hinterlassenschaft schon zur Voraussetzung, so ist auch aus diesem Grunde nicht zu bezweifeln, daß die Gemeindebriefe des Pl schon vor Entstehung der Sammlung, welche Marcion vorfand, in beträchtlichem Maße vervielfältigt und verbreitet worden sind, und daß vor allem die einzelnen Briefe in denjenigen Gemeinden, welche sich rühmen konnten, ihre ersten Empfänger gewesen zu sein, unvergessen geblieben sind. Dadurch ist aber so gut wie ausgeschlossen, daß bei Herstellung der nachmals allgemein recipirten Sammlung wesentliche Änderungen an dem Text der Gemeindebriefe vorgenommen worden seien. Solche Änderungen müßten vor den Anfang jeder Vervielfältigung und Verbreitung der einzelnen Briefe fallen, sind aber in diesem Stadium der Geschichte dieser Briefe ganz besonders unwahrscheinlich. Was durch diese Sätze begründet werden sollte, ist ein gewisses Zutrauen zu der Überlieferung, welche uns 9 Schriftstücke als Briefe des Pl an verschiedene Gemeinden darbietet, und ein gründliches Mistrauen gegen die mannigfaltigen Versuche, diese Überlieferung durch widersprechende Hypothesen zu ersetzen.

1. Ausführlicher habe ich einige Seiten des Gegenstandes behandelt Ztschr. f. kirchl. Wiss. u. kirchl. Leben 1889 S. 451—466: „Die Briefe des Pl seit fünfzig Jahren im Feuer der Kritik."

2. E. Evanson (The dissonance of the four generally received Evangelists and the evidence of their Authenticity examined, Ipswich 1792, ein in Erlangen und München nicht vorhandenes Werk) hat (nach Hesedamm [A 6] S. 1) von den Evv nur Lc ohne c. 1 - 2 gelten lassen, von den Plbriefen als unecht verworfen: Rm, Eph, Kl, angezweifelt: Tt, Phl, Phlm.

3. Über Schleiermacher s. unten § 37 A 1. Das oben angeführte Urteil fällte, zugleich im Namen anderer Gelehrter, H. Planck, Bemerkungen über den ersten paul. Brief an Tim., Göttingen 1808 S. 256.

4. F. Chr. Baur (geb. 1792 † 1860) begann seine kritische Arbeit am NT mit einer Abhandlung über die Christuspartei in Korinth (Tübinger Ztschr. f. Theol. 1831 S. 61 ff.). Es folgte eine Kritik der Pastoralbriefe (1835 s. § 37 A 1) und verschiedene Abhandlungen, welche als Vorarbeiten zu seinem „Paulus“ (1845; 2 Aufl. in 2 Bden, herausgeg. von Zeller 1866. 67) zu betrachten sind. H. Thiersch in seinem etwa gleichzeitig erschienenen, noch heute sehr lesenswerten Werk: Versuch zur Herstellung des histor. Standpunkts für die Kritik der ntl Schriften, 1845, konnte Baur's Paulus noch nicht berücksichtigen und berührte die Kritik der Plbriefe nur in den Kapiteln über die Häresien im NT und über den Kanon. Noch J. Chr. K. v. Hofmann (geb. 1810 † 1877) wählte in seinem nicht vollendeten letzten Werk: Die hl. Schrift NT's zusammenhängend untersucht (I—II, 3, 1862—66; 2. Aufl. 1869—77; III—VIII, 1868—1878; IX—XI herausgeg. von Volck 1881—86) den Ausgangspunkt seiner geschichtlichen und exegetischen Untersuchung zunächst der Plbriefe im Gegensatz zu Baur (I^2, 60).

5. Br. Bauer, Kritik der paul. Briefe, 3 Teile 1850—52; Christus und die Cäsaren, der Ursprung des Christentums aus dem römischen Griechentum, 1877, S. 371 ff. Zweifel an der Echtheit des Gl äußerte der Holländer A. Pierson, De Bergrede etc. 1878 p. 99 ff. Es folgte mit größerer Entschiedenheit und umständlicher Beweisführung, auch an Br. Bauer anknüpfend, A. D. Loman mit seinen Quaestiones Paulinae in Theol. Tijdschrift 1882 ff., sodann R. Steck, Der Gl nach seiner Echtheit untersucht nebst krit. Bemerkungen zu den paul. Hauptbriefen 1888. Gegen Steck cf J. Gloël, Die jüngste Kritik des G auf ihre Berechtigung geprüft, 1890, und meine oben A 1 genannte Abhandl. S. 462—466.

6. Chr. H. Weiße, Beiträge zur Kritik der paul. Briefe an die Gl, Rm, Phl, Kl, hrsg. von Sulze 1867. Hieher gehört auch F. Hitzig, Zur Kritik paul. Briefe 1870; wegen seiner Hypothese über Kl und Eph S. 11—33 s. unten § 29. Derselbe Pierson, welcher in Holland den ersten Anstoß zur Verneinung der Echtheit aller Plbriefe gab (A 5), hatte gleichzeitig die Möglichkeit erwogen, daß das Anstößige an denselben einem Interpolator zuzuschreiben sei. Während Loman den ersteren Weg weiter verfolgte, beschritt Pierson im Bunde mit dem Philologen Naber den zweiten: *Verisimilia. Laceram conditionem NTi exemplis illustrarunt et ab origine repetierunt A. Pierson et S. A. Naber*, 1886. Die Unklarheiten und Widersprüche dieser Darstellung von der Entstehung der Briefe auf dem Grunde geistvoller jüdischer Schriften, welche ein bornirter Kirchenmann umarbeitend sich angeeignet haben sollte, mögen zum Teil darin ihren Grund haben, daß an diesem kritischen Werk ebenso wie angeblich an den Schriften, auf welche sich dasselbe bezieht, zwei verschiedene Geister gearbeitet haben; cf dagegen Kuenen, Verisimilia? in Theol. Tijdschrift 1886 S. 491—536, auch meine A 1 citirte Abh. 458 ff. Ferner ist hier zu nennen D. Völter, Die Komposition der paulin. Hauptbriefe, I. Der Rm und Gl, 1890, worin ein echter Rm (Rm 1, 1a. 7. 5. 6. 8—17; c. 5. 6; c. 12—13; 15, 14—32; 16, 21—23) aus dem überlieferten Rm herausgeschält wird, welcher durch eine fünffache Interpolation und durch Hinzufügung des nach Ephesus gerichteten Briefs 16, 1—20 seine gegenwärtige Gestalt erhalten haben soll. Der Gl hat nur kleinere Interpolationen erfahren, ist aber auch abgesehen von diesen nicht von Pl, sondern von einem Pauliner späterer Zeit verfaßt. Über desselben Kritikers Behandlung des Phl s. § 32. Eine Übersicht über die sämtlichen Versuche dieser Art gibt C. Clemen, Die Einheitlichkeit der paulinischen Briefe an der Hand der bisher mit bezug auf sie aufgestellten Interpolations- und Kompilationshypothesen 1894. Lesenswert ist auch die pseudonyme Schrift eines amerikanischen Theologen: Der Rm beurteilt und geviertteilt, eine krit. Untersuchung von C. Hesedamm 1890.

7. Über unechte Briefe des Jakobus und an Jakobus oben S. 107 A 5. Über unechte Plbriefe GK II, 565—621. Die oben angedeuteten Grundsätze habe ich bereits in m. Ignatius S. 529 ff., besonders S. 537—541, einigermaßen auch schon in m. Hirten des Hermas S. 70—93 entwickelt und an Beispielen bewährt.

8. Clem. I Cor, 44, 3—6 die von den Aposteln eingesetzten und teilweise noch am Leben befindlichen Presbyter zu Korinth. Einer derselben scheint zu sein Fortunatus c. 65 = 1 Kr 16, 17 s. § 18. — Über die Beziehungen der einzelnen Gemeinden zu Aposteln, und über Briefe von Aposteln Clem. I Cor. 47 und über c. 5 unten § 36; ferner Ign. Eph. 11, 2; 12, 2; Rm 4, 3; Pol. ad Phil. 3, 2; 11, 3 cf GK I, 807. 811 ff. 839.

§ 10. Die geschichtlichen Voraussetzungen und die Veranlassung des Galaterbriefs.

Da nicht im voraus zu entscheiden ist, was unter der *Γαλατία* zu verstehen sei, an deren Gemeinden der Brief gerichtet ist (1, 2; 3, 1), so gilt es zunächst, ihm selbst zu entnehmen, was er an geschichtlicher Belehrung über die Entstehung und bisherige Entwicklung der in ihm angeredeten Gemeinden, über das Verhältnis des Pl zu ihnen und die Veranlassung des Briefes bietet. Pl selbst hat diese Gemeinden durch seine Predigt gestiftet (1, 8). Von ihm haben sie das Ev empfangen (1, 9). Er gedenkt jetzt mit Sorge der Arbeit, die er an ihnen gehabt (4, 11), und mit Wehmut der freudigen Aufnahme, welche er bei ihnen gefunden, als er das erste Mal mit der Predigt des Ev zu ihnen kam (4, 13—15). Er nimmt sie als seine Kinder für sich in Anspruch und vergleicht sich der Mutter, welche diese Kinder damals unter Schmerzen geboren hat (4, 19), offenbar ganz in dem Sinn, in welchem er sich einer anderen Gemeinde gegenüber den Vater nennt, der sie gezeugt hat (1 Kr 4, 15). Dadurch ist jedoch nicht ausgeschlossen, daß Pl dabei von einem oder mehreren Gehilfen unterstützt war (cf 2 Kr 1, 19). Daß eben dies in Galatien der Fall war, beweist der Plural *εὐηγγελισάμεθα* (1, 8; A 1). Wenn Pl 4, 13 f. leibliche Krankheit und zwar eine solche Krankheit, welche ihn für die damaligen Hörer seiner Predigt zu einem Gegenstand des Abscheus hätte machen können, als den Grund seiner erstmaligen Evangeliumspredigt unter den Galatern nennt, so kann dies selbstverständlich nicht den letzten Beweggrund seines Predigens, sondern nur die Veranlassung bezeichnen, ohne welche er sich nicht in jenen Gegenden länger aufgehalten hätte und somit nicht dazu gekommen wäre, eben diesen Leuten das Ev zu bringen (A 2). Aus derselben Stelle ergibt sich aber auch, daß Pl seit jenem ersten Aufenthalt noch einmal in die dortigen Gegenden gekommen ist und zum zweiten Mal dort Ev gepredigt hat. Wenn Pl nun wiederholt frühere Mitteilungen an die Galater in Erinnerung bringt, so läßt sich nicht im voraus mit Sicherheit entscheiden, ob er sie bei seinem ersten oder seinem zweiten Aufenthalt gemacht hat. Gewiß wird es überall ein Element seiner ersten Verkündigung gewesen sein, daß ein lasterhaftes Leben vom Reiche Gottes ausschließe (5, 21 cf 1 Kr 6, 9; 1 Th 4, 2. 11; 2 Th 3, 10); aber auch bei seinem zweiten Besuch hat er Ev gepredigt, also Anlaß zur Einschärfung dieser elementaren Regel gehabt. Es mag sein, daß er erst bei Gelegenheit seines zweiten Aufenthalts in Galatien Anlaß hatte, vor der Annahme der Beschneidung und den Predigern eines falschen Ev zu warnen (A 3). Selbst in diesem Fall, vollends aber wenn wir den früheren Besuch als die Zeit jener Warnungen annehmen, kann der Anlaß dazu nicht unmittelbar in den Zuständen der galatischen Gemeinden gelegen haben; denn der Brief beginnt mit dem lebhaften Ausdruck der Verwunderung darüber, daß die Galater sich so rasch von dem echten und einzigen Ev Christi abwendig machen und durch gewisse sie beunruhigende Prediger zu einem Zerrbild des Ev hinüberziehen lassen. Dieser Eingang und die ganze Haltung des Briefes beweist, daß Pl erst kürzlich durch Nachrichten über das erste Auftreten und den raschen Erfolg jener Lehrer überrascht worden ist. Diese müssen also in der Zwischenzeit seit seinem zweiten Besuch dort aufgetreten sein, und sie sind dort noch an der Arbeit, während Pl schreibt. Das beweisen die Präsentia 1, 6. 7; 5, 10—12; 6, 12 f. Überall unterscheidet Pl diese Lehrer von den angeredeten Gemeinden als deren Verführer (1, 7; 3, 1; 4, 17. 29—31; 5, 7. 10. 12; 6, 12 f.). Nirgendwo deutet er an, daß jene aus den galatischen Gemeinden selbst hervorgegangen seien (cf dagegen 1 Kr 15, 12; AG 20, 30 einerseits und AG 20, 29 andrerseits). Er bestreitet sie nicht als ansässige Lehrer, welche innerhalb der Gemeinden in einer nach seinem Urteil schädlichen Weise tätig sind, sondern als Prediger eines falschen Ev, also als Missionsprediger, welche hinter ihm drein in die von ihm gestifteten Gemeinden hereingebrochen sind. Es wird in den galatischen Gemeinden, wie in allen von Pl gestifteten Gemeinden, über die wir nähere Kunde haben, nicht ganz an geborenen Juden gefehlt haben, und Gl 3, 26—29 findet nur unter dieser Voraussetzung eine natürliche Erklärung. Aber in Rücksicht auf die weit überwiegende Mehrheit ihrer Mitglieder und den von Pl selbst ihnen aufgeprägten Charakter betrachtet Pl sie durchweg als heidenchristliche Gemeinden. Dies ergibt sich nicht nur aus einzelnen Stellen wie 4, 8 f.; 2, 5 (πρὸς ὑμᾶς cf 2, 2 ἐν τοῖς ἔθνεσιν, 2, 8 εἰς τὰ ἔθνη); 3, 29; 5, 2; 6, 12, sondern aus der im ganzen Brief erörterten Streitfrage. Dagegen sind jene Prediger eines nur fälschlich so zu nennenden Ev von Geburt, Beschneidung und Gesinnung Juden (4, 29—31; 5, 12; 6, 12—17). Wenn Pl da, wo er den Gegensatz zwischen ihm und seinen Gegnern auf den Gegensatz des geistlichen und des fleischlichen Abrahamsgeschlechtes zurückführt (4, 21—31), das irdische und das himmlische Jerusalem als die Mutter oder Heimat des einen und des anderen hinstellt, so müßte dies sehr gesucht erscheinen, wenn jene judenchristlichen Missionare nicht eben von Jerusalem nach Galatien gekommen wären. Dafür spricht auch alles, was wir von ähnlichen Agitationen in den heidenchristlichen Gemeinden hören (AG 15, 1. 24; Gl 2, 12; 2 Kr 3, 1 § 18). Wenn ohne Frage mehrere solche Missionare zu den Galatern gekommen waren, wie die Plurale 1, 7; 4, 17; 5, 12; 6, 12 f. zeigen, so müssen sie doch nach einem einheitlichen Plan und wohl auch in den einzelnen Gemeinden gleichzeitig und gemeinsam aufgetreten sein. Daß einer unter ihnen als Führer hervorragte, wäre an sich nicht unwahrscheinlich, ist aber durch nichts angedeutet und selbstverständlich nicht aus dem vereinzelten Singular 5, 10 ὁ ταράσσων ὑμᾶς oder gar aus der Form der Fragen 3, 1; 5, 7 zu schließen. Aus dem ersten vorwiegend historisch apologetischen Hauptteil des Briefes 1, 11—2, 14 ersehen wir, daß diese judenchristlichen Missionare die Missionsarbeit und die ganze Lebensgeschichte des Pl seit seiner Bekehrung einer rücksichtslosen Kritik unterzogen, um das Vertrauen der gal. Gemeinden zu ihrem Stifter zu untergraben und dadurch ihrem Ev als einer vollkommeneren Gestalt des Ev Eingang zu verschaffen. Sie müssen es so dargestellt haben, als ob Pl in der ersten Zeit nach seiner Bekehrung eine ganz untergeordnete und von den älteren Aposteln abhängige Stellung eingenommen und noch auf dem sogen. Apostelkonzil sich dem Urteil der hohen Auktoritäten zu Jerusalem unterworfen habe. Dem gegenüber mußte dann die Selbständigkeit, mit welcher Pl auf dem Gebiet der Heidenmission sich bewegte, als eine unbegründete Anmaßung und die starke Abweichung von den Lebensformen der jüdischen Christenheit Palästinas, welche Pl in den unter seinem Einfluß stehenden Gemeinden nicht bloß duldete, sondern veranlaßte, als ein Abfall von dem ursprünglichen Christentum erscheinen. Aus 1, 10 blickt noch der besondere Vorwurf hervor, daß Pl aus Menschengefälligkeit d. h. in dem Streben, den Heiden das Ev mundgerecht zu machen und als Missionar möglichst große Erfolge zu erzielen, das Ev um wesentliche Stücke verkürze und den Heiden nur ein verstümmeltes Ev bringe. Was diese Gegner des Pl an die Stelle seines angeblich wesentlicher Bestandteile beraubten Ev gesetzt wissen wollten, erkennen wir aus dem zweiten Hauptteil des Briefs (2, 15—4, 11), in welchem Pl seine Lehre darlegt, sowie aus einzelnen Stücken des dritten, vorwiegend paränetischen Teils (4, 12—6, 18). Das mosaische Gesetz als die Grundoffenbarung Gottes ist für alle Zeiten die Lebensform der Gemeinde Gottes. Ihr müssen daher auch die Heidenchristen um ihrer Seligkeit willen sich unterwerfen; sie müssen vor allem die Beschneidung annehmen (5, 2; 6, 12 f.) und somit als Proselyten der Gerechtigkeit dem Judentum sich anschließen, um wirkliche Christen, vollberechtigte und geheiligte Glieder der Gemeinde Jesu zu werden. Das war der Standpunkt schon jener pharisäisch gesinnten Judenchristen aus Palästina gewesen, deren Auftreten in Antiochien das Apostelkonzil notwendig gemacht hatte (AG 15, 1. 5; Gl 2, 4). Ihren in Galatien aufgetretenen Gesinnungsgenossen scheint es zur Zeit des Briefs zwar noch nicht gelungen zu sein, einen einzigen Heidenchristen zur Beschneidung zu bewegen; aber tiefen Eindruck hatten sie gemacht. Der ganze Kreis von Gemeinden erscheint dem Pl wie bezaubert (3, 1) und in der gedeihlichen Entwicklung gehemmt (5, 7). Die Galater insgesamt lassen sich in Aufregung versetzen (1, 7; 5, 10), sind bereits im Begriff, sich von dem einzigen Ev Christi abzuwenden (1, 6; 3, 3) und sind in ihrem Vertrauen zu Pl erschüttert (4, 12—20). Die Beobachtung jüdischer Feiertage und Festzeiten scheint bereits allgemeine Übung geworden zu sein (4, 9 f.). Weitere Schritte auf diesem Wege wurden wenigstens von Manchen ins Auge gefaßt (4, 21). Wenn die fremden Judaisten es verstanden, sich den Schein einer gewissen Liberalität zu geben, indem sie selbst nicht so peinlich auf die untergeordneten Vorschriften des mosaischen Gesetzes hielten (6, 13[a]), wenn sie auch sonst um die Gunst der Heidenchristen sich bemühten (4, 17), so hielten sie doch mit der letzten Forderung, der Annahme der Beschneidung, nicht zurück. Es war das Äußerste zu befürchten.

Da Pl an keiner Stelle des Briefs eine Unsicherheit in bezug auf die von ihm vorausgesetzten und erörterten Tatsachen und Zustände in Galatien verrät, so können es nicht wohl private, schriftliche oder mündliche Mitteilungen einzelner dortiger Christen gewesen sein, welchen er seine Kunde verdankt (cf 1 Kr 1, 11; 11, 18). Es ist vielmehr anzunehmen, daß er durch Abgesandte der galatischen Gemeinden über den Stand der Dinge unterrichtet war, die nicht ohne schriftliche Legitimation zu ihm gereist sein werden, vielleicht sogar Überbringer eines durch Beschluß der Gemeinden festgestellten ausführlichen Schreibens an Pl waren. Nur so konnte er diesen Brief schreiben, ohne ein einziges Mal über die staunenswerten Dinge, die dort im Gang waren, sich Aufklärung zu erbitten oder einen Zweifel an der Zuverlässigkeit der ihm zugekommenen Nachrichten anzudeuten. Die „Quaestio facti" ist zwischen ihm und seinen Lesern erledigt, und wie Einer, der unmittelbar nach Feststellung des Tatbestandes zu dessen Beurteilung übergeht, beginnt er (1, 6) diese geharnischte Gegenrede, in welcher Angriff und Verteidigung unlöslich in einander verschlungen sind. Während er, wie wir bei dieser Gelegenheit erfahren, schon damals die Gewohnheit hatte, seine Briefe zu diktiren, schrieb er diesen Brief eigenhändig und macht die Leser hierauf aufmerksam (6, 11; A 4). Es ist, als ob ihm diesmal, da es galt, das ganze Gewicht seiner Persönlichkeit in die auf und nieder schwankende Wagschale zu legen, die Vermittelung seiner Ansprache durch eines Schreibers Hand wie eine Scheidewand zwischen ihm und den Herzen seiner Schmerzenskinder erschienen sei. Aber auch so noch erscheint ihm das geschriebene Wort hölzern und für seinen Zweck ungeeignet. Am liebsten käme er selbst zu ihnen, um durch den bewegten Ton mündlicher Rede die ihm schon halb entfremdeten Herzen wieder für sich und die von ihm vertretene Wahrheit zu gewinnen (4, 20). Man muß annehmen, daß er durch weiten Raum von den Galatern getrennt, und daher an eine Reise zu ihnen in naher Zukunft nicht zu denken war. In jedem anderen Fall mußte er an dieser Stelle ausdrücklich sagen, daß und warum er die Leser jetzt nicht besuchen könne. Nach allen Analogien sollte man auch erwarten, daß er wenigstens für spätere Zukunft seinen Besuch in Aussicht gestellt hätte (cf 1 Th 2, 17—3, 11; 1 Kr 4, 18—21; 11, 34; 16, 2—7; 2 Kr 9, 4; 10, 2—16; 12, 20—13, 10). Die Dauer der Zeit seit seinem letzten Besuch läßt sich aus dem Brief ebensowenig ablesen (A 5) als der Ort, wo er den Brief schrieb. Nur das darf man aus 1, 2 f. und dem Mangel an besonderen Grüßen schließen, daß unter den Christen in der damaligen Umgebung des Pl kein Mitstifter der galatischen Gemeinden sich befand. Wenn Pl die sämtlichen Christen seiner Umgebung gleichsam zu Mitverfassern des Briefes macht (1, 2), so soll dies wohl nur den Eindruck hervorrufen, daß was Pl in diesem Brief als Anwalt einer von seiner Person nicht zu trennenden Sache und in starker Erregung des Gemütes ausspricht, nach dem ausnahmslosen Urteil der Unparteiischen und doch Urteilsfähigen, die er befragen kann, recht geredet sei.

1. Daß der Plural der Selbstbezeichnung 1, 8 und 1, 9, wo wahrscheinlich auf zwei verschiedene Momente Bezug genommen wird (§ 11), ernst zu nehmen sei, ergibt sich aus der übrigens konstanten Anwendung des „ich" im ganzen Gl. Eine besondere Sicherheit gewährt in 1, 9 das daneben stehende ἄρτι πάλιν λέγω. Trotz der Zusammenfassung mit allen Christen seiner Umgebung 1, 2, welche nicht als eine Beteiligung dieser an der Abfassung des Gl verstanden werden kann, ist Pl allein im ganzen Brief der Redende.

2. Daß δι' ἀσθένειαν τῆς σαρκός 4, 13 nicht, als ob δι' ἀσθενείας oder ἐν ἀσθενείᾳ σαρκός dastände, nur einen begleitenden Umstand bezeichnen kann, bedarf keines Beweises. Die Hypothese von Ramsay (The church in the Roman Empire, 2 ed. 1893, p. 62—65 und Paulus in der AG, deutsch von Groschke 1898 S. 79—82), daß Pl hier auf einen Fieberanfall Bezug nehme, von welchem er in dem heißen Pamphylien befallen worden, und durch welchen er veranlaßt worden sei, in das kühlere Bergland, nordwärts nach dem pisidischen Antiochien zu ziehen, verträgt sich schwerlich mit dem Text. Gewiß macht ein Malariafieber unfähig zu anstrengender Tätigkeit jeder Art. Wenn aber jemand von solcher Krankheit sich soweit erholt hat, daß er wie Pl unter den Galatern mit Erfolg predigen kann, so kann ihn auch die überstandene Krankheit nicht nachträglich zum Gegenstand eines natürlichen oder eines religiös motivirten Abscheus machen, wie dies durch Gl 4, 13 f. für die Zeit der ersten Predigt in Galatien bezeugt ist. Es wird also hier wie 2 Kr 12, 7—9 an ein anderes, unheilbares, von Zeit zu Zeit wieder ausbrechendes Leiden zu denken sein. Cf gegen Ramsay, besonders aber gegen Krenkel's Annahme (Epilepsie) das medicinische Gutachten von Prof. W. Herzog (Reformirte KZeitung 1899 Nr. 10. 11), welcher am wahrscheinlichsten findet: „neurasthenische Zustände in folge von zeitweiser Übermüdung und Überanstrengung des Nervensystems, verbunden mit periodischen Nervenschmerzen." — Das τὸ πρότερον 4, 13 kann hier als Näherbestimmung einer momentanen Handlung nicht wie Jo 6, 62; 9, 8 einfach die Vergangenheit ausdrücken, sondern fordert ein πάλιν oder τὸ δεύτερον εὐαγγελίζεσθαι. Dieses aber kann, solange man an der im NT nirgendwo verwischten Bedeutung von εὐαγγ. festhält („die Heilsbotschaft denen bringen, welche sie noch nicht kennen, oder noch nicht angenommen haben"), nicht in der Abfassung des Gl bestehen. Die Entgegnung, daß ein εὐαγγ. im strengen Sinn nicht zweimal an die gleichen Personen gerichtet werden könne, ist übel angebracht, da Pl hier eine Vielheit von Personen oder vielmehr von Gemeinden anredet, einen großen Kreis, innerhalb dessen die Einen beim ersten, die Andern beim zweiten Besuch des Pl in jener Provinz das Ev von ihm gehört haben können. Gab es doch in der einen Ortsgemeinde von Korinth Solche, welche durch Pl, und Andere, welche später nach der Abreise des Pl durch Apollos zum Glauben geführt worden waren (1 Kr 3, 5).

3. Gl 5, 3 bezeichnet πάλιν den Gegensatz zu einer vor die Zeit des Briefs fallenden Bezeugung der dort ausgesprochenen Wahrheit; denn in diesem selbst ist sie vorher nicht ausgesprochen. Noch deutlicher ist das ἄρτι πάλιν 1, 9, zumal da gleichzeitig der Singular λέγω an die Stelle des Plurals προειρήκαμεν tritt. Wen Pl 1, 8 und 1, 9 mit sich zusammenfaßt, hängt von der Entscheidung über den Sinn von Γαλατία ab s. § 11.

Mit Unrecht hat man (Wieseler, Sieffert z. St., Godet Introd. I. 270) aus 4, 16 geschlossen, daß Pl schon bei seiner zweiten Anwesenheit den Galatern bittere Wahrheiten zu sagen oder ernste Warnungen auszusprechen gehabt habe, was dann weiter zu der Annahme führte, daß schon damals die judaistische Bewegung unter den Galatern ihren Anfang genommen habe. Pl schildert in 4, 15—20 sein gegenwärtiges Verhältnis zu den Galatern im Gegensatz zu dem 4, 13. 14 geschilderten und in dem Zwischensatz von 4, 15 noch einmal berührten anfänglichen Verhältnis. Im Rückblick auf den Brief, welcher schon hier sein Ende erreichen zu sollen scheint, erwägt er die nunmehrige Sachlage. Die Galater haben vergessen, wie begeistert sie ihn aufnahmen, als er zuerst zu ihnen kam (V. 15a), und wie lebhaft die gegenseitige Liebe zwischen dem Apostel und ihnen sich äußerte, solange und so oft er bei ihnen war (V. 18). Statt dessen dulden sie, daß seine Gegner um ihre Gunst buhlen (V. 17). Pl, welcher jetzt während der Abfassung seines Briefs die Geburtswehen, die ihm die Bekehrung der Galater gekostet hat, noch einmal durchlebt, steht ihnen jetzt, mit der Feder in der Hand, ratlos gegenüber, da er den Wunsch, mündlich mit ihnen verhandeln zu können, jetzt nicht verwirklichen kann (V. 19. 20). So steht er ihnen auch jetzt als ein Feind gegenüber, indem er ihnen schriftlich die Wahrheit sagt. Daß die Galater nichts davon wissen, ehe sie den Brief gelesen haben, tut nichts zur Sache; denn Pl beschreibt mit *ἐχθρὸς ὑμῶν γέγονα — ὠδίνω — ἀποροῦμαι* sein augenblickliches Verhältnis zu ihnen, wie er selbst es in diesem Moment empfindet, nicht, wie jene es ansehen. An die Frage: „Wo ist jetzt eure damalige Seligpreisung“, schließt sich über die Parenthese hinweg das *ὥστε* an. Jene Frage ersetzt ein auf *ὥστε* hinweisendes Demonstrativ (Kühner, Griech. Gr. II, 1003). So völlig ist ihr Verhältnis zu Pl erschüttert, daß er mit seiner rücksichtslosen Bezeugung der Wahrheit in diesem Brief wie ein Feind ihnen gegenüber zu stehen gekommen ist. So kommt er sich selber vor, während er sich bewußt ist, in mütterlicher Liebe um ihr Leben zu ringen. Cf 2 Kr 12, 11 *γέγονα ἄφρων*. Neben diesem praes. perf. und hinter der präs. Frage V. 15a, wovon der Satz mit *ὥστε* abhängt, kann das praes. *ἀληθεύων* unmöglich sich auf die Vergangenheit, auf seinen zweiten Besuch beziehen, so daß gesagt wäre, durch seine damaligen Rügen sei er ihr Feind geworden. Dies hätte Pl durch *ἐγενόμην* oder *ἐγενήθην* ausdrücken müssen (cf Jes 63, 10 *ἐστράφη αὐτοῖς εἰς ἔχθραν*, eine Stelle, an die Pl übrigens vielleicht gedacht hat). Auch würde er diesen zweiten Aufenthalt von dem ersten (*τὸ πρότερον* V. 13) haben abgrenzen müssen. Statt dessen ist er von jenem ersten Aufenthalt (13. 14) zu dem gegenwärtigen Moment (15—20) fortgeschritten.

4. Gl. 6, 11 *ἴδετε πηλίκοις ὑμῖν γράμμασιν ἔγραψα τῇ ἐμῇ χειρί* ist jedenfalls nicht mit Hieronymus (Vallarsi VII, 529) und Theodor (Swete I, 107) auf den folgenden Briefschluß zu beschränken, welchen Pl, um die Wichtigkeit desselben oder seine Unerschrockenheit zu bezeugen, mit größerer Schrift geschrieben hätte; denn diese Beschränkung würde ebenso wie 1 Kr 16, 21; 2 Th 3, 17; Kl 4, 18 ausgedrückt sein. Sodann findet sich der Aorist *ἔγραψα* wenigstens im NT nie in bezug auf Solches gebraucht, was der Vf zu schreiben eben erst im Begriff steht, Pl blickt vielmehr auf den ganzen hier zu Ende gehenden Brief zurück cf Rm 15, 15; 16, 22. So folgt auch aus Phlm 19, daß Pl jenen kleinen Brief ganz eigenhändig geschrieben hat. Wer zu diktiren gewöhnt und nicht durch äußere Umstände daran verhindert ist, macht eine Ausnahme von der Regel, um seinem Schreiben einen möglichst persönlichen Charakter zu geben. Cf Ambrosius ep. 1, 3 (ed. Ben. II, 753 an Kaiser Gratian): *Scripsisti tua totam epistolam manu, ut ipsi apices fidem tuam pietatemque loquerentur.* Hiemit scheint in unserem Fall auch das *πηλίκοις γράμμασιν* zusammenzuhängen. Hofmann I, 2, 205 hat die Übersetzung „einen wie großen, ausführlichen Brief ich euch geschrieben habe“ nicht aus dem Sprachgebrauch zu rechtfertigen vermocht. Cf dagegen AG 23, 25; 2 Pt 3, 1

ἐπιστολήν, Eph 3, 3 ἐν ὀλίγῳ, 1 Pt 5, 12 δι' ὀλίγων, Hb 13, 22 διὰ βραχέων ἐπέστειλα, Eus. h. e. I, 7, 1 δι' ἐπιστολῆς Ἀριστείδῃ γράφων περὶ κτλ., Ign. Rom. 8, 2 δι' ὀλίγων γραμμάτων αἰτοῦμαι ὑμᾶς, ebenso ad Pol. 7, 3 mit παρεκάλεσα. Der Hinweis auf die auffällige Größe der Schriftzüge wäre aber zwecklos, wenn Pl nur diesmal in größeren Buchstaben geschrieben hätte, als ihm sonst gewohnt oder überhaupt in Briefen üblich war. War dagegen dies seine gewöhnliche Schreibweise, so wird es allerdings damit zusammengehangen haben, daß er es für gewöhnlich vorzog, zu diktiren. Mag der ungewöhnlich große Schriftcharakter des Pl durch seine fleißige Arbeit im Handwerk oder durch sein schweres Körperleiden bedingt gewesen sein, der durch das nachfolgende τῇ ἐμῇ χειρί verstärkte Hinweis auf diese unförmlich großen Buchstaben war zugleich ein Hinweis auf die selbstverleugnende Mühe, welche er es sich bei diesem Brief hatte kosten lassen, den Lesern so persönlich und nahe wie möglich gegenüberzutreten.

5. Man kann aus 1, 6 keineswegs schließen, daß seit dem letzten Besuch des Pl oder gar seit Stiftung der galatischen Gemeinden nur kurze Zeit verstrichen sei; denn nur wo ein Zeitpunkt, von wo an der rasche Eintritt eines Ereignisses gemessen werden soll, entweder ausdrücklich genannt oder durch die Aussage selbst unmittelbar dargeboten ist, gewinnt ταχέως die Bedeutung „bald" z. B. mit ἔρχομαι, ἐλεύσομαι, wo die Gegenwart der Aussage der Zeitpunkt ist, von welchem an das Kommen rasch, ohne Zögern und somit bald geschehen soll (1 Kr 4, 19; Phl 2, 19. 24). Es wäre auch gar nicht besonders verwunderlich, daß eben erst gestiftete und somit noch wenig befestigte Gemeinden, oder daß solche bald nach einem Besuch ihres Stifters sich von fremden Lehrern beirren lassen. Letzteres würde auch nur dann verständlich sein, wenn eben hier an den letzten Besuch des Pl und den von ihm vorgefundenen guten Stand der Dinge erinnert würde. Mit Recht dagegen ist Pl verwundert und entrüstet, und nur dies sagt er, daß die Galater sich so rasch in eine verkehrte Richtung bringen lassen, daß jene Judaisten so wenig Zeit nötig gehabt haben, einen so gefährlichen Einfluß zu gewinnen. Der ursprüngliche Sinn von ταχύς, ταχέως, ταχινός bleibt oft genug bewahrt z. B. 2 Th 2, 2; Jk 1, 19; Mr 9, 39; Jo 20, 4; 2 Pt 2, 1.

§ 11. Galatien und die Galater (A 1).

Um die Angaben und Andeutungen des Gl mit anderweitigen Nachrichten über Pl in Verbindung setzen zu können, bedarf es einer Entscheidung über die Frage, was unter ἡ Γαλατία 1, 2 (cf 3, 1) zu verstehen sei, eine Frage, welche zu 1 Kr 16, 1 und 1 Pt 1, 1 wiederkehrt (A 2). Nach der älteren, noch heute von namhaften Gelehrten vertretenen Ansicht wären darunter die Landstriche um Ancyra, Pessinus und Tavium zu verstehen, welche seit der Einwanderung keltischer Kriegsscharen im 3. Jahrhundert v. Chr. unter dem Namen Γαλατία zusammengefaßt wurden. Andere verstehen unter Γαλατία Gl 1, 2 die römische Provinz dieses Namens, welche im J. 25 v. Chr. nach dem Tode des letzten Galaterkönigs Amyntas organisirt wurde und von da an mit allerlei Schwankungen außer jener Landschaft der Galater noch den größten Teil der Landschaften Pisidien, Isaurien, Lykaonien und auch ein Stück des östlichen Phrygiens umfaßte, während der größere Teil Phrygiens zur Provinz Asia gehörte. Die Einrichtung und Abgrenzung der römischen Provinzen hat in Kleinasien wie anderwärts die alten Namen der Landschaften keineswegs völlig verdrängt, aber doch einen neuen Sprachgebrauch geschaffen. Römer wie der ältere Plinius († 79) und Tacitus (um 115), aber auch der Geograph Ptolemäus (um 150) verstehen unter Galatia die ganze römische Provinz, zu welcher unter anderen Landstrichen auch das Galaterland gehörte (A 3). Die Frage, ob dies auch von Pl gelte, würde schwerlich schon so lange in entgegengesetztem Sinne beantwortet worden sein, wenn nicht auf beiden Seiten die Neigung sich geltend gemacht hätte, den Sprachgebrauch des Pl nach demjenigen der AG zu bestimmen oder umgekehrt die Angaben der AG nach dem Sprachgebrauch des Pl zu deuten. Es erscheint das in dem vorliegenden Fall um so weniger veranlaßt, als der Name *Γαλατία* in der AG niemals vorkommt, und der Sinn des zweimal von Lc gebrauchten eigentümlichen Ausdrucks *ἡ Γαλατικὴ χώρα* AG 16, 6; 18, 23 nur aus dem Zusammenhang der Erzählung und nach dem sonstigen Sprachgebrauch der AG bestimmt werden kann. Nun liegt aber am Tage, daß Lc wo er von Kleinasien redet und auch sonst die alten Landschaftsnamen gebraucht, welche sich mit der Einteilung und Benennung der römischen Provinzen durchaus nicht decken, und daß dagegen Pl niemals ein unter römischer Herrschaft stehendes Gebiet mit einem anderen Namen als demjenigen der Provinz, wozu es gehörte, bezeichnet und keinen der alten Landschaftsnamen anwendet, sofern diese nicht Namen römischer Provinzen geworden waren (A 4). Es ist daher von vornherein die näher liegende Annahme, daß er Gl 1, 2; 1 Kr 16, 1 unter *ἡ Γαλατία* die römische Provinz dieses Namens verstanden habe. Darin kann es uns nur bestärken, daß in einem in Rom geschriebenen Brief (§ 39), nämlich 1 Pt 1, 1 Galatien unter lauter Namen römischer Provinzen steht (A 3 a. E). Man hat, wenn man die Möglichkeit zugestand, daß Pl unter Galatien die ganze Provinz dieses Namens verstanden haben könne, doch oftmals bedenklich gefunden, daß er die Leser 3, 1 als Galater angeredet haben sollte, während sie größtenteils gar nicht galatischen d. h. keltischen Stammes gewesen wären. Aber Pl und Lc nennen auch sonst ohne Rücksicht auf die ethnographischen Unterschiede z. B. auf den Unterschied der Juden und der Griechen oder der Römer und der Nichtrömer alle Einwohner der betreffenden Städte und Provinzen Korinther (2 Kr 6, 11), Philipper (Phl 4, 15), Macedonier (2 Kr 9, 2. 4; AG 19, 29), Pontiker (AG 18, 2), Asianer (AG 20, 4), Alexandriner (AG 18, 24), Römer (AG 2, 10). Bei uns trägt längst niemand Bedenken, die ihrem Grundstock nach zum fränkischen Stamm gehörigen Bewohner der Gegenden um Nürnberg oder Würzburg Bayern zu nennen, obwohl sie nicht viel länger mit den bayrischen Stammlanden politisch vereinigt sind, als die Lykaonier zur Zeit des Gl mit den galatischen Stämmen zur Provinz Galatien vereinigt waren. Je mannigfaltiger ein Kreis von Christen in bezug auf Nationalität zusammengesetzt war, um so näher lag es, in der Anrede an sie eine davon absehende Bezeichnung nach dem gewöhnlichen Namen des politischen Bezirks, in welchem sie wohnten, zu wählen. Die Entscheidung der Streitfrage über den Sinn des Namens Galatia in Gl 1, 2 ist vor allem durch Vergleichung der aus der einen und der anderen Beantwortung sich ergebenden geschichtlichen Tatsachen mit dem Text des Gl zu gewinnen. Nehmen wir Galatien im Sinn der römischen Provinz, so sind unter den Gemeinden, an welche der Gl gerichtet ist, vor allem die auf der ersten Missionsreise des Pl durch ihn und Barnabas gestifteten vier Gemeinden im pisidischen Antiochien, in Ikonium, Lystra und Derbe zu verstehen (A 5). Mit diesen aber wären zusammenzufassen diejenigen Gemeinden, welche in der Zwischenzeit zwischen der ersten Missionsreise und der Abfassung des Gl an anderen uns im einzelnen nicht bekannten Orten der Provinz Galatien entstanden waren. Von der Gl 4, 13 erwähnten erstmaligen Predigt unter den Lesern hätten wir AG 13, 14—14, 23 einen ausführlichen Bericht. Das eben dort angedeutete zweite Predigen des Ev in Galatien wäre in bezug auf die Stationen der ersten Missionsreise durch AG 16, 5 bezeugt; denn durch den Besuch derselben seitens des Pl und Silas sollen die dort bestehenden Gemeinden nicht nur innerlich befestigt worden, sondern auch an Mitgliederzahl gewachsen sein. Hieran schloß sich aber eine Durchreisung phrygischen und galatischen Gebiets, welches Pl auf der ersten Reise noch nicht berührt hatte (AG 16, 6). Wenn die Wahl dieses Reisewegs dadurch erklärt wird, daß der Geist den Missionaren wehrte, in Asien zu predigen, so ist eben damit gesagt, daß dieses Verbot sich auf die Gegenden, welche sie in folge dessen durchwanderten, nicht bezog. Wie kurz der Bericht lautet, und wie rasch die Reise vor sich gegangen sein mag, so ist doch nicht zu bezweifeln, daß Pl und Silas damals in dem nördlichen Teil der Provinz Galatien gepredigt haben. Wenn wir hören, daß Pl, auf seiner dritten großen Reise, vor seiner Niederlassung in Ephesus, in denselben Gegenden Christen vorfand, welche er ebenso „stärkte" (AG 18, 23), wie er auf der zweiten Missionsreise (AG 16, 1—5) die auf der ersten gestifteten Gemeinden „gestärkt" hatte, so soll der Leser verstehen, daß diese Christen im nördlichen Teil der Provinz bei Gelegenheit der AG 16, 6 berichteten Durchreise des Pl und Silas bekehrt worden seien. Somit wäre das Gl 4, 13 vorausgesetzte zweitmalige Predigen unter den Galatern in AG 16, 5b und 16, 6 wiedergefunden. Beschränkt man dagegen den Namen Galatien Gl 1, 2 auf das Galaterland, so müßten wir die Stiftung der im Gl angeredeten Gemeinden zwischen den Zeilen von AG 16, 6 lesen und den zweiten Besuch derselben in AG 18, 23 finden. Hiemit ist aber auch bereits ein schwerwiegendes Bedenken gegen die letztere Annahme ausgesprochen. Es soll kein großes Gewicht darauf gelegt werden, daß Gl 4, 13 nicht nur ein zweiter Besuch, sondern auch eine zweitmalige Missionspredigt in Galatien vorausgesetzt wird, und daß dagegen AG 18, 23 jede Andeutung von einer solchen fehlt. Das Unwahrscheinliche dieser Annahme liegt vielmehr darin, daß die Gemeinden von Derbe, Lystra, Ikonium und Antiochien, deren Bedeutung schon aus der Geschichte ihrer Stiftung erhellt (AG 13, 14—14, 23; 2 Tm 3, 11), Gemeinden, aus welchen mehrere Gehilfen des Pl hervorgegangen sind (AG 16, 1; 20, 4), fast ohne Spur ihrer Fortexistenz im NT sein würden, und daß dagegen die Gemeinden im Norden der Provinz Galatien, von deren Entstehung wir nur zwischen den Zeilen der AG etwas lesen können, am Gl, an der Grußüberschrift des 1 Pt und an der Erwähnung 1 Kr 16, 1 Zeugnisse einer großen kirchlichen Bedeutung besitzen würden, von welcher der Vf der AG keine Ahnung gehabt haben müßte. Es wäre ferner befremdlich, daß die judaistischen Lehrer aus Palästina an den bedeutenden Städten Ikonium und Antiochia, wo es jüdische Synagogen gab (A 5), und es daher auch in den dort entstandenen Christengemeinden nicht ganz an geborenen Juden fehlte, vorübergezogen wären, ohne dort eine Agitation zu entfalten, welche in irgend einer Urkunde ihre Spur zurückgelassen hätte, und daß sie dagegen dem weiter abgelegenen Galaterland und den dortigen, nach den Andeutungen der AG, wie es scheint, wenig bedeutenden Christengemeinden sich zugewandt hätten, um hier dem Ev und dem Einfluß des Pl entgegenzuwirken. Bei dieser Annahme ergeben sich auch Schwierigkeiten in bezug auf Zeit und Ort der Abfassung des Gl, welche bei der entgegengesetzten Annahme verschwinden (§ 12). Dazu kommt die Versicherung des Pl (Gl 2, 5), daß er bei den Verhandlungen auf dem sogen. Apostelkonzil in Jerusalem die im Gl angeredeten Christen im Auge gehabt habe und ihnen die evangelische Wahrheit und Freiheit zu erhalten bemüht gewesen sei (A 6). Damals aber, im Winter 51/52, zur Zeit der in AG 15 geschilderten Ereignisse war Pl noch gar nicht in das Galaterland gekommen, wovon wir erst AG 16, 6 hören. Es hätten also die Gemeinden noch gar nicht existirt, für welche Pl in Jerusalem gekämpft haben will. Dies allein würde mir als Beweis dafür genügen, daß die „Gemeinden Galatiens“, an welche der Gl gerichtet ist, vielmehr in erster Linie die auf der ersten Missionsreise vor dem Apostelkonzil gestifteten Gemeinden im südlichen Teil der Provinz Galatien sind, natürlich ohne daß die auf der zweiten Missionsreise bekehrten Christen im nördlichen Teil der Provinz von der Adresse ausgeschlossen zu denken wären. Diese Annahme findet auch positive Bestätigung durch Vergleichung der unter dieser Voraussetzung heranzuziehenden Nachrichten der AG mit dem Gl. Hat Pl Gl 1, 8 in erster Linie ohne Frage die für die Existenz von Gemeinden in Galatien grundlegende Predigt, jenes εὐαγγελίζεσθαι τὸ πρότερον von 4, 13 im Auge, so ist der Gehilfe, dessen Mitwirkung dabei er nicht unausgedrückt lassen will, Barnabas. Sofern aber dort auch der zweite Besuch, bei welchem gleichfalls mit Erfolg Ev gepredigt wurde, mitberücksichtigt sein mag, ist an Silas als den Mitarbeiter zu denken (AG 15, 40—16, 6). An Silas allein haben wir zu Gl 1, 9 zu denken; denn zu Warnungen vor einem falschen und zwar vor einem durch gesetzliche Forderungen entstellten Ev (cf Gl 5, 3) war auf der ersten Missionsreise, als Pl mit Barnabas reiste, schwerlich schon Anlaß vorhanden. In den Zuständen der erst im Entstehen begriffenen Gemeinden lag überhaupt die Veranlassung dazu nicht (oben S. 119). Dagegen erklärt es sich völlig, daß Pl nach den Erfahrungen, welche er in der Zwischenzeit zwischen dem ersten und dem zweiten Besuch der Provinz Galatien in Antiochien und Jerusalem gemacht hatte (AG 15, 1—29; Gl 2, 1—10), nun in Gemeinschaft mit Silas die jungen Gemeinden Lykaoniens vor den falschen

Brüdern und ihrem gesetzlichen Christentum warnte. Die AG berichtet, daß die Missionare die Beschlüsse des Apostelkonzils, welche zunächst nur für die bereits von den Judaisten beunruhigten Christen des syrischen Antiochiens und der benachbarten Gebiete bestimmt waren (AG 15, 23), auch den Gemeinden Lykaoniens mitteilten (16, 4). Eben dadurch wurden sie stark gemacht (16, 5) gegen die zu erwartenden Angriffe der Judaisten auch auf sie. Die wiederholte namentliche Erwähnung des Barnabas (2, 1. 9. 13) erscheint besonders veranlaßt, wenn Pl es hier mit Gemeinden zu tun hatte, von welchen die bedeutendsten durch Barnabas mitgestiftet waren. Allerdings sehen wir aus 1 Kr 9, 6; Kl 4, 10, daß Barnabas auch in solchen Gemeinden, welchen er persönlich nicht nahegetreten war, als ein hervorragender Missionar bekannt war. Aber die Erwähnung desselben 1 Kr 9, 6 erklärt sich aus der Absicht des Pl, zu sagen, daß er vom Anfang seiner Missionspredigt an, bei welchem ihm Barnabas zur Seite stand, den dort erörterten Grundsatz befolgt habe. Die Erwähnung Kl 4, 10 entspringt dem Bedürfnis, den den Lesern völlig unbekannten Marcus als den Anverwandten eines berühmten Missionars der Teilnahme der Gemeinde zu empfehlen. Die dreimalige Nennung des Barnabas in Gl 2, für welche ähnliche Veranlassungen nicht zu entdecken sind, findet nur darin eine ungezwungene Erklärung, daß Barnabas der Mitstifter der Hauptgemeinden Galatiens war. Es entspricht auch dies den Berichten der AG, daß Pl im Hinblick auf sein erstes und sein zweites Wirken unter den Galatern zwar gelegentlich seiner Gehilfen Barnabas und Silas gedenkt (1, 8 f.), übrigens aber sich selbst als den eigentlichen Stifter und Leiter der galatischen Gemeinden darstellt (4, 11—20; 5, 2 f. 21). Schon auf der ersten Reise in Begleitung des Barnabas war Pl der Wortführer, der Hauptprediger (AG 13, 16; 14, 9. 12). Hieran knüpft sich der merkwürdige Vorgang in Lystra (AG 14, 11—14), welcher sich in Gl 4, 14 widerspiegelt. Während die durch ein Heilungswunder in Enthusiasmus versetzten Lykaonier in Barnabas den Zeus zu sehen glauben, erklären sie den Pl, dessen Predigt sie gehört hatten, für Hermes, den Boten und Dolmetscher der Götter; und Pl blickt mit Rührung zurück auf den Tag, da die Galater ihn als „einen Boten Gottes“, ja als den Sohn Gottes selbst aufnahmen. Wohl war jenes ein Ausbruch naiven Volksaberglaubens, welchen die Missionare entrüstet zurückwiesen; aber bei denen, welche sich belehren und bekehren ließen, verwandelte sich der heidnische Aberglaube, in welchen ihre Begeisterung anfangs verkleidet war, in die dankbare Freude darüber, daß nicht die Götter des Olymp, sondern „der lebendige Gott, der Himmel und Erde gemacht hat,“ seinen „Boten“ zu ihnen gesandt und Christus selbst in dem Ev des Pl sie besucht habe. Gibt uns AG 17, 16—34 ein geschichtliches Bild von dem Heidenapostel, was noch Niemand glaubwürdig bestritten hat, so ist es vollkommen begreiflich, daß Pl zwischen der heidnischen Verehrung der unerkannten Gottheit und der begeisterten Liebe zu dem von ihm gepredigten Gott (AG 17, 23) und dessen Boten einen Zusammenhang findet. Ist aber das Zusammentreffen der

Andeutungen des Briefs mit dem Bericht der AG in diesem Punkt nicht ein neckischer Zufall, so wird man auch Gl 1, 8, wo Pl gleichfalls auf die erste Predigt in Galatien zurückblickt, in der auffälligen Verbindung an sich sehr fernliegender Vorstellungen: „wir oder ein Engel vom Himmel" einen Nachklang desselben Ereignisses anzuerkennen haben. In der alten Legende der Thekla, welche an die Flucht vom pisidischen Antiochien anknüpft (AG 13, 50—14, 1; Acta Theclae 1), wird der Eindruck, welchen Pl damals auf das empfängliche Gemüt eines Bürgers von Ikonium machte, wahrscheinlich in Erinnerung eben hieran mit den Worten geschildert: „bald erschien er wie ein Mensch, bald hatte er eines Engels Angesicht" (c. 3; GK II, 904). — Über die Krankheit des Pl, welche seinen ersten Aufenthalt und damit sein erstes Predigen unter den Galatern veranlaßt hatte (4, 13 oben S. 122 A 2), gibt uns die AG keinen unmittelbaren Aufschluß. Aber der befremdliche Reiseweg der Missionare findet doch vielleicht in dieser Angabe des Pl einige Aufklärung. Der Weg von Perge nach Antiochien (AG 13, 14) weist auf die Absicht, von Antiochien aus weiter entweder nordwärts oder nach Westen, in die städtereichen Täler des Lykos und des Mäander und weiter zu den Großstädten der Westküste Kleinasiens vorzudringen. Wenn die Missionare sich statt dessen von Antiochien aus nach Südosten wenden, um auch von dort bald wieder auf dem gleichen Wege umzukehren, ohne daß von innerlichen Beweggründen etwas verlautet (cf dagegen AG 16, 6—10), so mag ein Anfall seines Leidens für Pl der Grund gewesen sein, für diesmal auf größere Unternehmungen zu verzichten. — Für uns, die wir die dem Brief zu Grunde liegenden Tatsachen sämtlich nur aus den Worten erraten können, mit welchen Pl für Leute, welche die Tatsachen kannten, auf dieselben Bezug nimmt, muß manches dunkel bleiben, und eben dies ist der stärkste Beweis dafür, daß wir es hier nicht mit einer literarischen Fiktion, sondern mit einem aus dem Leben geborenen wirklichen Brief zu tun haben. Zu den dunkelsten Stellen gehört 5, 11 und wird unaufgeklärt bleiben, wenn es verboten sein soll, die Briefe des Pl aus der AG zu erklären. Es scheint, daß die Gegner des Pl die Galater darauf aufmerksam gemacht haben, Pl selbst, der Mann des Fortschritts, zeige sich unter Umständen noch ebenso wie die älteren Apostel als ein Prediger der Beschneidung, und es bedeute daher gar keinen radikalen Bruch mit ihrer durch Pl bestimmten christlichen Vergangenheit, wenn die Galater sich nachträglich der Beschneidung unterziehen. Hierauf gestützt konnten die Verführer den Galatern die Aussicht eröffnen, Pl selbst werde mit sich reden lassen und am Ende die Judaisirung der Galater zugeben. Die Unwahrhaftigkeit dieser Darstellung deckt Pl auf durch Berufung auf die Tatsache, daß er gerade wegen seiner Unerbittlichkeit in diesem Punkte von den Judaisten gehaßt und verfolgt werde (διώκομαι 5, 11 nach 4, 29 zu verstehen). Im Gegensatz zu derartigen Einflüsterungen hatte er 5, 2—4 die Unabänderlichkeit seines Urteils über die judaistische Zumutung feierlich bezeugt. Es muß eine der letzten Vergangenheit angehörige und im Gesichtskreis der Galater liegende

Tatsache sein, welche die Judaisten mit einigem Schein als ein περιτομὴν ἔτι κηρύσσειν von seiten des Pl darstellen konnten. Diese Tatsache ist AG 16, 1—3 erzählt: es ist die von Pl selbst veranlaßte Beschneidung des Timotheus, des Sohnes eines heidnischen Vaters und einer jüdischen Mutter aus Lystra in der Provinz Galatien. Bald nach diesem Ereignis kamen die Judaisten nach Galatien, und an die AG 16, 1—6 genannten und gemeinten Gemeinden ist der Gl gerichtet. Auch das Auftreten der Judaisten erscheint von hier aus in einem sehr natürlichen Zusammenhang. Die Niederlage, welche sie auf dem Apostelkonzil erlitten hatten, hat sie nicht für immer entmutigt. Nur in Antiochien und den von dort abhängigen Kirchen (AG 15, 23) scheinen sie keinen zweiten Angriff mehr gewagt zu haben; denn was Gl 2, 11—14 erzählt wird, gehört wahrscheinlich einer früheren Zeit an (Abschn. XI). Nachdem sie aber erfahren hatten, daß Pl auf seiner zweiten Missionsreise nach Europa hinübergegangen sei und dort durch erfolgreiche Arbeit festgehalten werde, hielten sie die Zeit für gekommen, die schon vor dem Apostelkonzil gestifteten Gemeinden Galatiens heimzusuchen und hinter dem Rücken ihres Stifters für das gesetzliche Ev zu gewinnen. Sobald Pl davon Kunde erhielt, trat er durch seinen Gl der drohenden Gefahr entgegen.

1. Über Galatien cf Perrot, De Galatia provincia Romana 1867; desselben Exploration de la Galatie 1872 S. 173—206; Sieffert, Galatien und seine ersten Christengemeinden 1871; Marquardt, Röm. Staatsverwaltung I², 358—365; Ramsay, Historical geography of Asia Minor 1890 S. 252 ff. 375. 453; desselben The Church in the Rom. empire, ed. 2, 1893 p. 8—15; 25—111 s. auch A 2. Die von mir vertretene Ansicht von der Bestimmung des Gl würde es, wenn es dessen bedürfte, rechtfertigen, daß ich die für das Verständnis des Gl auf alle Fälle belanglose Frage nach der Nationalität der Volksstämme, welche der Landschaft Galatien ihren Namen gegeben haben, der Tektosagen, Trokmer und Tolistoboger, auf sich beruhen lasse. Für germanische Herkunft derselben ist mit unermüdlichem Eifer eingetreten Wieseler im Komm. zum Gl S. 521—528 und in besonderen Schriften: Die deutsche Nationalität der kleinasiatischen Galater 1877; Zur Gesch. der kleinas. Gal. 1879; Untersuch. zur Gesch. u. Rel. der alten Germanen 1881 S. 1—51. Er erfuhr Widerspruch unter anderen von W. Grimm, Theol. Stud. u. Krit. 1876 S. 199—221 und Hertzberg ebenda 1878 S. 525—541.

2. Nach Angabe von J. D. Michaelis, Einleitung 4. Aufl. S. 1199 hat die oben vertretene Ansicht zuerst der Rektor von Ilfeld J. J. Schmidt aufgestellt und sodann auch gegen Michaelis verteidigt. Ohne sonderliche Wirkung blieb, was Mynster, Kleinere Schriften 1825, und Böttger, Beiträge 1837 Abteil. III, 1—5; Suppl. 32—47 dafür beibrachten, sowie die Zustimmung von Thiersch, Die Kirche im apost. Zeitalter (1. Aufl. 1852, 3. Aufl. 1879) S. 123. Erst seit den Arbeiten von Perrot (s. A 1) gewann diese Ansicht zahlreichere Anhänger wie Renan, St. Paul 1869 p. 47—53; Hausrath, Ntl Zeitgesch. II (1872) S. 528 ff. In neuerer Zeit war ihr bedeutendster Anwalt Ramsay, Church etc. p. 8—15; 59—111; Studia bibl. et eccles. IV (Oxford 1896) p. 15—57. Von Vertretern der älteren Ansicht, wonach Galatien im NT überall das Galaterland bezeichne, nenne ich Wieseler, Komm. zum Gl 530 ff; Lightfoot, Galatians (4. ed.) p. 19; Hofmann I, 149; Sieffert (s. A 1) auch in der Bearbeitung des Meyer'schen Komm. 7. Aufl. 1886 S. 6—15; Schürer, Jahrb. f. prot. Theol. 1892 S. 460—474; Zöckler, Theol. Stud. u. Krit. 1895 S. 51—102.

3. Plinius versteht unter Galatia die ganze römische Provinz, wenn er hist. nat. V, 27, 95 *Ide* (Ἴδη) eine Stadt des östlichen Lykaoniens *in confinio Galatiae atque Cappadociae* liegen läßt, ferner wenn er V, 32, 147 unter anderem die lykaonischen Städte Lystra und Thebasa (cf V, 27, 95) zu Galatien rechnet, und wenn er ebendort Galatien an die damals zur Provinz Pamphylien gehörigen Landschaften Cabalia und Milyas angrenzen läßt. Vom Galaterland waren diese durch weite Landstrecken getrennt; dagegen waren Galatien (im Sinne des Plinius und der Römer überhaupt) und Pamphylien in der Tat aneinander grenzende Provinzen. Auf eben diese bezieht sich Tacit. hist. II, 9: *Galatiam ac Pamphyliam provincias Calpurnio Asprenati regendas permiserat Galba.* Daß Galatia hier nicht das eigentliche Galaterland, sondern die ganze c. 25 a. Chr. eingerichtete Provinz bezeichnet, folgt nicht nur daraus, daß nur unter dieser Voraussetzung ein zusammenhängender Verwaltungsbezirk sich ergibt, sondern auch aus dem bloßen Wort *provincias*; denn die einzelnen Landschaften, aus welchen die Provinzen zusammengesetzt waren, hießen nicht Provinzen. Es wird daher auch kein anderer Sprachgebrauch zu Grunde liegen ann. XIII, 35 *habiti per Galatiam Cappadociamque dilectus*; XV, 6 *Galatarum Cappadocumque auxilia.* Die mit befremdlicher Beharrlichkeit wiederholte Behauptung, daß nur geborene Kelten oder Bewohner des eigentlichen Galaterlandes, nicht aber sämtliche Einwohner der von Plinius und Tacitus Galatia genannten Provinz *Galatae* genannt werden konnten, ist schon oben S. 125 aus dem NT widerlegt. Ausführlich und überzeugend handelt hiervon Ramsay, Stud. bibl. et eccl. Oxon. 1896 p. 26—38. Ptolemäus beschreibt Kleinasien im wesentlichen und besonders zu Anfang deutlich nach der römischen Provinzialabteilung: a) V, 1, 1 Pontus-Bithynien (dafür VIII, 17, 1 abkürzend nur Bithynien); b) V, 2, 1 ἡ ἰδία oder ἡ ἰδίως καλουμένη oder ἡ ἰδίως Ἀσία (cf VIII, 17, 1. 8), wozu Großphrygien mit Eumeneia, Philomelion, Hierapolis (V, 2, 22—26) gehört; c) V, 3 Lycien; d) V, 4 Galatien, wozu er Teile von Lykaonien, Pisidien und Isaurien rechnet, unter anderen Städten auch das pisidische Antiochien § 11 und Lystra § 12. Einer anderen Quelle folgend, schlägt er V, 5, 4 das „im pisidischen Phrygien“ gelegene Antiochien zur Provinz Pamphylien und V, 6, 16 f. Ikonium und Derbe zu Kappadocien. Letzteres hängt mit den ziemlich dunkeln, jedenfalls auf eine veraltete Quelle zurückgehenden Angaben des Ptolemäus über die Strategien Kappadociens zusammen cf Ramsay, Hist. geogr. 283 f. 310. 336. — Den Sprachgebrauch des Plinius, des Tacitus und des Ptolemäus bestätigen aber auch die richtig verstandenen Inschriften. Eine einem kaiserlichen Domänenverwalter oder Finanzbeamten (*ἐπίτροπος Καίσαρος*) aus der Zeit der Kaiser Claudius und Nero in Ikonium errichtete Ehreninschrift (C. I. Gr. nr. 3991) bezeichnet dessen Verwaltungsbereich durch *Γαλατικῆς ἐπαρχείας*. Die Stadt Ikonium, welche, unter Kaiser Claudius zur römischen Kolonie erhoben, diesen Beamten als ihren Wohlthäter und Stifter rühmt, gehörte zu dieser Provinz, und ihre Bürger bezeichnen diese Provinz lediglich als die galatische (cf Ramsay, Church 56; Marquardt I, 364 A 11). Provinzen, die aus zwei ursprünglich gesonderten Landschaften zusammengesetzt waren, konnten einen Doppelnamen führen wie Bithynia-Pontus (s. vorhin aus Ptolemäus und Marquardt I, 351), wie bei uns in Bayern „Schwaben und Neuburg“. Ganz unglaublich dagegen ist, daß der im amtlichen Verkehr gebräuchliche Name der großen Provinz, welche aus dem Reich des Amyntas gebildet wurde, in einer Aufzählung der sämtlichen Landschaften bestanden haben sollte, aus welchen sie zusammengesetzt war. Wenn man aus einigen Galatien betreffenden Inschriften geschlossen hat, daß der amtliche Sprachgebrauch die einheitliche Provinz so umständlich bezeichnet, und dagegen unter Galatia immer nur das Land der Galater verstanden habe, so wäre das erstlich für die vorliegende Frage völlig belanglos, da Pl noch viel weniger als Plinius, Tacitus, Ptolemäus und die Bürgerschaft von Ikonium in ihrer Ehreninschrift Anlaß hatte, den Kanzleistil anzuwenden. Zweitens aber ist die Schlußfolgerung selbst

ebenso unrichtig, wie wenn wir den amtlichen Sprachgebrauch bei uns nach dem sogen. großen Titel der deutschen Monarchen bemessen wollten, welcher selbst in den amtlichen Veröffentlichungen von Gesetzen entweder ganz fortgelassen oder durch ein „etc.“ abgekürzt zu werden pflegt. Eine im pisid. Antiochien gefundene Ehreninschrift für einen gewissen Sospes (nicht Sollers), Statthalter von Galatien aus dem Ende des 1. Jahrh. (C. I. L. III nr. 291, berichtigt Suppl. nr. 6818), bezeichnet dessen Verwaltungsbezirk durch 9 Namen, anfangend *provinc. Gal. Pisid. Phryg.* etc.; Suppl. nr. 6819 ebenso, nur *Phryg.* vor *Pisid.* Ergänzt man (provinc)*iarum*, so würden Pisidien, Phrygien etc., welche damals keine besonderen Provinzen bildeten, ungenauerweise als solche bezeichnet sein, so daß jener Sospes 9 Provinzen zugleich zu verwalten gehabt hätte. Wahrscheinlicher ist doch wohl in diesen wie in anderen ähnlichen Inschriften (provinc)*iae* zu ergänzen, was nur zu *Galatiae* gehört, so daß hieran die folgenden 8 Namen appositionsweise sich anschließen, um möglichst pompös das große Gebiet zu beschreiben. In anderen Inschriften, worin *provinciarum* wirklich zu lesen ist, z. B. auf zwei Meilensteinen von Ancyra aus den Jahren 80 und 82 (C. I. L. nr. 312. 318), folgen zunächst Namen wirklicher Provinzen *Galatiae. Cappadociae* und erst im weiteren Verlauf darin bereits inbegriffene Landschaften wie Pisidien, Lykaonien. Es kommen ferner in Betracht solche Aufzählungen, die unverständlich sein würden, wenn wir nicht annehmen dürften, daß unter *Galatia* ebenso wie unter *Asia* die sämtlichen zu diesen Provinzen gehörigen Landesteile mitgemeint waren. Wenn man in C. I. L. III, nr. 249 (Ancyra) unter anderem liest *proc. fam. glad. per Asiam. Bithyn. Galat. Cappad. Lyciam. Pamphyl. Cil. Cyprum. Pontum. Paflag.*, so hat man eine Umschreibung ganz Kleinasiens mit Einschluß Cyperns. Es müssen also Lykaonien nnd Pisidien in Galatien, ferner Phrygien teils in Asien teils in Galatien inbegriffen sein. Dies gilt auch für 1 Pt 1, 1. Es werden hier sämtliche römische Provinzen Kleinasiens aufgezählt mit Ausnahme von Lycien-Pamphylien, wo es kaum Christen gegeben haben mag (AG 13, 13; 14, 25), und von Cilicien, wohin das Christentum nicht durch Pl und seine Gehilfen, sondern von Antiochien aus gebracht worden zu sein scheint, weshalb denn auch die cilicischen Gemeinden von Anfang an mit denjenigen Syriens kirchlich zusammengehörten (AG 15. 23. 41). Da Phrygien und Mysien nicht besonders genannt sind, so sind die phrygischen Gemeinden von Kolossä, Laodicea, Hierapolis (Kl 1, 1; 2, 1) sowie die von Troas (AG 20, 6—12) und die 6 außer Laodicea noch in Ap 1, 11 genannten Gemeinden, sofern sie zur Zeit des 1 Pt bereits bestanden, in Asien inbegriffen, dieser Name also im römischen Sinn gebraucht. Das Gleiche gilt dann aber auch für den Sinn von Galatia 1 Pt 1, 1. Der Name umfaßt Lykaonien und Pisidien mit. Es wäre ja auch kein Grund zu ersinnen, warum Pt die dortigen, geschichtlich mit den Gemeinden der Provinz Asien zusammengehörigen Gemeinden von der Adresse ausgeschlossen und statt ihrer die jedenfalls viel unbedeutenderen Gemeinden des Galaterlandes in dieselbe aufgenommen haben sollte.

4. Pl gebraucht *Ἀχαΐα* Rm 15, 26; 1 Kr 16, 15; 2 Kr 1, 1; 9, 2; 11, 10; 1 Th. 1, 7. 8 und *Μακεδονία* 1 Kr 16, 5; 2 Kr 1, 16; 2, 13; 7, 5; 8, 1; 11, 9; Rm 15, 26; 1 Th 1, 7f.; 4, 10; Phl 4, 15 offenbar ganz im Sinne der römischen Provinzeinteilung. Neben *τὸ Ἰλλυρικόν* Rm 15, 19 findet sich 2 Tm 4, 10 das auch von den Römern jener Zeit daneben gebrauchte *Δαλματία* cf Marquardt I, 299. *Ἰουδαία* Gl 1, 22; 1 Th 2, 14; 2 Kr 1, 16; Rm 15, 31 bildet, wie namentlich die ersteren Stellen zeigen, keinen Gegensatz zu Galiläa, Samaria und Peräa; denn es gab auch in diesen Landschaften Christen (AG 8, 5—25; 9. 31—11, 1), welche Pl dort nicht ausschließen konnte; sondern er gebraucht den Namen im römischen Sinn = Palästina cf Tac. hist. V, 9; Ptolem. V, 16, 1 einerseits und V, 16, 6—9 andrerseits. *Ἀραβία* Gl 1, 17; 4, 25 war ein politischer Begriff; es ist das nabatäische Reich des Aretas (2 Kr 11, 32), welches damals noch von Rom unabhängig war. Syrien und Cilicien Gl 1, 21 waren damals politisch verbunden

cf Marquardt I, 387. Von den Teilen Kleinasiens nennt Pl nur Ἀσία 1 Kr 16, 19; 2 Kr 1, 8; Rm 16, 5; 2 Tm 1, 15 und Γαλατία Gl 1, 2; 1 Kr 16, 1, und es ist auch darum unwahrscheinlich, daß er darunter etwas anderes verstanden haben sollte, als die beiden römischen Provinzen dieses Namens, weil Pl keine der Landschaften Kleinasiens nennt, deren Name nicht zugleich eine römische Provinz bezeichnet. Dies entspricht der Ausdrucksweise in 1 Pt 1, 1 (s. vorige A) und in der Apokalypse; denn die sämtlichen 7 Gemeinden Asiens (Ap 1, 4. 11), auch die phrygische Stadt Laodicea am Lykos, lagen in der Provinz Asien. Ebenso gebraucht Polykrates von Ephesus im Brief an Victor von Rom (Eus. h. e. V, 2—5) Ἀσία vom ganzen Umfang der römischen Provinz. Hierapolis, Eumeneia und Laodicea gehören dazu. Anders aber pflegt Lucas sich auszudrücken. Natürlich ist ihm die römische Nomenklatur nicht unbekannt. Er wendet sie auch an, wo es erforderlich oder angemessen erschien, gewöhnlich aber bedient er sich bei seinen geographischen Angaben der davon abweichenden Landschaftsnamen. So bedeutet ihm Ἰουδαία Lc 1, 5 das ganze Land der Juden, Palästina, auch ohne ein πᾶσα, ὅλη, welches er anderwärts hinzufügt, um dem Wort diese weiteste Bedeutung zu sichern (Lc 6, 17; 7, 17; 23, 5; AG 10, 37); Lc 3, 1 den Verwaltungsbezirk des römischen Prokurators, welcher außer dem eigentlichen Judäa auch Samaria und den Küstenstrich bis Cäsarea und darüber hinaus umfaßte; sonst aber regelmäßig das eigentliche Judäa in ausschließendem Gegensatz zu Galiläa und Samaria Lc 2, 4; AG 1, 8; 8, 1; 9, 31; 11, 1; 12, 19. Lc kennt Ἀχαΐα und gebraucht den Namen als Bezeichnung der römischen Provinz, wo es sich um den Statthalter dieser Provinz handelt AG 18, 12, und noch zweimal 18, 27; 19, 21, wo es sich um Reisen nach Korinth, der Hauptstadt der Provinz handelt. Aber er gebraucht auch Ἑλλάς 20, 2 und nach der ursprünglicheren Textrecension 17, 15 wahrscheinlich auch Θεσσαλία, zwei Namen, welche in der Nomenklatur des Pl keinen Platz finden. Ebenso verhält sich's mit seinen Angaben in bezug auf Kleinasien. Darauf freilich ist nichts zu geben, daß er neben Pamphylien auch noch Lycien (27, 5 cf 2, 10; 13, 13; 14, 24; 15, 38), und daß er außer Bithynien (16, 7) auch noch Pontus (2, 9 cf 18, 2) nennt, denn in diesen Fällen hat auch der officielle Sprachgebrauch der Römer die Namen der zu je einer Provinz vereinigten zwei Landschaften festgehalten. Aber Lc gebraucht auch die Namen solcher kleinasiatischen Landschaften, welche zu jener Zeit keine Provinzen bildeten, sondern auf verschiedene anders benannte römische Provinzen verteilt waren, nämlich Lykaonien (14, 6 cf 14, 11), Pisidien (14, 24 cf 13, 14), Mysien (16, 7. 8) und Phrygien (2, 10; 16, 6; 18, 23). Da er ferner neben Phrygien, Mysien und Troas im gleichen Zusammenhang auch Asien nennt (2, 9f.; 16, 6—8), so folgt, daß ihm auch Asien nicht die ganze römische Provinz dieses Namens bedeutet cf schon Winer RW I^3, 97; Wieseler Chronol. 34. Denn zur Provinz Asien gehörte damals Mysien und der größte Teil Phrygiens, auch die Stadt Troas lag darin. Über die Grenzen der Provinz Asien, der Asia propria des Ptolemäus (oben S. 131) s. Waddington, Fastes des prov. Asiat. 25; Ramsay, Hist. geogr. 172 und die Karte zu dessen Church in R. E. Es handelt sich hiebei aber nicht um eine Sonderbarkeit des Lc. Die mit den kleinasiatischen Gemeinden innig verbundene Gemeinde von Lyon schreibt a. 177 bei Eus. h. e. V, 1, 3 τοῖς κατὰ τὴν Ἀσίαν καὶ Φρυγίαν . . . ἀδελφοῖς. Ebenso Tert. c. Praxean 1 *ecclesiis Asiae et Phrygiae.* Asien und Phrygien sind hier wie bei Lc gegenseitig sich ausschließende oder ergänzende Begriffe, und Asien hat einen engeren Sinn, als im officiellen Sprachgebrauch der Römer. Es ist das gleiche Gebiet, welches Irenaeus (Epist. ad Flor. bei Eus. h. e. V, 20, 5 cf Pausanias I, 4, 6) ἡ κάτω Ἀσία nennt, die näher der Küste zu gelegenen Teile der Provinz Asien im Gegensatz zu den weiter landeinwärts gelegenen Teilen derselben (AG 19, 1 τὰ ἀνωτερικὰ μέρη cf AG 18, 23; Klearch bei Jos. c. Ap. I, 22, 180 Niese; Epiph. haer. 45, 4 ἐν τοῖς ἀνωτάτω μέρεσιν). Dieser engere Gebrauch des Namens entspricht einigermaßen älteren Abgrenzungen (Marquardt I, 334) und Einteilungen (Plin. h. n. V, 27, 102) und einigermaßen auch der so vielfach auf ältere Formationen zurückgreifenden Einteilung Diocletians (Marquardt I, 348). Lc scheint aber in diesem engsten Gebrauch des Namens Asia konstant zu sein. Es besteht wenigstens keine Nötigung, bei AG 19, 10 an die phrygischen Städte Laodicea, Hierapolis und Kolossä (Kl 2, 1; 4, 13) mitzudenken oder AG 6, 9; 19, 22; 20, 4. 16. 18; 21, 27; 24, 18; 27, 2 die ganze Provinz zu verstehen. Nur im Munde des Demetrius 19, 26. 27 wird der, übrigens durch ὅλη und πᾶσα (s. vorhin über Judaea) verstärkte Name den weiteren Sinn haben. AG 16, 6 ist dies durch das danebenstehende und dazu gegensätzliche *Φρυγία* völlig ausgeschlossen. In der Hauptsache stimmen beide Recensionen (ℵ ABCE und D mit den alten Versionen gegen HLP) in dem Text von 16, 6 f. überein: *διῆλθον δὲ τὴν Φρυγίαν καὶ Γαλατικὴν χώραν . . . ἐλθόντες* (oder *γενόμενοι*) *δὲ κατὰ τὴν Μυσίαν*. Der Artikel vor *Γαλ.* (EHLP) ist als Erleichterung verdächtig, und die nur durch einen lat. Zeugen (Blaß Edit. min. p. 53) bezeugte LA *Galatie regiones* cf AG 8, 1 scheint ein willkürlicher Ersatz für einen auffälligen Ausdruck zu sein. Vergleicht man 18, 23 *διερχόμενος καθεξῆς τὴν Γαλατικὴν χώραν καὶ Φρυγίαν*, so erscheint die Annahme von Lightfoot Galatians 22 und Ramsay Church 78 ff., daß 16, 6 *Φρυγίαν* ein Adjektiv sei, was doch 18, 23 unmöglich wäre, ausgeschlossen. Wenn die Analogie von 15, 41, wo der Artikel vor *Κιλικίαν* mindestens von sehr zweifelhafter Echtheit ist, oder Lc 5, 17; AG 1, 8; 9, 31, oder, um der Forderung Ramsay's Stud. Oxon. 1896 p. 57 vollkommen zu genügen, Kl 2, 8 (*διὰ τῆς φιλοσοφίας καὶ κενῆς ἀπάτης* cf auch Winer Gr. § 19, 3—5; A. Buttmann Gr. 85 ff.) nicht genügte, die Artikellosigkeit von *Γαλ. χ.* 16, 6 zu entschuldigen, so könnte man darin einen Ausdruck des Gedankens finden, daß nicht alles, was unter den Begriff von *Γαλ. χ.* fällt, von Anfang bis zu Ende (*καθεξῆς* 18, 23), sondern daß nur unter anderem auch „galatisches Land" auf jener Durchreise berührt worden sei. Die Wahl der auffälligen geographischen Bezeichnung selbst erklärt sich aber nur daraus natürlich, daß Lc in bewußter Rücksicht auf den Gebrauch, die ganze große Provinz, zu welcher auch die lykaonischen Städte und das sogen. pisidische Antiochien und andere phrygische Städte gehörten, *ἡ Γαλατία* oder *ἡ Γαλατικὴ ἐπαρχία* zu nennen, durch *Γαλατικὴ χώρα* das Gebiet der eigentlichen Galater bezeichnen wollte, welches zu den Landschaften Phrygien und Lykaonien, von wo Pl dorthin kam, einen ausschließenden Gegensatz bildete. Die Versuche von Renan, St. Paul 52 und die noch künstlicheren von Ramsay, Church 77 ff., auch die *Γαλ. χώρα* des Lc von der römischen Provinz Galatien zu verstehen, scheitern vor allem an dem Zusammenhang der Erzählung. Die Reise ging vom syrischen Antiochien zunächst durch syrisches und cilicisches Gebiet (15, 41). Dies war aber nur ein Durchgangsgebiet. Es galt nach 15, 36 vor allem einen Besuch der auf der ersten Missionsreise gestifteten 4 Gemeinden in den 3 lykaonischen Städten und im pis. Antiochien (13, 14—14, 23). Davon wird 16, 1—5 berichtet. Die von Südosten nach Nordwesten gehende Reise führt den Pl zunächst nach Derbe, sodann nach Lystra. Hier hält die Erzählung inne, weil von dem dort wohnhaften Timotheus etwas zu erzählen war. Daß die Reise weiter nach Ikonium und nach Antiochien ging, wird nicht eigens erzählt, auch in bezug auf Ikonium nicht, welches nur aus bestimmtem Anlaß 16, 2 beiläufig erwähnt war. Es ist aber schon wegen 15, 36 selbstverständlich, daß Ikonium und Antiochien nicht übergangen wurden, und daß alle 4 Städte und deren Gemeinden 16, 4. 5 gemeint sind. Erst als die Missionare in Antiochien, an einem Kreuzungspunkt der nach Westen und nach Norden führenden Straßen angekommen waren, entstand für sie die Frage, ob sie in westlicher Richtung d. h. nach Asien oder nordwärts die Reise fortsetzen sollten. Die Entscheidung erfolgte durch einen Ausspruch „des Geistes". Der negative Ausdruck, dessen der Erzähler sich bedient, zeigt, daß die Absicht und Neigung der Missionare selbst dahin ging, nach der Visitation jener 4 Gemeinden sich westwärts nach „Asien", zu den großen Städten an der Küste, Ephesus, Smyrna u. s. w. zu wenden und dort zu predigen. Aber der Geist hinderte sie daran, und diese Entscheidung des Geistes bildet nach der klaren Satzbildung des bestbeglaubigten Textes die Voraussetzung davon, daß die Missionare nun, statt von Antiochien aus westwärts nach Asien zu reisen, vielmehr nordwärts weiter durch phrygisches Gebiet, welches sie bereits kurz vor Antiochien betreten hatten, und sodann durch einen Teil des Galaterlandes reisten, bis sie die Grenze Bithyniens erreichten. Die Reihenfolge der Ereignisse und der geographischen Namen zeigt also klar, daß Lc unter Γαλ. χώρα nicht die Provinz Galatien versteht, in welcher sich die Missionare schon während ihres Aufenthalts in Derbe, Lystra, Ikonium und Antiochien befunden hatten, sondern das Galaterland. Vergeblich will uns Ramsay 77 f. bereden, 16, 6a auf die vorher bereits nach ihrem inneren Gehalt beschriebene Reise zurückzubeziehen und etwa so zu verstehen: „Sie durchzogen auf der 16, 4 f. beschriebenen Visitationsreise ein Gebiet, welches man mit Rücksicht auf seine Bevölkerung phrygisch, mit Rücksicht auf die römische Provinzabteilung galatisch nennen kann." Erstens ist die Beschreibung der Visitationsreise in 16, 1—5 völlig abgeschlossen. Zweitens hat das διῆλθον die Entscheidung des Geistes, welche erst am Schluß der Visitationsreise, beim Aufbruch vom pis. Antiochien zu treffen war, zur zeitlichen und logischen Voraussetzung, kann sich also nur auf eine weitere Reise beziehen, welche sich an die vollendete Visitationsreise anschloß. Drittens sind, wie gezeigt, unter den Städten 16, 4. 5 nicht nur Ikonium und Antiochien, auf welche zur Not Ramsay's künstliche Paraphrase der einfachen Worte bezogen werden könnte (s. A 5), sondern auch Lystra und Derbe zu verstehen. Dies aber waren nicht phrygische, sondern lykaonische Städte, gerade auch nach dem Sprachgebrauch des Lc AG 14, 6. 11. Ferner sollen wir nach Ramsay 76 AG 16, 6b. 7a etwa so verstehen: „Der Geist verbot ihnen in Asien zu predigen, keineswegs aber durch Asien zu reisen, und so reisten sie denn auch durch einen Teil der Provinz Asien nach Bithynien ohne zu predigen." Aber erstens folgt aus AG 20, 18 (cf 19, 8—10; 20, 31), daß Pl vor seiner ersten Ankunft in Ephesus (18, 19), also auch vor seinem ersten Wirken in Macedonien und Griechenland (16, 11—18, 17) das Gebiet, welches Lc Asien nennt, noch nicht betreten hat. Ferner kann der unbefangene Leser von dem Gegensatz zwischen predigen und reisen und von einer Reise durch einen Teil von „Asien" in den Texten keine Silbe finden, sondern hört nur den Gegensatz der sich gegenseitig ausschließenden geographischen Angaben: Weil sie in Asien, wohin sie als Missionsprediger reisen wollten, nicht predigen, also auch nicht reisen sollen, reisen sie durch Phrygien und galatisches Gebiet, selbstverständlich ohne zu vergessen, daß ihnen zu predigen befohlen ist. Da ein verständiger Erzähler in solchem Zusammenhang das Gegenteil ausdrücklich gesagt haben würde, so können wir nicht anders verstehen, als daß die Missionare auf ihrer Weiterreise von Antiochien aus Versuche gemacht haben, ihrem Beruf obzuliegen. Die Schwierigkeiten, welche Ramsay 31 ff. gegen die durch AG 16, 6a gesicherte Tatsache geltend macht, daß Pl damals einen Teil des Galaterlandes predigend durchreist hat, beruhen auf der willkürlichen Voraussetzung, daß Pl schon bei seinem Aufbruch vom pisidischen Antiochien oder Ikonium Bithynien als Ziel ins Auge gefaßt habe, und daß er bis zu diesem Ziel des Predigens sich habe enthalten wollen (p. 84). In diesem Falle würde er allerdings keinen Anlaß gehabt haben, galatische Städte wie Pessinus, die Hauptstadt der Tolistoboger, oder die Kolonie Germa zu berühren. Sein Weg würde ihn über Kotiäum oder über Nakoleia und Dorylaeum direkter nach Nicaea und Nikomedia geführt haben. Aber die erste Voraussetzung ist ebenso wenig als die zweite im Text begründet. Was das angebliche Nichtpredigen auf dieser Reise anlangt (s. schon vorhin), so haben wir aus AG 18, 23 vielmehr zu schließen, daß Pl auf dieser Reise gepredigt und wenigstens einige Jünger gewonnen hat (cf den ganz anderen Ausdruck 14, 25 im Verhältnis zu 13, 13 f.). Der Absicht aber, nach Bithynien vorzudringen, wird erst in dem Moment gedacht, wo Pl nahe an der Grenze Bithyniens und zugleich an einem Punkt stand, wo eine andere Straße nach Mysien abging (16, 7). Der Ausdruck (*ἐπείραζον εἰς τὴν Βιθυνίαν πορεύεσθαι*) erweckt durchaus nicht die Vorstellung, daß die Missionare ein seit langem erstrebtes Ziel nun erreicht haben, sondern vielmehr die entgegengesetzte, daß sie an diesem Punkt angelangt, überlegend und tastend suchen, wohin sie nun weiter sich wenden sollen. Wir kennen den Reiseweg im einzelnen nicht; er kann im Zickzack gegangen sein, je nachdem die Hoffnung, irgendwo einen günstigen Boden für die Predigt zu finden, lockte. Ein Abstecher in das Galaterland kann mit einer Rückkehr auf phrygisches Gebiet geendigt haben, wie auf der ersten Reise der nicht von vornherein beabsichtigte Abstecher von Antiochien aus wieder dorthin zurückführte (14, 21). Die summarische Darstellung in 16, 6—8, insbesondere die Zusammenfassung von Phrygien und Galaterland unter einen einzigen Artikel läßt unserer Phantasie freisten Spielraum. Ich wüßte nicht, was dagegen spräche, daß die Missionare etwa von Amorium aus einen Versuch gemacht hätten, in Pessinus und Germa zu predigen, und als sie die Verhältnisse dort ungünstig oder den Erfolg gering fanden, sich nach Dorylaeum wandten, wo dann zu entscheiden war, ob sie nach Bithynien oder Mysien gehen sollten. Auch aus AG 18, 23 ergeben sich nicht für uns, sondern für Ramsay Schwierigkeiten. Während derselbe AG 16, 6 die Umgegend von Ikonium und Antiochien als „das phrygische und zugleich galatische Land" bezeichnet sein läßt, läßt er p. 93 den abgesehen von der Ordnung der beiden Glieder ganz gleichen Doppelausdruck 18, 23 etwas sehr Anderes bedeuten. Hier soll *τὴν Γαλατικὴν χώραν* für sich jenes 16, 6 so rätselhaft benannte Gebiet, diesmal jedoch mit Einschluß von Derbe und Lystra, bezeichnen und *Φρυγίαν* daneben das gewöhnlich Phrygien genannte Gebiet, in welches Pl sich begab, nachdem er die auf der ersten Reise gestifteten Gemeinden besucht hatte. Ist schon dies zu glauben für den Exegeten eine starke Zumutung, so müßte auch erst durch Beispiele oder durch wahrscheinliche Vermutungen begreiflich gemacht werden, daß man jenen südlichen Teil der Provinz Galatien *ἡ Γαλατικὴ χώρα* (man beachte den Artikel) genannt habe, oder warum Lc, wenn er nur sagen wollte, daß Pl an irgend einem Punkt durch die Provinz hindurch gereist sei, nicht *τὴν Γαλατίαν* geschrieben hat, wobei dann freilich dem Leser überlassen blieb zu raten, welchen Weg Pl genommen habe. Versteht Lc dagegen unter *ἡ Γαλατικὴ χώρα* auch hier den nördlichen Teil der Provinz, das Galaterland, das eigentliche Galatien, so folgt erstens aus der Ordnung der Landschaften, daß Pl diesmal im Vergleich mit 16, 6 in ganz anderer Richtung gereist ist, nicht von Süden nach Norden und Nordosten, sondern von Osten nach Westen. Ferner besagt *καθεξῆς*, daß er nicht wie das vorige Mal nur einzelne Orte in jenen beiden Landschaften besucht, sondern beide in beträchtlicher Ausdehnung durchreist hat. Von größeren Gemeinden, die er dort angetroffen hätte, ist hier nicht (wie AG 16, 5) die Rede, sondern nur von „Jüngern" (18, 23). Keinen Ort im Galaterland und in Phrygien, wo es in folge seiner Predigt auf der zweiten Reise, oder auch vermöge der inzwischen stattgehabten Weiterverbreitung der von ihm ausgestreuten Saat Jünger Jesu gab, ließ er unbesucht: daher *πάντας τοὺς ἀδελφούς*. Der Reiseweg mag diesmal von den cilicischen Toren über Tyana, Archelaïs, Ancyra, Pessinus und weiter durch das nördliche Phrygien nach Ephesus geführt haben. In das Tal des Lykos und des Mäander, was der natürliche Weg gewesen wäre, wenn Pl von Ikonium und Antiochien nach Ephesus zu reisen hatte, ist er auch diesmal nicht gekommen cf Kl 2, 1. Die Stütze für seine Auffassung von AG 18, 23, welche Ramsay Stud. Oxon. p. 16 ff. in einer Homilie des Asterius (Migne 40, 294) als Zeugnis einer alten Tradition zu finden meint, erscheint mir schwach. Asterius hat ebenso wie ein fälschlich dem Euthalius zugeschriebener Aufsatz über die

Reisen des Pl (Zacagni, Coll. mon. 426) das Antiochien AG 18, 22 für das pisidische gehalten. Diesen gewiß traditionellen Irrtum teilt Asterius und läßt sich dadurch, wahrscheinlich ohne die Texte nachzuschlagen, an die Erzählung AG 13, 14—14, 7 erinnern und setzt nun *Λυκαονίαν* statt *Γαλατικὴν χώραν* als Text von AG 18, 23 stillschweigend voraus.

5. Antiochien auf phrygischem Boden, nahe der Grenze Pisidiens gelegen, daher *Ἀντιόχεια πρὸς Πισιδίᾳ* Strabo 557. 569. 577, ungenauer *Ἀντ. Πισιδίας* Ptolem. V, 4, 11, oder *Ἀντ. ἡ Πισιδία* (v. l. *τῆς Πισιδίας*) AG 13, 14, heute Yalowadi, die wichtigste Militärkolonie des Augustus in jenen Gegenden, wahrscheinlich vom J. 6 v. Chr. (Marquardt I, 365; Ramsay, Hist. geogr. 398. 396. 391; desselben Church 25—27). — Ikonium, eigentlich südöstlichste Stadt Phrygiens (Xenoph. anab. I, 2, 19), auch noch um 160 von einem dort geborenen Christen (Acta Justini c. 4 ed. Otto II, 3, 274) und wieder ein Jahrhundert später von Bischof Firmilianus, welcher einer Synode zu Ikonium beiwohnte (Cyprian. Ep. 75, 7), eine phrygische Stadt genannt, auch AG 14, 1. 6 von den Städten Lykaoniens unterschieden (cf Ramsay, Church 37ff.), wurde doch gewöhnlich zu Lykaonien gerechnet (Cic. ep. XV, 4, 2; Strabo 568; Plin. hist. nat. V, 27, 95) und zwar als dessen Hauptstadt, unter Kaiser Claudius römische Kolonie und damals zur Provinz Galatien gehörig (C. I. Gr. 3991 oben S. 131). — Lystra, Kolonie des Augustus, s. Sterret, The Wolfe Exped. p. 142 nr. 242 (wodurch zugleich die Lage bestimmt ist); p. 219 nr. 352; Ramsay, Hist. geogr. 332. 390. 398; Church 48. — Derbe wahrscheinlich bei dem heutigen Gudelissia, eine bis zwei Tagereisen von Lystra, mehr westlich und näher, als früher angenommen wurde, an den isaurischen Bergen gelegen, unter Claudius kolonisirt und Claudio-Derbe genannt cf Sterret p. 20ff., Ramsay, Hist. geogr. 336; Church 54. 69. — Alle vier Städte, in welchen wir „die Gemeinden Galatiens" in erster Linie zu suchen haben, waren demnach halb römische Städte wie Philippi und Korinth. Um so selbstverständlicher ist es, daß der „Römer" Pl (AG 16, 37) diese Christen nicht als Lykaonier und Phrygier, sondern nach der Provinz, der sie angehörten, als Galater anredete. Wenn es sich darum handelt, ob diese 4 Gemeinden oder die AG 18, 23 nicht einmal als Gemeinden bezeichneten Christen des Galaterlandes die Gl 1, 2; 1 Kr 16, 1; 1 Pt 1, 1 erwähnten *ἐκκλησίαι τῆς Γαλατίας* seien, kommt ferner in Betracht, daß auch in der nachkanonischen Literatur die lykaonischen Gemeinden viel bedeutsamer hervortreten als die nordgalatischen. In der Theklalegende kommen Ikonium, Lystra, Antiochien und vielleicht, in Daphne verschrieben, auch Derbe vor GK II, 908. An der schon erwähnten Stelle Cypr. ep. 75, 7 sagt Firmilian: *Quod totum nos jam pridem in Iconio, qui Phrygiae locus est, collecti in unum convenientibus ex Galatia et Cilicia et ceteris proximis regionibus confirmavimus* etc. Da der Berichterstatter Bischof von Cäsarea war, so ist außer den namentlich angeführten Landschaften auch Kappadocien auf der Synode vertreten gewesen. Ikonium war ein Centrum kirchlichen Lebens. Zeitgenossen des Origenes nennen einen Bischof Celsus von Ikonium und einen Bischof Neon von Laranda (bei Eus. h. e. VI, 19, 18), in wenig späterer Zeit wird Nikomas von Ikonium als ein namhafter Bischof erwähnt Eus. VII, 29, 2. Dagegen weiß die Kirchengeschichte von den Städten des Galaterlandes nichts zu melden bis auf die Synode von Ancyra im J. 314, auf welcher Marcellus von Ancyra wahrscheinlich präsidirte cf meine Schrift über Marcellus S. 8f.; Hefele, Konziliengesch. I^2, 221; Stud. bibl. et eccl. Oxon. III, 197. 211. Von Pessinus wußte Lequien, Oriens Christ. I, 489 f. keinen Bischof vor dem 5. Jahrh. aufzutreiben. — Wenn ferner das Auftreten der Judaisten in Galatien das Vorhandensein von Juden und Judenchristen als natürlichen Anknüpfungspunkt voraussetzt, so wissen wir aus AG 13, 14—51; 14, 19, daß Antiochien eine allem Anschein nach bedeutende und einflußreiche Judenschaft hatte. Auch in Ikonium gab es eine von Juden und gottesfürchtigen Heiden stark besuchte Synagoge 14, 1; und in Lystra (oder Derbe?), der Heimat des Timotheus, welcher mütterlicherseits aus einer jüdischen Familie stammte,

gab es wenigstens einzelne Juden (16, 1—3; 20, 4?; 2 Tm 1, 5; 3, 15). Dagegen von Juden im Galaterland hört man auch in rhetorischen Schilderungen wie bei Philo leg. ad Caj. 36 nichts. In AG 2, 9—11 wird Galatien nicht mit aufgezählt. Nur eine Konjektur Scaligers zu Jos. ant. XVI, 6, 2 hat Juden nach Ancyra gebracht; auch wenn die Konjektur richtig wäre, würde nicht an das galatische, sondern an das in der Provinz Asien gelegene Ancyra zu denken sein cf Mommsen, Res gestae D. Aug. Ed. II p. X; Waddington, Fastes des prov. Asiat. p. 102, der Pergamos conjicirt; Ramsay, Stud. Oxon. IV, 42. Eine möglicherweise jüdische Grabschrift (C. I. Gr. nr. 4129) im nordöstlichen Teil des Galaterlandes und eine wirklich jüdische in Germa (Bull. de corresp. hellén. 1883 p. 24) wollen auch nicht viel besagen. — Aus AG 13, 43 ist allerdings nicht zu schließen, daß in Antiochien eine erhebliche Zahl von Juden dem Ev zugefallen sei; denn es ist nicht gesagt, daß die Mahnung der Missionare bei den anfangs ihnen geneigten Juden Gehör fand. Nach 13, 45—51, worauf schon 13, 41 vorbereitet, ist das Gegenteil wahrscheinlicher. Nur von zahlreichen Heiden in und um Antiochien wird 13, 48f. erzählt, daß sie wirklich gläubig wurden und blieben. In Ikonium scheint es nicht viel anders gewesen zu sein (14, 1—7), wenn auch der Erfolg unter den Juden dort vielleicht etwas größer war, als in Antiochien. Aus den Berichten über Lystra und Derbe empfängt man, abgesehen von der nachträglichen Erwähnung der jüdischen Mutter des Timotheus (16, 1) und der Andeutung von einem Einfluß der Juden von Antiochien und Ikonium auf die Bewohner von Lystra und Derbe 14, 19, nur den Eindruck, daß die Missionare es mit Heiden zu tun hatten 14, 6—18. Daß Pl die Leser des Gl durchweg als Heidenchristen behandelt (oben S. 119), widerspricht also nicht der Annahme, daß es vor allem jene 4 Gemeinden waren, an welche der Gl gerichtet war. Davon daß Pl sich 2, 15ff.; 3, 13. 23—25; 4, 3 mit den Lesern als Judenchristen zusammenfasse, wie Wieseler (Kommentar 533) wollte, kann ja nicht die Rede sein. Die ganz überwiegend aus dem Heidentum hergekommenen Leser verstanden von selbst, daß Pl in jenen Sätzen nicht sie, sondern andere gleich ihm selbst aus dem Judentum hergekommene Christen in ein „wir“ mit sich zusammenfasse. In 2, 15 war dies durch den Zusammenhang mit 2, 11—14 vollkommen klar, auch wenn man 2, 15ff. nicht die Ansprache an Petrus sich fortsetzen läßt. In 3, 13 u. 14 ist der Gegensatz von ἡμᾶς, zu welchen Pl gehört, und τὰ ἔθνη, zu welchen die Leser gehören, unverkennbar. Ebenso der Übergang von den jüdischen Christen, in deren Namen Pl redet, zu den heidnischen Christen, die er anredet, von 3, 23—25 zu 3, 26—29 und von 4, 1—7 zu 4, 8—11. Nur folgt aus dem sonst überflüssigen πάντες 3, 26 und ὅσοι 3, 27, vor allem aber aus 3, 28, daß es unter den Lesern selbst einige geborene Juden gab; denn nur unter dieser Voraussetzung konnte der Gedanke, daß innerhalb der Christenheit der Unterschied von Jude und Heide ebenso wie der von Mann und Weib, oder der von Knecht und Frei ideell aufgehoben sei, in die Form der Anrede gefaßt werden: „i h r a l l e seid (statt wir alle d. h. wir Juden und ihr Heiden sind) Einer in Christus“. Aus einigen geborenen Volljuden, aus nicht wenigen Proselyten verschiedenen Grades (AG 13, 43; 14, 1; 16, 1) und aus noch viel mehr Heiden setzten sich jene 4 Gemeinden zusammen, und sie erhielten durch Pl das Gepräge gesetzesfreier Heidenkirchen (cf AG 16, 4). Das Gleiche gilt von den Gemeinden Galatiens nach dem Gl. Diese und jene sind identisch.

6. Hofmann I, 93 meinte, unter ὑμᾶς Gl 2, 5 die noch nicht vom Ev berührte Heidenwelt, Sieffert, welcher dies textwidrig findet, die Heidenchristen überhaupt verstehen zu dürfen. Aber der Vergleich von Eph 2, 11 oder Eph 3, 1f., wodurch das eine oder das andere gerechtfertigt werden soll, zeigt, daß Pl durch eine Apposition wie τὰ ἔθνη ausgedrückt haben würde, er nehme die Leser als Repräsentanten der Heidenwelt oder der Heidenchristenheit überhaupt. In ersterem Falle sollte man auch erwarten, daß er wie Eph 2, 11 f. (ποτὲ . . . τῷ καιρῷ ἐκείνῳ); 1 Kr 12, 2 auf das da-

malige Heidentum der Leser als einen jetzt vergangenen Stand hingewiesen hätte. Auch ist die Übersetzung „für euch“ nicht zu rechtfertigen. Der Ausdruck setzt vielmehr voraus, daß „die Wahrheit des Ev“ damals bereits zu den Lesern gelangt war. Der Gebrauch von πρός ist nicht auffälliger als bei ἐπιμένειν πρός τινα Gl 1, 18; 1 Kr 16, 7 cf A. Buttmann Gr. 292. Nur drückt διαμένειν in solcher Verbindung besonders kräftig aus, daß das schon vorher bestandene Verhältnis des wahren Ev zu den Galatern ununterbrochen für alle Zeiten fortbestehen sollte.

§ 12. Zeit und Ort der Abfassung des Galaterbriefs.

Solange man von der Voraussetzung ausging, daß die Galater dieses Briefes im Galaterland, im nördlichen Teil der Provinz Galatien und nur dort zu suchen seien, ergab sich als Termin, nach welchem der Gl geschrieben sein mußte, die Niederlassung des Pl in Ephesus zu Anfang des J. 55 (AG 19, 1). Den Gl 4, 13 vorausgesetzten zweiten Besuch des Pl bei den Lesern fand man AG 18, 23 erwähnt, und auch wenn man sich vor dem Fehler hütete, in dem ταχέως Gl 1, 6 ein unmittelbares Zeugnis dafür zu finden, daß die Gefährdung der galatischen Gemeinden durch die Judaisten, welche den Gl veranlaßt hat, dem zweiten Besuch des Pl oder gar der Bekehrung der Galater ganz bald gefolgt sei, lag es nahe die Abfassung des Gl in die $2^1/_4$ jährige Zeit des Wirkens des Pl zu Ephesus (AG 19, 8—10), welche um Pfingsten 57 ihr Ende erreichte, zu verlegen (A 1). Aber gerade dieser Zeitraum und dieser Ort scheint durch Gl 4, 20 ausgeschlossen, sofern dort vorausgesetzt ist, daß Pl weit von den Lesern entfernt war und deshalb an eine Reise zu ihnen in absehbarer Zeit nicht denken konnte (oben S. 121). Eine Reise von Ephesus nach Pessinus oder Ancyra war zu jeder Jahreszeit auszuführen, und die Äußerung des unerfüllbaren Wunsches Gl 4, 20 müßte, wenn diese Worte von Ephesus aus geschrieben wären, um so mehr befremden, wenn man bedenkt, daß Pl während desselben Zeitraums von Ephesus aus der Gemeinde von Korinth einen Besuch gemacht hat (§ 17). Ist nun aber bewiesen, daß die Empfänger des Gl vor allem die auf der ersten Missionsreise gestifteten Gemeinden im Süden Galatiens waren, so fällt jeder Grund zu der unwahrscheinlichen Annahme hinweg, daß er zwischen Anfang des J. 55 und Pfingsten 57 in Ephesus geschrieben sei. Den Termin, nach welchem er geschrieben wurde, bildet der zweite Besuch der lykaonischen Gemeinden (AG 16, 1—5) im Frühjahr 52. Noch frühere Ansätze (A 2) sind ohnehin durch die chronologischen und geschichtlichen Angaben Gl 1, 15—2, 10 ausgeschlossen. Das Apostelkonzil, auf welches Gl 2, 1—10 (cf AG 15, 1—29) sich bezieht, fällt in den Winter 51/52. Erst nach demselben hat Pl mit Silas die zweite Missionsreise angetreten und die lykaonischen Gemeinden zum zweiten Mal besucht. Als Termin, vor welchem der Gl geschrieben sein muß, kann der Anfang der mindestens 5 jährigen Gefangenschaft des Pl in Cäsarea und Rom um Pfingsten 58 gelten. Die Annahme, daß er von dem gefangenen Pl in Rom geschrieben sei, ist alt (A 3), aber unhaltbar. Alle Briefe, welche Pl als Gefangener geschrieben hat oder geschrieben haben soll, geben dies unzweideutig und in mannigfaltiger Form zu erkennen (Kl 4, 3. 10. 18 cf 1, 24; Eph 3, 1; 4, 1; 6, 20; Phlm 1. 9. 10. 13. 22. 23; Phl 1, 7. 12—17 cf 2, 23; 4, 10—18; 2 Tm 1, 8. 16; 2, 9 cf 1, 12; 2, 10; 4, 6—18). Im Gl fehlt jede Andeutung davon, daß Pl zur Zeit an der freien Bewegung gehindert war oder um seines Berufs willen von der Staatsgewalt etwas zu leiden hatte. Wo er den sehnlichen, aber vergeblichen Wunsch ausspricht, persönlich unter den galatischen Gemeinden sich sehen und seine vor Schmerz zitternde Stimme hören lassen zu können (4, 20), konnte er sich den wirksamen Hinweis auf seine dermalige Gebundenheit kaum entgehen lassen, wenn er ein Gefangener war. Er konnte von seiner Gefangenschaft auch da nicht wohl schweigen, wo er von seiner Predigttätigkeit als einer noch fortgehenden redet 2, 2; 5, 11, auch 1, 8. 16. Allerdings wird er um derselben willen angefeindet 4, 29; 5, 11, aber das geschieht von den gesetzlich denkenden Judenchristen und geschieht nicht mit äußeren Machtmitteln, sondern mit Verläumdungen und Verdächtigungen. Wo er der äußeren Leiden gedenkt, welche ihm sein christlicher Glaube oder sein Beruf eingetragen hat (6, 17), spricht er davon nicht wie in den Briefen aus der Gefangenschaft, als von einem gegenwärtigen Übel, das er zu tragen hat, sondern weist nur hin auf die Spuren früher erlittener körperlicher Mishandlungen, welche er noch an seinem Leibe trägt und aufweisen könnte. Je vereinsamter dieser Hinweis im ganzen Umfang der paulinischen Briefe dasteht, um so unwahrscheinlicher ist, daß es sich um solche Folgen erfahrener Mishandlung handelt, welche Pl zeitlebens an sich getragen hat, etwa eine unvertilgbare Narbe an der Stirn oder Verkrüppelung eines Gliedes in folge von Steinwürfen zur Zeit der Stiftung der galatischen Gemeinden (AG 14, 19 cf 14, 5) oder bei anderen uns nicht näher bekannten Gelegenheiten (2 Kr 11, 23—25; 1 Kr 15, 32?). Natürlich erscheint die nur hier sich findende Erwähnung der Tatsache, welche mit *τὰ στίγματα τοῦ Ἰησοῦ ἐν τῷ σώματί μου βαστάζω* gemeint ist, und der einzigartige Ausdruck selbst nur dann, wenn Pl die Mishandlungen, deren Folgen zur Zeit des Gl noch sichtbar waren, vor nicht gar zu langer Zeit erfahren hatte. Es werden dieselben sein, an welche er auch 1 Th 2, 2 (*προπαθόντες καὶ ὑβρισθέντες ἐν Φιλίπποις*) in bedeutsamer Weise erinnert. Daß Pl und Silas in Philippi ebenso schonungslos als schimpflich behandelt wurden, geht aus AG 16, 22—24. 33. 37—38 hervor. In die Zeit bald nach diesem Ereignis als die Abfassungszeit des Gl sehen wir uns ohnedies gewiesen, wenn, wie gezeigt, nicht nur die Zeit vor dem Frühjahr 52 (AG 16, 1—5) und die Zeit nach Pfingsten 58 (AG 20, 16 ff.), sondern auch die $2^1/_4$ Jahre oder, von der ersten Ankunft in Ephesus an gerechnet, die 3 Jahre des Aufenthalts zu Ephesus von Pfingsten 54 bis Pfingsten 57 (AG 18, 19; 19, 1. 8—10; 20, 18. 31) ausgeschlossen sind. Nachdem Pl im Anfang des Sommers 52 die Gemeinden Lykaoniens zum zweiten Mal besucht und einige früher noch nicht von ihm betretene Teile der Provinz Galatien predigend durchreist hatte (AG 16, 1—6 cf das Gl 4, 13 vorausgesetzte zweitmalige Predigen), müssen mindestens einige Monate bis zur Abfassung des Gl verstrichen sein;

denn soviel erfordert das in der Zwischenzeit erfolgte Auftreten der Judaisten in Galatien, der bedeutende Einfluß, den diese dort zu gewinnen wußten, und die Benachrichtigung des nach Europa gezogenen Pl von diesen Tatsachen. Vor dem Ausgang des J. 52 hat Pl sich in Korinth niedergelassen, um 18 Monate (AG 18, 11) bis in den Anfang des Sommers 54 dort zu bleiben. In diese Zeit wird der Gl fallen und zwar in die erste Hälfte derselben. Es hat sich an dem Ort, wo Pl weilt, bereits eine Schar von Gläubigen um ihn gesammelt (Gl 1, 2); aber eine den Galatern näher stehende Persönlichkeit scheint sich nicht darunter zu befinden. Ist der Schluß richtig (oben S. 121 f.), daß ein Brief an Gemeinden, in welchen Timotheus zu Hause war (AG 16, 1), und welche Pl in Gemeinschaft mit Silas vor einiger Zeit besucht und vor der judaistischen Propaganda gewarnt hatte (Gl 5, 3; 1, 9), nicht ohne einen Gruß von diesen beiden für die Galater so wichtigen Männern geschrieben werden konnte, falls diese sich in der Umgebung des Pl befanden, so kann der Gl nicht in der Zeit geschrieben sein, während welcher Silas und Timotheus mit Pl zusammen in Korinth sich aufhielten und Pl in seinem, zugleich aber auch in ihrem Namen die beiden Briefe an die Thessalonicher schrieb, sondern nur entweder in der Zeit, da Pl in Korinth auf sie wartete (AG 18, 1—5) oder in der chronologisch nicht näher bestimmbaren Zeit, als diese beiden Gehilfen Korinth wieder verlassen hatten. Das Erstere dürfte das Wahrscheinlichere sein. Als Pl gleich nach Ankunft des Timotheus in Korinth (1 Th 3, 6) seinen ersten Brief an die Thessalonicher schrieb, hatte er bereits Gelegenheit gehabt, aus dem Munde von Christen, welche weder in Macedonien noch in Achaia, also überhaupt nicht in Europa zu Hause waren, zu hören, daß ihnen die Stiftung der Gemeinde zu Thessalonich eine bekannte Sache sei (1 Th 1, 8 f. s. unten § 13). Als Pl ihnen von den erfreulichen Erfolgen in Macedonien erzählen wollte, hatten sie ihm geantwortet, daß ihnen das nichts Neues sei, oder sie waren auch seinen Erzählungen davon mit dem Ausdruck ihrer Freude über die Siege des Ev in Macedonien zuvorgekommen. Es sind also vor dem in AG 18, 5 und 1 Th 3, 6 vergegenwärtigten Moment Christen aus Asien zu Pl nach Korinth gekommen und zwar nicht auf dem Landwege über Macedonien, in welchem Falle sie die am Wege liegenden Gemeinden von Philippi und Thessalonich besucht haben würden, so daß Pl die Gemeinde von Thessalonich vernünftigerweise nicht so, wie er 1 Th 1, 8 f. tut, von den Äußerungen jener fremdländischen Christen benachrichtigen konnte, sondern auf dem direkteren Seewege. Fragt man ferner, woher jene asiatischen Christen die Kunde von den Umständen, unter welchen es zur Stiftung der Gemeinde von Thessalonich gekommen war, erhalten hatten, so sind jedenfalls nicht briefliche Mitteilungen des Pl an sie die Quelle gewesen, aus welcher sie schöpften; denn Pl ist vielmehr durch ihr spontanes Reden und Rühmen vom Eingang des Ev in Thessalonich freudig überrascht worden und teilt dies den dortigen Christen zu deren Ermutigung mit. Es muß also ein anderer Christ, welcher den Fortgang des Ev in Macedonien miterlebt hatte, und welcher andrerseits zu den asiatischen Gemeinden, aus welchen jene fremden nach Korinth zu Pl gekommenen Christen herkamen, nähere Beziehungen hatte, Nachrichten über das Missionswerk in Macedonien an jene asiatischen Gemeinden oder einzelne Glieder derselben geschickt haben. Was liegt näher, als an Timotheus zu denken, welcher seine Mutter in Lystra und damit die Gemeinden Galatiens nicht ohne Nachrichten über sein und seiner Genossen Ergehen auf der Missionsreise durch Macedonien gelassen haben wird. Dann werden die nichteuropäischen Christen, welchen Pl nach 1 Th 1, 8 f. nicht nötig hatte, von der Stiftung der Gemeinde zu Thessalonich zu erzählen, weil sie bereits genau genug davon unterrichtet waren, keine anderen sein als die Abgesandten der galatischen Gemeinden, welche dem Pl die Nachrichten über das Eindringen der Judaisten in Galatien nach Korinth gebracht haben (oben S. 121). Wie die Dinge in Galatien standen, durfte Pl nicht lange zögern; er wird die Abgesandten der Galater so rasch wie möglich mit seinem eigenhändig geschriebenen Brief in die Heimat zurückgeschickt haben. Als Silas und Timotheus nach Korinth kamen, war der Gl bereits geschrieben und abgesandt. Wenn vorstehende Verknüpfung sehr einfacher exegetischer Beobachtungen nicht völlig verfehlt ist, wäre von allen uns erhaltenen Briefen des Pl der Gl der älteste. Die Spuren der vielleicht 8 oder 9 Monate vorher in Philippi erlittenen Mishandlung (Gl 6, 17; 1 Th 2, 2) mögen noch sichtbar gewesen sein. Hat nämlich der Verkehr der galatischen Gemeinden mit dem Apostel in Korinth, wie es schien, auf dem Seewege stattgefunden, so wird der Gl erst einige Zeit nach Eröffnung der Schiffahrt d. h. nach dem März des Jahres 53, kurz vor dessen Anfang Pl nach Korinth gekommen war, geschrieben worden sein. Es kann dann nicht lange mehr gedauert haben, bis Silas und Timotheus in Korinth eintrafen, und der erste Brief an die Thessalonicher geschrieben wurde.

1. Schon Victorinus um 380 (Mai, Script. vet. n. coll. III, 2, 1) führt die Ansicht, daß der Gl in Ephesus zur Zeit des dortigen Wirkens des Pl entstanden sei, als eine überlieferte an. Dies bestätigen die alten Prologe (Cod. Fuld. 248; Amiatin. 296; Card. Thomasii opp. I, 402. 421. 433. 451). In neuerer Zeit ist diese Ansicht bei denen, welche unter Galatien das Galaterland verstanden, die vorherrschende z. B. Hug, Einleitung II[3], 351; Wieseler, Chronol. des apstol. Zeitalters 285; Kommentar z. Gl. 541; Hofmann II, 1, 1; Meyer-Sieffert 24; Godet, Introd. I, 269. Eine Bestätigung hat man darin finden wollen, daß nach jüdischer Tradition das Jahr vom Herbst 68 bis Herbst 69, also auch das J. 54/55 ein Sabbathjahr gewesen sei (Anger, Ratio temporum 38; Wieseler, Chronol. Synopse 204; Kommentar z. Gl 356. 542 cf die Übersicht bei Schürer I, 29—31) und hat ferner angenommen, daß Gl 4, 10 (ἐνιαυτούς) hierauf sich beziehe. Man sollte aber gerade dann, wenn dieses letzte der dort aufgezählten Zeitmaße für die Leser eben damals eine aktuelle Bedeutung gehabt hätte, eine deutlichere Hervorhebung desselben erwarten. Auch chronologisch ist diese Annahme, wenn man alle ihre Voraussetzungen gelten lassen könnte, recht unwahrscheinlich. Laufen die 2¼ Jahre AG 19, 8—10 um Pfingsten 57 zu Ende, so hat sich Pl etwa Ende Februar 55 in Ephesus niedergelassen. Da nun aber zwischen seiner Niederlassung daselbst, welcher der zweite Besuch des Galaterlandes unmittelbar voranging (AG 18, 23), und dem Gl mehrere Monate liegen

müssen, so wäre das im Herbst 55 ablaufende Sabbathjahr zur Zeit des Gl bereits abgelaufen gewesen. Es wäre aber auch schon zur Hälfte verflossen gewesen, als Pl zuletzt bei den Galatern sich aufhielt, ohne damals etwas von judaistischen Neigungen zu bemerken (oben S. 119). Es ist doch äußerst unwahrscheinlich, daß die Judaisten von Jerusalem, welche in der zweiten Hälfte eines Sabbathjahres zu den Galatern kamen, sofort mit der Anempfehlung der auf dieses bezüglichen Gesetzesbestimmungen herausgerückt sein und damit noch vor Ablauf des Sabbathjahres Erfolg gehabt haben sollten. Zu alle dem kommt, daß das Sabbathjahr überhaupt nur in Palästina und in den angrenzenden Gebieten, aber nicht einmal in allen Teilen des hl. Landes mit gleicher Genauigkeit beobachtet wurde (Mischna, Schebiith VI, 1; IX, 2 cf A. Geiger, Lesestücke aus der Mischna S. 75 f. 78 f.), eine Tatsache, welche Clemen, Chronol. der paulin. Briefe 204 nur in ganz willkürlich abgeschwächter Form wiedergibt. — Von den Vertretern der älteren Deutung von „Galatien" (Gl 1, 2) wollten Bleek (Einl. 1862 S. 418) und Lightfoot (Galatians 36—56) wegen der Ideenverwandtschaft zwischen Gl und Rm sowie wegen der großen Verschiedenheit zwischen Gl und beiden Th den Gl zwischen 2 Kr und Rm legen. Er sollte während der 3 Monate AG 20, 3 oder kurz vorher auf der Reise durch Macedonien geschrieben sein. Auch Solchen, welche sich in bezug auf den Wohnsitz der Briefempfänger von den älteren Voraussetzungen losgemacht haben, hat die Vorstellung der in der Reihenfolge der Briefe sich widerspiegelnden Entwicklung des paulinischen Denkens dermaßen imponirt, daß sie den Gl sogar später als den Rm glauben ansetzen zu müssen. So z. B. Kühn, N. kirchl. Ztschr. 1895 S. 156—162, welcher den Gl von dem in Cäsarea gefangen liegenden Apostel an die Gemeinden Lykaoniens gerichtet sein läßt. Auch Clemen in seiner alles verwirrenden Chronologie S. 205 stellt den Gl hinter den Rm, ohne uns jedoch sagen zu können, wo er geschrieben sei S. 203. Einen Hilfsbeweis finden Kühn 159 und Clemen 200 ff. in Gl 2, 10, was sich auf die eine große Kollekte beziehen soll, welche Pl zur Zeit des Rm noch erst nach Jerusalem zu überbringen im Begriff stand (Rm 15, 25 ff.). Aber so wenig die Verpflichtung, welche Pl bei dem Apostelkonzil übernommen hat, nach dem Wortlaut von Gl 2, 10 auf einmalige Veranstaltung einer Geldsammlung in bestimmten Teilen der Heidenkirche abzielte, ebensowenig beruft sich Pl auf eine einzelne Sammlung dieser Art als die Erfüllung der übernommenen Verpflichtung. Er kann sich vielmehr das Zeugnis geben, daß er sich beeifert und beeilt habe, der auf dem Apostelkonzil übernommenen Verpflichtung nachzukommen. Das konnte er nur sagen, wenn er gleich nach der Rückkehr von Jerusalem in Antiochien, Syrien, Cilicien und auf der 2. Missionsreise (AG 15, 30—16, 5) die bereits bestehenden heidenchristlichen Gemeinden zu Geldsammlungen und -sendungen für Jerusalem angeregt hatte. Dagegen wäre Gl 2, 10 eine leere Rede, wenn die Kollekte, welche er um Pfingsten 58 nach Jerusalem brachte, die erste Frucht seiner angeblich so eifrigen Bemühungen gewesen wäre, einer etwa $6^1/_2$ Jahre früher übernommenen Verpflichtung nachzukommen. Ob die galatischen und asianischen Gemeinden an der großen Kollekte von 58 beteiligt waren, was nach Rm 15, 26; 2 Kr 8—9 nicht der Fall gewesen zu sein scheint und aus 1 Kr 16, 1; AG 20, 4 nicht gefolgert werden kann, kann hier auf sich beruhen. Es können in der Zeit von 52—58 drei- oder sechsmal Gelder aus den galatischen und anderen von Pl gestifteten und geleiteten Gemeinden nach Jerusalem gesandt worden sein, wie das auch schon vorher geschehen war (AG 11, 30). Aus Gl 2, 10 müssen wir schließen, daß schon innerhalb des ersten Jahres nach dem Apostelkonzil damit der Anfang gemacht worden ist. Auch Ramsay scheint durch die Erwägungen von Ligthfoot einigermaßen bestimmt zu sein (Church 101), den Gl so spät anzusetzen, als es seine historischen und geographischen Erkenntnisse irgend zulassen. Er läßt den Gl in Antiochien a. 55 bei Beginn der dritten Missionsreise geschrieben sein (p. 168 AG 18, 22 f.). Ich frage nur, wie konnte

Pl, welcher nach Ramsay's Deutung von AG 18, 23 (oben S. 136) damals im Begriff stand, die galatischen Gemeinden zum dritten Mal zu besuchen, Gl 4, 20 und überhaupt den ganzen Brief schreiben, ohne auf seinen demnächstigen Besuch hinzuweisen? — Zu einer chronologischen Ordnung der Plbriefe, welche den Andeutungen der Briefe selbst und den Nachrichten der AG gerecht wird, kann man es nicht bringen, wenn man die Vorstellung zu Grunde legt, daß Pl ein theologischer Denker und Schriftsteller gewesen sei, welcher aus dem Fortschritt seiner Forschung die wesentlichen Antriebe zur Abfassung seiner Briefe, zur Wahl seiner Lehrgegenstände und zu der besonderen Art ihrer Behandlung in den verschiedenen Briefen empfangen habe. Pl war vielmehr ein Missionar, welcher sich durch die Zwecke dieses seines Berufes und durch die Bedürfnisse der von ihm gestifteten und unter seiner Leitung stehenden Gemeinden nicht nur die Abfassung von Briefen, sondern auch die Themata und die Behandlung derselben vorschreiben ließ. Er war durch langjährige Vorbereitung und mehrjährige Missionspraxis zu festen Grundsätzen gelangt, ehe er die ersten auf uns gekommenen Briefe schrieb. Diejenigen Gedanken des Gl, welche im Rm wiederkehren, müssen ihm spätestens zur Zeit der in AG 15 und Gl 2, 1–10 geschilderten Kämpfe vollkommen klar geworden sein. Sie wurzeln nach Gl 2, 15—21 cf 1, 12—16; 2 Kr 4, 6; 5, 16f.; Rm 7, 6—8, 2; Phl 3, 5—12 in denjenigen Erfahrungen, welche ihn zu einem Christen gemacht haben; in jenen Kämpfen aber mußte ihm der Gegensatz seines Christentums zu demjenigen der pharisäischen Christen nicht nur bewußt werden, sondern er mußte eben damals auch die der Schrift und der christlichen Erfahrung zu entnehmenden Beweisgründe für sein Ev und gegen das gesetzliche Christentum entwickeln und als Waffen im Streit handhaben lernen. Daß er sie im Gl so handhabt, bedarf keiner anderen Erklärung, als daß jene Kämpfe in Antiochien und Jerusalem bereits hinter ihm lagen, und daß wesentlich dieselben Gegner wie damals ihm jetzt in Galatien entgegentraten. Auch daß die Gedanken von der Rechtfertigung aus und durch Glauben samt ihren Gegensätzen in den Th und Kr zurücktreten, und dagegen im Rm und Phl wieder deutlicher hervortreten, beweist nur, daß Pl nicht der geistlose Schulmeister war, welcher zur Zeit und zur Unzeit seine einförmigen Lehrsätze wiederholte. Warum er die schon mehrmals im Kampf bewährten Waffen wieder aus der Rüstkammer hervorholte, als er den Rm schrieb, wird durch die Untersuchung dieses Briefes deutlich genug werden. Gelegentliche Aussagen, wie 1 Kr 15, 56 oder 2 Kr 5, 21 zeigen, daß der ganze Kreis von Gedanken, welcher uns zum ersten Mal im Gl entgegentritt, in der Zwischenzeit dem Apostel nicht fremd geworden ist. Wenn es tunlich wäre, die Verschiedenheiten des Lehrvortrags in den einzelnen Briefen aus der Zeitfolge ihrer Entstehung, statt aus der Mannigfaltigkeit der Gemeindezustände und der geschichtlichen Veranlassungen der Briefe zu verstehen und zu erklären, so könnte man aus der Vergleichung von Gl 4, 10 mit Rm 14, 5f. schließen, daß zwischen Gl und Rm eine mehrjährige innere Entwicklung des Pl liege, und es würde Kl 2, 16 mit dem Gl nahe zusammen, vom Rm aber so ferne wie möglich gerückt werden müssen. — Halmel, Über röm. Recht im Gl 1895, folgert aus der im Titel ausgedrückten Beobachtung in Verbindung mit der Verwandtschaft der theologischen Anschauungen in Gl und Rom, „daß der Gl in Rom oder Italien, also (*sic*) jedenfalls in zeitlicher Nähe von Rm geschrieben sein müsse“ p. V. 30. Nun liegt zwischen dem Rm, welcher zu Anfang des J. 58 in Korinth geschrieben wurde, und der Ankunft des Pl in Rom im Frühjahr 61 ein Zeitraum von mehr als 3 Jahren. Da Halmel ferner gar nicht auf Rom, und somit, wie es scheint, auch nicht auf der zweijährigen römischen Gefangenschaft (AG 28, 30) besteht, so scheint sich der Abstand zwischen Gl und Rm bis zu 5 oder noch mehr Jahren auszudehnen, nämlich bis zu einem Zeitpunkt (nach Ablauf jener zwei Jahre von AG 28, 30), in welchem sich Pl nicht mehr als Gefangener in Rom, sondern irgendwo in Italien in Freiheit aufhielt. Und das soll „zeitliche Nähe“

von Gl und Rm heißen! Wenn wirklich die Heranziehung von Bestimmungen des römischen Rechts „als ganz bekannter Dinge“ nur in Rom und Italien begreiflich sein soll, so würde es nicht genügen, den Briefverfasser nach Italien zu versetzen, sondern es müßten unter der Voraussetzung, daß der Vf verstanden sein wollte, vor allem auch die Leser, statt in Galatien, vielmehr in Italien gesucht werden. Wenn ferner wirklich spezifisch römisches Recht im Gl als bekannt vorausgesetzt würde, worüber ich in der 1. Auflage genug gesagt habe, was hier nicht wiederholt zu werden braucht, so würde zur Erklärung genügen, daß Pl nach der ohne jeden triftigen Grund beanstandeten Überlieferung der AG ein geborener *civis Romanus* war, und daß die Hauptgemeinden Galatiens in römischen Kolonien ansässig waren (oben S. 137). Römische Bürger, welche römisches Recht für sich in Anspruch nahmen, gab es überall im Reich cf z. B. Ägypt. griech. Urk. nr. 96, 15; 113, 3. 6; 327, 2; 361, II, 19. und römisches Recht hatte auch überall auf das Rechtsleben der ἔθνη umbildend eingewirkt cf Strabo X p. 484.

2. Calvin im Kommentar zu Gl 2, 1—5 (ed. Tholuck 546), welcher die 14 Jahre Gl 2, 1 von der Bekehrung des Pl rechnete und den dort besprochenen Besuch Jerusalems mit dem in AG 11, 30 identificirte, nahm eine Abfassung des Gl vor dem Apostelkonzil an; das würde voraussetzen, was jedoch von Calvin nicht ausgesprochen wird, daß die Gemeinden Galatiens die lykaonischen waren.

3. Die Ansicht, daß der Gl von dem in Rom gefangenen Pl geschrieben sei, ist erst spät in den orientalischen Kirchen verbreitet worden. Im Abendland war vor Hieronymus eine ganz andere Ansicht herrschend (oben S. 142 A 1). Von den Auslegern des Gl äußern sich Ambrosiaster, Pelagius, Ephraim der Syrer und Theodorus Mops. meines Wissens nirgendwo über Ort und Zeit des Gl. Auch Chrysostomus spricht nicht im Kommentar zum Gl, sondern im Prolog zum Rm die Ansicht aus, daß Pl den Gl vor dem Rm, also selbstverständlich wie diesen vor seiner Gefangenschaft geschrieben habe (Montfaucon IX, 427). Der erste, welcher in Gl 4, 20 einen Hinweis auf eine Gefangenschaft fand, scheint Eusebius von Emesa gewesen zu sein (Cramer Cat. VI, 67). Hieronymus, welcher dessen Kommentar zum Gl neben vielen anderen bei der Ausarbeitung des seinigen ausgebeutet hat (praef. Vall. VII, 370), hat ihm diese Auslegung von 4, 20 entlehnt p. 468 und auch zu 6, 11 p. 529 wieder an die Gefangenschaft des Pl zur Zeit des Briefes erinnert, während er sich zu 6, 17 p. 534 mit einer ungenauen Berufung auf den Leidenskatalog in 2 Kr 11, 23 ff. begnügt. In die römische Gefangenschaft verlegen den Gl erst der falsche Euthalius (Zacagni 624), Theodoret (Noesselt 4); Oekumenius (Hentenius I, 713) und manche griechische, syrische und koptische Bibelhss. Möglicherweise hat die nicht seltene Stellung des Gl hinter Eph, also unter den Gefangenschaftsbriefen (GK II, 351. 358. 360), dazu beigetragen, den Irrtum zu fördern. Man sieht, mit welchem Recht Halmel 30 dies die allgemeine Ansicht der alten Kirche nennt, sowie daß es sich nicht um eine geschichtliche Überlieferung, sondern um Fortpflanzung eines aus unaufmerksamer Lesung des Gl erwachsenen Irrtums handelt.

§ 13. Die Entstehung der Gemeinde zu Thessalonich und die äusseren Ereignisse bis zur Abfassung des ersten Briefs des Paulus an dieselbe.

Es wird etwa im September 52 gewesen sein, als Pl, von Philippi vertrieben und ohne sich in den an der großen Heerstraße (Via Egnatia) gelegenen Städten Amphipolis und Apollonia aufgehalten zu haben, mit Silvanus oder Silas (A 1) in Thessalonich eintraf (1 Th 2, 2; AG 16, 19—17, 1). Der jüngere, erst während der Reise von Lystra mitgenommene Gehilfe Timotheus (A 2) und der Berichterstatter, welcher AG 16, 10—17 durch Anwendung des „Wir" seine Anwesenheit und durch AG 16, 13 seine Beteiligung an der Lehrtätigkeit der Anderen bezeugt, scheinen vorläufig in Philippi zurückgeblieben zu sein. Wenn Tim. nicht bei der Flucht des Pl und Silas von Thess. (17, 10), sondern erst wieder bei der Abreise des Pl von Beröa erwähnt wird (17, 14), so ist daraus nicht zu schließen, daß Tim. nicht mehr mit Pl zusammen in Thess. tätig gewesen sei, oder gar, daß er von Philippi nach Beröa (oder Berrhöa) gereist sein sollte, ohne sich unterwegs bei den Neubekehrten in Thess. aufzuhalten. Darf als sicher gelten, daß Pl in dem „Wir", welches die beiden Briefe durchzieht, die beiden Gehilfen mit sich zusammenfaßt, welche er in der Überschrift der Briefe neben sich als Mitverfasser genannt hat, so ist auch Tim. als Mitstifter dieser Gemeinde zu betrachten (A 3). Er wird dem Pl von Philippi nach Thess. und später von Thess. nach Beröa bald nachgereist sein. Thess., vor der Verwandlung von Byzanz in Konstantinopel die größte Stadt auf der Balkanhalbinsel (A 4), war für Pl eben deshalb sowie als Sitz einer zahlreichen Judenschaft eine geeignete Station, welche er ohne äußere Nötigung nicht so bald verlassen haben würde. Aber schon nach dreiwöchentlicher Predigt in der Synagoge (A 5) wußte die Mehrheit der Juden die Bevölkerung dermaßen gegen die Missionare aufzuhetzen, daß diese sich verborgen halten mußten und, nachdem statt ihrer ihr Gastgeber Jason und einige andere Neubekehrte vor die städtische Obrigkeit geführt und von dieser nur gegen Kaution freigelassen worden waren, sich nach Beröa flüchteten. Eine kleine Zahl von Juden und eine große Menge von Hellenen, welche sich zum Teil früher zur Synagoge gehalten hatten, darunter nicht wenige Frauen vornehmeren Standes, bildeten den Grundstock der Gemeinde, an welchen sich in der Folgezeit wahrscheinlich nur noch Heiden angeschlossen haben (A 6). Daß der Angriff auf die Missionare, unter welchem sofort auch die Neubekehrten mitzuleiden hatten (AG 17, 5—9; 1 Th 1, 6), von den Juden ausging, ergibt sich auch aus 1 Th 2, 15; denn schon darum, weil dort Pl nicht von sich allein, sondern ebenso von Sil. und Tim. redet, ist nicht an AG 9, 29, sondern an die Vertreibung von Thess. und Beröa zu denken. Da es aber den Juden sofort gelungen war, die städtische Bevölkerung gegen die Missionare als Verkündiger einer staatsgefährlichen Lehre aufzureizen, so daß auch die Politarchen Vorsichtsmaßregeln ergriffen, welche für die Christen bedrückend waren (AG 17, 5—9), so ist nicht verwunderlich, daß Pl da, wo er von den früheren und noch andauernden Bedrängnissen der Gemeinde spricht (1 Th 1, 6; 2, 14; 3, 3; 2 Th 1, 4), die Juden nicht besonders als die ersten Anstifter hervorhebt. Die bedrängte Lage der jungen Gemeinde hatte gleich nach dem Abschied von Thess., also wohl schon zu Beröa den Missionaren den Wunsch nahe gelegt, noch einmal nach Thess. zurückzukehren (1 Th 2, 17 f.). Wenn Pl von sich allein versichert, daß er noch ein zweites Mal diese Absicht auszuführen versucht habe, und auch diesmal wie vorher durch Satan daran gehindert worden sei, so wird sich dies auf die Zeit beziehen, als Pl allein in Athen auf Sil. und Tim. wartete (AG 17, 16). Hier aber decken sich die Nachrichten der AG nicht mit den Angaben des Pl. Obwohl AG 17, 15 den Leser erwarten läßt, daß Sil. und Tim. dem Pl möglichst bald nach Athen gefolgt sein werden, erfährt er doch nichts davon und wird hiedurch sowie durch AG 18, 5 unvermeidlich zu der Vorstellung geführt, daß die Gehilfen viel länger in Macedonien geblieben und erst, nachdem Pl eine geraume Zeit in Korinth tätig gewesen, dort wieder zu ihm gestoßen sind (A 7). Dagegen erfahren wir durch 1 Th 3, 1—6, daß Sil. und Tim. dem Auftrag des Pl entsprechend (AG 17, 15) ihm in der Tat nach Athen nachgereist sind, und daß Pl und Sil. von dort den Tim. wieder nach Macedonien, insbesondere nach Thess. geschickt haben (A 3). Von dieser Reise ist Tim. kurz vor Abfassung des Briefs mit erfreulichen Nachrichten zu Pl oder vielmehr, da auch 1 Th 3, 6 f. das „Wir" festgehalten wird, zu Pl und Sil. zurückgekehrt, und alle drei richten nun dieses Schreiben an die Gemeinde zu Thess. Dies kann aber erst in Korinth geschehen sein. Schon das *ἐν Ἀθήναις* 3, 1 wäre befremdlich, wenn die Verfasser sich in Athen befänden (cf jedoch 1 Kr 15, 32; 16, 8). Ferner scheint 1, 7 f. vorausgesetzt, daß in Achaia wie vorher in Macedonien bereits an mehreren Orten, also nicht in Athen allein mit Erfolg gepredigt worden ist. Entscheidend für eine spätere Abfassung und somit für Korinth als Abfassungsort ist erst die Angabe (1, 8 f.), daß die Bekehrung der Thessalonicher nicht nur in Macedonien (Beröa und etwa noch Philippi) und Achaia (Athen und Korinth), wohin diese Kunde mit dem Ev zugleich durch dessen Prediger gebracht wurde, sondern überall (*ἐν παντὶ τόπῳ* cf Rm 1, 8) bekannt geworden ist, so daß Pl nicht nötig hat, von der Kirchenstiftung in Thess. zu erzählen, sondern von den betreffenden Christen Äußerungen des Lobes und der Freude über den Eingang des Ev in Thess. zu hören bekommt (oben S. 141). Da der Gegensatz zu Macedonien und Achaia nur an asiatische Christen denken läßt, so muß nicht nur die Kunde von der erfolgreichen Predigt in Thess. zu christlichen Gemeinden in Asien gedrungen sein, sondern Pl muß auch kürzlich Gelegenheit gehabt haben, mit asiatischen Christen in persönlichen Verkehr zu treten und von ihnen zu hören, welche Freude seine Erfolge in Macedonien in ihrer Heimat erregt haben. Die Worte *οὐ μόνον ἐν τῇ Μακεδονίᾳ καὶ ἐν τῇ Ἀχαΐᾳ ἀλλὰ ἐν παντὶ τόπῳ ἡ πίστις ὑμῶν ἡ πρὸς τὸν θεὸν ἐξελήλυθεν* hätte Pl schreiben können, auch wenn er nur durch Briefe aus Galatien oder dem syrischen Antiochien erfahren hätte, daß man dort den Fortgang der Mission in Macedonien mit freudiger Teilnahme verfolgt hatte. Die weiter folgenden Ausdrücke (*λαλεῖν, ἀπαγγέλλουσιν*) beweisen, daß vielmehr ein mündlicher Austausch zwischen Pl und Vertretern außereuropäischer Gemeinden stattgefunden hat, und daß letztere dabei eine ins einzelne gehende Kenntnis von der Entstehungsgeschichte der Gemeinde zu Thess. an den Tag gelegt haben. Daß dies Abgesandte der galatischen Gemeinden waren, stellte sich oben S. 141 als sehr wahrscheinlich heraus. Aber auch abgesehen hievon, erfordert die Verbreitung der Kunde von den macedonischen Kirchenstiftungen bis zu den galatischen oder den syrischen Gemeinden und die Benachrichtigung des in Europa reisenden Pl von dem Eindruck, welchen diese Missionsberichte dort gemacht hatten, wenn man nicht ganz ungewöhnliche Umstände annehmen will, einen Zwischenraum von mehreren Monaten zwischen der Flucht des Pl von Thess. und der Abfassung des 1 Th. Ist daher dieser Brief auch aus chronologischen Gründen schwerlich schon in Athen, sondern erst in Korinth geschrieben, so weist uns die Vereinigung des Pl mit Sil. und Tim. (1, 1) in die Zeit nach AG 18, 5 und die Angabe in 3, 6 in die Zeit unmittelbar nach jenem Augenblick. Vor Ankunft beider Gehilfen in Korinth, etwa im April oder Mai 53, schrieb Pl den Gl (oben S. 142), nach seiner Wiedervereinigung mit denselben, etwa im Juni desselben Jahres, den 1 Th.

1. Die Identität des Silas AG 15, 22. 27. 32. (34.) 40; 16, 19. 25. 29; 17, 4. 10. 14. 15; 18, 5 mit dem Silvanus 1 Th 1, 1; 2 Th 1, 1; 2 Kr 1, 19; 1 Pt 5, 12 ergibt sich aus den auf die zweite Missionsreise bezüglichen Angaben des Pl und der AG. Über den Doppelnamen des Mannes s. oben S. 23. Da AG 16, 37 vorausgesetzt wird, daß er ebenso wie Pl römisches Bürgerrecht besaß, so mag er einer jener Libertiner AG 6, 9 gewesen sein s. oben S. 42. Als ein Mann von Bedeutung in der Gemeinde von Jerusalem (15, 22), also reiferen Alters, überdies von prophetischer Begabung (15, 32), wurde er zugleich mit Judas Barsabas in Begleitung des Pl und Barnabas nach Antiochien geschickt, um die Beschlüsse des Apostelkonzils dort durch mündliches Zeugnis zu erläutern und zu bestätigen (15, 27. 32). Dies setzt voraus, daß Silas einerseits ein Vertrauensmann der Muttergemeinde, andrerseits aber auch ein mit dem bisherigen Gang der Heidenmission einverstandener Mann war. Beides war wichtig für Pl und wird diesen bestimmt haben, nach seiner Entzweiung mit Barnabas anstatt eines der anderen Lehrer in Antiochien (AG 13, 1) den Jerusalemer Silas zum Gefährten auf der zweiten Missionsreise zu erwählen (15, 40). Es sei gleich hier bemerkt, daß die Angaben über Abmahnungen des Geistes in AG 16, 6. 7, nach cod. D auch 17, 15, nicht auf Pl, welcher vielmehr durch Nachtgesichte derartige Belehrungen zu empfangen pflegte (16, 9; 18, 9; 23, 11; 27, 23 cf 22, 17; 2 Kr 12, 1—4), sondern auf Silas als Medium zurückzuführen sind (15, 32 wo *καὶ αὐτοί* ebenso wie 15, 27 *καὶ αὐτούς* für sich zu nehmen und mit Blaß durch Interpunktion von *προφῆται ὄντες* zu trennen ist; nur Judas und Silas, nicht auch Barnabas und Pl waren Propheten). Die Darstellung in AG 15, 30—34 läßt zum Teil in folge von Unsicherheit des Textes an Deutlichkeit zu wünschen übrig. Der Satz 15, 34^a ist zunächst als Bestandteil der ursprünglicheren Textrecension anzuerkennen und zwar in der Form *ἔδοξε δὲ τῷ Σιλᾷ ἐπιμεῖναι αὐτούς* (CD*), woneben *πρὸς αὐτούς* (Korrektur von D), *αὐτοῦ* (min. 13 = ev. 33 Gregory Proll. 469; 618), *αὐτόθι* (3 min.) *ibi* (manche Hss. der lat. Vulg. und Copt., die Sah. und Randl. des S^3) als erleichternde Korrekturen zu betrachten sind. Von dem Propheten Silas, so daß also das *πνεῦμα* nicht ausgeschlossen, sondern vielmehr inbegriffen ist (cf 15, 28), ging das Urteil aus, daß Judas und Silas noch länger in Antiochien bleiben sollten. Das nur durch D und durch lat. Hss. bezeugte *μόνος δὲ Ἰούδας ἐπορεύθη* wird eine fortspinnende Glosse sein, welche es erklären soll, daß im folgenden nur noch von Silas, aber nichts mehr vom Verbleib des Judas gesagt ist, während doch das *ἔδοξε* auf beide Männer sich bezog. Ungeschickt genug ist die Glosse überdies, da entweder gesagt werden mußte: „Judas ging trotzdem nach Jerusalem zurück“ oder „Silas allein aber blieb wirklich in Anti-

ochien". Dagegen ist der ungefüge, nach Inhalt und Form höchst originelle Satz 34a, welcher ohne 34b eine weite und bedeutende Verbreitung gehabt hat, nicht als eine Glosse zu begreifen, wodurch der scheinbare Widerspruch zwischen 33 und 40 ausgeglichen werden sollte. Ein hierauf bedachter Emendator würde einfach geschrieben haben: „Silas aber zog es vor, (etwa auf Bitten des Pl) noch länger in Antiochien zu bleiben." Der wahrscheinlich in beiden Recensionen ursprüngliche Satz 34a wurde von den Einen durch Hinzufügung von 34b so vervollständigt, daß der Leser nun unzweideutig erfuhr, was aus Silas und Judas geworden sei, von den Anderen aber wegen des scheinbaren Widerspruchs zwischen 33 und 34a getilgt. Es könnte auch ein Abirren des Auges von dem *αὐτούς* 33 zu dem *αὐτούς* 34a den Ausfall verschuldet haben, was Blaß trotz seiner Bevorzugung von *αὐτοῦ* an zweiter Stelle für wahrscheinlich hält. Die Leichtigkeit des Ausfalls veranschaulicht D, worin das Ausgefallene eine Sinnzeile bildet, welche ebenso wie die vorangehende mit *αὐτούς* schließt. Nehmen wir 34a in den Text, so haben wir eine nicht gerade gewandte, aber widerspruchslose Erzählung. In 15, 33 ist nicht gesagt, daß Judas und Silas ihrerseits sich von den Antiochenern verabschiedeten und nach Jerusalem reisten, was Lc eigens ausgedrückt haben würde (Lc 8, 38. 39; AG 4, 21. 23; 5, 40. 41; 13, 3. 4; 15, 30) und zwar ohne *ἀπὸ τῶν ἀδελφῶν* (28, 25; 15, 30), sondern nur, daß ihnen von seiten der Antiochener gesagt wurde, man wollte sie nicht länger aufhalten. Dem gegenüber sprach der Prophet Silas ein entscheidendes Wort aus, welches dahin lautete, daß er und Judas noch länger in Antiochien verweilen sollten. Sie blieben in folge dessen dort, wie seiner Zeit Barnabas (11, 22ff.). Dadurch ist 15, 40 genügend vorbereitet, während nach Ausstoßung von 34a unbegreiflich wird, wie der kürzlich nach Jerusalem Heimgekehrte plötzlich wieder in Antiochien zur Hand sein kann. Der Erzähler hätte nicht verschweigen können, daß Pl ihn von Jerusalem habe kommen lassen. Darüber freilich hätte Lc auch in diesem Falle keinen Zweifel gelassen, daß der Silas 15, 40 identisch sei mit dem Silas 15, 22. 27. 32. 34. Der Versuch von Zimmer (Ztschr. f. kirchl. Wiss. 1881 S. 169—174 cf dagegen Jülicher, Jahrb. f. prot. Th. 1882 S. 538—552), den Silas, welcher der Gehilfe des Pl auf der 2. Missionsreise war, von dem Abgesandten der Jerusalemer Namens Silas zu unterscheiden, entbehrt jeden Anhalts in dem einzigen Bericht über den Jerusalemer Silas, den wir haben. Auf diesem Wege läßt sich die schon früher von Märcker, Titus Silvanus 1864, aufgestellte, von Graf, Vierteljahrsschr. f. englisch-theol. Forschung II (1865) S. 373—394 verfochtene Hypothese, daß Silas = Silvanus mit Titus identisch sei, nicht retten. Entstanden aus der überflüssigen Verwunderung darüber, daß Titus in der AG nicht erwähnt sei, und aus dem Streben, die AG hierüber zu rechtfertigen, hat diese Hypothese Widersprüche zwischen AG und Pl erst geschaffen. Titus war ein unbeschnittener Heide, welchen Pl von Antiochien zum Apostelkonzil nach Jerusalem mitbrachte (Gl 2, 1. 3 cf AG 15, 2) und selbstverständlich wieder mit sich nach Antiochien zurücknahm. Silas dagegen wurde bei derselben Gelegenheit von der Muttergemeinde nach Antiochien geschickt. Er gehörte damals und seit längerer Zeit der Gemeinde von Jerusalem an; denn *ἐξ αὐτῶν* und *ἐν τοῖς ἀδελφοῖς* AG 15, 22 hat keine andere Unterlage als die voranstehende Bezeichnung der Absendenden „die Apostel und Presbyter samt der ganzen Gemeinde" cf 15, 4. Er war also Jude oder mindestens ein beschnittener Proselyt cf AG 6, 5. Dies gilt aber auch von Silas = Silvanus, dem Gehilfen des Pl, nach AG 16, 3 (denn im anderen Fall wäre für Silas ebensogut wie für Tim. nachträgliche Beschneidung angezeigt gewesen) und 16, 20. Silvanus, der Mitstifter der achaischen Gemeinden (2 Kr 1, 19 cf AG 18, 5), kann nicht identisch sein mit dem in demselben Brief konstant und ausschließlich durch den Namen Titus bezeichneten Mann 2 Kr 2, 13; 7, 6—14; 8, 6. 16. 23; 12, 18, welcher erst durch die erfolgreiche Ausrichtung des Auftrags, mit welchem ihm Pl in der Zwischenzeit zwischen 1 Kr und 2 Kr nach Korinth geschickt hat, ein Mitarbeiter des Pl in bezug auf die Korinther geworden ist (2 Kr 8, 23), während er bis dahin die Gemeinde nur aus den rühmenden Darstellungen des Pl gekannt hatte (2 Kr 7, 14).

2. Nach AG 16, 1 scheint nicht Derbe, sondern das zuletzt genannte und nach ℵAB mit wiederholtem *εἰς* eingeführte Lystra die Heimat des Tim. gewesen zu sein. Sonderbar wäre auch, daß unter den Gemeinden 16, 2 gerade diejenige seiner Heimat fehlte, oder, falls auf das Zeugnis der Nachbargemeinden ein besonderes Gewicht gelegt werden sollte, daß dieses nicht als eine Steigerung über das Zeugnis der Heimatgemeinde eingeführt wäre. Zu einem Derbäer hat man ihn durch die unnatürliche Annahme gemacht, daß AG 20, 4 *Δερβαῖος καί* wie *Θεσσαλονικέων δέ* und *Ἀσιανοὶ δέ* zum folgenden, statt wie das allein gleichartige *Βεροιαῖος* zum vorangehenden Namen zu ziehen sei (Wieseler Chron. 26 „ein Derbäer auch Tim.“, soll heißen „es war aber auch ein Derbäer dabei, nämlich Tim.“; K. Schmidt AG I, 42 „aus Derbe außerdem Tim.“, was 1) sprachlich untunlich ist, 2) gegen die Absicht dieses Übersetzers sagen würde, daß auch Gajus aus Derbe stammte). Man müßte schon mit Blaß nach älterem Vorgang *Δερβαῖος δέ* konjiciren, so daß Gajus als dritter Thessalonicenser neben Aristarch und Secundus stünde und mit demjenigen in AG 19, 29 identisch wäre. Eine Nötigung dazu finde ich nicht. Wir haben zwar kein Recht, die 20, 4 aufgezählten Begleiter des Pl sämtlich als Vertreter der an der Kollekte für Jerusalem beteiligten Gemeinden (2 Kr 8, 19. 23; 1 Kr 16, 4) anzusehen. Abgesehen davon, daß die Provinzen Asien und Galatien, welche 20, 4 vertreten sind, an dieser Kollekte nicht beteiligt gewesen zu sein scheinen (s. oben S. 143), müßte befremden, daß hier kein Korinther genannt wird. Auch ohnedies begreift es sich, daß Lc die Männer, in deren Begleitung Pl nach Jerusalem reist, als Repräsentanten der Städte und Landschaften aufgefaßt haben will, aus welchen sie herstammten, und daß er sie hiernach ordnet und bezeichnet. Es sind 1) Sopatros aus Beröa (minusc. *Sosipatros* = Rm 16, 21, beide Namen auf Inschriften von Thess. Le-Bas II Nr. 1356. 1357), 2) Aristarch und Secundus aus Thess., 3) Cajus aus Derbe (also verschieden sowohl von dem Macedonier AG 19, 29 wie von dem Korinther 1 Kr 1, 14; Rm 16, 23, vielleicht aber identisch mit dem 3 Jo 1) und Tim., dessen Herkunft aus Lystra 16, 1 angegeben war und von S[1] hier 20, 4 wieder in Erinnerung gebracht wird, diese beiden als Repräsentanten der Provinz Galatien (1 Kr 16, 1 oben S. 137), 4) Tychicus und Trophimus aus der Provinz Asien, nach D und Sah. (auch S[3] am Rande) beide aus Ephesus, was nach AG 21, 29 wenigstens von Trophimus gilt.

3. Während bis auf Hofmann die Ausleger meist dem „Wir“ in den paulinischen Briefen wenig Aufmerksamkeit geschenkt haben, hat Laurent (Theol. Stud. u. Krit. 1868 S. 159 ff. vgl. desselben Neutesttl. Stud. 117) die Behauptung durchzuführen gesucht, daß Pl in den Thbriefen sich allein mit „Wir“ einführe, wo er im Gefühl seiner Amtswürde rede, dagegen mit „Ich“, wo er „mehr persönlich, so zu sagen privatim“ rede. Dagegen ist zu behaupten, daß Pl an keiner einzigen Stelle seiner Briefe, am allerwenigsten Rm 1, 5, jenes „Wir“ = „Ich“ anwendet. Da Pl 1 Th 1, 1; 2 Th 1, 1 Silvanus und Timotheus, die Mitstifter der Gemeinde, als Mitverfasser der Briefe einführt, so versteht sich von selbst, daß Pl, wenn er darauf nicht wie 1 Kr 1, 4; Gl 1, 6; Phl 1, 3 mit einem „Ich“, sondern mit einem „Wir“ in den Brief selbst eintritt, damit sagen will, jene beiden seien mitbeteiligt an allem, was er in dieser Form vorträgt. Gilt das ohne Frage von den Danksagungen, womit beide Briefe anheben, so ist auch weiterhin keine Grenze zu ziehen, jenseits welcher das „Wir“ zu einem „Ich“ zusammengeschrumpft wäre. Eine ausdrückliche Erklärung über den Sinn des „Wir“ wäre auch 2 Kr 1, 19 überflüssig gewesen, wenn Sil. und nicht nur Tim. unter dem „Wir“ in 2 Kr 1, 1—14 mitbefaßt gewesen wäre. Unnötig war im umgekehrten Fall 1 Th 3, 1 f. die Einschränkung des „Wir“ auf Pl und Sil. mit Ausschluß des Tim., weil aus der Aussage selbst sich er-

gab, daß Pl und Sil. die Sendenden seien, wo es sich um eine Absendung des Tim. handelt. Die ernstliche Meinung des „Wir" wird 1 Th 2, 18 handgreiflich. Von den drei Missionaren kann Pl versichern, daß sie nach dem Abschied von Thess. ein großes Verlangen und die ernstliche Absicht hegten, wieder nach Thess. zu kommen. Er unterbricht die pluralische Selbstbezeichnung durch *ἐγὼ μὲν Παῦλος*, weil er von sich allein sagen kann, daß er nicht nur einmal, sondern zweimal sich mit dieser Absicht getragen habe. Daß die 3 Missionare 2 Th 3, 9 als ein einziger *τύπος* vorgestellt werden (cf Phl 3, 17; cf 1, 1; 2, 20), ist ebenso natürlich, als die gleiche Betrachtung der vielen Thessalonicenser 1 Th 1, 7 nach richtiger LA cf Jo 20, 25 und *παράδειγμα* Thuc. 3, 57. Da die Gemeinde als eine einzige aus vielen Kindern bestehende Familie vorgestellt wird, kann auch das gleichmäßige Verhalten der 3 Missionare gegen sie mit dem einer Nährmutter und dann wieder mit dem eines Vaters verglichen werden 1 Th 2, 7. 11; ebendort aber erinnert das *ὡς Χριστοῦ ἀπόστολοι* 2, 7 daran, daß es eine Mehrheit von Personen ist, deren Verhalten geschildert wird. Daß dieser Titel auch auf Sil. und Tim. paßt, ist unfraglich s. oben S. 76 A 3. Es entspricht auch der Natur solcher Schilderungen des Verhaltens einer Mehrheit, daß nicht alles Einzelne von jedem Einzelnen innerhalb der Mehrheit ganz gleichmäßig gilt. Es hat demnach nichts zu bedeuten, daß wir nicht wissen, ob und wieweit Tim. und Sil. an der Handarbeit des Pl beteiligt waren 1 Th 2, 9; 2 Th 3, 8. Andrerseits bleibt es demjenigen, welcher zugleich im Namen Anderer redet, unbenommen, wenn er die Hauptperson ist, gelegentlich sein „Ich" an die Stelle des „Wir" treten zu lassen (1 Th 3, 5; 5, 27). Hofmann NT I, 205 ff. und Spitta, Z. Gesch. des Urchr. I, 115. 121 haben schwerlich mit Recht aus 1 Th 3, 5 herausgelesen, daß, nachdem Pl und Sil. zusammen von Athen aus den Tim. nach Thess. geschickt hatten (3, 2), Pl allein noch einen Anderen dorthin geschickt habe. Um den Singular des Subjekts in 3, 5 zu erklären, nimmt man an, daß inzwischen auch Sil. den Pl verlassen hatte. Aber wohin sollte sich dieser Gehilfe, welcher in Macedonien, in Athen und später in und um Korinth mit Pl zusammenwirkte, von Athen aus damals begeben haben? Man könnte nur an eine Rückreise nach Macedonien denken, gleich derjenigen des Tim. Dann hätte man außer der Sendung des Tim (3, 2) noch eine doppelte, die gar nicht erwähnte des Sil. und die angeblich in 3. 5 erwähnte eines Ungenannten. Wie aber hätte Pl von der Abreise des Sil. hier schweigen können, selbst wenn dieser eine für die Thess. gleichgiltige Reise, wer weiß wohin, gemacht hätte? Die schmerzliche Vereinsamung (3, 1) wäre auf alle Fälle dadurch gesteigert worden, und eben darin hätte eine Steigerung der durch *μηκέτι στέγων* 3, 1. 5 ausgedrückten Stimmung und somit ein Motiv der neuen Absendung eines Boten gelegen. Und darum hätte Pl den Abgesandten nicht genannt, mag es nun Silas gewesen sein, was die nächstliegende Annahme wäre, oder eine andere „ganz untergeordnete Persönlichkeit" (Spitta 122)? Da Pl offenbar beflissen ist, Alles aufzuzählen, worin seine sorgliche Liebe zu den Thess. seit seiner Abreise von dort zum Ausdruck gekommen ist, so würde er den Sil., wenn dieser in 3, 5 als Abgesandter gemeint ist, nicht nur genannt, sondern seiner Bedeutung entsprechend mindestens ebenso nachdrücklich wie den Tim. in 3, 2 charakterisirt haben. Im anderen Fall aber hätte der Abgesandte nur Briefbote sein können, und die Nichterwähnung des durch denselben überbrachten Briefs des Pl wäre unbegreiflich. Das Objekt zu *ἔπεμψα* 3, 5 konnte nur dann fehlen, wenn es aus 3, 1 f., wohin die Wiederholung des *μηκέτι στέγων* jeden Leser zurückweist, zu ergänzen und hier wie dort die gleiche Sendung gemeint war cf 2 Kr 9, 3 und 8, 18. 22. Im anderen Fall konnte ein *πάλιν* schwerlich fehlen (Gl 1, 9), und nicht mit *κἀγώ*, sondern mit *ἐγὼ Παῦλος* (1 Th 2, 18; Kl 1, 23 im Gegensatz zum Pluralis Kl 1, 1—9 cf 2 Kr 10, 1; Gl 5, 2; Phlm 19) würde Pl den Gegensatz zu dem unbetonten „Wir" 3, 1 f. ausgedrückt haben. Das *κἀγώ* findet seine natürliche Erklärung in einem gegensätzlichen Vergleich mit den Angeredeten (cf Phl 2, 19. 28; Eph 1. 15). Weil Pl, wie 3, 2f. deutlich genug gesagt ist, in großer Sorge war, die Gemeinde in ihrer bedrängten Lage werde es ohne den persönlichen Zuspruch ihrer Stifter nicht länger aushalten, eben darum (3, 5 διὰ τοῦτο) konnte auch er es nicht länger aushalten und schickte, wie gesagt, den Tim. nach Thess., um nicht nur die Gemeinde vor einer Erschütterung ihres Glaubens und ihres Vertrauens zu ihren Stiftern zu bewahren (3, 2f.), sondern auch seinerseits die beruhigende Gewißheit zu erhalten, daß die Gemeinde den Versuchungen nicht erlegen sei.

4. Tafel, De Thessalonica eiusque agro dissertatio geographica, Berlin 1839, worin das ältere Programm desselben (Historia Thessalonicae, Tübingen 1835) aufgenommen ist; Lightfoot, Bibl. essays p. 253—269. Ehemals Θέρμη (Herod. VII, 123—128; Thuc. I, 61) oder Θέρμα (Aeschines, de falsa legatione 31, 36) um 315 von Kassander neu angelegt und nach seiner Gattin Θεσσαλονίκη genannt (auch Θεσσαλονίκεια Strabo p. 106. 330 fragm. 21), seit der Schlacht bei Philippi *civitas libera* (Plin. h. n. IV, 10, 36, über die Münzen cf Tafel p. XXIX), daher βουλὴ καὶ δῆμος (Le Bas Inscr. 1359) und προάγειν εἰς τὸν δῆμον AG 17, 5 cf 19, 30. 33; Residenz des Statthalters der Provinz Macedonien, welche seit 44 n. Chr. wieder von Achaia getrennt und als senatorische Provinz von Proprätoren mit dem Titel Prokonsul verwaltet wurde (Marquardt I², 319). Der in der Literatur sonst unerhörte Titel πολιτάρχαι AG 17, 6. 8 ist gerade für diesen Teil Macedoniens und insbesondere für Thess. glänzend bezeugt. Die einschlagenden Inschriften sind sehr vollständig gesammelt und gründlich behandelt von E. De Witt Burton im Amer. journ. of theology 1898 vol. II, 598—632. Von den 17 Inschriften, welche den Titel enthalten, wozu noch 2 kommen, in welchen er durch Konjektur wiederhergestellt wird, stammen 5 oder 6 aus Thess., 7 oder 8 aus anderen Städten Macedoniens, 2 aus Philippopolis, 1 aus Bithynien, 1 aus Bosporus, 1 aus Ägypten (= 19). Von denjenigen aus Thess. nennt die eine (Duchesne et Bayet, Mission au mont Athos 1876 [Separatabdruck aus den Arch. des miss. sc. ser. III vol. III] p. 11 nr. 1) aus der Zeit des Augustus 5 Politarchen; eine aus dem J. 143 p. Chr. (Le Bas III, nr. 1359 cf de Witt Burton p. 605—608) und eine nicht datirte (C. I. G. 1967 cf Addenda p. 990 = Le Bas nr. 1357; de Witt Burton p. 600. 607) 6 Politarchen. Eine andere vom J. 46, welche nur 2 Polit. nennt, gehört wahrscheinlich nach Pella (de Witt Burton p. 611—613). — Über die Einwohnerzahl haben wir nur allgemeine Aussagen: Strabo p. 323; Lucian, asin. 46; Theodoret, hist. eccl. V, 17. Sie wird für die erste Kaiserzeit sicherlich nicht niedriger als heute anzusetzen sein. Um 1835 schätzte man sie auf 80 000; Leake, Travels in Northern Greece III, 248 hielt 65 000 für richtiger. Nach Th. Fischer in Kirchhof's Länderkunde von Europa II, 2, 180 (a. 1893) schwanken die Angaben zwischen 100 000 und 135 000 und soll die Zahl der Juden jedenfalls nahezu zwei Drittel betragen. Cf Meyer's Reisebuch: Türkei u. Griechenland (1888) S. 357: 100 000 Einw., 60 000 Juden. Die auffällige LA AG 17, 1 ἡ συναγωγή würde ausdrücken, daß die Juden des ganzen Distrikts, etwa auch solche zu Amphipolis und Apollonia, an der Synagoge zu Thess. ihre Synagoge gehabt, sich zu dieser gehalten haben. Nach ℵ ABD (ohne Artikel) ist doch nur gesagt, daß es zu Thess. wie zu Beröa (17, 10) im Unterschied von Philippi (16, 13), Apollonia und Amphipolis eine jüdische Synagoge gab. Die Bedeutung der Judenschaft von Thess. erhellt ohnedies aus AG 17, 4—9. 13.

5. AG 17, 2 ἐπὶ σάββατα τρία kann nicht nach der trügerischen Analogie von AG 3, 1; 4, 5; Lc 10, 35 heißen „an drei Sabbathen“, sondern nach Lc 4, 25; AG 13, 31; 16, 18; 18, 20; 19, 8. 10. 34; 27, 20 „drei Wochen lang“. Für σάββατον und σάββατα = Woche cf Lc 18, 12; 24, 1; AG 20, 7 und oben S. 12. Daß die Vorträge des Pl sich auf die Sabbathe beschränkt hätten, wie anfangs in Korinth (AG 18, 4 cf 13, 42. 44), wäre deutlicher auszudrücken gewesen. Man versammelte sich in der Synagoge auch am

Montag und Donnerstag, den gewöhnlichen Fasttagen (Schürer II, 458. 490; Forsch III, 317). Auch sonst war die Synagoge zugänglich (Mt 6, 2. 5) und diente als Lokal für außerordentliche Versammlungen (Jos. vita 54). Von einem anderen Lokal, in welches Pl in folge des Widerspruchs der Juden seine Vorträge verlegt hätte, verlautet hier nichts (cf dagegen AG 18, 7; 19, 9). Es ist daher auch nicht anzunehmen, daß der Aufenthalt in Thess. sich nach Ablauf der 3 Wochen noch erheblich ausgedehnt habe. Die erste Geldsendung von Philippi nach Thess. (Phl 4, 16) kann der unfreiwilligen Abreise des Pl von Philippi unmittelbar, die zweite 14 Tage später gefolgt sein.

6. AG 17, 4. Nach D (*πολλοὶ τῶν σεβομένων καὶ Ἑλλήνων πλῆθος πολὺ καὶ γυναῖκες τῶν πρώτων οὐκ ὀλίγαι*), welche LA in bezug auf das *καί* vor *Ἑλλ.* durch A copt. vulg. bestätigt wird, wären von den *σεβόμενοι* (AG 13, 50; 16, 14; 17, 17; 18, 7 cf *φοβούμενοι τὸν θεόν* AG 10, 2. 22; 13, 16. 26), den als „Proselyten des Tors“ regelmäßig zum jüdischen Gottesdienste sich haltenden Heiden, die eigentlichen Heiden unterschieden, welche nur ausnahmsweise einmal die Synagoge besuchten, ohne mit dem heidnischen Kultus gebrochen zu haben. Der gewöhnliche Text *τῶν τε σεβομένων Ἑλλήνων* würde an *σεβομένων προσηλύτων* 13, 43 eine Analogie haben, ohne doch damit ganz gleichbedeutend zu sein. Auf alle Fälle ist bezeugt, daß unter den Bekehrten einer kleinen jüdischen Minorität eine große Majorität geborener Heiden gegenüberstand. Noch mehr als bei den Galatern (oben S. 119) war es daher berechtigt, daß Pl die Christen von Thess. als Heidenchristen betrachtete cf 1 Th 1, 9, wobei jedoch zu bemerken ist, daß neben dem Gegensatz zu dem früheren Heidentum 1 Th 1, 10 auch ein Gegensatz zum Judentum zum Ausdruck kommt. Ist der Jason AG 17, 5—9 identisch mit dem Rm 16, 21, was schon darum wahrscheinlich ist, weil dort neben ihm Sosipatros (= Sopatros AG 20, 4), ein anderer macedonischer Christ, genannt ist, so war er auch wie dieser ein geborener Jude (*οἱ συγγενεῖς μου*). Nach Clemens Al. wäre er identisch mit dem Jason, welcher im Dialog des Ariston von Pella gegenüber dem Juden Papiskus das Christentum vertritt (Forsch III, 74; IV, 309). Heiden waren wahrscheinlich Secundus und Aristarch aus Thess. (AG 20, 4; 19, 29; 27, 2; Phlm 24; Kl 4, 10); denn Kl 4, 11 bezieht sich nur auf Marcus und Jesus Justus, nicht auf Aristarch cf unten § 27. Der Name Secundus (AG 20, 4) ist für Thess. reichlich bezeugt (C. I. G. 1967. 1969; Journal of hell. stud. 1887 p. 367 nr. 10; Heuzey et Daumet, Macédoine p. 280 nr. 113: *Σεκοῦνδα*). Das Vorkommen des Namens *Γάϊος Ἰούλιος Σεκοῦνδος* in Thess. bei Duchesne et Bayet, Mission au mont Athos p. 50 nr. 78 läßt die Vermutung zu, daß der Secundus AG 20, 4 mit dem Macedonier Cajus, welcher AG 19, 29 ebenso mit Aristarch verbunden ist, identisch sei, und daß im Gegensatz zu dem (Cajus) Secundus aus Thessalonich der andere Cajus als der aus Derbe bezeichnet wurde (cod. A *ὁ Δερβαῖος*). Die Bemerkung bei Origenes zu Rm 16, 23 (Del. IV, 686) *Fertur sane traditione majorum, quod hic Gajus* (Rm 16, 23) *primus episcopus fuerit Thessalonicensis ecclesiae* wird eine Zutat des Übersetzers Rufinus sein. Sie beruht auf einer willkürlichen Identifikation des Cajus Rm 16, 23 mit dem Macedonier Cajus AG 19, 29. Origenes selbst kombinirt richtiger Rm 16, 23 und 1 Kr 1, 14. — Aus Thess. stammte wahrscheinlich auch Demas 2 Tm 4, 10; Kl 4, 14; Phlm 24. Ist Demas = Demetrius, so ist zu bemerken, daß Demetrius in Thess. häufig vorkommt: C. I. G. 1967 (bis); Journ. of hell. stud. 1887 p. 360 nr. 2; de Witt Burton l. l. 608 nr. IV. Der Märtyrer Demetrius um 304 wurde Patron der Stadt cf Acta SS. Oct. IV, 50—209 und dazu Laurent in Byzant. Zeitschr. 1895 S. 420 ff. Die Fortexistenz einer Gemeinde zu Thess. bezeugt das Edikt des Antoninus Pius, dessen Melito gedenkt Eus. h. e. IV, 26, 10. Eine gewisse Paraskeue, welche ihrer Tochter Phoibe (cf Rm 16, 1) a. 156 in Thess. ein Grabmal setzte, ist ihres Namens wegen wahrscheinlich eine Jüdin oder Christin cf Duchesne et Bayet l. l. 46 nr. 65. Tertullian praescr. 36 nennt Thess. unter den Städten, wo nach seiner Überzeugung die dorthin

gerichteten Briefe der Apostel noch aus den Autographen vorgelesen und die Lehrkanzeln derselben noch benutzt werden (GK I, 652). Eine große steinerne Kanzel (ἄμβων, βῆμα), welche zur Hälfte im Hof der Kirche des hl. Georg, zur anderen Hälfte im Hof der Kirche des hl. Panteleemon steht, heißt noch heute „die Kanzel des hl. Paulus" Bayet l. l. 249 ff. Andere nicht recht übereinstimmende Angaben bei Leake III, 243; Lightfoot, Bibl. essays 269. Es handelt sich um ein Werk frühbyzantinischer Zeit. Eher könnte der Name στοὺς ἀποστόλους an der Stelle des alten Pella eine echte Erinnerung in sich bergen, wenn nämlich „die Apostel" (1 Th 2, 6) von Thess. aus nicht auf dem direkten, anfangs durch sumpfiges Marschland führenden Weg nach Beröa reisten, sondern zunächst auf der Via Egnatia bis Pella weiterreisten, von wo eine Straße nach Beröa sich abzweigte.

7. Die LA ἕως ἐπὶ τὴν θάλασσαν AG 17, 14 (cf Lc 24, 50) kann natürlich nicht besagen „man brachte ihn gleich bis ans Meer" (Weiß, Textkrit. Unters. der AG 210); denn vom „bringen" sagt der Satz nichts, und die, welche den Pl von Beröa aus geleiteten, brachten ihn vielmehr bis nach Athen (v. 15). Es wird mit HLP ὡς zu lesen sein. Lc hätte auch ὡς ἐπὶ τῆς θαλάσσης schreiben können cf Polyb. V, 70, 3 u. 12 und Kühner Gr. II, 430, aber notwendig war das nicht, wenn er wirklich ὡς geschrieben hat. Noch ungewiß, wohin er sich wenden sollte, oder auch in der Absicht, etwaige Verfolger zu täuschen, schlug Pl mit seinen Begleitern zunächst einen Weg ein, als ob er direkt an die Küste reisen und etwa bei Methone sich einschiffen wollte. Er zog dann aber zu Lande weiter, entweder bis Dium, um dort sich einzuschiffen, oder vollends auf dem Landweg bis nach Athen. Auch die andere Recension, welche ἀπελθεῖν ἐπὶ τὴν θάλασσαν bietet, schließt den Sinn, welcher durch Einfügung des ὡς nur schärfer ausgedrückt wird, nicht aus; denn es war auch so nur gesagt, daß die Christen von Beröa den Pl und die ihm mitgegebenen Begleiter (cf v. 15) in der Absicht und Erwartung abziehen ließen, daß er zur Küste reisen werde. Daß aber die Entscheidung über den Reiseweg und selbst über das Reiseziel nicht schon in Beröa, sondern erst auf der Reise getroffen wurde, lehrt v. 15; denn es hätte im anderen Fall keiner neuen Aufträge an Tim. und Sil. bedurft. Dies folgt noch sicherer aus der ursprünglichen Recension παρῆλθεν δὲ τὴν Θεσσαλίαν ἐκωλύθη γὰρ εἰς αὐτοὺς κηρύξαι τὸν λόγον cf 16, 6. 7. Pl beabsichtigte also anfangs und versuchte es (cf AG 16, 7), auch in Thessalien zu predigen, woran er gar nicht denken konnte, wenn er, ohne sich der Grenze von Thessalien genähert zu haben von Beröa nach Methone und von da zur See nach Athen reiste. Jenes παρελθεῖν, nicht παραπλεῦσαι (20, 16), scheint eher eine Landreise zu bezeichnen, bei welcher die größeren Orte Thessaliens vermieden wurden, jedenfalls aber ein Predigen in dieser Landschaft unterblieb. Was der Bischof von Servia dem Reisenden Leake (III, 330) als zweifellos bezeichnete, daß Pl dort durchgekommen, ist nicht geradezu unwahrscheinlich. — Die Ausgleichung der Angaben der AG mit denen des 1 Th kann verschieden gedacht werden. Kam Pl allein von Athen nach Korinth (AG 18, 1) und kamen Sil. und Tim. zusammen von Macedonien nach Korinth (AG 18, 5; 2 Kr 11, 9), so wird Pl den Sil. in Athen zurückgelassen haben, wie früher in Beröa, und Sil. kann, als Tim. vergeblich auf sich warten ließ, auf eigene Hand ihm nach Macedonien entgegenreist und dann, ohne selbst bis nach Thess. gekommen zu sein, mit ihm zusammen nach Korinth gereist sein. Erheblich wäre die Ungenauigkeit in AG 18, 5 auch dann nicht, wenn Tim. allein in Macedonien gewesen, von da nach Athen zurückgekehrt und von Athen aus mit dem dort gebliebenen Sil. nach Korinth gereist wäre. Es würde dann 1 Th 3, 6 zusammengefaßt sein, was Tim. dem Sil. in Athen und dem Pl in Korinth meldete. — Der Syrer Ephraim (nach einer armenischen Catene zur AG, Venedig 1839 p. 310 cf Harris, Four lectures on the western text p. 25. 47) hatte einen Text von AG 17, 15 vor sich, welcher es ihm ermöglichte, die Worte πρὸς αὐτὸν ἐξῄεσαν, welche in D eine

Zeile für sich bilden und somit zusammengefaßt sind, von einer Reise des Tim. und Sil. nach Athen zu verstehen.

§ 14. Der erste Brief an die Thessalonicher.

Kurz nach Ankunft des Tim. und des Sil. in Korinth (3, 6) und in einer durch die guten Nachrichten, welche Tim. aus Macedonien mitgebracht hatte, gehobenen Stimmung ist der Brief geschrieben. Der hauptsächliche Anlaß und Zweck desselben ist in dem durchaus einheitlichen und durch ein feierliches Schlußvotum 3, 11—13 abgeschlossenen ersten Teil zu erkennen. Die weiterhin folgenden, unter sich nicht gerade enge verbundenen Erörterungen sind schon durch das einleitende *λοιπόν* 4, 1 als mehr gelegentliche Schlußbemerkungen gekennzeichnet. Der erste Teil enthält einen Rückblick auf die Entstehung der Gemeinde durch die Predigt der Verfasser (1, 2—2, 16) und auf alles das, worin seit ihrer Abreise von Thess. ihre liebevolle Sorge um den Fortbestand der Gemeinde und des ungetrübten Verhältnisses derselben zu ihren Stiftern zum Ausdruck gekommen ist (2, 17—3, 5). In dieser Schilderung nimmt eine bedeutende Stelle ein der Druck der Verfolgung, unter welchem die Leser das Ev gleich anfangs aufgenommen und seither ihren Glauben bewährt haben (A 1). Eben dies war der Hauptgrund der Sorge der Missionare gewesen, hatte sie nach einem zweiten Besuch Thessalonichs verlangen gemacht (2, 17 f.) und die Sendung des Tim. dorthin veranlaßt (3, 2 f.). Der Ton, in welchem hievon geredet wird, ist aber nicht vorwiegend derjenige der Tröstung und Ermutigung, sondern ein apologetischer. Allerdings soll es die Leser aufrichten, daß sie gerade durch ihr tapferes Erdulden jener Anfeindungen ein Vorbild der nach ihnen in Macedonien und Achaia sich Bekehrenden (1, 7), sowie Nachahmer der judäischen Gemeinden (2, 14) und ein Gegenstand besonders stolzer und dankbarer Freude ihrer Missionare (2, 19 f. 1, 2 f.) geworden sind. Auch die Erinnerung daran, daß diese ihnen von vornherein keine bessere äußere Lage in Aussicht gestellt haben (3, 4), könnte an sich lediglich dazu dienen, die Leser vor Ungeduld zu bewahren. Im Zusammenhalt mit Anderem hat dies vielmehr den Sinn einer Selbstverteidigung der Verfasser. Schon 1, 5 f. berufen sie sich in diesem Sinn auf das eigene Wissen der Leser um die Art ihres Auftretens unter ihnen und erinnern daran, daß sie, die Apostel, wie der Herr selbst den Lesern im Erdulden der Drangsal mit ihrem Beispiel vorangegangen sind. Insbesondere auf die schimpfliche Behandlung, welche sie in Philippi unmittelbar vor ihrer Ankunft in Thess. erlitten, und die beängstigende Lage, in welcher sie in Thess. selbst zu wirken gehabt haben (*ἐν πολλῷ ἀγῶνι*), wird 2, 2 hingewiesen. Wenn die Leser seither viel von ihren Mitbürgern zu leiden gehabt haben, so sollen sie unter anderem auch das nicht vergessen, daß die Juden, welche die ersten Urheber dieser ihrer üblen Lage sind, vor allem die Missionare selbst von Thess. vertrieben und bis nach Beröa verfolgt haben (2, 14—16 cf S. 146 Z. 12 v. u.). Diese aus Haß gegen die

Predigt unter den Heiden hervorgehende Anfeindung von seiten der Juden bekommen die Apostel auch gegenwärtig noch in Korinth zu erfahren, wie der Übergang ins Präsens 2, 15 f. zeigt, wonach dann auch 3, 7 zu verstehen ist. Dazu kommt die offenbar einer gegenteiligen Darstellung entgegentretende Darstellung ihrer Predigt und ihres gesamten Verhaltens in Thess. Nicht leere Worte (1, 5), nicht eine menschliche Lehre, sondern Gottes Wort und Christi Ev (2, 2. 9. 13; 3, 2) haben sie gepredigt, und zwar mit der Kraft, Zuversicht und Offenheit, welche dieses Wort seinen echten Predigern einflößt (1, 5; 2, 2). Allerdings war ihre Predigt auch ein Bitten (2, 3 ἡ παράκλησις ἡμῶν cf. 2, 11), aber nicht dasjenige des Betrügers, der seinen Hörern schmeichelt und sich ihnen persönlich angenehm zu machen sucht. Nicht Ehrgeiz oder eine andere unlautere Absicht, die dann auch unlautere Mittel an die Hand gegeben hätte, vor allem nicht Gewinnsucht war ihre Triebfeder (2, 3—6). Mit äußerster Anstrengung haben sie durch ihrer Hände Arbeit ihren Lebensunterhalt beschafft (2, 9) und in ihrem ganzen Wandel volle Hingebung an ihren von Gott ihnen verliehenen Beruf und eine selbstlose, ja zärtliche Liebe zu den Hörern ihrer Predigt bewiesen (2, 7—12). Nächst Gott können sie die Gemeinde selbst als Zeugen für ihr tadelloses Verhalten aufrufen (2, 10. 5 cf. 1, 4). Die Christen von Thess., vor welchen Pl sich und seine Gehilfen hier so warm verteidigt, sind nicht zugleich die Ankläger. Sie sind ausnahmslos ein Gegenstand des Danks für die Verfasser (1, 2); und unter den erfreulichen Nachrichten, welche Tim. kürzlich gebracht, war auch die, daß sie ihre Apostel allezeit in gutem Andenken haben und ebenso sehnlich nach einem Wiedersehen mit Pl und Sil. verlangen, wie diese (3, 6). Andrerseits fehlt jede Spur davon, daß in Thess. wie kurz vorher in Galatien auswärtige Christen als Verläumder des Pl und als Gegner seines Ev aufgetreten waren. Die Anklagen müssen also von der nichtchristlichen Umgebung der Gemeinde ausgegangen sein. Die im Heidentum verbliebenen Ehemänner der vornehmen Frauen, die sich bekehrten (AG 17, 4), die Verwandten und bisherigen Freunde der Neubekehrten überhaupt werden die Sache so dargestellt haben, daß diese sich von ehrgeizigen und gewinnsüchtigen Betrügern zu einem törichten Aberglauben haben verleiten lassen und dadurch in ein Misverhältnis zu ihren Mitbürgern und in alle übelen Folgen eines solchen hineingeraten seien, während ihre Verführer sich rechtzeitig aus dem Staube gemacht haben. Man begreift leicht, wie die Flucht der Missionare von Thess., die Kautionsstellung des Jason und anderer Christen (AG 17, 9), die Geldsendungen von Philippi nach Thess. (Phl 4, 16), die Anfeindungen der Christen von seiten ihrer Mitbürger (1 Th 2, 14) als Anknüpfungspunkte für eine solche Darstellung benutzt wurden. Auf diesen Zusammenhang der Dinge weist geradezu 3, 3; denn die Besorgnis, welche die Sendung des Tim. veranlaßte, ging nicht sowohl dahin, daß die Gemeinde durch ihre Bedrängnisse im Glauben erschüttert, sondern daß Einzelne in ihren Bedrängnissen umschmeichelt d. h. zu jener verläumderischen Auffassung ihrer eigenen Bekehrung verleitet werden könnten (A 2), was dann freilich eine Erschütterung ihres Glaubens zur Folge haben mußte. Denn wenn die Stifter der Gemeinde Betrüger waren, so war deren Glaube eine Täuschung. Der Versucher, welcher die ganze Arbeit der Apostel in Thess. zu vernichten drohte (3, 5), war an die Gemeinde nicht nur in der Gestalt des brüllenden Löwen (1 Pt 5, 8), sondern auch in der des schweifwedelnden Hundes (Phl 3, 2) und der zischenden Schlange (2 Kr 11, 3) herangetreten. Auch 3, 6 zeigt, daß Pl und Sil. bis zur Ankunft des Tim. auch darum in großer Sorge gewesen waren, ob die Gemeinde nicht das Vertrauen zu ihren Stiftern verloren habe und in ihrer Liebe zu denselben erkaltet sei. Man könnte es auffallend finden, daß Pl, nachdem er durch Tim. in dieser wie in anderer Beziehung beruhigt, ja in freudige Stimmung versetzt war, nun doch noch so eifrig und ausführlich in apologetischem Ton die ganze bisherige Geschichte seines Verhältnisses zur Gemeinde durchgeht. Aber erstens lehrt die Erfahrung, daß einer, der monatelang unter dem Druck einer schweren Sorge gestanden und, je zarterer Natur die Sache war, um so weniger davon hat reden mögen: wenn nun die Angst vorüber ist, doppelt stark das Bedürfnis fühlt, seinem Herzen Luft zu machen und mit den Äußerungen freudigen Dankes Erinnerungen an die ausgestandene Qual zu mischen. Zweitens wird Pl erst durch Tim. genauer erfahren haben, wie arg den Christen zu Thess. zugesetzt wurde, und wie schwer er von deren Umgebung verläumdet wurde, so daß er erst jetzt in der Lage war, mit bestimmter Beziehung auf jene Verläumdungen die Tatsachen in das Licht der Wahrheit zu stellen. Drittens aber ist die dankbare Freude und die innige Befriedigung über den dermaligen Stand der Gemeinde, welche Pl 3, 6f. (1, 2; 2, 19f.) zu so lebhaftem Ausdruck bringt, nicht der Art, daß nichts mehr zu wünschen wäre. Die Sehnsucht, selbst nach Thess. zu kommen, welche von Anfang an auf der Sorge um die Gemeinde beruhte, besteht noch ungeschwächt fort (3, 10. 11 cf. 3, 6). Es sind noch Mängel des Glaubens vorhanden, welchen Pl nicht anders als durch persönliches Erscheinen glaubt abhelfen zu können (3, 10). Es wird im 2. Teil des Briefes auf sittliche Schäden hingewiesen, welche ein herzloser Pedantismus mit den Äußerungen überschwänglicher Freude im 1. Teil (1, 2; 2, 19f.; 3, 6. 9) unvereinbar finden mag. Aber auch im ersten Teil erscheint der feste Stand der Gemeinde, an welchem der Apostel seine Freude hat, als eine Sache, die sich noch in Zukunft herausstellen muß (3, 8), und der Wunsch, daß der Herr die dortigen Christen noch reicher an Liebe nicht nur zu einander, sondern zu Allen werden lasse, bezieht sich, wie der unvollständige Satz καθάπερ καὶ ἡμεῖς εἰς ὑμᾶς (3, 12 cf 3, 6) zeigt, auch auf das Verhältnis der Gemeinde zu ihren Stiftern. Die Gemeinde hatte sich viel standhafter bewiesen, als Pl in der langen Wartezeit zu hoffen den Mut gehabt; aber spurlos waren die Ohrenbläsereien ihrer Umgebung nicht an Allen vorübergegangen; einige Schatten hatte Tim. doch wahrgenommen. Eine bestimmte Aussicht konnte Pl noch nicht eröffnen, wann er, seinem und der Gemeinde sehnlichem Wunsch entsprechend (3, 6. 10f.), endlich wieder nach

Thess. kommen werde. Was alles konnte bis dahin in Thess. vor sich gehen! Und konnte nicht gerade dieses lange Fernbleiben des Hauptstifters der Gemeinde zu neuen Verdächtigungen Anlaß geben? Es ist daher durchaus begreiflich, daß durch die freudig gehobene Stimmung, in welcher 1, 2—3, 13 geschrieben ist, nicht nur die überwundene Angst der vorangegangenen Monate hindurchzittert, sondern auch die Sorge um die Zukunft der Gemeinde. Der ungekünstelte Ausdruck dieser gemischten Stimmung war ein geeignetes Mittel, die Gemeinde in dem vorhandenen Guten zu bestärken und zukünftiger Gefahr vorzubeugen. — Einzelnen Mängeln des sittlichen Lebens und der religiösen Erkenntnis, worüber Pl durch Tim. unterrichtet gewesen sein wird, bemüht sich Pl durch die Erinnerungen c. 4—5 abzuhelfen. Unter Anerkennung des im ganzen löblichen Wandels (4, 1. 9 f.; 5, 11) fordert er doch unter wiederholtem Hinweis auf die gleich zu Anfang der Gemeinde gegebenen Anweisungen (4, 1. 2. 6. 11) ein Fortschreiten in mehr als einer Beziehung. An die Warnung vor der Unzucht, welche in ihrer heidnischen Umgebung sich breit machte (4, 3—5), schliefst sich die vor Gewinnsucht und Unredlichkeit im Erwerbsleben, welche in der großen Handelsstadt besonders am Platz sein mochte (4, 6). Das Lob der tätigen Bruderliebe der Leser dient als Einleitung zu der Ermahnung, sich durch ein stilles, arbeitsames Leben eine bessere ökonomische Lage zu verschaffen, wodurch sie nicht nur zu gesteigerter Wohltätigkeit sich in Stand setzen (Eph 4, 28), sondern auch eine größere Unabhängigkeit von der nichtchristlichen Umgebung erlangen werden (4, 9—12). Da der Müßiggang, dem hier entgegengetreten wird, mit einem unruhigen Wesen verbunden war (4, 11 cf 2 Th 3, 11 f.), und da gerade an die Warnung vor diesem Unwesen eschatologische Belehrungen sich anschließen (4, 13—5, 11), so ist anzunehmen, daß der Gedanke an das baldige Ende des Weltlaufs manchem die Pflichten des Alltagslebens geringfügig erscheinen ließ (A 3). Die Lebhaftigkeit, mit welcher man sich die Wiederkunft Jesu vergegenwärtigte, spiegelt sich auch wieder in der besondern Art der Trauer über einzelne Todesfälle in der Gemeinde. Diese beruhte nämlich auf der Meinung, daß die vor der Parusie hinsterbenden Christen nicht sofort, wie die dies Ereignis erlebenden Christen, am Reich der Herrlichkeit teilnehmen werden. Obwohl schon der Glaube an die Auferstehung des gestorbenen Jesus vor dem Irrtum bewahren sollte, als ob der Tod den Christen von Christus scheiden könne (4, 14), so gibt doch Pl als ein Wort des Herrn, d. h. im bewußten Anschluß an die Weissagung Jesu (4, 15 A 4) eine förmliche Belehrung, welche geeignet war, jede Sorge um eine Benachteiligung der vor der Parusie Sterbenden zu beseitigen, wenn sie Glauben fand. Diese Belehrung kann in solcher Bestimmtheit nicht Bestandteil der Missionspredigt gewesen sein. Während Pl in diesem Punkt eine Ergänzung seiner früheren Belehrungen angezeigt fand, erklärt er die Beantwortung einer anderen Frage, mit der man sich in Thess. beschäftigte, nämlich der Frage nach den Zeitläufen und Zeitpunkten der endgeschichtlichen Entwicklung für überflüssig (5, 1 cf AG 1, 6 f.) und zugleich für untunlich; denn es gehört zu den Elementen der christlichen Predigt, daß der Tag des Herrn für die in das Weltleben Versunkenen unerwartet plötzlich eintreten wird, daß aber die Christen in beständiger Erwartung der jeder natürlichen Berechnung sich entziehenden Parusie sich durch einen dem zukünftigen Tag des Herrn entsprechenden Wandel darauf rüsten sollen (5, 2—10). Die Mahnung, sich in dieser Richtung gegenseitig zu fördern (5, 11), bildet den natürlichen Übergang zu solchen Mahnungen, welche sich auf das gemeindliche Leben beziehen, dessen Pflege in erster Linie den Vorstehern obliegt (5, 12 f.). Es scheint nicht an Widerspenstigkeit gefehlt zu haben, besonders von seiten jener Müßiggänger (5, 14 *τοὺς ἀτάκτους* cf 4, 8). Auf einen Mangel an Zusammenschluß der ganzen Gemeinde scheint es hinzuweisen, dafs Pl die Leser auffordert, alle Brüder, und zwar mit dem Bruderkuß zu grüßen, und wenn er sie schließlich beschwört dafür zu sorgen, daß allen Brüdern der Brief vorgelesen werde (5, 26. 27).

1. Mit Unrecht nimmt man an (z. B. Klöpper, Der 2 Th S. 14. 15), daß die *θλίψεις*, von welchen 1 Th redet, lediglich der Vergangenheit und zwar der Zeit der Entstehung der Gemeinde angehören, und daß ein neuer Wiederausbruch der bereits erloschenen Verfolgung die Voraussetzung des 2 Th bilde. Daß die Leiden bei der ersten Annahme des Ev besonders hervorgehoben werden 1, 6; 2, 13f., war eine notwendige Folge davon, daß eben die Anfänge der Gemeinde einer apologetischen Beleuchtung bedurften. Daß die bedrängte Lage der Gemeinde nach der Abreise der Missionare und zur Zeit der Sendung des Tim. noch andauerte, ergibt sich aus dem Zusammenhang von 2, 17f. mit dem Vorigen und aus 3, 3. Daß unter den guten Nachrichten, die Tim. mitgebracht, auch die von einer Besserung der Lage der Gemeinde gewesen sei, würde 3, 6 schwerlich unerwähnt geblieben sein; ebensowenig in 2 Th, daß dem Apostel Nachrichten über einen Wiederausbruch der Verfolgungen zugekommen seien. Die Art wie 1 Th 1, 3 der *ὑπομονή* der Gemeinde gedacht wird, der Eintritt des Präsens *ἐνεργεῖται* 2, 13 unter den Aoristen vor- und nachher, das *ταύταις* 3, 3, die Zusammenfassung aller bisherigen Bedrängnisse der Gemeinde in dem präsentischen *αἷς ἀνέχεσθε* und *πάσχετε* II, 1, 4f., das alles beweist vielmehr, daß die äußere Lage seit Gründung der Gemeinde bis zur Absendung des 2 Th eine im wesentlichen unveränderte war. Aus dem veränderten Ton, in welchem II, 1, 3—12 davon geredet wird, ist nur etwa zu schließen, daß sie sich von Tag zu Tag verschlimmerte.

2. Ist 3, 3 die LA *μηδένα σαίνεσθαι* zweifellos, so ist es auch unveranlaßt, die von Homer bis in die Kaiserzeit im Sprachgebrauch lebendig gebliebene älteste Bedeutung aufzugeben, wonach *σαίνειν* das Schweifwedeln des Hundes, c. acc. pers. das darin ausgedrückte Anschmeicheln, häufig im Gegensatz zum Anbellen und Beißen bezeichnet. Hiefür, sowie für die Übertragung auf menschliche Subjekte cf besonders Polyb. XVI, 24, 6; Artemid. Oneirocr. II, 11 Hercher p. 99, 12—20. Es heißt auch wohl „rühren, weich stimmen", aber nicht „erschrecken" oder gar „erschüttern", sondern eher „zur Sünde verlocken" (Leont. Neapol. Vita Sym. Sali Migne 93 col. 1724). Die besseren griech. Ausleger (Chrys. Montfaucon XI, 445; Sever. Gabal. bei Cramer, Cat. VI, 353; Theodorus ed. Swete II, 17) fühlen alle das Bedürfnis, das ihnen hier befremdliche Wort zu erklären, verfehlen aber das einfach Richtige, weil sie es nicht aus der durch c. 2 gezeichneten geschichtlichen Sachlage verstehen. Was gemeint ist, veranschaulichen einigermaßen Stellen wie Acta Theclae 10; Mart. Polyc. 9; Passio Perpet. 5; Acta Carpi 43, nur daß es sich in diesen Fällen um mehr oder weniger aufrichtige Äußerungen des

natürlichen Mitgefühls handelt, während *σαίνειν* das zweckvolle und arglistige Beschwatzen schildert. Artemidor l. l. deutet: *ἀλλότριοι δὲ κύνες σαίνοντες μὲν δόλους καὶ ἐνέδρας ὑπὸ πονηρῶν ἀνδρῶν ἢ γυναικῶν σημαίνουσιν.*

3. Gegen Übertreibungen dieser Erklärung des Müßiggangs Richtiges bei Hofmann I, 230 f. Dies wiederum übertreibend bestreitet Spitta, Zur Gesch. des Urchrist. I. 131 f. diese Erklärung überhaupt, und entnimmt dem Zusammenhang von 4, 11 f. mit dem Vorigen, daß „die brüderliche Gemeinschaft, wo der Besitzende dem Besitzlosen gern von dem Seinen mitteilte, nicht wenigen zur Versuchung für ein faules, arbeitsloses Leben wurde". Diese Erwägung hätte aber nicht durch ein *καί* an die letzte Ermahnung vorher gehängt, sondern nur in scharfem Gegensatz zu derselben eingeführt werden können. „Nehmt noch mehr zu in tätiger Bruderliebe; doch nicht so, daß ihr dadurch der Arbeitscheu der Müßiggänger Vorschub leistet", oder „andrerseits soll aber auch Jeder, der arbeiten kann, das Seinige tun, damit er der Wohltätigkeit der Brüder nicht zur Last falle". Allerdings dürfen wir uns nicht eine schwärmerisch überspannte Erwartung des nahen Weltendes als die alles beherrschende Grundstimmung der ganzen Gemeinde vorstellen. Die Ermahnungen 4, 3—7; 5, 4—10 weisen auf das Vorhandensein einer ganz andersartigen Stellung zum Weltleben. Es muß sogar vor Verachtung der Weissagungen und vor Unterdrückung des in der Gemeinde sich regenden prophetischen Geistes gewarnt werden (5, 19 f.). Unmittelbar daneben steht aber auch die Mahnung, solche prophetische Äußerungen nicht ungeprüft hinzunehmen (5, 21).

4. 1 Th 4, 15 *ἐν λόγῳ κυρίου* ist, was die Bedeutung von *λέγειν* oder *λαλεῖν ἔν τινι* anlangt, nach 1 Kr 2, 7; 14, 6; Mt 13, 34 zu verstehen, sachlich nach 1 Kr 7, 10. 12. 25; 9, 14; 11, 23. Die so eingeführte Belehrung braucht darum kein wörtliches Citat zu sein. Ist 4, 15 *ὅτι* wahrscheinlich ein „weil", so bringt erst 4, 16 die als Wort des Herrn eingeführte Weissagung. Wenn auch diese über das hinausgeht, was uns in den Evv an Worten Jesu überliefert ist, so finden wir den Pl auch sonst in seiner Kunde von der evangelischen Überlieferung nicht auf jenes Maß beschränkt (AG 20, 35; 1 Kr 15, 5—7). Es genügt zu berichten, daß Steck, Jahrb. f. prot. Theol. 1883 S. 509—524 den *λόγος κυρίου* in dem wiederfinden wollte, was IV Esra 5, 42 der Engel Uriel (4, 1) dem angeblichen Esra auf seine Frage nach dem Schicksal derer, welche das Ende nicht miterleben, antwortet: *coronae assimilabo judicium meum; sicut non novissimorum tarditas, sic nec priorum velocitas.* Fassen wir die eschatologischen Aussagen des 1 Th zusammen, so finden wir die wesentlichen Elemente und teilweise die Ausdrücke in unseren Evv samt AG wieder. Zu 5, 1 cf AG 1, 7 (*χρόνοι καὶ καιροί*); Mt 24, 36; Mr 13, 32; zu 5, 2 *ὡς κλέπτης ἐν νυκτί* Mt 24, 43; Lc 12, 39 f. und zum Ausdruck 5, 4 noch Jo 12, 35; zur Schilderung der trügerischen Sicherheit vor der Parusie und der Überraschung der Meisten durch dieselbe 5, 3 cf Mt 24, 37—51; Lc 17, 26—36; zu *αἰφνίδιος — ἐκφύγωσιν* cf Lc 21, 34—36 *ἐπιστῇ ἐφ' ὑμᾶς αἰφνίδιος . . . ἐκφυγεῖν ταῦτα πάντα,* zu *ἡ ὠδίν* Mt 24, 8. 19; Mr 13, 8. 17; zur bildlichen Darstellung der Bereitschaft und ihres Gegenteils 5, 6 f. cf Mt 24, 42. 49 (*μετὰ τῶν μεθυόντων*); 25, 13; Mr 13, 33—37; Lc 12, 35. 37. 45 (*μεθύσκεσθαι*); 21, 34. 36. Zu 4, 14—17 die Wiederkunft des Herrn vom Himmel her, oder mit den Wolken des Himmels und in Begleitung der Engel Mt 16, 27; 24, 30; 26, 64; Mr 8, 38; 13, 26; 14, 62; Lc 9, 26; 21, 27; AG 1, 11; die Sammlung der Erwählten durch Engel mit lautem Posaunenschall Mt 24, 31; Mr 13, 27 (*ἐπισυνάξαι* cf 1 Th 4, 17 und 2 Th 2, 1 [*τῆς*] *ἡμῶν ἐπισυναγωγῆς ἐπ' αὐτόν*). Dies bildet die Voraussetzung auch von 1 Th 4, 14 (*ἄξει σὺν αὐτῷ*). Es handelt sich Mt 24, 31; Mr 13, 27 um die zur Zeit der Parusie auf Erden lebenden und zerstreuten Glieder der Gemeinde (cf Mt 24, 22. 24; Mr 13, 20. 22). Daß auch die verstorbenen Glieder derselben an der dann eintretenden Herrlichkeit des Königreichs teilnehmen werden, ist nicht im Zusammenhang derselben eschatologischen Reden, aber sonst mannigfaltig

als Verheißung Jesu überliefert. Wenn er in Aussicht stellt, daß Einige seiner Jünger seine Wiederkunft erleben werden (Mt 16, 28; Mr 9, 1; Lc 9, 27), so ist auch gesagt, daß Andere von ihnen vorher sterben werden (cf auch Mt 20, 23; Mr 10, 39; Jo 13, 36; 21, 18 f.). Alle aber sollen an dem in Herrlichkeit erscheinenden Reich teilhaben (Mt 26, 29; Mr 14, 25; Lc 22, 30), überhaupt alle, welche die Einladung dazu nicht verschmäht oder durch ihr Verhalten nachträglich derselben sich unwürdig gemacht haben (Mt 22, 9—14; Lc 14, 12—24; Jo 12, 26), und auch die Frommen des AT's (Mt 8, 11; Lc 13, 28). Daß die Verstorbenen zu diesem Ende auferweckt werden müssen, ist selbstverständlich und in mannigfaltiger Weise bezeugt (Mt 22, 23—32; Mr 12, 18—27; Lc 20, 27—38; Jo 5, 25—29; 6, 39. 40. 44. 54; 11, 24). Wenn die Auferweckung der verstorbenen Frommen nur überhaupt in die Endzeit verlegt wird, ohne daß sie, wie die Sammlung der auf Erden Lebenden, in ein näheres Verhältnis zur Parusie gesetzt wird, so mußte sie doch mit dieser gleichzeitig gedacht werden, da sie die Bedingung der Teilnahme am Königreich ist. Von der in der apostolischen Literatur als christlicher Gemeinglaube bezeugten zeitlichen Unterscheidung zwischen einer Auferstehung der Gemeindeglieder von der allgemeinen Auferstehung (1 Kr 15, 23—28; Ap 20, 4—6), welche auch 1 Th 4, 16 durchblickt, haben wir Lc 14, 14 wenigstens eine Andeutung.

§ 15. Der zweite Brief an die Thessalonicher.

Dieser kleinere Brief, welcher ebenso wie der im Kanon voranstehende größere nicht von Pl allein, sondern zugleich von Sil. und Tim. an die Gemeinde zu Thess. gerichtet ist (A 1), zeigt eine auffallende Ähnlichkeit mit jenem schon in der äußeren Anlage. Auch hier ist ein erster Hauptteil (c. 1—2) durch ein feierliches Schlußvotum (2, 16 f.) gegen einen kleineren zweiten Teil abgegrenzt, dessen Inhalt durch das überleitende *τὸ λοιπόν* (3, 1 cf I, 4, 1) als eine Reihe mehr gelegentlicher Äußerungen gekennzeichnet ist. Die Vf beginnen diesmal nicht mit einem freudig bewegten Ausdruck ihres Dankes um die Gemeinde, sondern mit der Versicherung, daß sie sich verpflichtet fühlen, jederzeit, also auch dann, wenn ihrem Herzen andere Empfindungen näher liegen mögen, Gott solchen Dank darzubringen (1, 3). Wie sehr gerade diese Ausdrucksweise der Lage und Stimmung entspricht, zeigt ihre Wiederkehr am Ende des ersten Teils 2, 13. Der Eindruck, welchen dies auf den aufmerksamen Leser machen muß, wird 1, 3 noch verstärkt durch die förmliche Erwägung (*καθὼς ἄξιόν ἐστιν*), daß solches jederzeitige Danksagen der Vf dem Wachstum des Glaubens und der Liebe in der Gemeinde nur angemessen sei, insbesondere auch der in allen ihren Verfolgungen und Bedrängnissen bewiesenen Geduld, worauf die Vf nicht erst von Anderen aufmerksam gemacht werden müssen, sondern worauf sie selbst aus eigenem Antrieb in ihrem Verkehr mit anderen Gemeinden als Stifter der Gemeinde zu Thess. mit stolzer Freude hinweisen (1, 4). Diese unter beständigen Leiden sich erweisende Geduld der Leser enthält aber auch für diese selbst einen Trost, sofern dieselbe Anzeichen und Bürgschaft dafür ist, daß in dem mit der Wiederkunft Christi gegebenen gerechten Gericht sie als die Glaubenden der Herrlichkeit des Königreichs Gottes teilhaftig werden sollen, während ihre Verfolger dem ewigen Verderben überliefert werden (1, 5—10). Daß die Gemeinde dieser beseligenden Entscheidung immer würdiger werde, ist der Gegenstand beständiger Fürbitte ihrer Stifter (1, 11. 12). Hiedurch ist bereits übergeleitet zu der Belehrung in c. 2, um deretwillen der Brief hauptsächlich geschrieben zu sein scheint. Die Gemeinde muß vor dem Irrtum gewarnt werden, daß der Tag des Herrn bereits eingetreten oder angebrochen sei. Teils prophetische Stimmen aus der Gemeinde selbst, teils mündliche und briefliche Äußerungen, wodurch jene Meinung fälschlich als diejenige des Pl und seiner Gehilfen dargestellt worden war, hatten die Gemeinde beunruhigt (2, 2; A 2), und weitere Täuschungen in dieser Richtung waren zu befürchten (2, 3). Was Pl dem Irrtum entgegenstellt, ist nicht eine neue Offenbarung, sondern eine Erinnerung an das, was die Leser schon damals, als er ihnen das Ev predigte, aus seinem Munde gehört haben und von daher nicht nur wissen, sondern auch als Schutzmittel gegen jene irreführende Behauptung benutzen sollten (2, 5. 6; A 3). Daraus erklärt es sich, daß die im Folgenden genannten Gestalten der endgeschichtlichen Entwicklung ebenso wie die Parusie Christi und die Vereinigung der Christen mit ihm (2, 1 cf I, 4, 14—18) als durch den Artikel bestimmte, weil bekannte Größen eingeführt werden. „Der Tag des Herrn" kann nach Pl nicht bereits eingetreten sein; denn er kann nach seinen früheren Belehrungen nicht eintreten, wenn nicht vorher „der Abfall" erfolgt und „der Mensch der Gesetzlosigkeit" offenbar geworden ist, welchen letzteren der wiederkehrende Christus vernichten wird. Ebenso wie dies, sollte den Lesern aber auch bekannt sein, welches in der Gegenwart die die Offenbarung des „Gesetzlosen" aufhaltende Macht sei, welche erst beseitigt sein muß, ehe „der Gesetzlose" erscheinen kann. Dieser „Mensch der Gesetzlosigkeit" wird, obwohl Pl diese Ausdrücke nicht gebraucht, einerseits geschildert als ein *ἀντίθεος*, welcher seine Feindschaft gegen alle Gottes- und Götterverehrung bis dahin steigern wird, daß er sich selbst für Gott erklärt und sich in dem Tempel Gottes niedersetzt, also da, wo der wahre Gott angebetet wird, Anbetung für sich fordert (v. 4), andrerseits als *ἀντίχριστος*. Denn das dreimalige *ἀποκαλυφθῆναι* (v. 3. 6. 8), die Bezeichnung seines Kommens als *παρουσία* (v. 9), die Gegenüberstellung seiner von satanischen Wundern unterstützten verführerischen und verderblichen Wirkung mit der errettenden Wirkung des Ev (v. 9—14) kennzeichnet ihn als ein satanisches Zerrbild Christi. Sehr wesentliche Elemente des hier ohne jede Spur einer Unsicherheit gezeichneten Bildes finden wir in den Weissagungen des Buchs Daniel, in der Schilderung des 1. Makkabäerbuchs von dem Angriff des Antiochus Epiphanes auf die Religion und den Tempel der Juden und in den Weissagungsreden Jesu (A 4). Aber abzulesen war aus diesen Quellen das nicht, was Pl schon in seiner Missionspredigt zu Thess. wesentlich ebenso wie es hier geschrieben steht, vom Ende der Dinge gelehrt haben will. Noch weniger ist daran zu denken, daß diese christliche und unter Vermittlung der Weissagung und der Geschichte Jesu an Daniel anknüpfende Darstellung wesentlich so, wie sie uns vorliegt, in irgend einer verloren gegangenen jüdischen Apokalypse gestanden habe, welche an Pl einen gläubigen Leser gefunden hätte (A 5). Es könnten auch aus einer solchen nur einzelne Züge aufgenommen sein. Die Vereinigung der im einzelnen hier und dort schon in früherer Zeit nachweisbaren Züge zu einem neuen lebensvollen Bild und die Zuversicht, mit welcher es hingestellt wird, bleibt, wenn anders Pl hier redet, und gerade dann erst recht unbegreiflich ohne die Annahme, daß die christliche Prophetie an dem, was die genannten Quellen darboten, gleichsam weitergesponnen hat, und daß Pl, welcher diese Prophetie hochschätzte, ihr entnommen und in seine Predigt aufgenommen hat, was seine Prüfung bestand (vgl. 1 Th. 5, 21; A 6). Um seine Worte geschichtlich zu begreifen und somit sicher zu verstehen, müßten wir wissen, was der in seiner Begleitung reisende Prophet Silvanus und was überhaupt die christlichen Propheten während der Regierung der Kaiser Caligula (37—41) und Claudius (41—54) in den Gemeinden verkündigt haben. Auf diese Quelle wird es zurückzuführen sein, wenn Pl so fest davon überzeugt war, daß der letzte gottfeindliche Machthaber nicht nur den Tempel Gottes entweihen, sondern auch sich selbst als Gegenstand der Anbetung dorthin setzen werde. Die Ereignisse unter dem Kaiser Caligula, unter welchem der christliche Prophet Agabus aus Judäa in der Gemeinde zu Antiochia eine allgemeine Teuerung weissagte, welche man unter Claudius sich erfüllen sah (Abschn. XI), gaben fast unvermeidlich den Anstoß zu dieser Ausgestaltung der Weissagung (A 7). Ferner hat Jesus, soweit wir unterrichtet sind, zwar wiederholt von *ψευδόχριστοι* geredet, diese Ankündigung aber nicht in der Art mit der von der Entweihung des Heiligtums ausgehenden letzten Bedrängnis verknüpft, daß es nahelag, einen einzelnen falschen Christus zu erwarten und diesen mit dem gottfeindlichen Weltherrscher zu identificiren, welcher das Heiligtum entweihen und die letzte Not über die Gemeinde bringen werde (A 8). Wenn wir nun von Pl, kurz gesagt, den *ἀντίθεος* zugleich als *ἀντίχριστος* geschildert sehen, so ist diese Weiterbildung gleichfalls nicht als eine persönliche Ansicht des Pl, sondern nach 1 Jo 2, 18; 4, 3 als ein Gemeingut der christlichen Gemeinde anzusehen; denn der Name *ἀντίχριστος*, welcher uns dort zuerst und im NT nur dort begegnet, bezeichnet bei Johannes einen einzelnen, dem wahren Christus nicht nur feindlich, sondern auch wie ein Nebenbuhler gegenüberstehenden Menschen der Zukunft, mit dessen Kommen das Ende dieses Weltlaufs unmittelbar verknüpft ist. Ganz ähnlich aber, wie Johannes, an diese gemeinchristliche Erwartung anknüpfend, von einem schon jetzt in der Welt waltenden und durch Menschen sich äußernden Geist des Antichrists redet und von vielen Vorläufern des Antichrists, die man auch Antichriste nennen kann (1 Jo 4, 3; 2, 18—22; 2 Jo 7), spricht auch Pl von einem schon in der Gegenwart, vor der Offenbarung oder Erscheinung des Menschen der Gesetzlosigkeit wirksamen Mysterium der Gesetzlosigkeit (2, 7). Eben damit begründet und erläutert er es, daß er von einer die Offenbarung und das Auf-

11*

kommen des Gesetzlosen noch zurückhaltenden Macht redet. Der Ausdruck *κατέχειν* wäre unberechtigt, wenn das Objekt dieser Wirkung die lediglich der Zukunft angehörige Person des Gesetzlosen wäre, wenn nicht vielmehr das, was dereinst als Person offenbar werden soll, schon als unpersönliche Macht in der Welt vorhanden wäre und sich geltend zu machen trachtete. Auch der Gedanke des *κατέχον* und *κατέχων* ist zwar nicht ohne Anknüpfung bei Daniel (A 9), tritt aber hier mit einer solchen Bestimmtheit als Inhalt des Wissens und somit der ersten Belehrungen einer jungen Christengemeinde auf, daß man annehmen muß, auch dieser sei in der christlichen Prophetie jener Tage entwickelt worden. Umgekehrt wie in bezug auf den Gesetzlosen, welcher durchweg als Person beschrieben und nur einmal auf ein unpersönliches Prinzip zurückgeführt wird, welches in ihm dereinst seine persönliche Verkörperung finden wird, wird die aufhaltende Macht zunächst neutrisch, dann erst maskulinisch bezeichnet, beides aber in bezug auf dieselbe Gegenwart. Es handelt sich um ein unpersönliches Etwas, das doch eine volle persönliche Repräsentation hat. Aus dem Gegensatz zu der *ἀνομία*, welche dreimal als das Charakteristische des „Antichrists" hervorgehoben wird (v. 3. 7. 8), ergibt sich von selbst, daß es die in der Welt annoch waltende Rechtsordnung ist, welche die jetzt schon sich regenden Kräfte der Gesetzlosigkeit darniederhält und den vollen Ausbruch derselben, die Offenbarung des Mysteriums, die Verkörperung im Menschen der Gesetzlosigkeit noch zurückhält; d. h. das römische Reich mit seiner trotz aller Ungerechtigkeit und Charakterlosigkeit einzelner Vertreter desselben großartigen Verwaltung, seiner strengen Rechtspflege, seiner weitgehenden Toleranz ist *τὸ κατέχον*, und der Kaiser ist *ὁ κατέχων* (A 9). War dies die Anschauung des Pl, so ist es als ein arges Misverständnis zu bezeichnen, wenn man unter *ὁ κατέχων* einen einzelnen Kaiser, nämlich den damals regierenden, also im Fall der Abfassung des Briefs vor a. 54 den Claudius verstehen wollte; denn nur in dem Sinn ist die Beseitigung des *κατέχων* notwendige Voraussetzung der Offenbarung des Gesetzlosen, als damit zugleich die Beseitigung des *κατέχον* zusammenfällt. Daß aber Pl oder irgend eine maßgebende Persönlichkeit in der damaligen Christenheit mit dem Tode oder der Enttronung des jeweilen regierenden Kaisers den Zusammenbruch des Reichs und der ganzen römischen Staatsordnung verbunden gedacht habe, ist unbezeugt und ist um so unwahrscheinlicher, als keiner der Kaiser von Tiberius bis Domitian nach seinem persönlichen Charakter oder seiner Regierungsweise als eine sonderliche Stütze der guten sittlichen Mächte des Staates gelten konnte (A 10). Die Schilderung der verführerischen und dadurch verderblichen Wirkung des Menschen der Gesetzlosigkeit auf die Ungläubigen (2, 9—12) bestimmt die Form, in welcher die Vf, zum Schluß des Briefes übergehend, nochmals wie schon 1, 3 ihre Verpflichtung zum Dank für den gnaden- und hoffnungsreichen Stand der Gemeinde ausdrücken (2, 13—14), woran die Mahnung, an den teils mündlich teils brieflich mitgeteilten Belehrungen und Anweisungen festzuhalten, und ein Segenswunsch sich anschließen (2, 15—17). Der Brief könnte damit schließen, bringt aber noch einiges Nachträgliche. Die Widerwärtigkeiten, welche den Verfassern durch die Ungläubigen in ihrer Umgebung bereitet werden, geben diesmal (cf dagegen I, 5, 25) der Bitte um die Fürbitte der Gemeinde eine bevorzugtere Stellung und eine größere Wärme (3, 1—2). Da hiedurch die wahrscheinlich schon 2, 15 beabsichtigte Erinnerung an ein einzelnes früher gegebenes Gebot hinausgeschoben ist, wird dazu durch 3, 4—5 ein Übergang gesucht, der im anderen Falle nach 2, 15—17 entbehrlich gewesen wäre. Die Neigung zu unruhigem Müßiggang (I, 4, 11; 5, 14) ist bei manchen Gemeindegliedern trotz des entgegengesetzten Beispiels und der entsprechenden ausdrücklichen Anweisungen der Missionare zu einem beharrlich unordentlichen Lebenswandel ausgeartet (3, 6—11). Diese Leute werden zwar noch dringend aufgefordert, zu einem arbeitsamen Leben zurückzukehren (3, 12), zugleich aber wird die Gemeinde angewiesen, diejenigen, welche die hierauf bezügliche briefliche Mahnung in den Wind schlagen, sich anzumerken und bis zum Eintritt ihrer Besserung den Verkehr mit ihnen abzubrechen, jedoch die Hoffnung auf ihre Besserung nicht aufzugeben (3, 14. 15 cf. 3, 6). In den 2, 2 (A 2) berührten Tatsachen war es begründet, daß Pl diesmal ausdrücklich darauf aufmerksam macht, er füge den Schlußgruß eigenhändig hinzu, und daß er unter Hinweis auf seine Handschrift den eigenhändigen Schlußgruß gleichsam für ein Siegel erklärt, an welchem man die Echtheit jedes wirklich von ihm herrührenden Briefes erkennen könne (3, 17 f.).

Unter Voraussetzung der Echtheit der beiden Th ist nicht zu bezweifeln (A 11), daß der kleinere später als der größere geschrieben ist. Gegenstand des Dankes ist I, 1, 2 ff. die Entstehung, II, 1, 3 ff. die im ganzen erfreuliche Fortentwicklung der Gemeinde. Da im 2 Th jede Andeutung von einer Absicht oder auch nur einem Verlangen des Pl, nach Thess. zurückzukehren, fehlt, so kann er weder in der Zwischenzeit zwischen der Flucht der Missionare von Thess. und der Sendung des Tim. von Athen nach Thess., noch auch gleich nach der Ankunft des Tim. in Korinth geschrieben sein. Letzteres nicht, weil in diesem Zeitpunkt vielmehr der 1 Th geschrieben wurde (I, 3, 6). Ersteres nicht, weil ein in jener Zeit geschriebener Brief solchen Inhalts und Tones wie der 2 Th die auf die gleiche Zeit bezüglichen rührenden Äußerungen der Sehnsucht, die Gemeinde wieder zu sehen in I, 2, 17—3, 5 Lügen strafen würde. Auch hätte dort ein Brief wie der 2 Th als ein bedeutsamer Beweis der Teilnahme des Pl und seiner Gehilfen an dem Ergehen der Gemeinde nicht wohl unerwähnt bleiben können. Ferner wird durch die I, 3, 6—11 bezeugte Fortdauer des lebhaften Verlangens, selbst wieder nach Thess. zu kommen, auch die Möglichkeit ausgeschlossen, daß der 2 Th, in welchem von solchem Verlangen keine Spur zu finden ist, in einem Abstand von nur wenigen Wochen dem 1 Th gefolgt sei. Einige Monate werden dazwischen liegen. Zwar ein direkter persönlicher oder brieflicher Verkehr scheint seit Absendung des 1 Th zwischen der Gemeinde und ihren

Stiftern nicht stattgefunden zu haben. Auf I, 4, 11 f. bezieht sich II, 3, 14, und auch der unbestimmtere Hinweis auf briefliche Belehrungen II, 2, 15 hat am 1 Th seine Unterlage (A 12). Noch weniger ist daran zu denken, daß Pl oder einer seiner Gehilfen inzwischen wieder in Thess. gewesen wäre. Ohne Unterscheidung verschiedener Aufenthalte daselbst wird 2, 5; 3, 10 von der Zeit geredet, da Pl mit jenen in Thess. war. Aber es hat doch eine Entwicklung stattgefunden, welche Zeit gebraucht. Von den Verleumdungen, welchen im 1 Th entgegengetreten werden mußte, und von einem Bedürfnis, die Gemeinde in dem Vertrauen zu ihren Stiftern zu bestärken, verlautet nichts mehr. Es sind briefliche Mitteilungen zwar nicht des Pl, aber doch solche aus seiner Umgebung nach Thess. gekommen, und Pl wiederum hat Nachricht über deren schädliche Wirkung erhalten (II, 2, 2 oben S. 162 und A 2). Er hat auch sonst, wir wissen nicht durch wen, neuere Berichte über die Zustände der Gemeinde empfangen (II, 3, 11). Es scheinen schon mehrere Gemeinden in und um Korinth entstanden zu sein (cf 2 Kr 1, 1; Rm 16, 1), in deren Mitte teils Pl, teils Sil. und Tim. von der Gemeinde zu Thess. Rühmliches melden können (II, 1, 4). Andrerseits dürfen wir den 2 Th auch nicht in die allerletzte Zeit des korinthischen Aufenthalts des Pl verlegen. Die Andeutung von Anfeindungen, welche die Missionsarbeiten in Korinth erschweren und bedrohen (II, 3, 2), findet ihre Bestätigung durch AG 18, 6—17 auch insofern, als sie von Leuten ausgingen, welche vor die Wahl zwischen Glauben und Nichtglauben gestellt, dem Ev den Glauben verweigerten, und zwar, wenn man die Andeutungen des 1 Th hinzunimmt, von Juden (I, 2, 16; 3, 7 oben S. 156 Z. 2). Es ist aber wenig wahrscheinlich, daß nach der entschiedenen Abweisung der Juden durch den Prokonsul (AG 18, 14–17) diese noch ferner die christliche Bewegung in Korinth schädigen konnten. Die ungewöhnlich günstige äußere Lage der dortigen Gemeinde, welche die Korintherbriefe uns erkennen lassen, ist eine Folge der Entscheidung Gallio's. Somit wird der 2 Th vor AG 18, 12 zu setzen sein. Es verlautet auch noch nichts davon, daß Pl seine dermalige Tätigkeit in Korinth demnächst mit einer anderweitigen vertauschen werde. Als er um Sommersanfang 54 nach $1^1/_2$ jähriger Arbeit in Korinth sich nach Ephesus begab (AG 18, 18), sind Sil. und Tim. nicht mit ihm abgereist; sie scheinen sich damals überhaupt nicht in Korinth befunden zu haben. Zur Zeit von 2 Th 1, 1 waren sie noch bei ihm. Man wird allen Angaben und Andeutungen der Briefe und zugleich den Nachrichten der AG gerecht, wenn man, selbstverständlich unter Verzicht auf völlige Sicherheit und Genauigkeit, die drei ältesten Briefe so auf die Zeit des Aufenthalts in Korinth (AG 18, 11: etwa November 52 bis Mai 54) verteilt: Gl etwa im April 53, 1 Th Mai oder Juni, 2 Th August oder September desselben Jahres.

1. Wie aus dem „Wir" des 1 Th dreimal ein den Pl bezeichnendes „Ich" hervortritt, 2, 18; 3, 5; 5, 27, welches nur einmal 2, 18 durch Beifügung des Namens näher bestimmt wird, so auch hier einmal 2, 5 ohne und einmal 3, 17 mit Namen. Während

die Beifügung des Namens I, 2, 18; II, 3, 17 sich aus dem Inhalt der Aussagen sehr natürlich erklärt, ist an den 3 andern Stellen als selbstverständlich vorausgesetzt, daß ein bloßes „Ich" genüge, den in beiden Grußüberschriften zuerst genannten und seine beiden Gehilfen an Bedeutung weit überragenden Pl zu bezeichnen. Die Hypothese von Spitta S. 122ff., daß das „Ich" II, 2, 5, also an einer einzigen der 5 Stellen, wo ein „Ich" in diesen Briefen vorkommt, und der 3 Stellen, wo der Eigenname daneben als überflüssig bei Seite gelassen ist, den Tim. bezeichne, ist eben deshalb unannehmbar. Die Unnatur dieser Annahme wird dadurch nicht gemildert, daß die Gemeinde aus dem Inhalt von 2, 5 vielleicht erraten konnte, welcher von den 3 Briefverfassern hier auf einmal allein das Wort führe. Auch dann noch hatte der Jüngste von ihnen am allermeisten Veranlassung, ein *ἐγὼ Τιμόθεος* und, wenn er zugleich als Sekretär des Pl fungirt hatte, dazu noch ein *ὁ γράψας τὴν ἐπιστολήν* (Rm 16, 22) hinzuzufügen, wenn er nicht wollte, daß die Leser zunächst an Paulus und, wenn die Aussage in dessen Mund nicht paßte, an Sil. dachten, bis sie endlich sich überzeugten, daß vielmehr der Jüngste der 3 Missionare die Unschicklichkeit begangen habe, sich ganz unvorbereitet, wie selbstverständlich als die Hauptperson einzuführen. Zur Stütze dieser Hypothese hätte sich Spitta S. 125 nicht darauf berufen sollen, daß die Leser die Handschrift des Tim., welcher den Brief geschrieben, in ihrem Unterschied von derjenigen des Pl in 3, 17f. gekannt haben werden. Denn Pl. hatte damals schon die Gewohnheit, seine Briefe zu diktiren und nur einen Schlußgruß eigenhändig beizufügen, cf oben S. 121. Er sagt auch 3, 17 nicht, daß er es fortan so halten wolle, sondern daß er es bei jedem Brief so mache. Hat Pl also auch den 1 Th diktirt und zwar wahrscheinlich dem Tim., so hätten die Leser aus der ihnen bekannten Handschrift des Schreibers nach Spitta auch schließen müssen, daß das Ich I, 3, 5 nicht wie I, 5, 27 den Pl, sondern den Tim. bezeichne; und die persönlichen Bekannten, welche jener Tertius (Rm 16, 22) unter den römischen Christen gehabt haben muß, hätten aus dessen Handschrift schließen müssen, daß dieser das „Ich" in Rm 1, 8—16, 21 und somit der eigentliche Vf des Römerbriefs sei. Nach Spitta soll nämlich Tim. nicht nur der Schreiber sein, dem Pl den 2 Th diktirt, sondern der eigentliche Vf, der ihn im Auftrag des Pl und Sil. selbständig entworfen hat. Daraus sollen sich allerlei Abweichungen von der Denk- und Lehrweise des Pl erklären, welche Anderen die Echtheit des Briefes verdächtig machen, unter anderem auch jüdisch-apokalyptische Anschauungen, welche Pl nicht geteilt habe. Anstatt nun entweder das Elaborat seines Schülers zu korrigiren oder diesem die Verantwortung dafür zu überlassen oder wenigstens anzudeuten, daß Tim. einen wesentlichen Anteil an diesem Briefe habe (cf 1 Pt 5, 12 § 38), unterschreibt der vielbeschäftigte Apostel den Brief, dem er innerlich und äußerlich fremd gegenübersteht, als seinen eigenen (3, 17)! Das wäre allerdings das beste Mittel gewesen, den Unfug zu fördern, auf welchen 2, 2 hingewiesen wird.

2. Bezeichnet *πνεῦμα* 2, 2 jedenfalls den in menschlicher Rede sich äußernden prophetischen Geist (I, 5, 19f.; AG 13, 2. 4; 20, 23; 21, 4. 11; Ap 2, 7), so bildet *διὰ λόγου* für sich noch keinen Gegensatz zu *διὰ πνεύματος*, sondern man gewinnt einen solchen erst, wenn man *μήτε* (D* *μηδὲ*) *διὰ λόγου μήτε δι' ἐπιστολῆς ὡς δι' ἡμῶν* als ein Ganzes zusammenfaßt, so daß *ὡς δι' ἡμῶν* hier ebenso zu *λόγου* und *ἐπιστολῆς* zugleich gehört, wie 2, 15 *ἡμῶν*. Sowohl mündliche als briefliche Äußerungen waren nach Thess. gekommen, welche den Schein erweckten, als ob Pl und seine Gehilfen jene Meinung teilten. Der Ausdruck läßt uns, die wir die gemeinten Tatsachen nicht kennen, einigermaßen ungewiß darüber, ob 1) geradezu lügnerische Berufungen auf angebliche Aussagen der Apostel und ein unter deren Namen gefälschter Brief gemeint sind, oder ob 2) mündliche und briefliche Mitteilungen aus der Umgebung des Pl nach Thess. gelangt waren, welche eben wegen dieser ihrer Herkunft ohne trügerische Absicht derer,

von welchen sie ausgingen, den Irrtum hervorriefen, daß jene Meinung auf die Auktorität der Apostel sich gründe; oder endlich, ob 3) wirkliche briefliche und mündliche Äußerungen der Vf so misdeutet worden waren. In dem letztgenannten Fall wäre vor allem an den 1 Th zu denken, welcher jedoch nicht leicht so misdeutet werden konnte. Ausdrücke wie die in Jk 5, 3. 5. 8. 9; 1 Jo 2, 18 fehlen dort. Man sollte dann auch erwarten, daß Pl der Misdeutung jenes Briefs die rechte Deutung gegenübergestellt hätte (cf 1 Kr 5, 9—11). Endlich würde man dann darauf verzichten müssen, in 2, 2 die Veranlassung zu der Bemerkung in 3, 17 zu finden. Dieser naheliegenden Kombination würde die erste der drei Deutungen am besten entsprechen. Aber abgesehen davon, daß man eine Äußerung der Entrüstung über einen so frechen Betrug vermißt, sollte man dann statt ὡς δι' ἡμῶν vielmehr ὡς ἡμετέρων oder ὡς παρ' ἡμῶν (cod. P cf Hippol. in Dan. IV, 21 ed. Bonwetsch p. 236, 15 ὡς ἐξ ἡμῶν) oder in bezug auf den Brief ὡς ὑφ' ἡμῶν γραφείσης erwarten. Der vorliegende Ausdruck, welcher über den Ursprung der betreffenden mündlichen und brieflichen Äußerungen gar nichts sagt, sondern nur dagegen protestirt, daß man von denselben einen Rückschluß auf die Meinung der Apostel ziehe, entspricht nur der mittleren Deutung. Da aber Pl auch für die Zukunft verschiedenartige Weisen solcher Täuschung als möglich ins Auge faßt (2, 3 κατὰ μηδένα τρόπον), so war es wohl veranlaßt, darauf hinzuweisen, daß nur direkt von ihm ausgegangene und durch seine eigenhändige Grußunterschrift gekennzeichnete Briefe als ein Ausdruck seiner Meinung gelten sollen (3, 17). — Daß ἐνέστηκεν heißen könne „ist unmittelbar bevorstehend“ oder „im Eintreten begriffen“ (so noch Schmiedel, HK z. St.), sollte man doch endlich aufhören, der Grammatik und dem Sprachgebrauch zum Trotz zu behaupten.

3. Das ἔτι 2, 5, welches 3, 10 fehlt, sagt nichts über den Zeitabstand der Gegenwart von der in Erinnerung gebrachten Vergangenheit cf Lc 24, 6; Rm 5, 8; Hb 7, 10; es soll nur betonen, daß die in Rede stehenden Belehrungen nicht erst nachträglich, sei es durch einen Brief des Apostels, sei es durch Tim. bei Gelegenheit von dessen Sendung nach Thess. den Lesern erteilt worden seien, sondern ein Bestandteil schon der Missionspredigt und somit ein elementares Stück christlicher Erkenntnis waren. Daß diese Belehrungen in Thess. völlig überhört oder sofort vergessen worden seien, ist undenkbar. Wenn daher doch Manche dort dem Irrtum zugänglich waren, dem 2, 2 entgegentritt, so muß ihnen vorgeredet worden sein, daß der sich selbst vergötternde Mensch der Gesetzlosigkeit nach Beseitigung aller hemmenden Schranken schon gekommen sei, man kann kaum zweifeln, in Caligula. Wenn aber der „Antichrist“ in Caligula erschienen war (A 7), so war schon mit dessen Ende (24. Januar 41) „der Tag des Herrn“ angebrochen, welchen man sich natürlich nicht als einen Tag von 12 oder 24 Stunden vorstellte, sondern als die Epoche, während welcher man jeden Augenblick — gleichsam stündlich — die sichtbare Wiederkunft Christi zu erwarten habe. Hatten christliche Propheten den Caligula für den erwarteten Menschen der Gesetzwidrigkeit ausgegeben, hatten Pl und seine Gehilfen selbst auf diese noch in Aller Gedächtnis lebende Gestalt der nahen Vergangenheit als ein Vorspiel des Antichrists, als einen Beweis der bereits vorhandenen Wirksamkeit des μυστήριον τῆς ἀνομίας hingewiesen, und ist ohne Frage von den Missionaren so, wie wir es überall im NT finden, von der Gegenwart als der Endzeit geredet worden (1 Kr 10, 11; Jk 5, 3. 5. 8. 9; 1 Jo 2, 18; 1 Pt 1, 20; Hb 1, 1; AG 2, 16 ff.), so erscheint nichts begreiflicher als die Irrungen und Täuschungen, welchen Pl hier entgegentritt. Das Gleiche gilt aber auch von der Art, wie er denselben entgegentritt. Eine Erscheinung, worin man den geweissagten Abfall (unten A. 4. 9) hätte erkennen können, war nicht nachzuweisen. Wußten ferner die Leser wirklich aus den früheren Belehrungen, wer und was das κατέχον und der κατέχων sei, so mußten sie auch einsehen, daß diese die volle Entfaltung der Gesetz-

widrigkeit niederhaltende Gewalt noch nicht beseitigt, sondern noch immer in Wirksamkeit sei, so daß die Zeit, welche durch die Herrschaft dieser Gewalt charakterisirt ist (νῦν τὸ κατέχον v. 6, ὁ κατέχων ἄρτι v. 7), annoch Gegenwart ist und die dem „Antichrist“ bestimmte Zeit noch nicht eingetreten ist. Endlich die ausführliche Beschreibung der Wirksamkeit des Gesetzlosen und vor allem, was Pl von der Vernichtung desselben durch den wiederkehrenden Christus sagt, schloß jede Möglichkeit aus, ihn in Caligula oder irgend einer bereits dagewesenen, aber auch wieder verschwundenen Persönlichkeit gekommen zu wähnen. — Das philologische Recht, 2, 6 νῦν mit κατέχον zu verbinden, hätte man nicht bestreiten sollen cf Jo 4, 18 νῦν ὃν ἔχεις cf 1 Kr 7, 29; Xenoph. Cyrop. I, 4, 3 ἀεὶ τοὺς παρόντας, hell. II, 1, 4 ἀεὶ ὁ ἀκούων und die zahlreichen anderen Fälle, wo Objekte und sonstige Näherbestimmungen der stärkeren Betonung wegen vor dem mit dem Artikel versehenen Partizip stehen (Epitaph. Avercii l. 19 Forsch. V, 71 ταῦθ' ὁ νοῶν) cf Kühner, Griech. Gr. II, 532 f.; A. Buttmann 333. Selbst wenn man übersetzt, wie wenn τὰ νῦν dastünde, „und was die Gegenwart anlangt, so kennt ihr das Aufhaltende“, ergibt sich die Notwendigkeit der logischen Zusammengehörigkeit von νῦν und κατέχον 1) aus der Analogie von ὁ κατέχων ἄρτι 2, 7, sowie 2) aus dem den ganzen Zusammenhang beherrschenden Gegensatz des Gegenwärtigen (νῦν, ἤδη, ἄρτι) nicht etwa zu der Zeit, da Pl in Thess. war, sondern zu der zukünftigen Offenbarung des Gesetzlosen, endlich 3) aus der Unmöglichkeit, dem νῦν in Verbindung mit οἴδατε, von dem es auch unnatürlich getrennt wäre, einen erträglichen Sinn abzugewinnen.

4. Zu 2, 1 (ἐπισυναγωγῆς) cf Mt 24, 31; Mr 13, 27; 1 Th 4, 14. 17 oben S. 160 f. Zu 2, 2 cf Mt 24, 6; Mr 13, 7 (μὴ θροεῖσθε); Lc 21, 9. Zu 2, 3a cf Mt 24, 4. 23. 26; Mr 13, 5. 21; Lc 21, 8; 17, 23. Zu ἡ ἀποστασία, welche der Erscheinung des „Antichrists“ teils schon vorauszugehen scheint (v. 3), teils durch sie gewirkt wird (v. 9—11), cf Dan 8, 12. 23; 11, 30. 32; 1 Makk 1, 15 (ἀπέστησαν ἀπὸ διαθήκης ἁγίας) einerseits und 1, 41—53; 2, 15 (οἱ καταναγκάζοντες τὴν ἀποστασίαν) andrerseits; Mt 24, 10—12 einerseits und Mt 24, 21—24; Mr 13, 19—21 andrerseits. Zu ὁ ἄνθρωπος τῆς ἀνομίας v. 3 (א B cf unter anderen auch Just. dial. 32, daneben allerdings τῆς ἁμαρτίας stark bezeugt) und ὁ ἄνομος v. 8 cf Dan 7, 25 (ἀλλοιῶσαι καιροὺς καὶ νόμον); 11, 37 f.; Mt 24, 12; Didache 16, 4; Barn 15, 5. Zu v. 4a (ὁ ἀντικείμενος — σέβασμα) cf Dan 7, 7. 11. 20. 25; 11, 36 (LXX ὑψωθήσεται ἐπὶ πάντα θεόν, καὶ ἐπὶ τὸν θεὸν τῶν θεῶν ἔξαλλα λαλήσει); 1 Mkk 1, 24. Zu v. 4b findet sich kein vollständiges Äquivalent in Dan 8, 11—13; 9, 27; 11, 31; 12, 11; 1 Makk 1, 54—61; 4, 38. 43—45; 6, 7; 2 Makk 6, 1—7; Mt 24, 15 oder gar Jes 14, 13 f.; Ez 28, 2. Nur Mr 13, 14 würde die grammatisch abnorme LA ἑστηκότα (א BL), wenn sie echt ist, zeigen, daß der Evangelist unter dem „verödenden Greuel“ einen Menschen verstand, welcher sich oder sein Bild an heiliger Stätte aufstellt. Die Vergötterung und Selbstvergötterung des Monarchen, welche in Antiochus IV, dem θεὸς ἐπιφανής (z. Z. Jos. ant. XII, 5, 5), allerdings zu einer bedeutenden Höhe gestiegen war, hat doch erst in Caligula den Gipfel erreicht, welchen 2 Th 2, 4 bezeichnet, s. unten A 7. — Zu v. 8 cf Jes 11, 4 (daher der Ausdruck); Dan 7, 11. 26; 8, 25; 11, 45. Zu v. 9 cf Dan 8, 25; Mt 24, 24; Mr 13, 22. Zu v. 11 cf Jes 19, 14; Jerem 4, 11 (diese Stelle zumal dann, wenn die apokryphe Gestalt derselben, welche Hippol. de antichr. 57; in Dan. IV, 49 anführt, alt wäre). Bei allen diesen Parallelen ist zu bedenken, daß Pl nicht an die LXX oder gar an die in der Kirche bald an die Stelle der LXX getretene theodotianische Übersetzung des Daniel gebunden war, daß er daher beispielsweise פשע Dan 8, 12 (9, 24) sehr wohl durch ἀποστασία und פשעים Dan 8, 23 durch ἀποστάται übersetzen konnte.

5. Nach Spitta 139 hätte Tim., der angebliche Vf des 2 Th, hier als seine Meinung zum besten gegeben, was er aus seinen Quellen gelernt, und zwar aus einer jener jüdischen Apokalypsen aus der Zeit des Caligula, deren Spitta nicht weniger als drei

entdeckt hat (S. 137 f. und desselben Offenb. des Joh. 498). Eine solche Apokalypse soll zu den „frommen Schriften“ gehört haben, deren Inhalt Tim. unter Leitung der Eunike von Jugend auf „fromm in sich aufgenommen“ (S. 129. 139 cf 2 Tm 1, 5; 3, 15). Dadurch soll er zu eschatologischen Vorstellungen gekommen sein, welche Pl nicht teilte (oben A 1), während doch Pl ihn später auf eben jene (τὰ) ἱερὰ γράμματα als γραφὴ θεόπνευστος und als die rechte Quelle verweist, aus welcher Tim. für sich und andere schöpfen soll (2 Tm 3, 15 f.), und andrerseits ihn warnt vor unheiligen und jüdischen Fabeleien (1 Tm 1, 4; 4, 7; 2 Tm 4, 4 cf Tt 1. 14).

6. Pl hat sich nie für einen Propheten ausgegeben, obwohl er sich empfangener Offenbarungen rühmen durfte (2 Kr 12, 1—4; Gl 1, 12—16; 2, 2) und den Besitz anderer Charismata sich selber bezeugt (1 Kr 14, 18; 2 Kr 12, 12; Rm 15, 19). Aber er hat von Anfang an in seiner Umgebung Männer gehabt, welche in ihrem Kreise als Propheten galten (AG 11, 27; 13, 1. 2. 4; 20, 23; 21, 9—11), so auch zur Zeit der beiden Thessalonicherbriefe, sowie bei der Gründung der Gemeinde zu Thess. den Propheten Silas (s. oben S. 148 A 1). Daß Pl und Sil. in ihrer dortigen Predigt die Königsherrschaft Christi und somit die eschatologischen Elemente des Ev stark betont haben, bestätigt AG 17, 7. Daß unseres Wissens von den Reden der christlichen Propheten jener Zeit nichts aufgezeichnet worden ist, beweist nicht ihre Bedeutungslosigkeit für die Entwicklung der Erkenntnis der Gemeinden. Wie hoch Pl sie geschätzt hat, erhellt aus 1 Kr 12, 10. 28 f.; 14, 1—39; Eph 2, 20; 3, 5; 4, 11; Rm 12, 6; 1 Th 5, 20; 1 Tm 1, 18; 4, 1. 14.

7. Über die das Judentum betreffenden Maßregeln des Caligula cf Schürer I, 414—424; über die jüdischen Traditionen Derenbourg, Hist. de la Palestine 207; über den Einfluß auf christliche Kreise meine Abhandlung Ztschr. f. kirchl. Wiss. 1885 S. 511 f. sowie mein Ev des Petrus 41 f. Das Hauptereignis ist der im Winter 39/40 ergangene Befehl des Caligula, seine Kolossalstatue im Tempel zu Jerusalem aufzustellen, welcher nach langen Vorbereitungen doch nicht zur Ausführung kam cf Philo leg. ad Cajum 30; Jos. ant. XVIII, 8, 2; bell. II, 10, 1. Doch ist dies nur der für Juden und auch Christen besonders verabscheuungswerte Gipfel der grenzenlosen Verhöhnung aller Moral und Religion und der wahnsinnigen Selbstvergötterung dieses Kaisers (Suet. Calig. 22 *hactenus quasi de principe, reliqua ut de monstro narranda sunt*, was dann bis c. 60 ausgeführt wird; Dio Cass. 59, 4. 26—28). Auf Cajus Caligula hat zuerst H. Grotius (Annot. in NT ed. Windheim II, 715 ff. 721 ff.) nachdrücklich hingewiesen.

8. Von ψευδόχριστοι im weiteren Sinn, wonach jede angemaßte Königsherrschaft über Israel diesen Namen verdient, handelt Jo 10, 8 in bezug auf Vergangenes, Jo 5, 43 im Blick auf die Zukunft. Im engeren Sinn eines trügerischen Gegenstücks zu dem in Jesus erschienenen und wiederkommenden Christus Mt 24, 5. 23 f.; Mr 13, 6. 21 f. cf. Lc 17, 23.

9. Über das Analogon zu κατέχων und κατέχον in Dan 10—12 cf Hofmann I, 319—326 u. Schriftbeweis I, 330—335; III, 671. Die Worte und der anscheinende Lehrzweck des Pl weisen uns aber nicht auf jene in dem unsichtbaren Hintergrund des Völkerlebens, nämlich in der Geisterwelt wirkenden Kräfte der Erhaltung, sondern auf etwas offen Vorliegendes, an dessen Vorhandensein man erkennen kann, daß der „Antichrist“ und somit auch „der Tag des Herrn“ noch nicht gekommen sei. Auch den Wechsel zwischen κατέχον und κατέχων hat Hofmann NT I, 326 und Schriftbeweis III, 672 nicht wirklich erklärt. Es liegt auf der Hand, daß die in diesen Worten ausgedrückte Auffassung von Kaiser und Reich mit Rm 13, 1—7 in bestem Einklang steht, und daß sie an den persönlichen Erfahrungen des Pl eine Stütze hatte oder nachträglich erhielt cf AG 13, 7—12; 16, 35—39; 18, 12—17; 19, 31 (die Asiarchen waren priesterliche Repräsentanten des Reichsgedankens); 21, 32—40; 22, 24—30; 23, 16—30; 24, 22—26; 25, 4—12. 16—27; 27, 3; 28, 16. 30 f.; Phl 1, 13. Die überwiegend freundliche Be-

urteilung des römischen Staatswesens bei Clemens Rom., Melito, Irenäus u. A. bedeutet keinen Abfall von Pl. Die entsprechende Deutung von 2 Th 2, 6 f. ist die älteste, die wir nachweisen können. Deutlich ausgesprochen finden wir sie zwar noch nicht bei Irenäus, sondern erst bei Hippol. in Dan. IV, 22; Tert. resurr. 24. Aber die in den Grundzügen und vielen Einzelheiten übereinstimmende eschatologische Gesamtansicht dieser Schriftsteller verbürgt, daß auch die Deutung des *κατέχον* auf das Römerreich von jeher ein Bestandteil derselben war. Dieses muß erst zerspalten werden, ehe der Antichrist erscheinen kann (Iren. V, 26, 1; 30, 2; Hippol. Antichr. 25. 27. 43; in Dan. IV, 5—6. 14; Tert. resurr. 24). Wenn Tertullian l. l. 2 Th 2, 6 übersetzt *nunc quid teneat* (v. l. *detineat*) und *qui nunc tenet*, so erscheint auch die Bezeichnung der Römer durch *qui nunc tenent* (Iren. V, 30, 3) neben *qui nunc regnant* als eine Erinnerung an 2 Th 2, 6 f., wenn auch im Original vielleicht an beiden Stellen *οἱ νῦν κρατοῦντες* stand wie bei Hippolyt de Antichr. 28 cf 43. 50; in Dan. IV, 5. 9. 17 (ed. Bonwetsch p. 196, 2; 206, 16; 228, 20 f.). Ein gewisser Zusammenhang des antichristlichen Reichs mit dem römischen ist dadurch nicht ausgeschlossen. Irenäus V, 30, 3 findet es wahrscheinlich genug, daß die Zahl 666 *Λατεῖνος* bedeute, und daß das antichristliche Reich diesen Namen tragen werde, wenn er auch die Deutung auf *Τείταν*, einen alten, abgelegenen und von keinem römischen Kaiser getragenen Namen noch wahrscheinlicher findet. Hippolyt erkennt in der seit Augustus bestehenden internationalen Weltmonarchie sogar eine satanische Nachäffung des internationalen Reiches Christi (in Dan. IV, 9) und meint, daß der Antichrist auf die Reichsverfassung des Augustus zurückgreifen werde (Antichr. 49), womit zusammenhängt, daß Hippolyt in deutlichem Unterschied von Irenäus *Λατεῖνος* vor den anderen Deutungen der Zahl 666 bevorzugt (Antichr. 50). Andrerseits ist Hippolyt mit seinem Lehrer Irenäus bei der sicherlich viel älteren Meinung geblieben, daß der Antichrist ein jüdischer Pseudomessias aus dem Stamme Dan sein werde (Iren. V, 30, 2 cf V, 25, 4; Hippol. Antichr. 6. 14—15. 54—58; in Dan. IV, 49; Theophil. lat. in evv. I, 29; III, 7; Forsch II, 58. 71; Ztschr. f. kirchl. Wiss. 1885 S. 570). Wahrscheinlich hat schon Marcion in 2 Th 2 einen Pseudomessias des Judengottes gefunden (Tert. c. Marc. V, 16; GK I, 589). In eigentümlicher Ausbildung zeigt sich diese Idee bei Ephraim (comm. in epist. Pauli 193 f.). Der Mensch der Sünde ist ein beschnittener Jude aus dem Stamm Juda, welcher seine Apostel oder falschen Propheten vor sich herschickt, die einen „Abfall" herbeiführen (2 Th 2, 3), dann aber, wenn er selbst kommt, sich nicht in einer Sekte, sondern in der hl. Kirche selbst niederläßt und für Gott ausgibt. Die seine Erscheinung zur Zeit des Pl noch zurückhaltende Macht soll der Fortbestand des jüdischen Tempels und Kultus sowie die noch immer andauernde Unfertigkeit der Heidenbekehrung sein. Die auch in neuerer Zeit *mutatis mutandis* von Manchen (z. B. Schneckenburger herausgeg. von Böhmer Jahrb. deutsch. Theol. 1859 S. 405 ff.; B. Weiß, Th. Stud. u. Krit. 1869 S. 22 ff.; Spitta, Z. Gesch. d. Urchr. I, 140 ff.) vertretene Ansicht von einem jüdischen Antimessias läßt sich ebensowenig durchführen, als die von einem römischen Kaiser als dem Menschen der Gesetzlosigkeit. Letzteres verträgt sich nicht mit der vorhin erwähnten Beurteilung von Kaiser und Reich seitens des Pl und der alten Kirche; und es folgt nicht daraus, daß die frevelhaften Taten des Kaisers Caligula ihre Spur in der Vorstellung des Pl und seiner Zeitgenossen vom Menschen der Gesetzwidrigkeit zurückgelassen haben. Noch weniger aber folgt aus der gegensätzlichen Parallelisirung desselben mit Christus, welche später in dem Namen *ἀντίχριστος* (nicht *ψευδόχριστος*) ihren stereotypen Ausdruck gefunden hat, daß Pl ihn als einen aus dem jüdischen Volk hervorgehenden *ψευδόχριστος* gedacht habe. Dagegen entscheidet, 1) daß der Gesetzwidrige, in die Fußstapfen des Antiochus und des Caligula tretend, den Tempel Gottes durch götzendienerische Selbstvergötterung entweihen wird, was auch bei bildlicher Fassung des Tempels keinerlei Anknüpfungspunkt in dem christusfeindlichen Judentum der apostolischen und nachapostolischen Zeit findet. Überhaupt liegt alles, was Pl hier zur Charakteristik des „Antichrists" und was er zur Charakteristik des ungläubigen Judentums sagt, völlig auseinander. 2) Pl sieht die widerchristliche Entwicklung der Mehrheit seiner Nation als abgeschlossen an. Der Zorn Gottes, der sie auch äußerlich richten wird, ist bereits an seinem Ziel angelangt und wird sich demnächst entladen (1 Th 2, 16 s. unten § 16 A 4). Das innere Gericht aber, unter welchem sie jetzt steht, die Verhärtung gegen das Ev, macht die jüdische Nation für die ganze Dauer der Heidenmission zu einem wesentlich unveränderlichen Petrefakten. Was diesem Stand der Dinge ein Ende machen wird, ist aber nicht eine Neubelebung und Steigerung der Christusfeindschaft, sondern die Bekehrung Israels zu Christus. So hat Pl nicht in einer vorübergehenden versöhnlichen Stimmung einmal phantasirt, sondern dies verkündigt er im Anschluß an die Weissagung Jesu und auf Grund des AT's, wie er es verstand, als eine Offenbarungswahrheit (Rm 11, 25—32). 3) Die nicht von Pl gebrauchte, aber doch ihrem Inhalt nach der Schilderung des Pl entsprechende Benennung als *ἀντίχριστος* berechtigt durchaus nicht zu der Vorstellung eines jüdischen Pseudomessias; denn Christus ist dem Apostel ja keineswegs nur der jüdische Messias, sondern auch der zweite Adam, der die ganze Welt unter sich als dem Haupt zusammenfassende Herr und König und zwar auf Grund dessen, daß er die Verkörperung der von Gott stammenden menschlichen Gerechtigkeit ist. Darum ist auch der Mensch, in welchem alle Gesetzwidrigkeit und Gottwidrigkeit der Menschen sich verkörpert, und welcher mit sanatischer Kraft die Menschheit unter sich zwingt, eben damit ein Zerrbild Christi, ein „Antichrist", gleichviel woher er stammt. Die *ἀνομία*, von welcher er den Namen hat, findet sich natürlich überall, wo Sünde ist (1 Jo 3, 4), also auch bei den Juden (Rm 2, 23—27; AG 23, 3; Mt 23, 28). Das Charakteristische aber der jüdischen Feindschaft gegen Gott und Christus ist ebensowenig die Gesetzwidrigkeit als die Abgötterei oder Selbstvergötterung, sondern vielmehr der falsche Eifer um Gott und sein Gesetz (Rm 9, 31—10, 3; Gl 1, 13 f.; Phl 3, 6). Dagegen ist die *ἀνομία* so sehr die charakteristische Gestalt des heidnischen Lebens und der Sünde in der Heidenwelt (Rm 2, 12; 1 Kr 9, 21; 2 Kr 6, 14), daß auch deshalb der Gesetzlose als der Heidenwelt entsprossen gedacht sein muß. Wenn er 2, 4 als ein Feind aller Religion erscheint, so ist dadurch nicht ausgeschlossen, daß er sich in Formen der vorhandenen Religionen kleiden wird. Im Gegenteil schließt sich das Attentat eines Caligula an den Kaiserkultus, wie dasjenige des Antiochus an den Zeuskultus an, und es suchten diese Vorläufer des Antichrists jene Arten heidnischer Gottesverehrung mit dem jüdischen Kultus gewaltsam zu identificiren und diesen dadurch zu vernichten. Es ist aber auch das Christentum nicht auszuschließen. Wenn es unter den Bekennern Christi nicht an *ἀνομία* fehlt (1 Kr 6, 7—20; 2 Kr 12, 20—13, 2; Mt 7, 23; 13, 38—42), so fehlt es dem Gesetzlosen auch nicht an Anknüpfungspunkten in der Gemeinde. Auf Grund der Weissagung Jesu (Mt 24, 10—12. 24 cf Lc 18, 8) sowie im Anschluß an Daniel und die Geschichte des Antiochus (oben S. 169 A 4) verkündigte die christliche Prophetie einen Abfall innerhalb der Christenheit für die letzten Tage (1 Tm 4, 1—4; 2 Tm 3, 1—5; AG 20, 29—31; 2 Pt 2, 1—3, 4; Didache 16, 4), und Pl wie Johannes haben auf die ihrer Gegenwart angehörigen Vorspiele desselben hingewiesen (1 Tm 1, 19; 6, 5; 2 Tm 2, 16—18; 3, 5—9; 1 Kr 11, 19; 1 Jo 2, 18—23; 4, 1—3). Nur dies kann der als bekannte Größe eingeführte Abfall 2 Th 2, 3 sein, und nicht etwa eine politische Revolution, eine Empörung gegen die von Gott eingesetzte römische Obrigkeit, oder ein Abfall der Juden vom Gesetz ihrer Väter; denn das Volk der Heiligen, für welches am Ende der Tage in gesteigertem Maße sich wiederholen soll, was Israel zur Zeit des Antiochus erlebt hat, ist für Pl und die Christen jener und der nächstfolgenden Zeit nicht das auf Mose verpflichtete jüdische Volk, sondern die Gemeinde Jesu. Inwiefern jener Abfall eine Vorbedingung für das Auftreten des Antichrists sein soll, kann man den kurzen Erinnerungen des Pl an früher mündlich Vorgetragenes nicht entnehmen. In Anbetracht des ἐκ μέρους προφητεύομεν 1 Kr 13, 9 haben wir auch kein Recht zu der Voraussetzung, daß die hier zu Tage tretenden Elemente und Fragmente christlicher Prophetie im Geist des Pl zu einem abgerundeten und lückenlosen Gesamtbild verbunden waren.

10. Es ist bezeichnend, daß abgesehen von Lc 2, 1; 3, 1; AG 11, 28, wo es nicht zu umgehen war, im NT kein Name eines Kaisers genannt wird. Auf Tiberius oder Caligula, Claudius oder Nero reflektirte man nicht viel, sondern hatte den Cäsar im Auge, welcher immer wieder da ist, wenn der Cäsar stirbt (Mt 22, 17—21; Mr 12, 14—17; Lc 20, 22—25; 23, 2; Jo 19, 12. 15; AG 17, 7; 25, 8—12; 26, 32; 27, 24; 28, 19; Phl 4, 22; 1 Pt 2, 13. 17), und sprach von der Reichsgewalt und ihren Organen (Rm 13, 1—7; 1 Pt 2, 13—17) oder von der Klasse der Könige (Mt 10, 18; 17, 25; Lc 22, 25; AG 4, 26; 9, 15; 1 Tm 2, 2; 6, 15; Ap 1, 5; 6, 15).

11. Grotius Ann. in NT ed. Windheim II, 715 ff.; Ewald, Sendschreiben des Pl 17 f.; Laurent, Ntl Studien 49 ff. haben unter Voraussetzung der Echtheit beider Briefe, Baur, Paulus II, 368 f. unter Annahme der Unechtheit derselben den 2 Th für den älteren erklärt. Grotius ließ ihn schon a. 38, ehe Pl selbst nach Thess. gekommen war, an gewisse christgläubige Juden zu Thess. gerichtet sein, Ewald und Laurent dachten an Beröa als Abfassungsort (AG 17, 10) und somit an die ersten Wochen nach Stiftung der Gemeinde. Abgesehen von dem oben S. 165 f. Bemerkten ist nochmals auf II, 1, 4 zu verweisen. Es handelt sich da nicht wie I, 1, 8 f. um persönliche Berührungen des Pl oder seiner Gehilfen mit außereuropäischen Christen (oben S. 147), sondern um ein Rühmen seitens der Missionare in mehreren Gemeinden, in deren Mitte sie sich seit der Flucht von Thess. aufgehalten haben oder auch jetzt noch aufhalten. Sie müssen also mindestens außer nach Beröa auch noch nach Athen und Korinth gekommen sein. Der Ausdruck müßte aber auch dann noch unnatürlich erscheinen, wenn es sich um Mitteilungen in den Predigten handelte, durch welche in Beröa, Athen und Korinth Gemeinden erst gesammelt wurden. Es ist von den Gemeinden als bereits bestehenden die Rede. Pl mag während der 18 Monate ununterbrochen in Korinth „gesessen" (AG 18, 11) und nur etwa die in der Hafenstadt Kenchreä gesammelte Gemeinde (Rm 16, 1) gelegentlich besucht haben. Das gilt aber nicht von Sil. und Tim., in deren Namen II, 1, 4 gleichfalls geschrieben ist. Letzterer hat bei seiner Rückkehr von der Sendung nach Thess. jedenfalls Beröa und wahrscheinlich Athen berührt, also Gelegenheit gehabt zu tun, was II, 1, 4 von allen drei Missionaren gesagt ist. Aus II, 3, 17 ist nicht zu schließen, daß die Gemeinde vorher noch niemals einen eigenhändig unterschriebenen Brief des Pl gesehen hatte. Die Korinther, welche schon einen Brief von ihm erhalten hatten (1 Kr 5, 9), weist er trotzdem auf die Eigenhändigkeit seines Schlußgrußes hin (16, 21), und daß er 2 Th 3, 17 noch ausdrücklicher auf die Form seiner Schriftzüge aufmerksam macht, und außerdem bemerkt, daß er es in jedem Briefe so halte, erklärt sich völlig daraus, daß der eigenhändige Briefschluß von der Gemeinde fortan als ein Merkzeichen der Echtheit beachtet werden soll. Ein Zeugnis der Tradition für die Priorität des 1 Th liegt darin, daß die beiden Briefe nicht erst nach der jüngeren, bis heute geltenden Anordnung des Kanons, welche die Briefe nach ihrem Umfang geordnet hat, sondern auch schon nach Marcions Kanon, welchem dieses Anordnungsprinzip fremd war, also sicherlich von jeher in dieser Reihenfolge fortgepflanzt worden sind.

12. Wenn II, 3, 14 nur der mögliche Fall gesetzt würde, daß Jemand die in 3, 6—13 enthaltene Mahnung misachten sollte, würde der Ausdruck anders lauten, etwa ἐὰν δέ τις οὐχ ὑπακούσῃ τούτοις τοῖς λόγοις ἡμῶν. Abgesehen von der grammatischen Art des Bedingungssatzes wäre nicht I, 5, 27, sondern I, 4, 18 zu vergleichen. Pl weist auf einen bestimmten früheren Brief hin (cf 1 Kr 5, 9), also auf I, 4, 11 f. und setzt auf

Grund der empfangenen Nachrichten (II, 3, 11) den Fall der Misachtung jener brieflichen Mahnung als einen in der Gegenwart schon wirklichen. Der Ausdruck II, 2, 15 lautet unbestimmter: „mündlich oder brieflich“, könnte sich also auch auf den Brief beziehen, worin dies steht. Da aber in diesem keine neuen, zu der Missionspredigt ergänzend hinzutretenden Anweisungen und Belehrungen enthalten sind, dies dagegen von I, 4, 13—18 allerdings und vielleicht auch von einzelnen Sätzen in I, 4, 1—8. 11 f. 5, 12—22 gilt (cf dagegen I, 4, 9; 5, 1), so ist auch II, 2, 15 als Hinweis auf 1 Th aufzufassen, zumal II, 2, 1 *ὑπὲρ τῆς . . ἡμῶν ἐπισυναγωγῆς ἐπ᾽ αὐτόν* wie eine Erinnerung an I, 4, 14. 17 klingt.

§ 16. Die Echtheit der drei ersten Briefe.

Diese drei Briefe, welche Pl innerhalb eines Jahres mit einem Abstand von je 1—3 Monaten schrieb, wenn er sie überhaupt geschrieben hat (oben S. 166), haben sämtlich vollen Anspruch auf den Schutz der oben S. 112—116 aufgestellten kritischen Leitsätze. Die Schwierigkeiten, welche überall der Unterchiebung unechter Apostelbriefe an christliche Gemeinden im Wege standen (S. 114 Nr. 5), sind gerade in bezug auf den 2 Th, welcher von diesen drei Briefen weitaus die schwersten Bedenken gegen seine Echtheit erregt hat, durch die in diesem selbst enthaltenen Andeutungen von möglichen oder wirklichen Fälschungen (2, 2; 3, 17) aufs äußerste gesteigert. Sie forderten die Kritik der ersten Leser geradezu heraus; und es ist schwer vorzustellen, wie die Gemeinde zu Thess. während der nächsten 30 oder 40 Jahre nach dem Tode des Pl sich einreden lassen konnte, diesen Brief seiner Zeit von Pl erhalten zu haben, ohne daß wenigstens ein Schriftstück vorgelegt wurde, welches wie eine Originalurkunde aussah und eine Unterschrift mit eigentümlichen, von der Handschrift des übrigen Textes abweichenden Schriftzügen darbot. Die Vorstellung einer mehr oder weniger harmlosen Dichtung „im Geiste des Pl“ ist nicht nur für uns heutige Leser, sondern gerade für die Kreise, aus welchen dieser Brief hervorging und auf welche er berechnet war, durch 2 Th 2, 2; 3, 17 ausgeschlossen; es war dadurch an jeden noch so harmlosen Leser die Frage gestellt, ob hier ein echtes Schreiben des Pl vorliege, oder eine mit beispielloser Dreistigkeit gefälschte Urkunde (A 1). Auch was die Spuren der kirchlichen Verbreitung vor Marcion und abgesehen von dessen Apostolikon anlangt, nimmt der 2 Th im Vergleich mit dem 1 Th und dem Gl eine geradezu bevorzugte Stellung ein (A 2). Die im Gl erörterten Fragen lagen dem allgemeinen kirchlichen Interesse des 2. Jahrhunderts ferner als die eschatologischen Betrachtungen und praktischen Anweisungen der Th. Nur Marcion, welcher den Gl *principalem adversus Judaismum epistulam* genannt hat und von ihm mit seiner Kritik der gesamten Überlieferung ausgegangen ist (Tert. c. Marc. IV, 3; V, 2), hat ihn in seiner Art gewürdigt und dem zum Zeugnis ihm die erste Stelle unter allen Plbriefen seiner Sammlung angewiesen. Auch die von Baur eröffnete umfassende Kritik der Plbriefe und des gesamten NT's ging vom Gl als der keines Beweises ihrer Echtheit bedürftigen Urkunde aus, um von dem dort offen zu Tage liegenden prinzipiellen Gegensatz des judenchristlichen und des paulinischen Christentums aus die AG und die meisten den Namen des Pl tragenden Briefe der tendenziösen Abschwächung dieses Gegensatzes und damit der Unechtheit zu bezichtigen. Darin zumeist wird es seinen Grund haben, daß die in Holland aufgekommene neueste Art von Kritik gerade beim Gl eingesetzt hat (A 3). Was von dieser Seite gegen die Echtheit des Gl und was von den Kritikern älteren Schlages gegen die des 1 Th vorgebracht worden ist (A 4), hat nur in sehr engen Kreisen einen bleibenden Eindruck hinterlassen. Anders steht es in dieser Beziehung mit dem 2 Th. Wenn unter Voraussetzung der Echtheit des Gl und des 1 Th zugestanden werden muß, daß Pl innerhalb eines und desselben Jahres je nach dem Anlaß in bezug auf Gedankenkreis und Tonart sehr verschiedenartige Briefe zu schreiben verstand, so überrascht um so mehr die Gleichförmigkeit der Anlage (oben S. 161), des Gedankenkreises und der Ausdrucksweise in 1 Th und 2 Th, zwischen welchen doch kaum weniger Zeit zwischeninneliegt, als zwischen Gl und 1 Th. Nur ein Unterschied springt sofort in die Augen, daß nämlich der 2 Th an Frische der Empfindung, an Lebhaftigkeit des Ausdrucks, an gewinnender Freundlichkeit brüderlicher Gesinnung weit hinter dem 1 Th zurücksteht. Aber gerade diese Beobachtung könnte im Zusammenhang mit der anderen von einer großen äußeren Gleichförmigkeit den Verdacht erregen, daß ein Kenner des 1 Th nach dem Schema desselben den 2 Th erdichtet habe. Doch will die zweite Beobachtung in kritischer Beziehung noch weniger besagen als die erste. Welche Gegensätze der Stimmung und Tonart wechseln bei Pl in einem einzigen Brief wie 2 Kr! Unter dem frischen Eindruck der hocherfreulichen, sein lange von schweren Sorgen bedrücktes Herz erquickenden Nachrichten des Tim. hat Pl den 1 Th geschrieben. Die Nachrichten, welche den 2 Th veranlaßten, waren weniger erfreulicher Art. Die Mahnungen des 1 Th waren von Einzelnen völlig misachtet worden und mußten in schärferem Ton wiederholt werden (3, 6—16). Die durch den 1 Th in Erinnerung gebrachten und ergänzten Belehrungen über die Parusie Christi und was damit zusammenhängt (2, 5. 15) hatten sich nicht wirksam genug erwiesen, um verwirrenden Verkündigungen den Weg zu versperren. Es waren auch Mittel von mindestens zweifelhafter Ehrlichkeit angewendet worden (2, 2 cf. 3, 17). Dankenswert ist ja die feste Haltung der Gemeinde in ihrer andauernden Bedrängnis (1, 3 f.), aber an sich ist die Andauer dieser Lage ohne andere Aussicht auf eine Änderung als die, welche in der Hoffnung auf das Gericht des wiederkehrenden Christus liegt, für Pl etwas Niederdrückendes. Nehmen wir die Widerwärtigkeiten, mit welchen Pl in seiner unmittelbaren Nähe zu kämpfen hatte (3, 2), und die ihn voll in Anspruch nehmende Missionsarbeit in Korinth hinzu (3, 1; AG 18, 5—17), so erklärt sich Stimmung und Tonart des Briefes recht wohl. Dagegen ist wenig glaublich, daß ein Fälscher, statt 1 Th 1, 2 und die anderen ähnlichen Briefeingänge des Pl (Rm 1, 8; 1 Kr 1, 4; 2 Kr 1, 3; Eph 1, 3. 15 f.; Kl 1, 3; Phl 1, 3; Phlm 4;

2 Tm 1, 3) nachzubilden, dem Pl zweimal den in den echten und den unechten (A 5) Briefen des Pl sonst unerhörten Satz in den Mund gelegt haben sollte: „wir sind verpflichtet, allezeit Gott um euch zu danken" (1, 3; 2, 13 oben S. 161). Andrerseits erklärt sich die Ähnlichkeit des 2 Th mit dem 1 Th daraus, daß beide Briefe nicht nur innerhalb eines verhältnismäßig kleinen Zeitraumes an die gleiche Gemeinde gerichtet wurden und in folge der tatsächlichen Verhältnisse teilweise mit denselben Gegenständen (Bedrängnis der Gemeinde, eschatologische Fragen, unruhiger Müßiggang) sich zu befassen hatten, sondern auch bestimmte Veranlassungen vorlagen, in dem späteren Brief auf den früheren zurückzugreifen (2, 15; 3, 14). War in Thess. auf Grund mündlicher und brieflicher Mitteilungen aus der Umgebung des Pl behauptet worden, Pl sei selbst der Meinung, welche er nun als einen Wahn bestreiten muß (2, 2 oben S. 162), so lag es dem Apostel sehr nahe, sich ins Gedächtnis zurückzurufen, was er selbt wenige Monate vorher derselben Gemeinde geschrieben hatte, und es ist nur natürlich, daß ihm während des Diktirens der Verlauf und Wortlaut des früheren Briefs im Sinn lag (A 6). Von Pl könnte 2 Th nicht geschrieben sein, wenn die Fabel von dem aus dem Partherland oder aus der Totenwelt wiederkehrenden Nero als dem Antichrist oder gar, wie vielfach angenommen wurde, die Schilderung des Antichrists in Ap 13 u. 17, 8 eine notwendige Voraussetzung von 2 Th 2, 3—12 wäre (A 7). Letzteres anzunehmen, ist reine Willkür; denn der eigentümlichste Zug in der Darstellung des Pl, welcher sich nicht aus Daniel, 1 Makk und auch nicht mit Sicherheit aus Mt 24, 15; Mr 13, 14 herleiten läßt, daß der Antichrist sich selbst in den Tempel Gottes setzt und Anbetung für sich fordert, ist auch in der Apokalypse nicht zu finden, und erklärt sich dagegen als prophetische Widerspiegelung der geschichtlichen Ereignisse unter Caligula (oben S. 163. 170 A 7). Auf Nero's Lebensart oder sein Verhalten gegen die römischen Christen weist nicht die leiseste Andeutung in 2, 3—12. Wenn hier wirklich, was mindestens zweifelhaft ist, die wunderbare Rückkehr eines schon dagewesenen und gestorbenen Menschen ins Leben verkündigt wäre (A 8), so würde auch das nicht auf Nero bezogen werden können; denn die Meinung, daß Nero aus der Totenwelt wiederkehren werde, ist nachweislich erst dann entstanden und konnte erst dann entstehen, als sich die frühere Meinung, daß er bei den Parthern verborgen lebe, wegen der vorgerückten Zeit nicht mehr halten ließ, d. h. im Anfang des 2. Jahrhunderts, und sie ist unseres Wissens aus den jüdischen Sibyllinen zuerst um 150 in die christlichen Sibyllinen unter gleichzeitiger Benutzung der johanneischen Apokalypse eingeführt worden, und erst im 3. Jahrhundert hat sie in christlichen Kreisen weitere Verbreitung gefunden (A 9). Die ältere Meinung aber, daß der im fernen Osten noch lebende Nero mit Hilfe der Parther und überhaupt mit irdischen Machtmitteln noch einmal den Kaisertron einnehmen werde, ist vollends ohne Anhalt in 2 Th. Am wenigsten kann man in dem auf jenen Aberglauben gestützten Auftreten eines Pseudonero ein glaubhaftes Motiv für die Erdichtung des 2 Th nachweisen (A 10). Daß Paulus sonst in

seinen Briefen nichts von dem Menschen der Widergesetzlichkeit sagt, könnte nur dann einen Verdacht gegen die Echtheit begründen, wenn man eine Stelle in den übrigen Briefen nachweisen könnte, wo er so, wie es nach 2 Th 2, 2 diesmal der Fall war, veranlaßt gewesen wäre, davon zu reden. Widersprüche zwischen den hier und den sonst von Pl vorgetragenen eschatologischen Anschauungen oder stilistische Eigenheiten, welche die Identität des Vf dieses und der übrigen Briefe unwahrscheinlich machen könnten, sind nicht nachzuweisen (A 11).

1. Während die meisten Kritiker bis zu Schmiedel HK II, 1, 12 sich mit unzutreffenden Analogien zufrieden gaben, findet Weizsäcker 251 es „in der Tat nicht leicht", über 2 Th 3, 17 „hinwegzukommen", macht aber nicht die geringste Anstrengung, die oben genannten Schwierigkeiten hinwegzuräumen. Gerade diese Worte sollen, wie schon Baur II, 105 gesagt, zum Verräter werden, nicht nur, weil sie so absichtsvoll sind, sondern auch weil sie der eigenhändigen Unterschrift ein Motiv unterlegen, welches 1 Kr 16, 21; Gl 6, 11 (gehört nicht dahin s. oben S. 121, dagegen Kl 4, 18) nicht obwalte. Unrichtig ist schon, daß Pl überall so verfahre, „um den Lesern noch einen unmittelbaren Ausdruck seiner liebevollen Gesinnung zu geben" (Baur II, 105); 1 Kr 16, 21 wird dadurch zunächst ein Fluchwort eingeleitet. Noch willkürlicher aber ist die Behauptung, daß 2 Th 3, 17 das Motiv dieser Gewohnheit angegeben sei. Eine Erscheinung, die in analogen Fällen regelmäßig wiederkehrt, bezeichnet man bekanntlich auf allen Gebieten der Natur- und Geistesprodukte, bei denen es auf Unterscheidung ankommt, als Merkmale und Kennzeichen, auch wenn sie gar nicht dem Zweck solcher Unterscheidung oder überhaupt irgend welchem Zweck ihre Entstehung verdanken. Die Unvorsichtigkeit, welche der Urkundenfälscher aus purem Mutwillen sich gestattet hätte, indem er II, 2, 2 durch einen ohne Voraussetzung wirklicher Tatsachen sehr dunkeln Hinweis auf angebliche paulinische Meinungsäußerungen zur Kritik aufforderte, wird dadurch nicht glaublicher, daß Weizsäcker sie „eine hypothetische Beleuchtung der Bedeutung dieses echten Briefs" (d. h. des 2 Th) nennt. Zwar nicht glaublicher, aber doch nicht so inhaltlos, als diese Phrase, ist die Annahme Hilgenfeld's Einl. 646, daß II, 2, 2 geschrieben sei, um den echten 1 Th zu verdächtigen. Aber 1) ist hier nicht von einem unechten Brief unter dem Namen des Pl die Rede (oben S. 167f.), 2) verträgt sich diese Annahme nicht damit, daß II, 2, 15; 3, 14 (oben S. 166) auf den 1 Th als einen echten Bezug genommen wird, 3) wäre eine solche Verdächtigung eines als Werk des Pl anerkannten Briefs das ungeschickteste Mittel zur Einführung einer Fälschung, welche sich erst Anerkennung verschaffen will.

2. Über Spuren des Gl bei Clemens Rom. (?), Ignatius (?), Polykarp, Justinus GK I, 573f. 828 A. 2; über den 2 Th, teilweise auch den 1 Th bei denselben Schriftstellern GK I, 575. 815. 826 A 1.

3. Die bisherigen Angriffe auf die Echtheit des Gl sind von einer so geringen Bedeutung, daß es für die Zwecke dieses Lehrbuchs genügt, sie namhaft gemacht zu haben oben S. 117 A 5. 6.

4. Wenn Baur II, 94 zum Beweise dafür, daß der 1 Th an Eigentümlichkeit und Gewichtigkeit des Inhalts hinter allen übrigen Briefen unter dem Namen des Pl zurückstehe, anführt, daß abgesehen von 4, 13—18 „nicht einmal irgend eine dogmatische Idee mit besonderer Bedeutung hervortrete", so ist zu fragen, welche dogmatische Idee in 1 Kr 1—14. 16 oder 2 Kr 1—2. 6—13 mit besonderer Bedeutung hervortrete. Nur wenn man die apologetische Tendenz des ersten Hauptteils verkennt (oben S. 155 f.) und

für die starke Gemütsbewegung, die sich darin kundgibt, kein Ohr hat, kann man hierin lauter überflüssige Erinnerungen an Bekanntes finden. Auch so noch wäre die Behauptung unrichtig, daß hier die AG den Stoff geliefert habe (Baur II, 95, 97). Aus 1 Th 2, 17—3, 5 erfahren wir vielmehr neue Tatsachen, welche mit der AG auszugleichen nicht einmal ganz leicht ist (oben S. 147. 154). Wo Übereinstimmung am Tage liegt (2, 2 = AG 16, 22—40), fehlt jede Spur einer Abhängigkeit der einen Schrift von der anderen. Verdächtig fand Baur besonders die Anklänge an die Korintherbriefe (95 f. 342 ff.). Wenn die Gegensetzung von λόγος und δύναμις 1 Th 1, 5 cf 1 Kr 2, 4; 4, 20 an sich nahe liegt, solange in der Welt leere und wirkungslose Worte gemacht werden, so ist dies jedenfalls ein ungeeigneter Beleg dafür, daß der 1 Th „aus dem speciellen Inhalt des 1 Kr die allgemeinsten Gedanken hervorhebe" (343); denn 1 Th 1, 5 ist nur von der Predigt in Thess. die Rede, 1 Kr 4, 20 (cf 1, 18; Rm 1, 16) dagegen liegt eine allgemeine Sentenz vor, und auch 1 Kr 2, 4 f. wird die Art der Predigt in Korinth einem allgemeinen Grundsatz untergeordnet. Die Ausdrücke 1 Th 2, 6 ἐν βάρει εἶναι, 2, 9 (cf II, 3, 8) ἐπιβαρῆσαι mögen an 2 Kr 11, 9; 12, 16 erinnern, finden sich aber dort nicht wörtlich, sind also auch nicht von dort abgeschrieben. Wenn aber nach Baur (345) hier verallgemeinert sein soll, was in den Korintherbriefen aus einer Rücksicht auf die besonderen Verhältnisse der korinthischen Gemeinde erklärt werde, so spricht Pl gerade 1 Kr 9, 6—18 von seinem Verzicht auf das Evangelistenrecht als einer ihm mit Barnabas gemeinsamen und somit schon seit der 1. Missionsreise beobachteten Regel, während 1 Th 2, 6. 9; 2 Th 3, 7—9 nur von seinem Verhalten in Thess. die Rede ist. Von gleichem Wert wie diese Beobachtungen dürfte diejenige von Holsten (Jahrb. f. prot. Theol. 1877 S. 731) sein, daß 1 Th 1, 3 der paulinische Dreiklang „Glaube, Liebe, Hoffnung" (1 Kr 13, 13) mit dem Dreiklang ἔργα, κόπος, ὑπομονή der judaistischen Apokalypse (2, 2) verquickt sei, und die andere, daß dieser Pseudopaulus ebenso wie der, welcher den Philipperbrief geschrieben, es noch nicht wage, den Pl in der Überschrift als Apostel einzuführen, als ob ein Fälscher, welcher für sein Machwerk doch nur auf Leser aus dem Kreise der Verehrer des Pl und seiner echten Briefe rechnen konnte, nicht vielmehr in der Versuchung gewesen wäre, die echten Briefe (Gl 1, 1; 1 und 2 Kr 1, 1; Rm 1, 1) in möglichst starker Betonung des Apostolats des Pl nachzuäffen oder gar zu überbieten, ganz davon zu schweigen, daß 1 Th 2, 6 das volltönende Χριστοῦ ἀπόστολοι zu lesen ist. Für Baur scheint der Hauptanstoß in der Anerkennung der Christengemeinden in Judäa 2, 14 gelegen zu haben, während doch auch Gl 1, 22—24 eine volle Anerkennung ihres Christenstandes vorliegt cf 2 Kr 8, 13 f.; Rm 15, 27, indirekt auch 1 Kr 14, 36. Hätte Pl, wie Baur 97 fordert, hier etwas von seiner eigenen Beteiligung an der Verfolgung der jüdischen Christen seitens der Juden gesagt, so würde dies mit größerem Schein des Rechtes als Alles, was Baur in dieser Richtung geltend macht, als Nachäffung von 1 Kr 15, 9; Gl 1, 13 verdächtigt worden sein; denn es wäre im hiesigen Zusammenhang unangebracht gewesen, wo der Vergleichungspunkt zwischen der Verfolgung der Thessalonicher und der judäischen Christen darin liegt, daß beide durch ihr christliches Bekenntnis sich die unversöhnliche Feindschaft ihrer eigenen Volksgenossen zugezogen haben. Von einer vagen Judenpolemik (Baur 97. 347) kann man nur reden, wenn man übersieht, daß die Bedrängnis der Thess. von dem Angriff der Juden auf die Missionare ihren Anfang genommen hatte (oben S. 146 f.). und daß Pl gleich nach Ankunft des Tim. und Sil. in Korinth, also um die Zeit des 1 Th durch den Widerstand der Juden zum Bruch mit der Synagoge gedrängt wurde (AG 18, 5 f.). Bewiesen wäre die Unechtheit allerdings, wenn 2, 16 auf die geschehene Zerstörung Jerusalems hingewiesen wäre, ein plumper Misgriff, welchen doch auch Baur 97. 369 dem Fälscher nicht geradezu aufzubürden wagt. Erreicht hat der endgiltige Zorn Gottes die widerspenstige Nation, aber entladen hat er sich noch nicht.

Nach der Verwerfung des doppelten Zeugnisses Jesu und der Apostel ist Israel gefallen und verworfen (Rm 11, 11—15), und das Gericht der Verstockung, dem es bereits verfallen ist, muß und wird bald in äußeren Gerichten zum Ausdruck kommen (Rm 11, 7—10 cf 9, 32 f.). Berücksichtigung der augenblicklichen Zustände in Palästina oder gar der Vertreibung der Juden aus Rom durch Kaiser Claudius (so Paul Schmidt, Der 1 Th S. 87 cf unten Abschn. XI) ist durch nichts angedeutet. Nur in einer sehr jungen Gemeinde konnten die Todesfälle, die ihre Reihen lichteten, und gerade die ersten am lebhaftesten wie ein Widerspruch gegen das im Glauben aufgenommene Wort des Lebens empfunden werden, cf auch 1 Kr 11, 30. Ein sicherer Beweis der Echtheit liegt auch in 4, 15—17; denn wer dem verstorbenen Pl einen Brief andichtete, konnte ihm nicht Worte in den Mund legen, welche bestimmter als irgend eine Stelle der zweifellos echten Briefe des Pl die Erwartung aussprechen, daß er selbst die Parusie noch erleben werde. Dazu kommt, daß die besondere Art der Betrübnis über Todesfälle, welcher 4, 13 ff. entgegengetreten wird, undenkbar ist in einer Gemeinde, welche sich seit Jahrzehnten daran gewöhnt hatte, eines ihrer Glieder nach dem andern durch den Tod zu verlieren. Deshalb war es verfehlt, wenn Baur 99 cf 94 in der eschatologischen Belehrung 4, 13 ff., welche unter den an den Hauptteil des Briefs mit λοιπόν 4, 1 angehängten Erörterungen (oben S. 158) nicht einmal die erste Stelle einnimmt, den Zweck finden wollte, welchem zu lieb der ganze Brief nach dem Tode des Pl erdichtet sein sollte.

5. Auch der apokryphe Laodicenerbrief v. 3 wiederholt die gewöhnliche paulinische Formel GK II, 584, während der 3. Korintherbrief v. 2 ed. Vetter p. 54 sich an Gl 1, 6 anlehnt. Andrerseits hat das καθὼς ἄξιόν ἐστιν 2 Th 1, 3 seine Parallele Phl 1, 7.

6. Die Fähigkeit, ein früher von einem selbst Geschriebenes oder Gesprochenes aus dem Gedächtnis zu reproduciren, ist natürlich sehr ungleich verteilt. Die Frage kehrt wieder bei 1 Kr 5, 9—11; 2 Kr 1, 13 und allen Bezugnahmen des 2 Kr auf 1 Kr. Ich halte es aber für unwahrscheinlich, daß die Briefe des Pl so, wie sie sein Schreiber während des Diktirens aufs Papier warf, an die Gemeinden abgesandt wurden. In der Regel wird eine nachträgliche Durchsicht des zu Ende diktirten Briefs und Anfertigung einer Reinschrift Bedürfnis gewesen sein. Während diese an den Ort der Bestimmung abging, mochte das Concept eine Zeit lang in den Händen des Apostels oder seines Schreibers bleiben. Für den vielbeschäftigten und seines erregbaren Temperaments bewußten Pl lag gerade in diesem Fall nichts näher, als das Concept des 1 Th, wenn ein solches vorhanden war, noch einmal durchzulesen, ehe er den 2 Th diktirte.

7. Seit Kern, Tüb. Ztschr. f. Theol. 1839, II, 145—214 und Baur II, 351—364 (dieser mit bestimmterer Behauptung der Abhängigkeit des 2 Th von der Apokalypse, welche seither Dogma geworden ist, cf Weizsäcker 503, und bei ganz anderer Beurteilung von Zeit und Zweck Hilgenfeld 647, während Schmiedel, HK II, 1, 43 literarische Abhängigkeit für unerweislich erklärt) wollten viele in 2 Th 2, 3—12 den *Nero redivivus* des Volksaberglaubens wiederfinden. Eben dieser sollte das schon in der Gegenwart wirksame, insgeheim sein Wiederauftreten vorbereitende „Mysterium der Gesetzwidrigkeit" sein (Baur 354, daneben Kern 205 „die nach Neros Sturze andauernde Zuneigung für diesen Fürsten" cf Tac. hist. I, 78), der κατέχων aber Vespasian (Kern 200 „mit seinem Sohn Titus") oder Otho, wenn nicht gar Galba (Schmiedel 43), jedenfalls aber — und dies ist das πρῶτον ψεῦδος, welches diese Kritiker mit manchem Verteidiger der Echtheit z. B. Döllinger, Christent. u. Kirche zur Zeit der Grundlegung, 2. Aufl. S. 288 teilen — der „zur Zeit der Abfassung regierende Kaiser" (Baur 355). Da 2, 4 die Existenz des Tempels zu Jerusalem vorausgesetzt scheint (Kern 157. 207; P. Schmidt 119; hierüber unsicher Baur 358), so müßte 2 Th zwischen Juni 68 und August 70 geschrieben sein. Das Auftreten des ersten Pseudonero a. 69 sollte nach Baur 356 den Anlaß zu der Fälschung gegeben haben (s. unten A 9. 10). Daß durch diesen Abenteuerer außer den

Provinzen Achaia und Asia (Tac. hist. II, 8) auch Macedonien in Aufregung versetzt wurde, hat Baur 357 hinzugedichtet, um die Adresse der Fälschung zu erklären. Im übrigen sind die Vertreter dieser sogen. zeitgeschichtlichen Deutung, welche nach Schmiedel 39 allein ein wissenschaftliches Recht hat, leichten Fußes darüber hinweggegangen, daß in 2 Th eine ehemalige geschichtliche Existenz des erwarteten Antichrists nicht einmal so scheinbar wie Ap 17, 8. 11 ausgedrückt ist. Nicht einen einzigen charakteristischen Zug aus der kurzen Geschichte jenes Pseudonero oder der Geschichte des wirklichen Nero (die Vergleichung von Suet. Nero 56 mit 2 Th 2, 4 zeigt nur die Verlegenheit) oder aus den sibyllinischen Darstellungen des wiederkehrenden Nero (A 9) hat man in 2 Th nachzuweisen vermocht. Niemand hat begreiflich gemacht, wie zu einer Zeit, in welcher, nach den pseudoneronischen Bewegungen und nach den literarischen Zeugnissen der Zeit vor 120 zu urteilen, Heiden und Juden nur an eine durch politische Machtmittel zu bewerkstelligende Restauration des neronischen Kaisertums dachten, ein Christ zu den Vorstellungen des 2 Th gekommen sein soll. Diese letztere Schwierigkeit erscheint vermindert bei der Vermutung Hilgenfelds, daß 2 Th „sich am Ende als eine kleine paulinische Apokalypse aus den letzten Jahren Trajans erweise“ (Einl. 642 nach älteren Aufsätzen). Aber über ein „ich meine“ (650) hinaus hat es diese Hypothese nicht gebracht. Wie den Christen, welche damals unter Gutheißung des Kaisers dem Henkerbeil verfallen und nach Hilgenfeld gerade durch die anhaltenden Verfolgungen zu schwärmerischer Erwartung der Parusie verleitet waren, zugemutet werden konnte, in Trajan nicht etwa den *Nero redivivus*, sondern den *κατέχων* zu erkennen (651), erscheint um so unbegreiflicher, wenn man hört, daß der *Nero redivivus* in dieser Apokalypse nicht etwa nach dem Bild des geschichtlichen Nero als ein Muttermörder oder Christenverfolger, sondern als das Haupt des bereits in der Christenheit sich vorbereitenden Abfalls, des schon in der Gegenwart sich regenden Gnosticismus gedacht ist. Durch diese Deutung des Mysteriums der Gesetzwidrigkeit wird zugleich der einzige dünne Faden zerrissen, welcher 2 Th 2, 3—12 mit der Nerofabel zu verbinden scheinen könnte. Bahnsen (Jahrb. f. prot. Theol. 1880 S. 681—705) glaubte daran festhalten zu sollen, obwohl auch er unter dem Mysterium der Gesetzwidrigkeit den aufkommenden Gnosticismus versteht, wie er in den Pastoralbriefen geschildert sein soll, unter dem *κατέχον* aber das geistliche Amt und unter dem *κατέχων* entweder einen einzelnen hervorragenden *ἐπίσκοπος* oder den über die übrigen *ἐπίσκοποι* = *πρεσβύτεροι* sich erhebenden *ἐπίσκοπος* der Ignatiusbriefe. Im Vergleich mit solchen Phantastereien erscheint das schlichte Beharren bei der durch Kern aufgebrachten Ansicht noch verständig. Von einigen erdrückenden Schwierigkeiten hat P. Schmidt S. 127 dieselbe durch die ohne jede nähere Begründung vorgetragene Annahme zu entlasten gesucht, daß in den übrigens echten Brief um 68—70 c. 2, 2b—12 und einige Ausdrücke in c. 1 eingeschoben worden seien. Mit Recht bemerkt Klöpper 56, nichts habe mehr Konfusion in die Frage nach dem Ursprung des 2 Th gebracht, als die Einmischung der Person des Nero.

8. Hofmann I, 331—334 cf Schriftbeweis II, 2, 674 hat mit rühmenswerter Selbstverleugnung darauf bestanden, daß Pl sich, wie unbegreiflich uns das sein möge, den Eintritt des Gesetzwidrigen in die Welt ähnlich der Wiederkehr Christi aus der Überweltlichkeit als Wiederkehr aus der Totenwelt gedacht habe. Gewiß soll das dreimalige *ἀποκαλύπτεσθαι* (3. 6. 8 cf 1, 7) und das dicht hinter einander von Jesus und von dem Gesetzwidrigen gebrauchte *παρουσία* (8. 9) dazu dienen, das Kommen des Antichrists als eine der Parusie Christi vorangehende Karikatur derselben zu zeichnen. Wenn aber *μυστήριον* (7) hier wie sonst (1 Kr 2, 7. 10; 14, 2. 6; Rm 16, 25; Eph 3, 3—12; Kl 1, 26 f.; 1 Tm 3, 16) einen Gegensatz zu dem vorangehenden und nachfolgenden *ἀποκαλύπτεσθαι* bildet, und wenn das „Mysterium der Gesetzwidrigkeit“, wie auch Hofmann anerkennt (I, 329. 331), nicht die Person des Gesetzwidrigen, sondern die gesteigerte Gesetzwidrigkeit

bezeichnet, die schon in der Gegenwart eine sich wirksam erweisende Macht ist, so muß zunächst diese noch unpersönliche Macht als das jetzt noch Verhüllte, in der Person des Gesetzwidrigen aber sich Enthüllende gedacht sein. Daß statt dessen von Enthüllung des Menschen der Gesetzwidrigkeit die Rede ist, erklärt sich doch wohl ausreichend 1) daraus, daß dieser als Zerrbild des wiederkehrenden Christus dargestellt werden sollte; 2) daraus, daß die Idee der Gesetzwidrigkeit nicht erst in dem eigentlichen „Antichrist“, sondern schon in allen seinen Vorläufern (Antiochus, Caligula) persönliche Gestalt hat. Dadurch ist die Vorstellung einer nicht nur ideellen Präexistenz des Gesetzwidrigen gegeben. Er, d. h. die ἀνομία in Person, war schon einmal und mehr als einmal da, aber ehe er zur vollen Ausgestaltung und Enthüllung seines Charakters kam, ward er beseitigt, um dann wieder für Zeiten nur als unpersönliche Macht zu wirken, bis er in dem der Parusie Christi unmittelbar vorangehenden Menschen der Widergesetzlichkeit seine volle persönliche Darstellung und damit seine Enthüllung findet. Eine gewisse Analogie bieten die Aussagen über den kommenden Elias, Mt 11, 14; 17, 10—13, welche doch alle nicht im Sinne persönlicher Wiederkehr (cf Mt 14, 2; 16, 14), sondern nach Jo 1, 21; Lc 1, 17 zu verstehen sind.

9. Cf meine Abhandlung „Nero der Antichrist“ Ztschr. f. kirchl. Wiss. 1886 S. 337—352. 393—405. Nero, geb. 5. Dec. 37, † 9. Juni 68, glaubte selbst auf Grund von Wahrsagungen, daß er zwar den Thron verlieren, aber im Orient wieder zur Macht gelangen und bis zu seinem 73. Jahre (a. 110) leben werde (Suet. Nero 40). Solange etwa scheint sich auch im Volk der Glaube behauptet zu haben, daß er noch am Leben sei und wieder zur Regierung gelangen werde (Dio Chrys. or. 21). Darauf fußte ein Pseudonero, welcher sich a. 69 auf der Insel Cythnus festsetzte, dort aber bald und ohne große Schwierigkeit von dem zum Statthalter Galatiens ernannten Asprenas, der auf seiner Reise dorthin die Insel berührte, überwältigt und enthauptet wurde (Tac. hist. II, 8. 9; Dio Cass. 64, 9; Zonaras 11, 15), ferner ein zweiter, Namens Terentius Maximus, unter Titus (79—81 Zonaras 11, 18), wenn dieser nicht identisch ist mit dem dritten, welcher um 88 beinah einen Partherkrieg veranlaßt hätte (Suet. Nero 57; Tac. hist. I, 2). Die Verbreitung des diesen politischen Unternehmungen zu Grunde liegenden Glaubens unter den hellenistischen Juden der gleichen Zeit zeigt Sibyll. V, 137—178; 361—385 aus dem J. 71 und Sibyll. IV, 117—139 vom J. 80. Erst der jüdische Sibyllist aus den J. 120—125 Sibyll. V, 28—34; 93—110; 214—227 rückt den wiederkehrenden Nero in das Licht des Übernatürlichen und schildert ihn als ἀντίϑεος, welchen der Messias vernichten wird. Von einem Christen um 150 ist diese letztere Weissagung mit anderen älteren zu dem Buch Sibyll. V verarbeitet worden, und zu gleicher Zeit hat derselbe oder ein anderer, ähnlich denkender Christ (Sibyll. VIII, 1—216) diese Vorstellungen mit wesentlichen Zügen aus der johanneischen Apokalypse verschmolzen. — Die dem 1. Jahrhundert angehörigen und der Zeit nach allein mit 2 Th zu vergleichenden sibyllinischen Darstellungen charakterisiren den Nero lediglich nach der Geschichte als den Muttermörder, den Theaterhelden, welcher den von ihm selbst gestifteten Brand Roms besungen hat, als den Durchstecher des Isthmus von Korinth. Hat er zur Strafe für seine Untaten über den Euphrat fliehen müssen, so wird der Verschollene andrerseits als eine Strafgeißel für Rom mit zahlreichem Kriegsheer aus dem Partherlande wiederkehren. Von einem Antichrist und von einem geheimnisvollen Wunderwesen zeigt dieser Nero der jüdischen Vorstellung während der ersten Jahrzehnte nach dem Tode des wirklichen Nero keine Spur.

10. Waren die Christen zu Thess. durch den Pseudonero des J. 69 als den erschienenen Antichristen in die Aufregung versetzt worden, welche 2 Th 2, 2 auf ganz andere Veranlassungen zurückgeführt wird, so mußten sie durch dessen baldige Vernichtung auch wieder gründlich ernüchtert sein. Die Meinung, daß der Tag des Herrn

bereits angebrochen, weil der Antichrist erschienen sei, war dann von selbst zerronnen, indem der Prätendent elend zu Grunde ging, ehe er seine Herrschaft über die kleine Insel Cythnus auszudehnen und irgend etwas auszurichten vermocht hatte, was ihn als den Antichrist charakterisirt hätte. Eine denkbare Folge dieser Enttäuschung wäre nur etwa der Zweifel an der Nähe der Parusie oder an der Wahrheit der darauf bezüglichen Weissagung gewesen. Wenn ferner der Vf, welcher mit den irregeführten Lesern alle wesentlichen Voraussetzungen teilte, die Wiederkehr solcher Täuschungen und Enttäuschungen verhindern wollte, so mußte er Merkmale aufstellen, an welchen man einen falschen Nero oder Antichrist von dem wahren unterscheiden könne. Von einer solchen Antithese aber fehlt jede Spur. Der Hinweis auf den κατέχων war unter diesen Voraussetzungen zwecklos; denn bei dem Auftreten jedes neuen Pseudonero war es unbenommen, sich der Erwartung hinzugeben, dieser werde den jetzt regierenden Kaiser und alle sonstigen Hindernisse aus dem Wege räumen.

11. Es soll z. B. nach P. Schmidt S. 111; Schmiedel HK II, 1, 9 ein Widerspruch sein, daß nach I, 5, 1 die Parusie sich chronologisch nicht bestimmen läßt, da der Herr wie ein Dieb in der Nacht kommt, und daß nach II, 2, 1—12 an manchen, teilweise bereits der Gegenwart angehörigen Tatsachen das Herankommen der Parusie sich erkennen lasse. Dieser Widerspruch würde ebenso bestehen zwischen Mt 24, 7—33 (Mr 13, 9—29; Lc 21, 10—31) einerseits und Mt 24, 35—44 (Mr 13, 32—37; Lc 17, 20—30; 21, 34—36; AG 1, 7) andrerseits, oder zwischen Ap 3, 3; 16, 15 und anderen Teilen der Ap. In der Tat besteht gar kein Widerspruch, sondern nur derselbe Unterschied wie zwischen Noah und den Menschen in den Tagen des Noah. Den in das Weltleben Versunkenen kommt der Tag des Herrn wie ein Fallstrick und der Herr wie ein Dieb; die Jünger Jesu sollen wachen, nüchtern und bereit sein, damit er für sie nicht so komme. Sie sollen auch achten auf die Zeichen der Zeit als Vorzeichen des Endes; die entfernteren sollen sie nicht überschätzen, die unmittelbaren Vorzeichen aber nicht übersehen. Zu dem letzteren Zweck müssen sie dieselben kennen, ehe sie eintreten; zu ersterem Zweck müssen sie im Grundriß kennen, was vorher zu geschehen hat. Da aber ein chronologisches Wissen um das Ende und seine unmittelbaren Vorzeichen grundsätzlich ausgeschlossen ist, so ergibt sich als Forderung der Klugheit, was die Liebe von selbst leistet, ein Leben in beständiger Bereitschaft auf das nahe Ende. Diese Grundzüge des eschatologischen Zeugnisses Jesu hat die echte Prophetie der apostolischen Zeit innegehalten (cf Ap 19, 10). So auch Pl. Die Unmöglichkeit chronologischer Bestimmung des Endes (I, 5, 1—3) und die Einsicht, daß der Mensch der Gesetzwidrigkeit noch nicht erschienen ist und nicht eher erscheinen kann, bis die dermalige Rechtsordnung, das römische Reich, einer anderen Gestalt der Dinge Platz gemacht hat (II, 2, 3—7), hält ihn nicht ab, die Parusie als nahe vorzustellen (I, 4, 17, aber auch II, 1, 5ff.), ohne doch daraus ein Dogma zu machen (I, 5, 10 cf Rm 13, 11—14; 14, 7—9; 1 Kr 15, 51f.). Andrerseits hat die Beachtung der bereits in der Gegenwart vorhandenen Vorzeichen des Endes (II, 1, 5 ἔνδειγμα, 2, 7a ἤδη ἐνεργεῖται) sowie der Vorspiele, welche die von ihm als Christ miterlebte Vergangenheit bot (oben S. 170 A 7), ihn nicht zu einem Wahn verleitet, wie der, welchem er II, 2, 2 entgegentritt, oder zu einer Weissagung, welche der nächste Thronwechsel in Rom als falsch erwiesen hätte. — Unpaulinisch soll sein oder gar einen noch nicht christlich geläuterten Rachegeist atmen 1, 5—10 (Kern 211 macht vorsichtig den Anfang, stärker z. B. Schmiedel 13). Aber der allgemeine Grundsatz der vergeltenden Strafgerechtigkeit Gottes (Rm 2, 2—10) findet bei Pl oft genug eine scharfe Anwendung Rm 3, 8; 11, 9f.; 16, 20; 1 Kr 3, 17; 16, 22; 2 Kr 11, 15; Gl 1, 8; 5, 10. 12; Phl 3, 18f.; 2 Tm 4, 14; 1 Th 2, 16, und in der Anrede an die Geplagten, mit welchen er sich nicht zusammenfaßt, konnte er unbedenklich sagen, was in deren eigenem Munde weniger unbedenklich klingen würde. — Allerdings wird

1, 11 ohne Parallele bei Pl κλῆσις gebraucht zwar nicht vom Ruf zum Martyrium (Hilgenfeld 647), auch nicht von der zukünftigen Herrlichkeit (Klöpper 23), wohl aber von einer noch bevorstehenden Einladung, in den Besitz und Genuß der verheißenen Herrlichkeit einzutreten, was um so deutlicher wird, wenn man mit Hofmann ἐν τῇ ἡμέρᾳ ἐκείνῃ zu ἀξιώσῃ zieht. Pl hat auch nur ein einziges Mal Rm 11, 29 κλῆσις von der in der Berufung Abrahams enthaltenen Berufung der israelitischen Nation gebraucht. Wie er sich dort mit dem Gebrauch von οἱ κεκλημένοι Mt 22, 3. 4. 8; Lc 14, 17. 24 berührt, so hier mit dem Gebrauch von καλέσαι Mt 22, 3, dessen Objekt die längst Berufenen sind, cf Mt 25, 34; Ap 19, 9. Die einmalige Anwendung Rm 11, 29 liegt aber viel weiter ab von der bei Pl gewöhnlichen, denn die Berufung durch das Ev hat einen viel direkteren Bezug zu der zukünftigen Herrlichkeit der Christen (1 Th 2, 12; 5, 23f.; 2 Th 2, 14; Eph 1, 18; 4, 4; Phl 3, 14), als zu der Berufung Abrahams und Israels. — Unpaulinisch soll der Gebrauch von κύριος für Gott statt Christus sein (Hilgenfeld 646), welcher sich bei Pl nur in atl Citaten (1 Kr 1, 31) und Reminiscenzen (2 Kr 8, 21 = Prov 3, 4) finde. Aber I, 3, 12 kann ὁ κύριος mitten zwischen zweimaliger Unterscheidung Gottes des Vaters und „unseres Herrn Jesus" (I, 3, 11. 13) nicht Jesus im Unterschied vom Vater, sondern nur den Herrn bezeichnen, welcher für die christliche Betrachtung als „Gott und Vater" und „unser Herr Jesus" offenbar geworden ist, eine Redeweise, für welche Hofmann I, 214 treffend Rm 14, 1—12 (3 ὁ θεός, 4—8 ὁ κύριος, 9 Χριστός) vergleicht, und welche überall zum Vorschein kommt, wo Pl atl Stellen, deren artikelloses κύριος Jahve und nicht Jesus bedeutet, was Pl ebensogut wußte, wie wir, auf Jesus bezieht z. B. Rm 10, 9—15. Warum soll es sich mit ὁ κύριος II, 3, 3. 5 anders verhalten, als mit I, 3, 12, zumal der Zusammenhang beider Stellen eine ganze Reihe von Ähnlichkeiten aufweist: αὐτὸς δέ I, 3, 11; II, 2, 16; κατευθύναι I, 3, 11; II, 3, 5; στηρίξαι I, 3, 13; II, 2, 17; 3, 3. Richtig ist, daß Pl, welcher II, 1, 7—2, 14 den in seiner Glorie wiederkehrenden Christus beständig vor Augen hat, eben deshalb II, 2, 16 im Unterschied von I, 3, 11 ihn voranstellt, wo er Gott neben ihm nennt, und daß er II, 1, 12 Christum „unsern Gott und Herrn" nennt (cf Rm 9, 5; Tt 1, 3). Richtig ist auch, daß ὁ κύριος hier in Verbindungen vorkommt, wo man nach der Analogie ὁ θεός erwarten möchte: πιστὸς . . ὁ κύριος II, 3, 3 cf dagegen I, 5, 24; 1 Kr 1, 9; 10, 13; 2 Kr 1, 18, ἠγαπημένοι ὑπὸ κυρίου (v. l. τοῦ κυρίου und θεοῦ) II, 2, 13 cf dagegen I, 1, 4, ὁ κύριος τῆς εἰρήνης II, 3, 16 cf dagegen I, 5, 23; Rm 15, 33; 16, 20; 2 Kr 13, 11; Phl 4, 9, auch Hb 13, 20; 1 Kr 14, 33. Unpaulinisch könnte man dies doch nur dann nennen, wenn Pl in sonderbarem Unterschied von anderen Christen seiner Zeit Christus nicht als den Getreuen (2 Tim 2, 13), als den vermöge seiner Liebe Erlösenden (Gl 2, 20; Rm 8, 37; Eph 5, 2. 25), als den Friedensbringer (Eph 2, 14—18; Kl 3, 15 neben Phl 4, 7; „Friede von Gott und Christus" in den Grußüberschriften) gekannt hätte. Dagegen liegt auf der Hand, daß ein Fälscher einen bei Pl und sonst so geläufigen Ausdruck wie „der Gott des Friedens" nicht durch einen so unerhörten wie „der Herr des Friedens" ersetzt haben würde. Das Gleiche gilt von dem zwischen doppeltes ἐν gestellten ἐγκαυχᾶσθαι II, 1, 4 anstatt des mehr als 30 mal bei Pl zu lesenden Simplex, welches die Abschreiber auch hier früh einzusetzen für gut fanden. — Pl, welcher an zwei Stellen seiner Briefe (1 Kr 1, 27f. Eph. 1, 4) von der Erwählung ἐξελέξατο gebraucht, soll an einer dritten II, 2, 13 dafür nicht εἵλατο schreiben dürfen, obwohl er das Wort natürlich kennt (Phl 1, 22) und hier, wo der Gegensatz zu dem Verderben der Ungläubigen obwaltet, vor welchen die Christen bevorzugt worden sind, sehr treffend gewählt hat. — Unpaulinisch kann ἡ ἐπιφάνεια, welches neben τῆς παρουσίας keineswegs überflüssig ist, sondern ebenso wie der Hauch des Mundes die in die Sinne fallende Erscheinung der Ankunft Jesu bezeichnet (II, 2, 8 cf 1, 7—10), doch deshalb nicht heißen, weil es in ähnlicher Verbindung Tt 2, 13 und auch sonst in bezug auf die Wiederkunft 1 Tm 6, 14; 2 Tm 4, 1. 8 vorkommt. — Vollends sinnlos ist es, das aus Jes 2, 10 herübergenommene ἀπὸ τῆς δόξης τῆς ἰσχύος αὐτοῦ II, 1, 9 statt des angeblich allein paulinischen δυνάμεως αὐτοῦ (cf dagegen Eph 1, 19; 6, 10), und ἐπισυναγωγή II, 2, 1 (cf I, 4, 14. 17; Mr 13, 27), statt dessen man gar kein echt paulinisches Äquivalent nennen kann, als nichtpaulinisch zu beanstanden. — Die schwerfällige, an mehreren Stellen (1, 10—12; 2, 3—9) anakoluthische Satzbildung des ersten Hauptteils, die kurzen, Schlag auf Schlag treffenden Sätze des Schlußteils (3, 2_b mit dem Gegensatz 3, 3; die Sentenz 3, 10; die Antithese 3, 11b; Alles von 3, 13 an) sind Kennzeichen der Echtheit.

IV. Die Korrespondenz des Paulus mit der korinthischen Gemeinde.

§ 17. Vorgeschichte.

Korinth, durch Mummius 146 v. Chr. zerstört und entvölkert, durch Cäsar als römische Kolonie „Laus Julia Corinthus" neu gegründet, war die Hauptstadt der seit 27 v. Chr. von Macedonien getrennten, so ziemlich mit dem heutigen Königreich Griechenland sich deckenden Provinz Achaia, die regelmäßige Residenz des Proprätors mit dem Titel Proconsul. Nach der Wiederherstellung rasch wiederaufgeblüht, war Korinth damals in bezug auf Bevölkerungszahl, Gewerbstätigkeit und Handel die erste Stadt der Provinz, trotz seiner sehr gemischten Bevölkerung schon als Vorort der isthmischen Spiele ein Mittelpunkt des Griechentums, aber auch wieder wie früher eine „Stadt der Aphrodite" (A 1). Es wird November 52 gewesen sein, als Pl von Athen dorthin kam (AG 18, 1). Die Frucht seiner 18 monatlichen Arbeit in Korinth war die Bildung der dortigen Gemeinde. Mit einer Ausschließlichkeit und einem Nachdruck, welche gegenüber den Thessalonichern nicht am Platze gewesen wären, bezeichnet er sich als den alleinigen Stifter der korinthischen Gemeinde, und die AG gibt uns ebensowenig als anderweitige Aussagen des Pl selbst Anlaß, seine Berechtigung hiezu zu beanstanden (A 2). Wenn schon damals, wie es scheint, auch in der Umgebung Korinths eine Anzahl kleinerer Gemeinden entstand, so haben wir keinen Grund anzunehmen, daß Pl selbst an deren Stiftung selbsttätigen Anteil hatte. Es wird vielmehr hier so gegangen sein, wie später in Ephesus. Während der Apostel in der Hauptstadt verweilte und allen Fleiß daran setzte, hier einen Herd christlichen Lebens zu gründen, flogen die Funken nach allen Richtungen durch die Provinz. Hier wie dort werden auch die Gehilfen des Pl um die Verbreitung des Ev an Orten, die er selbst nicht besucht hat, sich Verdienste erworben haben. Sein Auftreten in Kor. hatte einen besonderen Charakter. Mag es in den zu Athen gemachten Erfahrungen oder in der anhaltenden Sorge um Thessalonich begründet gewesen sein, jedenfalls war es eine ungewöhnlich zaghafte Stimmung, in welcher er seine Arbeit in Kor. begann. Er selbst bringt es mit seiner damaligen Stimmung in Zusammenhang, daß er sich in Kor. mit besonderer Entschiedenheit auf die schlichte Predigt vom Kreuz beschränkte und noch mehr als sonst und anderswo darauf verzichtete, das törichte Ev durch Anwendung rednerischer Kunst und gelehrten Wissens den Hörern annehmbar zu machen (1 Kr 2, 1—5 cf AG 18, 9). Dieser Stimmung entsprach auch seine äußere Lebenshaltung. Während Pl in Athen, dem Charakter dieser Stadt entsprechend und unterstützt durch Geldsendungen der macedonischen Gemeinden (Phl 4, 15; 2 Kr 11, 8f.), darauf verzichtete, sich mit Handarbeit das tägliche Brot zu verdienen, und nicht nur an den Sabbathen in der Synagoge Juden und Proselyten predigte, sondern auch an den Wochentagen auf den öffentlichen Plätzen mit dem dort verkehrenden Publikum ins Gespräch zu kommen suchte, beschränkte er sich in Kor. auf die Synagoge und die Sabbathe, nachdem er im Hause des von da an innig und dauernd mit ihm verbundenen jüdischen Ehepaars Aquila und Priscilla Quartier und für die Wochentage lohnende Beschäftigung in deren Zeltfabrik gefunden hatte (A 3). Die Herzenserleichterung, welche Tim. dem Pl durch die guten Nachrichten über Thess. brachte (1 Th 3, 6), und die Ermutigung, welche an sich in der Wiedervereinigung mit den beiden bewährten Gehilfen lag, wird sich in gesteigerter Energie der Predigt geäußert haben, was dann den heftigeren Widerspruch der Juden und die Ausscheidung der christlichen Predigt aus der Synagoge zur Folge hatte (AG 18, 5—7). Ein Triumph für Pl war es, daß der Synagogenvorsteher Crispus sich samt seiner ganzen Familie von ihm taufen ließ, ein Beispiel, dem sich sofort eine beträchtliche Zahl von Korinthern anschloß. So entstand die Gemeinde, welche sich fortan in dem an der Synagoge anstoßenden Hause eines unbeschnittenen Judengenossen versammelte und sich in den folgenden Monaten durch Hinzutritt aus den verschiedensten Schichten der heidnischen Bevölkerung stark vermehrte (A 4). Mit der Stiftung einer von der Synagoge unabhängigen Gemeinde hätte Pl seine Aufgabe in Kor. für erledigt halten können. Die Besorgnis, durch seine längere Anwesenheit und fortgesetzte Predigt in unmittelbarer Nähe der Synagoge Ausbrüche des jüdischen Fanatismus herauszufordern, scheint ihm selbst den Gedanken nahe gelegt zu haben, Kor. jetzt zu verlassen. Ein Traumgesicht jedoch ermutigte ihn, auf diesem Posten länger auszuhalten, als bisher auf irgend einer anderen Missionsstation. An Anfeindungen fehlte es in der Folgezeit nicht (2 Th 3, 2); aber ein Versuch der Judenschaft, den Apostel vor dem Proconsul Gallio als Verkündiger einer mit den Staatsgesetzen unverträglichen Religion zu verklagen, scheiterte an der Einsicht dieses Staatsmannes, daß es sich um innerjüdische Lehrverschiedenheiten handle, und an seinem Entschluß, in solche Dinge sich nicht einzumischen (A 5). Den Unmut der Juden über diesen Miserfolg bekam sofort, noch vor dem Richterstuhl, von welchem Gallio die Kläger fortgewiesen, also beim Hinausgehen aus dem Gerichtslokal der Synagogenvorsteher Sosthenes zu fühlen, man muß annehmen, weil dieser als Wortführer der Judenschaft nicht die nötige Entschiedenheit oder Geschicklichkeit bewiesen hatte. Ist das derselbe Sosthenes, welcher uns 1 Kr 1, 1 wiederbegegnet, so hat ihm diese schmerzliche Erfahrung dazu verholfen, sich vollends für eine Sache zu entscheiden, zu deren Bekämpfung ihm schon vorher die erforderliche feindliche Entschiedenheit gefehlt hatte (A 6). Abgeschlossen war die Entwicklung des Verhältnisses zwischen Synagoge und Christengemeinde zu Kor., wie sogleich zu zeigen ist, auch noch nicht, als sich Pl um Pfingsten 54 von Kor. nach Ephesus begab. Damit beginnt die im ganzen dreijährige Zeit, welche Pl der Verbreitung des Christentums in Ephesus und der Provinz Asien gewidmet hat (AG 20, 31). Gegen Ende derselben ist der erste der uns erhaltenen Briefe an die Korinther geschrieben. Schon seit längerer Zeit ist von einer demnächstigen Reise nach Kor. die Rede gewesen; jetzt soll sie bald ausgeführt werden; der Reiseweg über Macedonien und Pfingsten als Zeitpunkt der Abreise sind bereits festgestellt (1 Kr 4, 18—21; 11, 34; 16, 2—9). Auf demselben Umwege, den Pl zu nehmen beabsichtigt, hat er bereits den Timotheus und nach AG 19, 22 auch einen gewissen Erastus, wahrscheinlich den Rentmeister der Stadt Kor. (Rm 16, 23 cf 2 Tm 4, 20) vorausgeschickt (1 Kr 4, 17; 16, 10). Wegen des Umwegs über Macedonien und der Aufträge, welche jene Männer in den dortigen Gemeinden werden auszurichten gehabt haben, nimmt Pl an, daß Tim. etwas später in Kor. eintreffen werde, als der Brief, welcher auf dem direkten Seeweg befördert worden sein wird; denn er gibt der Gemeinde Anweisung darüber, wie sie den Tim. aufnehmen soll, wenn er bei ihr anlangt (1 Kr 16, 10). Zugleich fordert er, daß Tim. von Kor. bald nach Ephesus zurückbefördert werde, wo Pl seine Rückkunft abwarten will. Nimmt man dazu, wie Pl sein Bleiben in Ephesus bis Pfingsten begründet (16, 9), so ist anzunehmen, daß dies mindestens 4—8 Wochen vor Pfingsten geschrieben wurde. Um so wahrscheinlicher ist, daß Pl durch das jüdische Passa, zu dessen Zeit er schrieb, auf die bildliche Rede 1 Kr 5, 7 f. geführt wurde (A 7).

Von dem, was zwischen der Abreise des Pl von Kor. um Pfingsten 54 und der Abfassung des 1 Kr um Passa 57 in bezug auf das Verhältnis der Gemeinde zu Pl sich zugetragen hat, läßt sich Einiges unschwer feststellen. Unmittelbare Voraussetzung des 1 Kr bildet ein Brief der Gemeinde an Pl (1 Kr 7, 1). Da Pl 16, 17 seine Freude über die Ankunft des Stephanas, Fortunatus und Achaïcus (A 8) ausspricht, welche manches wieder gut gemacht haben, woran es die Gemeinde ihm gegenüber hat fehlen lassen, und da er andrerseits von der Gemeinde für diese Männer Anerkennung und Folgsamkeit fordert (16, 15—18), so erfahren wir auf diesem Wege, was den Kor. nicht erst gesagt zu werden brauchte, daß diese drei Korinther kürzlich nach Ephesus gekommen waren und nunmehr nach Kor. zurückkehren. Daher ist auch nicht wohl zu bezweifeln, daß eben sie das Schreiben der Gemeinde nach Ephesus überbracht hatten und die Antwort des Pl nach Kor. bringen sollen. Wenn 7, 1 ausdrücklich auf schriftlich vorliegende Urteile und Anfragen der Gemeinde Bezug genommen wird, so wird wegen der ähnlichen, nur abgekürzten Form, in welcher 7, 25 (περὶ δὲ τῶν παρθένων); 8, 1 (περὶ δὲ τῶν εἰδωλοθύτων); 12, 1 (περὶ δὲ τῶν πνευματικῶν); 16, 1 (περὶ δὲ τῆς λογίας); 16, 12 (περὶ δὲ Ἀπολλῶ) einzelne Gegenstände zur Sprache gebracht werden, behauptet werden dürfen, daß die sämtlichen so eingeleiteten Erörterungen also c. 7; 8—10; 12—14; 16, 1—12 eine Antwort auf das Schreiben der Gemeinde darstellen. Dies wird bestätigt durch die Beobachtung, daß Pl in diesen Zusammenhängen wiederholt Sätze aufstellt, nur um sie sofort in ihrer Anwendung einzuschränken (7, 1 f.; 8, 1; 10, 23; cf § 18 A 1). Dies gilt aber auch von der Anerkennung 11, 2, zu welcher das weiter Folgende nur einen Gegensatz bildet. Aus dem Brief der Gemeinde eignet Pl sie sich vorläufig concedirend an, um sie sofort sehr abzuschwächen 11, 16f. Nur wenn ihm über die Abendmahlsfeier Fragen oder Urteile von der Gemeinde vorgelegt waren, ist der Ausdruck 11, 34 natürlich. Also auch c. 11 gehört zur Beantwortung des Gemeindebriefs, wodurch nicht ausgeschlossen ist, daß Pl hier (11, 18) wie an anderen Stellen hinter 7, 1 einzelne mündliche Nachrichten berücksichtigt. Aber auch vor 7, 1 zeigen sich Spuren des Gemeindeschreibens. Derselbe von Pl nur in seiner allgemeinen Wahrheit anerkannte, in bezug auf die praktische Behandlung der vorliegenden Frage aber von ihm eingeschränkte Satz 10, 23 steht auch an der Spitze von 6, 12—20. Sodann sehen wir Pl 5, 9—13 der Misdeutung einer in einem früheren Brief von ihm der Gemeinde gegebenen Anweisung korrigirend entgegentreten, ohne daß er die Quelle seines Wissens namhaft macht oder irgend welche Unsicherheit in bezug auf das Tatsächliche verrät. Im Brief der Gemeinde also muß ihm die Misdeutung seiner früheren Anweisung vorgelegen haben. Wir haben daher anzunehmen, daß abgesehen von c. 1—4, wozu dem Pl besondere, wahrscheinlich mündliche Nachrichten der Angehörigen einer gewissen Chloë Stoff und Anlaß geboten haben (1, 11), ferner von 5, 1—8, vielleicht auch 6, 1—11 und wahrscheinlich c. 15, wo Pl aus eigenem Antrieb Vorkommnisse in der Gemeinde zur Sprache zu bringen scheint, über welche er zwar ausreichend, aber nicht durch die Gemeinde selbst unterrichtet war, der ganze 1 Kr eine Antwort auf den Brief der Gemeinde ist, welcher seinerseits wieder auf einen früheren Brief des Pl an die Korinther Bezug genommen hatte, also eine unmittelbare Antwort auf einen solchen gewesen war. Während diese verloren gegangene Korrespondenz (A 9) den letzten Wochen oder höchstens Monaten vor Abfassung des 1 Kr angehört, fällt in die ersten Wochen oder Monate nach der ersten Abreise des Pl von Korinth das Auftreten des Apollos daselbst. Nach AG 18, 24 ff. war Apollos (A 10) ein ebensowohl durch griechische, rhetorische Bildung (λόγιος) als durch jüdische Schriftgelehrsamkeit ausgezeichneter Jude aus Alexandrien, welcher, ohne bisher die kirchliche Taufe empfangen zu haben, also Glied einer Christengemeinde geworden zu sein, nicht nur eine ziemlich genaue Kenntnis von Jesus nach Ephesus mitbrachte, sondern auch mit Begeisterung in der dortigen Synagoge als Lehrer eines solchen außerkirchlichen Christentums auftrat. Eben dies brachte ihn mit Aquila und Priscilla zusammen, welche mit Pl nach Ephesus gekommen und dort geblieben waren, während Pl durch eine Reise nach Palästina und nach Antiochien mehrere Monate lang fern gehalten wurde, und welche in dieser Zeit ebenso wie Pl bei seiner ersten Ankunft zu Ephesus (18, 19) und in den ersten Monaten nach seiner Rückkehr dorthin (19, 8), sich zur Synagoge hielten. Nachdem Apollos durch dieses Ehepaar mit dem kirchlichen Christentum bekannt geworden, drängte es ihn um so mehr, seine Predigtreise fortzusetzen. Wenn er mit Empfehlungsbriefen des Aquila an die dortigen Christen nach Kor. kam, so kam er doch zunächst nicht, um als Lehrer in der Christengemeinde, sondern um als Missionsprediger unter den Juden zu Kor. zu wirken. Die Erfolge, welche er dabei erzielte, waren es hauptsächlich, wodurch er den Bestand der Gemeinde förderte (A 11). Dadurch ist nicht ausgeschlossen, vielmehr als selbstverständlich anzunehmen, daß Apollos auch in den christlichen Versammlungen ein gerne gehörter Lehrer war. Wie lange er dort blieb, wissen wir nicht. Zur Zeit des 1 Kr hielt er sich seit einiger Zeit bei Pl in Ephesus auf. Aber in Kor. war er unvergessen. Aus 1 Kr 16, 12 sieht man, daß die Gemeinde in ihrem Schreiben an Pl den Wunsch geäußert hatte, Apollos möge nach Kor. zurückkehren. Obwohl Pl selbst ihn dringend bat, diesen Wunsch zu erfüllen und sich den heimreisenden Abgesandten der Korinther anzuschließen, weigerte sich Apollos für jetzt mit Entschiedenheit, darauf einzugehen. — Später als das erste Auftreten des Apollos in Kor., aber wahrscheinlich beträchtlich früher als der briefliche Verkehr zwischen Pl und den Korinthern, welcher dem 1 Kr unmittelbar voranging, fällt ein Besuch des Apostels in Kor. Die AG, welche aus der 3jährigen Periode, die wesentlich der Gründung der Gemeinde von Ephesus gewidmet war, nur wenige hierauf bezügliche Einzelheiten hervorhebt und hier wie sonst über den Verkehr des Pl mit den bereits gestifteten Gemeinden völlig schweigt, hat diese Reise nicht erwähnt. Auch im 1 Kr findet man keine Andeutung davon (A 12). Dagegen setzen mehrere Stellen des 2 Kr voraus, daß Pl schon zweimal vor seiner nun bevorstehenden Hinkunft in Kor. gewesen war (A 13). Ist nun, wie sich zeigen wird, die Annahme unhaltbar, daß der zweite Besuch zwischen 1 Kr und 2 Kr falle, so ergibt sich, daß Pl vor der Zeit seiner teils auf uns gekommenen, teils durch den 1 Kr bezeugten Korrespondenz seine Arbeit zu Ephesus durch einen vermutlich nur kurzen Besuch von Kor. unterbrochen hat (A 14). Betrübende Eindrücke genug hatte er damals empfangen. Es war ihm demütigend gewesen, in einer Gemeinde, an deren Gründung er so anhaltend gearbeitet hatte, nicht wenige in heidnischer Zuchtlosigkeit dahinleben zu sehen (2 Kr 12, 21; 2, 1). An ernsten Mahnungen hatte er es nicht fehlen lassen, strengerer Zuchtmittel aber noch sich enthalten (2 Kr 13, 2). Anweisungen in letzterer Beziehung enthielt der Brief des Pl, auf welchen sich 1 Kr 5, 9 bezieht. Das Schreiben an Pl, worin die Gemeinde unter anderem auch auf jenen Brief des Apostels Antwort gegeben hatte, sowie mancherlei kurz vor dem Eintreffen des Gemeindebriefs dem Pl zugekommene mündliche Nachrichten über neuerdings eingetretene Zustände und Ereignisse (A 15) hatten jenen kurzen Besuch in den Hintergrund gedrängt und die Lage der Dinge geschaffen, aus welcher heraus der 1 Kr geschrieben ist.

1. Marquardt, Röm. Staatsverw. I,[2] 321—333; Mommsen, Röm. Gesch. V[2], 234 ff.; Brandis in Pauly-Wissowa RE I, 190 ff. Senatorische Provinz war Achaia seit Augustus und nach einer vorübergehenden Vereinigung mit Macedonien unter Tiberius und Cajus wieder zur Zeit des Claudius, mit welcher wir es zu tun haben. Über Korinth s. Curtius, Peloponnesos II, 514—556. 589—598. Im Rückblick auf ihre frühere Blüte *lumen totius Graeciae* genannt (Cic. pro lege Manil. 5 cf de nat. deor. III, 38), wurde die *bimaris Corinthus* (Hor. od. I, 7, 2) vermöge ihrer Lage auf dem Isthmus zwischen den Häfen *Κεγχρεαί* und *Σχοινοῦς* am saronischen und *Λέχαιον* am korinthischen Busen nach ihrer Wiederherstellung bald wieder ein Hauptstapelplatz des Handels zwischen Kleinasien und Italien (Strabo p. 378 [da auch das sprichwörtliche *οὐ παντὸς ἀνδρὸς ἐς Κόρινθόν ἐσθ' ὁ πλοῦς*]. 380; Aristides or. III Dindorf I, 37). Die Gefährlichkeit der Umschiffung des Kap *Μαλέαι* und die Beschwerlichkeit des Transports der Waren und ganzer Schiffe auf dem „Diolkos“, welcher von Schoenus über den Isthmus führte (Strabo 335. 380; Plin. h. nat. IV, 4, 10), veranlaßte die wiederholten Versuche, den Isthmus zu durchstechen, zuletzt wieder seitens des Kaisers Caligula (Suet. Calig. 21; Plin. l. l.). Erst 1893 ist dies gelungen. Die Leitung der isthmischen Spiele (cf 1 Kr 9, 24—27), in der Zeit der Verödung an Sikyon übertragen, war wieder an Korinth zurückgegeben (Pausan. II, 2, 1). Unter den Heiligtümern in und bei der Stadt befanden sich auch solche der Isis, des Serapis, des Melikertes (Pausan. II, 1, 3; 2, 3; 4, 7). Korinth neben Argos und Athen ein Wohnsitz von Juden (Philo, leg. ad. Caj. 36 cf Justin. dial. 1). Korinth zu sehen, war ein Ziel der Sehnsucht auch der studirenden Jugend (Epikt. diss. II, 16, 32), wenn gleich es sich in dieser Beziehung nicht entfernt mit Athen messen konnte. Die Gräber des Philosophen Diogenes und der berühmten Buhlerin Laïs lagen nicht weit von einander (Pausan. II, 2, 4).

2. Pl der einzige Stifter der korinthischen Gemeinde 1 Kr 3, 6—10; 4, 15 cf 9, 2; 11, 23; 15, 1 ff. Dem widerspricht nicht 2 Kr 1, 19; denn der 2 Kr ist nicht wie der 1 Kr ausschließlich an die Gemeinde von Kor., sondern an die sämtlichen Christen von ganz Achaia gerichtet (2 Kr 1, 1). Es ist also zunächst ohne Zweifel außer an Kor. auch an Athen zu denken, wo Pl eine Zeit lang mit Tim., dem Mitverfasser des 2 Kr, und längere Zeit außerdem noch mit Sil. zusammengewesen ist (1 Th 3, 1—5 oben S. 147). Der starke Ausdruck (*πᾶσιν, ὅλῃ*) läßt aber an eine Vielheit von Orten der Provinz denken, wo es Christen gab. Nach cod. D zu AG 18, 27 scheint es gleich nach der Abreise des Pl von Kor. eine Mehrheit von *ἐκκλησίαι* in und bei Korinth gegeben zu haben. Nach 2 Th 1, 4 (oben S. 173 A 11) gab es solche schon um die Mitte des korinthischen Aufenthalts des Pl. Erst etwas später (Rm 16, 1) wird eine einzelne, die zu Kenchreä, namentlich erwähnt. Gerade wegen 2 Kr 1, 19 hat man anzunehmen, daß Tim. und Sil., welche nach dem 1 Kr an der Gründung der korinthischen Ortsgemeinde keinen nennenswerten Anteil gehabt haben können, in der Umgebung Korinths mit Erfolg tätig gewesen sind. Dem widerspricht aber auch die AG keineswegs. Wie Pl seine Arbeit in Kor. eine Zeit lang getrieben hat, ehe die Gehilfen dorthin kamen (18, 1—4), so hören wir auch bei seinem Aufbruch von Kor. nichts von jenen (18, 18). Auch

nach Erwähnung ihrer Ankunft in Kor. ist immer nur von dem einen Pl die Rede (18, 5—17 cf dagegen z. B. 17, 1—15). Daraus, daß Tim. und Sil. zur Zeit der beiden Th bei Pl waren, folgt nicht, daß sie auch nur einige Monate ununterbrochen in Kor. geblieben sind. Während Pl allein 18 Monate in Kor. „saß" (AG 18, 11), werden Tim. und Sil. von dort aus der Missionsarbeit in der Provinz obgelegen haben.

3. AG 18, 1—4. Über das Edikt des Claudius s. Abschn. XI. Daß Priscilla oder Prisca (so nach überwiegender Bezeugung Rm 16, 3; 2 Tm 4, 19, vielleicht auch 1 Kr 16, 19) regelmäßig neben Aquila und mehrmals vor ihm (Rm 16, 3; 2 Tm 4, 19; AG 18, 18, vielleicht auch 18, 26) genannt wird, läßt vermuten, daß sie die bedeutendere war. Da Aquila AG 18, 2 als ein gewisser Jude dieses Namens bezeichnet und die Aufnahme des Pl in dessen Hauswesen nur durch ἦσαν γὰρ σκηνοποιοὶ τῇ τέχνῃ begründet wird (18, 3), so ist nicht daran zu denken, daß die Leute bereits christgläubig oder von früher her mit Pl bekannt waren. Bei seinem Suchen nach einem geeigneten Quartier und nach Arbeitsgelegenheit „fand" Pl den Aquila. Daß Pl in Handelsstädten wie Thess. (1 Th 2, 9; 2 Th 3, 8) und Kor. (2 Kr 11, 7—12; 12, 13—18; 1 Kr 4, 12; 9, 4—18) besonders streng darauf hielt, daß man seine Missionstätigkeit nicht als ein gewinnbringendes Gewerbe ansehe, ist begreiflich. Andrerseits entsprach seine Handarbeit an den Wochentagen der Stimmung, in welcher er nach K. kam. Es war auch diese Lebensweise ein ἑαυτὸν ταπεινοῦν 2 Kr 11, 7.

4. Den Crispus (AG 18, 8) und außerdem noch einen gewissen Cajus hat Pl selbst getauft (1 Kr 1, 14). Die Zweifel an der Identität des hier und dort genannten Crispus oder der Richtigkeit der Angaben der AG über ihn (Heinrici, Komm. I, 1880 S. 10; Holsten, Ev des Pl I, 186) erscheinen grundlos. Ihn als Juden oder Synagogenvorsteher zu bezeichnen oder den Zeitpunkt seiner Taufe anzugeben, hatte Pl keinen Anlaß. Vollends unbegründet ist der Vorwurf, daß die Darstellung in AG 18, 1—17 „nach dem Schema" von Rm 1, 16; 2, 9 f. entworfen sei. In Thessalonich und Beröa predigte Pl überhaupt nur in der Synagoge, in Athen gleichzeitig auf Markt und Straßen, in Kor. zuerst in der Synagoge, dann in einem Privathaus. Fast die ganze Judenschaft von Beröa, an welche sich dann einige Proselyten, besonders solche weiblichen Geschlechts, anschlossen, scheint dem Ev zugefallen zu sein (AG 17, 10—12). Dagegen in Thess. und Kor. trat der Widerspruch der Juden bald so entschieden hervor, daß der überwiegend heidenchristliche Charakter der Gemeinden sofort feststand. Wo bleibt die Schablone, nach welcher Lc gedichtet haben soll? Der Beweis dafür, daß in Kor. das Ev zuerst in einem griechischen Hause die ersten Gläubigen gefunden habe, welchen Holsten I, 187 aus 1 Kr 16, 15 meinte führen zu können, beruht erstens auf dem schier unglaublichen Irrtum, daß griechische Namen wie Stephanas nur von Griechen und nicht von Juden geführt worden seien (s. oben S. 45 A 10), und zweitens auf dem weiteren Irrtum, daß Stephanas ein Korinther gewesen sei. Da das Haus des Stephanas ἀπαρχὴ τῆς Ἀχαΐας genannt wird (1 Kr 16, 15), Pl aber in dem zu Achaia gehörigen Athen nicht ohne Erfolg gepredigt hat, ehe er nach Kor. kam, so muß Stephanas in Athen bekehrt und getauft worden sein. Dem widerspricht es nicht, daß er zur Zeit des 1 Kr von Kor. nach Ephesus gekommen war (1 Kr 16, 17), um die Kollekte für die Jerusalemer in Korinth und Achaia sich Verdienste erwarb (1 Kr 16, 15 cf 16, 1; 2 Kr 9, 2) und wahrscheinlich in Kor. damals seinen Wohnsitz hatte. Nur daraus, daß Stephanas nicht zu den Erstbekehrten von Kor. gehörte, geschweige denn die ἀπαρχὴ Κορίνθου war, doch aber zur Zeit des Briefs in einem solchen Verhältnis zu der dortigen Gemeinde stand, daß seine Nichterwähnung in dem Zusammenhang von 1 Kr 1, 14 f. unschicklich hätte erscheinen können, erklärt es sich, daß Pl ihn dort erst nachträglich, sichtlich sich besinnend, wen er noch etwa zu nennen haben könnte, an Crispus und Cajus anfügt. Daß

die Verabredung von Jerusalem Gl 2, 9 dem Pl nicht verbot, wo immer dazu Gelegenheit war, zunächst in der Synagoge predigend aufzutreten, liegt auf der Hand cf Skizzen 70—76 und N. kirchl. Zeitschr. 1894 S. 441 f. Daß er auch in Kor. es nicht anders gehalten, würde schon nach 1 Kr 1, 22—24; 7, 18; 9, 20 anzunehmen sein, auch wenn es nicht mit so unerfindlichen Einzelheiten und daher so glaubwürdig wie in AG 18 berichtet wäre. — Ob der neben Crispus genannte Cajus, welcher sich nach Rm 16, 23 durch großartige Gastlichkeit ausgezeichnet haben muß, ein Jude war, oder nicht, wissen wir nicht. Titus (v. l. Titius) oder Justus oder Titus Justus (AG 18, 7), welchen mit dem Titus von Gl 2, 3; 2 Kr 2, 13; 7, 6—12, 18 zu identificiren (so Wieseler, Chronol. 204) bei richtiger Chronologie unmöglich ist, war ein *σεβόμενος*, also nach dem Sprachgebrauch der AG (oben S. 153 A 6) ein zur Synagoge sich haltender Heide, nicht ein beschnittener Proselyt. Aquila und Priscilla, welche sicherlich vor Crispus für den Glauben gewonnen waren und spätestens zur Zeit der Bildung einer selbständigen Gemeinde die Taufe empfangen haben werden, hatte Pl keinen Anlaß 1 Kr 1, 14 zu nennen, da sie Kor. für immer verlassen hatten AG 18, 26; 1 Kr 16, 19; Rm 16, 3. Die „vielen Korinther", für welche die Taufe des Crispus entscheidend war, AG 18, 8, werden eben deshalb zu denjenigen „Hellenen" gehört haben, die sich vorher mehr oder weniger zur Synagoge gehalten hatten, AG 18, 4. Dies gilt aber nicht mehr von dem *λαὸς πολύς* AG 18, 10. Wenn es dem Apollos später gelang, einige Juden für die Gemeinde zu gewinnen (A 6. 11), so bestand doch die Gemeinde zur Zeit des 1 Kr überwiegend aus geborenen Heiden (6, 11; 8, 7; 12, 2). Aus 1 Kr 1, 26—31 ist zu entnehmen, daß zwar nicht viele, aber doch einige Personen höheren Standes und feinerer Bildung der Gemeinde angehörten. Über Erastus s. oben S. 186 Mitte.

5. Über Gallio s. Abschn. XI. Daß die Juden AG 18, 13 den Pl als Übertreter des mosaischen Gesetzes verklagt haben, ist unannehmbar; denn 1) fehlt hier ein dieses bezeichnender Ausdruck wie Jo 19, 7; 18, 31; Jos. ant. XIII, 3, 4 (im Streit der Juden und Samariter vor Ptolemäus Philometor *κατὰ τοὺς Μωυσέως νόμους*). 2) Es versteht sich von selbst, daß „das Gesetz", worauf sich der Kläger vor Gericht beruft, dasjenige ist, wonach der Richter zu entscheiden hat. Es war auch jüdischer Grundsatz, daß man im Proceß ebensowohl heidnische als jüdische Gesetze anrufen dürfe (Baba Kamma 113[a]). 3) Dagegen spricht nicht, daß Gallio v. 15 *περὶ νόμου τοῦ καθ' ὑμᾶς* sagt; im Gegenteil fordert dieser zugespitzte Ausdruck den Gegensatz desjenigen Gesetzes, nach welchem Gallio hatte richten sollen. In der Anklage, welche v. 13 natürlich in sehr abgekürzter Form vorliegt, müssen die Juden gezeigt haben, daß und warum das Christentum nicht mit dem von der römischen Staatsgewalt tolerirten Judentum zu verwechseln, sondern vielmehr als ein Abfall vom jüdischen Gesetz und Glauben zu betrachten sei. So war dem Gallio das Material für sein Urteil gegeben. 4) Es wäre eine durch blinden Fanatismus (so C. Schmidt, AG I, 533) nicht zu erklärende Torheit gewesen, von einem Proconsul, zumal außerhalb Palästinas, wo die Verhältnisse wesentlich anders lagen, direkt die Beschützung der jüdischen Orthodoxie zu fordern. Noch ungeschickter aber wäre es gewesen, die Anklage, Pl lehre die Menschen (nicht die Juden), in einer dem mosaischen Gesetz widersprechenden Weise Gott zu verehren, vor einen Richter zu bringen, dessen Religion und Kultus mindestens ebensosehr mit dem mosaischen Gesetz in Widerspruch stand. Die wirkliche Anklage der Juden von Kor. ist wesentlich die gleiche wie die AG 17, 7 cf 16, 21; Lc 23, 2; Jo 19, 15.

6. Ist AG 18, 17 *πάντες* (ℵ AB) ohne *οἱ Ἕλληνες* (DEHLP) oder das ganz gering bezeugte *οἱ Ἰουδαῖοι* zu lesen, so können auch nur die in hellen Haufen vor Gallio erschienenen Juden (v. 12 *ὁμοθυμαδόν*) gemeint sein. Von einer aus Hellenen bestehenden Corona müßte etwas gesagt sein, und auch dann noch wäre es unmöglich, die Juden von *πάντες* auszuschließen. Gab es, wie es nach 18, 8. 17 scheint und dem vor-

herrschenden Brauch entsprach (Schürer II, 439), in Kor. nur einen einzigen Synagogenvorsteher, so war Sosthenes der Nachfolger des Crispus. Der Christ Sosthenes 1 Kr 1, 1 wird nicht von ihm zu unterscheiden sein. Den Schreiber, welchem er diktirte, pflegt Pl nicht als solchen, und jedenfalls nicht an so bevorzugter Stelle zu nennen, cf Rm 16, 22. Andrerseits ist Sosthenes nicht als wirklicher Mitverfasser zu denken; denn von 1, 4 an redet Pl nur in seinem eigenen Namen. Formell vergleichbar ist also nur Phl 1, 1. 3; Phlm 1. 3 und allenfalls Gl 1, 2. Hat es aber für die Korinther Bedeutung, daß ein bei Pl befindlicher Sosthenes mit dem Inhalt des Briefs einverstanden ist, so muß dieser eine ihnen wohlbekannte und ansehnliche Persönlichkeit gewesen sein, was auf den ehemaligen Archisynagogus von Kor. paßt, falls dieser Christ geworden war, wogegen nichts spricht. Apollos könnte dem bereits in seiner Gegnerschaft gegen das Ev Schwankenden zum Glauben verholfen haben s. A 11. Nach Eus. h. e. I, 12, 1 f. hat Clemens Al. diesen Sosthenes für einen der 70 Jünger erklärt, hat ihn also jedenfalls von dem Sosthenes AG 18, 17 unterschieden, wie er auch den Kephas Gl 2, 11, und wohl auch den 1 Kr 1, 12 von dem Apostel Petrus unterschieden wissen wollte. Lipsius, Apokr. Apostelgesch. I, 201; Ergänzungsheft S. 3 hat sich durch unaufmerksame Lesung von Eus. h. e. I, 12 zu dem Irrtum verleiten lassen, daß meine hier wiederholte Angabe (cf Forsch III, 68. 148) „einfach nicht wahr" sei. Eusebius schreibt: „Man sagt, daß zu diesen (70 Jüngern) auch Sosthenes gehöre, welcher zugleich mit Pl an die Korinther geschrieben hat. Die Erzählung aber findet sich bei Clemens im 5. Buch der Hypotyposen, in welchem er auch sagt, daß Kephas" etc. Das „auch" (*ἐν ᾗ καὶ Κηφᾶν*) beweist, daß Clemens dies nicht nur von Kephas gesagt hat, und daß *ἡ ἱστορία* sich auf die voranstehende Bemerkung über Sosthenes bezieht cf Eus. h. e. II, 15, 2.

7. Krenkel, Beiträge zur Gesch. u. den Briefen des Pl (1890, zweite Titelausg. 1895) 233 ff. hat die Abfassung des 1 Kr am Ende der ephesinischen Wirksamkeit des Pl bestritten, indem er die Kombination der angeblich ganz unzuverlässigen Angaben der AG mit denjenigen des 1 Kr ablehnte. Aber der Reiseplan des Pl: über Macedonien und Kor. nach Jerusalem (AG 19, 21) ist identisch mit dem 1 Kr 16, 3—7. Auch das bedeutet keinen Unterschied, daß Pl nach AG 19, 21 cf Rm 15, 25 Jerusalem ganz bestimmt als Ziel ins Auge gefaßt hat, während er 1 Kr 16, 4 hievon hypothetisch zu reden scheint; denn der dortige Nachsatz (nicht *σὺν αὐτοῖς πορεύσομαι*, sondern *σὺν ἐμοὶ πορεύσονται*) beweist, daß nur dies noch fraglich ist, ob Pl in Begleitung der Abgesandten der Korinther und als Mitüberbringer der Kollekte nach Jerusalem reisen werde, nicht aber, ob er überhaupt dahin reisen werde. Wenn AG 19, 22 nur Mac. und nicht auch Kor. als Ziel der Sendung des Tim. genannt und dagegen 1 Kr 16, 10 nicht ausdrücklich gesagt ist, daß Tim. über Mac. nach Kor. reise, so ergab sich doch diese Ergänzung der letzteren Angabe aus ihrem eigenen Inhalt (oben S. 186). Die AG aber, welche die Verhandlungen zwischen Pl und Kor. überhaupt nicht berührt, hatte auch keinen Anlaß, das letzte Ziel der Reise des Tim. zu nennen. Die Erwähnung des Korinthers Erastus AG 19, 22 cf Rm 16, 23 würde es auch ohne den 1 Kr wahrscheinlich machen, daß die Reise über Mac. weiter nach Kor. gehen sollte. Aus dem 1 Kr läßt sich freilich nicht entnehmen, was nach dessen Absendung wirklich geschehen ist, sondern nur die Absicht des Pl bei Absendung desselben. Diese aber ist nicht nur die gleiche wie die, welche ihn nach AG 19, 21 f.; 20, 1 f. vor und bei seinem letzten Aufbruch von Ephesus erfüllte; sie schließt auch jeden Gedanken daran aus, daß er nach seinem bevorstehenden Besuch von Kor. wieder zu seiner Arbeit in Ephesus zurückkehren werde. Hätte Pl dies beabsichtigt oder auch nur ernstlich als Möglichkeit erwogen, so war die Rücksicht auf die gute Gelegenheit zur Ausbreitung des Ev in Ephesus und die zahlreiche Gegnerschaft, mit welcher er dabei zu kämpfen hatte, nicht mehr ein vernünftiges Motiv dafür, wenigstens bis zu Pfingsten in Ephesus zu bleiben, statt

sofort abzureisen (16, 8. 9). Allerdings konnte Pl den Termin nicht durch ἕως τῆς πεντηκοστῆς bezeichnen, wenn nicht selbstverständlich war, daß damit das nächstfolgende Pfingstfest gemeint sei; und da dies eine der jüdischen Festordnung entnommene Zeitbestimmung ist, konnte er sich nicht wohl so ausdrücken, wenn nicht das jüdische „Kirchenjahr", um dessen Pfingsten es sich handelte, bereits angebrochen d. h. der 1. Nisan bereits vorüber war, was mit der wahrscheinlich 1 Kr 5, 8 vorliegenden Andeutung, wonach dies um die Zeit der Azyma (14.—21. Nisan) geschrieben wurde, übereinstimmt. Die 6—7 Wochen bis zu Pfingsten sind aber auch ein Zeitraum von ausreichender Länge, um die Begründung 16, 9 passend erscheinen zu lasssen, nämlich doppelt so groß wie die 3 Wochen, während welcher die Gemeinde von Thess. gestiftet wurde (oben S. 152 A 5). Ließ Tim. länger auf sich warten (16, 11), so dehnte die Zeit dieses ferneren Wirkens in Ephesus sich möglicherweise noch länger aus. Pl will nur sagen, daß er sich in Anbetracht der Verhältnisse zu Ephesus nicht entschließen könne, vor Pfingsten abzureisen. Vor sich hatte er ferner die Durchreise durch Macedonien, welche er sich nicht ganz rasch vorzustellen scheint, da er es als möglich hinstellt, daß sein beabsichtigter längerer Aufenthalt in Kor. den ganzen folgenden Winter in Anspruch nehmen werde (16, 6). Erst im kommenden Frühjahr, also ungefähr ein Jahr nach Absendung des 1 Kr gedenkt er dann nach Jerusalem zu reisen. Daß er sich von da aus nach Rom begeben wollte, bezeugt uns für den hier in Rede stehenden Moment allerdings nur AG 19, 21; da aber der 1 Kr keine gegenteilige Andeutung enthält, ist es sehr müßig, die Geschichtlichkeit des in direkter Redeform aufbewahrten Ausspruchs AG 19, 21 zu beanstanden. Anstatt aus 1 Kr 16, 19 zu schließen, daß die sämtlichen Christen von Ephesus sich im Hause des Aquila versammelten, während ein angeblich nach Ephesus gerichtetes Schreiben (Rm 16, 5. 14f.) bereits drei Hausgemeinden erwähne (Krenkel 234), sollte man vielmehr aus dem daneben stehenden Gruß von allen Brüdern schließen, daß die Hausgemeinde des Aquila nur einen Bruchteil der Brüderschaft zu Ephesus bildete, wie auch in Kolossae die Hausgemeinde des Philemon (Phlm 2) nur ein Teil der Gesamtgemeinde war.

8. Clem. I Cor. 65 τοὺς δὲ ἀπεσταλμένους ἀφ' ἡμῶν Κλαύδιον Ἔφηβον καὶ Οὐαλέριον Βίτωνα σὺν καὶ Φορτουνάτῳ ἐν εἰρήνῃ μετὰ χαρᾶς ἐν τάχει ἀναπέμψατε πρὸς ἡμᾶς. Beachtet man die Sonderstellung, welche hier dem Fortunatus angewiesen wird, so ist er nicht einer der Abgesandten der Römer an die Korinther, sondern diese reisen nur in seiner Begleitung nach Kor., er selbst aber ist wahrscheinlich ein Korinther, welcher über die dortigen Wirren in Rom Klage geführt hat cf Gött. gel. Anz. 1876 S. 1427 f.; Lightfoot S. Clem. II, 187. War der Fortunatus 1 Kr 16, 17 damals a. 57 ein junger Mann von 30 Jahren, so kann er sehr wohl identisch sein mit jenem Fortunatus von a. 97, etwa einem der von den Aposteln selbst eingesetzten und in ihrem Dienst ergrauten Presbyter von Kor. Clem. I Cor. 44, 3—6; 47, 6; 54, 2; 57, 1. — Sind Stephanas, Fortunatus und Achaïcus die Überbringer nicht nur des Gemeindebriefes an Pl, sondern auch des 1 Kr, so werden sie „die Brüder" sein, in deren Begleitung Apollos nach Kor. hätte reisen können 1 Kr 16, 12. Die Wortstellung spricht gegen die Auslegung Hofmanns, wonach dort von den Christen in der Umgebung des Pl gesagt wäre, daß sie den Apostel in seinen Bemühungen unterstützten, den Apollos zu dieser Reise zu bewegen. Wenn umgekehrt die Wortstellung nötigt, 16, 11 μετὰ τῶν ἀδελφῶν von Christen zu verstehen, mit welchen vereint Pl auf die Rückkunft des Tim. in Ephesus warten will, so können dies natürlich nicht wieder jene 3 Korinther sein, welche nicht erst nach der Rückkehr des Tim., sondern gleich jetzt mit dem 1 Kr in der Tasche und, wenn Apollos sich dazu hätte bewegen lassen, mit diesem nach Kor. reisen sollten (16, 12 νῦν). Es können auch nicht die sämtlichen Christen zu Ephesus sein (16. 20), sondern solche, welche mit Pl über Macedonien nach Kor. reisen sollen, s. unten § 19 A 6. Die Gleich-

heit des Ausdrucks *μετὰ τῶν ἀδελφῶν* 16, 11. 12 gibt kein Recht, die hier und dort gemeinten Personen zu identificiren. Je nach dem Zusammenhang oder den den Lesern bereits bekannten Verhältnissen bezeichnet *ὁ ἀδελφός* oder *οἱ ἀδελφοί* die verschiedensten Personen cf 2 Kr 8, 18. 22; 9, 3. 5; 11, 9; 12, 18; Eph 6, 23.

9. Die Andeutungen in bezug auf die beiden frühe verloren gegangenen, weil nicht in die Sammlung der Plbriefe aufgenommenen Briefe 1 Kr 5, 9–11; 7, 1 haben im 2. Jahrhundert die Erdichtung eines Briefes der Kor. an Pl und einer Antwort des Pl an die Kor. veranlaßt, welche zusammen unter dem Titel „Dritter Korintherbrief" dem Kanon der Kirche von Edessa im 4. Jahrhundert einverleibt waren, von den Syrern zu den Armeniern, aber auch zu einigen Lateinern gelangten. Die armenischen und lateinischen Texte, erstere mit deutscher Übersetzung, findet man am besten bei P. Vetter, Der apokryphe dritte Korintherbrief (Tübinger Programm, Wien, Mechitharistendruckerei 1894). Ursprünglich waren diese Stücke ein Bestandteil der alten Paulusakten, was früher von mir vermutet wurde (GK II, 607. 611. 879), nun aber durch die koptischen Fragmente bewiesen ist (C. Schmidt, N. Heidelberger Jahrbb. VII, 122; N. kirchl. Ztschr. 1897 S. 937 A 2).

10. *Ἀπολλῶς* nomin. 1 Kr 3, 5. 22 (G fehlerhaft *Απολλω*); AG 18, 24 (D *Ἀπολλώνιος*, woraus die kürzere Form kontrahirt ist, א copt. *Απελλης*); *Ἀπολλῶ* gen. 1 Kr 1, 12; 3, 4; 16, 12; Berl. äg. Urk. 295, 7; *Ἀπολλῶτι* dat. 811, 1 cf 449, 1 (mit Korrektur s. auch die dortige Adresse; dagegen Greek Pap. ed Kenyon II, 333 nr. 393 *Ἀπολλῶ* dat.); *Ἀπολλῶ* acc. 1 Kr 4, 6 (CDGLP, *Απολλων* א* AB*); AG 19, 1 (schwach bezeugt auch *Απολλων*, א copt. *Απελλην*, D hat hier den Namen nicht); Tt 3, 13 (daneben א H *Απολλων*, G *Απολλωνα*). Die LA *Απελλης* scheint in Ägypten heimisch gewesen zu sein (cf außer א copt. auch Ammonius in Cramer's Catene zu AG p. 311, 1. 7. 13, offenbar auch Didymus ebendort p. 309, 31; 312, 18) und geht zurück auf die bescheidene Frage des Origenes (Delarue IV, 682), ob der Apelles Rm 16, 10 mit dem Apollos AG 18, 24 identisch sei, was nach Didymus l. l. Andere bestimmt behaupteten, indem sie zugleich diesen Apelles = Apollos zu einem Bischof der Korinther machten. Blaß zu AG 18, 24 erinnert an die dorische Form *Ἀπέλλων* für *Ἀπόλλων*. Übrigens ist für Ägypten, die Heimat unseres Apollos, diese verkürzte Form reichlich, wenn auch nicht so stark wie *Ἀπολλώνιος* bezeugt s. die Indices von vol. I. II der Berl. äg. Urk.

11. Der Schauplatz der öffentlichen Disputationen AG 18, 28 (*δημοσίᾳ*, wozu nur E *καὶ κατ' οἶκον* hinzufügt) wird nicht die Versammlung der Christen und auch nicht ein öffentlicher Platz, sondern die Synagoge gewesen sein, in welcher Apollos zu Korinth, wie vorher zu Ephesus, auftrat. Die Verbindung von AG 18, 28 mit v. 27 läßt keinen Zweifel darüber, daß die Vorteile, welche Apollos den bereits Gläubigen oder nach anderer LA den Gemeinden Achaias brachte, eben darauf beruhten, daß er in diesen Disputationen mit den Juden vielfach Sieger blieb. Das starke *διακατηλέγχετο* weist gleichfalls auf wirkliche Erfolge. 1 Kr 3, 5 hören wir geradezu, daß die zur Zeit des 1 Kr den Bestand der Gemeinde bildenden Christen teilweise dem Apollos ihre Bekehrung verdankten (*ἐπιστεύσατε*). Es ist daher ein Misverständnis des Bildes 1 Kr 3, 6—8, wenn die religiöse oder intellektuelle Förderung der durch Pl bereits Bekehrten als die eigentümliche Leistung des Apollos betrachtet wird. Nicht die einzelnen Christen und ihr geistliches Leben, sondern die Gemeinde ist *θεοῦ γεώργιον* und *θεοῦ οἰκοδομή*. Auch nach 1 Kr 3, 10–15 besteht die Tätigkeit derer, welche wie Apollos nach Pl an der Fortführung des von ihm fundamentirten Bauwerks gearbeitet haben, darin, daß sie weitere Baumaterialien dem Bau eingefügt, d. h. Menschen zum Glauben geführt und der Gemeinde einverleibt haben cf Eph 2, 20—22; 1 Pt 2, 5—7. Nach dem ursprünglicheren Text von AG 18, 27 haben einige in Ephesus sich aufhaltende Korinther, welche

den Apollos predigen hörten, ihn eingeladen, mit ihnen nach Kor. zu kommen. Da liegen die Anfänge der „Apollospartei" in Kor.

12. In 1 Kr 16, 7 wollte Hofmann II. 2, 396 vgl. auch Holsten 189. 445 eine Bezugnahme auf einen früheren Besuch Kor.'s finden. Man sollte dann aber statt ἄρτι, was doch nicht „diesmal" heißt, vielmehr πάλιν (2 Kr 2, 1; 12, 21; 13, 2), oder, wenn zugleich der Wiederholungsfall als der Gegenwart angehörig bezeichnet werden sollte, ἄρτι πάλιν (Gl 1, 9) erwarten. Ferner würde die Begründung v. 7b ziemlich tautologisch sein. Endlich entspricht dem Zusammenhang nur, daß ἄρτι „schon jetzt" im Gegensatz zu einem späteren Zeitpunkt bedeute (Jo 13, 7. 33; 16, 12). Der Einwand, daß Pl so nur reden könnte, wenn er sich bereits auf der Reise befände (Hofmann 395), trifft nicht, da das ἰδεῖν auch in diesem Fall der Zukunft angehören würde und andrerseits ἄρτι, wie man aus dem Tadel der Atticisten sieht, sehr gewöhnlich zur Bezeichnung der nahen Zukunft gebraucht wurde cf Lobeck ad Phryn. 18f. Pl sagt: er wollte nicht, wie man in Kor. erwartete oder wünschte, gleich jetzt, in der nächsten Zeit und direkt von Ephesus aus Kor. besuchen, was zur Folge haben würde, daß er nur im Vorübergehen, auf der Reise nach Macedonien Kor. berührt. Diesen negativen Entschluß begründet er sodann durch die Hoffnung auf einen längeren Besuch, der aber nach v. 5 erst später erfolgen kann, da er unter allen Umständen bald nach Macedonien reisen muß.

13. Die Bezeugung des in der AG nicht erwähnten Besuchs durch den 2 Kr haben bestritten Grotius (II, 488. 539—541 mit der stereotypen Ausflucht *est et hic trajectio*), Reiche, Comm. Crit. I, 337f., Baur I, 337—343, Hilgenfeld, Einl. 260 A 2, Heinrici II, 9—13. Aber keine exegetische Kunst vermag in 2 Kr 13, 1 einen anderen Sinn nachzuweisen, als daß Pl im Moment des Schreibens unmittelbar davorstand, zum dritten Mal nach Kor. zu kommen, wonach dann auch 13, 2 zu verstehen ist, wo τὸ δεύτερον ebenso zu παρών, wie νῦν zu ἀπών gehört, so daß jenes προείρηκα bei einer zweiten Anwesenheit in Kor. stattgefunden hat. Ähnlich verhalten sich 12, 14 und 12, 21 zu einander. Nur die grammatisch ganz unanstößige Verbindung von τρίτον mit ἐλθεῖν πρὸς ὑμᾶς (cf Krenkel, Beiträge S. 185) ist sachlich angemessen; denn die Zeitpunkte zu zählen, in welchen Pl bereit gewesen war, nach Kor. zu kommen, wäre, wenn überhaupt möglich, dann jedenfalls im Zusammenhang von 12, 14 zwecklos. Um das πάλιν 2, 1, welches schon Theodoret gegen die Wortstellung und gegen den Sprachgebrauch des Pl (cf Krenkel 202) mit ἐλθεῖν im Sinne von Rückkehr verbunden wissen wollte, mit gutem Gewissen von ἐν λύπῃ trennen zu können, wurde letzteres in einigen Minuskeln hinter ἐλθεῖν, in copt., der übrigens πάλιν streicht, hinter ὑμᾶς gestellt. Der Text aller anderen Zeugen sagt deutlich, daß Pl schon einmal in Betrübnis in Kor. gewesen ist, und zwar, wie der Zusammenhang hier und die Vergleichung von 12, 21; 13, 2 zeigt, in Betrübnis über die Zustände der Gemeinde. Auf die Verzagtheit, mit welcher Pl das erste Mal in Kor. auftrat (1 Kr 2, 3) kann hier nicht Bezug genommen sein, sondern nur auf den in Rede stehenden zweiten Besuch. Unter der unrichtigen Voraussetzung, daß 2 Kr 10, 10 einer der von auswärts gekommenen Judenchristen redend eingeführt sei (s. dagegen unten § 18 A 8), meinte Krenkel 210 auch in dieser Stelle eine sichere Bezugnahme auf den zweiten Besuch zu finden. Ist der Redende vielmehr ein einheimischer Korinther, so kann er sehr wohl den Eindruck wiedergeben, welchen Pl gleich bei seinem ersten Auftreten gemacht hatte. Ist der zweite Besuch mitgemeint, so folgt daraus nichts über die Zeit desselben.

14. Krenkel S. 154—174 will bewiesen haben, daß der 1 Kr die Annahme eines zweiten Besuchs von Kor. vor dem 1 Kr ausschließe. Das *argumentum e silentio* (A 12) ist in diesem Fall besonders schwach, wenn jener Besuch in das erste Jahr des Wirkens zu Ephesus, vielleicht noch in den Sommer oder Herbst 55 oder Frühling 56 fällt. Was alles in den 12 oder 20 Monaten, die von da bis zur Abfassung des 1 Kr verstrichen sind, in Kor. und zwischen Pl und der Gemeinde vorgefallen ist, können wir nicht bestimmen. Aber

schon die aus dem 1 Kr selbst sich ergebenden Tatsachen, der uns nicht erhaltene Briefwechsel der letzten Vergangenheit, die Nachrichten über das Parteiwesen und über allerlei andere Übelstände (1 Kr 1, 11; 11, 18), reichen völlig aus zu erklären, daß Pl auf jenen Besuch nicht mehr zu sprechen kommt. In jenem Brief 1 Kr 5, 9 und in mehreren anderen, von denen wir nichts wissen, mag Pl genug davon gesagt haben. Wenn man 1 Kr 2, 1—5; 3, 6—10; 15, 1 ff. eine ausdrückliche Unterscheidung eines ersten und zweiten Aufenthalts (wie Gl 4, 13) vermißt, so gilt das Gleiche von 2 Kr 1, 19; 11, 8f. Was man aus allen diesen Stellen zusammen schließen kann, ist nur dies, daß Pl bei seinem zweiten Besuch in Kor. nicht so wie bei seinem zweiten Besuch in der Provinz Galatien (oben S. 122 A 2) Missionspredigt getrieben hat. Das bedarf aber gar keiner Erklärung, wenn Pl seine ergiebige Missionsarbeit in Ephesus nur für kurze Zeit zum Zweck einer Visitation der korinthischen Gemeinde unterbrach. Die dabei vorgekommenen Belehrungen, Ermahnungen und Besprechungen mit den bereits Gläubigen fallen nicht unter den Begriff des richtig verstandenen ἐποικοδομεῖν 1 Kr 3. 10—15 oben A. 11. — Die zuerst von Baronius und wohl zuletzt von Anger de temp. in actis ratione 73 vertretene Ansicht, daß der zweite Besuch von Kor. nur eine Rückkehr dorthin nach einem in die 18 Monate AG 18, 11 fallenden Ausflug gewesen sei, hat 1) gegen sich das dortige ἐκάθισεν (s. oben S. 189 f. A 2), wozu es in dem Bericht über Ephesus nichts Analoges gibt, 2) daß eine solche Wiederaufnahme der nur für kurze Zeit unterbrochenen Arbeit in Kor. doch nicht füglich mit dem ersten Auftreten daselbst und dem monatelang vorbereiteten letzten Besuch als ein zweites Kommen nach Kor. oder vielmehr, da der 2 Kr an die Christen von ganz Achaia gerichtet ist, nach Achaia in gleiche Linie gestellt werden konnte. Noch bedenklicher war der Vorschlag von Neander, Pflanzung und Leitung, 5. Aufl. 320, in AG 19, 1 eine Reise nach Achaia einzuschieben.

15. Da die Überbringer des Briefs der Korinther wenigstens im Moment ihrer Rückreise nach Kor. mit Pl im besten Einvernehmen standen (1 Kr 16, 17 oben S. 186f.), so ist nicht zu bezweifeln, daß diese ihm aus eigenem Antrieb oder auf seine Anfragen hin über Manches offen berichtet haben, was dem Schreiben der Gemeinde nicht zu entnehmen war. Ihnen mag er seine Kunde von den 4, 18; 5, 1 ff.; 6, 1 ff.; 11, 18; 15, 12 berührten Tatsachen verdanken. Da nun aber nicht sie, sondern die Angehörigen der Chloë es sind, durch welche Pl zuerst von den 1, 11—4, 6 besprochenen Streitigkeiten gehört hat, so müssen die Leute der Chloë vor den Überbringern des Gemeindebriefs nach Ephesus gekommen sein. Andrerseits muß die Benachrichtigung durch die Leute der Chloë doch auch der jüngsten Vergangenheit angehören; denn offenbar bespricht Pl 1, 11 ff. die betreffenden Verhältnisse zum ersten Mal. Zur Zeit des früheren Briefs (5, 9), in welchem er sie anderenfalls bereits besprochen haben würde, was sich mit dem Ton von 1, 11—4, 6 nicht verträgt, müssen sie ihm noch unbekannt gewesen sein. Vollends zur Zeit seines Besuchs von Kor. kann Pl noch nichts von diesen Zänkereien bemerkt haben. Er vergleicht die Eindrücke, welche er damals empfangen hat, mit denjenigen, welche er bei seinem bevorstehenden Besuch zu empfangen befürchtet, nur insofern, als jene wie diese betrübender Art sind (2 Kr 2, 1; 12, 21). Deutlich aber unterscheidet er die Zuchtlosigkeiten, welche ihn schon damals betrübt haben (12, 21; 13, 2), und die Streitigkeiten, welche er nun vorzufinden fürchtet (12, 20).

§ 18. Die Zustände der Gemeinde zur Zeit des ersten Korintherbriefs.

In auffälligem Unterschied von der Lage der Christen zu Thessalonich erfreute die Gemeinde von Kor. sich eines ungetrübten äußeren Friedens. Die bunte Mischung der aus allen Weltgegenden ab- und zuströmenden Bevölkerung der großen Handelsstadt, die Mannigfaltigkeit der dort geduldeten Kulte, die in dieser Beziehung unparteiische Haltung desjenigen Proconsuls, unter welchem die Gemeinde zu festem Bestand gekommen war (S. 191 A 5), die ansehnliche Stellung einzelner Gemeindeglieder in der Gesellschaft, teilweise sogar in der Verwaltung der Stadt (S. 190 f. A 4), machen diesen Zustand begreiflich. Wenn Pl seine und seiner Berufsgenossen Lage mit derjenigen der Korinther, welche in dieser gegenwärtigen Welt wie im tausendjährigen Reich leben, in bitterer Ironie vergleicht (4, 8—13), so spricht sich darin das Urteil aus, daß jener Friede allzu teuer erkauft sei. Das Wort vom Kreuz mit seinem schneidigen Gegensatz zu aller natürlichen Geistesentwicklung und mit seinen praktischen Konsequenzen (1, 17 bis 31; Gl 6, 14) hatte nicht tief genug eingeschnitten. Das Bewußtsein, eine Gemeinschaft durch Glaube und Taufe von der sie umgebenden Welt und von ihrer eigenen Vergangenheit abgesonderter Menschen zu bilden, mußte erst wieder geweckt werden (1, 2; 3, 17; 6, 11). Vor heidnischem Gericht führten Gemeindeglieder Processe unter einander (6, 1—8). Unbedenklich pflegte man freundschaftlichen und gesellschaftlichen Verkehr mit Heiden (10, 27). Manche beteiligten sich sogar an Festlichkeiten mit götzendienerischem Hintergrund, an Schmäusen in heidnischen Heiligtümern (8, 10; 10, 21). Waren nicht alle mit dieser gefährlichen Annäherung an den kaum verlassenen Dienst der Idole einverstanden, und hatte eben deshalb die Gemeinde in ihrem Schreiben dem Pl die Frage über die Erlaubtheit des Genusses von Götzenopferfleisch vorgelegt, so sieht man doch aus der ausführlichen Beantwortung des Apostels (8, 1—10, 33), daß die Mehrheit, deren Ansicht natürlich im Schreiben der Gemeinde zum Ausdruck gebracht war, jene freiere Stellung zum heidnischen Kultus für voll berechtigt hielt. Aus der jedem Christen beiwohnenden Erkenntnis von der Wesenlosigkeit der heidnischen Göttervorstellungen leitete man die Freiheit ab, alles, was mit dem Götzendienst nur zusammenhing, ohne selbst Götzendienst zu sein, als ein Adiaphoron zu behandeln; ja man gab vor, durch entsprechendes Handeln eine Pflicht zu erfüllen, und meinte, durch sein ermutigendes Beispiel die etwa in Erkenntnis und sittlicher Freiheit zurückgebliebenen Mitchristen zu gleicher Höhe emporziehen zu sollen (A 1). Ohne die theoretische Voraussetzung dieser Stellung anzufechten, vielmehr unter wiederholter Bezeugung der Nichtigkeit der von den Heiden geglaubten und verehrten Götter (8, 4; 10, 19), bekämpft Pl solche Anwendung der christlichen Erkenntnis und solchen Gebrauch der christlichen Freiheit. Der von der Gemeinde vertretene Grundsatz πάντα ἔξεστιν (10, 23 cf 6, 12) bedarf einer doppelten Einschränkung. Erstens ist nicht alles, was an sich erlaubt ist, dem Nächsten förderlich. In liebevoller Rücksicht auf den minder entwickelten Mitchristen, zumal auf dessen Gewissen, muß der Christ bereit sein, selbst auf zweifellose Rechte und Freiheiten zu verzichten (8, 1—3. 7—12), worin Pl in seinem Berufsleben mit gutem Beispiel vorangeht (8, 13—9, 22). Zweitens aber ist auch nicht alles, was an sich erlaubt wäre, dem Christen selbst, um dessen Freiheitsgebrauch es sich fragt, heilsam. Wie Pl selbst auch um seines eigenen Seelenheils willen mancherlei Verzicht auf Annehmlichkeiten des Lebens übt (9, 23—27), so sollen die Korinther um ihrer selbst willen aus der gefährlichen Nähe des Götzendienstes hinwegfliehen (A 2). Die Geschichte Israels in der Wüste zeigt in abschreckendem Beispiel, daß das lüsterne Begehren nach den Annehmlichkeiten des früheren Lebens vor der Erlösung, die Anlehnung an heidnische Kultusformen und das Versinken in heidnische Unzucht ein Gottversuchen sei, welches auch die Erlösten dem Verderben zuführt (10, 1—11). Der falschen Sicherheit, mit welcher viele Korinther auf so schlüpfrigem Boden sich bewegten (10, 12. 22), tritt die Überzeugung des Apostels entgegen, daß unbeschadet der Nichtexistenz eines Zeus oder Apollo, einer Aphrodite oder Isis, im Kultus dieser angeblichen Götter finstere Geister ihr Wesen treiben, unter deren Wirkung zu stehen kommt, wer auch nur so mittelbar, wie es in Kor. vorkam, am heidnischen Kultus sich beteiligt (10, 15—21). Aus 10, 13 in Verbindung mit 10, 14 (*διόπερ*) scheint hervorzugehen, daß die Gemeinde geltend gemacht hatte, die Forderung so völliger Enthaltung von jeder Berührung mit dem Heidentum sei unerfüllbar und bringe erst recht Anfechtungen mit sich, denen menschliche Kräfte nicht gewachsen seien (cf Hofmann II, 2, 207 und den ähnlichen Gedankengang 2 Kr 6, 14—18). Auch die kasuistischen Fragen, welche Pl 10, 25—30 zu beantworten genötigt war, sollten dartun, daß der Genuß von *εἰδωλόθυτα* im täglichen Leben gar nicht zu vermeiden sei. Denselben Grundsatz, dessen notwendige Beschränkung Pl hier ausführt, hatte man auch auf das geschlechtliche Leben angewandt (6, 12). Die Art, wie Pl dem entgegentritt, läßt kaum daran zweifeln, daß im Brief der Gemeinde die Befriedigung des Geschlechtstriebes mit der Befriedigung des Hungers als eine an sich natürliche Funktion zusammengestellt worden war, wenn wir auch nicht mehr ermitteln können, wie weit diese Vergleichung getrieben wurde, und was alles dadurch gedeckt werden sollte. Jedenfalls war man nicht einverstanden mit der Behandlung dieses Lebensgebietes von seiten des Pl. Eine Mahnung, sich vom Verkehr mit Lasterhaften, insbesondere auch mit Unzüchtigen fernzuhalten, welche Pl in seinem letzten Brief ausgesprochen hatte, hatte man dahin misverstanden oder, wie Pl durch die Überleitung zu diesem Gegenstand 5, 8 andeutet, nicht ganz redlicherweise dahin misdeutet, daß Pl eine undurchführbare Enthaltung von jeder Berührung mit unsittlichen Menschen verlange, während er seine Mahnung nur auf lasterhafte Gemeindeglieder bezogen haben wollte (5, 9—13). Man meinte in Kor., der selber ehelos lebende Pl urteile über diese Seite des natürlichen Lebens allzu rigoros, und in ihrem Brief hatte die Gemeinde ihn darüber zur Rede gestellt, daß er völligen Verzicht auf geschlechtliches Tun für ein Gut oder Glück halte. Pl bekennt sich zu diesem Satz und gibt ihm mannigfaltige Anwendung (7, 1. 8. 26—35. 40), aber so, daß er das eheliche Leben als die Regel hinstellt, das Recht zur Ehelosigkeit dagegen von dem persönlichen Besitz des dazu erforderlichen Charisma's abhängig macht (7, 2. 7. 9). Man erkennt zugleich, daß es in Kor. auch nicht an Solchen fehlte, welche im Gegensatz zu der Richtung der Mehrheit und vielleicht unter Berufung auf Pl, von der Ehe geringschätzig sprachen, die Enthaltung vom geschlechtlichen Verkehr innerhalb der Ehe oder auch die völlige Lösung der Ehe, zumal einer solchen mit einem nichtchristlichen Gatten, empfahlen oder forderten und das Eingehen einer Ehe nach der Bekehrung, zumal die Wiederverheiratung der Witwen als sündlich verwarfen (A 3). Während Pl dieser Minderheit gegenüber in ruhigem Ernst an das Naturrecht der Ehe (7, 3—5) und an das die Unauflöslichkeit der Ehe sichernde Gebot Jesu (7, 10 ff.) erinnert, verteidigt er seinen Standpunkt gegenüber der im Brief der Gemeinde zu Wort gekommenen Mehrheit nicht ohne Gereiztheit. Nicht als ein Apostel, aber doch als Einer, dem die Gnade widerfahren ist, ein gläubiger Christ zu sein (7, 25), gibt er seine Meinung ab, wo es an einem ausdrücklichen Gebot Jesu fehlt. Auch er, sogut wie die selbstbewußte Gemeinde, meint Gottes Geist zu haben (7, 40). Zu dieser Stimmung hatte nicht wenig beigetragen der Fall, mit dessen Besprechung Pl diesen zweiten Abschnitt des Briefs (c. 5—7) eröffnet. Die Quelle seiner Kunde davon braucht er nicht zu nennen, da er zu klagen hat, man höre und rede in der Gemeinde ganz öffentlich, wie es selbst unter Heiden in ähnlichem Fall nicht üblich sei, von dem Fall, daß ein Gemeindeglied mit dem Weib seines Vaters, d. h. seiner Stiefmutter in blutschänderischem Verhältnis oder wilder Ehe lebt (A 4). Der hochfahrende Ton, in welchem die Gemeinde dem Apostel zwar nicht über diesen Fall, aber doch über einschlagende Fragen (5, 9 ff.; 6, 12 ff.; 7, 1 ff.) und die allgemeinen sittlichen Zustände in ihr (5, 6) geschrieben hatte, bewies, daß man die Schmach gar nicht empfand; und geschehen war nichts, um das Skandalon zu beseitigen. Wie schon der an Deut 17, 7. 12; 24, 7 sich anlehnende Ausdruck 5, 2. 13 zeigt, erscheint dem Pl nur die Ausrottung des Missetäters aus der Gemeinde, d. h. dessen Hinrichtung als angemessene Sühne. Darüber, wie jene Gesetzesvorschrift in einer dem Wesen der ntl Gemeinde entsprechenden Weise auszuführen sei, hat er sofort einen Beschluß gefaßt, durch dessen Mitteilung er, da er nicht einseitig handeln kann und will, der Gemeinde den Vorschlag macht, sich denselben anzueignen und gemeinsam mit dem abwesenden Stifter auszuführen. Der in Ephesus weilende Apostel will sich mit der versammelten Gemeinde zu Kor. im Namen Jesu und in der Zuversicht, daß die Wundermacht Jesu ihnen dabei zur Seite stehe (cf Mt 18, 19 f.), zu einer Gerichtshandlung vereinigen, in welcher der Sünder dem Satan zu leiblicher Tödtung übergeben werden soll, damit sein Geist am Tag des Gerichtes Rettung finde. Es handelt sich nicht um Exkommunikation seitens der Gemeinde, sondern um ein Gottesurteil, um eine Wunderwirkung des Gebets, zu welchem die Gemeinde sich mit Pl zusammentun soll, wofür sie also vorher Tag und Stunde mit ihm verabreden muß. — Wenn die beiden Abschnitte c. 5—7 und c. 8—10 zeigen, daß der Mangel an Scheidung von den Sitten und Anschauungen der heidnischen Umgebung das sittliche Leben und Urteil gefährdete, so sehen wir aus

c. 15, insbesondere aus dem Dichterwort 15, 33, daß sich bei Einigen (15, 12. 34 τινὲς) auch bereits ein Einfluß heidnischer Denkweise auf die Beurteilung der Glaubenswahrheit geltend machte. Die Behauptung einiger Korinther: „Totenauferstehung gibt es nicht“, bezog sich, wie die Beweisführung des Pl zeigt, nicht auf die Auferstehung Christi, dem die Leugner der Totenauferstehung in Rücksicht auf seine höhere Würde und die rasche Folge von Tod und Auferstehung eine Ausnahmestellung eingeräumt haben müssen, sondern sollte nur die Hoffnung der Christen auf ihre leibliche Auferstehung verneinen. Aber diese Verneinung lautete doch so radikal, und sie war so prinzipiell auf die Unmöglichkeit und Undenkbarkeit leiblicher Auferstehung Verstorbener gegründet, daß Pl sich veranlaßt sah, vor allem anderen darzulegen, daß die Auferstehung Christi, deren Leugnung eine auf die Dauer unausweichliche Konsequenz jenes Satzes sei (15, 13. 16), eine vollbeglaubigte Tatsache und ein unveräußerliches Element nicht nur seines Ev, auf welchem der Glaube der Kor. beruht, sondern aller apostolischen Predigt sei (15, 1—11). — Eine andere Quelle der Entartung lag in der ungewöhnlich reichen Ausstattung der Gemeinde mit χαρίσματα, insbesondere mit den mannigfaltigen Formen geistgewirkter Rede (A 4). Wenn schon dadurch das Selbstgefühl der ganzen Gemeinde gesteigert wurde, so führte die Selbstgefälligkeit der besonders Begabten und die Vorliebe für das eine oder das andere Charisma zu Uneinigkeiten und Unordnungen im Gottesdienst. Die Gemeinde selbst hatte den Apostel um sein Urteil insbesondere über das sogenannte Zungenreden gebeten (A 5). Gleich aus den beiden Grundsätzen (12, 3), welche Pl an die Spitze seiner Erörterung (c. 12—14) stellt, erkennt man, daß ebenso wie in bezug auf die Fragen wegen der Ehe und der Götzenopfer dem Urteil der Mehrheit eine Minderheit gegenüber stand. Während Einige durch die gewaltsam hervorbrechenden und an sich unverständlichen Ausrufe der Zungenredner an die Ausbrüche des Enthusiasmus bei heidnischen Kulten erinnert wurden und durch die Besorgnis, daß dabei auch Lästerungen mitunterlaufen könnten, gegen das Zungenreden überhaupt eingenommen waren, zeigte die Mehrheit der Gemeinde eine krankhafte oder, wie Pl 14, 20 urteilt, kindische und nach 12, 2 ebenso wie jene übertriebene Ängstlichkeit aus der Erinnerung an heidnische Kulte herrührende Vorliebe für das Zungenreden als für den stärksten Beweis von dem übermächtigen Walten des Geistes in der Gemeinde. Jene Ängstlichen beruhigt Pl durch die Versicherung, wer im Geiste Gottes rede, könne nicht einen Fluch über Jesus aussprechen. Gegen die Überschätzung des Zungenredens aber richtet sich der Satz, daß auch das schlichteste Bekenntnis zu Jesus als dem Herrn nicht ohne hl. Geist zu Stande komme. Die ausschließliche Bevorzugung eines einzelnen Charismas, gleichviel welches, und das Vordrängen seiner Inhaber widerstreitet an sich den göttlichen Zwecken der mannigfaltigen Begabung und dem Wesen der Gemeinde (12, 4—30). Vorbedingung aber für eine richtige Abschätzung der verschiedenen Charismata ist die Einsicht, daß überhaupt nicht diese geistlichen Naturgaben, diese außerordentlichen Kräfte, welche während dieses Weltlaufs die menschliche und selbst die außermenschliche Natur in den Dienst der Gemeinde stellen, sondern allein die gottgemäße Gesinnung des Herzens, der Heilsglaube und die Hoffnung auf das ewige Leben und vor allem die Liebe, dem Menschen Wert verleihen und ihm das Heil verbürgen (12, 31—13, 13). Die Liebe lehrt aber auch die rechte Abschätzung und Handhabung der Charismata (14, 1—40). Nach dem Maßstab der Liebe steht der Prophet, welcher zwar in hoher Begeisterung und auf Grund empfangener Offenbarung, aber im Vollbesitz seines Bewußtseins und seiner Selbstbestimmung zur Gemeinde redet und gegebenen Falls Herz und Gewissen sogar eines ungläubigen Besuchers christlicher Gottesdienste zu ergreifen versteht, unendlich höher als der Zungenredner, der im Zustand der Entzückung unverständliche Laute des Gebets und der Lobpreisung ausstößt. Aus der Liebe, welche nicht Selbstbefriedigung, sondern das Wohl des Nächsten und das Gedeihen des Gemeinwesens anstrebt, ergeben sich auch die praktischen Regeln für die Anwendung sowohl des Zungenredens als der prophetischen Rede im Gottesdienst. Der Rücksichtslosigkeit, mit welcher sich in Kor. das Talent geltend machte, entsprach es, daß auch Frauen, man darf dem Zusammenhang entnehmen, besonders solche, welche die Gabe der Glossolalie oder der Prophetie besaßen, in den Gemeindegottesdiensten redend auftraten (14, 33—35). Da Pl dies unbedingt verwirft, so muß es sich 11, 3—16, wo er das Beten und prophetische Reden der Frauen an sich als völlig zulässig behandelt und nur die in Kor. aufkommende Sitte bekämpft, daß die Frauen dabei den Schleier ablegten, um den häuslichen Gottesdienst handeln. Begreiflich ist es wohl, daß die Frau, welche etwa an der Seite eines nichtchristlichen oder eines unbegabten Gatten den Beruf und die Fähigkeit in sich fühlte, ihre Hausgenossen als Priesterin und Prophetin zu beeinflussen, auch durch ihr äußeres Auftreten die Ebenbürtigkeit des Weibes mit dem Manne vor Gott und Menschen glaubte bezeugen zu sollen (A 6). Zu den aus der Natur der Sache geschöpften Gründen, welche Pl gegen solche Emanzipationsgelüste vorbringt, kommt zweimal die Erinnerung hinzu, daß die Korinther sich dadurch mit der Sitte aller übrigen Gemeinden in Widerspruch setzen (11, 16; 14, 33). Sie gebärden sich so, als ob sie entweder die Muttergemeinde der ganzen Christenheit wären, welcher darum eine gewisse Auktorität in Sachen der christlichen Sitte zustehen möchte, weil von ihr das Ev ausgegangen wäre, oder als ob sie die einzige Christengemeinde auf der Welt wären, die nach Urteil und Sitte anderer Gemeinden nicht zu fragen hätte (14, 36). Auch die Erörterung über die Götzenopfer läuft auf denselben Gedanken hinaus. Die Kor. sollen sich hüten, durch willkürliche Behandlung dieser Frage Juden und Heiden und der Kirche Gottes, d. h. der gesamten Christenheit, anstößig zu werden (10, 32 A 7). Wie sehr die souveräne Misachtung des Zusammenhangs mit der Gesamtkirche dem Pl als ein Charakterzug dieser Gemeinde erscheint, zeigt abgesehen von den angeführten Stellen und einigen minder starken Andeutungen (4, 17; 7, 17) vor allem die Grußüberschrift, in welcher Pl den Kor. sofort zum Bewußtsein zu bringen bemüht ist, daß sie eine Gemeinschaft berufener Heiliger nicht für sich allein, sondern zugleich und nur im Bunde mit allen Anbetern Christi auf Erden sind (A 8). Dasselbe übertriebene Gefühl der Unabhängigkeit, welches die Einzelnen zu rücksichtsloser Geltendmachung ihrer persönlichen Ansichten oder Vorzüge auf Kosten der Ordnung und Einheit des Gemeindelebens und des Gottesdienstes verleitete, brachte die ganze Gemeinde in Gefahr, dem Zusammenhang mit der übrigen Christenheit zu entfallen. Diese Gefahr war um so größer, da zugleich das zwischen der Gemeinde und ihrem Stifter bestehende Verhältnis der Auktorität und Pietät gefährdet war; denn das persönliche Wirken des Pl, die Lehrüberlieferungen und die praktischen Lebensregeln, welche sie von ihm empfangen hatte, verknüpfte sie mit der gesamten Christenheit von ihren ersten Anfängen an (7, 10; 11, 23; 15, 3. 11), und insbesondere mit den gleich ihr selbst von Pl gestifteten und geleiteten Gemeinden der Heidenwelt (4, 17; 7, 17; 11, 16; 14, 33; 16, 1. 19). Wenn der übermütige Ton, in welchem nicht nur Einzelne hinter dem Rücken des Pl über ihn geredet und gerichtet hatten (4, 3. 7. 19; 9, 3), sondern auch die Gemeinde in ihrem Schreiben ihn zur Rede gestellt hatte (5, 9 ff. oben S. 199), den Apostel veranlaßte, die Auktoritätsstellung, welche ihm als legitimem Apostel überhaupt (1, 1. 17; 9, 1; 15, 10) und als Stifter der kor. Gemeinde insbesondere (3, 10; 4, 15; 9, 2) zukam, in sehr entschiedener Weise zu wahren, so handelte es sich um sehr viel mehr als um seine eigene Ehre oder um eine einzelne Pietätspflicht der Gemeinde.

Sowohl für das Verhältnis der Gemeinde zu ihrem Stifter als für deren innere Einheit mußte jenes Kliquenwesen verhängnisvoll sein, welches Pl auf Grund neuerdings ihm zugekommener Nachrichten (oben S. 196 A 15) gleich nach dem Briefeingang zum Gegenstand ausführlicher Erörterung macht (1, 10—4, 6 A 9). Nichts kann irriger sein, als die Meinung, daß die kor. Gemeinde nach der Vorstellung des Pl oder in Wirklichkeit in vier Parteien oder gar Sekten zerteilt gewesen sei. Nicht Pl stellt die Einen, welche sich nach Pl nennen, den Andern gegenüber, die sich nach Apollos, und weiter denen, die sich nach Kephas, und denen, die sich nach Christus nennen, gegenüber, sondern er spricht von einer eingerissenen Unsitte, an welcher sich mehr oder weniger Alle beteiligen, und welche darin besteht, daß der Einzelne, ohne auf Gleichgesinnte sich zu berufen, sich persönlich einen Zugehörigen des Pl oder den Pl seinen Mann nennt und zwar von vorneherein im Gegensatz zu einzelnen Anderen, welche sich ein gleiches Verhältnis zu Apollos oder zu Kephas oder zu Christus geben (1, 12; 3, 4. 22; 4, 6). Wenn zu einer Partei Führer gehören, so fehlten solche diesen angeblichen Parteien, soviel wir ermitteln können, gänzlich. Jedenfalls waren die Männer, nach welchen man sich in Kor. nannte, nicht gesonnen, Parteiführer zu sein. Die, welche sich nach Pl nennen, tadelt Pl selbst nicht etwa nur wegen Übertreibung einer an sich berechtigten Stellung oder wegen ungeschickter Verteidigung seiner Interessen, sondern gerade sie verurteilt er der Form nach am rücksichtslosesten, indem er gerade am Beispiel seines eigenen Namens die Torheit und Unchristlichkeit solchen Geredes veranschaulicht (1, 13). Daß auch Apollos die nach ihm sich Nennenden dieserhalb verurteilte, ergibt sich zweifellos aus 4, 6; 16, 12, oben S. 188. Von Christus versteht sich für Pl von selbst, daß er nicht billigen kann, was sein Apostel unter den gleichen Tadel mit den übrigen Äußerungsformen jenes Unwesens befaßt. Das Gleiche wird daher auch von Petrus im Verhältnis zu den Kephasleuten gelten, zumal Pl des Petrus sonst nur in ehrenvoller Weise gedenkt (15, 5. 11; 9, 5; 3, 22; Gl 2, 6—9). Die Männer also, nach welchen einzelne Leute in Kor. sich zu nennen beliebten, hatten entweder diese ihre Verehrer bereits verleugnet oder würden dies nach Ansicht des Pl getan haben, sowie sie darüber befragt worden wären. Von einigermaßen geschlossenen Parteien kann auch deshalb nicht die Rede sein, weil es dann gelingen müßte, die im weiteren Verlauf des Briefes hervortretenden Gegensätze des Urteils in bezug auf die geschlechtlichen Verhältnisse, die Götzenopfer, die Glossolalie, die Auferstehung, auf die angeblichen 4 Parteien zu verteilen, was doch völlig unmöglich ist. Es wäre dann auch unbegreiflich, daß Pl hinter c. 5 auf jene 4 Losungen oder eine derselben nicht mit einer Silbe wieder zu reden kommt. Vollends an Sekten, die sich zu besonderem Gottesdienst vereinigt und eben dadurch von der Gesamtgemeinde abgesondert hätten, ist nicht zu denken. Es sind nicht einzelne Christen in Korinth, sondern die Gesamtheit der Leser, also die Ortsgemeinde von Kor., welche kürzlich an Pl das Schreiben gerichtet und durch ihre Boten geschickt hat (7, 1; 16, 17f. oben S. 186 f.), worauf der 1 Kr die Antwort des Apostels ist. Die ganze Gemeinde versammelte sich zum Herrnmahl und sonstigem Gottesdienst (10, 17; 11, 17—22; 14, 4. 5. 19. 23—25. 33 f.). Wenn dabei allerlei Unordnungen und auch *σχίσματα* (11, 18) zu Tage traten, so wird von Pl zwar nicht ausgesprochen, ist aber durch das, was er sagt, auch nicht ausgeschlossen, sondern vielmehr wahrscheinlich, daß unter anderem auch die in jenen Losungen sich ausprägenden Richtungen zur Bildung zusammensitzender Gruppen Anlaß gaben. Nur unter dieser Voraussetzung, nicht aber, wenn es nur verwandtschaftliche und gesellschaftliche Zusammenhänge waren, welche die Gruppenbildung veranlaßten (11, 22. 33), erscheint es begreiflich, daß Pl als Steigerung über jene sichtbaren Absonderungen innerhalb des noch gemeinsamen Gottesdienstes die zukünftige Bildung von geschlossenen Parteien, das Zerfallen der Gemeinde in eine Anzahl von Sekten als schier unvermeidlich voraussah (11, 19 *αἱρέσεις*). — In einer von Pl gestifteten Gemeinde war kein Anlaß, sich mit gegensätzlichem Nachdruck als einen Angehörigen des Pl zu bezeichnen, solange nicht ein anderer Lehrer dort einen bedeutenden Eindruck gemacht hatte, wodurch Pl in Schatten gestellt zu sein schien. Daß dies Apollos war, und daß dessen erfolgreiche Lehrtätigkeit in Kor. (oben S. 188) den ersten Anstoß zu den beiden 1, 12 zuerst genannten Losungen gegeben hatte, braucht nicht erst bewiesen zu werden. Ferner ergibt sich aus 3, 4—8; 4, 6, daß die Ausführung bis 4, 6 wenigstens ganz überwiegend dem Gegensatz der Pl- und der Apollosleute gilt. Die Art aber dieses Gegensatzes erkennt man aus 1, 17b—3, 2. Alles dient hier dazu, die Art, wie Pl während jener 18 Monate (AG 18, 11) in Kor. gepredigt hat, gegenüber einer abfälligen Kritik und gegenüber von Ansprüchen, die er grundsätzlich abweist, zu rechtfertigen. Ärger konnte man diese Darlegung nicht misverstehen, als Hilgenfeld (Einl. 267) mit seiner Annahme, daß Pl hier dem von judenchristlicher Seite erhobenen Vorwurf entgegentrete, er habe durch Anwendung hellenischer Bildungsmittel seine Erfolge erzielt. Denn nicht die Tatsache, daß er sich derselben enthalten habe, beweist er, sondern, indem er diese überall kurzweg behauptet oder einräumt (1, 17 *οὐκ ἐν σοφίᾳ λόγου*, 1, 23; 2, 1. 4; 3, 1; 2 Kr 11, 6), rechtfertigt er dieses sein Verhalten ausführlich durch Darlegung der Gründe und Zwecke desselben. Der Vorwurf, welchem er damit entgegentritt, lautete also dahin, daß er es in seiner Predigt an der erforderlichen Gelehrtheit und an überzeugungskräftiger Beredsamkeit habe fehlen lassen. Diesem Vorwurf gegenüber entwickelt er seine Grundsätze über die aus dem Wesen des Ev sich ergebende rechte Art der Missionspredigt. Die Missionspredigt, welche allein sein von Christus empfangener Auftrag ist, verträgt wegen ihres wesentlichen Inhalts, den das Kreuz Christi bildet, und wegen ihrer darin begründeten Natur als einer törichten Predigt nicht die Anwendung rednerischer Kunst und sonstiger gelehrter Bildung (1, 17—31). Die Enthaltung von diesen Darstellungsmitteln und die Beschränkung auf den Kern des Ev war dem Pl durch die Stimmung, in welcher er gerade in Kor. auftrat, besonders nahegelegt worden, entsprach aber doch den Grundsätzen, die er als gemeingiltige Regeln für die Missionspredigt aufrechterhält (2, 1—5). Es wird nicht verschwiegen, daß der schroffe Gegensatz zwischen dem törichten Ev und der natürlichen Denkweise sowohl der Juden als der Hellenen für diejenigen, welche sich in selbstverleugnendem Glauben durch das Ev retten lassen, sich einigermaßen ausgleicht, da Christus den Christen schließlich auch zur Weisheit wird (1, 24. 30), und daß die christlichen Lehrer im Kreise der bereits Bekehrten und in geistlichem Sinn Erwachsenen nicht stets das Wort vom Kreuz zu wiederholen, sondern auch diejenigen Gottesgedanken zu entwickeln haben, deren Verwirklichung in der zukünftigen Welt der Herrlichkeit eine Versöhnung aller Widersprüche des Daseins und aller Gegensätze des Glaubens und des Denkens bringen wird (2, 6—12). Aber abgesehen davon, daß auch diese Lehrgegenstände nicht in den Formen weltlicher Bildung, sondern in einer aus ihrer inneren Natur sich ergebenden eigenartigen Weise vorgetragen sein wollen (2, 13), war Pl, solange er an der Stiftung der Gemeinde arbeitete, wegen der Unreife seiner Zuhörerschaft gar nicht in der Lage gewesen, in dieser Richtung als Lehrer tätig zu werden (3, 1 f.). Man sieht, daß es sich zwischen den Pl- und den Apollosleuten ebensowenig wie zwischen Pl und Apollos selbst um eine sachlich verschiedene Auffassung sei es des Wortes vom Kreuz, sei es der „Gottesweisheit“ handelte, sondern um eine Verschiedenheit der Darstellungsformen und um eine Verschiedenheit des

Urteils über den Wert rhetorischer und dialektischer Vortragsformen. An dem glänzenden Vortrag des rhetorisch gebildeten Alexandriners müssen manche Kor. ein solches Wohlgefallen gefunden haben, daß ihnen deshalb die kunstlose Predigt des „Idioten" Pl (2 Kr 11, 6) hinterdrein dürftig erschien. Erst durch die Dialektik des Apollos, meinten sie, sei ihnen das wahre Verständnis des Christentums aufgegangen. Wenn sie in diesem Sinne den Apollos im Munde führten, so ist sehr begreiflich, daß Andere darin eine Verkennung der Vorzüge des Gemeindestifters erblickten und um so lauter für Pl eintraten, je weniger ihnen die Art des Apollos zusagte. Anstatt daß Alle sich diese beiden Männer als das gelten ließen, was sie nach ihrer tatsächlichen Bedeutung für die Geschichte dieser Gemeinde und nach ihrer verschiedenen Begabung waren, taten sich die Einzelnen auf ihr Geschmacksurteil, vermöge dessen sie sich für den Einen gegen den Andern ereiferten, etwas zu gute (4, 6). Daß sie damit zugleich ein völligeres Christentum zu besitzen meinten, zeigt die Frage, ob denn Christus in Stücke zerteilt sei, so daß der Eine einen größeren, der Andere einen geringeren Anteil an ihm besitze, je nachdem er dem einen oder andern Lehrer anhänge (1, 13). Pl beurteilt dies Treiben nicht nur als ein anmaßliches Urteilen, sondern zugleich als eine mit der Christenwürde unverträgliche Selbsterniedrigung unter Menschen, die doch weder am Werk der Erlösung, noch an der Begnadigung der Einzelnen in einer mit Gott und Christus konkurrirenden Weise beteiligt gewesen sind (1, 13^{b}; 3, 4—7. 22). Dies gilt auch von denen, welche sich nach Kephas nannten. Da nicht daran zu denken ist, daß Petrus selbst damals in Kor. tätig gewesen sei (A 10), so müssen wir annehmen, daß Christen, welche durch Petrus bekehrt, vielleicht auch getauft worden waren (A 11), jedenfalls aber mit ihm persönliche Berührungen gehabt hatten, aus ihrer Heimat nach Kor. gekommen waren und die ohnehin vorhandene Verwirrung durch ihr ἐγὼ δὲ Κηφᾶ vermehrten. Dies bestätigt der Briefschluß. Im Begriff, dem Brief seinen eigenhändigen Abschiedsgruß hinzuzufügen, unterbricht sich Pl, ehe er den bereits angekündigten Gruß niederschreibt, durch ein Fluchwort über Jeden, der den Herrn nicht lieb hat (16, 22). Von seinem Gruß an die Gemeinde und damit von der Gemeinde selbst, welche er der Gnade Jesu und seiner eigenen Liebe versichert (16, 23 f.), will er die so charakterisirten Leute ausgeschlossen wissen. Indem er aber dem Fluch über sie ein bedeutsames Sätzchen in der Sprache der Juden Palästinas beifügt, gibt er zu verstehen, daß er dabei aus Palästina zugewanderte Christen im Auge hat (A 12). Gegen diese Petrusleute ist 3, 16—20 gerichtet, wie man schon daraus schließen muß, daß 3, 22 in auffälligem Unterschied von 3, 4—8 und in scheinbarem Widerspruch mit dem Rückblick 4, 6 auf einmal wieder der Name Kephas neben Pl und Apollos auftaucht. Nachdem Pl 3, 10—15 von Solchen geredet hat, die, wie Apollos, auf dem von Pl gelegten Fundament am Bau der Gemeinde zu Kor. in wohlmeinender Absicht, aber zum Teil in ungeschickter Weise weiterbauen, wendet er sich 3, 16—20 gegen Solche, welche sich zwar auch mit demselben Bauwerk zu schaffen machen, aber in einer Weise, daß Pl in auflammendem Zorn ihre Tätigkeit nicht ein Weiterbauen, sondern ein Ruiniren des Tempels Gottes glaubt nennen zu müssen. Er vertraut aber, daß Gott ihr ränkevolles Treiben vereiteln und sie selbst verderben werde. Wer sich in einer von Pl gestifteten Gemeinde mit Stolz nach Petrus nannte, konnte das nicht tun, ohne den Pl im Vergleich mit Petrus herabzusetzen, was zumal da, wo bereits ein Gegensatz zwischen Verehrern des Pl und des Apollos bestand, die Verwirrung vermehren und die ohnehin vorhandene Unbotmäßigkeit gegen Pl steigern mußte. Von den Petrusleuten werden die Reden wenigstens zunächst ausgegangen sein, denen gegenüber Pl schon 1, 1, deutlicher 9, 1—3 und wieder anders 15, 8—10 seine Apostelwürde wahrt. Im Vergleich mit Petrus und den übrigen von Jesus selbst berufenen und für ihren Beruf erzogenen Aposteln wollte man ihn, der den Herrn Jesus, den im Fleisch lebenden Erlöser nie gesehen, nicht als Apostel im Vollsinn dieses Titels gelten lassen. Indem Pl die Erscheinung Jesu, welcher er seine Bekehrung und Berufung verdankte, mit dem persönlichen Verkehr zwischen Jesus und seinen Jüngern (9, 1) und insbesondere mit den diesen zu Teil gewordenen Erscheinungen des Auferstandenen auf gleiche Linie stellt (15, 5—8), beansprucht er für sich den vollwichtigen Namen und alle Rechte eines mit jenen ebenbürtigen Apostels. Wie er aber in dieser Beziehung weitläufigen Streit mit den aus der Fremde gekommenen Gegnern vermeidet und nur dies unbedingt fordert, daß die Korinther ihn als ihren Apostel gelten lassen (9, 2 cf 3, 10; 4, 15), so begnügt er sich in diesem Brief überhaupt mit wenigen scharfen Bemerkungen über die Petrusleute. Man merkt, daß Pl mehr von ihnen weiß, als er sagt, und mehr von ihnen fürchtet, als er weiß. Er wird es gut befunden haben, die Wirkung der drohenden Winke, die er ihnen diesmal gibt, vielleicht auch genauere Kunde über ihr Treiben abzuwarten, ehe er mehr sage. Dies tut er im 2 Kr, dessen hierauf bezügliche Stücke schon hier heranzuziehen sind, obwohl nicht zu bezweifeln ist, daß inzwischen nicht nur die Kunde des Pl sich erweitert, sondern auch das Treiben dieser Leute in Kor. sich weiter entwickelt hatte. Sind die Petrusleute des 1 Kr aus Palästina zugereiste Judenchristen, welche in und an der Gemeinde zu Kor. eine sehr rege, nach dem Urteil des Pl geradezu zerstörende Tätigkeit entfalteten, so können nur diese es sein, gegen welche er 2 Kr 2, 17 ff.; 5, 12; 11, 1—12, 18 ankämpft. Mit Empfehlungsbriefen auswärtiger Auktoritäten waren sie nach Kor. gekommen (3, 1) und beanspruchten daraufhin mindestens die gleiche Auktorität wie Pl. Wenn sie sich außerdem auf ihr unverfälschtes Judentum etwas zu gute taten und die Heidenchristen zu Kor. ihre darin begründete Überlegenheit fühlen ließen (11, 18—22), so macht Pl ihnen einen Vorwurf daraus, daß es immer nur äußere und entlehnte Vorzüge seien, und nicht ein durch persönliche Eigenschaften und Leistungen begründetes Selbstbewußtsein, was sich in ihrem hochfahrenden Ton widerspiegele (5, 12 cf 3, 2). Mit Schlichen und Kniffen, durch welche der Krämer seine

Ware an den Mann zu bringen sucht, predigen sie Gottes Wort (2, 17; cf 4, 2; 11, 13 ἐργάται δόλιοι cf Phl 3, 2). Sie waren also Wanderprediger und konnten sich deshalb mit dem gleichen formalen Recht wie Barnabas, Silas, Timotheus und, wie sie selbst meinten, ebensogut wie Pl Apostel nennen (cf Skizzen 53—65). Sie machten Gebrauch von der Gastfreundschaft der Kor. und von dem Recht der Evangelisten, sich von den Hörern ihrer Predigt ernähren zu lassen. Daß Pl hierauf verzichtet hatte, erklärten sie für einen Beweis seines Mangels an Vertrauen zu seinem Beruf, für eine Lieblosigkeit gegen die Gemeinde und für ein schlaues Mittel, die Gemeinde um so sicherer unter seine Willkürherrschaft zu knechten (11, 7—12; 12, 13—18). Von da aus wird erst recht verständlich, warum Pl 1 Kr 9, 1—18 mit einer in Anbetracht des eigentlichen Themas von 1 Kr 8—10 unverhältnismäßigen Ausführlichkeit bei diesem Gegenstand verweilt. Er tut es schon dort in Rücksicht auf die Petrusleute, welche ihn nicht als einen mit den Zwölfen ebenbürtigen Apostel wollten gelten lassen (1 Kr 9, 1), und um deretwillen er 1 Kr 9, 5 neben den Aposteln und den Brüdern Jesu den Kephas noch besonders hervorhebt. Das formale Recht dieser Wanderprediger, sich Apostel zu nennen, erkennt Pl gewissermaßen an, indem er sich in „törichtem Rühmen" mit ihnen vergleicht (2 Kr 11, 21 ff.) und sie „die Apostel im Superlativ" nennt (11, 5; 12, 11 cf 11, 23 A 13). Er hält aber auch nicht mit seiner wahren Meinung zurück, indem er sie mit der Schlange vergleicht, welche die Eva verführte, und indem er sie Pseudapostel und Satansdiener nennt, die sich den Anschein von Aposteln Christi und Dienern der Gerechtigkeit geben (11, 3. 13—15). Zu dieser Verstellung gehört es auch, daß sie sich eines direkten Angriffs auf das Ev, wie es Pl nach Kor. gebracht hat, enthalten. Dies ergibt sich mit Sicherheit schon daraus, daß Pl bei aller Schärfe des Urteils über diese Leute an keiner einzigen Stelle beider Briefe gegen „ein anderes Ev" (Gl 1, 6) und überhaupt gegen eine mit dem einzigen Ev Christi unverträgliche Lehre ankämpft oder davor warnt (cf dagegen Kl 2, 6—8. 20—23; Eph 4, 14; Hb 13, 9). Gerade darum, weil die von auswärts kommenden Lehrer keinen anderen Jesus und kein anderes Ev, als seiner Zeit Pl, zu predigen wissen, und weil sie ihren Hörern keinen anderen hl. Geist zu bringen haben, als den, welchen diese bereits durch die erste Missionspredigt empfangen haben, erscheint es dem Pl ganz unbegreiflich und unverantwortlich, daß die Korinther jene Eindringlinge gewähren und durch sie von ihrem Apostel sich abwendig machen lassen (2 Kr 11, 4 A 13). Allerdings befürchtet Pl, daß ihnen noch mehr gelingen könnte und sie durch ihre arglistigen Verführungskünste die Gemeinde vollends um ihr schlichtes und ursprüngliches Christentum bringen möchten (2 Kr 11, 3), was ohne nachträgliche Fälschung des von den Kor. geglaubten Ev (1 Kr 15, 1) nicht denkbar ist. Es konnte auch nicht zweifelhaft sein, in welcher Richtung diese Verfälschung sich bewegen würde. Durch ihr Prahlen mit ihrem eigenen unverfälschten Judentum (2 Kr 11, 22) übten sie an sich schon einen moralischen Druck auf die Heidenchristen aus, welche sich von ihnen imponiren ließen (cf

1 Kr 7, 18 f. oben S. 190 f. A 4); und wenn ihr verstecktes Wesen und ihr hinterlistiges Treiben dem Apostel ein Beweis dafür war, daß die falsch jüdische Art in ihnen nicht durch die belebende Wahrheit des Neuen Bundes und durch den befreienden Geist Christi überwunden sei (2 Kr 2, 14—4, 6), so konnte ihm auch nur ein in judaistischer Richtung verderbtes Christentum als das letzte Ziel der heillosen Entwicklung der Dinge in Kor. erscheinen, welche er aufzuhalten sich anstrengte. Aber deutliche Anzeichen gerade dieses Ausgangs lagen zur Zeit des 2 Kr und vollends des 1 Kr noch nicht vor. — Wie die drei Losungen, zu welchen die Namen des Pl, des Apollos und des Kephas misbraucht wurden, nur aus ihrem Gegensatz zu einander zu verstehen sind, so auch das *ἐγὼ δὲ Χριστοῦ*, welches Pl ebensogut wie die anderen Losungen verurteilt (1 Kr 1, 12); denn an sich ist *Χριστοῦ εἶναι* ein tadelloser Ausdruck der mit dem Christenstand identischen Zugehörigkeit zu Christus (1 Kr 3, 23; 2 Kr 10, 7; Rm 8, 9; Mr 9, 41). Tadelnswert daran war aber schon dies, daß Einzelne für ihre eigene Person und im Gegensatz zu den übrigen Gemeindegliedern die Christusangehörigkeit in Anspruch nahmen, statt wie Pl der durch so mancherlei Gegensätze zerrissenen Gemeinde zum Bewußtsein zu bringen, daß sie in allen ihren Gliedern Christo angehöre und an dem einen unteilbaren Christus ihren Einigungspunkt und zugleich das mit der gesamten Christenheit sie verknüpfende Band besitze (1 Kr 1, 2. 13; 3, 11. 23). Wenn ferner diese Christusleute ihr *ἐγὼ δὲ Χριστοῦ* den anderen Losungen entgegensetzten, so mochten sie meinen, einen über dem kleinlichen Gezänk der Übrigen erhabenen Standpunkt einzunehmen; ein solcher hätte aber nicht in dieser Form zum Ausdruck kommen können, wenn diese Leute bestrebt gewesen wären, die in der Geschichte der Gemeinde begründete Auktoritätsstellung eines Pl und eines Apollos gegen den Misbrauch, welcher mit deren Namen getrieben wurde, und gegen die abschätzigen Urteile der Petrusleute in Schutz zu nehmen, wie dies Pl seinerseits tut und als Pflicht der Gemeinde hinstellt (1 Kr 3, 5—4, 5; 9, 1—6; 2 Kr 3, 2 f.; 5, 12; 12, 11). Im Gegensatz zu den übrigen Richtungen bedeutete das *ἐγὼ δὲ Χριστοῦ* eine bewußte und gesuchte Gleichgiltigkeit gegen jede menschliche Auktorität, ein hochmütiges Ignoriren aller geschichtlichen Bedingtheit des eigenen Christenstandes. Hat sich nun gezeigt, daß für die korinthische Gemeinde, wie sie sich in ihrem Brief an Pl als Gesamtheit geäußert hatte, und wie Pl in seiner Antwort sie als Gesamtheit anredet, ein übertriebenes Bewußtsein der Unabhängigkeit von jeglicher Auktorität charakteristisch war, so kann jene Losung, welche Einzelne im Munde führten, eben nur als der schärfste Ausdruck jenes Independentismus angesehen werden, zu welchem die Gemeinde als Korporation hinneigte. Wie das Selbstgefühl der Gemeinde, welches sich in dem respektlosen Ton ihres Schreibens ausgesprochen hatte, an der reichen Ausstattung mit natürlichen und christlichen Talenten eine Unterlage hatte, so ist auch das *ἐγὼ δὲ Χριστοῦ* im Munde Einzelner ohne hervorragende Befähigung dieser Einzelnen oder deren Einbildung, solche zu besitzen, gar nicht zu denken.

Wenn Pl der Gemeinde insgesamt ihre Aufgeblasenheit vorhält (5, 2; cf 8, 1 f. 13, 4), so doch Einzelnen insbesondre (4, 18 f.). Anmaßung war es freilich auch, dass Einzelne für einen Apollos oder Kephas gegen Pl sich ereiferten und umgekehrt (4, 6), aber doch noch eine viel grössere, daß einer im Vollgefühl seiner selbständigen Erkenntnis seine persönliche Christuszugehörigkeit den Äußerungen der Abhängigkeit von dieser oder jener menschlichen Auktorität entgegenstellte. Daher sucht Pl, wie der Gemeinde überhaupt (14, 36), so auch dem Einzelnen, der sich etwas Besonderes zu sein dünkt (4, 7; 14, 37), zum Bewußtsein zu bringen, daß er Alles, worauf er sich etwas zu gute tut, von Gott durch Vermittlung anderer Menschen empfangen habe. Dasselbe Verhältnis zwischen der Gesamtgemeinde, welche Pl in seinen Briefen mit „ihr“ anredet, und Einzelnen, welche er als die fortgeschrittensten Träger des allgemeinen Dranges nach Unabhängigkeit aus der Gesamtheit heraushebt, tritt uns auch 2 Kr 10, 1—11 entgegen. Als Voraussetzung seines bevorstehenden Einschreitens gegen einzelne Empörer und Missetäter bezeichnet Pl die Rückkehr der Gemeinde zu völligem Gehorsam (10, 6), weil er nur in Gemeinschaft mit der Gemeinde am Einzelnen Zucht üben kann und will. Fragt man, worin es seinen Grund habe, daß die Gemeinde als Korporation noch nicht zu völliger Unterordnung unter die Auktorität des Pl zurückgekehrt ist, so gibt das Folgende Antwort. Da tritt aus der Gesamtheit ein Einzelner hervor, der zu sich das Zutrauen hat und darauf pocht, daß er ein Angehöriger Christi sei, als ob Pl nicht mindestens das Gleiche für sich beanspruchen könnte (10, 7), ein Einzelner, welcher über die selbstbewußten Briefe und das wenig imponirende persönliche Auftreten des Apostels dreist genug zu reden wagt (10, 10 f. cf 10, 1). Werden wir durch das im dortigen Zusammenhang selbst unveranlaßte *Χριστοῦ εἶναι* (10, 7) unvermeidlich an die Losung in 1 Kr 1, 12 erinnert, so müssen wir auch annehmen, daß eben die Christusleute es waren, von welchen die stärksten Äußerungen der Unbotmäßigkeit gegen Pl ausgingen (z. B. 1 Kr 4, 18; 2 Kr 10, 9—11); und daß sie vor allen die Gefahr einer Losreißung der Gemeinde von ihrem Apostel und damit von der ganzen Christenheit heraufbeschworen hatten. Daß wir in beiden Briefen keine grösseren Abschnitte nachweisen können, welche eigens der Bestreitung der Christusleute gewidmet sind, erklärt sich aus dem angegebenen Verhältnis ihrer Richtung zum Charakter der ganzen Gemeinde. Nichts ist wahrscheinlicher, als daß es einer der Christusleute war, welchen die Gemeinde mit der Abfassung des Schreibens an Pl beauftragt hatte. Indem Pl der Gemeinde antwortete, sagte er vor allem diesen, ihrer christlichen Erkenntnis und Urteilskraft, ihrer darin begründeten Freiheit und Selbständigkeit bewußten Christusleuten seine Meinung. Es war höchste Zeit, daß er es tat. Dem Timotheus, welcher vor dem Eintreffen der letzten mündlichen und schriftlichen Nachrichten aus Kor. von Ephesus abgereist sein mochte und wegen seiner Geschäfte in Macedonien nicht so bald in Kor. eintreffen konnte, durfte Pl es nicht überlassen, die Ordnung in Kor. wiederherzustellen (4, 17; 16, 10 oben S. 186). Da ferner bis zu seiner eigenen Hinkunft nach Kor. trotz aller möglichen Beschleunigung noch der ganze Sommer verstreichen mochte (16, 5; 4, 19), vor dessen Anfang er stand (oben S. 186), so sah er sich veranlaßt, in einem ausführlichen Schreiben nicht nur die von der Gemeinde ihm vorgelegten Fragen, sondern auch die ihm durch die Leute der Chloë und die drei Abgesandten der Gemeinde bekannt gewordenen Übelstände gründlich zu erörtern. Seinem längst angekündigten Besuch wollte er dadurch vorarbeiten und von demselben wo möglich das Peinliche fernhalten, welches die unvorbereitete mündliche Verhandlung über die vielerlei ärgerlichen und bedrohlichen Verhältnisse mit sich bringen mußte (cf auch 16, 2). Mit dem zur Züchtigung erhobenen Stock in der Hand, aber zugleich mit einem von väterlicher Liebe, die lieber verzeihen als strafen möchte, bewegten Herzen trat er vor die Gemeinde, ihrer Entscheidung es überlassend, wie sie ihn bei sich sehen wolle (4, 21). Der Brief entspricht den aus ihm selbst erkennbaren Anlässen seiner Abfassung so vollkommen und ist überdies durch den Brief der Römer an die Korinther vom J. 96 so glänzend bezeugt, daß ein vernünftiger Zweifel an seiner Echtheit und Einheit nicht denkbar ist.

1. Liest man mit Semler und Hofmann 8, 1 *οἶδα μέν*, so ist nur deutlicher ausgedrückt, was ohnehin nicht zu bezweifeln wäre, daß *πάντες γνῶσιν ἔχομεν* ein Satz ist, welchen Pl nur eben gelten läßt, also aus dem Gemeindeschreiben herübergenommen hat. Ein Widerspruch zwischen dieser vorläufigen Konzession und 8, 7 besteht um so weniger, als dort *γνῶσις* den Artikel hat. Die rechte Art der Erkenntnis fehlt schon den Freisinnigen, die darauf pochen (8, 1—3), aber die volle, von ihnen bei Allen vorausgesetzte Erkenntnis, ohne welche ein Tun wie das ihre ein Handeln gegen das eigene Gewissen ist, fehlt auch den „Schwachen". Auch der beispiellose Gebrauch von *οἰκοδομεῖν* 8, 10 erklärt sich nur, wenn Pl den Korinthern damit einen von ihnen gebrauchten Ausdruck in ironischem Ton zurückgibt, als ob er sagte: „schöne Erbauung das". Cf oben S. 187. Vielleicht sind auch 1, 4—7 Aussagen des Gemeindebriefs von Pl angeeignet worden, cf P. Ewald, N. Jahrb. f. deutsche Th. 1894 S. 198—205.

2. Es heißt 10, 14 nicht *φεύγετε τὴν εἰδωλολατρείαν* (cf 6, 18), was ernstlich genommen, eine überflüssige Mahnung, andrenfalls aber eine sehr übertriebene Bezeichnung des tatsächlich Vorgekommenen wäre, sondern *ἀπὸ τῆς εἰδωλολατρείας*. Aus 10, 15—22 ergibt sich, daß Pl vor allem, wenn auch nicht ausschließlich die Teilnahme an Götzenopfermahlzeiten cf 8, 10; 10, 7 im Auge hat. Auch 2 Kr 6, 16 weist auf nichts mehr, aber auch auf nichts geringeres als auf eine durch den allzu innigen geselligen Zusammenhang der Korinther mit ihrer heidnischen Umgebung veranlaßte Annäherung an den Götzendienst.

3. Gegen die falsch asketische Richtung einer Minorität, für deren Irrtümer die Gemeinde in ihrem Schreiben wahrscheinlich das Beispiel und gelegentliche Urteile des Pl verantwortlich gemacht hatte, wendet sich Pl 7, 3—6. 10—14. 27a. 28a. 36. 38a. 39. Entscheidend ist die richtige Fassung von 7, 6, was sich nicht auf die wirklichen Gebote in v. 2 oder v. 3—5a, sondern nur auf die Konzession 5b (*εἰ μήτι*) beziehen kann.

4. Der Ausdruck *γυναῖκα τοῦ πατρός* 5, 1 wäre unbegreiflich schwach, wenn die leibliche Mutter und nicht vielmehr die Stiefmutter gemeint wäre cf Lev 18, 8 im Unterschied von 18, 7, ebenso Sanhedr. VII, 4 (schon von Wetstein z. St. citirt), wo zugleich gesagt wird, daß es keinen Unterschied ausmache, ob der Vater noch lebe,

oder tot sei. Bezieht sich 2 Kr 7, 12 auf denselben Fall, so lebte der Vater noch. Eine nach römischem Recht und somit in Kor. bürgerlich giltige Ehe konnte einer überhaupt nicht mit seiner Stiefmutter eingehen, mochte der Vater leben oder tot sein. Eine solche Ehe wird also hier durch ἔχειν jedenfalls nicht bezeichnet, andrerseits auch nicht eine einmalige fleischliche Verirrung, ein einzelner ehebrecherischer Akt, sondern ein Konkubinat cf Jo 4, 18. Die Stiefmutter wird die Wohnung ihres Gatten mit der des Stiefsohnes vertauscht haben und zwar auf Veranlassung des Sohnes, welcher mit bezug hierauf 5, 2 ὁ τὸ ἔργον τοῦτο πράξας, mit bezug auf besonders erschwerende Umstände, die uns unbekannt sind, 5, 3 ὁ οὕτως τοῦτο κατεργασάμενος und in bezug auf seine Verschuldung gegen den Vater 2 Kr 7, 12 ὁ ἀδικήσας genannt wird cf § 20 A 6. Da Pl von einer Verschuldung des Weibes, woran es doch nicht gefehlt haben kann, völlig schweigt, so wird sie und wohl auch ihr Gatte nicht der Gemeinde angehört haben. Pl hat dann den Grundsatz von 1 Kr 5, 12 befolgt.

5. Ist schon an sich auffällig, daß Gegenstand der Danksagung 1, 4—9 nicht der religiöse und sittliche Zustand oder dessen Betätigung im Leben und Leiden ist (cf dagegen 1 Th 1, 3; 2 Th 1, 3; 2, 13; Eph 1, 15; Kl 1, 4; Phl 1, 5), sondern lediglich die charismatische Ausstattung, so ist besonders beachtenswert, daß die Rede jeglicher Art vor der Erkenntnis genannt wird 1, 5; cf die Reihenfolge 12, 8 ff.; 13, 1. 8 und den Gegensatz 2 Kr 11, 6. — Ergibt sich aus 14, 37, daß πνευματικός nicht jeden mit irgend einem χάρισμα begabten, sondern ebenso wie προφήτης eine besondere Species und zwar nach dem Zusammenhang den Zungenredner bezeichnet, welcher in viel höherem Grade als der Prophet und vollends der Lehrer „im Geist“ redete (14, 2. 14—19. 23), so ist auch das Thema περὶ τῶν πνευματικῶν 12, 1 nicht von den geistlichen Gaben überhaupt zu verstehen, sondern entweder nach 14, 37 von den Zungenrednern (οἱ πνευματικοί) oder nach 14, 1 (τὰ πνευματικά im Unterschied von προφητεύειν) von dem Zungenreden, innerhalb dessen man verschiedene Arten unterschied (12, 10. 28; 13, 1).

6. Die Predigt von der prinzipiellen Ausgleichung aller natürlichen und sozialen Unterschiede in der Gemeinde (12, 13) scheint in Kor. auch auf die Sklavenfrage in einer dem Pl misfälligen Weise angewandt worden zu sein. Denn wenn auch 7, 18—23 die Sklaverei ebenso wie die Beschneidung als lehrreiches Beispiel in der Erörterung über die Ehe verwertet wird, so ist doch höchst unwahrscheinlich, daß Pl über diese beiden Verhältnisse nur zum Zweck theoretischer Belehrung und ohne praktische, in Kor. selbst liegende Anlässe so entschiedene, wenn auch kurze Urteile abgegeben haben sollte. Der Sklave soll nicht meinen, sein Stand vertrage sich nicht mit seinem Christentum; er soll aber andrerseits auch nicht meinen, unter allen Umständen im Sklavenstand verharren zu müssen cf Skizzen 145. 348 A 9—11.

7. Unter τῇ ἐκκλησίᾳ τ. ϑ. 10, 32 ist nicht die Ortsgemeinde von Kor. zu verstehen, sondern wie 12, 28 die Christenheit; denn es waltet hier nicht wie 11, 22 der Gegensatz der einzelnen, in verschiedenen Häusern wohnenden, teils armen, teils wohlhabenden Gemeindeglieder und der versammelten Gemeinde ob. Nach dem allgemeinen Satz 10, 31 ist es vielmehr die Gesamtheit der korinthischen Christen, welche 10, 32 ermahnt wird, gegenüber der nichtchristlichen Umgebung, in der sie lebt, und der größeren Gesamtheit, von der sie nur ein Teil ist, sich unanstößig zu halten. Im anderen Fall würde auch statt τῇ ἐκκλ. τ. ϑ. vielmehr τοῖς ἀδελφοῖς, τοῖς ἀσϑενέσιν, ἀλλήλοις gesagt sein. Die richtige Auffassung bestätigen auch die Stellen 11, 16 (αἱ ἐκκλ. τ. ϑ.); 4, 17; 7, 17; 14, 33. 36.

8. Die durch BD*G bezeugte Stellung von ἡγιασμένοις ἐν Χρ. Ι. gleich hinter ϑεοῦ 1, 2 ist von unerfindlicher Originalität. Liest man aber diese Worte hinter Κορίνϑῳ, so erscheint das unmittelbar sich anschließende κλητοῖς ἁγίοις erst recht als eine überflüssige Wiederholung wesentlich des gleichen Gedankens der Heiligkeit der Korinther

als Gemeindeglieder, wenn nicht der Begriff „berufene Heilige“ durch σὺν πᾶσιν κτλ. vervollständigt wird. Auf alle Fälle kann σὺν πᾶσιν κτλ. nicht nach der trügerischen Analogie von 2 Kr 1, 1; Phl 1, 1 mit τῇ ἐκκλησίᾳ—Κορίνθῳ als eine Vervollständigung der Adresse verbunden werden; denn „alle Anrufer des Namens Christi“ ist eine möglichst umfassende Bezeichnung der gesamten Christenheit (Rm 10, 12; 2 Tm 2, 22; AG 9, 14. 21). Die erforderliche Beschränkung gewinnt man auch nicht, wenn man αὐτῶν hinter τόπῳ auf das weit abliegende κλητοῖς ἁγίοις = Κορινθίοις statt auf τοῖς ἐπικαλουμένοις bezieht und die Anbeter an jeglichem, den Korinthern gehörigen Ort d. h. in den zu Korinth gehörigen Städten versteht. Denn τόπος τινὸς heißt nicht die Ortschaft, die einem gehört, sondern der Platz, den einer einnimmt, abgesehen davon, daß die übrigen Städte von Achaia, wo es Christen gab (Kenchreä, Athen), gar nicht den Korinthern gehörten. Einer Widerlegung bedarf auch nicht die Meinung von Holsten 456, daß unter „sämtlichen Anbetern Christi an allen ihren Orten“ die von allen möglichen Orten nach Kor. gekommenen auswärtigen Christen zu verstehen seien. „Die Vorstellung des Katholischen“ (Holsten 453), welche man durch solche Verdrehungen beseitigen will, durchzieht den ganzen Brief (s. S. 201 f.). Für seine Person bekennt sich Pl dazu durch den Zusatz καὶ ἡμῶν (ohne τε nach ℵ*A*BD*G und den älteren Übersetzungen). Ist nämlich αὐτῶν καὶ ἡμῶν ohne Frage mit τόπῳ zu verbinden und nicht eine nachträgliche Exposition des vorigen ἡμῶν, was kein Leser erraten konnte, so sagt Pl in einer ihm auch sonst nicht fremden Form (Rm 16, 13), daß jeder Ort, wo es Anbeter Christi gibt, auch sein und des Sosthenes Ort sei, d. h. daß sie sich dort heimisch fühlen. Dieser echt katholische oder ökumenische Sinn fehlt den Korinthern.

9. Eine ziemlich vollständige Übersicht über die mannigfaltigen Ansichten von den Parteiverhältnissen gibt Räbiger, Krit. Untersuch. über den Inhalt der beiden Briefe an die kor. Gemeinde, 2. Aufl. S. 1—50. Richtiger als die meisten Neueren hat schon Clemens I Kor. 47 die 1 Kr. 1, 12 besprochene Tatsache erkannt: διὰ τὸ καὶ τότε προσκλίσεις ὑμᾶς πεποιῆσθαι, gleich darauf ἡ πρόσκλισις ἐκείνη . ., προσεκλίθητε γὰρ ἀποστόλοις μεμαρτυρημένοις καὶ ἀνδρὶ δεδοκιμασμένῳ παρ' αὐτοῖς. Wenn Räbiger S. 2 dem Clemens, welcher ebenso wie gelegentlich Origenes (hom. 9 in Ez. Delarue III, 388, aber nicht tom. XIV, 1 in Matth. p. 616) und Adamantius (dial. in Marc. I, Delarue 809; Caspari anecd. 12) das ἐγὼ δὲ Χρ. unberücksichtigt läßt, die Ansicht zuschreibt, daß zur Zeit des Pl in Kor. nicht vier, sondern drei Parteien existirten, welche „auf Grund der von Pl, Petrus und Apollos ausgegangenen Lehre sich gegenseitig bekämpften“, so ist 1) in die Worte des Clemens die Begründung der angeblichen Parteien durch eine besondere Lehre des Pl, Petrus und Apollos willkürlich eingetragen, wovon auch im 1 Kr des Pl nur das Gegenteil zu finden ist; 2) ist nicht gewürdigt, daß die mechanische Wiederholung auch der vierten Losung bei Clemens, welcher in der Korinthergemeinde seiner Zeit nichts dieser Losung entsprechendes fand, und vollends für Adamantius, welcher den Marcioniten beweisen will, daß man sich nicht wie sie nach einem Menschen (Marcion), sondern nur nach Christus nennen dürfe, zweckwidrig gewesen wäre; 3) ist vorausgesetzt, daß πρόσκλισις „Partei“ bedeute, was schon durch die Zusammenfassung der mannigfaltigen προσκλίσεις in den Singular ἡ πρόσκλισις ἐκείνη (s. vorhin) widerlegt ist. Es bezeichnet vielmehr die auf Willkür beruhende Hinneigung (Vorliebe, Anhänglichkeit) für einzelne Personen Clem. I Cor. 21, 7; 50, 2; 1 Tm 5, 21. Den äußersten Gegensatz zu dieser vorsichtigen Ausdrucksweise des Clemens bildet die Art, wie der alte Lightfoot (Horae hebr. ad 1 Cor 1, 12) und Vitringa (Observ. sacrae, ed. Jenens. 1725 p. 799—812), cf auch noch Baur I, 292 ff. von einem *schisma* im späteren kirchenrechtlichen Sinn dieses Worts und von 4 *sectae* sprachen, in welche die Gemeinde auseinander gefallen wäre, und welche vielleicht in verschiedenen Lokalen ihre Gottesdienste gehalten hätten (Vitringa 812). — Erste Voraussetzung eines richtigen Verständnisses ist die Anerkennung, daß in 1, 12

nicht etwa, wie der Syrer Ephraim (Comm. in ep. Pauli ed. Mechith. 48), Chrysost. (Montf. X, 16; III, 138. 347), Theodoret u. A. lehrten, ein derartiger *μετασχηματισμός* (4, 6) vorliege, daß die genannten Namen bloße Verkleidungen von ganz anderen Personen seien, die in Kor. als Parteihäupter genannt wurden, ein Irrtum, welchem zuerst Beza NT (1582) II, 93 entschieden entgegengetreten ist. Das eine deutliche Erklärung ankündigende *λέγω δὲ τοῦτο*, die ernsthafte Verteidigung der Predigtweise des Pl 1, 17 ff., die Erörterung in 3, 4—8, dies alles läßt keinen Zweifel daran, daß Pl und Apollos, also auch Petrus und Christus die Namen waren, welche wirklich in Kor. als Losungsworte laut wurden. Es sollte ferner über allem Streit stehen, daß auch *ἐγὼ δὲ Χριστοῦ* eine von einzelnen Korinthern im Gegensatz zu anderen Gemeindegliedern gebrauchte Bezeichnung ihres Standpunktes war. Wollte Pl seinerseits den drei anderen Losungen gegenüber in dieser Formel seinen eigenen Standpunkt aussprechen und den Kor. empfehlen (so nach älteren Vorgängern besonders entschieden Mayerhoff, Einl. in die petrin. Schriften, 1835 S. 81), so mußte er gegenüber dem *ἕκαστος ὑμῶν λέγει* sagen: *ἐγὼ δὲ λέγω ὑμῖν, ὅτι Χριστοῦ εἰμι* oder richtiger *ὅτι ὑμεῖς* (*ἡμεῖς*) *πάντες Χριστοῦ ἐστε* (*ἐσμεν*) oder *ἀντὶ τοῦ λέγειν ὑμᾶς* (Jk 4, 15) *ὅτι Χριστοῦ ἐσμεν*. Noch unmöglicher ist die Auslegung von Räbiger 76 f., wonach *ἐγὼ δὲ Χριστοῦ* als Ergänzung zu jeder der drei anderen Losungen hinzutreten soll: „ich gehöre dem Pl, aber gerade als Pauliner Christo an“ usw.; denn abgesehen davon, daß jeder Leser ohne weiteres Nachdenken das dritte *ἐγὼ δέ* in die gleiche Beziehung zu *ἐγὼ μέν* setzen wird, wie die zwei vorangehenden, liegt auf der Hand, daß ein ebenso wie *εἰμὶ Παύλου* von dem Subjekt *ἐγὼ μέν* abhängiges zweites Prädikat nicht durch *ἐγὼ δέ* eingeführt werden kann, was vielmehr ein neues Subjekt gegensätzlich einführt. Die Voraussetzung, daß in diesen Sätzen etwas enthalten sein müsse, was alle übrigens divergirenden Richtungen gemeinsam bekannt haben, beruht auf Miskennung des *ἕκαστος ὑμῶν*, welches im Gegensatz zu dem *τὸ αὐτὸ λέγητε πάντες* (1, 10), seinen gewöhnlichen distributiven Sinn hat (1 Kr 3, 5. 8. 13; 7, 7. 17; 11, 21; 14, 26; 15, 23; 16, 2). Die Besorgnis, daß die Christusleute sich zur Rechtfertigung ihrer Parole auf Pl selbst hätten berufen können, ist unbegründet; denn Pl hat nirgendwo wie jene das *Χριστοῦ εἶναι* für sich im Gegensatz zu anderen Christen in Anspruch genommen, sondern hat im Gegenteil 1, 2—10 immer wieder den „Namen u n s e r e s Herrn Jesus Christus“ als das jede Spaltung ausschließende, alle Gemeinden der Welt und alle Glieder der Einzelgemeinde unter sich verknüpfende Einheitsband genannt, auch 3, 23 wieder daran erinnert und 2 Kr 10, 7 gegenüber den Christusleuten das *Χριστοῦ εἶναι* nur a u c h für sich beansprucht; cf 1 Kr 7, 40 in gleichem Gegensatz. Auch die erste Frage in 1, 13 — denn eine Frage ist das gewiß trotz Fehlens des entbehrlichen und hier schon wegen des häßlichen Meckertons, der dadurch entstehen würde, fortgelassenen *μή* — bereitet keine Schwierigkeit. Sie gilt allerdings nicht nur den Christusleuten (so Baur I, 326; Hofmann II, 1, 18), aber doch auch ihnen. Wie die Vertreter der anderen Richtungen vermöge ihrer Zugehörigkeit zu einem Pl oder Apollos oder Kephas ein besseres Christentum, gleichsam ein größeres Stück von Christus zu besitzen meinten als die Anderen, ohne doch darum den Anderen jedes Christentum abzusprechen, so auch die Christusleute; nur daß ihre Losung, als die stolzeste von allen, am stärksten die Meinung ausdrückte, daß sie einen unvergleichlich größeren Anteil an Christus haben, als alle anderen. Exegetisch und historisch verwerflich sind alle Versuche, in den Christusleuten Judenchristen aus Palästina zu verstehen, seien es nun Solche, welche sich rühmten, selbst noch die Predigt Jesu gehört zu haben (Grotius II, 366; Thiersch 141; Hilgenfeld 265), oder Solche, welche, im wesentlichen identisch mit den Petrusleuten, darum sich nach Christus nannten, weil ihre Auktoritäten, die älteren Apostel und die Brüder Jesu, im Unterschied von P durch Christus selbst berufen und belehrt worden waren (Baur II, 296 ff.), oder wegen ihres Anschlusses an Jakobus, den Bruder des Herrn (Weizsäcker 277). Die letzteren Annahmen beruhen auf dem Irrtum, daß Pl nur seinerseits die Losungen zu einander in Gegensatz stelle; in welchem Falle er, um das bunte Gewirre recht lebhaft zu veranschaulichen, allerlei Schlagworte, auch fast synonyme neben einander stellen könnte. Pl sagt aber nicht: der Eine sagt so, der Andre so, sondern er führt die Losungen als zu einander gegensätzlich gemeinte ein. Im Sinne derer, welche hier redend eingeführt werden, tritt das ἐγὼ δὲ Χριστοῦ ebenso scharf dem ἐγὼ δὲ Κηφᾶ gegenüber, wie dem ἐγὼ δὲ Ἀπολλῶ, und wie dieses dem ἐγὼ μὲν Παύλου. Es ist auch unerlaubte Willkür, die in den 4 Losungen ausgedrückten Richtungen auf zwei Hauptrichtungen zu reduziren, eine heidenchristliche und eine judenchristliche, welche wiederum in je zwei naheverwandte Unterarten zerfallen wären (Pl- und Apollosleute einerseits, Kephas- und Christusleute andrerseits), zumal Pl nur bei dem angeblich minder bedeutenden Gegensatz der Pl- und Apollosleute ausführlich verweilt. Ferner ist ganz unverständlich, wie Leute, die sich nur ihrer Beziehungen zu persönlichen Jüngern oder Verwandten Jesu rühmen konnten, daraufhin sich selbst eine besondere Zugehörigkeit zu Christus zuschreiben mochten. Sie hatten keinen Vorzug vor allen Jüngern der Jünger Jesu in der Welt (Hb 2, 3; 2 Pt 1, 16; 1 Jo 1, 3), vor allem nicht vor den Petrusleuten, von welchen sie doch unterschieden sein, die sie mindestens im Wettstreit der Prahlerei überbieten wollten. Vollends eine judenchristliche Partei, welche von einer Anhänglichkeit an Petrus nichts wissen wollte — und nur eine solche hätte dem ἐγὼ δὲ Κηφᾶ ihr ἐγὼ δὲ Χριστοῦ entgegenstellen können —, ist ein geschichtswidriges Phantom. Die Judaisten in Galatien hielten Petrus, Johannes und Jakobus gleichmäßig für Säulen der Kirche (Gl 2, 9), und die pseudoclementinische Literatur wählt trotz aller Hochstellung des Jakobus den Petrus zu ihrem Helden. Endlich ist ja unleugbar, daß die geschichtliche Person des Erlösers, welcher persönlich nahegestanden zu haben, ein Vorzug des Petrus und des Jakobus vor Pl und anderen Predigern ist, nicht Χριστός, sondern Ἰησοῦς heißt (1 Kr 9, 1; 11, 23; 1 Jo 4, 3). Schon darum ist nicht daran zu denken, daß Pl 2 Kr 5, 16 auf eine persönliche Berührung mit Jesus Bezug nehme. Pl spricht dort, wie von 2, 14 an, so von sich, daß er den Tim. (1, 1) und überhaupt die in echt christlichem Geist mit ihm zusammenwirkenden Berufsgenossen mit sich zusammenfaßt, und zwar im Gegensatz zu den mit Empfehlungsbriefen nach Kor. gekommenen Petrusleuten (2, 17—3, 1; 5, 12). Erst von 7, 3 an tritt das Ich an die Stelle des Wir. Wenn Pl zuerst im Ton des Dithyrambus und dann wieder in ruhiger Erörterung (5, 13) Solches von sich und seinen Genossen gesagt hat, was wie eine Selbstanpreisung aufgefaßt werden könnte, so sollen die Korinther wissen, daß die Furcht vor Christus, vor dessen Richterstuhl sie einst Rechenschaft geben müssen, und die Liebe zu Christus, der für alle Menschen gestorben ist, für ihre Betrachtung und Behandlung aller Menschen maßgebend ist, sowohl derer, welche noch erst zu bekehren sind, als der Christen, und so auch für ihre Selbstbeurteilung. Den Gegensatz bildet ein εἰδέναι oder γινώσκειν κατὰ σάρκα (5, 16). Die Wortstellung und der Zusammenhang machen es unzweifelhaft, daß damit gemeint ist eine Beurteilung der Menschen, für welche die angeborene Natur und die natürliche Denkweise des Beurteilenden maßgebend ist (cf 1, 17; 10, 2—4). Ehe Gott den Pl zur Erkenntnis und Annahme der im Tode Christi liegenden Versöhnung geführt, ihn zu einem Leben in Christus neu geschaffen und ihm die Verkündigung des Worts von der Versöhnung übertragen hatte, war auch seine Beurteilung der Menschen eine solche κατὰ σάρκα, weil seine Betrachtung Christi, von dem er gehört hatte und den er verfolgte, damals eine solche war. Seit seiner Bekehrung und Berufung hat das aufgehört. Vermöge des in 5, 12 wieder in Erinnerung gebrachten Gegensatzes zu den Petrusleuten ist damit allerdings angedeutet, daß die Art, wie jene als Missionare die Menschen beurteilen und behandeln, und wie sie sich selbst ein Ansehen unter den

Korinthern zu geben suchen, ein Beweis ihrer fleischlichen Betrachtung der Menschen sei und schließlich darauf zurückgehe, daß sie Christum selbst nicht so, wie Pl seit seiner Bekehrung, erkannt haben. Ohne daß das καυχᾶσθαι ἐν προσώπῳ (5, 12) mit dem ἀνθρώπους εἰδέναι κατὰ σάρκα (5, 16) identificirt werden dürfte, und ohne daß Pl die Torheit ausspräche, die Petrusleute seien ebenso, wie er es vor seiner Bekehrung gewesen, fanatische Bestreiter Christi und des Christentums, blickt doch hier wie in 3, 4 ff.; 4, 1 f. 5 f. das Urteil durch, daß ihr kleinliches, verstecktes, von persönlichen Interessen geleitetes Treiben darin seinen Grund habe, daß sie nicht so wie die echten Prediger des Ev die erneuernde und befreiende Wirkung der Offenbarung Gottes in Christus an sich erfahren haben, sondern in jüdischem Wesen stecken geblieben sind. — Ein Hauptgrund der Verwirrung wurde die unhaltbare Meinung, daß 2 Kr 10, 7 samt den umgebenden Sätzen bereits der Polemik gegen die 11, 1—12, 18 und schon 2, 17—6, 10 bestrittenen falschen Apostel angehöre. Diese letzteren sind von auswärts nach Kor. gekommene, mit Empfehlungsbriefen aus ihrer Heimat versehene Wanderlehrer, welche Pl durchaus von der Gemeinde unterscheidet und im 2 Kr nicht ein einziges Mal mit den Korinthern in ein „ihr" zusammenfaßt. Sind sie (s. oben S. 206) mit den Petrusleuten identisch, so werden diese zwar 1 Kr 1, 12 noch zu den dort angeredeten Christen in Kor. gerechnet, aber 3, 16—20 von der Gemeinde als dem Objekt ihrer verderblichen Tätigkeit unterschieden und 16, 22 ausdrücklich von der Gemeinde, welcher der Gruß des Pl gilt, ausgeschlossen. Dagegen hat es Pl 2 Kr 10, 1—11 durchaus mit der Gemeinde selbst zu tun und zwar mit der Gemeinde als einer Korporation, welche angefangen hat, sich wieder der Auktorität des Pl unterzuordnen, damit aber noch nicht soweit gekommen ist, daß er an ihr für die etwa erforderlichen Akte der Kirchenzucht die ausreichende Stütze hat (10, 6). Es ist unmöglich den Einzelnen, welchem 10, 7b das λογιζέσθω gilt, außerhalb des Kreises zu suchen, dem das βλέπετε 10, 7a gilt. Wesentlich dieselbe Anklage, welcher Pl 10, 9—11 entgegentritt, ist schon 10, 1 als ein in der Gemeinde verbreitetes Urteil vorausgesetzt. Werden wir nun durch 10, 7 auf das ἐγὼ δὲ Χριστοῦ von 1 Kr 1, 12 zurückverwiesen, so folgt, daß die Christusleute keine aus der Fremde zugereisten Lehrer, sondern von Haus aus Glieder der Gemeinde waren. Ferner ist ein Charakteristicum der Pseudapostel der Mangel an wirklichem Selbstvertrauen (5, 12) und an jener Offenheit und Kühnheit, welche Pl 2, 17—6, 10 im Gegensatz zu ihnen sich und allen echten Dienern des Neuen Bundes nachrühmt. Sie prahlen in ihrer Art auch, aber nur äußerlich und mit äußerlichen Dingen (5, 12; 11, 18. 22), insbesondere mit den Auktoritäten, deren Empfehlungsbriefe sie vorzeigen können (3, 1). Arglist und Verstellung sind ihre Mittel (2, 17; 4, 2; 11, 3. 13—15 cf 1 Kr 3, 19 f. oben S. 205). Wie sollten wir diese Leute in 10, 7—11 wiedererkennen, wo ein sehr starkes, in rücksichtslosestem Ton sich äußerndes, nicht auf fremde Auktoritäten und auch nicht auf äußere Vorzüge, sondern auf die eigene Christlichkeit gegründetes Selbstbewußtsein geschildert wird! Allerdings beginnt die Bestreitung der fremden Pseudapostel nicht in dem Sinne mit 11, 1, daß hier ohne Vorbereitung ein neuer Gegenstand zur Sprache gebracht würde. Zu deutlich ist schon in 10, 12—18, namentlich 10, 15 (καυχώμενοι ἐν ἀλλοτρίοις κόποις) der Gegensatz zu anderen Missionaren. Schon mit der Aufforderung an die Gemeinde, das vor Augen Liegende ins Auge zu fassen (10, 7) leitet Pl die bis 12, 18 sich erstreckende Polemik gegen die fremden Lehrer ein. Ihn selbst und seine Gegner soll die Gemeinde nach den offenkundigen Tatsachen beurteilen, wozu er ihr gleich darauf, besonders deutlich von 11, 7 an die nötige Anleitung gibt. Ehe er aber dazu übergeht, diese Tatsachen vorzuführen, drängt sich ihm der Gedanke auf, daß in der Gemeinde, die er zu unbefangener Betrachtung des Gegensatzes zwischen ihm und den Petrusleuten auffordert, Leute vorhanden sind, welche ihre Gleichgiltigkeit gegen die Gegensätze der nach Pl, Apollos und Petrus sich Nennenden und gegen das größere oder geringere

Ansehen jener Auktoritäten selbst zur Schau trugen und in diesem Sinne das *ἐγὼ δὲ Χριστοῦ* im Munde führten (oben S. 208). Eben dadurch hinderten sie eine Klärung der Verhältnisse. Sie machten dem Pl den Vorwurf, daß er, besonders im Gegensatz zu den Petrusleuten und ebenso verkehrterweise wie diese, seine persönliche Ehre verteidige und unablässig in seinen Briefen sich selbst herausstreiche (3, 1; 5, 12; 10, 12. 18; 12, 19). Darum schickt Pl seiner Polemik gegen die Petrusleute (11, 1—12, 18) die gegen die Christusleute gerichteten apologetischen Bemerkungen 10, 7b—18 voraus. Auf das unvermeidliche, mit 11, 1 beginnende sich selbst Rühmen weist das *καυχήσομαι* 10, 8. 13 (cf 12, 1 *ἐλεύσομαι* im Blick auf das Folgende), und wie die *τινὲς τῶν ἑαυτοὺς συνιστανόντων* 10, 12 keine anderen als die Petrusleute sein können, so zieht sich durch die ganze Polemik gegen die Petrusleute 11, 1—12, 18 die Apologetik gegen die Vorwürfe der Christusleute (11, 1. 16—21. 30; 12, 1. 5 f. 11. 19). Nur gelegentlich bekommen auch die Apollosleute einen abwehrenden Wink 11, 6. Daraus aber, daß nur 10, 7—11 aus der angeredeten Gemeinde ein einzelner *πεποιθὼς ἑαυτῷ Χριστοῦ εἶναι* herausgehoben und zur Rede gestellt wird, während im übrigen die Gemeinde ohne Unterschied in dem wesentlich gleichen apologetischen Ton angeredet wird, müssen wir folgern, daß die Vertreter des *ἐγὼ δὲ Χριστοῦ* nicht eben zahlreich, aber von großem Einfluß auf die Haltung der ganzen Gemeinde waren.

10. Die Meinung des Bischofs Dionysius von Kor. um 170, daß Petrus neben Pl an der Stiftung der beiden Gemeinden zu Kor. und Rom beteiligt gewesen sei (Eus. h. e. II, 25, 8), welche vielleicht schon Clemens von Rom hegte (GK I, 806), wird aus dem 1 Kr herausgelesen sein, woher (3, 6 f.) Dionysius die Ausdrücke *φυτεύσαντες*, *φυτεία* hat. Doch wäre ja möglich, daß irgend ein späterer Aufenthalt des Petrus in Kor. die Überlieferung mitbegründet hätte. Nur zur Zeit und vor der Zeit des 1 Kr war ein solcher durch die Teilung der Arbeitsgebiete Gl 2, 7—9 ausgeschlossen cf Skizzen 72 f. 90 f. Auch das völlige Schweigen der beiden Korintherbriefe wiegt schwer, bedeutet jedenfalls viel mehr als das Schweigen der AG.

11. Die Frage „wurdet ihr auf den Namen des Pl getauft?“ 1, 13 ist, wie das Folgende zeigt, gegen Leute gerichtet, welche ein großes Gewicht darauf legten, von einem bestimmten Mann die Taufe empfangen zu haben. Wenn Pl in jener Frage und in der folgenden Bestreitung sich selbst als Exempel gebraucht, so zielt er doch nicht auf die Plleute; auch nicht auf die 2 oder 3 Männer in Kor., die er wirklich getauft hat z. B. auf jenen Stephanas (1, 16; 16, 15), von dem er nur Gutes zu sagen hat; denn wenn diese damit groß getan hätten, so könnte Pl nicht seine Freude darüber aussprechen, daß durch sein nur ganz vereinzeltes Taufen in bezug auf seine Person jenes Gerede ausgeschlossen sei. Er mußte vielmehr klagen, daß sein vorsichtiges Benehmen erfolglos geblieben sei. Es gilt also hier jenes *ταῦτα μετεσχημάτισα εἰς ἐμαυτόν* 4, 6. Daß Apollos die von ihm Bekehrten (oben S. 194 A 11) getauft hat, ist möglich; sehr unwahrscheinlich aber ist, daß man auf eine von Apollos erteilte Taufe ein besonderes Gewicht gelegt haben sollte. Apollos war ein begabter Lehrer, aber als ein bedeutsames Glied in der Succession des Geistes konnte er nicht in Betracht kommen. Dagegen bedarf es kaum der Ausführung, daß es in Kor. Eindruck machen mußte, wenn ein Christ aus Palästina sagen konnte: Kein Geringerer als Petrus hat mir am Pfingstfest oder später die Taufe gegeben, cf Hofmann II, 2, 21. Ich vermute, daß Pl mit einem Seitenblick auf Petrus und die Urapostel überhaupt, welche Jesus in der Tat auch zu taufen gesandt hatte (Mt 28, 19 cf Jo. 4, 2), eben dies von sich verneint (1, 17).

12. Zerlegt man *μαραναθα* 16, 22 in מרן אתא, so ergibt sich als das Nächstliegende die Übersetzung „unser Herr ist gekommen“ (nicht „kommt“ oder „wird kommen“). So S[1] מָרַן אֶתָא (nach nestor. Aussprache אֲתָא, bibl. אֲתָא Esra 5, 16 oder אֲתָה Dan 7, 22) und die des Syrischen einigermaßen kundigen Ausleger: Chrysostomus Montf. X, 410

ὁ κύριος ἡμῶν ἦλθεν, Hieron. onomast. ed. Lagarde 75, 24 (*venit* als perfect.) und Theodoret (Noesselt 215), welcher richtig bemerkt, daß das nicht hebräisch, sondern syrisch sei (cf ein Scholion bei Scrivener, Cod. Augiensis p. 488), und welcher mit Rücksicht auf den syrischen Brauch, auch das bloße *ὁ κύριος* ohne *ἡμῶν* durch מָרַן zu übersetzen, das Suffix = *ἡμῶν* unübersetzt läßt. Cf die drei Scholien bei Wetstein z. St. *ὁ κύριος* (mit und ohne *ἡμῶν*) *ἦλθε*, al. *παραγέγονε*, al. *ἥκει*. Bei dieser sprachlich unanfechtbaren Übersetzung, welche übrigens schon ein lat. Ausleger um 370, der sogen. Ambrosiaster kannte (Ambros. opp. ed. Ben. II app. 170), beruhigten sich auch noch Delitzsch, Ztschr. f. luth. Theol. 1877 S. 215, s. auch dessen hebr. NT 11. Aufl. und Neubauer, Stud. bibl. Oxon. 1885 S. 57. Über die falsche Übersetzung *ὁ κ. ἔρχεται* Onom. sacr. ed. Lagarde 195, 65 und andere unhaltbare Deutungen cf Klostermann, Probleme im Aposteltext 224 ff. Klostermanns eigene Deutung: מָרַן אָתָא „unser Herr ist das Zeichen" steht und fällt mit seiner kühnen Deutung von v. 22a „wenn einer den Herrn Jesus nicht küßt" d. h. „wenn einer den Bruderkuß (v. 20) verweigert", und sie verträgt sich nicht mit dem seither bekannt gewordenen liturgischen Gebrauch der Formel s. unten. Dies gilt auch von Hofmanns Deutung מר אנתה „Herr bist du" cf Ps 16, 2, wozu noch die Unwahrscheinlichkeit kommt, daß zur Zeit des Pl das ursprüngliche *n* und das auslautende *a* im Pronomen noch hörbar gewesen sei. Den Vorzug verdient die wohl zuerst von Halévy (Revue des études juives IX, 1884 p. 9), sodann von Bickell (Ztschr. f. kath. Theol. 1884 S. 403) und Nöldeke (Gött. gel. Anz. 1884 S. 1023 cf auch Siegfried, Ztschr. f. wiss. Theol. XXVIII, 128 und Dalman, Gr. 120 A 2) empfohlene Fassung als מָרַנָא תָא „(unser) Herr, komme!" Die vollere, in nabatäischen Inschriften aus der Zeit des Aretas IV (2 Kr 11, 32), also des Pl, als מראנא zu findende Form (C. I. Sem. II nr. 199, 8; 201, 4; 206, 7; 208, 6; 209, 8) des Suffixes *-ana* ist bei Pl mindestens ebenso wahrscheinlich als die Form *-an*; und תָא, die gewöhnliche syrische Form des Imperativs von אתא, war auch den Juden geläufig, besonders in den Verbindungen תא חזי = *ἔρχου καὶ ἴδε* Jo 1, 46 und תא שמע „komm und höre" cf Levy, Neuhebr. Lex. I, 184; Buxtorf, Lex. talmud. rabb. 248. So verstanden, entspricht die Formel, da die Voranstellung oder Nachstellung des Anrufs willkürlich ist (Ps 59, 2 71, 4. 12; 2 Sam 14, 4. 9) vollkommen dem *ἔρχου κύριε Ἰησοῦ* (S[1] תא מריא ישוע) Ap 22, 20. So erklärt sich ihr Vorkommen am Schluß des Abendmahlsgebetes Didache 10, 6 (const. ap. VII, 26), mag man diese letzte Bitte vor dem Amen als eine Einladung an den Herrn auffassen, im Sakrament zu seiner Gemeinde zu kommen, oder als eine Bitte um seine baldige Wiederkunft (cf Forsch III, 294; Skizzen 315. 318. 391). Die Abendmahlsgebete der Didache stammen aus einem Lande, in dessen Christengemeinden aramäische und griechische Sprache neben einander hergingen (oben S. 8), und in welchem „Berg" geradezu die Bedeutung „Ackerfeld" angenommen hatte d. h. aus Palästina (cf Schwally, Idiotikon des christl. paläst. Aramäisch s. v. טוּר. Didache 9, 4 *ἐπάνω τῶν ὀρέων*, in const. ap. VII, 25 getilgt). Ist die Didache selbst wahrscheinlich in Ägypten und offenbar für heidenchristliche Gemeinden verfaßt worden, so liegt die Tatsache vor, daß diese palästinischen Gebete mit ihrem *hosanna, maranatha, amen* eine gewisse Verbreitung über die Grenzen der jüdischen Christenheit Palästinas hinaus gefunden haben. Daraufhin anzunehmen, daß auch in den durch Pl gestifteten griechischen Gemeinden das *maranatha* von Anfang an eingeführt worden sei, erscheint bedenklich. Es fehlte dort die Voraussetzung, welche die starke jüdische Bevölkerung Ägyptens (Philo in Flacc. 6: etwa 1 Million) für die Einführung aramäischer Gebetsworte in älteste Christengemeinden bildet, und es fehlt jede Spur davon, daß *maranatha* jemals so wie *amen* und dgl. in der Liturgie der Kirchen Kleinasiens oder Griechenlands eine Stelle gehabt habe. Wenn ein Anagnost auf der Insel Salamis im 4. oder 5. Jahrhundert C. I. Gr. nr. 9303 den, der sein Grab seiner Bestimmung zuwider benutzen sollte, bedroht: *λόγον* δώῃ τῷ θεῷ καὶ ἀνάθεμα ἤτω. μαραναθάν (sic), so ist das ohne Verständnis aus 1 Kr 16, 22 entlehnt. Ebenso eine lat. Inschrift zu Poitiers bei Le Blant, Nouveau recueil des inscr. chrét. de la Gaule p. 259 nr. 247. — Nach alle dem ist nicht wohl zu bezweifeln, daß es Christen aus Palästina waren, denen Pl durch dies Stück ihrer heimischen Liturgie zu verstehen gibt, daß er sie meine. Dieser Zweck würde undeutlich geworden sein, wenn er eine griechische Übersetzung daneben gestellt hätte; cf dagegen Gl 4, 6; Rm 8, 15. Dem Inhalt nach entsprach der Satz der Stimmung des Pl. Der Gedanke an die Friedensstörer und Verderber der Gemeinde lenkte ebenso wie der Gedanke an die ungeschickten Arbeiter und die anmaßlichen Richter seinen Blick auf den Tag des Gerichtes (3, 13—20; 4, 5): „Herr, komm und mache allem Hader und allem Wirken verderblicher Mächte in deiner Gemeinde ein Ende."

13. In dem Bedingungssatz 2 Kr 11, 4 wird ein nach Ansicht des Redenden zweifellos Unwirkliches als in der Gegenwart wirklich gesetzt (cf Mt 12, 26; Rm 4, 14; 1 Kr 9, 17; 15, 13. 14. 16. 17; Gl 5, 11; Kühner II, 969 A 1). Wenn Pl die Predigt der judaistischen Missionare einmal Gl 1, 6 ἕτερον εὐαγγέλιον nennt, so doch nicht, ohne diesen abusiven Gebrauch des Namens Ev sofort zu korrigiren (1, 7). Jedenfalls aber gibt es nicht einen zweiten hl. Geist, den die Kor. erst durch neue Prediger empfangen könnten oder müßten, nachdem sie durch den Dienst des Pl den einen wirklich so zu nennenden Geist empfangen haben. Erst recht gibt es keinen anderen Jesus, den man in Kor. predigen könnte, nachdem der einzige Jesus, welcher überhaupt Gegenstand einer Predigt geworden ist, in Kor. gepredigt und zum Fundament der Gemeinde gemacht worden ist (1 Kr 3, 11; 2 Kr 1, 19; 4, 5). Wenn es nach Analogie von Gl 1, 6 allenfalls denkbar wäre, daß Pl den Christus, wie ihn andersgesinnte Prediger darstellen, einmal dem Christus, wie er ihn predigt, als ἕτερος Χριστός gegenübergestellt hätte, so konnte er doch nicht von einem ἕτερος oder ἄλλος Ἰησοῦς als Gegenstand einer wirklich stattfindenden Predigt reden, weil es einen zweiten oder dritten Jesus, welcher Gegenstand einer Predigt geworden wäre, neben dem Jesus von Nazareth nicht gibt. Sollten ferner die drei eingeschalteten Relativsätze ein wirklich in Kor. gepredigtes, vom Ev des Pl abweichendes falsches Ev charakterisiren, so mußten sie lauten παρ' ὃν ἐκηρύξαμεν, παρ' ὃ ἐλάβετε . . ἐδέξασθε (cf Gl 1, 8f.); es würde auch schwerlich ein ἡμεῖς fehlen, um den Gegensatz zu ὁ ἐρχόμενος auszudrücken. Wie die Sätze lauten, zeigen sie nur, daß die Kor. alles Wesentliche, was ein neuer Missionar ihnen bringen könnte, bereits empfangen haben. Daß Pl hier einen unmöglichen Fall als in der Gegenwart wirklich setzt, beweist auch der Nachsatz. Liest man mit BD* ἀνέχεσθε, so ist gesagt, daß in dem gesetzten Fall, aber auch nur in diesem Fall das Gewährenlassen der fremden Lehrer von seiten der Kor., wie es wirklich stattfindet (11, 19f.), keinen Tadel verdiene (καλῶς ποιεῖτε ἀνεχόμενοι τοῦ ἐρχομένου κτλ.). Das weiter verbreitete ἀνείχεσθε aber ist schwerlich als schlichtes Imperfektum, als Beschreibung des bisherigen Verhaltens der Kor. zu fassen, denn dieses Verhalten gegen die fremden Lehrer setzt sich in der Gegenwart noch fort (11, 19f.), sondern im Sinn von ἀνείχεσθε ἄν, als ein Übergang aus der ersten in die vierte hypothetische Form (Jo 8, 39 ohne ἄν, Lc 17, 6 mit ἄν hinter gut beglaubigtem εἰ c. ind. praes. cf Winer § 42). Dem Sinne nach käme letztere Fassung mit der LA ἀνέχεσθε wesentlich auf das gleiche hinaus. Da nun das Verhalten der Kor. zu den fremden Lehrern nach Pl ein äußerst tadelnswertes ist, so muß der gesetzte Fall, in welchem dasselbe vielmehr Lob verdient oder verdienen würde, ein unwirklicher sein. Der oft wiederholte Vorschlag, καλῶς als ironischen Ausdruck für einen strengen Tadel zu verstehen (Mr 7, 9), ist schon stilistisch betrachtet, hinter einem keineswegs ironisch gemeinten Bedingungssatz, kaum erträglich, aber auch sachlich verwerflich; denn es würde weder ironischen noch schlichten Tadel verdienen, daß einer angebliche geistige Güter, die er noch nicht besitzt, sich anpreisen läßt und sich besinnt, ob er sie

sich nicht solle schenken lassen. Auch die Anknüpfung von v. 4 an das Vorige bereitet der richtigen Auslegung keine Schwierigkeiten; denn nicht v. 4 für sich, sondern die ganze Darlegung von 11, 4—12, 18 wird durch γάρ als eine nähere Erklärung von 11, 2—3 eingeführt, und sie beginnt passend mit der Konzession, daß die Kor. allerdings kein Tadel treffe, also Pl auch nicht um sie besorgt zu sein brauchte, wenn der in v. 4 gesetzte unwirkliche Fall wirklich wäre. Diesen Fall zu setzen war aber mindestens ebensowohl veranlaßt, als die Fragen 1 Kr 1, 13 oder 1 Kr 14, 36; denn die Kor., welche die fremden Lehrer so geduldig anhören und so lange ihr Wesen treiben lassen, ohne doch darum mit Pl und seinem Ev brechen zu wollen, handeln so, als ob ihnen jene Lehrer eine Bereicherung an christlichen Gütern brächten. — Die grammatische Form des Bedingungssatzes verbietet die Annahme, daß hier auf den möglichen künftigen Fall hingewiesen sei, daß ein bestimmter Ankömmling, etwa einer der Urapostel, dessen demnächstigen Besuch die Pseudapostel in Kor. angekündigt hätten, dort predigend auftreten werde (so Hausrath, Der Vier-Kapitelbrief des Pl an die Kor. 19). Unbegreiflich wäre auch, daß auf diese bedeutsame Sache nur einmal so beiläufig und rätselhaft hingewiesen sein sollte. Ὁ ἐρχόμενος bezeichnet hier nicht den großen Erwarteten (Mt 11, 3), geschweige denn einen bereits gekommenen Mann, so daß man an eine hervorragende Persönlichkeit unter den in Kor. aufgetretenen fremden Lehrern denken könnte (so Ewald, Sendschreiben des Pl 225. 295. 298), sondern ist generell gemeint cf Gl 5, 10 ὁ ταράσσων ὑμᾶς, Eph 4, 28 ὁ κλέπτων, Rm 4, 4; 1 Kr 14, 2 ff. Voraussetzung der Verständlichkeit des Ausdrucks ist nur dies, daß in Kor. von auswärts gekommene Lehrer aufgetreten waren cf Didache 11, 1 ὃς ἂν οὖν ἐλθὼν διδάξῃ, 11, 4 πᾶς δὲ ἀπόστολος ἐρχόμενος πρὸς ὑμᾶς cf 12, 1. 2. Hiemit ist aber auch die Meinung von Baur I, 318, Hilgenfeld, Einl. 298 ausgeschlossen, daß οἱ ὑπερλίαν ἀπόστολοι 2 Kr 11, 5; 12, 11 die Urapostel bezeichne. Wenn es an sich denkbar wäre, daß Pl im Gegensatz zu einer mit Bestreitung seines Apostelrechts verbundenen Übertreibung der Auktorität der Urapostel von seiten der Petrusleute jene in ironischem Sinn so nennte, wofür Gl 2, 6. 9 eine gewisse, freilich nicht ausreichende Analogie böte, so ist doch durch den Zusammenhang von 11, 5 mit 11, 4 sicher, daß vielmehr die zur Zeit in Kor. wirkenden Pseudapostel und Satansdiener (11, 13—15) gemeint sind. Dasselbe gilt für 12, 11 um so sicherer, als Pl sich bis dahin durchaus nicht mit den Uraposteln, sondern nur mit jenen fremden Lehrern zu Kor. gemessen und auseinandergesetzt hat (11, 7—12, 11). Davon aber, daß diese Leute sich auf die Auktorität der Urapostel stützten und diese auf Kosten des Pl in den Himmel erhoben, fehlt gerade in diesem Zusammenhang jede Andeutung.

§ 19. Übersicht über den zweiten Korintherbrief.

Sowohl über den unmittelbaren Erfolg, als über die weiteren Folgen des 1 Kr belehrt uns der 2 Kr, wenn man nicht durch die Annahme eines zwischen diese beiden Briefe fallenden, verloren gegangenen oder doch erst wiederzusuchenden Briefs des Pl an dieselbe Gemeinde (A 1) oder durch die Annahme eines dazwischenliegenden Besuchs des Pl in Kor. (A 2) oder durch die Vereinigung dieser beiden Hypothesen die enge Verbindung zwischen den beiden Briefen sprengt. Der 2 Kr ist zugleich im Namen des Tim. geschrieben, was sich nicht mit 1 Kr 1, 1 (oben S. 192 A 6) vergleichen läßt, da es sich hier um einen Gehilfen des Pl handelt, welcher an der Stiftung der Gemeinden Achaias tätigen Anteil genommen hatte (1, 19 oben S. 189 A 2 cf 1 Th 1, 1; 2 Th 1, 1). Dem entspricht es, daß Pl abweichend von 1 Kr 1, 4 von vornherein und bis 9, 15 ganz überwiegend in der 1. Person des Plurals redet, welche er niemals ohne verständlichen Anlaß mit dem Singular vertauscht, und nur einmal, wo er auf die grundlegende Predigt unter den Christen Achaias zurückblickt, an welcher außer Tim. auch Silvanus beteiligt war, dem entsprechend ausdrücklich erläutert (1, 19). Darnach ist das „wir" überall, wo nicht aus der allgemeinen Natur der Aussage sich von selbst ergibt, daß alle Christen oder alle gleichgesinnten Prediger des Ev gemeint sind, selbstverständlich als eine zunächst und jedenfalls den Tim. mit Pl zusammenfassende Bezeichnung zu nehmen. Dies gilt aber auch von dem Schlußabschnitt c. 10—13, welcher durch das einleitende *αὐτὸς δὲ ἐγὼ Παῦλος* von dem bis dahin als ein gemeinsames Schreiben des Pl und des Tim. gedachten Brief als eine persönliche Auslassung des Pl allein sich abhebt, wodurch nicht ausgeschlossen ist, daß auch hier gelegentlich ein „wir" an die Stelle des „ich" tritt (A 3). Es ist ferner zu beachten, daß der 2 Kr nicht wie der erste ausschließlich an die Gemeinde von Kor., sondern zugleich an die sämtlichen sonstigen Christen von ganz Achaia gerichtet ist (oben S. 189 A 2). Allerdings würde die Bezeichnung des Leserkreises anders lauten; es würden die Orte, wo der Brief gelesen werden soll, aufgezählt (cf Ap 1, 4. 11; 1 Pt 1, 1) oder die sämtlichen Gemeinden als diejenigen von Achaia zusammengefaßt sein (Gl 1, 2; 1 Kr 16, 19; 2 Kr 8, 1; Gl 1, 22; 1 Th 2, 14), wenn der Brief für die Korinther nur ebenso wie für die übrigen Christen Achaias bestimmt wäre. Der Wortlaut des Grußes lehrt, daß der Brief vielmehr in erster Linie an die Gemeinde von Kor. gerichtet ist, aber so, daß er teilweise oder ganz auch die übrigen Christen von Achaia angeht und diesen bekannt gegeben werden soll. Der Unterschied von 1 Kr 1, 2 (oben S. 211 f. A 8) bleibt bestehen. Daher ist auch die Anrede *Κορίνθιοι* 6, 11 nicht nach Analogie von Phl 4, 15; Gl 3, 1 als ein Zuruf an sämtliche Leser zu verstehen, sondern er tritt darum an dieser Stelle ein, weil einigermaßen schon das vor dieser Stelle Gesagte, besonders aber das hier Beginnende der Ortsgemeinde von Kor. allein gilt. Aus dem gleichen Umstand erklärt sich die Nennung der Stadt 1, 23, welche nach dem wiederholten *πρὸς ὑμᾶς, δι' ὑμῶν, ἐν ὑμῖν* 1, 15—19 auffällt, und welche, abgesehen von der hiefür nicht in Betracht kommenden Grußüberschrift im 1 Kr ebensowenig wie jenes *Κορίνθιοι* ihresgleichen hat. Jene Ausdrücke 1, 15—19 bedeuten „nach, durch und in Achaia"; was dagegen von 1, 23 an folgt, betraf nur die Korinther. Anderes dagegen, insbesondere die c. 8—9 besprochene Kollekte ging ebensosehr die übrigen Christen von Achaia an, welche sämtlich daran beteiligt waren (9, 2; Rm 15, 26). Wenn Titus, welcher den Brief von Macedonien nach Kor. überbringen soll (s. nachher), seinen Weg über Athen nahm, so wird er dort und an anderen Wohnsitzen von Christen in Achaia, die er auf seiner Reise berührte, sofort den Christen, die er nicht unbegrüßt lassen konnte, von dem ihm übergebenen Schreiben Kenntnis gegeben haben; und da er zugleich persönlich die Kollektensache in Achaia betreiben sollte, wird er es überhaupt nicht der Gemeinde von Kor. überlassen haben, für Weiterbeförderung des Briefs an die übrigen Christen Achaias zu sorgen, und dies um so weniger, als 8, 16—24 eine kaum zu entbehrende Empfehlung und Legitimation des Titus und seiner Begleiter für den Betrieb der Kollekte enthielt. Fraglich dagegen mag bleiben, ob Titus bei solchen Gelegenheiten den ganzen Brief, welcher doch großenteils die besonderen Verhältnisse von Kor. betraf, oder etwa nur die Abschnitte 1, 1—22; 8, 1—9, 15; 13, 11—13 zur Kenntnis der übrigen Gemeinden brachte.

Der Brief zerfällt in drei deutlich abgegrenzte Teile c. 1—7; 8—9; 10—13. Der erste Teil hat sein Knochengerüste an drei Bruchstücken eines Reiseberichts. Während Pl noch auf dem Boden der Provinz Asien weilte, ist er samt dem bei ihm befindlichen Tim. in eine scheinbar unentrinnbare Todesgefahr geraten (1, 8—10 A 4). Als er darauf in Troas anlangte, und zwar mit der Absicht, dort Ev zu predigen, wozu auch günstige Gelegenheit sich bot, fehlte ihm die dazu erforderliche Gemütsruhe, weil er dort nicht, wie er gehofft hatte, den Titus antraf, den er nach Kor. geschickt hatte, und dessen Rückkehr er mit äußerster Spannung erwartete. In der Hoffnung, das Zusammentreffen mit Titus dadurch zu beschleunigen, reiste er mit Tim. sofort von Troas weiter nach Macedonien (2, 12 f.). Nach seiner Ankunft in Macedonien, wo er sich zur Zeit des Briefes noch befindet, und offenbar nicht lange vor Abfassung des Briefs, ist Titus zu ihm gestoßen und hat ihn durch gute Nachrichten aus Kor. erfreut (7, 5 f.). Die chronologische und zugleich geographische Anordnung wird auch in den beiden folgenden Teilen des Briefs innegehalten. Pl spricht c. 8—9 von Solchem, was eben jetzt in den macedonischen Gemeinden, in deren Mitte er weilt, vor sich geht, und insbesondere von dem, was jüngst seit der Ankunft des Titus dort beschlossen worden ist. Er teilt den Korinthern mit, was ihnen noch unbekannt, vielleicht auch noch nicht geschehen war, als Titus von ihnen schied, daß die maced. Gemeinden aus eigenem Antrieb sich erboten haben, sich an der Kollekte für die Christen von Jerusalem zu beteiligen, welche in Kor. bereits seit Jahresfrist, d. h. seit der Zeit vor Absendung des Schreibens der Kor. an Pl, auf welches der 1 Kr die Antwort war, betrieben wurde (A 5). Angeregt durch die rühmenden Mitteilungen des Pl und Tim. über die Sammlungen in Achaia, aber ohne daß Pl gewagt hätte die armen Macedonier zur Beteiligung an diesem Liebeswerk aufzufordern (9, 2; 8, 5), haben diese dringend darum gebeten, ihnen dies nicht zu versagen und haben sofort eine für ihre Verhältnisse sehr ansehnliche Summe zusammengebracht (8, 1—4; 9, 2). Sie haben auch bereits Einen aus ihrer Mitte erwählt, der den Pl und Tim. auf ihrer Reise über Kor. nach Jerusalem als Mitüberbringer der Kollekte begleiten soll (A 6). Dieser Eifer der Macedonier in einer Sache, die man in Kor. seit langem ziemlich lässig betrieben hatte, sowie die Nachrichten, welche Titus über den Stand dieser Angelegenheit in Kor. gebracht hatte, bestimmten den Pl, den kürzlich aus Kor. zu ihm gekommenen Titus zu bitten, noch einmal und zwar in Begleitung jenes Deputirten der Macedonier und noch eines anderen, vielleicht eines von kleinasiatischen Gemeinden zu ähnlichem Zweck erwählten Bruders nach Kor. zu gehen und dort den Abschluß der Kollekte zu betreiben (8, 6. 16—24; 9, 3—5). In bezug auf seine eigene bevorstehende Hinkunft nach Kor. läßt sich aus diesem zweiten Teil des Briefes (c. 8. 9) nur dies entnehmen, daß Pl nicht lange mehr auf sich wird warten lassen; denn er erwartet nicht, daß Titus mit seinen Begleitern vorher noch einmal zu ihm zurückkehre. Die beiden „Gemeindedeputirten“ machen den ersten Teil der Reise, die sie übrigens mit Pl zusammen zu machen entschlossen waren, nur etwas früher als er und mit Titus, statt mit Pl. Alle drei sollen als Vorboten des Pl nach Kor. kommen (9, 5) und den Brief, dessen mittlerer Teil sie den Christen Achaias empfiehlt, überbringen. Erst im dritten Teil c. 10—13 faßt Pl seine eigene Hinkunft nach Kor. eigens ins Auge. Von dem Gegensatz seiner bevorstehenden Anwesenheit daselbst zu der bisherigen Abwesenheit geht er aus (10, 1—10), und mit demselben schließt er (13, 10). Er spricht einmal die Hoffnung aus, über Kor. hinaus Ev zu predigen (10, 16). Vor allem aber zeigt er sich bereit, demnächst in Kor. die immer noch nicht völlig wiederhergestellte Ordnung herzustellen (10, 6; 12, 14 f.; 13, 1 f.). Er fürchtet, manche alte Schäden wieder vorzufinden und scharfe Mittel anwenden zu müssen (10, 2; 12, 20 f.; 13, 7—9). Wenn er schließlich als Zweck dieses Briefes, den er trotz der zeitlichen Nähe seiner persönlichen Hinkunft jetzt noch aus der Ferne schreibt, dies nennt, daß es ihm erspart bleibe, bei seiner Anwesenheit in Kor. von der ihm von dem Herrn verliehenen Macht strengen Gebrauch zu machen (13, 10), so gilt dies ganz besonders von c. 10—13. Zu diesem Zweck fordert er von der ganzen Gemeinde, daß sie noch völliger, als schon geschehen ist, zum Gehorsam zurückkehre (10, 6), tritt den hochmütigen Urteilen, welche noch immer in der Gemeinde und namentlich von jenen Christusleuten über ihn und seine Briefe gefällt wurden, mit Entschiedenheit entgegen (10, 1 f.; 7—11; 13, 3—6 oben S. 215 f.). Er bedroht zum letzten Mal die zuchtlos Lebenden, die trotz aller bisherigen Mahnungen noch immer nicht Buße getan haben (12, 21—13, 2). Am längsten aber verweilt er bei der Bestreitung der fremden Lehrer, die wir als die Petrusleute erkannt haben (oben S. 206. 215 f.), und fordert, daß die Gemeinde diese Fremdlinge, die am allermeisten zur Trübung und Verbitterung des Verhältnisses zwischen Pl und den Korinthern beigetragen hatten, nicht länger ihr verderbliches Wesen treiben lasse (11, 1—12, 18). Dieser dritte Teil des Briefes ist der letzte Vorläufer des Apostels auf dem Wege nach Kor. Der uns als ein einheitliches Ganze überlieferte Brief stellt sich nach diesem vorläufigen Überblick als ein ebenso planvoll wie naturgemäß angeordnetes Ganze dar. Er hat die Leser mit Pl im Geist von Ephesus über Troas nach Macedonien geführt (c. 1—7), hat sie sodann mit ihm einen Augenblick in den Gemeinden Macedoniens verweilen lassen (c. 8—9) und läßt sie schließlich die Zustände der Gemeinde zu Kor. unter dem Gesichtspunkt des nahebevorstehenden Aufenthalts des Pl zu Kor. betrachten. Die Betrachtung der jüngsten Vergangenheit mit ihren Misverständnissen und Aufklärungen, der Gegenwart mit ihren praktischen Aufgaben und der nahen Zukunft mit ihren Sorgen verteilt sich auf die drei Abschnitte des Briefes.

1. Die Hypothese, daß Pl nach Rückkehr des Tim. aus Korinth einen jetzt verlorenen Brief nach Kor. gerichtet und durch Titus hingeschickt habe, auf welchen sich 2 Kr. 2, 3. 9; 7, 8 beziehe, hat zuerst Bleek, Stud. u. Krit. 1830 S. 625ff. zu begründen gesucht. Mit verschiedenem Grad von Zuversicht erklärten sich dafür Credner, Einl. I, 371; Neander, Ausleg. der Kr S. 272. 293f.; Klöpper, Untersuch. über den 2 Kr (1869) S. 24ff.; derselbe im Kommentar (1874) S. 42ff. und viele andere. Es beginnt sich nach Lisco, Die Entstehung des 2 Kr (1896) S. 1 in diesem Punkt „ein *consensus criticus* (soll wohl heißen *criticorum*) herauszubilden". Klöpper, welcher S. 38f. anerkennt daß Pl I, 16, 5—7 im Gegensatz zu dem schon früher den Korinthern mitgeteilten und II, 1, 15—16 beschriebenen ursprünglichen Reiseplan denjenigen mitteile, in dessen Ausführung er zur Zeit des 2 Kr begriffen war, nennt dies S. 42 „eine kleine Modifikation des ursprünglichen Reisevorhabens", während es doch die einzige ist, von der wir überhaupt wissen, daß sie den Korinthern mitgeteilt und auch wirklich ausgeführt worden ist. In I, 16, 5—7 wird die Ankündigung „einer baldigen Hinkunft nach Kor." gefunden (S. 43), während doch Pl in diesen mindestens einige Wochen vor Pfingsten geschriebenen Worten in Aussicht stellt, daß er möglicherweise bis gegen Wintersanfang fernbleiben und jedenfalls nicht in nächster Zukunft hinkommen werde (oben S. 193). Wenn nun daraufhin ein verloren gegangener Zwischenbrief postulirt wird, in welchem er seinen Besuch „hinausgeschoben und überhaupt von gewissen Bedingungen abhängig gemacht habe" (S. 43), damit die Anklagen, gegen welche Pl II, 1, 12ff. sich verteidigt, begreiflich seien, so fehlt ja dort jede Andeutung davon, daß man zur Zeit des 2 Kr die Hinkunft des Pl überhaupt für zweifelhaft hielt. Etwas wie I, 4, 18 ist in diesem Brief nicht zu finden. Sodann aber richtete sich die Anklage, welcher Pl II, 1, 17 entgegentritt, zunächst nicht gegen die letztvorangegangene briefliche Äußerung des Pl oder eine der jüngsten Vergangenheit angehörige Änderung seines Reiseplanes, sondern gegen den ursprünglichen Reiseplan selbst. Anlaß dazu war allerdings erst vorhanden, nachdem Pl erklärt hatte, daß er nicht diesen Plan, sondern einen anderen ausführen werde. Diese Erklärung war aber in I, 16, 5—7 mit Nachdruck abgegeben und zur Zeit des 2 Kr ohne irgend welche erkennbare Abweichung großenteils schon in Tat umgesetzt. Die Annahme, daß Pl in der Zwischenzeit zwischen I, 16, 5—7 und II, 1, 12—2, 2 in einem verloren gegangenen Brief sich abermals über seine Reisepläne, und zwar in einer von I, 16, 5—7 wesentlich abweichenden Weise geäußert habe, und daß auf diesen verlorenen Brief II, 2, 3—9 sich beziehe, ist unverträglich mit der gewöhnlichen Übersetzung von II, 2, 3 τοῦτο αὐτό „eben dies", und gewinnt keine Stütze, wenn man übersetzt „eben darum" (s. unten § 20 A 5). Diese Hypothese macht, wenn man nicht gleichzeitig einen Besuch des Pl in Kor. einschiebt, durch welchen die ganze Sachlage verändert und die zur Zeit des 1 Kr bestehenden Pläne erledigt worden wären, die ganze Verteidigung in II, 1, 15ff. sinnlos. Pl wäre dann ja nach vorübergehendem Schwanken, welches in dem Zwischenbrief laut geworden wäre, zu seinem längst festgestellten und I, 16, 5—7 umständlich mitgeteilten Plan zurückgekehrt. Von diesem also mußte er II, 1, 15f. als einem vorübergehend aufgegebenen, jetzt aber wiederaufgenommenen reden. Er mußte überhaupt nicht zwei, sondern mindestens drei, und wenn wir I, 16, 5—7 (unten § 20 und oben S. 192f.) richtig verstanden haben, vier verschiedene Stadien in dieser Angelegenheit unterscheiden, nämlich 1) den Plan

und das Versprechen, bald und direkt von Ephesus nach Kor. zu kommen (cf I, 4, 18), 2) den im Gegensatz dazu I, 16, 5—7 umständlich mitgeteilten und motivirten Plan, nicht sofort, sondern erst nach geraumer Zeit, auf dem Umweg über Macedonien hinzukommen, 3) die nirgendwo bezeugte, spätere Mitteilung an die Korinther, daß er den Plan Nr. 2 aufgebe und zu Plan Nr. 1 zurückkehre, 4) die abermalige Rückkehr zu Plan Nr. 2, welcher zur Zeit von II, 1—9 bereits großenteils zur Tat geworden war. Übrigens dürfte in dieser wie in anderer Beziehung die in § 20 folgende Darlegung des wirklichen Sachverhalts genügen. Ebenso gegenüber der Hypothese Hausrath's (Der Vierkapitelbrief des Pl an die Kor. 1870), daß der vermißte Zwischenbrief in c. 10—13 des 2 Kr uns erhalten sei. Das *αὐτὸς δὲ ἐγὼ Παῦλος* 10, 1 weise darauf hin, daß das Folgende ein Zusatz des Pl zu einem fremden Schreiben, etwa einem solchen der Gemeinde zu Ephesus oder der dortigen Hausgemeinde des Aquila an die Korinther war (S. 28). Die Hypothese wird begründet durch die Behauptung, daß in c. 1—9 Pl in „ungetrübter, liebevollster Seelenruhe“ den Korinthern nur Worte der Anerkennung zu sagen habe, in c. 10—13 dagegen in gereizter Polemik sich und seine Genossen gegen die schwärzesten Verdächtigungen verteidige und die schwersten Vorwürfe erhebe (S. 2—5). Die einfache Wiedergabe des Tatbestandes in § 20 widerlegt diese Behauptung. Im einzelnen ist zu bemerken, daß das Lob 8, 7 allerdings über die Danksagung gegen Gott in I, 1, 4f. hinausgeht, sofern hier wie II, 1, 24 („denn rücksichtlich des Glaubens stehet ihr“) neben Erkenntnis und Rede auch der Glaube genannt wird. Aber auch I, 15, 1 f. fehlt diese Anerkennung nicht. Außerdem wird auch der Eifer und die von den Korinthern ausgegangene, durch ihr neuerdings an den Tag gelegtes Verhalten angeregte (II, 7, 7. 11), im Herzen des Pl und des Tim. wohnende Liebe zur Gemeinde (nicht die Liebe der Kor. zu Pl) gerühmt. Aber es geschieht doch nur im Gegensatz zu dem Mangel an Eifer und an einem der Liebe und dem Lob des Pl entsprechenden Verhalten in der Kollektensache. Pl gibt hier nur eine solche Versicherung seiner Liebe zu den Lesern, welche zugleich erkennen läßt, daß sie von seiten der Leser noch nicht in entsprechendem Maße erwidert (cf 6, 11—13; 7, 3; 11, 11; 12, 15) und durch ihr Verhalten in einzelnen dem Pl sehr am Herzen liegenden Angelegenheiten noch keineswegs verdient ist. Es ist auch nicht zu übersehen, daß diese Anerkennung in demjenigen Teil des Briefes steht (c. 8—9), welcher wie kein anderer an die ganze Christenheit Achaias gerichtet ist (oben S. 220). Das dunkelste Bild von der Lage der Dinge in c. 10—13 gewinnt Hausrath nur, indem er Alles, was Pl gegenüber der Gemeinde, gegenüber einzelnen Gliedern derselben und gegenüber den fremden Lehrern zu sagen und zu klagen, zu verneinen und zu verteidigen hat, in einen Topf wirft und mit der darin angesammelten schmutzigen Farbe alles anstreicht. Wenn aus 12, 16—18 geschlossen wird, daß die Gemeinde den Pl und seine Abgesandten der Unehrlichkeit, des Betrugs, der Übervorteilung in der Kollektensache beschuldigte (S. 4. 10. 18), so ist erstens nicht einzusehen, warum nicht aus 7, 2 (*οὐδένα ἐπλεονεκτήσαμεν*) die gleiche Tatsache gefolgert und diese der vertrauensvollen Behandlung der Kollektensache in c. 8—9 viel näher stehende Stelle nicht erst recht als greller Widerspruch gegen die Situation von c. 1—9 bezeichnet wird. Zweitens handelt es sich in 12, 18 gar nicht um die Kollekte, sondern um die erste Sendung des Titus (8, 6), die mit der Kollekte nichts zu schaffen hatte (s. unten § 20 A 4). Es handelt sich 12, 16 cf 11, 7—12; 12, 13—15 um des Apostels persönliches Verhalten bei seinen beiden früheren Besuchen und 12, 17 um alle die Leute, die seit Stiftung der Gemeinde als Boten des Pl nach Kor. gekommen waren. Der Wortlaut von 12, 16 und der Zusammenhang von 11, 7 an beweist, daß die Anklage, welcher Pl 12, 16 entgegentritt, von den Petrusleuten ausging, und daß diese notgedrungen anerkannten, daß er der Gemeinde keinerlei Unkosten bereitet, sondern im Gegenteil auf das Recht, welches er in dieser Beziehung als Missionar hätte geltend machen können, schlechthin verzichtet habe. Die Anklage, welche der durch οὐ κατεβάρησα ὑμᾶς 12, 16 (cf 11, 9; 1 Th 2, 6. 9; 2 Th 2, 8) ausgedrückten Konzession als ein ausschließender Gegensatz gegenübertritt (ἀλλὰ ὑπάρχων πανοῦργος δόλῳ ὑμᾶς ἔλαβον), wird sinnlos, wenn sie doch wieder die Behauptung enthält, daß Pl allerdings den Korinthern die Last von Geldleistungen auferlegt habe, dabei aber nicht offen, sondern hinterlistig verfahren sei. Die Anklage kann also nach Grammatik und Logik nur den Sinn gehabt haben, daß der ränkevolle Pl die Korinther durch seinen scheinbar großmütigen, in der Tat lieblosen (11, 11) Verzicht auf jede Geldunterstützung in anderer Beziehung überlistet, daß er sie nämlich durch dieses schlau gewählte Mittel um so sicherer in moralische Abhängigkeit von sich gebracht habe. Darnach ist dann selbstverständlich auch πλεονεκτεῖν 12, 17. 18 (7, 2) zu verstehen, ein Ausdruck, der immerhin im Gegensatz zu dem Verzicht auf Geldunterstützung gewählt sein mag, aber auch sonst durchaus nicht immer Übervorteilung in Geldsachen bedeutet (cf 2, 11 und jedes Lexikon). So schwach, wie diese Hypothese begründet ist, so wenig leistet sie zur Aufhellung der Dunkelheiten von c. 1—9. Irgendwelche Andeutung über den Zeitpunkt seines bevorstehenden Besuchs in Kor., geschweige denn einen Widerruf seines ursprünglichen Reiseplans enthält c. 10—13 nicht. Hätte Pl dies von Ephesus aus geschrieben, ehe er dann über Troas nach Macedonien reiste, so konnten die Korinther aus dem angeblichen Vierkapitelbrief nicht den geringsten Anlaß zu den Beschwerden nehmen, welchen Pl 1, 12—2, 2 entgegentritt. Er hatte dann den I, 16, 5—7 mitgeteilten Plan großenteils genau ausgeführt und in II, 10—13 kein Schwanken gezeigt, jedenfalls kein gegenteiliges Versprechen gegeben, über dessen Nichterfüllung die Kor. sich hätten beschweren können. Nur müßte man sich wundern, daß er II, 12, 14; 13, 1 mit keiner Silbe wieder auf die I, 16, 5—7 schon so nachdrücklich behandelte Art und Weise seiner Reise nach Kor. zurückkäme. Zur Zeit von II, 1—9, welches eben auch die Zeit von II, 10—13 ist, war die Sache durch die Tatsachen erledigt, und nur etwa retrospektive Betrachtungen wie die in II, 1, 15—2, 2 ließen sich darüber anstellen. — Hausrath's Hypothese leistet auch für besseres Verständnis der Behandlung des Einzelfalls in II, 2, 5—11; 7, 11 f. und der Kollektensache in c. 8—9 nicht den geringsten Dienst; denn in c. 10—13 wird die Kollektensache nicht einmal gestreift, und wo von Sündern gesprochen wird, gegen welche Pl fürchtet, bei seinem bevorstehenden Besuch strenge einschreiten zu müssen 12, 21—13, 10, wird kein Einzelfall, auf welchen sich II, 2, 5—11; 7, 11 f. beziehen könnte, herausgehoben. Es handelt sich um viele Sünder, welchen Pl schon bei seinem 2. Besuch, den auch Hausrath vor den 1 Kr legt, mit Strafe gedroht hatte (13, 2). Wäre jener Missetäter von I, 5, 1—13 darunter gewesen, so hätte sich Pl durch die Entrüstung, womit er dort über einen ihm längst bekannten und schon bei seinem letzten Besuch von ihm behandelten Fall äußert, lächerlich gemacht. Am besten hat Hausrath selbst den Wert seiner Hypothese beleuchtet durch die weitere Annahme, daß in einem verlorenen Schreiben der Gemeinde von Ephesus an die Korinther, an welches Pl seine Privatmitteilung c. 10—13 angehängt habe, die Sache des Blutschänders und die Kollektensache besprochen gewesen sei (S. 28); denn damit ist eingestanden, daß in c. 10—13 selbst kein verständliches Wort über diese Gegenstände enthalten sei, welches dann als Voraussetzung von 2, 5—11; 7, 11 ff.; 8—9 gelten könnte. — Die Hypothese Hausrath's hat Lisco (Entstehung des 2 Kr 1896, laut Vorrede schon 1886 geschrieben) dadurch zu verbessern gemeint, daß er von dem Vierkapitelbrief die Sätze 12, 11—19 ausschloß und dagegen 6, 14—7, 1, einen ohnehin oft störend befundenen Abschnitt (s. unten § 20 A 7) an deren Stelle setzte, und dafür umgekehrt 12, 11—19 zwischen 6, 13 und 7, 2 einschob, ferner durch die Annahme, daß 1, 1—6, 13; 12, 11—19; 7, 2 f.; 9, 1—15; 13, 11—13 einen zweiten Brief, c. 7, 4—8, 24 einen dritten Brief für sich bilden. Ähnliche Teilungsversuche sind noch mehrere gemacht worden, welche auch nur vollständig zu beschreiben mir überflüssig erscheint. Cf die zusammenfassende Besprechung von Hilgenfeld Ztschr. f. w. Th. XLI (1899) S. 1—19. Erwähnt sei nur, daß Semler, nachdem er schon in Paraphr. in epist. ad Rom. 1769 p. 305ff. einen großen Teil von Rm 16 für eine für Kor. bestimmte Beigabe des Rm erklärt hatte, in der Paraphr. epist. II ad Corinth. 1776 praef. und p. 238. 311—314. 321 den 2 Kr in folgende drei Briefe zu zerlegen vorschlug: a) Der Brief, welchen Pl dem Titus bei dessen zweiter Sendung nach Kor. mitgab c. 1—8; 13, 11—13; b) Ein Brief an die Christenheit Achaias c. 9; c) Ein Brief an die Korinther, welchen Pl erst nach der zweiten Absendung des Titus, also nach Absendung des Briefs a infolge neuer schlimmer Nachrichten aus Kor. geschrieben habe c. 10, 1—13, 10. Hieran anknüpfend hat Krenkel wahrscheinlich zu machen gesucht, Pl habe diesen Brief 10, 1—13, 10 (Semler's c) von Macedonien aus geschrieben, nachdem Titus und seine Begleiter, welche den aus 1, 1—9, 15; 13, 11—13 (wesentlich = Semler's a und b) bestehenden Brief nach Kor. gebracht, mit neuen betrübenden Nachrichten zu Pl nach Macedonien zurückgekehrt waren.

2. Den zweiten Besuch des Pl in Kor. hat nach Ewald, Sendschr. des Pl S. 216 und vielen anderen zuletzt wieder Krenkel S. 154—211. 377 in die Zwischenzeit zwischen 1 und 2 Kr verlegt und ihn dem angeblichen Zwischenbrief unmittelbar vorangehen lassen. Der hiefür grundlegende Beweis, daß dieser Besuch nicht vor den 1 Kr fallen könne, ist bereits oben S. 195f. A 14 beleuchtet worden; ebenso S. 192 A 7 der Versuch, den 1 Kr aus der letzten Zeit des Aufenthaltes des Pl zu Ephesus in eine frühere zurückzuverlegen. Es wird ferner unten A 5 gezeigt, daß das Pfingsten, um dessen Zeit Pl Ephesus verlassen wollte (1, 16, 8), demselben julianischen Jahr (57) angehört, vor dessen Ende Pl den 2 Kr geschrieben hat. Es ist möglich, daß der Aufbruch von Ephesus sich verzögerte, weil Tim. auf sich warten ließ (oben S. 193 A 7); es ist ebenso möglich, daß er ein wenig früher eintrat, weil der Aufstand des Demetrius den Apostel vertrieb. Diese möglichen Abweichungen kommen aber für jetzt nicht in Betracht, solange feststeht, daß der 1 Kr einige Wochen vor Pfingsten desjenigen Jahres (57) geschrieben ist, vor dessen völligem Ablauf auch der 2 Kr geschrieben wurde (A 5). In der Zeit von Pfingsten bis December wäre unterzubringen (Krenkel 377): 1) eine Reise des Pl über Macedonien nach Kor. mit dem betrübenden Aufenthalt daselbst, 2) Rückkehr nach Ephesus statt der angekündigten Reise nach Jerusalem, 3) Sendung des Titus nach Kor. mit einem verlorenen Brief des Pl, worin dieser einen baldigen dritten Besuch angekündigt hat, 4) Reise des Pl von Ephesus über Troas nach Macedonien, wo er mit Titus zusammentrifft und gleich darauf 2 Kr 1—9; 13, 11—13 schreibt. Auch abgesehen von den handgreiflichen Beziehungen zwischen 1 Kr 16 und 2 Kr 1, welche weder Brief noch Besuch des Pl zwischeneinzuschieben gestatten (§ 20), sollte man zugestehen, daß Nr 1 und 4 dieser Kette den Verdacht erregen, durch Doppelsichtigkeit des Gelehrten entstandene Dubletten zu sein; daß Nr 2 an innerer Unwahrscheinlichkeit krankt, und daß der angebliche Inhalt des angeblichen Briefs unter Nr 3 mit 2 Kr 2, 3 unverträglich ist.

3. Daraus, daß 1, 3—12 das „wir“ festgehalten wird, folgt zunächst, daß Tim. die Lebensgefahr, in welche Pl noch in Asien geraten ist, mit durchgemacht hat. Ist der Vorwurf, dem Pl 1, 13 entgegentritt, durch einen einzelnen früheren Brief veranlaßt, so braucht aus dem „wir“ doch nicht geschlossen zu werden, daß Tim. dessen Mitverfasser war; denn der Vorwurf lautet allgemein auf die Zweideutigkeit der brieflichen Äußerungen des Pl, wie denn auch die Abweisung desselben in einem zeitlosen Präsens ausgedrückt ist. Daher war kein Grund, schon hier in den Singular überzugehen, da Pl eben jetzt mit Tim. zugleich einen Brief schreibt, wie er auch sonst nicht selten getan hat. Wenn er vorübergehend schon hier (*ἐλπίζω δέ*) in den Singular übergeht, so erkennt man, daß ihm bei der Äußerung der Hoffnung, daß es zwischen ihm und der Gemeinde bis in

alle Zukunft keine Misverständnisse mehr geben werde, bereits das Misverständnis und die ungünstige Beurteilung seiner wechselnden Reisepläne im Sinn liegt, worüber er 1, 15 ff. ausführlicher handeln will. Da es sich 1, 15—2, 11 um Ankündigung und Ausführung von Reiseplänen und um briefliche Mitteilungen handelt, an welchen Tim. nicht beteiligt war, verharrt Pl im Singular der Selbstbezeichnung mit Ausnahme von 1, 19—22 (cf 3, 2), wo von der Missionspredigt in Achaia die Rede ist. Mit einem zu dem ἡμεῖς vorher gegensätzlichen ἐγὼ δέ kehrt Pl 1, 23 zu der begonnenen persönlichen Erörterung zurück. Er verharrt dabei auch 2, 12 f., obwohl Tim., nach 1, 8 schon vor oder beim Antritt seiner Reise von Ephesus, also sicherlich auch in Troas bei ihm war, wie denn auch die Sätze von 2, 14 an, welche trotz ihres allgemeinen Charakters auch auf den Aufenthalt in Troas bezogen sein wollen, pluralisch gefaßt sind. Aber schicklicherweise macht Pl nicht den von ihm abhängigen Tim., sondern nur sich selbst und seine aufgeregte Stimmung für die auffällige Abreise von Troas verantwortlich. Abgesehen von einem einzigen ἐλπίζω δέ 5, 11 (cf 1, 13; 13, 6) behauptet sich der Plural bis 7, 2 d. h. bis zu dem Punkt, wo Pl wieder zu der bereits 2, 5—11 berührten Angelegenheit zurückkehrt, an welcher Tim. nicht unmittelbar beteiligt war (7, 3—16). Da Tim. mit Pl zusammen nach Macedonien kam und bei ihm war, als Titus dort mit Pl zusammentraf, selbstverständlich auch an dessen Meldungen lebhaften Anteil nahm, so tritt gelegentlich auch hier wieder das „wir“ ein 7, 5—7. 13; es wechselt auch einmal plötzlich mit dem sonst vorherrschenden „ich“ 7, 14. Zunächst zwar war es eine Beruhigung für Pl, mit dem, was er dem Titus von der kor. Gemeinde Lobendes gesagt hatte, nicht zu Schanden geworden zu sein. Da er aber die Wahrhaftigkeit dieses Lobs mit der Wahrhaftigkeit aller seiner Aussagen den Kor. gegenüber, also auch seiner ersten Predigt zu vergleichen für gut fand, an welcher auch Tim. beteiligt gewesen war (cf 1, 19) so war es natürlich, hinter dieser Erinnerung (ἐλαλήσαμεν) den Tim. auch in das Subjekt des Rühmens vor Titus (ἡ καύχησις ἡμῶν) 7, 14 cf 9, 3 einzuschließen, was jedoch nur unter der Voraussetzung möglich war, daß Tim. sich bei Pl befand und diesem zustimmte, als Pl mit Titus dessen Absendung nach Kor. besprach cf Hofmann II, 3, 196. In c. 8—9 überwiegt das „wir“, aus dem aber gelegentlich das „ich“ hervortritt (8, 8. 10). Der häufige Wechsel in 9, 3—5 berechtigt doch nicht, den Tim. von einem einzigen „wir“ auszuschließen. Auch in c. 10—13 ist der Wechsel des „wir“ mit dem dort vorherrschenden „ich“ nicht bedeutungslos. Durch 10, 11a; 11, 21a werden wir daran erinnert, daß diese Erörterung des persönlichen Verhältnisses des Pl zur Gemeinde und seinen Gegnern doch immerhin Bestandteil eines Briefs ist, dessen Mitverfasser Tim. ist; durch 10, 12—16 daran, daß Tim. ein den Korinthern bekannter Gehilfe der Missionsarbeit des Pl war und fernerhin sein sollte. Aus 10, 2b—5. 7b; 11, 12 entnehmen wir, daß die Vorwürfe, gegen welche Pl sich zu verteidigen hatte, teilweise auch auf seine Gehilfen ausgedehnt wurden, aus 10, 6. 11b; 13, 4—9, daß Tim. den Pl demnächst nach Kor. begleiten soll. Eben dies ergibt sich auch schon aus 8, 19, wo ein Mann, den die macedonischen Gemeinden dazu erwählt haben, den Pl auf seiner Reise über Kor. nach Jerusalem zu begleiten, συνέκδημος ἡμῶν, nicht μοῦ, heißt. Übrigens ist überall nicht ausgeschlossen, daß, was Pl in dieser pluralischen Form von sich und Tim. sagt, auch noch von dem einen oder andern seiner sonstigen Gehilfen gilt. Es kann die Reise von Ephesus über Troas nach Macedonien mit Pl und Tim. z. B. auch Aristarch gemacht haben (s. A 6).

4. Da Troas zur Provinz Asien gehörte und Ἀσία bei Pl überall nichts anderes als die ganze Provinz dieses Namens bezeichnet (oben S. 133), so bildet die Ortsangabe 2, 12 an sich keinen Gegensatz zu derjenigen in 1, 8. Aber aus ἐλθὼν δὲ εἰς τὴν Τρωάδα ergibt sich mit Notwendigkeit, daß 1, 8 nicht gleichfalls Troas, sondern entweder Ephesus oder eine Station auf dem Wege von Ephesus nach Troas gemeint ist. Jedenfalls kann

nicht das 1 Kr 15, 32 angedeutete Ereignis gemeint sein, denn dies war schon zur Zeit des 1 Kr den Korinthern so völlig bekannt, daß Pl mit einem einzigen, für uns rätselhaften Wort darauf hinweisen konnte. Es lag schon damals weiter zurück. Hier dagegen, in dem jedenfalls einige Monate später geschriebenen 2 Kr zeigt sich Pl nach dem Zusammenhang von 1, 8—11 mit 1, 3—7 in seiner Stimmung noch beherrscht von der dankbaren Freude über seine Errettung aus größter Gefahr. Mögen die Kor. die äußere Tatsache schon auf irgend welchem Wege erfahren haben oder gleichzeitig durch den Überbringer des 2 Kor. sich davon erzählen lassen, Pl selbst fühlt doch das Bedürfnis, sie über die Schrecklichkeit der Gefahr, in welcher er geschwebt hat, erst aufzuklären. Der Zwischenzeit zwischen 1 Kr und 2 Kr muß das Ereignis jedenfalls angehören. In dieser Beziehung wäre es erlaubt, an AG 19, 23—41 zu denken. Nicht entscheidend dagegen ist die Erwägung Hofmanns II, 3, 11, daß Tim. nach AG 19, 22 einige Zeit vor Pl Ephesus verlassen hatte, und somit zur Zeit von AG 19, 23 ff. nicht bei Pl sich befand, was 2 Kr 1, 8 vorausgesetzt sei. Der Bericht der AG ist hier unvollständig; die Rückkehr des Tim. zu dem noch in Asien weilenden Pl, welche wir aus 2 Kr 1, 8 erschließen, ist in der AG nicht berichtet, und ob wir sie in den Moment AG 20, 1 oder in den Zeitraum von AG 19, 22b zu verlegen haben, wissen wir nicht. Unannehmbar ist allerdings die Kombination von 2 Kr 1, 8 mit AG 19, 23 ff.; denn diese Erzählung sagt nichts von einer ernstlichen Lebensgefahr des Pl. Er selbst hatte sich der nächsten Gefahr entzogen (19, 30). Die Gunst der Asiarchen (19, 31) würde sich auch bei gerichtlicher Behandlung der Sache, wie sie der Syndikus ins Auge faßte (19, 38), geltend gemacht haben. Es kam nicht dazu; Pl konnte unbehelligt abreisen (20, 1). Selbst eine Hinrichtung aus Anlaß seiner wirksamen Predigt zu Ephesus, welche doch kaum das Ergebnis eines solchen Processes hätte sein können, würde Pl nicht als einen sonderlich schrecklichen Tod angesehen haben (cf Phl 1, 20—23; 2, 17; 2 Tm 4, 6—8; AG 20, 22—24). Eher wäre mit Hofmann an die Gefahr des Ertrinkens, etwa bei einer stürmischen Seefahrt von Ephesus nach Troas zu denken (11, 25). Aber der Ausdruck ἐν τῇ Ἀσίᾳ müßte befremden, wenn Pl das Festland bereits verlassen hatte. Er kann auch Räubern in die Hände gefallen und nur durch eine unvorhergesehene Hilfe vor einem grausamen Tode bewahrt worden sein (11, 26).

5. Wenn Pl 2 Kr 8, 10 schreibt, daß die Korinther schon vom vorigen Jahr her (ἀπὸ πέρυσι) mit der Geldsammlung den Anfang gemacht, und 9, 2, daß er kürzlich den Macedoniern gegenüber gerühmt habe, Achaia sei in dieser Beziehung schon vom vorigen Jahr her gerüstet, so kann das schon wegen der Gleichheit der Zeitangabe und des Mangels jeder Andeutung in 9, 2, daß Pl mit diesem Rühmen sich im Irrtum befunden habe, keine wesentlich verschiedene Tatsache ausdrücken. Da jenes Rühmen des Pl nach 9, 2 die Macedonier gereizt hat, auch ihrerseits sich an der Sammlung zu beteiligen (cf 8, 1—5), so mag dies in die Zeit vor Ankunft des Titus fallen. Aber gerade in dieser Zeit war Pl am wenigsten zu optimistischer Beurteilung der korinth. Verhältnisse geneigt (2, 13; 7, 5). Er hat aber auch nicht gerühmt, daß die Kollekte in Kor. abgeschlossen sei, sondern daß die griechischen Gemeinden im Unterschied von den macedonischen, wo bis dahin keinerlei Vorbereitungen getroffen waren, gerüstet seien, eine Kollekte nach Jerusalem zu schicken, und daß diese Vorbereitungen aus dem Vorjahr herrühren, womit weder gesagt ist, daß sie im Vorjahr schon ebensoweit gediehen, als jetzt, noch daß sie jetzt völlig abgeschlossen seien. Man fragt, welche Jahresrechnung zu Grunde liege, ob die jüdisch-kirchliche mit dem 1. Nisan oder den Frühjahrsäquinoktien als Anfang (Hofmann II, 3, 211) oder die macedonische (Wieseler, Chronol. 364), welche zugleich der jüdisch-bürgerlichen mit den Herbstäquinoktien als Anfang entspricht, oder die athenische, welche ebenso wie die Rechnung nach Olympiadenjahren die Sommersonnenwende zum Anfang hat (Credner, Einl. I, 371 f.). Ich weiß nicht, warum man

nicht noch andere Jahresrechnungen in Betracht zieht, z. B. das politische Jahr der Römer mit dem 1. Januar als Anfang, woran zu denken um so näher lag, als Kor., wohin Pl schrieb, eine von J. Cäsar gestiftete römische Kolonie war, und Pl möglicherweise in einer anderen römischen Kolonie, Philippi, sich befand, als er schrieb. Aber eben darum, weil es für die zerstreuten und buntgemischten Gemeinden, um die es sich hier handelt, keine allgemein anerkannte Jahresrechnung gab, ist auch nicht anzunehmen, daß Pl hier unter stillschweigender Voraussetzung einer einzigen von diesen möglicherweise in Betracht kommenden Jahresrechnungen sein ἀπὸ πέρυσι geschrieben habe; und auch abgesehen davon widerspricht es der Art aller natürlichen Redeweise, daß Pl hier nur gesagt haben sollte, die in Rede stehende Tatsache falle noch vor den letztvergangenen Jahreswechsel. Niemand von uns nennt im Januar oder Februar das letztvorangegangene Weihnachtsfest das des vorigen Jahres oder in der gleichen Jahreszeit den im Oktober vorher geernteten Wein den vorjährigen. Wir sagen „im vorigen Jahr, vorjährig, vorigjährig" doch erst dann, wenn seit dem betreffenden Ereignis der größere Teil eines zwölfmonatlichen Zeitraums verstrichen ist; andrerseits sagen wir so nicht mehr, wenn beträchtlich mehr als 12 Monate verstrichen sind. Aus 2 Kr 8, 10; 9, 2 haben wir nichts weiter zu entnehmen, als daß ungefähr ein Jahr zwischen dem Anfang der Geldsammlung in Achaia bis zur Abfassung des 2 Kr verstrichen war. Ein Abstand von nur 3 – 6 Monaten ist ebenso ausgeschlossen wie ein Abstand von 18 oder noch mehr Monaten. Nun ergibt sich aus I. 16, 1 (oben S. 187), daß schon jenes Gemeindeschreiben an Pl, worauf der 1 Kr die Antwort ist, diese Sache berührt hatte. Es ist wahrscheinlich, daß jener Stephanas vor seiner Reise nach Ephesus dieser Sache sich eifrig angenommen hatte I, 16, 15f. cf Hofmann z. St. Da aber im Unterschied von den maced. Gemeinden (II, 8, 3—5) die griechischen von Pl dazu angeregt worden waren, so muß diese Anregung spätestens in dem jenem Gemeindeschreiben vorangegangenen verlorenen Brief des Pl (I, 5, 9) enthalten gewesen sein. War nun der 1 Kr um Ostern geschrieben (oben S. 186), so fällt der Anfang der Kollekte in Kor. spätestens in den Februar desselben Jahres, vielleicht aber schon mehrere Monate früher. Andrerseits ergibt sich aus AG 20, 3—6 (cf 1 Kr 16, 6 παραχειμάσω), daß Pl die 3 Monate vor Eröffnung der Schiffahrt im März 58, also etwa vom 10. Dec. 57—10. März 58 in Griechenland und selbstverständlich teilweise in Kor. zugebracht hat, daß also der 2 Kr noch vor völligem Ablauf des J. 57 geschrieben worden ist. Viel kann von diesem Jahre aber nicht mehr rückständig gewesen sein. Pl schickt zwar noch den Titus mit zwei anderen Christen vor sich her, erwartet aber nicht mehr ihre Rückkehr, sondern gedenkt diesen seinen Vorläufern bald zu folgen (II, 9, 5; 10, 6; 12, 14; 13, 1). Ist demnach der 2 Kr etwa im November 57 geschrieben, so kann das Passa, um dessen Zeit der 1 Kr geschrieben wurde, nur dasjenige des J. 57 sein; denn wäre das Passa 56 gemeint, so würden schon zwischen den beiden Kr etwa 19 Monate (April 56—Nov. 57) und zwischen dem Anfang der Kollekte (in diesem Fall spätestens Febr. 56) und dem 2 Kr mindestens 21 Monate liegen, was sich mit II, 8, 10; 9, 2 schlechterdings nicht verträgt.

6. Daß die 8, 1—5 gemeldeten Tatsachen mit Einschluß des dadurch veranlaßten παρακαλέσαι Τίτον 8, 6 cf 9, 5 und des τὴν παράκλησιν ἐδέξατο 8, 17 der jüngsten Vergangenheit angehören, ergibt sich daraus, daß Titus nach 7, 6—16 eben erst zu Pl zurückgekehrt sein kann; aber ebenso sicher auch aus dem ganzen Zusammenhang von 8, 6—9, 5, daß die Aoriste ἐξῆλθεν 8, 17, συνεπέμψαμεν 8, 18. 22, ἔπεμψα 9, 3 nach bekanntem Briefstil Solches bezeichnen, was gleichzeitig mit der Absendung des Briefs geschieht. Von den Begleitern, mit welchen Titus diese seine zweite Reise nach Kor. machen soll, wird nur der zuerst Charakterisirte (8, 18—21) deutlich als ein solcher bezeichnet, den die maced. Gemeinden zum Begleiter des Pl und des Tim. auf ihrer Reise

nach Jerusalem zum Zweck der Überbringung der Kollekte erwählt haben. Die Tradition, welche hier den Lucas finden wollte, beruht auf gelehrter Deutung von 8, 18. Lucas war kein Macedonier. Eher wäre an Aristarch zu denken (Hofmann z. St.), welcher aus Thessalonich stammte (AG 20, 4 s. oben S. 150 A 2; 153), schon seit längerer Zeit den Pl begleitet (AG 19, 29 συνεκδήμους, = 2 Kr 8, 19), also auch Gelegenheit gehabt hatte, sich in mehreren Gemeinden wegen seiner Mitarbeit an der Mission Lob zu erwerben (2 Kr 8, 18). Dieser hat den Pl in der Tat nach Jerusalem und weiter bis Rom begleitet (AG 20, 4; 27, 2). Es könnte auch Sopatros oder Sosipatros aus Beröa sein, welcher bald darauf mit Pl in Kor. war und ihn gleichfalls nach Jerusalem begleitete (oben S. 150). Der zweite namenlose Begleiter des Titus (8, 22) wird 8, 23 mit dem ersten unter den Begriff ἀπόστολοι ἐκκλησιῶν befaßt, muß also gleichfalls von einer Gemeinde oder von einem Kreise von Gemeinden deputirt gewesen sein; nur nicht von den macedonischen und nicht in Sachen der Kollekte; denn in diesem Falle wäre nicht zu begreifen, warum er nicht sofort 8, 18 mitgenannt wäre, da doch alles 8, 18—21 Gesagte von ihm ebensogut gelten würde. Erinnern wir uns aber, daß Pl auf der Reise, welche ihn nach der ursprünglichen Absicht über Macedonien und Kor. nach Palästina führen sollte (AG 19, 21; 20, 3), von Vertretern auch solcher Gemeinden begleitet sein wollte, welche an der diesmaligen Kollekte nicht beteiligt waren (oben S. 150), so bleibt nur die Wahl zwischen Cajus aus Derbe und den beiden Asianern Tychicus und Trophimus (AG 20, 4; 21, 29 oben S. 150 A 2). Dies werden die „Brüder" sein, mit welchen Pl schon zur Zeit von 1 Kr 16, 11 beabsichtigte, nach der Rückkehr des Tim. von Kor. und zugleich mit diesem von Ephesus aus die Reise über Macedonien und Griechenland nach Jerusalem anzutreten (oben S. 193 A 8).

§ 20. Veranlassung, Zweck und Erfolg des 2. Korintherbriefs.

Antwort auf die sehr verschieden beantwortete Frage, was alles zwischen den beiden uns erhaltenen Kr liege, und welches überhaupt die geschichtlichen Voraussetzungen des 2 Kr seien, haben wir vor allem dem ersten, rückwärtsblickenden Teil des Briefes (c. 1—7) zu entnehmen, und zwar denjenigen Ausführungen desselben, welche zwischen der ersten und der zweiten jener drei geschichtlichen Bemerkungen liegen (1, 12—2, 11), die das Gerippe des ersten Briefteils bilden, und denjenigen, welche an die dritte jener Bemerkungen sich anschließen (7, 5—16). Denn was zwischen der zweiten und dritten dieser Bemerkungen liegt (2, 14—7, 1 oder — 7, 4), ist allgemeinerer Natur und viel weniger enge mit der voranstehenden und der nachstehenden geschichtlichen Mitteilung verknüpft (A 1). Dagegen ist das, was Pl zwischen die Besprechung jener Lebensgefahr bei oder gleich nach seiner Abreise von Ephesus (1, 8—11 oben S. 227 A 4), und die Besprechung seiner Durchreise durch Troas (2, 12 f.) einschiebt, offenbar deshalb dahin gestellt, weil es sich zum großen Teil auf eben diese seine Reise von Ephesus über Troas nach Macedonien bezieht und auf Anderes, was hiemit im engsten Zusammenhang steht. Die Fürbitte der Kor., deren er sich auch für alle zukünftigen Gefahren, wie die in Asien überstandene, versichert hält (1, 11), gibt ihm Anlaß, sich auf das Zeugnis seines Gewissens dafür zu berufen, daß er, wie überhaupt, so insbesondere im Verhältnis zu den Korinthern in Einfalt und Lauterkeit und nicht in fleischlicher

Klugheit, sondern unter der Leitung göttlicher Gnade sein irdisches Leben geführt habe (v. 12 A 2). Daß die beiden Vorwürfe, denen Pl hier entgegentritt, der der Unaufrichtigkeit und derjenige der ungeheiligten Natürlichkeit und Eigenwilligkeit in der Tat in Kor. laut geworden und von der Gemeinde, sei es durch Vermittlung des Titus, sei es in einem diesem mitgegebenen Schreiben dem Apostel selbst gegenüber ausgesprochen worden waren, zeigt die hiemit eingeleitete apologetische Ausführung. Der Satz „wir schreiben nichts anderes, als was ihr leset oder auch verstehet" (v. 13) setzt den Vorwurf voraus, Pl wolle hinterdrein in seinen Briefen oder einem einzelnen seiner Briefe etwas anderes geschrieben haben, als was der Wortlaut besage oder doch ein schlichter Leser herauslesen könne. Man erinnert sich sofort an die Misdeutung einer Stelle seines ersten verlorenen Briefes, welche Pl 1 Kr 5, 9—11 zurechtzustellen hatte (oben S. 187); und die Beziehung auf eben jenen Fall erscheint um so sicherer, als die Form, in welcher Pl dort die Misdeutung zurückweist, genau der Form des hier vorausgesetzten Vorwurfs gegen ihn entspricht. Wenn er dort, statt zu sagen: „so, wie ich es jetzt näher erläutere, und nicht so, wie ihr mich verstanden habt, habe ich es von Anfang an gemeint", vielmehr geradezu behauptet: „so und nicht anders habe ich euch geschrieben", so lag den Korinthern, welche daraufhin das frühere Schreiben noch einmal zur Hand nahmen und dort Worte fanden, welche in der Tat jene von Pl als töricht und unredlich abgewiesene Deutung zuließen, allerdings die spitze Antwort nahe genug: Pl schreibe in seinen Briefen Anderes, als was die Empfänger seiner Briefe in denselben lesen oder aus denselben herauslesen können. Der Vorwurf der mangelnden εἰλικρίνεια (1 Kr 5, 8 oben S. 198) war damit dem Pl zurückgegeben, wenn auch, wie der Ton seiner Erwiderung vermuten läßt, in höflicher, vielleicht sogar ehrerbietiger Form, und weniger in der Absicht, ihn anzuklagen, als sich selbst wegen jenes früheren Misverständnisses zu rechtfertigen. Dieses eine Misverständnis war nun gehoben. Aber mit dem Ausdruck der Hoffnung, daß die Gemeinde ihn in Zukunft bis zu seinem Lebensende und somit vollständig verstehen werde, macht Pl schon den Übergang zu einem zweiten Punkt, über welchen zwischen ihm und der Gemeinde noch kein Einverständnis besteht. Das war die seit so langer Zeit angekündigte und nun anders, wie Pl anfangs beabsichtigt und gesagt hatte, zur Ausführung gelangende Reise nach Kor. In dem Vertrauen auf das wohlwollende Verständnis der Kor. hatte Pl gehandelt, als er in einer nicht näher bezeichneten Vergangenheit die Absicht hegte und, wie sich aus dem Zusammenhang ergibt, den Lesern gegenüber aussprach, früher nach Kor. zu kommen, als jetzt geschieht, oder früher nach Kor., als nach Macedonien (A 2), wohin er jetzt gereist ist, ohne vorher nach Kor. gekommen zu sein (cf 1, 23). Er wollte nämlich damals seine Reise so einrichten, daß er von Ephesus aus direkt nach Kor., von dort erst nach Macedonien, von Macedonien aber noch einmal nach Kor. und von Kor. nach Jerusalem reise. Es war dieser Plan in der liebevollen Absicht gefaßt, den Korinthern durch einen zweimaligen Besuch außer dem einen Liebesbeweis, als den sie seinen Besuch auf alle Fälle ansehen sollten, einen zweiten, also einen doppelten Liebesbeweis zu geben. Wenn nun gegen diesen der Vergangenheit angehörigen und nicht ausgeführten Reiseplan der Vorwurf sich richtete (1, 17[a]), daß Pl beim Entwerfen und bei Mitteilung desselben leichtfertig verfahren sei, so liegt auf der Hand, daß dieser Vorwurf erst dann erhoben werden konnte, als sich herausgestellt hatte, daß Pl ihn in Gedanken oder Worten oder tatsächlich aufgegeben hatte. Zum Überfluß zeigt die feierliche Versicherung 1, 23—2, 2, daß der Unmut der Gemeinde sich im letzten Grunde darauf bezog, daß Pl immer noch nicht nach Kor. gekommen war, daß er seinen anfänglichen Plan nicht ausgeführt hatte, sondern zunächst nach Macedonien gereist war und durch langsame Fortbewegung seinen Besuch von Kor. immer weiter hinausschob. Dem gegenüber versichert Pl, daß er nur aus Schonung gegen die Kor. bisher nicht zu ihnen gekommen sei, während sie darin einen Beweis des Mangels an Liebe zu ihnen erblickten. Den früheren Plan des Pl, dessen Ausführung ihren Wünschen entsprochen haben würde, tadelten sie nur insofern, als sie ihn leichtfertig gefaßt nannten. Pl, meinten sie, hätte als gewissenhafter Mann ihn nicht fassen sollen, wenn er nicht sicher war, ihn auch ausführen zu können, und er hätte nicht durch Mitteilung desselben in Kor. Hoffnungen erwecken sollen, wenn er nicht entschlossen war, sie unter allen Umständen zu erfüllen. Mit dem Vorwurf der Leichtfertigkeit in bezug auf den früheren Plan mag sich der Vorwurf der fleischlichen Klugheit oder der selbstsüchtigen Absicht bei der Änderung dieses Planes verbunden haben. War dies, wie nach 1, 12 wahrscheinlich ist, der Fall, so gibt Pl dem Vorwurf eine überraschende Wendung, indem er fragt, ob er etwa bei seinem Plänemachen überhaupt in der Art und Richtung fleischlich verfahre, daß bei ihm in derartigen Dingen das Ja und das Nein ein unwiderrufliches sei (A 2). Nicht was er durch Entwerfen und nachfolgendes Ändern seiner Pläne getan hat, sondern was man in Kor. nachträglich statt dessen von ihm forderte, ein unwiderrufliches Versprechen, dessen Erfüllung nicht in seiner Macht steht, und ein hartnäckiges Festhalten an einmal gefaßten Entschlüssen wäre nach seinem Urteil ein *βουλεύεσθαι κατὰ σάρκα* gewesen. Im Gegensatz zu dem Vorwurf der Unzuverlässigkeit und Zweideutigkeit seiner Zusagen beteuert er, daß sein und seiner Gehilfen Rede zu den Korinthern darum doch keineswegs Ja und Nein zugleich, sondern ebenso schlicht und in sich übereinstimmend sei, wie ihre Predigt von Christus zu Kor. es gewesen ist; und gegenüber dem Schein oder Vorwurf eines in fleischlichen und selbstischen Gedanken begründeten Schwankens beruft er sich auf den Gott, der ihm Festigkeit gibt und ihm seinen Geist als ein Angeld der zukünftigen Vollendung und gleichsam als ein bestätigendes Siegel der Echtheit seiner Gesinnung gegeben hat. Ihn ruft er zum Zeugen an für die Wahrheit seiner Versicherung, daß er aus liebevoller Schonung gegen die Korinther bisher fern geblieben sei. Auch sofern er, in Erinnerung an schmerzliche Erfahrungen bei einem früheren

Besuch der Gemeinde (oben S. 188 f.), sich selbst die Erneuerung ähnlicher Betrübnis dadurch hat ersparen wollen, ist es doch schließlich wieder die Gemeinde, wecher er Betrübnis hat ersparen wollen, weil er sich verpflichtet fühlt, ihr vielmehr zur Freude zu verhelfen (1, 18—2, 2). Tritt Pl hier Beschwerden der Gemeinde gegenüber, welche ihm entweder durch Titus mündlich mitgeteilt oder, was wegen der aus der Widerlegung hervorleuchtenden Bestimmtheit ihrer Fassung wahrscheinlicher ist, in einem dem Titus mitgegebenen Schreiben der Gemeinde an Pl ausgesprochen waren, so waren sie jedenfalls nicht erst durch die Reise des Pl über Troas nach Macedonien veranlaßt. Denn schon ehe Pl diese Reise antrat, muß er den Titus nach Kor. geschickt haben, da er schon am Anfang seiner Reise in Troas den von Kor. über Macedonien ihm entgegenreisenden Titus anzutreffen hoffte. Fragen wir nun, wodurch die Korinther den Reiseplan erfahren hatten, in dessen Ausführung Pl jetzt, da er sich deswegen rechtfertigt, bereits weit fortgeschritten war, so läge an sich nichts näher, als daß Titus, welcher vor Beginn der Ausführung dieses Planes den Pl verlassen hatte, der Gemeinde die Absicht des Apostels mitgeteilt habe, nicht sofort und auf dem direkten Seeweg, sondern erst später auf dem Umweg über Macedonien nach Kor. zu kommen. Ist aber Titus nach Kor. jedenfalls erst später geschickt worden und später dort angekommen, als Fortunatus, Achaïcus und Stephanas, die Überbringer des 1 Kr (oben S. 186 f.), so hat Titus in dieser Beziehung den Korinthern nichts neues zu melden gehabt. Denn genau den Plan, in dessen Ausführung Pl zur Zeit des 2 Kr begriffen war, hatte er selbst schon 1 Kr 16, 5—7 umständlich dargelegt. Zwischen jener brieflichen Mitteilung und der apologetischen Erörterung von 2 Kr 1, 15—2, 2 liegt nichts, als die teilweise Ausführung jenes Planes, somit gewiß auch nichts, was die Beschwerde über leichtfertiges Plänemachen und willkürliche Änderung früher gefaßter und ausgesprochener Pläne hätte veranlassen können. Die Veranlassung zu den Beschwerden, welchen Pl 2 Kr 1, 15—2, 2 entgegentritt, liegt also teils im 1 Kr, teils vor demselben. Dies bestätigt auch die aufmerksame Betrachtung der Art, wie Pl 1 Kr 16, 5—9 von seiner Reise spricht. Er tut es mit einer Umständlichkeit und Nachdrücklichkeit, die nur unter der Voraussetzung verständlich sind, daß er damit andersartigen Erwartungen entgegentritt. Es genügt ihm nicht zu sagen, daß er nach Kor. kommen werde, nachdem er Macedonien durchreist habe, sondern er bestätigt dies durch die Bemerkung „durch Macedonien nämlich reise ich“. Je weniger hiemit etwas sachlich neues gesagt ist, um so sicherer ist, daß der Zweck dieser Bemerkung in der Entschiedenheit der Versicherung (praes. *διέρχομαι* von der zukünftigen Reise neben *ἐλεύσομαι*) und in der durch die Stellung des zweiten *Μακεδονίαν* gegebenen starken Betonung gerade dieses Reisewegs liegt. Mit dem Gegensatz dieses Reisewegs zu einem andern, den Pl hier ablehnt, hängt der Gegensatz der Zeit, in welcher er jetzt nach Kor. zu kommen, und welche er dort zuzubringen gedenkt, zu einem anderen Zeitpunkt und zu einer anderen Zeitdauer seines Besuchs zusammen; und dieser Gegensatz ist noch viel schärfer, positiv und negativ, ausgedrückt, als der Gegensatz zweier möglicher Reisewege. Er will sie nicht gleich jetzt besuchen (oben S. 195 A 12), was nur geschehen könnte, wenn er statt über Macedonien auf dem direkten Seeweg nach Kor. führe, was aber auch zur Folge haben würde, daß er sie nur flüchtig auf der Durchreise sähe, während er sie nach dem hier so nachdrücklich mitgeteilten Plan zwar erst bedeutend später, aber für um so längere Zeit besuchen zu können hofft. Aus der Umständlichkeit, mit welcher er v. 6 und wieder v. 7 von der durch den nunmehrigen Reiseplan bedingten längeren Dauer seines Aufenthalts in Kor. redet, erkennt man, daß Pl dadurch seinen jetzigen Reiseplan zu rechtfertigen bemüht ist. Die Gemeinde soll nur Vorteil davon haben, daß er nicht sofort auf dem direkten Seeweg, sondern erst beträchtlich später auf dem Umweg über Macedonien zu ihr reist. Zur Zeit von 1 Kr 16, 5—7 muß man also in Kor. darauf gerechnet haben, daß Pl allernächstens auf dem direkten Seeweg von Ephesus nach Kor. kommen werde. Nur Pl selbst aber kann zu dieser Erwartung Anlaß gegeben haben; er muß schon vor der Zeit des 1 Kr diese Absicht ausgesprochen haben; die nächstliegende Annahme ist, daß er das in jenem früheren Briefe getan hatte (1 Kr 5, 9). Pl hatte aber um so mehr Grund zu der Besorgnis, daß die Gemeinde oder diejenigen in der Gemeinde, welche seinen baldigen Besuch für wünschenswert hielten, mit dem jetzt neu mitgeteilten Reiseplan und dem dadurch bedingten Aufschub seines Besuchs unzufrieden sein würden, als es dort nicht an Solchen fehlte, welche schon sein bisheriges Zögern ihm als Feigheit auslegten und äußerten, er werde überhaupt nicht wieder nach Kor. kommen (1 Kr 4, 18). Daher die umständliche, zukünftigen Beschwerden vorbeugende Art, mit welcher er 16, 5—9 seinen neuerdings festgestellten Reiseplan mitteilt. Es leuchtet nun wohl ein, daß der I, 16, 5—7 als bekannt vorausgesetzte frühere Reiseplan ebenso identisch ist mit demjenigen, welchen Pl II, 1, 15—17 gegen den Vorwurf der Leichtfertigkeit verteidigt, als der I, 16, 5—7 neu mitgeteilte Reiseplan identisch ist mit demjenigen, welchen er zur Zeit des 2 Kr großenteils bereits ausgeführt hatte, und welchen er II, 1, 15—2, 2 gegen die Vorwürfe der Wankelmütigkeit, der selbstischen Willkür und der Lieblosigkeit verteidigt. Die Befürchtungen, welche ihm bei I, 16, 5—7 die Feder geführt hatten, waren trotz seiner vorsichtigen Gegenbemühungen eingetroffen. Gerade die dortige Mitteilung und die derselben entsprechende Reise über Troas nach Mac. hatten in Kor. den Unmut hervorgerufen, den Pl II, 1, 12—2, 2 bekämpft. Nimmt man hinzu, daß II, 1, 13 sich trotz seiner allgemeinen Fassung offenbar speziell auf das schon I, 5, 9—11 besprochene Misverständnis und die dortige Erledigung desselben bezieht (oben S. 231), so müssen diejenigen im Irrtum sein, welche einen zwischen unsere beiden Briefe fallenden verlorenen Brief, und vollends die, welche einen dazwischen liegenden Besuch des Pl in Korinth annehmen (oben § 19 A 1. 2). Zu ersterer Annahme hat zunächt die Beobachtung Anlaß gegeben, daß die Nachrichten aus Kor., welche die Voraussetzung von II, 1—7 bilden, nicht durch Tim. überbracht worden sind, von dem man nach I, 4, 17; 16, 10 f. erwarten sollte, daß er dem Pl Nachrichten über die Wirkung des 1 Kr gebracht haben werde, sondern durch Titus, von dem im 1 Kr noch nichts verlautet. Ist nun Tim. nach II, 1, 8 bei dem Antritt der Reise des Pl von Ephesus nach Macedonien und nach II, 7, 14 auch in dem Moment, da Pl den Titus nach Kor. schickte, bei Pl anwesend gewesen (s. oben S. 226 f. A 3), so scheint durch die Sendung und Rückkehr des Titus eine ganz neue Sachlage geschaffen zu sein im Unterschied von der durch den 1 Kr geschaffenen Sachlage, welche durch die Rückkehr des Tim. zu Pl ihren Abschluß gefunden hätte. Da nun in II, 2, 3. 9; 7, 8—12 von einem kürzlich nach Kor. gekommenen Brief des Pl die Rede ist, über dessen Wirkung Titus dem Pl Bericht gegeben hat, so lag die Annahme nahe, daß es sich dabei nicht um unsern 1 Kr handle, sondern um einen späteren Brief, welcher dem zum ersten Mal nach Kor. reisenden Titus von Pl mitgegeben worden wäre. Diese Annahme mußte sogar notwendig scheinen, wenn das, was II, 2, 3. 9; 7, 8—12 über einen Brief des Pl gesagt ist, nur mit einigem Zwang auf den 1 Kr schien bezogen werden zu können. Abgesehen von dem vorhin geführten Beweis für die unzerreißbare Verkettung unserer beiden Kr ist hiegegen Folgendes zu bemerken: Daraus, daß Tim. vor dem Aufbruch des Pl von Ephesus bei diesem eingetroffen ist, folgt nicht, daß die I, 16, 10 f. ausgesprochenen Erwartungen sämtlich in Erfüllung gegangen sind. Wenn Pl die Erwartung, daß Tim. etwas später als der 1 Kr nach Kor. kommen werde, schon dort nicht unbedingt ausgesprochen hatte (A 3), so brauchen wir es auch nicht für unwahrscheinlich zu halten, daß Tim. entweder gar nicht nach Kor. gekommen ist, sondern durch irgend etwas, was wir nicht kennen, veranlaßt wurde, schon von Macedonien aus zu Pl nach Ephesus zurückzukehren, oder daß er zwar nach Kor. gereist war, dort aber früher angekommen und früher von dort wieder abgereist war, als der 1 Kr dort eintraf. In diesen beiden Fällen konnte Tim. dem Pl die Nachrichten über die Wirkung des 1 Kr nicht bringen, die Pl durch ihn zu bekommen gehofft hatte. Dann war es auch veranlaßt, daß Pl sofort nach der Rückkehr des Tim. den Titus in Begleitung eines anderen Christen nach Kor. schickte, um die mit Schmerzen erwarteten Nachrichten über den Erfolg des 1 Kr zu erhalten. Dies als den Zweck von dessen Sendung anzunehmen, sind wir berechtigt, da von einem anderen Zweck nichts verlautet, dieser aber in bestem Einklang mit sämtlichen Andeutungen über den Erfolg dieser Reise steht (A 4). Alles dreht sich um einen Brief des Pl, um dessen Wirkung auf die Gemeinde er vor der Ankunft des Titus in so großer Sorge gewesen war, daß er zeitweilig bereute, ihn geschrieben zu haben (7, 8). Kein Wunder daß er in Troas vor Aufregung fast unfähig zur Predigt war, als er wider Erwarten den Titus dort nicht antraf (2, 13). Daß das unser 1 Kr sei, könnte zweifelhaft erscheinen, wenn man 2, 3 gesagt findet, daß Pl in dem betreffenden Brief eben das geschrieben habe, was er unmittelbar vorher ausgesprochen hat, nämlich seinen Entschluß, nicht, wie man erwartet hatte, sofort nach Kor. zu kommen, sondern sich vorläufig fern zu halten, um nicht eine zweites Mal in Betrübnis dort zu weilen (1, 23—2, 2); denn wenn er auch I, 16, 5—7 den jetzt in Ausführung begriffenen Plan im Gegensatz zu dem früheren, der ihn direkt und sofort nach Kor. geführt haben würde, dargelegt hatte, so fehlte doch dort gerade das Wesentliche der hiesigen Darstellung, worauf durch *τοῦτο αὐτό* nachdrücklich hingewiesen wäre, nämlich die hier angegebenen Motive seiner Änderung des Reiseplans (1, 23—2, 2). Es steht aber auch nichts im Wege, zu übersetzen: „und ich schrieb eben darum, daß ich nicht bei meiner Hinkunft Betrübnis erfahre von seiten derer, von denen mir Freude widerfahren sollte, (und ich schrieb) in dem Vertrauen zu euch allen, dass meine Freude euer aller Freude sei" (A 5). Eben das, was vorher als Grund und Zweck seines bisherigen Fernbleibens von Kor. oder der Änderung seines Reiseplans genannt war, wird hier als Grund und Zweck seines Briefschreibens genannt. An die Stelle seines früher angekündigten sofortigen Besuchs ist der ausführliche Brief getreten, an dessen Schluß er umständlich erklärt hat, daß und warum er nicht sofort nach Kor. kommen werde. Das Urteil, was Pl 2, 4 von seiner Gemütsverfassung bei Abfassung des fraglichen Briefs sage, passe nicht auf den ruhig gehaltenen 1 Kr, wird durch häufige Wiederholung nicht einleuchtender. Was für ein gewaltiger Zorn gegen die fremden Verderber der Gemeinde (I 3, 16ff.; 9, 1; 16, 22), gegen die lasterhaften Gemeindeglieder (5, 1—5), gegen die zuchtlose und dabei so selbstbewußte Gemeinde und die vorlauten Schreier (4, 7. 18—21; 5, 2; 8, 1f.; 11, 16; 14, 37f.) zuckt überall hervor! Nur bittersten Schmerz kann man aus der beredten Schilderung 4, 8—13, aus den halbironischen Selbstbeurteilungen 7, 25. 40 heraushören. Pl hat sich Zwang antun müssen, um trotzdem auf das in anmaßlichem Tone gehaltene Schreiben der Gemeinde (oben S. 199. 202) eine so gemessene Antwort geben zu können. Aber eben dies ist die Lage, welche dem tief empfindenden Menschen Tränen auspreßt. Auch das paßt auf den 1 Kr vorzüglich, daß er sich nun dagegen verwahren muß, er habe es bei jenem Schreiben recht eigens darauf abgesehen gehabt, die Gemeinde zu betrüben (II, 2, 4 cf 7, 8—11). Keiner anderen Gemeinde hat er, soweit wir nach den vorhandenen Briefen urteilen können, mit gleicher Derbheit ihre Schäden aufgedeckt (I, 3, 3; 4, 6—10; 5, 1f.; 6, 1—10. 18—20; 8, 10—12; 10, 20—22; 11, 17—30). Wenn er nach einer tiefbeschämenden Erörterung sagte, er schreibe das nicht, um die Korinther zu beschämen (4, 14), so wird das vermutlich nicht weniger peinlich gewirkt haben, als wenn er anderwärts die Absicht zu beschämen geradezu aussprach (6, 5), oder wenn er die Erörterung von allerlei Unordnungen und willkürlichen Abweichungen von der kirchlichen Sitte durch das Lob einleitete, daß sie sich an seine Anweisungen halten (11, 2). Von wirklicher Anerkennung der religiösen und sittlichen Verfassung der Gemeinde, womit Pl sonst nicht zu geizen pflegt, enthält der ganze ausführliche Brief nichts. Nur was Gott an ihr getan (1, 2. 9. 26; 3, 6—10. 16; 4, 15; 6, 11. 20;

15, 1 f.) und ihr an geistlichen Naturgaben geschenkt hat (1, 4—7), hatte Pl gerühmt (oben S. 200. 211 A 5). Im Rückblick auf diesen Brief hatte er ebensosehr Anlaß, sich dagegen zu verwahren, daß er ihn zu dem Zweck geschrieben habe, welcher allerdings völlig erreicht war, den Korinthern wehezutun, als er ein Recht hatte zu versichern, daß sie vielmehr seine sonderliche Liebe zu ihnen daraus erkennen sollten (II, 2, 4 cf 7, 8—11). Mehr beiläufig ersehen wir, daß man in Kor. es misfällig bemerkt hatte, daß Pl sich selbst herausstreiche (II, 3, 1; 5, 12; 10, 12; cf 4, 5) und ohne ausreichende Veranlassung verteidige (12, 19). Zu dieser Beschwerde bot der 1 Kr reichlichen Anlaß. Wie ein Angeklagter hatte er die Kompetenz des Gerichtes, vor das er geladen zu sein schien, bestritten (I, 4, 1—5). Kurz und bündig hatte er an einer Stelle I, 9, 1—3, welche in II, 3, 1—3 widerklingt, seinen Anklägern und Richtern gegenüber seine Verteidigungsrede gehalten. Ausführlich hatte er die Art seiner Predigt zu Kor. gerechtfertigt I, 1, 18—3, 2, auch einzelne seiner Urteile, die man angefochten hatte, wie dasjenige über das Glück des ehelosen Standes aufrecht erhalten I, 7 s. oben S. 198 f. In schwungvoller Rede hatte er sein entsagungsvolles Berufsleben geschildert I, 4, 9—13; 15, 32. Ein über das andere Mal hatte er sich als Vorbild der Gemeinde hingestellt I, 4, 16 f.; 8, 13; 9, 26 f.; 10, 33; 11, 1. Nicht nur als legitimen Apostel (I, 1, 1; 9, 1) und einzigen Stifter der Gemeinde (3, 6. 10; 4, 15) hatte er sich mit Nachdruck charakterisirt, sondern hatte auch behauptet, daß er geschickt und treu seines Amtes in Kor. gewaltet habe (3, 10; 4, 4). Und was für einen Lohn und was für ein Lob er dereinst von dem gerechten Richter zu empfangen hoffte (3, 8. 13; 4, 5; 9, 18), ließ sich dem stolzen Wort entnehmen, daß er mehr als alle anderen Apostel gearbeitet habe 15, 10. Aber er hatte auch durch starke Zumutungen die Folgsamkeit der Gemeinde auf eine harte Probe gestellt (II, 2, 9), insbesondere durch die Besprechung jenes Falles von Blutschande (I, 5, 1—13). Liegt zwischen den beiden Kr nichts wesentlich anderes als die Sendung und die Nachrichten des Titus, so kann sich auch nur auf jenen Fall II, 2, 5—11; 7, 11 f. beziehen. Es besteht aber auch kein Grund, sich über die nunmehrige Stellung des Pl zu verwundern oder an die Stelle dessen, was uns die vorhandenen Quellen zur Erklärung dieser Abschnitte darbieten, unerweisliche Vermutungen zu setzen. Ist oben S. 199 die anfängliche Forderung des Pl richtig dargestellt, so entspricht sie dem Grundsatz der Kirchenzucht, welcher II, 10, 6 deutlich ausgesprochen ist. Pl mußte zunächst erwarten, daß die Gemeinde dem Urteil, mit welchem er ihr vorangegangen war, zustimme; und erst nachdem sie ihm diese Zustimmung erklärt hatte, konnte dieses Urteil auf dem dort vorgeschlagenen Weg gemeinsamen Handelns durch Pl und die Gemeinde vollstreckt werden. Aus II, 2, 6—11 sieht man, daß die Gemeinde in der Tat dem Apostel die Sache noch einmal zur Entscheidung vorgelegt hat, und zwar lauten die Urteile des Pl so durchaus wie eine Antwort auf bestimmte Mitteilungen und Fragen, daß hier die schon zu 1, 8—2, 4 sich aufdrängende Vermutung sich vollends bestätigt, daß die Kor.

neuerdings nicht nur mündlich durch Titus, sondern in einem diesem mitgegebenen Brief sich an Pl gewandt hatten. Wenn Pl sein Gutachten mit den Worten beginnt: „Es genügt für diesen Menschen diese Strafe, welche von der Mehrheit verhängt worden ist“ (2, 6 A 6), so setzt das erstens voraus, daß eine bestimmte, in Worten oder Handlungen bestehende Bestrafung des Sünders eingetreten und dem Apostel dies mitgeteilt worden war; zweitens, daß dieselbe nicht einstimmig, sondern nur durch Mehrheitsbeschluß verhängt worden war; drittens, daß die Gemeinde dem Pl die Frage zur Entscheidung vorgelegt hatte, ob diese Bestrafung genüge; und dies wiederum setzt viertens voraus, daß die Meinung, diese Strafe sei keineswegs ausreichend, in Kor. geäußert worden war oder bei Pl vorausgesetzt wurde, oder daß beides zugleich der Fall war. Pl erklärt diese Strafe zunächst für ausreichend, tut das aber nicht schlechthin, sondern mit der Näherbestimmung, daß sie hinreichend sei dazu, daß die Gemeinde Gnade gegen den Missetäter walten lasse und ihn durch ihren Zuspruch aufrichte, damit der Sünder nicht durch die übermäßige Betrübnis vollends verschlungen werde. Die Verzeihung der Gemeinde ist schon hiedurch nicht nur als zulässig bezeichnet, sondern auch durch Hinweis auf das Übel, das dadurch verhütet werden soll, als Pflicht hingestellt; so daß die Bitte, in bezug auf den Sünder einen förmlichen Beschluß zu fassen, welcher Liebe zum Inhalt hat (v. 8), ausreichend begründet erscheint. Dieses sein Gutachten hat Pl aber durch *τουναντίον μᾶλλον* in scharfen Gegensatz gestellt zu einem andern Urteil, welches in entgegengesetzter Richtung ebenso wie das seinige über das mittlere Maß hinausging. Anstatt die bisher verhängte Strafe zu verschärfen, sollen sie dieselbe im Gegenteil vielmehr durch einen förmlichen Beschluß abkürzen oder sonst mildern. Wenn schon das an die Spitze gestellte Urteil selbst der Meinung entgegentritt, die bereits verhängte Strafe sei bei weitem nicht ausreichend, so ergibt sich aus dem *τουναντίον μᾶλλον* vollends mit Sicherheit, daß diese strengere Meinung dem Apostel von seiten der Gemeinde zur Begutachtung vorgelegt worden war. Es muß dies die Meinung der Minderheit gewesen sein, da die Meinung der Mehrheit eben in jener Bestrafung zum Ausdruck gekommen war. Zugleich aber erkennt man, daß die Gemeinde ungewiß war, ob Pl seinerseits durch das Geschehene befriedigt sein werde; denn Pl muß ausdrücklich versichern, daß er jedem Akt der Vergebung, welchen die Gemeinde in dieser Sache vollziehe, seinerseits zustimme (v. 10). Welches die von der Mehrheit verhängte Strafe war, können wir natürlich nicht mit völliger Sicherheit bestimmen. Es war selbstverständlich nicht die I, 5, 3—5 von Pl vorgeschlagene; denn erstens sollte und konnte diese gar nicht ohne verabredete Mitwirkung des Pl vollzogen werden; zweitens aber würde sie den Sünder getötet haben, so daß die Frage nach einer etwaigen Verschärfung der Strafe, sowie die andere, ob Pl dadurch befriedigt sei, gegenstandslos geworden wäre. Es wird also vielmehr eine gewöhnliche disziplinare Behandlung eingetreten sein nach den Regeln von I, 5, 11; 2 Th 3, 14 f. Die schärfere Strafe, welche eine Minderheit forderte, und von welcher die Gemeinde wenigstens für möglich hielt, daß auch Pl sie fordern werde, kann kaum eine andere gewesen sein als die, welche Pl I, 5, 3—5 in Vorschlag gebracht hatte. Die Äußerung der Gemeinde, auf welche Pl II, 2, 6—11 antwortet, muß also auch die Frage enthalten haben, ob er unter den veränderten Verhältnissen, von welchen er jetzt Nachricht erhielt, auf seinem ursprünglichen Urteil beharre. Pl verzichtet darauf und bittet inständig, vielmehr die Strafe, welche jetzt schon auf dem Sünder lastet, durch förmlichen Beschluß zu mildern, damit er nicht in Verzweiflung zu Grunde gehe. Er konnte dies tun, ohne dem Ernst der Sache oder seiner persönlichen Würde etwas zu vergeben. Wie sehr er sich dazu sogar verpflichtet fühlt, zeigt 2, 11. Er weiß, daß Satan nichts lieber sähe, als daß er in jener fleischlichen Konsequenz, welche er schon 1, 17 für verwerflich erklärt hatte, auf seinem ursprünglichen Urteil und Vorschlag beharre. Als arglistige Versuchungen Satans weist er alle die Gedanken zurück, die ihn abhalten könnten, jetzt Milde walten zu lassen. Der nächste Zweck seines ursprünglichen Urteils war die Rettung der Seele des Sünders gewesen (I, 5, 5). Dieser Zweck war schon im Begriff, ohne das dort vorgeschlagene äußerste Mittel erreicht zu werden; denn der Sünder war in tiefe Betrübnis versetzt. Er wird also auch Alles getan haben, der Gemeinde seine Reue zu bezeugen und sein Verbrechen, sogut es ging, zu sühnen, sowohl gegenüber der Gemeinde, als gegenüber dem Vater, dem er zunächst Unrecht getan hatte (A 7). Aber der Zweck der Besserung und Seelenrettung des Sünders war nach dem Urteil, welches sich Pl jetzt auf Grund der empfangenen Nachrichten bildete, auch aufs äußerste gefährdet, wenn die strengen Zuchtmittel der Gemeinde noch länger angewandt oder gar gesteigert wurden. Denn wenn jener von der übermäßigen Trauer verschlungen wurde, so fiel er eben damit dem Satan in die Hände, der darum auch den Apostel durch Vorspiegelung angeblicher Pflichten zu eigensinnigem Beharren auf seinem ersten Urteil zu verleiten sucht. Pl aber gibt das früher von ihm vorgeschlagene Mittel preis, um den unbedingt wünschenswerten Zweck zu retten. Aber auch das, was er in bezug auf die Gemeinde mit seinem früheren Vorschlag bezweckt hatte, war zum großen Teil erreicht und hatte Aussicht, bald vollends verwirklicht zu werden. Unmittelbar leuchtet aus I, 5, 1—13 nur die Absicht hervor, die Gemeinde zu einer bescheideneren Selbstbeurteilung und zu strengerer Zucht gegen lasterhafte Glieder zu bewegen. Wenn Pl jetzt II, 2, 9; 7, 12 sagt, er habe so geschrieben, um zu erproben, ob die Gemeinde zu allseitigem Gehorsam bereit sei, und um ihr Gelegenheit zu geben, ihr eifriges Bemühen um die Zufriedenheit ihres Stifters an den Tag zu legen, so ist das doch nur ein durch den tatsächlichen Erfolg näherbestimmter Ausdruck für jene Absicht. Aus der bewegten Schilderung des Erfolgs des früheren Briefes 7, 7—12, welche zuletzt offenbar auf den schon 2, 5—11 erörterten Einzelfall hinausläuft, sieht man, daß die Gemeinde jetzt tief davon durchdrungen war, sich schwer vor Gott und an Pl verschuldet zu haben, und daß sie nicht nur von dem lebhaften Verlangen erfüllt war, den

Apostel zu versöhnen, sondern daß sie auch den Missetäter ihren Unmut und ihre Strafe hatte fühlen lassen (7, 11 A 7). Sie hatte ferner zwar dem früheren Vorschlag des Pl in ihrer Mehrheit noch nicht zugestimmt, aber sie hatte ihm doch unter Mitteilung des sofort eingeschlagenen Disziplinarverfahrens und Darlegung ihrer Auffassung der ganzen Sache diese nochmals zur Begutachtung und Entscheidung vorgelegt (2, 6—8). Sie hatte endlich aber auch nicht ohne Erfolg sich wegen dieser Sache zu rechtfertigen versucht. In der Freude über das Erreichte mag Pl sich ein wenig überschwänglich ausdrücken, wenn er schreibt: „Durch alles habt ihr ans Licht gestellt, daß ihr selbst rein seid in bezug auf die Sache“ (7, 11, wo das εἶναι nicht zu übersehen ist). Wenn dies auch nicht ganz soviel heißt, als daß sie ihre völlige Unschuld bewiesen haben, so ist doch zu erkennen, daß Pl durch die Darlegung (ἀπολογία) der Gemeinde — denn von mündlichen Mitteilungen des Titus allein könnte er schwerlich so reden — sich hat überzeugen lassen, daß die Sache nicht ganz so lag, wie er I, 5, 1 vorausgesetzt hatte. Die Tatsache selbst scheint sich wesentlich so verhalten zu haben, wie er gehört hatte, und es mögen außer denen, welche sie ihm gemeldet hatten, noch andere Gemeindeglieder darum gewußt haben. Aber zur Kenntnis der Gemeinde war die Sache nicht in dem Maße gekommen, wie Pl vorausgesetzt hatte, und der Vorwurf, daß sie als Korporation eine mehr als heidnische Gleichgiltigkeit gegen ärgste Unzucht bewiesen habe, erwies sich als unbegründet. Niemand konnte größere Freude daran haben, als Pl; und er wäre nicht der großherzige Mann und der lautere Christ gewesen, der er war, wenn er eigensinnig auf seinem früheren Urteil und Vorschlag bestanden hätte. Es wäre unter seiner und unserer Würde, ihn anders als durch Darlegung des Sachverhalts gegen den unwürdigen Vorwurf zu verteidigen, daß er eine angebliche Niederlage, die er entweder durch das Nichteintreten des von ihm angekündigten Strafwunders oder durch den trotzigen Widerstand der Gemeinde erlitten haben soll, durch unwahre Diplomatie zu verhüllen gesucht habe. Je größer vor Ankunft des Titus die Sorge des Pl gewesen war, durch den 1 Kr sich die Gemeinde vollends entfremdet zu haben, um so begreiflicher ist seine lebhafte Freude über die Meldungen des Titus. Das hindert ihn aber nicht, in dem ersten Hauptteil des Briefes, dessen Schluß die überschwängliche Äußerung dieser Freude bildet, die ihm vorliegenden Beschwerden der Gemeinde über die Zweideutigkeit seiner Briefe (1, 13), über die Unzuverlässigkeit seiner Entschlüsse, über die Lieblosigkeit, welche man sowohl in der Änderung seines Reiseplans als im Ton seines vorigen Briefes wahrzunehmen meinte, sehr ernst zu nehmen und abzuwehren (1, 15—2, 5 cf. 6, 12; 7, 3). In der Freude darüber, daß die schwerste Sorge nun endlich von ihm genommen ist, blickt Pl wohl mit Vertrauen zur Gemeinde in die Zukunft (7, 16). Er hofft wohl, daß das völlige Verständnis und Vertrauen werde wiederhergestellt werden (1, 13[a]). Aber auch darin liegt, daß noch Manches daran fehlte. Er muß doch noch fordern, daß die Korinther ihr Herz nicht gegen ihn verschließen (6, 13) und ihm wieder den Platz einräumen, der ihm in ihrer Mitte gebührt (7, 2). Zwischen diesen beiden Forderungen steht eine schon durch 6, 1 angekündigte und durch 6, 11 unmittelbar eingeleitete Mahnung, die gefährliche Gemeinschaft mit dem unsittlichen Treiben ihrer heidnischen Umgebung, besonders mit dem Götzendienst im Vertrauen auf den Vater, der ihnen unvergleichlichen Ersatz bieten wird für Alles, was sie um seinetwillen aufgeben, vollends abzubrechen und sich eines heiligen Wandels zu befleißigen (6, 14—7, 1). Je deutlicher diese Mahnungen bereits auf den besonderen Fall heidnischer Unsittlichkeit hinwiesen, über welchen Pl durch die Nachrichten des Titus und das von diesem überbrachte Schreiben der Gemeinde beruhigt worden war, um so sicherer ist auch, daß die glückliche Wendung in dieser Sache der Hauptgrund seiner freudigen Stimmung war. Er kann jetzt wieder mit freudiger Zuversicht, mit weitgeöffnetem Mund, mit liebevoll bewegtem und für die ganze Gemeinde weitgeöffnetem Herzen mahnen und fordern. Er hat aber auch noch sehr viel zu fordern und zu mahnen. — So auch in der Kollektensache, welcher der zweite Hauptteil (c. 8—9) gewidmet ist. Daß sich hier nicht dieselbe Mischung von starken Äußerungen der Freude und von Bemühungen, das rechte Einverständnis mit den Lesern erst herzustellen, zeigt wie in c. 1—7, erklärt sich teils aus der Natur der Sachen, welche hier und dort zur Sprache kommen, teils aus dem Umstand, daß Pl es in der Kollektenangelegenheit nicht mit der Gemeinde von Kor. allein, sondern auch mit den übrigen Christen von Achaia zu tun hatte (oben S. 220), welche an den Konflikten zwischen den Korinthern und Pl nicht beteiligt waren. Doch ist die Grundstimmung auch hier die gleiche. Der warme Ton der Anerkennung, in welchem hier von der Opferwilligkeit der Macedonier, vom Eifer des Titus, von den Vorzügen seiner Begleiter, aber auch von den christlichen Tugenden der Leser (8, 7) und von dem löblichen Eifer geredet wird, womit sie die Kollekte schon vor Jahresfrist begonnen haben (8, 10; 9, 2), läßt den Unmut über die Saumseligkeit und Kargheit, welche sie in letzter Zeit hierin bewiesen haben, nur zu gedämpftem Ausdruck kommen. Weniger durch Tadel, als durch anreizende Beweggründe mannigfaltiger Art wird die Mahnung, nun endlich die Sache zum Abschluß zu bringen, dringlich gemacht. — Wieder ein anderer Ton herrscht im dritten Teil (c. 10—13), welchen Pl als seine persönliche Äußerung von den vorangehenden Teilen des Briefes, welchen er bis dahin zugleich im Namen des Tim. geschrieben hat, durch ein *αὐτὸς δὲ ἐγώ* 10, 1 absondert (cf. 12, 13 und in gleichem Gegensatz zu seinen Genossen 12, 16 *ἐγώ*, 1 Th 2, 18 *ἐγὼ μὲν Παῦλος*). Er hat noch eine sein persönliches Verhältnis zur Gemeinde betreffende Bitte auf dem Herzen, welche er gerade darum als eine in christlicher Sanftmut und Milde auszusprechende bezeichnet, weil er mit dem Zorn zu kämpfen hat, der ihn ergreift, wenn er an die Petrusleute denkt, welche vor allem das Verhältnis zwischen der Gemeinde und ihrem Stifter getrübt haben und noch immer trüben (11, 1—12, 18 oben S. 205 ff.), und an die Christusleute, welche in ihrer erhabenen Neutralität nicht aufhören, ihn, seine

Briefe, sein persönliches Auftreten und seinen Kampf gegen die mit ihm rivalisirenden fremden Lehrer zu kritisiren (10, 7—18 oben S. 208f.). Während er jene Pseudapostel überall scharf von der Gemeinde als deren Verführer und als Fremdlinge unterscheidet (oben S. 205 f.), kann er das nicht tun in bezug auf die, welche sich ihrer Christuszugehörigkeit rühmen. Die ganze Gemeinde trifft deshalb ein Vorwurf, weil die respektlosen Reden dieser Leute in ihrer Mitte laut werden (10, 1[b]. 2[b]. 9—10. 13[a]; 14[a]; 12, 19[a]; 13, 3), vor allem aber darum, weil sie den Petrusleuten noch immer nicht den Mund gestopft und die Tür gewiesen hat und dadurch den Apostel zwingt, diesen Satansdienern gegenüber seine Sache selbst zu führen (12, 11; 5, 12). Die durch 10, 1 angekündigte Bitte des Pl an die Gemeinde wird hinausgeschoben durch den Gebetswunsch, daß ihm ein strenges persönliches Einschreiten erspart werden möge (10, 2 cf 13, 7—9; 1 Th 3, 10), und durch die hieran angeschlossene Begründung (10, 3—6). Sie wird auch 10, 7 (wenn anders βλέπετε Imperativ ist); 11, 1. 16; 13, 5 immer nur unvollständig ausgesprochen. Faßt man aber die überall hervorleuchtende Absicht des ganzen dritten Briefteils ins Auge, so läßt sich die Bitte dahin zusammenfassen: Sorgt vor meiner Hinkunft dafür, daß mein Besuch ein friedlicher, für beide Teile erfreulicher und förderlicher sei, indem ihr die fremden Lehrer abweist, die hochfahrenden Christusleute auf das richtige Maß ihrer Bedeutung hinweist und die unkeusch Lebenden unter Androhung strengster Zuchtmittel zurechtweist. Der Ton dieser Ausführung weicht von demjenigen in c. 1—7 ab, sofern Pl erst hier die Gegner, mit denen ein Friede nicht zu schließen war, förmlich zum Gegenstand seines Angriffs macht und der Gemeinde in zusammenhängender Darlegung ihre Pflicht jenen gegenüber zum Bewußtsein bringt. Durch diesen Gegensatz ist es veranlaßt, daß die Selbstverteidigung, welche auch diesen Teil durchzieht, durchweg einen Ton der Ironie annimmt, der in c. 1—7 nicht wahrzunehmen ist. Dazu kommt, daß selbstverständlich da, wo das nach langen Tagen banger Sorge erleichterte Herz zuerst sich ausspricht, Freude, Anerkennung und Hoffnung zu überströmendem Ausdruck kommt, und dagegen da, wo die noch zu erledigenden Misstände erörtert werden, das Misfallen und die Sorge, doch nicht völlig zum Ziel zu kommen, in den Vordergrund tritt. Übrigens aber gewinnen wir aus dem dritten Briefteil kein anderes Bild von den Zuständen der Gemeinde und dem Stand ihres Verhältnisses zu Pl, als aus dem ersten. Wo Forderungen wie die von 6, 14—7, 1 am Platz waren, war auch die Besorgnis von 12, 21 und die Drohung von 13, 2 angebracht. Die Anklagen, deren Pl 1, 12—2,2 (oben S. 230ff.) sich erwehren muß, waren nicht minder schwer, als die in 10, 1f. Die beiläufige Verneinung in 7, 2[b] ist gleichwertig mit der ausdrücklichen Erörterung 12, 13—18. Die Forderung, daß die Gemeinde ihren Apostel gegen die Petrusleute herausstreiche und dadurch gleichzeitig dem verderblichen Treiben dieser ein Ende mache und dem Apostel das sich selbst Empfehlen, Rühmen und Verteidigen erspare, welche durch 11, 4—12, 19 immer wieder hindurchklingt, ist auch schon in 5, 12 cf 3, 1 enthalten, nur eben so beiläufig, wie es angemessen war, wenn Pl beabsichtigte, den Gegenstand nachher um seiner selbst willen zu erörtern. Die Hoffnung in 1, 13[b] kehrt nur in allgemeinerer Fassung 13, 6, aber auch schon 5, 11 wieder. Die Versicherungen seiner verkannten Liebe und die Klagen über Mangel an Gegenliebe 11, 11; 12, 14 finden nicht nur inhaltlich ihresgleichen in 1, 15. 23; 2, 4; 6, 11—13, sondern zeigen auch ähnliche Ausdrucksformen (12, 15 *περισσοτέρως ὑμᾶς ἀγαπῶ* cf 2, 4; *ἀγαπητοί* 7, 1; 12, 19). Die Forderung 7, 2[a] könnte ebensogut an der Spitze von c. 11 stehen. Wenn 10, 6 die Vollendung des Gehorsams der Gemeinde für die nahe Zukunft in Aussicht genommen wird, so ist eben damit anerkannt, daß in dieser Beziehung nur noch Einiges fehlt, das jetzt schließlich zur Sprache gebracht werden soll. Das steht nicht in Widerspruch mit der freudigen Anerkennung, daß die Gemeinde in folge des 1 Kr und besonders in der Sache des Blutschänders zu jeder Unterordnung unter das Urteil des Apostels sich hat bereit finden lassen (2, 9; 7, 12 oben S. 237 ff.), oder daß Titus von ihnen zu rühmen wußte, die ganze Gemeinde habe ihn, den Abgesandten des Apostels, in Gehorsam, ja mit Furcht und Zittern d. h. wie einen Herrn und Gebieter aufgenommen (7, 15 cf Eph 6, 5). Es entsprach nur der so vielfach, Menschen wie Gott gegenüber bewiesenen Denkweise des Apostels, daß er zuerst seiner Freude über das Gute, das ihm geworden, in Lob, Dank und Anerkennung, dann erst seinen noch andauernden Sorgen und Nöten in Bitte, Forderung oder Klage Ausdruck gab. Dies entsprach aber auch den Geboten der Klugheit, wenn Pl einer Gemeinde zurechthelfen wollte, die wenige Monate vorher den Zusammenhang mit ihm und mit der durch ihn gesammelten Heidenkirche zerreißen zu wollen schien, nun aber unter dem Eingeständnis mannigfacher Verfehlung sich eifrig bemüht zeigte, die Zufriedenheit und die, wie sie meinte, beinah verscherzte Liebe ihres Stifters wieder zu gewinnen.

Wir haben keine ausdrücklichen Nachrichten über die Aufnahme, welche dieser letzte Vorläufer des Pl auf seinem Wege von Ephesus nach Kor. dort gefunden hat. Wir können diesen Mangel aber durch Tatsachen ersetzen. Wenn dieser Brief seinen Zweck (13, 10) nicht im wesentlichen erreichte, wenn insbesondere die Gemeinde die Petrusleute weiter gewähren ließ, so konnte nach allem, was vorangegangen war, der Kampf auf Leben und Tod zwischen Pl und der Gemeinde von Kor. nicht ausbleiben; und wenn Pl in diesem Kampf unterlag, so war die Gemeinde von der Heidenkirche losgerissen. Das Gegenteil ist geschehen. Etwa 40 Jahre später fühlte die römische Gemeinde sich gedrungen, aus Anlaß einer in Kor. ausgebrochenen Empörung gegen die in ihrem Dienst ergrauten Gemeindevorsteher, welche von einigen begabten jüngeren Leuten ausgegangen war, durch ein gewichtiges Mahnschreiben in die verworrenen Zustände der Schwestergemeinde einzugreifen. Wie Clemens, der Vf dieses Schreibens, dadurch an das 1 Kr 1—4 besprochene Kliquenwesen der apostolischen Zeit erinnert wurde (Clem. I Cor. 47), so meint unsereiner gewisse Charakterzüge der korinthischen

Gemeinde, die man den Briefen des Pl entnehmen kann, in dem Bild derselben Gemeinde, wie es uns aus dem Brief des Clemens entgegentritt, wiederzuerkennen. Aber ein sachlicher Zusammenhang zwischen den Wirren des J. 57 und denjenigen der Jahre 95—97 besteht nicht. Wir hören vielmehr, daß die kor. Gemeinde damals seit langer Zeit zur Freude der ganzen Christenheit ein mit allen Christentugenden geschmücktes friedliches Dasein geführt hat (Clem. 1, 2—3, 1), so daß die jetzt ausgebrochene Revolution als ein Bruch mit der ganzen, bis in die Tage des Pl zurückreichenden Vergangenheit der Gemeinde erscheint. Clemens fordert sie auf, den 1 Kr des Pl wieder einmal zur Hand zu nehmen (47, 1); die Römer wissen sich mit den Kor. eins in der Verehrung für Pl. Dieser Zustand ist die Frucht der „gewichtigen und mächtigen Briefe" (2 Kr 10, 10) des Apostels. Hätte Pl den Sieg, welchen er nach dem Zeugnis der nachfolgenden Zustände jedenfalls gewonnen hat, vielmehr erst in Kor. in persönlichem Kampf mit seinen Gegnern und der noch widerspenstigen Gemeinde erringen müssen, so würden die Spuren davon schwerlich völlig verwischt sein. Wir hören von einem dreimonatlichen Aufenthalt des Pl in Griechenland, welcher im Frühjahr 58 sein Ende erreichte (AG 20, 2 f.), aber nichts von Kämpfen, die er zu bestehen gehabt hätte (A 8). Hat er in dieser Zeit zu Kor. den Römerbrief geschrieben, so beweist dieses große Schreiben durch seine ruhige Haltung und seine sorgfältige Ausführung, daß dies für Pl eine Zeit nicht des aufreibenden Kampfes, sondern der Sammlung und der Vorbereitung auf neue Arbeit im fernen Westen gewesen ist.

1. Wenn Pl im Gegensatz zum Bekenntnis der Schwäche, die ihn in Troas gehindert hat, die Predigtgelegenheit auszunutzen, 2, 14—16 mit Dank gegen Gott bezeugt, daß trotz solcher Schwachheit seine Anwesenheit und Predigt an jedem Ort sich wirksam erweise, was dann natürlich auch für Troas gilt, so ist das ähnlich wie 1, 18—22 eine Verwahrung gegen falsche Verallgemeinerung und Ausdeutung seiner Bekenntnisse. Zugleich aber gewinnt er so einen natürlichen Übergang zu der ausführlichen Gegenüberstellung der echten Prediger des Ev, deren einer er selbst ist, und der judenchristlichen Wanderlehrer, welche mit dem Worte Gottes Hausirhandel treiben (2, 17—5, 21 s. oben S. 207 Z. 1). Von 6, 1 an bahnt er sich sodann wieder den Weg zu direkter Erörterung der korinthischen Verhältnisse s. unten A 7.

2. Die LA *ἁπλότητι* 1, 12 wird vor *ἁγιότητι* den Vorzug verdienen. Das artikellose *πρότερον* 1, 15, in welches manche sich nicht zu finden wußten (daher om. ℵ*, al. *τὸ πρότερον*, K *τὸ δεύτερον*), gehört nicht zu *ἐβουλόμην*, vor welchem es sonst stehen würde, sondern zu *ἐλθεῖν* und wirft seinen Ton auf *πρὸς ὑμᾶς*, wenn anders es vor diesem und nicht erst vor *ἵνα* seine richtige Stelle hat. — Von den mancherlei Erklärungen von 1, 17 verdient schon wegen des Forschritts zu 1, 18 diejenige den Vorzug, welche *τὸ ναί* und *τὸ οὔ* als Subjekt, *ναί* und *οὔ* als Prädikat faßt cf Jk 5, 12. Der sachliche Widerspruch mit dieser formal vergleichbaren Stelle wäre kein Gegengrund, auch wenn ein wirklicher Widerspruch vorläge. Aber Pl bestreitet gar nicht die Wahrheit der allgemeinen Regel, daß des Christen Ja und Nein die Zuverlässigkeit eines Eides haben solle (cf Mt 5, 37). Er behauptet vielmehr 1, 18f., daß er und seine Gehilfen in der Ausrichtung ihres Berufs sich durchweg darnach richten. Dagegen erklärt er die Anwendung dieser Regel auf Pläne für die Zukunft, deren Ausführung von Gottes Fügung

abhängt, für einen fleischlichen Misbrauch derselben Regel. Er hat an den vergleichbaren und zum Teil unmittelbar hieher gehörigen Stellen seiner Briefe ganz im Sinn von Jk 4, 15 von jenem frommen *ἐάν*, welches ein unbedingtes *ναί* und *οὔ* in bezug auf zukünftiges Handeln ausschließt, reichlichen Gebrauch gemacht cf 1 Kr 4, 19; 16, 4. 7; 2 Kr 9. 4; 13, 2; 1 Tm 3, 15; Rm 1, 10; 15, 32 (AG 18, 21).

3. Der Unterschied des *ἐάν* I, 16, 10 cf Kl 4, 10 von dem *ὅταν* 16, 2. 3. 5 cf II, 10, 6 und dem *ὡς ἄν* I, 11, 34 ist nicht zu übersehen, und auch das läßt sich hören, was Lightfoot, Bibl. Essays (1893) S. 277 hieran anknüpfend bemerkt, daß AG 19, 22 vielleicht darum von einer Sendung des Tim. und des Erastus nur nach Mac. gesagt sei, weil Lucas wußte, daß Tim. nicht weiter als bis nach Mac. gekommen sei. Dagegen ist die Forderung, daß im andern Falle II, 12, 17f. auch Tim. hätte erwähnt werden müssen, willkürlich; denn abgesehen davon, daß Tim. Mitverfasser des Briefs ist, wäre er in dem Plural 12, 17 mitinbegriffen, wenn er wirklich nach Kor. gekommen war. Aus der Vielheit von Fällen die Sendung des Titus und seines Begleiters besonders hervorzuheben, lag deshalb nahe, weil dies der letzte Fall dieser Art war s. folgende A.

4. Es bezieht sich II, 12, 18 nicht auf die zweite, mit dem 2 Kr gleichzeitige Sendung des Titus nach Kor., was der Aorist *παρεκάλεσα* an sich nicht verbieten würde (cf 8, 6. 17; 9, 5 oben S. 229 A 6), sondern auf die frühere Reise desselben dorthin. Denn erstens ist hier nur von einem einzigen Begleiter des Titus die Rede, während dieser auf seiner zweiten Reise von zwei anderen Christen begleitet war (oben S. 229f.), welche beide ganz gleichmäßig und ebenso wie Titus als von Pl und Tim. abgesandt bezeichnet werden (8, 18 u. 22 *συνεπέμψαμεν*, 9, 3 *ἔπεμψα τοὺς ἀδελφούς*), und welche beide außerdem auch *ἀπόστολοι ἐκκλησιῶν* genannt werden (8, 23). Den, welchen Pl erst zu zweit nennt, als die Hauptperson anzusehen, neben welcher der zuerst Genannte gelegentlich (12, 18) von ihm ignorirt werden konnte, ist ebenso willkürlich, als *τὸν ἀδελφόν* 12, 18 mit *τὸν ἀδελφὸν ἡμῶν* 8, 22, statt mit *τὸν ἀδελφὸν* 8, 18 oder mit irgend einem anderen Christen (cf 1 Kr 1, 1; 16, 12; Rm 16, 23) zu identificiren (so Krenkel 351ff.). Zweitens beweisen die Fragen in v. 17 und 18b, daß es sich um eine der Vergangenheit angehörige Sendung des Titus handelt. Krenkel, der letzteres mit Recht als zweifellos ansieht S. 353f., sucht auch hierin eine Stütze für seine Hypothese, daß II, 10—13 ein später als II, 1—9 nach Kor. abgesandter Brief sei, was aber nur möglich ist vermöge der, wie gezeigt, ganz unstatthaften Behauptung, daß der Bruder 12, 18 mit dem in 8, 22 identisch und somit an beiden Stellen die gleiche Sendung gemeint sei. Daß Titus auf seiner ersten Sendung von einem Anderen begleitet war, hatte Pl an keiner anderen Stelle Anlaß zu erwähnen, da er überhaupt nirgends von der ersten Absendung des Titus spricht. Daß er aber da, wo von der Rückkehr des Titus die Rede ist (2, 13; 7, 6—15), dessen Begleiter nicht erwähnt, berechtigt höchstens zu dem Schluß, daß Titus ohne diesen seinen Begleiter auf der Hinreise von Kor. wieder abgereist ist. Den Zweck der ersten Sendung können wir aus 8, 6 nicht entnehmen, wo die erste und die zweite Sendung gegensätzlich mit einander verglichen werden. Wollte Pl unter dem, was Titus bei seinem ersten Besuch begonnen hat und bei seinem zweiten vollenden soll, das Liebeswerk der Kollekte verstanden haben (I, 16, 3), so mußte er *τὴν χάριν* mit voranstehendem oder nachfolgendem *ταύτην* ohne *καί* hinter *προενήρξατο* stellen, wenn er es nicht vorzog, die Identität des Objekts seiner Tätigkeit in beiden Fällen durch *ὃ προενήρξατο κτλ.* deutlicher hervorzuheben. Indem er aber die anfangende und vollendende Tätigkeit des Titus zunächst ganz allgemein als eine auf die Korinther gerichtete (*εἰς ὑμᾶς*) bezeichnet und dann erst mit einem *καί* das jetzt in Rede stehende Liebeswerk anderen Dingen gegenüberstellt, gibt er zu verstehen, daß dieses das Besondere ist, was Titus diesmal betreiben und zum Abschluß bringen soll. Was Titus

das erste Mal ausgerichtet hat, wird mit dem, was er diesmal ausrichten soll, als Anfang und Ende einer zusammenhängenden Tätigkeit aufgefaßt, deren allgemeiner Zweck die Herstellung normaler Zustände in Kor. und eines normalen Verhältnisses zwischen der Gemeinde und ihrem Stifter ist. Einen erfolgreichen Anfang hierin hat er bei seinem früheren Besuch gemacht; jetzt soll er das Maß seiner Verdienste voll machen, indem er nun auch die verdrießliche Kollektensache zum Abschluß bringt cf Hofmann II, 3, 204 f. Das *καί* vor *τὴν χ. τ.* stellt ebenso wie das *καί* vor *ἐπιτελέσῃ* den Zweck der gegenwärtigen Sendung mit dem Erfolg der ersten in gegensätzlichen Vergleich. Die Fassung des zweiten *καί* im Sinne von „unter anderen Dingen auch dieses" wird 1) der sehr auffälligen Anordnung des Satzes nicht gerecht. Sie hat 2) gegen sich, daß in dem ganzen Zusammenhang bis 9, 5 immer nur die Kollekte als Grund und Zweck der diesmaligen Sendung des Titus genannt wird, und daß dagegen da, wo Pl seine sonstigen Desiderien zur Sprache bringt (c. 10–13), Titus gänzlich außer dem Spiel bleibt; denn 12, 18 ist, wie gezeigt, nur ein Rückblick auf die frühere Sendung. Das so gefaßte *καὶ τὴν χ. τ.* paßt also nicht zu *ἐπιτελέσῃ*. Es paßt aber 3) auch nicht zu *προενήρξατο*, zu welchem es bei dieser Fassung ebensogut gehören würde; denn da, wo Pl über den Erfolg der Sendung des Titus sich äußert (7, 6—15), fehlt jeder Hinweis auf die Kollekte. Auch der Rückblick 12, 18 berührt diese Sache nicht (oben S. 224 f. A 1). Pl deutet nicht einmal an, daß ihm Titus Nachrichten über den Stand der Kollekte gebracht, geschweige, daß derselbe in dieser Sache einen Auftrag gehabt hat.

5. Obwohl noch Heinrici II, 23 f. 127 ff. die Möglichkeit der Ansicht sehr umständlich erwogen hat, daß *ἔγραψα* 2, 3. 4 und auch 2, 9 sich auf die soeben niedergeschriebenen Worte oder auf den ganzen soeben erst begonnenen Brief, den Pl jetzt unter der Feder hat, bezieht, darf doch als sicher gelten, daß vielmehr ein früheres Schreiben gemeint ist. Denn erstens pflegt Pl von dem, was er unmittelbar vorher geschrieben hat, durchweg im Präsens zu reden: *γράφω* Gl 1, 20; 1 Kr 4, 14; 14, 37; 1 Tm 3, 14, einmal 2 Kr 13, 10 sogar in bezug auf den ganzen hier zu Ende gehenden Brief, ebenso *λέγω* Rm 6, 19; 1 Kr 6, 5 (in bezug auf 6, 4); 7, 6. 35; 2 Kr 7, 3; 8, 8; Phl 4, 11; 2 Tm 2, 7; Phlm 21; *λαλῶ* 1 Kr 9, 8; 15, 34. Nur Phlm 19 und 1 Kr 9, 15 *ἔγραψα*, indem er sich lebhaft den Eindruck vergegenwärtigt, welchen das soeben niedergeschriebene Wort auf die Leser machen wird, wenn sie das einige Zeit vorher Geschriebene lesen werden. Sonst überall bedeutet *ἔγραψα* bei ihm einen Rückblick entweder auf den zu Ende gehenden Brief Rm 15, 15 (cf 16, 22 vom Schreiber); Gl 6, 11; Phlm 21, oder auf einen früheren Brief 1 Kr 5, 9. 11 (cf 7, 1); 2 Kr 7, 12. Zweitens wäre die Versicherung 2, 4 in bezug auf den bisher geschriebenen Teil des Briefes ganz unveranlaßt. Niemand konnte auf den Gedanken kommen, das Vorstehende sei geschrieben, um die Kor. zu betrüben; es findet sich weder vor 2, 4, noch in den nächstfolgenden Kapiteln ein einziges strenges oder kaltes Wort, sondern bis dahin nur eine warme und zugleich rücksichtsvolle Selbstverteidigung, unter anderem auch gegen den Vorwurf der Lieblosigkeit. Drittens ist unverkennbar in 2, 5–11 von derselben Sache die Rede wie 7, 11 f.; es muß somit 2, 9 dasselbe Schreiben bezeichnen, welches nach 7, 8 der Vergangenheit angehört. Die Beziehung aber des dreifachen *ἔγραψα* 2, 3. 4. 9 auf ein und dasselbe Schreiben ist durch den unzerreißbaren Zusammenhang von 2, 3—11 verbürgt. Viertens aber wäre es wahrlich nicht in der Art des Pl, eine noch unvollendete Erörterung durch die Mitteilung zu unterbrechen, daß er dabei viele Tränen vergossen habe oder vergieße, anstatt so zu schreiben, daß die Leser seine Herzensbewegung spürten, oder etwa von einem einzelnen harten Wort zu sagen, daß er dieses nicht ohne Tränen schreiben könne cf Phl 3, 18. Bezieht sich aber 2, 3. 4. 9 auf einen früheren Brief des Pl und zwar auf denselben, von welchem 7, 8. 12 die Rede ist, so legt schon die Ähnlichkeit der Satzbildung in 2, 3 und 2, 9 die Vermutung nahe, das *τοῦτο αὐτό* 2, 3 als gleich-

bedeutend mit διὰ τοῦτο αὐτό (I, 4, 17 ℵ*AP) und sinnverwandt mit εἰς αὐτὸ τοῦτο 2 Kr 5, 5; Kl 4, 8; Eph 6, 22 (Rm 9, 17) zu fassen cf Erasmus, Paraphr. in ep. Pauli 1523 p. 150, Rückert und Hofmann z. St. Diese gut griechische (Kühner II, 267 A 6; Winer § 21, 3 A 2) und 2 Pt 1, 5 ohne Frage vorliegende Redeweise wäre unbedenklich hier anzuerkennen, auch wenn sie sonst bei Pl nicht nachzuweisen wäre. Sie findet sich aber auch Phl 1, 6; denn sonst würde dort αὐτό völlig beziehungslos sein; es müßte auch erst nachgewiesen werden, daß ein Grieche den Gegenstand der Überzeugung oder zuversichtlichen Erwartung jemals durch den Akkusativ bei πέποιθα bezeichnet habe, wofür man sich nicht auf Phl 1, 25 berufen kann; denn dort bereitet τοῦτο das folgende ὅτι vor und gehört zu dem dieses beherrschenden οἶδα. Pesch. übersetzt dort richtig: „und dies weiß ich zuversichtlich". Dieselbe hat auch 2 Kr 2, 3 einigermaßen frei, aber richtig übersetzt: „Und (was das anlangt,) daß ich euch schrieb, (so) ist (es) dies, daß mich nicht, wenn ich komme, diejenigen betrüben, welche mich erfreuen sollten" d. h. der Grund und Zweck meines Schreibens war dieser. Wäre τοῦτο αὐτό, welches wahrscheinlich mit DG vor ἔγραψα mit nachfolgendem ὑμῖν zu stellen und dann stark betont ist, Objekt zu ἔγραψα, so wäre dies doch jedenfalls nicht eine mysteriöse Hinweisung auf etwas, was die ersten Leser besser gekannt haben, als wir (Meyer, Ewald „die euch bekannte Sache", Klöpper „etwas Betrübnis Verursachendes"). Es könnte nur Wiederaufnahme des τοῦτο von 2, 1 sein. Als Gegenstand der früheren brieflichen Mitteilung wäre somit jener Beschluß des Pl bezeichnet, nicht zum zweiten Mal in Trauer nach Kor. zu kommen. Vermöge des Zusammenhangs von 1, 15—2, 2 ist dieser Entschluß aber identisch mit dem Entschluß, nicht direkt und sofort, sondern auf dem Umweg über Macedonien dorthin zu kommen. Bei dieser Fassung hätte also Pl in dem fraglichen Brief in bezug auf sein Kommen nach Kor. dieselbe Absicht ausgesprochen, welche er seither ausgeführt hat, welche er aber, abgesehen von der Motivirung in II, 1, 23—2, 2 auch schon I, 16, 5—7 umständlich mitgeteilt hatte. Da nun in demselben Brief jedenfalls nicht das gerade Gegenteil hievon gestanden haben kann, daß nämlich Pl bald und direkt nach Kor. kommen werde, so verwickelt man sich in den ärgsten Widerspruch, wenn man, wie z. B. Krenkel 377, annimmt, daß letzteres in dem Zwischenbrief gestanden habe, und zugleich behauptet, daß II, 2, 3—9 sich auf diesen Zwischenbrief beziehe. Des Apostels Berufung auf den angeblichen Zwischenbrief wäre aber müßig, wenn er darin nur mit etwas anderen Worten und genauerer Begründung den schon I, 16, 5—7 mitgeteilten Entschluß wiederholt hätte. Da nun andrerseits „eben das", was er II, 2, 1 schreibt, im 1 Kr nicht enthalten ist, so muß τοῦτο αὐτό adverbiell gefaßt werden.

6. Ich setze voraus, daß 2, 5 οὐκ ἐμὲ λελύπηκεν eine selbstverständlich zu bejahende Frage ist, und somit ἀλλά nicht „sondern" heißt, sondern ein den Satz von 5b—6 einleitendes „aber" ist; ferner daß ἀπὸ μέρους nicht, wie Hofmann wollte, dem durch ἀλλά eingeleiteten Hauptsatz angehört, sondern, wie ähnliches vor ἵνα so häufig stattfindet, ein der stärkeren Betonung wegen vorangestelltes Element des Nebensatzes ist. „Aber um nicht teilweise euch alle zu belasten, erkläre ich die von der Mehrheit verhängte Strafe für ausreichend". Das ἀπὸ μέρους ist dadurch veranlaßt, daß ein gegenteiliges Urteil des Pl, nämlich die Forderung einer schärferen Bestrafung des Sünders, vor allem diesen selbst schwer belastet und der Verzweiflung zugetrieben haben würde. Je an ihrem Teil würden aber auch alle anderen Gemeindeglieder dadurch bedrückt werden, nicht nur die Mehrheit, welche die vorläufig verhängte Strafe für ausreichend hielt, sondern auch die Minderheit, welche um der Konsequenz willen oder aus Respekt vor Pl eine strengere Bestrafung glaubte fordern zu müssen. Sie hätte diese vermeintliche Pflicht nur mit blutendem Herzen erfüllen können, und die Wunde wäre so leicht nicht geheilt worden. — Statt ἱκανή schreibt Pl ἱκανόν wahrscheinlich in Anlehnung an den juristischen Gebrauch von τὸ ἱκανόν AG 17, 9; Mr 15, 15. Auch κυροῦν (2, 8 cf Gl 3, 15) und die

Ausdrücke in 7, 11f. ἀπολογία (cf Phl 1, 7. 16; 2 Tm 4, 16; AG 25, 8. 16; 26, 1f.; Rm 2, 15), ἐκδίκησις, ὁ ἀδικήσας, ὁ ἀδικηθείς (AG 7, 24–27; 1 Kr 6, 7f.; Phlm 18) und πρᾶγμα (1 Kr 6, 1; 1 Th 4, 6) haben juristischen Anstrich. Schließt sich der 2 Kr ohne dazwischenliegenden Brief oder Besuch des Pl an den ersten an, so kann keiner Frage unterliegen, daß II, 2, 5—11; 7, 11f. auf den Fall von I, 5 sich zurückbezieht. Dahin weisen uns auch die Ausdrucksformen τὶς II, 2, 5; I, 5, 1; ὁ τοιοῦτος II, 2, 6. 7; I, 5, 5. Es kann dann aber unter ὁ ἀδικηθείς (7, 12) nicht Pl verstanden werden, was schon eine sonderbar objektive Redeweise voraussetzen würde, sondern nur der Vater des Sünders (oben S. 210 A 4). Pl hätte sagen können, daß die Gemeinde sich an ihm verschuldet habe, indem sie ihm die Schande und den Schmerz bereitete, daß in einer von ihm gestifteten Gemeinde ein solches Skandalon vorgefallen; aber eine Verletzung seines Rechtes hätte er das nicht nennen können, und vollends als Handlung des Sünders hatte der Vorgang gar keine Beziehung zur Person des Pl. Wenn Pl nun versichert, daß er weder um des Sünders, noch um des in seinem Recht verletzten Vaters willen in seinem Brief den Fall zur Sprache gebracht habe, so entspricht beides der Behandlung der Sache in I, 5. Über den Vater, welcher wahrscheinlich gar nicht zur Gemeinde gehörte, war dort nichts gesagt; aber auch der Sünder selbst erscheint dort nicht als der eigentliche Zielpunkt der Erörterung, sondern die Gemeinde, in welcher solch ein Frevel zu ihrer Schande und zu ihrem Schaden bisher ungesühnt geblieben; womit nicht gesagt ist, daß dem Pl das Schicksal eines einzelnen Gemeindeglieds gleichgiltig war. Aber in bezug auf diesen hatte Pl nur der Hoffnung Ausdruck gegeben, daß sein „Geist“ aus dem sein irdisches Leben vernichtenden Gericht gerettet hervorgehen werde. Mitteilungen der Gemeinde über den Sünder, der in sich gegangen war, und über den Vater, welcher sich vielleicht zur Nachsicht oder Verzeihung hatte bewegen lassen, müssen die Äußerung 7, 12 veranlaßt haben. Sie werden gemacht worden sein, um den Apostel milde zu stimmen. Aber Pl bedarf dessen nicht mehr (cf 2, 10). Über der günstigen Wendung, welche die Sache in diesen beiden Beziehungen genommen hat, soll die Gemeinde nicht übersehen, daß dem Apostel von Anfang an die Stellung der Gemeinde zur Sache und damit zu ihm viel wichtiger gewesen sei, als die Regelung des Rechtsverhältnisses zwischen Vater und Sohn, wie denn auch seine jetzige Freude nicht diesen Personen, sondern dem Verhalten der Gemeinde in dieser Sache und der Wiederherstellung des durch ihre frühere Haltung in derselben Sache getrübten Verhältnisses zu Pl gilt (7, 7–11). In richtiger Empfindung davon, daß es sich hier um eine Sache handelt, welche wenigstens auch eine juristische Seite hatte, und auf Grund der unhaltbaren Annahme, daß die Dinge, um die es sich im 1 Kr handelt, durch einen längeren Zeitraum und wichtige neue persönliche und briefliche Verhandlungen zwischen Pl und der Gemeinde völlig in den Hintergrund gedrängt worden seien, vermutete Krenkel 306, daß ein Proceß zweier Gemeindeglieder um Mein und Dein (cf I, 6, 1ff.) der Anlaß von 2, 5–11; 7, 11f. gewesen sei. Viel verbreiteter ist die Annahme, daß ein Gemeindeglied (Bleek 1830 S. 629; Neander 296. 347; Hilgenfeld Einl. 284), oder einer seiner judaistischen Gegner, vielleicht ein Mitglied des Gemeindevorstands (Ewald 227), gegen Pl eine schwere Beleidigung öffentlich, wohl gar bei dem zweiten Besuch des Pl in Kor. in einer Art von Gerichtssitzung (Weizsäcker 298) ausgesprochen habe, ohne daß die Gemeinde sich des beleidigten Apostels ernstlich angenommen hätte. Nach der zuletzt genannten Modifikation ist der beleidigte Apostel im Zorn von dannen gereist, und was er persönlich nicht hat erreichen können, die Bestrafung des Beleidigers durch dieselbe Mehrheit der Gemeinde, welche dem Beleidiger beigefallen war, erreichte er durch den jetzt verlorenen Brief, welchen er durch Titus schickte! Es ist nicht zufällig, sondern für diese Hypothese grundlegend oder vielmehr grundstürzend, daß in den Darstellungen derselben immer wieder die aus Luthers Übersetzung stammenden Worte wiederkehren: „der Beleidiger“ und „der Beleidigte“, als ob das die selbstverständlich richtige Übersetzung von ὁ ἀδικήσας und ὁ ἀδικηθείς wäre. Es kann natürlich die Ehrenkränkung unter den allgemeinen Begriff des ἀδικεῖν fallen; aber bei Pl, der 8 mal ἀδικεῖν, 12 mal ἀδικία gebraucht, und in der ganzen Bibel beider Testamente, wo diese Wörter (dazu ἄδικος, ἀδίκημα) zahllos oft vorkommen, haben sie an keiner einzigen Stelle nachweislich den Sinn der Beleidigung, Ehrenkränkung oder gar den noch engeren der Verbalinjurie, sondern bezeichnen überall das rechtswidrige Handeln oder, wo das Verbum ein (meist persönliches) Objekt hat, die rechtswidrige Schädigung der Person oder Beschädigung der Sache (Ap 9, 4). Cf Aristot. rhetor. I, 10 p. 1368 ἔστω δὴ τὸ ἀδικεῖν τὸ βλάπτειν ἑκόντα παρὰ τὸν νόμον. Wenn es sich um Beleidigung, Beschimpfung durch Wort oder Tat handelte, würde Pl ὁ λοιδορήσας und ὁ λοιδορηθείς oder, wenn er auch hier juristischen Ausdrucks sich befleißigen wollte, ὁ ὑβρίσας und ὁ ὑβρισθείς geschrieben haben cf Meier-Schömann, Attischer Prozeß, bearb. von Lipsius (1883—87) S. 394—402. Das herrschende Misverständnis scheint mitveranlaßt zu sein durch Nichtunterscheidung der weiteren und der engeren Bedeutung von *injuria*, welche letztere dem griechischen ἀδικεῖν, ἀδικία, ἀδίκημα überhaupt abgeht. Cf Theophili paraphr. instit. Just. IV, 4 in. οὐκ ἐῶσι τοὺς ὑβριστὰς ἀτιμωρήτους οἱ νόμοι. Γενικῶς δὲ *injuria* λέγεται πᾶν ὃ μὴ κατὰ νόμον γίνεται, *quod non jure fit*; ἰδικῶς δὲ λέγεται *contumelia a contemnendo*, ἣν οἱ Ἕλληνες ὕβριν καλοῦσιν. Cf Scholion zu Basil. 60, 21, 1 und Ulpian Digest. 47, 10, 1 in. Die Unnatur, daß Pl in einem überaus lebhaften und durchweg in der ersten Person gehaltenen Herzenserguß auf einmal sich wie eine fremde dritte Person durch ὁ ἀδικηθείς bezeichnet haben sollte, würde allerdings beseitigt, wenn man sich die Vermutung erlauben dürfte, daß vielleicht Timotheus der „Beleidigte" sei (so Beyschlag, Stud. u. Krit. 1871 S. 670). Aber auch so gewinnt man kein logisch mögliches Verhältnis zwischen 7, 12b, wo Pl nicht nur von sich, sondern außerdem mindestens noch von Tim. redet, und 7, 12c. Mag man immerhin den Gegensatz dahin abschwächen, daß die Rücksicht auf den, der die Rechtsverletzung begangen, und auf den, der sie erlitten hat, nicht der Hauptbeweggrund des Schreibens gewesen sei (Krenkel 299), war nach 7, 12b die eigentliche Absicht des Schreibens diese, die Gemeinde zu einer Erweisung ihres Eifers um Pl (und Tim.) zu veranlassen, so hat Pl, wenn er selbst oder Tim. der „Beleidigte" war, allerdings auch sehr wesentlich um des ἀδικηθείς willen geschrieben. Diese Hypothese in allen ihren Modifikationen verstößt auch gegen 2, 5; denn faßt man οὐκ ἐμὲ λελύπηκεν behauptend, so wäre dies eine des Apostels unwürdige Heuchelei; faßt man es als Frage, so wäre diese von einer unvergleichlichen Albernheit. Unbegreiflich wäre auch, wie es der Gemeinde gelungen sein sollte, sich mit irgendwelchem Erfolg als schuldlos in dieser Sache darzustellen (7, 11).

7. Gegen die ursprüngliche Zugehörigkeit von II, 6, 14—7, 1 und auch gegen die paulinische Herkunft dieses Stücks sind manchmal Bedenken laut geworden. Ewald 282f. nahm an, daß es einem Sendschreiben eines apostolischen Mannes aus etwas späterer Zeit entnommen sei. Hilgenfeld 287 A 1 vermutete, daß es aus dem 1 Kr 5, 9 erwähnten Briefe stamme; Francke (Th. Stud. u. Krit. 1884 S. 544ff.) suchte dies zu begründen. Krenkel 332 freute sich, daß die Nichtzugehörigkeit des Stücks zum 2 Kr immer allgemeinere Anerkennung finde, und meinte, viele Ähnlichkeiten mit dem Sprachgebrauch des Clemensbriefs zu finden. Es kommt auf den Zusammenhang an. Von der allgemein gehaltenen Ausführung über das ntl Predigtamt, welche durch den Gegensatz zu den judenchristlichen Wanderlehrern (2, 17—3, 1; 5, 12) veranlaßt war, wendet sich Pl schon mit 6, 1 wieder den besonderen Zuständen der kor. Gemeinde zu, welche er von 2, 14 an, abgesehen von wenigen kurzen Bemerkungen (3, 1—3; 5, 11—13) aus dem Auge verloren zu haben schien. Er und seine Genossen sind nicht nur Prediger der Versöhnung an die noch erst zu bekehrende Welt (5, 11—21), sondern haben auch die durch diese

Predigt bereits gesammelten Gemeinden, jetzt die hier angeredeten von Achaia und insbesondere die von Kor. (6, 11) zu fördern und davor zu warnen, daß sie die Gnade nicht vergeblich empfangen, solange der Tag des Heiles währt 6, 1—2 cf 1, 24. Wie schon Clemens (strom. I, 4) erkannte, und dann wieder Hofmann klar stellte (II, 3, 166—174), ist 6, 3—10 eine vom vorigen grammatisch unabhängige Einleitung zu dem mit unbedenklicher Anakoluthie sich anschließenden Satz 6, 11. Im Bewußtsein einer tadellosen Amts- und Lebensführung hat Pl (und Tim.) jetzt den Korinthern gegenüber seinen Mund geöffnet, d. h. er steht im Begriff, ihnen feierlich und unverhohlen auszusprechen, was er ihnen gegenüber auf dem Herzen hat (cf Mt 5, 2; AG 8, 34; 10, 34), und zwar eine Ermahnung im Sinne der Ankündigung von 6, 1 d. h. eine Warnung vor Solchem, was die Annahme der Erlösergnade, wodurch die Christen sich von der noch unbekehrten Welt unterscheiden, illusorisch machen würde. Die Bemerkung, daß sein Herz so wenig wie sein Mund den Korinthern gegenüber verschlossen sei, und die Bitte, daß auch die Leser ihm ihr Herz erschließen, wie es Kindern ihrem Vater gegenüber ziemt (I, 4, 14), ist eine weitere, durch das noch immer nicht ganz geschwundene Mistrauen der Gemeinde veranlaßte Vorbereitung der angekündigten Aussprache. Diese umständliche und mannigfaltige Vorbereitung dessen, was er nun den Korinthern sagen will, nachdem er so lange damit zurückgehalten hat, müßte geradezu lächerlich erscheinen, wenn die so vorbereitete Aussprache aus den zwei Worten χωρήσατε ἡμᾶς 7, 2a bestände. So aber läge die Sache, wenn 6, 14—7, 1 als fremder Einschub zu beseitigen wäre; denn was in 7, 2b—18 folgt, enthält nichts, worin man die angekündigte παράκλησις finden könnte. Diese liegt vielmehr in 6, 14—7, 2a vor. Es ist die den ganzen 1 Kr durchziehende Forderung einer strengeren Scheidung der Gemeinde von der heidnischen, insbesondere auch der mit dem Götzendienst zusammenhängenden Unsittlichkeit ihrer Umgebung. Zu 6, 16 cf I, 3, 16; 8, 10; 10, 20–22; 14, 25; zu 6, 17 f. cf I, 10, 13 f. oben S. 197 f. 210 A 2. Die Sprache im einzelnen zeigt nichts Verdächtiges, wenn auch ἑτεροζυγεῖν, μετοχή, συμφώνησις, Βελίαρ weder bei Pl, noch sonst im NT zu lesen sind. Die affektvollen Antithesen, mit welchen der Abschnitt beginnt, entsprechen der Stimmung, welche sich in 6, 3—10; 7, 1—11 widerspiegelt, und die feierlich gehobene Sprache in 6, 16b—7, 1 entspricht der Ankündigung 6, 11. Diese dringenden Mahnungen haben selbständige Bedeutung, bilden aber doch eine um so passendere Vorbereitung dessen, was 7, 5—16 zur Sprache kommen sollte, je mehr der Fall mit dem Blutschänder ein Hauptgegenstand der Sorge bisher und jetzt der Freude für Pl war. Sofern es sich dabei aber nicht zum wenigsten um das Verhältnis des Pl zu der Gemeinde handelte, war auch die Ermahnung 7, 2a, die gewiß nicht mit 6, 13 gleichbedeutend ist, ein geeigneter Übergang zum Folgenden.

8. Wenn unter den Begleitern des Pl auf der Reise nach Jerusalem Vertreter der galatischen, der asiatischen und der macedonischen Gemeinden, aber nicht der korinthischen genannt werden (AG 20, 4 oben S. 150 A 2), so verbietet uns doch Rm 15, 25—28 anzunehmen, daß die Kollekte in Achaia nicht zu Stande gekommen, also die Anstrengungen des Pl in dieser Beziehung (2 Kr 8—9) erfolglos gewesen seien.

V. Der Brief an die Römer.

§ 21. Inhalt und Gedankengang des Briefs.

Während die bis dahin untersuchten Briefe des Pl an Gemeinden oder Kreise von Gemeinden gerichtet sind, welche ihm ihr Christentum verdankten, wendet sich Pl in diesem Brief an eine Gemeinde, welche jedenfalls ohne sein oder seiner Gehilfen Zutun entstanden war. Mochten einzelne zur Zeit in Rom lebende Christen ihm persönlich bekannt sein und sogar sehr nahe stehen, die Gemeinde als ein Ganzes war ihm fremd, und der überwiegenden Mehrheit der römischen Christen war er persönlich unbekannt. Es galt, ein Verhältnis zu ihr erst zu gewinnen. Dem entspricht es, daß Pl mit einer Grußüberschrift beginnt, welche die aller seiner übrigen Briefe an Ausführlichkeit übertrifft, und zwar so, daß diesmal die Selbstbezeichnung des Briefverfassers zu einem weitläufigen Satzgefüge sich gestaltet (1, 1—5), während anderwärts entweder die Bezeichnung der Briefempfänger (1 Kr 1, 2) oder der Gruß (Gl 1, 3—5) reicher ausgestattet wird. Pl stellt sich der Gemeinde gleichsam vor, nicht als ob sie bisher noch nichts von ihm gehört hätte, aber doch so, daß die Gemeinde schon aus seiner Selbstcharakteristik einigermaßen entnehmen konnte, was ihn veranlaßte, und worauf er sein Recht gründete, ein ausführliches Schreiben an sie zu richten. Er ist nicht nur ein im Dienst Christi stehender Mensch, wie alle Christen, sondern auch ein Apostel, und nicht nur einer der vielen Missionare von teilweise zweifelhaftem Beruf (oben S. 207), sondern ein solcher, der diese seine Stellung ebenso einem an ihn ergangenen göttlichen Ruf verdankt, wie die Leser ihren Christenstand. Wenn der Gegensatz, in welchem er die Legitimität seines Apostolats bezeugt, hier nicht so stark hervortritt wie 1 Kr 1, 1, oder gar Gl 1, 1, so spricht sich doch in der dreimaligen Wiederkehr des Wortes *κλητός* v. 1. 6 f. eine ähnlich abwägende Überlegung aus wie 1 Kr 1, 1 f. Wie sehr es ihm darum zu tun ist, daß die Leser den Gedanken, den er mit dieser Selbstbezeichnung verbindet, sich vergegenwärtigen, zeigt die Entfaltung eben dieses Begriffs, der doch jedem Christen jener Zeit geläufig genug war. Schon durch die Anknüpfung alles Folgenden 1, 1^{b}—5 an den Begriff *κλητὸς ἀπόστολος* ist verbürgt, daß Pl hier nichts von sich sagen kann, was von ihm im Unterschied von anderen berufenen Aposteln gilt. Während er anderwärts von seinem besonderen Beruf als Heidenapostel (11, 13; 15, 16) und demgemäß von seinem eigentümlichen Ev (2, 16; 16, 25) redet, nennt er hier das Ev, dessen Verkündigung sein ihn von allen anderen Lebensbeziehungen absondernder Beruf ist, eine Gottesbotschaft. Wie dieser Ausdruck und seine Synonyma überall einen erkennbaren Gegensatz zu der Vorstellung einer von Menschen erdachten und je nach der verschiedenen Denkart oder Begabung der Prediger verschiedenartigen Lehre bildet (1 Th 2, 2. 8. 9. 13; 1 Kr 2, 1—5; 2 Kr 2, 17; 11, 7), so auch hier. Wenn weiter darauf hingewiesen wird, daß Gott längst, ehe er diese seine Botschaft an die Welt hat ergehen lassen, durch die Propheten die Sendung dieser Botschaft verheißen hat, und daß diese Verheißung in hl. Schriften niedergelegt sei (1, 2 cf 10, 15; Lc 4, 17—21); wenn ferner als Mittelpunkt dieses Ev der Sohn Gottes genannt wird, welcher als ein Sproß des davidischen Geschlechts in ein Leben menschlich natürlicher Art eintrat und dazu ausersehen wurde, ein Gottessohn in Kraft zu werden und somit in einen neuen, höheren Lebensstand einzutreten, für welchen hl. Geist maßgebend und Totenauferstehung der Anfang ist, so kann man als das Eigentümliche aller dieser Aussagen nur den innigen Zusammenhang zwischen dem Ev und der Offenbarung, Schrift und Geschichte des AT's einerseits und die Erhebung des im Fleisch lebenden Davidssohns zu seiner gegenwärtigen Herrlichkeit (cf Jk 2, 1; 2 Pt 1, 16) andrerseits erkennen. Indem Pl sodann in ungezwungenem Anschluß an die Erwähnung Christi von der Beschreibung des Ev wieder zur unmittelbaren Charakterisirung seines Apostelberufs umbiegt (1, 5), faßt er sich sofort mit Anderen zusammen, von welchen das, was er hiemit von sich sagt, nicht minder gilt. Da dieser Brief nicht zugleich im Namen eines Anderen geschrieben ist, und da Pl von 1, 8 bis 16, 23 oder 16, 25 von sich im Singular redet, so versteht sich von selbst, daß der Plural in 1, 5 wie überall bei Pl (oben S. 150 A 3; 226 A 3) ernstlich gemeint ist. Da ferner noch kein anderer Gedanke ausgesprochen ist, der auf einen engeren oder weiteren Kreis hinweist, zu welchem Pl gehört, außer dem Gedanken, daß er ein berufener Apostel sei, so verstanden die Leser von selbst, daß er sich mit den Anderen zusammenfasse, welche gleich ihm als κλητοὶ ἀπόστολοι galten (cf 10, 15; 16, 7). Sie alle konnten mit Pl sagen: „Durch Christus empfingen wir Gnade als Christen und Beruf als Apostel zum Zweck der Erweckung von Glaubensgehorsam unter allen Völkern zu Ehren seines Namens“. Das Misverständnis, als ob Pl hier von seinem besonderen Beruf als Heidenapostel rede, hat nicht nur den nachgewiesenen Zusammenhang der Grußüberschrift, sondern auch den sonstigen Gebrauch von πάντα τὰ ἔθνη gegen sich (A 1). Die ganze, in Völker verschiedenster Art geteilte Menschheit ist das zunächst ungeteilte, gemeinsame Arbeitsgebiet sowohl der älteren Apostel, als des Pl. Daß „alle Völker“ hier die Heiden bezeichne, kann man auch dadurch nicht begründen, daß im anderen Fall 1, 6 den Römern die triviale Wahrheit mitgeteilt werde, daß sie zur Menschenwelt gehören; denn Pl sagt ihnen eben nicht, daß sie zu πάντα τὰ ἔθνη gehören, sondern daß sie auf demselben Gebiet, welches das Arbeitsfeld sämtlicher Apostel ist, Berufene Jesu Christi, eine durch das Ev bereits gesammelte Gemeinde sind. Darum hat Pl und haben die Apostel überhaupt, deren wesentlicher Beruf die Missionspredigt ist, kein unmittelbares mit ihrem Beruf als Missionare gegebenes Verhältnis zu den römischen Christen. Aber gleichgiltig sind die bereits Bekehrten darum den Aposteln keineswegs; denn erstens sind die bereits bestehenden Gemeinden die Herde des Christenglaubens (cf Phl 2, 15 f.), dessen Ausbreitung der eigenste Beruf der Apostel ist, und zweitens hat das Wort der Apostel auch in den Kreisen der bereits Glaubenden einen Anspruch auf besondere Beachtung (cf 12, 3; 1 Kr 12, 28; Eph 2, 20; 4, 11—16; 1 Pt 5, 1). Eben diese erbittet sich Pl für sein briefliches Wort von sämtlichen zur Zeit in Rom weilenden Christen, deren Charakter nicht nur als begnadigter Gotteskinder, sondern auch als berufener Heiliger d. h. als einer Christengemeinde (cf 1 Kr 1, 2) er nochmals hervorhebt, ehe er ihnen allen seinen Gruß entbietet (v. 7). — Das Erste, was nach dieser sorgsam erwogenen Grußüberschrift zum Ausdruck kommt, ist der Dank gegen Gott, dessen Gegenstand die Gesamtheit der römischen Christen, und zwar genauer die in der ganzen Welt bekannt gewordene Tatsache ihrer Bekehrung zum Christenglauben ist (1, 8 cf 15, 19; 1 Th 1, 8 f.). In wiefern diese Tatsache für Pl Bedeutung hat, zeigt die feierliche Versicherung, daß er in seinem inneren Gebetsgottesdienst, welcher ebenso wie seine äußere Arbeit auf das Ev sich bezieht, regelmäßig auch der römischen Christen gedenke, und zwar so, daß er in allen seinen Gebeten bittend frage, ob es ihm endlich einmal gelingen werde, mit Gottes Willen zu ihnen zu kommen (10). Dies erläutert er durch die weitere Erklärung, daß er ein sehnliches Verlangen habe, sie zu sehen, um ihnen etwas von geistlicher Gabe mitzuteilen, wovon er sich eine Stärkung der römischen Christen oder, wie er erläuternd und korrigirend hinzufügt, vielmehr eine gegenseitige Ermunterung seiner selbst und ihrer durch ihren beiderseitigen Glauben verspricht (11 f. cf 15, 24; 16, 25). Vorsichtiger und bescheidener konnte sich Pl nicht über den erhofften Erfolg seines seit lange beabsichtigten Besuchs von Rom aussprechen. Er stellt die dortigen Christen nicht nur auf gleiche Linie mit den von ihm gestifteten Gemeinden (cf 1 Th 3, 2. 13; AG 15, 32; 16, 5; 18, 23), sondern wehrt ausdrücklich den Schein ab, als ob er in diesem Verhältnis ausschliesslich der Gebende sei (cf dagegen 2 Kr 1, 15; Phl 1, 24—26). Wenn er nichts weiteres über den Zweck seines erhofften Besuchs sagte, würde man nur verstehen können, daß für ihn als Missionar die Existenz einer Christengemeinde in Rom von großer Bedeutung sei, daß er seit langem sich mit dem Gedanken trage, im weiteren Verfolg seiner Missionspläne, über welche bis dahin nichts näheres gesagt ist, auch nach Rom zu kommen, und daß der bei dieser Gelegenheit stattfindende geistige Austausch mit den römischen Christen sowohl diesen als ihm selbst förderlich sein werde. Nun aber fügt er mit einer Wendung, die etwas Neues erwarten läßt, einen zweiten Zweck seines Kommens nach Rom hinzu: er möchte auch in Rom eine Frucht seiner Berufsarbeit erzielen, d. h. er hofft auch der ihrer Masse nach unbekehrten Bevölkerung Roms mit Erfolg Ev zu predigen, und diese beabsichtigte Missionspredigt erscheint, obwohl ihr erhoffter Erfolg bescheiden genug bezeichnet wird (τινὰ καρπόν), doch als der Hauptzweck des seit lange geplanten und immer wieder durch äußere Hindernisse hinausgeschobenen Besuchs der Reichshauptstadt; denn, indem Pl diese Erörterung mit den Worten abschließt: „So verhält es sich mit der meinerseits vorhandenen Willigkeit, euch (v. l. unter euch), d. h. den Leuten in Rom, Ev zu predigen", nennt er als Zweck seines Kommens nur die Missionspredigt, ohne noch einmal die gehoffte Wirkung seines Besuchs auf die römische Gemeinde zu berühren (13—15 A 2). Daß seine Willigkeit, auch in Rom als Missionar tätig zu werden, ebenso groß sei, wie das Bewußtsein seiner Verpflichtung dazu, begründet der Satz, daß er sich des Ev nicht schäme (16). Man soll also sein bisheriges Fernbleiben von Rom nicht aus einem Mangel an Willigkeit und diesen nicht aus einem Mangel an Zutrauen zur Sache des Ev erklären. So bahnt sich Pl den Weg zu Aussagen über das Ev, welche weit über den aus der Anknüpfung an das Vorangehende ersichtlichen Zweck hinausgreifen und das Thema weitläufiger Erörterungen bilden sollen. Pl scheut sich nicht, mit dem Ev, dieser schwachen und törichten Predigt (1 Kr 1, 17—25) auch im Centrum der Kulturwelt aufzutreten, weil er das Wesen des Ev so erkannt und erfahren hat, wie er es 1, 16f. beschreibt. Es ist eine zur Rettung dienende Gotteskraft für jeden Glaubenden und zwar in erster Linie für Juden und Griechen (A 3); und es ist das Ev solch ein universales Rettungsmittel unter der einzigen Bedingung des Glaubens darum, weil in demselben eine Gottesgerechtigkeit sich enthüllt in folge von Glauben und zum Zweck des Glaubens. Dies entspricht dem Prophetenwort „Der Gerechte wird in folge vom Glauben zum Leben gelangen" (Hab 2, 4 cf Gl 3, 11); denn hierin sind die zwei Gedanken enthalten, welche für die Aussage über das Ev grundlegend sind, daß nur der Gerechte zum Leben gelangt, daß er aber durch nichts Anderes als durch Glauben dazu gelangt. Über diese Auffassung des Ev sich mit den Römern zu verständigen, dient alles Folgende bis 8, 39 oder auch 11, 36. In einem ersten Abschnitt 1, 18—3, 20 wird zur Begründung des ersten jener beiden in dem Citat zusammengefaßten Gedanken ausgeführt, daß gegen alle menschliche Ungerechtigkeit und Gottlosigkeit als eine selbstverschuldete und unentschuldbare Gottes Zorn sich richtet sowohl während des Weltlaufs (1, 18), als im Endgericht, in welchem die durch die mannigfaltigen Erweisungen der Schöpfergüte Gottes dem Leichtsinnigen sich verhüllende Gerechtigkeit Gottes sich als eine vergeltende enthüllen wird (2, 3—10); ferner daß der Unterschied von Juden und Heiden für die Entscheidung Gottes als des unparteiischen Richters über das Endgeschick des Individuums völlig gleichgiltig sei (2, 11—22); daß der nicht zu leugnende Vorzug der Zugehörigkeit zum Volk Israel als dem Volk der Offenbarung auch daran nichts ändern kann, daß schließlich im Gericht alle Menschen Gotte als dem allein Wahrhaftigen und schlechthin Gerechten als Lügner und verdammungswürdige Sünder gegenüberstehen werden (3, 1—8), und daß auch die Christen sich keineswegs einbilden, von vornherein über die vom Zorne Gottes betroffene Linie der sündigen Menschheit erhaben zu sein, da sie vielmehr sich in das vorher ausgesprochene schriftmäßige Urteil über die allgemeine Sündhaftigkeit einschließen und andrerseits wissen, daß der in der Geschichte Israels vorliegende Beweis von der Unmöglichkeit, auf dem Wege der Gesetzeserfüllung Gerechtigkeit zu erwerben, für die ganze Menschheit giltig ist (3, 9—20). Während hienach die Verdammnis das unvermeidliche Ende der Menschheit in allen ihren Gliedern zu sein scheint, wird in einem zweiten Abschnitt (3, 20—5, 11) zunächst gezeigt, daß und wie die zum Leben erforderliche Gerechtigkeit von Gott in Christus hergestellt, in dem Glauben fordernden Ev kund geworden und durch den Glauben in den Besitz aller Christgläubigen aus Israel und den Heiden gelangt sei (3, 20—30). Der Einwand, daß die Christen durch die hiemit dargelegte Lehre von der Rechtfertigung durch Glauben in Antinomismus geraten, wird sehr kurz abgetan (3, 31), und dagegen sehr ausführlich der andre Einwand widerlegt, daß sie eben damit von der Religion des AT's sich lossagen, oder mit andern Worten, daß sie den unfraglichen Zusammenhang der christlichen Gemeinde mit Abraham, dem Stammvater der atl Religionsgemeinde, zu einem rein äußerlichen machen. Da die religiöse Stellung Abrahams nach Gen 15, 6 vielmehr derjenigen der Christen wesentlich gleichartig ist, so stellt sich im Gegenteil heraus, daß die mit Abraham begonnene Gemeinde Gottes ihre rechtmäßige Fortsetzung in der Christenheit gefunden hat, welche teils aus Unbeschnittenen, teils aus Beschnittenen besteht, darin aber einig ist, daß diese wie jene in dem Glauben stehen, durch welchen der noch nicht beschnittene Abraham seine religiöse Stellung und seine religionsgeschichtliche Bedeutung erlangt hat (4, 1—22 A 4). Indem diese Darlegung auf eine nochmalige Bezeugung der Rechtfertigung der Christen durch Glauben hinausläuft (4, 23—25), kann hierauf die Versicherung gegründet werden, daß die Christen als die Gerechtfertigten und Versöhnten in einem Friedensverhältnis zu Gott stehen und aller Bedrängnis der Gegenwart zum Trotz eine zuversichtliche Hoffnung auf ihre zukünftige Herrlichkeit oder schließliche Errettung hegen dürfen und sollen (5, 1—11 A 5). Hiemit scheint das Thema 1, 16 f. erschöpft zu sein; denn aus der bis dahin gegebenen Beschreibung des Lebensstandes der Christen nach seiner Entstehung, seiner dermaligen Natur und seiner hierin begründeten zukünftigen Vollendung muß man erkennen, daß das Ev als Offenbarung der zum Leben erforderlichen Gerechtigkeit sich als eine errettende Kraft an den Christen bewährt hat. Es folgt aber noch ein dritter, enge mit dem vorigen verknüpfter Abschnitt (5, 12—8, 39), welcher in ähnlichen Gedanken ausklingt, wie der zweite. Obwohl die durch διὰ τοῦτο 5, 12 angekündigte Hauptaussage ausbleibt, und auch der in den begonnenen Hauptsatz eingeschaltete Vergleichungssatz unvollendet bleibt, ist der Gedankenfortschritt kaum dunkel zu nennen. Wie der durch Adam und zwar näher durch Adams Sünde in die Welt gekommene Tod eine königliche Herrschaft über das ganze Adamsgeschlecht ausgeübt hat, so soll auch die durch Christus, und zwar näher durch das Rechtverhalten Christi in die Geschichte eingetretene Gnade und Gabe Gottes und Christi in der neuen, von Christus als dem neuen Adam abstammenden Menschheit königlich herrschen. Indem das mosaische Gesetz als eine im Vergleich zu den beiden weltbeherrschenden Prinzipien Adam und Christus, oder Sünde und Rechtverhalten, oder Tod und Leben nebensächliche Erscheinung bezeichnet wird (5, 20), ist auch schon klar, daß die königliche Alleinherrschaft der Gnade innerhalb der Christenheit nicht durch eine Nebenherrschaft des Gesetzes eingeschränkt oder vielmehr aufgehoben werden darf. Eben dies zu zeigen, dient auch der Hinweis darauf, daß an demselben Orte in der Menschheit, wo das Gesetz nur eine Steigerung der Sünde bewirkt hat, nämlich in Israel, auch die erlösende Gnade sich in ihrem ganzen Reichtum offenbart habe. Dadurch sollte verhütet werden, was leicht hätte eintreten können, wenn die Gnade unter einem anderen Volk erschienen wäre, wo man nicht solche Erfahrungen mit dem Gesetz gemacht hatte, wie in Israel, daß man nämlich die Gnade nur als einen Lückenbüßer oder als ein Heilmittel neben anderen ansehe. Indem Christus in Israel erschien, ist dafür gesorgt, daß die Gnade königlich herrsche, wo immer sie aufgenommen wird. Dem Einwand, daß die Konsequenz dieser Lehre von Gesetz und Gnade die Lehre sein würde, daß man nur bei der Sünde beharren müsse, um eine Steigerung der Gnade zu erleben, begegnet Pl durch Erinnerung an die mit der Taufe verknüpfte Wiedergeburt, welche ein Sündenleben der Christen als Unnatur erscheinen läßt und die stärksten Motive für die Heiligung enthält. Gerade, weil die Christen nicht unter einem Gesetz stehen, welches als solches keine die Sünde überwindende Kraft besitzt, sondern unter einer Gnade, welche sich in der Auferstehung Christi und der Wiedergeburt der Christen als belebende Kraft bewiesen hat, dürfen sie hoffen, der Sünde Herr zu werden (6, 1—14). Aber nicht nur jene lästerliche Theorie (6, 1), sondern ebenso auch der praktische Misbrauch des Standes unter dem milden Regiment der Gnade statt unter der strengen Zucht des Gesetzes ist aus der Erfahrung der Leser als eine nur erschlichene Konsequenz aus der vorgetragenen Lehre leicht zu widerlegen. Sie sind aus sündigen und ungehorsamen Gottesknechten, die sie früher waren, von Herzen gehorsame Knechte geworden und eben damit auch aus Sklaven und Söldnern der Sünde Sklaven der Gerechtigkeit und Kriegsleute Gottes geworden. Sie brauchen nur auf ihr vorchristliches Leben und den Tod als dessen unausbleibliches Ziel und auf ihr christliches Leben in der Heiligung mit dem ewigen Leben als letztem Ziel hinzublicken, um alle Lust zum Zurücksinken in das frühere Treiben zu verlieren (6, 15—23 A 6). Aber auch die Voraussetzung selbst, welche in 6, 1—14 und 6, 15—23 gegen irrige Konsequenzen verteidigt wurde, daß nämlich die Christen nicht mehr unter dem Gesetz, sondern unter der Gnade stehen, glaubt Pl den Lesern gegenüber rechtfertigen zu müssen (7, 1—6). Als Gesetzeskundige wissen sie, daß das mosaische Gesetz den Menschen für die ganze Dauer seines Lebens beherrscht, womit aber auch gesagt ist, daß es über den Tod hinaus keine Gewalt mehr hat. Beides wird an dem einzigen Beispiel nachgewiesen, das dazu taugt, am Ehegesetz, welches zwei Menschenleben zu einem einzigen verbindet. An dem überlebenden Teil einer durch den Tod sich lösenden Ehe ist wahrzunehmen, daß der Tod vom Gesetz entbindet. In der Anwendung des Satzes von 7, 1 auf das in Rede stehende Verhältnis dient das angeführte Beispiel zugleich als Gleichnis. Da durch den Tod Christi dessen Gebundenheit an das Gesetz (Gl 4, 4) aufgehört hat, die Christen aber durch die Taufe am Tode Christi nachträglich beteiligt worden sind, als ob sie ihn miterlebt hätten (6, 2), so hat sich auch für sie die mit einer Ehe vergleichbare Gebundenheit an das Gesetz rechtmäßig gelöst, und zwar zu dem Zweck, daß sie dem auferstandenen Christus als einem neuen Ehegatten vermählt wurden. Erst durch diese, einer fruchtbaren Ehe vergleichbare Gemeinschaft mit Christus haben sie die Fähigkeit zu einer wahren, von neuem Geist getragenen Sittlichkeit erlangt, während früher, da sie unter dem Gesetz standen, und ihre Gottesknechtschaft in dem alten Buchstabenwesen sich bewegte, die durch das Gesetz hervorgerufenen sündhaften Leidenschaften in ihrem Leibe ihr Wesen trieben, und die Früchte ihres an das Gesetz gebundenen Lebens dem Tode anheimfielen (A 7). — Aus dieser Darlegung scheint sich aber wieder eine für alles bisher Gesagte verhängnisvolle Folgerung zu ergeben. Wenn die Befreiung vom Gesetz mit dem Aufhören des Sündenlebens zusammenfällt, so scheint sich der blasphemische Satz zu ergeben, daß Gesetz und Sünde identisch seien. Diesen Einwand widerlegt Pl 7, 7—8, 11 zunächst aus der Erfahrung, welche er selbst von den ersten Anfängen seines Lebens an mit dem Gesetz gemacht hat und bis in seine christliche Gegenwart hinein noch immer macht. Er beschreibt diese in der Meinung, daß alle gleich ihm unter dem Gesetz herangewachsenen Christen wesentlich die gleiche Erfahrung gemacht haben. Das Gesetz ist ihm dabei heilig, gerecht und gut geblieben und wird von seinem, des bekehrten Christen, innerstem Wollen bejaht; aber es hat sich das Gesetz im individuellen Leben ebenso wie im Leben der Menschheit (cf 3, 20; 4, 15; 5, 20) als eine Macht erwiesen, welche die schlummernde Sünde zur Entwicklung bringt und dadurch auch Erkenntnis der Sünde fördert, welche aber selbst da, wo ein mit dem Inhalt des Gesetzes übereinstimmendes Wollen hergestellt ist, sich unfähig zeigt, die Sünde zu überwinden. Wenn im Leben des Christen neben der Klage der Verzweiflung über das sittliche Unvermögen der Dank gegen Gott für das durch Christus Gegebene Platz hat (7, 24 f.), so ist das nicht ein schließlich doch noch eingetretener Erfolg des Gesetzes, sondern eine Folge der befreienden Wirkung des Geistes, der ein neues christliches Leben in den Wiedergeborenen erzeugt hat. Schon in der Sendung des Sohnes hat das Urteil Gottes, daß die Sünde fortan im Fleisch nicht mehr herrschen soll, einen tatsächlichen Ausdruck und einen Anfang seiner Vollstreckung gefunden (8, 3). Durch den von Christus in die Christen übergegangenen Geist aber kommt es in denen, welche sich von diesem statt von der angeborenen Natur bestimmen lassen, zu einer Erfüllung der auf ihre Einheit zurückgeführten Rechtsforderungen des Gesetzes (8, 4) und wird es schließlich kommen zu einer

Neubelebung auch des jetzt noch dem Tod verfallenen Leibes (8, 11). Daß in der durch den belebenden Geist bewirkten Gottessohnschaft nicht nur die Pflicht eines geistgemäßen Wandels, sondern auch die Hoffnung auf die zukünftige Verherrlichung begründet und die Kraft zur Überwindung alles Leids der Gegenwart gegeben sei, wird schließlich (8, 12—39) in immer kühnerem Schwung begeisterter Rede gepriesen. — Nachdem so die Darlegung der Alleinherrschaft der Gnade auf dem ganzen Gebiete der durch Christus erneuerten Menschheit (5, 12—8, 39) auf demselben Punkte wieder angelangt ist, zu welchem die Darlegung der Rechtfertigungslehre (3, 21—5, 11) geführt hatte, könnte das Thema von 1, 16 f. als erschöpft gelten, wenn Pl die schon im Thema selbst mit vorbehaltene, dann aber 3, 1—3 (cf 2, 25) ausdrücklich anerkannte privilegirte Sonderstellung Israels bisher berücksichtigt hätte. Wenn ein jüdischer Christ, wie Pl, in immer höher steigender Begeisterung die Herrlichkeit des durch Christus der ganzen Menschheit bereiteten und in seiner Vollendung selbst die vernunftlose Kreatur in seine Kreise ziehenden Heils hat beschreiben können, ohne anders als mit einer beiläufigen Bemerkung (3, 3) der Tatsache zu gedenken, daß seine eigene Nation, das Volk der Offenbarung (3, 2; 5, 20) in seiner überwiegenden Mehrheit dieses Heils verlustig geht, so bedarf das der Erklärung, welche der vierte Abschnitt (9, 1—11, 35) bringt. Nach dem Lobpsalm 8, 31—39 war es wohl am Platz, mit aller Feierlichkeit zu beteuern, daß es volle Wahrheit sei, wenn Pl jetzt sagt, er trage unablässigen Schmerz um seine ungläubigen Volksgenossen im Herzen. So zwar will er dies nicht verstanden haben, als ob Gott seine dem Volk Israel gegebene Verheißung nicht wahrgemacht habe, oder als ob die ungläubigen Juden auf Grund ihrer Abstammung und ihrer etwa noch hinzutretenden sittlichen Leistung ein Recht zur Beschwerde über die mit dem Ev eingetretene Wendung der Geschichte hätten (9, 6 f.). Vor diesen Irrtümern bewahrt ihn sein Verständnis der Geschichte wie der Weissagung des AT's (9, 7 b—29). Aber überaus schmerzlich ist es gleichwohl, daß, während Heiden, die nach Gerechtigkeit wenig fragen, zum Heil gelangen, Israel bei allem Streben nach gesetzlicher Gerechtigkeit weder diese, noch die Glaubensgerechtigkeit erlangt, sondern gerade an der Offenbarung Gottes in Christus zu Fall gekommen ist (9, 30—33). Pl läßt es auch nicht bei dem Schmerz über das tragische Geschick seiner Nation bewenden, sondern wünscht und erfleht derselben auch Heil in Anbetracht ihres ernsten, wenn gleich blinden Eifers, der sie zum Widerstreben gegen das Ev geführt und damit die dermalige Bevorzugung der Heiden veranlaßt hat (c. 10). Daß von einer Verstoßung Israels keine Rede sein könne, beweist jede Bekehrung eines einzelnen Juden, wie die des Pl, und die Existenz einer nach Tausenden zählenden jüdischen Christenheit (11, 1—7 a cf. 9, 27—29). Das Strafgericht der Verhärtung, welches Israel betroffen hat, und welches noch weitere, äußere Gerichte nach sich ziehen wird (11, 7 b—10), ist nicht Selbstzweck, sondern hat zunächst den Zweck, daß den Heiden das Heil zu Teil werde; von der

Heidenbekehrung aber läßt sich schließlich ein Rückschlag auf Israel erhoffen, durch welchen auch dieses noch gewonnen wird (11, 11 f.). Insbesondere den Heiden unter den römischen Christen gibt Pl zu bedenken, daß er, sofern er Heidenapostel sei, dieser seiner besonderen Aufgabe stets mit der Nebenabsicht obliege, seine Volksgenossen dadurch eifersüchtig zu machen und wenigstens etliche Juden zu gewinnen und so die Bekehrung Israels anzubahnen, mit welcher die Weltvollendung eintreten wird (11, 13—15 cf v. 12 A 8). Den Heidenchristen allein gilt auch die Warnung vor Überhebung über das jetzt verhärtete Judenvolk (16—24) und die Verkündigung der schließlichen Bekehrung Gesamtisraels als einer in der Schrift begründeten Offenbarungswahrheit (25—32). Der vierte Abschnitt klingt aus in einen Ausruf der Bewunderung der göttlichen Weltregierung (32—36). — Auf die hiemit abgeschlossene Verständigung über das Wesen des Ev läßt Pl in einem **fünften Abschnitt** (12, 1—15, 13) eine umfassende und wohlgeordnete Anweisung zu einem demselben entsprechenden Wandel folgen, welche im Unterschied von der letzten, an die Heidenchristen allein gerichteten Belehrung ausdrücklich an die sämtlichen Christen zu Rom sich wendet (12, 3). Im Vergleich mit ähnlichen Abschnitten anderer Briefe ist auffällig die eindringliche Mahnung zum Gehorsam gegen die Staatsobrigkeit und zur Erfüllung aller staatsbürgerlichen Pflichten (13, 1—7) und die in Vergleich mit Gl 5, 14 viel stärkere Betonung des Satzes, daß die tätige Nächstenliebe die wahre Gesetzeserfüllung sei (13, 8—10 cf. 8, 4). Durch die Mahnung, in Anbetracht des immer näher rückenden Tages Christi ein mäßiges und züchtiges Leben zu führen und dem Leib nur eine solche Pflege angedeihen zu lassen, durch welche die Begierden nicht geweckt werden (13, 11—14), wird bereits die Besprechung eines unter den römischen Christen obwaltenden Gegensatzes eingeleitet, über welchen Pl genau unterrichtet gewesen sein muß (14, 1—23). Es gab dort Christen, welche den Genuß von Fleisch, statt dessen sie nur Gemüse aßen, und vielleicht auch von Wein grundsätzlich mieden (v. 2. 20) und zwar als verunreinigend (v. 14. 20). Eben damit war gegeben, daß sie die übrigen, alle üblichen Nahrungsmittel ohne Unterschied genießenden Christen hart beurteilten, während sie von diesen wegen ihrer abergläubischen Ängstlichkeit verachtet wurden (v. 3. 10). Wenn die Vegetarianer die Meinung äußerten, daß die Fleischesser nicht feststehen, sondern sich in Gefahr befinden, zu Fall zu kommen (v. 4), so sieht man daraus, daß sie ihre Enthaltung als ein Mittel zur Gewinnung religiöser Festigkeit ansahen und Anderen empfahlen (cf Hb 13, 9). Obwohl Pl den Asketen ihr hochmütiges Richten verweist, ihnen selbst Glaubensschwäche nachsagt und sich prinzipiell auf den Standpunkt der Glaubensstarken stellt, so begnügt er sich doch, was die Praxis anlangt, damit, die beiderlei Lebensweise als mit dem Christenstand verträglich zu bezeichnen, und verweilt am ausführlichsten bei der Forderung an die Glaubensstarken, das Gewissen der Glaubensschwachen zu schonen und sie nicht durch verächtliche Behandlung oder herausforderndes Beispiel zu einem Handeln gegen ihr Gewissen zu verleiten (v. 13—23 cf 1 Kr 8, 7—13). Die Asketen müssen demnach in der Minderheit gewesen sein. Daß sie geborene Juden waren, ergibt sich als wahrscheinlich schon aus der Anwendung der Begriffe κοινός und καθαρός (v. 14. 20), vollends aber daraus, daß Pl zur Berichtigung ihres Urteils über die Fleischesser sich darauf beruft, daß das Fleischessen mindestens ebenso gut mit dem Christentum sich vertrage und in der Christenheit zu dulden sei, wie die Beobachtung gewisser Tage (A 9). Wirksam war diese Beweisführung nur dann, wenn die Asketen die religiös motivirte Auszeichnung gewisser Tage, wobei nur an jüdische Sabbathe, Fest- und Fasttage zu denken ist, als ein zweifelloses Recht für sich in Anspruch nahmen. Daraus, daß die Asketen Juden waren, folgt natürlich nicht, daß die Fleischesser lauter Heiden waren. Es können ebensogut Juden gewesen sein, wie der Apostel, welcher sich 15, 1 mit ihnen in das „wir, die Starken“ zusammenfaßt. Auch wenn die Sätze 16, 25—27, welche nach einer beachtenswerten Überlieferung hinter 14, 23 zu stellen wären, hier nicht ihre ursprüngliche Stelle haben (§ 22), ist klar, daß Pl nach Erledigung der Differenz zwischen Vegetarianern und Fleischessern zu einer allgemeineren Mahnung übergeht, durch gegenseitige Kondescendenz die Einheit der Gemeinde zu wahren. Wenn aber in der Anwendung auf die Leser die einhellige Lobpreisung Gottes als das anzustrebende Ziel hingestellt (15, 6) und in der folgenden Erläuterung (8—12) aus Geschichte und Schrift die Einigung Israels und der Heidenvölker als das letzte Ziel der Heilsgeschichte erwiesen wird, so sieht man, daß es der Gegensatz der jüdischen und der heidnischen Christen zu Rom war, welchem Pl durch diese letzten Sätze des fünften, paränetischen Abschnitts alle die Einheit des Bekenntnisses und des Kultus gefährdende Schärfe zu benehmen wünscht. — Ein s e c h s t e r A b s c h n i t t (15, 14—16, 24 oder — 16, 27) beginnt mit einem Rückblick auf den zu Ende gehenden Brief. Dem Schein, welchen die Ausführlichkeit desselben und die Dringlichkeit seines Tones erwecken könnte, als halte Pl die römischen Christen für ganz besonders der Belehrung bedürftig, wird entgegengetreten. Als ein Wagnis erscheint es ihm selbst, daß er solchen Brief an sie gerichtet. Einigermaßen wird das dadurch gemildert, daß er doch nur einzelne Stücke der christlichen Wahrheit darin erörtert und sich stets bewußt geblieben ist, daß er Wissende an die ihnen bewußte Wahrheit zu erinnern habe. Er hat es aber gewagt im Interesse seines Berufes als Heidenapostel. Der weite Umfang, in welchem er denselben bisher ausgeübt hat, brachte es mit sich, daß er bisher immer wieder neue Aufgaben in der Nähe fand und eben dadurch in den meisten Fällen, wo er Neigung spürte, nach Rom zu kommen, daran gehindert wurde (A 10). Aber auch jetzt, wo er in den östlichen Ländern um das mittelländische Meer herum für eine Missionsarbeit, wie er sie als seine besondere Aufgabe erkennt, nämlich für eine grundlegende, keinen Platz mehr findet, kann er nicht sofort, wie er es seit vielen Jahren ersehnt, bei Gelegenheit einer Reise nach Spanien Rom besuchen, sondern muß zunächst nach Jerusalem reisen, um die Kollekte der macedonischen und griechischen Christen dorthin zu bringen. Erst nach Erledigung dieses Geschäftes wird er über Rom nach Spanien reisen, und erbittet sich für jetzt die Fürbitte der Römer sowohl in bezug auf die Gefahren, welche ihm von seiten der ungläubigen Juden zu Jerusalem drohen, als in bezug auf die günstige Aufnahme der Kollekte von seiten der dortigen Christen, damit er mit Gottes Willen und in freudiger Stimmung nach Rom komme. Ein Gebetsgruß schließt vorläufig den Brief (15, 33), welcher hiemit zu seinem Anfang (1, 1—15) zurückgekehrt ist. Die dort nur erst begonnene Erörterung seiner Reiseabsichten und Missionspläne wird erst hier vollendet. Was Pl dort über seine Sehnsucht, nach Rom zu kommen, und mehr nur andeutend von Hinderungen, auf die er bisher immer wieder gestoßen sei, gesagt hatte (1, 10. 13[a]), wird nun erst deutlich; insbesondere auch, warum er dort nicht seinen sofortigen Besuch ankündigen, sondern nur sein sehnliches Verlangen, seine Willigkeit und Hoffnung bezeugen konnte. Was auch jetzt noch seinen Besuch hinausschiebt und die Abfassung eines so ausführlichen Briefs rechtfertigt, die Kollektenreise nach Jerusalem, wird mit großem Nachdruck in seiner Bedeutung hervorgehoben. Es ist diese Kollekte Erfüllung einer Liebes- und Dankespflicht der durch ihn gestifteten heidenchristlichen Gemeinden gegen die Muttergemeinde (15, 25—27), und Pl hofft, daß diese Gabe eine entsprechende liebevolle Gesinnung der jüdischen Christen Jerusalems gegen die Heidenchristen zur Folge haben werde (15, 31). Was er 1, 11 über den Zweck und den erhofften Erfolg seines Besuchs von Rom für die dortigen Christen und für ihn selbst gesagt hatte, kehrt hier wieder. Er selbst hofft sich an den römischen Christen zu erquicken (15, 24), und ist andrerseits überzeugt, daß er mit der Fülle christlichen Segens zu ihnen kommen werde (15, 29). Indem er aber die Erquickung, die er selbst im Kreise der römischen Christen zu finden hofft, eine „partielle Sättigung" (v. 24) nennt, sagt er auch, daß er nicht an einen längeren Aufenthalt daselbst denkt. Wenn das dem bescheidenen Ton entspricht, in welchem er 1, 13 von dem erhofften Ertrag seiner beabsichtigten Missionsarbeit in Rom geredet hatte, so wird eben dies doch erst jetzt deutlich durch die wiederholte Mitteilung (15, 24. 28), daß das eigentliche Ziel seiner weiteren Missionspläne Spanien, und dagegen Rom nur ein Durchgangspunkt für den in den fernen Westen vordringenden Missionar sein soll. — Die Empfehlungen, Grüße und wiederholten Schlußwünsche (c. 16) bedürfen einer besonderen Untersuchung, weil ihre Zugehörigkeit zum Rm schwereren Bedenken unterliegt als die irgend eines anderen Teils.

1. Die Heidenvölker im Gegensatz zu Israel und nach dem jüngeren jüdischen Brauch (גּוֹי Heide, גּוֹיָה Heidin) auch heidnische Individuen im Gegensatz zu Juden heißen bei Pl wie in der Bibel überhaupt (τὰ) ἔθνη (Rm 2, 14; 3, 29; 9, 24. 30; 11, 11—13. 25; 15, 9f. 12. 16. 18. 27; 16, 4). Da aber auch Israel ein ἔθνος ist (Jo 11, 48—52; 18, 35; Lc 7, 5; 23, 2; AG 10, 22; 24, 3. 10. 17; 26, 4; 28, 19, auch גּוֹי Ex 19, 6; 33, 13; Deut 4, 6; Jes 1, 4; 4, 2), so konnte πάντα τὰ ἔθνη nicht leicht zu einer Bezeichnung

der Heidenwelt mit Ausschluß Israels werden. In Rm 15, 11 (Ps 117, 1) zeigt schon das damit synonyme *πάντες οἱ λαοί*, daß vielmehr die in Völker geteilte Menschheit incl. Israel gemeint, und daß hier in eins zusammengefaßt ist, was 15, 8—10 als *περιτομή* oder *λαὸς τοῦ θεοῦ* und *ἔθνη* unterschieden war. Wenn auf der Hand liegt, daß Mt 28, 19; Lc 24, 47 nur die Beschränkung auf Israel verneint, keineswegs aber Israel ausgeschlossen sein soll, so ist nicht einzusehen, warum es sich Rm 1, 5; 16, 26; Gl 3, 8; 2 Tm 4, 17; Mt 24, 9. 14; 25, 32; Mr 11, 17; 13, 10 anders verhalten sollte. Auch AG 14, 16 in einer Anrede an Heiden, welchen vorher nichts von der Erwählung eines Volkes Gottes und einer besonderen Offenbarung an dieses gesagt war, wäre der Satz höchst unpassend, daß „Gott alle H e i d e n ihre e i g e n e n Wege habe wandeln lassen". Diese Übersetzung Luthers würde *ταῖς ἰδίαις αὐτῶν ὁδοῖς* und eine betonte Stellung dieser Worte erfordern. Also ist vielmehr im Gegensatz zu der jetzt an die ganze Menschheit ergehenden Predigt des Ev gesagt, daß Gott bis dahin die ganze in so viele Völker zerfallende Menschheit ihre mannigfaltigen Wege habe gehen lassen cf AG 17, 24—30; Rm 3, 25. Auch im AT ist Israel in der Regel eingeschlossen cf Jer 25, 15. 17—25; und sehr bezeichnend ist, daß LXX wiederholt, wo die Beschränkung von הַגּוֹיִם oder כָּל־הַגּוֹיִם auf die außerisraelitischen Völker nicht hinreichend durch sonstige Näherbestimmungen gesichert schien, *τὰ λοιπὰ ἔθνη* geschrieben hat Deut 8, 20; 17, 14; 1 Sm 8, 5. Die gesamte Menschheit ist aber das Arbeitsfeld sowohl derjenigen Apostel, welchen der im Fleisch lebende Davidssohn Gnade und Apostolat gegeben hat (Mt 5, 13 f. [13, 38]; 28, 19; Lc 24, 47; AG 1, 8), als auch des Pl, welchen der erhöhte Gottessohn berufen hat (AG 9, 15; 22, 15; 26, 17; 1 Kr 1, 17—24; 9, 20; Kl 1, 28). Die Universalität des Apostolats beider Art wird nicht dadurch aufgehoben, daß die Urapostel zunächst an Israel zu arbeiten und in Jerusalem anzufangen haben (Mt 10, 5. 23; Lc 24, 47; AG 1, 4. 8; 2, 39), und daß Pl in erster Linie Heidenapostel ist, und auch nicht durch die nachmalige Teilung der Arbeitsgebiete (Gl 2, 9 oben S. 191 Z. 1). Pl bezeichnet seinen Heidenapostolat als die eine Seite seines Berufs und gibt selbst dieser eine Abzweckung auch auf Israel (Rm 11, 13). An die Römer aber wendet er sich laut Grußüberschrift nicht als Heidenapostel, sondern nur mit dem gleichen Rechte, wie es ein Petrus tun könnte, als berufener Apostel schlechthin. Er schreibt seinen Brief auch nicht kraft seines Berufs als Heidenapostel, sondern nur im Interesse desselben (15, 15 f. s. unten § 24 A 1). Wollte Pl 1, 6 sagen, daß die römischen Christen ihrer Herkunft nach dem durch *πάντα τὰ ἔθνη* bezeichneten Kreise angehören, so mußte er nach festem Brauch schreiben: *ἐξ ὧν ἐστε καὶ ὑμεῖς* cf Gl 2, 15; Rm 9, 6. 24; 11, 1; Phl 3, 5; AG 10, 45; 11, 2; 15, 23; Ap 5, 9; 7, 4—9. In Wirklichkeit sagt er vielmehr, daß sie eine auf dem Arbeitsfeld der Apostel liegende Christengemeinde sind. — Die richtige Deutung des Plurals *ἐλάβομεν* sprechen schon Ambrosiaster und Chrysostomus (X, 453) deutlich aus, auch Bengel und v. Hengel. Statt der Urapostel Leute wie Timotheus mitinbegriffen zu denken (Hofmann III, 9 unter Hinweis auf 16, 21), gibt die Grußüberschrift kein Recht. Als Inhaber der *ἀποστολή* konnten die Leser nur diejenigen, diese aber auch ohne Ausnahme verstehen, welche gleich Pl *κλητοὶ ἀπόστολοι* waren cf 1, 1. Auf untergeordnete Missionsgehilfen paßte dieser volle Titel nicht.

2. Da *οὐ θέλω δὲ ὑμᾶς ἀγνοεῖν* 1, 13 cf 1 Th 4, 13; 1 Kr 12, 1; Phl 1, 12 noch zweifelloser als dieselbe RA mit *γάρ* 1 Kr 10, 1; Rm 11, 25; 2 Kr 1, 8; Kl 2, 1 eine vorher noch nicht besprochene Sache oder eine neue Seite des vorher besprochenen Gegenstands einführt, und da die Worte *ὅτι πολλάκις — δεῦρο* nichts bringen, was nicht schon 1, 10 f. gesagt wäre, so folgt, daß der neue Gesichtspunkt, unter welchen Pl hier seine Romfahrt stellt, in der neuen Zweckangabe liegen muß: *ἵνα τινὰ καρπὸν σχῶ καὶ ἐν ὑμῖν*. Damit kann dann aber nicht wieder die schon v. 11 f. beschriebene Wirkung auf die römischen Christen, sondern nur eine erfolgreiche Missionswirksamkeit unter der

Bevölkerung Roms gemeint sein. Dazu allein paßt auch der Ausdruck (nicht zu verwechseln mit καρπὸν ποιεῖν, φέρειν, καρποφορεῖν), welcher den Ertrag einer Arbeit bezeichnet (cf Rm 6, 21; Phl 1, 22; Mt 21, 34; Jo 4, 36), und zwar, da hier ein Apostel d. h. ein Missionar redet, den Ertrag der als Feld- oder Gartenarbeit vorgestellten Predigttätigkeit (1 Kr 3, 6—9). Was Pl mit den römischen Christen austauschen will (v. 11 f.), bereitet ihm keine Arbeit, sondern eine Erquickung (15, 24). Die Sache bleibt wesentlich die gleiche, wenn man mit D*G d g Ambrosiaster οὐκ οἴομαι (statt θέλω) δέ liest, was natürlicher klingt und leicht mit der bei Pl so häufigen RA vertauscht wurde. Das ἐν ὑμῖν 1, 13 ist völlig gleichbedeutend mit ἐν Ῥώμῃ, wie ἐξ ὑμῶν Kl 4, 9 „aus Kolossä" (Onesimus war kein Glied der dortigen Gemeinde, wohl aber in Kolossä wohnhaft gewesen), πρὸς ὑμᾶς Rm 1, 10; 15, 22. 23. 32 „nach Rom", δι' ὑμῶν Rm 15, 28; 2 Kr 1, 15 nicht etwa mitten durch die Sitzbänke der Gemeinde von Rom oder Korinth hindurch, sondern „durch (über, *via*) Rom oder Korinth". Daß die Leser hier nicht als Glieder der römischen Gemeinde, sondern als Repräsentanten der in ihrer überwiegenden Mehrheit noch unbekehrten Bevölkerung Roms angeredet sind, ergibt sich 1) daraus, daß 1, 15, wo doch ohne Frage von der gleichen Tätigkeit, wie 1, 13 die Rede ist, das ὑμῖν ausdrücklich durch die Apposition τοῖς ἐν Ῥώμῃ gegen jedes Misverständnis sicher gestellt ist. Daß die Leser sich in Rom befinden, wäre nach allem, was seit 1, 7 gesagt war, eine sehr überflüssige Bemerkung. Dagegen war die Bemerkung sehr am Platz: „wenn ich ὑμεῖς und ὑμῖν sage, so meine ich die Leute in Rom". Die Sache ist nicht minder klar, wenn man auch 1, 15 ἐν ὑμῖν liest (so D* und mehrere Lateiner, auch G mit seinem kaum erträglichen ἐπ' ὑμῖν, wofür g *in vobis*). 2) Dasselbe ergibt sich aus dem Begriff εὐαγγελίζεσθαι. „Berufenen Heiligen" (1, 6. 7) kann man nicht mehr das Ev predigen. Gegen misbräuchliche Verwertung von Gl 4, 13 s. oben S. 122 A 2. 3). Nochmals dasselbe folgt daraus, daß 1, 13 den Gegensatz zu ἐν ὑμῖν nicht bildet ἐν ταῖς λοιπαῖς ἐκκλησίαις (cf 1 Kr 4, 17; 7, 17; 14, 33), sondern ἐν τοῖς λοιποῖς ἔθνεσιν. Die Leser sind also angeredet als τὸ ἔθνος τῶν Ῥωμαίων. Dies ist aber nicht die römische Nation, wenn man überhaupt von einer solchen reden könnte; auch nicht der ***populus Romanus*** (δῆμος Ῥωμαίων Just. apol. I inscr.), die Gesamtheit der *cives Romani*, sondern die aus Bürgern und Nichtbürgern, aus Fremden und Einheimischen, Sklaven und Freien und aus den verschiedensten Nationalitäten, Römern, Griechen, Ägyptern, Kelten, Syrern und Juden zusammengesetzte jeweilige Bevölkerung Roms, dieser ἐπιτομὴ τῆς οἰκουμένης, wie der Rhetor Polemo (bei Galenus ed. Kühn XVIII, 1, 347) Rom genannt hat. Der Sinn von 1, 13 würde nicht wesentlich geändert, wenn Pl geschrieben hätte καὶ ἐν Ῥώμῃ, καθὼς καὶ ἐν ταῖς λοιπαῖς πόλεσιν. Cf Galenus, Anat. admin. I, 1 ed. Kühn XIX, 218 ἐν Ἀλεξανδρείᾳ δὲ καί τισιν ἄλλοις ἔθνεσιν γενόμενος, cf AG 26, 4 (oben S. 48 A 15); auch AG 2, 5 (nicht ἐκ, sondern ἀπὸ παντὸς ἔθνους oben S. 43), ferner bei Dio Cass. 36, 41 (al. 24) den Gegensatz von οἴκοι (in Rom) und ἐν τοῖς ἔθνεσιν (in den Provinzen, unter den unterworfenen Bevölkerungen); 54, 30 ἡ Ἀσία τὸ ἔθνος = die Provinz Asien mit ihrer gesamten buntgemischten Bevölkerung. Ramsay Stud. Oxon. IV, 30 vergleicht für diesen Gebrauch von ἔθνος C. I. Gr. 2802; Le Bas-Waddington nr. 1219; Inscr. Brit. Mus. 487. Die Sache bleibt die gleiche, wenn man, was sich sehr empfiehlt (cf Klostermann, Korrekturen 4 f.), mit καθώς einen den v. 14 mitumfassenden Satz beginnen läßt. Des Pl Absicht, auch in Rom durch Missionspredigt einigen Erfolg zu erzielen, entspricht dem Umstand, daß er sich auch unter den übrigen Bevölkerungen oder in allen andern Teilen der Welt sowohl Hellenen als Barbaren, Gebildeten wie Ungebildeten als Schuldner verpflichtet fühlt. Obwohl sich dies zunächst auf die Gebiete bezieht, in welchen Pl bisher gewirkt hat, und in welchen er bald mit lykaonisch redenden Barbaren (AG 14, 11), bald mit philosophisch gebildeten Athenern, bald mit Juden, bald mit Hellenen zu tun gehabt hatte, ist doch vermöge der Vergleichung Roms mit diesen Gebieten indirekt auf die ganz besonders buntgemischte Bevölkerung der Reichshauptstadt hingewiesen. Pl faßt aber nicht den Unterschied der dort vertretenen Nationalitäten, sondern den Unterschied der Bildungsstufen ins Auge, auf welchen die Individuen stehen, denen das Ev nahe gebracht werden soll.

3. Die Weglassung des *πρῶτον* 1, 16 in BG und bei Marcion (Tert. c. Marc. V, 13; GK II, 515) beweist nur, daß man es früh unbequem fand. In 2, 9. 10 steht es textkritisch fest; es wäre aber nicht zu begreifen, was dazu hätte bewegen können, es von dorther in 1, 16 einzutragen. Das gewöhnliche Verständnis jedoch, wonach hier Juden und Griechen (= Heiden) als die beiden Hälften der in *παντὶ τῷ πιστεύοντι* zusammengefaßten Menschheit oder Christenheit genannt und zugleich trotz der Behauptung der wesentlichen Gleichheit von Jude und Heide doch in demselben Atemzug dem Juden ein Vorrang vor dem Heiden zugeschrieben sein sollte, ist, wie Klostermann (Korrekturen 14—24) zuerst nachgewiesen hat, unhaltbar. Das richtige Verständnis hat schon die alte Kapitulation (Cod. Amiat. ed. Tischendorf 240 c. III), welche den Inhalt von Rm 1, 13—17 in die Worte faßt *de gentibus graecis ac barbaris et primatu Judaeorum atque Graecorum*. Die Gründe sind folgende: 1) Pl gebraucht *Ἕλλην, ἑλληνικός κτλ.* nicht wie andere griechisch schreibende Juden seit der Seleucidenzeit im Sinne von „Heide, heidnisch" (oben S. 40 A 2). Nur auf die Griechen, keineswegs auf alle Nichtjuden paßt 1 Kr 1, 22. Neben ihnen werden Kl 3, 11 Skythen und Barbaren genannt. Während andere Stellen (Rm 3, 9; 10, 12; 1 Kr 10, 32; 12, 13; Gl 2, 3; 3, 28) nicht unzweideutig erkennen lassen, ob das Wort eigentliche, nationale oder uneigentliche, religionsgeschichtliche Bedeutung haben soll, ist letztere hier schon dadurch ausgeschlossen, daß eben erst 1, 14 *Ἕλλην* nicht den Heiden im Gegensatz zum Juden, sondern den Griechen und den griechisch Gebildeten mit Einschluß der hellenisirten Juden, der Hellenisten (oben S. 42. 51 A 21) im Gegensatz zum Barbaren d. h. dem griechischer Bildung Ermangelnden bezeichnet. — 2) Es müßte erst ein Sprachgebrauch dafür nachgewiesen werden, daß ein zwischen *τὲ — καί* eingeschobenes *πρῶτον* oder ähnliches Wort die durch jene Partikelverbindung ausgedrückte Gleichstellung wieder aufhebe. Auch wenn *πρῶτόν τε καί* dastünde, würde der angenommene Sinn nicht herauskommen. AG 26, 20 wird die Predigt in Damaskus und Jerusalem, welche außerdem auch auf die ganze judäische Landschaft eine Wirkung ausübte (cf AG 9, 27f.; Gl 1, 22f.; Rm 15, 19) als ein mehrteiliges Ganze zusammengefaßt und als des Apostels erste Predigt von der späteren Predigt an die Heiden unterschieden, welche durch einen Zwischenraum mehrerer Jahre von jener Anfangspredigt getrennt war. Vergleichbar trotz des Unterschieds von *πρῶτον* und *πρότερον* und beweisend gegen die herkömmliche Deutung von Rm 1, 16 ist auch, was Eusebius Ecl. proph. III, 26 ed. Gaisford p. 162 von dem sagt, was der Teufel durch seine Werkzeuge, die römischen Legionen, an Jerusalem getan habe: *πᾶσαν φθορὰν ἐνηργήσατο αὐτῷ τε πρότερον τῷ λαῷ καὶ τοῖς τὴν πόλιν ἐνοικοῦσι πολίταις, ἔπειτα δὲ καὶ τῷ ναῷ καὶ τῇ πάλαι συντελουμένῃ ἐν αὐτῷ λατρείᾳ.* — 3) Der Gedanke, daß das Ev für den glaubenden Juden in einem höheren Grade oder in einem früheren Zeitpunkt als für den glaubenden Griechen eine rettende Gotteskraft sei, finden wir in Rm 1—9 jedenfalls nicht ausgeführt, sondern überall bis zu 10, 12 hin nur nachgewiesen, daß der Unterschied von Jude und Heide vor Gott als dem Richter und in bezug auf den Weg zum Heil völlig gleichgiltig sei. Die Erinnerung an das Privilegium Israels 3, 1 ändert daran nichts. Daß Israel als Volk ein näheres Anrecht an das christliche Heil und das Ev gehabt habe, aber dem entsprechend auch behandelt worden sei, wird erst 10, 19, wenn man dort mit Bentley, Critica sacra ed. Ellies 30 und Hofmann z. St. *πρῶτος* zur vorigen Frage zieht, und dann wieder 15, 8f. leise berührt, also an Stellen, wo das Thema von 1, 16f. dem Bewußtsein des Lesers völlig entschwunden sein mußte. Dagegen war es ein angemessener und in Anbetracht der bekannten Wirklichkeit

keiner weiteren Ausführung bedürftiger Gedanke, daß das Ev, was es ist und sein soll, allerdings für die gesamte Menschheit, in erster Linie aber oder zunächst doch für das Volk der Offenbarung und für die griechisch gebildete Welt sei. Die apostolische Mission hatte sich bisher nicht zu den Wilden jenseits der Grenzen der Kulturwelt begeben, sondern sich an Juden und Hellenen oder doch an hellenisirte Bevölkerungen gewandt, selbstverständlich ohne darum einzelnen Barbaren gegenüber, welche ihr inmitten der griechisch-römischen Kulturwelt in den Weg kamen, ihre Aufgabe zu versäumen (Rm 1, 14) oder das letzte Ziel der Mission (Mt 28, 19; AG 1, 8; Rm 11, 11—15; 25—32; 2 Tm 4, 17) aus den Augen zu verlieren. So geht auch Pl nicht zu den Parthern oder den Äthiopen, sondern nachdem er von Jerusalem bis nach Illyrien gepredigt hat (Rm 15, 19), „muß er auch Rom sehen" (AG 19, 21). Juden und Griechen sind die auf das Ev am meisten vorbereiteten Teile der Menschheit und eben deshalb auch in erster Linie für ihre religiöse und sittliche Haltung verantwortlich. Daher das πρῶτον 2, 9f. wie 1, 16. Es schließt ein δεύτερον und τρίτον nicht aus, sondern fordert es, so daß ein Widerspruch gegen die volle Universalität der göttlichen Weltregierung und Offenbarung nicht entsteht.

4. Während die Meinungsverschiedenheiten über 4, 1f. (cf oben S. 95 A 2) und 4, 16—22 hier unerörtert bleiben müssen, ist doch zu bemerken, daß in 4, 11. 12 eine doppelte Vaterschaft Abrahams unterschieden wird, welche in dem πατὴρ πάντων ἡμῶν 4, 16 zusammengefaßt wird. Er ist Vater der unbeschnittenen Gläubigen (v. 11) und ist Vater in einem durch die Beschneidung näherbestimmten Sinn für diejenigen Juden, welche nicht nur beschnitten, sondern auch in der Nachfolge Abrahams gläubig sind (v. 12). Die stilistische und zugleich logische Inkonzinnität, welche in dem Artikel vor στοιχοῦσιν liegt, ist vielleicht durch die Konjektur von Hort (append. 108) καὶ αὐτοῖς statt des allein überlieferten καὶ τοῖς zu beseitigen. Vielleicht ist auch τοις vor στοι durch eine Art von Dittographie entstanden.

5. Daß 5, 1 ἔχωμεν, nicht ἔχομεν, als echt gelten und folgerichtig auch καυχώμεθα 5, 2. 3 als Konjunktiv gefaßt werden muß, gibt zwar dem Abschnitt 5, 1—11 in seinem Eingang kohortative Form. Dies hindert aber nicht, das logische Verhältnis zum Vorigen so wie oben geschehen, anzugeben, zumal auch der Ausdruck von v. 9 an in die assertorische Form übergeht. Für das Verständnis von 5, 12—21 ist wesentlich die Beachtung des 5 mal wiederkehrenden Stichworts βασιλεύειν (5, 14. 17. 21 cf auch 6, 12 und κυριεύειν 6, 14).

6. Das Charakteristische der königlichen Herrschaft ist 1) die Alleinherrschaft und 2) ihr vom Wollen und Handeln der in ihrem Bereich Geborenen unabhängiger Bestand. Letzteres kommt besonders für die von Adam, ersteres für die von Christus ausgehende Linie in Betracht.

7. Wenn ἁμαρτίας und ὑπακοῆς 6, 16, statt dessen es sonst τῇ ἁμαρτίᾳ und τῇ ὑπακοῇ heißen müßte, unmöglich die beiden Herren bezeichnen kann, zwischen deren Dienst zu wählen wäre, sondern beides attributiv zu fassen ist, so ist vorausgesetzt, daß die Leser von Haus aus Knechte, nämlich Gottes waren. Aber auch 6, 17 ist τῆς ἁμαρτίας attributiv gemeint, was der Artikel nicht verbietet (cf Lc 16, 8; 18, 6; 2 Kr 1, 8); denn den Gegensatz zu dem, was sie waren, bildet nicht die Wahl eines neuen Herrn, sondern daß sie bei ihrer Bekehrung zum Ev von Herzen gehorsam geworden sind. Die Attraktion εἰς ὃν παρεδόθητε τύπον ist zunächst aufzulösen in εἰς τὸν τύπον διδαχῆς, ὃν παρεδόθητε und letzteres wieder in ὃς παρεδόθη ὑμῖν (cf Ewald und Hofmann z. St. und etwa Philo de Josepho 17 ἐν οἷς ἐπετράπησαν κατηγορηθέντες). Es liegt auf der Hand, daß so nur zu Judenchristen geredet werden konnte, welche schon vor ihrer Bekehrung sich als Knechte Gottes fühlten (cf 8, 15), damals aber ihrem Herrn nur einen äußerlichen oder scheinbaren Gehorsam leisteten. In der Tat waren sie

damals Leute, welche der Sünde als Sklaven dienten, und sind erst durch ihre Bekehrung Sklaven der Gerechtigkeit geworden. Der Übergang von dem in v. 16. 17 obwaltenden Gegensatz gehorsamer und ungehorsamer Gottesknechte zu diesem andern Gegensatz in v. 18—23 ist ganz in der Art des Pl cf auch Jo 8, 33—44. Ebenso auch die in v. 23 eintretende Vertauschung des Bildes vom Sklavendienst mit dem vom Kriegsdienst (cf 6, 13); wie ὀψώνια = *stipendia* den regelmäßigen Sold bezeichnet (cf 1 Kr 9, 7; Lc 3, 14), so χάρισμα das außerordentliche *donativum* cf Tertullians Übersetzung de resurr. 47. Daß Pl in 7, 1—6 die Leser als solche anredet, welche ebenso wie er selbst vor ihrer Bekehrung und Wiedergeburt unter dem Gesetz gelebt haben, liegt auf der Hand. Da nun ein vernünftig Denkender von geborenen Heiden dies schlechterdings nicht sagen, und ein im Judentum aufgewachsener Christ in dieser Beziehung geborene Heidenchristen nicht mit sich zusammenfassen konnte, wie es Pl von dem καρποφορήσωμεν 7, 4 an tut, so ist damit allein schon die Frage nach der Nationalität der römischen Christen entschieden. Denn daß Pl hier nicht an einen Teil der Leser sich wendet, ist nicht minder klar. Zufällig ist es gewiß nicht, daß Pl 7, 1 zum ersten Mal seit 1, 13 und sofort wieder in 7, 4 die Leser als seine Brüder anredet. Er erinnert sich daran, daß diese christlichen Brüder in Rom ihrer überwiegenden Mehrheit nach auch rücksichtlich ihrer Herkunft und ihrer früheren Stellung zum Gesetz ihm gleichstehen. Daraus ergibt sich aber kein Recht, die Anrede ἀδελφοί anders zu verstehen, wie 1, 13; 8, 12; 12, 1, nämlich nur von einem Teil der bisher ohne Unterschied angeredeten römischen Christen. Wollte Pl das hier Beginnende an die jüdisch geborenen Glieder der Gemeinde im Unterschied von den geborenen Heiden richten, so mußte er schreiben ὑμῖν δὲ λέγω, τοῖς ἀδελφοῖς μου κατὰ σάρκα (cf 11, 13; 9, 3) oder τοῖς ἐκ περιτομῆς, oder er konnte, wenn ihm erst nach dem doppelsinnigen ἀδελφοί das Bedürfnis einer Aussonderung des allein hier in Betracht kommenden Teils der Gemeinde fühlbar wurde, nachhelfen, indem er hinter ἀδελφοί fortfuhr, ὑμῖν γὰρ λέγω, τοῖς τὸν νόμον γινώσκουσιν. Wie die Worte wirklich lauten, hat Pl nicht die Gesetzeskenner unter den Lesern von den übrigen unterschieden, sondern sich und die Leser insgesamt aus Anlaß seiner Berufung auf ihr erfahrungsmäßiges Wissen um die Geltungsdauer des Gesetzes nur daran erinnert, daß er in diesem Brief zu Gesetzeskennern rede. Wie Hofmann III, 261 trotz seines grammatisch richtigen Verständnisses der Worte ἀδελφοὶ — λαλῶ daran festhalten mochte, tatsächlich wende sich Pl hier nur an den jüdisch geborenen Teil der Leser und λαλῶ beziehe sich nur auf die Aussage 7, 1—6, ist unverständlich. Ein im Vergleich zu der logischen Unmöglichkeit dieser Deutung geringfügiger, aber doch allein schon ausreichender Gegengrund ist, daß Pl λέγω (ich sage) statt λαλῶ (rede, spreche) hätte schreiben müssen, wenn er die einzelne Aussage bezeichnen wollte (Rm 3, 5; 6, 19; 9, 1; 11, 13; 12, 3; 1 Kr 6, 5; 7, 6. 8; 10, 15; 2 Kr 6, 13; 7, 3; 8, 8; 11, 21; auch wo λέγω neben λαλῶ steht, Rm 3, 19; 1 Kr 9, 8, ist der Unterschied nicht verwischt).

8. Ob 11, 13 ὑμῖν δέ (א ABP) oder ὑμῖν γάρ (DGL) zu lesen sei, ist schwer zu entscheiden und für die Erhebung des geschichtlichen Inhalts der Stelle unwichtig; denn offenbar erinnert sich Pl hier nicht an eine für das jetzt zu Sagende in Betracht kommende Eigenschaft seiner Leser (als ob es hieße ἔθνεσι γὰρ λαλῶ cf 7, 1 A 7). Mag man die Apposition τοῖς ἔθνεσιν übersetzen: „die ihr im Unterschied von anderen Leuten Heiden seid“, oder „die ihr in eurem Kreise die Heiden seid“, was sich grammatisch nicht entscheiden läßt (cf die gleiche Doppeldeutigkeit Lc 18, 13), jedenfalls zeigt die betonte Voranstellung von ὑμῖν, daß Pl hier eine besondere Klasse der Leser aus der bisher angeredeten Masse heraushebt, cf Ap 2, 24; Lc 11, 42—53.

9. Liest man 14, 5 ὃς μὲν γάρ (א*ACP), so wird noch deutlicher als ohne γάρ (BDG), daß der Gegensatz der Beobachtung und Nichtbeobachtung gewisser Tage nur ein belehrendes Beispiel sein soll, und zwar, da nach dem echten kürzeren Text 14, 6

nur der Tagebeobachter, nicht aber der Nichtbeobachter erwähnt und mit dem Fleischesser zusammengestellt wird, ein Beispiel, welches den Asketen belehren soll, daß das von ihm beanstandete Fleischessen mindestens den gleichen Anspruch auf Duldung habe, als die Beobachtung gewisser Tage. Letztere muß also den Asketen als selbstverständlich berechtigt gegolten haben und von ihnen geübt worden sein (cf Skizzen 177. 353 A 13), woraus aber nicht mit E. Riggenbach (Th. Stud. u. Krit. 1893 S. 652f.) zu folgern ist, daß dies ein Gegensatz der Kontroverse zwischen Schwachen und Starken in Rom war. Da das mosaische Gesetz den Israeliten weder Fleisch noch Weingenuß verbot, so ist nicht daran zu denken, daß jene Asketen ihr eigenes Verhalten und ihre Zumutungen an die übrigen Christen durch die Lehre von der Verbindlichkeit des Gesetzes, insbesondere der mosaischen Speiseverbote für die Christenheit begründeten. Einen Zusammenhang mit dem Essenismus anzunehmen, ist um so weniger geraten, als die zuerst von Hieronymus adv. Jovin. II, 14 aufgebrachte Meinung, daß die Essener Fleisch und Wein mieden, auf schwachen Füßen steht (cf Lucius, Der Essenismus S. 56; Schürer II, 569). Die Angabe Philo's (Quod omnis prob. lib. 12, Mangey II, 457), daß die Essener nicht Tiere opfern, sondern ihre Gesinnung heiligen, würde an sich nichts über Enthaltung vom Fleischgenuß sagen. Sie muß aber auch näher bestimmt werden durch die genaueren Angaben des Josephus ant. XVIII, 1, 5. Trotz der teilweise nicht ganz sicheren Textüberlieferung (Niese, Ed. major zu vol. III, 143, 10) ist dort deutlich gesagt, daß sie zum Ersatz für den Opferkultus im Tempel zu Jerusalem, von welchem sie ausgeschlossen sind, in ihrem eigenen Kreise die nötigen Opferhandlungen vollziehen (ἐφ' αὐτῶν τὰς θυσίας ἐπιτελοῦσιν). Weiterhin erfahren wir, daß bei ihnen die Bereitung des Brotes und der übrigen Speisen als priesterliche Handlungen gelten (ἱερεῖς δὲ [χειροτονοῦσιν] ἐπὶ ποιήσει σίτου καὶ τῶν βρωμάτων), das Speisehaus als Tempel und die gemeinsamen Mahlzeiten als Opfermahle (bell. II, 8, 5). Daß die Speisen, welche der neben dem Bäcker genannte Koch (μάγειρος) den Ordensgenossen vorsetzt (bell. II, 8, 5), nur aus Vegetabilien bestanden, hätte um so mehr gesagt sein müssen, als die Bezeichnung der Speisebereitung durch θυσίας ἐπιτελεῖν zunächst an das Schlachten von Tieren denken läßt. Dazu kommt, daß sie nach Philo (bei Eus. praep. VIII, 11, 4 βοσκήματα, § 8 παντοδαπὰ θρέμματα) neben dem Ackerbau bedeutende Viehzucht trieben. Auch Weingenuß ist vorausgesetzt, wenn ihnen nachgerühmt wird, daß sie bei ihren Mahlzeiten stets die Nüchternheit bewahren, weil bei ihnen Speise und Trank nur bis zur Befriedigung von Hunger und Durst zugemessen wird (Jos. bell. II, 8, 5). Der Abscheu gegen jede nicht von Essenern bereitete Speise (bell. II, 8, 8 u. 10) bezieht sich offenbar nicht auf bestimmte, ihnen verbotene Arten von Nahrungsmitteln, sondern auf die Art der Zubereitung (Schlachtung), welche bei ihnen gottesdienstlichen Charakter hatte. Es ist zu vergleichen der Abscheu der Juden vor „hellenischem Öl" (Jos. vita 13), welcher sich mit reichlichem Gebrauch „kauschern" Öls vertrug. Handelte es sich Rm 14 nur um Enthaltung vom Fleischgenuß, so könnte man an die damals in Rom bestehende Schule der Sextier denken, unter deren Einfluß Seneca in jungen Jahren Vegetarianer geworden war (epist. 108, 17—22). Ist aber durch 14, 17. 21 Enthaltung auch vom Weingenuß seitens jener Asketen bezeugt (cf Kl 2, 16 ἐν πόσει) und 14, 5f. eine religiös motivirte Feier gewisser Tage seitens derselben Asketen und vielleicht noch anderer Christen in Rom vorausgesetzt, so weist dies auf jüdische Herkunft der fraglichen Richtung. Aus verschiedenen Anlässen war die Enthaltung von Fleisch und Wein d. h. von jeder kräftigeren und festlicheren Lebensweise bei Juden üblich. Sie dient wie anderwärts völliges Fasten als Vorbereitung für den Empfang von Offenbarungen (IV Esra 9, 24—26; 12, 51), aber auch als Ausdruck der Trauer über ein für die Frommen schmerzliches Unglück. Nach Baba bathra 60b wollten die Pharisäer nach der Zerstörung des Tempels (a. 70) Wein und Fleisch nicht mehr genießen, und es bedurfte der Anstrengung, eine Verallgemeinerung dieses Brauchs abzuwehren (cf Delitzsch, Brief an d. Römer in d. Hebr. übersetzt u. aus Talmud u. Midrasch erläutert, 1870, S. 97). Die Judenchristen in Rom wie Jakobus in Jerusalem (Eus. h. e. II, 23, 5) mochten entweder im Schmerz um den Unglauben ihres Volks und das herannahende Gericht über Israel und Jerusalem (cf 1 Th 2, 16; Rm 9, 3) oder im Blick auf die nahe Parusie (cf Rm 13, 11—14; 1 Th 5, 4—8; Mt 24, 37. 49; 9, 15; 11, 18f.) solche Enthaltung üben und allen Christen empfehlen.

10. Da διό 15, 22 nicht heißt „dadurch", sondern „darum", so können vorher die gemeinten Hindernisse nicht bereits förmlich genannt sein. Aber auch den tieferen Grund der bisherigen Behinderungen des Pl kann man in 15, 20f. nicht finden; denn dadurch, daß Pl seine Ehre darin sucht, immer nur da zu predigen, wo Christus noch nicht gepredigt worden ist, wurde die Zahl der Stationen, an denen er verweilen mußte, vermindert und ein rascheres Fortschreiten von Ost nach West nicht behindert, sondern gerade erleichtert. Also greift διό über die nähere Bestimmung der Art seines Missionsbetriebs (v. 20. 21) zurück auf die Hauptaussage über die Wichtigkeit und zumal den großartigen Umfang desselben (v. 15b—19). — Ist die Unechtheit der jüngeren antioch. LA ἐλεύσομαι πρὸς ὑμᾶς 15, 23 und die Echtheit von γάρ v. 24 nicht wohl zu bezweifeln, so ist auch ὡς ἂν — Σπανίαν von dem voranstehenden Partizipialsatz abhängig, und der mit νυνὶ δέ v. 23 begonnene, aber durch das ἐλπίζω γὰρ — ἐμπλησθῶ um seinen regelmäßigen Schluß gebrachte Satz wird durch νυνὶ δέ wiederaufgenommen. Ist dies zu Anfang des J. 58 geschrieben, so erfahren wir durch ἀπὸ πολλῶν ἐτῶν 15, 23, was durch ἱκανῶν (BC) vielleicht ein wenig abgeschwächt werden sollte, daß Pl noch früher, als man sonst nach 2 Kr 10, 16; AG 19, 21 anzunehmen veranlaßt wäre, sich mit dem Gedanken an Rm beschäftigt hat, nämlich etwa schon zur Zeit seines ersten Aufenthalts in Korinth (Ende 52 bis Pfingsten 54). Ein Haupthindernis der Ausführung war die Arbeit in Ephesus, welche im ganzen drei Jahre in Anspruch nahm. Nachdem Pl vor dem Übergang nach Europa (AG 16, 6) und vielleicht schon einmal auf der ersten Missionsreise (oben S. 129) vergeblich versucht hatte, die Westküste der Provinz Asien zu erreichen, mochte er den Orient nicht verlassen und konnte er nicht damals schon von Korinth aus nach Italien und Spanien gehen, ohne zuvor die Predigt in der Provinz Asien nachgeholt zu haben. Daß aber Pl 15, 23 schreiben mochte, ohne in Alexandrien gewesen zu sein, müßte seine Erklärung in Tatsachen finden, über die wir nur Vermutungen anstellen können cf Skizzen 343 A 32.

§ 22. Die Integrität des Römerbriefs.

Die Überlieferung des Textes bietet Tatsachen dar, welche Bedenken gegen die ursprüngliche Zugehörigkeit einiger Bestandteile des rezipirten Textes zu erregen geeignet sind oder geeignet schienen (A 1). Es sind folgende: 1) Marcion hat nach dem richtig verstandenen Zeugnis des Origenes nicht nur die sogen. Doxologie 16, 25—27 völlig beseitigt, sondern auch Alles, was der kirchliche Text hinter 14, 23 bietet, zerfetzt (A 2). Auch wenn die Auslegung dieses Zeugnisses im Recht wäre, wonach Marcion 15, 1—16, 24 ebenso wie 16, 25—27 völlig beseitigt haben sollte, würde daraus nicht folgen, daß seiner Recension ein kirchliches Exemplar zu Grunde gelegen habe, welches mit 14, 23 schloß; denn es steht fest, daß Marcion ganze Kapitel aus dem von ihm vorgefundenen Text der Briefe ganz oder großenteils beseitigt hat, teils weil sie ihm für den Zweck der Gemeindeerbauung ungeeignet erschienen, teils weil sie seinen Ansichten widersprachen. Ist dagegen meine Auslegung richtig, so ist bewiesen, daß Marcion einen Rm vorfand, welcher hinter 14, 23 noch Stücke enthielt, welche mit unserem Text von c. 15—16 mindestens ähnlich waren und ihm Anlaß zu beträchtlichen Ausmerzungen boten. 2) Im Abendland wie im Morgenland und zwar hier schon zur Zeit des Origenes hat es Texte gegeben, welche zwar unter sich variiren, darin aber übereinstimmen, daß Rm 1, 7 ἐν Ῥώμῃ fehlte, nur vereinzelt hat auch Rm 1, 15 τοῖς ἐν Ῥώμῃ gefehlt (A 3). 3) Gewisse unsichere Spuren von der Verbreitung eines lat. Textes, welcher von c. 15. 16 nur die Doxologie enthalten haben soll, hat man mit den unter Nr. 1. 2 bemerkten Tatsachen in Verbindung setzen wollen (A 4). 4) Schon zur Zeit des Origenes bestand unter den kirchlichen Exemplaren der Unterschied, daß die einen die Sätze 16, 25—27 zwischen 14, 23 und 15, 1, die andern am Schluß des Briefs darboten (A 2). Aus dem Verfahren des Origenes, welcher die Doxologie als Schluß des Briefs auslegt, darf man folgern, daß diese Stellung am Schluß in seinem Kreise bevorzugt war; wenn er aber diese Stellung mit den Worten bezeichnet *ut nunc est positum*, so scheint er der Meinung zu sein, daß die Stellung hinter 14, 23 die ältere Tradition für sich habe. Da er jedoch der Sache kein Gewicht beilegte, gab er dieser seiner Meinung keine Folge und enthielt sich jeder kritischen Erwägung. Jedenfalls beweist das Zeugnis des Origenes, daß die Verschiedenheit der Stellung der Doxologie nicht erst durch die nach der Zeit des Origenes entstandenen systematischen Textesrecensionen (Lucian, Hesychius) hervorgerufen ist, sondern in die Zeit der wildwachsenden Textüberlieferung und mindestens bis vor 230 zurückreicht. Dadurch wird unser Urteil über den ursprünglichen Sachverhalt unabhängig von der Altersbestimmung und der sehr verschiedenen Beurteilung des Werts der heute noch vorhandenen Texturkunden, welche der Doxologie die eine oder die andere Stellung geben; denn diese sind sämtlich jünger als Origenes. Die Frage nach der ursprünglichen Stellung der Doxologie ist wesentlich unabhängig von der Frage, ob dieselbe von Pl herrührt, oder ob sie eine spätere Zutat ist; denn wer immer sie zuerst schrieb, kann nicht zweifelhaft gelassen haben, wohin er sie gestellt wissen wollte. Nur sofern zugleich die Echtheit von c. 15. 16 fraglich ist, kommt für den Fall einer Interpolation der Doxologie zu den beiden Möglichkeiten, daß die Doxologie entweder zwischen 14, 23 und 15, 1 oder hinter 16, 23 (24) ihre ursprüngliche Stelle hat, noch die dritte hinzu, daß sie von ihrem Verfasser zwar hinter 14, 23 gestellt worden ist, damit aber auch das Ende des Briefes erreicht war. Die äußere Bezeugung ist folgende: I. Zwischen 14, 23 und 15, 1 haben die Doxologie 1) *Nonnulli codices*, welche Origenes kannte und als Zeugen der ursprünglichen oder doch der in älterer Zeit vorherrschenden Überlieferung ansah. 2) Die antiochenische Textrecension, vertreten durch L und die Masse der griech. Minuskeln, durch die liturgische Tradition der griech. Kirche, durch die Ausleger der antioch. Schule, Chrysostomus, Theodoret und deren jüngere Nachfolger, durch die jüngere syrische (S^3) und die gothische Übersetzung (A 5). 3) Daß diese Stellung der Doxologie auch im Abendland einst sehr verbreitet war, bezeugt a) ein altes lat. Kapitelverzeichnis, welches den Rm in 51 Kapitel zerlegt und an das mit 14, 15 beginnende c. 50 unmittelbar ein letztes c. 51 anschließt, welches mit 16, 25—27 begann oder nur diese Sätze enthielt (A 4), b) der Schreiber des griech.-lat. G, welcher zwar die Doxologie selbst überhaupt nicht aufgenommen, aber hinter 14, 23 einen für dieselbe ausreichenden Raum unbeschrieben gelassen hat (A 6). Dazu kommen noch andere Spuren davon, daß die Stellung der Doxologie am Schluß des Briefes auch im Abendland mindestens nicht die allein herrschende war (A 5). 4) Für die Stellung hinter 14, 23 zeugen zur Hälfte auch diejenigen Hss, welche die Doxologie doppelt, sowohl hinter 14, 23 als hinter 16, 23 (24) darbieten (A 7). II. Hinter 16, 23 oder 16, 24 haben die Doxologie 1) *Alii Codices* des Origenes und zwar diejenigen, welche die in seiner Umgebung vorherrschende Tradition repräsentirten; 2) die sogen. besten Hss א B C D (über diesen s. A 6) nebst 3 oder 4 Minuskeln; 3) von den Versionen Kopt., Vulg. und Pesch. (A 8); 4) von den Auslegern Origenes, Ambrosiaster, Pelagius (A 4), Augustin (A 4), Sedulius, vielleicht auch Joh. Damascenus (A 5). Dazu kommt 5) das zweideutige Zeugnis der Hss., welche die Doxologie doppelt geben (vorher unter I, 4). III. Die Doxologie fehlte unseres Wissens während des ganzen kirchlichen Altertums nur in Marcions NT, worauf sich auch eine unklare Angabe des Hieronymus bezieht (A 9). Die tatsächliche Weglassung in G (s. vorher unter I, 3 b) und andere Tatsachen, die man dahin hat deuten wollen, können nicht als Zeugnisse für einen altkirchlichen Text ohne Doxologie gelten. Der bisher nur in einer einzigen Vulgata-Hs. des 9. oder 10. Jahrhunderts mit sehr gemischtem Text nachgewiesene völlige Ausfall der Doxologie erklärt sich als eine vereinzelte, aber sehr natürliche Folge der Mischung lateinischer Texte, welche in bezug auf die Stellung der Doxologie von einander abwichen (A 6). Diese Übersicht zeigt nur, daß der schon vor Origenes bestehende Zwiespalt der Überlieferung in den Gebieten von Antiochien und Konstantinopel zu Gunsten der Stellung der Doxologie hinter c. 14, in den übrigen Kirchen zu Gunsten der Stellung hinter c. 16 entschieden worden ist. Für uns können nur innere Gründe die Entscheidung geben. Diese aber sprechen dafür, daß die Doxologie ihre ursprüngliche Stelle hinter 14, 23 hat. Denn 1) während Pl nicht selten seine Rede durch doxologische Sätze mit abschließendem *ἀμήν* unterbricht, hat er keinen seiner Briefe mit einem solchen, sondern alle mit einem Abschiedsgruß (*ἡ χάρις τοῦ κυρίου κτλ.*) geschlossen (A 10). 2) Ist es schon an sich schwer denkbar, daß Pl nach einer langen Reihe von Personalien (15, 14—16, 23), welche in ihrem Verlauf immer weniger einen Zusammenhang mit den Grundgedanken des Briefs erkennen lassen, diese gewichtigen Sätze geschrieben haben sollte, welche mit jenen Grundgedanken aufs innigste zusammenhängen, so ist erst recht unbegreiflich, daß er bei dieser Wiederaufnahme eines längst abgerissenen

Fadens sofort in eine Erregung geraten sein sollte, welche ihn hinderte, den begonnenen Satz regelrecht durchzuführen. Das nach überwältigender Bezeugung vorliegende Anakoluth läßt es zweifelhaft erscheinen, ob 16, 25—27 überhaupt ursprünglich als Doxologie gedacht war (A 11). 3) Es bestehen zwischen der Dox. und dem Inhalt sowohl von c. 14 als von c. 15, 1—13 so feine innerliche Beziehungen, daß die dem entsprechende Stellung der Dox. zwischen 14, 23 und 15, 1 nicht zufällig entstanden und auch nicht von einem nach äußerlichen Gesichtspunkten verfahrenden Diaskeuasten, sondern nur vom Vf der Dox. herrühren kann, mag dieser nun vom Vf des Briefs zu unterscheiden oder mit demselben identisch sein (A 12). 4) Daß die Dox. nicht ursprünglich den Schluß des c. 16 bildete, folgt auch daraus, daß die dort vorliegende Verwirrung in der Textüberlieferung kaum anders ihre natürliche Erklärung findet, als durch die Annahme, daß sie durch nachträgliche Einfügung oder Beifügung der Dox. in c. 16 entstanden ist (A 13). 5) Die Annahme, daß die Stellung am Briefschluß die ursprüngliche sei, läßt keine natürliche Erklärung der Versetzung hinter 14, 23 zu (A 14). Hat dagegen die Dox. ihre ursprüngliche Stelle hinter 14, 23, so begreift sich leichter, daß sie in gewissen Kreisen an den Schluß des Briefes versetzt wurde. Da diese Versetzung in der Umgebung des Origenes bereits herrschend geworden war (oben S. 269), so ist sie wahrscheinlich noch im 2. Jahrhundert erfolgt, also zu einer Zeit, wo man sich überhaupt noch eine später verschwundene Freiheit in Behandlung der apostolischen Texte gestattete. Sie ist ferner wahrscheinlich in Alexandrien geschehen; denn die ältesten Zeugen für diese Stellung mit Origenes an der Spitze stammen direkt oder indirekt aus Ägypten. Alexandrien aber war der Ort, von wo am leichtesten ein in folge kritischer Reflexion veränderter Text nach dem Orient wie nach dem Occident sich verbreiten konnte (A 15). Dieser Art ist aber die vorliegende Textänderung. Die Dox. schien den innigen Zusammenhang zwischen 14, 1—23 und 15, 1—13 störend zu unterbrechen und nach Analogie von Jud 24 f.; Phl 4, 20; 1 Pt 4, 10 f.; 2 Pt 3, 18; Hb 13, 20 f. viel eher an den Briefschluß zu gehören, wohin man sie deshalb stellte. Vielleicht reichte die Kritik auch nicht über das negative Urteil hinaus, daß die Dox. hinter 14, 23 nicht am rechten Platz sei, und man verwies sie deshalb, um nicht ein Stück des überlieferten Textes ganz zu verlieren, hinter den fortlaufenden Text. Ähnliches ist auch sonst vorgekommen (A 15 über Jo 7, 63—8, 11); und den dabei wirksamen Grundsatz hat man im 4. Jahrhundert geradezu bei kritischen Fragen proklamirt (Eusebius bei Mai Nova p. bibl. IV, 1, 255, GK II, 913). — Unter Voraussetzung der Echtheit der Dox. hat man die Unsicherheit ihrer Stellung bis in die Entstehungszeit des Briefs verfolgen und teils mechanisch aus der Art der Herstellung des Briefs, teils aus einem absichtsvollen Verfahren des Pl erklären wollen, ohne es auf die eine oder andere Weise zu irgend welcher Wahrscheinlichkeit zu bringen (A 16). Mehr Schein hatte es für sich, wenn man aus der varianten Stellung der Dox. einen Verdacht gegen die Echtheit der Dox.

oder auch gegen die Echtheit des inmitten der beiden Stellen, zwischen welchen sie schon vor Origenes schwankte, stehenden Abschnitts 15, 1—16, 24 schöpfte; denn in beiden Fällen würde die variante Stellung der Dox. sich leicht genug erklären. Ist 15, 1—16, 24 eine spätere Zutat, so konnten leicht die Einen das neue Stück einfach anschieben, die Anderen, um den bisherigen Briefschluß beizubehalten, es zwischen 14, 23 und die Dox. einschieben (cf das A 13 über 16, 24 Gesagte). Aber auch wenn alles Übrige echt und nur die Dox. spätere Zutat war, konnten die Einen das Werk des Interpolators, der sie sicherlich hinter 14, 23 eingeschoben hatte, einfach kopiren, während Andere, welchen das Stück hier fremd oder in folge Vergleichung anderer Hss. verdächtig war, die Dox. hier übergehen, dafür aber, um nichts von dem ihnen vorliegenden Text zu verlieren, sie lieber an den Briefschluß stellen. Der Verdacht gegen die Echtheit der Dox. mußte sich steigern, wenn man sich dem Irrtum hingab, daß es in alter Zeit kirchliche Hss. ohne Dox. gegeben habe. Dazu kamen Anstöße, die man am Inhalt alles dessen gefunden hat, was hinter 14, 23 folgt. So haben sich bis heute, immer wieder durch ungenaue Wiedergabe der Tatsachen der Überlieferung gestärkt, die drei Urteile behauptet, daß nur die Dox. unecht sei (Reiche, Mangold), daß 16, 1—23 oder einzelne Teile dieses Abschnitts zwar von Pl geschrieben, aber für die Gemeinde von Ephesus bestimmt seien (A 17) und endlich, daß Alles hinter 14, 23 eine trügerische Verlängerung des ursprünglichen Briefs sei (Baur A 18). Daß dieses letzte Urteil die uralte Variation der Stellung der Dox. unerklärt läßt, liegt auf der Hand; ebenso aber auch, daß das zweite Urteil sonderbare Zufälligkeiten bei Ausfertigung und Beförderung der Briefe des Pl zu Hilfe nehmen muß. Ist die Überlieferung vorhin richtig wiedergegeben worden, so bietet sie selbst zu keinem dieser verneinenden Urteile einen festen Stützpunkt. Um so stärker müßten die inneren Gründe sein.

Gehen wir von der Dox. als demjenigen Stück aus, welches, wie gezeigt, in der kirchlichen Bibel ursprünglich an 14, 23 sich anschloß, so sind schon die Gründe, welche dieses Urteil begründeten, großenteils auch schwerwiegende Gründe gegen die Annahme der Unechtheit der Dox. Die nachgewiesenen inneren Beziehungen, welche die Dox. sowohl mit 14, 1—23, als mit 15, 1—13 verknüpfen (A 12), zeugen von einer Feinheit des Gedankens, die man unter den überführten Interpolatoren auf dem ganzen Gebiet der altkirchlichen Literatur vergeblich sucht. Es sind zugleich Grundgedanken des Briefs überhaupt, die hier noch einmal nachklingen. Es werden aber nicht Worte oder Sätze aus den früheren Teilen des Briefs oder aus anderen Briefen des Pl abgeschrieben und zusammengestoppelt, wie in den alten pseudopaulinischen Briefen an die Laodicener und die Korinther, sondern es werden Gedanken, die den Vf vom Anfang seines Briefs an bewegten, in selbständiger, dem Zusammenhang mit c. 14 und 15 völlig angemessener Weise noch einmal zusammengefaßt (A 17). Ferner muß der schwierige Ausdruck, die anakoluthische Satzbildung

(A 11), die Fülle der sich drängenden Gedanken als ein starker Beweis der Echtheit gelten, so lange nicht Jemand nachweist, daß die Machwerke altchristlicher Interpolatoren mit diesen Eigenschaften behaftet waren. Nur das Gegenteil lehren alle zweifellos dahin zu rechnenden Beispiele. Endlich ist ein vernünftiger Zweck der Erdichtung bisher noch nicht gefunden worden. Fand der Fälscher einen mit 14, 23 abbrechenden Brief vor, so würde er das Bedürfnis eines schicklichen Schlusses durch Anfügung des gewöhnlichen Abschiedsgrußes des Pl, durch einen Satz wie 16, 24, allenfalls noch durch einige Segenswünsche und Grüße, wie fast jeder Brief sie am Schluß bot, befriedigt haben. Fand er bereits c. 15 vor, so würden dieselben Gründe, welche die Versetzung der Dox. von ihrer ursprünglichen Stelle hinter 14, 23 in frühester Zeit veranlaßt haben, und welche es unannehmbar erscheinen lassen, daß sie erst nachträglich vom Ende des Briefes hieher verpflanzt worden sei, auch dagegen entscheiden, daß ein Interpolator sie zwischen c. 14 und 15 gestellt habe. — Pl kann den Brief weder mit 14, 23 noch mit 14, 23 + 16, 25—27 geschlossen haben. Ein bloßer Abschiedsgruß wie 16, 20 oder 16, 24, welcher durch Zudichtung von 15, 1—16, 20 (oder —16, 23) von seiner ursprünglichen Stelle verschoben sein könnte, würde ihm nicht genügt haben. Denn abgesehen davon, daß er den Schluß seiner Briefe sonst umständlicher vorzubereiten pflegt (A 10), lagen in diesem Falle besondere Gründe für weitere Mitteilungen über c. 14 hinaus vor. Nicht nur die Erörterung in c. 14, sondern der ganze Brief zeigt, daß Pl über die Verhältnisse und Stimmungen in der römischen Gemeinde genau genug unterrichtet war. Er muß dort Freunde gehabt haben, die ihn darüber genau unterrichtet hatten. Sollte er den Brief schließen, ohne sie zum Abschied begrüßt zu haben? Solche Unfreundlichkeit müßte um so unnatürlicher erscheinen, da er hier an eine Gemeinde sich wendet, deren Mehrheit ihm, wie er ihr, unbekannt war. Ist ferner vor jeder näheren Untersuchung klar, daß Pl durch seinen Brief den Zweck verfolgt, sich zu der ihm bisher im ganzen fremden Gemeinde in ein näheres Verhältnis zu setzen, so müßte er das nächstliegende Mittel zu diesem Zweck vernachlässigt haben, wenn er den Brief geschlossen hätte, ohne seine persönlichen Beziehungen zu einzelnen Christen in Rom, welche er ohne Frage gehabt hat, und damit die Verbindungsfäden, welche ihn mit der dortigen Gemeinde jetzt schon verknüpften, wenigstens am Schluß hervorzuheben. Die seit mehr als 100 Jahren immer wieder geäußerte Verwunderung darüber, daß Pl im Brief an die Gemeinde eines Orts, den er noch nicht gesehen hatte, so außerordentlich viele Grüße zu sagen und zu bestellen gehabt haben sollte, zeugt nicht von genauer Beobachtung. Am Schluß der Briefe an die von Pl gestifteten Gemeinden zu Thessalonich, Korinth, Philippi und in Galatien findet sich kein einziger Gruß oder sonstige Mitteilung an einzelne Gemeindeglieder; auch 1 Kr 16, 19f. und Phl 4, 21f. lesen wir nur Grüße von einzelnen für die betreffenden Gemeinden besonders bedeutsamen Personen, welche aber der Gesamtgemeinde zu Korinth und zu Philippi gelten (A 18). Dagegen im Brief an die Gemeinde zu Kolossä, welche Pl nicht gestiftet und nie besucht hatte (Kl 2, 1), bestellt er Grüße von 6 einzelnen Personen (4, 10—14), welche, abgesehen von dem einen Epaphras, der Gemeinde persönlich ebenso unbekannt gewesen sein werden wie Pl, und er läßt einem einzelnen Mitglied der dortigen Gemeinde und ebenso einem Glied der Nachbargemeinde zu Laodicea, die er gleichfalls nie besucht hatte, einen besonderen Gruß bestellen (4, 15. 17), obwohl er gleichzeitig an ein hervorragendes Christenhaus zu Kolossä noch einen Privatbrief mit lauter Personalien abgehen läßt. Er unterläßt es auch nicht, in dem Brief an diese ihm im ganzen noch fremde Gemeinde den Onesimus, um dessen Person der gleichzeitige Privatbrief sich dreht, doch noch besonders zu erwähnen und ausdrücklich zu bemerken, was die Leser ja selbst wußten, daß Kolossä seine Heimat sei (Kl 4, 9). wie er eben dies auch von Epaphras bemerkt (4, 12), der doch als Stifter der Gemeinde (1, 7) Allen bekannt genug war. Wer sieht nicht, daß alles dies ein Ausdruck des Wunsches ist, der Gemeinde fühlbar zu machen, daß sie ihm nicht so fremd sei, wie es schien, und zugleich des Strebens, sofern er ihr in der Tat noch fern stand, ihr näher zu kommen! Genau dies ist der Fall im Rm. Ferner hatte Pl Rm 1, 10—15 von seinem seit lange gehegten Wunsch, nach Rom zu kommen, gesprochen. Wann und unter welchen Umständen er hinzukommen hoffe, war noch nicht gesagt, und warum er vor Ausführung des ihn seit lange beschäftigenden Plans jetzt noch einen so ausführlichen Brief nach Rom schreibe, war noch nicht erklärt. Da er die Sache für die Römer wie für ihn selbst wichtig genug gefunden hatte, um mit ihr seinen Brief anzufangen, so wäre unbegreiflich, daß er ihn geschlossen hätte, ohne jene noch rückständigen, jedem teilnehmenden Leser von 1, 8—15 sich aufdrängenden Fragen beantwortet zu haben (cf 1 Kr 4, 18—21; 16, 1—11). Kurz, er mußte seinen Brief wenigstens ungefähr so schließen, wie er ihn mit 15, 13—16, 24 geschlossen hat. Wäre dieses Stück eine spätere Zutat, so müßte es an Stelle des ursprünglichen Briefschlusses, welcher verwandten Inhalts gewesen wäre, trügerischerweise untergeschoben sein. Und dies hätte vor Marcion geschehen sein müssen, welcher Teile von c. 15. 16 aus dem Rm der Kirche in den seinigen aufgenommen hat (A 2). Ja, vor jedem Anfang literarischer Verbreitung des Briefs müßte es geschehen sein; denn sonst könnte in der weitverzweigten Überlieferung nicht jede sichere Spur eines Rm ohne c. 15. 16 fehlen. Im Archiv der römischen Kirche oder an der Schwelle desselben, vor Anfertigung der ersten zur Verbreitung in weiteren Kreisen bestimmten Abschriften wäre die Fälschung verübt worden. Wer das glaublich findet, müßte sich ein wenig bemühen, es Anderen begreiflich und anschaulich zu machen; er müßte aber auch starke Gründe gegen die ursprüngliche Zugehörigkeit von c. 15. 16 vorbringen. In bezug auf Rm 15 sind diese Gründe derart, daß die Zahl derer, denen sie einleuchten, in der Abnahme begriffen ist (A 19). Auch die Meinung, daß c. 16 ebenso wie c. 15 absichtlich dem Rm angehängt sei, findet kaum noch Anhänger. Um so populärer ist die Ansicht, daß Rm 16 ganz oder großenteils nach Ephesus gerichtet gewesen sei und durch Zufall dem Rm sich angeheftet habe (A 20). Den ersten Anstoß dazu gab die Erwähnung der Prisca (Priscilla) und des Aquila und ihrer Hausgemeinde, woran sich sofort Epänetus, der Erstbekehrte Asiens, anschließt (16, 3—5 A 21). Um Ostern 57 war das Ehepaar noch in Ephesus (1 Kr 16, 19). Schrieb Pl den Rm zur Zeit von AG 20, 3 in Korinth, was wir freilich nur unter Voraussetzung der Echtheit von Rm 15. 16 aus Rm 15, 25—16, 2 zu entnehmen haben, so waren seither 10 oder 11 Monate verstrichen. Dieses aus Pontus stammende, zeitweilig in Rom ansässige, um a. 52 von Rom verjagte und nach Kor. übergesiedelte jüdische Ehepaar hatte sich seitdem innig an Pl angeschlossen und, wie die Umstände ihrer Übersiedelung nach Ephesus zeigen, ganz in den Dienst der Missionspläne des Pl gestellt (oben S. 188. 190 A 3). Es spricht doch in der Tat nichts dagegen, daß sie jetzt, da Pl seinen Blick nach Rom richtete und in Ephesus seine Arbeit abbrechen wollte, ganz bald nach Absendung des 1 Kr, etwa gleichzeitig mit Pl Ephesus verlassen und sich wieder an ihren früheren Wohnsitz Rom zurückbegeben haben, um auch dort, wie ehedem in Ephesus, dem Apostel das Quartier zu bereiten. Daß Epänetus sie dorthin begleitete, ist eben darum nicht auffällig, weil er der Erstbekehrte Asiens ist, also wahrscheinlich dem eifrigen Ehepaar seine Bekehrung verdankte und erst nach seiner Bekehrung mit Pl bekannt geworden war. Durch diese seine alten Freunde und Hausgenossen, welche er an die Spitze der zu grüßenden Christen zu Rom stellt, kann Pl mehr als einmal von Rom Nachrichten bekommen haben, ehe er den Rm schrieb. Was er aber von ihnen rühmt, würde sich in einem nach Ephesus gerichteten Brief sehr sonderbar ausnehmen. Ihre Mitarbeiterschaft, ihre Aufopferung für die Person des Pl war drei Jahre lang vor den Augen der in Ephesus sich sammelnden Gemeinde gewesen. Wollte Pl diese Gemeinde daran erinnern (cf Phl 4, 3; 1 Kr 16, 15 f.; 1 Th 5, 12; andrerseits aber auch 2 Tm 1, 18), so mußte er die Verdienste hervorheben, welche sie sich um die dortige Gemeinde erworben hatten, statt von dem Dank zu reden, welchen ihnen alle Heidengemeinden wissen. Auch diese Bezeichnung der von Pl und seinen Gehilfen gestifteten und unter seiner Leitung stehenden Gemeinden, welche in den an diese selbst gerichteten Briefen ohne Beispiel ist (cf dagegen 1 Kr 4, 17; 7, 17; 11, 16; 14, 33; 2 Kr 8, 18; 11, 28; 12, 13; 2 Th 1, 4; Phl 4, 15), ist nur zu verstehen im Brief an eine nicht zu diesem Kreise gehörige Gemeinde (cf § 23). Dem jüdischen Ehepaar danken alle Heidengemeinden. Wie 15, 26—28, so dient auch 16, 4 dazu, den Römern fühlbar zu machen, daß auf dem unter dem beherrschenden Einfluß des Pl stehenden Kirchengebiet aufopfernde Liebe und pietätsvolle Dankbarkeit jüdische und heidnische Christen mit einander verbindet. Daß diese Bemerkungen nicht nur mit 15, 1—13, sondern mit dem Zweck des Rm überhaupt (§ 24) innig zusammenhängen, liegt auf der Hand. Auf derselben Linie liegt es, daß Pl an drei Stellen hervorhebt, daß die zu Grüßenden

(16, 7. 11) oder die Grüßenden (16, 21) seine Volksgenossen seien (A 22, auch § 23 A 1). Es ist nicht nur der Ausdruck, welcher an 9, 3 erinnert. Die Absicht dieser kleinen Bemerkungen ist die gleiche mit der, welche in 9, 1—5; 10, 1 f.; 11, 1 f. 14 zu so ergreifendem Ausdruck kommt. Die Römer sollen es wissen, daß Pl nichts weniger ist als ein abtrünniger Jude, ohne Herz für sein so unglückliches Volk. Je größer sein Schmerz um die verstockte und unglückliche Mehrheit seiner Nation ist, um so inniger freut er sich über jeden einzelnen Bruder nach dem Fleisch, der es auch dem Geist nach geworden ist. Auch das gehört zu den kleinen Mitteln, wodurch dem großen apologetischen Zweck gedient wird, und zeugt somit für die ursprüngliche Zugehörigkeit dieser Grüße zum Rm, daß Pl von Andronikus und Junias außerdem noch bemerkt, daß sie im Kreise der Apostel, also in der Muttergemeinde Ansehen genießen, und schon früher als er selbst Christen geworden sind (A 23). Nach Rom weist uns 16, 13, wo ein Rufus und dessen Mutter gegrüßt werden, welche letztere dem Pl einst so mütterliche Liebe bewiesen hat, daß er sie auch seine Mutter nennt. Ist andrerseits die dem Marcus eigentümliche Angabe, daß Simon von Cyrene der Vater des Alexander und des Rufus sei (15, 21), kaum anders, als daraus zu erklären, daß diese Söhne des Simon den ersten Lesern dieses Ev bekannt waren, so kann das Zusammentreffen der beiden Tatsachen nicht wohl zufällig sein, daß in einem für römische Christen bestimmten Ev ein Christ aus Jerusalem, Namens Rufus, als eine den römischen Christen bekannte Persönlichkeit genannt wird, und daß in einem nach aller Überlieferung an die römischen Christen gerichteten Brief ein dort lebender Christ, Namens Rufus, gegrüßt wird, welcher früher mit seiner Mutter im Orient gelebt haben muß, da Pl mit dieser Familie in ein näheres Verhältnis getreten war. Ist durch die bisher besprochenen Stücke der Grußliste bewiesen, daß diese für Rom bestimmt war, so verdienen auch andere Namen Beachtung, welche dies Ergebnis begünstigen. Es sind nicht zwei christliche Häuser (1 Kr 1, 16; 16, 15; 2 Tm 1, 16; 4, 19 cf 1 Kr 1, 11), sondern die christlichen Mitglieder zweier größerer, übrigens noch nicht christlicher Kreise bezeichnet durch *τοὺς ἐκ τῶν Ἀριστοβούλου* und *τοὺς ἐκ τῶν Ναρκίσσου τοὺς ὄντας ἐν κυρίῳ* (10. 11 A 24). Es kann kaum anders sein, als daß Aristobul und Narciß zwei vornehme Herren waren, deren Sklaven oder Freigelassene teilweise Christen geworden waren. Ende des J. 54 starb in Rom Narcissus, der einst allmächtige Freigelassene des Kaisers Claudius. Es lebte unter Claudius wenigstens zeitweilig in Rom auch ein Aristobul, der dem Kaiser nahestehende Bruder des Herodes Agrippa I. Da die Sklaven solcher vornehmen Häuser, auch wenn sie nach dem Tod ihrer Herren in den Besitz anderer Herren übergegangen waren, nicht selten nach ihren früheren Herren benannt wurden, so haben wir es hier wahrscheinlich mit ehemaligen Sklaven dieses Aristobulus und dieses Narcissus zu tun. Die Wahrscheinlichkeit wird noch gesteigert durch den Namen des Juden Herodion (v. 11), welcher auf Zugehörigkeit zum Hause jenes herodäischen Prinzen hinweist. Wenn Pl den

Herodion neben die Gruppe der Aristobuliani stellt, so kann er darum doch ebensogut zu dieser Gruppe gehören, wie Epänetus (v. 5) zur Hausgemeinde des Aquila. Es ist ferner von Lightfoot aus zahlreichen Inschriften erwiesen, daß eine beträchtliche Zahl der hier genannten Namen in der kaiserlichen Hofdienerschaft des 1. Jahrhunderts mehr oder weniger häufig vorkommen, nämlich: Ampliatus, Urbanus, Stachys, Apelles, Tryphaena, Tryphosa, Philologus, Nereus (A 24). Obgleich bis heute keine einzige dieser Personen sicher identificirt ist, so dient doch dieser Nachweis im Zusammenhalt mit der Tatsache, daß das Christentum gerade unter der kaiserlichen Hofdienerschaft in Rom frühzeitig Eingang gefunden hat (Phl 4, 22), der Bestimmung dieser Grüße für Rom zur Bestätigung. Die kirchliche Tradition, auch sofern sie lokale Farbe trägt, steht unter dem begründeten Verdacht, von den ntl Angaben abhängig zu sein, und was bisher aus christlichen Inschriften und Legenden zur Aufklärung der Namen in Rm 16 beigebracht ist, bedarf teils noch genauerer Prüfung, teils weiterer Bestätigung, ehe es in einem Lehrbuch als Beweismittel verwertet werden kann. Ohnehin darf als bewiesen gelten, daß Rm 16, 1—16 für Rom bestimmt war und somit dem Rm ursprünglich angehört hat. Sonstige, von den Tatsachen der Textüberlieferung unabhängige Beanstandungen der Einheit des uns als einheitlicher Brief überlieferten Rm bedürfen schwerlich einer ausführlichen Widerlegung (A 25).

1. Aus der Literatur über Rm 15. 16 und insbesondere die Doxologie hebe ich hervor Semler, Paraphrasis ep. ad Rom. 1769 p. 277—311; Griesbach, Opusc. acad. II, 62—66; Reiche, Comm. crit. in epist. Pauli I, 88—120; Baur, Paulus I², 393—409; Lightfoot im Journal of Philology II (1869) p. 264 f; III (1871) p. 193 f., zugleich mit Hort's Entgegnung aus demselben Journal III, 51 f. wiederabgedruckt und hiernach von mir citirt in Lightfoot's Bibl. Essays (1893) p. 284—374; Mangold, Der Rm und seine geschichtl. Voraussetzungen 1884 S. 44—166; Lucht, Über die beiden letzten Kapitel des Rm, 1871; E. Riggenbach, Neue Jahrbb. f. deutsche Theol. 1892 S. 498—605; 1894 S. 350—363, letztere Abhandlung von mir als Riggenb. II citirt.

2. Orig. comm. in Rom. interpr. Rufino ad 16, 24—27 (Delarue IV, 687): *Caput hoc Marcion, a quo scripturae evangelicae atque apostolicae interpolatae sunt, de hac epistula penitus abstulit; et non solum hoc, sed et ab* (v. l. *in*) *eo loco, ubi scriptum est, „omne autem, quod non est ex fide, peccatum est“* (14, 23), *usque ad finem cuncta dissecuit. In aliis vero exemplaribus, id est in his, quae non sunt a Marcione temerata, hoc ipsum caput diverse positum invenimus. In nonnullis etenim codicibus post eum locum, quem supra diximus, hoc est „omne autem, quod non est ex fide, peccatum est“, statim cohaerens habetur, „ei autem, qui potens est vos confirmare“. Alii vero codices in fine id, ut nunc est positum, continent. Sed jam veniamus ad capituli hujus* (v. l. *ipsius*) *explorationem.* Eine durch E. v. d. Goltz (Texte u. Unters. N. F. II, 4 a. 1899) bekannt gewordene Hs. saec. X (Cod. 184, B 64 des Lawraklosters auf dem Athos), welche einen unmittelbar aus dem Kommentar des Origenes geschöpften Text des Rm darbietet, bestätigt, daß Origenes die Doxologie am Schluß des Briefes las und auslegte. Leider aber sind zwei aus Or. geschöpfte Scholien zu 14, 23 und 16, 25 bis auf den abgekürzten Namen des Or. völlig wegradirt (Goltz S. 60). Hort (in Lightfoot's Ess. 330; NT app. 112) bevorzugte die von Delarue angeführte LA eines pariser Cod. *in eo loco*, welche nach Riggenb. II, 359 auch im cod. 88 der St. Galler Stiftsbibl. sich findet, und wollte

durch die Konjektur *non solum hic* (statt *hoc*) den Sinn herausbringen, Marcion habe die Doxologie nicht nur hinter 14, 23, sondern auch hinter 16, 23 (24) gestrichen. Von den Gründen gegen diese Konjektur und die darauf gebaute Deutung (cf GK II, 519, auch Lightfoot 353) sollte der folgende genügen: Selbst wenn Or., was unbezeugt und äußerst unwahrscheinlich ist, Hss. gekannt haben sollte, welche die Doxologie doppelt sowohl hinter c. 14, als hinter c. 16 hatten (so Hort 341), und wenn Or. stillschweigend angenommen haben sollte, daß Marcion die Doxologie an beiden Stellen vorgefunden habe, was noch unglaublicher ist, wäre einem Mann von der Bildung des Or. nicht zuzutrauen, daß er in dieser sonderbaren Weise den einfachen Gedanken ausgedrückt haben sollte, Marcion habe die Doxologie überhaupt beseitigt. Ohne die Änderung von *hoc* in *hic* (hier) bleibt es dabei, daß der mit *sed et* beginnende Satz nicht wieder von der Doxologie, sondern von c. 15. 16 handelt, und daß Or. hinter dieser Bemerkung wieder zur Doxologie (*hoc ipsum caput, capitulum hoc*) zurückkehrt. Die LA *in* (statt *ab*) *eo loco* ändert am Sinn nichts wesentliches, da *usque ad finem* auf alle Fälle die Grenze bezeichnet, bis zu welcher die in Rede stehende Behandlung des Objekts durch Marcion sich erstreckte. Schrieb Or. ἐν ἐκείνῳ τῷ τόπῳ, so hat er zunächst die Stelle bezeichnet, wo Marcion sein Messer angesetzt hat, und erst nachträglich angegeben, wie weit sich die dadurch angerichtete Verwüstung erstreckte. Ebenso wie *caput hoc* und (*ab eo loco*) *usque ad finem cuncta* einen Gegensatz bilden, tun es auch die neuen Prädikate *penitus abstulit* und *dissecuit*. Die Doxologie hat er vollständig beseitigt, dagegen hat er Alles, was die kirchlichen Hss. von 14, 23 bis zum Schluß des Briefes bieten, zerschnitten, durch Ausmerzungen verstümmelt (GK II, 520). Wenn jene St. Galler Hs. ohne sonstige Bestätigung *desecuit* darbietet (Riggenbach II, 359), so streitet das ebenso, wie der oft gewagte Versuch, *dissecuit* bei einem gebildeten Lateiner wie Rufin im Sinne von *desecuit* (amputavit) zu nehmen, gegen die Struktur des Satzes; *et non solum hoc, sed et* setzt im Original jenes elliptische οὐ μόνον δὲ ἀλλὰ καί voraus, wozu ein lat. Übersetzer (Rm 9, 10 Vulg.) oder ein latinisirender Schreiber (cod. D. Rm 5, 3) leicht ein Demonstrativ hinzusetzte: „nicht nur dies, was eben genannt war, hat er getan, sondern er hat auch noch das Andere und Verschiedenartige verübt, was nun genannt wird". Auch die Worte Tertullians (c. Marc. V, 14 extr. *bene autem quod et in clausula tribunal Christi comminatur* cf Rm 14, 10) können nicht gegen Or. beweisen, daß Marcion seinen Rm mit 14, 23 geschlossen hat, wie ich GK II, 521 aus dem Sprachgebrauch Tertullians genauer als Hort Ess. 335 gezeigt zu haben meine. Ist undenkbar, daß Paulus mit 14, 23 ohne jeden Gruß u. dgl. seinen Brief geschlossen haben sollte, so nicht minder, daß Marcion, was er an derartigem Material vorfand, einfach weggeschnitten haben sollte. Er hat die Personalien in Kl 4 ziemlich vollständig beibehalten und den fast nur aus solchen bestehenden Philemonbr. unverändert aufgenommen GK II, 527. 529. Dagegen hatte er z. B. Rm 4 und 2 Kr 7, 2—11, 1 gänzlich und Rm 9, 1—11, 32 bis auf wenige Sätze ausgemerzt. Anlaß zu vielen Streichungen boten ihm aber auch Rm 15. 16 incl. Doxologie. Die Berufung auf die prophetischen Schriften 16, 26; 15, 2 f. 9—12; die Anerkennung des Vorrechts Israels 15, 8 und der Verdienste der jüdischen Christenheit um die Heidenkirche 15, 27; 16, 4 cf auch 16, 7 waren ihm unerträglich, und der für die Gemeinden einer späteren Zeit bedeutungslosen Namen 16, 5—15 mochten ihm zuviel sein. Was er beibehielt, können wir nicht erraten; aber es spricht nichts dagegen, daß 15, 1—3a. 5—7. 14—24. 29—31a. 32. 33 und Einiges aus c. 16 bei ihm zu einem leidlichen Ganzen verarbeitet war.

3. Rm 1, 7 lautet 1) in G g πᾶσιν τοῖς οὖσιν ἐν ἀγάπῃ θεοῦ κλητοῖς ἁγίοις. χάρις κτλ. Zahlreiche Spuren beweisen, daß dieser Text einst in früher Zeit weit verbreitet war. Denn 2) ganz den gleichen Text hatte Ambrosiaster (der römische Ausleger um 370 ed. Ben. II app. p. 28) vor sich. Wenn der seiner Auslegung vorangestellte Text nach den

meisten Hss. der gewöhnliche der Vulgata ist (*omnibus qui sunt Romae, dilectis dei, vocatis sanctis*), so hat dagegen ein „cod. Mich." *Romae in caritate dei* (offenbar ohne *dilectis dei*). Daß jener Vulgatatext (mit *Romae* und *dilectis dei*) nicht derjenige des Ambrosiaster war, daß aber auch in cod. Mich. *Romae* eine Interpolation ist, beweist die Auslegung: *Quamvis Romanis scribat, illis tamen scribere se significat, qui in caritate dei sunt.* Im weiteren Verlauf wird *vocatis sanctis*, aber nicht *dilectis dei* verwertet. Vergeblich hat Hort gegen Lightfoot in des letzteren Biblical Essays p. 345 cf 288. 365 diesen Beweis zu entkräften gesucht. Ambr. stellt nicht den sämtlichen Christen Roms diejenigen gegenüber, welche in der Liebe Gottes stehen, sondern findet es bemerkenswert, daß Pl, wärend er an die Römer schreibt, seine Leser doch nicht als Römer, sondern als in der Liebe Gottes befindliche Leute bezeichne. 3) Der griech. Text von D beginnt erst mit κλητοῖς ἁγίοις. Der lat. Text (d) *omnibus qui sunt Romae in caritate dei, vocatis sanctis* ist von einem Korrektor des 11. Jahrhunderts (d***) wahrscheinlich nach der Vulg. korrigirt worden. Wenn er nämlich vor *in* durch sein kritisches Zeichen auf eine Korrektur am Rande verwies, welche jetzt abgerissen ist, so hat er wahrscheinlich statt *in caritate dei* gelesen haben wollen *dilectis dei* (Cod. Clarom. ed. Tischendorf p. XXV. 537). Hiernach hat D ἐν Ῥώμῃ ἐν ἀγάπῃ θεοῦ (ohne ἀγαπητοῖς θεοῦ) κλητοῖς ἁγίοις gehabt. Dem widerspricht auch nicht der Text von E (des ehemaligen S. Germanensis zu Petersburg), welcher nach einer von C. R. Gregory mir mitgeteilten Abschrift πᾶσιν τοῖς οὖσιν ἐν Ῥώμῃ κλητοῖς ἁγίοις bietet. Denn E ist zwar auch hier, wo D eine Lücke hat, eine Kopie des damals noch vollständigen D und ist daher hier von urkundlichem Wert. Er ist aber eine Kopie des bereits durch die Hände seiner Korrektoren gegangenen D (cf Tischendorf l. l. XXV f.; Gregory, Proll. 423). E bestätigt in Übereinstimmung mit d das Vorhandensein von ἐν Ῥώμῃ und das Fehlen von ἀγαπητοῖς θεοῦ in D. Wenn in E auch ἐν ἀγάπῃ θεοῦ fehlt, so ist anzunehmen, daß ein Korrektor von D dieses getilgt hatte. 4) Die Verbreitung des hiedurch ermittelten Textes von D im Abendland bezeugen alte Hss. der Vulg. wie fuld. amiat. (*omnibus qui sunt Romae in caritate* [am. *dilectione*] *dei vocatis sanctis*). 5) Origenes hat zwar in seinem früh geschriebenen comm. in Jo. tom. 19, 2 (IV, 286 f.; das Citat IV, 60 kommt nicht in Betracht) und in den nur lateinisch erhaltenen hom. in Num. (II, 301) den gewöhnlichen Text. Anders aber in dem seiner letzten Lebenszeit angehörigen comm. in Rom. Nach dem vor der Auslegung stehenden Text, welcher hierin durch die Auslegung bestätigt wird, fehlte κλητοῖς ἁγίοις (IV, 467). Aber auch das ἐν Ῥώμῃ, welches der Text enthält, kann Origenes nicht gelesen haben. Obwohl Origenes ebensowenig wie Ambrosiaster bezweifelte, daß der Brief an die Römer gerichtet sei (IV, 468. 487 etc. cf unten § 28 seine Ansicht vom Epheserbrief), so sagt er in der Auslegung der Grußüberschrift doch nichts von Rom, sondern schreibt: *dilectis dei, ad quos scribit apostolus.* Sein Text lautete also πᾶσι τοῖς οὖσιν ἀγαπητοῖς θεοῦ, χάρις κτλ. 6) Ein Scholion der Minuskel 47 lautet: τὸ „ἐν Ῥώμῃ" οὔτε ἐν τῇ ἐξηγήσει οὔτε ἐν τῷ ῥητῷ (im Text) μνημονεύει (Griesbach, Symb. crit. II, 15). In der ersten Aufl. konnte ich dies nur erst vermutungsweise auf Origenes zurückführen. Bewiesen ist dies neuer dings durch die vorhin S. 277 Z. 7 v. u. erwähnte Athoshs. Zwar hat diese trotz der Versicherung, daß der Text des Rm aus dem Kommentar des Or. geschöpft sei (v. d. Goltz S. 8), im Text ἐν Ῥώμῃ, dazu aber dasselbe Scholion wie min. 47, nur richtig τοῦ statt τό zu Anfang (l. l. 52 f. cf Th. Ltrtrbl. 1899 Sp. 179 f.). — Es existirte demnach in alter Zeit ein abendländischer (Nr. 1. 2) und ein morgenländischer (Nr. 5. 6) Text, welche darin übereinstimmen, daß ἐν Ῥώμῃ fehlt. Sie weichen aber darin von einander ab, a) daß Nr. 1. 2 κλητοῖς ἁγίοις beibehalten haben, was Nr. 5 (und 6?) ausgestoßen hat, b) daß Nr. 1. 2 ἐν ἀγάπῃ θεοῦ, dagegen und statt dessen Nr. 5 ἀγαπητοῖς θεοῦ haben. Die Texte unter Nr. 3. 4, sowie der des cod. Mich. des Ambrosiaster (unter Nr. 2) und des

Übersetzers Rufin oder seiner Herausgeber (unter Nr. 5) stellen offenbar Vermischungen des alten Textes (ohne ἐν Ῥώμῃ) mit dem gewöhnlichen Text dar. — Ohne jede anderweitige Bestätigung hat G Rm 1, 15 τοῖς ἐν Ῥώμῃ fortgelassen.

4. Sehr verbreitet ist in Vulgatahss. ein Kapitelverzeichnis (sogen: Brevis, auch Capitula) zum Rm, welches zuerst Wetstein NT II, 91 einer nicht eben deutlichen Erwähnung würdigte, seither aber Lightfoot Bibl. Ess. 289. 355—362; Hort ebendort 337. 351, auch NT app. 111; Corssen, Epist. Paulin. codd. graece et latine script. Spec. I (1887) p. 21; Riggenbach S. 531—558; II S. 350—363 für die kritische Frage verwertet haben. Es findet sich z. B. im Amiatinus ed. Tischendorf 240; in 6 römischen Hss, bei J. M. Thomasius (opp. ed. Vezzosi) I, 388; in vielen englischen Hss. bei Lightfoot 357; und anderen bei Riggenbach S. 532. Diese Capitulatio Amiatina, wie sie der Kürze halber auch hier heißen mag, ist in der ältesten datirten Vulgatahs. (Fuldensis ed. Ranke 176—179) so mit einer anderen verschmolzen, daß der letzteren c. 1—23 entnommen wurden (Rm 1—14 umfassend), hieran aber c. 24—51 (beginnend mit Rm 9, 1) der ersteren sich anschließen, was sich nur so natürlich erklären läßt, daß in der Vorlage des Fuld. ein Blatt fehlte, welches die c. 1—23 jener Capit. Amiat. enthielt, wodurch der Schreiber des Fuld. veranlaßt wurde, die Lücke aus einer andern Hs. mit ganz anderer Capit. zu ergänzen, und zwar so, daß er aus dieser c. 1—23 entnahm, ohne zu beachten, daß nun in dieser mechanisch kombinirten Capit. Rm 9—14 doppelt vertreten waren, cf Riggenbach II, 355. Beweisend hiefür ist, daß der Fuld. zu den übrigen Briefen durchweg die Capit. Amiat. hat, daß er auch in denjenigen Teilen des Rm, für welche er jene andere Capit. aufgenommen hat, die Kapitelziffern der Cap. Amiat. im Text anmerkt, und daß er auch in einem Verzeichnis kirchlicher Lektionen p. 165 nicht seine eigene kombinirte, sondern die unvermischte Capit. Amiat. berücksichtigt. Diese war also in der Vorlage des Fuld. ursprünglich ebenso vorhanden, wie in den zahlreichen genannten Hss. Sie liegt auch einer alten aus 101 nicht numerirten Titeln bestehenden Realkonkordanz (*Concordia*, auch *Capitulatio*, *Canones*, *Concordiae canonum*) zu Grunde, welche Vezzosi (Thom. opp. I, 489) aus einer Murbacher Hs. herausgab, und welche nur in verstümmeltem Zustand, nämlich ohne die ersten 43 Titel, in vielen alten Vultgatahss. vorliegt (Amiat p. 237; Fuld. p. 173; in 3 Hss. bei Thomasius I, 384, sowie in vielen anderen cf Berger, Hist. de la Vulg. p. 209 N. 2, beginnend mit *de unitate ecclesiae* = Tit. 44 der Murbacher Konkordanz Thomas. I, 492). Das hohe Alter der Capit. Amiat., welches schon aus den angeführten Tatsachen erhellt, bestätigt auch der in derselben vorausgesetzte Bibeltext; es ist nicht die Vulgata, sondern ein vorhieronymianischer Text cf Lightfoot 362, Riggenbach 531—541. Die Capit. Amiat., welche ich ohne Berücksichtigung kleiner orthographischer Varianten nach Amiat. und Fuld. citire, besteht aber aus 51 Kapiteln. C. 46 umfaßt nach dem Wortlaut des Titels und der Angabe im Text Rm 13, 14^b (*et carnis curam ne feceritis*) — 14, 6; c. 47 nur Rm 14, 7—8; c. 48 Rm 14, 9—13; c. 49 nur Rm 14, 14; c. 50 hat den Titel *de periculo contristante fratrem suum esca sua, et quod non sit regnum dei esca et potus, sed justitia et pax et gaudium in spiritu sancto*; c. 51 *de mysterio domini ante passionem in silentio habito, post passionem vero ipsius revelato.* Cf die gleiche Reihenfolge in der Konkordanz bei Thomas. I, 392. Darnach läßt sich nicht sicher entscheiden, ob c. 50 Rm 14, 15—23 oder nur 14, 15—20 umfaßte, und ob c. 51 nur die Doxologie, auf welche sich der Titel 51 zweifellos bezieht, oder noch Anderes vorher und nachher umfaßte. Die Kapitelziffern im Text lassen uns hier im Stich, denn die Ziffer 51 befindet sich dort erst bei Rm 15, 4, und die Doxologie, welche im Titel 51 ausschließlich berücksichtigt ist, steht im Text dieser Vulgatahss. nicht hier, sondern am Schluß des Briefs und ohne Kapitelziffer. Gewiß ist nur, daß die Capit. Amiat. für einen altlateinischen Bibeltext angefertigt war, in welchem 16, 25—27 sich unmittelbar an c. 14 anschloß, und daß der,

welcher sie in Vulgatahss. übertrug, sie selbst zwar unverändert ließ, ihr aber keinen Einfluß auf seinen Bibeltext gestattete. Da in diesem der Abschnitt, welchem der Titel 51 galt, in der näheren Umgebung fehlte, wurde die Ziffer 51 zu 15, 4 gestellt, wahrscheinlich in der Meinung, daß in 15, 4—13 einigermaßen zu diesem Titel Passendes enthalten sei. Im Lektionar des Fuld. p. 165 wird 15, 8 als in c. 51 enthalten vorausgesetzt. Es lag ferner nahe zu vermuten, daß die Cap. Amiat. für eine Bibel bestimmt war, welche den Rm mit c. 14 + 16, 25—27 schloß und somit von c. 15. 16 nur die Doxologie enthielt; denn, wenn auch die Grenzen der Abschnitte aus dem Wortlaut der Titel nicht überall sicher zu erkennen sind, so ist doch undenkbar, daß die Capit. Amiat., welche Rm 14 in 5, 1 Kr 16 in 7 und 2 Tm 4 in nicht weniger als 8 Kapitel zerlegt hat, Rm 15. 16 unter den einen Titel 51 befaßt haben sollte, der nur Rm 16, 25—27 berücksichtigt. Der Schluß vom Bestand der Capit. Amiat. auf die Existenz und eine gewisse Verbreitung eines lat. Rm, welcher nur 1, 1—14, 23 + 16, 25—27 enthielt, ist trotzdem äußerst unsicher. Denn 1) die bedeutende Verbreitung dieser Capit. Amiat. beweist nicht, daß sie von Haus aus nur diese 51 Titel umfaßte. Mögen die von Lightfoot 358 f. aus englischen Hss. angeführten, mit der Capit. Amiat. der Hauptsache nach identischen, aber auch c. 15. 16 umfassenden Verzeichnisse lauter nachträgliche Vervollständigungen sein, so beweist auch dies nicht, daß die Capit. Amiat. mehr als ein Fragment ist. Die vorhin erwähnte Konkordanz ist in den ältesten und besten Hss. (Fuld. Amiat., und 3 Hss. bei Thomasius) gleichfalls nur zur Hälfte erhalten und bisher nur aus einer einzigen Hs. vollständig bekannt geworden. Vor dem Hb hat der Fuld. und ebenso ein Cod. Reginae Sueciae (Thomasius I, 428), aus welchem man die in Fuld. p. 312, 26. 28 ausgefallenen Ziffern XI, XII zu ergänzen hat, eine aus 12 Titeln bestehende Capit., deren letzter Titel bei Hb 9, 11 beginnt (s. die schräge Ziffer bei Ranke p. 322, 12), so daß also Hb 10—13 und vielleicht noch ein Teil von Hb 9 unberücksichtigt bleibt. Daß der Text des Hb im Fuld. außerdem noch vollständig in 125 Kapitel und von jüngerer Hand nochmals, wie auch im Amiat., in 39 Kapitel geteilt ist (Ranke 492), macht den Defekt der dem Brief voraufgeschickten Capit. und der ihr entsprechenden Ziffern im Text nur noch auffälliger. Auch diese Capit. lag also den Schreibern ältester Vulgatahss. bereits in verstümmelter Gestalt vor und ist bisher nur in solcher Gestalt bekannt geworden. 2) Unter den zahllosen lat. Bibeln, welche ihrem Inhalt nach mehr oder weniger bekannt geworden sind, ist bisher noch keine gefunden worden, welche einen nur aus 1, 1—14, 23 + 16, 25—27 bestehenden Rm enthielte. Da das Gleiche von den griechischen Hss und allen Versionen gilt, und da auch Marcion Stücke von Rm 15. 16 aufgenommen hatte (oben S. 277 f. A 2), so fehlt überhaupt jede sichere Spur jener kürzeren Gestalt des Briefs. Man hat eine solche in dem Umstand finden wollen, daß Irenäus, Tertullian und Cyprian aus Rm 15. 16 nichts citiren. Was dieses Argumentum e silentio bedeutet, kann man an Irenaeus sehen, welcher aus folgenden Kapiteln der Paulusbriefe nichts citirt; 1 Kr 16; 2 Kr 1. 6. 8—11 (nur eine zweifelhafte Anspielung an 9, 10 in IV, 25, 3); Kl 4; 1 Th 1—4; 2 Th 3; 1 Tm 3—5; 2 Tm 1—2; Tit. 1—2. Soll diese Unvollständigkeit seines Citatenschatzes nicht beweisen, daß diese 20 Kapitel und außerdem noch der Phlm dem NT des Irenäus gefehlt haben, so ist auch sein Schweigen über Rm 15. 16 gleichgiltig. Was Tertullian anlangt, sollte man endlich aufhören, jenes *in clausula* in bezug auf Rm 14, 10 c. Marc. V, 14 (oben S. 278), in dieser Richtung geltend zu machen; denn selbst, wenn dies hieße „am Schluß des Rm“, würde das für Tertullians NT gleichgiltig sein, da dieser in seinem Antimarcion überall nicht sein eigenes, sondern Marcions NT, mit nur vereinzelten Seitenblicken auf die kirchliche Bibel, zu Grunde legt cf GK I, 601—606; II, 453. Übrigens hat Tertullian de fuga 12 (*Quando Onesiphorus aut Aquila aut Stephanus hoc modo* [durch Bestechung der Verfolger] *eis* [den Aposteln] *in persecutione succurrerunt?*) offenbar Rm 16, 4 im

Auge, die einzige Stelle, aus welcher hervorgeht, daß wie Onesiphorus (2 Tm 1, 16—18) und Stephanus (AG 6—7) auch Aquila sich selbst in Lebensgefahr begeben hat. Anderes ist minder beweisend cf Rönsch, Das NT Tertullians 350; Mangold 36ff. Cyprian wird epist. 65, 3 (*conprobantes, nec ante se religioni, sed ventri potius et quaestui profana religione servisse*) Rm 16, 18 im Gedächtnis gehabt haben. Von anderen Lateinern, welche Stücke aus Rm 15. 16 citiren, nenne ich: Pseudocypr. de singul. cleric. p. 181, 19; 212, 23 (c. 15, 2; 16, 17); Hilarius (trin. IV, 8 Bened. p. 830) nur die Doxologie; Ambrosius (praef. in ps. 37, ed. Ben. I, 819) nur Rm 16, 20; Victorinus c. Arium III, Migne 8 col. 1112 (c. 16, 25); Priscillian ed. Schepss 92, 14 (c. 15, 4) cf desselben Canones und Sectiones p. 128. 129. 131. 135. 136. 140. 141. 170; August. exposit. proposit. ex epist. ad Rom. ed. Bass. IV, 1222 (ohne die Doxologie zu berühren); c. Maximin. haer. II, 13 tom. X, 844. 845 (*in fine epistolae sic loquitur*, folgt die Doxologie); Specul. ed. Weihrich p. 204, 8—208, 21 (c. 12. 1—15, 7 ununterbrochen, ohne Doxologie; sodann 15, 26. 27; ferner 15, 30; endlich 16, 17—19); Hieronymus oft. Von den Kommentatoren ist zu bemerken, daß Pelagius nach der Bearbeitung, in welcher uns sein Kommentar erhalten ist (Hieron. Vall. XI, 3, 210. 216f.), die Doxologie nicht hinter 14, 23, sondern hinter 16, 24 behandelt zu haben scheint. Aber seine Bemerkung zu 16, 24 (*haec est subscriptio manus ejus in omnibus epistolis* etc.) erscheint nur dann natürlich, wenn 16, 24 bei dem unverfälschten Pelagius den Schluß des Briefs bildete. Auch Ambrosiaster ist von Wichtigkeit, weil er, der sonst über Verschiedenheiten der Texte reflektirt (GK I, 34), Rm 15. 16 mit der Doxologie am Schluß ohne jede kritische Bemerkung auslegt. Daß auch Origenes, der einmal in Rom war, nur von der unsicheren Stellung der Doxologie weiß, s. oben S. 277 A 2. Von älteren Citaten oder Anspielungen bemerke ich, abgesehen von Jud 24 (s. unten § 44 A 13): Ign. Eph. inscr. (εὐλογημένῃ .. πληρώματι) scheint sich an Rm 15, 29 anzulehnen, cf Trall. inscr.; das schon von ihm und später oft in bezug auf die Ketzer geforderte ἐκκλίνειν (Eph. 7, 1 mit meinem Kommentar) stammt wohl aus Rm 16, 17. Nachbildungen von Rm 16, 27 dürften sein Clem. II Cor. 20, 5; Mart. Polyc. 20, 2. Man könnte denken, der eben dort zu lesende Gruß von Εὐάρεστος ὁ γράψας habe unter Einfluß von Rm 16, 22 seine Form empfangen. Wichtiger sind die Actus Petri cum Simone ed. Lipsius 45, 4 (Quartus aus Rm 16, 23); p. 48, 7; 49, 15 etc. (Narcissus aus Rm 16, 11), auch p. 52, 27 aus Rm 16, 20, woraus hervorgeht, daß dieser Legendenschreiber um 160—170 Rm 16 als Bestandteil des Rm kannte cf GK II, 845. 855. Ferner die Citate bei Clem. Al. (zusammengestellt bei Griesbach Symb. II, 493f.), welcher str. V, 65 Rm 15, 29 frei mit 16, 25 verknüpft und auch str. IV, 9 die Doxologie citirt, ohne ihre Stellung im Rm näher anzugeben.

5. Von den Uncialen, welche die antioch. Recension rein darbieten (KL), hat K zwischen Rm 10, 18 und 1 Kr 6, 13 eine Lücke (Gregory Proll. 431). Neben L stellt Tischend. NT II, 442. 456 *al* (d. h. min.) *fere 200, item lectionaria.* Hort (bei Lightfoot 340) zählt nur 8—10 min., welche die Dox. nicht hinter 14, 23 allein haben. Es hat nicht viel zu bedeuten, daß ein Grieche, welcher im 16. Jahrh. die min. 66 (Harlej. 5552; Griesbach, Symb. II, 166—188; Gregory p. 656) nach der Druckausgabe des Erasmus schrieb, zu 16, 24 bemerkt: τέλος τῆς ἐπιστολῆς ὧδε ἐν τοῖς παλαιοῖς ἀντιγράφοις. τὰ δὲ λοιπὰ εἰς τέλος τοῦ ιδ´ κεφαλαίου εὑρίσκεται (Griesb. II, 180). Chrysostomus (vol. IX 718—756) und Theodoret (Noesselt 146—162) scheinen von einem andern Text gar nichts zu wissen; sie verknüpfen 16, 25—27 auch inhaltlich eng mit 14, 23 und reflektiren über 16, 24 als Briefschluß. Cf die Catene (Cramer IV, 490. 528), Ökumenius und Theophylakt (Migne tom. 118 col. 604. 633; tom. 124 col. 533. 557). Joh. Damascenus dagegen, der fast nur ein Excerpt aus Chrysostomus gibt, hat die Dox. hinter 16, 24 kommentirt. Nur der Schreiber der einzigen Hs. hat in den 14, 23b—15, 7 umfassenden Abschnitt

die Dox. aufgenommen, welche dort in der Auslegung gar nicht berücksichtigt wird (ed. Lequien II, 54. 59). Unter dem Einfluß der alexandr. Tradition hat Joh. Dam. sich hier von Chrysostomus emanzipirt. Ein befremdliches Seitenstück hiezu würde es bilden, wenn Cyrillus Al. den antioch. Text befolgt hätte, was aber aus der Reihenfolge der Citate in Orat. I de recta fide ad reginas (Aubert V, 2. 118f.: Rm 10; 16, 25—27; 15, 8) nicht sicher zu folgern ist, da sofort auf Rm 4 zurückgegriffen wird. In einer anderen Citatenreihe (l. l. 59) folgen Rm 14, 10; 15, 13ff.; 16, 16. 20. Die Fragmente seines Kommentars (Mai, Nova p. bibl. III, 1, 45) behandeln Rm 14, 6. 14; 15, 7, nicht die Dox. Von der gothischen Version ist hinter Rm 14, 20 nur noch 15, 3—13; 16, 21—24 erhalten und zwar letzteres Stück in einem cod. Ambrosianus, welchem 14, 6—16, 20 fehlt, als Briefschluß. Da diese Version im wesentlichen auf einem griech. Text antiochenischer Recension beruht, so ist beinah selbstverständlich, daß sie die Dox. hinter 14, 23 aufgenommen hat, was durch den erhaltenen Briefschluß bestätigt wird. Eben dies ist aber auch für den goth. wie den parallelen lat. Text des cod. Carolinus zu Wolfenbüttel, welcher unter anderem 14, 9—20 und 15, 3—13 enthält (Tischend. Anecdota sacra et prof. 155—158; Bernhardt, Vulfila oder die goth. Bibel XLIIf. 369. 372), durch Raumberechnung festgestellt worden von Hort bei Lightfoot 340 und Riggenbach 550. Für die Existenz eines selbständigen lat. Textes, welcher die Dox. hinter 14, 23 hatte, ist der cod. Carolinus ein schwacher Zeuge. Dagegen hat Riggenbach 553f. durch Berechnung und Konjektur ziemlich sichergestellt, daß eine lat. Bibel zu Monza (Riggenb. 532; Berger, Hist. de la Vulg. 395), aus welcher Rm 10, 2—15, 10 bis auf wenige Blattreste ausgerissen ist, die Dox. hinter 14, 23 hatte, während der Brief mit 16, 24 schließt. Es spricht ferner nichts gegen die Annahme, daß die Vorlage des lat. Textes g ebenso wie die Vorlage des damit verbundenen griech. Textes G (s. A 6) die Dox. hinter 14, 23 gehabt hat. Dazu kommen die lat. Zeugen in A 4. — Für die liturgische Tradition der byzantinischen Kirche cf Scrivener Introd. I⁴, 84 (Rm 14, 19—23 + 16, 25—27 Lektion für Sabbath vor Quinquagesima).

6. Cod. G. (ed. Matthaei 1791), im 9. Jahrh. von einem irischen Mönch in der Schweiz geschrieben, mit lat. Interlinearversion hat zwischen 14, 23 (fol. 18 r.) und 15, 1 (fol. 18 v.) ein Drittel der Blattseite 18 v. unbeschrieben gelassen. Da F in bezug auf seinen griechischen Text aus G abgeschrieben ist, so hat es nichts zu bedeuten, daß in F 15, 1 sich unmittelbar an 14, 23 anschließt, und daß am Schluß des Briefes nur der aus der Vulg. abgeschriebene lat. Text auf 16, 24 noch 16, 25—27 folgen läßt. der griech. Text aber wie in G mit 16, 24 schließt. Sicher ist vor allem, daß G in seiner Vorlage die Doxologie nicht hinter 16, 24 hatte; denn ein Grund, warum ein Mönch des 9. Jahrhunderts sich gesträubt haben sollte, die Verse, die in allen Vulgatahss. an dieser Stelle zu lesen waren, abzuschreiben, wenn er sie dort in seiner Vorlage fand, ist nicht zu ersinnen. Auch wenn er sie nur in seiner griech., nicht aber in seiner lat. Vorlage dort fand, würde er den griech. Text kopirt und entweder ohne Übersetzung gelassen, oder eine solche aus der Vulg., der gewöhnlichen Bibel seines Klosters, entlehnt, oder vielleicht auch eine eigene Übersetzung versucht haben. Fand er sie nur in seiner lat., nicht aber in seiner griech. Vorlage, so würde er so wie F mit dem lat. Text sich begnügt haben. Fraglich kann nur sein, was ihn veranlaßte, hinter 14, 23 einen für die Dox. ausreichenden Raum freizulassen. Die einfachste Erklärung ist, daß er sie dort vorfand, aber vermöge seiner Vertrautheit mit der Vulg., welche hier keine Doxologie hat, Bedenken trug, das ihm in diesem Zusammenhang fremdartige Stück hier abzuschreiben. Das Freilassen des für 16, 25—27 erforderlichen Raumes ist auf alle Fälle ein halbes Verfahren und somit Beweis einer zwar ernsthaften, aber nicht bis zu Ende durchgeführten kritischen Erwägung. Eine solche aber konnten die beiden genannten Faktoren, die Existenz der Dox. in seiner Vorlage an dieser Stelle und die zweifellose

Bekanntschaft des Schreibers mit der Vulg., bewirken. Höchst unwahrscheinlich dagegen ist, daß seine Vorlage die Dox. an dieser Stelle nicht und somit überhaupt nicht enthielt (s. vorher), und daß, wie noch Hort (Lightf. Ess. 340) annahm, nur die Erinnerung an griechische Hss., welche sie hier hatten, ihm starke kritische Bedenken erregt haben sollte. Denn 1) waren griech. Hss. in den Klöstern der Schweiz im 9. Jahrh. gewiß solche Seltenheiten, daß eine Reflexion auf die Textbesonderheiten anderer griech. Hss. als der dem Schreiber gerade vorliegenden unglaublich ist. 2) Nichts konnte einen Mönch an dieser Stelle überhaupt zu besonderem Nachdenken reizen, wenn in seiner Vorlage hier die Dox. fehlte, welche er auch in der Vulg. an dieser Stelle nicht zu lesen oder im Gottesdienst lesen zu hören gewohnt war. Erst am Schluß des Briefs hätte ihm der Mangel der Dox. auffällig werden können. 3) Die Hypothese, daß es abgesehen von den marcionitischen Bibeln (s. oben A 2, unten A 9) griechische oder lateinische Bibeln ohne Dox. gegeben habe, steht auf noch viel schwächeren Füßen, als die, daß es Bibeln mit Dox. ohne c. 15. 16 gegeben habe (oben A 4). Unter den zahllosen Bibelhss. aller Sprachen ist bis heute erst eine einzige nachgewiesen, welche Rm 14—16 übrigens lückenlos, aber ohne Dox. darbietet, das ist eine aus Bobbio stammende Hs. des 9. oder 10. Jahrh. zu Mailand (Ambros. E 26 inf. cf Riggenbach 556; Berger, Hist. de la Vulg. 394). Aber was ist natürlicher, als daß in gemischten Texten, wie ihn auch diese Hs. bietet, die Verschiedenheit der Vorlagen in bezug auf die Stellung der Dox. diese schließlich auch einmal ganz um ihre Stelle brachte. In der Fortentwicklung von G zu F können wir diesen Proceß mit Händen greifen. — Man hat dem griech.-lat. Cod. D (saec. VI), welcher zwischen 14, 23 und 15, 1 keine Lücke und hinter 16, 24 die Dox. hat, ein Zeugnis für einen älteren Text ohne Dox. entlocken wollen. Während der Text in D durchweg in kurzen Sinnzeilen geschrieben ist, ist die Dox. in bedeutend längeren, wiederholt mitten im Wort abbrechenden Zeilen geschrieben, ed. Tischendorf p. 92. Hieraus schloß Corssen (Specim. II, 27), daß der Schreiber von D, der im übrigen eine in Sinnzeilen geschriebene Vorlage kopirt habe, die Dox. einer anderen, nicht in Sinnzeilen geschriebenen Hs. entnommen habe und zwar darum, weil seine Hauptvorlage die Dox. überhaupt nicht enthielt. Auf Grund der weiteren Annahme, daß auch G und F auf jene Hauptvorlage von D zurückgehen, sollte auch das Fehlen der Dox. in G (F) auf diesem Wege seine Erklärung finden. Um von Corssen's Genealogie der Hss. im übrigen hier abzusehen, so zeigte sich schon, daß das Verhalten von G zur Dox. gerade eine Vorlage voraussetzt, in welcher die Dox. hinter 14, 23 stand. Was aber D anlangt, so verlangt die Gestalt des Briefschlusses eine andere Erklärung, welche zugleich die Wiederkehr der gleichen Erscheinung am Schluß des Eph p. 327 erklärt. Eine solche gab ich schon GK II, 160 und ähnlich Riggenbach 577. Auch die letzten 4 Zeilen des Eph (von *καὶ ἀγάπη* 6, 23 bis *ἀμήν* 6, 24) sind ohne Rücksicht auf Sinnabteilung geschrieben. Dazu kommt, daß während unter allen übrigen Briefen mit Ausnahme des letzten an Philemon (GK II, 160) die Beendigung des vorangehenden und der Beginn des folgenden Briefs in 3 weiter auseinander gerückten Zeilen und mit den Worten *ἐπληρώθη ἄρχεται* angemerkt wird, unter Rm nur noch in einer einzigen Zeile *πρὸς Ῥωμαίους* und unter Eph nur noch in zwei Zeilen *πρὸς Ἐφεσίους . πρὸς Κολοσσαεῖς* steht. Ein Blick auf die Raumverhältnisse erklärt Alles. Da der Schreiber die einzelnen Briefe stets auf einer neuen Blattseite beginnen wollte, so hat er in den Fällen, wo er bei konsequenter Anwendung der Schreibung in Sinnzeilen genötigt worden wäre, für wenige Worte am Schluß des Briefs noch eine neue Seite oder vielmehr, da es sich ebensowohl um den rechtsstehenden lat. als den linksstehenden griech. Text handelt, zwei neue Seiten anzubrechen, also sehr viel Pergament unbeschrieben zu lassen, sich lieber entschlossen, jene Raum verschwendende Schreibweise aufzugeben und wenigstens bei Eph auch die Briefunterschrift aus dem gleichen Grunde kürzer zu fassen. Die 4 langen

Zeilen aus Eph 6, 23f. würden 7 Sinnzeilen ergeben haben. Da 15 Textzeilen auf derselben Seite vorangehen, so würde die letzte der (15 + 7) 22 Zeilen und die Unterschrift auf der Seite à 21 Zeilen nicht mehr Platz gefunden haben. Indem der Schreiber jene 7 Zeilen in 4 zusammenzog, erhielt er (15 + 4) 19 Zeilen Text und behielt noch 2 Zeilen für die Unterschrift, welche er eben deshalb in der angegebenen Weise kürzte und enger wie sonst zusammenrückte. Beim Rm würden die 10 (oder mit Einschluß des „Amen" 11) ohne Rücksicht auf den Sinn geschriebenen Zeilen etwa 17 oder 18 Sinnzeilen und mit Einschluß der voranstehenden 7 Sinnzeilen 24—25 Zeilen für die auf 21 Zeilen berechnete Seite ergeben haben. Bei einem passenden Einschnitt gab daher der Schreiber die weitläufige Schreibweise auf, schrieb die Dox. in längeren Zeilen und behielt diese sparsame Schreibweise bis zum Schluß bei. Er erhielt dadurch 17 Zeilen Text, ohne das Amen. Bei völliger Ausnutzung des Raums hätte außer der Schlußverzierung noch eine vollständige Unterschrift wie unter den folgenden Briefen oder doch wenigstens eine solche wie unter Eph Platz gefunden. Der Schreiber, der beim ersten Stück der Briefsammlung noch keine Regel ausgebildet hatte, zog es vor, mit dem ersparten Raum verschwenderischer umzugehen. Er setzte das *ἀμήν* gegen seine später befolgte Regel in eine besondere Zeile (18) und in einigem Abstand als Z. 19 das *πρὸς Ῥωμαίους*. Als ich die Hs. sah, habe ich hierauf nicht geachtet, verlasse mich aber auf Tischendorfs Abdruck p. 92 cf praef. IX. Vereinzelte andere Fälle, in denen die sogen. stichometrische Schreibung in D ungeschickt durchgeführt oder auch ganz aufgegeben ist (p. 130, 10 wo *ἀδελφήν*, 130, 13 wo *καί* in die folgende Zeile gehören, und p. 134, 2—4), bedürfen anderer Erklärung, welche Corssen jedenfalls nicht gefunden hat cf gegen ihn Riggenbach 575, auch dessen Bemerkungen gegen Lucht u. a. S. 565—574. Schon Tischendorf Cod. Clarom. p. 550 wollte daraus, daß ein Korrektor des 7. Jahrhunderts (D**) an der Dox. nichts zu korrigiren gefunden hat, und daß ein anderer Korrektor (D***), ein Grieche, welcher die ganze Hs. im 9. Jahrhundert mit Accenten ausstattete und Einiges korrigirte, von 16, 25—27 nur die ersten 4 Worte accentuirt hat, den Schluß ziehen, daß beide die Echtheit der Dox. angezweifelt haben. Ersteres erledigt sich dadurch, daß die Dox. in D keinen grammatischen oder orthographischen Fehler enthält. Das Andere aber erklärt sich daraus, daß jener Grieche des 9. Jahrhunderts bei seiner Revision einen griech. Text zu Rate zog, welcher, wie die große Mehrzahl der griech. Hss. seit Jahrhunderten, die Dox. hinter 14, 23 hatte. Da ihm das zur Vergleichung benutzte Exemplar hinter 16, 24 nichts mehr bot, hat er sich der Mühe nicht unterziehen mögen, *proprio Marte* den Rest des Textes zu accentuiren. Ob er sich dabei kritische Gedanken über die Echtheit oder Hergehörigkeit der Dox. gemacht hat, ist für uns gleichgiltig. Ein griech. Text ohne Dox. müßte erst entdeckt oder aus stärkeren Gründen als den bisher laut gewordenen erschlossen werden. Über den früher öfter wiederholten Irrtum von Treschov (Tentamen descr. codd., 1773, p. 55), daß in 5 Wiener Hss., welche die Dox. hinter 14, 23 haben, diese gänzlich fehlte, und über einen ähnlichen Irrtum des Erasmus cf Reiche 89 A 3.

7. Sowohl hinter c. 14 als hinter c. 16 haben die Dox. AP, einige armenische Hss und wenige griech. minusc. (Paul 5. 17. 37, darunter nr. 5 besonders bemerkenswert durch die Stellung von Phl unmittelbar vor Th, welche im Abendland während des 4. Jahrh. sehr verbreitet war GK II, 349). Die Meinung von Hort (bei Lightf. l. l. 341ff.), daß die doppelte Setzung der Dox. ursprünglicher sei als die einmalige nur hinter c. 14 hat alle Analogien gegen sich und außerdem das älteste Zeugnis, dasjenige des Origenes, welcher nur die eine Alternative kennt: „entweder hinter c. 14 oder hinter c. 16" (oben S. 277 A 2).

8. Wie es vor Herstellung der syrischen Vulgata, der sogen. Peschittha, im NT der Syrer mit der Dox. bestellt war, wissen wir nicht. Aphraates citirt nichts aus Rm

14 und 16 (incl. Dox.), sondern nur 15, 1 (Wright 141). Ephraim übergeht in seinem Kommentar (ed. lat. 43. 46) die Dox. an beiden Stellen, was nichts bedeutet, da er es mit Rm 2, 2—16; 15, 13—16; 16, 1—12 ebenso macht. Es ist auch nur die ungenaue Übersetzung der Mechitharisten, welche den Schein erweckt, als ob Ephraim 15, 1 unmittelbar an 14, 23a mit Übergehung von 14, 23b anschließe. Nach gütiger Mitteilung P. Vetter's ist das dort Z. 11 durch *subdit* wiedergegebene Wort dasselbe wie Z. 8 *dixit*. Die Kapitelziffer gehört nach dem armenischen Original hinter *manducat* Z. 10. Weiter ist zu übersetzen: *Et ut arceat et* (= etiam) *credentes* (ohne ipsos), *dixit: „Debemus inquit, nos qui potentes sumus"* etc.

9. Hier. zu Eph 3, 5 (vol. VII, 592): *Qui volunt prophetas non intellexisse, quae dixerint, et quasi in ecstasi loquutos, cum praesenti testimonio* (Eph 3, 5) *illud quoque, quod ad Romanos in plerisque codicibus invenitur, ad confirmationem sui dogmatis trahunt legentes: „Ei autem qui potest vos roborare juxta evangelium meum et praedicationem Jesu Christi secundum revelationem mysterii temporibus aeternis taciti, manifestati autem nunc per scripturas propheticas et adventum domini nostri Jesu Christi et reliqua"* (Rm 16, 25). *Quibus breviter respondendum est, temporibus praeteritis tacitum Christi fuisse mysterium non apud eos, qui illud futurum pollicebantur, sed apud universas gentes, quibus postea manifestatum est. Et pariter annotandum, quod sacramentum fidei nostrae nisi per scripturas propheticas et adventum Christi non valeat revelari. Sciant igitur qui prophetas non intelligunt nec scire desiderant, asserentes, se tantum evangelio esse contentos, Christi nescire mysterium, quod temporibus aeternis gentibus cunctis fuerit ignoratum.* Daß dies ziemlich wörtlich aus Origenes abgeschrieben sei, erkannte schon Hort (Lightf. Essays 333; append. 113). Ich meine es GK II, 428 f. bewiesen und zugleich gezeigt zu haben, daß diese Polemik des Origenes nicht, wie Hier. verstanden zu haben scheint (cf col. 589), gegen Montanisten, auch nicht, wie Hort annahm, in unklarer Mischung zuerst gegen Montanisten, sodann gegen Marcioniten, sondern ausschließlich gegen letztere gerichtet ist, und zwar gegen Marcioniten, welche im Disput mit Orthodoxen einen von ihnen selbst gar nicht anerkannten Text (Rm 16, 25 f.) gegen die Orthodoxen ins Feld führten. Wenn nun Orig. die Dox. als ein in den meisten Hss. enthaltenes Wort bezeichnet, so können den Gegensatz nur die marcionitischen Hss. bilden, in welchen sie fehlte; denn unter den kirchlichen Hss. hatte Orig. keine andere Verschiedenheit in bezug auf die Dox. gefunden, als die Verschiedenheit der Stellung teils hinter 14, 23, teils hinter 16, 23 (oben S. 277 A 2).

10. Doxologien im Verlauf der Briefe Rm 1, 25; 9, 5; 11, 36; Gl 1, 5; Eph 3, 21; Phl 4, 20; 1 Tm 1, 17; 6, 16; 2 Tm 4, 18 cf ferner 1 Pt 4, 11; 5, 11; Hb 13, 20 f. (Votum mit doxologischem Schluß; 22—24 Personalien; 25 Abschiedsgruß). In allen diesen Fällen und so auch Rm 16, 27 ist ἀμήν als Schluß der Dox. glänzend oder ausschließlich bezeugt (2 Kr 11, 31 ist nicht zu vergleichen); dagegen ist sehr zweifelhaft, ob Pl einen einzigen Brief oder Abschiedsgruß mit ἀμήν geschlossen hat. Auch Gl 6, 18 ist es wahrscheinlich mit G zu streichen. Eine Dox. als wirklicher Briefschluß findet sich im NT nur 2 Pt 3, 18; Jud 25. Vergleicht man die sonstigen Briefe des Pl, so ist überhaupt kein Grund zur Verwunderung über die angeblich gehäuften Briefschlüsse im Rm 15, 13. 33; 16, 20; 16, 24 (16, 27). Gl 1, 5 Doxologie; 6, 11 Rückblick auf den vollendeten Brief; 6, 16 Segenswunsch; 6, 18 Abschiedsgruß. 1 Kr 16, 1—18 kleinere Mitteilungen, 19—20 Grüße, 21 Ankündigung des Abschiedsgrußes, 23 f. doppelter Abschiedsgruß. 2 Kr 12, 20—13, 9 Vorblick auf den demnächstigen Besuch; 13, 10 Rückblick auf den Brief, 11 Schlußermahnung, 12 Grüße, 13 Abschiedsgruß. 1 Th 3, 11—13 Segenswunsch mit Amen, so daß alles Folgende wie ein Nachtrag erscheint; 5, 23 nochmaliger Segenswunsch, 26 Grüße, 27 Bemerkung über den jetzt vollendeten Brief, 28 Abschiedsgruß. 2 Th 2, 16 f. Segenswunsch (3, 1 τὸ λοιπόν cf 1 Th 4, 1); 3, 5 noch-

maliger Segenswunsch; 3, 16a dritter Segenswunsch, 16b Abschiedsgruß, 17 Ankündigung des letzten Grußes, 18 wirklicher Abschiedsgruß. Phl 4, 19 Segenswunsch, 20 Doxologie, 21 Grüße, 22 Abschiedsgruß. Eph 3, 20 f. Doxologie; 6, 21 f. persönliche Mitteilungen, 23 Segenswunsch, 24 Abschiedsgruß. 1 Tm 1, 17 Doxologie mit Amen; 6, 16 nochmalige Doxologie, 20 f. Schlußermahnung mit Abschiedsgruß. 2 Tm 4, 18 Doxologie mit Amen, 19—21 Grüße, 22 doppelter Abschiedsgruß. Am einfachsten sind die Schlüsse von Kl und Tit gestaltet.

11. An der Echtheit des ᾧ 16, 27 ist nicht wohl zu zweifeln; denn erstens war der sonderbaren Unvollständigkeit des Satzes sehr leicht abzuhelfen, und zweitens ist die Verbesserung sehr verschieden geraten. Die Einen änderten ᾧ in αὐτῷ (P, Copt., min. 31. 54); die Anderen strichen ᾧ (B) oder ᾧ ἡ (min. 33. 72) oder machten aus ᾧ ἡ ein εἴη (min. 55 und Scholion der min. 43). Zu letzterer Gruppe gehört auch f (der lat. Text von F, in dessen griech. Text die Dox. fehlt) und Rufin als Übersetzer des Origenes (IV, 687), welcher hier jedenfalls den sehr eigentümlichen Text des Origenes nicht treu wiedergegeben hat (GK II, 429 A 2). S[1] hat die Dox. sehr frei behandelt: „Dem Gott aber, der euch befestigen kann in [nach] meinem Ev, welches gepredigt wurde über [περὶ] Jesus Christus nach Offenbarung des Geheimnisses, das von ewigen Zeiten her verborgen war, in der Jetztzeit aber offenbart wurde durch prophetische Schriften und nach Befehl des ewigen Gottes allen Völkern kund getan wurde zum Zweck des Glaubensgehorsams: ihm, welcher allein weise ist, Preis durch Jesus Christus in die Ewigkeit der Ewigkeiten. Amen." — Clemens strom. V, 65 p. 685 und Origenes vol. I, 389. 488; IV, 104 f. 226. 257 citiren die Dox. immer nur unvollständig, ohne v. 27.

12. Die Asketen urteilten, der freisinnige Mitchrist stehe nicht fest, sondern bringe sich in Gefahr, zu fallen, wogegen Pl versichert, dieser werde wohl in seiner aufrechten Stellung erhalten werden, und der Herr habe die Macht, ihn stehen zu machen (14, 4). Die Freisinnigen aber, welche mit Pl die Asketen für schwach hielten, dieselben aber verachteten, warnt Pl davor, jenen Steine des Anstoßes in den Weg zu werfen, worüber sie straucheln könnten (14, 13. 20 f.). Auf beides zugleich nimmt das τῷ δυναμένῳ ὑμᾶς στηρίξαι 16, 25 Bezug cf besonders 14, 4 στήκει, σταθήσεται, δυνατεῖ ὁ κύριος στῆσαι αὐτόν. Die so, wie 16, 25 gesagt ist, von dem Herrn, der dazu die Macht hat, Befestigten sind die δυνατοί 15, 1 cf Phl 4, 13. Indem aber weiter das mit der Predigt Jesu identische Ev des Pl als Richtschnur der erhofften Befestigung der Römer durch Gott hingestellt, und indem dieses Ev als Enthüllung des vordem verschwiegenen, jetzt aber allen Völkern kundgewordenen und sie alle umfassenden Ratschlusses Gottes bezeichnet wird, wird auch bereits die Erörterung des Gegensatzes zwischen Juden- und Heidenchristen in Rm 15, 1—13 und der Hinweis auf den besonderen Beruf des Heidenapostels 15, 15—20 vorbereitet. Das κήρυγμα Ἰησοῦ 16, 25 weist schon hin auf das geschichtliche Wirken Jesu 15, 3. 8; das hier sehr auffällige διά τε γραφῶν προφητικῶν 16, 26 auf 15, 4. 9—12. Hofmann, welcher nach Griesbach für die Ursprünglichkeit der Stellung von 16, 25—27 hinter 14, 23 eintrat (III, 577), wollte den mit τῷ δὲ δυναμένῳ begonnenen und durch μόνῳ σοφῷ θεῷ 16, 27 wieder aufgenommenen Satz in 15, 1 seine regelmäßige Fortsetzung finden lassen. Die Konstruktion von ὀφείλω c. dativo und nachfolgendem Infinitiv wäre nicht zu beanstanden cf 8, 12; 13, 8; und vielleicht auch das δέ 15, 1, dessen Echtheit nicht zu bezweifeln ist, grammatisch zu rechtfertigen. Stilistisch betrachtet aber ergibt sich ein ungeheuerliches Satzgebilde. Wahrscheinlicher ist doch und entspricht der Schreibweise gerade des Pl viel mehr, daß er nach der einmal eingetretenen Überladung des begonnenen Satzes durch Zwischenbemerkungen, trotz der Wiederaufnahme des betonten Dativobjekts, durch die aufs neue sich zwischen eindrängende Dox. mit ihrem feierlichen Amen von der ursprünglich beabsichtigten Satzbildung sich hat abdrängen lassen.

13. Hinter dem Votum 16, 20a haben alle Zeugen mit Ausnahme von DG (dg) und vielleicht noch Sedulius den Gruß ἡ χάρις τοῦ κυρίου ἡμῶν Ἰησοῦ μεθ' ὑμῶν (ohne ἀμήν). Ganz überwiegend bezeugt ist aber auch der zweite Abschiedsgruß, ἡ χ. τ. κ ἡμ. Ἰ. Χρ. μετὰ πάντων ὑμῶν (mit oder ohne ἀμήν), nur daß er teils hinter 16, 23 (als v. 24) geschrieben steht (so DG; die antioch. Recension [L, die Masse der min., die antioch. Ausleger]; von den Versionen die goth. und S³; Lateiner wie Pelagius [Hier. Vallarsi XI, 3, 217] und manche Hss der Vulg.), teils hinter 16, 27 (so P, wenige min., S¹, Armen., Ambrosiaster). Er fehlt gänzlich in ℵABC, wenigen min., Copt. und wichtigen Hss der Vulg., wahrscheinlich auch im Text des Origenes. Daraufhin haben ihn Tischendorf und Westcott-Hort als Dublette neben 16, 20 gestrichen. Aber 1) v. 24 unterscheidet sich nach überwiegender Bezeugung von v. 20 durch eine vollere Bezeichnung Christi und durch das eingeschobene πάντων. 2) Die Duplicität des Abschiedswunsches (16, 20. 24) ist durch so mannigfaltige Zeugen (S¹, die antioch. Recension, den sonst vielfach von dieser abweichenden P, Ambrosiaster und Pelagius) vertreten, daß sie in hohes Alter hinaufreichen muß. 3) Es widerstreitet der konstanten Gewohnheit des Pl, mit Bestellung von Grüßen an Einzelne oder von Einzelnen ohne förmlichen Abschiedswunsch den Brief zu schließen. Dagegen vermeidet er durchaus nicht einen doppelten Abschiedsgruß, sei es, daß er zwei wesentlich gleichartige Abschiedsgrüße wie ein doppeltes „Lebewohl" verbindet (1 Kr 16, 23. 24; Eph 6, 23. 24), sei es, daß er zwischen die beiden Abschiedsgrüße noch andere Zwischenbemerkungen einschiebt 2 Th 3, 16b. 18 (s. oben A 10). An jenen beiden Stellen hat er geradeso wie Rm 16, 24 erst dem zweiten und letzten Abschiedsgruß ein πάντων eingefügt. Auch 2 Tm 4, 22 verhalten sich die beiden dicht neben einander gestellten Abschiedsgrüße zu einander wie das Besondere zum Allgemeinen. 4) Unter der doppelten Voraussetzung, welche die tonangebenden Textkritiker nicht bewiesen, sondern als Axiomata der Erörterung der Frage zu Grunde gelegt haben, daß die Dox. an den Briefschluß gehöre, und daß 16, 24 unecht sei, bleibt die Textüberlieferung von 16, 20—27 unerklärlich. Sollte die nachträgliche Versetzung der Dox. vom Schluß an eine frühere Stelle des Briefs das Bedürfnis eines Abschiedsgrußes als Briefschluß erzeugt haben, welches dann durch Erdichtung von 16, 24 oder durch Versetzung von 16, 20b hinter 16, 23 befriedigt wurde, so wäre dessen Vorhandensein in all' den übrigens sehr verschiedenartigen Texten unbegreiflich, welche die Dox. in c. 16 und zugleich, sei es vor, sei es hinter derselben den Abschiedsgruß 16, 24 (D P S¹ Arm. Ambrst. Pelag.) und fast alle (von den genannten nur D nicht) außerdem auch 16, 20b haben. 5) Sehr einfach dagegen erklärt sich der Tatbestand unter der Voraussetzung, daß die Dox. ursprünglich hinter 14, 23 stand. Die Versetzung der Dox. an den Schluß des Briefs geschah teils so, daß man sie lediglich an den bisherigen Schluß (16, 24) anschob (D, Pelag. Sedul.), teils so, daß man sie zwischen 16, 23 und 16, 24 einschob, um den bisherigen Briefschluß zu behalten (P, min. 17. 80 S¹ Arm. Ambros.). Eine dritte Gruppe, welche wahrscheinlich schon zur Zeit des Origenes ihre Vertreter hatte, sah die Dox. als einen vollgenügenden Ersatz des bisherigen Briefschlusses an (cf Jud 24f.; 2 Pt 3, 18) und strich 16, 24 um so leichter, als schon 16, 20 wesentlich der gleiche Abschiedsgruß zu lesen war. In letzterer Erwägung trafen sie mit denjenigen Occidentalen zusammen, welche schon vor Versetzung der Dox. an den Schluß 16, 20 als neben 16, 24 entbehrlich gestrichen hatten (G und vielleicht die Vorlage von D s. Anfang dieser A). — Auch auf den Text der Dox. selbst hat deren Versetzung einen verderblichen Einfluß geübt. Die Zeugen für die Stellung hinter 14, 23 (antioch. Rec.) haben sämtlich die einfachere Form εἰς τοὺς αἰῶνας ohne τῶν αἰώνων, und diejenigen, welche die Dox. an beiden Stellen haben (AP), beweisen die wesentliche Zugehörigkeit der beiden Textformen zu der einen und der anderen Stellung dadurch, daß sie hinter c. 14 die kürzere, hinter c. 16 die längere Form der Dox. (mit

των αἰώνων) darbieten. Hat nun an sich schon die kürzere Form das Vorurteil der Ursprünglichkeit für sich, so wird das hier durch so gute Zeugen wie BC vollends bestätigt, welche trotz der Versetzung der Dox. deren kürzere Form bewahrt haben. Die Erweiterung der Dox., zu welcher ihre Stellung am Briefschluß einlud, ist also nicht sofort oder nicht überall unmittelbar mit der Versetzung verbunden gewesen. Diejenige Zeugengruppe aber, welche den ursprünglichen Text der Dox. einstimmig vertritt, verdient auch in bezug auf die Stellung der Dox. den Vorzug vor derjenigen Gruppe, welche in ihrer überwiegenden Mehrheit mit der Stellung am Schluß zugleich den verderbten Text vertritt.

14. Bengel, Appar. Crit. (ed. II) 340: *Videntur Graeci, ne lectio publica in severam sententiam* (14, 23) *desineret, hanc ei clausulam attexuisse cf var. Mt 3, 11.* Gemeint ist die dortige Auslassung von *καὶ πυρί*. Aber was will das besagen im Vergleich mit Versetzung eines inhaltreichen Abschnitts von seiner ursprünglichen Stelle. Und wieviel näher lag es, zu gleichem Zweck die Lektion bis 15, 4 oder 15, 7 fortzusetzen, oder wenn einmal Textversetzungen für erlaubt galten, ein Votum wie 15, 13 herzusetzen, welches an 14, 17 und zugleich an 14, 23 (durch *ἐν τῷ πιστεύειν*) anklingt! Hort bei Lightfoot 342 nahm an, daß in alten Zeiten Rm 16 nicht im Gottesdienst gelesen wurde, und daß man daher die erbauliche Dox. mit einer benachbarten Lektion verband. Da hieraus nicht die Beseitigung der Dox. hinter c. 16, sondern nur die Versetzung an eine frühere Stelle erklärt wäre, gelangte Hort zu der oben S. 285 A 7 erwähnten unhaltbaren Hypothese. Ferner würde die Nichtbenutzung von 16, 1—24 in der Liturgie nicht erklären, daß man die Dox. hinter 14, 23 und nicht lieber hinter oder vor 15, 13 oder vor 15, 33 stellte. Daß die dortigen Vota kein Hindernis gewesen wären, sieht man aus Phl 4, 19f.; Hb 13, 20f.; 1 Pt 5, 10. Diese Erklärung würde also nur dann in Erwägung zu ziehen sein, wenn zu beweisen wäre, daß auch c. 15 von kirchlicher Lesung ausgeschlossen war. Die vorhandenen Lektionare aber geben Lektionen aus c. 15 (cf Scrivener Introd. I[4], 82) am 7. Sonntag n. Pfingsten Rm 15, 1—7; am 10. Sabbath n. Pf. Rm 15, 30—33; auch Rm 15, 7—16 und 15, 8—12 an Wochentagen Zacagni Coll. mon. I, 587; ebendort p. 538 cf p. 575f. die 5. Lektion des Euthalius, dessen c. 18. 19 = Rm 15, 1—33 umfassend. Das Lektionar im Fuld. ed. Ranke 165 umfaßt Rm 15, 8ff. Aber selbst wenn es vor Origenes ein Lektionssystem gegeben haben sollte, welches Rm 15—16 ausschloß, wäre undenkbar, daß es in so früher Zeit einen so mächtigen Einfluß auf die Textgestaltung geübt haben sollte, daß die angeblich dadurch bewirkte Umstellung der Dox. dem Origenes als die ältere Textgestalt erschien. Auch die Erklärung von Riggenbach 603f., man habe den Rm mit demselben Segenswunsch schließen lassen wollen, wie die übrigen Briefe, befriedigt nicht. Man hätte diesen Zweck ja viel einfacher dadurch erreicht, daß man 16, 24, oder wenn dieser V. noch nicht existirte, 16, 20 hinter die Dox. stellte, wie Phl 4, 23 (cf 20); Hb 13, 25 (cf. 21); 2 Tm 4, 22 (18); 1 Pt 5, 14 (cf 11) der Abschiedsgruß bald genug auf die Dox. folgte, und wie er wirklich von bedeutenden Zeugen (oben A 13) in Rm unmittelbar hinter die Dox. 16, 25—27 gestellt worden ist.

15. Rücksichtlich der Pesch., deren ältere Grundlage hier für uns nicht zu ermitteln ist (oben A 8), ist zu erinnern, daß schon vor ihrer endgiltigen Redaktion das syrische NT Einflüsse von Alexandrien her erfahren hat cf GK I, 386. 406; II, 560. 564. Das Abendland ist schon im Anfang des 4. Jahrh. durch Pierius „den jüngeren Origenes" mit alexandrinischer Textkritik bekannt geworden (Hieron. v. ill. 76). Die räumliche Entfernung der beiden Stellen 14, 23 und 16, 24 ist viel zu groß, als daß Umstellungen wie die in 1 Kr 14, 33—40; 15, 26, welche wahrscheinlich auf mechanischem Wege entstanden sind, verglichen werden könnten. Eher vergleichbar wäre die schwankende Stellung von Jo 7, 53 - 8, 11. Aber erstens ist das eine erst vom 5. Jahrh. an ins NT

eingedrungene Perikope. Zweitens ist nicht zu bezweifeln, daß der, welcher sie zuerst mit dem 4. Ev verknüpfte, sie dahin stellte, wo sie der Textus receptus und die ältesten Hss. haben, und daß erst spätere kritische Bedenken die Versetzung hinter Jo 21 veranlaßt haben. In bezug auf das Alter lassen auch solche Änderungen wie die Einschiebung von ἐν Ἐφέσῳ Eph 1, 1 sich nicht mit der Versetzung der Dox. vergleichen. Wir werden vielmehr in die Zeit versetzt, da man dem unvollendeten Ev des Mr in verschiedener Weise zu einem passenden Schluß zu verhelfen suchte, da Tatian sein Diatessaron zusammenstellte und auch die Briefe des Pl in kühner Weise behandelte (Eus. h. e. IV, 29, 6).

16. Um die variante Stellung der Dox. und zugleich die angebliche Vielheit der Briefschlüsse (16, 25—27; 15, 33; 16. 20; 16, 24) zu erklären, nahm Griesbach l. l. an, Pl habe nach Vollendung des eigentlichen Briefs c. 1—14, da das dazu bestimmte Schreibmaterial erschöpft war, 1) auf ein besonderes Blatt die als Schluß gedachten Sätze 16, 25—27 vielleicht mit 16, 24 geschrieben, 2) wieder auf ein anderes Blatt 16, 21—23 oder 16, 21—24, sodann 3) als eine Nachschrift zu c. 1—14 + 16, 25 - 27, deren Bedürfnis sich ihm erst nachträglich herausstellte, auf ein drittes Blatt c. 15, endlich 4) wieder auf ein besonderes Blatt 16, 1—20. Bei der literarischen Vervielfältigung seien die Blätter verschieden geordnet worden. Das Wesentliche dieser Hypothese hat sich Eichhorn, Einl. III, 32 und auch noch Laurent, Ntl. Stud. S. 31 angeeignet, letzterer jedoch mit der notwendigen Verbesserung, daß er an die Stelle der Pergamentblätter Papyrusstreifen setzte (cf 2 Jo 12 χάρτης, Birt, Buchwesen S. 61 f.). Gegen diese und jede ähnliche Hypothese spricht Folgendes: 1) Daß die sämtlichen Exemplare des Rm als Literaturwerk gerade auf 2 Archetype zurückgehen, von welchen der eine die Dox. hinter c. 14, der andere hinter c. 16 gestellt hatte, wäre ein sonderbarer Zufall. Entweder gehen alle Exemplare auf ein einziges ordentlich redigirtes Exemplar zurück, wobei die variante Stellung der Dox. unerklärt bleibt, oder die „disjecta membra epistulae“ blieben im Archiv der römischen Gemeinde ungeordnet liegen, und es wurden je nach Bedarf Abschriften davon genommen. In diesem Fall müßte man nicht zwei, sondern viele verschiedene Anordnungen von c. 15—16 in der Literatur antreffen. 2) Es ist schwer denkbar, daß Pl oder sein Schreiber Tertius (16, 22) es versäumt haben sollten, durch Zusammenleimen der Papyrusblätter dafür zu sorgen, daß der Brief so, wie er gemeint war, in die Hände der Leser kam. — Renan (St. Paul, 1869 p. LXIII—LXXV) erklärte den Rm für ein Cirkularschreiben, welches Pl selbst in 4 Exemplaren ausfertigen ließ: 1) für die Römer c. 1—11. 15; 2) für die Epheser c. 1—14 + 16, 1—20 (mit einigen Änderungen in c. 1); 3) für die Thessalonicher c. 1—14 + 16, 21—24; 4) an eine unbekannte Gemeinde c. 1—14 + 16, 25—27. Es liegt auf der Hand, daß mit einigen Änderungen in c. 1 (etwa Beseitigung von ἐν Ῥώμῃ 1, 7. 15) Rm 1—11 noch lange nicht geeignet gewesen wäre, ein Brief für die Epheser und die Thessalonicher zu sein. In 1, 1—16 ist kaum ein Satz enthalten, der nicht nach Inhalt und Form durch die Rücksicht auf Rom und das besondere Verhältnis des Pl zu den dortigen Christen bedingt wäre. Abgesehen von der Überschrift (oben S. 251 f.), denke man sich 1, 8—16a nach Macedonien gerichtet, wo Pl kurz vor Abfassung des Rm Wochen oder Monate lang gewesen war! Durch die Rücksicht auf Rom ist aber auch das Thema 1, 17. 18 und dessen ganze Ausführung bis c. 11, 36 diktirt. Was sollten, um nur das Äußerlichste zu erwähnen, die überwiegend heidenchristlichen Gemeinden von Ephesus und Thessalonich bei c. 7, 1—6; 8, 15 und schon bei 6, 16 f. (oben S. 265 A 7) sich denken? Bedurfte aber der ganze Brief einer völligen Umarbeitung, um auch für andere Gemeinden als die von Rom geeignet zu sein, wo zeigen sich die Spuren der verschiedenen Recensionen, aus welchen unser Rm zusammengearbeitet worden sein soll? Lightfoot in seiner Widerlegung von Renan's Hypothese (Bibl. Essays 287—320)

stellte doch im Anschluß an dieselbe eine ähnliche auf und hielt sie gegen die Kritik von Hort (ebenda 321–351) im wesentlichen aufrecht (ebenda 352—374): Pl selbst habe in späterer Zeit, etwa während seiner römischen Gefangenschaft, den ursprünglich an die römische Gemeinde gerichteten Brief, welcher c. 1—14; 15, 1—16, 23 umfaßte, zu einer für weitere Kreise bestimmten Schrift umgearbeitet, indem er 1, 7 ἐν ἀγάπῃ für ἐν Ῥώμῃ ἀγαπητοῖς schrieb; 1, 15 (τοῖς) ἐν Ῥώμῃ strich, indem er ferner 15, 1—16, 23 wegschnitt, dafür aber 16, 25—27 als Schluß der Schrift neu schuf. Aber 1) ein so halbes und äußerliches Verfahren, wodurch die örtliche Bestimmung des Briefs nur ein wenig verdunkelt, aber durchaus nicht beseitigt wurde (s. vorhin gegen Renan), ist am wenigsten dem Pl selbst zuzutrauen. 2) Warum sollte er 15, 1—13 weniger für einen größeren Leserkreis geeignet gefunden haben, als 1, 8—16 oder 14, 1—23? Das Verhältnis von Besonderem zu Allgemeinem, welches zwischen jenem Abschnitt und diesen besteht, ist das gerade umgekehrte von dem, welches Lightfoot vorausgesetzt zu haben scheint. 3) Da Pl sonst nichts dagegen gehabt zu haben scheint, daß seine an einzelne Gemeinden gerichteten Briefe von anderen gelesen werden (Kl 4, 16), so ist kein Motiv für diese an sich schon befremdliche Literatenarbeit des Apostels zu ersinnen. 4) Die Stützen, welche Lightfoot in der Überlieferung zu finden meinte, sind mehr als gebrechlich. Marcion würde sich, auch abgesehen davon, daß er die Dox. nicht und dagegen Teile von c. 15. 16 hatte, wegen seiner Behandlung der Texte überhaupt nicht dazu eignen (oben S. 277f.). Ebensowenig cod. G und die sämtlichen Zeugen für die Stellung der Dox. hinter 14, 23; denn es fehlt jede Spur davon, daß sie auf einen Text ohne c. 15, 1—16, 23 zurückgehen. Was endlich die oben S. 278f. A 3 besprochenen Varianten zu Rm 1, 7 anlangt, so läge an sich die Annahme nicht ferne, daß dort ἐν Ῥώμῃ ebenso wie Eph 1, 1 ἐν Ἐφέσῳ ein späterer Eintrag sei. Aber man sollte dann erstlich erwarten, daß die sämtlichen oder doch mehrere der Zeugen für ἐν ἀγάπῃ (statt ἐν Ῥώμῃ ἀγαπητοῖς) auch noch andere Spuren der abgekürzten Recension enthielten, was nicht der Fall ist. Die Dox., welche an sich und rücksichtlich ihrer Stellung hinter 14, 23 für die kürzere Recension charakteristisch sein soll, hat die Mehrzahl dieser Zeugen hinter 16, 23 und alle haben überhaupt 15, 1—16, 23. Nur G hat eine Vorlage gehabt, welche die Dox. hinter 14, 23 hatte, ist ihr aber hierin nicht gefolgt (oben S. 283). Diese Zeugen stimmen aber auch in bezug auf 1, 7 nicht unter einander überein, und mit der notwendigen Tilgung von τοῖς ἐν Ῥώμῃ 1, 15 steht G völlig vereinsamt (oben S. 280 Z. 3). Es ist aber doch undenkbar, daß Abschreiber jener angeblichen kürzeren Recension 1, 7 an dem Mangel einer Ortsangabe keinen Anstoß nahmen, wo Jeder eine solche erwartet, und dagegen 1, 15, wo eine solche sehr entbehrlich ist, sie aus einem Exemplar der längeren Recension eingetragen haben sollten. Wir sehen also vielmehr einen Prozeß der Textverderbnis, welcher in 1, 7 begonnen hat, in G so weiterentwickelt, daß er auch 1, 15 ergriffen hat. Der in der alten Kirche mächtige Gedanke, daß die Briefe des Pl trotz ihrer verschiedenen Adressen eine allgemeine Bestimmung haben (Can. Murat. 47—59; Apollonius bei Eus. h. e. V, 18, 5; Ambrosiaster zu Kl 4, 16 p. 276 und GK II, 74f.), hat schon vor Origenes zu einem schwachen Versuch verleitet, den anscheinend, so wie kein anderer, für die ganze Christenheit geschriebenen Rm seiner speziellen Bestimmung zu entkleiden.

17. Daß in dem Ev des Pl die Universalität des Heilswillens Gottes deutlicher wie vorher offenbar geworden sei, ist schon 2, 16 (cf 1, 16; 3, 29) aus ganz besonderem Anlaß gesagt; daß aber dieses Ev des Pl doch nicht seine Sonderlehre, sondern die eine Heilsbotschaft in besonderer geschichtlicher Gestalt sei, ist 1, 1 durch die Bezeichnung als Ev Gottes, hier durch die Gleichstellung mit der Predigt Jesu gewahrt. Der Hinweis auf den innigen Zusammenhang derselben mit dem AT, welcher sich 16, 26 wie 3, 21; 10, 11 auf den Inhalt des Ev bezieht, sollte 1, 2 (cf 10, 15; Lc 4, 17f.), also an

einer Stelle, deren Wortlaut sich viel näher mit 16, 26 berührt, als jene sachlich verwandteren Stellen, vielmehr den Gedanken ausdrücken, daß Gott schon vor Zeiten verheißen habe, er wolle einst eine solche Heilsbotschaft ausgehen lassen. Wenn die Worte *εἰς ὑπακοὴν πίστεως εἰς πάντα τὰ ἔθνη* mit 1, 5 cf 6, 17; 10, 16; 15, 18; 16, 19; 2 Th 1, 8 beinah gleichlauten, so ist doch auch die gerade bei einem Kompilator befremdliche Abweichung zu beachten. Das *στηρίζειν* der Römer, welches Pl durch seinen Besuch zu erreichen hofft (1, 11), muß er jetzt, da er nicht sofort nach Rom kommen kann (15, 23—33), vorläufig Gott überlassen. Daß im Ev ein vorher zwar schon bezeugtes, aber noch verhülltes Gut kund geworden sei (3, 21 *πεφανέρωται* = *φανερωθέντος* 16, 26) und immer wieder dem gläubigen Hörer sich enthülle (1, 17 *ἀποκαλύπτεται* = *κατὰ ἀποκάλυψιν* 16, 25) war schon gesagt. Daß aber das Korrelat dieser Begriffe nicht dort, sondern nur 16, 25 durch *μυστήριον* ausgedrückt ist, beweist nur wieder, daß hier nicht ein Pseudopaulus den Pl kopirt. Dort brachte es der Zusammenhang und Lehrzweck mit sich, daß das reale Gut, welches durch das Ev enthüllt wird, die Gottesgerechtigkeit genannt wurde. Hier war dazu kein Anlaß, und genügte es, die Gegenwart als eine Zeit zu charakterisiren, in welcher allen Menschen offenbar geworden ist, was früheren Geschlechtern ein verschlossenes Geheimnis gewesen war; denn in dieser Vergangenheit, welche für manche Leser durch das Ev noch nicht überwunden war, wurzeln die Schäden, Zwiste und Unklarheiten, gegen welche Pl c. 14, 1—23; 15, 1—13 anzukämpfen hat. Es ist ja richtig, daß dies auch in den älteren und weniger angefochtenen Stücken der Plbriefe nicht seltene Wort (Rm 11, 25; 1 Kr 2, 7; 4, 1; 13, 2; 14, 2; 15, 51; 2 Th 2, 7 cf Phl 4, 12) so wie hier nur Eph 1, 9; 3, 4. 9; 6, 19; Kl 1, 26f.; 2, 2; 4, 3, also in einem sehr engen Umkreis als formale Bezeichnung des Heilsrates Gottes oder des Inhalts des Ev vorkommt, und daß namentlich Eph 3, 3—6; Kl 1, 26f. sich nahe mit Rm 16, 25f. berühren. Aber nichts verrät eine Entlehnung von dort her, und daß Pl, wenn anders er der Vf von Eph und Kl ist, die dort ausgesprochenen Gedanken, daß nämlich die Beteiligung der Heidenwelt am Heil lange Zeit verborgen oder ein Geheimnis gewesen, im Ev aber enthüllt sei, nicht erst einige Jahre nach Abfassung des Rm gefaßt habe, braucht nicht erst bewiesen zu werden. Die Ausdrücke *ἀπὸ χρόνων αἰωνίων* (cf *πρὸ χρ. αἰ.* 2 Tm 1, 9; Tt 1, 2), *κατ' ἐπιταγὴν . . θεοῦ* (cf 1 Tm 1, 1; ähnlich Tt 1, 3), *τοῦ αἰωνίου θεοῦ* (cf 1 Tm 1, 17 *τῷ βασιλεῖ τῶν αἰώνων*) haben als Anklänge an die Pastoralbriefe Bedenken erregt. Aber abgeschrieben ist keiner, am wenigsten der letzte, und die einzelnen Elemente haben nichts auffallendes. Pl gebraucht *αἰώνιος* außer in der Dox. und den Pastoralbriefen 10 mal; *κατ' ἐπιταγήν* 1 Kr 7, 6; 2 Kr 8, 8 (cf 1 Kr 7, 25), was auch in solcher Verbindung eine gewöhnliche Redensart ist (z. B. *κατ' ἐπιταγὴν τῆς θεᾶς* auf einer phrygischen Inschrift Journal of hell. stud. 1883 p. 388). Das einzige, was man durch solche Anklänge zwar nicht beweisen, aber doch, wenn andere Beweisgründe dafür vorliegen, dadurch bestätigen könnte, wäre dies, daß Rm 16, 25—27 von demselben Menschen wie die Pastoralbriefe geschrieben sei. So verhält es sich auch, wenn man Pl darunter versteht. Daß dagegen derselbe Pseudopaulus, der die Pastoralbriefe erdichtet, den Rm interpolirt habe, wäre eine absurde Behauptung.

18. Grüße von großen Gesamtheiten an sämtliche Adressaten finden sich 1 Kr 16, 19f.; 2 Kr 13, 12; cf Tt 3, 15; 1 Pt 5, 13; Hb 13, 24; neben spezielleren Grüßen auch Phl 4, 22; Rm 16, 16. Nichts von Grüßen am Schluß haben Gl, Eph, 2 Th, 1 Tm; nur eine Aufforderung, sich gegenseitig im Namen des Pl zu grüßen 1 Th 5, 26 cf Rm 16, 16a. Völlig vereinzelt steht die Anrede einzelner Personen im Verlauf des Briefs Phl 4, 2f. Grüße an Einzelne und von Einzelnen finden sich abgesehen von den an Orte, die Pl noch nicht gesehen hatte, gerichteten Briefen, dem Rm und Kl (oben S. 274), nur noch in den Privatbriefen Phlm 23f.; 2 Tm 4, 19—21. Daß selbst bei kürzerem persön-

lichem Verkehr mit einer Gemeinde des Grüßens kein Ende werden würde, wenn man alle persönlichen Beziehungen, welche sich bei solcher Gelegenheit gebildet haben, in Grüßen zum Ausdruck bringen wollte, veranschaulichen Formeln wie die bei Ign. Smyrn. 13; ad Pol. 8 *ἀσπάζομαι πάντας κατ' ὄνομα* und *ἐξ ὀνόματος* cf Ägypt. Urk. 27, 18; 93, 28. In den Briefen an die von ihm gestifteten Gemeinden zu Philippi, Thessalonich, Korinth und in Galatien verzichtet Pl aus dem gleichen Grunde gleich völlig auf persönliche Grüße. Er würde es also wohl auch in einem Brief an die Epheser so gehalten haben.

19. Baur (I, 394): „15, 1—13 enthält nichts, was nicht der Apostel schon 12, 1 f. besser als hier gesagt hätte". Antwort: Pl hat 12, 1 f. gar nichts ähnliches gesagt; er berührt 15, 1—13 überhaupt zum ersten Mal im ganzen Brief den Unterschied der jüdischen und der heidnischen Glieder innerhalb der Gemeinde als einen die Einheit des Glaubens und des Kultus gefährdenden Gegensatz, zu dessen Überwindung er beide Teile ermahnt. Daß es Heidenchristen in Rom gab, erfuhr man schon 11, 13; aber nur die Heidenchristen, nicht beide Teile der Gemeinde wurden 11, 16ff. ermahnt, und zwar zum richtigen Verhalten nicht gegen die jüdischen Christen, sondern gegen die ungläubigen Juden. — Nach Baur 394f., Lucht 174ff. sollen 15, 8f. den Judenchristen Konzessionen gemacht sein, welche Pl nicht mache. Aber die geschichtliche Tatsache, daß die persönliche Wirksamkeit Christi sich auf Israel beschränkt habe (*γεγενῆσθαι*), hätte nicht einmal ein fanatischer Antisemit leugnen können, geschweige denn Pl, der darauf Gewicht legt, daß alle Offenbarungen mit Einschluß der letzten und größten diesem Volk anvertraut und in Israel erfolgt seien (3, 2; 5, 20); daß Jesus im ganzen Umfang seines Lebens unter dem Gesetz gestanden habe, um zunächst die unter dem Gesetz stehenden Israeliten zu erlösen (Gl 4, 4f.; 3, 13; Rm 7, 4), und daß erst in folge seines Todes und des Unglaubens Israels das Heil den Heiden sich zugewendet habe (Gl 3, 14; Rm 11, 11—15. 30). Dadurch, daß die Erscheinung Christi in Israel als Bewährung der Treue Gottes in Erfüllung seiner den Patriarchen gegebenen Verheißungen bezeichnet wird, ist so wenig ausgeschlossen, daß sie ein Gnadenakt gewesen sei, daß vielmehr Verheißung und Gnade Korrelate sind (Rm 4, 13—16; Gl 3, 17f.). Daß aber Gott in Erfüllung seiner Verheißungen Israel gegenüber seine Treue bewiesen habe und ferner beweisen werde, wird Rm 3, 3; 9, 4-6; 11, 1 f. 27—29 nicht minder stark betont. Daß die Heiden ein ähnliches, geschichtliches Anrecht auf das Heil haben, wie die Juden, hat Pl nie gelehrt. Es ist daher nicht einzusehen, warum er nicht hier wie 11, 30 als das Charakteristische der Stellung der Heiden zum Heil das betonen soll, daß sie dieselbe dem reinen Erbarmen Gottes verdanken. Eine Konzession an die Judenchristen, die zu denken gibt, ist nicht 15, 8f., sondern 14, 5 zu lesen s. § 23. — Vermöge des schier unglaublichen Misverständnisses, als ob Pl 1, 10 voraussetzte, den Römern fehle „das Wesen der tieferen Erkenntnis", nämlich „das Pneumatische", welches ihnen Pl erst mitteilen müsse (Baur 396. 399), muß dann freilich die Anerkennung in 15, 14 und die weiterhin folgende entschuldigende Bemerkung über sein Briefschreiben als ein Widerspruch erscheinen. In der Tat hat er dort, wo übrigens von dem Brief gar keine Rede ist, seine Erwartung in bezug auf den Ertrag seines bevorstehenden Besuchs für die Römer viel bescheidener ausgedrückt wie 15, 29 (oben S. 253. 261). Daß sein Schreiben an die Römer ein Wagnis war, ist erstens selbstverständlich wahr, da Pl, der sich vorwiegend als Heidenmissionar fühlte, kein unmittelbar aus seinem Beruf sich ergebendes Verhältnis zu der römischen Gemeinde hatte. Der aufmerksame Leser erfährt das aber auch nicht erst durch 15, 15, sondern von der diplomatisch abgefaßten Grußüberschrift an durch den Ton des ganzen Briefs. Nirgendwo der Ton des Lehrers gegenüber seinen Schülern, nichts von einem *νουθετεῖν* (1 Kr 4, 14; Kl 1, 28; 1 Th 5, 12. 14; AG 20, 31), welches doch auch unter gleichstehenden Brüdern gestattet ist (Kl 3, 16; 2 Th

3, 15; Rm 15, 14) oder gar von einem παραγγέλλειν (1 Kr 7, 10; 11, 17; 1 Th 4, 11; 2 Th 3, 4. 6. 10. 12) und διατάσσεσθαι (1 Kr 7, 17; 11, 34; 16, 1), sondern überall der rücksichtsvollste Ton der Verständigung mit Gleichberechtigten und der brüderlichen Paraklese. Unpaulinisch, ja sogar mit der Abfassung eines Briefs an die Römer unverträglich soll der 15, 20 proklamirte Grundsatz sein, immer nur da Ev zu predigen, wo Christus noch nicht genannt worden sei. Aber 1) sagt Pl nur, daß er in solcher grundlegenden Missionsarbeit seine Ehre suche, und keineswegs, daß er jede Fortführung einer durch Andere begonnenen Missionsarbeit als eine Sünde oder Torheit ansehe. Es entspricht 2) der hiesigen Aussage sein tatsächliches Verhalten seit dem Beginn der ersten Missionsreise. Wie in Korinth (1 Kr 3, 10), so hat er überall grundlegend gewirkt; und ganz ähnlich wie hier spricht er sich 2 Kr 10, 15f. aus. 3) Die Abfassung des Rm ist gar kein εὐαγγελίζεσθαι, kann also auch mit jenem Grundsatz nicht in Widerspruch stehen. 4) Pl hat auch 1, 13—15 überaus bescheiden von seiner Missionsarbeit in Rom geredet (oben S. 253. 261. 263). Den Grund davon, daß er Rom nicht zu einer Hauptstation seiner Missionspredigt machen will, kann Jeder dem tatsächlichen Verhalten des Pl entnehmen. Wo eine, sei es durch ihn selbst, sei es durch Andere gestiftete lebensfähige Gemeinde existirte, war seines Bleibens nie lange und seines εὐαγγελίζεσθαι nicht viel. Aber es war doch natürlich, daß Pl sich darüber ausspreche, was für ihn, den rastlosen Missionar, der Zweck seiner Reise ins Abendland sei, wenn er doch in Rom nicht viel auszurichten gedenkt. Was man 1, 13—15 vermißt, findet man 15, 22—29. Rom ist ihm ein Durchgangspunkt auf dem Wege nach Spanien. Daß Pseudopl Rom und Italien als die Provinz eines anderen Apostels ansehe, war eine durch nichts zu begründende Insinuation Baurs (398). Sie befremdet um so mehr, wenn man hört, daß dieser Mann mit dem Vf der AG gleichgesinnt gewesen sein soll (398. 408), welche bekanntlich mit einer kurzen, aber schwungvollen Beschreibung einer 2jährigen Predigtwirksamkeit des Pl in Rom schließt und von einem andern Apostel Roms nichts sagt. Wenn Baur (401) die spanische Reise „zum Unglaublichsten, was aus dem Leben des Ap. gemeldet wird", rechnete, so bedachte er nicht, daß die etwaige Ungeschichtlichkeit dieser Überlieferung für den wirklichen Pl durchaus kein Hindernis war, eine dahin gehende Absicht auszusprechen, wohl aber ein kaum zu überwindendes Hindernis für einen Pseudopl, zumal wenn dieser noch dem 1. Jahrhundert angehört (s. oben 274), dem Apostel eine solche Äußerung in den Mund zu legen. Dies gilt auch gegen Lipsius HK II, 2, 86. 195f., welcher 15, 19^b. 20^b (incl. ἀλλά v. 21). 23. 24 als Interpolationen ausschied, v. 28 statt ἀπελεύσομαι — Σπανίαν gelesen haben wollte ἐλεύσομαι πρὸς ὑμᾶς, übrigens aber c. 15 für echt hielt. Daß Pl von Predigt in Jerusalem spricht, stimmt mit AG 26, 20; 9, 26—29 überein und kann nicht von Gl 1. 17—24 aus bestritten werden. Der Ort seines εὐαγγελίζεσθαι, worüber die Gemeinden in Judäa zu der Zeit hörten, als sich Pl von Palästina nach Syrien und Cilicien begab (Gl 1, 24), ist im Gl nicht genannt. Da aber diese Kunde, wie die Ausdrucksform zeigt (ὁ διώκων ἡμᾶς ποτε), von Jerusalem aus in Palästina sich verbreitete, so ist die natürliche Annahme, daß man den Pl in Jerusalem während seines 15tägigen Aufenthalts daselbst als Prediger des Ev wie früher als Verfolger kennen gelernt hatte. Da er Rm 15, 19 nicht zu sagen hatte, wo er zuerst und wo er zuletzt gepredigt habe, sondern die am weitesten auseinanderliegenden Orte seiner bisherigen Wirksamkeit nennen wollte, nannte er nicht Damaskus, sondern Jerusalem und die Grenze Illyriens. Daß er in Illyrien gepredigt habe, sagt er nicht; denn μέχρι inclusive statt wie z. B. Rm 5, 14; Phl 2, 30 exclusive zu verstehen, nötigt uns nichts. Die römische Provinz Illyricum grenzte im Süden an Macedonien und war von Achaia, wozu auch Epirus gehörte, durch einen zu Macedonien gehörigen Landstrich getrennt (Marquardt I, 297. 318f. 331). Sah Pl seine Aufgabe, in Macedonien das Ev zu predigen, durch die Stiftung der Gemeinden in Philippi, Thessalonich und Beröa als erfüllt an, so hatte er sie eben damit auch „bis nach Illyrien erfüllt". Diese Betrachtungsweise mag man überschwänglich finden, aber sie war die in apostolischer Zeit herrschende, überall im NT zu Tage tretende und der Missionsmethode des Pl zu Grunde liegende, cf Skizzen 76—82. Möglich wäre auch, daß Pl in der Zeit gleich nach Absendung des 2 Kr von Thessalonich oder Beröa aus eine kurze Predigtreise unternommen hätte, welche ihn noch näher an die Grenze Illyriens gebracht hat, als er früher gekommen war. Der weitschichtige Ausdruck τὰ μέρη ἐκεῖνα AG 20, 2 läßt unserer Phantasie freiesten Spielraum. Er kann auch während der 3 Monate, welche er in Griechenland verbrachte (AG 20, 3), im Anschluß an den Besuch der sämtlichen Gemeinden „in ganz Achaia" (2 Kr 1, 1 oben S. 189 A 2) eine Predigtreise gemacht haben, welche ihn über die Grenze von Achaia hinaus und nahe an die Grenze von Illyricum, etwa nach Apollonia oder Dyrrhachium führte, und man könnte die Absicht, eine solche zu machen, 2 Kr 10, 16 ausgesprochen finden. Nach der Rückkehr von derselben hätte er in Korinth den Rm geschrieben. Wenn ihm die 15 Tage in Jerusalem (Gl 1, 18) wichtig genug waren, um hier daran zu erinnern, so braucht auch eine solche Reise bis an die Grenze Illyriens nicht längere Zeit in Anspruch genommen zu haben. Kurz, von einer geschichtlichen Unwahrscheinlichkeit in Rm 15, 19 kann nur reden, wer die vielgeschmähte AG auch da, wo sie wie 20, 1—2 mit vier Zeilen über etwa 10 Monate summarisch berichtet, wie ein erschöpfendes Tagebuch ansieht. Und woher sollte der Interpolator die Tatsache geschöpft haben? 2 Tm 4, 10 bot statt Illyricum den gleichwertigen Namen Dalmatien und ließ nicht den Pl, sondern den Titus dorthin gehn.

20. Nachdem Semler l. l. 293 und Eichhorn Einl. III, 243 verschiedenartige Bedenken gegen die Bestimmung von Rm 16 für Rom geäußert, entwickelte D. Schulz (Theol. Stud. u. Krit. 1829 S. 609—612) zuerst die Gründe, welche seither der Meinung, daß dieses Kapitel oder große Teile desselben Fragmente eines Briefs an die Gemeinde von Ephesus seien, eine große Verbreitung verschafft haben. Wie D. Schulz haben viele, wie Reuß, Lipsius u. A. 16, 1—20, Ewald (Sendschr. des Pl 428), Mangold u. a. 16, 3—20; Lucht 16, 1—6. 17—20 für Ephesus in Anspruch genommen. Die ganze „Reihe von Namen", welche nach Lipsius 86 uns dahin weisen sollen, beschränkt sich auf 3 von 31 (wenn man nämlich die Namen Aristobul und Narcissus und die größeren Gruppen v. 5. 10. 11. 14. 15 als nur je eine Person rechnet): nämlich Aquila, Priscilla und Epänetus. Die beiden ersten waren aber ebensogut in Pontus, Rom und Korinth, als in Ephesus zu Hause, s. übrigens oben S. 275. Über 2 Tm 4, 19, worauf sich jedenfalls die nicht berufen dürfen, welche den 2 Tm für unecht halten, s. § 33. 37. Daß Pl die sämtlichen v. 3—15 genannten oder bezeichneten Leute persönlich gekannt habe, wäre eine willkürliche Annahme. Wie er an ganze Gemeinden, die ihn nie gesehen hatten, und einzelne Glieder derselben Grüße bestellen läßt (Kl 4, 15 cf 2, 1) und an sämtliche Glieder von ihm gestifteter Gemeinden eigene Grüße oder solche von seiner ganzen Umgebung richtet, ohne diejenigen auszunehmen, welche erst seit seiner letzten Anwesenheit hinzugekommen oder den Christen seiner Umgebung persönlich unbekannt waren (1 Kr 16, 19a. 20a; Phl 4, 21 f.; 1 Th 5, 26), so läßt sich auch in Rm 16, 3—15 nur aus den nähern Angaben schließen, wen von den Gegrüßten Pl persönlich gekannt hat. Mehr oder weniger bestimmt läßt sich dies nur von den Personen v. 3—9 und 13 behaupten. Durch die, welche er kennt, hat er die Namen derer, die er unbekannterweise grüßt, erfahren, und sicherlich nicht nur deren Namen. Über die Einzelnen s. A. 21—24. Über 16, 17—20 s. § 23.

21. Die antiochenische LA Ἀχαΐας 16, 5 verdient keinen Glauben, ist aus 1 Kr 16, 15 eingetragen, woran man durch eine gedankenlose Vergleichung von Rm 16, 3—5 mit 1 Kr 16, 19 leicht erinnert wurde. Nach AG 20, 31 cf 19, 8—10; 20, 18 hat die Zeit, da Aquila ohne Pl in Ephesus lebte AG 18, 21—19, 1, etwa 9 Monate gedauert. Daß er und seine Frau ihre bekehrende und belehrende Tätigkeit auf Apollos (AG 18, 26) beschränkt

haben, wäre eine wunderliche Annahme. Sehr möglich ist, daß Epänetus wie Pl als Zunftgenosse im Geschäft des Aquila Beschäftigung gefunden oder auch von Aquila als Sklave in Ephesus angekauft und dadurch seine Bekehrung vermittelt worden war. Daß im Hause des Aquila auch in Rom sofort wieder wie in Ephesus (1 Kr 16, 19) sich eine Hausgemeinde sammelte, wird dadurch begreiflich, daß sie für den Betrieb ihres Geschäfts ein größeres Lokal nötig hatten. Die in demselben beschäftigten Arbeiter, wahrscheinlich Sklaven des Aquila, werden den Grundstock der Hausgemeinde gebildet haben. Wahrscheinlich sind alle bis 10a genannten Personen Hausgenossen des Aquila schon in Ephesus und daher dem Pl bekannt gewesen. Sind alle bis 13 Genannten wahrscheinlich Mitglieder der Hausgemeinde des Aquila (§ 23 A 1), so werden die 10b—13 Genannten sich als weiterer Kreis an die eigentlichen Hausgenossen in 3—10a angeschlossen haben.

22. An sich könnte *συγγενής* 16, 7. 11. 21 die Familienzugehörigkeit bezeichnen (cf Lc 1, 36. 58; 2, 44; 14, 12; Jo 18, 26; AG 10, 24). Daß aber die in der Umgebung des Pl zu Korinth weilenden Macedonier, Jason von Thessalonich, Sosipatros von Beröa und ein gewisser Lucius (v. 21 cf AG 17, 5–9; 20, 4 oben S. 150), ferner Herodion (v. 11), Andronikus und Junias (v. 7) sämtlich Verwandte des Pl gewesen sein sollten, ist von äußerster Unwahrscheinlichkeit. Überdies wäre die Hervorhebung dieser persönlichen Beziehung belanglos, der gleichmäßige Mangel einer genaueren Angabe der verschiedenen Verwandtschaftsverhältnisse (Kl 4, 10; AG 23, 16) befremdlich und die Trennung der in Rom lebenden Verwandten des Pl (7. 11) unbegreiflich. Noch weniger empfiehlt sich die Vermutung von Semler (Paraphr. epist. ad Rom. 302 cf Laurent, Ntl Stud. 33), daß *συγγενεῖς* hier Landsleute des Pl aus Cilicien oder aus der Synagoge der Cilicier (AG 6, 9) bezeichne. Es wird vielmehr wie 9, 3 auf *γένος* im Sinn von Nation zurückgehen (Gl 1, 14; 2 Kr 11, 26; Phl 3, 5; AG 13, 26).

23. Rm 16, 7. Da Junius, Junia ein in allen Schichten der Gesellschaft überaus gebräuchliches Nomen ist (z. B. C. I. L. VI, 20850—20919), so läge es an sich am nächsten, hier eine Frau Junia zu finden. Da aber auch Junianus nicht selten ist (C. I. G. 4118; C. I. L. II, 1359; III, 4020; V, 3489; Orelli 4141, nach De Vit, Onom. auch in einer christlichen Inschrift), so steht schwerlich etwas im Wege, eine aus diesem Mannsnamen kontrahirte Form *Ἰουνιᾶς* anzunehmen. Während die übrigen Angaben allenfalls auf ein Ehepaar passen würden, legt die Bezeichnung als *συναιχμαλώτους μου* es näher, an zwei Männer zu denken. Dies weist, da Pl zur Zeit nicht in Gefangenschaft liegt, und auch nicht mit den beiden Leuten am gleichen Ort sich befindet, noch deutlicher wie *συνεργούς μου*, auf eine Lebensgemeinschaft, die der Vergangenheit angehört. Sie müssen einmal eine Gefangenschaft des Pl geteilt haben, welche Pl darum hier ebenso wie Kl 4, 10; Phlm 23 als Kriegsgefangenschaft bezeichnet, weil alle Christen Soldaten Christi sind (2 Tm 2, 3f.; 1 Tm 1, 18; 1 Kr 9, 7; 2 Kr 10, 3) und daher, wenn sie in Gefangenschaft geraten, Kriegsgefangene sind. Die häufige uneigentliche Anwendung von *στρατιώτης* und *συστρατιώτης* (Phl 2, 25; Phlm 2; 2 Tm 2, 3) empfiehlt nicht, sondern verbietet die Meinung von Hofmann III, 617; IV, 2, 147, daß *συναιχμάλωτος* nur ebenso wie *συστρατιώτης* die Gemeinsamkeit des Christenstandes ausdrücke. Überdies würde dies, wenn es einigermaßen natürlich geredet sein soll, voraussetzen, daß die Betreffenden zu gleicher Zeit mit Pl „durch Christus der Welt abgewonnen“ seien, was von keinem der so bezeichneten gilt. Waren diese vor Pl bekehrt worden, dessen Bekehrung dem Tode des Stephanus und der ersten Verbreitung der Christenheit über Jerusalem hinaus bald gefolgt ist, so werden sie der Gemeinde von Jerusalem vor a. 35 angehört haben. Darnach ist auch *ἐπίσημοι ἐν τοῖς ἀποστόλοις* zu verstehen: „im Kreise der Apostel berühmt, mit Ehren genannt“ und schwerlich so, daß diese beiden selbst als hervorragende Apostel bezeichnet würden. Das wäre angesichts aller ntl Nachrichten über die Missionare jener Zeit mindestens eine Übertreibung. *Οἱ ἀπόστολοι* schlechthin sind auch im Munde

des Pl die Urapostel (Gl 1, 19; 1 Kr 15, 7). Da Pl vor Abfassung des Rm in Jerusalem nicht in Gefangenschaft geraten ist, so ist anzunehmen, daß Andronikus und Junias zu jenen Flüchtlingen gehörten, welche von Jerusalem nach Antiochien kamen (AG 11, 19), dort in der Mission tätig waren und in den Jahren 43—50, aus welchen wir von Pl sogut wie nichts wissen, einmal mit Pl zusammen in Haft geraten sind cf 2 Kr 11, 23; Clem. I Cor. 5, 6. Pl kann sie auch schon bei seinem ersten Besuch Jerusalems nach seiner Bekehrung (Gl 1, 18; AG 9, 26) kennen gelernt und in Erinnerung an damalige Erlebnisse, welche er mit diesen und anderen ehemaligen Jerusalemern, welche jetzt in Rom lebten, geteilt hat, 15, 19 Jerusalem statt Damaskus genannt haben.

24. Über die Namen 16, 8—15 cf Lightfoot, Philippians ed. 3 p. 171—175; Riggenbach 509ff. 1) Ampliatus (v. 8, die kontrahirte Form Ἀμπλιᾶν haben D und die antioch. Recension), ein „nomen servile" (De Vit, Onomast.), wohl erst vom 3. Jahrhundert an auch in höheren Kreisen vorkommend (Cod. Justin. V, 56, 2). Verbindung mit der Gens Claudia bezeugen C. I. L. VI, 14918. 15509. Unter Urbanus citirt Lightfoot 174 eine Inschrift vom J. 115 (Gruter p. 1070, 1 = C. I. L. VI, 44), welche in einer Liste bei der kaiserlichen Münze angestellter Freigelassener *Urbanus. Ampliatus* neben einander aufweist wie hier v. 8. 9. Im J. 1880 wurde in der Katakombe der Domitilla eine Grabkammer entdeckt, über deren Eingang *Ampliati* den Erbauer und ersten Besitzer bezeichnet, und in deren Innerem ein Aurel. Ampliatus, offenbar ein Nachkomme des Stifters, seiner Gattin ein Denkmal gesetzt hat cf de Rossi, Bull. di archeol. crist. 1880 S. 171; 1881 S. 57 (1883 S. 121; 1886 S. 59 andere Ampliati); Hasenclever Jahrb. f. prot. Theol. 1887 S. 499. Sind die Archäologen im Recht, welche die Anlage der Gruft und die äußere Inschrift dem Ende des ersten, die innere Grabschrift etwa der Mitte des zweiten Jahrhunderts zuschreiben, so ist wahrscheinlich, daß der Ampliatus Rm 16, 8 oder ein Sohn desselben Stifter der Grabkammer ist. — 2) Aristobul (v. 10). Über den S. 276 im Text genannten Aristobul cf Jos. bell. II, 11, 6; ant. XVIII, 5, 4; 8, 4; XX, 1, 2. Eine verstümmelte jüdische Inschrift zu Rom (Schürer, Gemeindeverf. der Juden in Rom S. 17. 40 nr. 36) bezeugt wahrscheinlich nicht eine sonst unbezeugte Synagoge der Rhodier, sondern die Person eines Juden Herodion (v. 11). — 3) Die Christen ἐκ τῶν τοῦ Ναρκίσσου (v. 11). Über den berühmten Narcissus cf Tacit. ann. XI, 29—38; XII, 1; XIII, 1; Suet. Claud. 28; Dio Cass. 60, 34. Inschriften aus Rom: C. I. L. VI, 15640 = Muratori 1150, 4 *Claudia Veneria Ti. Claudio Sp. F. Ser. Narcissiano Filio*; Muratori 902, 5 (Narcissus und Narcissianus, Freigelassene des flavischen Kaiserhauses, beide Namen auch C. I. L. III, 3973 aus Pannonien); Orelli 4387; C. I. G. 6441b *Βαλλία Ναρκισσιανή*, C. I. L. VI, 22871 *Narcissias*. Daß der Name Narcissus auch außerhalb Roms nicht selten ist, kann die Bedeutung des Umstands nicht abschwächen, daß es in Rom seit der Zeit des berühmten Narcissus zahlreiche Narcissiani gab, und daß Rm 16, 11 eine ganze Gruppe von solchen erwähnt ist. Die Petrusakten, welche den Narcissus zu einem römischen Presbyter machen (oben S. 282 A 4 a. E.), schöpfen nicht aus lokaler Tradition, sondern greifen gedankenlos ein paar Namen, den gar nicht als lebend vorausgesetzten Narcissus (v. 11) und sogar den in Korinth zu suchenden Quartus (v. 23) heraus und versetzen sie nur darum nach Rom, weil sie im Rm genannt sind (GK II, 858). 4) Tryphaena (v. 12) ist natürlich nicht die „Königin" dieses Namens im pisidischen Antiochien, welche die Theklaakten mit Pl in Verbindung setzen (GK II, 906f.). Aber der Umstand, daß diese geschichtliche Person mit Kaiser Claudius verwandt war, legt die Vermutung nahe, daß die Tryphaena Rm 16, 12 zur Hofdienerschaft des Claudius und sodann des Nero gehörte, zumal sowohl Tryphaena als der hier daneben stehende Name Tryphosa bei Frauen der Claudischen Hofdienerschaft vorkommt (C. I. L. VI, 15241. 15280. 15622—15626 cf Lightfoot 174). Zu erwähnen sind auch zwei altchristliche Inschriften, eine aus dem Coemeterium der Priscilla (Bull. arch. crist. 1886 S. 48 nr. 34

Τρυφω[*ν* oder *ωσα*] ... *Τρυφα*[*ινη*]). eine andere aus dem Coemeterium des Hermes (Bull. 1894 S. 17 angeblich aus der ersten Hälfte des 2. Jahrh. *Tryphonillam ... Aurelia Tryphaena parentes*). — 5) Über Rufus v. 13 s. oben S. 276. Der sehr gebräuchliche Name an sich würde nicht zu Kombinationen einladen. Er findet sich auch bei römischen Juden (Schürer S. 36 nr. 16. 17). — 6) Phlegon cf C. I. L. VI, 15202 *Ti. Claudi Phlegontis Ti. Claudi Juliani Lib.* Auch der Schriftsteller Phlegon, Freigelassener Hadrians, lebte und schrieb in Rom. — 7) Patrobas = Patrobius cf Tac. hist. I, 49; II, 95; Suet. Galba 20; C. I. L. VI, 15 189 *Ti. Claudio Patrobio* cf Gruter 610, 3. — 8) Über Hermas (v. 14) sprach Origenes (IV, 683) die bescheidene, aber wertlose Vermutung aus, daß er mit dem römischen Christen Hermas, der zur Zeit des Clemens den Hirten schrieb, identisch sei, cf meinen Hirten des Hermas 33. — 9) Nereus und seine Schwester (v. 15). *Νηρεύς* und *Νηρεΐς* ziemlich häufige Namen von Sklaven und Freigelassenen, auch in kaiserlichem Dienst C. I. L. III, 256; VI, 8598 (*Domitia Nereis*, Gattin eines kaiserlichen Freigelassenen und Sekretärs). Lightfoot 174 citirt nach Acc. di Archeol. XI, 376 eine Claudia Aug. L. Nereïs, welche mit einer Mutter und Tochter Tryphaena (ibid. XI, 375) in naher Verwandtschaft stand. Zu den ältesten römischen Märtyrern gehören Nereus und Achilleus, nach der griechischen Legende Kammerdiener der Christin Domitilla, nach dem Elogium des Bischofs Damasus vielmehr Prätorianer cf Achelis, Texte u. Unters. XI, 2, 44. Aus Rm 16, 15 sind diese Überlieferungen nicht geflossen, denn in diesem Fall würde in der Legende nicht die Schwester des Nereus fehlen und nicht lauter in Rm 16 fehlende Namen mit dem des Nereus verknüpft sein.

25. Die verwickelte Interpolationshypothese Völters in ihrem Ergebnis gezeichnet zu haben (oben S. 117), ist ausreichende Widerlegung. Unter der Voraussetzung, daß 16, 3—20 nach Ephesus gerichtet sei, hatte H. Schultz (Jahrb. f. deutsch. Theol. 1876 S. 104—130) den Vorschlag gemacht, diesem aus der späteren Lebenszeit des Pl herrührenden Brief auch 12, 1—15, 7 zuzuschreiben. Dieser angebliche Eph wäre mit dem älteren Rm (1, 1—11, 36; 15, 7—16, 2. 24) unter geringen Änderungen an den Fugen von einem Redaktor verschmolzen worden. Hieran anknüpfend, aber unter Abweisung der Bestimmung einiger Teile für Ephesus, hat Spitta (Z. Gesch. d. Urchrist. I, 16—30) unseren Rm in zwei echte Briefe des Pl an die römische Gemeinde zerlegt, einen größeren älteren (1, 1—6. 7b; 1, 13—11, 36; 15, 8—33) und einen kleineren aus der Zeit nach Befreiung aus der römischen Gefangenschaft (1, 7—12; 12, 1—15, 7; 16, 1—20. 21—24 [resp. — 27]). Aber warum hätten die Römer aus zwei ihnen zugegangenen Briefen einen gemacht, statt wie die Gemeinden von Thessalonich und Korinth sich zu freuen, zwei von Pl erhalten zu haben? und zwar nicht, indem sie einfach den erbaulichen Inhalt des einen Briefs an den andern anschoben, sondern mit derjenigen Künstlichkeit der Verarbeitung, worin sich sonst das böse Gewissen eines Fälschers zu verraten pflegt? Was Spitta S. 26 A 1 gegen Mangold in dieser Hinsicht erinnert, daß auch die Kr und selbst der Gl möglicherweise aus einer Mehrheit von Briefen zusammengearbeitet seien, ändert doch nichts an der Duplicität der Th und der Kr und ist selbst nur Berufung auf eine unerweisliche und unwahrscheinliche Möglichkeit. Hauptgrund soll sein (S. 22), daß Pl von 12, 1 an auf einmal „in befehlendem Tone Ratschläge gibt", wie das auch 16, 17—20 der Fall sei, was sich nur einer Gemeinde gegenüber geschickt habe, welche ihm längst bekannt war, und sich nicht vertrage mit dem rücksichtsvollen Ton in den von Spitta dem Hauptbrief zugewiesenen Teilen. Wie völlig sich Pl des befehlenden Tones auch in 12, 1—15, 7 enthalten hat, wurde schon S. 293 f. erinnert. Bescheidener kann man nicht bitten und ermahnen als 12, 1. 3; eine möglicherweise verletzende Bemerkung wie 6, 19 findet man 12, 1—15, 7 nicht; und sollte ja ein Wort untergelaufen sein, bei welchem Pl vergessen zu haben schien, daß er es diesmal nicht mit Kindern seiner Arbeit zu tun habe, so folgt 15, 14 f. die vollgiltigste Abbitte. Und zwar bezieht sich diese

gerade auf Ermahnungen (15, 14 νουθετεῖν) und wäre daher im unmittelbaren Anschluß an 1, 13—11, 36 + 15, 8—13 ebenso unpassend, wie sie hinter 12, 1—15, 13 am Platz war. Daß die Ermahnungen in 12—14 nach den ethischen Ausführungen in 6—8 überflüssig seien, wird Niemand behaupten wollen, da dort gar nicht, wie es Pl auch in Briefen an persönlich unbekannte Gemeinden zu tun pflegt (Eph, Kl), auf die gesellschaftlichen Verhältnisse eingegangen wurde, und jene Ausführungen überhaupt nicht eine Anwendung der Glaubenswahrheit auf das Leben, sondern wesentliche Elemente der dogmatischen Beweisführung von der Allgenugsamkeit des Ev und der Entbehrlichkeit eines dazu hinzutretenden Gesetzes sind. Es fehlt auch nicht an Verbindungsfäden zwischen den prinzipiellen Erörterungen des ersten Hauptteils und den Einzelermahnungen im zweiten Teil des Rm. Cf 12, 1 παραστῆσαι κτλ. mit 6, 13. 19, oder 14, 8 f. mit 6, 8—11. Am befremdlichsten an dieser Hypothese ist die Behandlung von c. 1. Weil Pl seinen bevorstehenden Besuch Roms unter einen doppelten Gesichtspunkt stellt (oben S. 253 f.), soll unser Rm eine doppelte Einleitung haben (v. 8—12 und 13—15); und nachdem Pl volle 2 Jahre in Rom gepredigt hat, soll er in der zum späteren Brief gehörigen Einleitung von seinem Verlangen, endlich einmal nach Rom zu kommen, reden, als ob er noch niemals dort gewesen wäre (1, 10—12), und von dem Glauben der Römer, als ob er von ihm nur gehört hätte (1, 8), und von dem erhofften Erfolg seines zukünftigen Besuchs sehr viel bescheidener (1, 11 f.), als in dem früheren Brief (15, 29) an die ihm noch fremde Gemeinde!

§ 23. Beschaffenheit und Entstehung der römischen Gemeinde.

Daß sich unter den Christen zu Rom, an deren Gesamtheit Pl sich mit seinem Brief wendet, Heiden wie Juden befanden, wird 11, 13; 15, 5—12 unzweideutig ausgesprochen. Auch würde Pl nicht einzelne Christen unter denen, welche er grüßen läßt, ausdrücklich als seine Volksgenossen bezeichnen, wenn alle dortigen Christen solche gewesen wären (A 1). Ebenso unwidersprechlich ist aber auch, daß Pl die Gesamtheit der Leser als solche Christen anredet, die gleich ihm selbst vor ihrer Bekehrung unter dem Gesetz gestanden haben (7, 1—6; 8, 15 und auch schon 6, 16 s. oben S. 265 A 7). Ein Widerspruch liegt darin ebensowenig, wie darin, daß Pl die Gemeinden zu Korinth, Thessalonich und in Galatien, in welche von Anfang an nicht wenige Juden und noch mehr Proselyten aufgenommen worden waren, durchweg als heidenchristliche anredet (z. B. 1 Kr 12, 2; Gl 4, 8; 1 Th 1, 9). Es folgt vielmehr, daß in Rom ebenso die Heidenchristen eine verhältnismäßig geringe Minderheit bildeten, wie in jenen Gemeinden die Judenchristen. Dies zeigt sich auch an der Stelle, wo Pl sich zum ersten Mal an die Heiden unter den Lesern wendet und zugleich zum ersten Mal ausdrücklich auf seinen Sonderberuf als Heidenapostel hinweist (11, 13). Aus der Form, in der er hiezu den Übergang macht (oben S. 266 A 8), ergibt sich an sich schon, daß die Gesamtheit, die er bis dahin ohne jede Unterscheidung einzelner Gruppen angeredet hat, ihm als ein Kreis von jüdisch geborenen Christen vor Augen stand. Dies bestätigt die völlige Verschiedenheit des Tons, in welchem 9, 1—11, 10 und desjenigen, in welchem von 11, 11 an und noch deutlicher 11, 13—32 von dem jetzt ungläubigen Israel geredet wird. Dort verteidigt sich Pl in einer Weise, die nur jüdischen Christen gegenüber begreiflich ist, gegen den Schein oder gegen den Vorwurf der herzlosen Gleichgiltigkeit gegen sein ungläubiges und unglückliches Volk (9, 1—5; 10, 1 f.) und tritt zugleich, indem er Motive ablehnt, welche man seiner feierlich bezeugten Teilnahme an Israel unterschieben könnte, einer falschen, den Glauben an das Ev und an die vorbereitende Offenbarung des AT's gefährdenden Trauer um Israel entgegen, wie sie nur bei geborenen Juden zu befürchten war. Der gerettete Rest, von dem die Propheten geweissagt, die „Siebentausend" der Gegenwart (9, 29; 11, 4) sollen sich durch den Trotz und das Unglück der Mehrheit ihrer Volksgenossen nicht irre machen lassen. Von 11, 13 an dagegen werden die Heidenchristen in Rom vor hochmütigen Seitenblicken auf das ungläubige Israel und vor Verkennung der nicht für immer erloschenen Bedeutung dieser Nation gewarnt. Nur jüdischen Christen gegenüber ist auch die Art verständlich, wie Pl seinem nationalen Empfinden selbst in den persönlichen Notizen des 16. Kapitels Ausdruck zu geben bemüht ist (oben S. 276. 296 A 22), und wie er von den Betätigungen der Liebe und der Dankbarkeit zwischen jüdischen und heidnischen Christen im Bereich seines Einflusses redet (15, 26—32; 16, 3 f. oben S. 261. 275 f.). Vergleicht man ferner Gl 4, 10; Kl 2, 16 mit Rm 14, 5 f., so müßte Pl seine seit mehr als einem Jahrzehnt in heißem Kampf gestählten Grundsätze völlig verleugnet haben, ehe er einer heidenchristlichen Gemeinde gegenüber die Beobachtung gewisser Tage als eine im Kreise der Leser zweifellos berechtigte Sitte erwähnen konnte. Einer vorwiegend jüdischen Gemeinde gegenüber, in welcher die heidenchristliche Minderheit sich mindestens ebensosehr der Mehrheit anzubequemen hatte, als umgekehrt (cf 15, 1—7), betätigte Pl hiedurch nur seine nie verleugnete Einsicht, daß die jüdische Lebensform an sich mit dem Christenglauben ebenso vereinbar sei, als die heidnische (1 Kr 7, 18—20; 9, 20 f.; Gl 2, 14; 5, 6). Eine vorwiegend aus Heiden gebildete Gemeinde, von welcher Pl erwarten konnte, daß sie sich den durch ihn selbst gestifteten Gemeinden des Orients als ein gleichartiges Glied anschließen werde, würde er sofort auf ihre heidnische Herkunft angeredet haben und ihr als Heidenapostel gegenübergetreten sein (cf Eph 3, 1). Statt dessen sehen wir ihn von 1, 1 an mit größter Behutsamkeit das Recht zu seiner Ansprache an die römischen Christen auf die breite Grundlage des allgemeinen Apostolats gründen, wie er ihn mit den älteren Aposteln teilt, und den Schein abwehren, als ob die Besonderheit seines Berufs als Heidenmissionar (11, 13; 15, 15 f.) und seines Ev (2, 16; 16, 25) ihn hinderte, sich als einen legitimen Prediger des einen, im AT bereits verheißenen, durch Jesus zuerst gepredigten Ev Gottes zu betrachten (oben S. 252) und von sämtlichen Christen zu Rom eine Beachtung seines Worts zu verlangen (A 2). Auch das Thema, welches er 1, 18—5, 11 entwickelt und 5, 12—8, 39 in seine Konsequenzen verfolgt, ist ihm durch die Reflexion auf den Abstand zwischen der bei seinen Lesern vorausgesetzten Denkweise und seiner eigenen Auffassung und Handhabung des Ev an die Hand gegeben. Nur Christen gegenüber, welchen durch ihre Herkunft aus dem Judentum die volle Anerkennung dieser Wahrheit noch erschwert war, bedurfte es einer so tiefgreifenden Entwicklung des Gedankens, daß das Ev eine rettende Gotteskraft für die ganze Menschheit unter der einzigen Bedingung des Glaubens sei. Nur für Solche bedurfte es einer Abwehr des Einwands gegen die evangelische Rechtfertigungslehre, daß sie Antinomismus bedeute (3, 31 vgl. 6, 1. 15), und daß sie den inneren Zusammenhang zwischen der christlichen und der atl Gemeinde zerreiße (4, 1 ff. oben S. 255). Auch abgesehen von den einzelnen Stellen, wo es geradezu ausgesprochen wird, daß die Leser vor ihrer Bekehrung ungehorsame Gottesknechte (6, 16 f.), von knechtischem Geist erfüllt waren (8, 15) und erst durch ihre Bekehrung von der Gebundenheit an das Gesetz befreit worden sind (7, 1—6 oben S. 256 f. 265 f), war eine Belehrung über das Gesetz, wie sie in c. 6. 7 gegeben wird (cf 3, 20; 4, 15; 8, 3 f. 10, 4), nur bei geborenen Juden angebracht, welche, sei es aus eigenem Antrieb, sei es unter dem Eindruck der verläumderischen Angriffe ihrer ungläubigen Volksgenossen (3, 8), Bedenken trugen, ihr religiöses und sittliches Leben so völlig, wie Pl lehrte, vom mosaischen Gesetz unabhängig zu denken. Daß Pl mit einer Ausführlichkeit und Dringlichkeit, die in seinen sonstigen Briefen ihresgleichen nicht hat, zur Friedfertigkeit gegen die nichtchristliche Umgebung und zur gewissenhaften Erfüllung der staatsbürgerlichen Pflichten mahnt (12, 17—13, 7), dient zur Bestätigung davon, daß er hier christgläubige Glieder der Judenschaft vor sich hat, welche Kaiser Claudius einige Jahre vorher wegen ihres beständigen Tumultuirens aus Rom vertrieben hatte.

Manche ähnliche Gedanken über Gesetz, Glauben, Rechtfertigung, wie hier, findet man auch im Gl. Aber es bedarf auch nur der oberflächlichen Vergleichung mit diesem oder mit irgend einem anderen Brief an heidenchristliche Kreise, worin Pl dem verderblichen Einfluß feindseliger Lehrer und eines falschen Ev entgegenzutreten hat, um zu erkennen, daß der Rm in keinem seiner Teile durch derartige Vorkommnisse in Rom veranlaßt war. Nicht nur die Lehre, auf welche hin die Römer Christen geworden sind, wird unbedingt als die rechte (6, 17; 16, 17), sondern auch der gegenwärtige Glaubensstand der Gemeinde wird als normal anerkannt (15, 14; 16, 19 cf 1, 8. 12; 15, 24). Dem widerspricht nicht, was wir gelegentlich von Schwachheit des Fleisches d. h. von einem Mangel an Reife der sittlichen und religiösen Entwicklung (6, 19 cf 1 Kr 3, 1 f.), von einer Glaubensschwäche Einzelner (14, 1) und indirekt von einem Mangel des innigen Zusammenschlusses der jüdischen Mehrheit und der heidnischen Minderheit (15, 1—13) lesen. Von einem Abfall oder Rückfall in jüdisches oder heidnisches Wesen oder von einer bereits vorhandenen Gefahr der Verführung zu einem gefälschten Ev fehlt im ganzen Verlauf der lehrhaften Darlegung auch die leiseste Andeutung. Dafür kann es nicht als ein Ersatz gelten, wenn die Gemeinde ganz am Schluß (16, 17 f.) gebeten wird, vor den Leuten auf der Hut zu sein und ihnen auszuweichen, welche im Widerspruch gegen die von den Römern angenommene Lehre Zwietracht und Ärgernisse stiften, welche nicht, wie sie vorgeben, Christo, sondern ihrem Bauche dienen, und durch fromme und freundlich klingende Reden die Arglosen täuschen. Daß Pl dabei nicht Leute im Sinn hat, welche dermalen bereits in Rom mit Erfolg tätig sind, ist schon dadurch gesichert, daß er gerade hier mit Nachdruck den Lesern bezeugt, ihr Glaubensgehorsam sei allgemein bekannt geworden, und an ihnen habe er seine Freude, was er nicht ebenso von allen Gemeinden sagen könnte (A 4). Der Wunsch, dessen Erfüllung er durch diese Warnung herbeiführen will, daß sie in der Richtung auf das Gute gewitzigt seien, mit dem Bösen aber unvermischt bleiben, bezieht sich demnach auf die Zukunft; und für den zu erwartenden Fall, daß jene Friedensstörer zu ihnen kommen werden ist es auch gemeint, daß der Gott, welcher in seiner Kirche Frieden haben will, den Satan dann rasch unter ihren Füßen zermalmen werde. Er meint den Versucher, welcher nicht säumen wird, auch in die römische Gemeinde sich einzuschleichen (cf 2 Kr 11, 3). Was den Apostel an dieser auffälligen Stelle auf solche, zukünftigen Gefahren vorbeugende Mahnung gebracht hat, zeigt 16, 16. Nach Begrüßung der verschiedenen Gruppen, in welche die Gemeinde zerfiel, fordert er alle ohne Unterschied auf, durch gegenseitigen Bruderkuß ihre Gemeinschaft zum Ausdruck zu bringen. Daß aber diese Gemeinschaft über die Grenzen der Ortsgemeinde übergreife, besagt der Gruß aller Gemeinden Christi an die Römer. Außer den Christen von Korinth und Umgegend, in deren Mitte Pl sich befand (16, 1. 23), umgaben ihn Vertreter der macedonischen und wohl noch anderer Gemeinden (16, 21 cf 15, 26 oben S. 150). In Korinth zumal, aber auch in den asiatischen Gemeinden hatte Pl während der letzten Jahre viel mit Friedensstörern verschiedener Art zu kämpfen gehabt, und hier wie dort waren diese nicht mit der gehörigen Entschiedenheit von den Gemeinden selbst abgewiesen worden. Wie natürlich also, daß Pl an dieser Stelle die Römer vor solchen warnt! Er schildert sie aber in so allgemeinen Ausdrücken, daß man auch daraus schließen muß, daß damals noch nicht Irrlehrer oder Friedensstörer, deren besondere Art dann nicht unbezeichnet geblieben wäre, in Rom aufgetreten waren. In den Kampf des Pl mit den Judaisten war die Gemeinde noch nicht hereingezogen. Der durchweg überaus vorsichtige Ton, in welchem Pl sich mit ihr zu verständigen sucht, beweist, daß sie in ihrer Mehrheit ihm und seinem Werk zwar nicht feindlich, aber doch noch fremd und wohl nicht ganz ohne Mistrauen gegenüberstand. Das erklärt sich aber daraus, daß sie überwiegend aus Juden bestand, welche ihr Christentum weder dem Pl noch einem seiner Gehilfen verdankten (A 3).

Einen Stifter wie die Gemeinden zu Ephesus oder Korinth hat die zu Rom nicht gehabt (A 5). Pl hätte nicht völlig von einem solchen schweigen können, wo er der Lehre gedenkt, welcher seine Leser ihre Bekehrung verdanken (6, 17; 16, 17). Die erste Spur vom Vorhandensein des Christentums in Rom ist die unklare Nachricht Suetons über die Austreibung der Juden aus Rom durch

Kaiser Claudius, welche wahrscheinlich in oder kurz vor d. J. 52 fällt (A 6). Da den Juden dadurch nicht Italien, sondern nur Rom verboten war, mögen sich manche in die Umgegend zurückgezogen haben. Andere wie Aquila verließen das Land, nicht ohne von Christus wenigstens gehört zu haben (oben S. 190 A 3). Nach dem Tode des Claudius (Okt. 54) sind die Juden bald wieder in Menge in Rom eingewandert; unter Nero waren sie wieder obenauf. Es mag eine Folge jener auch die bürgerliche Stellung der Juden gefährdenden Unruhen unter Claudius gewesen sein, daß die Christgläubigen unter den zurückgewanderten und neu eingewanderten Juden, wie es scheint, von vornherein auf gottesdienstliche und gemeindliche Gemeinschaft mit den Synagogen verzichteten. Es könnte anderen Falls im Rm nicht jede Spur solcher Verhältnisse fehlen, wie sie in Ephesus und Korinth wenigstens einige Monate lang zwischen der Synagoge und der evangelischen Predigt bestanden, wie denn auch, trotz aller bis in viel spätere Zeit fortbestehenden Irrungen und Verwechselungen in bezug auf Christliches und Jüdisches, im J. 64 die Christiani in Rom der heidnischen Bevölkerung als eine abgesonderte Gruppe bekannt waren (Tac. ann. XV, 44). Die jüdischen Verläumder stehen draußen unter Gottes Gericht (3, 8), abgesondert von den „Berufenen Christi" (1, 6); und wenn die Mehrheit der Letzteren von Geburt dem Judentum entstammen, so fühlt sich die heidnische Minderheit doch keineswegs in der Lage von Proselyten des Judentums, sondern muß vor hochmütiger Geringschätzung der ungläubigen Juden gewarnt (11, 13—32) und zu selbstverleugnender Anbequemung an die Judenchristen ermahnt werden (15, 1—13). Unter den während der letzten 3 Jahre vor Abfassung des Rm eingewanderten oder zurückgewanderten Juden waren Christen aus Palästina. Andronikus und Junias, Rufus und seine Mutter (oben S. 276. 296 f.) werden nicht die Einzigen gewesen sein. Nirgendwo läßt Pl merken, daß er es mit jüngst erst Bekehrten zu tun habe. Wie Andronikus und Junias sogar früher als Pl Christen geworden sind (oben S. 296), so scheint 13, 11 vorausgesetzt, daß wenigstens der Kern der Gemeinde ungefähr gleichzeitig mit Pl, also in den ersten Jahren des Bestandes der Kirche zum Glauben gelangt ist. Doch, wie dem auch sei, die Tatsache, daß namhafte ehemalige Glieder der palästinischen Kirche jetzt der römischen Gemeinde angehörten, erklärt die Wärme des Tones in 15, 25—32, welche im Brief an eine Gemeinde, die weder zu den Gebern noch zu den Empfängern jener Kollekte ein näheres Verhältnis gehabt hätte, befremden müßte. Sehr begreiflich erscheint es von da aus auch, daß Pl bei Abfassung dieses Briefs das etwa 7—10 Jahre früher von Jakobus an die Christenheit Palästinas und der angrenzenden Gebiete gerichtete Sendschreiben im Sinn hatte und berücksichtigte (oben S. 91 f.). Bei dem regen Verkehr zwischen der römischen Judenschaft und dem Mutterland (A 7) hat es nichts Unwahrscheinliches, daß auch ohne die Tätigkeit berufsmäßiger Missionare in Rom, ähnlich wie früher in Antiochien, durch jüdische Christen, die von Palästina dorthin übergesiedelt waren, darunter hier wie dort Kyrenäer von

Geburt (AG 11, 20; 13, 1; Rm 16, 13; Mr 15, 21), der Christenglaube zunächst in der dortigen Judenschaft seine Vertretung und sofort auch Verbreitung fand, ohne daß Proselyten und Heiden von der so entstehenden Gemeinde ausgeschlossen blieben. Dürfen wir annehmen, daß nach der völligen Ausscheidung der römischen Christen aus der Synagoge, welche spätestens gleichzeitig mit der Rekonstituirung der Gemeinde um 54 erfolgt sein muß, das nichtjüdische Element an Zahl und Einfluß zunahm, so war doch zur Zeit des Rm der ursprüngliche Charakter der Gemeinde noch nicht wesentlich verändert. Den Gemeinden Palästinas war sie näher verwandt als den Gemeinden in Kleinasien, Macedonien und Griechenland.

1. Daraus daß Pl nur drei von den Gegrüßten als Juden bezeichnet (16, 7. 11), wäre auf alle Fälle nicht zu schließen, daß die übrigen Heiden waren. Auch andere Epitheta wie *συνεργός* (v. 3. 9), *ἀγαπητός* (v. 5. 12), *δόκιμος* (v. 10), *ἐκλεκτός* (v. 13) sind nicht so ausschließlich gemeint. Wir kennen oder erkennen als Juden, obwohl gleich die 3 ersten nicht als solche bezeichnet sind: Aquila, Priscilla (v. 3), Maria (v. 6 wegen ihres hebr. Namens *Μαριάμ*, so nach ℵDGL, *Μαρίαν* ABCP), Andronikus und Junias (v. 7 oben S. 296 A 22), Herodion (v. 11 oben S. 276. 297 A 24). Rufus und seine Mutter (oben S. 276): also 8. Da aber, woran eben diese Beispiele wieder erinnern, Juden jener Zeit ganz gewöhnlich griechische und lateinische Namen führten, können die Meisten der Gegrüßten Juden gewesen sein. Neben 6 lateinischen Namen (Aquila, Prisca, Ampliatus, Urbanus, Rufus. Julia v. 3. 8. 9. 13. 15) und einem hebräischen (v. 6) finden wir (mit Einschluß von Aristobulus und Narcissus, die nicht selbst gegrüßt werden, und der gräcisirten Endung wegen Junias s. oben S. 296 A 23) 19 griechische Namen. Suet. Claudius 15: *Peregrinae conditionis homines vetuit usurpare Romana nomina, dumtaxat gentilicia.* Ausgenommen sind von dieser Regel, auch mit der beigefügten Einschränkung, die Freigelassenen, die vielen Flavii, Claudii, Julii, welche Sklaven eines Angehörigen der betreffenden Gens gewesen waren oder von Solchen abstammten cf Pauly, RE. V, 675. Dieser Klasse wird Julia (v. 15) angehört haben. Die Gemeinde bestand ganz überwiegend aus Peregrinen, Freigelassenen oder Sklaven griechisch-orientalischer Herkunft und insbesondere aus Juden. — Da Pl zweimal v. 14. 15 mit je 5 Personen, welche ohne Wiederholung des *ἀσπάσασθε* aneinandergereiht sind, die übrigen mit ihnen näher verbundenen Christen zusammenfaßt, ohne diese einzeln namhaft zu machen, so sind hier deutlich zwei engere Kreise innerhalb der römischen Christenheit unterschieden, zu welchen die Hausgemeinde des Aquila (v. 5) als dritter hinzukommt cf Hofmann III, 615. In der Großstadt versammelten sich ebenso wie die Juden (A 6) auch die Christen an verschiedenen Orten cf Acta Justini c. 3 (Otto II³, 270). Da Pl dreimal auf diese Gruppirung Rücksicht nimmt, und da Christen ohne jeglichen Verband mit Glaubensgenossen nicht zu denken sind, so ist die allein natürliche Annahme, daß die v. 5—13 genannten Personen sämtlich der Hausgemeinde des Aquila angehörten, wie das von dem zuerst genannten Epänetus aus besonderen Gründen wahrscheinlich ist (oben S. 275. 295 A 21). Die beiden Gruppen v. 14. 15 sind nur durch nackte Namen bezeichnet; alle diejenigen, zu welchen Pl nähere Beziehungen hat und zum Ausdruck bringt, gehören der Hausgemeinde des ihm seit so vielen Jahren verbundenenen Ehepaars an. Auch die Maria v. 6 müßte mit Pl früher irgendwo im Orient in nähere Berührung gekommen sein, wenn die LA *ἡμᾶς* statt *ὑμᾶς* echt sein sollte. Sachlich empfiehlt sie sich nicht nur wegen der Stellung der Maria zwischen Solchen, die Pl nahe gestanden haben, sondern auch darum, weil *εἰς ὑμᾶς* oder *ἐν ὑμῖν* hier wie zweimal in v. 12 als selbstverständlich auch ungeschrieben geblieben sein würde.

2. Das wiederholte πάντες 1, 7. 8; 12, 3; 15, 33; 16, 24 könnte an sich wohl mit Rücksicht auf die räumliche Zerstreutheit und Getrenntheit der Christen in der Großstadt (s. vorige Anm.) den bloßen Wunsch ausdrücken, daß der Brief allen dortigen Christen bekannt werde cf 1 Th 5, 27. Näher liegt es, an den Unterschied der dem Pl persönlich Bekannten und der ihm Fremden zu denken. Aber weder das eine noch das andere Motiv will 16, 15 im Unterschied von 16, 14 passend erscheinen. Nach dem Ton des Briefeingangs ist doch wahrscheinlicher, daß Pl voraussetzt, die ihm überhaupt meist persönlich fremden römischen Christen möchten in ihrer Eigenschaft als Judenchristen denken, der Heidenapostel gehe sie nichts an. — Die plötzlich eintretende Ansprache an einen Solchen, der sich mit Stolz einen Juden nennt 2, 17, welche auf die Beschreibung des echten, geistlich beschnittenen, also christgläubigen Juden 2, 29 hinausläuft, würde nicht der Redeweise des Pl entsprechen, wenn er sich einen beliebigen, außer Hörweite stehenden Juden vorstellte, und nicht vielmehr annähme, daß die Meisten seiner Leser als geborene Juden hierüber einer Belehrung bedürften. Cf die singularische Anrede 8, 2; 9, 19; 11, 17 (dort ist der Kreis durch 11, 13 verengert); 14, 4. 15; 1 Kr 4, 7; 8, 10. Nicht vergleichbar ist wegen der Anknüpfung ans Vorige Rm 2, 1.

3. Ist die oben dargelegte Ansicht von der Zusammensetzung und Beschaffenheit der römischen Gemeinde so sicher, wie mir scheint, im Text des Briefs begründet, so bedürfen abweichende Ansichten keiner ins Einzelne gehenden Widerlegung. Der sogenannte Ambrosiaster (um 370) entwickelt in seinem Kommentar (Ambrosii opp. ed. Bened. II, app. p. 25 in der Einleitung und zu 1, 5. 8. 9. 11—16; 14, 1. 23; 16, 17) folgende Meinung: Einige in Rom lebende Juden, die, man weiß nicht woher, an Christus gläubig geworden, haben der wesentlich heidnischen Bevölkerung Roms mit raschem Erfolg ein noch ganz in jüdischer Gesetzlichkeit befangenes Christentum gepredigt. Die Stifter der Gemeinde sind ganz gleichartig den Judaisten in Galatien, Pseudapostel, und die durch sie gesammelte Gemeinde besteht aus Heiden, welche sich unter das Gesetz haben zwingen lassen, der rechten Erkenntnis Christi und der „geistlichen Gabe" (Rm 1, 11) noch ermangeln, die ihnen erst Pl durch seinen Brief und seinen nachfolgenden Besuch bringen will. Nur einzelne Christen von besserer Erkenntnis sind, wie aus c. 14 und 16 entnommen wird, nach Rom gekommen, haben aber den Charakter der Gemeinde nicht wesentlich ändern können. Daß Pl hier nicht wie im Gl gegen das judaistische Christentum der Leser eifert, sondern ihren Glauben rühmt, erklärt sich daraus, daß die Römer das wahre Ev noch gar nicht kennen gelernt haben, von demselben daher auch nicht haben abfallen können, sondern wegen ihrer gläubigen Hinnahme eines allerdings höchst mangelhaften Christentums immerhin einiges Lob verdienen. Die *confirmatio*, welche ihnen Pl bringen will (Rm 1, 11), ist eine Bekehrung zum wahren Ev. Diese Ansicht faßt ein kurzes Argumentum zum Rm (Cod. Amiat. 240; Fuld. 179; Card. Thomasii opp. I, 391) in die Worte: *Hi praeventi sunt a falsis apostolis et sub nomine d. n. Jesu Christi in legem et prophetas erant inducti. Hos revocat apostolus ad veram evangelicam fidem.* Nach einer zweiten Ansicht (Hieron. zu Gl 5, 2 Vallarsi VII, 478; Argument. solius epist. ad Rom. Amiat. 235; Fuld. 171; Thom. I, 388 der zweite Prolog; cf die junge katholische Passio Petri et Pauli c. 5—10 ed. Lipsius p. 122—128, auch p. 188—193) wäre die Gemeinde etwa zu gleichen Teilen aus Juden und Heiden zusammengesetzt und durch heftigen Streit dieser beiden Klassen zerrissen gewesen. Zweck des Briefs wäre nach jenem Argumentum *His taliter altercantibus apostolus se medium interponens ita partium dirimit quaestiones, ut neutrum eorum sua iustitia salutem meruisse confirmet.* Einen Nachklang dieser Ansicht findet man bei Hug Einl. II³, 398, dessen weitere Bemerkung jedoch: „der Brief sei zunächst an die Judenchristen gerichtet", (S. 399) eine deutliche Vorstellung nicht gibt. — Nachdem die Ausleger des Briefs, deren Zahl besonders im 16. Jahrhundert anwuchs, lange

genug die geschichtlichen Voraussetzungen desselben kaum einer gründlicheren Untersuchung wert gehalten haben und, soweit sie überhaupt eine Ansicht über die ersten Leser des Briefs durchblicken ließen, meist von der Voraussetzung ausgegangen waren, daß der Heidenapostel es auch in diesem Brief mit Heidenchristen zu tun habe, stellte Baur (Tüb. Ztschr. f. Theol. 1836, Heft 3 S. 54; Theol. Jahrb. XVI, 60. 184; Paulus I², 343) die Forderung, daß auch der Rm als ein „durch spezielle Verhältnisse und Bedürfnisse“ veranlaßter, unter dem „gebieterischen Drang der Umstände“ entstandener Brief zu betrachten sei (Paulus I, 349 cf 346), und gelangte, von c. 9—11 als dem Kern des Ganzen ausgehend, zu der Ansicht, es sei „die Absicht des Apostels, den jüdischen Partikularismus so prinzipiell und radikal zu widerlegen, daß er völlig entwurzelt vor dem Bewußtsein der Zeit daliegt“ (S. 380). Also doch nicht ein Brief des Missionars, welcher „die speziellen Verhältnisse und Bedürfnisse“ der angeredeten Gemeinde berücksichtigt, sondern die systematische Darlegung eines Schriftstellers, der sich an das Bewußtsein der Zeit wendet. Die Kapitel 15. 16, die uns vor allem über „die speziellen Verhältnisse“ belehren, unter welchen der Brief entstand, werden für unecht erklärt (393), die Grußüberschrift und der Eingang 1, 8—16 werden unter beständiger Verwechselung der Zwecke des Briefs mit den Zwecken des bevorstehenden Besuchs von Rom mit einigen Bemerkungen abgetan, deren exegetischer Wert auf gleicher Höhe mit den Bemühungen des Ambrosiaster steht cf z. B. Baur 396. 399 über Rm 1, 11 mit Ambrosiaster p. 29. Auf Ambrosiaster beruft sich Baur ausdrücklich als auf eine alte Auktorität „für den judaistischen Charakter der röm. Gemeinde“ (391). Diesen Charakter der Gemeinde erschloß Baur aus dem Lehrgehalt des Briefs und folgerte daraus weiter, daß sie vorzugsweise aus geborenen Juden bestand (369—372). — Auch nachdem Mangold (Der Rm und die Anfänge der röm. Gemeinde 1866, zweite erweiterte Aufl. 1884) den überwiegend judenchristlichen Charakter der Gemeinde durch sorgfältigere exegetische und historische Begründung zu erweisen versucht hat, haben große Exegeten geglaubt daran festhalten zu können, daß die röm. Gemeinde dem Pl, „so viele Juden ihr angehören mochten, ebenso wie die von Thessalonich und Korinth eine heidnische Gemeinde“ war (Hofmann III, 623). Man darf sich daher nicht wundern, daß Nichtexegeten, wie Weizsäcker (408—424), zu dieser Ansicht zurückgekehrt sind, etwa noch in Verbindung mit der Hypothese, daß judaistische Lehrer bereits damit beschäftigt waren, die Gemeinde für ihre Lehre zu gewinnen und dem Pl durch gehässige Anfeindung seiner Lehre den Eingang abzuschneiden (425). Der Hauptbeweis dafür, welchen Weizsäcker in 3, 8 findet (427), fällt schon darum dahin, weil Pl niemals seine eigene Person pluralisch bezeichnet (oben S. 150 f. A 3; 226 A 3). Fälle, wie das *προῃτιασάμεθα* 3, 9, *λογιζόμεθα* 3, 28, wo er sich mit den Lesern, deren Zustimmung zu der bisherigen Darlegung voraussetzend, zusammenfaßt, sind nicht vergleichbar. Da aber durch den Zusammenhang von 3, 8 überhaupt kein engerer Kreis angezeigt ist, können die „Wir“ nur die Christen sein (wie in *προεχόμεθα* 3, 9 cf 4, 1. 16. 24; 5, 1—11; 8, 4—39), deren Theorie und Praxis von Nichtchristen, offenbar aber nicht von Heiden, sondern von Juden so verläumdet wurde.

4. Die prophylaktische Warnung 16, 17—20 hat ihresgleichen an den Warnungen, welche Pl schon vor der Zeit des Gl und vor dem Auftreten der Judaisten in Galatien an die Galater gerichtet hatte Gl 1, 9; 5, 3 oben S. 119. 127 f. Ebenso verhält sichs mit Phl 3, 1 ff. Die oft geäußerte Meinung, daß 16, 17—20 nur an eine dem Pl längst bekannte Gemeinde gerichtet sein könne, sei es an die von Ephesus oder an die römische erst nach dem zweijährigen Aufenthalt des Pl in Rom, hat den Text gegen sich. Nur, weil der Glaubensgehorsam der Leser überallhin bekannt geworden ist, weiß Pl davon und hat Anlaß, seine Freude darüber zu äußern (16, 19 ganz wie 1, 8 cf Kl 1, 9; Eph 1, 15). Von einem Wissen aus eigener Erfahrung könnte hier wie in den übrigen

Teilen, welche Spitta einem späteren Brief an die Römer zuweist (oben S. 298), nicht jede Spur fehlen (cf dagegen Phl 1, 27. 30; 2, 12). Pl spricht auch nicht von einem Gehorsam gegen ihn selbst oder seine Lehre, sondern gegen Gott und die Lehre, welche sie von Anderen als ihm selbst empfangen haben (16, 17. 19 wesentlich ebenso wie 6, 17).

5. Über die angebliche Wirksamkeit des Petrus in Rom vor der Zeit des Rm s. unten § 39. Eher ließe sich der romanhaften Darstellung in Clem. recogn. I, 6—11 als geschichtlicher Kern entnehmen, daß Barnabas in sehr früher Zeit, etwa bald nach seiner Trennung von Pl, in Rom als Prediger aufgetreten wäre, wo wir später seinen damaligen Begleiter und Vetter Marcus antreffen (Kl 4, 10). Allerdings ist in der andern Recension desselben Romans Clem. hom. I, 6—14 der erste Prediger in Rom ein Anonymus, und Barnabas begegnet dem Clemens erst in Alexandrien. Es fragt sich doch, ob die ziemlich weit verbreitete Sage von dem römischen Aufenthalt des Barnabas, woran sich später die Sage von seiner Predigt in Mailand und an anderen Orten Oberitaliens anschloß, in der pseudoclementischen Dichtung ihre Wurzel hat (so Lipsius, Apokr. Apostelgesch. II, 2, 273), oder ob der Vf der Recognitionen eine ältere Tradition benutzt hat. Der cyprische Mönch Alexander, wahrscheinlich im 6. Jahrhundert, welcher den Barnabas in der Zwischenzeit zwischen AG 11, 22 und 11, 25 nach Rom und sodann nach Alexandrien gehen läßt (Encomium in Barn. c. 20; Acta SS. Jun. II, 442), nennt im allgemeinen als seine Quellen Clemens Al. und andere alte Schriften (c. 8 p. 438), beruft sich für Einzelnes auf Traditionen der Alten (c. 13 p. 440 *γέροντες, πατέρες*), zeigt sich aber nirgends vom Clemensroman abhängig.

6. Suet. Claudius 25: *Judaeos impulsore Chresto assidue tumultuantes Roma expulit.* Über das Chronologische s. Abschn. XI. Da Sueton (Nero 16) eine gewisse Kenntnis von der Sekte der *Christiani* besessen hat, die wahrscheinlich nicht geringer war als die des Tacitus (ann. XV, 44), so scheint mir ausgeschlossen, daß er unter *Chrestus* den Stifter des Christentums verstand, in welchem Fall man ihm auch den unglaublichen Glauben an eine persönliche Anwesenheit Christi in Rom zuschreiben müßte. Da andrerseits die Namen *Χρηστός* und *Χριστός* damals in Vieler Mund gleichlauteten und es an Verwechselungen und Spielereien mit diesen Homonymen nicht gefehlt hat (Just. ap. I, 4; Theoph. ad Aut. I, 1; Tert. apol. 3; Lact. inst. IV, 7, 5), und da nicht zu verstehen ist, warum man einen einzelnen Ruhestörer auf die Dauer sein Wesen treiben ließ, so bleibt es wohl dabei, daß die Kunde von dem in Palästina erschienenen Christus etwa um 50—52 heftige und anhaltende Streitigkeiten unter den römischen Juden hervorgerufen hat. Sueton hat die ihm zu Ohren gekommene Kunde nicht verstanden. Fraglich ist, ob auf diese Austreibung der Juden aus der Stadt sich der Scholiast zu Juven. sat. IV, 115 (ed. Cramer p. 145) bezieht: *inter Judaeos, qui ad Ariciam transierant, ex urbe missi.* — Nach Cicero pro Flacco 28 muß es schon vor dessen Konsulat (a. 63) eine beträchtliche Zahl von Juden in Italien gegeben haben. Zur Zeit dieser Rede (a. 59) bildeten die im Besitz des Bürgerrechts befindlichen Juden Roms bereits eine Macht in den Volksversammlungen. Philo leg. ad Caj. 23 redet jedenfalls ungenau, wenn er es so darstellt, als ob die ganze römische Judenschaft aus Kriegsgefangenen bestanden habe, die von den Herren, die sie gekauft hatten, emanzipirt worden und so zum Besitz des Bürgerrechtes gelangt seien. Darauf, daß Philo hier den Pompejus nicht nennt, ist nicht mit A. Berliner, Gesch. der Juden in Rom I, 6 A 1 Gewicht zu legen; denn an welche anderen kriegsgefangenen Juden soll Philo gedacht haben, als an die, welche Pompejus a. 63 mit nach Rom brachte? cf jedoch oben S. 49. Seine auf alle Fälle ungenaue Angabe wird darauf zu beschränken sein, daß die römische Judenschaft durch Kriegsgefangene a. 63 einen bedeutenden Zuwachs bekam. Sie wohnten unter Augustus hauptsächlich auf dem rechten Tiberufer (Philo l. l.) Später finden wir sie auch in anderen Teilen der Stadt ansässig mit verschiedenen Synagogen und mit Cömeterien vor den

Toren cf Schürer III, 35. 44; Berliner I, 105. Da von den Synagogen in Rom, die bis jetzt durch Inschriften festgestellt sind, eine die der Hebräer hieß (oben S. 33. 48 A 14), so ist anzunehmen, daß die Zugehörigen der übrigen Synagogen in Rom früh hellenisirt waren. Wenn a. 4 v. Chr. mehr als 8000 Juden in Rom sich an eine von Jerusalem gekommene Deputation anschlossen (Jos. ant. XVII, 11, 1; bell. II, 6, 1), so wird, wenn nur an Männer zu denken ist, die jüdische Bevölkerung Roms damals gewiß über 30000 betragen haben. Auf eine noch größere Ziffer läßt es schließen, daß Tiberius aus der römischen Judenschaft 4000 zum Kriegsdienst ausheben konnte (Jos. ant. XVIII, 3, 5; Tacit. ann. II, 85; Suet. Tiberius 36 cf Philo leg. ad Cajum 24; Euseb. chron. ann. Abr. 2050). — Sonderbar klingt die Behauptung des Porphyrius oder doch der auf ihn sich berufenden Heiden über die *lex Judaeorum* bei August. epist. 102, 8 ed. Goldbacher p. 552, 2: *postea vero prorepsit etiam in fines Italos, sed post Caesarem Gajum aut certe ipso imperante.* Liegt trotz der ausdrücklichen Unterscheidung der christlichen und der jüdischen Religion eine Verwechselung vor in bezug auf den Zeitpunkt, in welchem die eine und die andere in Italien Eingang gefunden habe?

7. Cicero pro Flacco 28; Philo leg. 23 p. 568; Jos. vita 3; AG 28, 21; Berliner I, 30 ff.

§ 24. Veranlassung des Briefs.

Pl stand vor der Kollektenreise, welche ihn im Frühjahr 58 von Korinth über Macedonien nach Jerusalem führte (15, 25 cf AG 20, 3—6). Die großartige Anlage und ruhige Haltung des Rm setzt voraus, daß Pl damals einer ziemlichen äußeren und inneren Ruhe sich erfreute. Die Aufregungen, ohne welche es bei seiner Ankunft in Korinth etwa im Dezember 57 trotz aller Vorbereitungen nicht abgehen konnte (oben S. 242 ff.), müssen bereits überwunden gewesen sein. Wir dürfen annehmen, daß der Brief erst gegen Ende jener drei in Griechenland und gewiß hauptsächlich in Korinth zugebrachten Wintermonate, Anfangs März 58 in Korinth geschrieben wurde. Auf diese Jahreszeit, in welcher die Schiffahrt wieder eröffnet zu werden pflegte, und zugleich auf Korinth als Abfassungsort weist uns die Empfehlung der Phöbe, einer Diakonisse der Gemeinde in Kenchreä, der Hafenstadt Korinths, welche im Begriff steht, nach Rom zu reisen (16, 1). Der gastfreie Cajus, bei welchem Pl jetzt herbergt (16, 23), ist in Korinth zu suchen und zu finden (1 Kr 1, 14). Nachdem der Friede in Korinth wieder hergestellt und auch die Kollektenangelegenheit in Ordnung gebracht war, konnte sich Pl jetzt in dem Bewußtsein, seine Aufgabe im Orient erledigt zu haben, mit seinen Gedanken den Aufgaben der Zukunft, der seit Jahren geplanten Missionspredigt im Occident (oben S. 261. 268 A 10) zuwenden. Daß eben hierin die Veranlassung zur Abfassung dieses Briefes liegt, würde schon daraus erhellen, daß die ganze Masse seines Inhalts von Erörterungen über diese Pläne eingerahmt ist (1, 8—16; 15, 15—32). Pl hat es aber auch an der einzigen Stelle, wo er ausdrücklich auf die Abfassung des Briefs reflektirt, geradezu ausgesprochen, er habe den Brief um seines Berufs als Heidenapostel willen, im Interesse desselben geschrieben (A 1). Zur Aufgabe des Heidenmissionars, zumal wie er 15, 16—21 beschrieben wird, gehört es überhaupt nicht unmittelbar, Briefe zu schreiben, geschweige denn Briefe an Gemeinden von überwiegend jüdischer Herkunft. Als Missionar überhaupt und als Heidenmissionar insbesondere kann er die bereits bestehende römische Gemeinde auch dann, wenn er selbst nach Rom kommt, nicht nachträglich zu einem Gegenstand seiner Berufstätigkeit machen. Es ist ihm auch nicht in den Sinn gekommen, so wunderliche Absichten auszusprechen (oben S. 253f.). Wohl dagegen liegen in dem Beruf des Pl, welcher ihn zu einem Schuldner aller unbekehrten Heiden macht, die Beweggründe für die Abfassung dieses Briefs. Eine ohne sein Zutun in Rom entstandene Gemeinde hat für ihn als Heidenmissionar, der sich nun aus dem Morgenland ins Abendland begeben will, die größte Bedeutung (1, 9). Denn erstens kann der Apostel der ganzen Völkerwelt schon Ehren halber an der Reichshauptstadt nicht vorübergehen, ohne dort in irgend welchem Maße seinen Beruf ausgeübt zu haben. Wie dies den Schein hätte erwecken können, als ob er zu seiner Sache kein rechtes Vertrauen hege (1, 14—16), so würde es sein eigenes Bewußtsein um seinen weitreichenden Beruf getrübt haben. Zweitens aber war die römische Gemeinde schon vermöge ihrer geographischen Lage der natürliche Ausgangspunkt und Stützpunkt auch aller weiteren Mission in der westlichen Hälfte der Mittelmeerländer. Sie war zur Metropolis der werdenden Kirche des Abendlandes bestimmt (A 2). Mit ihr mußte in vollem Einverständnis stehen, wer, sei es auch nur vorübergehend, in Rom selbst als Missionar tätig sein und wer in Spanien, Gallien oder Afrika die Kirche gründen wollte, wie es die Absicht des Pl war (1, 13—15; 15, 24. 28). Die äußere Beihilfe, an welche 15, 24 zunächst denken läßt (A 3), war das Geringere im Vergleich zu der moralischen Unterstützung durch die Gemeinde Roms, deren der Apostel des Occidents nicht entbehren konnte. Von ihrer verständnisvollen Teilnahme begleitet, von ihren Gebeten getragen, wollte er, wie jetzt nach Jerusalem (15, 30), so später nach Rom und von Rom nach Spanien ziehen. Wäre die Gemeinde durch Pl oder einen seiner Gehilfen gestiftet worden, ohne ihm nachträglich entfremdet worden zu sein, so hätte es, nachdem schon vor einiger Zeit Aquila und Priscilla ihm nach Rom vorangegangen waren (oben S. 275), nur einer kurzen Ankündigung seines demnächstigen Besuchs bedurft. Die Entstehung und der Charakter der römischen Gemeinde, wie Pl ihn durch die Berichte seiner dortigen Freunde kannte, ließ es ihm notwendig erscheinen, sich mit ihr durch eine ausführliche Darlegung dessen, was ihm das Ev bedeute, zu verständigen, dabei die Vorurteile zu zerstreuen, welche seitens der meisten jüdischgebornen Christen gerade ihm und seinem Betrieb der Mission entgegengebracht wurden, und auch zukünftigen Gefahren vorzubeugen. Vermöge ihrer vorwiegend jüdischen Herkunft, ihres Zusammenhangs mit der Kirche Palästinas und ihres Wohnsitzes im Centrum des Weltverkehrs konnte die römische Gemeinde ebensogut ein Herd der judaistischen Mission werden, welche dem Apostel bis dahin überall auf dem Fuße gefolgt war, als eine Stütze für das Missionswerk im Abendland, wie er es meinte.

Wieweit es dem Apostel gelungen ist, durch seinen Brief jenes zu verhüten und dies zu bewirken, können wir einigermaßen seinen eigenen späteren Briefen entnehmen. In mehr als einer Hinsicht gestaltete sich die Zukunft anders, als Pl zur Zeit des Rm wünschte, hoffte und erwartete. Er wurde wohl aus den Händen der „Ungläubigen in Judäa errettet“ (15, 31; AG 21, 32); er kam auch nach Rom, und zwar mit Freuden (15, 32; AG 28, 15), vielleicht sogar nach Spanien. Aber die Rettung vor dem Fanatismus der Juden, welche ihm zu Pfingsten 58 im Tempel durch die römische Besatzung Jerusalems widerfuhr, war für ihn der Anfang einer fünfjährigen Verhaftung. Die Appellation an den Kaiser, welche er im Sommer 60 bei dem Prokurator Festus in Cäsarea einlegte, veranlaßte seine Überführung nach Rom, und nachdem er dort im Frühjahr 61 eingetroffen war, dauerte es nach AG 28, 30 noch volle 2 Jahre, also bis zum Sommersanfang 63, ehe in seiner Lage eine wesentliche Änderung eintrat. Briefe, in welchen sich Pl als einen Gefangenen zu erkennen gibt, wollen darauf angesehen sein, als ob er sie in Cäsarea oder in Rom oder weder in der ersten noch in der zweiten Periode dieser langen Gefangenschaft geschrieben hat.

1. Wenn Hofmann III, 623 unter Berufung auf 1, 5; 15, 15f. bemerkt, „in seiner Eigenschaft als Apostel der Völkerwelt“ schreibe Pl diesen Brief, so bietet 1, 5 dazu keinerlei Grundlage (oben S. 261f.), in bezug auf 15, 15 aber wird durch jenen mehrdeutigen Ausdruck der sehr wesentliche Unterschied von διὰ τὴν χάριν und διὰ τῆς χάριτος Rm 12, 3 oder κατὰ τὴν χάριν 1 Kr 3, 10; Eph 3, 7 verwischt und vollends durch die Wiedergabe S. 613 „kraft welches Berufs“ geradezu verleugnet. Ebenso unrichtig Lightfoot Bibl. Ess. 297 *by the grace*. Es bezeichnet διά c. acc. wie so oft den Zweckgrund, die Sache (1 Kr 9, 23; Mt 15, 3) oder Person (Rm 4, 24; 1 Kr 4, 6; Mr 2, 27; Mt 24, 22), in Rücksicht und Absicht auf welche etwas geschieht. Nur in dem Sinn, in welchem man es von der jetzigen Kollektenreise nach Jerusalem (15, 25–32) oder von der früheren Reise zum Apostelkonzil sagen könnte (Gl 2, 5 ἵνα κτλ.), kann man vom Rm sagen, Pl schreibe ihn in seiner Eigenschaft als Heidenapostel.

2. Einen energischen Versuch, im Gegensatz sowohl zu der nur scheinbar historischen Behandlung des Briefs durch Baur, als zu der ungeschichtlichen der meisten Exegeten, die Eigenart des Briefs aus dem Moment zu erklären, in welchem Pl mit seiner Missionsarbeit zur Zeit seiner Abfassung stand, hat Th. Schott, Der Römerbrief nach Endzweck und Gedankengang (1858) gemacht. Abgesehen von der flüchtigen oder ganz fehlerhaften Erklärung einzelner für die Frage nach der Zusammensetzung der Gemeinde wichtigen Stellen (1, 5f. S. 50; 6, 16f. S. 263; 7, 1–6 S. 266–271; 15, 1–13 S. 313, gar nichts über das πάλιν 8, 15, über ὑμῖν δὲ τοῖς ἔθνεσιν 11, 13), konnte der Erfolg nicht groß sein, weil Schott (S. 60. 99. 101–117) ohne Anhalt im Brief und in den sonst bekannten geschichtlichen Verhältnissen einen wesentlichen Unterschied zwischen der Mission im Orient und derjenigen im Occident behauptete, wonach erst letztere reine Heidenmission wäre.

3. Zu προπεμφθῆναι 15, 24 cf 1 Kr 16, 6. 11; 2 Kr 1, 16; besonders aber Tt 3, 13f.; 3 Jo 6. Zur Sache auch Ign. Smyrn. 10. Wie wesentlich für Pl als weiterstrebenden Missionar der güte Stand der hinter ihm liegenden Gemeinden war, zeigt 2 Kr 10, 15.

VI. Die Briefe aus der ersten römischen Gefangenschaft.

§ 25. Ort und Zeit der Abfassung der Briefe an Philemon, an die Kolosser und an „die Epheser“.

Sind diese Briefe von Pl geschrieben, so sind sie auch gleichzeitig von ihm abgesandt worden. Mit fast den gleichen Worten wird Eph 6, 21. 22 und Kl 4, 7. 8 auf die mündlichen Nachrichten verwiesen, welche Tychicus den Lesern des einen wie des anderen Briefes über die dermalige Lage des Pl bringen soll. Die Sendung desselben an die Wohnsitze der Leser ist mit der Absendung beider Briefe gleichzeitig. Tychicus ist ihr Überbringer. In Kolossä aber soll über die Lage der Dinge in der Umgebung des Pl außer Tychicus auch Onesimus berichten, welchen Pl mit Tychicus zusammen auf die Reise schickt. Nur dies ist Kl 4, 9 gesagt, und nicht, daß Onesimus mit Tychicus zugleich in Kolossä eintreffen werde. Daraus, daß Onesimus Eph 6, 21 f. nicht genannt wird, darf man schließen, daß er an dem Ort oder an den Orten, wohin der Eph gerichtet ist, sich nicht aufhalten oder überhaupt nicht dahin gehen soll. Den Sklaven Onesimus, welcher seinem Herrn entlaufen, an den Ort, wo Pl gefangen lag, gereist und von diesem zum Christenglauben bekehrt worden war, schickt Pl mit dem Brief in der Hand, der ausschließlich von seiner Angelegenheit handelt, seinem Herrn Philemon wieder zu (Phlm 10—17). Von anderweitigen Aufträgen, die Onesimus auszurichten hätte, fehlt jede Andeutung. Nur weil Kolossä, wohin Tychicus und ein Brief an die dortige Gesamtgemeinde abgeht, die Heimat des Onesimus und somit der Wohnsitz Philemons ist (A 1), hat Onesimus Gelegenheit, die mündlichen Berichte des Tychicus zu ergänzen oder auch schon vor Ankunft des Tychicus den Christen zu Kolossä von Pl zu erzählen. Auch die Lage und Umgebung des Pl erscheint, soweit darüber Angaben sich finden, in diesen drei Briefen als die gleiche. Es befinden sich bei ihm folgende Personen: 1) Timotheus (Kl 1, 1; Phlm 1), welcher ihn auf der Reise nach Jerusalem begleitete (AG 20, 4) und zur Zeit des jedenfalls in Rom geschriebenen Philipperbriefs (1, 1; 2, 19) dort war. 2) Lucas (Kl 4, 14; Phlm 24), welcher ihn, die Identität des Lucas mit dem Berichterstatter in AG 20, 5—21, 17; 27, 1—28, 16 vorausgesetzt, auf der Reise von Philippi bis Jerusalem und später von Cäsarea nach Rom begleitete. 3) Eben dies gilt nach AG 20, 4; 27, 2 von Aristarch aus Thessalonich (Kl 4, 10; Phlm 24), welcher schon früher als ein Gehilfe und Reisegefährte des Pl erscheint und bei Gelegenheit des Aufstandes der Silberschmiede zu Ephesus wenigstens vorübergehend seiner Freiheit beraubt wurde (AG 19, 29). Daß Pl ihn seinen *συναιχμάλωτος* nennt (Kl 4, 10), könnte sich auf derartige frühere Erlebnisse gründen (oben S. 296 A 23). Da Pl selbst niemals ein Kriegsgefangener war, der Ausdruck also jedenfalls, wie συστρατιώτης (Phl 2, 25; Phlm 2), einigermaßen uneigentlich gemeint ist, so könnte er hier auch daraus erklärt werden, daß Aristarch zur Zeit des Kl freiwillig die Wohnung des gefangenen Pl teilte, und daher seine Lage ebenso wie die des Pl mit derjenigen eines αἰχμάλωτος verglichen werden konnte, weil Pl unter militärischer Bewachung stand. Das Gleiche würde von 4) Epaphras gelten (Phlm 23). Aus Kol. gebürtig (Kl 4, 12), hatte er in seiner Vaterstadt, wahrscheinlich auch in den Nachbarstädten Laodicea und Hierapolis im Thal des Lykus (A 2) den Grund zu den dortigen Gemeinden gelegt (Kl 1, 6—8; 4, 12 f.). Dabei hat Epaphras es sich angelegen sein lassen, diese Gemeinden mit Verehrung für Pl zu erfüllen, wie auch seine Reise zu dem gefangenen Pl wesentlich dem Zweck gedient zu haben scheint, den Apostel zu tätiger Teilnahme an der Entwickelung dieser Gemeinden anzuregen (Kl 1, 8 f.; 4, 12 f.). Es scheint, daß Epaphras von vornherein im Auftrag oder doch auf Anregung des Pl in seiner Heimat für die Ausbreitung des Ev tätig gewesen ist (A 3), und es ist wahrscheinlich, daß er ebenso wie sein Mitbürger Philemon während des beinah dreijährigen Aufenthalts des Pl in der Provinz Asien mit diesem und Timotheus persönlich bekannt geworden und durch Pl in Ephesus bekehrt worden ist. Zur Zeit des Kl scheint er an eine demnächstige Rückkehr in die Heimat nicht zu denken. Statt seiner wird 5) der aus derselben Provinz gebürtige Tychicus, welcher den Pl auf der Reise von Macedonien nach Jerusalem begleitet hatte (AG 20, 4), nach Asien und unter anderem nach Kol. geschickt (Eph 6, 21; Kl 4, 7), wie er auch in späterer Zeit einmal als Abgesandter des Pl nach Ephesus reist (2 Tm 4, 12). 6) Demas, welcher ohne Lob oder Tadel neben Lucas als ein Grüßender genannt wird (Kl 4, 14; Phlm 24), stammt vielleicht aus Thessalonich (2 Tm 4, 10; oben S. 153 A 6). Grüße werden sonst noch bestellt von 7) Marcus (Kl 4, 10; Phlm 24) und 8) Jesus Justus (Kl 4, 11). Aus diesen Grüßen ist nicht zu schließen, daß die Grüßenden den Lesern persönlich bekannt waren (cf Rm 16, 16 b. 21—23). Eine Ortsgemeinde, welche für Pl ein lebhaftes Interesse hatte (Kl 1, 8), und eine dazu gehörige Hausgemeinde, welche dem Apostel persönlich nahe stand, hatte auch für die mehr oder weniger ständig in der Umgebung des Pl lebenden Gehilfen desselben ein Interesse. Zu diesem Kreise scheint Jesus Justus nicht zu gehören, welcher Phlm 24 nicht genannt wird; und auch Marcus, der uns seit dem Bruch zwischen Pl und Barnabas (a. 52) nicht wieder in der Umgebung des Pl begegnet ist, würde weder Kl 4, 10 noch Phlm 24 genannt sein, wenn er nicht beabsichtigte, in einiger Zeit nach Kol. zu kommen. Die Nachricht davon und Anweisungen in bezug hierauf sind der dortigen Gemeinde, wir wissen nicht von wem und durch wen, bereits früher zugegangen. Jetzt wird Marcus durch Pl von neuem für den Fall seiner Hinkunft zu freundlicher Aufnahme empfohlen. Der aus diesem Anlaß Kl 4, 10 und Phlm 24 an hervorragender Stelle genannte Marcus wird einerseits als Vetter des in weiteren Kreisen bekannten Barnabas, andrerseits nach seiner dermaligen freundlichen Stellung zu Pl und seiner Predigttätigkeit charakterisirt, beides offenbar, um ihn zu empfehlen (A 4). In letzterer Beziehung aber bildet Marcus mit Jesus Justus, welchen eben deshalb hier zu erwähnen unvermeidlich war, eine Ausnahme unter den aus der Beschneidung hervorgegangenen Missionaren in der Umgebung des Pl. Es müssen solcher jüdisch geborener Missionare dort nicht wenige tätig, und die Art ihrer Tätigkeit für Pl sehr unerfreulich gewesen sein, wenn er von Marcus und Jesus Justus rühmt, sie und zwar von den Beschnittenen sie allein seien für ihn Mitarbeiter in der Richtung auf Gottes Reich und seien als solche ihm ein Trost geworden. — Pl befindet sich in einer Haft, in welche ihn die Berufstätigkeit als Heidenapostel gebracht hat (Eph 3, 1. 13; 4, 1; 6, 20; Kl 1, 24; 4, 3; Phlm 1. 9. 10. 13. 21); und er empfindet dies als ein Leid, für welches er auf Teilnahme und Fürbitte der Leser rechnet (Kl 4, 18; Phlm 22). Einmal wenigstens spricht er die Hoffnung aus, kraft der Fürbitte der Freunde in Kol. in Freiheit versetzt zu werden und in nicht zu ferner Zukunft Kol. besuchen zu können (Phlm 22 cf Phl 1, 19). Die Fürbitte aber, die er sich eigens erbittet, bezieht sich nicht hierauf, sondern darauf, daß seine dermalige Predigt mit der rechten Freudigkeit geschehe und von gutem Erfolg begleitet sei (Eph 6, 19 f.; Kl 4, 3 f. cf auch Phlm 10). Äußere Hindernisse scheinen derselben nicht im Wege zu stehen, und eine Zeit lang scheint Pl sie noch fortsetzen zu wollen

Ob diese Briefe in Cäsarea (Pfingsten 58 — Spätsommer 60), oder in Rom (Frühjahr 61 — dahin 63) geschrieben sind, kann nur durch Vergleichung der hiemit gezeichneten Sachlage zur Zeit ihrer Abfassung mit den spärlichen Nachrichten über jene beiden Perioden der 5 jährigen Gefangenschaft des Pl entschieden werden (A 5). Zu Cäsarea lag Pl im Prätorium des Herodes unter militärischer Bewachung in Ketten; er wurde zwar nicht hart behandelt; es war seinen Freunden gestattet, ihn zu besuchen und mit allem Wünschenswerten zu versorgen (AG 23, 35; 24, 23. 27; 26, 29. 31). Davon aber, daß er dort als Prediger tätig gewesen sei, fehlt in der AG jede Andeutung. Es ist auch sehr unwahrscheinlich, daß Pl sich in einer Stadt Palästinas dazu für berechtigt gehalten haben würde, wenn anders die wenig mehr als 6 Jahre vor seiner Verhaftung getroffene Vereinbarung über die Abgrenzung des Arbeitsfeldes zwischen Pl und den älteren Aposteln vor allem geographisch zu verstehen ist (oben S. 190 f.). Die gleichzeitige Missionsarbeit des Pl und seiner Gehilfen Timotheus, Lucas, Aristarch, Epaphras, Demas, vielleicht auch des Tychicus, neben welchen außerdem noch manche, mit Ausnahme des Jesus Justus und des Marcus dem Pl unfreundlich gesonnene Missionare jüdischer Herkunft tätig waren, setzt eine Großstadt voraus, was Cäsarea nicht war (A 6). In Cäsarea wohnte der Evangelist Philippus, bei welchem Pl kurz vor seiner Verhaftung mit seiner Begleitung gastliche Aufnahme gefunden hatte (AG 21, 8—14). Wie hätte Pl diesen verdienten Prediger vergessen oder stillschweigend als einen ihm feindseligen Missionar bezeichnen können, wie er es getan hätte, wenn er Kl 4, 11 in Cäsarea schrieb? In dem zu Rom geschriebenen Philipperbrief (1, 14—18) hören wir mehr von jener neben und gegen Pl betriebenen Evangelistenarbeit, auf welche er Kl 4, 11 hinweist. Die Entstehung und Zusammensetzung der römischen Gemeinde (oben S. 299 ff.) bot den Missionaren aus der Beschneidung einen geeigneten Boden. In Rom lag Pl nicht im Gefängnis, sondern lebte in einer von ihm selbst gemieteten Wohnung, zwar unter Bewachung eines Soldaten und mit einer Kette belastet, aber im übrigen so wenig beengt, daß er zwei volle Jahre hindurch beliebig viele Besuche empfangen und eine bedeutende Predigttätigkeit entfalten konnte (A 7). Was einen aus Kol. entlaufenen heidnischen Sklaven bewogen haben könnte, nach Cäsarea zu gehen, ist nicht abzusehen. Da Onesimus damals noch kein Christ war und sich nach Phlm 11. 18 schwer an seinem Herrn vergangen hatte, ist auch nicht daran zu denken, daß er zu Pl, dem Freund seines Herrn, gereist sein sollte, um Schutz bei ihm zu suchen. In Rom aber strömte solches Gesindel aus allen Provinzen zusammen; dort in der Großstadt mit ihrer buntgemischten Bevölkerung war es am sichersten. Was den Onesimus dort mit Pl in Berührung gebracht hat, wissen wir nicht (A 8). Wir können auch nicht durch anderweitige positive Nachrichten erklären, worauf Pl seine ziemlich bestimmt ausgedrückte Hoffnung gründete, wieder frei zu kommen (Phlm 22). Je länger aber die AG 28, 30 f. geschilderte Lage andauerte, ohne daß ein gerichtliches Verfahren eintrat, um so wahrscheinlicher wurde es, daß er schließlich wegen Mangels an Beweisen seiner Schuld (AG 25, 25—27; 26, 31) aus seiner Haft werde entlassen werden. In Cäsarea dagegen konnte Pl, solange Felix dort waltete, nicht daran denken; denn zur Bestechung des Prokurators konnte er sich nicht herbeilassen (AG 24, 16). Unter Festus war an dieses Mittel ohnedies nicht zu denken, und die Appellation an den Kaiser schnitt jede Aussicht auf baldige Befreiung ab. Aber auch für den Fall einer Freisprechung durch Festus, worauf Pl vielleicht hoffen konnte, ehe er Appellation einlegte, konnte er nicht wohl daran denken, von dort nach Phrygien zu reisen. Seit Jahren sehnte er sich nach Rom (oben S. 260 f. 308). Nach AG 23, 11 hatte eine nächtliche Offenbarung ihn aufs neue in der Überzeugung bestärkt, daß trotz seiner Verhaftung Rom das nächste Ziel seiner Wege sein werde; und auch die Appellation an den Kaiser ist von diesem Gedanken getragen und beweist, daß das Verlangen, nach Rom zu kommen, während der zweijährigen Haft zu Cäsarea nicht in ihm erloschen war (AG 25, 11. 25; 27, 24). Was sollte ihn nun bewogen haben, im Fall einer Entlassung aus dieser Haft von Cäsarea nach Kol., statt endlich nach Rom gehen zu wollen? Allerdings war auch durch sein Predigen in Rom das Ziel seiner Wünsche noch nicht völlig erreicht. Aber die eine Hälfte derselben war in Erfüllung gegangen, und zwar in einem alle Erwartung übertreffenden Maße. Anstatt nur auf der Durchreise nach Spanien einige Wochen in Rom tätig sein zu können, durfte er zwei volle Jahre mit Eifer und Erfolg in der Reichshauptstadt predigen. Nach dem Maßstab seiner früheren Arbeitsweise lag wieder ein bedeutsamer

Abschnitt seines Lebenswerks hinter ihm, als die 2 Jahre in Rom ihrem Ende sich zuneigten. Es waren bald 5 Jahre verstrichen, seit er von den Vertretern der Kirche Asiens auf lange Zeit, wenn auch nicht auf Nimmerwiedersehen Abschied genommen hatte (AG 20, 25). Es ist daher nicht zu verwundern, daß Pl das Bedürfnis fühlte, vor weiterer Ausdehnung der Mission im Abendlande seine morgenländischen Gemeinden wieder zu besuchen und auch die ohne sein persönliches Zutun entstandenen Gemeinden jenes Kreises (Kl 2, 1) kennen zu lernen. Ob er diese Absicht festgehalten und ausgeführt hat, ist hier noch nicht zu untersuchen. An der Abfassung der drei Briefe in Rom während der zwei Jahre AG 28, 30 ist nicht wohl zu zweifeln. Eine genauere Zeitbestimmung ist nur insofern zu geben, als wir nicht gerade an den Anfang dieser Periode denken können. Erst auf die Nachricht, daß Pl in Rom seinem Beruf nachgehen könne, werden die Gehilfen aus dem Orient sich bei ihm eingefunden haben, um ihn hierin zu unterstützen. Nichts weist darauf hin, daß einer derselben erst kürzlich in Rom eingetroffen sei, und wenn wir auch nicht wissen, was alles Tychicus mündlich zu berichten hatte, dürfen wir doch aus der Art, wie Pl von seiner Gefangenschaft, seiner Predigttätigkeit, seinen Mitarbeitern spricht, schließen, daß die Lage, in welcher er sich befand, den Lesern seit längerer Zeit im allgemeinen bekannt war. Es ist daher wahrscheinlicher, daß diese Briefe im zweiten, als daß sie im ersten der beiden Jahre zu Rom geschrieben sind (A 9).

1. Da Onesimus erst nach seiner Flucht durch Pl bekehrt wurde (Phlm 10) und somit kein Glied der Gemeinde zu Kolossä war, kann Kl 4, 9 nur gesagt sein, daß Kol. sein regelmäßiger, sowohl bisheriger als zukünftiger Wohnort sei (oben S. 263 A 2). Daß er etwa in Kol. geboren und später in den Besitz eines anderwärts wohnenden Herrn geraten wäre, wäre viel zu bedeutungslos, als daß Pl darauf in dieser Form Bezug nehmen konnte. Wir haben also das Haus des Philemon in Kol. zu suchen, wo man dasselbe auch im 5. Jahrh. noch glaubte zeigen zu können (Theodoret in der Einl. zu Phlm ed. Noesselt p. 711). Die Identität des Bestimmungsortes des Kl und des Briefs an die Hausgemeinde des Philemon ergibt sich auch aus der Erwähnung des Archippus in beiden Briefen. Muß derselbe nach Phlm 2 ein Hausgenosse des Philemon sein, und hat das Haus des Philemon, aus welchem Onesimus entlaufen ist, wie gezeigt, in Kol. gestanden, so ist Kol. auch der Wohnsitz des Archippus. Es war eine kühne Behauptung des Theodor Mops. (ed. Swete I, 311), der Wortlaut von Kl 4, 17 lasse vermuten, daß Archippus in Laodicea gewohnt und an der dortigen Kirche einen Dienst versehen habe. Während Theodor in seiner Auslegung des Phlm den Wohnsitz dieses Hauses gar nicht erwähnt, also wahrscheinlich in Konsequenz seiner Bemerkung zu Kl 4, 17 Laodicea dafür gehalten hat, glaubte Lightfoot (Colossians, ed. 2, p. 244. 309), obwohl er anerkennt daß Philemon und Onesimus nach Kol. gehören, jener Deutung von Kl 4, 17 zustimmen zu müssen. Archippus wäre gleichzeitig Glied der Hausgemeinde des Phil. in Kol. und Diener der Nachbargemeinde in Laodicea gewesen! Aber nachdem Kl 4, 15 Grüße an die Christen zu Laodicea bestellt sind, und 4, 16a den Kolossern ein Auftrag in bezug auf Laodicea erteilt ist, werden wir durch die Anweisung, daß der Brief aus Laodicea auch in Kol. gelesen werden soll, wieder nach Kol. versetzt. Nur dort also können wir den Archippus suchen, welchem in engem Anschluß ans Vorige 4, 17 (καί) durch

die Gemeinde, der er angehört, eine Erinnerung erteilt wird. Mit vollem Recht hat Theodoret zu Kl 4, 17 Theodors Deutung abgelehnt. Vollends die bestimmtere Angabe, daß Archippus erster Bischof von Laodicea gewesen sei (const. ap. VII, 46), ist nur ebensoviel wert, wie die dortigen Faseleien überhaupt z. B. daß Philemon Bischof von Kol. und Onesimus Bischof von Beröa gewesen sei. Ein Archippus aus Hierapolis in der Legende vom Wunder zu Chonä = Kolossä hat schwerlich, wie Batiffol, Stud. patr. I, 33 vermutet, auch nur nach der Meinung des Erzählers mit unserem Archippus etwas zu schaffen; denn jener ist 90 Jahre nach der Erbauung einer Michaelskapelle, welche viele Jahre nach dem Tode der Apostel Johannes und Philippus dort erbaut wurde, ein Kind von 10 Jahren (Narratio de miraculo Chonis patrato ed. Bonnet, 1890 p. 3, 8; 5, 6). Einen anderen Wohnsitz des Phil. als Kol. kann man auch daraus nicht folgern, daß Pl mit Phil. und seiner Familie offenbar seit längerer Zeit näher bekannt ist (§ 26), während ihm die Gemeinde von Kol. im übrigen bisher unbekannt geblieben war (Kl 2, 1 s. unten A 3). Wir müßten dann den Wohnsitz des Phil. überhaupt in eine ganz andere Gegend verlegen; denn auch in Laodicea und Hierapolis war Pl noch nicht gewesen. Es verhält sich vielmehr mit diesen Gemeinden ebenso wie mit der römischen (oben S. 294 A 19). Bekanntschaft mit einzelnen dermaligen Mitgliedern einer Gemeinde betrachtet Pl nicht als Bekanntschaft mit der Gemeinde insgesamt. Phil., ein anscheinend wohlhabender Hausbesitzer zu Kol. (§ 26), kann sehr wohl während des beinah dreijährigen Aufenthalts des Pl in Ephesus dort, oder auch an einem anderen Ort der Provinz mit Pl bekannt und durch diesen bekehrt worden sein. Ob das Gleiche auch von Apphia und Archippus gilt, wissen wir nicht. Wegen der Stellung dieser beiden Namen zwischen dem des Phil. und der Hausgemeinde desselben (Phlm 2 cf dagegen Rm 16, 5 oben S. 295 A 20) ist nur soviel gewiß, daß sie Glieder der Familie, Apphia wahrscheinlich die Gattin, Archippus Sohn des Phil. war. Wenn Phil. *συνεργός*, Archippus aber *συστρατιώτης* des Pl und des Timotheus heißt, so scheint letzterer Ausdruck auf eine mehr Mühe und Selbstverleugnung erfordernde, mit der des Pl und seines langjährigen Gehilfen näher vergleichbare Tätigkeit des Archippus hinzuweisen cf Phl 2, 25; 2 Tm 2, 3; 1 Kr 9, 7; 1 Tm 1, 18. Aus der Anknüpfung von Kl 4, 17 läßt sich nicht mit Sicherheit entnehmen, ob es zum Amt des Archippus gehörte, Briefe und sonstige Schriften in den Versammlungen zu Kol. vorzulesen (cf 1 Tm 4, 13?), oder den Verkehr mit anderen Gemeinden zu vermitteln (Herm. vis. II, 4, 3). Daß es sich aber um einen die ganze Ortsgemeinde betreffenden Dienst handelt, folgt daraus, daß die Erinnerung an denselben nicht im Brief an Phil. und seine Hausgemeinde, sondern in demjenigen an die Ortsgemeinde enthalten ist. Ambrosiaster phantasirt etwas zu kühn, wenn er von Archippus schreibt: *Post enim Epaphram, qui illos imbuit, hic accepit regendam eorum ecclesiam,* und wenn er im Prolog die Irrlehre *post praedicationem Epaphrae sive Archippi* eindringen läßt. Aber viel weiter verirrten sich Hitzig, Zur Kritik paul. Briefe S. 32 und Steck, Jahrb. f. prot. Th. 1891 S. 564 ff., wenn sie in Kl 4, 17 eine „kränkende Äußerung", einen „scharfen Biß", eine „unwürdige Insinuation" fanden, welche dem Apostel nicht zuzutrauen sei, zumal wenn dieser Phlm 2 geschrieben habe, ohne den Archippus zu tadeln. Hiernach würden alle Ermahnungen des Pl, welche nicht durch umständliche Darlegung ihrer Veranlassung begründet sind, Beleidigungen sein. Würden wir eine solche auch Phlm 2 lesen, so würden die Kritiker darin erst recht einen Beweis dafür sehen, daß Kl 4, 17 auf Grund von Phlm 2 dem Pl nur angedichtet sei. Vermutungen, wie die von Hitzig S. 32, welchem sich Steck anschließt, daß ein Philosoph Flavius Archippus, welcher von einem Prokonsul Paulus zur Bergwerksarbeit verurteilt war (Plin. ep. ad Traj. 58—60. 80. 81), Anlaß zu der Dichtung in Kl 4, 17 geboten habe, muß man ihrem Schicksal überlassen.

2. Zur Geschichte und Geographie cf Lightfoot l. l. 1—72; Henle, Kolossä und

der Brief des Pl an die Kol. 1887; Ramsay, Church in the Roman Empire, 2 ed. 1893 p. 465—480 mit detaillirter Karte; desselben Cities and Bishoprics of Phrygia I, 1 (1895) p. 32—121 (Laodicea und Hierapolis). 208—234 (Kolossä); Humann, Cichorius, Judeich u. Winter, Altertümer von Hierapolis 1898. *Κολοσσαί* (so bei den älteren Schriftstellern, auf Münzen und in den älteren Hss. des NT's, *Κολασσαί* vielleicht vom 5. Jahrh. n. Chr. an) war in persischer Zeit eine der größten und reichsten Städte Phrygiens (Herod. VII, 30; Xen. an. I, 2, 6). Die in seleucidischer Zeit gegründeten Städte Apamea (*Ἀπάμεια Κιβωτός*, ehemals *Κελαιναί*) im Osten und Laodicea (*Λαοδίκεια ἡ πρὸς τῷ Λύκῳ* oder *ἐπὶ Λύκῳ*) etwa 15 Kilometer westlich von Kol. samt dem etwa 10 Kilometer nördlich von Laodicea gelegenen Hierapolis überflügelten das alte Kol. (Strabo XII, 576). Der Aufschwung Laodiceas fällt jedoch erst in die letzte Zeit v. Chr. (Strabo XII, 578 *ἐφ' ἡμῶν καὶ τῶν ἡμετέρων πατέρων*), und Kol. nahm zur Zeit Strabo's (er schrieb 18—19 p. Chr.) an dem Reichtum der Nachbarstädte noch Teil (Strabo 578, *πόλισμα* 576 heißt an sich nicht „kleine Stadt"), und wenn Plinius (h. n. V, 41) sie zu den *oppida celeberrima* Phrygiens rechnet, so braucht sich das nicht bloß auf geschichtliche Berühmtheit zu beziehen. An der großen Handelsstraße, welche von Ephesus durch das Tal des Mäander, sodann des Lykus, nach Apamea und schließlich durch die cilicischen Tore nach Tarsus und nach Syrien führte (Ramsay, Hist. geogr. 35 ff.), lag sowohl Laodicea als Kol., Laodicea aber hatte den Vorzug, daß es ein Knotenpunkt mehrerer nach allen Richtungen gehender Strassen war (Ramsay, Cities a. Bish. I, 1, 12 Note 1). Hauptquelle des Reichtums, worauf auch Ap 3, 17 Bezug genommen wird, war der Handel mit der im Lykustal produzirten rabenschwarzen Wolle, welcher man selbst vor derjenigen von Milet den Vorzug gab (Strabo 578). Dazu kamen die durch die Art des dortigen Wassers begünstigten Wollfärbereien von Hierapolis, welche den Scharlach- und Pupurfärbereien anderer Plätze Konkurrenz machten (Strabo 630). Laodicea war auch die Hauptstadt des zur Provinz Asien gehörigen Gerichtsbezirks (*conventus*) von Kibyra (Plin. h. n. V, 105 cf Marquardt, R. Staatsverw. I², 341). Theodoret zu Kl (ed. Noesselt 472) nennt es die Metropolis von Kol. Als die bedeutendste der drei Kl 4, 13 genannten Gemeinden wird nur die von Laodicea unter den 7 Gemeinden der Provinz Ap 1, 11; 3, 14 genannt, wie denn auch Kl 2, 1 cf 4, 13 Laodicea Hierapolis mit zu vertreten scheint. In Laodicea fand um 165—170 eine Kirchenversammlung aus Anlaß der Osterstreitigkeiten statt (Eus. h. e. IV, 26, 3; V, 24, 5; cf Forsch IV, 266; V, 26). Doch blieb Hierapolis als langjähriger Wohnsitz des „Apostels" oder vielmehr Evangelisten Philippus und seiner Töchter, als Bischofssitz des Papias und des Claudius Apollinaris (Eus. h. e. II, 15, 2; III, 31, 3—5; 36, 2; 39, 9; IV, 26, 1; V, 19, 2; 24, 2) eine kirchlich berühmte Stadt. Dagegen tritt Kol. in der Überlieferung ganz zurück. Die wahrscheinlich unter Justinian etwa 4 Kilometer südlich von Kol. angelegte Festung *Χῶναι* hat Kol. nachmals gleichsam verschlungen (Ramsay, Hist. geogr. 80. 135. 429; Church 478). Während die Beschlüsse des Concilium Trullanum von 692 noch ein Bischof von Kolossä mit diesem Titel unterschreibt (Harduin Conc. III, 1710), erscheint auf dem 2. nicänischen Konzil von 787 ein Bischof Dositheus oder Theodosius von Kolossä oder Chonä (l. l. IV, 280. 449 cf 32. 120. 468). Von da an verschwindet der Name Kolossä. Nur die Überlieferung, daß Chonä das alte Kol. sei, pflanzt sich fort, z. B. bei dem Historiker Nicetes aus Chonä (ed. bonn. p. 230) im 13. Jahrh. Eines der in dieser Gegend häufigen Erdbeben (Strabo XII, 578. 579) mag dazu beigetragen haben, Kol. verschwinden zu lassen. Nur dürfte man nicht wie Lightfoot 71 an ein solches im 3. Jahrhundert denken. Theodoret in der Hypothesis zum Philemonbr. p. 711 will wissen, daß das Haus des Philemon zu seiner Zeit noch in Kol. vorhanden sei, und die Fortexistenz eines Bistums von Kol. ohne einen anderen Namen neben diesem verbürgt mindestens bis 692 die Existenz der Stadt. Von den Erdbeben, worüber wir Nachrichten haben, könnte nur ein einziges für das NT von Bedeutung sein. Nach Tacitus wurde im J. 60 (ann. XIV, 27 *eodem anno* cf c. 20 *Nerone IV et Corn. Cosso coss.*, also nicht, wie man öfter angegeben findet, a. 61, wozu erst ann. XIV, 29 fortgeschritten wird) Laodicea durch Erdbeben stark beschädigt, erhob sich aber ohne Staatsbeihilfe, wie sie ihm früher wohl geleistet worden war (Strabo XII, 579), sofort wieder aus eigenen Mitteln. Ohne Frage meint Eusebius dasselbe Ereignis, wenn er zu a. Abr. 2079 = 63 p. Chr. ein Erdbeben erwähnt, wodurch Laodicea, Hierapolis und Kol. zerstört wurden (Chron. II, 154). Denn der jüdische Sibyllist um a. 80, welcher in Kleinasien Bescheid weiß und ganz so wie Tacitus von dem Fall und der Wiedererhebung Laodiceas redet (Sib. IV, 107 cf Ztschr. kirchl. Wiss. 1886 S. 37), bezeugt damit indirekt, daß Laodicea in der Zwischenzeit bis a. 80 von keinem neuen ähnlichen Unglück betroffen worden ist. Wichtiger für uns ist, daß in dieser Gegend schon seit den Tagen des großen Antiochus (Jos. ant. XII, 3, 4) eine zahlreiche Judenschaft saß. Man hat aus der Angabe des Cicero pro Flacco 28, daß Flaccus a. 62 a. Chr. im Bezirk von Laodicea jüdische Tempelsteuergelder im Betrag von mehr als 20 Pfund Gold und in dem von Apamea beinah 100 Pfund Gold konfiszirt hat, berechnet, daß damals in ersterem Bezirk über 11000 freie jüdische Männer, in letzterem 55000 wohnten (Lightfoot 20; Henle 53 A 2). Wie groß der zu der einen oder anderen Stadt gehörige Bezirk war, ist freilich unbekannt cf Ramsay, Cities and Bishopr. I, 2, 667. In Hierapolis gab es eine wohl organisirte jüdische Gemeinde cf Altertümer von Hier. S. 46. 96 (nr. 69). 138 (nr. 212). 174 (nr. 342). Den Zusammenhang mit Jerusalem pflegte man, cf auch AG 2, 10; 21, 27. Die auf Anregung des Hohenpriesters und Fürsten Hyrkans II. erlassenen Toleranzdekrete Cäsars kamen auch der Judenschaft von Laodicea zu gute (Jos. ant. XIV, 10, 20 cf Schürer I², 282; III³, 523 f.). Von Juden dortiger Gegend ging die Fabel aus, daß der Ararat, auf welchem die Arche (*κιβωτός*) des Noah gelandet, bei Apamea Kibotos liege: Orac. Sib. I, 261—267; Jul. Afric. chron. (Routh rel. s. II², 243) und Münzen des 3. Jahrh. p. Chr. bei Eckhel III, 132—139 cf Schürer III, 14 f.; Ramsay l. l. 669—672.

3. Liest man Kl 1, 7 *ἡμῶν*, was sehr stark bezeugt (א* ABD*G Ambrosiaster) und als das schwierigere in alten Hss. wie א D nachträglich in *ὑμῶν* korrigirt ist, so ist auch nicht anders zu verstehen, als daß Epaphras für und anstatt des Pl und Tim. ein Diener Christi an den Kolossern ist, cf Phlm 13 *ὑπὲρ σοῦ*. Es liegt die Anschauung zu Grunde, daß eigentlich Pl selbst als Heidenapostel und als Apostel der Provinz (AG 19, 10), zu welcher Kol. gehört, verpflichtet gewesen wäre, in Kol. zu predigen (Kl 1, 25). Eine Erleichterung für ihn und Tim. war es, daß Epaphras dies übernahm. Gegen diese Fassung entscheidet nicht *ἐστίν* statt *ἐγένετο*. Da der Christusdienst des Epaphras an den durch ihn gestifteten Gemeinden in beständigem Gebet und in tatsächlichen Bemühungen (4, 12 f.), wahrscheinlich auch in Bitten an Pl, sich dieser Gemeinden durch brieflichen Zuspruch anzunehmen, in der Gegenwart sich fortsetzt, so kann 1, 7 ein zeitloses Präsens Vergangenes und Gegenwärtiges zusammenfassen. Natürlich aber erscheint das *ὑπὲρ ἡμῶν* nur dann, wenn Epaphras in Kol. und Umgegend zu der Zeit gepredigt hat, als Pl und Tim. in Ephesus wirkten und es als ihre Aufgabe ansahen, der Provinz Asien, wozu auch Kol., Laodicea und Hierapolis gehörten, das Ev zu bringen. Das Gefühl der Verpflichtung, auch in anderen Städten der Provinz zu predigen, blickt z. B. 2 Kr 2, 12 f. durch, und durch AG 19, 10 ist nicht ausgeschlossen, daß Pl selbst noch in anderen Städten gepredigt hat; durch AG 19, 26 könnte dies sogar begünstigt erscheinen. Jedenfalls sind während dieser Zeit mehrere Gemeinden außer derjenigen von Ephesus in der Provinz entstanden (1 Kr 16, 19). Daß schon damals das Ev bis in das Tal des Lykus vorgedrungen sei, ist wahrscheinlich, jedoch aus AG 19, 10. 26 nicht zu beweisen, da abgesehen von der Möglichkeit, daß der Ausdruck hyperbolisch ist, Lucas „Asien“ in einem sehr engen Sinn gebraucht, so daß ganz Phrygien, also auch die zur Provinz

Asien gehörigen phrygischen Städte Kol., Laodicea, Hierapolis davon ausgeschlossen sind (oben S. 133). Nur das ergibt sich mit völliger Sicherheit aus Kl 1, 4—9; 2, 1, daß Pl ebensowenig während der 3 Jahre zu Ephesus, wie auf seiner zweiten und dritten Missionsreise (oben S. 133 ff.) nach Kol. und überhaupt in jenen Teil Phrygiens und zugleich der Provinz Asien gekommen ist. Wenn Theodoret (p. 472. 483), abweichend von den älteren Auslegern (Ambrosiaster, Ephr. Syr., Chrys., Theod. Mops.) meinte, Pl fasse 2, 1 mit den Christen von Kol. und Laodicea, die er gesehen hatte, andere Christen zusammen, die er nicht gesehen hatte, so entscheidet dagegen der Mangel jeder Andeutung eines Gegensatzes („nicht allein — sondern auch") und die unterschiedslose Zusammenfassung der 2, 1 bezeichneten Gemeinden in 2, 2. Der Beweiskraft von Kl 1, 7 cf Eph 4, 20 entzog sich Theodoret durch die Annahme, die Kolosser hätten durch Epaphras nur von den Fortschritten des Ev in der ganzen Welt gehört, cf v. 6a. Vielleicht hat auch die antioch. LA *καθὼς καὶ ἐμάθετε*, welche Theodoret vor sich hatte, dazu beigetragen, den Sinn des Satzes abzuschwächen.

4. Über Marcus s. das Nähere Kap. IX. Da die Bezeichnung „Vetter des Barnabas" nicht darnach aussieht, daß sie ihn von einem anderen unbekannten Marcus unterscheiden solle, so ist vielmehr anzunehmen, daß er in Kol. und Umgegend damals noch unbekannt war. Von Barnabas dagegen, dem berühmteren und älteren Missionar (cf auch 1 Kr 9, 6), dem Mitstifter der Gemeinde in dem nicht gar zu weit östlich von Kol. gelegenen pisidischen Antiochien, hatte man gehört. Den daneben genannten Jesus charakterisirt schon sein Name als Juden; auch der Beiname Justus ist bei Juden gewöhnlich cf Jos. vita 9; AG 1, 23 (Joseph Barsabas Justus, in den Paulusakten ed. Lipsius 108, 14; 116, 12 wahrscheinlich nicht nur mit Barnabas, sondern auch mit Jesus Justus vermengt GK II, 889), und viele andere Belege aus Literatur und Inschriften bei Lightfoot 238. — Ob man mit Hofmann IV, 2, 148 *ἐκ περιτομῆς οὗτοι μόνοι* parenthetisch faßt, was das Natürlichste ist, oder mit Bleek *οὗτοι μόνοι* als eine nicht von vornherein beabsichtigte Schärfung des Ausdrucks, jedenfalls ist von den Vorhergenannten nicht einfach mitgeteilt, daß sie Juden sind, was in bezug auf die beiden Letztgenannten recht überflüssig wäre; aber auch nicht, daß die 2 oder 3 Genannten die einzigen wirklichen und erfreulichen Mitarbeiter des Pl sind, was sich nicht damit verträgt, daß auch Epaphras, Lucas und Demas als *συνεργοί* bezeichnet und teilweise stark gerühmt werden (Kl 1, 7; 4, 12. 14; Phlm 23 f.). Es bleibt also der oben ausgedrückte Sinn, welchen auch solche Ausleger anerkannt haben, die, wie Lightfoot, durch Festhalten an der vor Lachmann üblichen starken Interpunktion hinter *περιτομῆς* ihrer richtigen Auslegung die sprachliche Grundlage entzogen haben. Daraus folgt aber auch, daß alle übrigen damals bei Pl befindlichen *συνεργοί* Nichtjuden waren. Den Lucas davon auszunehmen (so Hofmann IV, 2, 151; Schriftbeweis II, 2, 99), ist unmöglich, da dieser nicht nur als Arzt (Kl 4, 14), sondern auch als *συνεργός* (Phlm 24) bei Pl weilt und somit Kl 4, 11 nicht unerwähnt bleiben durfte, wenn er Jude war. Wo möglich noch sicherer ist, daß der unmittelbar hinter 4, 11 genannte Epaphras ein Heide war. Die gegenteilige Meinung des Hieronymus (zu Phlm 23, Vallarsi VII, 762) gründet sich auf eine unglückliche Kombination der Bezeichnung als *συναιχμάλωτος* mit der alten Überlieferung, daß die Familie des Pl bei der Eroberung von Gischala in römische Kriegsgefangenschaft geraten sei (oben S. 49 f.). Fraglich ist nur, ob man mit den Meisten *οἱ ὄντες — παρηγορία* auch auf Aristarch, oder mit Hofmann nur auf Marcus und Jesus beziehen soll. Wie weit die Tragweite des *οὗτοι* reicht, läßt sich nicht grammatisch entscheiden (cf AG 20, 5). Da aber Aristarch bereits durch *συναιχμάλωτός μου* nach seinem Verhältnis zu Pl und dessen Werk ausreichend charakterisirt ist, erscheint es unnatürlich, v. 11 auch auf ihn zu beziehen. Es verhält sich hiemit nicht anders als mit der Verteilung der Epitheta Phlm 23 und 24. Auch wäre es befremdlich, daß Pl von einem so langjährigen Gehilfen erst

eigens versichern sollte, er sei ihm nicht wie Andere ein Hinderer, sondern ein Förderer seines Werks und sei ihm dadurch bei dem Kummer, den ihm jene Anderen bereiten, ein Trost geworden. — Phlm 24 wird wohl Marcus, welcher demnächst nach Kol. kommen soll, aber nicht Jesus Justus genannt. Man könnte auf den Gedanken kommen, ein diesen bezeichnendes Ἰησοῦς sei in Ἰησοῦ v. 23 untergegangen, wenn nicht gar das bei συναιχμάλωτος, συστρατιώτης, συνεργός μου äußerst seltene ἐν Χριστῷ Ἰησοῦ überhaupt erst hieraus entstanden ist.

5. Für Cäsarea als Abfassungsort des Eph, Kl und Phlm entschieden sich Reuß, Thiersch, Weiß u. A.; in bezug auf den von ihm allein für echt gehaltenen Phlm auch Hilgenfeld; für Rom die alten Ausleger ohne Ausnahme und die meisten neueren. Die Neigung, den Pl in Cäsarea nicht ganz vom Briefschreiben feiern zu lassen, dürfte jedenfalls nicht mitsprechen. Wir besitzen auch keinen Brief aus den 3 Jahren, welche zwischen 2 Th und 1 Kr liegen mögen, und wissen nur von einem einzigen, den Pl gegen Ende dieser Zeit schrieb (1 Kr 5, 9). Pl kann in Cäsarea 20 Briefe geschrieben haben. Einer, von dem wir 2 Pt 3, 15 hören, fällt wahrscheinlich in diese Zeit.

6. Nach Jos. bell. II, 18, 1; VII, 8, 7 (cf VII, 8, 7, Niese 362 mit Weibern und Kindern) betrug die jüdische Bevölkerung Cäsareas über 20000. Hatten dort die Heiden die Mehrheit (bell. III, 9, 1), so war doch die jüdische Minderheit so stark, daß sie bis zur Zeit des Festus daran denken konnte, die Stadt als eine jüdische in Anspruch zu nehmen (ant. XX, 8, 7. 9; bell. II, 13, 7). Mehr als 60000 Einwohner hatte Cäsarea sicherlich nicht.

7. AG 28, 16. 20. 30 f. Nach den alten Paulusakten hätte Pl, allerdings erst bei seiner zweiten Ankunft in Rom, eine Scheune vor der Stadt gemietet (ed. Lipsius 104, 4 cf GK II, 889). Jedenfalls ist nach AG 28, 16—31 nicht an ein Dachstübchen, sondern an ein geräumiges Lokal zu denken cf AG 19, 9.

8. Lightfoot 312 nennt als mögliche Veranlassungen für das Zusammentreffen des Onesimus und Pl: eine zufällige Begegnung mit seinem Landsmann Epaphras, Mittellosigkeit und Hunger, Erinnerung an Worte des Pl, die er einst im Hause Philemons gehört, und Gewissensbisse. Derselbe citirt für Rom als Zufluchtsort des Gesindels Sallust. Catil. 37, 5; Tac. ann. XV, 44.

9. Beziehen sich die Angaben des Tacitus und des Eusebius (oben 318 Z. 1 ff.) auf das gleiche Ereignis, und hat sich nach Tacitus Laodicea (mit seinen Nachbarstädten) sofort wieder von dem Erdbeben des J. 60 erholt, so ist der Mangel jeder Bezugnahme hierauf in Briefen, welche zwischen Frühjahr 61 und 63, vielleicht erst im Herbst 62 oder im Winter 62/63 von Rom in jene Gegend geschickt wurden, nichts auffälliges. Hat Eusebius das richtige Datum (a. 63), so wäre nur anzunehmen, daß der Kl vor dem Erdbeben geschrieben wurde, oder wenigstens ehe die Nachricht davon nach Rom gelangt war. Von keiner Seite läßt sich etwas dagegen einwenden, daß Tychicus und Onesimus etwa im Herbst 62 von Rom nach Kleinasien reisten. Bei Phlm 22 würde Pl an das Frühjahr 63 gedacht haben.

§ 26. Der Brief an Philemon.

Es ist dies der einzige Brief des NT's, der uns in ein christliches Haus jener Zeit einen Blick tun läßt. Dem Pl selbst, mit dem er wahrscheinlich in Ephesus bekannt geworden ist (oben S. 316), verdankt der Hausherr Philemon seine Bekehrung (v. 19). Gattin und Sohn sind gleichfalls Christen. Während Archippus einen ständigen Dienst in der Gesamtgemeinde von Kol. versieht (Kl 4, 17 oben S. 315 f. A 1), scheint der Vater Philemon in freierer Weise der

Verbreitung des Glaubens in seiner Umgebung Vorschub zu leisten und daraufhin von Pl als sein und des Timotheus Mitarbeiter bezeichnet zu sein (v. 1). Er muß ein wohlhabender Bürger der damals noch blühenden Handelsstadt Kol. gewesen sein. Sein Haus diente einem Teil der dortigen Gemeinde als Versammlungsort (A 1). Er muß in der Lage gewesen sein, seine treue Liebe zu den Glaubensgenossen in beträchtlichem Umfang zu betätigen (v. 5). Neuerdings wieder hat er einen Beweis dieser tatkräftigen Liebe zu „den Heiligen" geliefert, dessen Pl nur mit freudigem Dank gedenken kann (A 2). Pl hebt dies um so stärker hervor, da er an die Willigkeit Philemons eben jetzt neue Anforderungen zu stellen hat. Es gilt, den Sklaven Onesimus, welcher seinem Herrn Phil. früher ein unnützer Knecht gewesen (v. 11), sodann wahrscheinlich unter Entwendung des nötigen Reisegeldes entlaufen (v. 18), nun aber durch Pl in Rom bekehrt worden ist (v. 10), in das Haus seines Herrn wieder einzuführen. Eben darum war es natürlich, daß der Brief zugleich an die Frau und den Sohn des Hauses und die übrigen in demselben sich versammelnden Christen gerichtet wurde (v. 2 f.), wenn auch im übrigen durchweg der Hausherr, auf dessen Entscheidung es ankommt, angeredet wird (A 3). Pl verlangt von diesem nichts weiter, als daß er den reuigen Flüchtling und nunmehrigen Glaubensgenossen freundlich wieder aufnehme, und er verlangt dies nicht in gebieterischem Ton, wozu er wohl berechtigt wäre, sondern im Ton der brüderlichen Bitte (v. 8—10). Das Besitzrecht des Phil., dessen Anerkennung den Pl gehindert hat, den ihm ans Herz gewachsenen und zu seiner persönlichen Bedienung sehr geeigneten On. bei sich zu behalten (v. 13 f.), wird auch für die Zukunft nicht in Frage gestellt. Es ist dies ein „fleischliches" Band, welches durch die im Glauben begründete Gemeinschaft „im Herrn" nicht gesprengt, sondern geheiligt werden und andrerseits dazu dienen soll, die christliche Brüderschaft zu einer individuellen und um so innigeren zu gestalten (v. 16). Höchstens angedeutet könnte Pl den Wunsch haben, daß Phil. dem On. die Freiheit schenken möge, wenn er die Erwartung ausspricht, Phil. werde mehr tun, als worum Pl ihn bitte (v. 21). Diese Erwartung aber ist eins mit der Hoffnung, daß der Brief seinen Zweck vollständig erreichen werde; denn Pl ist keineswegs der Meinung, dass Phil. von vornherein und aus eigenem Antrieb den strafwürdigen Sklaven wohlwollend aufnehmen werde, sondern setzt alle Mittel in Bewegung, ihn dafür zu stimmen. Schon im Eingang, wo er die tatkräftige Bruderliebe des Phil. rühmt, welche dem Apostel den Mut macht, seine Bitte vorzutragen, läßt er nicht unausgesprochen, daß er dem Phil. in dieser Richtung noch ein Fortschreiten wünsche (v. 6 A 2). Der Verdruß, welchen On. seinem Herrn bereitet hat, soll unter anderem auch durch die Erwägung beschwichtigt werden, daß Phil. nunmehr an ihm statt eines nichtsnutzigen einen brauchbaren Knecht haben wird (v. 11. 16). Für den Geldverlust, welchen Phil. durch die Untreue des On. erlitten hat, will Pl selbst aufkommen und gestaltet diesen eigenhändig geschriebenen Brief zu einer förmlichen Schuldverschreibung (A 4). Wenn Pl, wie schon aus der hinzugefügten Bemerkung hervorgeht, nicht daran denkt, daß Phil. ihn einst zur Zahlung der betreffenden Geldsumme anhalten werde, so ist unverkennbar, daß er den Mann, der vielleicht im großen Stil Freigebigkeit zu beweisen (v. 5—7), aber im Kleinen genau zu rechnen gewohnt war, mit einem gewissen Humor an seiner schwachen Seite faßt. Pl beharrt in diesem Tone, wenn er fortfährt: „Ja, Bruder, ich möchte von dir Vorteil haben" (A 5). Etwas von dem Salz, womit Pl seine Rede würzt (Kl 4, 6), setzt er auch bei seinem Leser voraus. Auch die Bitte an Phil., ihm schon jetzt das Quartier in seinem Hause zu bereiten (v. 22), während Pl doch noch an eine längere Fortsetzung seiner Predigt in Rom denkt (Kl 4, 3f.; Eph 6, 19f.) und in den beiden gleichzeitigen Briefen nichts von einer demnächstigen Reise nach Asien verlauten läßt, entbehrt nicht eines Anflugs von Laune. Der Apostel lädt sich selbst bei dem gestrengen Hauswirt zu Gast; es ist, als ob er ihm sagen wollte, er werde sich bald selbst darnach umsehen, ob Onesimus, sein „Kind" (v. 10), sein „Herz" (v. 12), sein geliebter Bruder (v. 16), bei Phil. die vom Apostel erbetene Aufnahme gefunden habe. Daneben zeigt Pl hier seine ungesuchte Kunst, Töne anzuschlagen, welche jedes nicht ganz rohe Herz für ihn und seine Sache zu gewinnen wußten, im glänzendsten Licht (A 6). Der Humor tut dem Ernst, die Ironie der herzlichen Wärme in diesem Briefe keinen Eintrag. Es paart sich hier die Höflichkeit mit der Würde und die Anerkennung des harten Rechts dieser Welt mit der Aufrechterhaltung der höchsten Forderungen christlicher Liebe zu vollkommener Wirkung. Daß man auch diesen Brief mit seiner Fülle unerfindlichen Stoffs (A 7) ohne jede Stütze in der Überlieferung und ohne jede Möglichkeit, einen ausreichenden Grund der Erdichtung anzugeben, für unecht erklärt hat, verdient nur eben bemerkt zu werden (A 8).

1. Die „Gemeinde im Hause des Philemon" (v. 2) kann weder mit den ständigen Hausgenossen desselben, noch mit der Ortsgemeinde von Kol. identisch sein. In letzterem Fall wäre die Adresse dieses Briefs und des Kl die gleiche. Da Kol. damals zwar von Laodicea überflügelt, aber noch keineswegs heruntergekommen war (oben S. 317), hat es nichts unwahrscheinliches, daß die Christen dort ebenso wie in anderen noch größeren Städten, Ephesus (1 Kr 16, 19) und Rom (Rm 16, 5 oben S. 304 A 1), in verschiedenen Häusern sich zum Gottesdienst versammelten. Auch in dem benachbarten Laodicea war es so (Kl 4, 15). Die LA *αὐτῶν* א ACP copt (s. Lightfoot 256) ist gedankenlos nach Rm 16, 5; 1 Kr 16, 19 geformt; die Brüder in Laodicea müssen mehr als ein Haus gehabt haben. Die LA *αὐτῆς* B 67** hat zur Voraussetzung, daß *Νύμφαν*, wie Lachmann eben deshalb geschrieben haben wollte, eine Frau bezeichne. Das wäre eine höchst befremdliche dorische Form. Es wird vielmehr *Νυμφᾶν* (= *Nymphodorum, Nymphodotum* etc.) und mit DG und der antioch. Recension *αὐτοῦ* zu lesen sein. Die Seltenheit dieses Mannesnamens (C. I. Att. III, 1105 *Νυνφας* cf C. I. G. 1290; C. I. Lat. II, 557 *Nyphas*?) veranlaßte die Änderung. Auch Phlm 2 ist das aus anderen Gründen auffällige *σοῦ* teils nach Rm 16, 5; 1 Kr 16, 19 in *αὐτῶν*, teils nach stilistischen Erwägungen in *αὐτοῦ* geändert worden.

2. Wenn an sich unter *οἱ ἅγιοι* v. 7 (cf 1 Kr 16, 1; 2 Kr 8, 4; 9, 1. 12) die Jerusalemer verstanden werden könnten (Hofmann), erscheint dies doch so dicht hinter

πάντες οἱ ἅγιοι (v. 5 = alle Christen) unnatürlich. Auch würde schwerlich unausgedrückt bleiben, daß Pl und Timotheus von einer Geldsendung Philemons nach Jerusalem gehört haben (cf ἀκούων v. 5; Eph 1, 15; Kl 1, 4. 9; anders dagegen Phl 4, 10). Der vorliegende Ausdruck gibt die Vorstellung, daß Pl kürzlich die von Phil. geübte, die Heiligen erquickende Liebe unmittelbar wahrgenommen hat. Es könnte auch τῶν ἀδελφῶν stehen (1 Kr 16, 11. 12; 2 Kr 9, 3; 3 Jo 3). Phil. weiß, wen Pl meint. Phil. mag Christen, die von Asien nach Rom reisten, oder durch Vermittelung Solcher notleidende Landsleute und Glaubensgenossen in Rom mit Geld unterstützt haben s. auch A 3. Ist v. 5 nach richtiger LA (ἀγάπην vor πίστιν) von der Liebe und Treue die Rede, welche Phil. im Hinblick auf den Herrn Jesus (und) in der Richtung auf alle Heiligen beweist, so kann auch der Wunsch (v. 6), welcher den Inhalt der Gebete des Pl für Phil. (v. 4) ausmacht, nur der sein, daß „die treue Mitteilsamkeit das Phil. wirksam werde vermöge Erkenntnis all' des in der Richtung auf Christus liegenden Guten, welches in der Christen (ἐν ἡμῖν) oder in seiner und seines Hauses (ἐν ὑμῖν) Macht steht".

3. Abgesehen von dem textkritisch nicht sicheren ὑμῖν v. 6 tritt die pluralische Anrede nur v. 22b ein, und entsprechend dem Eingangsgruß v. 3 wieder v. 25. Die Gründe sind überall durchsichtig. Die Mitverfasserschaft des Tim. kommt abgesehen von v. 1. 2 (ἡμῶν) wahrscheinlich nur noch v. 7 zum Ausdruck (ἔσχομεν D* Orig. III, 889; Hier. VII, 754, woraus das antioch. ἔχομεν durch Assimilation an die Präsentia vorher und nachher entstanden ist, während ἔσχον Assimilation an die umgebenden Singulare ist. Der Aorist ist entscheidend dafür, daß ein Einzelerlebnis der jüngsten Vergangenheit gemeint ist cf Phl 4, 10; 2 Jo 4; 3 Jo 3; Pol. ad Phil. 1, 1; 11, 1; Forsch IV, 250). Daß Pl den Tim. ähnlich wie im Kl (1, 1. 3. 9, daher ἐγὼ Παῦλος 1, 23) nicht nur als einen der Grüßenden nennt, sondern bis zu einem gewissen Grade zum Mitverfasser des Briefes macht, wird in dem persönlichen Verhältnis des Tim. zu Phil. begründet sein, mochte aber auch dadurch nahegelegt sein, daß es sich um eine einigermaßen juristische Angelegenheit handelte. Für eine Schuldverschreibung und für ein dem flüchtigen Sklaven ausgestelltes Zeugnis war ein zweiter Zeuge angebracht (2 Kr 13, 1).

4. Über eigenhändiges Schreiben s. oben S. 123 A 4. Möglich wäre ja, daß v. 19a eine nach Vollendung des diktirten Briefs eigenhändig an den Rand geschriebene Bemerkung des Pl wäre. In diesem Falle könnte sich ἵνα μὴ λέγω σοί noch leichter an v. 18 anschließen, als wenn man mit Hofmann v. 19a als Parenthese faßt. Jedenfalls kann das σοί hinter λέγω nicht ein völlig müßiges, enklitisches Dativobjekt zu λέγω sein, sondern muß eben das mit Nachdruck nennen, was Pl wohl sagen könnte, aber nicht geradezu sagen will (cf 2 Kr 9, 4, auch 2 Kr 2, 5). Der erforderliche Gegensatz ist aber nicht in v. 19a, sondern nur in dem ἐμοί v. 18 zu finden. Pl sagt: „schreibe es (nicht dem On., sondern) mir als Schuld an", fügt aber hinzu, er könnte eigentlich auch sagen, Phil. solle es sich selbst anrechnen, und zwar darum, weil Phil. dem Pl nicht nur so geringfügige Geldsummen, sondern außerdem auch noch sich selbst d. h. jedes persönliche Opfer schuldig sei. Der ein wenig befremdliche Gedanke beruht wohl auf der Vorstellung, daß in dem Kontobuch des Phil. ein Blatt, worauf das Debet des Pl verzeichnet steht, gar nicht vorhanden ist, und es daher natürlicher wäre, eine kleine Schuld des Pl an ihn auf dem Blatt einzutragen, worauf die vielen Schulden des Phil. an Pl verzeichnet stehen. Er würde dann sofort sehen, daß das Guthaben des Pl durch diese kleine Summe kaum vermindert werde.

5. Wenn schon v. 11 allem Anschein nach die Worte ἄχρηστος, εὔχρηστος nicht sowohl in Erinnerung an die vulgäre Aussprache von Χριστός, Χριστιανός = χρηστός (Baur, Paulus II, 91) als an den Wortsinn von Ὀνήσιμος gebraucht sind, so ist auch nicht wohl zu bezweifeln, daß ὀναίμην v. 2 auf den Wortlaut des Namens anspielt. Cf Ign. Eph. 2, 2 ὀναίμην ὑμῶν an der Spitze einer Ermahnung zum Gehorsam gegen den

Bischof Namens Onesimus (ebendort 1, 3; 2, 1). Ähnliche Spiele mit Eigennamen bei Theophilus ad Autol. I, 1 *Θεόφιλος — τὸ θεοφιλὲς ὄνομα τοῦτο = Χριστιανός*, Eusebius h. e. III, 27, 6 Ebjon der Arme; V, 24, 18 Irenäus der Friedensmann. Über Ap 3, 1 s. § 73 A 8. Noch Anderes bei Lightfoot 340. Pl nimmt die abgeschliffene RA nicht in dem gewöhnlichen Sinn: „möge ich an dir meine Freude haben", sondern nimmt sie beim Wort. Zur Bestätigung der v. 19b angedeuteten Forderung bekennt er offen (*ναί*) und sagt es dem gestrengen Hausherrn oder dem genau rechnenden Kaufmann, daß er seinerseits bei dem Geschäft mit Phil. einen Profit machen möchte, statt daß Phil., wie er es gewohnt ist, den Vorteil des Geschäfts einstreicht.

6. Zu den Mitteln, wodurch Pl den Phil. zur Erfüllung seiner Bitte zu bewegen sucht, gehört auch die Art, wie er auf seine dermalige Lage hinweist. Viermal in dem kurzen Brieflein gedenkt er seiner Gefangenschaft (v. 1. 9. 10. 13), und im Unterschied von den gleichzeitigen Briefen bezeichnet er sich gleich in der Überschrift als Gefangenen und fügt seinem Namen nur dies Eine bei. In v. 9 wäre es zwar grammatisch unanstößig, *τοιοῦτος — ὡς* mit den alten griech. Auslegern als Korrelate zu fassen (cf Kühner Gr. II, 995, 4; 361 A 18 und Lightfoot). Aber das *ὡς Παῦλος* statt *οἷός εἰμι* (cf AG 26, 29) wüßte ich nicht zu erklären; denn der Name weist gar nicht auf eine bestimmte Qualität oder Situation hin. Es bedarf *τοιοῦτος* aber auch keines solchen Korrelats, wenn auf die ohnehin bekannte Person und ihre Beschaffenheit oder Lage nur hingewiesen zu werden braucht (2 Kr 2, 6; Hofmann vergleicht passend Od. 16, 205). Als ein so, wie es Phil. weiß, beschaffener und gestalteter Mensch tut er seine Bitte für Ones. Dieser alles Einzelne umfassende Hinweis auf die Qualität des Bittenden wird durch die drei folgenden Appositionen entfaltet; denn die Artikellosigkeit von *πρεσβύτης* verbietet es, dies mit *Παῦλος* als eine diesem Namen untergeordnete Apposition enger zu verbinden. Er bittet, wie schon Chrysostomus (XI, 780) richtig unterschied, 1) als der dem Phil. so wohlbekannte und so lange befreundete Paulus, 2) als ein alter Mann, 3) als einer, der jetzt überdies um Christi willen Ketten trägt. Da dies alles dem Zusammenhang nach nicht dazu dient, zu erklären, auf Grund wovon Pl in dieser Sache allenfalls auch gebieten könnte (v. 8), wozu weder der Eigenname, noch das hohe Alter, noch die Gefangenschaft an sich geeignet wäre, sondern den Bittenden als einen Solchen charakterisiren soll, dem man nicht gut eine Bitte abschlagen kann, so sieht Pl hier gänzlich von seiner amtlichen Würde und der aus seinen Verdiensten ihm erwachsenen Auktorität ab. Die Konjektur von Bentley (Crit. sacra ed. Ellies p. 73) *πρεσβευτής*, welche sich Hort NT app. 136 angeeignet hat, oder der Vorschlag von Lightfoot, bei dem sich Westcott im Unterschied von seinem Mitarbeiter Hort beruhigt hat, *πρεσβύτης* nach allerlei zweifelhaften Analogien im Sinne von *πρεσβευτής* sc. *Χριστοῦ* zu fassen (cf 2 Kr 5, 20; Eph. 6, 20), bringt ein fremdartiges Element herein, welches nur in v. 8 am Platz wäre, aber auch dort einen viel deutlicheren Ausdruck erfordern würde. Der *πρεσβύτης* als solcher, zumal wenn er bittet, hat zunächst etwas Rührendes cf Clem. quis div. 41 (die Bitte des greisen Johannes an den verirrten Jüngling); Passio Perp. 5. 6 (das graue Haar des Vaters und die Hilflosigkeit des Kindes wirken zusammen). Wir kennen das Geburtsjahr des Pl nicht. Sind seine Eltern nach der oben S. 49 ausgesprochenen Vermutung a. 4 v. Chr. aus Palästina weggeführt worden, Pl aber erst nach deren Niederlassung in Tarsus geboren, so kann dies doch schon um 1—5 n. Chr. geschehen sein. Nach der Rolle, welche er a. 35 spielte (AG 7, 58—8, 3; 9, 2) wird er damals nicht ein „Jüngling" von 20, sondern ein jüngerer Mann von etwa 30 Jahren gewesen sein, also a. 62 jedenfalls den Sechzigen nahe. Das aufreibende Leben und die langjährige Haft mag ihn über seine Jahre alt gemacht haben. Um so natürlicher war es dann, sich dem Freund eigens als *πρεσβύτης* darzustellen.

7. Die vorausgesetzten Verhältnisse und Tatsachen haben keine Anknüpfung in

den von den Meisten für echt gehaltenen Briefen des Pl oder in der AG. Schon die Namen müßten jedem Kritiker Gedanken machen. Philemon und Apphia kommen im NT sonst nicht vor. Onesimus und Archippus werden Kl 4, 9. 17 genannt. Da aber das, was hier und dort von ihnen gesagt wird, sich in keinem Punkte berührt, so ist ausgeschlossen, daß einer dieser beiden Briefe auf Grund des andern, oder beide von demselben Menschen erdichtet seien. Zum Teil aber tragen die Namen Lokalfarbe. Zwar die alten Namen *Philemon* und *Archippus*, sowie den jüngeren *Epaphras* (z. B. C. I. G. 2284; C. I. L. IV, 1384a. 1787. 1816. 1916. 1926. 1936. 2374. 2450; VI, 17174 bis 17180; XV, 2542, kontrahirte Form für den sehr gewöhnlichen N. *Epaphroditus*, den Ephr. Syr. p. 169 dafür einsetzt) vermag ich durch Inschriften aus der Kaiserzeit nicht für Phrygien zu belegen. Cf jedoch Philemon und Baucis bei Ovid. metam. VIII, 631; auch Aristoph. av. 763. Der besonders für Sklaven gebräuchliche N. *Onesimus* ist vielleicht in Rom (C. I. L. VI, 23459—23484) und Pompeji (C. I. L. IV, 222. 1330. 1332. 2477a. 2777. 3163) ebenso reichlich nachzuweisen als in Phrygien und den angrenzenden Gebieten (C. I. G. 2743. 2840. 2932. 2933. 3827b. t. u.; 3859; Sterrett, Wolfe Exp. nr. 366, l. 108; nr. 376 l. 32. 39 cf Ign. Eph. 1; Melito bei Eus. h. e. IV, 26, 13). Dagegen ist *Apphia* ein phrygischer Name, welcher mit *Appius*, *Appia* nichts zu schaffen hat. Die Schreibung schwankt zwischen *Απφια* (C. I. G. 2775b. 2782. 2835. 2837b. 2950. 3432. 3446; Ramsay, Cities I, 391. 470 nr. 254. 309), *Αφφια* (C. I. G. 3814, 4141; Le Bas-Wadd. III nr. 799. 911; Ramsay p. 394. 473. 559. 662 nr. 276. 324. 445. 624) und *Αφια* (C. I. G. 2720. 3826; Wolfe Exp. nr. 482). Ebenso die Deminutivbildung *Απφιον* (C. I. G. 2733, 2836; Ramsay p. 385. 391. 520. 525 nr. 228. 254. 257. 361. 369) oder *Αφιον* (Le Bas-Wadd. nr. 832). Weibliche Nebenformen sind auch *Αφφιας* (C. I. G. 3697. 3983) und *Απφιας* (s. nachher), wie *Αμμιας* = *Αμμια* (Forschungen V, 95, wonach auch C. I. G. 9916 ohne Emendation zu lesen ist). Für uns sind von besonderem Interesse C. I. G. vol. III. p. 1168 nr. 4380k3 *Ἀπφιάδι . . . γένει Κολοσσηνῇ* und Wolfe Exp. nr. 482 *Ὀνήσιμος Ἀφίᾳ γυναικί*. Eine Tituslegende nennt eine von Pl in Damascus geheilte *Apphia* (James, Apocrypha anecd. I, 55). Außerhalb Phrygiens und der benachbarten Gebiete scheint der Name selten zu sein cf C. I. L. V, 5380 (Como); IX, 290 (Bari: *Apphiadis*). — Daß Onesimus ein *diaconus* geworden, hat Hieronymus nur aus Phlm 11 geschlossen (Epist. 82, 6 Vall. I, 516 cf VII, 755 *minister apostoli*). Ein Martyrium des Ones., wonach er unter einem Exarchen Tertullus in Rom durch Zerschlagen der Beine Märtyrer geworden sei, kannte der echte Euthalius (Zacagni, Coll. mon. 528). Übrigens lohnt es sich nicht, die konfusen martyrologischen und legendarischen Angaben zu entwirren (Acta SS. Febr. II, 855—859 cf Acta Xanthippae et Polyxenae c. 38 bei James, Apocr. anecd. I, 84).

8. Baur, Paulus II, 88—94 brachte gegen die Echtheit dieses Briefs im Grunde nichts anderes vor, als seinen engen Zusammenhang mit den aus andern Gründen dem Pl abzusprechenden Briefen Eph, Kl und Phl (S. 89) und beruhigte sich bei der Möglichkeit, daß er „Embryo einer christlichen Dichtung" sei, sogut wie die pseudoklementinischen Homilien wirklich ein christlicher Roman seien (S. 93). Weizsäcker S. 545 verwirft ihn als „Beispieldarstellung für eine neue Lehre zum christlichen Leben, deren allegorischer Charakter schon in dem Namen des Onesimus gegeben ist", als ob der Brief eine Lehre von der „Brauchbarkeit" eines christlichen Sklaven oder von der „Nützlichkeit" des Entlaufens vortrüge. Über den Namen s. A 5 u. 7. Übrigens cf Deißmann Bibelst. 237 „ein gut Teil doktrinärer Geschmacklosigkeit". Steck (Jahrb. prot. Theol. 1891 S. 571) nimmt unter anderem daran Anstoß, daß dies kleine Billet in einer Privatangelegenheit mit dem ganzen Apparat eines Gemeindebriefs ausgestattet sei, ohne die sehr einfachen Erklärungen für die Erwähnung des Tim. und der Hausgemeinde zu erwägen und zu widerlegen (oben S. 321. 323 A 3). Ohne auch nur zu bedenken, daß Kenntnis der lateinischen Literatur unter den Griechen etwas sehr Seltenes war, läßt Steck seinen

Pseudopaulus aus Plin. ep. IX, 21 (Fürbitte für einen Freigelassenen cf IX, 24), welche Grotius zu Phlm 10 und 17 als Parallele angeführt hatte, nachahmend geschöpft haben (S. 576) und zwar etwa im 2. Viertel des 2. Jahrhunderts (S. 582). Noch weiter herabzugehen verbietet Marcion; denn dieser „soll ihn gekannt haben", wie Steck S. 575 die Tatsache, daß Marcion ihn unverändert in sein Apostolikum aufgenommen hat, unvergleichlich zart widergibt. Holtzmann (Ztschr. f. wiss. Theol. 1873 S. 428—441) hat seine Ansicht über den Kl (s. unten § 29) auch auf den Phlm ausgedehnt. Ein echter Brief an Phlm soll von demselben Mann, welcher den Kl interpolirte und den Eph erdichtete, interpolirt worden sein. Die Schwierigkeit des Satzgefüges in 4—6 (oben S. 323 A 2. 3), welche Holtzmann übertreibt, ohne auch nur eine eigene Erklärung zu versuchen, soll dadurch entstanden sein, daß v. 4—6 (= Eph 1, 15—17) nachträglich eingeschoben sei. So wenigstens scheinen die Erörterungen S. 433—435 verstanden werden zu sollen, während nach S. 439, wo zur Empfehlung der Echtheit von v. 7 bemerkt wird, daß v. 7 sich ungezwungen an v. 4 anschließe, v. 4 als echt gelten zu sollen scheint. Einen Zweck der Interpolation, welcher doch nicht darin bestanden haben kann, den Text schwer verständlich zu machen, erfährt man nicht, bekommt auch keine Aufklärung darüber, was die auffällige Voranstellung von *ἀγάπη* (Eph 1, 15 wahrscheinlich ganz fehlend) vor *πίστις* und die von Eph 1, 17 völlig abweichende Beziehung der *ἐπίγνωσις* veranlaßt hat. Die wirkliche Gedankenparallele steht Phl 1, 9f. Wenn ferner die Worte „Timotheus der Bruder", „und unsrem Mitarbeiter", „und dem Archippus unserem Mitstreiter" Phlm 1. 2 zum Zweck der Konformation mit dem Kl eingeschoben sein sollen (S. 437f.), so bedürfte eben dieser Zweck wieder eines weiteren Zweckes, dem er als Mittel dienen sollte. Ist nun aber nach Holtzmann Kl 4, 15—17 von demselben Bearbeiter dort eingeschoben, welcher den Phlm um diese Zutaten bereichert haben soll, so wäre die ganze Figur des Archippus eine Schöpfung dieses Interpolators. Wer aber wird sich damit zufrieden geben, daß sie lediglich als „eine Art Personalunion beider Briefsituationen" (S. 438) erfunden sei? Hat doch der angebliche Interpolator nicht einmal die von ihm vorgefundenen Personen Jesus Justus Kl 4, 11 und Apphia Phlm 2 durch Übertragung aus dem einen in den anderen Brief dazu benutzt, beide Briefe mit einander zu verketten. *Nemo tam otiosus fertur stilo, ut materias habens fingat* (Tert. adv. Valent. 5).

§ 27. Der Brief an die Kolosser.

Gleichzeitig mit dem Brief an den im Hause Philemons sich versammelnden Teil der Gemeinde von Kolossä hat Pl auch an die Gesamtgemeinde dieses Orts ein Schreiben abgehen lassen. Es erscheint natürlich, anzunehmen, daß beide Briefe auch das Ziel ihrer Bestimmung gleichzeitig erreichten. Dies konnte geschehen, wenn Onesimus, welcher nicht wie Tychicus auch noch für andere Orte Aufträge hatte, sondern gewiß von Pl angewiesen war, auf dem geradesten Wege zu seinem Herrn zurückzukehren, außer dem Brief, welcher ihn bei Philemon einführen sollte, auch den Brief an die Gemeinde überbrachte. — Da Pl die Gemeinde anweist, dafür zu sorgen, daß dieser Brief auch in der Gemeinde zu Laodicea gelesen werde (4, 16), da ferner an der Stelle, wo Pl von allgemeineren Betrachtungen zur Erörterung besonderer Verhältnisse übergeht, die Christen von Laodicea mit denen von Kol. zusammengefaßt werden (2, 1), so erscheint der Brief als von vornherein auf diese beiden Nachbargemeinden berechnet. Der Mangel derartiger Bemerkungen in bezug auf das gleichfalls benachbarte und ebenso wie Kol. und Laodicea dem Missionar jener Gegend, Epaphras, am Herzen liegende Hierapolis (4, 13) läßt erkennen, daß die besonderen Verhältnisse und Gefahren, welche den Apostel bestimmten, nach Kol. und indirekt nach Laodicea diesen Brief zu richten, in Hierapolis nicht oder noch nicht vorlagen. Pl kannte die Gemeinden in der Umgegend von Kol. ebensowenig wie diejenige von Kol. selbst aus eigener Anschauung. Abgesehen von Einzelnen wie Philemon und Epaphras, war er allen diesen Gemeinden persönlich gleich unbekannt (1, 4. 8. 9; 2, 1. 5). Aber er rechnet sie, sozusagen, zu seinem apostolischen Sprengel; den Epaphras in seiner Eigenschaft als Stifter jener Gemeinden betrachtet er als seinen Stellvertreter (1, 7 oben S. 318 A 3). Sein Beruf und die Leiden, welche ihm derselbe einträgt, beziehen sich auf sie mit (1, 24). Er macht sie nicht nur wie alle Christen zu einem Gegenstand seiner Danksagung und Fürbitte (1, 3. 9), sondern bemüht sich eifrig um ihr Heil ganz ebenso wie ihr Stifter Epaphras (2, 1; 4, 12). Da er nun durch Epaphras nähere Kunde über diese Gemeinden erhalten und auch das erfahren hat, daß sie zu ihm, dem persönlich unbekannten Apostel, eine „geistige" Liebe hegen (1, 8), so könnte an sich das Bedürfnis, dieses Verhältnis inniger zu gestalten, Anlaß zu einem Brief gegeben haben, und der Inhalt von Kl 1. 3. 4 könnte einer solchen Veranlassung zu entsprechen scheinen. Es bliebe dann aber unerklärt, warum Pl den Brief nicht an die sämtlichen Christen in Kol., Laodicea und Hierapolis und vielleicht noch in anderen Städten jener Gegend (2, 1) gerichtet oder, wenn Kol. die Metropolis dieses kirchlichen Kreises war, wenigstens durch einen allgemeinen Ausdruck in der Grußüberschrift wie 2 Kr 1, 1 die kleineren Nachbargemeinden mit der Hauptgemeinde zusammengefaßt hat. Dazu kommt, daß Pl, wie sich zeigen wird, gleichzeitig mit dem Brief an die Ortsgemeinde von Kol. und dem Brief an die Hausgemeinde des Philemon noch einen dritten Brief und zwar einen von wirklich allgemeinerer Bestimmung durch Tychicus in jene Gegend geschickt hat. Es müssen also ganz besondere, nur in Kol. und einigermaßen auch in Laodicea vorliegende Verhältnisse gewesen sein, die ihn zur Abfassung des Kl veranlaßten. Diese erkennen wir aus c. 2, dessen eigentümlicher Inhalt schon durch c. 1 in mannigfaltiger Weise vorbereitet ist und in c. 3 nachklingt. Pl hatte sich nicht nur als einen *διάκονος τοῦ εὐαγγελίου* (1, 23), d. h. als einen Missionar, sondern auch als einen *διάκονος τῆς ἐκκλησίας* bezeichnet (1, 25), was etwas sehr anderes ist. Wenn er in letzterer Beziehung von einem ihm verliehenen Amt als Verwalter Gottes redet, so kann damit nicht der Auftrag gemeint sein, das Ev zu predigen, sondern nur ein auf die Gemeinde der bereits Glaubenden bezüglicher Beruf, welcher näher dahin bestimmt wird, daß er das Wort Gottes, welches die Gemeinde im Glauben angenommen hat, und zwar näher das der Gemeinde der Heiligen kundgemachte und insbesondere in der heidnischen Christenheit nach seinem ganzen Reichtum offenbargewordene Geheimnis Gottes vollständig aussage (A 1). Auch dieses *πληρῶσαι τὸν λόγον* ist wie das erstmalige *λαλεῖν τὸν λόγον*, die Missionspredigt, ein Verkündigen Christi, welcher in Person jenes *μυστήριον* Gottes ist (1, 26—29 cf 2, 2); aber es ist doch nicht selbst ein Predigen von Unbekanntem, sondern vor allem eine Entfaltung der in dem geglaubten Ev enthaltenen Kräfte und Normen des sittlichen Lebens und eine solche Belehrung in mannigfaltigem Wissen, welche die allseitige Vollendung der christlichen Persönlichkeit zum Ziel hat. Indem Pl außerdem noch dreimal mit Nachdruck sagt, daß diese seine Berufstätigkeit sich auf Jedermann, selbstverständlich innerhalb der Christenheit und zwar nach v. 27 der heidnischen Christenheit beziehe (1, 28), und daß er unter heißem Ringen in dieser Richtung arbeite (1, 29), ist er bereits den Vorwürfen entgegengetreten, er lasse sich in bezug auf die zu seinem Arbeitsfeld gehörigen Gemeinden an einer unvollständigen Verkündigung des göttlichen Wortes genügen; er sorge nicht genügend dafür, daß die Neubekehrten in den ganzen Reichtum christlicher Erkenntnis eingeführt und zur christlichen Vollkommenheit angeleitet werden, und er lasse es wenigstens gegenüber manchen der auf ihn angewiesenen Gemeinden an dem nötigen Eifer in dieser Beziehung fehlen. Was er bei diesen apologetischen Bemerkungen im Sinn hatte, und was er damit bezwecke, sagt Pl deutlich genug in den Sätzen 2, 1—5, welche als eine Erläuterung des Vorigen eingeführt werden (A 2). Die Christen von Kol. und Umgegend sollen wissen, daß er so, wie er es vorher als seine Pflicht gegen alle Gemeinden seines Berufskreises anerkannt und als sein eifriges Bemühen im allgemeinen bezeugt hat, auch für sie eifrig darum bemüht sei, daß ihre Herzen ermuntert werden, indem sie liebevoll unterwiesen und auch in den ganzen Reichtum gläubigen Verständnisses, nämlich in die volle Erkenntnis des Geheimnisses Gottes, welches Christus ist, eingeführt werden. Der Ausdruck (*ἀγῶνα ἔχω* 2, 1 = *κοπιῶ ἀγωνιζόμενος* 1, 29 cf 4, 12. 13; 1 Tm 4, 10) gibt kein Recht, nur an die Fürbitte zu denken (1, 9). Unter Umständen kann ja der leiblich Abwesende (2, 5) nicht viel mehr tun, als beten. Pl aber bestätigt sein Streben, die fernen Gemeinden zum Vollmaß christlicher Erkenntnis und Sittlichkeit zu führen, auch noch durch Anderes, so z. B. eben jetzt durch die Sendung des Tychicus und die Abfassung der Briefe, welche Tychicus und Onesimus überbringen sollten (4, 8). Wenn er aber 2, 4 bemerkt, er sage dies, damit Niemand die Kolosser durch Überredungskunst täusche, so erfahren wir, daß man der Gemeinde einzureden suchte, Pl bekümmere sich nicht um die Förderung ihrer christlichen Bildung. Es gehört nicht viel Phantasie dazu, sich vorzustellen, wie diese Reden lauteten. Es bedurfte keiner sonderlichen Schmähung des Pl, sondern nur des Hinweises auf sein rastloses Vorwärtsstreben von jeder eben erst gegründeten Gemeinde zu immer wieder neuen Missionsstationen in den früheren Jahren und auf seine nunmehrige, schon Jahre lang sich hinziehende Gefangenschaft, zuerst in Cäsarea und jetzt in dem noch ferneren Rom. Es leuchtet auch ein, daß solche Reden ein geeignetes Mittel waren zur Einführung einer Lehre, welche über den unreifen Anfangsglauben, welchen die Predigt des Paulusschülers Epaphras gewirkt hatte, hinaus zu tieferer Erkenntnis und zu größerer Heiligung die rechte Anleitung zu geben versprach. Gegen eine solche kämpft Pl 2, 8—23. — Das, was am unmittelbarsten aus diesen Warnungen hervorgeht, ist dies, daß die Irrlehrer, deren bedrohlichem Einfluß Pl hier entgegentritt, den Christen von Kol. Vorschriften, insbesondere Verbote in bezug auf Speise und Trank und Gebote in bezug auf die Beobachtung von Fasten, Neumonden und Sabbathen gaben (2, 16. 20 f.), und zwar so, daß sie den Kolossern aus der bisherigen Nichtbeobachtung solcher Vorschriften einen Vorwurf machten und ihnen unter der Voraussetzung der Fortführung ihres bisherigen Lebens die Seligkeit oder doch die christliche Vollkommenheit absprachen (A 3). Im Gegensatz zu dieser abschätzigen Beurteilung des Christentums der Kolosser versichert Pl diesen, daß sie in dem Christus, wie er ihnen gepredigt und von ihnen im Glauben angenommen worden ist, mit allen wesentlichen Gütern erfüllt sind (2, 10), und an diesem Christus den Nährboden und das Fundament eines gottwohlgefälligen Wandels besitzen (2, 6 f.). Wenn sie der Fürbitte und Fürsorge des Apostels und seiner Gehilfen bedürfen, um das Vollmaß christlicher Erkenntnis und sittlicher Bildung zu erreichen (1, 9—11. 28 f.; 2, 1—5), so haben sie doch kein Bedürfnis, sich durch eine von Haus aus ihnen fremde Lehre erst zur vollen Erkenntnis und wahren Sittlichkeit anleiten zu lassen. Schon die Erwähnung des Sabbaths beweist, daß die Vertreter dieser Lehre dem Judentum angehörten, und nur aus dem Gegensatz zu diesen Leuten aus der Beschneidung erklärt es sich, wie Pl den aus dem Heidentum hergekommenen Christen von Kol. zum Bewußtsein bringt, daß sie in der Taufe eine im Vergleich mit der jüdischen Beschneidung viel umfassendere und gründlicher heiligende Beschneidung empfangen haben (2, 11—13 cf 1, 21). Auch was er 2, 14 von der Beseitigung des Gesetzes als Schuldschein und Anklageschrift durch den Tod Christi sagt, und 2, 17 von den gesetzlichen Bestimmungen als einer nur schattenhaften Vorausdarstellung der in Christus erschienenen wesenhaften Güter, hat zum Gegensatz ein am Gesetz festhaltendes Judentum. Daß die Vertreter desselben zugleich Christen waren oder sein wollten, würde sich von selbst verstehen, da sie nur unter dieser Voraussetzung auf die heidenchristliche Gemeinde einen bedrohlichen Einfluß gewinnen konnten. Dies ergibt sich aber auch aus 2, 19; denn nur dem, welcher sich zu Christus als dem Haupt der Gemeinde (1, 18) bekennt, kann man einen Vorwurf daraus machen, daß er den Zusammenhang mit diesem Haupt nicht festhält. Auch die aus 2, 1—5 zu entnehmenden Urteile über Pl und die Mangelhaftigkeit des Christentums der paulinischen Gemeinden (oben S. 328) setzen das christliche Bekenntnis der Irrlehrer voraus. Es sind Judenchristen. Sie haben aber nicht einfach die Verbindlichkeit des mosaischen Gesetzes für die Heidenchristen gelehrt. Hätten sie, wie die Irrlehrer in Galatien, von den Heidenchristen Unterstellung unter das Gesetz, also vor allem Annahme der Beschneidung gefordert, so konnte Pl es nicht unterlassen, diese radikale Forderung direkt und radikal zu bekämpfen, statt sich mit nebensächlichen Folgerungen aus der Grundforderung zu befassen. Die Betonung der geistlichen Beschneidung der Heidenchristen (2, 11) erklärt sich völlig daraus und in ihrer Fassung nur daraus, daß die Irrlehrer die Heidenchristen ihre ihnen als Juden zukommende Überlegenheit an religiöser und sittlicher Bildung fühlen ließen (Rm 2, 17—29; 2 Kr 11, 22). Die Vorschriften aber, welche sie den Heidenchristen gaben, und in bezug auf welche sie deren Lebensführung kritisirten, waren nicht einfach die mosaischen Gebote und Verbote. In bezug auf Getränke gibt das Gesetz keine gemeingiltigen Verbote (A 4). Es handelt sich also um Vorschriften, welche zwar an das mosaische Gesetz sich anlehnten, aber einerseits hinter dessen Gesamtinhalt in den wesentlichsten Stücken zurückblieben, andrerseits darüber hinausgingen. Nur deshalb konnte Pl diese *δόγματα* (2, 20 *δογματίζεσθε*) auch als Menschengebote und -lehren bezeichnen (2, 22 nach Jes 29, 13 cf Mt 15, 9), somit deutlich von den *δόγματα* (2, 14) des geoffenbarten Gesetzes unterscheiden und überhaupt so verächtlich behandeln, wie 2, 20—23 geschieht. Als das Mittel, durch welches diese Menschenlehre ihre verführerische Wirkung übt, wird 2, 8 die Philosophie genannt, und ebendort wird von der menschlichen Überlieferung, welche die Verführer für sich maßgebend sein lassen, gesagt, daß nicht Christus, sondern die Grundstoffe der Welt für dieselbe maßgebend seien (A 5). Ist unter *ἡ παράδοσις τῶν ἀνθρώπων* 2, 8 nach 2, 16—23 ein Inbegriff moralisch-asketischer Satzungen zu verstehen (cf Mr 7, 3—13; Mt 15, 2—6; 1 Kr 11, 2; 1 Th 2, 15; 3, 6), so müssen die Irrlehrer ihre Forderungen in bezug auf Enthaltung von gewissen Speisen und Getränken durch eine auf die Stoffe, woraus die Nahrungsmittel zusammengesetzt sind und womit sie zusammenhängen, und auf die Wirkungen dieser Stoffe bezügliche Theorie begründet haben. Aus der Verflochtenheit des Lebens auch der Christen mit dem Naturleben und der Abhängigkeit des geistigen und geistlichen Lebens von der Materie leiteten sie ihre Enthaltungsvorschriften ab (2, 20). Erst durch Askese, so werden sie gelehrt haben, gewinne der Christ die erforderliche Unabhängigkeit von der Materie und den in dieser waltenden Kräften. Nach der Analogie aller asketischen Richtungen des Altertums und besonders derjenigen, mit welcher es Pl Rm 14 zu tun hatte, kann nicht wohl bezweifelt werden, daß vornehmlich Fleisch und Wein, die kräftigsten und am meisten die Sinnlichkeit anregenden Nahrungsmittel, von den Irrlehrern verboten wurden. Ein weiteres Element ihrer Lehre ergibt sich daraus, daß Pl mitten in der gegen sie gerichteten Polemik die Erhabenheit Christi über alle Geistermächte betont (2, 10 cf 1, 16) und weiterhin bezeugt, daß der in Christo offenbar gewordene Gott die herrschenden Geister, die ihn bis dahin vor den Blicken der Menschheit verhüllt hatten, wie ein Gewand von sich abgestreift und diese selbst wie im Triumph als die Besiegten und ihm Unterworfenen öffentlich dargestellt habe (2, 15). Wir müssen annehmen, daß die Irrlehrer die Fortdauer der Macht der in der Heidenwelt vergötterten Geisterfürsten auch über die Christen behaupteten. Sie werden deren schädliche Wirkung nicht auf den Götzendienst beschränkt (1 Kr 10, 14—22;

2 Kr 6, 14 f.), sondern einen so innigen Zusammenhang zwischen ihnen und der Materie überhaupt oder den einzelnen Elementen angenommen haben, daß der in der Welt, und zumal der in der unreinen Heidenwelt lebende Christ nur durch eine weitgetriebene Lossagung von der Materie, durch strenge Askese und schonungslose körperliche Zucht (2, 23) sich der verderblichen Einwirkung der in der Materie waltenden Geistermächte entziehen könne. Dagegen war es schon gerichtet, daß Pl den Heidenchristen von Kol. bezeugte, Gott habe sie durch den im Glauben aufgenommenen Ruf des Ev befähigt, an dem himmlischen Erbbesitz der Gemeinde Anteil zu empfangen, und habe sie wie alle Christen bereits von der Herrschaft der finsteren Mächte erlöst und schon jetzt in das Königreich seines geliebten Sohnes versetzt (1, 12 f.). Aber auch was weiterhin über Christus gesagt wird (1, 14—23), ist nicht ein wohl oder übel angebrachter Erguß eines spekulativen Drangs, sondern eine in allen Einzelheiten durch den Gegensatz zu jener ungesunden Lehre von der Heiligung und der ihr zu Grunde liegenden dualistischen Weltanschauung bestimmte Erinnerung an die im christlichen Gemeinglauben beschlossenen Erkenntnisse. Die Christen brauchen sich nicht mehr selbst zu erlösen; denn an der Sündenvergebung, die ihnen Christus gebracht hat, haben sie die Erlösung (1, 14). Es gibt auch keine von Christus und von dem Gott, der in Christus sein Abbild gefunden und Wohnung genommen hat, unabhängige Welt. Ist doch die Körperwelt wie die Geisterwelt in Christo als dem Erstgeborenen aller Kreatur, durch ihn und auf ihn hin geschaffen (1, 15—17). Wohl ist dies in der Schöpfung begründete Verhältnis noch nicht allseitig realisirt. Aber an der Gemeinde, welche die dermalige Gestalt des Königreiches Christi ist, hat der auferstandene Christus schon jetzt einen Leib, dessen alleiniges Haupt er ist, und damit ist der verheißungsvolle Anfang einer unter ihm als ihrem Haupt befaßten, zur Harmonie zurückgeführten Welt gesetzt (1, 18). In demselben Kreuzestod Jesu, kraft dessen die ehemals Gotte entfremdeten und feindlich gegen ihn gerichteten Heiden zum Frieden mit Gott gelangt sind (1, 21), ist überhaupt alle Disharmonie in der Welt prinzipiell überwunden (1, 20). Daher bedürfen auch die Christen, um vor Christus heilig, ohne Fehler und Anklage dazustehen, nichts weiter, als daß sie an dem Glauben an das Ev, welcher die Hoffnung auf die Weltvollendung einschließt, unerschüttert festhalten (1, 22 f.). Während somit die Ausführungen in 1, 12—23 dem aus den deutlicheren Aussagen in c. 2 sich ergebenden Bilde der in Kol. eingedrungenen falschen Lehre entsprechen, würde ein damit unverträglicher Zug in das Bild eingetragen werden, wenn das alte Misverständnis Recht behielte, wonach 2, 18 den Irrlehrern ein den Engeln gewidmeter Kultus nachgesagt sein soll (A 6). Es wäre schon schwer begreiflich, daß Pl eine Abgötterei, welche dies für ihn wie für jeden rechtgläubigen Juden und Christen der Apostelzeit gewesen wäre, nur in der Beschreibung des Charakters der Irrlehrer und nur als eine Liebhaberei derselben erwähnt hätte, anstatt die Kolosser geradezu vor solcher Abgötterei zu warnen. Es wäre unerfindlich, wie sich an

den Vorwurf der Engelanbetung der Vorwurf grundloser Aufgeblasenheit und fleischlichen Hochmuts anschließen konnte, ohne daß auch nur das Beieinander unvereinbarer Gegensätze angedeutet wäre. Ebenso unbegreiflich wäre, daß Pl, wo er zum zweiten Mal auf diese *ϑρησκεία* zu reden kommt (2, 23), die Engel gar nicht nennt, sondern diesem angeblichen Kultus nur Willkürlichkeit nachsagt. Endlich ist an beiden Stellen mit *ϑρησκεία* aufs engste verbunden und von der gleichen Präposition abhängig *ταπεινοφροσύνη*. Hierunter kann natürlich nicht die von Pl so hoch gepriesene Gesinnung der Demut (Kl 3, 12; Eph 4, 2; Phl 2, 3 cf AG 20, 19; Phl 2, 8; Mt 11, 29) verstanden werden, sondern nur ein äußeres Gebahren, welches neben dem denselben Leuten nachgesagten fleischlichen Hochmut bestehen kann. Da das Wort aber in der Sprache des Pl ein solches Gebahren nicht bezeichnet, so ist auch dann, wenn er es den Reden der Irrlehrer selbst entnommen haben sollte (A 7), zu erwarten, daß er es wenigstens da, wo er es das erste Mal gebraucht, näher bestimmt haben wird, daß also *τῶν ἀγγέλων* ebenso zu *ταπεινοφροσύνῃ* wie zu *ϑρησκείᾳ* gehört, was ohnedies das sprachlich Nächstliegende ist, da im anderen Falle *ἐν* vor *ϑρησκείᾳ* wiederholt sein würde. Es muß dann aber auch der Genetiv *τῶν ἀγγέλων* zu beiden Begriffen im gleichen Verhältnis stehen. Kann nun unter *ταπεινοφροσύνη τῶν ἀγγέλων* nur ein Gebahren verstanden werden, wie es sich für Engel schicken oder auch bei Engeln vorkommen mag, für den leiblich lebenden Menschen aber eben darum nicht paßt, so gilt das Gleiche auch für *ϑρησκεία τῶν ἀγγέλων*. Jenes bezeichnet eine Kasteiung, dieses eine Devotion, eine äußerlich fromme Lebensweise überhaupt, wodurch der Mensch den Geistern, die gar nicht essen und trinken, nach Möglichkeit sich zu verähnlichen trachtet (A 7). Wer das anstrebt, treibt allerdings gefährliche Seiltänzerkünste und zeigt eine grundlose Aufgeblasenheit, weil er nach etwas trachtet, was in der Natur des Menschen und den Bedingungen menschlichen Lebens keine Grundlage findet. Während diese Askese angeblich Gott zu Ehren geübt wird, geschieht in der Tat Niemand damit eine Ehre; sie dient nur zur Befriedigung desselben fleischlichen Hochmuts, aus dem sie hervorgegangen ist (2, 23 cf 18). Der Hochmut des Juden, gesteigert durch den Hochmut des Asketen, übte durch Richten und Absprechen, Vorschreiben und Belehren einen moralischen Druck auf die unbeschnittenen Christen von Kol., von welchem Pl diese zu befreien sucht. — Daß dieser Zweck nicht nur in c. 2 obwaltet, sondern schon in c. 1 den Gedankengang und die Wahl des Ausdrucks vielfach bestimmt, wurde bereits nachgewiesen. Aber auch die Ermahnungen 3, 1—17 sind ganz von demselben beherrscht. Im Gegensatz gegen eine irreführende Anweisung zur Heiligung, vor welcher die Gemeinde in c. 2 gewarnt wurde, wird nun gezeigt, worin die wahrhaft christliche Heiligung bestehe. Nicht auf spekulative Erforschung und willkürliche Unterscheidung innerweltlicher Stoffe und Kräfte, sondern auf die Gemeinschaft mit dem auferstandenen und zur Mitherrschaft Gottes über die Welt erhobenen Christus ist sie gegründet (3, 1—4). Nicht der Unterschied von beschnittenen Juden und unbeschnittenen Hellenen oder Barbaren, sondern die immer wieder neu anzueignende Wiedergeburt oder Neuschöpfung hat hier etwas zu bedeuten (3, 9—11). Nicht durch fremdes Urteil sollen sich die Leser beunruhigen lassen (2, 16. 18), sondern den von Christus stammenden Frieden sollen sie in ihren Herzen, wo er wohnt, auch allein walten und alle Fragen entscheiden lassen (3, 15). Wenn sie dem Wort, das von Christus stammt, den ihm gebührenden Raum zur Entfaltung seines ganzen Reichtums gewähren, bedürfen sie nicht fremder Belehrung durch außerchristliche Weisheit (2, 8), sondern können sich gegenseitig genugsam belehren und zurechtweisen (3, 16); und das Bewußtsein der erfahrenen Gnade wird nicht nur alle für den Verkehr untereinander wünschenswerten Gesinnungen erzeugen (3, 12—14), sondern auch eine Dankbarkeit gegen Gott, welche in innerlichem Lobpreis, aber auch in allem Reden und Tun zu freudigem Ausdruck kommen wird (3, 15^{b}. 16^{b}. 17). Wenn unter den hieran angeschlossenen Ermahnungen in bezug auf die innerhalb des häuslichen Lebens bestehenden Gegensätze, die das Verhältnis der Sklaven und der Herren betreffenden (3, 22—4, 1) weitaus den breitesten Raum einnehmen, so erklärt sich dies aus dem Inhalt des gleichzeitig nach Kol. gesandten Briefs an Philemon. Aber auch in diesem ganzen Abschnitt 3, 18—4, 6 wird durch die Abmahnung von aller Bitterkeit und von allem, was erbittern könnte (3, 19. 21; 4, 1), durch die erneute Erinnerung an die Danksagung, ohne die kein Gebet sein soll (4, 2), und durch die Ermahnung zu feingesitteter Rede im Verkehr mit der nichtchristlichen Umgebung (4, 6) das anziehende Bild eines frohen Christenlebens inmitten der argen Welt gezeichnet, welches gegen die finstere Askese, die Pl vorher bekämpft hat, wohltuend absticht. — Ein Zusammenhang der nicht nur in c. 2, sondern im ganzen Brief bestrittenen Richtung mit den Judaisten, welche einst die Gemeinden der Nachbarprovinz Galatien beunruhigten, oder mit den Petrusleuten, welche in Korinth ihr Wesen trieben, läßt sich nicht erkennen. Nichts führt darauf, daß es von auswärts gekommene Lehrer waren, welche in Kol. Verwirrung anrichteten. Besonders unwahrscheinlich ist es, daß Angehörige des in Palästina ansässigen jüdischen Mönchsordens der Essener nach Kol. gekommen sein sollten (A 8). Unabhängig von diesem Orden zeigen sich ähnliche, falsch asketische Bestrebungen, wie Pl sie Kl 2 zu bestreiten hatte, unter den jüdischen Christen zu Rom (oben S. 259f. 267) und unter den Lesern des Hebräerbriefs. Aus der zahlreichen Judenschaft des Bezirks von Laodicea (oben S. 318 A 2) werden Einige der Christengemeinde von Kol. beigetreten sein, darunter auch solche von asketischer Richtung und einiger philosophischer Bildung, welchen das schlichte Ev des Epaphras und die Lebensführung der dadurch gewonnenen Heidenchristen nicht genügte. Vielleicht war es nur ein einziger Mann von einiger Bedeutung (A 9), von welchem die ganze Bewegung ausging, die dem Epaphras so schwere Sorge machte und den Pl bewog, an die Gemeinde von Kol. diesen Brief zu richten, während er gleichzeitig an den größeren Kreis, zu welchem diese Gemeinde gehörte, ein Rundschreiben von allgemeinerer Haltung absandte.

1. Das durch οἰκονομία, οἰκονόμος ausgedrückte Bild wird 1 Kr 9, 17 auf den Beruf des Missionspredigers angewandt; dagegen hier wie Tt 1, 7 cf 1 Tm 1, 4; 3, 4 f. 15; Lc 12, 42; Mt 16, 19; 25, 45 auf einen Dienst an der Gemeinde. Nicht unterschieden ist beides 1 Kr 4, 1; Eph 3, 2—9. Der Ausdruck πληρῶσαι τὸν λόγον τοῦ θεοῦ 1, 25 findet seine formale Analogie Rm 15, 19; 2 Tm 4, 17. Dort aber bezieht sich das Vollmaß des Ev oder der Predigt, welches erreicht worden ist oder erreicht werden soll, auf den räumlichen Umfang, in welchem das Ev gepredigt werden soll. Hier handelt es sich überhaupt nicht um die Missionspredigt an die Unbekehrten, sondern um das Wort Gottes, wie es der „Diener der Kirche" den Gliedern der Kirche darzubieten hat, und diese es immer wieder sich aneignen sollen (cf 3, 18; Jk 1, 21; 1 Pt 2, 2; 2 Pt 2, 12; 1 Kr 2, 6; 12, 8; 2 Tm 2, 15; 4, 2). Der Gegensatz zu der Unvollständigkeit, welchen πληρῶσαι bezeichnet, wird auch durch das διδάσκειν ἐν πάσῃ σοφίᾳ 1, 28 cf 2, 2; 3, 18 ausgedrückt, und die moralische Abzweckung der vollständigen Einführung in die Erkenntnis des Christentums ist schon 1, 9 f. ausgesprochen.

2. Da Pl der Gemeinde von Kol. nicht eine Abhandlung schickt, sondern einen Brief schreibt, so halte ich für selbstverständlich, daß die allgemeinen Sätze 1, 25—29 um der speziellen Sätze 2, 1—5 willen dastehen, und nicht umgekehrt. Die Anknüpfung durch γάρ spricht natürlich nicht dagegen, und die RA θέλω ὑμᾶς εἰδέναι (1 Kr 11, 3; Phl 1, 12) = οὐ θέλω ὑμᾶς ἀγνοεῖν (Rm 1, 13; 11, 25; 1 Kr 10, 1; 12, 1; 1 Th 4, 13) giebt der so eingeleiteten Aussage ein besonderes Gewicht. — In v. 2 kann συμβιβασθέντες ἐν ἀγάπῃ nicht heißen „zusammengefügt in Liebe" (cf 2, 19; Eph 4, 16), denn 1) wäre dies höchstens als eine Folge der Ermunterung zu denken, was sich aber mit der Syntaxis des Satzes nicht verträgt; 2) liegt dem Zusammenhang die liebevolle Vereinigung der Gemeindeglieder völlig ferne; 3) kommt man so mit dem folgenden καί, an dessen Echtheit doch nicht zu zweifeln ist, nicht zurecht. Es hat also συμβιβάζειν mit persönlichem Objekt hier keine wesentlich andere Bedeutung als die gewöhnliche „unterweisen, beraten" (Exod 4, 12. 15; Lev 10, 11; Jes 40, 13. 14 cf 1 Kr 2, 16) und daher zu einer bestimmten Handlung oder Bewegung veranlassen (AG 19, 33). Indem dabei die sinnliche Grundbedeutung von βιβάζειν „gehen machen" durchschlägt, so daß συμβιβάζειν heißt „einen so in Gang bringen, daß er, ohne rechts oder links auszuweichen, einen bestimmten Weg einschlägt und innehält" (cf Ps 32, 8), kann auch ein Ziel angegeben werden (εἰς πᾶν πλοῦτος), zu welchem einer hingewiesen, oder ein Gebiet, in welches er eingewiesen wird. Es muß καί ein „auch" sein cf Hofmann IV, 2, 51. — Da die bloße Versicherung, daß in Christus alle Schätze der Weisheit und Erkenntnis verborgen sind, keinerlei Schutz gewährt gegen eine Verführung durch eine an Christus vorbeigehende Spekulation, und da von solcher Verführung überhaupt noch nicht v. 4, sondern erst v. 8 die Rede ist, so kann v. 4 sich nicht auf den Nebensatz v. 3, sondern nur auf die Hauptaussage v. 1—2 beziehen. Nur dazu paßt der Fortschritt v. 5.

3. Die von den alten Syrern (S[1], Ephr. comm. in epist. Pauli lat. ed. Mechith. p. 175) wahrscheinlich vorausgesetzte LA 2, 16 κιρνάτω statt κρινέτω, welche Lagarde, Proph. chaldaïce p. LI empfohlen hat, hat nicht nur die Analogie von Rm 14, 3. 4. 10. 13 gegen sich, sondern auch die Konstruktion ἐν βρώσει statt περὶ βρώσεως κτλ. Ferner ist auch καταβραβεύειν v. 18 eine Art von κρίνειν. Es bezeichnet jedenfalls ursprünglich wie βραβεύειν (Kl 3, 15) und παραβραβεύειν (Plutarch Mor. 535 C die ungerechte Entscheidung des Kampfrichters, Polyb. 24, 1, 12 des Richters überhaupt) eine Tätigkeit des βραβεύς, βραβευτής oder ἀγωνοθέτης und zwar die dem Wettkämpfer ungünstige Entscheidung desselben. Mag das in der Literatur selten vorkommende Wort (Demosth. c. Midiam p. 544; Eusthat. schol. in Il. 1, 402 f. p. 93 ὡς οἱ παλαιοὶ λέγουσιν; ders. de Thessal. capta ed. Tafel p. 277), welches Hieronymus fälschlich für einen cilicischen Provinzialismus hielt (epist. 121, Vall. I, 879), vielfach ohne strenges Festhalten an der

Grundbedeutung auf andere Verhältnisse übertragen worden sein, so wäre es doch unveranlaßt, das hier anzunehmen, da Pl sonst bei Verwendung der von den Wettspielen hergenommenen Bilder lebendige Anschauung bekundet (1 Kr 9, 24—27; Phl 3, 14; 2 Tm 2, 5; 4, 7 f.). Hiemit würde es sich an sich wohl vertragen, daß er hier die Gemeinde ermahnte, sie solle sich die ihr in Aussicht gestellte Seligkeit, um welche sie als den Kampfpreis ringt oder rennt, nicht tatsächlich rauben lassen (cf Ap 3, 11); denn das Urteil des Kampfrichters entscheidet darüber, ob einer den Siegespreis erhält. Diese Auffassung ist aber hier durch den Zusammenhang und durch die Natur der Sache ausgeschlossen. In dem geistlichen Wettkampf erteilt in Wirklichkeit Gott oder Christus allein das *βραβεῖον* (1 Kr 9, 24; Phl 3, 14), den *στέφανος* (1 Kr 9, 25; 2 Tm 4, 8; Jk 1, 12; Ap 2, 10); Menschen, welche sich das *κρίνειν*, *βραβεύειν*, *καταβραβεύειν* und *δογματίζειν* anmaßen, können dadurch, daß sie sich dieses Amt anmaßen und einem Wettkämpfer den Siegespreis absprechen, diesen höchstens entmutigen, einschüchtern, überhaupt verwirren. Dies eben sollen die Kolosser sich von Niemand gefallen lassen.

4. Die Priester sollen vor dem Dienst im Heiligtum sich des Weins und anderer berauschender Getränke enthalten Lev 10, 9; die Nasiräer für die Dauer ihres Gelübdes Num 6, 2—4.

5. Obwohl *τὰ στοιχεῖα* nicht selten die Gestirne, besonders die Planeten bezeichnet (cf Valesius zu Eus. h. e. III, 31, 3; vielleicht 2 Pt 3, 10; sicher Just. apol. 1, 5 *τὰ οὐράνια στ.*, dial. 23; Theoph. ad. Autol. I, 4. 5. 6; II, 15; Clem. hom. X, 25), sind doch schon wegen des hinzutretenden *τοῦ κόσμου* 2, 8. 20; Gl 4, 3. 9 nicht diese zu verstehen, zumal nicht die Beobachtung der Festzeiten, die ja allerdings vom Lauf der Gestirne abhängt, sondern die Enthaltung von gewissen Nahrungsmitteln, welche mit Sonne, Mond und Sternen nichts zu schaffen haben kann, als mit dem *ἀπεθάνετε ἀπὸ τῶν στοιχείων τ. κ.* unverträglich bezeichnet wird 2, 20 f. Daß Pl unter *τὰ στοιχεῖα τ. κ.* nichts Anderes versteht, als den *κόσμος* selbst, und zwar diesen nach den mannigfaltigen stofflichen Elementen, aus welchen er zusammengesetzt ist, zeigt die Vertauschung des einen Ausdrucks mit dem andern 2, 20 (cf 3, 2) und die Vergleichung dieser Stelle mit Gl 6, 14. Die in neuerer Zeit immer mehr um sich greifende Ansicht, daß Pl hier und Gl 4, 3. 9. die Elementargeister oder speziell die die Gestirne beseelenden Geister verstehe (Klöpper, Kol. 360—389; Spitta, Zw. Petr. 260—270; Eveling, Paul. Angelologie 65—74. 92—96), hat an dem Ausdruck selbst ein unüberwindliches Hindernis, denn so begreiflich es ist, daß „Stoffe, Elemente" die Bedeutung „Körper, Himmelskörper" annahm, so unglaublich, daß es zur Bezeichnung seines Gegensatzes, der die Stoffe belebenden, die Körper regierenden Geister dienen sollte. Das wüste, spätchristliche Testament des Salomo (Fabric., cod. pseudep. V. Ti 1047 cf Eveling 70; Schürer III, 304), worin die Lastergeister sich als *τὰ λεγόμενα στοιχεῖα* (Kl 2, 8), *οἱ κοσμοκράτορες τοῦ κόσμου τούτου* (Eph 6, 12) oder auch als *στοιχεῖα τοῦ κοσμοκράτορος τοῦ σκότους* zu erkennen geben, kann schon wegen seiner handgreiflichen Abhängigkeit von misdeuteten Stellen des NT's nicht einen Sprachgebrauch bezeugen, dem Pl gefolgt wäre. Aus Kl 2, 15 und den übrigen Stellen, wo Pl von den (bösen oder guten) Geistermächten redet (1, 13. 16. 20; 2, 10) folgt nur, daß die Irrlehrer denselben eine Macht zuschrieben, welcher auch die Christen trotz ihrer Erlösung durch Christus als Einwohner der materiellen Welt noch unterworfen seien. Es ist nicht nur wahrscheinlich, sondern, da die Irrlehrer Juden waren, selbstverständlich, daß sie als Wirkungsbereich der Geister vor allem die materielle Natur ansahen, und daß sie somit die Askese als ein Mittel der Befreiung nicht nur von der Materie, sondern auch von der Macht der sie durchwaltenden Geister ansahen. Die exegetischen Schwierigkeiten von 2, 10—15, welche zuerst Hofmann im ganzen glücklich behandelt hat, können hier nur flüchtig berührt werden. Vor allem erscheint mir die Meinung der „besseren Exegeten" (Klöpper 422), zu welchen alle

Griechen von Origenes an, auch Lightfoot und Hofmann nicht gerechnet werden, an deren Spitze vielmehr Ambrosiaster und Hieronymus stehen, daß nämlich ἀπεκδύεσθαι 2, 15 gegen allen Sprachgebrauch (Kl 3, 9; 2, 11 cf 3, 10 und überall sonst ἐκδύεσθαι, ἐνδύεσθαι, δύεσθαι) hier heiße, einem Andern seine Kleidung oder Rüstung ausziehen, ihn entwaffnen, als ein unentschuldbarer Eigensinn. Nicht ihres Gewandes oder ihrer Waffen hat Gott die Geistermächte beraubt, sondern Gott hat die Geister, die ihn wie ein Gewand oder eine Nebelwolke einhüllten und vor den Blicken der Menschheit verbargen, von sich abgestreift. Verhüllt aber war Gott durch die Geistermächte, die λεγόμενοι θεοί (1 Kr 8, 5), nicht für Israel, sondern für die Heidenwelt. Auf dem Gebiete des Heidentums also hat Gott jene von sich abgetan, hat sich den bis dahin für seine Erkenntnis blinden Heiden in seiner wahren Gestalt gezeigt und hat damit zugleich jene Scheingötter als das, was sie sind, erkennen lassen, indem er in Christus einen Triumph über sie feierte und sie als Besiegte hinter sich drein ziehen hieß. Das ist aber natürlich nicht im Kreuzestod Jesu geschehen, sondern durch die von Zeichen und Wundern (cf z. B. AG 16, 16—18; 19, 11—20) begleitete Predigt des Ev unter den Heiden. Da Pl eine heidenchristliche Gemeinde (cf 1, 21. 27; 2, 13a; 3, 5—7) vor Verführung schützen will, so beginnt und schließt er die Darlegung der von Gott in und durch Christus der Menschheit erwiesenen Gnaden (2, 11—15) mit Solchem, was im Bereich der Heidenwelt auf Grund des in Israel vollbrachten Erlösungswerkes erfahren worden ist. Wenn er dazwischen aus der Anrede der heidenchristlichen Leser in eine Aussage über sich selbst und seinesgleichen übergeht, welche schlechterdings nur auf die aus dem Judentum hergekommenen Christen paßt, so ist das keine Abschweifung. Denn auf dem, was in Israel geschehen ist, beruht die Wirkung der Erlösergnade in der Heidenwelt. Eben dies sagt Pl aber auch 2, 14. Das Gesetz betrachtet er zuerst als eine gegen die Juden zeugende Schuldschrift oder Anklageschrift, sodann als eine Scheidewand zwischen Juden und Heiden. Ersteres war das Gesetz geworden, indem Israel einerseits durch sein feierliches Gelübde, das Gesetz zu halten (Ex 24, 3; Deut 26, 16—28, 69), dieses gleichsam zu einem eigenhändig geschriebenen oder unterschriebenen Schuldschein gemacht hatte (Lc 16, 6; Phlm 19), andrerseits aber die dadurch übernommene Verpflichtung nicht erfüllt, die als Schuld von ihm anerkannte Geldsumme nicht gezahlt hat, und auch keine Aussicht hat, seine Schuld jemals abtragen zu können. Diesen Schuldschein hat Gott mit dem Schwamm ausgewischt; er hat, wie wir sagen würden, die darauf geschriebene Schuldrechnung durchstrichen. Aber er hat auch die Handschrift selbst aus der Mitte hinweggeschafft, indem er sie ans Kreuz annagelte. Pl unterscheidet die Handschrift selbst von dem, was darauf geschrieben stand und von Gott ausgelöscht wurde, d. h. das Gesetz selbst von den darin verzeichneten Verpflichtungen für Israel, sofern diese als nicht erfüllte ebensoviele Verschuldungen Israels ausdrücken. Ganz abgesehen von dieser Bedeutung des Gesetzes als eines gegen Israel zeugenden Schuldscheins war das Gesetz an sich eine trennende Schranke, ein Zaun zwischen Israel und den Heidenvölkern (Eph. 2, 14). Aus dieser Stelle, welche das Gesetz bekanntlich inmitten der Menschheit einnahm (daher ἐκ τοῦ μέσου mit Artikel), und überhaupt von der Erde, auf welcher es wie eine Scheidewand trennend wirkte, hat Gott das Gesetz hinweggeschafft, indem er es an das Kreuz Christi annagelte. Unter dem Kreuz reichen sich jetzt Juden und Heiden, welche an den Gekreuzigten glauben, die Hände, ohne daß der Zaun des Gesetzes sie mehr trennen könnte (Kl 1, 20; 3, 11; Eph 2, 11—22). Schwierigkeiten macht die Abteilung der Sätze. Wahrscheinlich hat Pl Alles, was zwischen ἐν ᾧ 2, 11 und ἐν αὐτῷ 2, 15 steht, ursprünglich in einem einzigen Relativsatz zu sagen beabsichtigt. Derselbe gestaltete sich aber in der Ausführung so reich, daß sich hinter συνηγέρθητε 2, 12 drei selbständige Sätze ergaben (συνεζωοποίησεν — ἦρκεν — ἐδειγμάτισεν). Ich übersetze: „Denn in ihm wohnt die ganze Fülle der Gottheit körperlicher Weise, und ihr seid erfüllt (völlig) in ihm, der das Haupt aller Herrschaft und Gewalt ist; in welchem ihr auch beschnitten wurdet mit einer nicht mit der Hand vollzogenen Beschneidung durch das Ausziehen des Fleischesleibes, durch die Beschneidung Christi, mitbegraben mit ihm in der Taufe, in welcher ihr auch miterweckt (an seiner Auferstehung beteiligt) wurdet. Durch den Glauben an die Wirkung Gottes, der ihn von den Toten auferweckt hat, hat er (Gott) auch euch (Heidenchristen), die ihr tot waret vermöge eurer Fehltritte und eurer fleischlichen Unbeschnittenheit, mit ihm (Christus) lebendig gemacht. Nachdem er (Gott) uns (Judenchristen) alle Fehltritte in Gnaden erlassen hat, indem er die gegen uns (zeugende) Schuldschrift, welche vermöge der Satzungen uns entgegen war, auslöschte, hat er auch sie selbst (die Schuldschrift) aus der Mitte hinweggetan, ans Kreuz sie annagelnd. Nachdem er (Gott) die Herrschaften und Gewalten (wie ein Gewand) von sich abgetan, hat er dieselben zur Schau gestellt (als das, was sie sind, den Blicken aller dargestellt), indem er sie frei öffentlich im Triumph aufführte in ihm (in Christus)."

6. Die gewöhnliche Auffassung von Kl 2, 18 zugleich mit einer Übertreibung der Gedanken von Gl 4, 8—10 begegnet uns zuerst in dem vielleicht schon um 100 verfaßten *Κήρυγμα Πέτρου* cf GK I, 823; II, 822—832. Nach Clemens strom. VI, 41 predigt Petrus in jener Schrift: *μηδὲ κατὰ Ἰουδαίους σέβεσθε· καὶ γὰρ ἐκεῖνοι, μόνοι οἰόμενοι τὸν θεὸν γινώσκειν, οὐκ ἐπίστανται, λατρεύοντες ἀγγέλοις καὶ ἀρχαγγέλοις, μηνὶ καὶ σελήνῃ. καὶ ἐὰν μὴ σελήνη φανῇ, σάββατον οὐκ ἄγουσι τὸ λεγόμενον πρῶτον οὐδὲ νεομηνίαν ἄγουσιν οὔτε ἄζυμα οὔτε ἑορτὴν οὔτε μεγάλην ἡμέραν.* Von der Petruspredigt ist Aristides, welcher apol. 14, 4 Ähnliches sagt, offenbar abhängig (GK II, 823; Seeberg in Forsch V, 216. 393). Der Gnostiker Herakleon (bei Orig. in Jo. XIII, 17) citirt die Stelle der Petruspredigt. Wenn Celsus (bei Orig. c. Celsum I, 26; V, 6) den Juden Anbetung der Engel und auch des Himmels nachsagt, so beruht dies wahrscheinlich auf flüchtiger Bekanntschaft mit der Apologie des Aristides (cf Seeberg, Forsch V, 233—237). Nicht nur auf Grund des AT's, sondern auch vermöge seiner vielfältigen Berührung mit dem Judentum seiner Zeit konnte Origenes dies als eine von Unkenntnis zeugende Verläumdung des Judentums zurückweisen. Er hatte Recht in bezug auf das orthodoxe Judentum cf Hamburger, Realenc. I, 507, der nur nicht Tob 3, 26 (3, 16f.) nach einer sinnlosen LA (s. Fritzsche, Libri apocr. p. 116 im Apparat) als Ausnahme von der Regel hätte anführen sollen. Nachdem Jesus sich stets rückhaltlos zu dem strengen Monotheismus seines Volkes bekannt hatte (Mr 12, 29; Jo 17, 3; Mt 4, 10), konnten auch seine treuen, aus dem Judentum stammenden Verehrer sich zu jeder Anbetung der Gott untergeordneten Geister nur ablehnend verhalten (Ap 19, 10; 22, 8f.), und Pl insbesondere eine solche nur als Abgötterei beurteilen (cf Rm 1, 25 mit Kl 1, 16; ferner 1 Kr 8, 4—6). Auch den Essenern, welche man wegen ihrer angeblichen Enthaltung von Fleisch und Wein (oben S. 267) so oft zur Erklärung der in Kl 2 bekämpften Richtung herangezogen hat, kann man keinen Engelkultus nachweisen. Es mag ja sein, daß ihre Geheimhaltung der Engelnamen (Jos. bell. II, 8, 7) mit allerlei Spekulationen über die Engel zusammenhing, und daß ihre botanischen und mineralogischen Forschungen (bell. II, 8, 6) nicht nur medizinischen, sondern auch spekulativen Zwecken dienten. Wie ferne ihnen aber eine Anbetung der Engel lag, folgt schon daraus, daß ihnen nächst dem Namen Gottes derjenige des Moses der heiligste war (bell. II, 8, 9 u. 10). Auch die judenchristlichen Richtungen, die mit dem Essenismus einen Zusammenhang zu haben scheinen, haben an der alleinigen Verehrung des einen Gottes festgehalten. Die Namen der Engel zu wissen (Clem. hom. III, 36), mag eine wertvolle Geheimwissenschaft sein cf sogar Ign. Trall. 5. Wenn man aber daraus, daß nach dem Buch Elksai (Hippol. refut. IX, 15; Epiph. 30, 17) bei der Taufe unter anderem auch „die Engel des Gebets" als Zeugen angerufen werden sollen, auf Engelanbetung schließt, so sollte man aus demselben Ritus auch auf Anbetung des Salzes und Öles schließen. Zuviel und somit nichts

würde auch der beweisen, der aus Just. apol. I, 6 oder aus den Engelvorstellungen im Hirten des Hermas auf eine Engelverehrung in der Kirche schließen wollte. So lange *θρησκεία τῶν ἀγγέλων* als eine *θρησκεία* gefaßt wird, welche die Engel zum Objekt hat, wäre darunter auch nicht eine spekulative Beschäftigung mit der Engellehre, oder eine abergläubische Hochschätzung der Engel, sondern nur ein den Engeln gewidmeter Kultus zu verstehen. Es waren willkürliche Abschwächungen des Begriffs (cf A 7), wenn Chrysostomus (Montfaucon XI, 323. 372 cf Severianus in Cramers Catene VII, 325) an eine Vermittlung des Verkehrs mit Gott durch die Engel dachte, oder wenn Theodor (ed. Swete II, 294) eine indirekte Verehrung der Engel durch Beobachtung des durch Engel gegebenen Gesetzes und die Furcht vor dem Zorn der über der Beobachtung des Gesetzes wachenden Engel verstehen wollte. Zu einer sachlich verwandten Ansicht gelangte Ephraim, indem er *τῶν ἀγγέλων* als Gen. subject. faßte, unter den Engeln aber nach syrischer Tradition die Priester, hier die jüdischen Priester verstand (Comm. in ep. Pauli p. 175 *Ne quis ... seducat vos neque transmutet in legem angelorum, in doctrinam nimirum sacerdotum* cf p. 57 zu 1 Kr 6, 3; Carm. Nisib. 42, 10; Aphraates hom. 22 p. 432 unter Berufung auf Mal 2, 7). Die Lateiner verstanden unter der *superstitio* oder *religio* oder *cultura angelorum* in offenbarem Widerspruch mit dem Zusammenhang eine direkte oder indirekte, aber heidnische Naturvergötterung (Ambrosiaster zu Kl 2, 18; August. epist. 149, 27 ad Paulinum). Diese Erklärungen und das Schweigen der alten Häreseologen über Engelanbetung in häretischen Kreisen (nur Epiphanius nennt haer. 60 eine Partei der *Ἀγγελικοί*, von der er nicht mehr als den Namen kennt) beweisen, daß man um 360—400 von einem von Christen betriebenen Engelkultus, welcher mit der in Kl 2 bestrittenen Verirrung in Zusammenhang stehen könnte, in weiteren Kreisen nichts wußte. Erst Theodoret zu Kl 2, 18 p. 290, welchem manche Neuere gefolgt sind (z. B. Lightfoot 67. 71; Henle 91), suchte einen geschichtlichen Zusammenhang herzustellen zwischen jener Verirrung der apostolischen Zeit und den Beschlüssen der Synode von Laodicea um 360 (GK II, 196). Dazu eignen sich aber jedenfalls nicht diejenigen Satzungen jener Synode, welche verbieten, mit den Juden den Sabbath durch Arbeitsruhe zu feiern (can. 29) und von Juden Geschenke, wie sie solche an ihren Festen zu verschicken pflegen, insbesondre auch die Mazzoth anzunehmen (can. 37. 38). Es handelt sich dabei ja offenbar nicht um eine häretische Richtung, eine judaistisch gefärbte christliche Lehre oder Sekte, sondern um richtige Juden. Wir sehen, daß die zahlreiche Judenschaft jener Gegend (oben S. 318 A 2) mit ihrer christlichen Umgebung einen ähnlichen Verkehr pflog und dieselbe zu ähnlichen Konzessionen an die jüdische Sitte veranlaßte, wie das anderwärts im 19. Jahrhundert vorkommt. Die Häretiker aber, welche einmal (can. 37) mit den Juden zusammengestellt, sonst jedoch gesondert behandelt werden (can. 6—10. 32—34), sind nichts weniger als Judaisten (can. 7. 8). Weder mit den Juden noch mit den Häretikern hat das Verbot (can. 35) etwas zu schaffen, statt der Beteiligung am kirchlichen Gottesdienst sich an Orten zu versammeln, wo Engel verehrt werden, was als ein „versteckter Götzendienst" beurteilt wird. Theodoret wird Recht haben, wenn er dies Verbot mit der Tatsache in Verbindung setzt, daß zu seiner Zeit, etwa 70—80 Jahre nach der Synode von Laodicea, in Phrygien und Pisidien oder speziell in Kolossä und Umgegend Bethäuser des hl. Michael existirten. Nach einer Legende (Narratio de miraculo Chonis patrato ed. M. Bonnet, 1890; Acta SS. Sept. VIII, 41—48) haben schon die Apostel Johannes und Philippus bei einem Besuch der Gegend künftige Wunder des Erzengels, die dort geschehen sollen, geweissagt; und viele Jahre nach ihrem Tode hat ein Götzenpriester aus Laodicea zum Dank für die dort gefundene Heilung seiner Tochter dem Michael ein kleines Bethaus gebaut. Was das Konzil von Laodicea, auch noch Theodoret und Augustin (de vera relig. 55, 110; conf. X, 42, 67) als Götzendienst verurteilt haben, wurde bald auch von der Kirche angeeignet. Eine von Konstantin unweit des Bosporus erbaute Kirche wurde nachmals in folge heilkräftiger Erscheinungen des hl. Michael nach diesem benannt Sozom. h. e. II, 3. Besonders gefeiert war in byzantinischer Zeit der Erzengel im innern Kleinasien cf Batiffol, Stud. patr. I, 33 ff.; Ramsay, Church in the R. Empire 477. 480; Cities etc. I, 541. 558. 741 nr. 404. 441. 678. Aber was könnte dieser Engelkultus mit der judaistischen Irrlehre zur Zeit des Pl zu schaffen haben? Der Beschluß von Laodicea sagt deutlich genug und die vorhin erwähnte Legende muß es wider Willen bestätigen, daß es sich hier um einen ins Christliche verkleideten heidnischen Aberglauben und lokalen Kultus handelte.

7. Der stark hebraisirende Ausdruck *θέλων ἐν ταπεινοφροσύνῃ κτλ.* (cf Ps 112, 1; 147, 10; 1 Sam 18, 22; 1 Chr 28, 4; *θέλειν* c. inf. Mr 12, 38 = *φιλεῖν* Mt 23, 6) legt die Vermutung nahe, daß Pl hier Redewendungen der Judaisten, welche ihm Epaphras hinterbracht haben kann, wiedergibt. Dazu kommt, daß *ταπεινοφροσύνη*, auch wenn man *τῶν ἀγγέλων* dazu mitbezieht (s. oben S. 332), nach dem eigenen Sprachgebrauch des Pl nichts tadelnswertes und auch nicht ein mit *θρησκεία* zu koordinirendes äußeres Verhalten bezeichnen könnte. Dagegen heißt in jüdischer Sprache *ταπεινοῦν τὴν ψυχήν* Lev 16, 29. 31; 23, 27. 29. 31; Jes 58, 3; Ps 35, 13 und *ταπεινοῦσθαι* Ps 35, 14; Esra 8, 21; Sir 18, 20; 31, 26 „sich kasteien“ = *νηστεύειν*, was ein Scholion zu Lev 23, 27 dafür gibt (Field Hexapla I, 207), *ταπείνωσις* Esra 9, 5 = תַּעֲנִית = *νηστεία*. Ebenso aber auch in ältester Kirchensprache *ταπεινοφρονεῖν, ταπεινοφροσύνη, ταπεινοφρόνησις* Herm. vis. III, 10, 6 f.; sim. V, 3, 7; Tert. jejun. 12. 13. 16. An den so gefaßten Ausdruck schließt sich *θρησκεία*, ein sonst von Pl nicht gebrauchtes Wort, als ein verwandter Begriff an; denn auch dies bezeichnet nicht eine Gesinnung, sondern die äußerlich, besonders in gewissen Bräuchen und einer besonderen Lebensweise sich darstellende Religiosität (oben S. 69 A 3). Der ursprünglich intransitive Begriff (Herodot II, 18. 37. 64. 65) wird allerdings von den Späteren auch transitiv gebraucht und bezeichnet dann wesentlich gleichbedeutend mit *λατρεία, λατρεύειν* c. dat. den einem Objekt gewidmeten Kultus (Sap Sal 11, 15; 14, 16; Herodian 1, 11. 1 *θρησκεύειν* c. acc.). Es könnte also *θρησκεία τ. ἀγγ.* einen den Engeln gewidmeten Kultus bezeichnen wie *εἰδώλων θρησκεία* Sap Sal 14, 27 = *εἰδωλολατρεία* ist. Ist dies aber hier durch stilistische, exegetische und historische Gründe ausgeschlossen (oben S. 332), so steht auch nichts im Wege, *τῶν ἀγγέλων* als Subjektsgenetiv zu fassen und so zu beiden Begriffen als deren notwendige Näherbestimmung zu beziehen. Es handelt sich um eine *ἄσκησις ἀγγελική*, wie in der Legende vom Wunder zu Kolossä (Bonnet p. 7, 11; 8, 7) die harte Lebensweise des frommen Archippus heißt. Daß die Engel sich nicht erst durch Versagung leiblicher Genüsse zu kasteien brauchen, hinderte den Apostel ebensowenig so zu reden, als der Umstand, daß Gott nicht wächst, oder daß Christus nicht die von ihm gestiftete Taufe und Herzensbeschneidung an sich erlebt hat, oder daß wir von den Sprachen der Engel nichts wissen, ihn hinderte von *γλῶσσαι τῶν ἀγγέλων* (1 Kr 13, 1) und *περιτομὴ τοῦ Χριστοῦ* (Kl 2, 11) oder *αὔξησις τοῦ θεοῦ* (Kl 2, 19) zu reden. Die Irrlehrer werden gelehrt haben, der Christ solle nach Möglichkeit ein *ἰσάγγελος* werden (Lc 20, 36), ein falsches Streben nach Geistigkeit, welches den Pl anderwärts veranlaßt, ähnliche Lehren *διδασκαλίαι δαιμονίων* zu nennen (1 Tm 4, 1). Diese Auffassung hat ihre stärkste Stütze an 2, 23; denn *ἐθελοθρησκεία* kann ja nach Analogie der gleichgebildeten Wörter nicht einen Kultus bezeichnen, welcher sich seine Objekte willkürlich wählt, in welchem Fall auch die verkehrt gewählten Objekte nicht ungenannt bleiben durften. Ohne daß es unter allen Umständen verwerflich wäre, ein *θρησκός* zu sein, ist doch der, welcher über das hinaus, was Gott geboten hat, also ohne höheren Auftrag und Beruf aus freiem Willen es darauf anlegt, ein sonderlich frommes Leben zu führen, eben darum zu tadeln cf Jk 1, 26. Wahrscheinlich wirkt das *ἐθελο-* logisch fort auf das auch hier mit *θρησκεία* eng verbundene *ταπεινοφροσύνη*, und dies Begriffspaar wird durch *ἀφειδίᾳ σώ-*

ματος geradezu als eine wesentlich in schonungsloser Behandlung des Leibes bestehende scheinbar fromme Lebensweise näher bestimmt, wenn man mit wenigen guten Zeugen καί vor ἀφειδίᾳ streicht. Eine ähnliche Näherbestimmung scheinen auch die dunkelen Worte zu enthalten, welche 2, 18 demselben Begriffspaar sich anschließen. Sicher dürfte nur sein, daß μή ein nachträglicher Einschub ist (auch bei den Syrern, denn Ephraim p. 175 kannte es noch nicht), und daß ἃ ἑόρακεν ἐμβατεύων keinen Sinn ergibt. Übersetzungen wie die v. Sodens (HK III, 55) „stolzirend mit Dingen, die er geschaut hat" sind unwiderleglich schön. Den sicherlich vorliegenden Textfehler fand schon Marcion vor, welcher τῶν ἀγγέλων in diesen Satz zog (GK II, 527). Von den Konjekturen ist die von C. Taylor ἀέρα κενεμβατεύων die wahrscheinlichste (Westcott-Hort app. 127; Lightfoot z. St.). Es könnte damit ebensowohl der kühne Flug einer bodenlosen Spekulation gemeint sein (jenes ἀεροβατεῖν Aristoph. Nub. 225; Luc. Bis accus. 33 oder αἰθεροβατεῖν Luc. Philopatris 25), als der eitle Versuch, durch Askese sich vom irdischen Boden loszureißen und in höheren Regionen zu schweben. Acta Andr. c. 13 (Lipsius-Bonnet II, 43, 21): οὐ κενεμβάτησεν (sic cod.), ἀλλ' οἶδεν ὃ εἶπεν.

8. Unter den neueren Auslegern des Kl haben besonders eingehend Lightfoot p. 73—113, welcher noch eine wertvolle Abhandlung über den Essenismus beifügte 349–419, und Klöpper (1882) S. 58–119 einen näheren Zusammenhang der hier bestrittenen Irrlehren mit dem Essenismus zu begründen gesucht. Die Hauptgründe dagegen sind: 1) Ist bei Vergleichung von Kl 2 und Rm 14 nicht wohl zu bezweifeln, daß die Irrlehrer in Kol. den Genuß von Fleisch und Wein untersagten, so hatten sie darin die Essener nicht zu Vorgängern (s. oben S. 267). 2) Die eigentümlichsten Züge der essenischen Sitte und Sittlichkeit wie die Waschungen, die Verwerfung der Ehe (cf in Kürze Schürer II, 568), die unbedingte Gütergemeinschaft, die Abschaffung aller Sklaverei, die Beschränkung auf die von den Ordenspriestern bereiteten Speisen und Alles, was mit dem Wesen dieser Partei als eines Mönchsordens zusammenhängt, hätten in Kl 2 nicht ohne Spur bleiben können, wenn sich etwas davon bei den dortigen Irrlehrern gezeigt hätte. Fehlte das alles, so fehlte auch jeder erkennbare Zusammenhang mit dem Essenismus. 3) Auch die angebliche Engelverehrung wäre nicht essenisch (oben S. 337). 4) Der Stolz auf die Beschnittenheit (2, 11) und die Beobachtung der heiligen Tage (2, 16) sind allgemein jüdisch.

9. Im Vergleich mit der Art, wie Gl 1, 7; 4, 17; 5, 12; 6, 12 (neben dem kollektiven Singular 5, 10) von den Judaisten und 2 Kr 2, 17—3, 1; 5, 12; 11, 12—23 (oben S. 120 Z. 1 219) von den Petrusleuten geredet wird, ist beachtenswert, daß Kl 2, 8. 16—23 nichts auf eine Vielheit von Irrlehrern hinweist. Zumal die Singulare μηδεὶς . . . θέλων, ἐμβατεύων, φυσιούμενος, κρατῶν 2, 18 f., statt deren μηδεὶς . . . τῶν θελόντων κτλ. hätte geschrieben werden können (cf 1 Tm 6, 5), erscheinen natürlicher, wenn Pl eine einzige einflußreiche Persönlichkeit im Auge hatte.

§ 28. Die Bestimmung des Epheserbriefs.

Wo Pl der Gemeinde von Kol. aufträgt, dafür zu sorgen, daß der an sie gerichtete Brief auch in der Gemeindeversammlung zu Laodicea gelesen werde, spricht er auch von einem „Brief aus Laodicea", welchen die Kolosser nicht ungelesen lassen sollen (Kl 4, 16 A 1). Da Pl nicht nötig findet zu sagen, wer diesen Brief geschrieben hatte, so versteht sich von selbst, daß dies ebenso wie der Kl ein Brief des Pl selbst war. Diejenigen, welche daraufhin annahmen, daß ein von Pl an die Laodicener gerichteter Brief gemeint sei, und in Ermangelung eines solchen den apokryphen Laodicenerbrief erdichteten (A 2), sowie Marcion, welcher den angeblichen Brief an die Laodicener in dem Eph des kirchlichen Kanons wiedererkannte und daraufhin diesem die Überschrift πρὸς Λαοδικέας gab (A 3), wurden dem eigentümlichen Ausdruck τὴν ἐκ Λαοδικείας nicht gerecht. Es wäre auch unverständlich, daß Pl den Kolossern auftrug, der Gesamtgemeinde und einer Hausgemeinde zu Laodicea Grüße zu bestellen (4, 15), wenn er um dieselbe Zeit auch an diese Gemeinde einen besonderen Brief geschrieben hatte. Pl muß vielmehr einen Brief meinen, welchem er die Bestimmung gegeben hatte, daß er unter anderem auch nach Laodicea und „von Laodicea" weiter nach Kol. gebracht werde, d. h. mit anderen Worten ein Rundschreiben an einen Kreis von Gemeinden, zu welchem die von Laodicea und Kol. gehörten. Daß ein solcher Brief des Apostels in allen Gemeinden, wohin Pl ihn durch seinen Boten bringen ließ, auch gelesen werden solle, und zwar vor versammelter Gemeinde (4, 16 ἐν τῇ Λαοδ. ἐκκλ. cf 1 Th 5, 27), war an sich selbstverständlich. Nur die Gemeinde von Kol. konnte denken, der an einen größeren Kreis von Gemeinden, zu dem auch sie gehörte, gerichtete Brief habe für sie keine sonderliche Bedeutung, da sie eben erst einen für sie allein bestimmten Brief des Pl erhalten hatte. Dies aber ist 4, 16 vorausgesetzt, daß nämlich die Kolosser zuerst den an sie gerichteten Brief erhalten werden, dann erst denjenigen, welcher ihnen von Laodicea aus zugehen wird; denn im umgekehrten Fall war es, wie gesagt, selbstverständlich, daß die Kolosser ein an sie mitgerichtetes Rundschreiben des Apostels nicht ungelesen lassen würden. Hatte ferner Pl oder Tychicus dem gerades Wegs nach Kol. reisenden Onesimus außer dem Brief an Philemon auch den Kl zur Bestellung anvertraut (oben S. 326), so mußte der Kl früher in Kol. eintreffen, als ein Cirkularschreiben, welches in allen den Gemeinden, für welche es bestimmt war, zur Kenntnis der Gemeinden gebracht werden mußte. Als Überbringer des letzteren kann nur Tychicus gedacht werden, welcher sonst kaum einen Anlaß gehabt hätte, nach Kol. zu gehen, und 4, 7 f. wohl gar nicht genannt worden wäre. Nun sehen wir aus Eph 6, 21 f., daß Tychicus in der Tat noch andere Christen als die von Kol. auf seiner Reise besuchen, ihnen über Pl berichten und ihnen denjenigen Brief, an dessen Schluß wir dies lesen, überbringen sollte. Die Kombination dessen, was sich aus Kl 4, 7—9. 16 als wahrscheinlich ergibt, mit dem, was wir durch Eph 6, 21 f. deutlich erfahren, ist unvermeidlich. Marcion hat Kl 4, 16 nicht genau erklärt, hat aber das Lob eines *diligentissimus explorator*, welches sein Gegner ihm nicht ohne Geringschätzung spendet, wohl verdient, indem er dort den sogen. Epheserbrief entdeckte. Dadurch brach er mit einer kirchlichen Tradition, welche damals bereits feststand und auch in der Folgezeit sich behauptete. Nicht auf Grund einer Überlieferung, sondern durch kritische Erwägungen, welche er in seinen Antithesen vorgetragen haben wird, bestritt Marcion den überlieferten Titel πρὸς Ἐφεσίους und ersetzte ihn durch πρὸς Λαοδικέας (oder Λαοδικεῖς). Auch Ignatius scheint den Brief als Epheserbrief gekannt zu haben (GK I, 819). Die Einstimmigkeit der somit bis in den Anfang des 2. Jahrhunderts hinauf nachweisbaren kirchlichen Überlieferung in diesem Punkt rechtfertigt die Annahme, daß der Brief von vornherein unter diesem Titel in die Sammlung der Plbriefe aufgenommen wurde, welche in der Kirche allgemeine Verbreitung fand. Dieser äußere Buchtitel findet aber nicht nur keinen Stützpunkt in dem ursprünglichen Text des Briefes, sondern steht in unversöhnlichem Widerspruch mit der ganzen Haltung des Briefes. Die Worte ἐν Ἐφέσῳ 1, 1, welche mit der von Marcion gewählten Titelüberschrift unverträglich gewesen sein würden, hat Tertullian ebensowenig wie Marcion dort gelesen; denn Tertullian macht dem Marcion nicht den Vorwurf, daß er hier wie an so vielen anderen Stellen den apostolischen Text verändert habe, sondern nur den, daß er auf Grund angeblich sorgfältiger Forschung und im Widerspruch mit der kirchlichen Überlieferung, welche Tertullian für glaubwürdig hielt, den äußeren Buchtitel geändert habe (A 3). Auch Origenes, der an der Bestimmung des Briefs für die Gemeinde von Ephesus nicht im geringsten zweifelte, hat doch, wie seine Auslegung von Eph 1, 1 beweist, dort ἐν Ἐφέσῳ nicht gelesen, scheint auch von einem solchen Text nie gehört zu haben (A 4). Hieronymus, welcher in seinem Kommentar zum Eph nicht viel mehr als eine freie, an einigen Stellen seine Vorlage kritisirende Bearbeitung eines Kommentars des Origenes geliefert hat (GK II, 427), findet des Origenes Erklärung von Eph 1, 1 spitzfindiger als nötig und zeigt sich geneigt, dem Urteil derjenigen beizutreten, welche „einfach" meinen, daß in der Überschrift nicht geschrieben oder zu lesen sei „denjenigen, die da sind," sondern „denjenigen, die zu Ephesus Heilige und Gläubige sind". Letztere LA bezeichnet also Hieronymus um 387 nur als eine Meinung einiger Gelehrter, welche geeignet schien, eine exegetische Schwierigkeit zu beseitigen. Daß diese LA damals bereits in Bibelhandschriften eingedrungen war, würden wir nach dieser Aussage des Hieronymus allein noch nicht behaupten dürfen. Die noch vorhandenen Handschriften jener Zeit haben das ἐν Ἐφέσῳ nicht (A 4), und Basilius, welcher die Auslegung des Origenes wiederholt, beruft sich für den von ihr vorausgesetzten Text ohne ἐν Ἐφέσῳ nicht nur auf die Theologen der Vorzeit, sondern auch auf die alten Hss. seiner Zeit (A 4). Damit ist auch gesagt, daß jüngere griechische Hss. um 370 das ἐν Ἐφέσῳ bereits enthielten. Es hatte sich damals aber auch schon bei den Lateinern, vielleicht auch bei den Ägyptern und Syrern eingebürgert und somit weit verbreitet. Daß es nicht ursprünglich dem Text angehört, kann schon nach dem bisher Gesagten keinem Zweifel unterliegen. Dazu kommt, daß der Verfasser den Worten τοῖς οὖσιν ἐν Ἐφέσῳ nicht diese Stellung gegeben, sondern sie entweder vor ἁγίοις (Rm 1, 7; Kl 1, 2) oder hinter Χριστῷ (Phl 1, 1) gestellt haben würde. Nur ein Korrektor, welcher τοῖς οὖσιν bereits an seiner Stelle vorfand und dadurch genötigt war, seinen Zusatz hier einzuschieben, konnte eine so unnatürliche Wortfolge herstellen. Dadurch ist auch die Annahme ausgeschlossen, daß der Vf hinter τοῖς οὖσιν leeren Raum gelassen hätte, welcher in mehreren Abschriften seines

Briefs durch verschiedene Ortsnamen ausgefüllt werden sollte. In diesem Fall würde auch in dem Entwurf, dessen Abschriften erst die Bestimmung des Briefs für verschiedene Ortsgemeinden ausdrücken sollten, ein ἐν hinter οὖσιν schwerlich ungeschrieben geblieben sein. Man kann zweifeln, ob unsere ältesten Hss. den ursprünglichen Text ganz unversehrt bewahrt haben (A 4 a. E.). Soviel aber steht fest: Nicht das junge ἐν Ἐφέσῳ in Eph 1, 1 hat den uralten Titel πρὸς Ἐφεσίους erzeugt, sondern umgekehrt. Der falsche Titel hat nicht bloß auf den Text von Eph 1, 1, sondern auch auf das geschichtliche Verständnis des Briefs verderblich eingewirkt. Hielt man an der Bestimmung des Briefs für die Gemeinde von Eph. fest, so mußte man aus Eph 1, 15 f.; 3, 1—4 schließen, daß Pl den Brief geschrieben, ehe er nach Eph. gekommen und die dortige Gemeinde persönlich kennen gelernt hatte. Man mußte dann entweder im vollen Widerspruch mit der AG behaupten, daß nicht Pl, sondern Johannes der Stifter der Gemeinde sei, oder annehmen, daß Pl vor der in AG 18, 18—20, 38 geschilderten Zeit diesen Brief geschrieben habe, was sich ebensowenig mit der AG als mit dem Inhalt des Briefs verträgt (A 5). Als Pl nach Eph. kam, gab es dort keine Christengemeinde. Wie Aquila in der Zwischenzeit zwischen der ersten Ankunft und der dauernden Niederlassung des Pl in Eph., so hat der Apostel selbst noch 3 Monate lang nur in der Synagoge gelehrt (AG 18, 19—26; 19, 8). Eine kleine Zahl von Bekennern Jesu, die er vorfand, mußte er erst durch Unterweisung und Erteilung der christlichen Taufe in die gemeindlich organisirte Christenheit einführen (AG 19, 1—7). Die Bildung einer selbständigen Christengemeinde zu Eph. ist die Frucht seines zweijährigen Lehrens im Hörsaal des Tyrannus (AG 19, 9 f.). Aber auch die Vorarbeiten, welche in das Jahr vorher fallen, und die Pflege der Neubekehrten während der mehr als zwei Jahre seines Wohnens in Eph. konnte er als sein Werk in Anspruch nehmen (AG 20, 18. 31). Darnach hätte es von jeher als selbstverständlich gelten sollen, daß für diese Gemeinde unser Brief nicht bestimmt war. Denn ganz so, wie den Kolossern (Kl 1, 3—9), schreibt er den Lesern dieses Briefes, daß sie ihm, seit er von ihrem Glauben und von ihrer Liebe gehört habe, ein Gegenstand der Danksagung und der Fürbitte seien (1, 15 f.). Davon, daß Pl ein auch auf sie sich erstreckendes Verwalteramt von Gott empfangen hat, wissen sie bisher nicht aus eigener Erfahrung, sondern nur durch Hörensagen (3, 2), und erst durch Lesung dieses seines Briefs können sie sich einen Begriff von seinem Verständnis des Christentums verschaffen (3, 3 f.). Von der Predigt, welcher sie ihren Christenstand verdanken, redet Pl hier (1, 13; 4, 20 f.) ebenso wie Kl 1, 5 f. 23; 2, 6 als von einer Sache, an welcher er keinen persönlichen Anteil gehabt hat. Daß er hier im Unterschied von Kl 1, 7 den Missionar nicht nennt, welcher den Lesern das Ev gebracht hat, scheint darauf zu führen, daß, während Epaphras sich bei Pl befand und ihm seine Sorge um die Kolosser mitgeteilt hatte, eine derartige persönliche Vermittlung zwischen Pl und den Lesern des Eph nicht bestand. Es erklärt sich erst recht, wenn der Eph überhaupt nicht an eine einzelne Gemeinde, sondern an eine Mehrheit von Gemeinden gerichtet war, welche ihre Entstehung der Predigt verschiedener Missionare verdankten. Diese Annahme wird aber dadurch bestätigt, daß nicht nur in diesem Punkt, sondern durchweg der Eph eine viel allgemeinere Haltung zeigt als irgend ein anderer Brief des Pl, insbesondere auch der Kl. Den reichlichen Personalien in Kl 4, 10—18 entspricht hier nichts ähnliches. Nichts anderes als ihre heidnische Herkunft (2, 1 f. 11 ff.; 3, 1—13; 4, 17—24; 5, 8) scheint die Leser von anderen Christen zu unterscheiden. Die allgemeine Haltung der Grußüberschrift und nicht minder des Schlußgrußes würde sich damit vertragen, daß das Sendschreiben an die gesamte heidnische Christenheit gerichtet sei. Dies ist aber nicht nur dadurch ausgeschlossen, daß schon eine Reise des Tychicus, welche ihn an alle Orte führen sollte, wo es Heidenchristen gab (6, 21 f.), ins Reich der Fabel gehören würde, sondern vor allem dadurch, daß das, was vorhin gegen die Bestimmung des Briefs für die Gemeinde von Eph. gesagt wurde, auch alle anderen von Pl gestifteten und in persönliche Berührung mit ihm gekommenen Gemeinden von der Adresse ausschließt. Selbst einem Pseudopaulus, der doch wissen mußte, daß Pl die Gemeinden in Galatien wie in Ephesus, in Macedonien und Griechenland durch seine Predigt gestiftet hatte, sollte man die Torheit nicht beimessen, dem großen Heidenapostel einen Brief anzudichten, in welchem die gesamte Heidenkirche als eine ohne sein Zutun entstandene Kirche betrachtet würde. Der geistvolle Schüler des Pl, wofür man gleichzeitig den Vf ausgibt, hätte recht eigens auf den Gegensatz der dem Pl fremd gebliebenen Gemeinden hingewiesen, indem er schreibt (6, 21): er schicke den Tychicus zu ihnen, und dieser solle ihnen vollständige Nachrichten über Pl und seine Umgebung bringen, damit a u c h s i e erfahren, wie es um Pl stehe und wie es ihm gehe; a u c h s i e, die bisher in keinem Verkehr mit Pl gestanden haben, a u c h s i e, so gut wie die Gemeinden, die er gestiftet hat und die seither in mannigfaltigem, teils persönlichem, teils durch Briefe und Boten vermitteltem Verkehr mit ihm gestanden haben (A 6). Die Leser unseres Briefes sind nicht nur solche, welche wie die zu Laodicea, Kolossä und Hierapolis „das Angesicht des Pl noch nicht gesehen hatten", sondern sie bilden eben den Kreis von Gemeinden, in welchen Kl 2, 1 die beiden Gemeinden von Laodicea und Kolossä eingerechnet werden. Steht fest, daß die Briefe an die Epheser, Kolosser und Philemon, ihre Echtheit vorausgesetzt, gleichzeitig abgesandt worden sind (oben S. 311), so ist auch nicht zu bezweifeln, daß unser Eph jenes Cirkularschreiben ist, welches nach Kl 4, 16 eben damals von Pl die Bestimmung erhalten hatte, unter anderem auch von Laodicea nach Kol. zu gehen. Die Hausgemeinde des Philemon, die Ortsgemeinde von Kol., die sämtlichen Gemeinden der Provinz Asien, sofern Pl ihnen bis dahin fern geblieben war, diese also mit Ausnahme von Ephesus und Troas (AG 20, 6—11; 2 Kr 2, 12): das sind die drei koncentrischen Kreise, an welche Pl gleichzeitig die drei Briefe schickte. Die sehr untergeordnete Frage, in welcher Reihenfolge er sie geschrieben, läßt sich weder aus Eph 6, 21 entscheiden, wo überhaupt von einem Brief des Pl nicht die Rede ist (A 6), noch aus Kl 4, 16, wo zwar von zwei Briefen des Pl geredet ist, aber ohne jede Andeutung darüber, ob der Brief, welcher seiner Zeit „von Laodicea" nach Kol. gehen soll, zur Zeit dieser Aussage bereits geschrieben war, oder ob seine Abfassung ebenso wie seine demnächstige Absendung und schließliche Ankunft in Kol. noch der näheren oder ferneren Zukunft angehört. Aus Kl 4, 16 ergab sich nur dies als wahrscheinlich, daß Pl voraussetzte, der Kl werde früher als das Cirkularschreiben in Kol. eintreffen. Daß und wie diese Voraussetzung eingetroffen ist, wurde bereits S. 326 gezeigt. — Als zuerst eine aus nicht ganz wenigen Stücken bestehende Sammlung von Briefen des Pl angelegt wurde, entstand sofort das Bedürfnis, die einzelnen Stücke mit einer kurzen Bezeichnung ihrer Bestimmung zu versehen. Bei den übrigen Briefen ergab sich eine solche ohne weiteres aus der geographischen Angabe in der Grußüberschrift. Aus *ἐν Κορίνθῳ* 1 Kr 1, 2 ergab sich ohne viel Nachdenken *πρὸς Κορινθίους*. Das Schreiben an die landeinwärts von Ephesus gelegenen Gemeinden der Provinz Asien, welches Tychicus zu überbringen hatte, enthielt in seiner Grußüberschrift ebenso wie andere Schreiben ähnlicher Art (Jk, 2 Pt, Jud) keinerlei geographische Angabe. Wenn man ihm trotzdem eine nach Analogie der übrigen Plbriefe gebildete Aufschrift gab und das unzutreffende *πρὸς Ἐφεσίους* dazu wählte, so setzt dies voraus, daß den Veranstaltern der Sammlung eine genaue und echte Überlieferung über die Bestimmung des Briefs nicht zur Verfügung stand. Wie der Irrtum, daß er an die Gemeinde von Ephesus gerichtet sei, entstand und sich durchsetzen konnte, ist aber nicht unerklärlich. Eph. war in kirchlicher wie in politischer Beziehung die Metropolis der Provinz Asien. Über Eph. führte der Weg, auf welchem der Verkehr der asiatischen Gemeinden mit den Gemeinden anderer Länder wenigstens hauptsächlich sich vollzog. Von Eph. aus wird auch dieser Brief zu allen überseeischen Gemeinden gelangt sein. Hat er sich aber als „ein Brief aus Ephesus" verbreitet, so lag es ebenso nahe, ihn für einen an die Gemeinde von Eph. gerichteten Brief zu halten, wie Marcion es selbstverständlich fand, daß ein „Brief aus Laodicea" ein Brief „an die Laodicener" sei.

1. Die LA Kl 4, 16 *ἐκ Λαοδικείας* (*-ίας*) kann nicht zweifelhaft gemacht werden durch ein sinnloses *ἐν Λαοδικίας* (G) und durch ungenaue Übersetzungen wie *eam quae est Laodicensium* (Ambrosiaster, Priscillian, Pelagius, von Hier. nicht korrigirt). S[1] übersetzt: „und denjenigen (Brief), welcher von Laodicea (nach anderer Vokalisation auch „von den Laodicenern") geschrieben wurde, sollt ihr lesen". Ebenso erklärten Theodor (Swete II, 310) und Theodoret (Noesselt 501), mit der näheren Bestimmung, daß es ein Brief der Laodicener an Pl sei, über dessen Inhalt freilich nur unsichere Vermutungen möglich waren, eine Ansicht, die auch Chrysostomus (XI, 413) erwähnt. Andere wollten hier den 1 Tm finden s. GK II, 567f. Wer den Eph für unecht, den Kl aber für echt hält, kann selbstverständlich jenen nicht in Kl 4, 16 wiedererkennen, zumal wenn er diesen wie v. Soden (HK III, 88) trotz der Erwähnung des Tychicus (Eph 6, 21f.) an die gesamte Heidenchristenheit gerichtet sein läßt (s. dagegen oben

S. 344). Gegen die Identität des Eph mit dem aus Laodicea macht derselbe S. 87 geltend, daß diese Bezeichnung verwirrend sei. Aber für wen? Doch nicht für die Kolosser, welche entweder gleichzeitig mit ihrem Brief auch das Cirkularschreiben erhielten, oder im andern Fall auf ihre Frage, welcher Brief damit gemeint sei, von Tychicus oder Onesimus erfahren konnten, daß ein Cirkularschreiben unterwegs sei, oder im schlimmsten Fall sich gedulden mußten, bis der angekündigte Brief „aus Laod." eintraf. Die weitere Frage, warum denn Kolossä nicht einfach in den Kreis der Gemeinden eingeschlossen war, an welchen der Eph gerichtet war, ist gegenstandslos, denn eben Kl 4, 16 beweist, daß Kol. von vornherein eingeschlossen war (oben S. 341). Die Frage, warum nicht in diesem Laodicenerbrief dieselbe Weisung betreffs des Kl gegeben war, wie dort umgekehrt, erledigt sich dadurch, daß jener Brief eben nicht ein Brief an die Laodicener, sondern ein solcher an die Gemeinden Asiens war, und daß nicht in diesen Gemeinden allen, sondern nur in Laodicea der Kl gelesen werden sollte.

2. Über den apokryphen Laodicenerbrief GK I, 277—283; II, 83 f. 566—585.

3. Tert. c. Marc. V, 17 schreibt unter dem Titel *De epistula ad Laodicenos*, den er dem Apostolicum Marcions entnahm: *Ecclesiae quidem veritate epistulam istam „ad Ephesios" habemus emissam, non „ad Laodicenos", sed Marcion ei titulum aliquando interpolare gestiit, quasi et in isto diligentissimus explorator. Nihil autem de titulis interest, cum ad omnes apostolus scripserit, dum ad quosdam.* Schon V, 11 sagt derselbe beiläufig *Praetereo hic et de alia epistula, quam nos ad Ephesios praescriptam habemus, haeretici vero ad Laodicenos.* An andere Häretiker als die Anhänger Marcions zu denken, ist unveranlaßt. Cf GK I, 623 ff. II, 416. Unter *titulus* im Unterschied von *ipsum corpus* einer Schrift (c. Marc. IV, 2, Öhler II, 162) versteht Tertullian regelmäßig den äußeren Buchtitel (GK I, 624 A cf I, 83), hier um so gewisser, da es eine Eigentümlichkeit der Behandlung dieses Briefs von seiten Marcions sein soll, daß er den Titel desselben gefälscht hat. Die Grußüberschriften hatte er auch sonst geändert z. B. Gl 1 1—5, GK II, 495, den äußeren Titel nur in diesem Fall. Dieser „Titel", statt dessen außer den Marcioniten Niemand einen anderen gekannt hat, findet sich in der Literatur zuerst Iren. V, 2, 3; Clem. strom. IV, 65 p. 592; Can. Mur. l. 51 cf Iren. V, 8, 1; 14, 3; Clem. paed. I, 18 p. 108.

4. Catena ed. Cramer VI, 102 *Ὠριγένης δέ φησιν· ἐπὶ μόνων τῶν Ἐφεσίων εὕρομεν κείμενον τὸ „τοῖς οὖσιν", καὶ ζητοῦμεν, εἰ μὴ παρέλκει προσκείμενον τὸ „τοῖς ἁγίοις τοῖς οὖσιν", τί δύναται σημαίνειν. ὅρα οὖν, εἰ μὴ ὥσπερ ἐν τῇ Ἐξόδῳ ὄνομά φησιν ἑαυτοῦ ὁ χρηματίζων Μωσεῖ τὸ „ὤν"* (Ex 3, 14), *οὕτως οἱ μετέχοντες τοῦ ὄντος γίνονται ὄντες, καλούμενοι οἱονεὶ ἐκ τοῦ μὴ εἶναι εἰς τὸ εἶναι.* Es folgt als Beweisstelle 1 Kr 1, 28. Das *ἐν Ἐφέσῳ* fehlt auch in der Athoshs. (v. d. Goltz S. 75 s. oben S. 277 A 2). Wie im Eingang dieses Scholion setzt Origenes auch sonst die Adresse *πρὸς Ἐφεσίους* voraus z. B. bei Cramer VI, 119; c. Celsum III, 20. — Hieronymus zu Eph 1, 1 (Vallarsi VII, 544 f.). *„Sanctis omnibus qui sunt Ephesi". Quidam curiosius, quam necesse est putant ex eo, quod Moysi dictum sit „Haec dices filiis Israel: qui est, misit me", etiam eos qui Ephesi sunt sancti et fideles, essentiae vocabulo nuncupatos* etc. *Alii vero simpliciter, non „ad eos qui sint* (al. *sunt*)", *sed „qui Ephesi sancti et fideles sint" scriptum arbitrantur.* Da Hier. *scriptum* und nicht *istam epistolam scriptam esse* sagt, was auch dem Origenes gegenüber, der Letzteres nie bezweifelt hat, sehr unangebracht gewesen wäre, so spricht er lediglich von dem Text mit *ἐν Ἐφέσῳ* im Gegensatz zu dem Text ohne *ἐν Ἐφέσῳ*, mit welchem Origenes sich abgequält hatte cf Hofmann IV, 1, 3. Daß Hier. das erst hier sagt, während doch die Erklärung des Origenes nur unter Voraussetzung seines Textes (ohne *ἐν Ἐφέσῳ*) diskutabel ist, befremdet allerdings, und man kann mit Vallarsi vermuten, daß Hier. selbst seiner Erörterung einen Text ohne *Ephesi* vorangestellt hat, und erst Abschreiber den Text der Vulgata dafür eingesetzt haben, mit *omnibus* und

Ephesi, was beides Origenes nicht gekannt hat. Basilius c. Eunom. II, 19 (Garnier I, 254) reproduzirt die Gedanken und den Text des Origenes mit dem Zusatz: *οὕτω γὰρ οἱ πρὸ ἡμῶν παραδεδώκασι καὶ ἡμεῖς ἐν τοῖς παλαιοῖς τῶν ἀντιγράφων εὑρήκαμεν.* Ungefähr gleichzeitig mit Basilius sind Ambrosiaster und Victorinus. Ob ersterer wirklich, wie gedruckt ist, *sanctis omnibus qui sunt Ephesi et fidelibus* etc. als Text vorfand, läßt sich aus seiner Auslegung nicht erkennen. Victorin (Mai, Script. vet. n. coll. III, 2, 88, hinter einer vorläufigen ungenaueren Anführung p. 87) las *sanctis qui sunt Ephesi et fidelibus in Christo Jesu* (jedenfalls ohne *omnibus*). Der ältere syrische Text, den Ephraim kommentirte, hat, wie es scheint, weder *οὖσιν* noch *ἐν Ἐφέσῳ* ausgedrückt (p. 141 *Sanctis et fidelibus, baptizatis videlicet et catechumenis*). Dagegen S[1], wörtlich zurückübersetzt: *τοῖς οὖσιν ἐν Ἐφέσῳ ἁγίοις καὶ πιστοῖς.* Die wesentliche Übereinstimmung dieses Textes mit dem griechischen Text von Antiochien verbürgt, daß Lucian ihn so gestaltet hatte. Ob er der Erfinder war? Der Text von Eph 1, 1 ist recht mannigfaltig überliefert: 1) *τοῖς ἁγίοις τοῖς οὖσιν* (*οὖσι* ℵ) *καὶ πιστοῖς ἐν Χρ. Ι.* haben ℵ*B* und der Scholiast der min. 67. Ob Marcion in seiner Vorlage, Tertullian, Origenes und Ephraim in ihrem NT ganz so lasen, ist nicht festzustellen. 2) *τοῖς ἁγίοις* (ohne *τοῖς*) *οὖσιν ἐν Ἐφέσῳ καὶ πιστοῖς κτλ.* D min. 46; 3) *τοῖς ἁγίοις πᾶσιν τοῖς οὖσιν ἐν Ἐ. κ. π.* AP, Korrektor von ℵ, Cyrill. Al., 2 min., Copt, Ambrosiaster (?), Hier. im Kommentar (?), Vulg. (teilweise *omnibus* vor *sanctis*), Theod. lat. als Text (Swete I, 118?); 4) *τοῖς ἁγίοις τοῖς οὖσιν ἐν Ἐ. καὶ π.* GKL, Chrys., (wahrscheinlich Theodor), Theodoret, Victorin, (s. vorher); 5) dasselbe mit *τοῖς* (statt *καὶ*) *πιστοῖς* Pseudoign. ad Eph. 9, *καί* soll auch in min. 37 und einzelnen Hss. der Vulg. fehlen. Die LA 1 „den Heiligen die auch an Christus Gläubige sind" befriedigt nicht recht, da hiernach der Glaube an Christus entweder als eine Näherbestimmung der Heiligkeit im Gegensatz zu anderen Heiligen, die das auch ohne Glauben an Christus sind, oder als eine Folgerung aus der Heiligkeit erscheint, was doch beides wenig einleuchten will. Die LA 2 würde nach Beseitigung des jedenfalls unechten *ἐν Ἐφέσῳ* glaublicher sein. Rätselhaft ist die Entstehung des *πᾶσιν* der LA 3. Ist das ursprünglich eine mit *οὖσιν* konkurrirende Variante? Oder ist beides echt (cf 2 Kr 1, 1)? Oder ist im einen oder andern ein *τῆς Ἀσίας* untergegangen?

5. Die älteren Ausleger, welche durch den Titel „an die Epheser" gebunden waren, haben das damit gestellte, unlösbare Problem meist gar nicht ernstlich ins Auge gefaßt. Victorinus weiß zu 1, 15; 3, 1 ff. nichts zu sagen, was diese Stellen mit dem überlieferten Titel auszugleichen dienen möchte und versichert in der Einleitung (Mai, Script. vet. nova coll. III, 2, 87): *Ephesii a pseudoapostolis depravati videbantur, judaismum jungere christianae doctrinae.* Ambrosiaster bemerkt im Prolog wenigstens: *Ephesios apostolus non fundavit in fide, sed confirmavit*, ohne dies jedoch aus 1, 15; 3, 1 ff. näher zu begründen oder mit der AG auszugleichen. Ebenso der echte Euthalius (Zacagni I, 524), welcher die Epheser mit den Römern zusammenstellt als Christen, welche dem Pl nur gerüchtweise bekannt waren. Chrysostomus umgeht in der Einleitung (Montfaucon XI, 1) und zu 1, 15; 3, 1 ff. die geschichtlichen Fragen völlig. Ephraim p. 140, mit dem auch Severianus (Cramer, Cat. VI, 97) übereinzustimmen scheint, läßt den Apostel Johannes die Gemeinde von Eph. stiften und dort sein Ev schreiben, ehe Pl den Eph schrieb. Diese geschichtswidrige Meinung wird auf die eine oder andere Darstellung der Johanneslegende zurückgehen. S. besonders die syrische Geschichte des Zebedäussohnes Johannes (Wright, apocr. acts of the apostles I, 1—65, auch meine Acta Joannis XXXIX. LVI. CXXVIII). Theodor Mops. (Swete I, 115 ff.) zeigt im Gegensatz zu dieser legendarischen Ansicht, daß der Aufenthalt des Johannes in Eph. erst in die Zeit zwischen Ausbruch des jüdischen Kriegs und Trajan falle, hält aber andrerseits an dem exegetischen Ergebnis fest, daß der Eph ebenso wie Rm und Kl an Christen gerichtet

sei, die Pl bis dahin noch nicht gesehen hatte (p. 112. 253). Theodor läßt die Erzählung von AG 18, 18—20, 38 natürlich als wahr gelten, wonach Pl lange vor seiner vieljährigen Gefangenschaft mehrere Jahre in Eph gewirkt hat (p. 117). Aber der Aufgabe, einen vor AG 18, 18 fallenden Zeitpunkt im Leben des Pl ausfindig zu machen, in welchem er als Gefangener diesen Brief an die Gemeinde von Eph hätte schreiben können, und der weiteren Aufgabe, die Entstehung einer solchen Gemeinde vor AG 18, 18 begreiflich zu machen und mit der AG in Einklang zu bringen, entzieht sich der große Exeget. Durch Konjektur ihm nachzuhelfen, wie ich Acta Jo. XL versuchte, ist angesichts des vollständigen, mir damals noch unbekannten lat. Textes seines Kommentars vergebliche Mühe. Theodoret (Noesselt p. 398) wird allerdings den Theodor im Auge haben, wenn er neben früheren Auslegern, die den Johannes für den ersten Lehrer des Ev in Eph. halten (d. h. Ephraim und Severianus), auch solche erwähnt, welche zwar auch behaupten, daß Pl die Gemeinde noch nicht gesehen hatte, als er an sie schrieb, dabei aber gewisse ungenannte Leute die ersten Prediger des Ev in Eph sein lassen. Beides aus der AG zu widerlegen war leicht. Um so dürftiger erscheint, was Theodoret zu 1, 15 bemerkt, um es denkbar zu machen, daß der Brief an eine von Pl gestiftete Gemeinde gerichtet sei. Zu 3, 2f. schweigt er völlig hierüber.

6. Hofmann IV, 1, 266 wollte das καὶ ὑμεῖς 6, 21 aus dem Gegensatz zu dem κἀγώ 1, 15 erklären. Aber welcher Leser hat bei 6, 21 einen Satz aus dem Eingang des Briefs noch in Erinnerung? Noch unannehmbarer ist die gewöhnliche Meinung, daß hier ein Gegensatz zu den Kolossern obwalte, welchen Pl gleichzeitig durch Tychicus Nachrichten über sich zukommen lasse (Kl 4, 8), oder gar zum Kl, welcher dem Vf bereits vorlag (so Holtzmann, Kritik der Eph. und Kolosserbriefe 1872 S. 25). Letzteres ist schon deshalb verwerflich, weil Eph 6, 21f. überhaupt nicht von einem Brief oder von mehreren Briefen, sondern nur von der Sendung des Tychicus die Rede ist. Überdies ist der Eph, wenn anders er Kl 4, 16 gemeint ist, von vornherein auch für die Gemeinde von Kol. mitbestimmt (oben S. 341). Die Christen von Kol. gehören mit zu der im ganzen Eph, also auch Eph 6, 21f. angeredeten Vielheit. Wie sollten sie also als der Gegensatz zu dem „auch ihr" Eph 6, 21 hinzuzudenken sein? Pl sagt auch nicht, daß er den Tychicus auch zu den Lesern des Eph sende, sondern von der einen diesmaligen Sendung des Tychicus, welche diesen zu den sämtlichen Lesern des Eph (Eph 6, 22) und eben damit unter anderem auch nach Kol. führt (Kl 4, 7), wird gesagt, sie solle dazu dienen, daß auch diese Gemeinden über die Lage des Pl unterrichtet werden. Den Gegensatz können also nur solche Gemeinden bilden, welche nicht zu diesem Kreise gehören, Gemeinden, zu welchen Tychicus jetzt nicht oder doch nicht mit solchem Zweck geschickt wird, und von welchen bekannt war, daß sie öfter von Pl hören cf Klostermann, Jahrb. f. dtsche Theol. 1870 S. 161.

§ 29. Die Echtheit der Briefe an die Epheser und die Kolosser.

Nachdem gegen die Echtheit des Eph unter gleichzeitiger Anerkennung der Echtheit des Kl schon manchmal Bedenken laut geworden (A 1), und dagegen die Meinung, daß der Kl auf Grund des Eph erdichtet sei, nur vereinzelt aufgetaucht war, hat Baur, dem sich auch Hilgenfeld und Weizsäcker mit einigen Abweichungen angeschlossen haben, beide Briefe für Erzeugnisse des 2. Jahrhunderts erklärt (A 2). Hitzig warf den Gedanken hin, daß auf Grund eines echten Kl der Eph erdichtet, von demselben Manne aber nachträglich auch noch der Kl in gleichem Geist interpolirt worden sei. Diesen Gedanken hat. Holtzmann ausgeführt und als die Zeit dieser Fälschungen die Wende des 1. und 2. Jahrhunderts angenommen (A 3). Nimmt man hinzu, daß Solche, welche sich dieser Hypothese zuneigten, sich in steigendem Maße von der Einheitlichkeit und Echtheit des Kl überzeugt haben, so erscheint die Gunst der Kritiker den beiden so enge verknüpften Briefen in sehr ungleichem Maße zugewandt. Der am meisten angefochtene Brief hat viel stärkere äußere Bürgschaften seiner Echtheit aufzuweisen als der andere. Während wir vor Marcion keine sicheren Spuren des Kl nachweisen können, ausgenommen die Misdeutung von Kl 2, 18 in der Predigt des Petrus (oben S. 337), beginnen die Anzeichen der kirchlichen Verbreitung des Eph schon bei Clemens und Hermas; sie werden deutlicher bei Ignatius und Polykarp (GK I, 817 f. 825 f.). Daß Briefe, die Marcion um 145 als echte Werke des Pl in sein Apostolicum aufnahm, erst kurz vor 140 geschrieben sein sollten (Hilgenfeld Einl. 680), erscheint unglaublich, und daß ihr Vf bereits von montanistischen Ideen beherrscht war (Baur, Paulus II, 25), noch unglaublicher. Einen zweiten festen Punkt, den keine geschichtliche Kritik umgehen kann, bildet der Titel πρὸς Ἐφεσίους, welchen Ignatius bereits gekannt und Marcion bereits korrigirt hat. Seiner Form nach kann er nicht älter sein, als die Einverleibung des Briefs in eine Sammlung von Plbriefen. Er kann aber wegen seiner allgemeinen und ausschließlichen Verbreitung auch nicht jünger sein, als diejenige Sammlung der Plbriefe, welche Marcion in der Kirche verbreitet fand, und welche schon dem Ignatius vorlag. Die geschichtliche Unrichtigkeit des Titels setzt aber voraus, daß zwischen der Abfassung des Briefs und seiner Aufnahme in diese Sammlung ein Zeitraum zwischeninne liegt, innerhalb dessen die ursprüngliche Bestimmung des Briefs in Vergessenheit geraten konnte. Diese Zwischenzeit ergibt sich und der in dem unrichtigen Titel verewigte Irrtum erklärt sich ohne Schwierigkeit, wenn Pl den Brief um 62 durch Tychicus über Ephesus an die landeinwärts gelegenen Städte der Provinz Asien hat bringen lassen cf S. 344 f. Wenn 20 oder 40 Jahre später die Sammlung der Plbriefe, welche diesen Brief unter dem Titel πρὸς Ἐφεσίους mitenthielt, auch in jener Gegend sich verbreitete, hatte Niemand mehr ein Interesse daran, dem darin ausgesprochenen Irrtum entgegenzutreten, zumal keine einzelne Gemeinde in der Lage war, den Ruhm, diesen Brief von Pl empfangen zu haben, für sich in Anspruch zu nehmen und ihn der Metropolis der Provinz streitig zu machen. Dahingegen wird die Entstehung des πρὸς Ἐφεσίους ein unlösbares Rätsel, wenn man annimmt, daß er im Namen des Pl erdichtet sei. In Eph. und in der Provinz Asien konnte der Irrtum, daß dieser Brief an die Gemeinde von Eph. gerichtet sei, nicht entstehen, konnte sich also auch, wenn der Brief dort entstanden war, von dort aus nicht mit dem Briefe zugleich verbreiten. War aber eine andere Gegend der Entstehungsort und das erste Verbreitungsgebiet des erdichteten Briefs, so begreift man erst recht nicht, wie die Meinung entstehen konnte, er sei nach Eph. gerichtet. Denn der Brief selbst weist am allerwenigsten auf eine von Pl gestiftete und während der ersten Jahre ihrer Entwicklung geleitete Gemeinde. Ließ man sich beim Suchen nach einer bestimmten Adresse durch die Beobachtung der großen Ähnlichkeit mit dem Kl leiten, was der Entstehungsweise altkirchlicher Fabeln und Irrtümer wenig entsprechen würde, so hätte man eher an Hierapolis oder Laodicea (Kl 2, 1; 4, 13—16), als an Eph. gedacht. Dazu kommt, daß aus guten Gründen bisher Niemand eine Erdichtung dieses Briefes zu Lebzeiten oder unmittelbar nach dem Tode des Pl für wahrscheinlich gehalten hat. Ist er aber erst um 100 oder noch später angefertigt worden, so bleibt keine Zeit für die Entstehung und Befestigung des Irrtums, welcher dem Brief vom Anfang seiner Verbreitung in weiteren Kreisen und seiner Zugehörigkeit zu einer Sammlung paulinischer Briefe anhaftete. Während somit starke äußere Gründe der Annahme der Unechtheit des Eph im Wege stehen, muß der Kl durch seinen Inhalt den Eindruck der Echtheit machen. Schon die Wahl der in der gesamten altchristlichen Literatur nicht erwähnten Gemeinde zu Kolossä als Empfängerin des Briefs statt irgend einer anderen aus Ap 1—3 oder aus der AG oder aus den ignatianischen Briefen oder aus den Traditionen über Johannes und die Töchter des Philippus berühmten Gemeinde wäre bei einem Fälscher unbegreiflich. Die Angaben in c. 4 würden ein in der nachweislich unechten Briefliteratur beispielloses Meisterstück darstellen, nur etwa mit 2 Tm 4 vergleichbar. Aus Phlm 23 f., die Echtheit dieses Briefs vorausgesetzt, könnte ein Dichter die 5 Namen der Grüßenden genommen haben, welche Kl 4 wiederkehren. Was aber veranlaßte ihn, als sechsten den Jesus Justus hinzuzufügen, der in keiner auf uns gekommenen urchristlichen Schrift erwähnt wird? Diese Figur müßte für erdichtet gelten, und doch erscheint es als kaum denkbar, daß ein Christ der nachapostolischen Zeit einer von ihm erdichteten Figur den Namen „Jesus" angedichtet haben sollte. Was Kl 4, 11 über die nur teilweise für Pl erfreuliche Tätigkeit judenchristlicher Missionare in seiner Umgebung gesagt und angedeutet ist, wird durch Phl 1, 15—17 bestätigt, kann aber nicht aus jener Stelle geschöpft sein; denn dort ist das nicht gesagt, was Kl 4, 11 die Hauptsache ist, daß die dem Pl feindseligen Missionare jüdischer Herkunft waren, und nicht der leiseste Wortanklang verrät eine Entlehnung von dorther. Den Namen Onesimus konnte ein Pseudopaulus aus Phlm nehmen. Dort aber war nicht zu erkennen, daß Kol. der Wohnsitz des Sklaven und seines Herrn gewesen sei (Kl 4, 9); dahingegen fehlt im Kl jede Andeutung von dem gesamten Inhalt jenes kleinen Briefs, von dem Sklavenstand, von der Flucht, von der Bekehrung und Rücksendung des Onesimus durch Pl; es fehlt auch der Name Philemons und seiner Gattin. Statt der Hausgemeinde des Philemon zu Kol. wird Kol. 4, 15 die Hausgemeinde des Nymphas zu Laodicea genannt. Dem Archippus wird Kl 4, 17 ein Dienst an der Gemeinde zugeschrieben, von welchem Phlm 2 nichts ahnen läßt. Ist der Kl unecht, so hat sein Vf durch c. 4 bewiesen, daß es ihm sehr angelegen war, durch eine Fülle von persönlichen Angaben seiner Fälschung den Schein der Lebenswahrheit zu verleihen. Wie erklärt es sich dann aber, daß er den Phlm, dessen Echtheit vorausgesetzt, in dieser Beziehung nicht ausgebeutet hat? Hat er beide Briefe erdichtet, wie konnte er es dann vermeiden, sich selbst zu kopiren in zwei Briefen, welche als gleichzeitig an denselben Ort gerichtet gelten sollten? Die Stiftung der Gemeinde wird nicht dem berühmten Gehilfen des Pl Timotheus zugeschrieben, obwohl der Vf ihn an der apostolischen Berufsstellung des Pl gerade auch dieser Gemeinde gegenüber teilnehmen läßt (Kl 1, 1. 7 oben S. 318 A 3), und obwohl er aus Phlm 1 entnehmen mußte, daß Timotheus ebenso wie Pl seit längerer Zeit zu einem angesehenen Mitglied der dortigen Gemeinde in einem ziemlich engen Verhältnis gestanden hatte. Seine Stelle nimmt Epaphras ein (Kl 1, 7; 4, 12), von dem die sonstigen Urkunden schweigen, und dessen Erwähnung Phlm 23 nicht erraten läßt, daß er in jenen Gegenden das Ev gepredigt und Gemeinden gestiftet hat. Kurz, bei völliger Unabhängigkeit ergänzen sich die persönlichen und geschichtlichen Angaben beider Briefe gegenseitig, ohne daß an einem einzigen Punkt auch nur der geringste Widerspruch zwischen beiden sich ergäbe. Man sollte nicht verkennen, daß in bezug auf die geschichtlichen Einzelheiten zwischen beiden Briefen ein Verhältnis besteht, wie es weder zwischen zwei unechten, noch zwischen einer echten und einer unechten, sondern nur zwischen echten Urkunden zu bestehen pflegt und der Natur der Sache nach bestehen kann. Den Vorwurf, daß es dem Brief an der rechten Veranlassung fehle (Hilgenfeld 663), hätte man nicht erheben sollen, wenn man nicht entweder eine einleuchtende Veranlassung zu seiner Erdichtung nachweisen, oder wahrscheinlich machen konnte, daß er ohne sonderlichen Zweck, aus reiner Lust am Dichten erdichtet worden sei, und wenn man nicht vor allem bewiesen hatte, daß die dringende Veranlassung des Briefes, welche der Vf selbst zu erkennen gibt (oben S. 326 ff.), an innerer Unwahrscheinlichkeit leide. Es ist aber unbestreitbar, daß Pl sich nicht nur zur Missionspredigt an die ganze noch unbekehrte Heidenwelt verpflichtet fühlte (Rm 1, 14), sondern auch alle bereits bestehenden Gemeinden auf seinem sorgenden Herzen trug (2 Kr 11, 28). Wenn er einer Gemeinde, wie der römischen, die nicht zum eigentlichen Bereich seines Missionsgebietes gehörte, sondern nur am Wege seiner zukünftigen Reisen und Arbeiten lag, ein umfangreiches Sendschreiben widmete, so ist doch selbstverständlich, daß er sich verpflichtet fühlte, die Gemeinden in der Provinz Asien, wo er durch sein dreijähriges Wirken den Grund gelegt hatte, Gemeinden, welche von der durch ihn selbst gestifteten Gemeinde zu Eph. aus das Ev empfangen hatten, in ihrer Entwicklung zu überwachen und zu fördern, und dies um so mehr, wenn man ihm wie in Kol. und Laodicea nachsagte, daß er dieser Verpflichtung nicht nachkommen könne oder wolle, und wenn ihnen wie den dortigen Christen die Gefahr einer Verleitung zu einem ungesunden Christentum drohte. Die Behauptung, daß Pl den Kl nicht geschrieben, oder daß ein Späterer den echten Brief interpolirt habe, ließe sich nur durch den zwingenden Beweis aufrechterhalten, daß hier oder dort geschichtliche Tatsachen oder Verhältnisse berücksichtigt seien, welche erst in nachapostolischer Zeit eingetreten sind, oder durch den Nachweis von Gedanken und Redewendungen, welche mit der durch die anerkannt echten Briefe des Pl bezeugten Denk- und Schreibweise des Apostels unvereinbar sind. Das Eine ist so wenig gelungen wie das Andere. Die Kl 2 bekämpfte Richtung, durch den Gegensatz zu welcher, wie gezeigt, die lehrhaften Ausführungen des ganzen Briefs in ihrer Eigenart bedingt sind, berührt sich in ihren praktischen Zwecken nahe mit derjenigen, welcher Pl schon Rm 14 entgegenzutreten hatte. In der nachapostolischen Literatur läßt sich eine solche nicht nachweisen. Wenn wirklich Kl 2, 18 von einem den Engeln gewidmeten Kultus die Rede wäre, würde man in der Ketzergeschichte des 2. Jahrhunderts vergeblich nach einem weiteren Beleg dafür suchen (oben S. 338 f.). Aber auch bei richtiger Auffassung jener Stelle ergibt sich keine Anknüpfung an irgend eine häretische Richtung der nachpaulinischen Zeit, insbesondere nicht unter denjenigen, die nach den vorhandenen Nachrichten in Kleinasien von Einfluß waren. Die Nikolaiten der Ap bilden den äußersten Gegensatz zu den judenchristlichen Asketen des Kl. Kerinth, der Zeitgenosse des Johannes, ist nach den glaubwürdigeren Nachrichten nichts weniger als ein Judaist gewesen; erst die Unwissenheit der Häreseologen seit Ende des 4. Jahrhunderts hat ihn dazu gemacht, und von Kerinths eigentümlicher Auffassung der Person und Geschichte Christi fehlt im Kl jede Spur (A 4). Ignatius traf auf seiner Durchreise durch die Provinz Asien Wanderlehrer an, welche an die dortigen Heidenchristen jüdisch gesetzliche Forderungen z. B. die der Sabbathfeier stellten und zugleich eine doketische Lehre von Christus, insbesondere von seinem Leiden vortrugen. Von asketischen Vorschriften und von einer naturphilosophischen und angelologischen Begründung derselben verlautet bei Ignatius nichts, und im Kl wiederum ist nichts von jener von Ignatius vor allem bekämpften phantastischen Christologie zu entdecken. Am ersten noch scheinen die sogenannten Irrlehrer der Pastoralbriefe Berührungspunkte mit denjenigen des Kl zu zeigen; aber sie gehören der Lebenszeit des Pl an (§ 37). Während Baur im Kl wie im Eph eine an die Spekulation Valentins erinnernde gnostische Theologie und Phraseologie fand, welche ohne jede „Spur einer auch nur indirekten Polemik gegen gnostische Lehren“ vorgetragen werde, also einer Zeit angehören müsse, „in welcher die eben erst in Umlauf kommenden gnostischen Ideen noch als unverfängliche christliche Spekulationen erschienen“ (Paulus II, 25), läßt Hilgenfeld (Einl. 660. 666 ff.) den Verfasser vielmehr gegen den Gnosticismus, welcher unter der Philosophie (2, 8) zu verstehen sei, ankämpfen und zwar so, daß er der gnostischen Lehre vom *πλήρωμα* die Sätze 1, 19; 2, 9 ff., der Lehre von der Erschaffung der Körperwelt durch tief unter Gott stehende Geister die Sätze 1, 15 ff. und der gnostischen Geheimlehre das Christentum selbst als Mysterium (1, 27; 2, 2; 4, 2) und Gnosis (1, 9. 10; 2, 2 f.; 3, 9) gegenüberstellt. Daß diese Art von Polemik, bei welcher der gegnerische Irrtum nicht einmal gekennzeichnet, geschweige denn mit Gründen bekämpft wird, kindisch wäre, kann Niemand in Abrede stellen; und daß die von Pl deutlich gekennzeichnete Irrlehre, die er wirklich bestreitet, mit dem Gnosticismus, welcher von Pleroma und Äonen redete, nichts zu schaffen hat, zeigen die vergeblichen Versuche, entweder zwei verschiedene im Kl bestrittene Parteien herauszubringen, oder bei dem Vf eine Konfusion zwischen dem angeblich judaistischen Gnostiker Kerinth und ganz andersartigen Richtungen anzunehmen. Daß die Worte πλήρωμα und αἰῶνες, deren Gebrauch im Kl und im Eph hauptsächlich derartige Vermutungen veranlaßt hat, schon vor Valentinus in gnostischen Lehrkreisen eine bedeutsame Rolle gespielt haben, ist unerweislich (A 5). Daß aber die Lehre Valentins selbst im Kl und im Eph bestritten oder angeeignet sein sollte, wäre schon wegen der Aufnahme und Bearbeitung des Briefs durch Marcion eine chronologische Unmöglichkeit. Die valentinianische Schule selbst widerspricht einer solchen Annahme; denn in allen ihren Zweigen hat sie unter den paulinischen Briefen ganz besonders 1 Kr, Eph und Kl für ihre Lehre verwertet und diese aus jenen als apostolische Geheimlehre zu erweisen gesucht. Ihre Ideen haben Valentin und seine Schüler gewiß nicht von Pl entlehnt, wohl aber die Ausdrücke, in welche sie ihre Ideen einkleideten, um sie dem gemeinen Mann in der Kirche unanstößig erscheinen zu lassen; und es besteht kein Unterschied zwischen ihrer Verwertung der Begriffe ὁ λόγος τοῦ σταυροῦ, θεοῦ σοφίαν λαλοῦμεν ἐν μυστηρίῳ, πνευματικός, ψυχικός aus 1 Kr 1, 18; 2, 7. 14f. und ihrer Verwertung von πλήρωμα Kl 1, 19; 2, 9; Eph 1, 10. 23; 3, 19; 4, 13 und αἰῶνες Eph 3, 21. Da aber die Karikaturen dieser paulinischen Begriffe zu den Grundbegriffen des valentinischen Systems und zur Schulsprache aller Zweige dieser Schule gehören, so steht auch fest, daß Valentin selbst unter anderem auch auf Eph und Kl sich gestützt hat.

Ist die Echtheit des Kl unanfechtbar, so vereinfacht sich die kritische Frage in bezug auf den Eph. Wäre letzterer unecht, so würden die vielfältigen Berührungen desselben mit dem Kl keinen Zweifel darüber lassen, daß er auf Grund des Kl und zwar, da Kl 4, 16 von einem gleichzeitigen Brief des Pl die Rede ist, der unter anderen in Laodicea und Kolossä gelesen werden soll, auf Grund dieser Stelle erdichtet sei. Es bestände das gleiche Verhältnis zwischen dem Eph und Kl 4, 16, wie zwischen der apokryphen Korrespondenz des Pl mit den Korinthern und 1 Kr 5, 9; 7, 1. Dieser Anknüpfung für die angebliche Erdichtung des Eph beraubten sich Hitzig und Holtzmann S. 167, indem sie Kl 4, 15—17 für eine Interpolation des Vf des Eph erklärten, welcher durch 4, 16 auf das von ihm erdichtete Cirkularschreiben hinweisen wollte. Aber warum hätte dieser das in so unverständlichen Worten getan? Verständlich waren sie nur für die Kolosser, welche von einem Brief, der seinen Weg über Laodicea nach Kol. nehmen sollte, bereits wußten oder gleichzeitig hörten. Nur unter Voraussetzung der Echtheit von Kl 4, 16 hat die Erdichtung des Eph auch eine Analogie, welche sie wahrscheinlich machen könnte. In der

Tat ist ja auf Grund von Kl 4, 16 schon im 2. Jahrhundert ein Brief erdichtet worden (oben S. 346 A 2). Wenn derselbe im Vergleich zu dem gedankenreichen Eph ein elendes Machwerk ist, so ist doch sein Titel *ad Laodicenos* und seine Grußzuschrift *fratribus qui sunt Laodiciae* viel vernünftiger und begreiflicher, als die Grußüberschrift des Eph für den Fall, daß auch dieser eine auf Grund von Kl 4, 16 erdichtete Fälschung wäre. Wer den dort erwähnten Brief vermißte und auf das Nichtvorhandensein desselben seine Fiktion gründete, konnte es dem Leser nicht überlassen zu erraten, wohin der Brief gerichtet sein sollte, sondern mußte, wie die Schöpfer der apokryphen Briefe an die Korinther und an die Laodicener, deutlich auf den Ursprung seiner Erfindung hinweisen. Wer die Unechtheit des Eph beweisen wollte, dürfte dafür nicht die nahe, in Gedanken und Wortausdruck sich darstellende Verwandtschaft desselben mit dem Kl verwenden. Denn diese ist selbstverständlich, wenn Pl beide gleichzeitig abgesandt hat, wenn zwischen der Abfassung des einen und des andern vielleicht nicht einmal eine Nacht lag, und wenn die Einzelgemeinde von Kol., welcher er um einer gerade ihr und der nächsten Nachbargemeinde drohenden Gefahr willen einen besonderen Brief widmete, zu dem größeren Kreis von Gemeinden gehörte, an welchen der andere Brief gerichtet ist. Der Literat, welcher an das Urteil der Recensenten und der Nachwelt über sein Talent denkt, mag in solchem Fall um möglichst große Mannigfaltigkeit der Gedanken und der Redewendungen sich bemühen; der bedeutende Mensch, dem es um die Sache zu tun ist, tut das nicht (A 6). Pl war ein solcher. Es gehört ferner zu den Eigentümlichkeiten seiner Schreibweise, daß er ein bezeichnendes Wort, das er einmal gebraucht hat, darunter auch solche, die sich sonst nirgends bei ihm finden, in engem Umkreis bald wiederholt oder durch ein Wort verwandter Bildung ersetzt (A 7). Sind Eph und Kl in dieser Beziehung wegen der unmittelbaren Folge ihrer Entstehung wie ein einziger Brief zu betrachten, so wird eben diese ihre Entstehungsweise nur dadurch bestätigt, daß gewisse mehr oder weniger auffällige Ausdrücke in beiden Briefen zu finden sind. Nimmt man hinzu, daß zwischen der Abfassung dieser Briefe und der des Rm nicht weniger als 4 Jahre liegen, während welcher der aus seiner gewohnten Missionsarbeit herausgerissene Pl in Cäsarea, auf einer halbjährigen Seereise und zuletzt in Rom unter den mannigfaltigsten Eindrücken gestanden hat, so wäre es nicht zu verwundern, wenn er sich von Gedankenreihen beherrscht und an Ausdrucksweisen gewöhnt zeigte, welche uns in den älteren Briefen noch nicht begegnen. Wer den Eph für eine auf Grund des ganz oder großenteils echten Kl angefertigte Fälschung erklärt, könnte das nur durch den überzeugenden Nachweis begründen, daß Gedanken und Worte des Kl von dem Nachahmer misverstanden oder absichtlich umgedeutet oder ungeschickt nachgebildet und am unrichtigen Ort angebracht seien. Denn dies sind die Merkmale aller nachweislichen Fälschungen dieser Art, wenigstens im Altertum. Einem echten Brief gerade des Pl gegenüber, dessen Briefe dem Verständnis jedes

Fernerstehenden und vollends jedes Nachgeborenen so große Schwierigkeiten bereitet haben (2 Pt 3, 16), konnten bei einem Fälscher jene Kennzeichen nicht ausbleiben. In der Tat hat man sich die Herstellung des Eph im einzelnen als eine so sklavisch vom Kl abhängige vorgestellt, daß Pl jenen nicht geschrieben haben könnte (A 8). Aber diese Vorstellung setzt auch ein Maß von Stumpfsinn und Gedankenlosigkeit des angeblichen Pseudopaulus voraus, welches mit der von Niemand bezweifelten Tatsache unverträglich ist, daß der Vf des Eph ein Mann von bedeutenden Gedanken, von weitschauender Überlegung und erheblicher Fähigkeit der Darstellung war. Man kann auch nicht sagen, daß Inhalt und Anlage des Eph derjenigen des Kl in einer Verdacht erregenden Weise gleiche. Während Pl den Kl mit der Versicherung beginnt, daß er und Timotheus seit Empfang der Kunde von der Pflanzung des Christentums in Kol. beständig hiefür danksagen (cf 1 Kr 1, 4; 1 Th 1, 2), bricht er Eph 1, 3 sofort in eine Lobpreisung Gottes aus, was in keinem anderen Brief des Pl, was Unmittelbarkeit der Empfindung anlangt, auch Rm 1, 8 nicht seinesgleichen hat. Die Freude, welche ihn im Gedanken an die ohne sein Zutun, aber auf seinem Arbeitsfeld erzielten Erfolge des Ev erfüllt, überwiegt in dem an die Gesamtheit jener Gemeinden gerichteten Brief und verleiht demselben von Anfang an einen feierlich gehobenen, schwungvollen, ja überschwänglichen, überall in Lobpreisung Gottes übergehenden Ton (1, 3. 12. 14. 16; 3, 14 ff. 20 f.; 5, 20). Die schwere Sorge, welche den Apostel wie den Epaphras im Hinblick auf die besondere Gefährdung der Christen von Kol. und Laodicea erfüllt (2, 1. 4, 12 f.), bedingt den Ton des Kl, die maßvolle Haltung der Danksagung (1, 3), das Vorwiegen und die andersartige Fassung der Fürbitte (1, 9 cf 1, 23 mit Eph 1, 16 f.). Die Lobpreisung Eph 1, 3—14 bezieht sich auf die der Christenheit und zwar zunächst der jüdischen Christenheit von Ewigkeit her zugewandte Erlösergnade Gottes, an welcher nun auch die Heidenchristen beteiligt sind (1, 13). Erst 1, 15 f. tritt die Danksagung für den Leserkreis ein, mit welcher der Kl beginnt. Während die Ausführungen in Kl 1 schon völlig beherrscht sind durch den Gegensatz zu der in Kl 2 deutlicher gekennzeichneten ethischen Verirrung und Verwirrung, durch welche die Gemeinde bedroht war, bewegt sich Eph 1—3 ganz und gar in dem Gegensatz des ehemals auf Israel beschränkten, nunmehr auf die Heiden ausgedehnten Heiles. Durch eine mit „Amen“ schließende Doxologie (3, 20 f.), welche umsomehr an Rm 16, 25—27 erinnert, als dort die Gedanken von Eph 3, 3. 5 berührt werden, wird der erste Hauptteil des Briefes abgeschlossen, was an Rm 11, 36 und auch an den Wunschsätzen 1 Th 3, 11—13; 2 Th 2, 16 f. seinesgleichen hat, und mit einem *παρακαλῶ οὖν ὑμᾶς* 4, 1 wird wie Rm 12, 1 zu einem zweiten paränetischen Teil übergegangen, was alles im Kl nicht zu finden ist. Und auch in diesem paränetischen Teil zeigt sich bei mancher Gleichheit des Ausdrucks eine Fülle neuer Gesichtspunkte für die ethische Betrachtung. Der Eph enthält überhaupt selbständige Gedanken genug, welche den Wunsch des Pl begreiflich machen, daß die Kolosser, für die er von

Anfang an mitbestimmt war, ihn nicht ungelesen lassen (Kl 4, 16). Er ist aber andrerseits auch so allgemein gehalten, daß er dem Apostel zur Befriedigung der Bedürfnisse der Gemeinde von Kol. nicht genügen konnte. — Der lexikalische Beweis für die Unechtheit des Eph, den man führen zu können meinte, besteht die Probe in keiner Weise (A 9). Auch abgesehen von einzelnen Gedankenlosigkeiten, die dabei unterlaufen, ist jeder derartige Versuch verfehlt, welcher auf der Voraussetzung beruht, daß an sich das Vorkommen seltener, insbesondere im NT sonst oder auch gerade in den als echt anerkannten Briefen des Pl nicht nachweisbarer Vokabeln einen Verdacht begründe. Sind denn kühne Wortbildungen und Unabhängigkeit von dem Wortvorrat des Schriftstellers, dessen Schriften Einer durch Fälschungen vermehren will, Kennzeichen des Fälschers? Im Laodicenerbrief finde ich, soweit nach der lateinischen Version (GK II, 584) geurteilt werden kann, keine einzige Vokabel und kaum eine Wortverbindung, die man nicht in den echten Briefen nachweisen kann. Der Gl, welcher an Umfang ein wenig hinter Eph zurücksteht, zeigt einen ebenso großen Schatz ihm eigentümlicher Wörter wie Eph (A 10). Man vermißt im Eph die Dialektik und den syllogistischen Stil des Pl. Man könnte das Gleiche von dem doppelt so großen 2 Kr sagen, in welchem auch die hiefür charakteristischen Ausdrücke des Rm und des 1 Kr (*ἢ οὐκ οἴδατε; ἢ ἀγνοεῖτε; τί οὖν ἐροῦμεν; ἄρα οὖν*) völlig fehlen, während z. B. Eph 2, 19 ein *ἄρα οὖν* zu lesen ist. Auch unpaulinische Gedanken hat man finden wollen. Während der echte Pl es immer nur mit den Einzelgemeinden zu tun habe, sei dieser angebliche Pl ganz erfüllt von dem Gedanken der einen Kirche. Aber Pl hat in seinem 1 Kr von Anfang bis zu Ende unermüdlich die Wahrheit bezeugt, daß die Einzelgemeinde ohne Wahrung des Zusammenhangs mit der gesamten Christenheit ihren Charakter als Kirche Gottes nicht behaupten könne (oben S. 201 f.). Er spricht auch nicht nur von den sämtlichen christlichen Individuen als Anbetern Jesu (1 Kr 1, 2; Rm 10, 12), als den Heiligen (Rm 12, 13; 1 Kr 6, 2; so auch Eph 4, 12) oder allen Heiligen (1 Th 3, 13; Phlm 5; Kl 1, 4; so auch Eph 1, 15; 3, 8; 6, 18) oder von allen Gemeinden (Rm 16, 16; 1 Kr 4, 17; 7, 17; 11, 16; 14, 33), sondern faßt auch die Vielheit der Gemeinden als die eine Gemeinde zusammen. Nicht die Einzelgemeinde von Rom, sondern die Christenheit auf Erden nennt er Rm 12, 5 Christi Leib; denn er begreift sich selbst mit darunter. Womöglich noch deutlicher ist dies 1 Kr 12, 12 ff. Er nennt diesen gesamten Organismus auch *ἡ ἐκκλησία* 1 Kr 12, 28; Kl 1, 18. 24, wahrscheinlich auch 1 Kr 10, 32 (oben S. 211 A 7 cf auch Gl 1, 13; Phl 3, 6; 1 Kr 15, 9 mit Gl 1, 22 f.). Daß er dies sonst selten, dagegen im Eph neunmal tut, würde für die Kritik nur dann von einigem Belang sein, wenn die sonstigen, dem Pl geläufigen Bezeichnungen der gesamten Christenheit im Eph fehlten, was, wie gezeigt, nicht der Fall ist. Die Meinung, daß entweder dem Pl selbst erst im Verlauf einer späteren Entwicklung die Idee der Gesamtkirche aufgegangen, oder daß erst nach Pl diese Idee entstanden sei, ist schon durch den Gebrauch von ἐκκλησία zum Ausdruck dieser Idee in 1 Kor 12, 28 widerlegt, beruht aber auch auf einem schwer begreiflichen Misverständnis. Es ist doch wohl selbstverständlich, daß Pl die Gemeinde von Korinth nur darum Gottes Tempel und Christus nur darum das einzige in Korinth gelegte Fundament des Bauwerks Gottes (1 Kr 3, 10—17) und diese einzelne Gemeinde Leib Christi nennen kann (12, 27), weil sie an ihrem Teil und in örtlicher Beschränkung das ist, was die Gesamtheit der Christen schlechthin ist, und weil Christus auch für ihre Gemeinschaft ist, was er für die ganze Christenheit ist. So gewiß Pl nur von einem für alle Menschen gestorbenen Christus und von einem für alle Welt bestimmten Ev Christi weiß, so selbstverständlich ist auch, daß sich ihm die Idee der einen hierauf und hiedurch gegründeten Gemeinde nicht aus der zusammenfassenden Betrachtung der Ortsgemeinden ergeben hat, sondern daß eben diese Idee die Voraussetzung aller seiner Aussagen über die Einzelgemeinden bildet. Daß aber diese Idee gerade im Eph besonders stark hervortritt, erklärt sich daraus, daß Pl nur in diesem Brief sich an eine Vielheit von Gemeinden wendet, welche nicht wie diejenigen Galatiens durch seine eigene Arbeit entstanden waren, deren mannigfaltige Verhältnisse er abgesehen von dem, was er durch Epaphras und Onesimus über Kol. wußte, im einzelnen nicht kannte, und deren Gesamtheit ihm nur als ein beträchtlicher Teil der ihm befohlenen Heidenkirche am Herzen lag. Auf seinem allen Heiden geltenden Verwalteramt (3, 2. 7 f.) beruht seine Verpflichtung gegenüber diesen Heidenchristen, welcher er durch Abfassung dieses Briefes genügen will. Sie sollen sich nicht wegen mangelnder persönlicher Beziehung zu dem Heidenapostel von der Heidenkirche ausgeschlossen glauben, für welche er wirkt und leidet (3, 1. 13). „Auch sie“, zu denen er bisher nicht in persönliche Verbindung getreten ist, sollen von ihm mehr hören (6, 21 oben S. 348 A 6), als das Gerücht ihnen zugebracht hat (3, 2). Gegen die Gefahr, sich zu vereinzeln und zu verlieren, welche ihnen aus anderen Gründen, aber nicht weniger als den Korinthern droht, sollen sie geschützt werden durch Stärkung des Bewußtseins, daß sie zu der großen Heidenkirche und, da diese neben der jüdischen Christenheit nur die andere, auf dem gleichen Fundament ruhende Hälfte der gesamten Christenheit ist, zu dem einen Leibe Christi und Wohnhaus Gottes gehören. Wenn Pl 4, 11 unter den durch besondere Begabung zu besonderem Dienst in diesem großen Organismus berufenen Personen an erster Stelle A p o s t e l und P r o p h e t e n nennt, so haben wir genau den gleichen Fall 1 Kr 12, 28. Es hat daher die gleiche Zusammenstellung 2, 20; 3, 5 an sich nichts auffälliges. Sind selbstverständlich an allen 3 Stellen unter den Propheten Christen zu verstehen, so ist doch angesichts der deutlichen Unterscheidung von Aposteln und Propheten 4, 11, auch 2, 20; 3, 5 schwerlich daran zu denken, daß Propheten nur eine zweite Bezeichnung derselben Personen sein solle, welche zunächst als Apostel bezeichnet sind. Daß beide unter einen einzigen Artikel befaßt sind, drückt nur ihre enge Zusammengehörigkeit aus. Sie gehörten aber zusammen, wo es galt, die Grundlegung der Kirche und insbesondere die Entstehung der Erkenntnis von der vollen Gleichberechtigung der Heiden in der Kirche zu beschreiben. Im einzelnen Fall konnte prophetische Offenbarung und apostolisches Amt zusammentreffen. Nicht das Bewußtsein seiner apostolischen Pflicht, sondern eine über die Schranken derselben hinaushebende Offenbarung hatte den Petrus bewogen, den ersten entscheidenden Schritt in dieser Richtung zu tun (AG 10, 10. 34. 46; 11, 15; 15, 7). Der große Freibrief der Heidenkirche ist nicht von den Aposteln allein, sondern zugleich von der Muttergemeinde und ihrem Vorstand erlassen worden (AG 15, 22 f.); der Nichtapostel Jakobus hatte den Antrag gestellt; auf den heiligen Geist als Urheber des Beschlusses berief man sich (AG 15, 28). Die Propheten Judas und Silas haben als Abgesandte der Muttergemeinde durch beredte mündliche Darlegung den Eindruck der von ihnen überbrachten Urkunde verstärkt (15, 32), und Einer von ihnen hat als Missionar im Bunde mit Pl daran gearbeitet, dass die ihm als Propheten aufgegangene Erkenntnis, daß die Heiden Miterben des Heils seien, zur Wirklichkeit werde. Daß die Apostel und Propheten 3, 5 *ἅγιοι* genannt werden, kann jedenfalls nicht als eine Selbstüberhebung betrachtet werden, welche in den Mund dessen, der sich selbst einen Apostel nennt (1, 1), nicht passe; denn bekanntlich nennt Pl sehr häufig alle Christen ohne Unterschied *οἱ ἅγιοι*, nicht wegen ihrer im einzelnen höchst mangelhaften und ihm zum großen Teil völlig unbekannten Frömmigkeit und Sittlichkeit, sondern als die durch ihre Aufnahme in die Gemeinde der Welt Entnommenen und Gotte Geweihten. Er gebraucht den Ausdruck aber auch im engeren Sinn von der jüdischen Christenheit Palästinas wegen ihrer Sonderstellung als Zugehöriger des heiligen Volks (Rm 15, 25 f.; 1 Kr 16, 1; 2 Kr 8, 4), so auch Eph 2, 19. Warum sollte er das gleiche Wort zwar nicht als Sonderbezeichnung der Apostel und Propheten gebrauchen, was hier so wenig wie Kl 1, 26 oder irgendwo sonst geschieht, wohl aber diesen Männern mit Rücksicht darauf, daß sie vor vielen anderen Christen mit der Erkenntnis von der Universalität des Heiles begnadigt und mit der Vertretung dieser Erkenntnis beauftragt waren, das Attribut *ἅγιοι* erteilen, zumal in einem Satz, der auch durch das an sich entbehrliche *ἐν πνεύματι* von dem Streben nach starkem, volltönendem Ausdruck zeugt. Ob Pl dabei an sich mitgedacht, oder ob er wie 1 Kr 15, 7; Rm 16, 7, von sich absehend unter *οἱ ἀπόστολοι* die 12 Apostel verstanden haben wollte, ist für die Kritik gleichgiltig. Ersteres erscheint 4, 11 (cf 1, 1) als das natürlichere; letzteres dagegen 2, 20 wegen der dort berücksichtigten geschichtlichen Verhältnisse. Ebenso aber auch 3, 5, da Pl von der ihm persönlich zu Teil gewordenen Offenbarung des gleichen Geheimnisses schon 3, 3 gesagt hat, da er ferner 3, 7 sich nur als das hauptsächliche persönliche Werkzeug bezeichnet, durch welches die den Aposteln und Propheten offenbar gewordene Erkenntnis verwirklicht worden ist, und da er 3, 8 sich nicht wie 1 Kr 15, 9 als den geringsten, dieses Namens kaum würdigen Apostel, sondern als den Geringeren unter allen Christen bezeichnet. Wenn er 4, 11 neben Aposteln und Propheten als eine dritte

Klasse Evangelisten nennt, so könnte das nur dann Bedenken erregen, wenn εὐαγγελιστής eine in nachapostolischer Zeit übliche Bezeichnung einer kirchlichen Stellung wäre, was durchaus nicht der Fall ist. Da εὐαγγέλιον bei Pl stets die Missionspredigt bedeutet (oben S. 122 A 2), so sind ihm Evangelisten solche Prediger, welche, ohne zu den Aposteln im engeren Sinne zu gehören, für die Ausbreitung des Ev unter den noch Ungläubigen tätig sind. Mögen solche zeitweilig oder andauernd an einem Orte sich niederlassen, wo bereits eine Christengemeinde existirt (AG 21, 8; 2 Tm 4, 5), so bezieht sich doch ihr Beruf an sich ebensowenig wie derjenige der Apostel und Propheten auf bereits bestehende Gemeinden oder gar auf eine einzelne Gemeinde. Eben dies dagegen gilt von den Hirten (AG 20, 28; 1 Pt 5, 2) und den Lehrern (1 Kr 12, 28; Rm 12, 7; AG 13, 1; Jk 3, 1), welche eben darum zu einer Klasse verbunden werden. Daraus folgt ebensowenig, daß zur Zeit des Eph die Lehrtätigkeit regelmäßig mit dem Amt der Gemeindeleitung verbunden war, als aus 2, 20; 3, 5 gefolgert werden kann, daß Apostel und Propheten immer dieselben Personen waren. Man kann nur sagen, daß die Ausdrucksweise um so natürlicher erscheint, wenn nicht selten gerade auch Gemeindevorsteher zugleich als Lehrer tätig waren (1 Tm 3, 2; 5, 17; Tt 1, 9; Hb 13, 7; AG 15, 22. 32). Nur wenn man es für eine Eigentümlichkeit des Pl hält, zur Zeit und zur Unzeit immer dasselbe zu sagen, kann man einen Verdacht gegen die Echtheit des Eph darauf gründen, daß hier neben manchen auch sonst von Pl nachdrücklich ausgesprochenen Gedanken wie dem von der Erwählung und Vorherbestimmung (1, 4. 5. 9. 11; 3, 9. 11), von der ἀπολύτρωσις durch Christi Blut (1, 7 cf Rm 3, 24 f.), von der Erwerbung des Heils nicht durch Werke, sondern durch Glauben (2, 8 f.), von der Aufnahme der Heiden in das schon vor Christus vorhandene Gottesvolk (2, 11—19 cf Rm 4, 1—12; 11, 16—24), vom alten und neuen und vom inwendigen Menschen (2, 15; 3, 16; 4, 22—24), auch einige neue Gedanken vorkommen. Dahin dürfte man es freilich nicht rechnen, daß Pl sich hier mit den Judenchristen zusammenfaßt und den Heidenchristen gegenüberstellt; denn abgesehen davon, daß der Wechsel des „wir“ und des „ihr“ Eph 1, 12. 13; 2, 2—10 von den Exegeten sehr verschieden gedeutet wird, teilweise auch textkritisch unsicher ist (2, 8), so ist doch Pl nie so gedankenlos gewesen, daß er seine jüdische Herkunft vergessen und sich mit den Heidenchristen rücksichtlich dieser ihrer Besonderheit zusammengefaßt hätte, cf abgesehen von Gl 2, 15; Rm 7, 5 f.; 9, 1 ff.; 11, 1—7 die Gegenüberstellung von „wir“ Gl 3, 13. 23—25; 4, 3—5 und „die Heiden“ oder „ihr“ 3, 14. 26—29; 4, 6—11. Unbegreiflich erscheint es, daß man angesichts von Gl 2, 20; Rm 8, 35. 37 in dem Gedanken, daß Christus uns geliebt hat 5, 2. 25, und angesichts von 1 Kr 16, 22; Phlm 5 in dem Gedanken der Liebe zu dem Herrn 6, 24, oder angesichts von Rm 13, 12; 2 Kr 6, 14; 1 Th 5, 4 f. in dem Gegensatz von Licht und Finsternis 5, 8 und dgl. mehr Zeichen einer über Pl hinausgehenden und zu Johannes fortschreitenden Denkweise finden will (HK III, 99 f.). Unpaulinisch wäre es allerdings, würde aber nicht in das nachapostolische Zeitalter, sondern etwa in das 3. oder 4. Jahrhundert weisen, wenn wirklich im Eph der Gedanke der Parusie verblaßt wäre, und die Vorstellung von einer langen Dauer des Weltlaufs an dessen Stelle getreten wäre (HK 94). Wenn dies in τοῖς αἰῶσι τοῖς ἐπερχομένοις 2, 7 ausgesprochen wäre, dann auch nicht weniger in jedem εἰς τοὺς αἰῶνας (Rm 1, 25; 9, 5) und vollends in εἰς τοὺς αἰῶνας τῶν αἰώνων (Gl 1, 5 cf Eph 3, 21); denn diese Äonen liegen doch ohne Frage vor dem lobpreisenden Christen. Wenn dieselben aber 2, 7 ausdrücklich als die erst kommenden bezeichnet sind, so sind sie eben damit auch dem αἰὼν οὗτος (Rm 12, 2; 1 Kr 2, 6; Eph 1, 21) entgegengesetzt, welchem der Tag der Erlösung und des Gerichts d. h. die Wiederkunft des Herrn ein Ziel setzt (Eph 4, 30; 5, 6). Besonders häufig hat man die Ausdehnung der Bedeutung Christi auf die ganze Schöpfung und selbst die Geisterwelt (1, 10. 21; 3, 10) als eine bedenkliche Eigentümlichkeit des Eph hervorgehoben, was wenigstens diejenigen unterlassen sollten, welche die Echtheit des Kl anerkennen, in welchem ja noch kühnere Aussagen dieser Art vorliegen (1, 16. 20; 2, 15). Aus 1 Kr 8, 6 wissen wir, daß Pl die Erschaffung und Existenz des Weltalls durch Christus vermittelt weiß. Wenn die dortige Anwendung des δι᾽ οὗ nur eine Näherbestimmung des auf Gott bezüglichen δι᾽ αὐτοῦ Rm 11, 36 ist, so versteht sich von selbst, daß Christus auch von dem εἰς αὐτόν Rm 11, 36 nicht ausgeschlossen zu denken ist. Als das Ziel nicht nur der Menschheit, sondern des ganzen um des Menschen willen geschaffenen und dem Menschen prinzipiell unterworfenen Weltalls ist Christus charakterisirt, wenn er der zweite oder letzte Adam heißt (1 Kr 15, 22. 45). Da durch die Sünde des Menschen der Tod eine weltbeherrschende Macht und ein Geknechtetsein unter die Vergänglichkeit der allgemeine Zustand des Weltalls geworden ist (Rm 5, 12; 8, 18 ff.), so versteht sich von selbst, daß die Aufhebung der Sünde und ihrer Folgen nicht nur die Wiedereinsetzung des Menschen in der Person des zweiten Adam in den Vollbesitz der Weltherrschaft, sondern auch die Heilung des ganzen kranken Weltorganismus und die endgiltige Beseitigung des Todes aus dem ganzen Umkreis seiner dermaligen Herrschaft mit sich führt (1 Kr 15, 24—28; Rm 8, 19. 21). Daß an dieser allgemeinen Apokatastasis (AG 3, 21) auch die Geisterwelt teilnehme, würde nach der allgemein biblischen Anschauung von dem Verhältnis der Engel zum Naturleben selbstverständlich sein, auch wenn es nicht gelegentlich einmal zum Vorschein käme (1 Kr 6, 2 f.; 15, 24). Demnach ist es nichts neues, wenn wir lesen, daß das Weltall mit Einschluß der unsichtbaren Geister nicht nur in und durch Christus, sondern auch auf ihn geschaffen sei (Kl 1, 16), oder daß das Weltall in ihm oder unter ihm als seinem Haupt zur Einheit zusammengefaßt werden soll (Eph 1, 10), oder daß die im Kreuzestod Christi sich vollziehende Versöhnung der gottentfremdeten Menschheit zugleich auch die in der Schöpfung begründete, aber durch die Sünde und ihre Folgen gestörte Beziehung des Weltalls auf Christus und die ebenso begründete und ebenso gestörte innere Harmonie des Weltalls prinzipiell wiederherstelle

(Kl 1, 20), wie sie auch die zerrissene Einheit des Menschengeschlechts wiederherstellt (Eph 2, 14—16) oder mit anderen Worten die von Gott und dem Volk seiner Offenbarung geschiedene Heidenwelt wieder zur Gemeinschaft mit Gott und zum Anteil an den Gütern seiner Offenbarung zurückbringt (Kl 1, 21; Eph 2, 12 f.). Daß die im verborgenen Hintergrund des Weltlebens wirkende Geisterwelt diese von Christus ausgehenden Wirkungen zu spüren bekommt (Eph 3, 10), und zwar eher als die Menschheit, welche sie erst allmählich kennen lernt in dem Maße, als sie das Ev vernimmt und annimmt, liegt in der Natur der Sache. An Übertreibungen, wie sie auf Grund dieser paulinischen Aussagen von Späteren gewagt worden sind (A 11), ist Pl unschuldig. Auch daß Gott durch sein die Welt siegreich durchziehendes Ev die für die Heidenwelt ihn verhüllenden Geistermächte von sich abgestreift habe, um sich den Menschen in seiner wahren Natur zu offenbaren (Kl 2, 15 oben S. 336), ist nur ein origineller Ausdruck des Gedankens von 1 Kr 8, 5 f. Was Pl in dieser Richtung im Eph und Kl, und zwar mit stärkerem Ton im Kl als im Eph sagt, war durch den Gegensatz der dort bestrittenen Irrlehre wohl veranlaßt, und daß die dadurch angeregten Gedanken auch im Eph nachklingen, ist nur die natürliche Folge der Umstände, unter welchen Pl beide Briefe geschrieben hat. — Die Haltlosigkeit der am Eph geübten verneinenden Kritik zeigt sich auch in ihrem Unvermögen, einen glaublichen Zweck der Erdichtung zu nennen. Nach Baur (Paulus II, 39 f.) verfolgen beide Briefe nicht sowohl den theoretischen Zweck, „die höhere Idee der Person Christi, die sie enthalten, darzulegen“, als den praktischen Zweck, die Ausgleichung der heidenchristlichen und der judenchristlichen Partei und damit die Herstellung der einen christlichen Kirche anzubahnen; und noch immer wird „die völlige Verschmelzung von geborenen Juden und Heiden in der Christenheit zu einer geschlossenen Gemeinschaft“ in erster Linie als Zweck wenigstens des Eph angegeben (HK III, 84). Auf diesen Gegensatz und Kampf bezieht es sich auch, wenn Holtzmann (Krit. 303, cf S. 208. 272) den Paulus redivivus ein Wort des Triumphes und des Friedens in die von Pl gestifteten Gemeinden hineinrufen läßt. Wo aber zeigt sich eine Spur davon, daß die Leser in dieser Beziehung einer Mahnung zum Frieden bedurften? Wohl ist 2, 11—22 von dem feindlichen Gegensatz die Rede, welcher vor der Erscheinung Christi zwischen Heiden und Juden bestand und im Tode Christi aufgehoben ist. Davon aber, daß dieser Gegensatz auch da, wo das Ev des Friedens Annahme gefunden hat, innerhalb des einen, Juden und Heiden umfassenden Hauses der Kirche in neuer Gestalt, als ein feindlicher Gegensatz der jüdischen und heidnischen Christen wieder aufgelebt sei oder noch fortbestehe, hört man nichts, sondern nur das volltönende Zeugnis von der vollbrachten Herstellung des Friedens und der bestehenden Gleichheit und Einheit der ehemaligen Heiden und Juden. Es verlautet auch nichts von Ereignissen, welche die Eintracht zwischen den jüdischen und den heidnischen Christen gefährdet oder gefördert haben, wie Gl 2, 1—14 oder AG 15, oder von Mahnungen zu gegenseitiger Nachgiebigkeit dieser beiden Gruppen, wie Rm 15, 1—13. Die Mahnung zur Eintracht auf Grund der Gemeinsamkeit der Heilsgüter und unter Anerkennung der Mannigfaltigkeit der Gaben 4, 1—16 bezieht sich auf das gegenseitige Verhalten der Leser untereinander (4, 2. 25; 5, 21). Da aber die Leser insgesamt und überall als geborene Heiden angeredet werden (2, 11; 3, 1), ohne daß irgendwo auf Judenchristen in ihrem Kreise oder auch nur in ihrer Nähe hingedeutet würde, so kann diese Mahnung auch nichts mit dem Gegensatz der Juden und der Heiden innerhalb der Christenheit zu schaffen haben. Was aber das Verhalten dieser Gemeinden zu der ganzen Christenheit anlangt, so hören wir nichts von einer Pflicht der Heidenchristen gegen die Muttergemeinde wie Rm 15, 27; 2 Kr 8—9, überhaupt nichts davon, daß die Eigenschaft eines Teils der auswärtigen Christen als geborener Juden für die asiatischen Gemeinden eine Bedeutung habe, sondern nur das Zwiefache, daß sie zu allen Heiligen Liebe haben (1, 15; Kl 1, 4; Phlm 5), und daß sie für alle Heiligen beten sollen (6, 18). Der angebliche Hauptzweck des Eph wird also seinem Verfasser nur angedichtet. Wenn er ihn gehabt hätte, müßte man urteilen, daß er alle Mittel angewandt hätte, ihn zu verbergen, aber keines, ihn zu erreichen. Aber auch ein Wort triumphirender Freude über das trotz aller Anfeindung gediehene Lebenswerk des Pl kann dieser Pseudopaulus nicht haben aussprechen wollen; denn wie würde er sich mit einem solchen an lauter Gemeinden gewandt haben, die ohne jegliches Zutun des Pl entstanden waren! Er rühmt sie auch gar nicht sonderlich. Selbst ein geistesarmer Pseudopaulus würde aus Stellen wie 1 Th 1, 2—10; 2, 19f.; 4, 9; 2 Th 1, 3f.; Phl 1, 5; 4, 1. 15 entnommen haben, wie man ihn reden lassen mußte, wenn man seine stolze Freude an seinen Gemeinden ausdrücken wollte. Daß Pl von diesen asiatischen Gemeinden gehört (1, 15), und daß sie von ihm gehört haben (3, 2), ist doch wohl kein Verdienst, und daß sie im allgemeinen Gutes von einander gehört haben, ist doch wohl kein Sieg, den man triumphirend verkündigt. Oder wo wäre etwas von dem vorangegangenen Kampf zu lesen, ohne welchen doch von einem Siege nicht geredet werden kann? Man macht das Maß der gegenstandslosen Erfindungen nur voll, wenn man als dritten Zweck der Dichtung noch Rüge und Strafe nennt (Holtzm. 304). Denn wo im Eph würden die sittlichen oder religiösen Zustände dieser Gemeinden als unerfreuliche bezeichnet oder gar mit strafenden Worten gerügt? Von ihrem früheren heidnischen Leben und von dem Wandel der Heiden in ihrer Umgebung wird Schlimmes gesagt (2, 1; 4, 17f.); sie selbst werden lediglich in liebevollem Ton ermahnt, ihrer Berufung, der empfangenen Belehrung, der erfahrenen Liebe Christi gemäß zu wandeln (4, 1. 20f. 32; 5, 1), wozu natürlich die Vermeidung der angeborenen und anerzogenen Sünden gehört. Was „rügen und strafen" heißt, hätte ein Pseudopaulus doch wohl aus Gl und 1. 2 Kr oder auch aus den angeblich von ihm bestrittenen apokalyptischen Sendschreiben besser gelernt, wenn er sich nicht sagte, daß es neben den ergreifenden, aus dem wirklichen Leben geborenen Zeugnissen gegen heidnische

Unsitte in den echten apostolischen Schriften der Erdichtung eines neuen Zeugnisses nicht bedürfe.

1. Über die Geschichte der an beiden Briefen geübten Kritik cf Holtzmann, Kritik der Epheser- und Kolosserbriefe (sic) 1872 S. 2f. 18f. Im Vergleich zu den Beanstandungen des Eph durch Usteri, Paul. Lehrbegriff 1824 S. 2f., de Wette (von der 1. Aufl. der Einl. 1826 an immer entschiedener gegen die Echtheit), Schleiermacher (Einl. ed. Wolde S. 163ff. 166 „die ganze Lage des Briefes zweifelhaft . . Allen positiven Hypothesen fehlt es an Grund", also auch der Vermutung im ersten Entwurf, daß Tychicus oder ein anderer Schüler ihn nach Anleitung des Kl geschrieben, Pl ihn approbirt habe cf S. 172) hat Mayerhoff (Der Br. an die Kol. mit vornehmlicher Berücksichtigung der Pastoralbriefe 1838) seine Hypothese, daß Kl auf Grund des gleichfalls erst in der Zeit nach Pl geschriebenen Eph entstanden sei, ziemlich methodisch zu begründen versucht.

2. Baur, Paulus II, 3—49 und Weizsäcker 541—545 ohne genauere Zeitbestimmung; Hilgenfeld, Einl. 680: kurz vor 140. Über die meist aus dem theologischen Inhalt der Briefe geschöpften Gründe für nachpaulinischen Ursprung oben im Text. Wenn Hilgenfeld 663 es befremdlich findet, daß Pl den Gemeinden zu Kol. und Laodicea persönlich unbekannt geblieben sein sollte, da er doch zweimal durch Phrygien gereist war (AG 16, 6; 18, 23), so ist zu erwidern, daß Pl weder auf der zweiten noch auf der dritten Missionsreise diesen Teil Phrygiens berührt zu haben scheint, oben S. 134 ff. 319. Wäre es gleichwohl der Fall gewesen, so hätten wir aus Eph und Kl zu schließen, daß es ihm in beiden Fällen nicht gelungen sei, in diesem Teil Phrygiens Gemeinden zu stiften, daß diese vielmehr erst nach seiner Niederlassung in Ephesus entstanden seien. — Die Voranstellung des Hellenen vor den Juden 3, 11, welche schon Mayerhoff S. 15 als Beweis gegen die Echtheit geltend machte, hat keine Bedeutung, da Pl diesen Gegensatz hier in einem die Heidenchristen anredenden Satz ausspricht. Da war die Voranstellung des Hellenen ebenso natürlich, wie 1 Kr 12, 13 in einem Satz, wo der Jude Pl sich mit den Heiden von Korinth zusammenfaßt, die Voranstellung des Juden. In dem selbständigen Satz Gl 3, 28 war die Stellung völlig frei gegeben.

3. Hitzig, Zur Kritik paulinischer Briefe 1875 S. 22—33. Holtzmann (Titel A 1) veranschaulicht seine am Kl geübte Kritik S. 325ff. durch Abdruck des Ganzen mit Unterscheidung des Echten und des Unechten durch verschiedene Schrift. Sieht man von wenigen vereinzelten Worten ab, so sollen eingeschoben sein 1, 9b—12. 14—24. 26—28; 2, 2b—3. 7a. 9—11. 15. 17—19. 22f.; 3, 1. 2. 4—11. 14—16. 18—25; 4, 1. 9. 15—17. v. Soden Jahrb. f. prot. Th. 1885 S. 320—368 hielt 1, 15—20; 2, 10. 15. 18 für Interpolationen eines vom Vf des Eph verschiedenen Mannes, im HK III, 33 bleibt demselben nur noch 1, 16b. 17 verdächtig. Als Analogie für die Hitzig'sche Hypothese wird das Verfahren jenes Dunkelmannes angeführt, welcher um 370 oder um 400 die 7 echten Briefe des Ignatius interpolirt und 6 neue dazugedichtet hat, vielleicht derselbe Mann, welcher aus der alten Didaskalia die apostolischen Konstitutionen hergestellt hat.

4. Vergleichsweise zuverlässige und in sich widerspruchslose Nachrichten über Kerinth finden sich bei Iren. I, 26, 1; III, 3, 4 (cf III, 9, 3; 11, 7; 16, 5—6); Hippol. refut. VII, 33; X, 21; Pseudotert. haer. 10. Den mit dieser Darstellung ganz unverträglichen gesetzlichen Judaismus haben ihm erst Epiph. haer. 28, 1. 2. 5 und der hier von Epiphanius abhängige Philaster haer. 36 angedichtet, irregeleitet durch die Zusammenstellung mit Ebjon und Karpokrates bei Iren. I, 26, 2 (wo nach Hippolytus *similiter* oder *consimiliter* statt *non similiter* zu lesen ist), welche auch in Hippolyts Syntagma wiederholt worden sein mag, sich aber nur auf die Verneinung der jungfräulichen Geburt Christi bezieht. Die durch die Aloger veranlaßte und seit Cajus von Rom fortgepflanzte Fabel

vom fleischlichen Chiliasmus Kerinths (GK I, 230) kann hier außer Betracht bleiben. Schwierigkeiten bereitet nur Iren. III, 11, 1, weil dort als die Irrlehrer, gegen welche Johannes sein Ev geschrieben, neben den Kerinthianern auch die älteren Nikolaiten genannt sind, die als ein *ἀπόσπασμα τῆς ψευδωνύμου γνώσεως*, des ältesten Gnosticismus, bezeichnet werden. Es würde schon darum nicht auszumachen sein, ob die dort unterlaufenden Andeutungen von einer Äonenlehre (*Pleroma, Monogenes* und der von diesem als sein Sohn unterschiedene *Logos*) auch auf Kerinth sich beziehen. Da ferner die hier angedeutete Äonenlehre den johanneischen Prolog voraussetzt (GK I, 736ff.), so ist die Annahme wahrscheinlich, daß Irenäus hier mit den bereits zur Zeit des Johannes vorhandenen Lehren Kerinths und der Nikolaiten, gegen welche der Evangelist geschrieben hat, auch spätere Lehren verbindet, gegen welche er im voraus (III, 16, 5 *praevidens has blasphemas regulas*) die Waffen geschmiedet hat. Auch der Fortgang III, 11, 2 bestätigt diese Annahme. Cf Hümpel, De errore christol. in ep. Joannis impugnato, Erlangen 1897.

5. Daß Valentin nicht Alles erfunden, sondern die roheren Spekulationen einer älteren Gnosis in ein kunstvolles System gebracht hat, wissen wir aus Iren. I, 11, 1; 30, 15; II, 13, 8; aber gerade der Begriff *πλήρωμα* gehört nach allem, was wir wissen, der Schulsprache Valentins an. Dasselbe scheint auch zu gelten von der wunderlichen Bezeichnung der im Pleroma zu unterscheidenden Einzelwesen als *αἰῶνες*, welche um so sicherer aus allegorischer Auslegung evangelischer und apostolischer Stellen entstanden ist, wo von Zeitmaßen, Äonen, Jahren oder Stunden zu lesen war (Iren. I, 1, 3; 3, 1—6), als sie aus der Natur der Vorstellung von diesen Mittelwesen gar nicht zu erklären ist. Daraus, daß Irenäus in seinem Bericht über die Barbelo-Gnostiker, und zwar nach einer Schrift derselben (cf C. Schmidt, Berl. Akad. Sitzungsber. 1896 S. 842f.) *aeonem quendam* und *magnum aeona* gebraucht (I, 29, 1. 2 cf 30, 2), Ausdrücke, die er in den Berichten über Simon, Menander, Kerinth, Saturnin, Basilides vermeidet, ist zu schließen, daß diese Partei nicht unabhängig von Valentinus war. Über Iren. III, 11, 1 s. vorhin A 4.

6. Am 1. April 1895 hörte ich in Friedrichsruh zwei Reden Bismarcks, zwischen welchen nur ein Frühstück lag, die erste an 21 Professoren, die zweite in deren Beisein an 4—5000 Studenten gerichtet. Keiner, der die erste gehört, verkannte, daß die Grundgedanken und viele Redewendungen, ja ganze Sätze in beiden Reden die gleichen waren; aber keiner hat darum die zweite, deren Ton ein viel wärmerer, der veränderten Zuhörerschaft kunstlos angepaßter war, mit Ungeduld angehört.

7. Beispiele der oben S. 354 erwähnten Stileigentümlichkeit des Pl, von welchen ich diejenigen, die in den übrigen, ziemlich allgemein als echt anerkannten Briefen des Pl außer dem jedesmal citirten Brief, zum Teil im ganzen NT sonst nicht vorkommen, durch einen Stern auszeichne: **πρὸς καθαίρεσιν* 2 Kr 10, 4, *καθαιρεῖν* 10, 5; *εἰς καθαίρεσιν* opp. *οἰκοδομήν* 10, 8; 13, 10. — **ἐν ἑτοίμῳ ἔχειν* 2 Kr 10, 6, *ἑτοίμως ἔχειν* 12, 14 (sonst nur noch AG 21, 13 [Rede des Pl]; 1 Pt 4, 5). — **οἱ ὑπερλίαν ἀπόστολοι* 2 Kr 11, 5; 12, 11. — **καταναρκεῖν* 2 Kr 11, 9; 12, 13. 14. — *βαρεῖσθαι* 2 Kr 1, 8; 5, 4; *ἐπιβαρεῖν* 2, 5; *βάρος* 4, 17, *ἀβαρῆ ἑαυτὸν τηρεῖν* 11, 9; *καταβαρεῖν* 12, 16 (cf abgesehen von *βάρος* Gl 6, 2 nur 1 Th 2, 6 *ἐν βάρει εἶναι*, 2, 9; 3, 8 *ἐπιβαρῆσαι*). — **ἐξαπορεῖσθαι* 2 Kr. 1, 8; 4, 8. — *λογίζομαι* (nicht = anrechnen, wie 14 mal in Rm und 1 Kr 13, 5; 2 Kr 5, 19; 2 Tm 4, 19, sondern von der Schätzung einer Person) 2 Kr 10, 2. 7. 11; 11, 5; 12, 6 (so nur noch 1 Kr 4, 1; Phl 3, 13). — *συνίστημι* 2 Kr 3, 1 (dort auch *συστατικός*); 4, 2; 5, 12; 6, 4; 7, 11; 10, 12. 18 (2 mal); 12, 11; in allen anderen Briefen zusammen nur noch 4 mal. — *παρακαλεῖν* 17 mal, *παράκλησις* 11 mal im 2 Kr, ersteres 3 oder 4 mal im Rm, 6 mal im 1 Kr, letzteres 3 mal im Rm, einmal im 1 Kr. — *βασιλεύειν* Rm 5, 14. 17 (bis). 21 (bis); 6, 12, dasselbe sonst nur noch 1 Kr 4, 8; 15, 25. — *οὐκ*

οἴδατε mit oder ohne ἤ davor 1 Kr 3, 16; 5, 6; 6, 2. 3. 9. 15. 16. 19; 9, 13. 24, in allen anderen Briefen nur noch Rm 6, 16; 11, 2, und dafür nur Rm 6, 3; 7, 1 ἢ ἀγνοεῖτε. — *οὐδέν (μοι) διαφέρει Gl 2, 6; 4, 1. — *ἀνατίθεσθαι und προσανατίθεσθαι Gl 1, 16; 2, 2. 6. — *ταράσσων Gl 1, 7; 5, 10. — *πορθεῖν neben διώκειν Gl 1, 13. 23. — *τί οὖν mit folgender Frage Rm 3, 9; 6, 15; 11, 7 und τί οὖν ἐροῦμεν Rm 4, 1; 6, 1; 7, 7; 8, 31; 9, 14 30 cf 3, 5; nur entfernt vergleichbar 1 Kr 10, 19. — υἱοθεσία Rm 8, 15. 29; 9, 4 in jedesmal anderer Beziehung, sonst nur noch Gl 4, 5; Eph 1, 5. — ἄρα οὖν Rm 5, 18; 7, 3. 25; 8, 12; 9, 16. 18; 14, 12. 19, sonst nur noch Gl 6, 10; 1 Th 5, 6 und in den verdächtigen Briefen 2 Th 2, 15; Eph 2, 19. — Die gleiche Beobachtung macht man aber auch an Kl und Eph, mag man jeden für sich nehmen, oder beide als hinter einander geschrieben zusammenfassen: ἀπαλλοτριοῦσθαι E 2, 12; 4, 18; K 1, 21. — εἰς ἔπαινον τῆς χάριτος oder δόξης αὐτοῦ E 1, 6. 12. 14. — σύνδεσμος E 4, 3; K 2, 19; 3, 14. — συνεγείρειν E 2, 6; K 2, 12; 3, 1. — *δόγμα E 2, 15; K 2, 14; δογματίζειν K 2, 20. — *παροργισμός E 4, 26; παροργίζειν 6, 4; vielleicht auch K 3, 21 (Rm 10, 19 aus LXX). — *ἐν τοῖς ἐπουρανίοις E 1, 3. 20; 2, 6; 3, 10; 6, 12 = ἐν (τοῖς) οὐρανοῖς 2 Kr 5, 1; Phl 3, 20; Kl 1, 5. 16. 20, während ἐπουράνιος an sich auch 1 Kr 15, 40. 48f.; Phl 2, 10; 2 Tm 4, 18. — *μεθοδεία E 4, 14; 6, 11. — *συναρμολογεῖν E 2, 21; 4, 16. — *συμμέτοχος E 3, 6; 5, 7. — *καταβραβεύειν K 2, 18; βραβεύειν K 3, 15 (oben S. 334 A 3), womit auch ἀγών, ἀγωνίζεσθαι zusammengehört, K 1, 29; 2, 1; 4, 12. — *σύνδουλος K 1, 7; 4, 7. — *ἀπεκδύεσθαι und ἀπέκδυσις K 2, 11. 15; 3, 9. — ἀρχαὶ καὶ ἐξουσίαι E 3, 10; 6, 12; K 1, 16; 2, 15 cf E 1, 21; K 2, 10 (sonst nur noch vergleichbar Rm 8, 38; 1 Kr 15, 24). — κεφαλή von Christus E 1, 22; 4, 15; 5, 23; K 1, 18; 2, 10 (kaum vergleichbar 1 Kr 11, 3), daher ἀνακεφαλαιοῦσθαι E 1, 10 (anders Rm 13, 9). — *αἰσχρότης ἢ μωρολογία E 5, 4; αἰσχρὸς λέγειν 5, 12; αἰσχρολογία K 3, 8. — οἰκοδομή E 2, 21; 4, 12. 16. 29. — πληροῦν E 1, 23; 3, 19; 4, 10; 5, 18; K 1, 9. 25; 2, 10; 4, 12. 17 (in den 4 „Hauptbriefen" nur 7 mal) und πλήρωμα E 1, 10. 23; 3, 19; 4, 13; K 1, 19; 2, 9 (in allen anderen Briefen, abgesehen von dem Citat 1 Kr 10, 26, nur Rm 11, 12. 25; 13, 10; 15, 29, also auch in engstem Umkreis). — ὀφθαλμοδουλεία und ἀνθρωπάρεσκοι E 6, 6; K 3, 22.

8. Als Beispiel diene, wie Holtzmann, Krit. 131f. cf 55f. sich die Entstehung der Grußüberschrift vorstellt. Der Vf, welcher auf Grund des Kl diesen Brief erdichtet hat, stellte sich als Adresse die 7 Gemeinden aus Ap 1, 4. 11 von Ephesus bis Laodicea vor (S. 13f. 245. 307). Die Irrigkeit dieser Annahme leuchtet ein; der Vf hat das Ap 1, 11; 2, 1 an der Spitze stehende Ephesus nicht im Auge gehabt (oben S. 343), dagegen von vornherein das in Ap 1—4 gar nicht erwähnte Kolossä mitgemeint (oben S. 341. 344). Außerdem läßt Kl 4, 13, wo der Fälscher Hierapolis genannt fand, nicht daran zweifeln, daß er den von ihm erdichteten Eph auch der dortigen, gleichfalls in der Ap nicht genannten Gemeinde zugedacht hat. Meinte er trotzdem die 7 apokalyptischen Gemeinden in einem den dortigen Sendschreiben entgegengesetzten Sinn anreden zu sollen, warum hat er seinen Lesern das nicht durch eine nach Ap 1, 4 geformte Grußüberschrift gesagt? Er zog es vor, Kl 1, 1 zu kopiren, soweit es ihm paßte. Die Worte bis θεοῦ paßten, dagegen strich er den Bruder Timotheus, weil er in diesem Brief mit seinem „universell und ökumenisch gestellten Ziel" alles „individuell und lokal Bedingte des Originals" abstreifen mußte (Holtzm. 131); als ob Timotheus nicht in dem an die sämtlichen Christen von ganz Achaja gerichteten Brief, der also ein ebenso sehr und ebenso wenig ökumenisches Ziel als der Eph hatte, als Mitverfasser genannt wäre 2 Kr 1, 1). Er schrieb weiter ab τοῖς und, da er ἐν Κολοσσαῖς nicht brauchen konnte, flugs auch noch ἁγίοις. Warum dies, und warum nicht sofort auch καὶ πιστοῖς, bleibt unaufgeklärt. Während er an der Stelle, wo er die für ihn unbrauchbare Ortsbestimmung fand, sich noch nicht entschließen konnte, eine für ihn passende Ortsbestimmung einzusetzen, wie etwa ἐν τῇ Ἀσίᾳ, bedachte er erst, nachdem er noch das ganze Wort ἁγίοις

abgeschrieben hatte, „daß der Brief jedenfalls irgendwohin laufen müsse“ (Holtzm. 132). Nun hatte er aber nicht mehr die Geduld, auch noch das zu *ἁγίοις* gehörige *καὶ πιστοῖς ἐν Χριστῷ* abzuschreiben, woran sich dann ja mit einem *τοῖς οὖσιν* eine beliebig große Zahl von Ortsnamen bequem hätte anschließen lassen, sondern faßte den Entschluß, sofort an der denkbar ungeschicktesten Stelle eine örtliche Adresse einzuschalten, und schrieb vorläufig *τοῖς οὖσιν*. Nach Holtzm. 132 hätte er sich nach längerem Besinnen „über den Modus der Adresse“ dafür entschieden, „*τοῖς οὖσιν ἐν* mit jeweiliger Ergänzung des betreffenden Namens“ zu schreiben. Woher Holtzm. das wissen will, bleibt Geheimnis. Hat der Vf in seiner eigenhändigen Niederschrift hinter *ἐν* freien Raum gelassen, welcher in den für die einzelnen Gemeinden bestimmten Kopien von seinem Sekretär durch je einen Ortsnamen ausgefüllt werden sollte und also auch wohl ausgefüllt wurde, oder hat er selbst 7 Exemplare mit je einem Ortsnamen hinter *ἐν* ausgefertigt, in beiden Fällen ist gleich unbegreiflich, daß die ganze alte Kirche bis über Origenes hinaus keine Exemplare besessen hat, in welchen hier ein *ἐν* mit folgender Lücke oder mit dem einen oder andern folgenden Ortsnamen zu lesen war. Das seit dem 4. Jahrhundert aufgekommene *ἐν Ἐφέσῳ* ist ja nach allen vorhandenen direkten und indirekten Zeugnissen (Marcion, Tertullian, Origenes, Basilius, Hieronymus oben S. 346 f.) in einen älteren Text eingeschoben, welcher weder ein *ἐν*, noch einen Ortsnamen enthielt. Das Resultat des tiefen Nachdenkens des Schreibers, welcher seinen Leserkreis „nicht sofort mit örtlicher Genauigkeit anzugeben wußte“, war also dies, daß er auf jede örtliche Bestimmtheit seines Briefs verzichtete und nun lustig weiter abschrieb, was Kl 1, 2 geschrieben steht. Warum er *ἀδελφοῖς* wegließ, und dagegen ein *Ἰησοῦ* und am Schluß wieder ein *καὶ κυρίου Ἰησοῦ Χριστου*, welches Kl 1, 2 ohne Frage unecht ist, hinzufügte, hat Holtzm. versäumt, aus dem „ökumenischen“ Charakter des Briefs, richtiger aus der Bestimmung desselben für die 7 apokalyptischen Gemeinden zu erklären. Ohnehin ist genug geschehen, um zu veranschaulichen, daß der Vf des, wie Niemand leugnet an großen Gedanken reichen und von hoher Begeisterung getragenen Briefs ein elender Stümper war, unfähig, auch nur eine seiner Absicht entsprechende Grußüberschrift zu schreiben.

9. Holtzmann, Krit. 100 f. zählt im Eph 39 Wörter, welche wohl sonst im NT, aber nicht bei Pl, und 37, welche überhaupt im NT nicht zu finden seien, also 76 unpaulinische Wörter. Die gleiche Gesamtsumme gibt v. Soden HK III, 88, obwohl er für die zweite Klasse nur 35 angibt. Die Verzeichnisse bedürfen der Sichtung. A) Zu streichen ist *καταβραβεύειν*, das nur Kl 2, 18, nicht im Eph steht; ferner *ἀπελπίζειν* oder *ἀπαλγεῖν*, da nur entweder das eine oder das andere 4, 19 zu lesen ist; ferner *ἅπας* 6, 13, welches auch Gl 3, 28 gut bezeugt ist (abgesehen davon, daß der Eph 51 mal wie Pl sonst überall *πᾶς* bietet). Sodann sind alle genauen und ungenauen Citate aus dem AT von der Statistik auszuschließen, wenn man nicht die absurde Forderung stellen will, daß Pl den Text der LXX grundsätzlich nach seinem Lexikon korrigirt habe. Es fallen demnach einfach weg: *αἰχμαλωτεύω*, *αἰχμαλωσία*, *ὕψος* 4, 8 (Ps 68, 19, Pl selbst *αἰχμαλωτίζω* Rm 7, 23; 2 Kr 10, 5; 2 Tm 3, 6), *ὀργίζεσθαι* 4, 26 (Ps 4, 5), *σωτήριον* 6, 17 (Jes 59, 17; dafür 1 Th 5, 8 freier *ἐλπὶς σωτηρίας*); *τιμᾶν* 6, 2 (Ex 20, 12); *ἐπιφαύσκειν* 5, 14 (GK II, 804). Ferner dürfen Wörter, welche in 1. 2 Tm und Tt vorkommen, nicht unbedingt für unpaulinisch ausgegeben werden, wie *ἀπατᾶν* 5, 6 (1 Tm 2, 14, ohnehin neben *ἀπάτη* Kl 2, 8; 2 Th 2, 10; Eph 4, 22 bedeutungslos), *ἅλυσις* 6, 20 (2 Tm 1, 16); *διάβολος* 4, 27; 6, 11 (1 Tm 3, 6. 7; 2 Tm 2, 26), *εὐαγγελιστής* 4, 11 (2 Tm 4, 5), *παιδεία* 6, 4 (2 Tm 3, 16). — B) Benennungen von Dingen, Eigenschaften und Verhältnissen, für welche es nur einen üblichen Ausdruck gibt, sind bedeutunglos für den Stil eines Menschen, wenn nicht nachzuweisen ist, daß er sonst einen ungewöhnlichen Ausdruck dafür verwendet, also *ἄνεμος* 4, 14; *ὕδωρ* 5, 26; *ὀσφύς*, *περιζώννυμι*, *ὑποδέω* 6, 14 f.;

μῆκος und πλάτος 3, 18 (neben ὕψος 4, 8 s. unter A, und βάθος Rm 8, 39; 11, 33); μέγεθος 1, 19 (Pl hat auch nicht μεγαλειότης, μεγαλωσύνη); μακράν 2, 13. 17 (neben ἐγγύς Phl 4, 5); ἀμφότεροι 2, 14. 16. 18; ἀπειλή 6, 9; wohl auch ῥυτίς, σπῖλος 5, 27; κρυφῇ 5, 12 (neben einmaligem ἐν τῷ κρυπτῷ Rm 2, 29). Auch θυρεός, der große Schild des römischen Soldaten, und die βέλη, gegen welche man sich mit dem Schilde deckt, gehören dahin, wenn man es dem Apostel, welcher seit Jahr und Tag unter militärischer Bewachung lebte, und schon früher sehr häufig Bilder dem Kriegsdienst entlehnte, nicht verargen will, daß er neben Panzer und Helm (1 Th 5, 8) auch einmal den Schild nennt, oder die sämtlichen Schutz- und Trutzwaffen als πανοπλία 6, 11. 13 zusammenfaßt. Da er in den Briefen der verschiedensten Zeit auch von den Wettkämpfen Bilder herzunehmen pflegt, kann es doch nichts bedeuten, wenn er einmal statt des Wettlaufs und Faustkampfs (1 Kr 9, 24 ff.; Phl 3, 14; 2 Tm 4, 7 f.) den Ringkampf verwertet und πάλη schreibt 6, 12. Zu den Lieblingsworten des Eph, die der Feder des Pl sonst nie entschlüpft sein sollen (HK 89), rechnet man δέσμιος 3, 1; 4, 1, vergißt aber dabei den als echt anerkannten Phlm 1, 9 (cf 2 Tm 1, 8), bedenkt auch nicht, daß Pl eben nur als Gefangener sich so bezeichnen und von seinen δεσμοί Phl 1, 7. 13—17; Phlm 10. 13; Kl 4, 18; 2 Tm 2, 9 reden konnte. — C) Ebenso bedeutungslos sind Worte, deren Stammverwandte Pl sonst gebraucht, und für welche er sonst andere Ausdrücke entweder überhaupt nicht hat oder nicht häufiger gebraucht. So einmaliges ἄγνοια 4, 18 neben einmaligem ἀγνωσία 1 Kr 15, 34 und 13- oder 15 maligem ἀγνοεῖν, oder παιδεία 6, 4 (2 Tm 3, 16) neben παιδευτής Rm 2, 20; παιδεύεσθαι 1 Kr 11, 32; 2 Kr 6, 9; παιδαγωγός 1 Kr 4, 15; Gl 3, 24; oder προσκαρτέρησις 6, 18 neben προσκαρτερεῖν Rm 12, 12; 13, 6; Kl 4, 2; oder ἄνοιξις 6, 19 neben ἀνοίγειν Kl 4, 3; auch mit στόμα als Objekt 2 Kr 6, 11; oder χειροποιητός 2, 11 neben ἀχειροποίητος 2 Kr 5, 1; Kl 2, 11; oder φρόνησις 1, 8 neben dem nicht völlig gleichbedeutenden φρόνημα (nur Rm 8, 6. 7. 27) und häufigem φρονεῖν, oder καταρτισμός 4, 12 neben einmaligem κατάρτισις 2 Kr 13, 9 und häufigem καταρτίζειν in gleicher Anwendung, oder αἰσχρότης καὶ μωρολογία 5, 4 neben αἰσχρὸς λέγειν 5, 12, αἰσχρολογία Kl 3, 8, αἰσχρός (unanständig) 1 Kr 11, 6; 14, 35 (Tt 1, 11), cf auch, was die Bildung des zweiten Worts anlangt, das einmalige χρηστολογία Rm 16, 18 und einmaliges πιθανολογία Kl 2, 4. Wenn 4, 23 statt ἀνακαινοῦν (Kl 3, 10; 2 Kr 4, 16 cf Rm 12, 2; Tt 3, 5) ἀνανεοῦν steht, so hat Pl neben καινὴ κτίσις 2 Kr 5, 17 wesentlich gleichbedeutend auch νέον φύραμα 1 Kr 5, 7; und dem Beieinander von ἀνανεοῦσθαι und καινὸν ἄνθρωπον Eph 4, 23 f. entspricht νέον ἀνακαινούμενον Kl 3, 10. Wenn 1 Kr 9, 7 ποίμνη und ποιμαίνειν als Bild für kirchliche Arbeit dient, kann ποιμένες 4, 11 nicht befremden, und von dieser Seite wäre nichts dagegen einzuwenden, daß Bentley 1 Kr 12, 28. 29 dies Wort statt δυνάμεις gelesen haben wollte (Ellies, Bentleii Critica sacra 37), zumal das Bild ohne Frage in apostolischer Zeit sehr gebräuchlich war (1 Pt 5, 2 f.; AG 20, 28 f.; Jo 10, 9; 21, 15—17). Wenn Pl die atl wie die ntl Gemeinde als πόλις vorstellt (Gl 4, 25 f.), muß er auch πολιτεία 2, 12 und συμπολίτης 2, 19 gelegentlich gebrauchen dürfen, wie anderwärts πολίτευμα, πολιτεύεσθαι Phl 1, 27; 3, 20. Es ist daher auch ganz gleichgiltig, daß von den hiezu gegensätzlichen Begriffen ξένοι, πάροικοι 2, 19 letzterer sich sonst gar nicht, ersterer nur Rm 16, 23 in anderem Sinn von Pl gebraucht findet. Wenn er 1 Kr 3, 10—17 die Einzelgemeinde als ein im Entstehen begriffenes Bauwerk und als Tempel betrachtet, so bedeutet es keine lexikalische Eigentümlichkeit, daß er Eph 2, 20 f. das gleiche Bild auf die gesamte Kirche anwendet, und dabei neben den auch sonst von ihm gebrauchten Wörtern οἰκοδομή. θεμέλιος, ναὸς ἅγιος, ἐποικοδομεῖν auch noch συνοικοδομεῖν, ἀκρογωνιαῖος, κατοικητήριον, συναρμολογεῖσθαι anwendet. Da er die Christenheit als σῶμα vorstellt (1 Kr 12, 12—28; Rm 12, 4 f.), kann σύσσωμος 3, 6 nicht überraschen, selbst wenn Pl dies Wort neu gebildet hätte. Den Fehler, nur einmal von Pl gebraucht zu sein, teilt diese Vokabel mit den gleichgeformten συμφυλετής, σύμφυτος, σύμφωνος, σύμψυχος, σύζυγος, συνηλικιώτης (zweimal σύμμορφος) und hundert anderen Vokabeln in den älteren Briefen. Es wäre möglich, daß Pl, welcher als „Hebräer" früher regelmäßig σατανᾶς schrieb (Rm 16, 20; 1 Kr 5, 5; 7, 5; 2 Kr 2, 11; 11, 14; 1 Th 2, 18; 2 Th 2, 9), daneben nur etwa ὁ πειράζων (1 Th 3, 5), später es in der Gewohnheit gehabt hätte, ὁ διάβολος zu sagen. Es läßt sich aber dafür außer Eph 6, 11 nur noch 2 Tm 2, 26 anführen; denn Eph 4, 27; 1 Tm 3, 6. 7 ist offenbar von menschlichen Verläumdern die Rede; und daneben finden wir ὁ πονηρός Eph 6, 16 cf 2 Th 3, 3 und ὁ σατανᾶς 1 Tm 1, 20; 5, 15. Ähnlich unsicher wäre die Behauptung, daß statt des älteren γρηγορεῖν 1 Kr 16, 13; 1 Th 5, 6. 10 ἀγρυπνεῖν Eph 6, 18 einen späteren Sprachgebrauch darstelle; denn letzteres findet sich auch in den jüngeren Briefen sonst nicht, wohl dagegen ersteres Kl 4, 2. Was sonst übrigbleibt, sind die Wörter ἀνιέναι 6, 9, ἄσοφος 5, 15, ἀσωτία 5, 18 (nur noch Tt 1, 6), ἐκτρέφειν 5, 29; 6, 4, ἑνότης 4, 3. 13, εὔσπλαγχνος 4, 23, ἐξισχύειν 3, 18, ἐπιδύειν 4, 26, ἑτοιμασία 6. 15, εὐτραπελία 5, 4, κατώτερος 4, 9, κληροῦν 1, 11, κλυδωνίζεσθαι 4, 14, κοσμοκράτωρ 6, 12, κυβεία 4, 14, μεσότοιχον 2, 14, ὁσιότης 4, 24, πολυποίκιλος 3, 10, προελπίζειν 1, 12, σαπρός 4, 29, συγκαθίζειν 2, 6, φραγμός 2, 14, χαριτοῦν 1, 6. — Auch das Lexikon des Kl ist statistisch behandelt worden. Bei seiner Aufzählung nichtpaulinischer Wörter (48 = 33 + 15) hat Holtzmann S. 105 A 3; 106 A 8 stillschweigend von denjenigen abgesehen, die auch im Eph sich finden (s. oben S. 366 f.), also nach ihm ebenso unpaulinisch sind, wie die, welche nur in den Pastoralbriefen vorkommen; andere wie θρησκεία, καταβραβεύειν fehlen ohne erdenklichen Grund. Nach den vorstehenden Bemerkungen zum Lexikon des Eph kommt der größte Teil als bedeutungslos in Wegfall z. B. ἅλας, ἀνεψιός, ἀνταπόδοσις (3, 24 cf ἀνταποδοῦναι abgesehen von Citaten 1 Th 3, 9; 2 Th 1, 6; ἀνταπόδομα nur im Citat Rm 11, 9; aber auch ἀντιμισθία nur zweimal Rm 1, 27; 2 Kr 6, 13), ἀποκρίνεσθαι, ἀπόκρυφος (2, 3 neben ἀποκεκρυμμένος 1, 26; 1 Kr 2, 7; Eph 3, 9), ἀρέσκεια (neben 13 maligem ἀρέσκειν, auch ἀνθρωπάρεσκος 3, 22 cf Eph 6, 6 neben ἀνθρώποις ἀρέσκειν Gl 1, 10; 1 Th 1, 4). ἀρτύειν, βραβεύειν, καταβραβεύειν (neben βραβεῖον 1 Kr 9, 24; Phl 3, 14), δυναμοῦν; 1, 11, (dafür abgesehen von Eph 6, 10; Phl 4, 13; 1 Tm 1, 12; 2 Tm 2, 1; 4, 17 auch nur einmal Rm 4, 20 ἐνδυναμοῦν), εἰρηνοποιεῖν (1, 20 neben ποιεῖν εἰρήνην Eph 2, 15), ἐξαλείφειν, κρύπτειν (3, 3; 1 Tm 5, 25, aber κρυπτός 5 mal), μετακινεῖν 1, 23 (dafür etwa das auch nur einmalige μετατιθέναι Gl 1, 6, oder in dem verdächtigen 2 Th 2, 2 σαλεύειν, andrerseits ἀμετακίνητος 1 Kr 15, 58), μόμφη (3, 13, auch nur einmal μέμφεσθαι Rm 9, 19, häufiger ἄμεμπτος), νουμηνία (dieselbe Sache bedeutet das auch nur einmalige μήν Gl 4, 10), ὁρατός (1, 16 neben ἀόρατος cf Rm 1, 20), παρηγορία, πλουσίως (3, 16 neben πλούσιος Eph 2, 4; 2 Kr 8, 9), προακούειν, προσηλοῦν, σκιά, σύνδουλος, σωματικῶς (auch σωματικός nur 1 Tm 4, 8), φιλοσοφία, χειρόγραφον (2, 14 cf Phlm 19). Einige Begriffe sind nur scheinbar sonst durch Pl anders ausgedrückt: θεότης 2, 9 ist begrifflich verschieden von dem auch nur einmaligen θειότης Rm 1, 20. Er wählt ἀνταναπληροῦν 1, 24 statt seines sonstigen ἀναπληροῦν, weil er zugleich ausdrücken will, daß er an Christi Statt oder in Erwiderung dessen, was Christus auch für ihn erduldet, für die Gemeinde leide; ἀπεκδύεσθαι, ἀπέκδυσις 2, 11. 15; 3, 9, Doppelkomposita wie ἐπενδύεσθαι 2 Kr 5, 2. 4 statt der Simplicia ἐνδύεσθαι und ἐκδύεσθαι 2 Kr 5, 3. 4, weil es hier nicht auf den Gegensatz von nackt und bekleidet ankam, sondern auf das Beseitigen, Wegschaffen des bisher Anhaftenden. Den Irrlehrern legt Pl γεύεσθαι, θιγγάνειν in den Mund, und es ist wahrscheinlich, daß er nicht nur hier, sondern in der ganzen Polemik gegen sie ihre eigenen Schlagworte berücksichtigt, und daß daraus einige auffälligere Ausdrücke sich erklären, wie ἐν μέρει ἑορτῆς, θέλειν ἐν ταπεινοφροσύνῃ καὶ θρησκείᾳ τῶν ἀγγέλων (oben S. 339 A 7), woraus dann wieder ἐθελοθρησκεία 2, 23 gebildet ist. Es bleiben einige Wörter übrig, die Pl auch in seinen anerkannten Briefen zu gebrauchen Anlaß gehabt haben könnte: ἀθυμεῖν, ἀποκαταλάσσειν 1, 20 f. (Eph. 2, 16), ἀποκεῖσθαι 1, 5 (2 Tm 4, 8), ἀπόχρησις, ἀφειδία, δειγματίζειν, ἐμβατεύειν (? oben S. 340 A 7), εὐχάριστος (ἀχάριστος 2 Tm 3, 2), παραλογίζεσθαι, πιθανολογία, πικραίνειν, πλησμονή, πόνος 4, 13 (statt des sonst gewöhnlichen κόπος, aber doch nicht ganz gleicher Bedeutung), πρωτεύειν, στερέωμα, συλαγωγεῖν (cf δουλαγωγεῖν 1 Kr 9, 27). Dazu kommen einige seltenere Wörter, welche Kl mit Eph gemein hat s. vorhin S. 365 A 7.

10. Auch für spätere Untersuchungen mag ein nach der Methode unserer Kritiker von mir zusammengestelltes Idiotikon des Gl von Nutzen sein. A) Wörter, welche sonst im NT nicht vorkommen: ἀλληγορεῖν, βασκαίνειν, δάκνειν, εἴκειν (cedere), ἐκπτύειν, ἐπιδιατάσσειν, ἐπικατάρατος, εὐπροσωπεῖν, ἰουδαΐζειν, ἰουδαϊκῶς, Ἰουδαϊσμός, ἱστορεῖν, κατασκοπεῖν, κενόδοξος, μορφοῦν, μυκτηρίζειν, ὀρθοποδεῖν, πατρικός, παρείσακτος, πεισμονή, προευαγγελίζεσθαι, προθεσμία, προκαλεῖν, προκυροῦν, προσανατίθεσθαι, στίγμα, συνηλικιώτης, συνυποκρίνεσθαι, συστοιχεῖν, φρεναπατᾶν. B) Wörter, die in keinem Brief unter dem Namen des Pl sich finden: ἀκυροῦν, ἀναλίσκειν, ἀναστατοῦν, ἀνατίθεσθαι, ἄνωθεν, ἀποκόπτειν, διαμένειν, ἐκλύεσθαι, ἐνέχειν, ἐνευλογεῖν, ἐνιαυτός (sonst ἔτος), ἐξαιρεῖν, ἐξαποστέλλειν, ἐξορύττειν, ἐπίτροπος, εὐθέως, καταγινώσκειν, κατάρα, κρέμασθαι, μετατιθέναι, μεταστρέφειν, μήν, παιδίσκη, παρατηρεῖν, πηλίκος, πορθεῖν, προϊδεῖν, προστιθέναι, ῥηγνύναι, στεῖρος, συμπαραλαμβάνειν, ταράσσειν, ὑποστέλλειν, ὑποστρέφειν, φαρμακεία, φορτίον, ὠδίνειν. C) Wörter, die sonst nur noch in den stark angefochtenen Briefen (Eph, Kl, 2 Th, 1. 2 Tm, Tt) vorkommen: ἀναστροφή (Eph), ἐξαγοράζειν (Eph, Kl), ζυγός (1 Tm), μεσίτης (1 Tm), οἰκεῖος (Eph, 1 Tm), παρέχειν (Kl, 1 Tm, Tt), στοιχεῖα τοῦ κόσμου (Kl), στύλος (1 Tm). Dazu kommen D) eigentümliche Redensarten, welche sonst im NT nicht vorkommen wie εὐαγγέλιον τῆς ἀκροβυστίας καὶ τῆς περιτομῆς 2, 7; δεξιαὶ κοινωνίας 2, 9; προγράφειν 3, 1 (in ganz anderem Sinn wie Rm 15, 4; Eph 3, 3), οὐδέν (μοι) διαφέρει Gl 2, 6; 4, 1, κόπους παρέχειν 6, 17; ἡ ἄνω (oder νῦν) Ἱερουσαλήμ 4, 25 f.; ὁ Ἰσραὴλ τοῦ θεοῦ 6, 17. Abgesehen von diesen letztgenannten Redewendungen, welche für eine wahrhaft kritische Betrachtung viel mehr bedeuten, als die dreifache Zahl bloßer Vokabeln, finden sich also im Gl (A 30 + B 37 + C 8 =) 75 verdächtige und darunter 67 entschieden „unpaulinische" Wörter.

11. Ign. Smyrn. 6, 1: „Auch die himmlischen Wesen und die Herrlichkeit der Engel und die sichtbaren wie die unsichtbaren Herrscher trifft das Gericht, wenn sie nicht an das Blut Christi glauben." Über Kl 2, 15 oben S. 335 f.

§ 30. Die geschichtlichen Voraussetzungen und die Veranlassung des Briefs an die Philipper.

In der Gewißheit, nach manchem tastenden Versuch den rechten, von Gott gewiesenen Weg gefunden zu haben, hatte Pl im Herbst 52 in Begleitung des Silvanus, des Timotheus und des Lucas (AG 16, 10 ff.) zum ersten Mal den Boden Europas betreten und war, ohne sich in der Hafenstadt Neapolis aufzuhalten, nach Philippi weitergezogen, der bedeutendsten Stadt der östlichen Hälfte Macedoniens (A 1). Der mehr römische als griechische Charakter der Stadt war für ihn kein Hindernis; denn des Griechischen mußte dort jedermann mächtig sein. Es fehlte auch nicht der natürliche, von Pl nie unbenutzt gelassene Anknüpfungspunkt für seine Predigt, eine wenn auch nicht eben zahlreiche jüdische Gemeinde, deren Gottesdienste auch von „gottesfürchtigen Heiden", insbesondere Frauen besucht wurden. Dazu gehörte jene aus Thyatira gebürtige und vielleicht nur nach ihrer Heimat Lydia genannte Purpurhändlerin, welche sich für ihr Haus die Ehre ausbat, den Missionaren als Quartier zu dienen (AG 16, 14f. 40). Von dem zweiten Christenhaus zu Phil., dem des namenlosen Gefängnisaufsehers, ist nicht angedeutet, daß es vorher in einer Beziehung zum Judentum gestanden habe. Obwohl nicht überliefert ist, daß Pl noch in einem andern Lokal als der jüdischen Proseuche gelehrt hat, gewinnt man doch aus AG 16, 16—23. 39 den Eindruck, daß die aufregende Wirkung seines Auftretens auf die heidnische Bevölkerung sofort eine bedeutende war. Es wird auch hier die Gemeinde vorwiegend aus geborenen Heiden sich gebildet haben. Da die erste Begegnung mit der wahrsagenden Magd, welche sich dann an manchem Tag wiederholte, gleich bei dem ersten Gang der Missionare zur jüdischen Proseuche stattfand, und da der Machtspruch des Pl, der jene zum Schweigen brachte, das Einschreiten der Obrigkeit und die Ausweisung des Pl und Silvanus zur Folge hatte, so wird deren ganzer Aufenthalt nur wenige Wochen lang gedauert haben. Wahrscheinlich aber ist Timotheus, welcher in Thessalonich oder spätestens in Beröa wieder mit Pl und Silvanus zusammentraf (oben S. 146), und auch Lucas, über dessen Verbleib wir in den folgenden Jahren nichts wissen, in Phil. zurückgeblieben, um das gewaltsam abgebrochene Missionswerk fortzusetzen. Auf ein näheres Verhältnis des Timotheus zu dieser Gemeinde weist Phl 1, 1; 2, 19—23 hin. Wenn Pl erst, nachdem er und Silvanus die über sie verhängten entehrenden Polizeistrafen erlitten hatten (1 Th 2, 2; AG 16, 22f.), sich auf sein und des Silvanus römisches Bürgerrecht berief, so geschah das nicht zum Zweck der eigenen Sicherheit; denn der Ausweisungsbefehl, dessen Zurücknahme Pl nicht forderte, verbürgte ihnen, daß sie wenigstens von der Stadtobrigkeit nicht weiter behelligt werden sollten. Dagegen konnte es für die Lage der zurückbleibenden Lehrer und Anhänger der neuen Lehre nur von günstigem Erfolg sein, daß die obersten Beamten der Stadt (στρατηγοί = *praetores, duumviri*) die Missionare im Gefängnis abholten, sich wegen des unliebsamen Misverständnisses entschuldigten und sie höflich ersuchten, die Stadt zu verlassen. An Anfeindungen mag's in der Folgezeit nicht gefehlt haben (Phl 1, 28—30); aber vergleichsweise glücklich scheint auch die äußere Lage der Gemeinde gewesen zu sein. Sechs Jahre später, zur Zeit des 2 Kr, hat Pl sich monatelang in Macedonien aufgehalten und gewiß nicht am kürzesten im Kreise der ihm besonders ans Herz gewachsenen Christen zu Phil. (1, 7f.; 2, 16; 4, 1). Auch auf der letzten Reise vor seiner Gefangenschaft hat er sich dort eine, wie es scheint, mehrtägige Rast gegönnt (AG 20, 6). In den Zwischenzeiten hatte ein lebhafter Verkehr zwischen Pl und dieser Gemeinde stattgefunden. Timotheus war schon wenige Monate nach der Gründung der Gemeinde von Athen aus nach Macedonien geschickt worden (S. 147). Ob er diese Reise bis nach Phil. ausgedehnt hat, wissen wir nicht. Jedenfalls aber hat er Phil. berührt, als er zu Anfang des J. 57 von Ephesus aus über Macedonien nach Korinth geschickt wurde (S. 186). Schon in den ersten Wochen ihres Bestehens, während Pl noch in Thessalonich weilte, hatte die Gemeinde ihm zweimal Geld geschickt und, nachdem Pl Macedonien bereits verlassen hatte, mit einer Regelmäßigkeit, wie keine andere Gemeinde, in dieser Unterstützung des Apostels und seines Missionswerks fortgefahren (A 2). Was Pl als eine das Geben und Nehmen dieser Gaben verrechnende Buchführung darstellt (4, 15. 17), kann in der Wirklichkeit kaum etwas anderes gewesen sein, als ein brieflicher Austausch zwischen den Gebern und dem Empfänger. Eben hierauf weist Pl selbst Phl 3, 1 hin. Warnungen wie die, welche er mit den Worten einleitet: „Dieselben Dinge euch zu schreiben, trage ich kein Bedenken, für euch aber ist das eine Vorsichtsmaßregel“ sind in dem auf uns gekommenen Brief vor dieser Stelle nicht zu lesen. Sie müssen also in mindestens einem früheren Brief von Pl ausgesprochen gewesen sein, und zwar, wenn Pl verstanden sein wollte, nicht lange vor Abfassung des gegenwärtigen Briefes. Daß wir von mehreren Briefen des Pl an die Philipper außer durch diese seine eigenen Worte keine zuverlässige Kunde besitzen, ist kein Grund, diese Tatsache zu verkennen (A 3). Über einen der jüngsten Vergangenheit angehörigen, sehr lebhaften Verkehr zwischen Pl und der Gemeinde und damit über die Veranlassung unseres Briefs gibt er selbst uns noch bestimmtere Auskunft. Nach einer zeitweiligen Unterbrechung ihrer tätigen Fürsorge für Pl, welche in einer vorübergehenden Ungunst ihrer äußeren Verhältnisse genügende Entschuldigung fand, hatte die Gemeinde vor einiger Zeit wieder einmal eine beträchtliche, jedenfalls dem Bedürfnis vollkommen entsprechende Geldsumme an den gefangenen Apostel geschickt und eines ihrer Mitglieder, den, wie es scheint, auch früher schon im Dienst der Gemeinde oder der Mission tätig gewesenen Epaphroditus mit der Überbringung betraut (A 4). Bei Pl angekommen, war Epaphr. lebensgefährlich erkrankt, nach den Andeutungen in Phl 2, 30 in folge von Anstrengungen bei Ausrichtung seines Auftrags. Zur Zeit des Briefes war er aber wieder soweit hergestellt, daß Pl ihn als Überbringer dieses Briefes nach Phil. zurückschicken konnte. Inzwischen war eine geraume Zeit verstrichen. Es war nicht nur die Nachricht von der Erkrankung des Epaphr. nach Phil. gekommen, sondern es war auch von Phil. wieder zu Pl und Epaphr. die Nachricht gelangt, daß man dort in schwerer Sorge um das Leben des Epaphr. sei; denn in Rücksicht auf diese Stimmung der Gemeinde war Epaphr. von dem sehnlichsten Verlangen erfüllt, wieder nach Phil. zurückzukehren, und hielt Pl es für Pflicht, ihn so bald als möglich mit diesem Brief dorthin zu schicken (2, 25—28). Daß bei diesem Hin und Her, welches in die Zeit zwischen Ankunft und Abreise des Epaphr. fällt, noch andere Nachrichten, als die genannten, von Rom nach Phil. und von Phil. nach Rom gelangt sind, ist selbstverständlich. Man wird die hin- und hergehenden Boten nicht ohne Briefe haben reisen lassen. Die Nachricht von der Erkrankung des Epaphr. in Rom mag zugleich mit der Nachricht von seiner Ankunft daselbst nach Phil. abgegangen sein. Mag Epaphr. selbst oder Pl oder Timotheus die eine wie die andere Tatsache nach Phil. gemeldet haben, jedenfalls konnte dies nicht geschehen, ohne daß Pl zugleich den Empfang der Geldsendung der Philipper meldete oder melden ließ und seinen Dank dafür aussprach. Ist vorhin mit Recht aus 3, 1 geschlossen worden, daß Pl vor kurzem erst nach Phil. geschrieben hatte, so ist die wahrscheinlichste Annahme die, daß eben in jenem Brief des Pl die Nachricht von der Ankunft und der bald darauf erfolgten Erkrankung des Epaphr., der erste Dank für die empfangene Geldsendung, ferner ähnliche Warnungen wie die in 3, 2 ff. und selbstverständlich noch manche andere Mitteilungen enthalten waren. Von dem Ton, in welchem die Philipper neuerdings auf diesen nicht auf uns gekommenen Brief des Pl geantwortet hatten, gibt uns unser Phl eine sehr bestimmte Vorstellung; denn dieser ist von Anfang bis zu Ende eine unmittelbare Antwort nicht auf die vor mehreren Wochen oder Monaten durch Epaphr. empfangenen Mitteilungen, sondern auf einen jüngst aus Phil. angekommenen Brief. Wenn Pl gegen seine sonstige Gewohnheit gleich im Eingang mit scharfem Nachdruck hervorhebt, daß er seinerseits dem Herrn Christus für alle bis zur Gegenwart und neuerdings wieder ihm und seinem Werk bewiesene tätige Teilnahme der Gemeinde nur zu danken habe, und daß er seine Pflicht der Fürbitte für sie mit Freuden erfülle (1, 3—7 A 2), so fordert dies den Gegensatz einer anderen Beurteilung derselben Tatsachen und Verhältnisse. Pl kann dies aber von sich nicht im Gegensatz zu dem in der Grußzuschrift als Mitverfasser genannten Timotheus sagen; denn es wäre nicht abzusehen, warum eine etwaige Unzufriedenheit des Timotheus mit den Philippern so stillschweigend vorausgesetzt und doch zugleich so wichtig genommen sein sollte. Auch würde Pl, wenn dies der obwaltende Gegensatz wäre, dem *ἐγὼ μέν* sicherlich ein *Παῦλος* zugesetzt haben (1 Th 2, 18; 2 Kr 10, 1; Phlm 19). Den Gegensatz muß vielmehr die angeredete Gemeinde bilden (1 Kr 5, 3). Es müssen die Philipper sich neuerdings über ihre eigenen Leistungen für Pl und sein Werk unbefriedigt geäußert und ihren Zweifel daran ausgesprochen haben, ob sie sich die Zufriedenheit des Pl erworben haben. Nur wenn sie dieser Empfindung einen sehr starken Ausdruck gegeben und die Geringfügigkeit, auch wohl die Verspätung ihrer letzten Sendung beklagt und sich deshalb entschuldigt hatten, erscheint der Ton, in welchem Pl überall (2, 17. 25. 30; 4, 10—20) davon redet, natürlich. Immer wieder versichert er die Philipper nicht sowohl seines Dankes, den er längst abgestattet hat, als seiner ungetrübten Freude, seiner vollen inneren wie äußeren Befriedigung. Was er ihnen in bezug auf werktätige Liebe zu wünschen und zu erbitten hat, ist nicht eine größere Opferwilligkeit, wodurch die macedonischen Gemeinden vielmehr sich auszeichneten (2 Kr 8, 1 f.; 11, 9; 1 Th 4, 9), auch nicht die oft empfohlene Einfalt des Gebens (Rm 12, 8; 2 Kr 9, 13; Jk 1, 5; Mt 6, 3), sondern eher deren Gegenteil, die verständige Einsicht und die prüfende Erwägung der Verhältnisse und Bedingungen, unter welchen die Wohltätigkeit auszuüben sei, wenn sie den Charakter der Gerechtigkeit und Ordnung an sich tragen soll (1, 9—11). Es ist wahrscheinlich, daß die ökonomischen Übelstände, auf welche

4, 10. 19 hingewiesen wird, mit dem Mangel an jenen Tugenden zusammenhingen (oben S. 158). — Ein zweiter Punkt, in welchem Pl einer trübseligen Auffassung der Philipper entgegenzutreten hat, ist seine dermalige Lage. Er überläßt es nicht dem Epaphr., wie in seinen Briefen an die asiatischen Gemeinden dem Tychicus (Eph 6, 21; Kl 4, 7), über seine äußeren Verhältnisse mündlich zu berichten. Anderseits spricht er (1, 12—26) über diese auch nicht so, als ob er neue Tatsachen zu melden hätte, sondern bemüht sich, Tatsachen, welche der Gemeinde bekannt geworden waren, und über welche sie sich ihm gegenüber in entgegengesetztem Sinne geäußert hatte, in das rechte Licht zu stellen. Wie das Bruchstück eines Zwiegesprächs beginnt die Erörterung mit dem Satz: „Wissen aber sollt ihr, meine Brüder, daß meine Sache vielmehr zu einer Förderung des Ev gediehen ist" (A 5). Da es sich hier, wie schon aus diesem Satz sowie aus der ganzen hiemit eingeleiteten Darlegung erhellt, nicht um allerlei verschiedene Dinge und Verhältnisse, etwa um das Befinden oder die Wirksamkeit des Pl, sondern um seinen Proceß (ἀπολογία 1, 16) handelt, so muß man auch aus 1, 7 schließen, daß die Philipper von diesem Proceß bereits vor einiger Zeit gehört und neuerdings ihre Teilnahme daran bezeugt hatten. Sie hatten aber auch hiebei mehr guten Willen und Liebe als Einsicht und Unterscheidungsgabe bewiesen (1, 9). Nicht nur das Leben des Pl, sondern auch die Sache des Ev glaubten sie in äußerster Gefahr. Im Gegensatz zu dieser unbegründeten Auffassung und zu Äußerungen einer dadurch tief herabgedrückten Stimmung zeigt ihnen Pl, daß gerade die gerichtliche Verhandlung, welche ihnen so schwere Sorge gemacht, vielmehr in jeder, sowohl sachlicher als persönlicher Hinsicht zu den schönsten Hoffnungen berechtige und schon jetzt für die Sache des Ev gute Frucht getragen habe (§ 31). Leicht stellt man sich vor, wie die Sorge um das Schicksal des Apostels, zu welcher auch noch die Sorge um das Leben des Epaphr. hinzukam, in Verbindung mit der Empfindung, ihrer Liebe zu dem voraussichtlich der Hinrichtung entgegengehenden Apostel durch ihre Sendung des Epaphr. und die von diesem überbrachte Gabe einen ungenügenden, hinter den Erwartungen des Pl zurückbleibenden Ausdruck gegeben zu haben, die Gemeinde in eine äußerst trübe Stimmung versetzt hatte. Man versteht daher auch, daß Pl alle Mittel in Bewegung setzt, sie aus dieser Stimmung herauszureißen und zu seiner Freudigkeit emporzuheben. Dazu dient die wiederholte warme Anerkennung ihrer tatkräftigen Liebe zu ihm (1, 3—7; 2, 17; 4, 10—20), die Versicherung seiner Zufriedenheit mit dieser Gemeinde und seiner stolzen Freude an ihr (1, 4; 2, 16 f.; 4, 1), die oft wiederholte Aufmunterung zur Freude (2, 18. 28 f.; 3, 1; 4, 4) und zur Sorglosigkeit (4, 6. 19; 3, 15), die möglichst günstige Darstellung seiner eigenen Lage und seiner Aussichten in die Zukunft (§ 31). Wenn Pl merkwürdig oft hervorhebt, daß er sämtliche Glieder der Gemeinde in sein liebevolles und freudiges Andenken, Fürbitten, Danken und Grüßen einschließe (1, 1. 4. 7. 8. 25; 2, 17. 26; 4, 21), so muß man schließen, daß die Meinung geäußert worden war, Pl möge zwar in seiner freundlichen Gesinnung gegen einzelne Freunde zu Phil. unverändert geblieben, aber mit Anderen und daher mit der Gemeinde als solcher weniger zufrieden sein. Und doch war es die Gemeinde gewesen, welche ihm nach Kräften ihre Teilnahme bezeugt hatte. Daher wird auch an ihre Gesamtheit mit ausdrücklicher Hervorhebung ihrer Vorsteher und Beamten der Brief gerichtet (1, 1). Es fehlte auch nicht ganz an Uneinigkeiten innerhalb der Gemeinde, welche eine Betonung der Zusammengehörigkeit aller ihrer Glieder veranlassen mochte. Die Ermahnungen in 1, 27; 2, 1—5 würden an sich nicht zu dieser Annahme berechtigen, wenn nicht 4, 2 in einer an 2, 2 f. anklingenden Form bestimmte Personen sehr nachdrücklich zu einträchtigem Zusammenwirken ermahnt würden (A 6). Es sind zwei Frauen, welche schon in der Entstehungszeit der Gemeinde sich große Verdienste um dieselbe erworben hatten und auch noch zur Zeit des Briefs in irgend einer die Gemeinde betreffenden Arbeit tätig waren; denn ein Ungenannter, welchen Pl mit den Worten „echter Genosse“ geradezu anredet, wahrscheinlich Epaphr., welcher den Brief nach Phil. bringt, soll die beiden Frauen in ihrer Tätigkeit unterstützen. Das Gleiche wird von einem gewissen Clemens in Phil. und von Anderen, welche Pl als seine Mitarbeiter bezeichnet, aber nicht einzeln mit Namen aufzählen mag, erwartet. Rein persönliche Zwistigkeiten können es daher ebensowenig als religiöse Meinungsverschiedenheiten gewesen sein, was jene Frauen und zwar, wie die auffällige Wiederholung des Wortes παρακαλῶ besagt, beide in gleichem Maße der Mahnung zu einträchtigem Streben und Wirken bedürftig erscheinen ließ. Es müssen vielmehr gemeindliche Angelegenheiten, wie die, welche den Epaphr. nach Rom geführt hatte, gewesen sein, in welchen Euodia und Syntyche mit Schwierigkeiten zu kämpfen hatten, es aber auch ihrerseits an der vollen Einmütigkeit untereinander fehlen ließen. Man würde daher nichts vermissen, wenn 4, 2 sich unmittelbar an 2, 29 f. anschlösse. In der Tat unterbricht das, was dazwischensteht, einigermaßen den Zusammenhang. Nachdem Pl schon durch *τὸ λοιπόν* 3, 1 ausgedrückt hat, daß er nach Erledigung der Hauptsachen dem Schluß des Briefs sich zuwende (1 Th 4, 1; 2 Th 3, 1), drängt es ihn, jedoch nicht ohne merken zu lassen, daß er einen Augenblick geschwankt habe, ob er es tun solle (A 3), eine schon in einem früheren Brief ausgesprochene Mahnung zur Vorsicht vor gewissen Leuten zu wiederholen. Die Gründe, welche ihn bestimmten, die dagegen sprechenden Bedenken zu überwinden, bewegen ihn auch, länger dabei zu verweilen und sich weiter von dem ursprünglich beabsichtigten Inhalt seines Briefs wegführen zu lassen, als das *τὸ λοιπόν* 3, 1 erwarten ließ. Dieses war darüber so sehr in den Hintergrund getreten, daß es 4, 8, wo es nun wirklich zum Schluß kommt, wiederholt werden konnte. Pl hätte kein Bedenken zu überwinden, sondern eine unzweideutige Pflicht zu erfüllen gehabt, und würde deren Erfüllung nicht als eine Vorsichtsmaßregel bezeichnen, wenn die Leute, auf deren verderbliches Treiben er 3, 2 die Aufmerksamkeit der Gemeinde lenkt, bereits in Phil. sich eingenistet oder gar in der dortigen Gemeinde einen Anhang gefunden hätten. Er sagt kein Wort der Klage oder Anklage über einen Einfluß, den die Philipper ihnen gestattet hätten, nicht einmal eine förmliche Warnung vor Verführung. „Faßt sie ins Auge“, sagt er ein über das andere Mal; natürlich sollen die Philipper das zu dem Zweck tun, um nicht unversehens von ihnen angefallen zu werden. Aber soweit ist es noch nicht. Man soll sie und ihr Treiben zunächst kennen und erkennen, wie Pl sie aus reichlicher Erfahrung kennt. Es sind seine alten Feinde, vor welchen er in ähnlicher Weise, in Voraussicht zukünftiger drohender Gefahren die Römer gewarnt hatte (16, 17). Wenn er sie mit Anspielung auf die Beschneidung die (Leute von der) Zerschneidung nennt, und wenn er sich und den gleichfalls beschnittenen Timotheus (1, 1; AG 16, 3; oben S. 130) jenen als die Leute gegenüberstellt, bei welchen die Beschneidung eine Wahrheit sei (A 7), so charakterisirt er jene als Juden, die dieses Namens nicht wert sind (Rm 2, 28). Diese Gegenüberstellung wäre aber ebenso wie die ganze Mahnung zwecklos, wenn es sich um bloße Juden handelte, welche höchstens äußere Leiden über die Christengemeinde hätten bringen können, und nicht vielmehr um judenchristliche Lehrer wie die, welche sich den echten Aposteln, den Stiftern der Gemeinden in Galatien und in Korinth als mindestens gleichwertige Prediger des Ev gegenübergestellt hatten. Darauf weist aber auch ihre Bezeichnung als *κακοὶ ἐργάται* (cf 2 Kr 11, 13 *ψευδαπόστολοι, ἐργάται δόλιοι*) deutlich genug hin. Hunde endlich nennt Pl sie gewiß nicht, um das Schimpfwort, womit der Jude den unreinen Heiden bezeichnete, diesen unechten Juden im Namen der Heidenchristen heimzuzahlen, sondern im Hinblick auf die lästige Zudringlichkeit und das Umherschweifen herrenloser Hunde auf den Straßen morgenländischer Städte. Das dreiteilige Urteil ist hart und kurz; es handelt sich aber auch nicht um solche judenchristliche Prediger, welche nur eben nicht Hand in Hand mit Pl und seinen Gehilfen das Missionswerk betreiben mögen und ihm durch ihr Mistrauen Kummer bereiten (Kl 4, 11; Phl 1, 15 § 31), sondern um entschlossene Feinde und Verderber seines Werks, welche nicht, wie Pl es von sich sagen kann (3, 7—14), mit ihrer pharisäischen Vergangenheit gebrochen haben, da sie Christen wurden, sondern noch immer Pharisäer sind, einer selbsterworbenen gesetzlichen Gerechtigkeit sich rühmen und ihren echt pharisäischen Eifer im Proselytenmachen (Mt 23, 15; Pirke Aboth 1, 1) nicht durch Predigt des Ev unter den Heiden, sondern durch Beunruhigung der heidenchristlichen Gemeinden betätigen (A 8). Zur Wachsamkeit in bezug auf diese Friedensstörer eine Gemeinde zu mahnen, welche bis dahin noch nicht von ihnen heimgesucht worden, war Pl durch seine bisherigen Erfahrungen reichlich veranlaßt. Aber nicht in dieser gelegentlichen Warnung, auch nicht in den sonstigen, gleichfalls nur gelegentlichen Ermahnungen 1, 27—2, 18; 3, 17—4, 9, sondern in den tatsächlichen Mitteilungen und Urteilen 1, 3—26; 2, 19—30; 4, 10—20 liegt Anlaß und Zweck des Briefes.

1. Historisches, Geographisches und Inschriften bei Heuzey et Daumet, Mission archéol. de Macédoine 1876 p. 1–161; C. I. L. III, 120 u. nr. 633—707. 6113; C. I. Gr. nr. 2010b u. 2010c (p. 995). Die vom Vater Alexanders an Stelle des alten Κρηνίδες neu gegründete Bergwerksstadt Φίλιπποι erhielt nach der Schlacht des J. 42 v. Chr. eine römische Kolonie (Strabo VII fragm. 41), welche nach der Schlacht bei Actium (a. 31 v. Chr.) durch Ansiedler aus Italien, welche ihren heimischen Landbesitz an Octavians Veteranen hatten abtreten müssen, bedeutend verstärkt wurde (Dio Cass. 51, 4). Seitdem *Colonia Augusta Julia Philippi* mit *Jus italicum* (Dig. 51, 15, 6 u. 7, 8). Daher betrachteten sich die Einwohner als Römer AG 16, 21. Schwierigkeiten bereitet AG 16, 12 ἥτις ἐστὶν πρώτη τῆς μερίδος Μακεδονίας πόλις κολωνία. So Tschd. nach ℵ AC al. Dagegen B πρώτη μερίδος τῆς Μ., E πρώτη μερὶς Μ., D κεφαλὴ τῆς Μ. πόλις κολ. (cf S[1] „welches ist das Haupt Macedoniens und ist eine Kolonie"; auch mehrere min., darunter 137 Ambrosianus, bei Blaß ed. min. = M om. μερίδος), πρώτης μερίδος τῆς Μ. conj. Blaß (ed. maj.), bestätigt durch lat. Paris 321 (*in prima parte*) u. die provençalische Version. Horts nur fragweise vorgetragene Konjektur τῆς Πιερίδος Μακ. (append. p. 97 cf Steph. Byz. s. Κρηνίδες; Herod. VII, 212; Thuc. II, 99) hat keinen Anklang gefunden. An μερίς, welches zu allen Änderungen den Anstoß gegeben hat, wird festzuhalten sein. Es bezeichnet nicht selten einen größeren Bezirk einer noch größeren Provinz (Strabo IV, 3 p. 191 = Caes. bell. Gall. I, 1; Strabo XII, 37 p. 560; XVI, 2 p. 749; häufig in den ägypt. Urk. cf Ramsay, Church 158; derselbe gegen mich im Expositor 1897, Oct. p. 320). In vier solche Bezirke hatten die Römer die Provinz geteilt (Liv. 45, 29; Marquardt, R. Staatsverw. I², 317). „Die erste Stadt" des Bezirks, zu welchem Philippi gehörte, war aber nicht Philippi, sondern Amphipolis. Es ist aber auch sehr unwahrscheinlich, daß Lucas Philippi „e i n e erste Stadt e i n e s Bezirks" oder gar „d e s Bezirks von Macedonien" genannt haben sollte. Es wird vielmehr mit Blaß πρώτης zu lesen und zu verstehen sein: „eine zum ersten jener vier Bezirke Macedoniens, nämlich zu dem ersten, welchen Pl auf seiner Reise berührte, gehörige Stadt und überdies, was ihre Bedeutung begründet, eine Kolonie". Nach Ort und Zeit war die Hafenstadt Neapolis (heute Kavala) die erste Stadt der Provinz Macedonien, die Pl berührte; aber ohne sich dort aufzuhalten, reiste er sofort auf der Via Egnatia, welche bei Neapolis den Strand berührte, nach dem viel bedeutenderen Philippi weiter. Nach den Inschriften zu urteilen, war die Bevölkerung mindestens zur Hälfte lateinischer Herkunft und Sprache. Es gab dort unter anderem ein wie es scheint von der Stadt unterhaltenes lateinisches Theater (Heuzey p. 145 nr. 76; C. I. L. III nr. 6113 *archimimus latinus et officialis* etc.). Der Name des Presbyters von Philippi, welcher 50—60 Jahre nach Gründung der Gemeinde von sich reden machte (Polyc. ad Phil. 11, 1), Valens kommt in einer einzigen namenreichen Inschrift aus der Umgebung von Philippi (C. I. L. III nr. 633) 7mal vor, cf noch nr. 640. 671. 679. 680. In nr. 633 auch 2mal Crescens (cf Pol. ad Phil. 14). Die Namen Euodia und Syntyche (Phl 4, 2) kommen in den Inschriften von Philippi nicht vor, sind aber sonst gewöhnlich genug. Εὐοδία (lateinisch auch *Euhodia*, bei Victorin zu Phl 4, 2 *Euchodia*, anderwärts sogar *Heuodia* geschrieben) C. I. Gr. nr. 3002. 5711. 5923. 6390; Inscr. Att. III (aus der Kaiserzeit) nr. 1795. 1888. 2079. 3160; Inscr. Gr. Sic. et It. nr. 855. 1108. 1745; Ägypt. Urk. des berl. Mus. nr. 550; C. I. L. III nr. 1388. 2314. 2435; V nr. 1173; VI nr. 17334—17339; VIII nr. 8569. Auch Εὐωδία (Duchesne et Bayet Mission au mont Athos p. 40 nr. 50) ist vielleicht nur orthographisch verschieden; so auch Phl 4, 2 in einigen Hss. Der entsprechende Mannesname ist Εὔοδος, seltener Εὐόδιος (Philo c. Flacc. 10; Eus. h. e. III, 22), auch Εὐώδιος Äg. Urk. nr. 793. Συντύχη C. I. Gr. nr. 2264m. 2326. 3098. 3865k; Le Bas-Waddington, Asie min. nr. 722; Inscr. Gr. Sic. et It. nr. 1369b; C. I. L. IV nr 2666; V nr. 1073. 2521. 8125. 8858; VI nr. 9662. 10243. 15607. 15608.

23484; VIII nr. 7962; IX nr. 102. 116. 156. 369. 1817. 2676. 3363. 6100. Unsicher ist, ob diese beiden Frauen nach Phl 4, 3 schon bei der ersten Anwesenheit des Pl in Phil. ihn in der Ausbreitung des Ev unterstützt haben; denn auch zur Zeit des 2 Kr hat sich Pl mehrere Monate lang in Macedonien aufgehalten. Einen Teil dieser Zeit kann er in Phil. zugebracht und unter anderem zu einem ἀϑλεῖν ἐν τῷ εὐαγγελίῳ benutzt haben. Es könnte auffallen, daß in diesem Zusammenhang *Lydia* (AG 16, 14. 40) nicht erwähnt wird. Es ist aber zu bedenken, daß Lydia kein eigentlicher Name, sondern ein von der Heimat hergenommenes Cognomen ist, cf Renan, St Paul 146. Nur von Angehörigen der Halbwelt, die kaum einen rechten Namen haben, brauchen ihn römische Dichter (Hor. od. I, 8. 13. 25; III, 9; Mart. epigr. XI, 21); auch das gleichbedeutende *Λύδη* ist als Eigenname selten genug (C. I. G. nr. 653. 6975; C. I. Att. III nr. 3261. 3262; Hor. od. III, 28). Wie Omphale die Lyderin heißt (Sophokl. Trach. 432 cf 70), so wird die aus Thyatira, also aus Lydien nach Phil. übergesiedelte Purpurhändlerin vielfach die Lyderin genannt worden sein, während sie von Haus aus und daneben noch einen eigentlichen Personnamen trug, etwa Euodia oder Syntyche? Übrigens erinnert an die *purpuraria* (AG 16, 14 vulg.) eine verstümmelte Inschrift zu Philippi (C. I. L. III nr. 664), noch bestimmter eine griechische Grabschrift zu Thessalonich, welche die Zunft der Purpurfärber einem gewissen Menippus aus *Thyatira* gesetzt hat (Duchesne et Bayet, Mission au mont Athos p. 52 nr. 83). Thyatira, eine macedonische Kolonie (Strabo XIII p. 625), hatte eine Zunft der Purpurfärber C. I. G. nr. 3496—3498. — Der Name *Clemens* (Phl 4, 3) ist auch für Phil. bezeugt C. I. L. III nr. 633 Valerius Clemens. Es wäre an sich nicht unmöglich zu vermuten, daß der Gefängnisaufseher in AG 16, 23ff. Clemens hieß. S. jedoch A 6. Übrigens ist Clemens im 1.—3. Jahrhundert wie die Indices zu Tacitus, Plinius' Briefen, den lateinischen und griechischen Inschriftensammlungen zeigen, ein so gewöhnliches Cognomen, daß hierauf allein irgend welche Kombination zu gründen, ein aussichtsloses Abenteuer ist. Nur um die weite Verbreitung desselben anzudeuten, führe ich einige Beispiele aus der Kaiserzeit an: C. I. Att. III nr. 1094. 1114 (am Ende). 1138 (Col. 3 lin. 23). 3896 (diese alle aus Athen, woher auch Clemens Alex. stammte); C. I. G. nr. 3757 (Kleinasien); 4557 (bei Damaskus); 4801 (Ägypten cf ägypt. Urk. nr. 344: 4 Träger dieses Namens); 5042 (Äthiopien); 1829c (unter den Add., aus Apollonia in Illyrien). C. I. L. III nr. 1739 (Epidaurus); nr. 5211—5216 (Cilli in Steiermark). — Der Fluß außerhalb der Stadt, an dessen Ufer sich die Juden und Proselyten von Philippi zum sabbathlichen Gottesdienst zu versammeln pflegten (AG 16, 13), ist der Angites (Herod. VII, 113, heute Angista, vielleicht identisch mit dem *Γάγγας* oder *Γαγγίτης* App. bell. civ. 106. 107), welcher etwa 1 Kilometer westlich von den Toren Philippis vorbeifließt und in den See Kerkinitis mündet, welchen der Strymon kurz vor seiner Mündung durchströmt. Da *προσευχή* AG 16, 16 jedenfalls die Gebetsstätte bezeichnet, so sehe ich keinen Grund, 16, 13 den Text zu ändern (Blaß *ἐνόμιζον ἐν προσευχῇ εἶναι*). Wenn auch sonst *προσευχή* ohne Unterschied für *συναγωγή* gebraucht wird (Schürer II, 447f. cf 444), so scheint doch Lc, der sonst überall nur letzteres Wort gebraucht, durch ersteres eine Vorstellung auszudrücken, für welche ihm *συναγωγή* ein ungeeigneter Ausdruck zu sein schien. Sitzplätze fanden sich dort (AG 16, 13). Daß es aber nur ein Surrogat für eine ordentliche Synagoge war, ist auch ausgedrückt durch *οὗ ἐδόκει* (so D vulg. Gigas, *ἐνόμιζεν* ℵ, *ἐνομίζετο* EHLP, *ἐνομίζομεν* BC) *προσευχή* (ABDEHLP, *προσευχήν* ℵC) *εἶναι*. Es mag eine offene Halle mit oder ohne Dach oder sonst ein geringeres Gebäude gewesen sein. — Ohne Unterlage in älterer Überlieferung scheinen die Angaben über Pl in Philippi zu sein, welche das historische Zwischenstück zwischen dem apokryphen Brief der Korinther an Pl und dessen Antwort, also ein Bruchstück der alten Paulusakten (um 170) enthält (Vetter, Der apokr. dritte Korintherbr. 1894, S. 54; GK II, 599). Die darin vorkommenden, von den Übersetzern und Abschreibern mannigfach verunstalteten Namen sind nicht übel gewählt. Stratonike ist ein altmacedonischer Name (Thuc. 2, 101), und Apollophanes liest man in einer Inschrift zu Neapolis bei Phil. (Heuzey p. 21 nr. 5).

2. Phl 4, 15f. Das steigernde καὶ ἐν Θεσσαλονίκῃ sagt an sich schon, daß Gleiches auch später geschehen ist. Da aber der Aufenthalt in Beröa, von wo aus Pl nach Athen reiste, nur von kurzer Dauer war, so ist ὅτε ἐξῆλθον ἀπὸ Μακεδονίας schwerlich vom Moment der Abreise, sondern als Plusquamperfekt zu verstehen (Hofmann) und an Sendungen nach Athen und Korinth zu denken (2 Kr 11, 8f.). Daß auch Phl 1, 3—7 sich auf diese materielle Unterstützung der Mission seitens der Philipper bezieht, meine ich Ztschr. kirchl. Wiss. 1885 S. 185—202 etwas gründlicher als Andere vor mir bewiesen zu haben. Auch die dort S. 184 verteidigte LA von 1, 3 ἐγὼ μὲν εὐχαριστῶ τῷ κυρίῳ ἡμῶν wird solange für sicher gelten müssen, als man die Entstehung dieser originellen LA aus der gewöhnlichen, welche offenbar durch Assimilirung an eine bekannte Redewendung des Pl, besonders im Eingang der Briefe (Rm 1, 8; 1 Kr 1, 4. 14; 14, 18; Kl 1, 3; Phlm 4; 1 Th 1, 2), entstanden ist, nicht besser zu erklären weiß, als Klöpper 1893 (Komm. z. St.), welcher vermutet, man habe das Bedürfnis gefühlt, den Apostel aus der in der „Adresse“ erfolgten Zusammenfassung mit Tim. loszulösen, und es habe dabei 1 Th 2, 18 als Vorbild gedient. Warum hat Niemand dieses Bedürfnis bei 1 Th 1, 2; 2 Th 1, 3; 1 Kr 1, 4; 2 Kr 1, 3; Kl 1, 3 empfunden und befriedigt? und wie könnte 1 Th 2, 18, wo die Unterscheidung des Pl von seinen Gehilfen notwendig war, übrigens auch ἐγὼ μέν nicht ohne Παῦλος geschrieben ist, als Vorbild für einen Briefeingang gedient haben, in welchem nichts gesagt wird, wovon Tim. notwendig ausgeschlossen werden mußte (s. oben S. 150)? Zu den Zeugen für den echten Text gehören außer D*G mit ihren lat. Paralleltexten Ambrosiaster, Cassiodor, in einem entscheidenden Punkt auch ein anderer altlat. Text (Italafragm. ed. Ziegler p. 74 *gratias ago domino meo*) und die Nachahmung in dem apokryphen Laodicenerbrief (GK II, 584 *gratias ago Christo*). Es wird zu übersetzen sein: „Ich meinerseits danke unserem Herrn für euer gesamtes (werktätiges) Gedenken (an mich, und zwar) allemal, in jedem meiner Gebete, indem ich für euch alle mit Freuden mein Gebet verrichte auf Grund eurer Beteiligung in der Richtung auf das Ev (d. h. eurer Mitwirkung für die Mission) vom ersten Tage an bis jetzt, indem ich eben darum das Vertrauen hege, daß der, welcher (solch' ein) gutes Werk unter euch in Gang gebracht hat, es (auch) zur Vollendung bringen wird bis zum Tage Christi Jesu; wie es in der Tat meine Pflicht ist, für euch alle hierauf bedacht zu sein (durch freudiges, anhaltendes, zuversichtliches Gebet so für euch zu sorgen), weil ich euch im Herzen trage (stets an euch denken muß) als solche, die ihr allesamt sowohl (seit Jahren) in meiner Gefangenschaft, als auch (jetzt) in der Verteidigung und Bekräftigung des Ev Mitgenossen meiner Gnade seid.“

3. Daß τὰ αὐτά Phl 3, 1 sich nicht rückwärts auf χαίρετε ἐν κυρίῳ (cf 2, 18), sondern auf 3, 2ff. bezieht, bedarf wohl keines Beweises mehr. Da ferner ὀκνηρός ähnlich wie φοβερός oder wie unser „bedenklich, verdrießlich“ und dgl. nicht nur von Personen, sondern auch von Sachen gebraucht wird, welche in einer Person die betreffende Stimmung erregen, so kann hier (cf Oed. Rex 834) nur gesagt sein: „mir erscheint es unbedenklich; ich trage kein Bedenken euch dasselbe zu schreiben“ (Theod. Mops. ἐμοὶ . . γράφειν ὄκνος οὐδείς cf Plut. Mor. 11 D πολὺς δ' ὄκνος ἔχει με, und das häufige οὐκ ὀκνήσω z. B. Papias bei Eus. h. e. III, 39, 3). Da ferner nicht γράφειν, sondern τὰ αὐτά den Ton hat, so kann man nicht wie Theod. Mops. ergänzen: „dasselbe, was ich euch mündlich gesagt, trage ich kein Bedenken, nun auch schriftlich euch zu sagen“. Es bleibt also nur übrig, daß Pl auf frühere, ihm und den Lesern noch erinnerliche briefliche Warnungen gleichen Inhalts zurückblickt. Wenn er sagt, es erscheine ihm unbedenklich, dieselben zu wiederholen, so bekennt er damit, daß diese Wiederholung überflüssig scheinen könnte, daß

er aber dieses Bedenken oder andere ähnliche überwunden habe. Es fragt sich, ob Polykarp von mehreren Briefen des Pl an die Philipper noch Kenntnis hatte, wenn er ad Phil. 3 schreibt: *οὔτε γὰρ ἐγὼ οὔτε ἄλλος ὅμοιος ἐμοὶ δύναται κατακολουθῆσαι τῇ σοφίᾳ τοῦ μακαρίου καὶ ἐνδόξου Παύλου, ὃς γενόμενος ἐν ὑμῖν κατὰ πρόσωπον τῶν τότε ἀνθρώπων ἐδίδαξεν ἀκριβῶς καὶ βεβαίως τὸν περὶ ἀληθείας λόγον, ὃς καὶ ἀπὼν ὑμῖν ἔγραψεν ἐπιστολάς, εἰς ἃς ἐὰν ἐγκύπτητε, δυνηθήσεσθε οἰκοδομεῖσθαι εἰς τὴν δοθεῖσαν ὑμῖν πίστιν* cf GK I, 814 ff. An einer anderen Stelle c. 11 (nur lat. erhalten) schreibt derselbe *ego autem nihil tale sensi in vobis vel audivi qui estis in principio epistulae ejus; de vobis etenim gloriatur in omnibus ecclesiis.* Über neuere Versuche, das sinnlose *epistulae ejus* zu erklären oder zu verbessern s. Forsch IV, 252. Besser als alle anderen ist der mir brieflich mitgeteilte Vorschlag von E. Nestle, im Original *ἐν ἀρχῇ τῆς ἀποστολῆς αὐτοῦ* anzunehmen. Wie *ἀποστέλλειν* und *ἐπιστέλλειν* nicht selten verwechselt wurden (AG 21, 25; 1 [3] Reg 5, 8; Nehem 12, 19), so wurde hier *ἐπιστολῆς* aus *ἀποστολῆς*. Letzteres Wort bezeichnet schon Gl 2, 8 nicht den Akt der Absendung, sondern ganz ähnlich dem modernen „Mission“ das dem Ausgesandten aufgetragene Werk und die Ausführung des ihm gewordenen Auftrags. Polykarp gibt das *ἐν ἀρχῇ τοῦ εὐαγγελίου* Phl 4, 15 frei und nicht übel wieder, bezieht aber im folgenden Satz auf die Philipper auch das, was 2 Th 1, 4 zu lesen ist. Daß dies ein momentanes Versehen sei, ist um so unwahrscheinlicher, als er schon c. 1, 2 ebenso 1 Th 1, 8 f. auf die Philipper zu beziehen scheint, während Tertullian umgekehrt einmal (Scorp. 13) mehrere Stellen des Phl als an die Thessalonicher gerichtet anführt. Die 3 Briefe an die macedonischen Gemeinden wurden von vielen Schriftstellern zusammengefaßt: Clem. protr. 87 GK I, 174; Vict. Petab. in dem echten Schluß seines Apokalypsekommentars cf Haußleiter im Th. Literaturbl. 1895 S. 196 *Paulus ad ecclesiam Macedoniam ita dixit* = 1 Th 4, 15—17; Hieron. comm. in Gal. lib. II praef. (Vallarsi VII, 430, wahrscheinlich nach Origenes cf GK II, 427 ff. 1002) *Macedones in caritate laudantur et hospitalitate ac susceptione fratrum,* was durch 1 Th 4, 9 belegt wird. Sie waren auch in den Hss. vielfach verbunden (GK II, 344. 349. 353 ff.). Daher also weiß auch Polykarp von mehreren Briefen des Pl an die Philipper d. h. die Macedonier.

4. Deutlich sind in allem Wesentlichen die bezüglichen Angaben Phl 2, 25—30; 4, 10—20. Daß 1, 3—7 die der letzten Vergangenheit angehörige tatkräftige Anteilnahme der Gemeinde an ihrem Apostel mit allem ähnlichen Tun früherer Zeit zusammengefaßt wird, wurde bereits bemerkt (A 2). Das Gleiche gilt aber auch von 2, 17 cf Ztschr. f. kirchl. Wiss. 1885 S. 290—302. Ich übersetze 2, 14—18: „Tut alles ohne Murren und Zweifel, damit ihr, frei von Tadel und unlauterer Beimischung, als makellose Gotteskinder inmitten eines verkehrten und verdrehten Geschlechtes euch darstellet, unter welchem ihr wie Leuchter strahlt, indem ihr [in] der Welt das Wort des Lebens darreicht, mir zu einem Gegenstand des Ruhms auf den (und am) Tag Christi, weil ich (dann, unter der Voraussetzung, daß ihr solche Ermahnung befolgt) nicht vergeblich gestrebt und nicht vergeblich gearbeitet habe (haben werde), sondern auch dann, wenn nun wirklich mein Blut als ein Trankopfer gespendet wird (cf 2 Tm 4, 6), mich über das Opfer und die Dienstleistung eures Glaubens (cf 2, 25. 30; 4, 18) freue und an euch allen meine Freude habe. Ebenso freuet auch ihr euch und habet an mir eure Freude!“ Man möchte statt *ἐν κόσμῳ*, was unmöglich neben *ἐν οἷς* in den Relativsatz hineinzuziehen ist (cf Hofmann), lieber nur *κόσμῳ* lesen. Ob Ephraim (comm. p. 162 *apparebitis mundo*) so gelesen hat?

5. Statt des ihm geläufigen *οὐ θέλω δὲ ὑμᾶς ἀγνοεῖν* schreibt Pl 1, 12 mit starker Betonung des ersten Wortes und im Rückblick auf *ἐπίγνωσις* 1, 9: *γινώσκειν δὲ ὑμᾶς κτλ.* Die LA *τὰ κατ' ἐμέ* unterliegt dem Verdacht, aus Eph 6, 21; Kl 4, 7 geflossen zu sein; es wird mit GS[1] (welche völlig abweichend von jenen Stellen übersetzt, als ob

ihr τὴν κατ' ἐμὲ πρᾶξιν vorgelegen), S[3] am Rande, Arm. τὸ κατ' ἐμὲ zu lesen sein. Über μᾶλλον = *potius*, nicht *magis* oder *plus* (*emolumenti, quam detrimenti*) cf meine Abhandlung a. a. O. S. 201.

6. Mit τὸ αὐτὸ φρονεῖν 4, 2 cf 2, 2 und 5 und nicht etwa 1 Kr 1, 10. Es bezeichnet überall nicht dasselbe wie ὁμόνοια, ὁμοδοξία, sondern Übereinstimmung in der Richtung auf praktische Ziele cf m. Abh. S. 193f. Über die Namen Euodia, Syntyche und Clemens s. A. 1. Mit Ambrosiaster, Lightfoot, Hofmann u. a. wird μετὰ καὶ Κλήμεντος κτλ. als Fortsetzung nicht des Relativsatzes, sondern des Hauptsatzes (συλλαμβάνου) zu fassen sein, denn αἵτινες kündigt ein Motiv für jene Aufforderung an. Ein solches sind die hervorragenden Verdienste, welche sich die Frauen um die erste Bildung der Gemeinde erworben haben; diese würden aber nur herabgedrückt, wenn Clemens und noch manche Andere daran Anteil hätten. Auch sollte man, wenn einmal die Mitarbeiter des Pl bei Stiftung der Gemeinde genannt werden sollten, statt des Clemens und anderer Namenloser Timotheus und Silvanus erwähnt zu finden erwarten. Es handelt sich also um Männer, welche jetzt in Phil. sich befinden und selbstverständlich noch am Leben und daher in der Lage sind, jene Frauen zu unterstützen, mit ihnen das Werk, welches jene treiben, anzufassen; denn das heißt συλλαμβάνεσθαί τινι (Lc 5, 7; Artemid. Oneirocr. III, 9. 37; IV, 74, wie bei den Attikern, gelegentlich mit Genetiv der Sache), und nicht etwa, sie seelsorgerisch beeinflussen. Im Buch des Lebens stehen die, welche auf Erden lebend als Bürger im Himmel angeschrieben sind (Lc 10, 20; Ap 3, 5; 20, 15; Hb 12, 23). Mitarbeiter des Pl aber sind auch solche, welche an anderem Ort als er wesentlich das gleiche Werk wie er betreiben (Phlm 1 oben S. 321). Ephraim richtig: *quorum nomina ego non hic descripsi, quia multa erant, attamen scripta sunt in libro vitae.* Schon darum weil Pl von den drei Genannten und den zum Schluß namenlos angereihten Mitarbeitern in dritter Person redet, obwohl er sie alle um etwas zu bitten hat, ist es überwiegend wahrscheinlich, daß der einzige in zweiter Person angeredete „Genosse" zwar zur Zeit der Ankunft des Briefs und von da an in Phil. anwesend sein wird, aber zur Zeit der Abfassung des Briefs bei Pl anwesend ist. Victorinus (Mai, Scr. vet. n. coll. III, 2, 80), auch Lightfoot u. Hofmann vermuteten mit Recht, daß Epaphr. gemeint sei. Saß dieser während des Schreibens neben Pl, oder diente er ihm etwa als Sekretär, so mußte es dem Apostel unnatürlich erscheinen, ihm in derselben Form wie den Abwesenden gleichsam durch Vermittlung der Gemeinde, an welche der Brief gerichtet war (cf Kl 4, 17), seine Bitte zukommen zu lassen. Rm 16, 22 ist nicht vergleichbar. Clem. Al. strom. III, 53 p. 435 meinte, Pl rede hier seine Gattin an, welche er nach 1 Kr 9, 5 nur nicht wie die anderen Apostel auf seinen Reisen mit sich geführt habe, eine Meinung, welche Origenes in allegorischer Deutung von δοῦλος Rm 1, 1 cf 1 Kr 7, 22 (Delar. IV, 461) und unter Berufung auf eine freilich nicht einstimmige Tradition (*sicut quidam tradunt*) sich aneignet, und welche Eus. h. e. III, 30 ohne abweisende Kritik anführt, was dann die Weiterverbreitung der Fabel vom Ehestand des Pl hauptsächlich verschuldet haben wird (vor Eusebius mit besonderem Eifer Pierius nach einem Excerpt im cod. Barocc. 142 cf de Boor, Texte u. Unters. V, 2, 170; sodann Pseudoign. Philad. c. 4; Epiph. mon. ed. Dressel p. 39; Salomo Bassor. apis c. 50 vert. Schönfelder p. 83). Das mit dieser Deutung von Phl 4, 3, wie schon Theodor Mops. betonte, unverträgliche γνήσιε, statt dessen es γνησία heißen müßte, hat Clemens weggelassen, und Renan, St. Paul 148, welcher Lydia darunter verstanden haben wollte, hat es unterlassen, das Masculinum zu entschuldigen. Das Wort gehört nicht zu denen, welche zwischen doppeltem und dreifachem Genus schwanken (Kühner-Blaß I, 1, 536). Auch würde σύζυγος γνησία kaum etwas Anderes als die legitime Ehefrau im Gegensatz zu einem Kebsweib bezeichnen können (Xenoph. Cyrop. IV 3, 1). Die altlat. Übersetzung *germane compar* (z. B. Ambrosiaster, vulg.) oder *germane*

unijuge (Victor. p. 79) verleitete zu dem Irrtum, daß *Germanus* Eigenname sei (Pelagius = Pseudohier. Vallarsi XI, 3, 377), welcher als solcher sogar in den griech. Text des cod. G eindrang. Ähnlich ist aus dem wohl schon bei den Syrern beigeschriebenen griech. γνήσιε der wunderliche Eigenname *Chenisi* oder *Khenesis* bei dem armenischen Ephraim p. 166 entstanden cf Vetter, Lit. Rundschau 1894 S. 111. Dagegen wollte Laurent, Ntl Stud. 134 σύζυγε als Eigennamen verteidigen, obwohl ein solcher weder in der Literatur noch in Inschriften bisher nachgewiesen ist. Wieseler Chron. 457 f. Anm. wollte Christus verstehen, Rückert zu 2 Kr 8, 22 S. 265 einen leiblichen Bruder des Pl, Völter, Theol. Tijdschr. 1892 S. 124 den Timotheus. Über moderne allegorische Deutungen der Stelle s. § 32 A 4.

7. Nachdem Pl trotz Nennung des Timotheus 1, 1 im ganzen Brief beharrlich und zahllos oft im Singular von sich geredet hat, fällt um so mehr das ἡμεῖς 3, 3. 17b auf, zumal unmittelbar davor und dahinter „ich" steht. Es kann nicht wie das „Wir" 3, 15 f. den Apostel mit den angeredeten Christen oder wie das 3, 20 f. mit allen Christen zusammenfassen. In 3, 17b ist beides gleich unmöglich und kann Pl nur sich und den 1, 1 neben ihm genannten Timotheus meinen. Warum nicht ebenso 3, 3? Timotheus war auch beschnitten (AG 16, 3). Daß Pl hier im Namen aller Christen oder gar der Heidenchristen in Rücksicht auf die Taufe oder die Wiedergeburt geredet haben sollte, ist unglaublich; denn 1) waren die Judaisten gleichfalls getauft, konnten sich also auf das äußere Zeichen der geistlichen Beschneidung gleichfalls berufen (Kl 2, 11); 2) redet hier der Jude Pl; 3) redet er 3, 5 von seiner Beschneidung im eigentlichen Sinn, 4) unterscheidet er hier nicht eine geistliche und eine leibliche Beschneidung, in welchem Falle er jenen die Beschneidung d. h. die wahre hätte absprechen müssen. Er sagt aber nur, ihre Beschnittenheit habe wegen ihrer bösen Gesinnung den Wert verloren, sei zu einer bloßen Verstümmelung geworden. Nicht die im hiesigen Zusammenhang ganz unangebrachte Wahrheit, daß die Christenheit das wahre Israel sei, spricht Pl hier aus, sondern ähnlich wie Rm 2, 25. 28 f. bestreitet er den Wert des äußerlichen Judeseins, wodurch die Judaisten sich ein Ansehen zu geben wußten, und stellt sich und seine Gehilfen, die Stifter der Gemeinde, welche zwar aus Israel hervorgegangen waren, aber mit dem pharisäischen Judentum gebrochen hatten, als die echten Juden jenen falschen Brüdern gegenüber. Den Philippern brauchen daher jene nicht zu imponiren. Der Wiedereintritt des ἐγώ 3, 4 an Stelle des ἡμεῖς 3, 3 erklärt sich völlig daraus, daß von Timotheus mit seiner nur halbjüdischen Herkunft und nachträglichen Beschneidung zwar wohl 3, 3, aber nicht 3, 4 ff. gesagt werden konnte. Erst 3, 17 geht Pl wieder in den Pluralis der Selbstbezeichnung über, was an sich ebensowenig wie an den ähnlichen Stellen 1 Kr 4, 16; 11, 1; Eph 5, 1 notwendig war. Da Pl es aber vorzieht, sich nicht ohne gleichzeitige Erinnerung an Andere, von welchen das Gleiche gilt, als Vorbild der Philipper hinzustellen, so ist es auch zweifellos, daß er ebenso wie 1 Th 1, 6; 2 Th 3, 7. 9 die Stifter der Gemeinde darunter verstanden haben will; nur besteht der Unterschied, daß 1 Th 1, 1; 2 Th 1, 1 alle drei, Phl 1, 1 nur Pl und Timotheus als Briefverfasser genannt, also auch unter dem „wir" 3, 3. 17 zu verstehen sind. — Zu κύνες vergleicht Hofmann treffend Ps 59, 7. 15; 22, 17. 21. Ferner liegt die Vorstellung der Unreinheit, obwohl sie sonst im NT mit dem Wort verbunden erscheint Mt 7, 6; 15, 26; Ap 22, 15 und dazu Schoettgen p. 1145.

8. Bei oberflächlicher Vergleichung von Phl 3, 19 mit Rm 16, 18 und von Phl 3, 18 mit Gl 6, 12 könnte man auf den Gedanken kommen, daß auch dort auf die Judaisten hingewiesen werde; auch daß Pl diese schon oftmals den Philippern genannt habe (3, 18), würde zu dem richtig verstandenen 3, 1 passen. Aber schon 3, 15 hat das, was unmittelbar durch die Erinnerung an jene veranlaßt war, seinen Abschluß gefunden. Hier, in einer allgemeinen Ermahnung zu einem Wandel nach dem Vorbild der Gemeindestifter

(cf 1, 27; 2, 12), bedürfte es einer deutlichen Rückverweisung auf 3, 2, wenn die allgemein gehaltene Schilderung der „irdisch Gesinnten" so speziell verstanden werden sollte. Es ist freilich auch nicht eine Schilderung der heidnischen Unsittlihckeit außerhalb der Gemeinde (2, 15; Eph 4, 17), sondern ebensolcher Unsittlichkeit mancher Christen (2 Th 3, 6. 11; 1 Kr 5, 1); denn nur darum, weil frühere Mahnungen der Missionare an ihnen vergeblich gewesen sind, muß Pl bekennen, daß er sie jetzt sogar unter Thränen die Feinde des Kreuzes Christi nenne. Ob sie bis zur äußeren Verleugnung des christlichen Bekenntnisses fortgeschritten sind oder eben nur durch ihren unchristlichen Wandel beweisen, daß sie von dem Ernst des Kreuzes nichts wissen wollen, läßt sich den Worten nicht entnehmen cf 1 Tm 1, 20; 2 Tm 4, 10. Polykarp 12, 3 nennt im Anschluß an Phl 3, 18 die Feinde des Kreuzes hinter den heidnischen Königen, den Verfolgern und Feinden der Christenheit.

§ 31. Die Lage des Paulus zur Zeit des Philipperbriefs.

Der Apostel befindet sich in Haft (1, 7. 13. 14. 17.) und zwar in Rom; denn nur dort konnte er aus der Gesamtheit der Christen seines Aufenthaltsortes, welche die Philipper grüßen lassen, die zur kaiserlichen Hofdienerschaft gehörigen Christen als eine besondere Gruppe herausheben (A 1). Ein zufälliger und vorübergehender Aufenthalt kaiserlicher Bedienter in Cäsarea, und darunter mehrerer Christen, hätte nicht als bekannt vorausgesetzt werden können, sondern mußte eigens berichtet und erklärt werden. Dagegen konnten die Philipper, welche noch in letzter Zeit Nachrichten von Pl bekommen hatten (oben S. 371), sehr wohl wissen, daß unter den römischen Christen auch kaiserliche Diener sich befanden (oben S. 297 f.). Ferner befindet sich Pl an einem Ort, wo eine größere Anzahl ihm teils freundlich, teils unfreundlich gesonnener Missionare tätig ist (1, 14—18), was sofort an Kl 4, 11 erinnert und ebenso wie die dortige Andeutung nach Rom weist (oben S. 313 f.). Endlich ist nur in Rom, nicht aber in Cäsarea denkbar, was wir hier über den Proceß des Pl erfahren. Im Unterschied von den bisher untersuchten Briefen des gefangenen Apostels, erwähnt er hier neben seiner Gefangenschaft und zwar als etwas damit Zusammengehöriges und doch davon zu Unterscheidendes die Verteidigung und Bestätigung des Ev (1, 7). Die Verteidigung des Ev wird wenigstens von seinen Freunden als der eigentliche Zweck seiner Gefangenschaft erkannt (1, 16). Die wiederholte Anwendung und die sonst gewöhnliche Bedeutung des Wortes ἀπολογία (1 Kr 9, 3; 2 Kr 7, 11; 2 Tm 4, 16; AG 22, 1; 25, 16) lassen nicht daran zweifeln, daß es sich um eine Verteidigung des Angeklagten, und zwar um eine Verteidigung vor Gericht handelt, und nicht etwa um diejenige Rechtfertigung des Ev, welche mit jeder Verkündigung desselben vor noch Ungläubigen gegeben ist. Daß es zu einer gerichtlichen Verhandlung gekommen sei, hatten die Philipper schon vor einiger Zeit erfahren und hatten neuerdings dem Pl ihre Teilnahme auch an dieser Wendung seines Schicksals bezeugt (1, 7); aber eben diese Wendung hatte sie mit banger Sorge um Pl selbst und die Sache des Ev erfüllt (oben S. 373). Dem gegenüber zeigt Pl 1, 12—18, daß, was zunächst die Sache des

Ev anlangt, diese keinerlei Schaden erlitten, sondern nur gewonnen habe. Eine erste heilsame Folge ist gewesen, daß „seine Ketten in Christus offenbar geworden sind im ganzen Prätorium und unter allen übrigen Leuten". Da die äußere Tatsache seiner Gefangenschaft für Jeden, der sich für sein Schicksal interessirte, vom Tage seiner Verhaftung in Jerusalem an das offenkundigste Ding von der Welt war, so kann nur gemeint sein, was auch das Wort ἐν Χριστῷ vermöge seiner Stellung ausdrücken will, es sei jetzt für jedermann klar geworden, daß seine Gefangenschaft lediglich in seinem Verhältnis zu Christus ihren Grund habe, und nicht etwa in irgend welchen Vergehungen gegen die öffentliche Ordnung (AG 21, 28. 38; 24, 5; 2 Tim 2, 9). Für die Glaubensgenossen des Pl war das von vornherein selbstverständlich; auch der Prokurator Festus hatte sich davon sofort überzeugt (AG 25, 18 f. 25; 26, 31 f.). Da aber Pl in Rom Jahr und Tag unter beständiger militärischer Bewachung gefangen gehalten wurde, mußten die ihm innerlich Fernerstehenden, die sich mit ihm berührten oder von ihm hörten, annehmen, daß er unter einer schweren Kriminalklage stehe. Erst die Wendung, welche seine Angelegenheit neuerdings genommen hatte, das gerichtliche Verfahren, in welchem er Gelegenheit zur Verteidigung gehabt hatte, hat diesen Schein beseitigt und zwar zunächst in der kaiserlichen Garde. Daß unter dem Prätorium (1, 13) ein Gebäude, und nicht vielmehr ein Kreis von Personen sollte zu verstehen sein, ist schon wegen der Zusammenstellung von ἐν ὅλῳ τῷ πραιτωρίῳ mit καὶ τοῖς λοιποῖς πᾶσιν äußerst unwahrscheinlich. Das Corps der Prätorianer darunter zu verstehen, entspricht dem Sprachgebrauch und den tatsächlichen Verhältnissen (A 2). War Pl bei seiner Ankunft in Rom dem Praefectus praetorio ausgeliefert worden, so wird auch der ihn bewachende Soldat ein Prätorianer gewesen sein (AG 28, 16; A 2). Bei täglich mehrmaligem Wechsel der Wache muß Pl im Lauf zweier Jahre mit Hunderten von Prätorianern in Berührung gekommen sein. Wie begreiflich, daß unter diesen und durch sie in weiteren Kreisen der Bevölkerung der Gang seines Processes bekannt wurde! War die gerichtliche Verhandlung bis dahin so verlaufen, daß in so weitem Umkreis anerkannt war, Pl sei lediglich wegen seiner religiösen Überzeugung von den Juden verklagt worden und bisher in Haft geblieben, so war schon dies ein Gewinn für das Ev. Als eine weitere erfreuliche Folge der vor einiger Zeit stattgehabten Verhandlung wird 1, 14 angegeben, daß die Mehrzahl der Brüder ein in ihrem Glauben an den Herrn begründetes Vertrauen zu seinen Ketten gefaßt haben (A 3) und jetzt in noch reichlicherem Maße als bisher es wagen, furchtlos das Wort des Herrn zu verkündigen. An ängstlichen Gemütern, die wie die Philipper in der Ferne noch immer das Schlimmste befürchteten, scheint es in Rom nicht gefehlt zu haben. Wenn aber die Mehrheit der an der Ausbreitung des Glaubens arbeitenden Christen in der Umgebung des Pl einen günstigen Ausgang seiner Gefangenschaft mit Zuversicht erwarten und daraufhin mit gesteigertem Mut und Eifer der Predigt des Ev sich widmen, so muß sich bei Gelegenheit der Apologie des Pl auch dies herausgestellt haben, daß das kaiserliche Gericht nicht gesonnen sei, das Ev zu unterdrücken und Männer, denen wie dem Apostel nichts anderes nachgewiesen werden konnte, als daß sie eine neue unter den Juden aufgekommene Lehre verbreiten, darum zu strafen. Der Richter in Rom muß eine Stellung zur Sache eingenommen und bereits zu erkennen gegeben haben, wie sie Gallio und Festus eingenommen hatten (AG 18, 15; 25, 19). Von eigener Predigttätigkeit des Pl, von Mitarbeitern an Ort und Stelle (Eph 6, 19f.; Kl 4, 3. 10—14; Phlm 10. 23f.) hören wir im Phl ebensowenig, als wir in den früheren Briefen aus der römischen Gefangenschaft oder AG 28, 16—31 von einem im Gang befindlichen Proceß hören. Offenbar hat also das Eine das Andere abgelöst. Seitdem seine Sache Gegenstand gerichtlicher Verhandlungen geworden ist, hat seine Predigttätigkeit und die hiefür erforderliche Freiheit der Bewegung ein Ende gefunden; in die dadurch entstandene Lücke sind Andere eingetreten. Wenn die Philipper durch die Nachricht von dem Aufhören der ungehinderten Predigt des Pl betrübt worden sind, so erblickt er darin eine Förderung des Ev und spricht seine Freude über den reichlichen Ersatz aus, den seine eigene Predigt gefunden hat (1, 12. 18). Er zwingt sein edles Herz zu solcher Freude, obwohl er nicht verschweigen kann, daß diese gesteigerte Tätigkeit der Missionare in seiner Umgebung zum Teil von Beweggründen geleitet ist, die ihm nicht erfreulich sein können. Ein Blick auf Kl 4, 11 (oben S. 313) läßt nicht daran zweifeln, daß er dabei judenchristliche Prediger im Auge hat. Wenn er aber alle Predigt in seiner Umgebung eine Verkündigung Christi nennt und seine Freude darüber ausspricht, so müssen wir bei voller Berücksichtigung der Absicht, die Philipper zu einer freudigen Betrachtung der Sachlage zu ermuntern, doch hieraus schließen, daß es sich nicht um solche falsche Brüder oder böse Arbeiter, Hunde und Satansdiener handelt, wie die, vor welchen Phl 3, 2 gewarnt wird, und welche er in Korinth und Galatien zu bekämpfen gehabt hatte. Alle die, von welchen er 1, 14—18 redet, predigen nicht bloß von Jesus (2 Kr 11, 4), sondern predigen auch den Heiland, welchen Pl predigt; ihn zu verkündigen muß daher auch ihre Absicht, das Hauptmotiv ihrer Arbeit sein. Aber daneben sieht Pl bei der neuerdings gesteigerten Predigttätigkeit in seiner Umgebung auch andere Motive und Nebenabsichten sich geltend machen. Manche arbeiten jetzt, wo Pl verhindert ist, auch aus Misgunst gegen ihn (*καὶ διὰ φθόνον καὶ ἔριν*) und überhaupt aus einer unedlen Gesinnung heraus (*ἐξ ἐριθείας*) mit doppeltem Eifer. Sie benutzen die Gelegenheit, ihm den Rang abzulaufen und das Arbeitsfeld, das er zeitweilig hat räumen müssen, für sich in Anspruch zu nehmen. Mit einiger Schadenfreude sehen sie den größeren Nebenbuhler zur Untätigkeit verurteilt und tragen kein Bedenken, ihm seine Gebundenheit noch durch den Herzenskummer über ihre Erfolge zu erschweren. So, meinen sie, müsse er empfinden (1, 17 *οἰόμενοι*); aber sie täuschen sich. Nicht nur sind Andere da, welche sich jetzt außer von dem Eifer für die Sache Christi auch von der Liebe zu ihrem jetzt vor des

Kaisers Tribunal das Ev vertretenden Freunde zu gesteigerter Arbeit anfeuern lassen, sondern Pl gewinnt es auch über sich, an dem Fortschritt der ganzen Sache, gleichviel durch wen und mit welchen Gesinnungen gegen seine Person sie gefördert wird, seine Freude zu haben. Aber auch für seine Person blickt er mit freudiger Zuversicht auf die Gegenwart und darum in die Zukunft (1, 19—26). Das ist das dritte Ergebnis des bisherigen Gangs des Processes, durch dessen Hervorhebung Pl der trübseligen Auffassung der Philipper entgegentritt. Er könnte deren Stellung zu seiner Angelegenheit zwar auf alle Fälle weder billigen noch teilen. Für ihn ist der Christus, den ihm Niemand und nichts, auch der Tod nicht rauben kann, das allein des Nennens werte Leben, und wenn er nur an seine Seligkeit zu denken hätte, wäre das Sterben reiner Gewinn für ihn, weil Erfüllung seiner Sehnsucht nach völliger Vereinigung mit Christus. Andrerseits hat er einen Beruf auf Erden auszurichten, welcher ein längeres Leben im Fleisch notwendig machen kann. Zwischen dem einen und dem anderen sicher zu entscheiden, würde seine Urteilskraft nicht ausreichen. Als Christ kann er sich nur der Hoffnung getrösten, daß die Entscheidung in dem noch schwebenden Proceß, mag er mit seiner Hinrichtung oder seiner Freisprechung endigen, zu einer Verherrlichung Christi an seinem Leibe ausschlagen werde. Diese Erwägungen (1, 20—24) beweisen, daß eine Verzagtheit, wie sie in Phil. Platz gegriffen hatte, eine Aufhebung der Freude in dem Herrn (2, 18; 3, 1; 4, 4) durch Ereignisse, wie der Märtyrertod des Pl eines wäre, im Christenleben überhaupt kein Recht hat. Nun aber handelt es sich um eine sehr unbegründete Sorge und eine nur eingebildete Gefahr. Pl ist zu der festen Überzeugung gekommen, daß er demnächst freigesprochen werden wird. Er spricht sie schon aus mit den Worten: „Ich weiß, daß dies mir zum Heil ausschlagen wird durch euer Gebet und durch Darreichung des Geistes Jesu Christi“ (1, 19). Wenn die Fürbitte der Gemeinde für den gefangenen und nun vor Gericht gestellten Apostel selbstverständlich nicht seinen Tod, sondern nur seine Freisprechung zum Inhalt haben kann (Phlm 22; 2 Kr 1, 11; AG 12, 5), so kann auch die Hilfsleistung des Geistes sich nur hierauf beziehen. Der Apostel vertraut, daß der Geist Christi wie bisher so auch fernerhin bei seiner gerichtlichen Verantwortung ihm zur Seite stehen, ihm alles hiefür Erforderliche darreichen, ihm in jedem Augenblick die Geistesgegenwart bewahren und das rechte Wort in den Mund legen werde, so daß seine Freisprechung erfolge (Mt 10, 19f.; Mc 13, 11; AG 4, 8). Darnach ist auch das Heil, von welchem er weiß, daß es das Ergebnis seines Processes sein wird, nicht die Seligkeit oder die vom Leben oder Tod unabhängige Verherrlichung Christi durch ihn, wovon er 1, 20 redet, sondern die Freisprechung. Die Worte des Hiob, in welche er seine zuversichtliche Erwartung kleidet, nötigen an sich zu diesem Verständnis (A 3), und jeder Zweifel daran muß schwinden angesichts der zweiten Stelle, wo Pl den Inhalt seines Wissens um den Ausgang seines dermaligen Handels nur noch deutlicher angibt (1, 25). Nachdem er 1, 22 von der Nützlichkeit seines ferneren Lebens im Fleisch nur hypothetisch geredet hatte, spricht er eben dieses Urteil 1, 24 als seine wirkliche Überzeugung aus. Das könnte er freilich nicht, wenn es nur eine aus dem bisherigen Gang des Processes geschöpfte Vermutung wäre, daß er diesmal mit dem Leben davon kommen werde. Aber er behauptet noch einmal mit noch stärkerem Ausdruck, dies wisse er zuversichtlich, daß er am Leben bleiben, auch wieder nach Phil. kommen und also nicht nur mit einzelnen Philippern, wie Epaphroditus, sondern mit der ganzen Gemeinde zusammenleben werde (1, 25f. A 3). Wie diese Gewißheit in ihm entstanden sei, entwickelt Pl nicht in lehrhafter Erörterung. Man wird aber nicht fehlgehen, sondern den Gesamteindruck seiner Darlegung richtig wiedergeben, wenn man behauptet, daß zu der günstigen Beurteilung des bisherigen Erfolgs der gerichtlichen Verhandlung seitens des Pl selbst und seiner ganzen Umgebung, wonach eine Freisprechung zuversichtlich erwartet wurde (1, 12—18), und zu der Erwägung, daß seine Lebensaufgabe noch nicht erfüllt sei (1, 22. 24), noch ein Drittes, nämlich eine über alle vernünftige Erwägung hinausliegende Ahnung und Eingebung hinzukam, um das Wissen von seiner bevorstehenden Befreiung (1, 19. 25) zu begründen. Auf dieses dritte Moment, welches im Leben des Pl wie aller wahrhaft großen Männer und starken Beter ein großes Gewicht hat (A 4), werden wir schon durch 1, 20 hingewiesen; denn nicht jeder Christ kann sich der Hoffnung hingeben, daß an seinem Leibe, mag er ihm noch länger als Wohnung dienen, oder demnächst zur Leiche werden, Christus werde verherrlicht werden. Das geschieht nicht in einem alltäglichen Leben und Sterben. Pl aber hegt solche Hoffnung auf Grund seiner bisherigen Erfahrungen (ὡς πάντοτε καὶ νῦν). Weil sein gebrechlicher, von schweren Leiden heimgesuchter Leib sich bisher schon so oft als Werkzeug der Wundermacht Christi erwiesen hat, darum hofft er dies auch für den Rest dieses Lebens. Darum kann er auch nicht denken, daß er vom Meer verschlungen oder von Räubern erschlagen (2 Kr 11, 25 f.; 1, 10 cf oben S. 228 A 4) oder im Fiebertraum dahingerafft werde, sondern erwartet mit Sehnsucht und Hoffnung einen Tod, welcher an sich selbst eine Verherrlichung Christi sei, d. h. einen Märtyrertod (Jo 21, 19). Noch deutlicher faßt er dieses sein blutiges Ende 2, 17 ins Auge, nicht als eine Möglichkeit, auf welche er oder die Philipper sich gefaßt machen müssen, sondern als das Ziel seines irdischen Lebens, welches zwar auf sich warten läßt, aber nicht ausbleiben wird (oben S. 379 A 4). Während er aber von seinem dereinstigen Märtyrertod nur als einem Gegenstand seines sehnlichen Verlangens und seiner Hoffnung redet (1, 20), glaubt er aus den angegebenen mannigfaltigen Gründen sicher zu wissen, daß sein Tod jetzt noch nicht unmittelbar bevorstehe, sondern noch eine Zeit des Wirkens vor ihm liege. Von einem Schwanken in dieser Beziehung zeigt sich auch 2, 19—24 keine Spur. Entschieden ist sein Proceß noch nicht. Vorläufig kann Pl für die Philipper nichts weiter tun, als für sie beten (1, 4. 9) und durch Rücksendung des Epaphr. (2, 25—30) sowie durch den Brief, welchen dieser zu überbringen hat, sie beruhigen, stärken und ermahnen. Wenn er aber absehen kann, wie seine Lage sich gestaltet, d. h. doch wohl, wenn das Gericht sein Urteil über ihn gefällt hat, gedenkt er nicht sofort nach dem Orient und nach Phil. zu reisen; er hofft vielmehr, daß es ihm dann möglich sein wird, den Tim. nach Phil. zu senden (2, 23). Wenn er daneben der Zuversicht Ausdruck gibt, bald auch selbst dorthin zu kommen (2, 24), so darf dieses ταχέως schon wegen des Gegensatzes zu der sofortigen Sendung des Tim. unmittelbar nach Erledigung des Processes (2, 23 ἐξαυτῆς) nicht zu enge gefaßt werden. Ferner zeigt die Art, wie Pl hier von Tim. im Verhältnis zu den Philippern und zu seinem apostolischen Werk redet (2, 20—22), daß dieser Mitstifter der Gemeinde nicht etwa nur als Überbringer von Briefen und Nachrichten dorthin reisen, sondern als vorläufiger Ersatz für den noch eine Zeitlang in der Ferne festgehaltenen Apostel in Phil. sich eine Zeitlang aufhalten soll. Endlich erwartet Pl, ehe er selbst Rom verläßt oder doch nach Phil. kommt, noch die Rückkehr des Timotheus von Phil. und hofft durch ihn gute Nachrichten über die dortige Gemeinde zu erhalten (2, 19). Nach alle dem ist anzunehmen, daß Pl auch nach Abwickelung seines Processes mindestens noch einige Monate lang von Phil. fernzubleiben gedenkt, sei es, daß er nach der von ihm mit Bestimmtheit erwarteten Freisprechung noch eine Zeitlang in Rom, nun erst mit voller Freiheit der Bewegung zu wirken beabsichtigte, oder daß er nach seinem langjährigen Plan über Rom hinaus weiter westwärts vorzudringen gedachte (Rm 15, 22—29). Erstere Annahme könnte natürlicher erscheinen, weil Pl im anderen Falle, wenn er vor seiner Rückkehr in den Orient ein neues Arbeitsfeld im Westen in Angriff nehmen wollte, nicht absehen konnte, wie bald er sich von demselben wieder werde losmachen können, so daß die Ankündigung seiner baldigen Ankunft in Phil. (2, 24; 1, 25) befremden könnte, zumal er schon vor einiger Zeit einen Besuch von Kolossä, also eine Reise von Rom nach dem Orient in Aussicht gestellt hatte (Phlm 22 oben S. 322). Entscheidend sind jedoch diese Erwägungen nicht (s. unten § 36). — Daß die Lage der Dinge, welche uns der Phl erkennen läßt, derjenigen, aus welcher heraus Eph, Kl und Phlm geschrieben wurden, nicht vorangegangen, sondern nur gefolgt sein kann, liegt auf der Hand (A 5). Damals war Pl, unterstützt von einer beträchtlichen Zahl von Gehilfen, mit Predigt des Ev beschäftigt; von äußeren Hemmnissen, womit er zu kämpfen hätte, hörten wir nichts. Die Darstellung in AG 28, 30 f. wird durch diese Briefe durchaus bestätigt. Die Fürbitte, um welche er die asiatischen Christen anging, bezog sich nicht auf Beseitigung äußerer Hindernisse, sondern nur auf die rechte Art und einen gesteigerten Erfolg seiner Predigt (Eph 6, 19 f.; Kl 4, 3 f., indirekt auch 4, 5 f.). Da im Phl jede Andeutung von dieser Predigttätigkeit fehlt, und im Gegenteil Phl 1, 14—18 kaum anders zu verstehen ist, als daß die Unterbrechung dieser Wirksamkeit des Pl von anderen Missionaren in Rom ausgebeutet wurde (oben S. 383 f.), so kann schon darum der Phl nicht während der vollen zwei Jahre nach seiner Ankunft in Rom (AG 28, 30), sondern erst nach Ablauf derselben, also nach dem

Frühjahr 63 geschrieben sein. Mit noch größerer Sicherheit ergibt sich dies aus dem, was wir an positiven Tatsachen durch den Phl erfahren. Hätte die gerichtliche Verhandlung, von deren Ausgang das ganze Schicksal des Pl und alle seine Pläne für die Zukunft abhingen, während jener zwei Jahre stattgefunden, so wäre nicht nur die zusammenfassende Schilderung AG 28, 30 f. falsch, welche durchaus den Eindruck erweckt, daß die Lage, in welche Pl durch seine Ablieferung an den Kommandanten der Garde ohne jede gerichtliche Untersuchung versetzt wurde, volle zwei Jahre lang wesentlich unverändert fortbestanden hat. Es wäre auch unbegreiflich, daß von dem Proceß, welcher zur Zeit des Phl in der Umgebung des Pl und im Kreise seiner fernen Freunde bis nach Phil. hin die größte Teilnahme erregte und von Allen mit Spannung verfolgt wurde, in Eph, Kl, Phlm auch nicht die geringste Nachwirkung zu bemerken ist. Hat Pl mit seiner ganzen christlichen wie nichtchristlichen Umgebung zur Zeit des Phl die Dinge richtig beurteilt, so muß er nicht lange darnach in Freiheit gesetzt worden sein; für Briefe aus derselben Gefangenschaft, in welchen diese durchaus als ein gleichmäßiger Zustand von unabsehbarer Dauer erscheint und nur ein einziges Mal ganz beiläufig und nachträglich die Aussicht auf eine Befreiung eröffnet wird (Phlm 22 oben S. 322), bliebe in diesem Fall nach der Zeit des Phl kein Raum. Ebensowenig aber auch in dem Fall, daß Pl und seine Umgebung sich damals gründlich getäuscht, oder unvorhergesehene Zwischenfälle seinem Proceß eine andere, als die damals erwartete, also eine ungünstige Wendung gegeben haben. Er wäre dann entweder hingerichtet oder auf eine Insel verbannt oder zur Bergwerksarbeit verurteilt worden. Endlich eine nochmalige Vertagung des so ernstlich in Angriff genommenen und beinah schon entschiedenen Processes auf unbestimmte Zeit wäre überhaupt schwer zu begreifen. Aber auch von einer solchen Verschleppung, die zur Zeit des Phl ganz unmöglich schien, und von der darin liegenden bitteren Enttäuschung des Apostels und aller seiner Freunde müßte man in Briefen, welche später und doch noch aus derselben Gefangenschaft heraus geschrieben wären, Spuren finden. Das Allerunbegreiflichste aber wäre, wie Pl, nachdem die so mannigfaltig und sicher begründete Erwartung auf endgiltige Befreiung, welche er mit seiner Umgebung mindestens einige Wochen lang festgehalten hatte, sich als Täuschung erwiesen hatte, einige Wochen oder Monate später dann doch wieder ganz beiläufig (Phlm 22) die Hoffnung auf Befreiung äußern konnte ohne die stärksten Gründe für das Wiederaufleben dieser Hoffnung zu haben und auch seinen fernen Freunden die Gründe darzulegen, wodurch er sich und sie gegen eine abermalige Enttäuschung gesichert glaubte. Es bleibt also nur übrig, daß die Tatsachen, auf welche er zur Zeit des Phl seine bestimmte Erwartung baldiger Befreiung gründete, in die Zwischenzeit zwischen Abfassung von Eph, Kl, Phlm und von Phl fallen. Nach Ablauf jener zwei Jahre (AG 28, 30), während welcher die Sache des Pl auf sich beruhen blieb, im Frühjahr 63 ist ihm der Proceß gemacht worden, welcher dann bald für den Angeklagten so günstig verlief, wie Pl den Philippern es darstellt. Aus der unbestimmten Hoffnung, einmal wieder frei zu kommen und auch die asiatischen Gemeinden besuchen zu können (Phlm 22), ist die bestimmte Erwartung geworden, daß es dazu kommen werde. Ob diese Erwartung in Erfüllung gegangen ist, muß vor allem die Untersuchung der bisher noch nicht untersuchten Briefe unter dem Namen des Pl feststellen.

1. Phl 4, 22 *μάλιστα δὲ οἱ ἐκ τῆς Καίσαρος οἰκίας*. Über das nicht ganz sichere *δέ* cf GK II, 939. Obwohl *domus Caesaris* (*Caesarum, Augusta, Augustana, Augustiana*, später *domus divina*) ganz gewöhnlich das kaiserliche Haus im Sinn unseres Sprachgebrauchs, die regierende Familie mit allen ihren Gliedern benennt, so bezeichnet doch der hier vorliegende Ausdruck (*ἐκ τῆς οἰκίας, ex domo*) nach konstantem Sprachgebrauch nicht Anverwandte des Kaisers — das wäre *οἱ ἐκ γένους* (oder *πρὸς γένους* Clem. hom. IV, 8; XII, 8. 15), oder *ἀφ' αἵματος* (Philo leg. ad. Caj. 11; Jos. bell. I, 18, 4), oder *συγγενεῖς τοῦ Καίσαρος* (Acta Theclae 36) —, sondern die zur kaiserlichen Hofdienerschaft gehörigen Personen niederen oder höheren Rangs, in älterer Zeit aber durchweg Sklaven und Freigelassene: Philo in Flacc. 5 Mang. II, 522; Acta Petri et Pauli ed. Lipsius p. 104, 9; 106, 15; 193, 5; Hippol. refut. IX, 12 in.; Inscr. R. Neapol. nr. 6912 *ex domo Caesarum libertorum et servorum* etc.; C. I. L. VI nr. 8645. 8653. 8654; X nr. 1745. Im Testament Gregors (Migne 37, 389) ist *ἐκ τῆς οἰκίας μου γενόμενος* „mein ehemaliger Sklave". Es ist auch daran zu erinnern, daß *οἰκέται* von altersher, *domestici* in der Kaiserzeit (Suet. Otho 10 extr.; Tert. apol. 7. 39) die „Domestiken" bezeichnet. Cf übrigens Lightfoot, Philipp. 19. 165. 169—176. Da erst nach Nero einige Hofämter und zwar später regelmäßig mit Rittern statt mit Freigelassenen besetzt wurden (cf Friedländer, Sittengesch. I[6], 83f.), so ist zu Phl 4, 22 nicht an Personen ritterlichen Standes zu denken. Die spätere Tradition von *equites Caesareani* unter den römischen Christen jener Zeit (Clem. hypot. zu 1 Pt 5, 13 Forsch III, 83. 95) trägt spätere Verhältnisse in die Zeit von Phl 4, 22 zurück.

2. Zu *τὸ πραιτώριον* Phl 1, 13 cf Marquardt, R. Staatsverw. II[2], 411. 475ff.; Mommsen, Staatsr. II[3], 863ff.; Lightfoot 97—102. Als Lokalität bezeichnet es ursprünglich das Zelt des Feldherrn und den Teil des Lagers, wo jenes steht, das Hauptquartier; dann das Wohngebäude jedes Fürsten oder obersten Beamten (Mt 27, 27; Mr 15, 16; AG 23, 35; Act. Thom. 3. 17. 18. 19; Tert. Scap. 3); endlich jedes vornehmere, „herrschaftliche" Gebäude (Suet. Aug. 72; Calig. 37; Tib. 39 *in praetorio* = Tac. ann. IV, 59 *in villa*). Wenn der Kaiser außerhalb Roms ein solches Gebäude bewohnt, wird das gelegentlich im Datum eines Erlasses ausgedrückt, wie C. I. L. nr. 5050 *Bais in praetorio* cf Jos. ant. XVIII, 7, 2. Die Meinung der antiochenischen Exegeten (z. B. Theodorus ed. Swete I, 206), daß das, was man zu ihrer Zeit *palatium* nannte, der kaiserliche Palast in der Residenzstadt, zur Zeit des Pl *praetorium* geheißen habe, ist eine wertlose, durch Beispiele nicht zu belegende Vermutung. Noch unhaltbarer ist die Meinung, daß *ἡ Καίσαρος οἰκία* (4, 22, was ja schon wegen der Formel *οἱ ἐκ τῆς κτλ.* kein Gebäude sein kann) = *τὸ πραιτώριον* (1, 13) = *τὸ πραιτώριον Ἡρῴδου* (AG 23, 35) sei. So O. Holtzmann, Th. Literaturz. 1890 Sp. 177, auf den sich Spitta, Urchrist. I, 34 beifällig beruft. Dadurch, daß ein von Herodes in Cäsarea erbauter Palast in römischen Besitz übergegangen war und vermutlich dem Prokurator als Amtswohnung diente, war derselbe noch lange nicht *ἡ Καίσαρος οἰκία*, und noch weniger waren einige in diesem Gebäude angestellte Leute *οἱ ἐκ τῆς K. οἰκίας*. — Unerweislich ist auch die Meinung Wieselers (Chronol. 403), daß *praetorium* das Wachtlokal oder die Kaserne in oder an dem Palatium bezeichne, worin regelmäßig eine der prätorianischen Kohorten unter-

gebracht war (Tac. hist. 1, 24. 29 [*cohortis quae in palatio stationem egit*]; 38; ann. XII, 69; Suet. Otho 6). Wenn Dio Cass. 53, 16, 5 ebenso wie Polyb. VI, 31, 6f. *praetorium* durch *στρατήγιον* übersetzt, so sagt er dort doch nur, daß der Kaiser im Palatium wohnte und dort sein Hauptquartier hatte, keineswegs aber, daß ein Teil des Palatium *praetorium* genannt wurde. Dies läßt sich auch nicht als Name der *castra praetoria* (Plin. h. n. III, 9, 67) oder *castra praetorianorum* (Tac. hist. I, 31) vor der Porta Viminalis nachweisen, worin seit Tiberius die ganze Garde kasernirt war (Tac. ann. IV, 2. 7; XII, 36; Suet. Tib. 37; Schol. in Juv. 10, 95; Dio Cass. 57, 19, 6). Bei Phl 1, 13 an ein Lokal zu denken, liegt aber von vornherein darum sehr fern, weil die Verbindung im „ganzen Prätorium und (unter) allen übrigen“, zumal das zweite Glied nicht einmal eine eigene Präposition erhalten hat, nur dann korrekt und natürlich ist, wenn *praetorium* eine Klasse von Personen bezeichnet. Das entspricht aber auch einem unfraglichen Sprachgebrauch; denn *praetorium* ist, neben *cohortes praetoriae*, der regelmäßige Name der kaiserlichen Garde. Ausdrücke wie *praefectus praetorio*, *militare in praetorio* haben mit irgend welcher Lokalität nichts mehr zu schaffen, und Stellen wie Tac. hist. IV, 46 (*militiam et stipendia orant . . . igitur in praetorium accepti*); Suet. Nero 9 (*ascriptis veteranis e praetorio*), welche für die Bedeutung *castra praetoria* angeführt worden sind, bestätigen nur die Bedeutung „Garde“. Von Soldaten dieser Truppe ist Pl wahrscheinlich von seiner Ankunft in Rom an bewacht worden (AG 28, 16). Die ältere Recension bietet an dieser Stelle den Text: *ὅτε δὲ εἰσήλθομεν εἰς Ῥώμην, ὁ ἑκατόνταρχος παρέδωκε τοὺς δεσμίους τῷ στρατοπεδάρχῃ· τῷ δὲ Παύλῳ ἐπετράπη μένειν καθ᾽ ἑαυτὸν ἔξω τῆς παρεμβολῆς σὺν τῷ φυλάσσοντι αὐτὸν στρατιώτῃ* (cf Blaß, Comm. p. 287; Ed. min. p. 94, 9f.). Die altlateinische Übersetzung dieses Textes bietet nach einem Zeugen (g = der sogenannte Gigas in Stockholm) für *τῷ στρατοπεδάρχῃ principi peregrinorum*, nach einem anderen (p = Paris. lat. 321) und nach einer provençalischen Version *praefecto*. Noch ehe letztere Variante bekannt wurde, hat Mommsen (Sitzungsber. d. berl. Ak. 1895 S. 495ff.) im Anschluß an eine Mitteilung Harnacks nicht nur zusammengestellt, was man bisher über den *princeps castrorum peregrinorum*, gewöhnlich kürzer *princeps peregrinorum* genannt, wußte, sondern auch wahrscheinlich zu machen gesucht, daß der Centurio Julius den Pl und die anderen Gefangenen diesem *princeps peregrinorum* abgeliefert habe, und dagegen die herkömmliche Deutung von *στρατοπεδάρχης* auf den *praefectus praetorio* für „sachlich wie sprachlich nicht möglich“ erklärt (S. 498). Dagegen sei hier in Kürze nur Folgendes bemerkt: 1) Ein *princeps castrorum peregrinorum* (C. I. L. VI nr. 354) und die Existenz der Truppe und Kaserne, deren Kommandant derselbe war, ist bisher aus der Zeit vor der Reorganisation des Sept. Severus nicht nachgewiesen. Das Vorkommen des Titels in einem lat. Text von AG 28, 16 beweist nichts für ein höheres Alter; denn daß es vor dem Tode des Severus (a. 211) irgend eine lat. Übersetzung der AG gegeben habe, ist eine unerweisliche und unwahrscheinliche Hypothese (cf GK I, 51–60). Überdies wissen wir nicht, ob *praefectus* oder *princeps peregrinorum* vom ersten Übersetzer herrührt. 2) Da *princeps peregrinorum* allerfrühstens 125 Jahre nach Abfassung der griech. AG in einem lat. Text derselben vorkommt, also jedenfalls keine auf Kenntnis der dort berichteten Ereignisse beruhende Übersetzung, und sprachlich betrachtet überhaupt keine Übersetzung von *στρατοπεδάρχης*, sondern im günstigsten Falle ein glücklich gewähltes *Quidproquo* ist, so ist der Ausdruck auch kein Mittel, um die Meinung des Originalschriftstellers zu gewinnen. 3) Was die angebliche sprachliche Unmöglichkeit der Fassung von *στρατοπεδάρχης* = *praefectus praetorio* anlangt, so ist vor allem zu betonen, daß der lat. Titel zur Zeit des Lucas und noch lange nachher in sehr mannigfaltiger Weise von den Griechen wiedergegeben wurde (cf Mommsen, Staatsr. II³, 866 und die Belegstellen bei Hirschfeld, Unters.

z. röm. Verwaltungsgesch. I, 220—239). Josephus, der Zeitgenosse des Lucas, gebraucht neben anderen stets wechselnden Umschreibungen (ant. XVIII, 6, 6; XIX, 4, 6; XX, 8, 2) einmal auch ἦν ἐπὶ τῶν στρατοπέδων (ant. XIX, 1, 6), wobei zu bemerken ist, daß τὰ στρατόπεδα hier nicht *castra* heißt, sondern mit τὰ στρατεύματα XVIII, 6, 6; XX, 8, 2 und dies wieder mit οἱ σωματοφύλακες XIX, 4, 6 gleichbedeutend ist, wie auch Lucas (Ev 21, 20) unter στρατόπεδα Truppen versteht und dagegen deren Lager oder Kaserne παρεμβολή nennt (AG 21, 34. 37; 22, 24; 23, 10. 16. 32; 28, 16). Herodian, ein Syrer und somit Landsmann des Antiocheners Lucas, gebraucht neben bloßem ἔπαρχος (I, 9, 10) regelmäßig ἐπάρχων τῶν στρατοπέδων I, 16, 5 [nur hier ἔπαρχος τ. στ.]; III, 10, 5; 13, 1; IV, 12, 1 [τοῦ στρατοπέδου]; V, 1, 2). Philostratus gebraucht neben anderen Umschreibungen (vit. Apoll. 4, 42; 7, 16) einmal (vit. Sophist. 2, 32) auch οἱ τῶν στρατοπέδων ἡγεμόνες. Warum sollte Lucas nicht in das eine Kompositum στρατοπεδάρχης zusammengefaßt haben, was Josephus, Herodian und Philostratus durch Verbindung seiner Elemente umschreiben? zumal dies Wort ziemlich mannigfaltig zur Bezeichnung hoher Kommandos gebraucht wurde (Dion. Hal. 10, 36; Jos. bell. VI, 4, 3; Luc. conscr. hist. 22; Eus. h. e. VIII, 4, 3; IX, 5, 2; Mart. Palaest. IX, 2). 4) Der Augenzeuge, welcher AG 28, 16 redet, mag über die militärischen Verhältnisse nicht allzu genau unterrichtet oder doch mit der offiziellen Titulatur nicht sehr vertraut gewesen sein, aber er spricht doch auch nicht von irgend welchem höheren Officier und irgend welcher Kaserne, sondern von dem einen, bestimmten στρατοπεδάρχης in Rom und von der einen, bestimmten παρεμβολή. Daher kann jener nur der *praefectus praetorio* und können dies nur die *castra praetorianorum* sein. Was vom 3. Jahrhundert an feste Regel war, daß der Kaiser seine Jurisdiction durch den *praefectus praetorio* ausübte (Mommsen, Staatsrecht II, 972. 987. 1120), ist doch früher schon in sehr vielen Fällen geschehen; cf Traj. ad Plin. 57 (in bezug auf einen, der gegen ein Strafurteil des Statthalters appellirt hatte: *vinctus mitti ad praefectos praetorii mei debet*); Spartianus, Severus 4, 3; Philostr. vit. Sophist. 2, 32. Wer so aus der Provinz an den Praef. praet. in Rom zur Aburteilung durch denselben verschickt wurde, mußte diesem oder seinen Unterbeamten doch vorgeführt werden, und wer anders als der Praef. praet. oder seine Unterbeamten soll darüber zu befinden gehabt haben, wo und in welcher Weise die Angeklagten und Untersuchungsgefangenen in Rom untergebracht und bewacht werden sollten? Pl ist nicht ohne einen Bericht des Prokurators Festus an das kaiserliche Gericht geschickt worden (AG 25, 26f.). Wem soll der Centurio Julius die Gefangenen und den dieselben betreffenden Bericht abgeliefert haben, als dem den Kaiser als Richter vertretenden Praef. praet.? Früher hat Mommsen (Staatsr. II³, 972 A 2) aus Phl 1, 14 (l. 1, 13) geschlossen, daß Pl wie andere „aus den Provinzen nach Rom zur Aburteilung gesendete Angeschuldigte zur Bewachung an die *praefecti praetorio* abgeliefert worden“ sei. Jetzt soll das „sachlich nicht möglich“ sein, weil der Praef. praet. wohl die Kriminaljustiz zu handhaben, aber mit der Beaufsichtigung der Gefängnisse unmittelbar nichts zu schaffen gehabt haben soll (Sitzungsber. 498 A 1; 498 A 2). Aber davon sagt auch AG 28, 16 nichts in bezug auf den Stratopedarchen, sondern nur, daß nachdem Julius mit seinen Gefangenen sich beim Höchstkommandirenden gemeldet und, wie wir hinzufügen dürfen, den Bericht des Festus abgeliefert hatte, dem Pl im Unterschied von den anderen Gefangenen, welche in dem betreffenden Lager internirt wurden, gestattet wurde, unter Bewachung eines Soldaten außerhalb des Lagers zu wohnen, also sich ein Quartier zu suchen und zu mieten (cf 28, 30). Der passive Ausdruck (ἐπετράπη) läßt es ganz ungewiß, ob der Präfekt selbst, oder vielmehr ein diesem untergeordneter Beamter die Entscheidung über die verschiedenartige Unterbringung der Gefangenen getroffen hat. Der römische Ausleger der Plbriefe von c. 370 (Ambrosiaster im Prolog zu Eph. p. 231), welcher natürlich den altlat. Text von AG 28, 16. 30 (s. vorhin S. 390 Mitte) vor sich hatte, sagt gelegentlich von Pl: *quia veniens ab Hierosolymis in custodia sub fidejussore intelligitur degisse, manens extra castra in conductu suo.* Dem Pl wurde also sofort die Vergünstigung gewährt, welche dem nachmaligen König Herodes Agrippa I. erst nach langer strengerer Haft als Vorspiel seiner schließlichen Freilassung gewährt wurde (Jos. ant. XVIII, 6, 10, Niese § 235 und dazu Lightfoot 101 gegen Wieselers Misverständnisse). Dieser Fall ist überhaupt für denjenigen des Pl instruktiv. Auf Befehl des Kaisers verhaftet der Praef. praet. Macro den Agrippa (Niese § 190 cf Hirschfeld S. 219 Nr. 6), was in Tusculanum geschah (Niese 179). Von da an ist Agrippa regelmäßig mit einer Kette belastet und von Soldaten, natürlich von Prätorianern bewacht (Niese 195. 196. 203. 204. 230. 233), und zwar im *στρατόπεδον* zu Rom (235), also in den *castra praetoria*, bis ihm nach dem Tode des Tiberius gestattet wurde, wenn auch unter fortgesetzter Bewachung, seine frühere Privatwohnung wieder zu beziehen (235). Letzteres war die Lage des Pl während der zwei Jahre. Es fragt sich, wie sich dieselbe nach Ablauf dieses von Lucas scharf abgegrenzten Zeitraums gestaltete. Überliefert ist darüber nichts. Wir müssen aber aus AG 28, 30f. schließen, daß das Wohnen in der selbstgemieteten Wohnung nun aufhörte. Freigelassen wurde Pl nicht, da er zur Zeit des Phl noch immer in Haft war und Ketten trug. Dagegen ist sein Proceß jetzt in Angriff genommen worden. Wenn der Praef. praet. als Vertreter des Kaisers denselben leitete, so wird Pl jetzt entweder in den *castra praetoria* vor der Porta Viminalis, oder, da der Praef. praet. in der Regel im Palatium sich aufzuhalten hatte (Mommsen, Staatsr. II, 864; Dio Cass. 69, 18, 2 cf oben S. 390 Z. 2 zu Dio Cass. 53, 16, 5), in dem Wachtlokal der dort stationirten Prätorianerkohorte untergebracht worden sein. Letztere Annahme empfiehlt sich immer wieder durch Phl 4, 22. Der besondere Gruß von Christen, welche zur Hofdienerschaft gehörten, neben dem Gruß von dem engeren Kreise seiner Freunde (4, 21) und von sämtlichen Christen in Rom (4, 22a) würde sich dann aus der örtlichen Nähe des Hofs erklären. Doch bleibt möglich, daß es für die „Römer“ von Philippi (AG 16, 21) auch ohnedies ein besonderes Interesse und etwas Ermutigendes hatte, von Christen aus der Umgebung des Kaisers einen Gruß zu erhalten. Den ängstlichen Gemütern kam dadurch zum Bewußtsein, daß das christliche Bekenntnis und somit auch Pl selbst zur Zeit in Rom nicht so gefährdet war, wie man in Philippi meinte. Doch, mag dem sein, wie ihm wolle, nicht erst seit kurzem, sondern seit seiner Ankunft in Rom hatte es Pl mit dem „Prätorium“ und zwar nach einander mit sehr vielen Prätorianern zu tun gehabt. Daraus und nur daraus erklärt sich Phl 1, 13 in befriedigender Weise. Die als zweifellos hingestellte Meinung von Mommsen (Sitzungsber. 498 A 1), daß unter *πραιτώριον* dort „die richtende Behörde, die *praefecti praetorio* [es gab damals nur einen AG 28, 16] mit ihren zahlreichen Gehilfen und Subalternen“ zu verstehen seien, sähe man gerne aus dem Sprachgebrauch des 1. Jahrhunderts belegt. Sie verträgt sich schlecht mit dem Ausdruck *ἐν ὅλῳ τῷ πραιτωρίῳ*, welcher an eine große Masse denken läßt, wie es die Garde war (von Tiberius bis Vespasian eine Truppe von 9 Kohorten zu 1000 Mann = 9000 Tac. hist. II, 93), und stimmt nicht zu den vorher ermittelten Tatsachen, wonach Pl schon seit mehr als zwei Jahren mit Hunderten von Prätorianern im gewöhnlichen Sinn dieses Wortes in Verbindung gekommen war.

3. Es sind nicht nur die Worte *τοῦτό μοι ἀποβήσεται εἰς σωτηρίαν* 1, 19, welche Pl aus Hiob 13, 16 LXX entlehnt; er hat, wie gewöhnlich, den ganzen Zusammenhang, dem er den Ausdruck entnimmt, im Gedächtnis; besonders 13, 18f. liegt ihm im Sinn, und auch die Worte *οἶδα ἐγὼ ὅτι δίκαιος ἀναφανοῦμαι* (daß ich im Gericht werde freigesprochen werden) läßt er in seinem *οἶδα* nachklingen. Hiernach bestimmt sich der Sinn des *τοῦτο* „die Rechtsangelegenheit, in die ich verwickelt bin,“ der Sache nach = *τὸ* (v. l. *τὰ*) *κατ᾽ ἐμέ* 1, 12 cf 2, 23, und von *σωτηρία* = Lebensrettung (AG 27, 34), welche in diesem Fall nur in Freisprechung durch den Richter bestehen konnte. Übrigens

cf meine Abh. S. 300f., in bezug auf 1, 7 u. 12 S. 198. 201. — In 1, 25 ist τοῦτο πεποιθώς schwerlich „hievon fest überzeugt, dessen gewiß, oder hierauf vertrauend". Die Berufung auf Bernhardy's Syntax 106; Kühner II, 266 oder auf πέπεισμαί τι (Hb 6, 9) oder auf πέποιθα Rm 2, 19 (acc. c. inf.); Phl 2, 24 (ὅτι) kann den Mangel an Belegen für πέποιθα c. acc. nicht ersetzen. Phl 1, 6 ist αὐτὸ τοῦτο „eben deshalb". Es wird also das Wissen 1, 25 nicht auf die Zuversichtlichkeit des Urteils in 1, 24 gegründet, sondern neben das Urteil in 1, 24. welches eben doch nur ein möglicherweise irriges Urteil ist, tritt die Versicherung: „und dies weiß ich zuversichtlich, daß". Cf 2, 24 πέποιθα von derselben Sache, Rm 14, 14 οἶδα καὶ πέπεισμαι. Die häufige Wiederkehr von πεποιθέναι (in Phl 6mal, in allen übrigen Briefen 7mal) ist für Stimmung und Lage charakteristisch. Die Konstruktion c. dat. 1, 14 (cf Phlm 21; 2 Kr 10, 7) drückt nicht aus, daß jene auf die Ketten des Pl ihr Vertrauen setzten, was auch schwer zu begreifen wäre, sondern daß sie dieselben jetzt günstig beurteilten, und eine für Pl und die Sache des Ev günstige Erledigung seiner Gefangenschaft erwarteten. — Neben μενῶ (= ἐπιμένειν τῇ σαρκί 1, 24) tritt 1, 25 noch καὶ παραμενῶ (im antiochenischen Text unnötigerweise in συμπαραμενῶ verbessert), um πᾶσιν ὑμῖν daran anschließen zu können. Dies heißt aber nicht „bei euch allen bleiben"; denn Pl befindet sich ja noch nicht in Phil., sondern παραμένειν behält seine Bedeutung „am Leben bleiben" (Herodot I, 30; Iren. III, 3, 4) nicht selten auch in dieser Verbindung (Plato, Phaed. p. 115; Iren. II, 22, 5 παρέμεινε γὰρ αὐτοῖς μέχρι τῶν Τραϊανοῦ χρόνων; II, 32, 4 παρέμειναν σὺν ἡμῖν ἱκανοῖς ἔτεσιν); also „ich werde am Leben bleiben und zwar in Gemeinschaft und Verkehr mit euch allen".

4. Die übernatürlichen Einwirkungen auf die Entschlüsse und Handlungen des Pl werden nicht bloß in der AG betont und zwar besonders in denjenigen Teilen derselben, wo der Erzähler seine eigene Anwesenheit bekundet (16, 6—10. 18; 20, 23; 21, 8—14; 23, 11; 27, 23 cf 9, 3—18; 13, 2. 9; 18, 9; 22, 17), sondern auch von Pl selbst (Gl 2, 2; 2 Kr 12, 1—9. 12; 1, 17; Rm 15, 19). Was er unter Verherrlichung Christi an seinem Leibe versteht, mag man sich nach 2 Kr 2, 12—16; 3, 18; 4, 11; 6, 9; 10, 3—6. 11; 12, 7—10. 12; 13, 3—10; 1 Kr 5, 5; 15, 30—32; Gl 4, 13—15 oder nach den Wundergeschichten der AG ausmalen.

5. Die Annahme, daß Phl früher als Eph, Kl, Phlm geschrieben sei, hat nach Bleek namentlich Lightfoot p. 29—45 vertreten. Daß die äußere Situation des Pl zur Zeit des Phl von der in AG 28, 30f. geschilderten und, wie ich hinzufüge, aus Eph, Kl, Phlm ersichtlichen Situation durchaus nicht verschieden sei (p. 38), ist, wie oben 382ff. wieder einmal bewiesen sein dürfte, eine ebenso unhaltbare Behauptung wie die, daß im Phl die Aussicht des Pl auf Befreiung nicht kräftiger ausgedrückt sei, als Phlm 22 (p. 39). Abgesehen davon, daß eine bestimmtere Aussicht auf Befreiung, wenn sie zur Zeit des Phlm bestand, in den gleichzeitigen Briefen, Eph und Kl doch nicht völlig unausgesprochen hätte bleiben können (oben S. 322), ist denn wirklich ἐλπίζω Phlm 22 gleichwertig mit οἶδα, πεποιθὼς οἶδα, πέποιθα ἐν κυρίῳ Phl 1, 19. 25; 2, 24? Muß man ferner die gleichzeitig an Christen desselben Orts gerichteten Briefe, Kl und Phlm, einigermaßen auch noch Eph als ein einziges Spiegelbild einer bestimmten Situation betrachten, wie kann man dann den ganz vereinzelten, nicht im Brief an die ganze Gemeinde, sondern unter den Schlußbemerkungen eines Privatbriefes stehenden Federstrich mit der eingehenden Schilderung und Begründung in Phl 1, 12—26, mit der nochmaligen Versicherung Phl 2, 24 und den wiederholten Bezugnahmen auf den Gegensatz der Abwesenheit und der bevorstehenden Anwesenheit in Philippi 1, 27; 2, 12, in Vergleich stellen? Der einzige positive Grund Lightfoots liegt in der Theorie von einer stufenweise fortschreitenden Entwicklung der paulinischen Schriftstellerei in bezug auf theologische Gedanken, polemische Gegensätze und Stil, nach welcher Phl näher mit

den älteren Briefen, besonders mit Rm, als mit Eph, Kl zusammengehören soll. Auch hier erweist sich diese Theorie als mit der Geschichte unverträglich (s. oben S. 143f.). Daß an eine Abfassung des Phl in noch früherer Zeit, nämlich in Cäsarea nicht zu denken sei, scheint mir nach den Ausführungen in A 1—3 eines weiteren Beweises nicht bedürftig, zumal wenn als bewiesen gelten muß, daß auch Eph, Kl und Phlm nicht in Cäsarea, sondern in Rom geschrieben sind. Die dafür oben S. 313ff. geltend gemachten Gründe gewinnen durch ihre Anwendung auf den Phl nur an Kraft. Spitta, Urchrist. I, 34 findet in Phl 1, 30 einen Beweis dafür, daß Pl erst neuerdings in Gefangenschaft geraten sei. Aber der Kampf des Pl, von welchem die Philipper jüngst gehört haben, ist nicht seine Gefangenschaft, sondern die Wendung in seinem Schicksal, welche das Wort *ἀπολογία* bezeichnet (1, 7. 16), eben die Ereignisse, über welche Pl die bekümmerten Philipper 1, 12—26 aufgeklärt hat. Wenn ein noch stärkerer Beweis für die Abfassung in Cäsarea in 4, 10ff. liegen soll, so widerlegt das *ἤδη ποτὲ*, welches auf eine lange Unterbrechung der Geldunterstützung seitens der Philipper hinweist (oben S. 371f.), diese Meinung.

§ 32. Echtheit des Philipperbriefs.

Man sollte denken, die unnachahmliche Frische der Empfindung, welche jede Zeile dieses Briefes widerspiegelt, die Natürlichkeit, ja Nachlässigkeit des Stils (A 1), die schwer zu erfindende Fülle von Tatsachen, welche in diesem Brief nicht sowohl den Lesern mitgeteilt, als vielmehr unter der Voraussetzung, daß diese bereits damit bekannt sind, wie mitten im Gespräch berührt und beleuchtet werden, die vorzügliche äußere Bezeugung, welche er zumal im Brief des Apostelschülers Polykarp an die gleiche Gemeinde besitzt, hätten diesen Brief des Pl mehr als die meisten anderen vor dem Verdacht späterer Erdichtung schützen sollen. An Baurs Kritik des Briefs vermißte Hitzig (Zur Krit. paulin. Briefe 24) die exegetische Grundlage, und Holsten suchte für seine erneute Kritik, welche im Ergebnis doch wieder wesentlich mit derjenigen Baurs zusammentraf, durch eine neue Auslegung des Briefs eine solche Grundlage zu gewinnen (A 2). Baurs Blick haftete vor allem an der von den Dogmatikern so vielbehandelten Stelle 2, 5—11, welche bei all' ihrer Schönheit doch im Ganzen des Briefs eine sehr untergeordnete Stelle einnimmt und kaum mehr dogmatischen Inhalt in sich birgt, als das Sätzchen 2 Kr 8, 9. Es sollte von Christus hier verneint sein, was Valentin von seiner Sophia gelehrt hatte (Paulus II, 51—59), während doch jene Sophia nicht das Göttlichsein an sich reißen, sondern mit dem göttlichen Urgrund sich vereinigen wollte, und das Versinken ihrer niederen Hälfte in die Materie mit der Selbstentleerung Christi nichts anderes gemein hat, als daß die Vokabel *κενός* sowohl dem paulinischen *κενοῦν ἑαυτόν* als dem valentinianischen Namen der Materie (*κένωμα*) zu Grunde liegt. Der Vf des Phl, welchen Marcion mit einigen Änderungen in sein NT aufnahm, soll aber ebenso wie der Pseudopaulus des Eph und des Kl von denselben gnostischen Ideen, welchen er hier einigermaßen entgegenzutreten scheint, doch selbst ergriffen und beherrscht gewesen sein (S. 51. 59 cf oben S. 352). Anstatt die freie Übereinstimmung zwischen Phl 4, 15 und 2 Kr 11, 8f. anzuerkennen, wird

(S. 62—65) zwischen der wiederholten Unterstützung des Pl durch die Philipper, woraus Baur eine verabredete Einrichtung macht, und den 1 Kr 9, 6—18 verkündigten Grundsätzen ein Widerspruch konstruirt, als ob dieser angebliche Widerspruch nicht ebensogut zwischen 1 Kr 9 und 2 Kr 11 bestände, während es doch in der Tat zwei ganz verschiedene Dinge sind, sich von den Hörern der Predigt ernähren und honoriren zu lassen, und sich durch freiwillige Beiträge einer dankbaren Gemeinde in der Weiterführung der Mission, in der Bestreitung der Reisekosten und in der kostenfreien Predigt des Ev an anderen Orten unterstützen zu lassen. Unpaulinisch soll die Phl 1, 15—18 zu Tage tretende Gleichgiltigkeit gegen falsche Lehren sein (Baur II, 72; Hitzig S. 15). In der Tat sehen wir aus dieser Äußerung selbstloser Freude des Apostels über jede Ausbreitung des Christenglaubens in Rom, daß die Predigt aller dort wirkenden Missionare, auch derjenigen, welche unfreundlich gegen ihn gesonnen waren, nach seinem Urteil wirklich noch eine Verkündigung Christi war. Das, worüber er großmütig hinwegzusehen sich bereit zeigt, ist nicht eine Fälschung des Ev Christi, sondern eine unfreundliche und ihm keineswegs erfreuliche Rivalität gewisser Prediger (oben S. 384). — Fragt man nach einem Zweck der Erdichtung, so erhält man eine doppelte Antwort. Baur, welchem Hitzig hierin beistimmte, fand einen solchen 1) in einer Verherrlichung der großartigen Erfolge, welche Pl durch seine Predigt in Rom erzielt habe, 2) aber, und hierin ist namentlich Holsten in Baurs Fußtapfen getreten, in dem Streben, den Gegensatz der judenchristlichen und der heidenchristlichen Partei zu mildern. Ersterer Zweck ist unglaublich, da im ganzen Brief von der Predigt des Pl in Rom überhaupt kein Wort zu lesen ist. Die kaiserliche Garde ist ebensowenig wie die weiteren Kreise, auf welche 1, 13 hingewiesen wird, dadurch bekehrt worden, daß sie von dem Proceß des Pl Kenntnis nahmen und erfuhren, er sei kein Staatsverbrecher, sondern Vertreter einer religiösen Lehre, welche sich um einen gewissen Christus drehte (oben S. 383). Im übrigen ist 1, 14—18 von einer günstigen Wirkung nicht der Predigt, sondern der gerichtlichen Verteidigung des Pl die Rede, und nicht von einer solchen Wirkung auf die bisherigen Hörer der Predigt des Pl, sondern auf die Missionstätigkeit anderer, darunter auch dem Pl misgünstiger Lehrer. Daß die kaiserlichen Lakaien (4, 22 oben S. 389 A 1), aus welchen Baur Anverwandte des Kaiserhauses machte (II, 65f.), durch Pl zum Glauben geführt seien, ist durch nichts angedeutet, und die Gunst, von einigen Hofbedienten einen Gruß bestellen zu dürfen, wird doch auch wohl einem Pseudopaulus des 2. Jahrhunderts nicht als eine sonderliche Ehre für den Apostel erschienen sein. Die Vermutung, daß hiemit eine Verherrlichung des Pl auf Kosten der geschichtlichen Wahrheit beabsichtigt sei, wurde weiter durch die als selbstverständlich angesehene Voraussetzung gestützt, daß der Clemens 4, 3 der berühmte Vorsteher der römischen Gemeinde vom Ausgang des 1. Jahrhunderts sei, sowie durch die weitere Annahme, daß dieser berühmte Clemens von Rom mit dem gleichfalls nicht unberühmten T. Flavius Clemens, einem

Verwandten des flavischen Kaiserhauses und Consul im J. 95, identisch sei oder sein solle (A 3). Letztere Kombination ist eine jeder geschichtlichen Grundlage ermangelnde Erfindung des pseudoclementinischen Romans, welcher allerfrühstens um 200 erdichtet worden ist. Sie würde ohnehin für den Phl ohne Bedeutung sein, weil es sich Phl 4, 3 um ein einflußreiches Mitglied nicht der römischen, sondern der philippischen Gemeinde, also gewiß nicht um Clemens Romanus handelt. Die Absicht, auf den Gegensatz der Heiden- und Judenchristen ausgleichend einzuwirken, ist schon darum unglaublich, weil an der einzigen Stelle, wo deutlich von Judenchristen die Rede ist (3, 2), von ihnen im schärfsten Ton der Abweisung als von niederträchtigen Feinden der Christenheit geredet wird. Und nicht eine heidenchristliche Partei, sondern Paulus und seine Gehilfen werden ihnen als die echten Juden nach Gesinnung und Beschneidung gegenübergestellt (oben S. 375. 381 A 7). An keiner einzigen Stelle, wo zur Eintracht ermahnt oder die Zusammengehörigkeit sämtlicher Gemeindeglieder erwähnt wird, liegt eine Andeutung davon vor, daß in der Gemeinde Gegensätze in bezug auf Glauben und Lehre bestehen, welche überwunden werden müßten (oben S. 373 f.). Nur vermittelst einer ebenso phantastischen Allegorie als sprachwidrigen Worterklärung hat man einen derartigen Gegensatz und einen Versuch, denselben zu überwinden, in 4, 2 f. entdecken wollen (A 4). Die Entdeckung eines glaubwürdigen Zwecks ist auch denjenigen nicht gelungen, welche den Phl aus mehreren teils echten, teils unechten Briefen oder Brieffragmenten zusammengearbeitet denken (A 5). Es müßten innere Widersprüche in bezug auf die im Brief berührten Tatsachen nachgewiesen werden, ehe die ursprüngliche Einheit des Briefs fraglich erscheinen könnte; und es müßten Gedanken aufgezeigt werden, welche dem Pl der allgemein als echt anerkannten Briefe nicht zugetraut werden könnten, ehe die Echtheit des Ganzen oder einzelner Teile als zweifelhaft gelten dürfte. Dieser Brief ist sowenig wie die an die Korinther und die Thessalonicher eine Abhandlung, sondern ein wirklicher Brief von ungezwungenster Gedankenfolge. Wir würden ihn freilich bis ins Einzelne besser verstehen, wenn wir die ihm vorangegangene Korrespondenz zwischen Pl und den Philippern nicht nur durch Rückschlüsse aus ihm selbst, sondern aus vorhandenen Urkunden und geschichtlichen Nachrichten kennten. Was wir in Händen haben, genügt doch, dies als das unerfindliche Erzeugnis der Wirklichkeit, die sich nur unvollständig darin widerspiegelt, zu erkennen.

1. Echten Briefstil zeigen die Stellen, wo auf Äußerungen der Philipper Bezug genommen wird, ohne daß diese selbst vorgeführt werden oder auch nur wie 1 Kr 7, 1 gesagt wird, daß solche den Anlaß gegeben haben, vor allem 1, 3 ἐγὼ μέν, oben S. 378 A 2; 1, 12 μᾶλλον oben S. 373, auch 4, 10. Nachlässigkeiten der Satzbildung 1, 22. 27. 29; 3, 8. 14. Echt paulinisch ist auch (cf oben S. 364 A 7), daß gewisse Ausdrücke in dem kleinen Brief sehr häufig wiederkehren: πέποιθα (oben S. 393 A 3), φρονεῖν 10 oder 11 mal, in allen übrigen Briefen 12 mal, πλήν 3 mal, sonst nur noch 2 mal, κοινωνία, κοινωνεῖν, συγκοινωνός, συγκοινωνεῖν im ganzen 6 mal, χαίρειν, συγχαίρειν, χαρά im ganzen 16 mal, δέησις 4 mal, in Rm Kr Gl Kl Th Phlm zusammen nur 3 mal, Eph 2 mal, 1 u. 2 Tm 3 mal.

2. Holsten in Jahrb. f. prot. Th. 1875 (I) S. 425 ff.; 1876 (II) S. 58 ff. 282 ff. Die Gründe der tübinger Kritik werden I, 425; II, 329 f. als teils unvollständig, teils unglücklich und im ganzen mit Recht vergessen beurteilt. Der Forderung einer neuen Erklärung (I, 426) entspricht der Schluß (II, 372): „ich habe die Kritik wieder auf den Boden der Exegese gestellt“. Wie es mit diesem Boden bestellt sei, meine ich an charakteristischen Beispielen in meinen mehrerwähnten Abhandlungen S. 183. 186. 188. 189. 194. 201. 291. gezeigt zu haben.

3. Baur, Paulus II, 66—72. 85 f.; Hitzig 11 ff. In der grundlosen Identifikation dieses Clemens von Philippi mit dem Clemens von Rom ist den Modernen schon Origenes (tom. 6, 36 [Brooke § 54] in Jo.) vorangegangen, welcher auch den Hermas, der den Hirten verfaßt, in Rm 16, 14 (Delarue IV, 683) und den Evangelisten Lucas in 2 Kr 8, 18 fand (s. unten Abschn. IX), freilich ohne solche Vermutungen durch so ungeheuerliche Behauptungen zu begründen wie die von Baur S. 66, daß „weder die Geschichte noch die Sage von einem anderen Clemens aus jener Zeit wisse“ cf oben S. 377. Über das Verhältnis des Clemens Romanus zu dem Consul T. Flavius Clemens kann ich mich heute nicht mehr unbedingt auf das berufen, was ich vor 30 Jahren in meinem Hirten des Hermas S. 44—69 darüber geschrieben. Am besten orientirt über die ganze Sache Lightfoot, S. Clement (1890) I, 14—103. Darauf aufmerksam gemacht, daß der Clemens Phl 4, 3 durch keinerlei Andeutung mit Rom in Verbindung gesetzt, sondern in Philippi zu suchen sei, erklärte Baur S. 86 eben dies für verdächtig, daß man nicht wisse, wohin die Personen gehören, von welchen in diesem Brief die Rede sei, als ob daran der Brief und nicht vielmehr seine unaufmerksamen Leser die Schuld trügen. Über den Aufenthalt des Pl, Timotheus, Epaphroditus, Euodia, Syntyche, Clemens, der Bischöfe und Diakonen (1, 1), der kaiserlichen Garde (1, 13), der predigenden Brüder (1, 14—17) besteht nicht die mindeste Undeutlichkeit. Nur die Judaisten, vor welchen 3, 2 gewarnt wird, sind nicht lokalisirt, aus dem einfachen Grunde, weil nicht einzelne Personen, sondern eine ganze Klasse gekennzeichnet ist, welche an den verschiedensten Plätzen in Asien und Europa vertreten war.

4. Schwegler, Nachapostl. Zeitalter II, 135, welchem Baur II, 72. 86 sich anschloß, fand in den Frauen Euodia und Syntyche die judenchristliche und die heidenchristliche Partei, in dem „echten Genossen“ den Petrus. Volkmar, Theol. Jahrb. 1856. S. 310 ff. erklärte darnach *Εὐοδία* (von *ὁδός* = Religionslehre) = *ὀρθοδοξία*, *ὀρθοδία*, die sich allein für rechtgläubig haltende judenchristliche Partei, *Συντύχη* = consors, die des Heiles mitteilhaftig gewordene heidnische Christenheit. Mit dieser Rollenverteilung unzufrieden erklärte Holsten II, 71, ohne Hitzig zu erwähnen, welcher S. 10 die Ansicht Schweglers durch Hinweis auf die Möglichkeit ihrer Umkehrung widerlegt zu haben meinte, Euodia für die von vornherein auf dem rechten Wege befindliche heidenchristliche Partei, Syntyche für die mit jener auf dem rechten Wege zusammengetroffene judenchristliche Partei und den Synzygos, welcher ist, was er heißt, für den, welcher zusammenjocht (!) d. h. die Aufgabe hat, die Gemeinde zur Einheit zusammenzubringen. Zuletzt hat dann wieder Völter (Theol. Tijdschr. 1892 S. 123) die Wahl gelassen, wie man die beiden Frauennamen auf die beiden genannten Parteien verteilen wolle, und hat ihrer Deutung stillschweigend den Schreibfehler *Εὐωδία* statt *Εὐοδία* (oben S. 376) zu Grunde gelegt. Inzwischen aber hatte Hitzig 5—10 längst bewiesen, daß die Frauennamen vielmehr aus Gen 30, 11. 13 stammen, nämlich *Συντύχη* aus dem Ausruf Leas bei der Geburt Gads, *Εὐοδία* aus dem Namen Ascher. Da die LXX für die Schaffung des ersten Namens nur einen unsicheren (*ἐν τύχῃ*), für Euodia aber gar keinen Anhalt bietet, so hätte der Verf. aus dem hebräischen Text geschöpft, nach Hitzig 9 sogar den Namen der Mutter dieser Jakobssöhne, Silpa, in den Kreis seiner das Armenische, Aramäische

und Arabische umspannenden etymologischen Forschung gezogen. Er bedeutet „die Vorhaut". Deren Töchter (in der Geschichte Söhne) Euodia und Syntyche sind also zwei Klassen heidnisch geborener Leute, in welche die Gemeinde zerfiel, nämlich die römische oder lateinische und die griechische. Der Vf selbst soll nach Hitzig 13—21 der ersteren angehört haben; denn er verbindet mit seiner orientalischen Sprachkunde und seiner bequemen Handhabung der griechischen Sprache auch noch eine große Vertrautheit mit den damals neuesten Erzeugnissen der lateinischen Literatur. Der noch unter Trajan schreibende Verf. hat insbesondere den Agricola des Tacitus, vielleicht auch die Briefe des Seneca und des Plinius gelesen. Man vergleiche nur 1, 16 mit Agric. 41 *optimus quisque amore et fide, pessimi malignitate et livore,* oder 2, 3 mit Agric. 6 *vixerunt mira concordia per mutuam caritatem et invicem se anteponendo.* Mit der Voraussetzung aller dieser Phantastereien, daß Euodia und Syntyche unerhörte Eigennamen seien (besonders stark Hitzig 6) cf die 23 oder 24 Beispiele für Euodia, die 25 für Syntyche oben S. 376. Bei längerem Suchen wird man die Zahl vielleicht verdoppeln können. Daß ferner der namenlose Genosse nicht die uneinigen Frauen miteinander versöhnen, sondern sie in ihrer Arbeit unterstützen soll, wurde S. 380 A 6 gezeigt. Selbst wenn der Phl nicht ein an die Gemeinde von Phil. gerichteter und von dieser in Empfang genommener Brief ihrers Stifters, sondern eine literarische Fiktion wäre, und wenn es in Phil. niemals eine Euodia und eine Syntyche, einen Clemens und einen anderen Genossen des Pl gegeben hätte, welche sofort verstanden, was er ihnen sagen wollte, hätte kein Leser in den einfachen Worten 4, 2f. die Geheimnisse finden können, welche die Kritiker mit so verschiedenem Erfolg dahinter gesucht haben. Und doch wird der angebliche Pseudopaulus wohl die Absicht gehabt haben, verstanden zu werden. Holsten (I, 431) erkannte allerdings schon Phl 1, 5 das Streben des Verf. nach Erzielung der fehlenden Glaubenseinigkeit unter den Philippern. Die Gemeinschaft der Philipper unter einander in bezug auf das Ev, welche übrigens nach dieser Stelle vom ersten Tage der Existenz der Gemeinde an vorhanden gewesen wäre, soll der Gegenstand der Fürbitte des Pl sein. Gegen solche Exegese scheint es teils überflüssig teils vergeblich, immer wieder zu streiten cf m. Abh. S. 189 ff. Holstens Behandlung des Briefs als übermäßig kritisch zu bezeichnen (P. W. Schmidt, Neutestamentl. Hyperkritik, 1880), scheint mir unveranlaßt.

5. Nach manchem Vorgang, der wenig Nachfolge gefunden, hat D. Völter (Theol. Tijdschrift 1892 S. 10—44. 117—146) umständlich die Hypothese zu begründen gesucht, daß der Phl aus einem echten und einem unechten Brief des Pl an die Philipper von einem Redaktor zusammengesetzt und durch wenige eigene Zutaten zusammengeschweißt sei. Der echte Brief umfaßt 1, 1 (ohne σὺν ἐπισκόποις καὶ διακόνοις) — 7. 12—14. 18b—26; 2, 17—20. 22—30; 4, 10—21, vielleicht noch 4, 23. Der unechte Brief, gleichfalls an die Philipper gerichtet und vielleicht mit dem gleichen Eingangs- und Schlußgruß ausgestattet, umfaßt im übrigen 1, 8—11. 27—2, 16; 3, 1b—4. 9. 22. Dazu kommt vielleicht noch ein Satz, auf welchen sich Polykarp ad Phil. 11, 3 bezieht (S. 29 s. oben S. 379 A 3). Der Redaktor hat interpolirt in 1, 1 die Gemeindebeamten, ferner 1, 15—18a; 2, 21; 3, 1a. Der unechte Brief soll frühestens unter Trajan, wahrscheinlicher erst unter Hadrian (S. 146), sagen wir um 125 verfaßt sein. Wann der Redaktor gearbeitet habe, dessen Werk doch bereits Marcion, etwa 25 Jahre nach Abfassung der einen der beiden Grundschriften, aus welchen es zusammengesetzt ist, als echten Plbrief vor sich gehabt hat, wird nicht einmal zu sagen der Mühe wert gefunden. Ebensowenig wird eine Idee nachgewiesen, welche den Redaktor zu seiner sonderbaren Arbeit angeregt, ein Zweck, den er dabei verfolgt hätte. Denn die kirchenpolitische Absicht, welche den Einschub der Bischöfe und Diakonen in 1, 1 veranlaßt haben soll (S. 24), ist doch weder in den anderen angeblichen Interpolationen des Redaktors, noch in dem ganzen, überhaupt

zwecklosen Unternehmen, aus zwei Briefen einen zu machen, wiederzuerkennen. Der Redaktor soll 3, 1a eingeschoben haben, um einen Übergang zu dem aus dem zweiten Brief hieher versetzten Abschnitt 3, 1b—4, 9 zu gewinnen. Er hätte also in demselben Augenblick, in welchem er sich anschickt, in seine bisherige Vorlage einen höchst bedeutsamen Abschnitt einzuschieben, wodurch der Schluß hinausgeschoben wird, durch *τὸ λοιπόν* eigens ausgedrückt, daß er eigentlich nichts wesentliches mehr zu sagen habe, sondern dem Schluß zueile, und er hätte als Überleitung zu dem Einschub aus dem zweiten Brief eine Aufforderung zur Freude in dem Herrn angebracht, welche schlechterdings nicht zu der Warnung vor den Judaisten überzuleiten geeignet ist. Und diesem kopflosen Arbeiter verdanken wir unseren Phl! Wie natürlich die Hinausschiebung des Schlusses nach der eigenen Andeutung des Pl sich erklärt, s. oben S. 374. Von zwei Briefschlüssen, die eben deshalb auf zwei verschiedene Briefe zu verteilen wären, ist nichts zu sehen. Jedenfalls dürfte man den angeblichen zweiten Briefschluß nicht mit 4, 10 beginnen lassen, wo Sätze folgen, die an sich ebensogut an der Spitze eines Briefes stehen könnten (Pol. ad Phil. 1, 1 ahmt gerade diese Stelle nach), sondern mit 4, 4, wo das *χαίρετε* von 3, 1, oder mit 4, 8, wo das *λοιπόν* von 3, 1 wiederaufgenommen wird, nachdem die Sachen, welche den bereits zum Schluß eilenden Apostel noch eine Zeitlang festgehalten haben, erledigt sind. Auch zu der Behauptung, daß in 1, 3—7 und 1, 8—11 zwei Einleitungen gleichartigen Inhalts vorliegen, kann man nur vermöge eines sprachlichen Verständnisses gelangen, welches die Übersetzung von 1, 4 f. S. 33 („indem ich ... bittend gedenke eurer Gemeinschaft in bezug aufs Evangelium") hinreichend charakterisirt vgl. dagegen oben S. 378 A 2 und meine Abh. S. 188. Während in 3, 1 in der Tat eine von Pl selbst angezeigte Unterbrechung des Gedankengangs vorliegt, hat Völter S. 16 sich vergeblich bemüht, vor 1, 27 eine klaffende Fuge nachzuweisen. Wie Gl 2, 10; 5, 13 wird durch *μόνον* an eine Verpflichtung erinnert, ohne deren Erfüllung das vorher Gesagte seine Richtigkeit nicht behalten würde. Nur wenn die Philipper des Ev würdig wandeln, und zwar gleichviel ob Pl als Anwesender das sieht, oder als Abwesender davon hört (cf 2, 12), wird die stolze Freude der Gemeinde durch seinen beabsichtigten Besuch Philippis eine Steigerung erfahren (1, 26). Im entgegengesetzten Fall würde sein Besuch ihr nur Beschämung, so wie ihm selbst Schmerz bereiten (cf 2 Kr 12, 20—13, 10). In dieser Form macht Pl ähnlich wie Gl 5, 13 den Übergang zu einer ausführlichen Ermahnung von selbständiger Bedeutung (1, 27—2, 18). Diese tritt aber passend zwischen die Darlegung seiner gegenwärtigen Lage und Stimmung (1, 3—26) und die Mitteilungen über das, was er in der Zukunft zu tun gedenkt, um sein Verhältnis zu den Philippern wieder zu einem mehr persönlichen zu gestalten (2, 19—30 Rücksendung des Epaphr., Sendung des Tim., eigene Hinkunft); denn die Ermahnungen gelten selbstverständlich vor allem für die Zwischenzeit. Eine Dublette könnte man am ersten noch 4, 10—20 im Verhältnis zu 1, 3—8 nennen, und wenn das Verhältnis dieser Teile hiedurch wirklich richtig bezeichnet wäre, würde es an Analogien dazu nicht fehlen bis zu der trivialen Schlußformel „mit nochmaligem Dank" am Schluß moderner Briefe, welche mit einer Danksagung begonnen haben. In der Tat sieht man, daß die Geldsendung durch Epaphr. dem Apostel während der Abfassung des ganzen Briefs im Sinne liegt, wie er auch 2, 17. 25. 30 immer wieder auf dieselbe Bezug nimmt. Aber 1, 3—8 wird sie derart mit allem gleichartigen Tun der Philipper zusammengefaßt, daß nur wer die Tatsachen kannte, oder der heutige Leser, nachdem er 4, 10—20 gelesen und von da aus 2, 17. 25. 30 verstanden hat, den Hintergrund von 1, 3—8 erkennt; und nur aus der Absicht, an einer anderen Stelle des Briefes die letzte Gabe der Philipper gebührend zu würdigen, erklärt es sich, daß Pl sie 1, 3—8 nur mit berücksichtigt und sie wie alles gleichartige Tun der Philipper nur unter den Gesichtspunkt stellt, daß auf seiner Seite keine Misstimmung, insbesondere auch keine die vertrauensvolle Liebe zu den Philippern trübende Unzufriedenheit, sondern dankbare Freude die herrschende Stimmung sei.

VII. Die drei letzten Briefe des Paulus.

§ 33. Die tatsächlichen Voraussetzungen des zweiten Briefs an Timotheus.

Diesen zunächst ins Auge zu fassen, empfiehlt sich, weil er mehr greifbare Tatsachen aufweist, als der 1 Tm und der Tt, und weil er als ein Brief des gefangenen Pl den Versuch nahelegt, ihn an die zuletzt untersuchten 4 Briefe geschichtlich anzuschließen. Pl liegt seit einiger Zeit in Ketten (1, 8. 16; 2, 9) und zwar in Rom (1, 17). Der letzte Grund davon ist seine Ausübung des apostolischen Berufs (1, 12). Seine Lage ist aber eine wesentlich andere, wie die zur Zeit von Eph, Kl, Phlm, aber auch wie die zur Zeit des Phl. Wenn er sich und seinen Freund über seine dermalige Gefangenschaft damit tröstet, daß das Wort Gottes darum doch nicht gebunden sei, sondern seinen Lauf fortsetzen könne und solle (2, 9), so ist damit keineswegs auf eine eigene, durch seine Gefangenschaft nicht wesentlich gehinderte Predigttätigkeit des Apostels hingedeutet; denn diese Bemerkung steht am Schluß einer Mahnung an Tim., nicht nur selbst das Ev, wie es Pl gepredigt hat, unverdrossen weiter zu predigen, sondern auch für die weitere Fortpflanzung dieser Predigt durch andere zuverlässige Lehrer Sorge zu tragen (2, 1—8). Gerade darum, weil Pl selbst nicht mehr predigen kann und auch in Zukunft nicht mehr predigen wird, soll Tim. es um so eifriger tun (4, 1—8). Jede eigene Predigttätigkeit des Pl zur Zeit des 2 Tm ist auch durch die sonstigen Andeutungen über seine dermalige Lage ausgeschlossen. Wie ein Verbrecher ist er gefesselt (2, 9). Ein gewisser Onesiphorus aus Kleinasien, welcher nach Rom gereist war, um den gefangenen Apostel zu besuchen und ihm seine Lage erträglicher zu machen, hat Mühe gehabt, zu ihm zu gelangen. Eifer hat Onesiphorus anwenden müssen, um auch nur den Aufenthaltsort des Pl zu erkunden, und unerschrockenen Mut hat er zu beweisen gehabt, als er ihn aufgefunden hatte und bei wiederholten Besuchen ihm Erquickungen bereitete (A 1). Es muß wenigstens zeitweilig die Verbindung zwischen Pl und den übrigen Christen in Rom unterbrochen gewesen sein. Eine Folge der Aufopferung, mit welcher Onesiphorus ihn aufgesucht und seine Dienste oder Mittel ihm zur Verfügung gestellt hat, wird es gewesen sein, wenn Pl jetzt wieder in brieflichem, aber auch persönlichem Verkehr mit seinen Freunden steht (A 1). Lucas ist regelmäßig in seiner Umgebung (4, 11). Er hat den Tychicus vor einiger Zeit nach Ephesus schicken können (4, 12). Er kann Grüße von einzelnen römischen Christen und der Form nach von allen Christen seines Aufenthaltsortes bestellen (4, 21 A 2). Pl scheint nicht zu bezweifeln, daß er den Besuch und die Dienste des Tim. und des Marcus wird annehmen können, wenn sie nur bald genug nach Rom kommen (4, 9. 11. 21). Jene Vereinsamung, in welcher Onesiphorus ihn antraf, hat also aufgehört, aber keineswegs die persönliche Lage, in welcher Pl sich befand. Sie ist eine derartige, daß die Freunde in der Nähe und Ferne versucht sind, ihre Beziehungen zu ihm abzubrechen und zu verleugnen. Demas, welcher Kl 4, 14; Phlm 24 neben dem getreuen Lucas als einer der Mitarbeiter des Pl in Rom genannt war, hat den Apostel jetzt aus Weltliebe im Stich gelassen und ist nach Thessalonich gereist (4, 10). Selbst Tim. muß sehr ernstlich ermahnt werden, sich des christlichen Zeugnisses, aber auch des gefangenen Apostels nicht aus Feigheit zu schämen, sondern dem Beispiel seines Lehrers folgend in Kraft und Liebe die Leiden, welche die Predigt des Ev und das Verhältnis zum Apostel über ihn bringen mögen, auf sich zu nehmen (1, 8 cf 1, 7. 12; 2, 3. 12; 3, 10—12; 4, 5). Wenn in dieser Hinsicht jener inzwischen verstorbene Onesiphorus dem Tim. offenbar als Vorbild vorgehalten wird (1, 16—18 A 1), so kann die Erinnerung an das dem Tim. bekannte Verhalten gewisser Leute in der Provinz Asien (1, 15) nur den Sinn haben, daß diese ihm als abschreckendes Beispiel dienen sollen. Natürlich nicht sämtliche Christen jener Gegend, sondern die ganze dem Tim. bekannte Gruppe dortiger Christen, welche durch die Namen Phygelus und Hermogenes gekennzeichnet wird, klagt Pl dessen an, daß sie sich von ihm abgewandt haben, nichts von ihm haben wissen wollen. Nach dem Zusammenhang kann nicht zweifelhaft sein, daß es sich hiebei ebenso wie bei der vorangehenden Ermahnung an Tim. und dem nachfolgenden Lob des Onesiphorus um das Verhältnis zu dem dermalen in schwerer Haft und großer Gefahr befindlichen Apostel handelt. Aber nur wenn wir wüßten, was Tim. wußte (οἶδας 1, 15), könnten wir angeben, was für Gelegenheit Phygelus, Hermogenes und Genossen gehabt haben, sich zu Pl zu bekennen oder aber jede Gemeinschaft mit ihm abzuleugnen, und ob es, wie bei Tim. nur Mangel an Mut oder wie bei Demas Weltliebe und Leidensscheu war, was sie zu ihrem unedlen Verhalten verleitete, oder ob eine schon längst bestandene tiefer liegende Meinungsverschiedenheit in ihrer Lossagung von Pl zum Ausdruck gekommen war (A 3). Soviel aber ergibt sich aus dem Angeführten mit Sicherheit, daß Pl sich seit einiger Zeit in einer Gefangenschaft befand, welche ihm anfangs allen Verkehr nach außen abgeschnitten hatte und auf die Dauer für so gefährlich galt, daß alle nicht ganz zuverlässigen Freunde rätlich fanden, die Beziehungen zu ihm abzubrechen, um nicht in sein Schicksal verwickelt zu werden. Einige Monate lang muß diese Sachlage schon bestanden haben; denn sie hatte nicht nur bis nach Asien hin auf die Stimmung der Christen eingewirkt, sondern Pl in Rom war auch, vielleicht durch Onesiphorus, davon unterrichtet worden. Einen größeren Gegensatz der Lage kann man sich kaum vorstellen, als er zwischen Phl und 2 Tm besteht. Damals schöpften alle Christen in der Umgebung des gefangenen Pl gerade aus dem Stand und Gang seines Prozesses neuen Mut, ihren Glauben zu verkündigen; auch solche, welche dem Pl wenig freundlich gesonnen waren, machten von der Gunst, welche das Ev in seinem vornehmsten Prediger zu finden schien, ausgibigen Gebrauch (oben S. 383 f.). Jetzt ziehen sich fast alle ängstlich von ihm zurück. Selbst ein Tim., welchem Pl damals das glänzendste Zeugnis ausstellte (Phl 2, 20), steht in Versuchung, sich feige von Pl und damit von seinem eigenen Beruf zurückzuziehen. Ebenso schroff ist der Gegensatz der Art, wie Pl selbst damals, und wie er jetzt seine Lage beurteilt und von da aus in die Zukunft blickt. Damals glaubte er sicher zu wissen, daß sein bis dahin günstig verlaufender Prozeß bald mit seiner Freisprechung endigen werde. Jetzt ist er ebenso gewiß, daß nichts anderes als der Märtyrertod das Ende seiner gegenwärtigen Gefangenschaft sein werde. Unter Anwendung des gleichen Bildes, mit welchem er damals sein blutiges Ende bezeichnete, welches ihm aber erst nach einer Zeit der Freiheit und neuer, mannigfaltiger Tätigkeit zu Teil werden sollte (Phl 2, 17 oben S. 386), schreibt er jetzt (4, 6): „Ich werde nunmehr als Trankopfer ausgegossen". Er steht nicht mehr in dem heißen und rastlosen Wettkampf, wie damals (Phl 1, 27. 30; 3, 12—14), sondern er hat diesen Wettkampf ausgekämpft und hat seinen Lauf vollendet (4, 7 cf AG 20, 24). Vor sich sieht er nichts mehr als den Kranz des Siegers, welchen der gerechte Richter bereits in der Hand hält, um ihm denselben am Tage des Gerichts aufs Haupt zu setzen (4, 8). Pl scheint zu erwarten, daß die Entscheidung noch einige Monate sich hinziehen werde oder hinziehen könne. Wenn Tim. nach Empfang dieses Briefes sich sofort auf die weite Reise nach Rom begibt und noch vor Wintersanfang dort eintrifft (4, 9. 21), wird er voraussichtlich den Apostel noch am Leben treffen, und dieser von den Gegenständen, welche Tim. ihm mitbringen soll, noch eine Zeitlang Gebrauch machen können (4, 13). Aber eine wesentliche Änderung seiner irdischen Lebenslage erscheint ausgeschlossen. Auf den Schutz seines Herrn vertraut er auch für die kurze Spanne irdischen Lebens, welche noch vor ihm liegt; aber die einzige Errettung von dem Bösen, das auf Erden Macht hat, welche er noch von Christus erwartet, wird ihn in dessen jetzt im Himmel befindliches Königreich versetzen (4, 18). Durch den Hinweis auf seinen nahen Märtyrertod begründet Pl seine dringende Mahnung an Tim., sich als einen unverdrossenen Prediger des Ev zu beweisen (4, 1—5 und 4, 6—8). Die Stelle des scheidenden Apostels soll Tim. nach Kräften ausfüllen. Besonders im Hinblick auf die Zukunft, welche Pl nicht mehr erleben wird, soll Tim. seiner Berufspflicht bewußt sein (2, 17; 3, 1—9; 4, 3) und soll dafür sorgen, daß es auch außer ihm und nach ihm nicht an zuverlässigen Vertretern der Lehre fehlt, welche er von seinem Lehrer überkommen hat (2, 2). Erwägt man, daß Tim. auf der schleunigen Reise nach Rom, welche er sobald als möglich nach Empfang des

Briefes antreten soll, kaum viel Gelegenheit haben konnte, den Mahnungen nachzukommen, welche von 1, 6 bis 4, 5 den Hauptinhalt des Briefs ausmachen, so erkennt man: Pl war keineswegs dessen sicher, daß Tim. ihn noch am Leben antreffen werde. Die Absicht, den verzagten Tim. zu ermutigen, mag es veranlaßt haben, daß Pl den Fall seines Todes vor Ankunft des Tim. nicht ausdrücklich bespricht. Aber er schreibt den Brief wie ein Testament. Für den Fall seines Todes soll es diesem seinem „geliebten Kind" (1, 2) nicht an einer urkundlichen, feierlichen und herzbeweglichen Erklärung des letzten Willens seines geistlichen Vaters fehlen. Mit dieser Eigenart des Briefes wird es zusammenhängen, daß Pl angesichts seines bevorstehenden Todes mehr als einmal seinen Blick weit in seine und seines Schülers Vergangenheit zurückschweifen läßt. Wie Pl seine eigene christliche Frömmigkeit als die Fortsetzung der von seinen pharisäischen Voreltern ererbten Frömmigkeit betrachtet, so auch den Glauben des Tim. als ein Erbteil von seiner jüdischen Mutter und Großmutter (A 4). Er wird daran erinnert, daß er schon von frühster Jugend an, also lange vor der Berührung mit Pl und dem Ev und somit durch seine fromme Mutter in die Kenntnis heiliger Schriften eingeführt worden ist (3, 15). Auf seine Bekehrung und Belehrung durch Pl und das bei seiner Taufe vor versammelter Gemeinde abgelegte Bekenntnis wird er hingewiesen (2, 2 cf 1 Tm 6, 12); ferner auf seine unter Handauflegung des Apostels geschehene Ausrüstung zum Missionsdienst (A 5), auf seine langjährige Teilnahme an den Arbeiten und Leiden des Pl (3, 10) und besonders noch auf diejenigen Verfolgungen, welche Pl zur Zeit der Bekehrung des Tim. in dessen Vaterstadt Lystra und kurz vorher in Ikonium und dem pisidischen Antiochien erduldet hatte (3, 11 cf AG 13, 50; 14, 5. 19). Zu diesen Rückblicken auf Vergangenes, was Tim. längst weiß, und nicht zu den Nachrichten über neuere Ereignisse, welche ihm erst durch diesen Brief mitgeteilt werden, gehört ferner nicht nur das, was 1, 15—18 ausdrücklich als dem Tim. bekannt bezeichnet wird, sondern auch, was wir 4, 16 f. lesen. Gegen die Auffassung dieser Sätze als einer Mitteilung neuer Nachrichten spricht schon der Mangel an konkreter Bestimmtheit, der teilweise bildliche Ausdruck, der schwungvolle Ton der Rede, welcher gegen die kurzen Nachrichten und geschäftlichen Mitteilungen vorher (4, 9—15) und nachher (4, 19—22) merkwürdig absticht und diese Sätze nur mit 4, 18 verwandt erscheinen läßt. Ehe Pl zum Schluß des Brief ausspricht, was er in seiner gegenwärtigen Lage allein noch von dem Herrn erhofft, erinnert er sich und den Tim. an eine gleichfalls gefährliche und insofern vergleichbare Lage, in welcher er sich früher einmal befunden hat. Bei seiner ersten gerichtlichen Verteidigung hat ihm Niemand beigestanden, sondern Alle, die ihm hätten beistehen können, ließen ihn im Stich. Löblich findet das Pl auch jetzt noch nicht, aber im Gegensatz zu einer Androhung göttlichen Gerichts über einen bösartigen Feind, die er eben ausgesprochen (4, 14), und in deutlichem Unterschied von dem Ton anderer Bemerkungen scheinbar ähnlichen Inhalts (1, 15; 4, 10), beurteilt er dies als ein

Vergehen der Schwachheit, wofür er den Freunden die Verzeihung Gottes anwünscht. Er erwähnt es vor allem darum, um im Gegensatz zu menschlicher Unzuverlässigkeit die Treue des Herrn zu preisen (cf 2, 13). Der Herr allein hat ihm damals beigestanden und hat ihn gestärkt, und er ist aus Löwenrachen errettet worden. Die letztere bildliche Redensart berechtigt nicht dazu, an eine bestimmte, einem Löwen vergleichbare Person, sei es den Kaiser Nero, oder den diesen als Richter vertretenden Praefectus praetorio, oder den Teufel zu denken (A 6). Wohl dagegen spricht sie unzweideutig aus, daß Pl damals in folge des Beistands, welchen der Herr ihm bei seiner Verteidigung vor Gericht geleistet hat, aus äußerster Todesgefahr errettet worden ist. Daraus allein schon folgt, daß die *πρώτη ἀπολογία* nicht ein erster Akt eines zur Zeit des Briefs noch schwebenden Gerichtsverfahrens sein kann. Wenn Pl nach dieser *ἀπολογία* ein Gefangener und Angeklagter geblieben war, wenn er sich vollends nach derselben in einer so schweren Haft und so aussichtslosen Lage befand, wie zur Zeit des 2 Tm und in den Monaten vorher, so waren die Worte *καὶ ἐρύσθην ἐκ στόματος λέοντος* eine inhaltslose Redensart. Mochte er bei einem ersten Verhör mit des Herrn Hilfe noch so glänzend sich verteidigt haben, und mochten dadurch bei ihm selbst oder Anderen noch so zuversichtliche Hoffnungen auf eine Freisprechung erweckt worden sein, war er jetzt in den Kerker geworfen, mit der bestimmten Aussicht, als Verbrecher hingerichtet zu werden, so war er eben nicht aus Löwenrachen errettet, sondern um eine schmerzliche Enttäuschung reicher geworden. Unter jener ersten *ἀπολογία* kann also nur verstanden werden die Verteidigung des Pl in einem früheren Prozeß, welcher in folge dieser glücklichen Verteidigung mit seiner Freisprechung und tatsächlichen Befreiung geendigt hatte. Es kann also weder die Verteidigung vor Festus und Agrippa (AG 25, 1—26, 31) gemeint sein, noch eine solche Verteidigung vor dem kaiserlichen Gericht in Rom, in folge deren er verhaftet blieb und solche Verschlimmerungen seiner Lage erleben konnte, wie sie der 2 Tm im Gegensatz zu den anderen Gefangenschaftsbriefen bezeugt. Das Gleiche ergibt sich mit wo möglich noch größerer Sicherheit aus der Zweckangabe in 4, 17. Mit seinem Beistand und seiner Stärkung des Pl bei jener Gerichtsverhandlung, die mit dessen Errettung aus äußerster Todesgefahr endigte, hat nach der Anschauung des Apostels der Herr den Zweck verfolgt, daß durch ihn die Predigt vollendet werde und alle Völker sie hören. Dieses Ziel war also zur Zeit jener Apologie überhaupt noch nicht, weder durch Pl noch durch andere Missionare erreicht. Daß es erreicht werden solle und müsse, stand nach der Verheißung Jesu für Pl wie für jeden Christen fest. Fraglich konnte nur sein, durch wen dies geschehen werde. Wenn Pl in jenem Prozeß unterlag und vom Löwen verschlungen wurde, so mußte jenes Ziel nach seinem Tode durch Andere erreicht werden. Damit dies aber durch Pl und, wie das stark betonte *δι' ἐμοῦ* sagt, gerade durch ihn und nicht durch Andere geschehe, hat der Herr ihm damals vor Gericht beigestanden und ihn zu erfolgreicher Verteidigung gestärkt, und damit dieser Zweck nun auch wirklich erreicht werde, ward er aus Löwenrachen herausgerissen. Es liegt auf der Hand, daß die Errettung vom Fanatismus der Juden, welche durch die Appellation an den Kaiser bewirkt wurde (AG 25, 11), keine Folgen gehabt hat, welche dem hier angegebenen göttlichen Zweck auch nur einigermaßen entsprechen. Pl ist in folge davon als Gefangener nach Rom gekommen, und es mag sein, daß die geschickte Verteidigung des Pl vor Festus und Agrippa und der hierauf fußende Bericht des Festus (AG 25, 26; 26, 31) sehr wesentlich dazu beigetragen haben, daß ihm in Rom zwei Jahre lang ein beträchtliches Maß freier Bewegung und Gelegenheit zu ungehemmter Predigt gewährt wurde. Aber durch diese Predigt hat nicht ein einziges Volk, welchem bis dahin das Ev fern geblieben war, dasselbe gehört. Der buntgemischten Bevölkerung Roms, welche Pl als das eine ἔθνος Ῥωμαίων betrachtet (oben S. 263), war das Ev schon zur Zeit des Rm gebracht worden. Das Gleiche würde erst recht gelten von einer Wiederaufnahme der römischen Wirksamkeit des Apostels, wie er sie während der zwei Jahre vor Abfassung des Phl ausgeübt hatte, wenn ihm etwa nach der Zeit des Phl in folge seiner wirksamen Verteidigung vor dem kaiserlichen Gericht gestattet worden wäre, die damals abgebrochene Arbeit in Rom wieder aufzunehmen. Von einer Vollendung der christlichen Predigt durch Pl konnte nicht geredet werden, wenn er nichts weiter erreicht hatte, als daß er in Rom, wo längst eine christliche Gemeinde existirte und manche von ihm unabhängige Missionare tätig waren (Kl 4, 11; Phl 1, 14—18 oben S. 313. 384), auch durch seine Arbeit „einige Frucht“ erzielt hatte (Rm 1, 13 oben S. 262 f. A 2). Rom war nicht das Ende der Welt und nicht das Ziel der seit Jahren gehegten Missionspläne des Pl. Andrerseits konnte er zur Zeit des 2 Tm auch nicht daran denken, daß jetzt noch der große Zweck, welchen der Herr bei jener ersten Apologie verfolgt hatte, die Ausbreitung des Ev zu allen Völkern durch Pl, werde verwirklicht werden. Denn jetzt erwartet er von dem Herrn nichts weiter mehr, als ein seliges Sterben (4, 18); und daß er seinen Lauf vollendet habe, hat er kurz vorher (4, 7) und durch den Ton des ganzen Briefes gesagt. Da nun ein frommdenkender Mensch dem Herrn nicht eine Absicht zuschreiben kann, welche weder bisher erreicht ist, noch nach seiner Überzeugung in Zukunft erreicht werden wird und kann, so folgt, daß jener Zweck, zu welchem Christus dem Pl in dem früheren Gerichtsverfahren so kräftig beigestanden hat, inzwischen erreicht worden ist, d. h. Pl hat nach glücklicher Erledigung seines Strafprozesses, nach erfolgter Freisprechung die Missionsarbeit wieder aufgenommen und hat in Gegenden, wo bis dahin weder er selbst, noch andere Missionare gewirkt hatten, das Ev gepredigt. Dasselbe ergibt sich unmittelbar aus 4, 7. Zur Zeit des Phl war Pl nicht nur in religiöser und sittlicher Beziehung (Phl 3, 12—14), sondern auch in bezug auf sein Berufswerk ein rastlos Vorwärtsstrebender und war unter anderem auch durch die Erkenntnis von der Notwendigkeit seines ferneren Lebens und Wirkens für die Sache des Ev in der Überzeugung bestärkt, daß er aus der damals schwebenden Apologie frei hervorgehen und einen neuen Lauf beginnen werde (oben S. 385. 387). Jetzt hat er seinen Lauf vollendet. So wenig jene Äußerungen Folge einer sonderlich heiteren Stimmung waren, so wenig läßt sich diese aus einer verzagten und düsteren Stimmung erklären, zumal der 2 Tm durchweg eher vom Gegenteil einer solchen Stimmung zeugt. Pl schreibt hier wohl mit tiefer Bewegung des Herzens, aber diese Bewegung trägt ihn aufwärts und soll den verzagten Tim. mit emporziehen. Tatsachen sind es, welche ihn das, was vor und hinter ihm lag, damals so, und jetzt so anders vom gegenwärtigen Stand der Dinge aus betrachten ließen. Nun wissen wir aber aus Rm 15, 15—29, daß Pl zu Anfang des J. 58 in dem Bewußtsein, seine Aufgabe in der östlichen Hälfte der Mittelmeerländer erfüllt zu haben, die Absicht und Hoffnung hegte, nun endlich seinen schon damals mehrere Jahre alten Plan ausführen und westlich vom Adriameer sein Werk fortsetzen zu können. Rom sollte nur ein Durchgangspunkt sein; als Ziel war vor allem Spanien ins Auge gefaßt (Rm 15, 24. 28). Wie hätte Pl sagen können, daß er seinen Lauf vollendet habe, wenn er für immer in Rom hängen geblieben wäre und nun dort seiner Hinrichtung entgegensah! Hat Pl sowohl Rm 15 als 2 Tm 4 geschrieben, so folgt auch aus 2 Tm 4, 7 mit Sicherheit, daß er seiner im Phl ausgesprochenen Erwartung entsprechend die Freiheit wieder erlangt hat, und daß er unter anderem nach Spanien gekommen ist. Der Ausdruck für das, was der Herr mit seinem hilfreichen Beistand in dem früheren Prozeß bezweckte und was, wie gezeigt, inzwischen erreicht worden ist (4, 17), lautet überschwänglich. Aber erstens will er gemessen sein an der sonstigen Redeweise des Pl und seiner Zeitgenossen. Einem Volk und Land ist gepredigt, wenn an einigen Orten desselben das Ev Eingang gefunden hat und Gemeinden entstanden sind (A 7). Daher meinte Pl schon im J. 58 in den Ländern von Jerusalem bis nach Illyrien keinen Raum mehr zu finden für eine solche grundlegende Missionstätigkeit, wie er sie als seine besondere Aufgabe ansah (Rm 15, 19. 23). Von dem Hinterland der kultivirten Küstenländer und von den Barbaren jenseits der Grenze des römischen Reichs scheint überall abgesehen zu werden, als ob es sich von selbst verstünde, daß jene unermeßlichen und damals noch so wenig bekannten Gebiete den in den kultivirten Provinzen gegründeten Kirchen als Arbeitsfeld für ihre Missionstätigkeit zufallen sollten. Ferner ist zu bedenken, daß Pl auch die von seinen Gehilfen, im Zusammenhang mit ihm und im Umkreis der Centren seiner eigenen Wirksamkeit ausgeführte Missionspredigt und die so entstandenen Kirchen gleichsam zu seinem Sprengel rechnet, wie die Briefe an die Gemeinden der Provinz Asien zeigen (oben S. 318 A 3). Von da aus ist es zu würdigen, daß nach 2 Tm 4, 10 damals Titus nach Dalmatien, ein gewisser Crescens nach Gallien gegangen war (A 8). Es verlautet nichts davon, daß sie wie Demas den Apostel im Stich gelassen und sich in Sicherheit gebracht hatten, oder daß sie wie Tychicus vom Apostel mit irgend einem besonderen Auftrag abgeschickt waren (4, 10 a. 12). Man wüßte auch nicht, was sie in dem einen oder anderen Falle gerade in

Länder geführt haben sollte, zu welchen Pl unsres Wissens bis dahin keinerlei Beziehungen gehabt hatte. Titus, der seit langem mit Pl verbunden war (Gl 2, 3), welcher als sein Beauftragter in Korinth schwierige Aufgaben gelöst hatte (2 Kr 7—9 oben S. 220 ff. 235) und, wie wir sehen werden, nicht gar lange vor der Zeit des 2 Tm auf Kreta ein von Anderen begonnenes Missionswerk vollendet hatte, wird als Missionar, als Gehilfe und Vertreter des Pl nach Dalmatien gegangen sein. Das Gleiche ist dann aber auch der wahrscheinliche Grund der Reise des uns unbekannten Crescens nach Gallien. War so im Westen, Nordwesten und Nordosten von Rom, in Spanien durch Pl selbst, in Gallien durch Crescens, in Dalmatien durch Titus ein Anfang der Kirchengründung gemacht, so hatte in der Tat seit jener ersten Apologie die Missionskarte ein sehr verändertes Aussehen angenommen. Und es ist das Angeführte nur zufällig, d. h. ohne daß der Vf die Absicht zeigte, seine Leser hierüber zu belehren, und nur in nebelhaften Umrissen für uns erkennbar geworden. Es wäre eine kindische Anmaßung, nach so beiläufigen Andeutungen die Wirklichkeit der Ereignisse bemessen zu wollen, welche den volltönenden Worten in 2 Tm 4, 17 zu Grunde liegen. Wenn wir z. B. eine Andeutung über Predigt in der Provinz Afrika vermissen, so ist dies viel weniger auffällig, als daß Rm 15, 19. 23 Alexandrien und Ägypten nicht berücksichtigt werden, während wir doch wissen, daß Pl nicht dorthin gekommen war (oben S. 268 A 10). Wir wissen vielleicht genug, um 2 Tm 4, 7. 17 zu begreifen, aber viel zu wenig, um den klaren Wortsinn dieser Aussagen einer sachlichen Kritik unterziehen zu können. — Unter der „Apologie“ 2 Tm 4, 16 ist ebensowenig wie Phl 1, 7. 16 ein einzelnes Verhör und eine einzelne bei solcher Gelegenheit gehaltene Verteidigungsrede im Unterschied von späteren Verhören und Verteidigungsreden innerhalb desselben Prozesses zu verstehen, sondern die gesamte Verantwortung vor Gericht innerhalb eines früheren, jetzt erledigten Prozesses im Gegensatz zu demjenigen Prozeß, in welchen Pl zur Zeit dieser Aussage verwickelt ist. Was Pl hier von dem Verhalten seiner Freunde bei der ersten Apologie sagt, steht nicht in Widerspruch mit den Andeutungen des Phl. Die freudige und mutige Stimmung, welche sich damals in der Umgebung des Pl verbreitet hatte (Phl 1, 12—18 oben S. 383), war erst die Folge der günstigen Wendung, welche sein Prozeß neuerdings wider Erwarten in folge seiner glücklichen Selbstverteidigung genommen hatte. Beim Beginn jenes Prozesses, als Pl der freien Bewegung beraubt wurde, deren er sich zwei Jahre lang erfreut hatte, muß die Stimmung der Christen in Rom eine sehr andere gewesen sein. Aus dem Phl selbst entnehmen wir, wie sorgenvoll die Berichte gelautet haben mögen, welche die Philipper von Rom aus über die Lage des Pl erhalten hatten. Es würde aber dem Zweck des Phl widersprochen haben, wenn Pl, statt die glückliche Entwicklung seines Prozesses und die günstigen Aussichten, wozu der damalige Stand der Dinge berechtigte, hervorzuheben, eine Klage darüber hätte laut werden lassen, daß in dem entscheidenden Augenblick, welcher nun schon glücklich vorübergegangen war, keiner seiner Freunde den Mut gefunden hatte, vor Gericht sich zu ihm zu bekennen, etwa als Entlastungszeuge oder Anwalt für ihn einzutreten. Er wird ihnen diese Schwachheit schon damals verziehen haben, wie er es 2 Tm 4, 16 bekennt. Andrerseits fehlt aber auch jede Andeutung davon, daß zu der glücklichen Entwicklung seines Prozesses (Phl 1, 12 f.) irgend einer seiner Freunde etwas beigetragen hätte. Er selbst und er allein scheint damals seine und des Ev Sache vor Gericht vertreten zu haben (Phl 1, 7. 16), und auch für die endgiltige Entscheidung des Gerichts, auf welche er noch zu warten hatte, und die zu diesem Ende etwa noch zu bestehenden Verhöre, rechnete er nur auf die Fürbitte der Mitchristen und darauf, daß der heilige Geist ihm die rechten Worte in den Mund legen werde (Phl 1, 19 oben S. 385). Dem entspricht der Rückblick 2 Tm 4, 16 f. vorzüglich. Anfang und Ende jenes Prozesses zusammenfassend, kann Pl sagen: der Herr allein hat mir beigestanden und hat mich gestärkt, und so ward ich aus Löwenrachen errettet. Die Echtheit des 2 Tm vorausgesetzt, stünde somit fest, daß die Gefangenschaft, in welcher sich Pl zur Zeit desselben befand, nicht eine Fortsetzung derjenigen Gefangenschaft war, aus welcher heraus er Eph, Kl, Phlm und etwas später Phl schrieb, sondern daß seine im Phl mit so großer Zuversicht ausgesprochene Erwartung in Erfüllung gegangen ist, daß er nach erfolgter Freisprechung durch das kaiserliche Gericht seine wiedererlangte Freiheit unter anderem dazu benutzt hat, seine Missionsarbeit wieder aufzunehmen und in Ausführung seines alten Planes im fernen Westen zu predigen. Er ist inzwischen aber auch wieder im Orient gewesen, wie er gleichfalls zur Zeit des Phl es beabsichtigte (Phl 1, 25 f.; 2, 24). Kann es nach dem Zusammenhang und Ton von 4, 9—13 und 4, 19—21 nicht zweifelhaft sein, daß die dortigen Erwähnungen von Tatsachen der Vergangenheit nicht Erinnerungen an Solches sind, was Tim. bereits weiß, sondern Mitteilungen und Nachrichten, welche für Tim. ebenso neu sind, wie die damit verbundenen Anweisungen, so fällt vor allem ins Gewicht die Nachricht, daß Pl den Trophimus krank in Milet zurückgelassen hat (A 9). Dieser Epheser hatte den Apostel auf der Reise von Macedonien über Milet nach Jerusalem, welche zu seiner Verhaftung führte, bis nach Jerusalem begleitet (AG 20, 4. 15—38; 21, 29), war also damals nicht von Pl in Milet krank zurückgelassen worden. Sollten die völlig harmlosen Angaben der AG in diesem Punkt keinen Glauben finden, so bliebe doch ganz unbegreiflich, wie Pl dem Tim., der sich auf jener Reise ebenso wie Trophimus in der Begleitung des Pl befand und seither dauernd bei Pl in Rom sich aufgehalten hatte (Kl 1, 1; Phlm 1; Phl 1, 1; 2, 19—23), diese Tatsache etwa 5 Jahre später als eine Neuigkeit mitteilen konnte. Pl muß also nach Befreiung aus der römischen Gefangenschaft und zwar nicht gar lange vor Abfassung des 2 Tm in Begleitung des Trophimus in Milet gewesen sein. Die enge Verbindung, in welcher diese Mitteilung mit der Nachricht steht, daß Erastus in Korinth geblieben ist, nötigt zu der Annahme, daß Pl auf derselben Reise auch Korinth berührt hat und bis dahin von jenem Erastus begleitet war, welchen wir aus Rm 16, 23 als Rentbeamten der Stadt Korinth und aus AG 19, 22 als einen zeitweiligen Gehilfen des Pl kennen. Daß sich die hiesige Angabe nicht auf die dort erwähnte Reise des Erastus von Ephesus nach Korinth um Ostern 57 und auf die um Ostern 58 erfolgte Abreise des Pl von Korinth nach Jerusalem bezieht, ergibt sich, abgesehen von der engen Verbindung derselben mit der Nachricht über Trophimus, schon daraus, daß Erastus damals mit Tim. nach Korinth reiste, und daß Tim. den Pl auf der Rückreise von Korinth nach Macedonien und weiter nach Jerusalem begleitet hat, so daß er jenes Zurückbleiben des Erastus in Korinth miterlebt hätte, wenn nämlich Erastus, welcher AG 20, 4 nicht erwähnt wird, sich damals nicht dem Pl und dem Tim. und den diese begleitenden Deputirten der an der Kollekte beteiligten Gemeinden angeschlossen hat, sondern in Korinth geblieben ist. An diese Tatsache konnte Pl den Tim. allerdings auch später einmal erinnern, wenn er sie zu einem ersichtlichen Zweck charakterisiren oder irgend eine Nutzanwendung daran knüpfen wollte. Die nackte Aussage dagegen der dem Tim. wohlbekannten Tatsache war nach Ablauf von mindestens 5 Jahren sinnlos. Aus denselben Gründen kann auch die Sendung des Tychicus von Rom nach Ephesus 4, 12 nicht identisch sein mit der Sendung desselben nach der Provinz Asien, welche wir aus Eph 6, 21; Kl 4, 7 kennen; denn damals war Tim. bei Pl (Kl 1, 1; Phlm 1). Es handelt sich also um eine spätere Sendung des Tychicus. Auch der Aufenthalt des Pl in Troas, welcher 4, 13 vorausgesetzt wird, muß der jüngsten Vergangenheit angehören und kann nicht mit dem Besuch identisch sein, von welchem AG 20, 6—12 berichtet wird. Abgesehen davon, daß auch damals Tim. zur Begleitung des Pl gehörte, wovon 2 Tm 4, 13 jede Andeutung fehlt, verträgt sich der Inhalt des dort dem Tim. erteilten Auftrags nicht mit der Annahme, daß jener mindestens 5 Jahre zurückliegende Aufenthalt zu Troas gemeint sei. Tim. soll dem Pl von Troas, das er auf seiner Reise nach Rom berühren wird, einen Mantel, gewisse Bücher und Pergamentblätter mitbringen, welche der Apostel bei einem gewissen Karpus daselbst hat liegen lassen. Die genaue Aufzählung der Gegenstände und die besondere Hervorhebung der Pergamente, welche mit Notizen beschrieben gewesen sein werden (GK II, 938 f.), läßt erkennen, daß es sich um Gegenstände handelt, welche Pl ungerne entbehrte. Für den bevorstehenden Winter (4, 21) wird er des warmen Mantels bedürfen; und wer mag Bücher und Aufzeichnungen, die er sogar auf Reisen mit sich geführt hat, dann aber, nachdem er sie liegen gelassen, von Asien nach Rom kommen läßt, länger entbehren, als unvermeidlich ist! Es wäre unbegreiflich, daß Pl sie erst jetzt sich wieder zu verschaffen suchte, wenn sie seit mehr als 5 Jahren bei Karpus lagen. Der Verkehr des gefangenen Pl mit den asiatischen Gemeinden wird während der 2 Jahre, die er in Cäsarea, also in größerer Nähe zubrachte, doch mindestens ebenso lebhaft gewesen sein, als während der römischen Gefangenschaft. Tychicus war von Rom zu den meisten Gemeinden der Provinz Asien geschickt worden (oben S. 341), also wohl auch nach Troas gekommen und wieder nach Rom zurückgekehrt. Onesiphorus war aus

Ikonium, wahrscheinlich doch über Troas und Philippi, nach Rom gekommen. Andere Freunde des Pl wie Epaphras (Kl 1, 7; 4, 12) mögen desselben Weges gezogen sein. An mannigfaltiger Gelegenheit, die in Troas gebliebenen Sachen wiederzuerhalten, könnte es im Lauf der mehr als 5 Jahre nicht gefehlt haben. Die allein natürliche Annahme ist also, daß Pl nicht lange vor Abfassung des 2 Tm in Troas sich aufgehalten und seine Sachen liegen gelassen hat. Dies bestätigt die Erwägung dessen, was sich 4, 14f. anschließt. Da die Bemerkung über den Schmied Alexander auf eine Warnung des Tim. vor diesem Menschen hinausläuft, Tim. aber nach Empfang des Briefs so bald als möglich die Reise nach Rom antreten soll, so werden wir diesen Alexander nicht an dem gegenwärtigen Aufenthaltsort des Tim., den dieser ja sofort verlassen soll, aber auch nicht in Rom, wo Pl ihn, wenn Tim. erst dort angekommen, viel wirksamer warnen konnte, sondern an einer Station am Wege des Tim. nach Rom, und zwar, da eben von Troas als einem Ort die Rede war, an welchem Tim. auf seiner Reise sich aufhalten und für Pl etwas besorgen soll, eben in Troas zu suchen haben. So erklärt sich die Reihenfolge der Sätze. Indem Pl aus Anlaß des Auftrags, welchen Tim. in Troas ausrichten soll, seines eigenen letzten Aufenthalts in Troas gedenkt, erinnert er sich auch an die Anfeindungen, welche er damals dort von Alexander erfahren hat. Es liegt nahe zu vermuten, daß diese ihn zu schleuniger Abreise von Troas genötigt und das Zurücklassen jener Gegenstände veranlaßt hatten. Daran schließt sich sehr natürlich die Mahnung an Tim., wenn er nun nach Troas komme, vor jenem feindseligen Menschen auf der Hut zu sein; eine Warnung, welche schließlich noch durch die Bemerkung bestätigt wird, daß Alexander der Predigt des Pl und seiner Gehilfen sich aufs äußerste widersetzt habe, also nicht sowohl ein persönlicher Feind des Pl, als ein entschlossener Gegner der apostolischen Lehre sei (A 3). Darum soll a u c h T i m. sich vor ihm in Acht nehmen. Aus dieser Gegenüberstellung von „mir" und „auch du" ergibt sich, daß Tim. damals, als Pl in Troas die Feindseligkeit Alexanders zu erfahren bekam, nicht beteiligt war und nicht bei Pl sich befand, und daß er, mag er von der Sache schon gehört haben oder erst durch diese Mitteilung des Pl Kenntnis davon erhalten, bisher überhaupt noch keine Gelegenheit gehabt hat, die Feindschaft Alexanders persönlich zu erfahren. Pl ist also nach Befreiung aus der langjährigen Gefangenschaft in Troas, Milet und Korinth gewesen, überall ohne gleichzeitige Anwesenheit des Tim. Daß Pl bei Gelegenheit dieser Reise den Tim. überhaupt nicht gesehen haben sollte, ist unwahrscheinlich. Zur Zeit von Phl 2, 19 wollte Pl ihn nach Philippi senden. Aus 1 Tm 1, 3 (cf 2 Tm 1, 18) sehen wir, daß Tim. nach diesem Zeitpunkt sich dauernd in Ephesus aufgehalten hat, und aus 1 Tm 3, 14; 4, 13, daß Pl dorthin zu ihm reisen wollte (§ 34). In Troas und Milet ist Pl inzwischen gewesen (2 Tm 4, 13. 20). Es müßten daher sehr sonderbare Zufälle angenommen werden, um die Annahme zu rechtfertigen, daß Pl auch diesmal, wie bei einer früheren Gelegenheit (AG 20, 16), verhindert gewesen sein sollte, das zwischen Troas und Milet gelegene

Ephesus zu besuchen und dort den Tim. wiederzusehen, oder daß Tim., wenn er inzwischen gegen den Wunsch des Pl Ephesus verlassen hatte, oder wenn Pl verhindert war, nach Ephesus zu kommen, nicht Mittel und Wege gefunden haben sollte, irgendwo mit Pl zusammenzutreffen. Dazu kommt, daß die Sehnsucht, den Tim. wiederzusehen, welche Pl 2 Tm 1, 4 bezeugt, von der wehmütigen Erinnerung an die Tränen des Tim. begleitet war. Die allein natürliche Annahme ist, daß Tim. vor nicht langer Zeit unter Tränen von Pl Abschied genommen hat, ein Bild, welches in der Erinnerung des Pl haften bleibt, bis er ihn, wie er hofft, in Rom wieder begrüßen kann. Wo jener schmerzliche Abschied stattgefunden hat, wissen wir nicht; nur Milet, Troas und Korinth sind, wie gezeigt, ausgeschlossen. Auch über den Aufenthaltsort des Tim. zur Zeit des 2 Tm können wir nur Vermutungen aufstellen. Wenn vorausgesetzt wird, daß er auf seiner Reise nach Rom durch Troas kommen werde (2 Tm 4, 13—15), so muß er sich in Kleinasien aufgehalten haben, schwerlich aber in Ephesus (A 10). Von einer kirchenleitenden Tätigkeit, wie sie Tim. nach dem 1 Tm in Ephesus ausübte, verlautet im 2 Tm nichts. Ferner würde Pl 2 Tm 4, 12 gewiß nicht unausgedrückt gelassen haben, daß die Sendung des Tychicus nach Ephesus diesen zu Tim. habe führen sollen, vollends dann, wenn Tychicus der Überbringer des 2 Tm gewesen wäre (cf Kl 4, 8; Eph 6, 22; Phl 2, 19. 25; 1 Kr 4, 17). Handelt es sich aber, wie offenbar der Fall ist, um eine der Absendung des Briefs vorangehende Sendung des Tychicus, so begreift man wieder nicht, wie Pl den Tim. noch erst davon benachrichtigen konnte, wenn er doch voraussetzen mußte, daß Tychicus in Ephesus den Tim. angetroffen habe. Auch die Nachricht über die Zurücklassung des Trophimus in Milet (4, 20) und die Art, wie auf die Ereignisse in Troas Bezug genommen wird (4, 13—15), erscheint nur dann natürlich, wenn Tim. damals und seither in einiger Entfernung von jenen Küstenstädten wohnte. Stand das Haus des Onesiphorus in Ikonium (A 1), so weist der Gruß an dieses (4, 19) darauf hin, daß Tim. sich damals entweder in Ikonium oder in dessen Nähe, etwa in seiner Vaterstadt Lystra befand. Um einen solchen Gruß auszurichten, wird Pl dem Tim. nicht eine größere Reise, wie es die von Ephesus nach Ikonium gewesen wäre, zugemutet haben. Ganz anders verhält es sich mit dem Gruß an Prisca und Aquila (4, 19). Seitdem dieses Ehepaar mit Pl in Berührung gekommen war, hatte es im Interesse des Missionswerks und des kirchlichen Lebens schon zweimal seinen Wohnsitz verändert, war von Korinth nach Ephesus, von Ephesus wieder nach Rom übergesiedelt, von wo es ehedem nach Korinth gekommen war (oben S. 275). Wenn diese Leute nun wieder im Orient lebten, so ist es mindestens wahrscheinlich, daß sie nach Ephesus zurückgekehrt waren, wo sie früher mindestens 3 Jahre lang gelebt hatten. Reiste Tim. von Ikonium oder Lystra über Troas nach Rom, so berührte er auch Ephesus und konnte den Gruß des Pl an Prisca und Aquila ausrichten. Die Untersuchung der Glaubwürdigkeit aller dieser tatsächlichen Angaben und der Versuch, sie sowohl unter einander als mit den sonst bekannten

Tatsachen in einen geschichtlichen Zusammenhang zu bringen, muß hinausgeschoben werden, bis auch dem 1 Tm und dem Tt die Tatsachen entnommen sind, welche uns nur durch sie bekannt sind.

1. Mit 2 Tm 1, 17 cf AG 11, 25, nur daß der stärkere Ausdruck *σπουδαίως ἐζήτησεν* auf noch größere Schwierigkeiten hinweist, die zu überwinden waren, um den beinah Verschollenen wieder aufzufinden. Das *ἀναψύχειν* 1, 16 (cf Ign. Eph. 2, 1 neben dem paulinischen *ἀναπαύειν* 1 Kr 16, 18; 2 Kr 7, 13; Phlm 7. 20 cf Ign. Trall. 12, 1; Mgn. 15; Sm. 9, 2; 12, 1) kann an sich ebensogut geistige als leibliche Erquickung bezeichnen. Zweck einer so weiten Reise kann doch nur gewesen sein, über die äußere Lage des Pl sich zu vergewissern und diese ihm nach Möglichkeit zu erleichtern (cf Phl 2, 25. 30; 4, 10—20; AG 24, 23; 27, 3). Dazu gehörten sicherlich auch Geschenke an die Gefängniswärter, um diese zu freundlicher Behandlung und Gewährung von ungefährlichen Freiheiten zu bestimmen. Eine Bestechung des Richters würde Pl nicht geduldet haben (AG 24, 26). Aber selbst ein so leidenschaftlich nach dem Martyrium verlangender Christ wie Ignatius verschweigt nicht, daß man zu seinen Gunsten die ihn transportirenden Soldaten beschenkte oder bewirtete ad Rom. 5, 1 cf Martyr. Pol. 7, 2; Passio Perpetuae c. 3. 16 (ed. Robinson 64, 15; 84, 22ff.); Acta Pionii 11, 3f. (ed. Gebhardt im Archiv f. slav. Philol. XVIII, 163); Lucian Peregr. 12; Const. apost. V, 1. Ob Onesiphorus dabei im Auftrag einer Gemeinde gehandelt, ob er bei Gelegenheit dieser Reise nach Rom oder früher einmal irgendwem ähnliche Dienste in Ephesus geleistet hat, wie kürzlich dem Pl in Rom (1, 18), wissen wir nicht. Als seine Heimat erkennt man aus 1, 15—18; 4, 19 nur im allgemeinen Kleinasien. Die Acta Theclae 1—7. 15. 23. 26. 42, deren Vf dies nicht aus 2 Tm entnehmen oder erraten konnte und auch sonst selbständige Überlieferungen mit ntl Angaben verbindet (GK I, 788; II, 892—910; Forsch V, 97 A 1), stellen den Onesiphorus als einen Bürger von Ikonium dar, in dessen Haus Pl Quartier findet und die Gemeinde dessen Predigt anhört. Eine wertlose Kopie dieser Darstellung ist der Jude Onesiphorus, der Gastgeber des Petrus und des Andreas in Ancyra oder im Lande der Barbaren (Suppl. cod. apocr. ed. Bonnet II, 9; Acta apost. apocr. ed. Lipsius et Bonnet II, 123ff.). Da Pl nicht dem Onesiphorus, sondern nur dessen Familie einen Gruß ausrichten läßt (4, 19) und den Lohn des Herrn für seine Aufopferung zunächst seiner Familie (1, 16), ihm selbst aber nur für den Tag des Gerichts denselben anwünscht (1, 18), so folgt, daß Onesiphorus seit seiner Ankunft in Rom gestorben ist, und daß Tim. dies bereits weiß. Einige Minuskeln (bei Tischendorf zu 2 Tm 4, 19) haben aus Acta Theclae c. 2 die Namen Lektra, Simmias und Zenon aufgenommen, welche natürlich nicht zu Aquila, sondern zu Onesiphorus gehören.

2. Von den 4 Namen 2 Tm 4, 21 läßt sich nur der des Linus einigermaßen geschichtlich beleuchten. Bei der großen Seltenheit dieses aus der griechischen Mythologie bekannten Namens (Herodot II, 79) als menschlichen Personnamens (C. I. Gr. nr. 8518 p. 261 lin. 53; I. Gr. Sic. et It. nr. 2276) ist nicht wohl zu bezweifeln, was Irenäus geradezu behauptet, daß hier derselbe römische Christ gemeint sei, welcher nach alter Überlieferung der erste Bischof Roms nach Petrus (und Paulus) wurde (Iren. III, 3, 3; Eus. III, 2; V, 6; Pseudotert. c. Marc. III, 277; Epiph. haer. 27, 6; Lib. pontif. ed. Duchesne I, 3. 53. 121, dort auch über einen im 17. Jahrh. gefundenen Sarkophag angeblich mit der Inschrift *Linus* cf V. Schultze, Arch. Stud. 235—239; Erbes Ztschr. für Kircheng. VII, 20). In den erhaltenen Resten der älteren Akten des Paulus und des Petrus kommt sein Name nicht vor. Es wurde ihm aber eine lateinische Bearbeitung des Schlußteils der gnostischen Petrusakten, weniger bestimmt auch eine solche des Schlußteils der katholischen Paulusakten zugeschrieben (Acta Petri etc. ed. Lipsius p. 1—44 cf GK II, 833ff. 872). Unter den fabelhaften Figuren in Const. ap. VII, 46

findet sich auch *Λίνος ὁ Κλαυδίας* als erster von Pl ordinirter Bischof Roms. Er ist also zum Sohn (oder Gatten) der 2 Tm 4, 21 hinter ihm genannten Claudia gemacht. An diesem Faden haben englische Forscher weitergesponnen. Die hier genannte Claudia sollte identisch sein mit derjenigen, welche nach Martial epigr. IV, 13, also um a. 85—90 einen gewissen Pudens heiratete, und diese wiederum mit der Claudia Rufina aus Britannien in epigr. XI, 53, welche dann weiter zu einer Tochter des britischen Königs Cogidumnus (Tac. Agric. 14) oder [Ti.] Claudius Cogidubnus (C. I. L. VII nr. 11) gemacht wurde; cf gegen diese schon chronologisch betrachtet unmöglichen Kombinationen Lightfoot, S. Clement I, 76—79. Es gab zur Zeit des 2 Tm in Rom begreiflicherweise zahllose Claudiae cf z. B. C. I. L. VI, 15335—15664, auch unter Claudius nr. 14858—15334. Darunter finden sich auch solche, welche mit anderen Namen ältester Christen in Rom oder deren Nebenformen (oben S. 297) verbunden sind: nr. 14913 *Claudia Olympias* (wonach auch in einer griech. Inschr. aus der Nähe von Rom, I. Gr. Sic. et It. nr. 1914 *Κλαυδίᾳ Ὀλυμπιά[δι]* zu ergänzen sein wird), nr. 14940 *Ti. Claudius Olympus* (cf Rm 16, 15), nr. 14918 *Claudius Ampliatus* (cf Rm 16, 8), nr. 15564 *Claudia Sp. F. Priscilla* (cf Rm 16, 3), nr. 15066 *Ti. Cl. Ti. Lib. Pudens et Cl*(audia) *Quintilla filio dulcissimo et sibi* (also 2 Namen aus 2 Tm 4, 21 verbunden). Was spätere Legenden von einem römischen Senator Pudens, dessen Töchtern Praxedis und Pudentiana und dessen Söhnen Timotheus und Novatus zu berichten wissen, gibt kaum einen Anhalt zu geschichtlichen Vermutungen cf Baron. ad a. 44 n. 61; Acta SS. Mai IV, 296ff.; Tillemont, mém. I, 172; II, 314. 658ff.; Lipsius, Apokr. Apostelgesch. II, 1, 207. 418ff. II, 2, 399. Doch ist zu bemerken, daß das Cognomen Pudens von Martial (IV, 13) an in vornehmeren Kreisen vorkommt (Klein, Fasti cons. zu a. 165. 166; Tert. Scap. 4; C. I. Gr. nr. 4241 cf 5142).

3. Während über Phygelus 1, 15 jede Tradition fehlt, bildet Hermogenes mit Demas (4, 10) zusammen in den Acta Theclae c. 1. 4. 11—14 schon zur Zeit des ersten Besuchs von Ikonium durch Pl (c. 1 cf AG 13, 51) ein Paar falscher Freunde des Pl, welche Geld und üppiges Leben lieben, dabei aber auch die Irrlehre entwickeln, welche 2 Tm 2, 18 kurz angedeutet, dort aber anderen Leuten zugeschrieben wird. Hermogenes erhält dort c. 1 das Epitheton des Alexander aus 2 Tm 4, 14 *ὁ χαλκεύς* cf GK I, 789; II, 901. 903. Unsicher ist, ob die Verknüpfung von Demas und Hermogenes auch in die Johannesakten des Leucius übergegangen ist cf meine Acta Jo. p. LXII; Epiph. haer. 51, 6. Bei der Häufigkeit des Namens Alexander ist die Bezeichnung eines Al. als *ὁ χαλκεύς* viel weniger auffällig als das *ὁ ἰατρός* Kl 4, 14. Es ist sehr möglich, daß er mit demjenigen in 1 Tm 1, 20 identisch ist, welchen Pl ebenso wie einen gewissen Hymenäus, der dann wieder 2 Tm 2, 17 neben einem gewissen Philetus als Vertreter einer Irrlehre vorkommt, zum Zweck ihrer Züchtigung und Besserung dem Teufel übergeben hatte (cf 1 Kr 5, 5). Demnach müssen Hymenaeus, Philetus, Phygelus, Hermogenes und der Alexander in 1 Tm 1, 20 der christlichen Gemeinde wenigstens dem Namen nach und zeitweilig angehört haben. Dies paßt aber auch zu dem Ton von 2 Tm 4, 14f. besser, als daß dort ein Nichtchrist gemeint sei. Jedenfalls bezieht sich *τοῖς ἡμετέροις λόγοις* nicht auf irgend etwas, was Pl einmal gesagt hat, sondern auf die Lehre, welche Pl mit Anderen zugleich im Beisein dieses Alexander verkündigt oder verteidigt hat cf 3, 8. An sich könnte Tim. in *ἡμετέροις* mitinbegriffen sein, wenn nur nicht Alles in 4, 13—15 darauf führte, daß Tim. die hier mitgeteilten Erlebnisse des Pl nicht miterlebt hatte. Die antioch. LA *ἀνθέστηκεν* mag mit dem Misverständnis zusammenhängen, als handle es sich um einen Widerstand, welchen Alexander jetzt dem Pl, etwa als Ankläger oder Belastungszeuge vor Gericht leistet, was sich schon damit nicht verträgt, daß Alexander sich zur Zeit in Asien, wahrscheinlich in Troas befindet. Davon, daß Alexander jemals in Rom gewesen und dort dem vor Gericht stehenden Pl entgegengetreten sei, fehlt jede Andeutung. War er ein Gegner der christlichen Lehre,

wie sie Pl verkündigte, so ist seine Identität mit dem in 1 Tm 1, 20 äußerst wahrscheinlich. Dagegen läßt sich nicht einmal vermutungsweise etwas darüber sagen, ob er identisch ist mit dem Juden Alexander in Ephesus AG 19, 33, welcher die Absicht gehabt zu haben scheint, den Pl und die christliche Lehre gegen den Vorwurf der ἀθεότης zu verteidigen, was voraussetzen würde, daß er ein Christ war, oder sich und seine Volksgenossen dagegen zu verwahren, daß sie ebenso wie Pl, dessen Judentum die Ankläger betont haben müßten (AG 16, 20), Feinde des heidnischen Kultus seien.

4. Mit AG 16, 1 stimmt überein, daß 2 Tm 1, 5 nur die Mutter und die Großmutter, nicht der heidnische Vater des Tim. genannt wird. Schon die Parallele zwischen Pl (1, 3) und Tim. (1, 5), welche überhaupt den ganzen Abschnitt 1, 3—14 beherrscht (ἐπαισχύνεσθαι 1, 8 und 12; παραθήκη 1, 12 und 14), macht es unwahrscheinlich, daß den beiden Frauen hier christlicher Glaube nachgerühmt werden soll. Ist Tim. von Pl zum Gehilfen angenommen worden, als dieser zum zweiten Mal nach Lystra, der Heimat des Tim. kam (AG 16, 1 oben S. 150 A 2), und verdankt Tim. seine Bekehrung dem Pl selbst (1 Tm 1, 2; 2 Tm 1, 2; 2, 1; 3, 14), so muß er bei Gelegenheit der ersten Anwesenheit des Pl (AG 14, 6—23; Gl 4, 13) bekehrt worden sein. Als Pl ihn zum Missionsgehilfen annahm und zu diesem Zweck beschnitt und ordiniren ließ, war er kein Neophyt (1 Tm 3, 6; 5, 22), sondern ein bereits bewährtes Gemeindeglied (AG 16, 2). Früher als er könnten also auch Loïs und Eunike nicht zum Christenglauben gekommen sein. Nur von Eunike wissen wir aus AG 16, 1, daß sie zur Zeit des zweiten Besuchs des Pl noch lebte und Christin war, also gleichzeitig mit ihrem Sohn bekehrt worden war. Das πρῶτον 1, 5 kann also, wenn die AG hier Glauben verdient, nicht besagen, daß die Frauen früher als Tim. christlichen Glauben angenommen hatten. Andrerseits kann durch πρῶτον auch nicht gesagt sein, daß „solcher Glaube in der Familie des Tim. nicht gewesen ist, ehe er in diesen Frauen und nur in ihnen zu wohnen kam" (Hofmann VI, 226); denn zu dem Hause seines heidnischen Vaters gehörte Loïs gar nicht. Was aber diese Jüdinnen vor ihrer Bekehrung zum Ev an Glauben besessen haben, haben sie sogut wie Pl von ihren Vorfahren ererbt. Der angebliche Gegensatz zu Pl liegt dem Zusammenhang fern und hätte durch Erinnerung an das Heidentum des Vaters und der väterlichen Ahnen ausgedrückt werden müssen. Was für Pl sein Vater und dessen Vorfahren gewesen sind (AG 23, 6; Gl 1, 14 oben S. 48 A 15), waren für Tim. Mutter und Großmutter. Den Gegensatz zu πρῶτον, welches hier wie so oft ohne merklichen Unterschied von πρότερον die Priorität vor der Handlung der Hauptaussage ausdrückt (Mt 5, 24; 7, 5; 8, 21; 12, 29; 17, 10; 2 Th 2, 3), bildet der Glaube des Tim. P hätte auch προενῴκησεν schreiben können. Aufrichtige Frömmigkeit konnte Pl diesen Jüdinnen nachrühmen, auch wenn Loïs vielleicht das Ev gar nicht mehr erlebt hat, sogut er die dem Tim. im elterlichen Hause, also durch die Mutter und vielleicht noch die Großmutter vor deren Bekehrung zu Teil gewordene Unterweisung im AT als eine Vorbildung für seinen Beruf als Prediger des Ev betrachten konnte (3, 15), und sogut er seine eigene christliche Frömmigkeit als die normale Fortsetzung der pharisäischen Frömmigkeit seiner früheren Lebenszeit und seiner pharisäischen Vorfahren bezeichnen konnte (1, 3; AG 23, 1. 6; 26, 5—7). Nur wenn er der an ihn herantretenden Offenbarung Christi sich widersetzt (cf dagegen Gl 1, 16; Phl 3, 7; AG 26, 19) und ihr zum Trotz an seinem Pharisäertum festgehalten hätte, wäre seine ererbte Frömmigkeit zur Heuchelei, zu einem Kultus mit unreinem und bösem Gewissen geworden. Ebenso würde er im gleichen Fall über die vorchristliche Frömmigkeit der Loïs und der Eunike geurteilt haben.

5. Wie 2, 2 aus 1 Tm 6, 12 zu erklären und zu ergänzen ist (cf meine Schrift über das Apostol. Symbolum S. 39 ff.), so 2 Tm 1, 6 aus 1 Tm 4, 14. Prophetische Stimmen (διὰ προφητείας cf 1 Tm 1, 18 κατὰ τὰς προαγούσας ἐπὶ σὲ προφητείας) werden den Anstoß dazu gegeben haben, daß Pl und Silvanus den Tim. zum Gehilfen erwählten, und

daß er unter Gebet und Handauflegung für diese Berufstätigkeit geweiht wurde (cf AG 13, 2f.). Die Handauflegung der Presbyter (1 Tm 4, 14) schließt diejenige des Pl (2 Tm 1, 6) um so weniger aus, als jene nur als ein begleitender Umstand erwähnt wird, und nicht wie diese als wirkende Ursache. Presbyterien hatten die Gemeinden in der Heimat des Tim. nach AG 14, 23 schon gleich nach der Stiftung erhalten; s. übrigens § 37.

6. Die älteren Griechen (Eus. h. e. II, 22; der echte Euthalius, Zacagni p. 533; Chrysost. XI, 190. 658. 722; Theodorus, Swete II, 230f. cf. I, 117. 205f. und Theodoret) haben 2 Tm 4, 16f. im ganzen richtig verstanden, nur daß sie zu bestimmt den Löwen auf Nero deuteten. Die sprichwörtliche Bildlichkeit des Ausdrucks (Ps 22, 21 cf 1 Makk 2, 60; Ps 7, 2; 35, 17), welche man Amos 3, 12 gleichsam entstehen sieht, würde nicht gehindert haben, *τοῦ λέοντος* zu schreiben (Judic 14, 9; 1 Sam 17, 37; Dan 6, 21), wenn ein bestimmtes Einzelwesen mit einem Löwen sollte verglichen werden; auch fehlt, abgesehen von der prophetischen Ankündigung AG 27, 24 im NT jeder Hinweis auf eine einzelne Person, von deren Entscheidung das Schicksal des Pl in Rom abhängig gewesen wäre. Andrerseits erlaubt der Ausdruck und der konstante Gebrauch von *ῥύεσθαι* (2 Tm 3, 11; 4, 18; 2 Kr 1, 10; 2 Th 3, 2; Rm 7, 24; 15, 31; 2 Pt 2, 7) nicht, an eine innere Bewahrung vor den Neigungen zu Sünde oder Unglauben zu denken. Auch wo von Rettung aus Anfechtungen die Rede ist (2 Pt 2, 9; Mt 6, 13), ist doch tatsächliche Befreiung aus bestimmten Lebenslagen gemeint, wie denn auch der Teufel, wo er mit dem Löwen, statt mit der Schlange (2 Kr 11, 3) verglichen wird, als der Verfolger vorgestellt ist, welcher den Gläubigen nach dem Leben trachtet (1 Pt 5, 8). Wenn er durch sein Gebrüll schreckt, ist das nur ein Vorspiel davon, daß er den Rachen öffnet, um zu verschlingen. Daß der Ausdruck *ἐνεδυνάμωσεν* jene geistliche Umdeutung des *ἐρύσατο* nicht begründen kann, mag man schon aus 1 Makk 2, 61 (*οὐκ ἀσθενήσουσιν* = *σωθήσονται* cf 2, 60) sehen, noch besser aus der freilich ebenso misdeuteten Stelle Phl 1, 19 (oben S. 385), sowie aus der einfachen Erwägung, daß die Errettung aus der Gefahr der Verurteilung und Hinrichtung wesentlich davon abhängt, wie geschickt und energisch einer verteidigt wird oder sich selbst verteidigt. Spitta, welcher zuerst wieder (Th. Stud. u. Krit. 1878 S. 582ff.) zu der einfach richtigen Erklärung der Stelle zurückgelenkt hat, hat später (Urchrist. I, 43ff. cf auch Hesse, Entstehung der Hirtenbriefe S. 29ff.) seine frühere Ansicht, wonach v. 17 derart von v. 16 zu trennen wäre, daß v. 17 sich auf alle im Lauf seines ganzen Berufslebens von Pl erfahrene göttliche Beihilfe und Errettung bezöge, aufgegeben. In dem durch *δέ* an v. 16 angeschlossenen Satz bildet *ὁ κύριός μοι παρέστη* einen hörbaren Gegensatz zu *οὐδείς μοι παρεγένετο*, so daß, da keine andere Zeit und Gelegenheit angegeben ist, von selbst das *ἐν τῇ πρώτῃ μου ἀπολογίᾳ* fortwirkt. Auch abgesehen hievon könnten die nackten Aoriste in v. 17 ohne ein *πάντοτε, πολλάκις, ἀεί ποτε* (cf *ἐκ πάντων* 3, 11, *ἐν τούτοις πᾶσιν* Rm 8, 37) unmöglich die sämtlichen vergleichbaren Fälle zusammenfassen, zumal nachdem zwei Einzelfälle in v. 14. 16 in gleicher Form angeführt waren. Übrigens ist auch keineswegs bei jeder Errettung aus großer Gefahr eine Stärkung seitens des Herrn Mittel und Vorbedingung, sondern nur in solchen Fällen, wo von der Geistesgegenwart und der mutigen Rede oder Tat des Gefährdeten seine Rettung abhängt, wie z. B. bei einer gerichtlichen Verhandlung. Das richtige Verständnis kann auch nicht dadurch getrübt werden, daß der Absichtssatz 4, 17 hinter dem zweiten und nicht erst hinter dem dritten Verbum steht. Er könnte ohne wesentliche Änderung des Sinnes schon hinter *παρέστη* stehen. Seine wirkliche Stellung hat er darum erhalten, weil die Angabe der Absicht des Herrn sich naturgemäß an die vollständige Aussage der Handlung des Herrn anschließt. Die Errettung aber, welche die schließliche Folge der Unterstützung und Stärkung seitens des Herrn gewesen ist, hat Pl nicht unmittelbar als Tat des Herrn bezeichnet; und zwar aus dem einfachen Grunde, weil es sich dabei nicht um eine wunderbare Errettung wie etwa die in AG 16, 26;

28, 5 oder auch nur eine auffällige Fügung der Umstände, sondern um die sehr natürliche Folge seiner glücklichen Verantwortung vor Gericht handelte. Als er jedes menschlichen Beistands beraubt vor Gericht stand, da hat er den Beistand des Herrn, die Stärkung durch ihn, die Darreichung der geeigneten Mittel seitens des Geistes (Phl 1, 19) unmittelbar gespürt. An dieses Moment knüpft sich daher naturgemäß die Reflexion über den Zweck, welchen der Herr bei diesem seinem Tun im Auge hatte. Ist πληροφορεῖν ein stärkeres Synonymon für πληροῦν (vgl. 2 Tm 4, 5 mit AG 12, 25), so ist hier von der christlichen Predigt schlechthin nur noch mit stärkerem Ausdruck gesagt, was Rm 15, 19. 23 von derselben Predigt in bezug auf die östliche Hälfte des römischen Reichs gesagt war, und jede Beschränkung wie etwa die auf Predigt in Rom ist durch das hinzutretende καὶ ἀκούσωσιν πάντα τὰ ἔθνη ausgeschlossen. Insbesondere die Erinnerung an die *corona populi*, welche der Gerichtsverhandlung beigewohnt und die Verteidigungsrede des Pl angehört habe (Wieseler, Huther u. a.), ist nicht nur darum übel angebracht, weil bei Kriminalverhandlungen vor dem kaiserlichen Gericht die Öffentlichkeit in der Regel ausgeschlossen war (Mommsen, Staatsrecht II³, 965), sondern mehr noch darum, weil der Kreis der ἔθνη, welchen die Predigt gebracht werden sollte, durch eine gerichtliche Verteidigungsrede noch weniger, als durch die zweijährige Missionspredigt des Pl in Rom erweitert worden ist (s. oben S. 405). Daß Pl δι' ἐμοῦ (cf 2 Kr 1, 19; Rm 15, 18; 1 Kr 3, 5) und nicht ὑπ' ἐμοῦ schreibt, was im Verhältnis zu ἀκούσωσιν kaum möglich war, ändert nichts daran, daß es sich um eine durch die persönliche Tätigkeit des Pl zu erzielende Wirkung handelt, und kann die Auslegung Hofmanns (VI, 301) nicht rechtfertigen, wonach der Herr nur verhütet haben soll, daß durch eine schwächliche Verteidigung oder gar Verleugnung des Ev von seiten des Apostels der ferneren Ausbreitung des Ev der Nerv durchschnitten werde.

7. Über die idealisirende Betrachtung der Missionserfolge cf Skizzen 76—82 und oben S. 295 A 19 zu Rm 15, 19 f. Dahin gehört der Gebrauch von „Macedonien" und „Achaia", als ob das christliche Länder wären 2 Kr 9, 2 (8, 1. 4); Rm 15, 26; ferner AG 8, 14; auch die überschwänglichen Ausdrücke Rm 10, 18; Kl 1, 6.

8. Die LA Γαλατίαν 4, 10 (Γαλλίαν ℵ C Epiph. haer. 51, 11 cf Eus. h. e. III, 4, 8 ἐπὶ τὰς Γαλλίας), ist abgesehen von der weit überwiegenden Bezeugung auch darum festzuhalten, weil die Ausleger von jeher mit Recht das europäische Gallien darunter verstanden, dieses aber zur Zeit der Entstehung unserer ältesten Hss. von den Griechen nach dem Vorgang der Römer regelmäßig ἡ Γαλλία, αἱ Γαλλίαι genannt wurde cf Theodorus II, 227 *Galatiam dixit quas nunc nominamus Gallias* und dazu Lightfoot, Galatians p. 3. 31. Die älteren Griechen gebrauchen für Gallien und seine Bewohner bis tief in die christliche Zeit hinein regelmäßig Γαλάται, Γαλατία neben den noch älteren Namen Κέλται, Κελτοί, Κελτική, so daß die asiatischen Galater und ihr Land gelegentlich als οἱ ἐν Ἀσίᾳ Γαλάται (Plut. mor. p. 258), ἡ κατὰ τὴν Ἀσίαν Γαλατία (Dioscor. mat. med. III, 56. 62), Γαλλογραικοί, Γαλλογραικία (Strabo p. 130. 566) näher bezeichnet werden mußten. Mit Unrecht wird Epiktet als ältester Zeuge für das latinisirende Γάλλοι angeführt; denn dieser versteht diss. II, 20, 17 darunter die verschnittenen Priester der phrygischen Kybele. Auch Plutarch gebraucht neben Κελτοί, Κελτική nur Γαλάται, Γαλατία und überläßt es dem Leser meistens, aus dem Zusammenhang zu erkennen, ob sie in Westeuropa (Camillus c. 15—18; Caesar c. 14—25: Pompejus c. 48) oder in Kleinasien (Lucullus c. 28; Marius c. 31; Pompejus c. 31. 33; mor. p. 257—259) zu suchen seien. Der älteste griechische Zeuge für Γάλλοι zur Bezeichnung der europäischen Kelten würde der Arzt Dioskorides aus der Zeit Neros sein (mat. med. II. 101; III, 33. 75. 108. 117. 122; IV, 16. 42. 69. 71, nirgendwo anders), wenn nur nicht die sämtlichen Angaben über barbarische Namen der offizinellen Pflanzen dem Verdacht späterer Interpolation unterlägen (Sprengel tom. I p. XVI). Derselbe wäre auch der älteste Zeuge

für Γαλλία (de mat. med. II, 92 ἀπὸ Γαλλίας καὶ Τυρρηνίας), wenn nur nicht zwei Zeilen weiter ἀπὸ Γαλατίας τῆς πρὸς ταῖς Ἄλπεσιν als Bezeichnung desselben Landes oder eines Teils desselben zu lesen wäre cf III, 25 und dagegen ἐν τῇ κατὰ τὴν Ἀσίαν Γαλατίᾳ III, 56. 62. Spätere Schreiber änderten sehr leicht das ihnen in diesem Sinne fremd gewordene ΓΑΛΑΤΙΑ in ΓΑΛΛΙΑ. So wird auch bei Jos. ant. XVIII, 7, 2; bell. II, 7, 3 wahrscheinlich das altertümlichere und von Josephus sonst gewöhnlich gebrauchte Γαλατία in den Text aufzunehmen sein (s. den Apparat von Niese z. St. und Index unter Γαλάται, Γαλατία). Dagegen finden wir in der Tat in den Paulusakten um 170 (ed. Lipsius p. 104, 3, im lat. Text *Galilaea*, über die dortige Konfusion von Lucas und Crescens s. GK II, 888), im Schreiben der Lugdunenser vom J. 177 (Eus. h. e. V, 1, 49) und bei Theoph. ad Autol. II, 32 αἱ (καλούμεναι Theoph.) Γαλλίαι. Galenus (de antid. I, 14 Kühn XIV, 80) spricht aus Anlaß eines Citats aus der Zeit Neros, worin Gallien ἡ Γαλατεία genannt war, von dem Schwanken zwischen Γάλλοι, Γαλάται, Κέλται, ohne der kleinasiatischen Galater auch nur zu gedenken. Dazu stimmt Appian, prooem. 3 und Iber. 1. Erst bei Herodian scheint ἡ Γαλλία (III, 7, 1) = Gallien und ἡ Γαλατία (III, 2, 6; 3, 1) = Galatien in Kleinasien mit unterscheidendem Bewußtsein gebraucht zu sein. Dieser jüngere Sprachgebrauch kann für 2 Tm 4, 10 noch nicht in Betracht kommen. Lexikalisch betrachtet, kann ebensogut Gallien als Galatien gemeint sein. Aber die Zusammenstellung mit Dalmatien, welche in dem berühmten Mon. Ancyr. ihresgleichen hat (Res gestae D. Augusti ed.[2] Mommsen p. LXXXXV. 124 ἐξ Ἱσπανίας καὶ Γαλατίας καὶ παρὰ Δαλματῶν cf p. 98. 103) läßt nicht daran zweifeln, daß Gallien gemeint sei. Der Umstand, daß Galatien dem Tim. näher lag, als Gallien, wird nicht nur dadurch aufgewogen, daß dem von Rom aus schreibenden Pl Gallien näher lag, sondern auch dadurch völlig entkräftet, daß schwerlich unausgedrückt geblieben wäre, Crescens habe sich in die Nähe des Tim. begeben, zumal wenn Tim. sich in Lystra oder Ikonium (oben S. 412 A 1), also in der Provinz Galatien aufhielt. Der Mangel an älterer Überlieferung über Crescens als Missionar Galliens, sowie über Titus als Missionar Dalmatiens ist gewiß zu beklagen, aber nicht geschichtlich zu verwerten. Erst spät wurde dem Crescens die Stiftung der Kirche von Vienne, noch später die der Kirche von Mainz zugeschrieben (Tillemont, mém. I, 615). — Daß Pl hier Δαλματία, dagegen Rm 15, 19 τὸ Ἰλλυρικόν schreibt, entspricht dem schwankenden Sprachgebrauch der Zeit (Marquardt, R. Staatsverw. I[2], 299) und beweist an seinem Teil, daß die auf Mission und Geographie bezüglichen Angaben in 2 Tm 4 von Rm 15 unabhängig sind.

9. Der Vorschlag von Hug, Einl. II[3], 418, den seither viele sich angeeignet haben, das ἀπέλιπον 4, 20 im Unterschied von 4, 13 als 3. Person des Plurals zu fassen, ist unannehmbar, weil das Subjekt nicht zu erraten wäre. Der vorher genannte Erastus allein könnte es nicht sein. Aus 4, 19 läßt sich auch keine zweite oder zweite und dritte Person gewinnen, welche mit Erastus das Subjekt zu ἀπέλιπον bilden könnte; denn nicht das Haus des Onesiphorus, sondern nur Onesiphorus war kürzlich auf Reisen gewesen (1, 16—18 oben S. 400). Ebenso unannehmbar ist der Vorschlag des Baronius (ad a. 59 n. 1), den noch Knoke (Prakt. theol. Kommentar zu den Pastoralbr. I, 116) befürwortet, Μιλήτῳ (v. l. μηλιτω, μηλητω, μηλωτω) in Μελίτῃ zu ändern und somit Malta (AG 28, 1—10) zu verstehen. Denn erstens wird AG 27, 2, wo offenbar die christlichen Reisegefährten des Pl auf der Fahrt nach Rom angegeben werden sollen, Trophimus (AG 21, 29) nicht genannt. Zweitens müßte man, um diese Mitteilung an Tim. begreiflich erscheinen zu lassen, den 2 Tm in die allererste Zeit der ersten römischen Gefangenschaft, vor die erste Ankunft des Tim. nach Rom und vor die Abfassung von Eph, Kl, Phlm verlegen, was nach S. 400 ff. unmöglich ist. Schon Baronius hatte die Ansicht zu widerlegen, daß ein Miletos, jetzt Milato oder Milata auf Kreta gemeint und somit an AG 27, 7—13 zu denken sei. Abgesehen von den Gründen, welche diese An-

sicht ebenso wie die vorige ausschließen, liegt jenes Milet an der Nordküste der Insel, während Pl auf der Fahrt nach Rom an der Südküste entlang gefahren ist. Die Meinung von Wieseler (Chronol. 467), daß Trophimus auf dem adramyttenischen Schiff, welches Pl in Myra mit einem direkt nach Italien segelnden alexandrinischen Schiff vertauschte (AG 27, 5 f.), bis Milet weitergereist und dort krank liegen geblieben sein möge, und daß dies die Worte in 2 Tm 4, 20 besagen sollen, bedarf keiner Widerlegung.

10. Aus der namentlichen Erwähnung von Ephesus 2 Tm 1, 18; 4, 12 an sich läßt sich nicht schließen, daß Tim. sich damals anderswo aufhielt. Wie Pl, während er selbst in Rom war, 2 Tm 1, 17 ἐν Ῥώμῃ und in Ephesus weilend 1 Kr 15, 32; 16, 8 ἐν Ἐφέσῳ schreibt, statt ὧδε oder ἐν ταύτῃ τῇ πόλει, so auch an den in Ephesus weilenden Tim. statt ἐκεῖ 1 Tm 1, 3 (cf 3, 14 f.) ἐν Ἐφέσῳ und gelegentlich an die Korinther εἰς Κόρινθον (2 Kr 1, 23). Trotzdem bemerkt Theodorus II, 190 in bezug auf 2 Tm 4, 12 offenbar richtig: *dixisset utique „ad te", si Ephesi adhuc Timotheus moraretur, quando et hanc ad eum scribebat epistolam.*

§ 34. Die durch den ersten Timotheusbrief bezeugten Tatsachen.

Während Pl in dem kürzeren Brief an Timotheus, welcher schon als der kürzere in der Sammlung die Stelle hinter dem größeren erhalten hat, über seine Lage mannigfaltigste Andeutungen gibt, ist dieser größere sehr arm an solchen. Klar ist jedoch, daß Pl sich in Freiheit befindet, und daß er sich in der östlichen Hälfte des Reichs aufhält. Er spricht von einer Reise nach Macedonien, welche er, wie sogleich zu zeigen ist, kürzlich erst gemacht hat (1, 3), und er spricht die Hoffnung aus, in Bälde nach Ephesus zu kommen, wo Tim. sich zur Zeit aufhält (3, 14; 4, 13). Die Unvollständigkeit des Satzgefüges, womit der Brief beginnt (1, 3 ff.), und eine gewisse Nachlässigkeit der Wortstellung in dessen Anfang können den Sinn nicht ernstlich in Frage stellen (A 1). Pl hat vor einiger Zeit den Tim. gebeten, in Ephesus, wo dieser sich damals bereits aufhielt, noch länger zu bleiben; und diese Anweisung hat Pl seinem Schüler gegeben, während er selbst eine Reise nach Macedonien antrat oder bereits auf derselben begriffen war. Letzteres ist das Wahrscheinlichere, da für Ersteres bezeichnendere Ausdrücke zur Verfügung standen (ἐκπορεύεσθαι AG 25, 4; Mr 10, 46; ἐξέρχεσθαι 2 Kr 2, 13; Phl 4, 15 cf AG 20, 1; 21, 5). Da ferner Pl nicht sagt, er habe den Tim. in Ephesus zurückgelassen (cf Tt 1, 5; 2 Tm 4, 13. 20), so wird Pl damals auch nicht in Ephesus gewesen sein und nicht von dort aus die Reise nach Macedonien angetreten haben, sondern auf einer von anderer Seite her nach Macedonien gerichteten Reise begriffen gewesen sein, als er dem Tim. jene Anweisung zukommen ließ. Hielt sich Tim., wie der Ausdruck zu erfordern scheint, damals bereits in Ephesus auf, und fordert die Anweisung des Apostels den Gegensatz einer gegenteiligen Absicht oder Neigung des Tim., so ist die natürlichste Annahme diese: Tim. hat von Ephesus aus dem Apostel brieflich den Wunsch ausgesprochen, Ephesus verlassen und sich ihm auf seiner Reise, welche ihn unter anderem nach Macedonien führen sollte, anschließen oder ihm entgegenreisen zu dürfen; Pl aber hat ihm von irgend einer Station seines Reisewegs aus geschrieben, er solle in Ephesus bleiben. Schon damals wird er ihm auch die Absicht ausgesprochen haben, seinerseits nach Ephesus zu kommen; denn er spricht davon 3, 14; 4, 13 als von einer bereits bekannten Sache. Daß Tim. der damaligen Bitte des Pl nicht den Gehorsam verweigert hat, daß er sich also zur Zeit noch in Ephesus befindet, ergibt sich nicht bloß aus dem Mangel jeder gegenteiligen Andeutung, sondern vor allem aus der Art, wie Pl die Ermahnungen und Anweisungen, welche den wesentlichen Inhalt des 1 Tm ausmachen, an die frühere Anweisung in bezug auf sein längeres Ausharren auf dem Posten zu Ephesus anknüpft. Die ihrem Anfang nach nur nebensätzliche, dann aber in selbständige Aussagen übergehende Erinnerung an den Zweck, zu welchem er damals von Pl angewiesen wurde, in Ephesus zu bleiben (1, 3—8), gerät darum so ausführlich, weil Pl damit zugleich an die Aufgaben erinnert, zu deren eifriger Erfüllung dieser Brief den Tim. antreiben soll. Entsprechend seiner früheren Bitte an Tim. und dem Zweck, den er ihm damals als ein nächstes Ziel seiner Tätigkeit setzte, soll Tim. auch fernerhin tätig sein, bis Pl selbst kommt. Weil Pl nur hofft, bald nach Ephesus zu kommen, aber keineswegs weiß, ob sich das nicht noch längere Zeit hinziehen wird, schreibt er ihm diesen Brief; auf den Fall seines längeren Fernbleibens sind alle darin enthaltenen Anweisungen über die rechte Erfüllung des dem Tim. erteilten kirchlichen Auftrags berechnet (3, 14f; 4, 13). Aus der Dringlichkeit der Mahnungen (1, 18; 4, 11. 14—16; 6, 3. 11. 20) und der Feierlichkeit, mit welcher dem Tim. seine Pflichten eingeschärft werden (5, 21; 6, 3—16), muß man entnehmen, daß Tim. sich der ihm gestellten Aufgabe zu entziehen suchte, und aus 4, 12, daß er sein jugendliches Alter vorschützte, um den Mangel an Energie, welchen er bei der Ausrichtung seines Auftrags nach dem Urteil des Pl zeigte, zu entschuldigen. Dazu kamen wiederholte Störungen seines körperlichen Befindens, welche ihn zu ängstlicher Fürsorge für seine Gesundheit, zur Enthaltung von Wein und kräftigeren Speisen veranlaßten (5, 23; 4, 8). Auffälliger ist, daß er unter Hinweis auf abschreckende Beispiele vor einer Erschlaffung des religiösen und sittlichen Lebens (1, 19 cf 4, 16; 6, 12), vor der Liebe zum Geld (6, 11 cf. 6, 5—10) und vor der Beschäftigung mit denselben müßigen und unfruchtbaren theoretischen Fragen und Forschungen gewarnt werden muß, deren eifrigen Betrieb anderen Lehrern zu untersagen, eine seiner Aufgaben war (4, 7; 6, 20 cf 1, 4; 6, 4). Der Auftrag, welchen Tim. in Ephesus und von Ephesus aus ausrichten soll, unterscheidet sich sehr wesentlich von dem Bild seines Berufs, wie es uns aus dem 2 Tm entgegentritt. Dort wird gänzlich abgesehen von dem Aufenthaltsort des Tim.; mag er in Ikonium oder in Ephesus, in Rom oder auf der Reise dahin begriffen sein, so soll er dessen eingedenk bleiben, daß die Verkündigung des Ev sein wie des Pl eigentlicher und wesentlicher Beruf ist (2 Tm 1, 8; 4, 5 cf 1, 10; 2, 8). Damit verbindet sich wohl, wie für Pl selbst und alle Apostel und Evangelisten, die an Orten, wo es christliche Gemeinden gab, längeren Aufenthalt nahmen (oben S. 359), so auch für Tim. eine auf den Glauben und das Leben der Gemeindeglieder bezügliche

Lehrtätigkeit und überhaupt eine innerkirchliche Wirksamkeit (2 Tm 2, 2. 14—21. 24—26; 3, 16f.; 4, 2—4). Aber der Unterschied ist doch unverkennbar, daß im 1 Tim. nur von innergemeindlicher Tätigkeit des Tim. und nirgends von seinem Beruf als Missionar die Rede ist. Es fehlt nicht nur das Wort „Evangelist", in welches 2 Tm 4, 5 der ganze Beruf des Tim. zusammengefaßt wird. Auch von εὐαγγέλιον hören wir im 1 Tm nur einmal, dort aber in bezug auf den Beruf des Pl (1, 11 cf 2, 7), nicht in bezug auf den des Tim. Damit hängt es zusammen, daß der Beruf des Tim. im 2 Tm als ein das ganze Leben desselben umspannender betrachtet wird, während der Auftrag, an welchen er im 1 Tm gemahnt wird, sich auf die Zeit seines Aufenthalts zu Ephesus bis zur Ankunft des Pl daselbst beschränkt (1 Tm 3, 14 f. 4, 13). Von dem Tage an, da er von Pl als Missionsgehilfe angenommen wurde (2 Tm 1, 6), ist er ein Evangelist; er hat sich in der Begleitung des Pl als solcher mannigfach bewährt (2 Tm 3, 10 f.); er soll das Werk und den Dienst des Evangelisten bis zu Ende ausrichten, auch nachdem der Apostel aus der irdischen Arbeit abgerufen sein wird (2 Tm 4, 1—8). Allerdings wird auch der besondere Auftrag, an welchen Tim. im ersten Brief erinnert wird, und zwar besonders insofern, als er ein innergemeindliches Lehren erheischt, mit seiner Weihe zum Missionsgehilfen und den bei dieser Gelegenheit laut gewordenen Prophetenstimmen in Verbindung gesetzt (1 Tm 4, 14 cf 1, 18). Aber abgesehen davon, daß der Ausdruck in charakteristischer Weise von 2 Tm 1, 6 abweicht (oben S. 414 A 5), so kann die selbstverständliche Tatsache, daß der besondere und zeitweilige Auftrag für Ephesus aus dem Lebensberuf des Tim. als Evangelist und Missionar erwachsen ist, wie ähnliche vorübergehende Beauftragungen desselben in früherer Zeit (1 Kr 4, 17, Phl 2, 19—23), den hervorgehobenen Unterschied nicht verwischen. Die Einzelheiten der kirchlichen Aufgabe, welche Pl dem Tim. gestellt hatte, sind bei der Prüfung der Echtheit des Briefs zu erörtern (§ 37). Hier gilt es nur erst, die Eigentümlichkeit dieser Aufgabe insofern festzustellen, als daraus der Zeitpunkt im Leben des Pl, in welchem er diesen Brief geschrieben haben könnte, zu ermitteln ist. Sehr allgemein lautet die Beschreibung der Aufgabe des Tim., welche Pl damit gibt, daß er in der Mitte des Briefs, der den Tim. an seine Aufgabe erinnern soll, als Zweck dieses Briefs angibt: Tim. solle für den Fall längeren Fernbleibens des Pl wissen, wie man im Hause Gottes sich zu bewegen habe (3, 15 A 2). Man gewinnt die Vorstellung, daß Tim. in einem Teil der Christenheit eine mit der Stellung eines Hausvorstandes vergleichbare Berufsstellung einnehme. Als der Hauptzweck, um dessentwillen Pl ein längeres Bleiben des Tim. in Ephesus für geboten erachtete, wird 1, 3f. genannt, und in anderer Form nochmals 6, 3—5 eingeschärft, daß er gewissen Leuten es verbieten soll, in einer nach dem Urteil des Pl verkehrten und, gelinde ausgedrückt, für die Förderung der Gemeinde nutzlosen Weise als Lehrer sich aufzuspielen und, was die Voraussetzung dieser ihrer Lehrtätigkeit bildet, sich mit nutzlosen Forschungen statt mit der gesunden christlichen Lehre zu befassen (A 3). Es ist dies zum Teil eine seelsorgerische Aufgabe; wie Tim. auch anderen Anweisungen wenigstens hauptsächlich in persönlichem Verkehr mit Einzelnen wird nachzukommen haben (z. B. 5, 1—7; 6, 1—2. 17). Andrerseits ist selbstverständlich, daß Tim. denjenigen, welche als Lehrer auftreten, ferner den jungen Witwen, den Sklaven, den Reichen, den Presbytern auch vor versammelter Gemeinde Mahnungen, Weisungen und Rügen erteilen kann und soll. Im einzelnen Fall wird ihm dies ausdrücklich zur Pflicht gemacht (5, 20), und überall, wo nicht nur von seinem Ermahnen und Gebieten, sondern auch von seinem Lehren die Rede ist (4, 6. 11—16; 6, 3), ist an ein Lehren vor versammelter Gemeinde zu denken. Darum steht aber Tim. keineswegs auf gleicher Linie mit jedem für den Lehrvortrag befähigten Gemeindeglied, oder mit denjenigen Gemeindevorstehern, welche auf diesem Gebiete tätig sind (5, 17). Wenn Tim. jenen verkehrten Lehrern verbieten soll, in ihrer Weise zu lehren, so setzt dies voraus, daß ihm ein maßgebender Einfluß auf alles Lehren in der Gemeindeversammlung und somit auf den gesamten Gottesdienst zusteht. Dies wäre auch nach dem Text. rec. von 2, 1 vorausgesetzt, wenn Pl, ohne dem Tim. eigens zu sagen, daß er dafür Sorge zu tragen habe, vor allem andern die Forderung aufstellt, daß Gebete mannigfaltiger Art für die gesamte Menschheit und insbesondere für die Obrigkeit dargebracht werden. Indem er dies in einem an Tim. gerichteten Brief ausspricht, macht er den Tim. dafür verantwortlich, daß in jedem Gemeindegottesdienst dieser Forderung entsprochen werde. Das Vorbeten wie das Lehren ist nicht amtlich gebunden; jedes männliche Gemeindeglied kann beides ausüben; Tim. aber soll darüber wachen, daß beides in der rechten Weise geschehe (A 4). Da Pl in diesem Briefe dem Tim. seine Aufgabe nicht erst stellt, sondern ihn nur an dieselbe erinnert, so kommen auch die einzelnen Stücke, aus welchen sie sich zusammensetzt, zum großen Teil nur indirekt und beiläufig zum Ausdruck. Wenn 3, 1—13 die Eigenschaften dargelegt werden, welche ein Bischof und ein Diakon haben soll, wenn 3, 1 der Moment ins Auge gefaßt wird, da einer das Amt eines Bischofs begehrt, und wenn 3, 10 von einer dem Antritt des Diakonats vorangehenden Prüfung gesagt wird, so ist klar, daß hier Regeln aufgestellt werden, welche bei Besetzung dieser Ämter zu beobachten sind; und da dies in einem Brief an Tim. steht, welcher weder Bischof noch Diakon ist oder werden will, so ergibt sich, daß Tim. auf die Besetzung dieser Ämter einen entscheidenden Einfluß üben und dabei jene Regeln beachten soll. Nur beiläufig sehen wir aus der Warnung vor eilfertiger oder leichtfertiger Handauflegung (5, 22), daß Tim. bei der Bestellung und Weihe für kirchliche Funktionen mindestens in hervorragender und verantwortungsvoller Weise beteiligt ist, wodurch die Mitwirkung anderer Personen ebensowenig ausgeschlossen ist, als durch die Handauflegung des Pl diejenige des Presbyteriums (4, 14; 2 Tm 1, 6). Ebenso beiläufig sehen wir aus 5, 19—21, daß Tim. als Richter unter anderem über die Presbyter gesetzt ist, wie er andrerseits auch darauf zu sehen hat, daß denjenigen Presbytern, welche ihre Stellung würdig ausfüllen, die gebührende Ehre zu Teil werde (5, 17 f.). Auch die Versorgung der Witwen von Gemeinde wegen und die Aufnahme von Witwen in die Genossenschaft und das Register der im Dienst der Gemeinde tätigen und eine besondere Ehrenstellung einnehmenden Witwen steht unter seiner Aufsicht (5, 3—16). Kurz, es gibt keinen Zweig des Gemeindelebens, welcher von seiner Aufgabe ausgeschlossen wäre, und doch ist er keiner der *ἐπίσκοποι* oder der *πρεσβύτεροι*, sondern steht über ihnen. Dazu kommt, daß seine Aufgabe sich nicht auf eine einzelne Ortsgemeinde beschränkt. Nur im Gegensatz zu dem Wunsch, sich dem auf der Reise begriffenen Pl anzuschliessen, hatte Pl ihn aufgefordert, ferner noch in Ephesus zu bleiben (1, 3 oben S. 418). Daß er die Bannmeile der Stadt nicht verlassen, und daß er nur in der dortigen Gemeinde den Aufträgen des Pl nachkommen solle, war damit keineswegs gesagt. Es zeigte sich schon vorhin zu 2, 1—15 (cf auch A 4), daß Tim. in einer Vielheit von Gemeinden die Grundsätze des Apostels in bezug auf das gottesdienstliche Gebet zur Geltung bringen sollte. Noch sicherer ergibt sich das Gleiche aus den Anweisungen betreffs Bestellung von Episkopen und Diakonen (3, 1—13 cf 5, 22). Selbst wenn man annähme, daß der Zeitraum, für welchen Pl diese Anweisungen gemeint hat, nämlich die Zeit bis zu seiner eigenen Ankunft in Ephesus (3, 15; 4, 13), sich nach seiner Erwartung bis zu 2 oder 3 Jahren ausdehnen konnte, müßten diese Anweisungen unter Voraussetzung ihrer Beschränkung auf die Ortsgemeinde von Ephesus höchst überflüssig erscheinen. In dieser konnte während so kurzer Zeit höchstens der eine oder andere vereinzelte Fall eintreten, in welchem die Vorschriften des Apostels für Tim. anwendbar wurden. Es war ebenso möglich und, je kürzer die Zeit währte, um so wahrscheinlicher, daß in dieser längst bestehenden Gemeinde gar keine neuen Episkopen und Diakonen zu bestellen und gar keine Ordinationen zu vollziehen waren. Demnach muß es ein großer Kreis von Gemeinden, darunter auch wohl solcher Gemeinden, die erst in der Bildung begriffen und daher erst kirchenregimentlich zu organisiren waren, gewesen sein, dessen Oberleitung und Beaufsichtigung von Ephesus aus dem Tim. befohlen war (A 5). Es kann dann aber auch nicht zweifelhaft sein, daß das die Gemeinden der Provinz Asien (1 Kr 16, 19) waren, welche an Ephesus ihre Metropolis hatten. Daß Pl als Stifter der Gemeinde von Ephesus sich auch für die Fortentwicklung aller übrigen Gemeinden der Provinz verantwortlich und zur Aufsicht über dieselben verpflichtet fühlte, zeigen die drei ersten Briefe aus der Gefangenschaft; und daß er den Tim., seinen Gehilfen bei der Pflanzung des Christentums in der Provinz Asien, schon damals auch als seinen Berufsgenossen in bezug auf diesen weiteren Kreis ansah, ergab sich aus Kl 1, 7 (oben S. 318 A 3). Die Stellung des Tim. zu Ephesus, welche uns der 1 Tm vor Augen stellt, könnte man nur mittelst eines argen Verstoßes gegen die Geschichte eine bischöfliche nennen (A 6); denn das bischöfliche Amt war auch da, wo der eine Bischof, über dem

Presbyterium stehend, die Spitze des kirchlichen Gemeinlebens darstellte, ein für die Lebenszeit des Inhabers an die Ortsgemeinde gebundenes und auf diese beschränktes. Zumal in Kleinasien, wo die Bischofssitze schon zur Zeit der Apokalypse und des Ignatius sich dicht gedrängt aneinanderreihten, bewahrte das Bischofsamt seinen ortsgemeindlichen Charakter auf die Dauer. Die Stellung des Tim. an der Spitze der Gemeinden Asiens dagegen war ein Ausfluß seiner Stellung als Missionsgehilfe des Pl; sie war Beteiligung an dem apostolischen Beruf, sofern derselbe die Leitung der bestehenden Gemeinden betraf; sie war in Ephesus wie früher in Korinth, in Thessalonich und Philippi (1 Kr 4, 17; 1 Th 3, 2f.; Phl 2, 19—23) eine vorübergehende Stellvertretung des Pl nach dieser Seite seines apostolischen Berufs. Sie gab dem Tim. kein näheres Verhältnis zu einer einzelnen Ortsgemeinde im Unterschied von den übrigen Ortsgemeinden derselben Provinz, und sie änderte durch ihr Auftauchen und Verschwinden nichts an der Organisation der Einzelgemeinde. — Im Vergleich mit dem 2 Tm ist dieser arm an Personalien (A 7). Das Wenige dieser Art, was er enthält, macht den Eindruck, der Wirklichkeit entlehnt zu sein. Es genügt mindestens, um zu erkennen, daß Pl ihn nicht vor der fünfjährigen Haft zu Cäsarea und Rom geschrieben hat, daß er also, da Pl sich zur Zeit des Briefes in Freiheit befindet, samt seinen nächsten Voraussetzungen in die Zwischenzeit zwischen der ersten und einer zweiten römischen Gefangenschaft fällt, welche uns der 2 Tm kennen gelehrt hat. Die Reise nach Macedonien 1, 3 kann nicht, wie Hug (Einl. II³, 377) annahm, diejenige von AG 20, 1 sein; denn damals befand sich Tim. nicht, wie 1 Tm 1, 3 vorausgesetzt ist, seit einiger Zeit in Ephesus, und Pl kann ihn damals nicht gebeten haben, noch länger dort zu bleiben; sondern Tim., welcher damals eben erst von einer Reise nach Macedonien und Korinth nach Ephesus zurückgekehrt war, hat den Pl auf dieser Reise nach Macedonien und Griechenland begleitet (2 Kor 1, 1. 8; 7, 5 oben S. 226 A 3). Ebenso auf der Rückreise von Griechenland über Macedonien nach Troas, Milet und Jerusalem (AG 20, 3ff.). Selbst wenn Tim. bei ersterer Gelegenheit noch etwas länger als Pl in Ephesus geblieben und diesem erst später nach Macedonien nachgereist wäre, oder wenn er bei letzterer Gelegenheit etwa von Troas aus (AG 20, 5) mit irgend welchen Aufträgen des Pl nach Ephesus gereist wäre, während Pl selbst und dessen sonstige Begleiter Ephesus nicht berührten (AG 20, 16f.), würde weder das *προσμεῖναι* (1, 3), noch die Absicht des Pl, bald nach Ephesus zu kommen (3, 14), noch die Natur der Aufträge, an welche der 1 Tm erinnert, mit dem, was wir aus der AG über jene Reise erfahren, verträglich sein. Man ist daher auf den Gedanken geraten, daß der Brief samt seinen nächsten Voraussetzungen in die Zeit des etwa dreijährigen Wirkens des Pl zu Ephesus und zwar gegen Ende desselben falle (A 8). Es sei 1 Tm 1, 3 jene in der AG nicht erwähnte, aber durch den 2 Kr bezeugte Reise des Pl von Ephesus nach Korinth (oben S. 188) gemeint, so daß wir aus dieser Stelle zu entnehmen hätten, Pl sei damals über Macedonien nach

Korinth gereist. Die damit gegebene Annahme, daß Pl nach längerem eigenen Aufenthalt in Ephesus den Tim. dort mit den 1 Tm 1, 3 f. erwähnten Aufträgen zurückgelassen habe, hat, wie gezeigt (oben S. 418), den Wortlaut gegen sich, wie denn auch jede Andeutung davon fehlt, daß die beabsichtigte Hinkunft des Pl an den Aufenthaltsort des Tim. (3, 14; 4, 13) Rückkehr von einem Ausflug an den eigenen Wohnsitz des Pl sei. Unbegreiflich wäre bei dieser Annahme aber auch, daß Pl überhaupt einen Brief dieses Inhalts an Tim. schreiben mochte, wenn dieser doch nur fortsetzen sollte, was er Jahr und Tag den Apostel als dessen Gehilfe hatte tun sehen, und wenn Pl kürzlich erst bei Antritt seiner Reise die bequemste Gelegenheit und dringendste Veranlassung gehabt hatte, den Tim. für die Zeit seiner eigenen Abwesenheit zu instruiren. Nur etwa Anfragen des Tim. in bezug auf einzelne schwierige Fälle, wovon doch im 1 Tm keine Spur zu entdecken ist, konnte Pl veranlaßt sein, in der Zwischenzeit brieflich zu beantworten. Sinnlos werden die Anweisungen des Briefs, wenn Pl nicht annahm, daß Tim. mindestens noch einige Monate ohne ihn seinen Posten in Ephesus zu behaupten habe. Rechnen wir dazu die Zeit, welche seit der angeblichen Abreise des Pl von Ephesus nach Macedonien und Korinth verstrichen war, so gewinnt die Unterbrechung des ephesinischen Wirkens des Pl durch diese Reise eine zeitliche Ausdehnung, welche nicht nur das Schweigen der AG von jener Besuchsreise sehr befremdlich, sondern auch deren Darstellung des ephesinischen Wirkens des Pl (19, 8—10; 20, 18. 31) als geradezu irrig erscheinen läßt. Ferner setzt der Brief in der Provinz Asien einen größeren Kreis von Gemeinden voraus, welche wenigstens teilweise schon seit längerer Zeit bestanden haben müssen. Wenn man einen Neugetauften nicht zum Bischof machen soll (1, 6), so muß es in Ephesus und Umgegend nicht wenige Männer gegeben haben, welche seit Jahren der Gemeinde angehörten. Auch im dritten Jahre seit dem Beginn der Mission in Ephesus gab es dort und vollends in den übrigen Städten der Provinz noch keine durch mehrjähriges Christenleben bewährte Leute, sondern nur Neophyten. Ferner gab es dort zur Zeit unsres Briefes bereits Leute, welche vom Glauben wieder abgefallen waren (1, 19 f.; 5, 15); und es wird dem Tim. neu mitgeteilt, kann also nicht in seinem Beisein in Ephesus oder von Ephesus aus geschehen sein, daß Pl sie dem Satan überantwortet habe (1, 20). Es ist endlich schwer begreiflich, wie in der eben erst entstandenen und bis vor kurzem unter der unmittelbaren Leitung des Pl gestandenen Gemeinde zu Ephesus jene unnützen Lehrer Einfluß gewinnen konnten, welchen Tim. vor allem entgegentreten soll, oder wenn sie dem Pl zum Trotz zu einer bedrohlichen Macht gelangt waren, wie Pl unter diesen Umständen Ephesus verlassen konnte. Dazu kommen Beziehungen zwischen dem 1 Tm und dem 2 Tm, welcher jedenfalls erst nach dem J. 63 geschrieben sein kann, und noch engere zwischen 1 Tm und Tt, von welchem das Gleiche sich zeigen wird; es besteht zwischen diesen 3 Briefen eine nahe Verwandtschaft der Sprache, des Anschauungskreises und der bekämpften Gegensätze, welche es verbieten, den einen oder anderen dieser Briefe einer viel früheren Periode zuzuweisen. Daß Tim sich nicht seiner Jugend wegen geringschätzig behandeln lassen (4, 12) und, wie er es getan zu haben scheint, sich nicht unter diesem Vorwand seiner Aufgabe entziehen soll (oben S. 419), könnte jedenfalls eine solche Annahme nicht empfehlen. Denn abgesehen davon, daß Pl auch in dem spätesten aller seiner Briefe noch an das jugendliche Alter des Tim. erinnert (2 Tm 2, 22), braucht Tim., welcher im J. 52 als Missionsgehilfe angenommen war, im J. 64 nicht mehr als 35—40 Jahr alt gewesen zu sein, immer noch ein *juvenis*, welcher sich selbst und Anderen für die oben beschriebene kirchliche Aufgabe schon seines Alters wegen wenig geeignet erscheinen mochte. Zumal älteren Männern gegenüber, mochten sie eine amtliche Stellung in der Gemeinde einnehmen oder nicht, war seine Aufgabe in der Tat keine leichte (5, 1. 19).

1. Otto, Geschichtl. Verh. der Pastoralbr. S. 48, welchem sich Kölling, Erster Br. an Tim. I, 207—221 anschloß, übersetzte 1 Tm 1, 3: „Gleichwie (demgemäß) ich dich zum Standhalten (Feststehen) ermahnt habe in Ephesus (d. h. während ich mich dort aufhielt), sollst du auf der Reise nach Macedonien Etlichen gebieten, sich nicht an fremde Lehrer zu hängen, auch nicht zu achten auf endlose Fabeln und Geschlechtsregister". Richtig ist an den weitläufigen Erörterungen dieser Theologen nur, was auch von Andern nicht verkannt wurde, daß καθώς bei Pl nicht einfach = ὡς, ὥσπερ ist, so daß in dieser Beziehung Stellen wie Gl 1, 9 nicht völlig vergleichbar sind. Pl bezeichnet die früher an Tim. gerichtete Bitte und Ermahnung (cf gegen Kölling S. 211 über παρακαλεῖν Mt 8, 34; Mr 5, 17; Lc 8, 41; AG 28, 14; 2 Kr 8, 6) als maßgebend für das, was Pl ihm jetzt zu sagen und Tim. jetzt zu tun hat. Eben deshalb wird nicht nur die damalige Aufforderung selbst, sondern auch deren Zweck und eigentliche Meinung (ἵνα παραγγείλῃς — ἐν πίστει) reproducirt; und je ausführlicher diese Reproduktion gerät, um so natürlicher erscheint es, daß Pl in seiner zu Anakoluthen neigenden Schreibweise die zu erwartende neue Aufforderung wesentlich gleichen Inhalts und ganz gleichen Sinnes unausgesprochen läßt. Daß προσμένειν hier (abweichend von den Fällen, wo es mit einem durch das πρός regierten Dativ verbunden erscheint, Mt 15, 32; AG 11, 23; 1 Tm 5, 5) absolut gebraucht ist, = „anhaltend, über das bisher erfüllte Maß hinaus, noch länger bleiben, auf einem Posten ausharren" (AG 18, 18; Herodot VIII, 4) hindert durchaus nicht, ἐν Ἐφέσῳ als Bezeichnung des Orts, wo Tim. fernerhin bleiben und ausharren sollte, damit zu verbinden. Es verhält sich damit nicht anders, als mit dem wesentlich gleichbedeutenden ἐπιμένειν, welches gleichfalls bald c. dat. (Rm 6, 1; 1 Tm 4, 16), bald ohne diese Ergänzung seines Begriffs und dagegen mit den mannigfaltigsten Näherbestimmungen des Orts (AG 15, 34; 21, 4 αὐτοῦ, 1 Kr 16, 8 ἐν Ἐφέσῳ, 1 Kr 16, 7; Gl 1, 18 πρός τινα, AG 28, 14 παρ᾽ αὐτοῖς), der Zeit (AG 10, 48; 21, 10; 28, 12) oder auch der Handlung, worin man beharrt (AG 12, 16; Jo 8, 7), ausgestattet vorkommt. Die Wortstellung fordert diese Verbindung ebenso gebieterisch, wie sie die Verbindung mit παρεκάλεσα verbietet. Auch die Forderung, daß πορευόμενος vor παρεκάλεσα stehen müßte, um als Bezeichnung eines begleitenden Umstandes mit diesem verbunden werden zu können, ist willkürlich. Eher könnte man in Anbetracht von Stellen wie AG 19, 9 fragen, ob nicht die Reise oder Abreise des Pl nach Macedonien, obwohl sie formell als begleitender Umstand des παρεκάλεσα erwähnt wird, in der Tat diesem unmittelbar gefolgt sei. Nachlässig ist die Wortstellung wie das ganze Satzgefüge ohne Frage. Erst nachträglich charakterisirt Pl die damalige Situation durch die Be-

merkung, daß er damals auf einer Reise nach Macedonien begriffen war, als er den Tim. in Widerspruch mit dessen Neigungen aufforderte, seinen Aufenthalt und seine Arbeit in Ephesus fortzusetzen.

2. Das Präsens γράφω einerseits (cf dagegen Rm 15, 15; 1 Kr 9, 15; Gl 6, 11; Phlm 19. 21; oben S. 123 A 4. S. 246 A 5) und ταυτα andrerseits verbieten es, 3, 14f. ausschließlich entweder auf das Vorige oder das Folgende zu beziehen. Auf die Anweisungen von 1, 3—3, 13 folgen 4, 6—6, 21 andere wesentlich gleichartige. Wie 1 Kr 4, 14 unterbricht Pl das noch unvollendete Schreiben mit einer auf den wesentlichen Inhalt des ganzen Briefs bezüglichen Bemerkung, welche durch das zuletzt Gesagte veranlaßt ist, dadurch nämlich daß die vorangehenden Anweisungen den Eindruck machen konnten, als sollte Tim. für unabsehbare Zeit die ihm angewiesene Stellung in Ephesus einnehmen, und als denke Pl gar nicht mehr daran, ihn dort zu besuchen und abzulösen. — Ist das mannigfaltig bezeugte σέ hinter δεῖ (auch Ephraim arm. 249?) eine Glosse, so ist es eine richtige. Mag ἀναστρέφεσθαι, ἀναστροφή sonst sich nicht wesentlich von περιπατεῖν, πολιτεύεσθαι unterscheiden (2 Kr 1, 12; Eph 2, 3; 4, 22; 1 Tm 4, 12), so gibt doch die Verbindung mit ἐν οἴκῳ θεοῦ die Vorstellung des im Hause geschäftig hin und her sich bewegenden Verwalters und Aufsehers (cf Hb 3, 2—6; Sach 3, 7; Ez 22, 29f. und über οἰκονομίαν θεοῦ A 3); denn der Hausgenosse als solcher (das einfache Gemeindeglied) geht nicht umher im Hause, sondern wohnt, sitzt darin.

3. Daß μηδὲ προσέχειν 1, 4 nicht ein dem Tim. geltendes Verbot bringt, in welchem Falle es in Fortsetzung des ἵνα παραγγείλῃς statt dessen heißen müßte μηδὲ προσέχῃς, bedarf keines weiteren Beweises. Daß es aber auch nicht den Gemeindegliedern als Hörern, sondern ebenso wie μὴ ἑτεροδιδασκαλεῖν jenen verkehrten Lehrern gilt, ergibt sich 1) unmittelbar aus der Wortverbindung, welche ohne ein neues, dem τισὶν gegenübertretendes Dativobjekt, dazu zwingt, die beiden Warnungen als an die gleichen Personen gerichtet aufzufassen, 2) aus οἰκονομίαν θεοῦ v. 4, wofür οἰκοδομήν und οἰκοδομίαν alte, erleichternde Emendationen sind, denn jenes bezeichnet die Ausübung des Berufs eines οἰκονόμος θεοῦ (cf Tt 1, 7; 1 Kr 4, 1; 9, 17; 1 Pt 4, 10; Eph 3, 2; Kl 1, 25 oben S. 334 A 1; Ign. Eph 6, 1); solchen Beruf aber übt nicht das hörende, sondern das lehrende Gemeindeglied aus; 3) aus der Vergleichung von Tt 1, 14, wo das Gleiche von den in schädlicher Weise Lehrenden gesagt ist, und von 1 Tm 6, 3, wo doch sicherlich προσέχεται (א*, alle Lateiner, Ephraim arm.?, Theod. Mops.?) zu lesen ist, dieses Verb aber das gleiche Subjekt wie ἑτεροδιδασκαλεῖ hat.

4. Es wird 1 Tm 2, 1 mit den Occidentalen (DG Hil. Ambrosiaster?), aber auch sahid. παρακάλει zu lesen sein. Den Abschreibern, welche einen für die Erbauung der Gemeinde bestimmten Text herzustellen hatten, lag es nahe, den Apostel selbst und unmittelbar an die Gemeinde seine Ermahnung richten zu lassen. Auch der Blick auf 2, 8 (5, 14), wo doch ein anderes, mit παρακάλει 2, 1 wohl verträgliches Verbum steht, verleitete παρακαλῶ zu schreiben. Mit παρακάλει οὖν greift Pl nach den einigermaßen abschweifenden Bemerkungen 1, 19—20 auf 1, 12 zurück und geht dazu über, den dort ganz allgemein ausgedrückten Auftrag an Tim. im einzelnen näher zu beschreiben. Die mit dem Ev (1, 11ff.) übereinstimmende, aber keineswegs identische innergemeindliche Lehre mit ihrer praktischen Zuspitzung — denn das ist ἡ παραγγελία, 1, 5. 18 — ist ihm zu treuer Verwaltung und fleißiger Ausübung empfohlen. Dazu gehört noch nicht eigentlich die Abwehr der verkehrten Lehrer (1, 3f.). Die positive Ausführung beginnt erst mit 2, 1. Daß es sich dabei nicht um eine allgemeine Ermahnung zu fleißigem Gebet, sei es im Kämmerlein oder im häuslichen Kreise oder im Gemeindegottesdienst (1 Th 5, 17; Kl 4, 2; Eph 6, 18; Phl 4, 6; Rm 12, 12), sondern nur um das Gebet der zum Gottesdienst versammelten Gemeinde handelt, liegt auf der Hand. Denn 1) der passive Ausdruck „ermahne also, daß vor allem Gebete etc. verrichtet werden für alle Menschen,

für Könige" etc. zeigt, daß es sich um eine öffentliche Einrichtung handelt. 2) Nur so erklärt sich, daß von allen den Gegenständen, worum Christen zu beten haben, weder das eigene geistliche und leibliche Heil, noch das Beste der Glaubensgenossen, sondern nur die noch vorwiegend unbekehrte ganze Menschheit und die zur Zeit noch heidnische Obrigkeit genannt, und das Gebet für diese ausführlich begründet wird. 3) Wenn 2, 8 als Subjekt dieses Betens, als ob sich das von selbst verstünde, die Männer genannt werden, so muß es sich um ein Beten handeln, von welchem die Frauen ausgeschlossen waren, also um ein lautes Vorbeten vor versammelter Gemeinde; denn das stille Gebet des Einzelnen ist selbstverständlich ein Recht und eine Pflicht ebensosehr der Frauen wie der Männer, und auch von lautem Gebet im häuslichen Gottesdienst will Pl die Frauen keineswegs ausgeschlossen wissen (1 Kr 11, 5 cf 7, 5). Nur in der Gemeindeversammlung sollen sie schweigen (1 Kr 14, 34—36), also weder vorbeten noch lehren, und eben dies wird hier 2, 11f. in Worten, welche deutlich an 1 Kr 14, 35 erinnern, eingeschärft, woraus wiederum folgt, daß in diesem ganzen Zusammenhang ausschließlich vom Gemeindegottesdienst die Rede ist. Der Mann, welcher vor der Gemeinde betend die Hände erhebt und das Gebet der Gemeinde in Worte zu fassen berufen wird, soll dafür sorgen, daß die Hände, welche er so vor Aller Augen zu Gott emporstreckt, rein von allen unsauberen, unredlichen und gewalttätigen Werken seien (Jes 1, 15; Jk 4, 8; Clem. I Cor. 29, 1; Jos. bell. V, 9, 4 [Niese 380. 403]; Horat. sat. I, 4, 68 und zu *ὅσιος* Tt 1, 8; Hb 7, 26; Lc 1, 75 GK I, 102f.), und daß das Herz frei sei von dem Zorn über Anfeindungen von heidnischer Seite und von zweifelnden Erwägungen über das Recht der Staatsordnung, wodurch das herzliche Gebet für alle Menschen und für die heidnische Obrigkeit erstickt werden würde. Das *προσεύχεσθαι* 2, 8 kann grammatisch nicht auch zu 2, 9 gezogen werden, da *γυναῖκας* an *κοσμεῖν ἑαυτάς* ein eigenes Prädikat hat. Es wirkt nur insofern logisch fort, als auch 2, 9—12ª noch von der zum Gebet versammelten Gemeinde handelt. Das Misverständnis, als ob auch die Frauen hier zu dem gleichen Beten aufgefordert würden, wie die Männer, wobei dann die Verschiedenheit der gestellten Anforderung und überhaupt die Trennung der Beter in Männer und Weiber ganz unverständlich bleibt, hat auch Einschiebung eines unechten *καί* vor *γυναῖκας* veranlaßt. Das bloße *ὡσαύτως* berechtigt nicht dazu, den Frauen die gleiche oder auch nur eine gleichartige Tätigkeit zuzuschreiben als den Männern. Es stellt (anders wie 3, 8. 11) lediglich die folgenden Forderungen des Pl an die Frauen als gleichartig neben die vorigen Forderungen an die Männer. „Gleichermaßen will ich auch, daß die Frauen" etc. Da hier überall nur vom Gebet der versammelten Gemeinde die Rede ist, so kann auch *ἐν παντὶ τόπῳ* nicht die verschiedenen Örtlichkeiten zusammenfassen, wo ein Christ beten kann, etwa die verschlossene Kammer, den Wohnraum der Familie und das Lokal der Gemeindeversammlung, sondern wie 1 Kr 1, 2; 1 Th 1, 8 (cf 2 Kr 2, 14) alle die Orte, wo es christliche Gemeinden gibt und christliche Gebetsgottesdienste stattfinden. Überall, in allen Gemeinden, will Pl es so gehalten haben (cf 1 Kr 4, 17; 7, 17; 11, 16; 14, 33. 36). Daß er aber den Tim. in solcher Form dazu auffordert, in dem seiner Obhut anvertrauten kirchlichen Kreise seinerseits dafür Sorge zu tragen, erklärt sich nur, wenn dieser kirchliche Kreis eine Vielheit von Orten und Ortsgemeinden umfaßte.

5. Zur Veranschaulichung diene, abgesehen von Tt 1, 5, was Clemens Al. (quis dives 42) vom Apostel Johannes sagt: *ἐπειδὴ γὰρ τοῦ τυράννου τελευτήσαντος ἀπὸ τῆς Πάτμου τῆς νήσου μετῆλθεν ἐπὶ τὴν Ἔφεσον, ἀπῄει παρακαλούμενος καὶ ἐπὶ τὰ πλησιόχωρα τῶν ἐθνῶν, ὅπου μὲν ἐπισκόπους καταστήσων, ὅπου δὲ ὅλας ἐκκλησίας ἁρμόσων, ὅπου δὲ κλήρῳ ἕνα γέ τινα κληρώσων τῶν ὑπὸ τοῦ πνεύματος σημαινομένων.*

6. Die Vorstellung von Tim. als erstem Bischof von Ephesus stand schon zur Zeit des Eusebius (h. e. III, 4, 6) fest. Nach den wertlosen Acta Timothei (ed. Usener 1877

cf Gött. gel. Anz. 1878 S. 97—114; Lipsius, Apokr. Apostelgesch. II, 2, 373ff.; Ergänzungsheft 86), welche wahrscheinlich um 400—500 unter dem Namen des altehrwürdigen Bischofs Polykrates von Ephesus erdichtet wurden, hätte Pl den Tim. zur Zeit Neros bei Gelegenheit eines gemeinsamen Besuchs von Ephesus zum Bischof geweiht. Erst nachdem er unter Nerva während des Patmosexils des Johannes bei einem Götzenfest als Märtyrer gestorben ist, läßt sich Johannes von den asiatischen Bischöfen den Episkopat von Ephesus übertragen. In const. ap. VII, 46 kommt nach der dort befolgten Methode der Apostel Johannes nicht als Bischof in Betracht, sondern es wird Tim. von Pl, und (später) vom Apostel Johannes ein anderer Johannes als Bischof von Ephesus geweiht. Die Legenden von Johannes haben die Wirksamkeit des Tim. und sogar die des Pl in Ephesus durchweg ignorirt. In die weitläufige Erzählung des Prochorus hat erst eine spätere Hand einen Abschnitt über Pl und über den ephesinischen Episkopat des Tim. vor Ankunft des Johannes in Ephesus eingeschoben cf meine Acta Jo. p. 166f. XXXIX. Richtiger haben die alten Ausleger Ephraim, Theodorus, Theodoret in ihren Prologen den außerordentlichen Charakter der Stellung des Tim. erkannt z. B. Theodorus II, 67: *S. ap. Paulus beatum Timotheum Ephesi reliquit* (dagegen oben S. 418), *scilicet ut omnem peragrans Asiam universas quae illo* (= illic) *sunt ecclesias gubernaret.* Nur brauchbar erschien ihm der Inhalt des Briefs für jeden Bischof seiner Zeit (p. 68). — Die dem Pionius zugeschriebene Vita Polycarpi c. 2 will wissen, daß ein gewisser Strataeas, der erste, nach const. ap. VII, 46 der zweite Bischof von Smyrna, ein Bruder des Tim. gewesen sei cf Gött. gel. Anz. 1882 S. 300. — Im J. 356 ließ Kaiser Constantius die angeblichen Gebeine des Tim. von Ephesus nach Konstantinopel bringen und in der Apostelkirche beisetzen (Hier. chron. ed. Schoene II, 195). Ephesus blieb trotzdem die Stadt des Johannes und des Timotheus (Akten der Räubersynode vom J. 449 ed. Hoffmann p. 81, 45).

7. Ist der Alexander 1, 20 identisch mit demjenigen in 2 Tm 4, 14 und ist er somit in Troas zu suchen (oben S. 410), wie auch Hymenäus (1, 20 cf 2 Tm 2, 17) wenigstens in Asien, so folgt daraus nicht, daß Pl kürzlich in Troas oder überhaupt in Asien gewesen war; denn das *παραδιδόναι τῷ σατανᾷ* konnte auch der leiblich abwesende Pl vollziehen (1 Kr 5, 3—5). Nur wäre anzunehmen, daß Pl, wenn er auf Grund erhaltener Nachrichten ein solches Strafurteil gefällt hatte, den dadurch Betroffenen oder der Gemeinde, welcher sie angehörten, davon schriftliche Mitteilung gemacht habe. Dies wird dann die Ursache der Feindseligkeiten gewesen sein, welche Pl von Alexander später bei persönlicher Begegnung in Troas erfahren hat (2 Tm 4, 14 oben S. 413 A 3). Jedenfalls spricht die Verbindung der Namen Alexander und Hymenäus, welche 2 Tm 4, 14 fehlt, und 2 Tm 2, 17 durch eine andere Verbindung ersetzt ist, dagegen, daß ein Brief nach der Vorlage des anderen, oder daß beide Briefe von demselben Pseudopaulus erdichtet sind. Zu den individuellen Zügen, welche jedenfalls nicht aus älteren Briefen des Pl entlehnt sind, gehört 5, 23. Allgemeine Wahrheiten, wie sie anderwärts zu lesen sind (Rm 13, 14; 14, 21; Eph 5, 18) konnten Sätze wie die in 3, 8; 4, 4. 8 nach sich ziehen, aber nicht jenen medizinischen Rat. Pl mag ihn von dem Arzt Lucas haben, welcher in bezug auf die Zuträglichkeit des Weins besonders auch für den Magen mit seinem Zeit- und Fachgenossen Dioskorides (mat. med. V, 11) übereingestimmt haben wird. Der Mangel an persönlichen Grüßen, welchen dieser Brief mit dem an die Gemeinden von Achaia (2 Kr 13, 12) und von Asien (Eph 6, 23) gemein hat, könnte vielleicht daraus erklärt werden, daß Pl voraussetzt, Tim. werde den an ihn gerichteten Brief allen ihm unterstellten Gemeinden mitteilen. Hatte Tim. mit Schwierigkeiten zu kämpfen, so konnte er ihn zur Stärkung seiner Auktorität (4, 12) gelegentlich vorzeigen und vorlesen. In der Tat sind Ausführungen wie die 2, 1—3, 13 so okjektiv gehalten, als ob sie von vorherein dazu bestimmt wären, weiteren Kreisen mitgeteilt zu werden. Eben

darauf würde der Schlußgruß 6, 21 weisen, wenn die LA ἡ χάρις μεθ᾿ ὑμῶν feststände. Aber nicht nur μετὰ σοῦ ist daneben sehr stattlich bezeugt; auch die Texte ohne jeden Schlußgruß sind trotz ihrer geringen äußeren Auktorität beachtenswert. Noch verdächtiger ist der Schluß 2 Tm 4, 22, wo hinter πνεύματός σου 1) gar nichts (?) 2) ἡ. χ. μεθ᾿ ὑμῶν 3) ἡ χ. μεθ᾿ ἡμῶν 4) ἡ χ. μετὰ σοῦ 5) ἔρρωσο ἐν εἰρήνῃ überliefert ist.

8. Diese Hypothese hat besonders Wieseler Chron. 311 ff. im Anschluß an ähnliche Erörterungen von Mosheim und Schrader (Wieseler 295 ff.) zu begründen gesucht.

§ 35. Die tatsächlichen Voraussetzungen des Briefs an Titus.

Wenn dieser Brief nach einer weitläufigen und feierlichen Grußzuschrift mit dem Satz beginnt: „Um des willen ließ ich dich in Kreta zurück, daß du das noch Mangelnde vollends in Ordnung bringest und von Stadt zu Stadt Presbyter bestellest (und zwar so), wie ich die Weisung gegeben habe“, so sehen wir erstens, daß Pl vor nicht langer Zeit mit Titus zusammen auf der Insel sich aufgehalten hat; zweitens, daß er damals nicht im Stande gewesen ist, diejenige Ordnung des kirchlichen Lebens herzustellen, deren Herstellung der Hauptzweck war, zu welchem er den Titus veranlaßte, länger dort zu bleiben, eine Aufgabe, welcher Titus sich auch von jetzt ab noch eine Zeitlang widmen soll (3, 12). Mag Pl in der einen oder anderen Richtung begonnen haben, den Zustand zu beseitigen, welchen er durch τὰ λείποντα andeutet, so redet er doch von der Bestellung von Presbytern so, daß man verstehen muß, es habe, als er Kreta verließ, den dortigen Christen überhaupt noch an einer gemeindlichen Verfassung gefehlt. Je ähnlicher das, was weiterhin (1, 6—9) über die für die Übernahme des Vorsteheramtes erforderlichen Eigenschaften gesagt wird, mit den hierauf bezüglichen Anweisungen des 1 Tm lautet, um so mehr springt der Unterschied der dort und hier vorausgesetzten Zustände in die Augen. Von vorhandenen Presbytern (1 Tm 5, 17—21), von einem Hause Gottes, in welchem der Stellvertreter des Apostels als Oberaufseher walten soll (1 Tm 3, 15), von Gemeinden Kretas (cf 1 Kr 16, 19) hören wir nichts, sondern nur von gläubiggewordenen Leuten (3, 8. 14 οἱ ἡμέτεροι cf Iren. V, 28, 4). Erwägt man nun, daß in Thessalonich, wo Pl nur drei Wochen lang gepredigt hatte (oben S. 152 A 5), sofort auch Gemeindevorsteher vorhanden waren (1 Th 5, 12), und wie bald Pl anderwärts die Einsetzung von Presbytern der ersten Missionspredigt folgen ließ (AG 14, 23), so folgt, daß sein Aufenthalt auf Kreta nur von kurzer Dauer gewesen sein kann, und daß er schwerlich das Ev als erster Verkündiger in die Reihe von Städten gebracht hat, in welchen Titus den dort vorhandenen Christen zu einer gemeindlichen Organisation verhelfen sollte. Wäre Titus es gewesen, welcher etwa schon vor der Ankunft des Pl das Ev nach Kreta gebracht hätte, so müßte man eine Bezugnahme hierauf noch mehr vermissen, als einen Hinweis auf eigene Missionspredigt des Pl, wenn die Christen auf Kreta ihren Glauben dieser verdankten. Pl wird also, als er mit Titus nach Kreta kam, dort Christen vorgefunden haben, welche ihren Glauben durch dorthin gekommene Christen aus Korinth oder Athen empfangen haben mögen, und Pl hat, da er durch anderweitige Pflichten verhindert war, länger dort zu verweilen, den Titus damit beauftragt, statt seiner die noch ungeordneten Zustände der dortigen Christen in eine feste Ordnung zu bringen. Voraussetzung ist, daß Pl Kreta, obwohl es politisch nicht mit Achaia, sondern mit Kyrene zusammengehörte, wegen der geographischen Lage oder der Herkunft des dortigen Christentums ebenso zum Bereich seiner apostolischen Befugnis rechnete, wie die ohne sein persönliches Eingreifen von Ephesus aus entstandenen Gemeinden im Innern Asiens (oben S. 318 A 3). Solange hat Pl sich auf Kreta aufgehalten, daß er von den dortigen Zuständen und den besonderen Gefahren, welche dort einer gedeihlichen Entwicklung des kirchlichen Lebens drohten, eine bestimmte Vorstellung mitgenommen hat. Es klingt nicht wie ein Echo der Nachrichten, die ihm Titus hatte zukommen lassen, sondern wie eine auf eigener Erfahrung beruhende Belehrung des Titus, was wir 1, 10—16 lesen. Mit einem Vers des kretischen Dichters Epimenides, worin dieser über den Charakter seiner Landsleute das ungünstigste Urteil fällt, gibt Pl seine eigenen Eindrücke wieder; er versichert ausdrücklich, daß das ein wahres Zengnis sei (A 1). Auch hier wie in Ephesus (oben S. 420 f.) sind es vor allem gewisse mit unnützer, ungesunder und schädlicher Lehre umgehende Leute, welche er als Hindernisse einer gedeihlichen Entwicklung und guten Ordnung des kirchlichen Lebens betrachtet; diejenigen unter ihnen, welche jüdischer Herkunft sind, hebt er als die schlimmsten hervor (1, 10 f. 14—16; 3, 9 A 1). Sie widersprechen der gesunden Lehre (1, 9), sind vor allen andern unbotmäßig (1, 10. 16), stören durch ihr Lehren und Disputiren den Frieden der christlichen Häuser (1, 11; 3, 9). Einige von ihnen beharren auf ihren Sondermeinungen bis zur Absonderung vom christlichen Gemeindeleben (3, 10 cf 1 Kr 11, 19 oben S. 203). Während Titus diejenigen, die soweit gingen, nach wiederholter Warnung sich selbst und dem Gericht ihres Gewissens überlassen soll, soll er den übrigen streng und scharf ihr Unrecht vorhalten und ihnen den Mund stopfen (1, 11. 13; 2, 15). Der Ton in welchem Pl von diesen Leuten redet, ist sehr scharf und zeugt von großer Gereiztheit. Wenn er zum Schluß 3, 15 dem Titus keinen anderen Gruß aufträgt als diesen: „Grüße die, welche uns im Glauben (oder in Treue) lieben," so erhellt, daß Pl selbst unter den kretischen Christen auf Widerstand gestoßen ist und keineswegs bei allen freundliche Aufnahme und Anerkennung seines apostolischen Rechts gefunden hat (cf 3 Jo 9—10. 15). Daß er hier ἡμᾶς schreibt, also den Titus mit sich zusammenfaßt, würde sich vollkommen daraus erklären, daß Pl nicht ohne Titus auf Kreta gewesen ist, dieser also die verschiedenartige Aufnahme, welche Pl damals gefunden, miterlebt hat. Natürlicher erscheint der Ausdruck, wenn Titus fortgesetzt unter der Feindseligkeit gewisser Christen zu leiden hatte. Darauf führt aber auch 2, 8, wo Pl umgekehrt sich mit Titus zusammenfaßt. Es handelt sich dort um Titus als Lehrer der jungen wie der alten Gemeindeglieder. In dieser Eigenschaft soll er sich als ein Vorbild guten Verhaltens darstellen; in seinem Lehren soll er Unbestechlichkeit und Würde beweisen, soll gesunde und einwandsfreie Lehre darbieten. Wenn Pl dieser Schilderung die Zweckangabe beifügt, „damit der Gegner beschämt werde, indem er uns nichts schlechtes nachsagen kann“, so ist gewiß nicht wie zu 2, 5. 10, wo der Ausdruck sehr anders lautet und von dem in die Augen fallenden äußeren Lebenswandel die Rede ist, an die Urteile von Nichtchristen zu denken, welche doch nur ganz ausnahmsweise in die Lage kommen konnten, den Titus einmal als Lehrer zu hören, sondern an die widersprechenden Lehrer (1, 9), an die, welche den Pl und Titus nicht lieben (3, 15), deren gewinnsüchtige, ungesunde, von ihrem eigenen Gewissen verurteilte Lehrweise (1, 11. 13. 15; 3, 11) das gerade Gegenteil der dem Titus hier zur Pflicht gemachten Art des Lehrens bildet. Jene Lehrer also zeigten Neigung und erlaubten sich tatsächlich, von Pl und Titus übel zu reden; und durch deren Verhalten gegen Titus wird es hauptsächlich veranlaßt sein, daß Pl an die Aufforderung, in kräftig gebietendem Ton zu reden, zu vermahnen und zu rügen, die andere anschließt: „niemand soll dich übersehen“ d. h. in verächtlicher Weise sich anstellen, als ob Titus nichts gesagt und gerügt habe. Der Brief setzt voraus, daß dem Apostel eine briefliche Mitteilung des Titus vorlag, worin dieser über die Schwierigkeiten, mit welchen er bei Ausrichtung des ihm gewordenen Auftrags zu kämpfen hatte, berichtet und in bezug auf dies wesentlichste Stück desselben mindestens Bedenken geäußert hatte. Nur aus dem Gegensatz zu derartigen Äußerungen des Titus erklärt es sich, daß Pl mit einem stark betonten *τούτου χάριν* beginnt (1, 5). Gerade dies und wesentlich nur dies war der Zweck, warum Pl den Titus dort zurückließ. Daher genügt dieser seiner Aufgabe nicht, wenn er sich etwa bemüht, als Lehrer die dortigen Christen zu fördern, und dagegen in bezug auf die Organisation der Gemeinden wegen der obwaltenden Schwierigkeiten nichts erhebliches leistet. Ebenso wie *τούτου χάριν* erfordert auch das sonst völlig nutzlose *ἐγώ* des Nebensatzes einen bestimmten Gegensatz; cf oben S. 372 zu Phl 1, 3 und andrerseits die sonst ähnlichen Sätze ohne *ἐγώ* 1 Tm 1, 3; 1 Th 4, 11; 1 Kr 16, 1; 11, 2; 7, 17. Im Gegensatz zu dem Gerede der Leute, welche dem Titus Schwierigkeiten bereiten, indem sie ihm entweder Beruf und Befähigung für die Organisation des kirchlichen Lebens absprechen, oder ihm Ratschläge dafür erteilen, welche mit den vom Apostel ihm hinterlassenen Anweisungen nicht übereinstimmen, betont es Pl daß er, der Apostel, ihm die bezüglichen Anweisungen gegeben, und daß Titus nach seinen, des Apostels Anweisungen sich zu richten habe. Dieses *ἐγώ* weist den aufmerksamen Leser auf das ebensowenig müßige *ἐγώ* in 1, 3 zurück, und aus dem schon in 1, 5, aber auch im weiteren Verlauf des Briefs mannigfach zum Ausdruck kommenden Gegensatz erklärt es sich, daß Pl in der Grußüberschrift mit einer Ausführlichkeit und einem Nachdruck von seiner Berufsstellung spricht, welche nicht 1 Tm 1, 1; 2 Tm 1, 1, sondern am ersten noch Rm 1, 1—7 ihresgleichen findet. Freilich ist er kein Herr über andere Christen und deren Glauben (2 Kr 1, 24), sondern ein Knecht Gottes, wie alle Christen (cf Rm 1, 1 oben S. 251); und es ist der Glaube aller Erwählten Gottes (1, 1) und der ihm mit Titus gemeinsame Glaube (1, 4), ohne welchen er nichts wäre; aber er ist doch andrerseits ein Apostel Jesu Christi (1, 1), und er persönlich und sonderlich ist vermöge göttlichen Auftrags mit der Predigt von dem seit Urzeiten verheißenen, nun aber im Wort des Ev offenbar gewordenen ewigen Leben betraut worden (1, 2 f.). Das soll Titus sich gesagt sein lassen in bezug auf den ihm von Pl erteilten Auftrag; aber auch die Christen, unter welchen Titus denselben zu erfüllen hat, sollen dies bedenken. Pl schließt diesen Brief mit einem an alle Christen in der Umgebung des Titus gerichteten Segenswunsch, nachdem er einen persönlichen Gruß an seine dortigen Freunde vorausgeschickt hat. Viel deutlicher also als beim 1 Tm und 2 Tm (oben S. 428 A 7 a. E.) läßt er die Erwartung durchblicken, daß Titus den dortigen Christen den Inhalt des Briefs mitteilen werde. Die Stellung des Titus (A 2) ist wesentlich die gleiche, wie die, welche Tim. in Ephesus auszufüllen hatte, nur eben mit dem bereits erörterten Unterschied, daß es sich auf Kreta um eine erste Organisation der Gemeinden handelt, während in Asien eine Reihe bereits organisirter Gemeinden der Obhut des Tim. unterstellt und nur in einzelnen Fällen etwa auch einer erst im Entstehen begriffenen Gemeinde durch Tim. eine amtliche Organisation zu geben war (oben S. 422). Mit diesem Unterschied hängt es auch zusammen, daß die Tätigkeit des Titus noch deutlicher, wie die des Tim., als eine nur vorübergehende erscheint. Kürzlich erst ist Titus mit Pl nach Kreta gekommen, und er soll, ohne daß Pl zu ihm zu kommen verspricht oder von einem Nachfolger des Titus spricht, Kreta wieder verlassen. Pl will nämlich einen gewissen Artemas, von dem wir sonst nichts wissen, oder den öfter als Begleiter und Briefboten des Pl erwähnten Tychicus (AG 20, 4; Eph 6, 21; Kl 4, 7; 2 Tm 4, 12) zu ihm nach Kreta schicken. Wenn der eine oder andere bei ihm angekommen ist, soll Titus sich beeilen, zu Pl zu reisen, und zwar nach Nikopolis, wo dieser den Winter zuzubringen gedenkt (3, 12 A 3). Letztere Absicht steht dem Apostel fest; wenn er trotzdem nicht jetzt schon dem Titus einen Zeitpunkt angibt, bis zu welchem er in Nikopolis eintreffen soll, sondern ihn, wie es scheint, durch Artemas oder Tychicus dorthin abholen lassen will, sobald es an der Zeit ist, so ergibt sich, daß Pl zur Zeit noch nicht weiß, wann er selbst in Nikopolis eintreffen wird. Es mag sein, daß Pl die Zeit seines dortigen Aufenthalts benutzen wollte, um frühere Aussagen über die Ausdehnung seiner Missionsarbeit (Rm 15, 19 oben S. 294 f.) nach dieser Seite hin völliger wahr zu machen. Es liegt auch nahe, daß die Reise des Titus nach Dalmatien (2 Tm 4, 10) an einen gemeinsamen Aufenthalt des Titus und Pl in dem angrenzenden Epirus sich angeschlossen hat. Unmittelbar ist durch Tt 3, 12 nur dies nahegelegt, daß Pl in Nikopolis das Ende des Winters abwarten und nach Wiedereröffnung der Schiffahrt im März des kommenden Jahres von dieser Hafenstadt aus sofort eine Seereise antreten wollte (cf 1 Kr 16, 6). Die Wahl von Nikopolis zeigt aber, daß er nach Italien und überhaupt nach dem Westen zu reisen gedachte. In bezug auf einen gewissen Zenas, welcher als Jurist bezeichnet wird, und den einer näheren Bezeichnung nicht bedürftigen Apollos fordert Pl, daß Titus sie mit Beihilfe der dortigen Christen mit allem zur Reise Erforderlichen ausrüste und auf den Weg bringe (3, 13 f. A 4). Daß Titus diese Männer zu Pl senden solle, wie Chrysostomus meinte (XI, 729), müßte gesagt sein, wenn es gemeint wäre. Daß sie sich vor Ankunft des Briefes bereits bei Titus befanden, ist schon darum unwahrscheinlich, weil die Anwesenheit eines so bedeutenden Lehrers wie Apollos auf Kreta neben Titus in der Beschreibung von dessen Aufgaben kaum so völlig unberücksichtigt hätte bleiben können. Es wäre aber auch nicht zu verstehen, was den Apostel veranlaßte, Zenas und Apollos den Christen auf Kreta zur Weiterbeförderung zu empfehlen, wenn sie weder von ihm her kamen, noch zu ihm oder an einen von ihm bestimmten, dann aber auch zu nennenden Ort reisen sollten. Woher sie kamen und wohin sie reisen wollten, wußte Titus von ihnen selbst; wir wissen nur, daß sie nicht später als dieser Brief bei ihm eingetroffen sind. Die allein natürliche Annahme ist, daß Zenas und Apollos die Überbringer des Briefes sind, wie schon Theodorus sah (II, 256), und daß sie die Reise, welche sie vom Aufenthaltsort des Pl zunächst nach Kreta führte, von dort aus, durch Titus unterstützt und weiterbefördert, nach einem uns unbekannten Ziel fortsetzen sollten. Was hier von Apollos zu lesen ist, setzt voraus, daß Pl mit demselben bereits in persönliche Beziehung getreten war, was zuerst im weiteren Verlauf der 3 jährigen Wirksamkeit des Apostels in Ephesus geschehen ist. In den ersten Teil dieses Zeitraums fällt das Wirken des Apollos, welchen Pl damals noch nicht kennen gelernt hatte, in Korinth (AG 18, 24—19, 1). Im Frühjahr 57 dagegen befand sich Apollos schon seit einiger Zeit bei Pl in Ephesus und wollte diesen Ort vorläufig nicht verlassen (1 Kr 16, 12). Allerdings war damals von einer Reise desselben nach Korinth die Rede gewesen, und es wäre möglich, daß er einige Wochen nach Abfassung des 1 Kr, etwa um die Zeit, da Pl von Ephesus nach Macedonien aufbrach (AG 20, 1; 2 Kr 1, 8; 2, 12 f), gleichfalls Ephesus verlassen und die geplante Reise nach Korinth, welche ihn über Kreta führen konnte, angetreten hätte. Pl müßte den Tt während seines mehrmonatlichen Aufenthalts in Macedonien geschrieben haben. Dies ist aber unmöglich; denn Pl beabsichtigte damals nicht in Nikopolis, sondern in Korinth das Ende des Winters abzuwarten (1 Kr 16, 6); und er wollte im kommenden Frühjahr nicht von Nikopolis nach dem Westen, sondern von Korinth nach Jerusalem reisen. Beides hat er damals auch wesentlich so, wie er es geplant hatte, ausgeführt. Ferner befand sich Titus in der Zeit bald nach Abfassung des 1 Kr nicht auf Kreta, sondern reiste im Auftrag des Pl von Ephesus aus nach Korinth und wieder von Korinth aus dem Pl entgegen, welcher langsam von Ephesus über Troas nach Macedonien und weiter nach Korinth reiste, und traf mit ihm in Macedonien zusammen (2 Kr 2, 12 f.; 7, 5—16 oben S. 235). Ferner wäre für den Tt 1, 3 vorausgesetzten Aufenthalt des Pl auf Kreta in den nächsten Monaten nach 1 Kr 16, 1—9 ebensowenig Raum als für die daran sich anschließende Wirksamkeit des Titus daselbst. Diese Ereignisse können auch nicht in die darauf folgenden drei Monate des Aufenthalts des Pl in Griechenland fallen (AG 20, 3); denn es sind das die drei letzten Monate desjenigen Winters, dessen Ende er in Korinth abwarten wollte (1 Kr 16, 6); er konnte also auch damals nicht schreiben, daß er den Winter in Nikopolis zubringen wolle; und wenn seine Gedanken damals, wie der Rm beweist, nach dem Westen gerichtet waren, so sehen wir doch aus Rm 15, 25—32, daß er im Frühling nicht direkt nach dem Westen reisen wollte, sondern an seinem Plane festhielt, zunächst Jerusalem zu besuchen, und aus AG 20, 3—21, 17 wissen wir, daß er diesen Plan wirklich ausgeführt hat. Man müßte also, um für den Tt und die ihm zu Grunde liegenden Tatsachen einen Platz im Leben des Pl vor seiner langjährigen Gefangenschaft zu finden, auf die mittlere Zeit seines ephesinischen Wirkens zurückgreifen und annehmen, daß Pl bei Gelegenheit des in der AG verschwiegenen Abstechers von Ephesus nach Korinth Kreta berührt, den Titus dort gelassen und etwa nach seiner Rückkehr nach Ephesus von dort aus den Tt geschrieben habe. Jene von der AG übergangene Reise, welche man im misverstandenen Interesse des 1 Tm über Macedonien hat gehen lassen (oben S. 423 f.), würde durch die Annahme, daß sie den Apostel außerdem auch nach Kreta geführt habe, zu einem so bedeutenden Stück seiner Lebensgeschichte auswachsen, daß das Schweigen der AG noch rätselhafter würde. Ferner ist auch damals die Absicht des Pl, den bevorstehenden Winter in Nikopolis zuzubringen, unbegreiflich; denn die wichtige, der ganzen Provinz Asien geltende Arbeit in Ephesus, welche noch zur Zeit von 1 Kr 16, 8—11 keineswegs abgeschlossen erschien, kann damals kaum über die ersten Anfänge hinausgewesen sein. Es ist daher ganz unglaublich, daß Pl schon Jahr und Tag vor seinem wirklichen Aufbruch von Ephesus die bestimmte Absicht gehabt haben sollte, einen ganzen Winter oder einen Teil desselben in Nikopolis zu verbringen und von da westwärts weiterzudringen. Andrerseits ist auch sehr unwahrscheinlich, daß die Pläne, welche ihn zur Zeit der Korrespondenz mit den Korinthern erfüllten, und welche wir ihn dann zu Anfang des J. 58 ausführen sehen, die ganz andersartigen Pläne, welche der Tt bezeugt, erst kürzlich verdrängt haben sollten. Die Kollektensache, welche mit dem Plan, Jerusalem zu besuchen, im innigsten Zusammenhang stand, war von langer Hand vorbereitet und seit Jahr und Tag betrieben worden, ehe Pl Ephesus verließ (2 Kr 8, 10; 9, 2 oben S. 228 f.). Endlich besteht zwischen 1 Tm und Tt eine so große Ähnlichkeit, daß sie in bezug auf Sprachgebrauch und Anschauungskreis ein Zwillingspaar bilden, ähnlich wie Eph und Kl. Wenn Pl sie überhaupt geschrieben hat, dann auch in sehr unbedeutendem Zeitabstand. Der Beweis, daß Pl den 1 Tm nicht vor seiner Befreiung aus der ersten römischen Gefangenschaft geschrieben haben könne (oben S. 423 f.), gilt für Tt mit, wie auch umgekehrt. Hat aber Pl diesen Brief in der Zwischenzeit zwischen einer ersten und einer zweiten römischen Gefangenschaft geschrieben, so fällt in diese Zwischenzeit auch der kurze Aufenthalt des Pl auf Kreta. Denn abgesehen davon, daß

Pl auf der Reise von Cäsarea nach Rom den Boden Kretas nicht betreten hat (AG 27, 7—15), und daß Titus damals nicht in seiner Begleitung war (AG 27, 2), verbietet es die Art, wie Pl Tt 1, 3 an seinen Aufenthalt auf Kreta und den damals dem Titus erteilten Auftrag erinnert, einen Zeitraum wie die zwei Jahre in Rom und dazu mehrere Monate, welche demselben vorangingen und nachfolgten, zwischen den gemeinsamen Aufenthalt des Pl und Titus auf Kreta und den Brief an Titus zwischeneinzuschieben. Wir erhalten also für die Reisen, welche Pl in der Zwischenzeit zwischen Phl und 2 Tm in der östlichen Reichshälfte gemacht hat, durch Tt an neuen Stationen: Kreta und, wenigstens der Absicht nach, Nikopolis.

1. Über Juden auf Kreta 1 Makk 15, 23 (Gortyna); AG 2, 11; Philo leg. ad Caj 36; Jos. ant. XVII, 12, 1; bell. II, 7, 1; vita 76 (seine letzte Frau eine „vornehme" Jüdin aus Kreta); Sokr. h. e. VII, 38 (über einen Pseudomoses, der die Juden καθ' ἑκάστην τῆς νήσου πόλιν irreführte). Auch die Fabel, daß die Juden von Kreta stammen und von dem dortigen Ida ihren Namen haben (Tac. hist. V, 2), würde ohne das Vorhandensein einer bedeutenden Judenschaft daselbst schwerlich entstanden sein. Die von Homer II. 2, 649 und manchem Dichter nach ihm ἑκατόμπολις genannte Insel mag seit der Besitzergreifung durch die Römer wohl vergleichsweise entvölkert gewesen sein, war aber noch nicht arm an Städten (Strabo p. 476; Ptol. III, 17). Im 2. Jahrhundert hören wir von Bischöfen in Gortyna und in Knossus (Eus. h. e. IV, 23, 5. 7). — Indem Pl den Epimenides, einen Zeitgenossen Solons, in dessen Buch περὶ χρησμῶν nach Hieronymus (VII, 706 cf Sokr. h. e. III, 16) der Tt 1, 12 citirte Vers zu lesen war, einen Propheten der Kreter nennt, zeigt er Kenntnis von der diesen betreffenden Überlieferung (Plato legg. p. 642; Plut. Solon 12; Diog. Laert. I, 10, 109—115). Theodoret meinte mit Unrecht, daß Pl den Kallimachus citire, welcher nicht von Kreta, sondern von Kyrene stammte, und welcher in seinem Hymnus auf Zeus v. 8 nur die erste Hälfte des Hexameters sich angeeignet hatte, nämlich den Vorwurf der Lügenhaftigkeit, für welche die Kreter sprichwörtlich waren cf Wetsteins Sammlungen z. St. Theodoret war irregeleitet durch Chrysostomus, welcher zwar richtig den Epimenides genannt, aber die bei Kallimachus an ψεῦσται sich anschließenden Worte v. 8f. citirt hatte, als ob sie von Epimenides herrührten (XI, 744). Erst durch Theodor II, 243 erfahren wir deutlich, was bei Chrysostomus und Hieronymus nur durchschimmert, daß die heidnischen Bestreiter des Christentums (Porphyrius? Julian?) aus der Stelle folgerten, Pl stimme dem Dichter bei, welcher die ewige Gottheit des Zeus gegen die lügnerischen Kreter verteidige, die sein Grab auf ihrer Insel zu haben meinten. Darnach haben auch diese heidnischen Schriftsteller an Kallimachus, welcher in der Tat mit solcher Absicht den viel älteren Vers des Epimenides zur Hälfte sich angeeignet hat, statt an Epimenides gedacht, und ihnen sind die christlichen Apologeten und Exegeten teilweise gefolgt.

2. Zum Bischof von Kreta machen den Titus Eus. h. e. III, 4, 6; Ambrosiaster p. 313 im Prolog; Const. ap. VII, 46. Vorsichtiger und richtiger Ephraim 269; Theodorus II, 233 cf p. 122; Theodoret 698. Über irrige Identifikationen des Titus mit Titius Justus und mit Silvanus s. oben S. 149. 191. Außer den Angaben Gl 2, 1—3; 2 Kr 2, 13; 7, 6—14; 8, 6. 16. 23; 12, 18; 2 Tm 4, 10 könnte höchstens das in Betracht kommen, daß nach Acta Theclae c. 2. 3 Titus in Ikonium bei Onesiphorus sich aufhielt, als Pl zum ersten Mal dorthin kam. Möglicherweise soll der ebendort genannte Zenon, Sohn des Onesiphorus, der Zenas Tt 3, 13 sein. Über spätere Fabeleien, welche auf eine von Zenas verfaßte Vita Titi zurückgehen cf Lipsius, Apokr. Apostelgesch. II, 2 401 ff.

3. Von den zahlreichen Städten, die zur Erinnerung an siegreiche Kämpfe Nikopolis genannt wurden, müssen für Tt 3, 12 teils ihrer Lage, teils ihrer späten Entstehung wegen außer Betracht bleiben 1) dasjenige in Armenien (Strabo 555; Ptolem. VIII, 17, 40), 2) dasjenige in Ägypten, dicht bei Alexandrien (Jos. bell. IV, 11, 5), 3) das erst seit dem 3. Jahrh. Nikopolis genannte Emmaus in Palästina, 4) das von Trajan an der Donau gegründete, welches noch heute so heißt, und 5) ein anderes am Hämus (Ptol. III, 11, 11 cf Forbiger III, 750 A. 66; S. 753; Mommsen Röm. Gesch. V, 282, welcher jedoch Nr. 4 mit Nr. 5 identifizirt C. I. L. III p. 141). 6) Auch Nikopolis am Nestus (Ptol. III, 11, 13) wurde erst von Trajan gegründet (Forbiger, Pauly's RE. V, 637 unter Nr. 2; Mommsen, l. l. 281). Dieses werden diejenigen gemeint haben, welche zu Tt 3, 12 bemerkten, es liege in Thracien (Cramer, Cat. VII, 99). 7) Eine Stadt dieses Namens in Bithynien (Plin. h. n. V, 32, 150; Steph. Byz. s. v.) bietet keinen Anknüpfungspunkt für irgend wahrscheinliche Vermutungen. Auch 8) an das im nordöstlichen Winkel Ciliciens gelegene Nikopolis (Strabo 675; Ptol. V, 8 7) ist nicht zu denken; denn es wäre kein Grund zu ersinnen, warum Pl in dieser abgelegenen Gebirgsstadt den Winter zubringen wollte, statt in einer großen Gemeinde, wie Antiochien, oder, wenn er sich ausruhen wollte, in seiner Vaterstadt Tarsus oder an einem Ort, von wo sich ihm im kommenden Frühjahr mannigfaltige Gelegenheit zur Weiterreise bot. Es bleibt nur übrig 9) die von Augustus als Denkmal des Sieges bei Actium am Ausfluß des Ambracischen Busens gegründete, weitaus bedeutendste und berühmteste Stadt dieses Namens, ein Menschenalter später der Hauptschauplatz der Lehrthätigkeit Epiktets. Tacitus ann. II, 53 (zu a. 18) nennt es *urbem Achaiae*; dagegen spricht Epict. diss. III, 4, 1 von einem dort residirenden und das Land verwaltenden ἐπίτροπος Ἠπείρου cf C. I. G. nr. 1813b (add. p. 983); C. I. L. III nr. 536 (?), und um 150 unterscheidet Ptol. III, 14, 1; 15, 1 Epirus, worin Nikopolis liegt (14, 5), von Achaia als besondere Eparchie. Die wechselnden Verhältnisse sind nicht ganz klar überliefert (Mommsen l. l. 234; Marquardt I², 331). Daß dieses Nikopolis gemeint sei, hielt Hieronymus (Vall. VII, 686; 738) für selbstverständlich, und auch diejenigen, welche es als *Nicopolis Macedoniae* bezeichneten (s. Tischendorfs Apparat zur Unterschrift), meinten schwerlich ein anderes; denn im eigentlichen Macedonien lag keine andere der vorgenannten Städte, auch nicht Nr. 6. Irrigerweise nahm Hieronymus p. 686 mit manchen Griechen und Syrern an, der Brief sei von Nikopolis aus geschrieben. — Da der 1 Kr nicht wie der 2 Kr an die ganze Christenheit Achaias, sondern nur an die Ortsgemeinde von Korinth gerichtet ist, kann man nicht, wie Wieseler Chron. 353 wollte, 1 Kr 16, 6 dadurch mit Tt 3, 12 vereinigen, daß Nikopolis zu Achaia gehörte, so daß Tt 3, 12 nur der bestimmtere Ausdruck für die 1 Kr 16, 6 ausgesprochene Absicht vorläge. Und selbst im 2 Kr würde πρὸς ὑμᾶς „nach oder in Korinth" heißen.

4. An sich könnte νομικός 3, 13 cf Lc 7, 30; 10, 25 = νομοδιδάσκαλος Lc 5, 17; AG 5, 34 = γραμματεύς Lc 5, 21; 6, 7; 1 Kr 1, 20 einen Rabbi bezeichnen (cf Ambrosiaster p. 317 *quia Zenas hujus professionis fuerat in synagoga, sic illum appellat*). Da aber der jüdische Schriftgelehrte, welcher Christ wurde, eben damit aus der Zunft der Rabbinen ausschied, und die Beibehaltung rabbinischer Denkweise und Methode in den Augen des Pl nichts weniger als eine Empfehlung gewesen wäre (1 Tm 1, 7), so ist Zenas nicht als *legis* (*Mosaicae*) *doctor*, sondern als *juris peritus* charakterisirt. Das Wort bezeichnet nicht ein Amt, sondern gewöhnlich den praktischen Juristen, mit dessen Beihilfe man etwa ein Testament macht (Epict. diss. II, 13, 6—8; Ägypt. Urk. nr. 326 νομικὸς Ῥωμαϊκός, nr. 361 col. III, 2. 15), oder einen Proceß führt (Artemid. oneirocr. IV, 80 cf IV, 33 νομικοὶ νομικὰ ἢ ἰατροὶ ἰατρικὰ . . . λέγουσιν). Plutarch (Sulla 36) nennt so den berühmten Juristen Mucius Scaevola. — προπέμπειν heißt hier, wie sonst im NT, den Abreisenden oder Durchreisenden auf den Weg bringen, was nur gelegent-

lich darin sich darstellt, daß man ihm eine kurze Strecke weit das Geleite gibt (AG 20, 38; 21, 5), in der Regel aber und nach dem, was sich weiter anschließt, auch hier die Ausrüstung mit allem zur Reise Nötigen einschließt cf 3 Jo 6 (Rm 15, 24; 1 Kr 16, 6. 11), beinah gleichbedeutend mit ἐφοδιάζειν Jos. bell. II, 7, 1; ant. XX, 2, 5. Zur Veranschaulichung cf Act. Petri cum Simone ed. Lipsius p. 48, 1—18.

§ 36. Der Lebensausgang des Paulus.

Die drei Briefe, welche man unter dem wenig zutreffenden Namen der Pastoralbriefe zusammenzufassen pflegt (A 1), müßten als geschichtswidrige Dichtungen beurteilt werden, wenn wir wüßten, daß die römische Gefangenschaft des Pl, aus welcher heraus er Eph, Kl, Phlm und Phl geschrieben hat, mit seinem Tode geendigt habe. Diese Meinung, welche seit langem ein Hauptgrund gegen die Echtheit der Pastoralbriefe, aber auch eine Quelle der unerträglichsten Gewalttaten ihrer ganzen und halben Verteidiger gewesen ist, stützt sich jedoch nicht auf alte, geschweige denn auf glaubwürdige Nachrichten, sondern ist lediglich Hypothese, und zwar eine Hypothese, welche starke geschichtliche Zeugnisse gegen sich und nicht einmal Wahrscheinlichkeitsgründe für sich hat (A 2). Unwahrscheinlich ist, daß die bestimmte Erwartung auf baldige Befreiung, welche Pl Phl 1, 19. 25; 2, 24 aussprach, nicht in Erfüllung gegangen sein sollte; denn diese gründete sich nicht auf Wünsche, Vermutungen und Schlußfolgerungen, welche nach AG 25, 18. 25; 26, 31 f.; 28, 15. 18 von Anfang an dahin zielen mochten (cf Phlm 22), sondern vor allem auf den Gang des nach langem Warten in Angriff genommenen gerichtlichen Verfahrens, und es war nicht die persönliche Auffassung des Pl allein, sondern das Urteil der gesamten, auch der nichtchristlichen Umgebung des Apostels über den bisherigen Gang seines Processes, wonach seine demnächstige Freisprechung in Bälde zu erwarten war (oben S. 382 ff.). Schon darum ist es nicht zu rechtfertigen, daß man dem wiederholten οἶδα des Phl dasjenige οἶδα als gleichwertig gegenüberstellt, womit Pl in Milet kurz vor seiner Verhaftung in Jerusalem nach AG 20, 25. 38 seine Erwartung bezeugt hat, daß die Ältesten und die ganze Gemeinde von Ephesus ihn ferner nicht mehr von Angesicht sehen werden (A 3). Abgesehen davon, daß wir dort nicht wie Phl 1, 19. 25; 2, 24 ein von Pl selbst geschriebenes, sondern im günstigsten Fall ein von dem mitanwesenden Lucas aus der Erinnerung aufgezeichnetes Wort des Apostels lesen, wäre auf alle Fälle durch das spätere „ich weiß", welches ein Wiedersehen mit den Christen in Philippi und überhaupt im Orient in Aussicht stellt, das 5 Jahre früher gesprochene „ich weiß" wieder aufgehoben, wodurch ein Wiedersehen mit den Christen von Ephesus ausgeschlossen schien. Sodann ist zu bedenken, daß die Prophetenstimmen, an welche Pl, nicht ohne auszudrücken, daß dies nur seine persönliche Überzeugung sei (20, 25), jenen Ausspruch anknüpfte, nichts von seinem Tode, sondern nur von Ketten und Drangsal sagten (AG 20, 23; 21, 11), und daß Pl unter der Versicherung, daß er nicht wisse, was ihm alle anderen Mittel erschöpft hatte, den Verdacht der Brandstiftung von sich abzuwälzen, ließ er die Christen unter Anklage stellen. Vor dem Oktober 64 ist es schwerlich dazu gekommen (A 5). Es ist daher zu begreifen, daß diejenigen, welche die Hinrichtung des Pl mit den zahlreichen Hinrichtungen von Christen im Spätsommer oder Herbst 64 glaubten in Verbindung bringen zu müssen, sich geneigt zeigten, die Ankunft des Apostels in Rom in den Frühling 62 und die Abfassung des Phl in den Anfang des Sommers 64 herabzudrücken (s. dagegen Abschn. XI). Aber eben jene Voraussetzung, daß Pl bald nach Abfassung des Phl, und daß er zugleich mit vielen römischen Christen und daher im J. 64 hingerichtet worden sei, findet in der gesamten älteren Überlieferung keine sichere Stütze. Aus AG 28, 30 f. ergibt sich unmittelbar nur dies, daß der Vf das Ereignis kannte, welches der dort kurz geschilderten, auf einen Zeitraum von voll zwei Jahren beschränkten Lage des gefangenen Pl ein Ende gemacht hat. Warum nennt er es nicht? Mochte Lucas hiemit den beabsichtigten Schluß seines Werkes erreicht haben, oder mochte er beabsichtigen, erst in einem dritten Buch sein Werk zu vollenden, es bliebe auch im letzteren, freilich noch mehr im ersteren Falle sein Schweigen über das die zweijährige Periode abschließende Ereignis unbegreiflich, wenn es darin bestanden hätte, daß dem Apostel der Proceß gemacht wurde, welcher mit seiner Hinrichtung endigte. Einen würdigeren Schluß konnte das Buch oder das ganze Werk nicht finden, als den Zeugentod des Apostels, dessen Geschichte den Leser von c. 13 an ausschließlich beschäftigt hatte; und wem drei Zeilen genügten, um dem Leser eine Vorstellung von der zweijährigen Wirksamkeit des Pl in der solange von ihm ersehnten Welthauptstadt zu geben, der konnte mit ebensowenig Worten den glorreichen Abschluß dieser und aller Wirksamkeit des Apostels zu schicklichem Ausdruck bringen. Diesen Schluß zu erraten, konnte der Vf dem Leser um so weniger überlassen, da dieser nach all den Rettungen und Tröstungen, welche den Pl nach Rom geleitet hatten (AG 21, 31—35; 23, 10—30; 25, 3; 27, 24. 42—44; 28, 5. 15), und nach den Urteilen der höchsten Beamten über die jüdischen Anklagen (AG 25, 2—8. 18—20. 26 f.; 26, 31 f; 28, 18) alles andere eher als eine Verurteilung des Pl zum Tode erwarten konnte. Die einzige Folgerung, welche man mit einiger Wahrscheinlichkeit aus dem Abbruch der Erzählung in AG 28, 30 f. ziehen kann, ist die, daß jenen zwei Jahren noch ein beträchtliches Stück der Lebensgeschichte und der Missionsarbeit des Pl gefolgt sein wird, für welches Lucas in seinem zweiten Buch, wenn es ungefähr gleichen Umfangs wie das erste sein sollte, nicht mehr Raum fand. — Ein zweites nicht zu verachtendes Zeugnis für die Ausdehnung der Lebensgeschichte des Pl über jene zwei Jahre und über die Abfassungszeit des Phl hinaus geben auch im Falle ihrer Unechtheit die Briefe an Timotheus und Titus, sofern sie, wie gezeigt, voraussetzen, daß Pl nach erfolgter Freisprechung durch das kaiserliche Gericht in Rom und nach Befreiung aus der bis dahin währenden Gefangenschaft zu Rom einerseits seine morgenländischen Gemeinden, Macedonien und Kreta, Milet und Troas, wahrscheinlich auch Korinth und Ephesus besucht hat, andrerseits im Westen von Rom, wahrscheinlich in Spanien als Missionar tätig gewesen ist. Wenn dies alles in den Briefen erzählt oder auch nur als bisher unbekannt deutlich mitgeteilt würde, so könnte es erdichtet sein, sei es, um durch solche Dichtung die Geschichte des Pl zu erweitern, sei es, um den Briefen einen geschichtlichen Hintergrund zu geben. Nun aber ist das Meiste und Wichtigste nur ebenso vorausgesetzt, wie es in wirklichen Briefen zu geschehen pflegt. Was wir Spätgeborenen den beiläufigen Andeutungen nur durch Schlußfolgerungen und nur sehr unvollkommen entnehmen können, daß und wie Pl in die Gefangenschaft geraten ist, aus welcher heraus der 2 Tm geschrieben sein will; daß er nach Befreiung aus der früheren Gefangenschaft in bis dahin noch nicht betretenen Gebieten Mission getrieben hat; was ihn nach Kreta geführt hatte und nach Nikopolis führen sollte: dies und anderes müssen die Leser gewußt haben, auf deren Verständnis der Vf rechnete. Ist das Pl selbst gewesen, so haben wir hier Urkunden, welche für die Würdigung aller kanonischen und außerkanonischen Geschichtserzählung maßgebend sind und jedes andere Zeugnis überflüssig machen. Ist der Vf ein Pseudopaulus aus der Zeit von 70—140 — denn tiefer herabzugehen ist völlig unmöglich —, so müssen damals die Grundzüge der Überlieferung, die er verwertet, festgestanden haben und so allgemein bekannt gewesen sein, daß es eben nur der leisen Berührung und flüchtigen Anknüpfung bedurfte, um den Lesern den bekannten Zusammenhang der Ereignisse in Erinnerung zu bringen und ihnen Zutrauen zu der auf so anerkanntem geschichtlichen Boden sich bewegenden Fälschung einzuflößen. — Das Vorhandensein einer solchen, über den Schluß der AG hinausreichenden, aber auch von unseren Briefen unabhängigen Überlieferung über das letzte Stück der Lebensgeschichte des Pl bezeugt der Brief der römischen Gemeinde an die korinthische, als dessen Vf von jeher Clemens von Rom gegolten hat (A 6). Da die Abfassung dieses Schreibens um d. J. 96 als sicher gelten darf, und da in demselben überdies die Apostel Petrus und Paulus ausdrücklich als Helden und Dulder der damals lebenden Generation bezeichnet werden, so versteht sich von selbst, daß der Vf und die hinter ihm stehende römische Gemeinde noch nicht ausschließlich auf literarische Zeugnisse über die Lebensausgänge der Apostel angewiesen waren, welche es damals unseres Wissens überhaupt noch nicht gegeben hat, sondern noch über glaubwürdige Erinnerungen verfügten. Ein leitendes Mitglied der römischen Gemeinde um d. J. 96, also sicherlich damals ein älterer Mann, hatte die Zeit, in welche der Tod des Pl fällt, als junger Mann miterlebt, und es läßt sich nichts dagegen einwenden, daß er, wie Irenäus bezeugt (III, 3, 3) mit Pl und Pt sich persönlich berührt habe. Selbständige Kenntnis von der Lebensgeschichte des Pl bekundet Clemens, indem er bemerkt, daß Pl siebenmal Ketten getragen (A 6). Alles, was er sonst von beiden Aposteln im rednerischen Ton der Lobpreisung vorträgt, ist so gesagt, daß Bekanntschaft auch der jüngeren Zeitgenossen unter den Lesern mit den gemeinten Ereignissen vorsteher darauf gesehen werden, daß einer an der rechten christlichen Lehre festhalte, um mittelst gesunder Lehre die Gemeindeglieder ermahnen und etwa Widersprechende widerlegen zu können (Tt 1, 9). In diesem Sinn wird unter den für das Vorsteheramt erforderlichen Eigenschaften auch die Lehrhaftigkeit genannt (διδακτικός 1 Tm 3, 2 cf 2 Tm 2, 24). Aber die letzeren Stellen deuten nicht einmal auf Lehrvorträge in der Gemeindeversammlung hin; die erstere bezeugt, daß einer Presbyter = Bischof sein und sein Amt zur Zufriedenheit ausüben konnte, ohne als Lehrer tätig zu sein. Daß in nicht wenigen Fällen die Vorsteher auch als Lehrer tätig waren, ist jedenfalls keine Neuerung nachapostolischer Zeit (oben S. 359 zu Eph 4, 11), sondern die selbstverständliche Voraussetzung der späteren Entwicklung, wonach regelmäßig die Vorsteher auch die Lehrer der Gemeinde waren (Clem. II Cor. 17, 3—5; Just. apol. I, 67). Neben dem ruhigen Vortrag des Lehrers hat auch die prophetische Rede noch Bedeutung im Gemeindeleben. Nicht auf prophetische Schriften oder eine ihm persönlich zu Teil gewordene Offenbarung, sondern auf den in der Gemeinde waltenden und in Aussprüchen einzelner Propheten zu Wort kommenden prophetischen Geist beruft sich Pl, wo er weissagend in die Zukunft der Kirche blickt (1 Tm 4, 1 cf 2 Tm 3, 1; unten S. 475). Prophetenstimmen aus der Gemeinde müssen es gewesen sein, welche für die Annahme des Tim. als Predigtgehilfen seitens des Apostels und für die Verleihung der hiezu erforderlichen Befähigung maßgebend gewesen sein sollen (1 Tm 1, 18; 4, 14; oben S. 414 A 5). Unmittelbar verbunden ist damit 1 Tm 4, 14 die Handauflegung des Presbyteriums als ein mitwirkender Umstand, während 2 Tm 1, 6 die Handauflegung des Apostels selbst als das Mittel genannt ist, durch welches dem Tim. das Charisma zu Teil geworden sei, dessen Anwendung eins und dasselbe ist mit der Ausübung seines Berufs. Der Wechsel zwischen Handauflegung des Apostels und Handauflegung des Presbyteriums entspricht nur der Verschiedenheit des Gesichtspunktes, unter welchem die kirchliche Arbeit des Tim. in den beiden Briefen betrachtet wird. Wo es sich um Tim. als Aufseher und Leiter des Gemeindelebens in der Provinz Asien handelt, wird daran erinnert, daß der Vorstand der Gemeinde, aus welcher er hervorgegangen ist, an seiner Berufung in den kirchlichen Dienst beteiligt gewesen ist. Wo es sich um ihn als Evangelisten als Teilhaber am Predigtberuf des Apostels handelt, wird die Handauflegung des Apostels hervorgehoben. Sowenig das hier genannte Subjekt der Handauflegung das an der andern Stelle genannte ausschließt, ebensowenig schließt die Wirkung des prophetischen Geistes die Wirkung der Handauflegung aus. So sieht es jedenfalls der Vf an; warum sollten wir es anders ansehen? Genau entspricht die Darstellung in AG 13, 2—4 (cf Clem. I Cor. 42, 4; oben S. 427 A 5). Es wäre daher äußerste Willkür, diejenigen Stellen desselben Buches, an welchen die Einsetzung von Gemeindebeamten oder Bestellung und Aussendung von Missionaren auf den hl. Geist zurückgeführt wird (AG 20, 28; 13, 4 cf Ign. Philad. inscr.), mit den anderen in Widerspruch zu setzen, wo von Wahl der Gemeindebeamten durch die Gemeinde (AG 6, 5)

Schriftwort gleichsam eingeschmuggelt hätte. Es ist auf alle Fälle wahrscheinlicher, daß das ἡ γραφὴ λέγει nur auf die Gesetzesstelle sich bezieht, und daß Pl damit ein Sprichwort verbindet, welches auch Jesus schon gebraucht hat. Auch andere Sätze bei Pl charakterisiren sich als Sprichwörter, obwohl wir sie sonst als solche nicht nachweisen können (1 Kr 5, 6; Gl 5, 9; 2 Th 3, 10). Auch zu 1 Kr 15, 32 f. erkennt nur der Kundige, daß Pl an ein Wort aus Jes 22, 13 den Vers eines attischen Komikers, nur durch zwei Worte getrennt, anschließt (oben S. 36. 51). Bedenklich könnten uns die nur in diesen Briefen sich findenden, aber unverkennbaren Spuren eines formulirten Taufbekenntnisses machen (A 20), wenn wir wüßten, daß ein solches erst nach dem Tode des Pl entstanden ist. Aber wir wissen das nicht. Allerdings redet Pl hier so häufig und bestimmt, wie in den früheren Briefen noch nicht, von der rechten, vom Lehrer zum Schüler sich fortpflanzenden Lehre, von dem vor der Gemeinde abgelegten Bekenntnis, von bestimmten Worten, welche dem Schüler auch dann, wenn er zum Lehrer wird, als ein Grundriß der christlichen Wahrheit dienen sollen, und von dieser in Lehre gefaßten Wahrheit als einer Norm des Redens und Handelns für Alle (2 Tm 1, 13; 2, 2. 8. 14; 3, 10. 14; 1 Tm 1, 10; 4, 6; 6, 1. 3; Tt 1, 9; 2, 1. 10). Daß diese Betrachtungsweise dem Pl von jeher nicht fremd war, sieht man aus Rm 6, 17; 16, 17; 1 Kr 4, 17; 15, 1—3; Kl 2, 6 f.; Eph 4, 20 f. Daß sie sich ihm im Lauf der Jahre befestigte, und daß er sie angesichts der um sich greifenden Neigung zu einem verkehrten Betrieb des Lehrgeschäfts und geradezu verderblichen Lehren stärker hervortreten ließ, ist ebenso begreiflich, als daß er sich angesichts seines nahen Todes darauf bedacht zeigt, daß es der von ihm unter den Heiden verkündigten Wahrheit nicht an treuen und geschickten Zeugen fehle, und daß er sich angesichts der vorhandenen und noch drohenden Gefährdungen der unerschütterlichen Festigkeit tröstet, welche der Gemeinde als der Tragsäule der Wahrheit kraft ihrer göttlichen Gründung eignet (1 Tm 3, 15; 2 Tm 2, 19). Daß aber dem Pl die Idee der einheitlichen Kirche nicht etwa fremd geblieben oder auch nur spät aufgegangen sei, wurde schon zum Eph gezeigt (S. 356 f.). Durch den Gegensatz zu einer krankhaften Art von Christentum und Lehrtätigkeit ist es auch begründet, daß die rechte Lehre hier so oft als die gesunde bezeichnet wird (oben S. 473 und A 16). Sofern jene ἑτεροδ. hinter ihren rabbinischen Spielereien und asketischen Liebhabereien den sittlichen Ernst des Christentums zurücktreten ließen, war es wohl veranlaßt, gerade diese Seite desselben hervorzukehren, den Gegensatz der christlichen Lehre zu aller Unsittlichkeit zu betonen (1 Tm 1, 10; 6, 1; Tt 2, 1—4) und die gesamte innergemeindliche Lehre, welche das Ev und den Glauben an dasselbe zur Voraussetzung hat (cf 1 Tm 1, 11—16; Tt 3, 3—7), als ein einziges Gebot zu bezeichnen (ἡ ἐντολή 1 Tm 6, 14; ἡ παραγγελία 1 Tm 1, 5. 18 cf 4, 11). Unpaulinisch könnte man das nur nennen, wenn man vergäße, daß Pl nicht nur von einem durch die Christen zu erfüllenden Gesetz Gottes und Christi spricht (Gl 6, 2; 1 Kr 9, 21 cf Rm 8, 4), sondern auch das Ev selbst, welches allen vorausgesetzt erscheint. Trotzdem können wir spätgeborenen Leser noch Folgendes erkennen: 1. Pt und Pl sind in Rom als Märtyrer gestorben. 2. Pl hat unter anderem in dem westlichsten Teil der damals bekannten Welt, also in Spanien das Ev gepredigt. 3. Was die Zeitfolge anlangt, so scheint das Martyrium des Pt demjenigen des Pl vorangegangen zu sein; denn im anderen Fall würde Pl, welcher in viel mehreren und viel volltönenderen Worten gepriesen wird, wie Pt, als die dem Vf, sei es überhaupt, sei es für den diesmaligen Zweck wichtigere Persönlichkeit vorangestellt sein, während er jetzt zwischen Pt, von welchem Clemens nicht viel sagt, und einer großen Menge christlicher Märtyrer männlichen und weiblichen Geschlechts, deren Leiden nur summarisch und ohne Namenangabe erwähnt werden (c. 6), in der Mitte steht. Daß die spanische Reise des Pl dessen allerletzter Lebenszeit angehört, und daß Pl nach derselben noch einmal Gelegenheit gehabt hat, vor der Obrigkeit sich zu verantworten, ehe er seinen Tod fand, würden wir der Anordnung der Sätze vermutungsweise entnehmen dürfen, wenn wir nicht ohnehin wüßten, daß Pl vor der in der AG berichteten Gefangenschaft zu Cäsarea und Rom nicht in Spanien gewesen ist, so daß diese Reise, wenn es überhaupt mit ihr seine Richtigkeit hat, eine Befreiung aus jener Gefangenschaft, und ebenso sein Martyrium, wenn er es in folge einer richterlichen Entscheidung erduldet hat, eine nochmalige Verhaftung nach der spanischen Reise voraussetzt. Daß diese Ereignisse nach sonstiger Überlieferung in die Regierungszeit Neros fallen, entspricht der allgemeinen Angabe des Clemens, daß sie der zur Zeit des Briefs (a. 96) noch lebenden Generation angehören, und wird noch bestimmter dadurch bestätigt, daß man sich von jeher nicht des Eindrucks erwehren konnte, die Leiden der römischen Christen und Christinnen, welche Clemens an die Martyrien der beiden Apostel anschließt, seien dieselben, welche Tacitus (ann. XV, 44) beschreibt und Sueton (Nero 16) andeutet. Mehr als eine ungefähre Gleichzeitigkeit der Martyrien des Pt und des Pl mit den Opfern des J. 64 läßt sich jedoch aus den Andeutungen des Clemens nicht erschließen, und mehr weiß die ältere Überlieferung in chronologischer Hinsicht überhaupt nicht zu sagen (A 8). Durch die fast ausnahmslose Voranstellung des Pt vor Pl scheint sie auch nur, wie schon Clemens, anzudeuten, daß Pt vor Pl gestorben ist, und somit der seit der Mitte des 4. Jahrhunderts aufgekommenen Ansicht zu widersprechen, daß beide Apostel am gleichen Tage, dem 29. Juni eines und desselben Jahres, Märtyrer geworden seien. Der nachweisliche Ursprung dieser Fabel aus einer römischen Feier, welche ursprünglich einer im J. 258 erfolgten gemeinsamen Beisetzung der angeblichen oder wirklichen Gebeine der Apostel an der Via Appia galt (A 9), entbindet uns von der Pflicht, sie bei der Feststellung der tatsächlichen Lebensausgänge der beiden Apostel in Rechnung zu ziehen. Nur das läßt sich aus der Einrichtung dieser Feier in oder nach dem J. 258 mit Sicherheit schließen, daß die römische Gemeinde bis um die Mitte des 3. Jahrhunderts eine feste Überlieferung über Jahr und Tag der Martyrien ihrer beiden Apostel nicht besaß (A 8). Dagegen behauptete sich eine ziemliche Zeit lang die Erinnerung an die spanische Reise des Pl (A 7). Im Kanon des Muratori wird die Reise des Pl von Rom nach Spanien als eine ebenso sichere Tatsache wie das Martyrium des Pt erwähnt, indem die Nichterwähnung dieser beiden Tatsachen in der AG als Beweis dafür verwendet wird, daß Lucas in der AG sich auf Selbsterlebtes beschränkt habe (A 7). Mag der Fragmentist an dieser wie an anderen Stellen von apokryphen Darstellungen sich abhängig zeigen, so setzt er doch allgemeine Anerkennung jener beiden Tatsachen in seinem Kreise, in der römischen oder einer mit Rom eng verbundenen Gemeinde um 200 voraus. Etwa 30—40 Jahre älter sind die gewiß nicht in Rom entstandenen, in gnostischem Geist geschriebenen Petrusakten. Diese Legende läßt den bis dahin in Rom gefangen gehaltenen Pl in folge einer Vision nach Spanien reisen, um dort das Ev zu predigen. Während seiner Abwesenheit, welche nicht länger als ein Jahr dauern soll (ed. Lipsius 46, 3), kommt Pt von Jerusalem nach Rom und wird dort nach siegreichen Kämpfen mit dem Magier Simon mit dem Kopf zu unterst gekreuzigt. Wenn hier der Aufbruch des Pt von Jerusalem 12 Jahre nach dem Anfang der apostolischen Predigt angesetzt wird (p. 49, 22), so ist doch andrerseits Nero der Kaiser, unter welchem Pt in Rom wirkt und stirbt (p. 100, 15; 102, 2; 103, 2). Auch der spätere Märtyrertod des Pl, auf welchen gelegentlich im voraus hingewiesen wird, fällt noch in die Regierungszeit Neros (p. 46, 8). Nicht ebenso deutlich ist bis jetzt das Zeugnis der wahrscheinlich etwas später als die Petrus- und Johannesakten des Leucius in katholischem Geist geschriebenen Paulusakten. Ihre vollständigere Widerherstellung mit Hilfe der neugefundenen koptischen Fragmente ist abzuwarten (A 10).

Daß die Überlieferung von einer Befreiung des Pl aus der ersten langen Gefangenschaft, einer Wiederaufnahme seiner Missionsarbeit und einer späteren Verhaftung kurz vor seiner Hinrichtung in der Folgezeit immer mehr erblaßte, kann nicht befremden. Es fehlte an einer als glaubwürdig anerkannten, zusammenhängenden Erzählung. Im Abendland wirkte besonders die römische Fabel von dem gleichzeitigen Martyrium des Pl und des Pt verwirrend. Es wurde dadurch jedenfalls erschwert, für ein so bedeutsames Stück der Lebensgeschichte des Pl Raum zu gewinnen, wie es nach der Überlieferung des ersten und des zweiten Jahrhunderts der Abfassungszeit des Phl nachgefolgt ist. Diese ältere Überlieferung tritt aber selbständig als ein zweites Zeugnis neben das der Briefe an Tim. und Titus. Diese Briefe melden uns von ausgedehnten Reisen des Pl im Osten (Kreta, Macedonien, Milet, Ephesus?, Korinth?, Nikopolis) nach Befreiung aus der ersten Gefangenschaft, und nur an einer einzigen Stelle (2 Tm 4, 17) tritt zu Tage, daß Pl um dieselbe Zeit auch den Kreis seiner Missionstätigkeit bedeutend erweitert hat, und wir mußten daraus schließen, daß er als Missionar von Rom westwärts vorgedrungen ist. Die Überlieferung von Clemens bis zum C. Murat. dagegen sagt nichts von einer Bereisung der Gemeinden des Ostens nach Befreiung aus einer Gefangenschaft, und dagegen sagt sie mit dürren Worten, was wir aus 2 Tm 4, 16 f. nur durch genaue Auslegung und richtige Schlußfolgerung erkennen, daß der wieder freigewordene Pl in Spanien gepredigt hat. Bei völliger Unabhängigkeit von einander ergänzen sich die zweierlei Zeugnisse zu einem glaubwürdigen Geschichtsbild. Dieses Verhältnis zwischen Urkunden, welche spätestens im Anfang des 2. Jahrhunderts entstanden sein müssen, und einer Überlieferung, deren erster Zeuge am Ausgang des 1. Jahrhunderts steht, beweist, daß beide auf eine noch ältere gemeinsame Grundlage zurückgehen, nämlich auf eine in den ersten Decennien nach dem Tode des Pl vorhandene und verbreitete Kunde über seine letzten Schicksale. Diese Kunde aus Rm 15, 24. 28 statt aus der Wirklichkeit entstanden zu denken, ist aus mehr als einem Grunde unvernünftig. Denn e r s t e n s mußte jedes Kind sich sagen, daß die dort ausgesprochenen Hoffnungen des Pl sich zum großen Teil nicht erfüllt haben. Pl hoffte damals, im bevorstehenden Sommer 58 von Palästina nach Italien zu reisen und nach kurzem Aufenthalt in Rom Spanien zu besuchen. Statt dessen kam er im Frühjahr 61 als Gefangener nach Rom und wurde dort Jahre lang festgehalten. Daß er später doch noch nach Spanien gekommen sei, zu erdichten, konnte sich daher Niemand durch Rm 15, 24. 28 gereizt fühlen. Nur beiläufig sei bemerkt, daß diese Stelle, wenn das Kapitel, worin sie steht, in der Zwischenzeit zwischen dem Tode des Pl und Marcion dem Rm angehängt worden wäre (oben S. 268 ff.), ein starker Beweis dafür wäre, daß Pl nach Spanien gekommen ist. Denn, wie unverfänglich es ist, daß Pl selbst Pläne und Hoffnungen ausgesprochen hat, welche nicht zur Ausführung gekommen sind, so unglaublich ist es, daß man ihm nachträglich derartige Aussagen angedichtet haben sollte, nachdem der Tod seinem Leben ein Ende gemacht hatte, ohne daß er nach Spanien gekommen war. Z w e i t e n s lag in Rm 15 nicht die geringste Veranlassung vor zur Erdichtung der späteren Reisen im Osten, welche die „Pastoralbriefe“ voraussetzen. Wären diese aber auf Grund von Phl 1, 25 f.; 2, 24; Phlm 22 erdichtet worden, so würden in den „Pastoralbriefen“ vor allem auch Philippi und Kolossä und nicht Kreta, Milet und Nikopolis genannt sein. D r i t t e n s ist undenkbar, daß Clemens und die übrigen jüngeren Zeitgenossen des Pl, zumal die Römer dieser Generation, ihre Vorstellung von den letzten Schicksalen ihres Apostels nach einer mindestens höchst willkürlichen Ausdeutung einer oder mehrerer Stellen in den Briefen des Pl statt nach ihrer eigenen Erinnerung gestaltet haben sollten. Es muß demnach als geschichtliche Tatsache gelten, daß Pl, wie er es zur Zeit des Phl mit Bestimmtheit erwartete, nicht lange nach dessen Abfassung vom kaiserlichen Gericht freigesprochen wurde und darnach sowohl die östlichen Länder wieder besucht, als in Spanien das Ev gepredigt hat, ehe er zum zweiten Mal in Rom verhaftet und sodann hingerichtet wurde. — Über die Aufeinanderfolge dieser Ereignisse lassen sich nur Vermutungen aufstellen. Die oben S. 387 angestellten Erwägungen, welche es wahrscheinlich machen könnten, daß Pl bald nach seiner Freisprechung im Sommer 63 die morgenländischen Gemeinden besucht und darauf erst in Spanien gepredigt habe, müssen zurücktreten hinter die stärkeren Gründe, welche die umgekehrte Folge der Ereignisse wahrscheinlich machen. Höchst unnatürlich nämlich müßten die Angaben in 2 Tm 4, 13. 20 erscheinen, wenn zwischen den dort berührten Ereignissen, dem Aufenthalt des Pl in Milet (Korinth?) und Troas und der Abfassung des 2 Tm nicht nur der Winter in Nikopolis (Tt 3, 12), die erneute Verhaftung des Pl in Rom, die Reise des Onesiphorus nach Rom (2 Tm 1, 16), sondern auch die spanische Missionsarbeit zwischen inne läge, welche doch mindestens einige Monate in Anspruch genommen haben muß. Hat Pl, wie man nach Phl 2, 19—23 (oben S. 386 f.) annehmen muß, nach völliger Erledigung des Processes Rom nicht sofort verlassen, sondern die Rückkehr des eben damals erst nach Philippi geschickten Tim. zu ihm in Rom abgewartet, so könnte er frühstens im Herbst 63 nach Spanien gereist sein. Vielleicht kam es erst im Frühjahr 64 dazu. In keinem dieser beiden Fälle aber könnte der Winter, welchen er zum Schluß seiner ausgedehnten Reisen im Orient in Nikopolis zuzubringen gedachte (Tt 3, 12), der von 63/64 sein, schwerlich aber auch der von 64/65; denn in letzterem Fall müßte man die Missionsarbeit in Spanien und die Bereisung der morgenländischen Gemeinden in ein einziges Jahr vom Herbst 63 bis Herbst 64 zusammendrängen, wenn nicht gar nur der Sommer des J. 64 für die beiden ausgedehnten, in entgegengesetzter Richtung sich bewegenden und auch ihrer Zwecke wegen viel Zeit in Anspruch nehmenden Reisen übrig bliebe. Ist demnach der Winter in Nikopolis frühstens der von 65/66, so ist der Winter, vor dessen Eintritt der wiederum gefangene Pl den Tim. bei sich in Rom zu sehen hoffte (2 Tm 4, 21), frühstens der von 66/67 gewesen. Haben die Ereignisse den Erwartungen entsprochen, welche Pl in seinem letzten Brief ausspricht, so wird er den Anfang dieses Winters 66/67 noch erlebt haben, aber nicht lange darnach als Märtyrer gestorben sein. Nur zur Veranschaulichung des Ergebnisses vorstehender Untersuchungen möge die wahrscheinliche Folge der Ereignisse angegeben werden. Wenn Tim. im Herbst 63 von Philippi nach Rom zurückgekehrt ist, wird Pl entweder sofort oder spätestens im Frühling 64 nach Spanien gereist sein. Wäre der Andeutung der Petrusakten, daß er ein Jahr lang in Spanien gewirkt, zu trauen, so würde er frühstens im Herbst 64 oder erst im Frühling 65 Spanien verlassen haben, um nun die andere Hälfte seiner Pläne, die versprochene Bereisung seiner Gemeinden im Osten, auszuführen. Ob er dabei Rom berührt hat, wo im Herbst 64 die Christen so schwer zu leiden gehabt haben (oben S. 438), oder ob er mit Umgehung Roms nach dem Osten, etwa nach Apollonia und von da auf der Via Egnatia nach Philippi gereist ist, kann Niemand sagen. Ebensowenig läßt sich die Reihenfolge, in welcher er die Stationen seiner letzten Reise in den östlichen Ländern berührt hat (Korinth?, Kreta, Macedonien, Troas, Ephesus?, Milet), mit einiger Wahrscheinlichkeit bestimmen. Da Tim. zur Zeit dieser Reise des Pl, im Sommer 65, schon seit einiger Zeit in Ephesus wohnte (oben S. 418), wird er den Pl nicht nach Spanien begleitet, sondern während dessen im Auftrag des Pl nach Ephesus sich begeben haben. Den Winter 65/66 oder doch das Ende desselben wird Pl mit Titus in Nikopolis verbracht haben. Als er im Frühjahr 66 von dort nach Italien fuhr, mag Titus gleichzeitig von Nikopolis aus als Missionsprediger in das angrenzende Dalmatien sich begeben haben. In den Sommer 66 fällt die neue Verhaftung des nach Rom zurückgekehrten Apostels, die Reise des Onesiphorus nach Rom, die Abfassung des 2 Tm. Frühestens Ende 66, spätestens aber vor dem Tode Neros (9. Juni 68) ist Pl an der Straße nach Ostia enthauptet worden.

1. Den Namen „Pastoralbriefe“, welchen nach Heydenreich, Pastoralbr. I, 7 (a. 1826) die Briefe an Tm und Tt „von uralten Zeiten her“ geführt haben sollen, finde ich noch nicht bei Bengel, J. D. Michaelis, Semler, Schleiermacher (1807), Planck (Bemerkungen über den 1 Tm gegen Schleiermacher 1808); dagegen zuerst bei P. Anton, Exeget. Abh. der Pastoralbriefe S. Pauli, 2 Teile, Halle 1753. 1755, sodann bei Wegscheider, Der 1 Tm 1810 p. VI; Eichhorn, Einl. III, 315 a. 1812. Er paßt einigermaßen nur auf 1 Tm und Tt, gar nicht auf 2 Tm. In der alten Kirche wurden Abschnitte wie 1 Tm 3, 1—7; Tt 1, 5—9 bei der Wahl und Ordination von Bischöfen und Presbytern verlesen (Polycarpi vita per Pionium 22 cf die jakobitische Liturgie in Revue de l'Orient chrétien I, 2 [1896] p. 10). Noch Bengel im Gnomon zu 1 Tm 1, 2 faßt nach Art der altkirchlichen Isagogik (GK II, 75 ff.) vielmehr die 4 an einzelne Personen gerichteten Briefe des Pl als eine Gruppe zusammen.

2. In bezug auf die letzten Lebensschicksale des Pl cf besonders Hofmann NT V, 3—17; Spitta, Zur Gesch. u. Liter. des Urchristentums I, 1—108; Steinmetz, Die zweite röm. Gefangenschaft des Ap. Paulus, 1897; auch die Bemerkungen von Ranke, Weltgesch. III, 1, 191 f.; von Erbes, Die Todestage der Apostel Paulus und Petrus 1899 (Texte u. Unters. N. Folge IV, 1) werden die biblischen und die altkirchlichen Nachrichten so unvollständig, gewaltsam und oberflächlich behandelt, daß ich hier auf eine Widerlegung verzichten muß.

3. Als Zeugnis gegen eine Befreiung aus der ersten römischen Gefangenschaft ist AG 20, 25, 38 schon von Baur, Pastoralbriefe S. 92 ff. verwertet worden. Es ist hier nicht im Gegensatz zu dem, was Pl nicht weiß (20, 22), betont, was er wirklich weiß, sondern im Gegensatz zu den noch undeutlichen Andeutungen der Prophetenstimmen (20, 23) betont Pl, was er seinerseits (*ἐγώ* ist nicht zu übersehen) weiß. Dies, was er weiß, muß also von dem, was ihm in Jerusalem begegnen wird und was er nicht weiß (20, 22), nicht nur verschieden, sondern auch unabhängig sein. Auch wenn er dort weder Freiheit noch Leben verliert, gilt sein *οὐκέτι ὄψεσθε κτλ.* Dies heißt dann aber nicht, daß keiner der Presbyter von Ephesus ihn jemals wiedersehen werde; denn erstens sagt Pl dies von allen Christen jener Gegenden, unter welchen er sich in den letzten Jahren bewegt hat. Die Voraussagung aber, daß keiner dieser vielen Christen ihn bis zu seinem Tode noch einmal zu sehen bekommen werde, wäre jedenfalls nicht *ex eventu* dem Apostel in den Mund gelegt; denn in Wirklichkeit haben Christen aus Asien wie Tychicus und Onesiphorus den in Rom gefangenen Pl gesehen. Sodann ist *οὐκέτι* nicht gleich *οὐ πάλιν*, sondern sagt, daß der bisherige, seit Jahren gepflogene, wenn auch keineswegs ununterbrochene persönliche Verkehr des Pl mit den Christen von Ephesus und Umgegend oder überhaupt mit den Gemeinden der Provinz Asien nunmehr sein Ende erreicht habe. Dabei bleibt ganz unausgedrückt, für wie lange Zeit die Verneinung gelten soll, und es ist durchaus nicht ausgeschlossen, daß wieder einmal eine Zeit kommen wird, in welcher Pl den persönlichen Verkehr mit den asiatischen Gemeinden wieder aufnehmen

wird. Cf Jo 16, 10 und 16, 19. Gesagt ist nur, daß nun aufhört, was so lange bestanden hat. Es ist ein Abschied für lange, aber nicht notwendig für immer.

4. Nach AG 28, 21 hat das Synedrium bis zur Ankunft des Pl in Rom nichts getan, um sich der Mithilfe der römischen Judenschaft gegen Pl zu vergewissern, welche doch sonst für derartige Angelegenheiten tätige Teilnahme genug zu beweisen pflegte cf Jos. ant. XVII, 11, 1; bell. II, 6, 1; vita 3; Philo, leg. ad Caj. 23.

5. Zwischen dem Ende der Feuersbrunst, welche am 6. Tage nach ihrem Ausbruch in der Nacht vom 18./19. Juli, also am 24. Juli gelöscht wurde, dann aber aufs neue ausbrach und noch einige Tage andauerte (Tac. ann. XV, 38—41; Suet. Nero 38; Eus. chron. a. Abr. 2079 *incendia multa*) und dem Angriff auf die Christen (Tac. ann. XV, 44) muß nach der Darstellung des Tacitus mancherlei geschehen sein, was Zeit in Anspruch nahm, Versorgung der Obdachlosen, Anfang der Neubauten, gottesdienstliche Sühnehandlungen (c. 42—44 med. cf c. 45 *interea*, c. 46 *per idem tempus*, c. 47 *fine anni*). Nur in das Jahr 64 fällt dies Alles noch.

6. Nach Aufzählung einer Reihe biblischer Beispiele von Gerechten, die unter Eifersucht der Ungerechten zu leiden hatten, schreibt Clemens c. 5, 1 *ἀλλ' ἵνα τῶν ἀρχαίων ὑποδειγμάτων παυσώμεθα, ἔλθωμεν ἐπὶ τοὺς ἔγγιστα γενομένους ἀθλητάς· λάβωμεν τῆς γενεᾶς ἡμῶν τὰ γενναῖα ὑποδείγματα.* 2. *διὰ ζῆλον καὶ φθόνον οἱ μέγιστοι καὶ δικαιότατοι στύλοι ἐδιώχθησαν καὶ ἕως θανάτου ἤθλησαν.* 3. *λάβωμεν πρὸ ὀφθαλμῶν ἡμῶν τοὺς ἀγαθοὺς ἀποστόλους·* 4. *Πέτρον, ὃς διὰ ζῆλον ἄδικον οὐχ ἕνα οὐδὲ δύο ἀλλὰ πλείονας ὑπήνεγκεν πόνους, καὶ οὕτω μαρτυρήσας ἐπορεύθη εἰς τὸν ὀφειλόμενον τόπον τῆς δόξης.* 5. *διὰ ζῆλον καὶ ἔριν Παῦλος ὑπομονῆς βραβεῖον ἔδειξεν·* 6. *ἑπτάκις δεσμὰ φορέσας, φυγαδευθείς, λιθασθείς, κῆρυξ γενόμενος ἔν τε τῇ ἀνατολῇ καὶ ἐν τῇ δύσει, τὸ γενναῖον τῆς πίστεως αὐτοῦ κλέος ἔλαβεν·* 7. *δικαιοσύνην διδάξας ὅλον τὸν κόσμον καὶ ἐπὶ τὸ τέρμα τῆς δύσεως ἐλθὼν καὶ μαρτυρήσας ἐπὶ τῶν ἡγουμένων, οὕτως ἀπηλλάγη τοῦ κόσμου καὶ εἰσ τὸν ἅγιον τόπον ἐπορεύθη, ὑπομονῆς γενόμενος μέγιστος ὑσογραμμός.* Hiezu sei bemerkt: 1) der hier abgesehen von geringen Abweichungen der Interpunktion nach Gebhardt-Harnack (cf Lightfoot, Clement II, 25 und Spitta, Urchrist. I, 51. 57) gegebene Text wird in allem Wesentlichen auch durch die seither gefundene lateinische Übersetzung bestätigt. Deren *ostendit* kann nicht entscheiden, ob *ἔδειξεν* (cod. C), oder *ὑπέδειξεν* oder etwa *ἐπέδειξεν* zu lesen ist (cf Clem. Alex. in Cramers Cat. VII, 426 und Euthalius ed. Zacagni 522 *ἐπιδείξασθαι* in ähnlicher Verbindung). 2) Da der Grieche bei Redensarten wie *λαμβάνειν, ἔχειν, τιθέναι πρὸ ὀφθαλμῶν* (Polyb. II, 35, 8; Epict. diss. I, 16, 27; IV, 10, 31; Iren III, 3, 3) und allen ähnlichen (*ἐν χερσίν, πρὸ ποδῶν*) keinen Gen. possess. des Personalpronomens beizufügen pflegt, so ist äußerst unwahrscheinlich, daß Clemens § 3 *ἡμῶν* zu *ὀφθαλμῶν* gezogen haben wollte. Er nennt vielmehr den Petrus und Paulus „unsere guten Apostel", die Apostel der Römer und der angeredeten Korinther (c. 47, 3f. Dion. Corinth. bei Eus. h. e. II, 25, 8; Iren. III, 1, 1; 3, 2 u. 3; GK I 806 A 4). Er stellt aber *ἡμῶν* nachdrücklich voran (cf dagegen c. 44, 1 *οἱ ἀπόστολοι ἡμῶν*), weil er sie als die den Römern (und Korinthern) nächststehenden unter den Aposteln hervorheben will. Sie sind *οἱ ἔγγιστα γενόμενοι ἀθληταί* erstens zeitlich (*τῆς γενεᾶς ἡμῶν*), zweitens aber auch rücksichtlich des Orts, wo sie den Siegespreis ihrer Geduld empfangen haben, nämlich in Rom, wie denn auch das *ἐν ἡμῖν* c. 6, 1 cf 55, 2 sinnlos wird, wenn es nicht Rom als den Ort des Martyriums der Christen bezeichnet, welche an Pt und Pl sich anschließen. Nur bei dieser Verbindung und Fassung von *ἡμῶν τοὺς ἀποστόλους*, nicht aber, wenn Clemens die Leser aufgefordert hatte, die Apostel insgemein sich zu vergegenwärtigen, ist begreiflich, daß er von der Hinrichtung des Zebedäisohnes Jakobus (AG 12, 2), der Verbannung des Johannes und von anderen uns weniger sicher überlieferten Leiden der Apostel schweigt und nicht wenigstens durch èin *καὶ οἱ λοιποὶ ἀπόστολοι* zusammenfassend darauf hinweist. Er spricht nur von den beiden Aposteln,

welche er im voraus als „unsere guten Apostel“ ins Auge zu fassen aufgefordert hatte. 3) Daß Clemens über eine nicht aus Büchern abgeleitete Kunde über Pt und Pl verfügt, ist nicht nur nach seiner geschichtlichen Stellung gewiß (oben S. 440), sondern wird auch durch das ἑπτάκις δεσμὰ φορέσας bestätigt. Es ist nicht einzusehen, warum diese Zahl auf einen zusammenfassenden, diese Zahl bereits enthaltenden schriftlichen Bericht hinweisen soll (so Spitta, Urchrist. I, 51); denn ebensogut wie Pl 2 Kr 11, 24f. gelegentlich schriftlich die Wiederholung gleichartiger Erlebnisse in Zahlen ausdrückt, kann er und können seine Freunde dies auch in mündlichen Erzählungen getan haben. Jedenfalls ist die Angabe nicht aus den uns erhaltenen Quellen geschöpft. Die Addition der fünfmaligen Geißelung durch die Juden (2 Kr 11, 24) mit den beiden Gefangenschaften in Cäsarea und Rom ergibt eben nicht, wie Zeller, Th. Jahrb. 1848 S. 530 meinte (cf auch noch Hilgenfeld, Clem. ep. ed. 2 p. 90), 7 Gefangenschaften. Man könnte ebensogut die 3malige Züchtigung mit Stockschlägen 2 Kr 11, 25 zum Behuf einer derartigen Addition in drei Gefangenschaften umsetzen. Die 7 Gefangenschaften lassen sich auch nicht künstlich aus der AG zusammenlesen, wie Blaß, N. kirchl. Ztschr. 1895 S. 721 will, nämlich (1) in Philippi AG 16, 23, (2) in Jerusalem, (3) in Cäsarea unter Felix, (4) unter Festus, (5) auf der Seefahrt, (6) in Rom, dazu (7) die zweite römische Gefangenschaft, aus welcher 2 Tm herrührt. Die nr. 2—6 stellen nur ein einmaliges Kettentragen dar, dessen ganz vorübergehende Unterbrechungen (AG 22, 30 und vielleicht 27, 42—44) die AG nur flüchtig berührt, oder auch nur erraten läßt. Die Unterscheidung von nr. 3. 4. 5 hat weder im Text der AG, noch in der Natur der Sache einen Grund. Es ist auch nicht richtig, daß Clemens bei den Korinthern Bekanntschaft mit diesen Tatsachen voraussetze, welche ihrerseits wieder die AG als gemeinsame Quelle der in Rom und in Korinth vorhandenen Kenntnis voraussetzen würde. In diesem Falle würde sich Clemens wie in allen übrigen Stücken auch in bezug auf die Gefangenschaften des Pl mit einer allgemeinen Angabe begnügt haben. Daß er nicht πολλάκις sondern ἑπτάκις schreibt, beweist selbständige Kunde von der Lebensgeschichte des Pl. Nach 2 Kr 11, 23 (ἐν φυλακαῖς ὑπερβαλλόντως) hatte Pl schon vor seiner Verhaftung in Jerusalem außer der Haft in Philippi noch mehrere, nicht unbedeutende Gefängnisstrafen erduldet. Hat Clemens die in Jerusalem begonnene und in Rom endigende Gefangenschaft als eine einzige angesehen, und hat er von einer zweiten römischen Gefangenschaft, die mit dem Tode endigte, gewußt, so bleiben noch 5 übrig, welche Pl 2 Kr 11, 23 im Auge gehabt haben kann. Wir kennen von diesen nur die eine in Philippi AG 16. 4) Das Wort μαρτυρεῖν für sich bedeutet bei Clemens nicht den Märtyrertod, wie seit Mitte des 2. Jahrh. nicht selten (mart. Polyc. 19, 1 cf Lightfoot l. l. 26), sondern „Zeugnis ablegen“. Dies beweist der Zusatz ἐπὶ τῶν ἡγουμένων § 7, denn dieser kann, da keine bestimmten Personen als die damals Regierenden bezeichnet sind, auch nicht Zeitbestimmung sein wie ἐπὶ Κύρου βασιλέως, ἐπὶ Πεισιστράτου ἄρχοντος, oder wie ἐπὶ Ποντίου Πιλάτου (παθόντα oder σταυρωθέντα) im Symbolum, sondern heißt *coram magistratibus*, was nicht zum Akt der Hinrichtung paßt, wohl aber zu einem in Worten bestehenden Zeugnis und Bekenntnis cf 1 Tm 6, 13. An sich könnte Clemens alles und jedes Bekenntnis, welches Pl vor irgend welcher Obrigkeit in Philippi, Jerusalem, Cäsarea oder Rom abgelegt hat, in diesen Ausdruck zusammenfassen (so Hofmann V, 71; Spitta I, 57). Der Zusammenhang läßt aber nicht daran zweifeln, daß er das letzte, die Hinrichtung als unmittelbare Folge nach sich ziehende Bekenntnis beider Apostel im Auge hat. Schon § 2 heißt ἕως θανάτου nicht „zeitlebens“, in welchem Fall es vor ἐδιώχθησαν stehen würde, sondern bezeichnet den Tod der Apostel als den Gipfel ihrer unverschuldeten und geduldig ertragenen Leiden, somit als Märtyrertod (cf Phl 2, 8). Derjenige des Pl ist Inhalt schon des ersten von ihm handelnden Satzes § 5 und bildet den Schluß der beiden diesem koordinirten Sätze § 6. 7. Ferner ist μαρτυρήσας § 4 vermöge seiner Stellung hinter dem οὕτως, welches die vorher summarisch angeführten Leiden des Pt als Voraussetzung seines Eingangs in die Herrlichkeit gegen diesen selbst abgrenzt, so enge mit der Aussage seines Sterbens verbunden, daß zu übersetzen sein wird: „und so (auf Grund und nach Ablauf eines so leidensvollen Lebens) ist er Zeugnis ablegend an den wohlverdienten Ort der Herrlichkeit hingegangen". In der entsprechenden Aussage über Pl ist μαρτυρεῖν zwar nicht wieder hinter, sondern vor das die Schilderung des Lebenslaufs abschließende und diesen als Voraussetzung des Todes bezeichnende οὕτως gestellt. Es erscheint somit das „Zeugen vor den Regierenden" als ein Stück des Lebenslaufs und nicht als eine Modalität des Lebensausgangs. Aber erstens ist es doch das letzte Stück der Lebensgeschichte, welches hervorgehoben wird. Zweitens läßt οὕτως unvermeidlich seinen starken Ton gerade auf das zuletzt genannte Moment des vorangegangenen Lebens fallen: „so d. h. also nicht ohne vorher vor den Regierenden Zeugnis abgelegt zu haben, ward er von der Welt erlöst". Drittens wird μαρτυρήσας § 7 nicht anders gemeint sein, als § 4. Viertens wird ἡγούμενοι zwar von allen an der Regierung beteiligten Personen gebraucht (AG 7, 10; Clem. I Cor. 32, 2; 37, 2 und 61, 1 sogar mit Einschluß des Kaisers, der 37, 3 daneben genannt wird), auch im kirchlichen Gemeinwesen (AG 15, 22; Hb 13, 7. 17. 24; Clem. I Cor. 1, 3); wo aber wie hier jede örtliche oder sonst genauer bestimmende Angabe fehlt, läßt οἱ ἡγούμενοι nur an die oberste Regierungsgewalt in Rom denken (Clem. I Cor. 61, 1; Inschrift von Pergamum Jahrb. d. preuß. Kunstsammlungen I, 213). Hätte Clemens jedoch von einer persönlichen Begegnung des Pl mit Nero bei Gelegenheit seiner letzten gerichtlichen Verantwortung gewußt, so würde er neben den obrigkeitlichen Personen, mit welchen Pl es als Angeklagter zu tun gehabt, sicherlich den Kaiser nicht unerwähnt gelassen haben cf 37, 3; 51, 5; 55, 1; Mr 13, 9; 1 Tm 2, 2; 1 Pt 2, 14. 17, besonders aber AG 27, 24. In bezug auf c. 6 cf Lightfoot's und Harnack's Kommentare und oben im Text S. 441. Allerdings sagt τούτοις τοῖς ἀνδράσι . . συνηθροίσθη πολὺ πλῆθος ἐκλεκτῶν nicht nur, daß auch diese vielen wie die Apostel als Märtyrer gestorben oder in die Seligkeit eingegangen sind, sondern daß diese große Schaar sich an die Apostel angeschlossen, sich um sie gesammelt habe (cf 1 Reg 11, 24; 1 Makk 1, 55). Das konnte von den Opfern der neronischen Verfolgung um so eher gesagt werden, wenn einer der beiden Apostel, nämlich Pt wirklich eines dieser Opfer geworden ist (§ 39); aber auch ohnedies bei einem zusammenfassenden Rückblick, wenn der Tod des Pt und Pl nur überhaupt in die Zeit des Nero fiel. Wie für uns die Jahre 1813—1815 mit ihren Siegen, Helden und Opfern die eine Epoche der Befreiungskriege bilden, obwohl eine Zeit des Friedens sie in zwei ungleiche Hälften teilt, so bilden für die Christen vom J. 96 die Martyrien der Jahre 64—67 eine einzige Gruppe von Leidenskämpfen, auf welche ein 30jähriger Friede gefolgt war. — 5) Wer wie Clemens hier die damalige Welt oder das römische Weltreich in Orient und Occident teilte, mußte selbstverständlich Italien und Rom zum Occident rechnen; denn das adriatische und jonische Meer bildete die natürliche Grenze und galt als Grenze zwischen beiden Hälften (Monum. Ancyr. V, 31 cf Mommsen, Res gestae Augusti[2] p. 118; Vertrag von Brundisium zwischen Antonius und Oktavian vom J. 40, worin Scondra [Scutari] als Grenze festgesetzt wurde Appian. bell. civ. V, 64; Plut. Antonius 30). Es könnte also Clemens lediglich in Rücksicht auf die Predigt des Pl in Rom gesagt haben, daß er im Abendland wie im Morgenland gepredigt habe (5, 6 cf Ign. Rom. 2, 2; Pseudoclemens ad Jac. 1; Jul. Afric. chron. Routh rel. V[2], 264, 7), und dem rednerischen Charakter der Stelle entsprechend allenfalls auch, daß er die ganze Welt Gerechtigkeit gelehrt habe (5, 7). Wenn aber Clemens über den letzteren Ausdruck noch hinausgreift und, offenbar zu dessen Näherbestimmung, hinzufügt καὶ ἐπὶ τὸ τέρμα τῆς δύσεως ἐλθών, so sagt er damit auch deutlich, daß Pl mit seiner Predigt über Rom hinaus, wo Clemens dies schreibt, bis an die Grenze der westlichen Hälfte der damaligen Welt oder, anders ausgedrückt, bis an die im äußersten Westen gelegene Grenze der Mittelmeerländer, also nach Spanien gekommen sei. Die Grenze des Westens ist der atlantische Ocean cf Appian, bell. civ. V, 64 τὰ δὲ ἐς δύσιν τὸν Καίσαρα (ἔχειν) μέχρι ὠκεανοῦ. Die Lage von Gades bezeichnet Vell. Paterc. I, 2: *in ultimo Hispaniae tractu, in extremo nostri orbis termino;* dieselbe Philostr. vita Apoll. V, 4 κατὰ τὸ τῆς Εὐρώπης τέρμα. Cf Strabo p. 67. 106. 137. 169. 170; Appian, prooem. 3; Hispan. 1; Eus. v. Const. I, 8, 2—4; Credner, Gesch. d. Kan. 53; Gams, Kirchengesch. Spaniens I, 11—16; Lightfoot, Clement II, 30. Unmöglich konnte Clemens vom Standpunkt des aus dem Orient kommenden Pl Rom die (dem Orient zugewandte) Grenze des Westens nennen (so Hilgenfeld, Apost. Väter 109); denn τέρμα bezeichnet nicht den Punkt oder die Linie, wo etwas anfängt, sondern Punkt oder Linie, wo etwas aufhört; cf Polyb. XL epil. 14 παραγεγονότες ἐπὶ τὸ τέρμα ὅλης τῆς πραγματείας = τὸ τέλος, opp. ἀρχή, Epiph. haer. 29, 8 ἦλθεν ἐπὶ τὸ τέρμα τῆς βίβλου, oder in geographischem Zusammenhang Herod. VII, 54 ἐπὶ τέρμασι τοῖσι ἐκείνης (sc. τῆς Εὐρώπης) im Gegensatz zum Hellespont, mit dessen Überschreitung Xerxes Europa zuerst betrat. Überdies befand sich Pl schon auf Malta und in Puteoli, nicht erst in Rom innerhalb des Occidents. Ebensowenig kann τὸ τέρμα das dem Pl gesteckte Ziel des Lebens oder der Laufbahn bezeichnen, so daß τῆς δύσεως nur besagte, es sei dem Pl sein Ziel im Abendland, nämlich in Rom gesteckt gewesen (so im wesentlichen übereinstimmend Baur, Pastoralbr. 63; Paulus I, 264; Hilgenfeld Einl. 349; Otto, Gesch. Verh. der Pastoralbr. 167). Da jeder unbefangene Leser einen Genetiv bei τὸ τέρμα als Bezeichnung des Gebiets fassen mußte, um dessen Grenze es sich handelt, mußte Clemens jenen Gedanken anders ausdrücken, etwa durch καὶ ἐν τῇ δύσει ἐπὶ τὸ τέρμα τοῦ βίου (τοῦ δρόμου) ἐλθών. Ferner würde die attributive Fassung von τῆς δύσεως = τὸ ἐν τῇ δύσει die absurde Vorstellung eines westlichen Lebensendes im Gegensatz zu einem östlichen Lebensende des Pl aufdrängen. Daran ändert auch die Erinnerung an den Circus mit seiner doppelten *meta* nichts; denn daß die Welt ein Circus sei, und daß die zweite *meta*, welche das Ziel des Rennens ist, im Westen dieses Circus liege, mußte Clemens sagen, wenn er verstanden sein wollte. Grundlos war auch die Forderung, an welcher Lipsius bis zuletzt festgehalten zu haben scheint (Apokr. AG II, 1, 13; auch Hesse, Hirtenbriefe 247), daß „die Grenze des Westens" denselben Ort bezeichnen müsse, wo Pl „vor den Regierenden Zeugnis abgelegt", und wo er „von der Welt erlöst wurde". Damit daß Pl die Grenze des Westens erreicht hat, braucht er nicht auch schon das Ende seines Lebens erreicht zu haben. Er kann ja zurückgekehrt sein und könnte dieserhalb in Jerusalem gestorben sein. Die Participien διδάξας, ἐλθών, μαρτυρήσας sagen ebenso wie die Participien in § 6 Solches aus, was Pl vor seinem Tode getan oder erlitten hat, ohne daß die einzelnen Akte zu einander in ein näher bestimmtes Verhältnis gesetzt wären.

7. Can. Mur. lin. 37 *sicuti et semote* (-ta) *passionem* (-ne) *Petri evidenter declarat, sed et profectionem* (-ne) *Pauli ab urbe ad Spaniam proficiscentis,* cf GK II, 6. 56 f. 141; Spitta, Urchrist. I, 60—64. — Über die gnostischen Petrusakten (ed. Lipsius p. 45—103) cf GK II, 832—855. Eine genauere Bestimmung der Abfassungszeit ergibt sich nur unter der kaum anfechtbaren Voraussetzung, daß sie mit den Johannesakten nach ihrem Inhalt und der Tradition aufs engste zusammengehören und wenn nicht von demselben Verf., dann von einem Mitarbeiter desselben geschrieben sind cf GK II 839 ff. 858. 860; James, Anecd. apocr. II (1897) p. XXIV f. 151 f. Die ebendort p. 1—25 veröffentlichten neuen Fragmente der Johannesakten zeigen, daß der angebliche Verf. „Leucius" ein Valentinianer war, welcher aber nur an wenigen Stellen offen die Sprache seiner Schule zu reden für gut fand. Es bleibt bei der Abfassungszeit: c. 160—170 cf GK II, 864; N. kirchl. Ztschr. 1899 S. 210—218. Über die wahrscheinliche Abhängigkeit des Can. Mur. von den Petrus- und Johannesakten GK II,

36—38. 844. 862 f. Die Befreiung des Pl aus der ersten Gefangenschaft erfolgt nach den Petrusakten nicht kraft eines richterlichen Urteils, sondern der gläubig gewordene Gefangenenwärter *Quartus permansit* (l. *permisit*) *Paulo ut ubi vellet iret ab urbe* (Lips. 45, 6). Die Weisung nach Spanien empfängt Pl in einer Vision nach dreitägigem Fasten (*jejunans triduo* 45, 8 cf 63, 11 und C. Mur. lin. 10). Auf die Bitte der römischen Christen an Pl, sie nicht zu vergessen und nicht lange wegzubleiben (*ut annum plus non abesset* p. 46, 3), erfolgt der Ruf vom Himmel über Pl: *inter manus Neronis . . sub oculis vestris consummabitur* p. 46, 8. Bis Portus wird er von vielen begleitet, auf der Seefahrt nach Spanien von zwei Jünglingen (p. 48, 8. 17). Auf diese Reise wird auch an späterer Stelle Bezug genommen (51, 26 *Paulus profectus est in Spaniam* cf 45, 10 *qui in Spania sunt*; 45, 12 *ut proficisceretur ab urbe* cf C. Mur. l. 38); ebenso auf seine Rückkehr nach Rom nach dem Tode des Petrus (p. 100, 13). Noch ist zu bemerken, daß um die Zeit der spanischen Reise des Pl Timotheus und Barnabas im Auftrag des Pl von Rom nach Philippi gereist sind p. 49, 9. offenbar eine Fortspinnung von Phl 2, 19. — Über die Akten des Pl s. unten A 10. Auch die vereinigten Akten des Petrus und des Paulus, welche beide Apostel am 29. Juni desselben Jahres Märtyrer werden lassen (Lipsius 176, 5) und nicht nur den ursprünglichen Sinn der Feier dieses Tages verloren haben, sondern auch auf Grund eines Misverständnisses der Inschrift, welche Bischof Damasus an der gemeinsamen Grabstätte beider Apostel *ad catacumbas* anbringen ließ, weiter fabeln (p. 174 s. unten A 8), also frühestens um 400 geschrieben wurden, bestätigen gleich im Eingang die alte Überlieferung: ἐλθόντος εἰς τὴν Ῥώμην τοῦ ἁγίου Παύλου ἀπὸ τῶν Σπανιῶν (p. 118, 3; 120, 12). Daraus, daß Origenes (bei Eus. h. e. III, 1) die Missionswirksamkeit des Pl in dessen eigenen Worten aus Rm 15, 19 beschreibt, folgt natürlich nicht, daß er von der spanischen Reise nichts gewußt oder nichts habe wissen wollen. Mit gleichem Rechte könnte man schließen, daß Origenes durch jene Verwendung von Rm 15, 19 die ntl Angaben über die Predigt des Pl in Rom habe Lügen strafen wollen. Ob Origenes hom. 13 in Gen. (Delarue II, 95) auf die spanische Reise Bezug nimmt, wie Spitta I, 84 urteilt, ist nicht ganz deutlich. Von den späteren, welche mit Bestimmtheit von der spanischen Reise reden, seien genannt: Cyrillus von Jerusalem (cat. XVII, 26, wahrscheinlich im Anschluß an den ihm bekannten Brief des Clemens cf cat. XVIII, 9; Spitta I, 55); Epiphanius (haer. 27, 6); Ephraim Syr. (Expos. ev. concord. 286 *Paulus ab urbe Jerusalem usque ad Hispaniam* [*praedicavit*]); Chrysostomus, welcher die Paulusakten gläubig gelesen hat (GK II, 886), mehrmals (de laud. Pauli hom. 7; act. ap. hom. 55; II Tim. hom. 10; epist. Hebr. hypoth. Montfaucon II, 516; IX, 414; XI, 724; XII, 2); Theodoret zu Phl 1, 25 und 2 Tm 4, 17. Die Acta Xanthippae et Polyxenae (Apocr. anecd. ed. James, 1893, I, 58—85), welche sich gleich zu Anfang deutlich an die gnostischen Petrusakten anschließen (Lipsius 45, 10), lassen den Pl von Rom aus nach Spanien kommen und dort wenigstens einige Monate verweilen, während deren Pt aus dem Orient nach Rom reist, um dem Simon Magus entgegenzuwirken (James 75, 6). Die Grundlosigkeit der Meinung, daß die Überlieferung von der spanischen Reise und von der zweiten römischen Gefangenschaft des Pl aus Rm 15, 24. 28 entstanden sei, kann man auch daraus erkennen, daß bedeutende Vertreter der Ansicht von der zweimaligen römischen Gefangenschaft Spanien gar nicht nennen, sondern nur ganz allgemein von einer Wiederaufnahme der Missionspredigt in der Zwischenzeit zwischen beiden Gefangenschaften reden. So Eus. h. e. II, 22, 2 s. unten A 8, der echte Euthalius um 350, welcher die Zwischenzeit auf 10 Jahre berechnet (Zacagni 532), und Theodor (Swete I, 116 f. 205 f.; II, 191. 231). Auch Hieronymus, welcher sich in der Hauptsache an Eus. h. e. II, 22 anschließt, deutet nur unbestimmt auf Spanien hin mit den Worten *in occidentis partibus* (v. ill. 5 cf den Prolog bei Thomasius ed. Vezzosi I, 382 f.). Im Kommentar zu Jes 8, 23; 9, 1 (Vall.

IV, 130) spricht Hieronymus nicht seine eigene Ansicht aus, sondern berichtet in direkter Redeform die Ansicht der Nazaräer, welche in der ausgedehnten Predigttätigkeit des Pl eine Erfüllung jener Weissagung erblickten (*in terminos gentium et viam universi maris Christi evangelium splenduit*). Wenn Hier. genau berichtet, müssen diese weltverlorenen Judenchristen allerdings davon gewußt haben, daß Pl bis nach Spanien gekommen ist. Als sein eigenes Wissen trägt Hier. dies zu Jes 11 vor (p. 164 *ad Italiam quoque et, ut ipse scribit, ad Hispanias alienigenarum portatus est navibus*). Das *ut ipse scribit* kann sich nicht auf 2 Tm 4, 17, sondern nur auf Rm 15, 24. 28 beziehen. Dasselbe gibt Hieron. tract. de ps. 83 (Anecd. Maredsol. III, 2, 80) nach einer freien Wiedergabe von Rm 15, 19—21: *deinde dicit, quod de urbe Roma ierit* (v. l. *iturus sit*) *ad Hispaniam*. Hier. verwechselt in seiner nachlässigen Weise den Ausdruck der Absicht mit einem Zeugnis für die Ausführung. Das ist aber hervorgerufen und einigermaßen entschuldigt durch den Gegensatz zu den *ecclesiasticae historiae* (p. 163), auf welche man in bezug auf die Reisen anderer Apostel nach Persien, Indien, Äthiopien angewiesen ist. Die Überlieferung von Pl in Spanien hat an eigenen Worten des Pl einen Anhalt. Über c. Helvid. 4 s. Spitta I, 92. Zugleich aber hat Hier. (v. ill. 1. 5) durch Aneignung der römischen Tradition von dem gleichzeitigen Martyrium beider Apostel am 29. Juni desselben Jahres (unten A 9) der Verbreitung eines Irrtums Vorschub geleistet, welcher durch seinen Widerspruch gegen die ältere Überlieferung an sich verwirrend wirken mußte, sofern man dadurch verleitet werden mußte, entweder die Zeit des römischen Aufenthalts des Pt in ungeschichtlicher Weise zu verlängern (§ 39 A 5) oder die letzte Lebenszeit des Pl in ebenso geschichtswidriger Weise zu verkürzen. Namentlich diejenigen, welche wie Sulpicius Severus (chron. II, 28. 29) das angeblich gleichzeitige Martyrium beider Apostel mit dem Brande Roms im J. 64 in Verbindung brachten, konnten dieser Versuchung schwer widerstehen. Dazu kam ein Interesse der römischen Kirchenpolitik. Im J. 416 bestritt Innocenz I. (epist. 25, 2), daß in Italien, Gallien, Spanien, Afrika, Sicilien und den anderen Inseln des Abendlandes andere als von Pt oder von dessen Nachfolgern ordinirte Priester Kirchen gegründet haben, und er forderte diejenigen, welche für eine dieser Provinzen einen anderen Apostel als Kirchenstifter in Anspruch nehmen, förmlich heraus, dies durch literarische Urkunden zu beweisen. Man sieht, daß Innocenz von solchen Ansprüchen wußte. Seiner Aufforderung konnte die spanische Kirche nicht entsprechen; ihre Literatur beginnt erst mit den biblischen Dichtungen des Juvencus um 330; sie besaß so wenig wie die Kirche von Gallien und Afrika eine auf Urkunden gegründete Überlieferung über ihre Entstehung. Da Rom gesprochen, Spanien aber geschwiegen hatte, konnte Gelasius im J. 495 die Tatsache, daß Pl seine Absicht, nach Spanien zu gehen, niemals ausgeführt habe, zur Rechtfertigung der Wandlungen der päpstlichen Politik verwenden (Ep. 30, 11 ed. Thiel I, 444 cf das Urteil desselben Gelasius über die Todeszeit der beiden Apostel unten A 9). Man muß sich fast wundern, daß nicht nur Spanier wie Isidor (de ortu et obitu patrum c. 69, ed. Arevalus V, 181), sondern auch Gregor von Rom (Moral. XXXI, 103) wieder von der spanischen Reise des Pl als einer geschichtlichen Tatsache zu reden wagten.

8. Dionysius von Korinth in seinem Brief an die Römer und deren damaligen Bischof Soter (c. a. 166—174; Eus. h. e. II, 25, 8 cf IV, 23, 9—12) schreibt nicht eben elegant: *ταῦτα καὶ ὑμεῖς διὰ τοσαύτης νουθεσίας τὴν ἀπὸ Πέτρου καὶ Παύλου φυτείαν γενηθεῖσαν Ῥωμαίων τε καὶ Κορινθίων συνεκεράσατε· καὶ γὰρ ἄμφω καὶ εἰς τὴν ἡμετέραν Κόρινθον φυτεύσαντες ἡμᾶς ὁμοίως ἐδίδαξαν, ὁμοίως δὲ καὶ εἰς τὴν Ἰταλίαν ὁμόσε διδάξαντες ἐμαρτύρησαν κατὰ τὸν αὐτὸν καιρόν*. Den letzten Satz übersetze ich: „denn beide haben auch in unserer Stadt Korinth (eine Gemeinde stiftend oder) pflanzend uns (Korinther) gleichmäßig (in gleichartiger Weise, in gegenseitiger Übereinstimmung und Eintracht)

in Jerusalem bevorstehe, sich nur bereit erklärte, wenn es sein müsse, dort auch zu sterben (AG 20, 22. 24; 21, 13 cf Rm 15, 31). Nur auf Jerusalem und Palästina bezieht sich die unbestimmte und, wie gesagt, mit dem Bekenntnis der Unwissenheit verbundene Ahnung des Pl, daß er dort vielleicht sein Leben lassen werde, wie er denn wirklich dort dreimal in Lebensgefahr schwebte (21, 31; 23, 12—15; 25, 3). Rom war damals nach der Darstellung der AG das Ziel seiner Sehnsucht und wurde dann der Schauplatz einer Wirksamkeit, für welche er durch alle Gefahren hindurch gerettet worden war (19, 21; 23, 11; 25, 10—12; 27, 24; 28, 5. 15. 30. 31). Es ist daher nach dem Zusammenhang der AG wenig glaublich, daß der Vf das Wort 20, 25 als einen prophetischen Hinweis auf das Martyrium des Pl in Rom aufgefaßt habe. Aber auch wenn Pl bei seinem Abschied in Milet sicher zu wissen glaubte, daß er die Ältesten von Ephesus in seinem Leben nicht mehr wiedersehen werde, bestünde kein Grund zu der Annahme, daß das Gegenteil nicht dennoch geschehen sei. Pl hat sich nie für einen Wahrsager ausgegeben und insbesondere die auf seine zukünftigen Lebenswege bezüglichen Aussagen nicht als unwiderruflich angesehen wissen wollen (2 Kr 1, 15—17 oben S. 244 A 2). Er könnte allerdings auch in bezug auf die im Phl so sicher hingestellte Erwartung einer baldigen Freisprechung eine Enttäuschung erlebt haben; aber wahrscheinlich ist dies schon wegen der tatsächlichen Gründe, worauf diese Erwartung sich gründete, durchaus nicht. Es müßten ganz unvorhergesehene Ereignisse dem Proceß, welcher zur Zeit des Phl bereits als so gut wie entschieden galt, plötzlich eine schlimme Wendung gegeben haben. Das Synedrium zu Jerusalem, welches seit der Verhandlung vor Festus (Spätsommer 60) bis zur Zeit des Phl (nach Frühjahr 63), also beinah 3 Jahre lang nichts getan hatte, um die Anklage gegen Pl vor dem kaiserlichen Gericht zu erneuern (A 4), wird nach so langer Untätigkeit die Sache des Pl um so weniger wieder aufgegriffen haben, als es unter dem Prokurator Albinus (a. 62—64), dem Nachfolger des Festus, sicherlich mit den Angelegenheiten in Jerusalem genug zu schaffen hatte (cf Schürer I, 488). Auch eine Hoffnung, in Rom etwas gegen Pl durchzusetzen, konnte das Synedrium nach den in Palästina gemachten Erfahrungen (AG 24—26) kaum hegen. Chronologisch sehr unwahrscheinlich ist auch die Annahme, daß noch vor völliger Erledigung des Processes, dessen glücklichen Ausgang Pl schon zur Zeit des Phl in Bälde erwartete, die Verfolgung der römischen Christen unter Nero ausgebrochen und Pl als ein Opfer derselben gefallen sein sollte. Ist Pl im März oder April 61 nach Rom gekommen (Abschn. XI) und um dieselbe Zeit des J. 63 der Proceß eröffnet worden, welcher nach dem Phl sofort zu den günstigsten Erwartungen berechtigte, so wäre nicht zu verstehen, wie derselbe sich bis zum Sommer oder vielmehr Herbst des folgenden Jahres 64 hinziehen konnte. Dies müßte nämlich der Fall gewesen sein, wenn Pl zu den Christen gehören sollte, welche nach dem Bericht des Tacitus (ann. XV, 44) aus Anlaß des Brandes von Rom hingerichtet wurden; denn erst nachdem Nero gelehrt; gleichmäßig (in ebenso übereinstimmender Weise) aber auch in Italien an demselben Ort gelehrt und um dieselbe Zeit den Märtyrertod erlitten". Die Worte *φυτεία, φυτεύειν* weisen auf 1 Kr 3, 6 ff. zurück cf Acta Petri ed. Lipsius 88, 19. Daß Pt und Pl Stifter der römischen Gemeinde gewesen, erscheint als das bekanntere, allgemein anerkannte Factum. Daß das Gleiche auch von Korinth gelte, wird vielleicht nur auf Grund von 1 Kr 1, 12; 3, 22 mit Nachdruck behauptet. Das zweimalige *ὁμοίως* muß natürlich in beiden Sätzen die gleiche Bedeutung haben. Daher kann *ὁμόσε* nicht wohl heißen, was an sich möglich wäre „zusammenwirkend, Hand in Hand arbeitend", was die Gleichzeitigkeit voraussetzen würde, aber schon durch *ὁμοίως* ausgedrückt ist, sondern ist in seiner ursprünglichen örtlichen Bedeutung zu verstehen als Verstärkung und, sofern Italien ein großes Land mit vielen Plätzen ist, als Näherbestimmung von *εἰς τὴν Ἰταλίαν*. Es könnte auch *εἰς τὴν Ῥώμην* dafür stehen. Zu der dreimaligen Anwendung einer Ortsbestimmung der Richtung cf Mr 1, 39; 13, 10; 14, 9; AG 23, 11; 2 Kr 10, 16. Von einer Gleichzeitigkeit der Predigt beider Apostel ist in bezug auf Rom ebensowenig als in bezug auf Korinth die Rede. Vollends eine gemeinsame Reise beider Apostel nach Rom hat nur große Unachtsamkeit in den Worten des Dionysius finden können cf Spitta I, 82. Nur der Tod beider wird ungefähr gleichzeitig angesetzt. — Irenäus betrachtet die Zeit, da Pt und Pl in Rom mit Predigt des Ev und mit der Gründung und dem Ausbau der dortigen Gemeinde beschäftigt waren, als eine zusammenhängende Periode, welche ihm zur Bezeichnung der Abfassungszeit des Mtev dient. Er faßt auch den Tod beider zusammen, wo er von der Abfassung des Mrev spricht (III, 1, 1; 3, 2 u. 3). Wenn er zwischen dem Tode beider Apostel eine große Zwischenzeit annähme, wäre freilich die zweite Aussage ebenso unmöglich, wie die erste. Es läßt sich aber nicht mehr daraus folgern als etwa aus einem Satz, worin von der Zeit gesagt wäre, da Hegel (1818—1831) und Schleiermacher (1810—1834) in Berlin lehrten, und aus einem zweiten Satz, worin von der Zeit „nach dem Tode der beiden großen Lehrer" die Rede wäre. Beachtung verdient die Angabe in einer fälschlich dem Symeon Metaphrastes zugeschriebenen Schrift über Pt und Pl (Acta SS. Jun. V. 411 ff. cf Lipsius, Ap. AG. II, 1, 8—11; 217—227). Der unbekannte Vf beruft sich auf mancherlei alte Schriften, richtig z. B. p. 414 auf Justinus und Irenäus in bezug auf das Standbild des Simon in Rom; nicht ganz genau, weil durch Vermittlung des nicht genannten Euthalius, p. 422 auf Eusebius, ungenau p. 423 auf Cajus, Zephyrinus und Dionysius. Derselbe schreibt p. 423 c: *λέγουσι δέ τινες προλαβεῖν μὲν τὸν Πέτρον ἐνιαυτὸν ἕνα καὶ τὸ μακάριον ἐκεῖνο καὶ δεσποτικὸν δέξασθαι πάθος, τὴν ψυχὴν τῶν προβάτων προθέμενον, ἀκολουθῆσαι δὲ τούτῳ τὸν μέγαν ἀπόστολον Παῦλον, ὡς Ἰουστῖνος καὶ Εἰρηναῖός φησιν, ἐφ' ὅλοις ἔτεσι πέντε τὰς συνάξεις καὶ τὰς ἀντιθέσεις πρὸ τῆς εἰς Χριστὸν ἀναλύσεως καθ' ἑαυτοὺς ποιουμένους. καίγε τούτοις ἐγὼ μᾶλλον πείθομαι.* Wenn ich die von Erbes S. 64 unglaublich misdeuteten Worte richtig verstehe, wird neben Justinus Irenäus nicht nur als Zeuge dafür angeführt, daß Pl ein Jahr später als Pt den Märtyrertod in Rom erlitten habe, was an das eine Jahr zwischen der ersten und zweiten römischen Gefangenschaft des Pl in den Petrusakten erinnert (oben S. 450 Z. 7), sondern auch dafür, daß jene von Irenäus angenommene Periode, während welcher Pt und Pl in Rom grundlegend gewirkt haben sollen, im ganzen volle 5 Jahre gedauert haben soll. Ist Pl im Frühjahr 61 nach Rom gekommen, so wäre er im Frühjahr 66 hingerichtet worden und Petrus ein Jahr vorher, also Frühjahr 65. Weit von den wahrscheinlichen Terminen hätte sich diese Berechnung nicht verirrt, zumal wenn man das eine Jahr als eine runde Zeitangabe auf 1 Jahr und mehrere Monate ausdehnen dürfte. — Tertullian ist der erste Schriftsteller ehrlichen Namens, welcher die Kreuzigung des Pt und die Enthauptung des Pl ausdrücklich der Zeit Neros, des ersten Christenverfolgers (apol. 5), zuweist (Scorp. 15 cf Marc. IV, 5; praescr. 36, ohne Namensangabe apol. 21 *discipuli*, dazu bapt. 4 Pt im Tiber taufend;

praescr. 32 Clemens von Pt ordinirt). Tertullian deutet Scorp. 15 an, daß er diese Tatsachen aus Schriften von keineswegs allgemein anerkannter Glaubwürdigkeit schöpfe. Die Worte: *quae ubicumque jam legero pati disco* können sich nicht auf die *instrumenta imperii* und die *vitae Caesarum* beziehen, auf welche er vorher die Häretiker verwiesen hat, welche die Pflicht des Martyriums anzweifeln (Prodicus, Valentinus cf Herakleon bei Clem. strom. IV, 71); denn in jenen stehen nicht solche Einzelheiten über die Martyrien des Pt und des Pl, sondern auf Akten des Pt und des Pl im Unterschied von den schlechthin zuverlässigen kanonischen *Acta*, welche er vorher citirt hat. — Über Cajus s. folgende A. — Hippolytus, welcher die Akten des Pl gekannt hat (Comm. in Dan. III, 29 cf Niceph. h. e. II, 25; GK II, 880; Bonwetsch, Stud. zu d. Komment. des Hipp. 1897 S. 27), berührt die letzte Lebenszeit der Apostel nur insofern einmal, als nach ihm der Magier Simon in Rom „den Aposteln", also dem Pl und dem Pt Widerstand geleistet haben soll (refut. VI, 20). — Origenes (bei Eus. h. e. III, 1) weiß, daß Pt in Rom kopfüber gekreuzigt worden, und daß Pl gleichfalls in Rom unter Nero Märtyrer geworden. — Der Vf der Schrift *de rebaptismate* unter Cyprians Namen hatte in einem Buch, welches er *praedicatio Pauli* betitelt, wahrscheinlich den Paulusakten, von einem Zusammentreffen des Pl und des Pt in Rom gelesen (Cypr. opp. ed. Vindob. append. 90; GK II, 881 ff.; aber auch Th. Ltrtrbl. 1899 Sp. 316). — Wahrscheinlich aus demselben Buch schöpft Lactantius inst. IV, 21 (GK II, 884), was er von der Predigt in Rom und der Hinrichtung beider Apostel durch Nero berichtet. Über letztere genauer de mort. persec. 2: *cumque jam Nero imperaret, Petrus Romam advenit . . .* (Nero) *Petrum cruci affixit et Paulum interfecit.* Dasselbe sagt der Bischof Petrus von Alexandrien, und betont die Gleichheit der Todesstadt beider Apostel, ohne sich über die Zeit näher auszusprechen (Epist. canon. c. 9 Routh, rel. s. IV^{2}, 34). — Eusebius, welcher h. e. II, 25, 5; III, 21, 1; 31, 1 den Pl dem Pt voranstellt, befolgt doch sonst die übliche Ordnung, wo er von ihrem Martyrium oder ihren Grabstätten in Rom redet: demonstr. evang. III, 5, 65; theoph. syr. IV, 7 (s. folgende Anm.); V, 31 (von Lee p. 315 nicht richtig übersetzt; es heißt: „Auch Simon Petrus wurde in Rom kopfüber [*κατὰ κεφαλῆς*] gekreuzigt, und Pl ward erschlagen, und Johannes ward einer Insel übergeben"). Nachdem er die Geschichte des Pl bis zum Schluß der AG verfolgt hat, fährt er h. e. II, 22, 2 fort: *τότε μὲν οὖν ἀπολογησάμενον αὖθις ἐπὶ τὴν τοῦ κηρύγματος διακονίαν λόγος ἔχει στείλασθαι τὸν ἀπόστολον, δεύτερον δ' ἐπιβάντα τῇ αὐτῇ πόλει τῷ κατ' αὐτὸν τελειωθῆναι μαρτυρίῳ.* Bei Gelegenheit dieser zweiten römischen Gefangenschaft habe er den 2 Tm geschrieben, welcher jene Überlieferung bestätige durch seine Bezugnahme auf die erste Apologie, in folge deren Pl aus dem Rachen Neros errettet worden sei etc. Einer näheren chronologischen Angabe außer der, daß der Tod des Pl wie des Pt unter Nero falle, enthält sich Eusebius in der Kirchengeschichte, und es war schon zuviel gesagt, wenn Theodor (Swete I, 115), offenbar auf die Anordnung des Stoffes in Eus. h. e. II, 25 u. 26 sich stützend behauptete, Pl sei um die Zeit, da der jüdische Krieg begann, hingerichtet worden. Auch in der Chronik zeigt Eusebius nur, daß ihm keine genauere Überlieferung zur Verfügung stand. Nach der armenischen Version (Schoene II, 156) ist zu a. Abrah. 2083 (= p. Chr. 67) angemerkt: *Nero super omnia delicta primus persecutiones in Christianos excitavit, sub quo Petrus et Paulus apostoli Romae martyrium passi sunt.* Wenn Hieronymus in seiner Bearbeitung zu a. Abrah. 2084 (p. Chr. 68) statt der gesperrten Worte schreibt *persecutionem . . . in qua*, und wenn er v. ill. 1 und 5 den Tod beider Apostel in das 14. J. des Nero verlegt, welches in der Chronik mit a. Abrah. 2084 gleichgesetzt ist, so hat er den sehr vorsichtig gewählten Ausdruck des Eusebius verkannt oder vergewaltigt. Ebenso schon der echte Euthalius um 350, wenn er unter Berufung auf die Chronik des Eusebius (Zacagni 529) den Tod des Pl in das 13. Jahr des

Nero (p. 532) = a. Abrah. 2083 setzt. Vielleicht ist auch Epiph. haer. 27, 6 auf solchem Wege zu der Angabe des 12. Jahres Neros als Todesjahr beider Apostel gekommen. Daß Eus. selbst nicht mehr weiß, als er sagt, daß nämlich Pt und Pl unter Nero gestorben sind, und daß er das J. 67 nicht als das gemeinsame Todesjahr beider Apostel angesehen haben will, beweist er auch dadurch, daß er schon zum Jahr vorher (Abr. 2082 = 66 p. Chr.) bemerkt, daß Linus dem Petrus im römischen Episkopat gefolgt sei. Nur der Pragmatismus, nach welchem die Tötung von Christen als der Gipfel von Neros Schandtaten betrachtet wurde (Eus. h. e. II, 25, 2—5), veranlaßte den Chronisten, die Christenverfolgungen an das Ende von dessen Regierung zu setzen. Indem er aber von *persecutiones* in der Mehrzahl redet, bekennt er auch, daß er nicht ein auf ein bestimmtes Jahr beschränktes Einzelereignis im Auge hat. Den Brand Roms setzt er zu a. Abrah. 2079 = 63 p. Chr. (Hieron. a. Abrah. 2080 = 64 p. Chr.), den Tod des Pl erwähnt er beiläufig zu a. Abrah. 2083 = 67 p. Chr. Da er aber für Pl weder durch Überlieferung, noch wie vielleicht für Pt durch eine künstliche Berechnung von Bischofsjahren ein bestimmtes Todesjahr erhalten konnte, begnügt er sich, s. v. „Nero der Christenverfolger“ anzumerken, daß Pl wie Pt unter diesem Kaiser Märtyrer geworden.

9. Die frühste Angabe über den 29. Juni als Peter- und Paulstag bietet die römische *Depositio martyrum* vom J. 336 (Lib. Pontificalis ed. Duchesne I, 11): *III Kal. Jul. Petri in Catacumbas et Pauli Ostense Tusco et Basso cons.* (= a. 258). Durch eine an Ort und Stelle angebrachte Inschrift des Bischofs Damasus (366—384) wissen wir, daß in der Zeit vor Damasus die angeblichen oder wirklichen Gebeine beider Apostel eine Zeit lang in dem „ad Catacumbas“ genannten Friedhof bei der Kirche des h. Sebastian an der Via Appia beigesetzt waren (Damasi epigr. 26 ed. Ihm p. 31 cf Lib. Pontific. I, 85. 212). Nimmt man dazu das Martyrol. Hieronymi (bei Duchesne l. l. p. 11. CV), worin zum 29. Juni unter anderem zu lesen ist: *Petri in Vaticano, Pauli vero in via Ostensi, utrumque* (l. utriusque) *in Catacumbas, passi sub Nerone, Basso et Tusco consulibus,* so liegt auf der Hand, daß obiger Text der Depositio durch Versetzung von *et Pauli,* welches hinter *Petri* gehört, und durch Einschiebung von *Ostense* verwirrt geworden ist, cf Lightfoot, Clement II, 500; ähnlich früher Erbes Ztschr. f. KGeschichte VII, 28. Jetzt (die Todestage der Apostel, 1899 S. 83 ff.) hält derselbe den Text der Depositio keiner Verbesserung für bedürftig und findet darin, ohne jeden philologischen Beweis für die Möglichkeit eines solchen Verständnisses, folgende Tatsachen bezeugt oder doch angedeutet: 1) a. 258 ist auf Anordnung des Bischofs Sixtus II. zum ersten Mal der Märtyrertod beider Apostel am 29. Juni gefeiert worden (S. 37—40); 2) a. 258 sind die Gebeine des Pl von der Via Appia, wo sie bis dahin mit denen des Pt gemeinsam geruht, an der Via Ostiensis bestattet und dort eine kleine Paulskirche gebaut worden (S. 71, deutlicher S. 83 ff.); 3) Pt, welcher vielleicht schon am Ende des 2. Jahrhunderts (S. 132) an der Via Appia seine Ruhestätte gefunden hatte, lag noch zur Zeit des Chronographen von 354, welcher die Depositio vom J. 336 in sein Werk aufnahm, dort begraben, ist also frühstens 355, aus anderweitigen Gründen aber spätestens 359 in den Vatikan transferirt worden (S. 118). Diese kühnen Behauptungen nach Gebühr zu würdigen, fehlt hier der Raum. Da das durch die Konsuln bezeichnete Jahr 258 selbstverständlich nicht die Zeit des Todes oder des ersten Begräbnisses der Apostel, sondern ebenso wie in den beiden anderen Fällen, welche die Depositio darbietet (XIV Kal. Jun. und X Kal. Oct.), eine spätere Translation bezeichnet, so darf als sicher gelten, daß am 29. Juni 258 die Gebeine beider Apostel ad Catacumbas beigesetzt worden sind, und daß diese ihre *depositio* der Grund der Feier dieses Tages gewesen ist, wie denn auch später, als sie längst im Vatikan einerseits und an der Via Ostiensis andrerseits beigesetzt waren, neben diesen beiden Stätten die Begräbnisstätte an der Via Appia, welche sie beide nur vorübergehend beherbergt hatte, von den Prozessionen am 29. Juni be-

sucht wurde (Ambros. hymn. de Petro et Paulo bei Dreves, Ambros. als Vater des Kirchengesangs S. 139 Nr. 15, 7). Dies, sowie die mehr als 100 Jahre nach der dortigen Beisetzung eben dort angebrachte Inschrift des Damasus und überhaupt der Fortbestand der gemeinsamen Feier beider Apostel am 29. Juni beweist, daß die Beisetzung am 29. Juni 258 als ein sehr bedeutsames Ereignis galt, und daß die Gebeine beider Apostel eine geraume Zeit an der Via Appia geblieben sind. Sinnlos ist die Überlieferung des Papstbuchs (Duchesne I, 66. 150), daß Bischof Cornelius (a. 251—253) sie von dort an ihre endgiltigen Ruhestätten an der Via Ostiensis und im Vatikan transferirt habe, sowie diejenige in den syrischen Akten des Scharbil (Cureton, Anc. doc. 61 f.), wonach dies unter Bischof Fabian (a. 236—250) geschehen sein soll; denn nach dem glaubwürdigen Datum der Depositio hat die Beisetzung ad Catacumbas erst a. 258, also unter Bischof Sixtus II. stattgefunden. Von Auffindung des Kopfes des Pl unter Xystus fabelt ein unter anderem auch ins Syrische übersetzter Brief des Areopagiten (Pitra, Anal. IV, 245. 267 cf. Salomo Bassor. vertit Schönfelder p. 79). In einer lateinischen Version desselben Briefs (l. l. p. 270) heißt der römische Bischof Fabellius. Die katholischen Petrus- und Paulusakten, welche bereits auf Grund der misverstandenen Inschrift des Damasus sehr phantastische Fabeleien vortragen (cf V. Schultze, Archäol. Stud. 242 ff.; Lightfoot II, 500; Erbes S. 78 ff.) geben an, daß die Apostelleiber sofort nach ihrem Tode vorläufig und nur für 1 Jahr und 7 Monate an der Via Appia beigesetzt wurden, während ihnen eine würdigere Begräbnisstätte gebaut wurde (Acta Petri etc. ed. Lipsius p. 174, genauer im lat. Text daneben, cf auch die zweite griech. Rezension p. 221, wo 1 Jahr und 6 Monate angegeben sind). Glaubwürdiger klingt die Nachricht der alten Itinerarien (de Rossi, Roma Sot. I, 180), daß sie 40 Jahre ad Catacumbas ruhten. Da die Zahl eine runde ist, wäre hiedurch überliefert, daß sie um 300 wieder weggeschafft und zwar Pl an der Via Ostiensis, Petrus im Vatikan beigesetzt worden seien. Eusebius weiß nicht nur von ihren durch (je) eine Inschrift ausgezeichneten Gräbern oder Grabdenkmälern an den genannten Plätzen (h. e. II, 25, 5; III, 30, 1), sondern auch von Grabeskirchen. In seiner Theophania, einem seiner letzten Werke aus der Zeit um 336—340 (cf Lightfoot im Dict. of chr. biogr. II, 333) liest man (IV, 7, ungenau übersetzt von Lee p. 221) von Petrus: „Sein Gedächtnis ist bis zur Gegenwart bei den Römern größer, als dasjenige derer, die früher gewesen sind, so daß er auch eines berühmten Begräbnishauses vor der Stadt gewürdigt worden ist, und daß zu ihm als einem großen Heiligtum und Tempel Gottes zahllose Haufen aus dem Königreich der Römer laufen.“ Nach einigen Bemerkungen über Schriften und Grab des Johannes heißt es weiter: „So werden auch die Schriften des Apostels Paulus gleichermaßen in der ganzen Welt gepredigt und erleuchten die Seelen der Menschen; auch das Zeugnis seines Todes und das Grabeshaus über ihm ist in der Stadt Rom bis zur Gegenwart reichlich und prächtig gepriesen.“ Hieraus ergibt sich: 1) Um 336—340 waren Pl und Pt nicht beisammen, also nicht mehr *ad Catacumbas* begraben, sondern jeder hatte seine besondere, an verschiedenen Orten gelegene Grabeskirche. 2) Eusebius, welcher selbstverständlich von der durch Constantin erbauten vatikanischen Basilika (cf Duchesne, Lib. pontif. I, 176. 193—195; de Rossi, Inscr. christ. II, 20. 21. 345 f.) Kenntnis haben mußte, kann nur diese, und nicht etwa die unscheinbare Begräbnisstätte beider Apostel an der Via Appia im Sinn haben. Auch der Vatikan lag ja außerhalb der Stadt. 3) Mag Constantius die von seinem Vater erbaute Peterskirche sonst noch so sehr verschönert haben, als er im Occident regierte (351—361), so daß er als Vollender des Baus gelten konnte, nicht erst damals (so Erbes S. 113—118), sondern schon vor 340, und zwar nach der Schilderung des Eusebius schon geraume Zeit vor 340 sind die Reliquien des Pt in der vatikanischen Basilika beigesetzt worden. Um dieselbe Zeit hatten aber auch die Gebeine des Pl ihre besondere, stattliche Ruhestätte. Um 350 schreibt der echte Euthalius

(Zacagni 522 cf Robinson, Euthaliana p. 30): *Ῥωμαῖοι δὲ περικαλλέσιν οἴκοις καὶ βασιλείοις τούτου* (sc. *Παύλου*, add. *τὰ*) *λείψανα καθείρξαντες ἐπέτειον αὐτῷ μνήμης ἡμέραν πανηγυρίζουσι, τῇ πρὸ τριῶν καλανδῶν Ἰουλίων* (*πέμπτῃ Πανέμου μηνὸς*) *τούτου τὸ μαρτύριον ἑορτάζοντες.* Euthalius sagt nicht, wie der Vf des ihm fälschlich zugeschriebenen Martyriums (Zac. 536), daß Pl am 29. Juni Märtyrer geworden, sondern lediglich dies daß die Römer an diesem Tage alljährlich sein Gedächtnis und sein Martyrium feiern. Außerhalb Roms war dieser Peter- und Paulstag damals nicht verbreitet. Der in einer Hs. vom J. 412 syrisch erhaltene Märtyrerkalender (ed. Wright p. 1) setzt das Martyrium beider Apostel auf den 28. December, was aber nicht mehr bedeutet, als daß ebendort der erste Märtyrer Stephanus auf den 26., die Zebedäussöhne Johannes und Jakobus auf den 27. December angesetzt sind. Man hatte keine Überlieferung. In Rom selbst aber hatte sich schon damals die Meinung befestigt, daß der 29. Juni, an welchem man dort seit 258 die beiden Apostel feierte, ihr gemeinsamer Todestag sei. Der Chronograph von 354, welcher wahrscheinlich in die von ihm in sein Sammelwerk aufgenommene Depositio die oben erwähnte Verwirrung hereingebracht hat, setzt zweimal, in den Konsularfasten und in dem Bischofsverzeichnis (ed. Mommsen 619. 634), den Tod beider Apostel auf den 29. Juni 55, Hieronymus auf einen und denselben Tag des J. 68 (v. ill. 5 s. oben S. 453 a. E.). In dem sogenannten Decretum Gelasii (Epist. pont. ed. Thiel I, 455) wird die Meinung, daß Pt und Pl zu verschiedener Zeit gestorben, als ketzerisches Geschwätz verurteilt (*sicut haeretici garriunt*). Es ist nicht unmöglich, aber noch weniger zu beweisen, daß dieser Teil des Decretum wie andere (GK II, 259—267) auf einer römischen Synode schon unter Damasus verhandelt worden ist. Da einmal der 29. Juni im Abendland der gemeinsame Gedächtnistag beider Apostel war, konnte die ältere Überlieferung, wonach Pt geraume Zeit vor Pl gestorben sein sollte, nur in der schüchternen Form sich behaupten, daß man beide zwar am 29. Juni, den Pl aber, im Anschluß an alte Überlieferungen (oben S. 450. 452), ein Jahr später gestorben sein ließ. So Prudentius (Peristeph. XII, 3—6; 11—24) und noch im 6. Jahrhundert Gregor von Tours (glor. mart. I, 29) und der römische Diakon Aratus am Schluß seiner metrischen Bearbeitung der AG (Migne 68, 246). Eine ziemlich kritische Stellung zur römischen Tradition zeigt Augustin in seinen Predigten am Peter- und Paulstag (serm. 295—299. 381) z. B. serm. 295 (ed. Bass. VII, 1197 *quamquam diversis diebus paterentur, unum erant. Praecessit Petrus, secutus est Paulus*) und serm. 381 (VII, 1508 *Petri et Pauli apostolorum dies, in quo triumphalem coronam devicto diabolo meruerunt, q u a n t u m f i d e s R o m a n a t e s t a t u r, hodiernus est . . . Sicut t r a d i t i o n e p a t r u m cognitum memoria retinetur, non uno die passi sunt per coeli spatia decurrente. Natalitio ergo Petri passus est Paulus ac per hoc ita singuli dies dati sunt duobus, ut nunc unus celebretur ambobus*). Cf auch den pseudoaugust. sermo 205 (Bass. XVI, 1209) und einen anderen bei Lipsius, Ap. AG II, 1, 240. Eine lehrreiche Parallele zur Geschichte des 29. Juni bietet die des 14. September als Gedächtnistags der Bischöfe Cornelius von Rom und Cyprian von Karthago (Hier. v. ill. 67; Duchesne, Lib. pont. I, 152). — Weniger für unser Wissen um den Lebensausgang des Pl, als für die Beurteilung der Tradition von Pt in Rom (§ 39) ist die Frage von Bedeutung, wo die angeblichen oder wirklichen Gebeine der Apostel vor dem 29. Juni 258 geruht haben. Sie beantwortet sich aber in gleicher Weise, mag man von dem ausgehen, was 40 Jahre vorher geglaubt wurde, oder von dem, was 60—70 Jahre nachher geschehen ist. Da die Beisetzung an der Via Appia eine nachträgliche und vorübergehende war, so scheint es fast selbstverständlich, daß man die Apostelleiber etwa 60 Jahre nach ihrer Unterbringung an der Via Appia nicht an irgend welchen beliebigen, sondern an den schon früher durch ihr Gedächtnis geweihten Orten beigesetzt hat, d. h. daß man sie eben dahin zurückgebracht hat, von wo man sie a. 258 geholt hatte. Die endgiltige Beisetzung des Pl an der Via Ostiensis und des Pt im Vatikan zeugt dafür, daß man sie ebendort von jeher begraben geglaubt hat. Ebendahin aber weist uns, was der Römer Cajus unter Bischof Zephyrin (a. 199—217), also etwa 40—50 Jahre vor der Deposition an der Via Appia im Dialog mit dem Montanisten Proclus bezeugte (Eus. h. e. II, 25, 7): *ἐγὼ γὰρ τὰ τρόπαια τῶν ἀποστόλων ἔχω δεῖξαι · ἐὰν γὰρ θελήσῃς ἀπελθεῖν ἐπὶ τὸν Βατικανὸν ἢ ἐπὶ τὴν ὁδὸν τὴν Ὠστίαν, εὑρήσεις τὰ τρόπαια τῶν ταύτην ἱδρυσαμένων τὴν ἐκκλησίαν.* Im Gegensatz zu den apostolischen und nachapostolischen Auktoritäten, auf deren Wirksamkeit und deren Gräber in der Provinz Asien der Montanist sich berufen hatte (Eus. h. e. III, 31, 4 cf V, 24, 1—6; III, 31, 3), nennt der Römer die Auktoritäten seiner Kirche und deren noch aufweisbare Begräbnisstätten. Eusebius verstand unter den *τρόπαια* ohne weiteres die Gräber und Grabdenkmäler der Apostel (h. e. II, 25, 5f.; III, 31, 1); die Neueren verstehen meist die Hinrichtungsstätten (Hofmann V, 10; VII, 1, 205; Lipsius Ap. AG. II, 1, 21; Erbes S. 68ff.). Das Wort selbst bezeichnet weder das Eine noch das Andere, sondern ein nach erfochtenem Sieg an der Stelle, wo der Feind sich zur Flucht gewendet, errichtetes Siegeszeichen, ursprünglich eine Zusammenstellung erbeuteter Waffen, die an einem Baum oder einer Stange aufgehängt wurden (Pauly, RE. VI, 2165f.). Die Erinnerung an die Märtyrer uud andere hervorragende Tote haftete aber durchaus an ihren Grabesstätten. Nicht der Platz, auf dem Polykarp verbrannt, sondern der, wo er begraben war, galt als heilig (Mart. Polyc. 17. 18 cf den Brief des Polykrates bei Eus. h. e. V, 24, 4 und Vita Polycarpi per Pionium c. 20 über das Grab des Thraseas von Eumeneia zu Smyrna). In einzelnen Fällen mag Todesstätte und Begräbnisplatz in Wirklichkeit oder in der Erinnerung ganz oder nahezu zusammengefallen sein. Johannes entschläft in dem Grab, das er sich hat graben lassen (Acta Joannis ed. Zahn 250). Zur Zeit des Hegesippus zeigte man in Jerusalem neben dem ehemaligen Tempel eine Säule, welche die Stelle bezeichnete, an welcher Jakobus erschlagen und bestattet sein sollte (Eus. h. e. II, 23, 18 s. oben S. 77 A 4). So mag es sich auch mit Pt und Pl verhalten haben. Die gnostischen Petrusakten bezeugen durch den Mund des Petrus selbst die vollste Gleichgiltigkeit gegen dessen Begräbnis (ed. Lipsius 100, 8) und enthalten keinerlei Ortsangaben über die Kreuzigungs- und Begräbnisstätte (p. 90. 100). Ebenso in bezug auf Pl die alten Paulusakten (p. 112—117). Beide Schriften ermangeln jeder Spur römischer Lokaltradition und sind sicherlich im Orient entstanden (GK II, 841. 890). Daß es aber in Rom während des 2. Jahrhunderts örtlich bestimmte Überlieferungen über den Lebensausgang und die Gräber des Pt und Pl gab, würde nach aller Analogie selbstverständlich sein, auch wenn es nicht durch Cajus um 210 und indirekt durch die beiden späteren Translationen bezeugt wäre. Die frühere Annahme von Erbes Ztschr. f. K.Gesch. VII, 33, daß die Reliquien im J. 258 plötzlich in irgend einem Winkel, wo sie bis dahin unbeachtet und verborgen gewesen, etwa in folge einer angeblichen Offenbarung aufgefunden worden seien, hat er selbst jetzt (1899 S. 132) widerrufen. Es braucht daher die in der 1. Aufl. hier vorgetragene Widerlegung nicht wiederholt zu werden. War aber Pl, wie Erbes jetzt annimmt, von jeher, und Pt seit c. 200 an der Via Appia begraben, so erscheint die spätere Trennung der Reliquien der in der Überlieferung so innig verbundenen Apostel und ihre Versetzung von der Via Appia, wo sie längere Zeit gemeinsam verehrt worden waren, an ihre gesonderten Grabstätten an der Via Ostiensis und am Vatikan als ein Akt wunderlichster Willkür. Die Überlieferung, daß Pt an dem einen, Pl an dem anderen Platz hingerichtet worden, reicht als Motiv nicht aus. Mir wenigstens ist kein Fall davon bekannt, daß man Leiber von Märtyrern nachträglich von ihren Grabstätten an ihre Hinrichtungsplätze gebracht hätte. Man muß vielmehr geglaubt haben, durch die Trennung und die abgesonderte Beisetzung der Reliquien des Pl und des Pt, welche noch unter Constantin († 337) erfolgt ist, den ursprünglichen Zustand wiederherzustellen.

Die Beisetzung *ad Catacumbas* im J. 258, deren Veranlassung in der Not der Zeiten gelegen haben muß, war von vornherein nur als eine vorübergehende Unterbringung gemeint. Haben wir nach alle dem mit Eusebius unter den τρόπαια des Cajus die Wahrzeichen der Begräbnisplätze beider Apostel zu verstehen, so können dieselben doch, wie in dem Fall des Jakobus, zugleich als Hinrichtungsplätze gegolten haben, wie dies die jüngere Überlieferung bezeugt, indem sie beide Apostel in der Nähe ihrer Todesstätte begraben sein läßt cf in bezug auf Pt Linus, Martyr. Petri 10 ed. Lipsius 11, 16; die kathol. Akten beider Apostel p. 168, 8; 172, 13; 177, 1; 212, 12; 216, 15; 221, 6; in bezug auf Pl das gleichfalls dem Linus zugeschriebene Mart. Pauli p. 38, 21; 41, 10 (vor einem Stadtthor); die kathol. Akten beider Apostel p. 170, 3; 177, 1; 213, 6; 214, 8; 221, 8; in bezug auf beide Lib. pontif. unter Cornelius (Duchesne I, 150). Die Wahrzeichen, auf welche Cajus hinwies, brauchen nicht Denkmäler gewesen zu sein, welche von Christen zu Ehren der Apostel errichtet worden waren, sondern irgend welche Gegenstände, die dafür galten, aus der Zeit der betreffenden Ereignisse herzustammen, wie die Säule an der Todes- und Grabesstätte des Jakobus (Eus. II, 23, 18), oder ein Baum, wie die Myrthe auf dem Grab des Thraseas zu Smyrna (Vita Polyc. per Pionium 20), oder der Weinstock, welcher an der Stelle gewachsen, wo das Märtyrerblut des Philippus zur Erde gefallen (Acta apocr. ed. Tischendorf 92. 94), oder die Platane, unter welcher Simon Magus in Rom gelehrt haben sollte (Hippol. refut. VI, 20). In der Tat liest man in der einen der beiden Rezensionen der katholischen Akten des Pt und Pl (Lipsius 214, 9), daß Pl in der Nähe eines Zirbelbaums oder einer Pinie hingerichtet, und in beiden, daß Pt unter einer Terebinthe am Vatikan begraben worden sei (p. 172, 13; 216, 15). Der Ausdruck ὑπὸ τὴν τερέβινθον und 214, 9 πλησίον τοῦ δένδρου τοῦ στροβίλου weist auf je einen bekannten, weithin sichtbaren Baum. Es ist nicht unmöglich, daß jene Terebinthe die alte Eiche am Vatikan war, von welcher Plin. h. n. XVI, 44, 237 berichtet cf Erbes Ztschr. f. K.Gesch. VII, 12 A 2. Über die Pinie Erbes 1899 S. 92.

10. Seit dem Erscheinen der ersten Aufl. sind wir über die in der alten Kirche besonders des Orients hochangesehenen Paulusakten (GK II, 865—891) in überraschender Weise aufgeklärt worden, vor allem durch die Auffindung einer zwar arg verstümmelten, aber doch von Anfang bis zu Ende fortlaufenden koptischen Version (C. Schmidt, Neue Heidelb. Jahrbb. VII, 117—124 cf N. kirchl. Ztschr. 1897 S. 933—40). Neue Bestätigung der Integrität des dem Kopten vorgelegenen Originals brachte Harnack (Texte u. Unt. N. Folge IV, 3b a. 1899) aus der Schrift „Coena Cypriani“. Es hat sich herausgestellt, daß die Akten der Thekla und des Paulus nur ein Ausschnitt aus den Paulusakten sind, daß also diese letzteren nach Tert. de bapt. 17 von einem katholischen Presbyter in Asien geschrieben sind, vielleicht in Ikonium nach der Konjektur von James zu Hier. v. ill. 7 *apud Iconium* statt *apud Joannem* (N. kirchl. Ztschr. 1899 S. 216 A 1). Es hat sich aber auch Manches bestätigt, was ich GK II, 592—611; 865—891 teilweise im Gegensatz zu Lipsius, und teilweise unter nachfolgendem Widerspruch Harnacks behauptet habe, nämlich 1) Das Martyrium des Pl (ed. Lipsius p. 104 bis 117) ist der ursprüngliche Schlußteil der griechischen Paulusakten. 2) Der apokryphe Briefwechsel zwischen Pl und den Korinthern, welcher bei den Syrern und Armeniern zeitweilig kanonische Geltung genoß, ist den Paulusakten entnommen. 3) Die Zugehörigkeit der Erzählung vom Tierkampf in Ephesus bei Nicephorus zu denselben Akten ist durch das Citat bei Hippolyt (oben S. 453 Z. 9) bestätigt worden. — Für die vorliegende Frage ist den bis jetzt veröffentlichten Stücken folgendes mit Sicherheit zu entnehmen: 1) Während der mit seiner Hinrichtung endigenden Gefangenschaft des Pl in Rom (Lipsius 110, 6—117, 7) befindet sich Petrus nicht in Rom. Die Martyrien der beiden Apostel sind also völlig von einander getrennt. 2) Als Pl nach Rom kommt, erwarten ihn dort Titus, der von Dalmatien, und Lucas (statt Crescens 2 Tm 4, 10), der von Gallien zurückgekehrt ist

(p. 104, 2 s. jedoch den Apparat). Wir werden also in einen Moment versetzt, welcher später als 2 Tm 4, 10 fällt. Will man nicht annehmen, der Vf habe übersehen, daß Pl zur Zeit des 2 Tm gefangen war, so hat er eine frühere Gefangenschaft, in welche er den 2 Tm verlegt, von derjenigen unterschieden, welche mit seinem Tode endigte. Trotz eines Anklangs an AG 28, 15. 28 (p. 104, 4 cf GK II, 889) kann der Vf die Ankunft des Pl in Rom, womit das Martyrium beginnt, nicht für die erste Ankunft des Pl in Rom gehalten haben; denn Pl befindet sich zunächst in Freiheit und wird erst nachträglich mit anderen Christen verhaftet (110, 2–9). Die Situation ist also eine ganz andere als nach AG 28; Eph, Kl, Phlm, Phl. Dazu kommt, daß mehrere Schriftsteller, von welchen mit mehr oder weniger Sicherheit zu behaupten ist, daß sie aus den Paulusakten schöpfen, von einer Begegnung des Pl und des Pt in Rom zeugen, welche im Martyrium keinen Platz findet, also vom Vf mit einem früheren Aufenthalt des Pl in Rom verbunden gewesen sein muß (GK II, 881—886 und oben S. 453 aus Pseudocyprian und Lactanz).

§ 37. Die Echtheit der Briefe an Timotheus und Titus.

Die Zuversicht, mit welcher seit mehreren Menschenaltern vor allen anderen Briefen unter dem Namen des Pl diesen die Echtheit abgesprochen worden ist (A 1), findet keine Stütze in der Überlieferung. Daß Marcion sie nicht in seine Sammlung aufnahm, beweist nicht, daß er sie nicht kannte; es ist im Gegenteil überliefert, daß er sie mit Angabe von Gründen verworfen habe (GK I, 634). Die Spuren ihrer Verbreitung in der Kirche vor Marcion sind deutlicher als diejenigen, welche der Rm und der 2 Kr für sich aufzuweisen haben. Für ihre Echtheit spricht vor allem die Menge von persönlichen Notizen, welche ebensowenig aus anderen nachweisbaren Quellen, als aus einer Idee, welche für die Erdichtung dieser Briefe maßgebend gewesen wäre, erklärt werden können. Am meisten gilt dies vom 2 Tm, am wenigsten vom 1 Tm; aber eine Vergleichung mit den Briefen, welche im 2. Jahrhundert und später dem Pl wie anderen Aposteln angedichtet worden sind, läßt alle drei Briefe als Erzeugnisse einer in ihnen sich widerspiegelnden Wirklichkeit erkennen (A 2). Was oben (S. 439 f.), wo es sich um das geschichtliche Zeugnis derselben auch im Fall ihrer Unechtheit handelte, über die Art bemerkt wurde, in welcher hier und besonders im 2 Tm die tatsächlichen Voraussetzungen der Briefe zum Ausdruck kommen, ist auch ein Beweis ihrer Echtheit (A 3). Was ein Fälscher an geschichtlichen Tatsachen neu zu erfinden nötig oder nützlich findet, pflegt er dem Leser, der es nicht wissen kann, deutlich und ausdrücklich zu sagen. Im übrigen aber pflegt er sich an die in älteren, echten oder für echt geltenden Urkunden enthaltenen Tatsachen anzulehnen; das wären in diesem Fall die sonstigen Briefe des Pl und die AG. Nun führt uns aber der gesamte Komplex von Tatsachen, welche diese Briefe voraussetzen, über die in der AG dargestellte und durch die älteren Briefe des Pl beurkundete Periode hinaus; und diese für uns neuen Tatsachen treten überall ganz beiläufig, in einer nur für den mit den obwaltenden Verhältnissen bereits vertrauten Leser verständlichen

Weise zu Tage. Von den hier eingeführten Personen werden die meisten im NT sonst überhaupt nicht und in der nachapostolischen Literatur nicht unabhängig von unseren Briefen erwähnt, nämlich Hymenäus 1 Tm 1, 20; 2 Tm 2, 17; Philetus 2 Tm 2, 17; Phygelus und Hermogenes 2 Tm 1, 15; Loïs und Eunike 2 Tm 1, 5; Onesiphorus und sein Haus 2 Tm 1, 16; 4, 19; Crescens, Karpus, Eubulus, Pudens, Linus, Claudia 2 Tm 4, 10. 13. 21; Artemas und Zenas Tt 3, 12 f.; Alexander 1 Tm 1, 20; 2 Tm 4, 14. Selbst wenn letzterer mit dem AG 19, 33 genannten identisch sein sollte (s. dagegen oben S. 413 A 3), könnte seine Erwähnung in beiden Briefen an Tm nicht aus jener Stelle hergeleitet werden; denn der dortige Alexander ist lediglich als Jude charakterisirt, sein Verhältnis zu Pl und zum Christentum bleibt dunkel; der hiesige ist ein dem Pl und seiner Lehre feindlicher, vom Glauben abgefallener und von Pl in den Bann getaner Christ und nicht etwa, was bei einer Abhängigkeit von der AG erklärlich wäre, ein ἀργυροκόπος (AG 19, 24), sondern ein χαλκεύς (2 Tm 4, 14). Diese 16 neuen Personennamen sind aber durchweg nicht leere Namen, deren Anführung aus dem Bedürfnis erklärt werden könnte, durch Personalien der Fälschung den Anschein wirklicher Briefe zu geben, ein Bedürfnis, welches übrigens die Fälscher apostolischer Briefe im 2. Jahrhundert kaum empfunden haben (A 2), sondern Figuren von Fleisch und Blut. Wenn das von den grüßenden römischen Christen 2 Tm 4, 21 nicht gilt, so spricht doch andrerseits für ihre Geschichtlichkeit, daß keiner der Namen römischer Christen aus Rm 16 sich darunter findet. Daß es uns Schwierigkeiten bereitet, aus den Angaben über Onesiphorus (oben S. 412 A 1), Loïs und Eunike (S. 414 A 4), Crescens (S. 406 f.), Hymenäus und Philetus, Phygelus und Hermogenes, Alexander (S. 413 A 3), Zenas (S. 436 A 4), Karpus und die bei diesem liegen gebliebenen Sachen des Pl (S. 409) genaue Vorstellungen zu gewinnen, entspricht nur der Natur solcher Notizen in echten Briefen einer weit hinter uns liegenden Vergangenheit; was wir aber davon erkennen, ist von einer schwer zu erfindenden Bestimmtheit. Dies gilt auch von den Angaben über solche Personen, welche in anderen Teilen des NT's erwähnt werden. Den Namen Demas (2 Tm 4, 10) konnte ein Pseudopaulus aus Kl 4, 14; Phlm 24 schöpfen; aber was konnte ihn veranlassen, das Verhalten des dort neben Lucas in Ehren genannten Gehilfen des Pl hier in so scharfen und schimpflichen Gegensatz zum Verhalten des Lucas zu stellen? und was sollte den Gedanken erzeugt haben, ihn in eine Beziehung zu Thessalonich zu setzen? Von einer Sendung des Tychicus nach Ephesus (2 Tm 4, 12) konnte ein Pseudopaulus aus Eph 6, 21 wissen, wenn er den Eph etwa schon mit dem falschen Titel πρὸς Ἐφεσίους kannte. Aber abgesehen davon, daß wir durch den gesamten Inhalt des 2 Tm in einen Lebensabschnitt des Pl versetzt werden, welcher bedeutend später fällt als die Abfassung des Eph, so hätte es viel näher gelegen, auf Grund von Kl 4, 7 von einer Sendung des Tychicus nach Kolossä zu reden; und fast unvermeidlich würde dem Fälscher irgend ein Anklang an Eph 6, 21 f. oder Kl 4, 7 f. in die Feder geflossen sein. Ein solcher fehlt, und dagegen finden wir den Tychicus

Tt 3, 12 neben einem unbekannten Artemas auf einer Reise nach Kreta. Apollos (Tt 3, 13) war ein berühmter Name; aber nicht die leiseste Andeutung erinnert den Leser an die aus 1 Kr und AG bekannte, höchst charakteristische Figur, und dagegen begegnet uns auch dieser Mann in Begleitung eines sonst Unbekannten auf einer Reise nach Kreta. Daß Trophimus einmal mit Pl in Milet gewesen, konnte man aus AG 20, 4. 15; 21, 29 wissen, aber nur im Widerspruch mit der letzteren Stelle konnte man erfinden, daß Pl ihn dort krank zurückgelassen habe (2 Tm 4, 20). Daß Erastus in Korinth zu Hause war, mochte man aus Rm 16, 23 cf 16, 1 erschließen; ihn als einen Reisenden vorzustellen, der in Korinth blieb, statt weiterzureisen (2 Tm 4, 20), mußte einem von Rm 16 abhängigen Dichter sehr fern liegen. Weder ältere Schriften, die wir besitzen, noch Ideen, die wir erkennen, sind die Quelle aller dieser Angaben. Da Timotheus nach 1 Th 3, 2; 1 Kr 4, 17; 16, 10; Phl 2, 19–23 und Titus nach 2 Kr 7, 6—15; 8, 6; 12, 18 gelegentlich als Stellvertreter des Pl in den von diesem gestifteten Gemeinden tätig gewesen waren, so lag es an sich nicht fern, sie auch noch in anderen Gemeinden, als den in den älteren Briefen genannten, als Delegaten des Apostels vorübergehend tätig zu denken und seine Wünsche in bezug auf die Gestaltung des kirchlichen Lebens in Form von Briefen des Pl an diese seine Gehilfen literarisch zu verbreiten. Unbegreiflich aber wäre schon dies, daß ein Pseudopaulus, welcher mit solcher Absicht und auf Grund der älteren Briefe diese Briefe erdichtete, den Lesern ein so überaus ungünstiges Bild des Timotheus dargeboten haben sollte, welchen der echte Pl so oft und so hoch gerühmt hatte (z. B. Phl 2, 20—22). Alle legendarische Dichtung der alten Kirche war panegyrisch; und jedes im zweiten Jahrhundert laut gewordene ungünstige Urteil über solche Personen, welche im NT ehrenvoll erwähnt oder gar mit Lob bedacht sind, ist entweder wie bei Marcion und in den Pseudoclementinen aus einer gegen die ntl und altkirchliche Tradition feindseligen Richtung zu erklären, oder wie z. B. die ungünstigen Erzählungen über Nikolaus als ein unerfindbares geschichtliches Zeugnis zur Ergänzung unserer mangelhaften Kenntnis jener Zeiten und Personen zu verwerten. Von einer Absicht, den Tim. herabzusetzen, kann nun nicht die Rede sein bei einem Vf, welcher ihm schon durch die Erdichtung zweier Briefe des Pl an ihn eine hohe Ehre erwiesen hätte, und welcher ihn uns trotz aller Mängel seines Charakters, die er uns erkennen läßt, als einen Gegenstand zärtlicher Liebe des Pl vorführt. Demnach muß dieses Bild des Tim. und die Briefe, die es uns darbieten, echt sein. Es ist schwer zu begreifen, wie man dieses kritische Argument durch die sentimentale Erwägung entkräften zu können geglaubt hat, daß durch Anerkennung der Echtheit der Briefe an Tm ein Heiligenbild zerstört werde. Hiemit ist bereits die Frage nach einem Zweck der angeblichen Erdichtung berührt, ohne deren befriedigende Beantwortung Niemand sich bei der Behauptung der Unechtheit beruhigen sollte. Man hat die Absicht des Fälschers hauptsächlich finden wollen in dem, was im 1 Tm und im Tt über die Ordnung des kirchlichen Lebens gesagt ist, und in dem, was in allen drei Briefen gegen gewisse Verirrungen auf dem Gebiet der Lehre gesagt ist.

In ersterer Beziehung ist vor allem zu bemerken, daß die oben S. 419 ff. 429 f. gezeichnete oberhirtliche Stellung, welche Tit. in Kreta und Tim. in der Provinz Asien im Verhältnis zu einem größeren Kreis von Gemeinden zeitweilig einnehmen, im ordnungsmäßigen Kirchenleben der nachapostolischen Zeit ohne alle Analogie ist. Sie war ein Ausfluß der einzigartigen, an keinen einzelnen Ort gebundenen Stellung des kirchenstiftenden und kirchenleitenden Apostolats, an dessen Ausübung diese Gehilfen des Pl in seinem Auftrag und als seine zeitweiligen Vertreter teilnahmen. Wenn man deren Stellung nach dem irreführenden Vorgang altkirchlicher Auslegung (oben S. 428 A 6 und 432 A 2) und nach gewissen wenig zutreffenden Analogien moderner Verhältnisse als eine bischöfliche bezeichnen will, so sollte man den Tim. wenigstens nicht als einen Bischof von Ephesus, sondern als einen Bischof von Asien und den Tit. als einen Bischof von Kreta betrachten, und würde sich dann vielleicht erinnern, daß es wohl Bischöfe von Ephesus, Smyrna, Laodicea in der Provinz Asien, und Bischöfe von Gortyna und von Knossus auf Kreta, aber niemals Bischöfe von Asien und von Kreta gegeben hat. Die Ortsgemeinden der nachapostolischen und altkatholischen Zeit waren autonome Korporationen; der monarchische Episkopat war das oberste und zwar lebenslängliche Amt dieser Ortsgemeinden. Dabei blieb es, auch als man sich, zu einer Zeit, vor welcher die „Pastoralbriefe" jedenfalls geschrieben sein müssen, daran gewöhnte, die Bischöfe als Nachfolger der Apostel zu betrachten und ihnen mit wachsender Entschiedenheit gewisse kirchliche Handlungen vorzubehalten. Mochte das persönliche Ansehen einzelner Bischöfe wie Ignatius und Polykarp oder die geschichtliche Würde der Ortsgemeinde, welcher sie vorstanden, ihnen ein moralisches Recht geben, mit Rat und Rüge in das kirchliche Leben einer anderen, als ihrer eigenen Ortsgemeinde einzugreifen: eine organisirende und andrerseits eine in das Einzelne des Gemeindelebens eingreifende inspizirende Einwirkung, wie sie Tit. und Tim. auf sämtliche Ortsgemeinden eines großen Bezirks ausüben sollten, konnte im zweiten Jahrhundert kein Bischof von Ephesus oder von Rom über eine andere als seine eigene Ortsgemeinde sich anmaßen, und hat keiner sich angemaßt. Es erscheint daher undenkbar, daß während der Jahre 70—170 ein Pseudopaulus den 1 Tm und den Tt erdichtet haben sollte, in welchen das gesamte kirchliche Leben größerer Kreise unter den bestimmenden Einfluß einer persönlichen Kirchengewalt gestellt erscheint, welche zu seiner Zeit gar nicht existirte, und von deren Wirksamkeit in apostolischer Zeit die sonstigen ntl Schriften kaum eine blasse Ahnung gewähren konnten. Was ferner die amtliche Organisation der Einzelgemeinde anlangt, so findet sich nirgendwo eine Aufzählung der Ämter und eine Beschreibung ihrer Funktionen, welche den Eindruck machen könnte, daß eine bestimmte Zahl und Ordnung der Ämter im Unterschied von einer andern empfohlen oder neu eingeführt werden solle, sondern unter Voraussetzung einer feststehenden Ordnung werden die Eigenschaften genannt, auf deren Vorhandensein bei der Wahl und Bestellung von Gemeindebeamten gesehen werden soll, und welche diese in der Führung je ihres Amtes zu beweisen haben. Die natürliche Folge davon ist, daß wir aus diesen Briefen eine runde Antwort auf die Frage nach dem Bestand der überall nur vorausgesetzten Ämterordnung nicht ablesen können. Wären wir auf den 1 Tm allein angewiesen, so könnte man aus 3, 1—13 sich die Vorstellung bilden, daß je ein *ἐπίσκοπος* und eine Mehrheit von *διάκονοι* den gesamten Klerus der Einzelgemeinde bildeten. Die Irrigkeit dieser Vorstellung würde allerdings schon daraus sich ergeben, daß nicht nur in apostolischer, sondern auch in nachapostolischer Zeit, wo immer die gesamte Beamtenschaft der Einzelgemeinde durch diese beiden Titel bezeichnet wird, eine Mehrheit von *ἐπίσκοποι* neben einer Mehrheit von *διάκονοι* genannt wird (A 4). Eine Verfassung, nach welcher ein einziger Bischof mit einer Mehrheit von Diakonen den ganzen amtlichen Dienst an der Ortsgemeinde versehen hätte, hat es niemals gegeben. Dazu kommt aber noch, daß wir in einem andern Zusammenhang, aber in demselben Brief (5, 17—22) von Gemeindevorstehern hören, welche dort als *πρεσβύτεροι* bezeichnet sind. Daß in jeder Gemeinde eine Mehrheit von solchen vorhanden war, würde sich von selbst verstehen, auch wenn nicht aus dem größeren Kreise der vorstehenden Presbyter diejenigen besonders hervorgehoben würden, welche sich der Lehrtätigkeit widmen (5, 17), und dann wieder der einzelne Presbyter, gegen welchen im einzelnen Fall etwa Klage erhoben wird (5, 19); und auch wenn wir nicht 4, 14 von dem *πρεσβυτέριον* der Heimatsgemeinde des Tim als einer einheitlich handelnden Korporation läsen; denn *πρεσβύτεροι* in dem hier zweifellosen Sinn des Wortes, „vorstehende Presbyter“ gibt es ebensowenig, wo kein Presbyterium besteht, wie es Senatoren gibt, wo es keinen Senat gibt (A 5). Als Mitglieder des der Gemeinde vorstehenden Kollegiums sind auch die einzelnen Presbyter Gemeindevorsteher. Nach dem Zusammenhang von 1 Tm 5, 22 kann auch nicht zweifelhaft sein, daß sie wie andere Gemeindemitglieder, welchen ein besonderer Dienst und eine Sonderstellung in der Gemeinde zugewiesen wurde, bei der Aufnahme in das Presbyterium unter Handauflegung für diese Stellung und Tätigkeit durch das Gebet der Gemeinde gesegnet wurden. Sie unterscheiden sich also in nichts als im Namen von dem *ἐπίσκοπος* in 3, 1—7; denn auch dessen „Fürsorge“ für die Gemeinde wird als ein *προΐστασθαι, προστῆναι* bezeichnet (3, 4 f.), wie die Stellung der Presbyter (5, 17); und die Nichterwähnung der letzteren in der anscheinend vollständigen Anführung der hauptsächlichen Gemeindeämter 3, 1—13 erklärt sich nur daraus, daß die *πρεσβύτεροι* auch *ἐπίσκοποι* waren und bald so, bald so genannt wurden. Daß Pl sie an der einen Stelle *πρεσβύτεροι* nennt, erklärt sich daraus, daß er dort von einer Ermahnung zum richtigen Verhalten gegen die älteren Gemeindemitglieder überhaupt herkommt (A 6). Wie aus den *πρεσβύτεραι* (5, 2) die Witwen besonders herausgehoben werden (5, 3—16), so aus der Klasse der *πρεσβύτεροι* im weiteren

Sinne (5, 2) die προεστῶτες πρεσβύτεροι (5, 17—19). Ihre amtliche Tätigkeit kommt hier nur als Voraussetzung ihrer Ehrenstellung und der Behandlung, welche ihnen widerfahren soll, in betracht. Passend dagegen werden sie als ἐπίσκοποι und ihr Amt als ἐπισκοπή bezeichnet, wo es sich recht eigens um ihre amtliche Tätigkeit und die für die Übertragung derselben erforderlichen Eigenschaften handelt (3, 1 f.). Daß dies das Verhältnis zwischen Presbytern und Bischöfen ist, wird zweifellos durch Tt 1, 5—9; denn keine exegetische Kunst kann die Tatsache verdunkeln, daß dort die Identität von ἐπίσκοπος und πρεσβύτερος als selbstverständlich vorausgesetzt ist (A 7). In jeder Stadt Kretas soll Titus Presbyter anstellen, d. h. der Ortsgemeinde ein Presbyterium geben. Wenn nun die Forderung gewisser Eigenschaften, welche für die Wahl der einzelnen Presbyter maßgebend sein soll, durch eine Aussage über die Anforderungen begründet wird, welche an den Bischof zu stellen sind, so folgt nicht nur, daß der Presbyter ein Bischof ist, sondern auch, daß es keinen über dem Presbyterium stehenden Amtsträger mit dem Titel ἐπίσκοπος gab. Es ist ganz der gleiche Stand der Gemeindeverfassung, welchen die AG für die kleinasiatischen Gemeinden zu Lebzeiten des Pl bezeugt, und welcher nach dem Brief des Clemens am Ende des 1. Jahrhunderts in Rom und Korinth, nach dem Brief des Polykarp in Philippi noch zu Anfang des 2. Jahrhunderts bestand (A 8). Nun finden wir aber an der Hand der Apokalypse, der Ignatiusbriefe und der Tradition über die Schüler des Johannes in denselben kleinasiatischen Gemeinden, auf welche wir durch die Briefe an Tim. als deren Bestimmungsort hingewiesen sind, schon seit dem Ende des 1. Jahrhunderts den monarchischen Episkopat allgemein eingeführt und fest begründet, welcher um die Mitte des 2. Jahrhunderts auch in den europäischen Gemeinden immer deutlicher hervortritt. Wie wäre es zu erklären, daß ein Pseudopaulus, welcher um 100 oder um 160 durch seine Dichtung auf die kirchenregimentlichen Verhältnisse seiner Zeit einwirken wollte, die ihn umgebende Wirklichkeit des kirchlichen Lebens so völlig ignorirt und in bezug auf die wesentlichen Formen der Gemeindeverfassung seinen Pl und dessen Gehilfen mit so strenger Kunst im Kostüm und der Terminologie der Jahre 50—70 gehalten hätte? Die Absicht, auf diese Weise jeden verräterischen Anachronismus zu vermeiden, würde mit der gleichzeitigen Absicht, unter dem Namen des Pl auf die Gegenwart der Kirche zu wirken, in unversöhnlichem Widerspruch gestanden haben, und selbst die Fähigkeit dazu kann kein Kenner der altkirchlichen und überhaupt der alten Literatur einem Fälscher oder Dichter jener Zeiten zutrauen. Daß Pl nur in diesen Briefen die amtliche Ordnung des Gemeindelebens und die Pflichten der Vorsteher und Diakonen eigens erörtert, während er sich in den übrigen mit unbestimmteren Andeutungen und gelegentlichen Erwähnungen begnügt (1 Th 5, 12; 1 Kr 12, 28; 16, 15 f; Rm 12, 7 f.; 16, 1; Gl 6, 6; Eph 4, 11; Kl 4, 17; Phl 1, 1) kann kein Bedenken erregen, da wir keine Briefe des Pl von ähnlicher äußerer Veranlassung wie Tt und 1 Tm besitzen. Auch der 2 Tm sagt nichts von Bischöfen, Diakonen, Presbytern und Witwen und nichts von einer oberhirtlichen Stellung des Tim., sondern stellt diesen lediglich als Evangelisten, als Teilhaber am Predigt- und Lehrberuf des Apostels dar (oben S. 402 f. 419 f.). Es kann also auch nicht als eine Eigentümlichkeit des Vf der Pastoralbriefe gelten, daß er für die amtliche Organisation des kirchlichen Lebens ein Interesse zeige, welches dem Pl noch fremd gewesen wäre. Daß eben erst entstandene Gemeinden sofort auf ausdrückliche Anordnung des Apostels einen Vorstand erhalten (Tt 1, 5), mag gewissen Phantasien konstruirender Historiker widersprechen, stimmt aber genau überein mit den ältesten Quellen, welche überhaupt über die Entstehung der Gemeindeverfassung in den heidenchristlichen Gemeinden etwas sagen, mit der AG (14, 23 cf A 7) und dem Brief des Clemens (c. 42, 4—43, 1; 44, 1—3), sowie mit der Tatsache, daß die Gemeinde von Thessalonich wenige Wochen oder höchstens Monate nach ihrer Entstehung ihre mit anstrengender Arbeit belasteten Vorsteher hatte (1 Th 5, 12). Wenn 1 Tm 3, 11 nach wahrscheinlicher Deutung von weiblichen *διάκονοι* die Rede ist, so weist uns das nicht über die Zeit des Pl hinaus (Rm 16, 1). Es liegt doch lediglich an der Dürftigkeit der vorhandenen Nachrichten, wenn die Anweisungen in bezug auf die Witwen (1 Tm 5, 3—16), besonders auch deren Verhältnis zu den Diakonissen für uns Manches dunkel lassen. Zweierlei jedoch ist für die Kritik wichtig: 1) Die Ausdrücklichkeit und Genauigkeit, welche diese Anordnungen von den die Bischöfe und Diakonen betreffenden sehr merklich unterscheidet (z. B. 5, 9), beweist, daß die kirchliche Ehrenstellung gewisser Witwen bei weitem nicht eine so alte und festgegründete Einrichtung war, als Episkopat (Presbyterat) und Diakonat. 2) Von der schon durch Ignatius bezeugten Fortentwicklung dieser Einrichtung, vermöge deren auch einzelstehende Jungfrauen in den Kreis der Witwen aufgenommen wurden, zeigt sich hier noch keine Spur (A 9). — Bedenken müßte es erregen, wenn ein nicht nur dem Pl, sondern dem NT überhaupt fremder Begriff vom geistlichen Amt zum Ausdruck käme. Das wäre der Fall, wenn von den „Geistlichen" eine höhere Sittlichkeit gefordert würde als von allen Christen, wie z. B. durch das Verbot einer zweiten Ehe. Gegen dieses alte Misverständnis von Tt 1, 6; 1 Tm 3, 2. 12 entscheidet aber schon dies, daß es lauter jedem Christen zukommende Pflichten und Tugenden sind, unter welchen und zwar an erster Stelle das *μιᾶς γυναικὸς ἀνήρ* steht. Der Vf müßte Wiederverheiratung eines Witwers für eine allerschwerste Sünde gehalten haben. Dies ist aber unglaublich, da er die Wiederverheiratung von Witwen, die zu allen Zeiten eher anstößig gefunden worden ist, als Wiederverheiratung von Witwern, nicht nur in Übereinstimmung mit 1 Kr 7, 39 für erlaubt erklärt, sondern den jüngeren Witwen geradezu empfiehlt (1 Tm 5, 14), wie er denn überhaupt das eheliche Leben in Schutz nimmt (1 Tm 2, 15; 4, 3). Wonach Pl vor allem anderen bei den zu bestellenden Vorstehern und Diakonen und auch bei den Witwen, welche auf kirchliche Ehrung Anspruch machen, gefragt haben will, ist dies, ob sie in einer reinen, durch keinen außerehelichen

Geschlechtsverkehr befleckten Ehe gestanden haben oder stehen (A 10). Nur an die so verstandene Regel schließen sich die übrigen Anforderungen, die wir damit verbunden finden, als gleichartig an, insbesondere die, daß die im kirchlichen Dienst Anzustellenden als Hausväter und Erzieher ihrer Kinder sich tadellos bewiesen haben müssen (Tt 1, 6; 1 Tm 3, 4 f.; 12 cf 5, 7. 10. 14). Während die persönlichen Eigenschaften, ohne welche Niemand einen Dienst an der Gemeinde übertragen bekommen soll, sehr umständlich in positiver und negativer Form aufgezählt werden, werden nirgendwo die Funktionen der verschiedenen Amtsträger namhaft gemacht, sondern überall als bekannt vorausgesetzt. Es kann also auch nicht von einer Absicht die Rede sein, die Amtsbefugnisse derselben zu erweitern, ihre Auktorität zu steigern oder überhaupt in dem Verhältnis von Gemeinde und Gemeindebeamten eine Veränderung herbeizuführen. Der Abstand von den Briefen des Ignatius, aber auch von denjenigen des Clemens und des Polykarp in dieser Beziehung ist handgreiflich. Jedes Gemeindeglied kann als Vorbeter in der Gemeindeversammlung fungiren (oben S. 427 A 4). Die Lehre ist nicht an ein Gemeindeamt gebunden. Auch abgesehen von der Lehrtätigkeit eines Titus und eines Tim., welche kein auf eine Einzelgemeinde bezügliches Amt haben, sondern als Stellvertreter des Pl und Teilhaber an dem apostolischen Beruf nach seiner doppelten Beziehung auf die Mission unter den Ungläubigen und die Belehrung und Leitung der vorhandenen Gemeinden unter anderem auch zu lehren haben, zeigt sich dies überall. Wenn den Weibern das Lehren in der Gemeindeversammlung verboten wird (1 Tm 2, 12 oben S. 427), während ihnen, zumal den älteren, unbenommen bleibt, ihresgleichen durch Wort und Beispiel Heilsames zu lehren (Tt 2, 3), so ist damit auch gesagt, daß jeder Mann an sich das Recht hat, lehrend aufzutreten. Nur unter dieser Voraussetzung ist zu verstehen, was 1 Tm 1, 3—7; 6, 3—5 von ἑτεροδιδασκαλοῦντες und 2 Tm 3, 6—9; Tt 1, 10—14 von noch schlimmeren Leuten gesagt ist. Nicht der Mangel einer ordentlichen Befugnis zum Lehren wird ihnen vorgeworfen; es ist auch nicht von amtlich bestellten Lehrern die Rede, welche von ihrem Amt schlechten Gebrauch machen und deshalb ihres Amtes zu entheben wären, sondern Gemeindegliedern, welche auf Grund einer angeblich tieferen Erkenntnis und besondern Lehrbefähigung zu Lehrern sich aufwerfen und in verkehrter oder geradezu verderblicher Weise in den Gemeinden und in den Häusern lehren, soll Tim. ihr Treiben untersagen und Titus scharf entgegentreten. Das setzt in der hier fraglichen Beziehung dieselben Verhältnisse voraus, wie wir sie aus Jk 3, 1; Rm 12, 7; 1 Kr 12—14; Kl 3, 16 kennen. Auch 2 Tm 2, 2 weist nichts auf eine Gebundenheit der Lehrtätigkeit an ein Amt. Wohl werden unter den amtlich bestellten Presbytern diejenigen besonders hervorgehoben und auch der äußeren Fürsorge der Gemeinde besonders warm empfohlen, welche auf dem Gebiet der Rede und Lehre eine anstrengende Tätigkeit ausüben (1 Tm 5, 17 f. cf Gl 6, 6; 1 Kr 9, 6—14). Es soll auch in Anbetracht der großen Zahl schädlich wirkender Lehrer bei der Anstellung der Gemeinde-

oder von Bestellung solcher durch die kirchenstiftenden Missionare die Rede ist (AG 14, 23). Auch die Beobachtung, daß Handauflegung hier wie ein abkürzender Kunstausdruck gebraucht wird, sofern nämlich 1 Tm 4, 14; 5, 22; 2 Tm 1, 6 daneben nicht ausdrücklich das fürbittende und segnende Gebet erwähnt wird, als dessen die Zuwendung der von Gott erbetenen Gaben symbolisirende Begleithandlung die Handauflegung überall zu betrachten ist, gibt keinen Anlaß zu der Meinung, daß die Ordination als ein Sakrament von magischer Wirkung betrachtet werde; denn auch anderwärts finden wir den abkürzenden Ausdruck (AG 8, 17—19; 9, 17; 19, 6 cf Mr 6, 5; 8, 23. 25; Lc 13, 13; Hb 6, 2) neben dem vollständigeren (AG 6, 6; 13, 3 cf 28, 8); und sowenig man aus Fällen, wo nur des Gebets und nicht auch der Handauflegung gedacht wird (AG 1, 24; bei Heilungen Jk 5, 14; AG 9, 40), schließen kann, daß die letztere unterblieben sei, sowenig ergibt sich aus den Fällen entgegengesetzter Art, daß der Handauflegung eine von Gebet und Glauben unabhängige Zauberkraft zugeschrieben wurde.

Man hat ferner Spuren einer späteren Zeit und einen Hauptzweck der Erdichtung dieser Briefe in den Äußerungen über Irrlehrer und Irrlehren finden wollen (A 11). Will man nicht die Unechtheit der Briefe, die man dadurch doch erst zu beweisen hätte, zur Voraussetzung der Beweisführung machen, so ist vor allem zu unterscheiden zwischen dem, was Pl von gewissen Erscheinungen der Gegenwart sagt, und dem, was er für die Zukunft erwartet und weissagend in Aussicht stellt; ferner zwischen solchen Leuten, welche vom Gemeinglauben abgefallen sind, von der Gemeinde sich absondern oder auch ausgestoßen sind, und solchen, welche noch innerhalb der Gemeinde stehen, aber in schädlicher Weise als Lehrer wirken oder an solcher Lehrweise ein Gefallen finden. Daß zwischen diesen Gruppen Verbindungsfäden hin und her gehen, daß insbesondere die Weissagung zukünftiger Entartungen an die Erscheinungen der Gegenwart anknüpft, liegt in der Natur der Sache, berechtigt aber nicht dazu, jene Unterschiede als gleichgiltige Variationen der Darstellungsform zu behandeln. Innerhalb der Gemeinde, ihres Bekenntnisses und ihrer Ordnung stehen die Leute, deren schädlichem Treiben entgegenzuwirken eine Hauptaufgabe des Tim. in Ephesus sein soll (1 Tm 1, 3 A 12 u. oben S. 426 A 3); denn Tim. soll nicht die seiner Obhut anvertrauten Gemeinden vor ihnen warnen, sondern ihnen selbst anbefehlen, sich der von ihnen geübten Lehrtätigkeit zu enthalten. Was Pl zur Charakteristik ihrer Lehrtätigkeit sagt, soll offenbar nicht nur dem Tim. die Augen öffnen und ihn von deren Gemeingefährlichkeit überzeugen, sondern ihm auch die Wahrheiten an die Hand geben, durch deren Vorhalt er sie zur Einstellung ihres schädlichen Treibens bewegen soll. Sie sind noch nicht *αἱρετικοί*, Leute, die sich vom Gottesdienst und der Lebensgemeinschaft der Gemeinde absondern; denn solche soll man ihrem Schicksal überlassen (Tt 3, 10 cf 1 Kr 11, 19). Nur wenn sie trotz der Zurechtweisung durch einen Tim. oder Titus bei ihrem Treiben beharren, steht zu erwarten, daß sie außerhalb des geordneten Gemeindelebens fortsetzen, was ihnen innerhalb desselben verwehrt ist. Daß sie bisher der Gemeinde als deren Glieder angehören, ergibt sich nicht nur daraus, daß Tim. ihnen gebieten soll, ihre Lehrtätigkeit einzustellen, sondern auch daraus, daß Pl an einzelnen Personen, welche aus diesem Kreise hervorgegangen und über denselben hinausgeschritten sind, kirchliche Zucht geübt hat (1 Tm 1, 20 cf dagegen 1 Kr 5, 12). Auch aus Tt 1, 9 erhellt, daß der Widerspruch dieser Leute gegen die gesunde Lehre auf demselben Boden des Gemeindelebens laut wird, auf welchem der des Lehrens kundige Bischof mit seinem Lehren und Mahnen sich bewegt. Wenn Titus sie in strengem Tone widerlegen und ihnen das Maul stopfen soll (Tt 1, 11. 13), so wäre das an sich schon ein Verfahren, wodurch er sich nur lächerlich machen würde, sofern es sich um Nichtchristen handelte. Vollends aber der Zweck dieses Verfahrens, daß sie nämlich am Glauben gesund werden, setzt unzweideutig voraus, daß sie den Glauben, also den christlichen Glauben in gewissem Sinne besitzen und mit dem Munde bekennen (cf Tt 1, 16). Weil sie sich aber nicht an die gesunde Lehre Jesu und seiner Gemeinde halten, sondern vermöge einer krankhaften Geistesart törichte und wertlose Dinge vortragen (1 Tm 6, 3 f. cf Kl 2, 19 oben S. 420 f. 426 A 3), kann man sie ungläubig (Tt 1, 15), wenn nicht gar schlimmer als ungläubig nennen (1 Tm 5, 8). Die Lehrtätigkeit war noch nicht an ein kirchliches Amt oder an mehrere solche gebunden (oben S. 466); aber es gab doch schon *διδάσκαλοι*, Leute, welche das Lehren innerhalb der Gemeinde zu ihrem hauptsächlichen Lebensberuf machten (Eph 4, 11; 1 Kr 12, 28 f.; Rm 12, 7; AG 13, 1; Didache 13. 15 cf 2 Tm 2, 2; 4, 2). Abgesehen von den Aposteln, welchen neben der Predigt an die Ungläubigen auch ein innergemeindliches Lehren obliegt (1 Kr 2, 6—3, 3; 4, 17; Kl 1, 28; 1 Tm 2, 7; 2 Tm 1, 11; AG 2, 42), und abgesehen von den Gehilfen des Pl, welche hieran teilnehmen (oben S. 421. 430), gibt es solche Lehrer sowohl unter den Gemeindevorstehern, als außerhalb dieses Kreises (oben S. 466). Es könnte weder an den Stellen, wo von *ἑτεροδιδασκαλεῖν*, noch an denjenigen, wo von den Gemeindevorstehern die Rede ist, jede Spur davon fehlen, wenn jene *ἑτεροδιδασκαλοῦντες* zugleich Presbyter oder Episkopen gewesen wären. Sie sind also unter den „Laien“ zu suchen. Andrerseits handelt es sich doch auch nicht um ein vereinzeltes Auftreten mit einem Lehrvortrag (1 Kr 14, 26), sondern, wie schon das Wort *ἑτεροδιδασκαλεῖν* zeigt (A 12), um einen gewohnheitsmäßigen Betrieb des Lehrgeschäfts. Nach 1 Tm 6, 3—10 kann auch nicht zweifelhaft sein, daß diese Lehrer aus dem Lehren im eigentlichsten Sinn ein Geschäft machten, sich für ihre Arbeit honoriren ließen und daraus beträchtlichen Gewinn zogen (A 13). Aber nicht bloß die gewinnsüchtige Nebenabsicht und nicht bloß das weit über ihr wirkliches Verständnis der Schrift und des Christentums hinausgehende Selbstgefühl (1 Tm 6, 4. 20; 1, 7), womit diese Leute sich das Lehrgeschäft anmaßen, hat Pl zu strafen, sondern ihre gewerbsmäßige Lehrtätigkeit selbst nennt er zweimal ein *ἑτεροδιδασκαλεῖν* d. h. aber nicht, daß sie eine von der christlichen

Lehre oder dem Ev des Pl abweichende Lehre, eine Irrlehre vortragen, sondern daß sie die Tätigkeit eines verkehrten Lehrers ausüben, als verkehrte Lehrer sich aufspielen oder, anders ausgedrückt, daß sie in einer abnormen, verkehrten Weise als Lehrer tätig sind (A 12). Das würde freilich nicht so ernst zu nehmen sein, wenn es sich nur um ein Ungeschick der Vortragsweise handelte und nicht auch das, was sie lehren, verkehrt wäre. Andrerseits aber ist auch klar, daß sie nicht über die Grundwahrheiten des Christentums eine nach dem Urteil des Pl lügnerische und trügerische Lehre vortragen. Vor allem würde eine solche nicht ungenannt geblieben sein; wie Pl selbst, so würde erst recht ein Pseudopaulus die gegnerischen Grundlehren, deren Verbreitung er im Namen des Pl entgegenwirken wollte, inhaltlich gekennzeichnet und geradezu verdammt haben. Statt dessen wird jenen Lehrern zum Vorwurf gemacht, daß sie, statt sich an die gesunden Worte und Lehren, welche Jesus selbst verkündigt hat, und die seither in der Gemeinde vorhandene fromme Lehre zu halten (1 Tm 6, 3), sich mit Gegenständen befassen, welche nicht sowohl zur Ausübung des Berufs eines Haushalters Gottes, als zu Disputationen Anlaß geben (1 Tm 1, 4; oben S. 426 A 3). Ihnen selbst wird eine krankhafte Neigung zu Disputationen und Wortstreitereien nachgesagt (6, 4) und zwar zu Disputationen, welche ebenso unnütz und wertlos sind (Tt 3, 9), als die Gegenstände selbst, womit sie sich mit Vorliebe beschäftigen. Sie befassen sich zwar mit dem Gesetz, worunter nur das mosaische verstanden werden kann; sie machen Anspruch darauf, als gründliche Kenner desselben die rechten Gesetzeslehrer zu sein (1 Tm 1, 7), wie denn auch die Disputationen, welche die Folge ihres Lehrens zu sein pflegen, das Gesetz betreffende Kämpfe heißen (Tt 3, 9). Aber nicht das moralische Endziel alles Gebotes (1 Tm 1, 5) oder die typische und prophetische Bedeutung des Gesetzes sind sie bemüht zu entfalten, was nach 1 Tm 1, 8 cf 2 Tm 3, 15 f. sehr berechtigt wäre, sondern unverbürgte Sagen und endlose Genealogien (1 Tm 1, 4; Tt 3, 9), jüdische (Tt 1, 14), profane und altweiberische Fabeleien (1 Tm 4, 7) heißen ihre Lieblingsgegenstände. Daß man unter diesen μῦθοι und γενεαλογίαι die phantastischen Spekulationen, insbesondere die Äonenreihen der heidenchristlichen Gnosis des 2. Jahrhunderts hat verstehen wollen, ist viel unbegreiflicher, als daß ein Irenäus und Tertullianus in ihrem Kampf gegen die Valentinianer einige Ausdrücke des Pl auf deren Lehrgebilde anwandten (A 14). Auch wenn nicht Tt 1, 10 ausdrücklich gesagt wäre, daß es vor allem Lehrer jüdischer Herkunft seien, welchen entgegengetreten werden müsse, und Tt 1, 14, daß es ἰουδαϊκοὶ μῦθοι seien, womit jene sich befassen, und Tt 3, 9, daß es νομικαὶ μάχαι seien, welche sie herbeiführen, würde eben das, was an diesen Stellen förmlich ausgesprochen ist, sich daraus ergeben, daß die fraglichen Leute für νομοδιδάσκαλοι gelten wollen (1 Tm 1, 7). So heißen sonst die Rabbinen (Lc 5, 17; AG 5, 34 cf Rm 2, 17—23). Mögen unter den ἑτεροδ. einzelne geborene Heiden gewesen sein, welche etwa schon vor ihrer Bekehrung zum Christentum Proselyten des Judentums gewesen oder erst durch ihre Aufnahme in die

Kirche mit dem Judentum vertraut geworden waren, so kann doch keinem Zweifel unterliegen, daß die gesamte Richtung dieser „verkehrten Lehrer“ im Judentum und zwar im rabbinischen Judentum wurzelt. Daher können auch die Sagen und die Genealogien, mit welchen sie sich zu befassen liebten, nur solche sein, mit welchen sich etwa auch jüdische Schriftgelehrte befaßten. An den Text des Pentateuchs oder, da der νόμος, nach welchem der νομοδιδάσκαλος genannt wird, auch das ganze AT bezeichnet (1 Kr 14, 21; Jo 10, 34), an den Text des AT's überhaupt werden die sagenhaften Überlieferungen und die endlos weitergesponnenen Genealogien sich angeschlossen haben (A 15). Daß auch im Falle der Unechtheit der Pastoralbriefe nicht an die Äonenreihen und Syzygien der gnostischen Systeme zu denken sei, beweist jedes hier in Betracht kommende Wort. Während die kirchlichen Bestreiter jener Lehren darin eine lästerliche Verdunkelung des einen wahren Gottes erblickten und deren Erfinder als Götzenfabrikanten verabscheuten (Iren. I, 15, 6), wird hier den Genealogien nichts schlimmeres nachgesagt, als daß sie endlos (1 Tm 1, 4) und etwa noch, daß sie töricht seien, wie die auf sie bezüglichen Disputationen (2 Tm 2, 23) und die auf das Gesetz bezüglichen Zänkereien, mit welchen sie Tt 3, 9 zusammengestellt werden. Die Sagen, mit welchen nach 1 Tm 1, 4 die Genealogien als ein Element derselben verbunden erscheinen, werden nicht nur jüdische genannt Tt 1, 14, was an sich kein Tadel wäre, sondern auch βέβηλοι καὶ γραώδεις 1 Tm 4, 7. Das letztere Attribut ist gewiß verächtlich, doch aber zugleich ein sicherer Beweis dafür, daß hier nicht von grundstürzenden Irrlehren die Rede ist. Das erstere Attribut aber, welches 1 Tm 6, 20; 2 Tm 2, 16 allen Lehren der ἑτεροδ. gegeben wird, bildet, wo es von Sachen gebraucht wird, nur den Gegensatz zu ἱερός. Während der rechte Lehrer aus den ἱερὰ γράμματα (2 Tm 3, 15) nur auf die Frömmigkeit und das Heil bezügliche und somit heilige Wahrheiten hervorholt, beschäftigen sich diese Lehrer mit profanen Gegenständen und tragen Lehren vor, welche in den hl. Schriften wohl einen Anknüpfungspunkt finden mögen, in der Tat aber außerhalb des heiligen Bereichs liegen, in welchem sich der rechte Lehrer der Gemeinde bewegt. Geringschätzig genug wird von diesen Lehrern wie von ihren Lehren geredet. Die Erkenntnis, deren sie sich rühmen, trägt diesen Namen mit Unrecht (1 Tm 6, 20). In der Tat verstehen sie nichts von den Dingen, über die sie reden, und erkennen nicht die Tragweite ihrer eigenen Behauptungen (1 Tm 1, 7; 6, 4). Die Fragen selbst, mit denen sie sich und ihre Hörer beschäftigen, beweisen ihren Unverstand und ihren Mangel an wirklicher Bildung (2 Tm 2, 23). Ihr gesamtes Lehren wird als ein nichtiges Gerede (1 Tm 1, 6 ματαιολογία, Tt 1, 10 ματαιολόγοι cf Tt 3, 9 μάταιοι), als inhaltlose Worte (1 Tm 6, 20; 2 Tm 2, 16 κενοφωνίαι) und sowohl direkt wie durch den Gegensatz als nutzlos bezeichnet (Tt 3, 9 ἀνωφελεῖς cf ὠφέλιμος Tt 3, 8; 1 Tm 4, 8; 2 Tm 3, 16). Nutzlos aber heißt es, weil es für die rechtverstandene Aufgabe des christlichen Lehrers nichts austrägt, sondern nur unfruchtbare Forschungen und Streitigkeiten um Worte hervorruft (1 Tm 1, 4; 6, 4;

2 Tm 2, 14. 23). Dazu kommt, daß die Gehilfen des Pl ermahnt werden, sich selbst nicht auf diese nutzlosen und profanen Lehren, Forschungen und Disputationen einzulassen (1 Tm 4, 7; 6, 20; 2 Tm 2, 16; Tt 3, 9). Die Ausdrücke selbst, in welche diese Warnungen gefaßt sind, die Analogie der Warnung vor einer Gleichstellung mit jenen Lehrern rücksichtlich des gewinnsüchtigen Betriebs des Lehrgeschäfts (1 Tm 6, 5—11 cf 2 Tm 2, 4), sowie die gegensätzlichen Mahnungen zu eifrigem Vortrag der wesentlichen Wahrheit (1 Tm 1, 18; 4, 6; 6, 2. 20; 2 Tm 2, 1—15; 3, 14—4, 5; Tt 2, 1; 3, 1—8) beweisen, daß auch jene Warnungen an Tim. und Titus sehr ernstlich gemeint sind. Das alles wäre im Munde eines Pseudopaulus, welcher im Namen des Pl die bekannten Irrlehrer des 2. Jahrhunderts bestreiten wollte, Beweis einer ebenso unbegreiflichen Mattherzigkeit, als im Munde des Pl selbst, wenn es sich um Lehrer handelte, die irgendwelche Grundlehren des kirchlichen Gemeinglaubens bestritten. Dies gilt auch von einer zweiten Seite dieser Erscheinung neben derjenigen, welche durch die Worte *μῦθοι, γενεαλογίαι* gekennzeichnet ist. Es versteht sich von selbst, daß Leute, die sich für Gesetzeslehrer ausgaben, sich auch mit dem gesetzlichen Inhalt der Thora beschäftigten, und aus 1 Tm 1, 8—11 ergibt sich, daß sie in einer unevangelischen Weise gewisse Bestimmungen des mosaischen Gesetzes als für die Christen verbindlich behandelten. Aber weder Pl noch Pseudopaulus hätte es verschweigen oder so, wie gezeigt, von ihren albernen und nutzlosen Lehren reden können, wenn sie in der Art der Judaisten des Galaterbriefs die Beobachtung des mosaischen Gesetzes oder auch nur wesentlicher Stücke desselben für eine Bedingung der Seligkeit erklärt und dadurch das Ev des Pl verneint hätten. Wir hören nichts von Beschneidung, Sabbath und dergl. Aus Tt 1, 14—16 entnehmen wir vielmehr, daß sie aus dem Gesetz und im Anschluß an das Gesetz allerlei Regeln über „rein und unrein" entwickelten, und aus der dortigen Bezeichnung dieser Regeln als Menschengeboten (cf Kl 2, 22; oben 330), daß sie über das mosaische Gesetz hinausgehende asketische Vorschriften in bezug auf die Nahrungsmittel und die ganze äußere Lebensführung gaben. Dies wird bestätigt durch die enge Verbindung der Warnung vor jenen profanen und altweiberischen Fabeln mit der Mahnung, nicht sowohl durch leibliche Askese, die nur geringen Gewinn bringe, als durch eine innerliche Zucht für ein frommes Leben auf Erden und die Herrlichkeit des zukünftigen Lebens sich geschickt zu machen 1 Tm 4, 7—10. Da, wie bemerkt, Tim. wiederholt gewarnt wird, selbst der falschen Richtung dieser Leute sich zu nähern, so darf man aus 1 Tm 5, 23 (cf Rm 14, 21) vielleicht schließen, daß sie den Wein verboten. Wie unbedeutend nach alle dem diese Lehrer erscheinen, so verbirgt doch Pl sich und seinen Schülern ebensowenig den Schaden, welchen sie der Kirche bringen, als die Gefahr, in welcher sie selbst schweben. Zanksüchtig und rechthaberisch, wie sie sind, lassen sie sich schwer zurechtweisen; sie sind unbotmäßig und ungehorsam (Tt 1, 10. 16), widersprechen im Bewußtsein ihrer eingebildeten Erkenntnis den Vertretern des echten Christen-

tums (Tt 1, 9; 2 Tm 2, 25). Besonders auf Kreta scheint Pl in dieser Beziehung schlimme Erfahrungen gemacht zu haben (oben S. 430 f.). Zwar auch Tim. soll, statt sich auf Disputationen mit diesen Leuten einzulassen, ihnen einfach gebieten, von ihrem Treiben abzustehen (1 Tm 1, 3 cf 4, 11); in einem Zusammenhang jedoch, welcher an dieselben oder doch gleichartige Leute denken läßt (2 Tm 2, 14—16. 24), wird Tim. ermahnt, es dabei nicht an der Sanftmut fehlen zu lassen und stets die Möglichkeit im Auge zu behalten, daß sie sich zur wahren Erkenntnis bekehren lassen (2 Tm 2, 25 f.). Dem Titus dagegen wird eingeschärft, ihnen das Maul zu stopfen, sie strenge und in gebieterischem Tone zurechtzuweisen (1, 11. 13 cf 2, 15) und sie, wenn sie sich von der Gemeinde, deren Ordnung sie sich nicht fügen wollen, absondern, nach einmaliger oder höchstens zweimaliger Mahnung ihrem Schicksal zu überlassen (3, 10). Separatistische Neigungen mußten ihnen ihrer ganzen Art nach naheliegen. In dem Maße, als ihnen verwehrt wurde, in der Gemeindeversammlung als Lehrer aufzutreten, mußten sie versuchen, in den Häusern ihre Weisheit anzubringen; aber es ist wiederum zu beachten, daß dies wohl Tt 1, 11, aber nicht im 1 Tm erwähnt wird. Über 2 Tm 3, 6 s. unten 477 f. Während sie so den Gemeinden Schaden zufügen, schweben sie selbst in großer Gefahr. Pl betrachtet ihren Zustand als eine Krankheit (1 Tm 6, 4; Tt 1, 13), was vor allem darin zum Ausdruck kommt, daß er die echte Lehre, an welche sie sich nicht halten, und welche ihnen gegenüber mit doppeltem Eifer gepredigt werden soll, beharrlich als die gesunde bezeichnet (A 16). Sie befinden sich also in geistlicher Lebensgefahr und werden, wenn sie sich nicht bekehren, eine Beute des Teufels bleiben (2 Tm 2, 25 f.). Es zeigen sich auch bereits in ihrem sittlichen Leben die schädlichen Folgen ihrer Abkehr von der wesentlichen Wahrheit und ihrer launenhaften Beschäftigung mit religiös wertlosen und moralisch unfruchtbaren Nebendingen. Während sie sich und anderen allerlei asketische Regeln geben, sind sie der Habsucht ergeben und verleugnen tatsächlich den Gott, auf dessen Erkenntnis sie sich etwas zu gute tun (1 Tm 6, 3—10; Tt 1, 13—16). Daß sie nicht, wie die „Gnostiker" nach dem einstimmigen Urteil der Kirche ihrer Zeit, eine lästerliche Lehre von Gott vortragen, sondern sich formell zu dem Gott des christlichen Gemeinglaubens bekennen, zeigt sich auch hier wieder.

Es fragt sich nun, wie sich zu den hiemit genugsam gezeichneten ἑτεροδ. gewisse förmlich vom Glauben abgefallene und aus der Gemeinde ausgeschiedene Leute verhalten. Nach 1 Tm 6, 21 haben Etliche von denen, welche, wie es scheint, dem Kreise oder der Richtung jener ἑτεροδ. angehörten, in bezug auf den Glauben das rechte Ziel und somit den rechten Weg verfehlt, woraus sich beiläufig wieder ergibt, daß das von den ἑτεροδ. insgesamt keineswegs gilt. Ebenso scheinen nach dem Zusammenhang von 1 Tm 6, 3—10 diejenigen, welche in folge ihrer Geldgier sich vom Glauben verirrt haben, zu den ἑτεροδ. zu gehören. Ein gewisser Zusammenhang scheint auch zwischen den 1 Tm 1, 3—7 charakterisirten ἑτεροδ. und den beiden 1, 20 genannten Männern zu bestehen;

denn jene haben die Hauptsache alles Gebotes, nämlich die Liebe, welche ein reines Herz, ein gutes Gewissen und ungeheuchelten Glauben voraussetzt, außer Acht gelassen (cf auch Tt 1, 15); diejenigen aber, aus deren Kreis Alexander und Hymenäus als abschreckende Beispiele namhaft gemacht werden, haben das gute Gewissen geradezu von sich gestoßen oder „über Bord geworfen" (Hofmann) und in folge dessen in bezug auf den Glauben Schiffbruch gelitten. Sie sind zu Lästerungen des den Christen Heiligen und Alexander wenigstens, wenn er nämlich mit dem Alexander in 2 Tm 4, 14 identisch ist (oben S. 413 A 3), zu offenem Widerspruch gegen die apostolische Predigt fortgeschritten. Wenn Pl sie dem Satan zur Züchtigung überantwortet hat, so wird das nicht ohne Mitteilung des Pl an die Gemeinde, der sie angehörten, und darum auch nicht ohne Ausschluß aus dieser Gemeinde zu denken sein. Die lästerlichen Lehren, zu welchen sie sich bekannten, können bei jedem von ihnen ebenso verschiedene gewesen sein, als die Handlungen, worin sich zeigte, daß sie ihrem eigenen Gewissen den Gehorsam aufgekündigt hatten. Daß die Stellung der beiden nicht durchaus die gleiche war, ergibt sich aus 2 Tm 2, 17, wo neben Hymenäus nicht wieder Alexander, sondern ein gewisser Philetus genannt ist, und zwar diese beiden als erfolgreiche Verkündiger der Lehre, daß die Totenauferstehung bereits erfolgt sei. Auch dort aber gehen Bemerkungen voran, welche sich auf die ἑτερoδ. beziehen (2, 14—16[a]). Stilistische und sachliche Gründe verbieten es allerdings (cf Hofmann VI, 257), diese Verbindung so zu verstehen, daß Hymenäus und Philetus beispielsweise aus dem Kreise der ἑτερoδ. herausgehoben würden, so daß von diesen allen gälte, was von jenen gesagt wird. Da an sämtlichen bisher in Betracht gezogenen Stellen (1 Tm 1, 3—20; 6, 10. 21) die förmlich vom Glauben Abgefallenen von den ἑτερoδ. unterschieden werden, und da Letzteren nirgendwo Gottlosigkeit, Lästerungen und grundstürzende Irrlehren nachgesagt werden, so können die Einen und die Anderen hier nicht identificirt sein. Andrerseits genügt es nicht, den Apostel sagen zu lassen, Tim. solle in Anbetracht des zu erwartenden Umsichgreifens jener gottlosen Lehre das Wort der Wahrheit unerschrocken und eindringlich verkündigen, statt sich mit Wortgezänke und mit der ungeistlichen Schriftgelehrsamkeit jener ἑτερoδ. zu befassen, welche so mächtigen Irrlehren gegenüber stumpfe Waffen seien. Die Analogie der anderen Stellen entscheidet wohl dafür, daß ein genetischer Zusammenhang zwischen den ἑτερoδ. und den förmlich vom Gemeinglauben abgefallenen, teilweise auch bereits aus den Gemeinden ausgeschiedenen Leuten wie Alexander, Hymenäus und Philetus besteht. Nicht wenige dieser Abtrünnigen müssen aus dem Kreise der ἑτερoδ. hervorgegangen sein und dienen zum Beweise für die Schädlichkeit jener von der Hauptsache im Christentum absehenden und ablenkenden Lehrweise. Hieraus folgt nicht notwendig, daß Alexander, Hymenäus und Philetus geborene Juden waren; denn auch von den ἑτερoδ. gilt dies nicht ausnahmslos (oben S. 430. 470 f.). Einen Zusammenhang mit dem Judentum aber bezeugt auch die außerbiblische Überlieferung. Darnach hat die fragliche Lehre, welche selbstverständlich niemals in der nackten Behauptung bestanden haben kann, daß die Totenauferstehung bereits erfolgt sei, in einer zwiefachen Gestalt existirt. Die Einen lehrten, in den Kindern, die man erzeuge, erlebe man eine Auferstehung seiner selbst; die Andern deuteten die von der Gemeinde geglaubte Totenauferstehung auf die Entstehung des neuen Menschen aus dem alten in Bekehrung und Taufe (A 17). Als Erfinder und älteste Vertreter der letzteren, wie es scheint, an Gedanken des Pl (Eph 2, 5f.; 4, 23; Kl 2, 12f.; 3, 1. 10) angeschlossenen Lehrform werden genannt der antiochenische Proselyt Nikolaus (AG 6, 5), welcher zuletzt in den kleinasiatischen Gemeinden einen Anhang gewonnen zu haben scheint (Ap 2, 6. 15), und der Samariter Menander, der Schüler des Magiers Simon, ein beschnittener Halbjude, welcher in Antiochien sein Wesen trieb (Just. ap. I, 26). Die andere Lehrform, welche an jüdische Ausdrücke wie „Samen oder Kinder erwecken“ sich anschloß, sollen nach einer alten Legende ungetreue Schüler des Pl zu dessen Lebzeiten verkündigt haben. Sie wird als die rohere Form die ursprünglichere sein, und nichts ist wahrscheinlicher, als daß geborene Juden ihre ersten Lehrer waren, während der Übergang zu der feineren und geistlicheren Form der Lehre von Halbjuden wie Nikolaus und Menander gemacht wurde, was dann die Verbreitung dieser Form in den verschiedensten Kreisen der heidenchristlichen Gnosis zur Folge hatte.

Über die der Gegenwart angehörigen abnormen Erscheinungen auf dem Gebiet christlicher Lehre greift Pl nicht nur in der Art hinaus, daß er die Erwartung ausspricht, die Lehre eines Hymenäus und Philetus werde wie ein Krebsgeschwür noch weiter um sich greifen, bisher davon noch nicht ergriffene Glieder am Leibe der Kirche ergreifen, und ihre Vertreter werden zu noch größerer Gottlosigkeit fortschreiten (2 Tm 2, 16—18 cf 3, 13), sondern er verkündigt auch auf Grund von Weissagung neue Tatsachen, welche in der Gegenwart wohl ihr Vorspiel haben mögen und wirklich haben, selbst aber der Zukunft und zwar der Endzeit angehören. Wenn er 1 Tm 4, 1 schreibt *τὸ δὲ πνεῦμα ῥητῶς λέγει ὅτι κτλ.*, so kann erstlich, da er weder ein Schriftwort citirt (Hb 3, 7), noch eine historische Zeitform anwendet (AG 1, 16), nicht zweifelhaft sein, daß er sich damit auf Prophetenstimmen beruft, welche zur Zeit dieses Briefes in den Gemeinden sich vernehmen ließen (cf AG 20, 23; 21, 4. 12; 13, 2; 16, 6). Wir wissen, wie hoch Pl solche Prophetie geschätzt und wie bestimmte Erwartungen er auf dieselbe gegründet hat (1 Th 5, 19f.; 2 Th 2, 2; oben S. 163). Er bedient sich wohl der indirekten Redeform, weil er in wenig Worte zusammenfassen will, was die Propheten in mancherlei Reden aussprachen. Aber er sagt doch durch das *ῥητῶς*, daß er die besondere Weissagung, die er meint, so genau oder wörtlich anführen will, wie man derartige, hin und wieder ausgesprochene und unseres Wissens ungeschrieben gebliebene Verkündigungen wiedergeben kann. Allerdings ist nicht zu vergessen, daß das prophetische Zeugnis Jesu selbst die triebkräftige Wurzel aller christlichen Prophetie war (Ap 19, 10), und man darf sich an manches überlieferte Wort Jesu erinnern

(Mt 7, 15—23; 24, 4f. 11f. 24; GK II, 545ff.). Aber darüber geht doch weit hinaus, was der Geist damals den Gemeinden sagte: In späteren Zeiten, was an sich nicht die Endzeit, sondern nur die Zukunft im Gegensatz zur Gegenwart bezeichnet (cf AG 20, 29), werden Manche vom Glauben abfallen, indem sie irreführenden Geistern und Lehren von Dämonen, welche in heuchlerischer Verstellung Lügen verkündigen, ihr Ohr leihen. Mag die sprachrichtige Fassung einzelner Worte und ihrer Verbindung strittig und zweifelhaft bleiben, so ist doch erstlich klar, daß nicht nur ein Abfall mancher Gemeindeglieder, sondern auch das Auftreten der Irrlehrer, welche ihn bewirken, als zukünftig geweissagt wird; denn die artikellosen Bezeichnungen derselben sind schlechterdings ungeeignet, auf bestimmte, dem Hörer der prophetischen Rede oder dem Leser des Briefs, sei es durch Erfahrung, sei es aus vorangegangenen Äußerungen bekannte Erscheinungen hinzuweisen. Es können also weder die ἑτεροδ., noch die vom Glauben abgefallenen Irrlehrer und Lästerer von 1 Tm 1, 20; 2 Tm 2, 17f. hier gemeint sein. Ferner sind die Bezeichnungen der zukünftigen Lehrer nicht nur dazu bestimmt, das Grauen vor der unheimlichen verführerischen Macht dieser Menschen auszudrücken (cf 2 Kr 11, 14; 2 Th 2, 11; 1 Jo 4, 1—3. 6; 2 Jo 7), sondern auch mit Rücksicht auf ihre Lehren gewählt (cf Ign. Smyrn. 2). Wenn sie den Gläubigen die Ehe verbieten, als ob sie unrein wäre, und den Genuß gewisser Speisen, als ob sie böse und nicht von Gott zum Genuß auch der frommen Menschen bestimmt wären, so gebärden sie sich, als ob sie leiblose Geister wären, und erstreben für sich und für die, welche sie zu gewinnen suchen, eine widernatürliche Geistlichkeit. Mögen sie selbst sagen, daß die Christen engelgleich werden müssen (Lc 20, 36; Kl 2, 18 oben S. 330. 332), der prophetische Geist nennt sie irreführende Geister und Lügen verkündigende Dämonen. Steht nun fest, daß diese Lehrer und die ihnen zugeschriebenen Lehren der Zukunft angehören, so muß doch Pl oder Pseudopaulus durch die Zustände der Gemeinden, welche der Aufsicht des Tim. unterstellt sind, veranlaßt gewesen sein, an diese Weissagung zu erinnern und dem Tim. die Predigt derjenigen Wahrheiten ans Herz zu legen, welche das Gegenteil jener zukünftigen Irrlehren sind (1 Tm 4, 4–6). Der sofortige Übergang zu Sätzen, welche sich auf die ἑτεροδ. beziehen (4, 7f.), läßt auch nicht daran zweifeln, daß die aus dem mosaischen Gesetz abgeleiteten asketischen Vorschriften der ἑτεροδ. (oben S. 472) den Anlaß dazu gegeben haben. Diese verboten die Ehe nicht und werden auch nicht gewisse sonst übliche Nahrungsmittel als an sich verwerflich und der Gläubigen unwürdig bezeichnet haben, wie es erst die irreführenden Geister der Zukunft tun werden; aber sie bahnten durch ihre auf die leibliche Zucht bezüglichen Menschengebote (Tt 1, 14f.; 1 Tm 4, 8) solchen Irrlehren den Weg, welche die in der Schöpfung begründeten Grundordnungen des menschlichen Lebens geradezu verneinen werden. — Ohne Berufung auf eine bestimmte Weissagung spricht Pl 2 Tm 4, 3 von einer kommenden Zeit, wo die Leute überhaupt, wo also mindestens viele Glieder der Christenheit die gesunde Lehre nicht ertragen, also wohl zu streng oder zu eintönig finden, in folge eines geilen Gelüstens nach Neuem und Interessantem sich Lehrer über Lehrer anschaffen, die ihren Neigungen entsprechen, und schliesslich der Wahrheit ihr Ohr verschließen und den Fabeln es öffnen werden. Im Hinblick auf diese Zukunft soll Tim. jetzt, wo diese schlimme Zeit noch nicht gekommen ist, um so eifriger predigen (2 Tm 4, 2—5) und auch dafür Sorge tragen, daß es neben ihm und nach ihm nicht an Anderen fehle, welche die gesunde Lehre fortpflanzen (2 Tm 2, 2). Daß es in der Gegenwart schon Ansätze zu einer so ungesunden Entwicklung gleichsam des kirchlichen Geschmacks gab, ist hier nicht ausdrücklich gesagt; aber es liegt auf der Hand, daß die ἑτεροδ. in Ephesus und Kreta keinen Anklang hätten finden können, wenn das nicht der Fall gewesen wäre. Zu der ganzen Klasse der unverbürgten Fabeleien, welche das mit dem Artikel versehene Wort 2 Tm 4, 4 bezeichnet, gehören auch die rabbinischen Märchen, mit welchen jene sich breit machten (1 Tm 1, 4; Tt 1, 14; 3, 9); und schon das hier wiederkehrende Wort „gesunde Lehre" beweist, daß Pl die ungesunde Lehrweise der ἑτεροδ. und den krankhaften Geschmack mancher Gemeindemitglieder, welcher ihnen Hörer verschafft, im Auge hat. Darum aber hört es nicht auf, eine Weissagung zu sein, wenn er von einer kommenden Zeit spricht, in welcher ein so krankhafter Geschmack, wie er jetzt vereinzelt sich zeigt, in der Christenheit allgemein verbreitet sein und immer mehreren und verkehrteren Lehrern Gelegenheit zu Erfolgen geben wird. — Eine dritte Schilderung prophetischen Tones (2 Tm 3, 1—5) bezieht sich noch weniger unmittelbar auf schädliche Lehrer und Lehren. In den letzten Tagen, heißt es, werden schlimme Zeiten eintreten. Das Futurum verbietet es, hierunter die christliche Gegenwart zu verstehen, welche als Endzeit betrachtet würde (Hb 1, 1; 1 Pt 1, 20; Jk 5, 3; 1 Kr 10, 11; AG 2, 17). Es kann nur die noch vor den Zeitgenossen des Briefes liegende, dem Ende des Weltlaufs entgegeneilende Zukunft gemeint sein (2 Pt 3, 3). Was die dann eintretenden Zeiten zu so schlimmen und für die Frommen so schweren Zeiten macht, ist eine allgemeine sittliche Entartung. Von den Menschen überhaupt wird sie ausgesagt. Wenn es aber am Schluß heißt, daß die Leute dann die Lust mehr als Gott lieben werden, und daß sie, während sie die äußere Gestalt eines frommen Lebens an sich tragen, die Kraft der Frömmigkeit verleugnet haben, so ist klar, daß deren äußere Zugehörigkeit zur Kirche vorausgesetzt, daß also ein allgemeiner moralischer Niedergang der Christenheit geweissagt oder vielmehr die Weissagung von einem solchen dem Tim. in Erinnerung gebracht wird (cf Mt 24, 12. 38. 48f.; 25, 5; Lc 18, 8; 2 Th 2, 3; oben S. 172). Das würde freilich nicht geschehen, wenn es nicht in der Gegenwart schon Vorspiele und Beispiele eines solchen Scheinchristentums gäbe, welche Tim. bei Ausübung seines Lehrberufs richtig beurteilen und behandeln muß. Der überraschende Übergang von der Schilderung der schlimmen zukünftigen Zeiten und des allgemeinen Charakters der dann lebenden Generation zu der Mahnung: „von diesen Leuten wende dich ab", wird daher auch gerechtfertigt durch den Hinweis auf Leute der Gegenwart, welche zur Klasse der vorher charakterisirten Scheinchristen gehören (2 Tm 3, 6—9). Diese Scheinchristen der Gegenwart aber werden als Lehrer geschildert, welche in ihrem Tun und Treiben dem rechten Lehrer bis zu einem gewissen Grade ähnlich sind, wie die ägyptischen Zauberer dem Moses, tatsächlich aber doch wie jene der vom Knechte Gottes vertretenen Wahrheit feindlich entgegenwirken. Da der 2 Tm nicht wie der 1 Tm und Tt einen bestimmten kirchlichen Kreis ins Auge faßt, in welchem der Gehilfe des Apostels zu wirken hat, so sind wir zu 3, 6—9 ebensowenig wie zu 4, 3 (cf 2, 14—16[a]. 23) berechtigt, ausschließlich an die ἑτεροδ. von Ephesus und Kreta zu denken. Daß aber Pl jene und andere Leute ähnlicher Art im Auge hat, scheint doch zweifellos. Wie jene (Tt 1, 11) lehren diese hin und her in den Häusern, lassen den sittlichen Ernst der christlichen Wahrheit zurücktreten (1 Tm 1, 5), indem sie sündenbeladene Weiber, statt sie zur Buße zu mahnen, als Schülerinnen an sich ziehen und deren müßige Wißbegier doch wohl durch Mitteilung von allerlei Fabeleien und biblischen Raritäten befriedigen. Das Urteil von Tt 1, 10 ist wesentlich gleichbedeutend mit dem 2 Tm 3, 5; das Wort τετυφωμένοι 2 Tm 3, 4 lesen wir auch 1 Tm 6, 4, und den Ausdruck ἄνθρωποι κατεφθαρμένοι τὸν νοῦν 2 Tm 3, 8 beinah buchstäblich ebenso 1 Tm 6, 5. Daß Pl selbst durch Anführung der Namen Jannes und Jambres in das Gebiet der jüdischen Mythen greift, kann nur den Eindruck verstärken, daß er die meist aus dem Judentum hervorgegangenen ἑτεροδ. im Sinne hat; und dagegen spricht auch nicht, daß er zur Ermutigung des Tim. versichert, diese scheinchristlichen Lehrer würden keine weiteren Erfolge haben, da ihr Unverstand bald allen Christen offenbar sein werde (3, 9). Denn nicht von den ἑτεροδ., sondern von der Irrlehre des Hymenäus hat er 2 Tm 2, 16 das Gegenteil gesagt und dagegen von den ἑτεροδ. überall in geringschätzigem Tone als von törichten Leuten geredet, denen man ohne viel Federlesen ihr Treiben untersagen soll. Mögen die einzelnen schlechten Menschen, Christen und Lehrer immer schlimmer werden (2 Tm 3, 13), die scheinchristlichen Lehrer, wie sie 2 Tm 3, 6—9 geschildert sind, und die den wesentlichen Charakterzügen nach zu dieser Klasse gehörigen ἑτεροδ. in Ephesus und Kreta haben keine Zukunft, wieviel Schaden sie in der Gegenwart anrichten mögen. Eine Zukunft dagegen hat die 2 Tm 2, 17f. gezeichnete Irrlehre, und lediglich der Zukunft gehört die Irrlehre an, welche der prophetische Geist 1 Tm 4, 1—3 weissagt. Dem entspricht die Geschichte, aber nur unter der Voraussetzung, daß diese Briefe in apostolischer Zeit geschrieben sind. Was zunächst die ἑτεροδ. anlangt, so sind sie und ihresgleichen in nachapostolischer Zeit nicht nachzuweisen. An Kerinth, dessen Judaismus nur eine gelehrte Fabel ist (oben S. 363 A 4), ist eben deshalb nicht zu denken. Die Naassener, welche nach der Schilderung des Hippolytus allerdings in ihr synkretistisches System auch jüdische Elemente aufgenommen hatten (A 11), sind doch nichts weniger als jüdische Gesetzeslehrer. Durch die Briefe des Ignatius erfahren wir, daß um 110 in den kleinasiatischen Gemeinden

Wanderlehrer jüdischer Herkunft Eingang suchten, auf welche Ignatius einige Ausdrücke aus den Pastoralbriefen anwandte (oben S. 352 u. unten A 14). Aber diese waren wirkliche Irrlehrer; sie lehrten die Verbindlichkeit wesentlichster Stücke des mosaischen Gesetzes, unter anderem des Sabbathgebots für alle Christen; sie leugneten die Realität der menschlichen Erscheinung, besonders des Todes und der Auferstehung Christi und die Totenauferstehung der Christen, was Alles von den ἑτεροδ. nicht gilt, cf meinen Ignatius S. 356—399. Auch das Bild der im Barnabasbrief bestrittenen Judaisten und der in der pseudoclementinischen Literatur zu Wort gekommenen Ebjoniten zeigt kaum einen Zug der Ähnlichkeit mit den ἑτεροδ. Dagegen wurde schon darauf hingewiesen, daß diese durch die Art, wie sie das Lehrgeschäft betrieben, den Petrusleuten in Korinth gleichen (S. 205 ff.), und daß sie durch ihre an das mosaische Gesetz angelehnten asketischen Vorschriften sowie durch ihre Vernachlässigung der Hauptsache im Christentum mit den judenchristlichen Lehrern in Kolossä sich berühren (S. 329 ff.). Aber wie wir hier nichts von Berufung der ἑτεροδ. auf die Auktorität eines anderen Apostels oder der Mutterkirche und nichts von Philosophie und naturphilosophischer Spekulation hören, so in den Briefen an die Kr und Kl nichts von rabbinischen Fabeln, von Forschungen und Disputationen über Genealogien und einzelne Gesetzesbestimmungen des AT's. Es ist ferner, wenn man die älteren Briefe des Pl als einen Spiegel der kirchlichen Verhältnisse ihrer Entstehungszeit betrachten darf, eine neue, erst durch diese seine letzten Briefe bezeugte Erscheinung, daß an den verschiedensten Punkten, in Ephesus wie auf Kreta und, nach den Andeutungen des 2 Tm zu urteilen, in noch weiteren Kreisen eine fromm klingende und christlich sein wollende, in der Tat vielmehr an die schlimmste Art des Rabbinismus erinnernde Lehrweise um sich griff und Anklang fand, welcher ein ernsthafter Mann so entschieden entgegenzutreten für nötig hielt, wie in diesen Briefen geschieht. In nachapostolischer Zeit, wo die geborenen Juden in den heidenchristlichen Kirchen immer seltenere Ausnahmen wurden, würde ein Pseudopaulus durch die erfundene Schilderung und zugleich eifrige Bestreitung der ἑτεροδ., welchen weder in der Wirklichkeit seiner Gegenwart, noch in den älteren Briefen des Pl etwas entsprach, sich ohne Zweck und Sinn lächerlich gemacht haben. Die wirkliche Irrlehre, welche 2 Tm 2, 18 als eine zur Zeit vorhandene erwähnt wird, ist, wie gezeigt (S. 474 f. und A 17), nach alten Nachrichten, welchen in dieser Beziehung zu mistrauen kein Grund vorliegt, noch in apostolischer Zeit in einer doppelten Form vorgetragen worden, und soweit wir ihre Entwicklung verfolgen können, ist sie aus den Kreisen des jüdischen und halbjüdischen Christentums von Palästina zuerst hervorgegangen (A 17). Daß dies 1 Tm 2, 17 f. nicht ausdrücklich gesagt ist, beweist, daß hier nicht ein späterer sich und seine Leser künstlich in die Zustände der apostolischen Zeit zurückversetzt hat; daß dies aber, wie gezeigt, 2 Tm 2, 17 vorausgesetzt und auch für uns noch durch den Zusammenhang angedeutet ist, beweist, daß der Vf nicht der Zeit angehört, in welcher gerade heidenchristliche Gnostiker verschiedener Richtungen diese oder eine ähnliche Lehre verkündigten. Daß die Erwartung einer ferneren Steigerung und Weiterverbreitung dieser Lehre eingetroffen ist, kann doch auch kein Grund dagegen sein, daß Pl sie ausgesprochen hat. Dies gilt auch von der Weissagung einer zukünftigen Irrlehre 1 Tm 4, 1—3 und den verwandten Stellen 2 Tm 3, 1—5; 4, 3 f., wenn man nicht als selbstverständlich voraussetzt, daß die von Jesus eröffnete und in seiner Gemeinde fortwirkende christliche Prophetie lauter Phantastereien zu Tage gefördert hat. Marcion hat seiner Gemeinde die Ehe verboten und den Schöpfergott samt seiner Schöpfung herabgesetzt; im Enkratismus und Manichäismus wirken ähnliche Gedanken weiter. Daß aber ein Pseudopaulus, welcher das Auftreten Marcions erlebt hatte, diesen im Namen des Pl und der urchristlichen Prophetie mit nichts weiter als mit diesen Sätzen 1 Tm 4, 1—3 bestritten, und daß ein solcher in gewissen Lehren jener judenchristlichen Gesetzeslehrer (oben S. 470. 473 ff.) ein Vorspiel der antijudaistischen Lehre Marcions gefunden haben sollte, ist ebenso unglaublich, als daß er sich an anderer Stelle durch eine Anspielung auf Marcions Antithesenwerk schließlich verraten haben sollte (A 18).

Die Vergleichung der auf die verschiedenen Arten verkehrter Lehre bezüglichen Angaben, sowie der die gemeindlichen Ordnungen und Ämter betreffenden Stücke dieser Briefe mit den tatsächlichen Verhältnissen besonders der kleinasiatischen Kirche zu Anfang und im Verlauf des 2. Jahrhunderts beweist ebenso wie die äußere Bezeugung, daß sie mindestens vor dem J. 100 geschrieben sein müssen. Daß sie aber auch nicht während der ersten zwei Jahrzehnte nach dem Tode des Pl ihm angedichtet worden seien, ergibt sich aus der Art, wie hier Personen, Tatsachen und Verhältnisse aus der Lebenszeit und Lebensgeschichte des Pl vorgeführt werden, sowie aus der in diesem Fall nicht minder vorhandenen Unmöglichkeit, einen glaubhaften Zweck der Erdichtung zu finden (oben S. 459 ff.). Daher ziemt sich das größte Mistrauen gegenüber der Behauptung, daß sie Nachpaulinisches und daß sie Unpaulinisches enthalten. Um ganz Törichtes zu übergehen oder nur beiläufig zu berühren (A 19), so müßte es allerdings Bedenken erregen, wenn 1 Tm 5, 18 ein evangelischer Spruch, welchen wir wörtlich so Lc 10, 7 und wenig verändert Mt 10, 10 lesen, als ein Schriftwort citirt würde, während Pl Worte Jesu sonst nur aus mündlicher Überlieferung anführt und gerade auch das hier in Betracht kommende Gebot Jesu 1 Kr 9, 14 nur in ganz freier Form wiedergibt, zumal wenn man bedenkt, daß es auch nach dem Tode des Pl noch eine Weile gedauert hat, bis man die Evv als hl. Schriften citirte. Aber es wäre auch der Sitte des ganzen 2. Jahrhunderts widersprechend, daß ein Pseudopaulus, welcher zu der mosaischen Gesetzesbestimmung, die doch erst durch eine ziemlich kühne Auslegung auf die Lehrer angewandt werden konnte (1 Kr 9, 9), ein direkt auf die christlichen Lehrer bezügliches Wort Jesu als die deutlichere und höhere Auktorität hinzufügen wollte, es nicht als ein Wort des Herrn oder des Ev eingeführt, sondern in so dunkler Weise als

Selbstruhm ausschließt, ein Glaubensgesetz (Rm 3, 27. 31) und den Glauben selbst ebensogut wie dessen Betätigung im Leben Gehorsam nennt (Rm 1, 5; 6, 17; 16, 26). Sätze, welche so „unpaulinisch" klingen, wie 1 Kr 7, 19, oder welche so leicht wie Gl 5, 6 als eine Verschmelzung der echt paulinischen Lehre mit ihrem Gegenteil misdeutet werden konnten, liest man in unseren Briefen nicht. Neben den vollen Tönen der Lehre von der Erlösung und der Rechtfertigung nicht aus Werken, sondern durch Gnade (Tt 2, 11—14; 3, 4—7; 1 Tm 1, 12—16; 2, 4—7; 2 Tm 1, 9) lesen wir hier (1 Tm 1, 9) das kühne Wort, daß es für den Gerechten und somit auch für den Sünder, welcher durch die Barmherzigkeit des Sünderheilands ein Gerechter geworden ist (1 Tm 1, 13—16), ein Gesetz überhaupt nicht gibt.

Was aber die letzte Zuflucht der sogenannten Kritik, den sprachlichen Charakter anlangt, so ist vor allem zu bemerken, daß ein Pseudopaulus sich in dieser Beziehung durch Wiederholung und Nachbildung paulinischer Redewendungen, wobei es ohne Fehlgriffe nicht abgehen konnte, verraten würde. Das Gegenteil liegt am Tage. Selbst die Grußüberschriften, welche am ersten formelhafte Behandlung ertragen hätten, sind höchst originell abgefaßt und lehnen sich weder an einen einzelnen der älteren Briefe, noch an deren gemeinsamen Typus an (A 21). Es bewährt sich ferner auch hier die Eigentümlichkeit des Pl, ein einmal gebrauchtes charakteristisches Wort oder dessen Verwandte im engen Umkreis bald wieder anzuwenden (oben S. 364 A 7), was die andere Tatsache nicht aufhebt, daß er über einen für einen Nichtgriechen ungewöhnlich großen Schatz von Wörtern und Ausdrucksweisen verfügt (A 21), welcher sich im Laufe der Jahre eher vermehrt, als verringert hat. Er ist ferner zu beachten, daß 1 Tm und Tt innerhalb kurzer Frist und aus ähnlichem Anlaß geschrieben sind, und daß auch der 2 Tm nach Zeit und Zweck den beiden anderen mindestens bedeutend näher steht, als den früher untersuchten Briefen. Es ist daher kein Grund gegen die Echtheit darin zu finden, daß allen drei Briefen gewisse Redewendungen gemeinsam sind, welche sich in den älteren Briefen des Pl gar nicht oder nur selten gebraucht finden, sondern es wird dadurch nur das Ergebnis der auf den Inhalt gerichteten Untersuchung bestätigt, daß alle drei Briefe derselben und zwar der letzten Lebensperiode des Pl angehören. Wenn somit die sprachlichen Erscheinungen die Versuche mancher „Apologeten", den 1 Tm und den Tt in dem früheren Leben des Pl unterzubringen, vollends widerlegen, so sollten die „Kritiker" nicht verkennen, daß andrerseits doch, wie in sachlicher, so auch in sprachlicher Beziehung der 2 Tm gegenüber den beiden anderen seine Eigenart behauptet. Das begreift sich schwer, wenn alle drei das Werk eines Fälschers sind, sehr leicht dagegen, wenn Pl sie unter den Verhältnissen geschrieben hat, welche sie selbst erkennen lassen.

1. Unter Anerkennung der Echtheit des Tt und des 2 Tm hat zuerst Schleiermacher (Über den sogen. ersten Brief des Paulos an den Timotheos. Kritisches Sendschr. an Gaß, 1807; WW. Zur Theol. II, 221—330) die Echtheit des 1 Tm ent-

schieden verneint. Baur, Die sogenannten Pastoralbr. des Ap. Pl, 1835, erklärte diese sämtlich für unecht. Bei vielen, welche im übrigen Baur nicht auf seinen kritischen Gängen begleitet haben, hat sich dieses Urteil zum Dogma verdichtet. Eine Zusammenfassung der einschlagenden Arbeiten gab Holtzmann, Die Pastoralbriefe, krit. u. exeg. behandelt, 1880. Obenan steht bei den „Kritikern" (z. B. v. Soden HK III², 1, 196) noch immer die Versicherung, daß „für die vorausgesetzten Situationen im Leben des Pl kein Raum sei", deren Wert man nach S. 437ff. beurteilen kann. Es sind nicht wenige Versuche gemacht worden, unter Preisgabe des Übrigen einen echten Kern herauszuschälen, in neuerer Zeit z. B. von Lemme, Das echte Ermahnungsschreiben des Pl an Tim. 1882, welcher dies am 2 Tm, von Hesse, Entstehung der ntl. Hirtenbriefe 1889, der dasselbe an allen 3 Briefen versucht hat, und zwar letzterer mit dem Ergebnis, daß ein echtes Schreiben an Titus unserm Tt zu Grunde liege und am Schluß des 2 Tm wenigstens das Fragment eines echten Briefs erhalten sei, und von Krenkel, Beiträge (1890) 395—468, welcher Bruchstücke von 3 echten Briefen ermittelt zu haben meint, nämlich 1) eines wahrscheinlich an den auf Kreta weilenden Titus gerichteten Briefes aus der Zeit von AG 20, 1f. (= Tt 3, 12; 2 Tm 4, 20; Tt 3, 13), 2) eines aus der Gefangenschaft zu Cäsarea herrührenden Briefs, wahrscheinlich an Timotheus (= 2 Tm 4, 9—18) und 3) eines aus der römischen Gefangenschaft an einen in Ephesus sich aufhaltenden Gehilfen gerichteten Briefs (= 2 Tm 4, 19; 1, 16. 17. 18b; 4, 21). Hypothesen dieser Art, an welche regelmäßig nur ihre Erfinder glauben, könnten einen Anspruch auf ernstliche Erwägung nur durch ein ungewöhnliches Maß von Scharfsinn und Sorgfalt in der Ausführung begründen. Diese aber vermißt man, wenn man z. B. lesen muß, daß nach 2 Tm 2, 14—4, 5 Tim. statt eilig nach Rom zu reisen, wie es in dem echten Teil 4, 9. 21 ihm befohlen wird, in einem Kreis von Gemeinden als ein dort seßhafter Apostelnachfolger amtlich wirken soll (Lemme S. 37); oder daß Pl sich durchaus verneinend zur Religion des AT's (also auch Abrahams, Davids und Elias?), und bejahend nur zu den Schriften des AT's verhalten habe (S. 55); oder wenn Krenkel S. 421 die wesentliche Geschichtlichkeit der durch den Tt vorausgesetzten geschichtlichen Tatsachen uns durch die Annahme empfehlen will, daß Tt zur Zeit von AG 20, 1—3 etwa von Athen aus nach Kreta gegangen sei, während Pl nach Korinth abbog (cf dagegen Tt 1, 5 *ἀπέλιπόν σε ἐν Κρήτῃ*); oder wenn derselbe (S. 422) aus AG 27, 7f. herausliest, daß Pl auf Kreta landete, dort aber keine Christen antraf; oder wenn derselbe S. 444 den Unterschied von 2 Tm 4, 18 und dem angeblich kurz vorher geschriebenen Satz Phlm 22 aus einem durch nichts tatsächliches motivirten Wechsel der Stimmung erklärt.

2. Der Laodicenerbrief (GK II, 584) und der 3. Korintherbrief des Pl enthalten keinen Namen einer gleichzeitigen Person außer Pl; der des Petrus an Jakobus (Clementina ed. Lagarde p. 3) keinen außer Petrus und Jakobus. Nur in dem apokryphen Schreiben der Korinther an Pl (ed. Vetter p. 52) finden sich einige Namen, nämlich Stephanas aus 1 Kr 1, 16; 16, 15—17 als Bischof von Korinth und unter den Mitgliedern des mit ihm verbundenen Presbyteriums neben zwei Unbekannten ein Theophilus (Lc 1, 3; AG 1, 1) und ein Eubulus (2 Tm 4, 21); ferner neben dem Simon aus AG 8 ein in der Literatur des 2. Jahrhunderts mehrfach teils in gleicher, teils in anderer Verbindung genannter ungetreuer Apostelschüler Kleobios (GK II, 596 A 3), endlich ein Theonas, vielleicht der Theodas, welcher im 2. Jahrhundert als ein Schüler des Pl bekannt war (Vetter p. 53 A 1; Forsch III, 125). Nur in diesem letzten der 4 genannten erdichteten Briefe finden sich Andeutungen von bestimmten geschichtlichen Verhältnissen (v. 2. 8); aber er ist auch nicht eine selbständige Dichtung, sondern Bestandteil einer größeren erzählenden Dichtung, der alten Paulusakten, übrigens aber ebenso mechanisch auf Grund von 1 Kr 7, 1 erdichtet, wie die Antwort des Pl auf

Grund von 1 Kr 5, 9 und der Laodicenerbrief auf Grund von Kl 4, 16. An spätere, noch elendere Dichtungen wie einen Brief des Johannes bei Prochorus (Acta Jo. p. 63 cf GK I, 217 A 2) und den Briefwechsel zwischen Seneca und Pl sei nur erinnert.

3. Ranke, Weltgesch. III, 1, 191: „Wenn die Briefe an Tim. vielfach in Zweifel gezogen worden sind, so beruht das darauf, daß wir keine irgend zuverlässigen Nachrichten über die Epoche besitzen. Allerlei Umstände werden erwähnt, die wir mit anderen, von denen wir Kenntnis haben, zu kombiniren außer Stande sind. Aber sie sind unbedeutend: wer sollte sie erdichtet haben?"

4. Phl 1, 1 von der Einzelgemeinde *σὺν ἐπισκόποις καὶ διακόνοις*. Ebenso Clem. I Cor. 42, 4; Herm. sim. IX, 26, 2; 27, 2 cf vis. III, 5, 1; Didache c. 15 cf Forsch III, 302—310. Der einzige *προεστώς* neben der Mehrheit von *διάκονοι* bei Just. apol. I, 65. 67 kann nichts dagegen beweisen, da jener als Leiter des Gottesdienstes in Betracht kommt, dessen Leitung nicht wohl gleichzeitig in den Händen mehrerer sein kann.

5. Wie die *πρεσβύτεροι τοῦ λαοῦ* in Jerusalem (Mt 21, 23; AG 4, 8) das *πρεσβυτέριον* (AG 22, 5) oder die *γερουσία* (AG 5, 21) d. h. das große Synedrium bilden, ganz ebenso die *πρεσβύτεροι τῆς ἐκκλησίας* (AG 20, 17; Jk 5, 14) überall ein *πρεσβυτέριον* (Ign. Eph 2, 2; 4, 1, im ganzen 12 mal). Der Name *πρεσβύτερος* war bei den Juden und den alten Christen ebensowenig wie „senator" bei den Römern Amtstitel, d. h. genauer: Bezeichnung eines Beamten, sondern drückte die Zugehörigkeit zu dem die Gemeinde regierenden Senat aus. Aber eben damit war dem *πρεσβύτερος* ein Anteil an der Regierung der Gemeinde (*κυβέρνησις* 1 Kr 12, 28; *ποιμένες* Eph 4, 11; *ποιμαίνειν* 1 Pt 5, 2 f.; AG 20, 28; 1 Kr 9, 7; *προΐστασθαι* 1 Th 5, 12; Rm 12, 8; 1 Tm 5, 17; Herm. vis. II, 4, 3; *ἡγεῖσθαι* AG 15, 22; Hb 13, 7. 17. 24; Clem. I Cor. 1, 3, vielleicht auch 63, 1; *προηγεῖσθαι* Clem. I Cor. 2, 6; Herm. vis. II, 2, 6; III, 9, 7) gesichert, und war seinen Handlungen, sofern er in seiner Eigenschaft als *πρεσβύτερος* irgend welche Funktionen ausübte, amtlicher Charakter verliehen. Über „die Gemeindeordnung in den Pastoralbr." schrieb mit besonderer Rücksicht auf Hatch's Hypothesen E. Kühl 1885. Cf auch Zöckler, Bibl. u. kirchenhistor. Studien (1893) II. Diakonen und Evangelisten, wo die neuere Literatur reichlich berücksichtigt ist, s. besonders S. 33 - 37. 63—71.

6. Eine mitwirkende Ursache für die Wahl von *ἐπίσκοπος* statt *πρεσβύτερος* (1 Tm 3, 2) mag in dem *locus communis* gefunden werden, welchen Pl voranstellt 3, 1. Die bis auf Hieronymus im Abendland alleinherrschende LA *ἀνθρώπινος* (statt *πιστός*) *ὁ λόγος* scheint mir so unerfindlich, und die Änderung nach 1, 15; 4, 9; 2 Tm 2, 11; Tt 3, 8 so begreiflich, daß ich sie trotz ihrer einseitigen Bezeugung (griech. nur in D*) für ursprünglich halten muß. Es wird ein Sprichwort von allgemeinerer Bedeutung und profanen Ursprungs sein cf Rm 6, 19. Auch der Gebrauch des Singulars *τὸν ἐπίσκοπον*, welcher an sich nichts auffälliges hat (1 Kr 7, 32—35; 14, 2—4; 2 Kr 12, 12 *τοῦ ἀποστόλου* cf auch den Wechsel des Numerus 1 Tm 5, 1—2 und 5, 3—5), war durch den Spruch 3, 1 besonders nahe gelegt, welcher den Einzelnen vorstellt, der ein Amt begehrt. Ähnlich ist der Übergang von *τοὺς πρεσβυτέρους* Tt 1, 5 zu *τὸν ἐπίσκοπον* 1, 7 durch ein dazwischen stehendes *εἴ τις* 1, 6 vermittelt.

7. Baur, Pastoralbriefe 80 f., welcher zugab, daß *πρεσβύτερος* und *ἐπίσκοπος* sich auf dasselbe Amt beziehen, wollte Tt 1, 5 dahin verstehen, daß in mehreren Städten je ein einziger Presbyter bestellt werden sollte, welcher dann im Verhältnis zu der einzelnen Gemeinde *ἐπίσκοπος*, im Verhältnis zu seinen Kollegen in den anderen Gemeinden *πρεσβύτερος* heiße. Darin sind zwei gleich geschichtswidrige Behauptungen eingeschlossen. Gemeinden mit einem einzigen Bischof, welche nicht zugleich eine Mehrheit von Presbytern gehabt hätten, hat es im ganzen Umfang der alten Kirche ebensowenig gegeben (A 4), als ein Presbyterkollegium, welches aus Vorstehern verschiedener Ortsgemeinden

zusammengesetzt gewesen wäre. Außerdem wären die beiden Momente: „je einen Mann als ἐπίσκοπος der einzelnen Gemeinden bestellen“ und „ihn dadurch zum Mitglied des Gesamtpresbyteriums von Kreta machen“ nicht sowohl unklar, als vielmehr gar nicht ausgedrückt. Eine sprachliche Nötigung besteht hier so wenig als AG 14, 23 cf dagegen Mt 27, 15 κατὰ δὲ ἑορτὴν . . . ἕνα. Mit Hofmann πρεσβυτέρους als Objektsprädikat zu fassen und aus 1, 6 das nähere Objekt zu ergänzen wäre möglich, ist aber bei der Gewöhnlichkeit von Verbindungen wie καθιστάναι τύραννον Herodot V, 92 in.; βασιλεῖς Dan 2, 21; κριτάς 2 Chron 19, 5, überall ohne doppelten Akkusativ, und wegen der Analogie von χειροτονεῖν AG 14, 23; Ign. Sm. 11, 2 wenig wahrscheinlich. Cf Clem. I Cor. 54, 2 οἱ καθεσταμένοι πρεσβύτεροι. Die Identität von Presbyter und Bischof in Phl 1, 1; Tt 1, 7; 1 Tm 3, 1—7 haben die alten Ausleger durchweg erkannt (Ambrosiaster zu diesen Stellen; Hier. Vall. VII, 694 f.; Theodor. Mops. I, 199; II, 118—126. 168 f. 239). Die Syrer (Ephraim comm. in Pauli epist. 249. 269 und die Pesch.) haben Tt 1, 7; 1 Tm 3, 1 f. ἐπίσκοπος und ἐπισκοπή geradezu durch *presbyter* und *presbyteratus* übersetzt.

8. AG 14, 23; 20, 17. 28 (wo es sich nur um die Presbyter von Ephesus und nicht, wie Irenaeus III, 14, 2 und Baur S. 83 umdeuteten, um die Bischöfe und Presbyter der vorderasiatischen Städte handelt, und wo die πρεσβύτεροι der Ortsgemeinde, wie sie Lucas nennt, von Pl im Hinblick auf die amtliche Tätigkeit an der ihnen anvertrauten Herde ἐπίσκοποι genannt werden). Ferner 1 Pt 5, 1—4 (πρεσβύτεροι — ποιμαίνειν [nach der Mehrheit der Zeugen daneben ἐπισκοπεῖν] — ποίμνιον — ἀρχιποίμην = 2, 25 ποιμένα καὶ ἐπίσκοπον). Für Rom und Korinth Clem. I Cor. 42, 4 (die von den Aposteln überall in Stadt und Land zu ἐπίσκοποι καὶ διάκονοι eingesetzten Erstbekehrten); 42, 5 (geweissagt in Jes 60, 17); 40 (vorgebildet durch Priester und Leviten cf c. 43); 44, 1. 4 (ἐπισκοπή das Amt der ersteren); 44. 3—6; 47, 6; 54, 2; 57, 1 (die von den Aposteln in Korinth eingesetzten Vorsteher, also die ἐπίσκοποι, gleichwohl πρεσβύτεροι). Über das gleichlautende Zeugnis des Hermas cf meine Schrift über den Hirten 98 ff., in bezug auf Philippi m. Ignatius 297—301. 535; über die Didache Forsch III, 302—310. Was das Zeugnis der AG anlangt, so hat das Mistrauen gegen deren Glaubwürdigkeit in dieser Sache nicht mitzureden; denn die Beiläufigkeit und Unvollständigkeit der bezüglichen Angaben schließt die Möglichkeit aus, daß der Verf. bemüht gewesen wäre, eine bestimmte amtliche Organisation seiner Zeit auf apostolische Stiftung zurückzuführen.

9. In bezug auf die Witwen cf meinen Ignatius S. 333—337; 580—585; Uhlhorn, Die christl. Liebestätigkeit I, 159 ff.

10. Schon Tertull. de exhort. cast. 7; monog. 12 kannte die Deutung und praktische Anwendung von Tt 1, 6; 1 Tm 3, 2. 12, wonach den Geistlichen im Unterschied von den Laien das Eingehen einer zweiten Ehe verboten sein sollte, und bekämpfte sie nicht ungeschickt, aber nur um das formell von ihm ebenso verstandene Verbot auf alle Christen auszudehnen. Die katholische Auslegung und Praxis bezeugen Orig. hom. 17 in Luc.; in Matth. hom. 14, 22 (Delar. III, 645. 953); Hippol. refut. IX, 12; die sogen. Apostl. Kirchenordnung 16, 3 (Funk, Doctr. XII apost. p. 60) nach wahrscheinlichster Deutung; Ambrosiaster ed. Bened. p. 294. 295. Dafür entschied sich unter Abweisung der angeblichen Übertreibung Tertullians auch Hieron. (Vall. VII, 696 f.), wie auch Chrysost. (XI, 598 f. 605. 738), obwohl beide die richtige Auslegung, welche schon Ephraim p. 249, besonders entschieden aber Theodor (II, 99—106) vertreten hat, kannten. Unter den Neueren cf besonders Hofmann zu Tt 1, 6. Schleiermacher, welcher S. 191 für Tt 1, 6 die richtige Deutung anerkannte, wollte sie für die gleichen Worte 1 Tm 3, 2 nicht gelten lassen, weil sie jedenfalls 5, 9 unanwendbar, innerhalb desselben Briefs aber eine gleichmäßige Deutung geboten sei. Ist es ausreichend begründet, Tt 1, 6 als ein Verbot alles außerehelichen Geschlechtsverkehrs zu verstehen,

so gilt das gleiche auch von 1 Tm 3, 2. 12. Diese Sätze verhalten sich aber zu 1 Tm 5, 9 genau so wie die beiden Hälften von 1 Kr 7, 2, worin nicht nur gesagt ist, daß Mann und Weib in der Regel in der Ehe stehen sollen, sondern auch, daß ein Jeder, Mann wie Weib, den geschlechtlichen Verkehr auf seine Gattin oder seinen Gatten beschränken solle cf 1 Th 4, 3; Eph 5, 22. 28. 33. Den Gegensatz bildet überall nicht eine in geordnete Formen gefaßte Bigamie, Polygamie oder Polyandrie, sondern ein außerehelicher und ehebrecherischer Geschlechtsverkehr, für welchen nicht selten Ausdrücke gebraucht werden, die der Unkundige von einer förmlichen Ehe verstehen könnte (1 Kr 5, 1; Jo 4, 18 oben S. 210 A 4.). Die Beziehung von 1 Tm 5, 9 auf ein wiederholtes Verheiratetsein ist aber noch viel unmöglicher, als dieselbe Misdeutung der anderen Stellen, weil der Satz in nächster Nähe bei dem Gebot der Wiederverheiratung der jüngern Witwen steht (5, 14).

11. Baur, Pastoralbriefe S. 10: „Wir haben mit einem Wort in den Häretikern der Pastoralbriefe die Gnostiker des 2. Jahrh. vor uns, insbesondre die Marcioniten" (s. unten A 18). Im wesentlichen ihm zustimmend, unterscheidet Hilgenfeld (Einl. 748. 752) doch eine doppelte Irrlehre, die heidenchristliche Gnosis mit Einschluß des Marcionitismus und eine judaistisch gesetzliche Richtung, welche beide zugleich sowohl 1 Tm 1, 3—11, als Tt 1, 14; 3, 9 in einem Atemzug bestritten sein sollten. Mangold, Die Irrlehrer des Pastoralbr. 1856, suchte im Anschluß teils an Ritschl, welcher die Irrlehrer des Tt für Therapeuten d. h. für entartete Essener erklärt hatte, teils an Credner, dessen Unterscheidung von vier Klassen von Irrlehrern in den Pastoralbr. jedoch gerade eifrig bestritten wird, zu zeigen, daß in allen drei Briefen der Essenismus bestritten werde, zunächst als eine noch ganz außerhalb des Christentums stehende Partei, welche ihre Lehren der Kirche aufzudrängen versucht, im Tt; sodann im 2 Tm, welcher früher als der 1 Tm geschrieben sei, in ihrem Versuch einer „Fusion ihrer Dogmen mit christlichen Ideen", wofür sie einzelne Christen zu gewinnen wissen (S. 28), endlich im 1 Tm in ihrem drohenden Angriff auf die ganze Gemeinde von Ephesus. Lightfoot (Bibl. Essays, 1893, p. 408. 411—418, dieser Teil schon 1865 geschrieben) meinte beweisen zu können, daß hier die von Hippolytus refut. V, 6—11 geschilderte Partei der Naassener oder eine mit diesen nächstverwandte bestritten sei. Sorgfältige Auslegung, um welche sich auch hier Hofmann die größten Verdienste erworben, schließt alle diese und andere ähnliche Konstruktionen aus. Die in exegetischer Beziehung zunächst an B. Weiß sich anschließende Darstellung von Hort, Judaistic Christianity, 1894, p. 130—146 ist bis jetzt die beste.

12. Ἑτεροδιδασκαλεῖν, von einem, gleichviel ob damals schon gebräuchlichen oder nur erst vorausgesetzten ἑτεροδιδάσκαλος (Eus. h. e. III, 32, 8) gebildet, gehört zu jenen zahlreichen, von zusammengesetzten Substantiven oder Adjektiven abgeleiteten Verben, welche „das sich Befinden in einem Zustand oder die gewohnte Ausübung einer Tätigkeit bezeichnen" (Blaß-Kühner I, 2, 337 cf S. 260), so bei Pl ἀγαθοεργεῖν, ἑτεροζυγεῖν, ξενοδοχεῖν, οἰκοδεσποτεῖν, τεκνογονεῖν, τεκνοτροφεῖν. Ein Verbum διδασκαλέω, welches eine Hs. Clem. hom. II, 15 bietet, gibt es ebensowenig als ἐργέω, γονέω, δοχέω. Die Analogie von νομοδιδάσκαλος (1 Tm 1, 7), καλοδιδάσκαλος (Tt 2, 3), ψευδοδιδάσκαλος (2 Pt 2, 1), κακοδιδάσκαλος (κακοδιδασκαλεῖν Clem. II Cor. 10, 5; Sextus Emp. c. rhet. 42, sogar c. acc. pers.), γεροντοδιδάσκαλος (Plato Euthyd. 272), γραμματοδιδάσκαλος (Plut. Alcib. 7), δουλοδιδάσκαλος (Titel einer Komödie des Pherekrates), ἱεροδιδάσκαλος (Dion. Halic. II, 73), παιδοδιδάσκαλος, πορνοδιδάσκαλος, χοροδιδάσκαλος κτλ. läßt aber auch nicht daran zweifeln, daß ἑτεροδιδάσκαλος ein Lehrer von der durch ἑτερο— bezeichneten Art ist, und nicht etwa, wie Otto 45; Kölling I, 254 ff.; Hesse 77. 125 wollten, „einer, welcher einen anderen Lehrer hat". Das nach Kölling 261 den Ausschlag gebende ἑτεροδέσποτος trifft nicht zu, da διδάσκαλος ein sehr gewöhnliches Substantivum ist, δέσ-

ποτος dagegen gar keins. Der Regel aber, welche diese wunderliche Deutung empfehlen sollte (Kölling 254), widerspricht die ganze große Klasse der sogen. attributiven Komposita (Blaß-Kühner I, 2, 312 f.) z. B. καλλιέλαιος Rm 11, 24; καλλίχϑυς, κακόδουλος, κακόμαντις, γλυκύμηλον, παμβασιλεύς, παμμήτωρ, ἀρχιερεύς, πρωτόμαρτυς, wozu eben auch ἑτεροδιδάσκαλος gehört. Von den beiden Hauptbedeutungen, welche ἕτερος auch in der Komposition zeigt (z. B. ἑτερόφϑαλμος einäugig, ἑτερόγλωσσος anderssprachig) kann hier natürlich nur die zweite Platz greifen. Wie in ἑτερόδοξος, ἑτεροδοξέω, ἑτεροδοξία (Ign. Mgn. 8, 1; Sm. 6, 2; Jos. bell. II, 8, 5) bezeichnet es an sich nur die Verschiedenheit oder Abweichung vom Standpunkt sei es des Redenden, sei es einer in Rede stehenden Person oder Sache, ganz gewöhnlich aber die Abweichung vom Richtigen. Ein „andersartiger Lehrer", ein „Sonderlehrer" (Hofmann) ist ein abnormer, verkehrter Lehrer cf ἕτερον εὐαγγέλιον Gl 1, 6; 2 Kr 11, 4. Die Tätigkeit eines solchen Lehrers ausüben, die Rolle eines solchen spielen, heißt ἑτεροδιδασκαλεῖν. Das kann freilich nicht wohl geschehen ohne ein ἑτέρως διδάσκειν und wird selten geschehen ohne ein ἕτερα oder ἀλλότρια διδάσκειν. Aber der kirchliche Gebrauch des Wortes im Sinne von „eine Irrlehre vortragen" (Ign. ad Pol. 3, 1; Eus. h. e. VII, 17, 4 cf κακοδιδασκαλία Ign. Philad. 2, 1; Hippol. refut. IX, 8) war eine ungenaue Anwendung des von Pl vielleicht geschaffenen Ausdrucks. — Obwohl wir nicht berechtigt sind, jedes Wort in Tt 1, 10—16; 3, 9 oder gar 3, 9—11 auf dieselbe Erscheinung zu beziehen, welche 1 Tm 1, 3—11; 6, 3—10 charakterisirt wird, vielmehr anzunehmen haben, daß unter den „Vielen" Tt 1, 10 auch verschiedene Sorten von Leuten sich befanden, so läßt doch die Wiederkehr gleicher oder ähnlicher Wendungen nicht daran zweifeln, daß Pl auch im Tt in erster Linie ἑτεροδιδασκαλοῦντες derselben Art im Auge hat, wie sie damals in Ephesus und Umgegend ihr Wesen trieben. Durch gleichartige Terminologie sind aber auch die Sätze 1 Tm 4, 7; 6, 20; 2 Tm 2, 14. 16a. 23 mit jenen Stellen verbunden.

13. Auf einen professionsmäßigen Betrieb des Lehrgeschäftes weist nach bekanntem klassischen Sprachgebrauch auch ἐπαγγέλλεσϑαι 1 Tm 6, 21, ferner αἰσχροῦ κέρδους χάριν Tt 1, 11. Den Grundsatz, daß der Prediger des Ev von dieser Arbeit auch seinen Unterhalt beziehe, welchen Pl 1 Kr 9, 6—14 (cf Mt 10, 10; Lc 10, 7) prinzipiell anerkannte, hatten die Petrusleute in Korinth auf sich angewandt, obwohl sie weniger Missionare, als Lehrer innerhalb bestehender Gemeinden waren (oben S. 207). Pl selbst dehnt ihn auf die Presbyter und besonders auf diejenigen Presbyter aus, welche sich dem Lehrberuf widmen 1 Tm 5, 18, konnte daher auch dem Brauch jener ἑτεροδ., sich honoriren zu lassen, nicht prinzipiell entgegentreten, sondern beschränkte sich darauf, ähnlich wie 2 Kr 2, 17 gegenüber den Petrusleuten, die Krämergesinnung, die niedrige Gewinnsucht zu rügen, womit jene von dem Gewohnheitsrecht Gebrauch machten.

14. Im Vergleich zu dem Verfahren mancher moderner Kritiker erscheint es verzeihlich, daß die altkatholischen Ketzerbestreiter ohne scharfe Unterscheidung die verschiedenartigsten Aussagen dieser wie anderer paulinischer Briefe als weissagende Vorausdarstellungen der Irrlehren ihrer Zeit zu betrachten liebten. Tert. praescr. 6 *providerat jam tunc spiritus sanctus* etc. in bezug auf Gl 1, 8; Irenaeus im Titel seines großen Werks: ἔλεγχος καὶ ἀνατροπὴ τῆς ψευδωνύμου γνώσεως nach 1 Tm 6, 20 cf. Iren. II, 14, 7. Besonders 1 Tm 1, 4 und die verwandten Stellen werden mit Vorliebe auf die valentinianische Äonenlehre nicht sowohl gedeutet, als vielmehr angewandt: Iren. I prooem. 1; Tert. c. Val. 3; praescr. 3. 33. Dagegen spricht Ign. Mgn. 8 in Worten, die an 1 Tm 1, 4; Tt 1, 14; 3, 9 erinnern, von den judaistischen Lehrern seiner Zeit, ohne jedoch γενεαλογίαι zu erwähnen. Die alten Ausleger halten durchweg an dem jüdischen Charakter der „Irrlehrer in den Pastoralbriefen" fest, denken an rabbinische Fabeleien und stellen sie sich nur zu sehr als Gesinnungsgenossen der Judaisten des Gl vor: Ambrosiaster p. 269. 314. 316; Hieron. Vall. VII, 710 f. 734 ff.; Pelagius (Hier.

Vall. XI) p. 405. 431 f. 434; Ephraim p. 244. 251. 271. 275; Theodorus II, 70—74; Chrysost. XI, 551. 556, welcher jedoch p. 552 beiläufig auch auf hellenische Göttersagen hinweist; Theodoret p. 639, der es jedoch nicht lassen kann, p. 673 zu 1 Tm 6, 20 auch die von Simon ausgegangenen Gnostiker heranzuziehen.

15. Im NT selbst haben wir Beispiele solcher rabbinischer Überlieferungen zum Teil genealogischer Art: Mt 1, 5 Rahab, die Mutter des Boas; 2 Tm 3, 8 die Namen der ägyptischen Zauberer; Hb 11, 37 die Zersägung des Jesaja. Alles was die Juden Haggada (Agada) nannten, gehört dahin; „Haggadoth" kann man mit „Legenden", griechisch also *μῦθοι* übersetzen. S. jedoch Schürer II, 339 A 26 nach Bacher. Welche Rolle dabei die Genealogien, die im AT nicht genannten Weiber oder nicht vollständig genug aufgezählten Söhne und Töchter der Urväter spielten, zeigt das Buch der Jubiläen (z. B. c. 4. 8 cf Dillmann in Ewald's Bibl. Jahrb. III, 79 f. 87; Rönsch, Buch der Jubil. 485—489). Mag auch bei den Griechen die Urgeschichte aus Mythen und Genealogien bestehen (Polyb. IX, 1, 4; 2, 1; Diod. Sic. IV, 1 von Hort p. 135 citirt), so doch erst recht für den Juden, welcher die Genesis zu Grunde zu legen hatte. Auch zu den hellenistischen Juden wie Philo und dem Tryphon Justins des Märtyrers war nicht weniges davon gedrungen cf Goldfahn, Just. M. und die Agada; Siegfried, Philo 146. Philo nennt den gesamten Inhalt der pentateuchischen Erzählung, welcher zwischen der Weltschöpfung und der Gesetzgebung liegt, *τὸ γενεαλογικόν* de vita Mos. II, 8, anderwärts aber dasselbe auch *τὸ ἱστορικόν* de praem. et poen. 1. Theodorus II, 72 erinnert zum Beweis für die Verworrenheit jüdischer Genealogien an die Differenz der Stammbäume Jesu bei Mt und Lc. Hieronymus (Vall. VII, 735 f.) erzählt von einem Judenchristen in Rom, der durch den Vortrag seiner genealogischen Weisheit über Mt 1 und Lc 3 die Einfältigen verwirrt habe. Das war der Proselyt Isaak, als christlicher Exeget „Ambrosiaster" genannt cf Th. Ltrtrbl. 1899 Nr. 27. Unmöglich ist durchaus nicht, daß schon zur Zeit des Pl Judenchristen über die Abstammung Christi, die auch Pl wichtig findet (2 Tm 2, 8; Rm 1, 3), endlose Erörterungen anstellten.

16. 1 Tm 1, 10; 6, 3; Tt 1, 9; 2, 1; 2 Tm 1, 13; 4, 3 cf Tt 2, 8 *λόγος ὑγιής*, Tt 1, 13; 2, 2 *ὑγιαίνειν* (*ἐν*) *τῇ πίστει*. Es bedarf kaum der Erinnerung, daß *ὑγιαίνων*, *ὑγιής* nicht wie unser „gesund" *sanus* und *saluber* zugleich, sondern nur *sanus* bedeutet.

17. Nach Acta Theclae 14 sagen Demas und Hermogenes (2 Tm 1, 15; 4, 10), welche dort an die Stelle von Hymenäus und Philetus gesetzt sind (oben S. 413; GK I, 789; II, 901 f.) von Paulus: *καὶ ἡμεῖς σε διδάξομεν ἣν λέγει οὗτος ἀνάστασιν γίνεσθαι* (al. *γενέσθαι*), *ὅτι ἤδη γέγονεν, ἐφ' οἷς ἔχομεν τέκνοις* [*καὶ ἀνιστάμεθα θεὸν ἐπεγνωκότες ἀληθῆ*]. Die eingeklammerten Worte, welche in 2 lat. und einer syr. Version fehlen, auch von Ambrosiaster (Ambros. opp. II app. p. 308 zu 2 Tm 2, 18) hier nicht gelesen worden sind, kennzeichnen sich schon durch die Satzform als spätere Zutat. Nur die erstere Erklärung schreiben Ambrosiaster; Epiph. haer. 40, 8; Pelagius (Hieron. Vallarsi XI, 425 in Verbindung mit einer anderen allegorischen Umdeutung nach Ez 37); Theodorus II, 209; Theodoretus p. 685 den in 2 Tm 2, 17 Genannten zu. Die zweite Erklärung, welche Ephraim p. 261 zu derselben Stelle andeutet (*resurrectio . . . non corporum sed animarum*) führt Hippolytus (de resurr. ad Mammaeam, syrisch bei Pitra, Anal. IV, 61, deutsch in Hippolyts klein. Schriften ed. Achelis S. 251) auf Nikolaus zurück, von welchem Hymenäus und Philetus, aber auch andere Gnostiker sie empfangen haben sollten: eine Auferstehung durch Bekehrung und Taufe. Derselbe berichtet Ähnliches von den Naassenern refut. V, 8 p. 158. Nach Iren. I, 23, 5 lehrte auch Menander eine Auferstehung durch die Taufe, welche unsterblich macht cf die Andeutung bei Just. apol. I, 26. Iren. II, 31, 2 von Simonianern und Karpokratianern: *esse autem resurrectionem a mortuis agnitionem eius, quae ab eis dicitur, veritatis*. Dasselbe breiter ausgeführt Tert. resurr. 19. Derselbe fügt praescr. 3 der Anführung von 2 Tm 2, 18 hinzu *id de*

se Valentiniani asseverant. Gegen diese Lehre von der nur geistlichen Auferstehung schrieb Justinus (ed. Otto II, 211—249, besonders p. 243 cf Ztschr. f. KGesch. VIII, 1—37). Das Alter dieser geistlichen Umdeutung des christlichen Auferstehungsglaubens wird durch die Verbreitung derselben in den verschiedensten Kreisen vor 150, sowie durch das σαρκὸς ἀνάστασιν im Apostolicum bezeugt cf meine Schrift über dasselbe S. 96—100. Wie viel älter mag die zuerst genannte Deutung der These von 2 Tm 2, 18 sein?

18. Eine Anspielung auf die berühmten Antithesen Marcions fand in 1 Tm 6, 20 zuerst Baur, Pastoralbr. 26f. Derselbe S. 15—18 verstand das Wort νομοδιδάσκαλοι 1 Tm 1, 7 von den antinomistischen Marcioniten, faßte 1 Tm 1, 8 nicht etwa als Konzession, sondern als eine gegen diese gerichtete Antithese und fand in den gesetzlichen Streitigkeiten Tt 3, 9, deren sich Titus enthalten soll, die Kämpfe zwischen Marcioniten und ihren Gegnern über den Wert des Gesetzes, an welchen sich doch der Vf selbst beteiligt hätte. So etwas haben nicht einmal die vielgescholtenen Kirchenväter fertig gebracht. Wo Irenäus (II, 14, 7) 1 Tm 6, 20 auf Gnostiker anwendet, läßt er die Worte καὶ ἀντιθέσεις fort; wenn er es auf Marcion angewendet hätte, würde er das Wort γνῶσις mit einem anderen vertauscht haben; denn für Marcion war jenes durchaus nicht charakterisirend. Über dessen Werk der Antithesen s. GK I, 596f. Es versteht sich von selbst, daß die νομοδιδάσκαλοι, wenn diese auch hier gemeint sind, nicht wie Marcion *contrarietates* zwischen Gesetz und Ev ans Licht stellten, sondern nach Rabbinenart durch die einander widersprechenden Urteile der „Weisen“ hindurch zur Erkenntnis zu dringen und zu führen suchten. Sie pflegten die Halacha wie die Haggada cf Hort p. 140ff.; Weber, System der altsynagog. Theol. S. 101.

19. Baur 126; Hilgenf. Einl. 764 cf Holtzmann, Pastoralbr. 269 wollten aus dem Pluralis βασιλεῖς 1 Tm 2, 2, welcher auch Polyc. Phil. 12, 3 in gleicher Verbindung vorkommt (cf dagegen 1 Pt 2, 13. 17) und in bezug auf diesen Brief zu gleichen Behauptungen geführt hat, schließen, daß der Brief erst im Zeitalter der Antonine oder erst nach 137 geschrieben sein könne. Dagegen wäre zunächst zu bemerken, daß eine wirkliche Doppelregierung zweier Augusti zum ersten Mal a. 161 eingetreten ist, und daß dagegen Mitregentschaften, wie eine solche z. B. Marc Aurel seit a. 147 innehatte, seit Augustus immer wieder vorgekommen sind (Mommsen, R. Staatsrecht II², 1089 ff. 1109 ff.; Wieseler, Beiträge zur Würdigung der Evv. S. 186—196). Sogut nun Justinus unter Antoninus Pius mit Rücksicht auf die Mitregentschaft Marc Aurels von βασιλεῖς reden konnte (apol. I, 14. 17), obwohl es nur einen αὐτοκράτωρ gab (apol. I, 1; II, 2), hätte es auch schon unter Augustus oder Vespasian in Rücksicht auf die Mitregentschaft des Tiberius oder des Titus geschehen können. Es ist ferner willkürlich, durch das artikellose βασιλεῖς („solche, welche Könige sind“) sich ausschließlich an den oder die dermaligen Inhaber des römischen Prinzipats erinnern zu lassen; denn es gab in ntl Zeit außer dem Kaiser mehr als einen Träger des Königstitels, der für die Christen Bedeutung hatte cf den Schlußsatz von Strabos Geographie XVII, 25. Könige wie Herodes Agrippa I. und II., Aretas IV. griffen nachweislich in die Geschichte der Apostel ein (AG 12, 1—22; 25, 13—26. 32; 2 Kr 11, 32). Bis zum Jahre 63 p. Chr. bestand das ausgedehnte pontische Königreich, in welchem Christengemeinden existirten (1 Pt 1, 1), und eine durch Geburt einem thracischen, durch Heirat dem pontischen Königshaus angehörige Königinwitwe Tryphäna ist durch alte Überlieferung mit der ältesten Geschichte der Christen Kleinasiens verbunden (GK II, 906). Sollten die Christen für diese Könige nicht haben beten dürfen, oder sie nicht zu den βασιλεῖς und βασιλεύοντες gerechnet haben (Mt 10, 18; 17, 25; Mr 13, 9; Lc 21, 12; 22, 25; AG 9, 15; Ap 1, 5; 1 Tm 6, 15)? Oder sollten alle die Bücher, worin wir solches lesen, nach a. 137 geschrieben sein? Ebensogut aber kann der Pluralis ein solcher der Kategorie sein (cf Mt 2, 20). In diesem Sinne schreibt Tatian (or. 3. 10) von βασιλεῖς und οἱ βασιλεῖς, ohne zu vergessen, daß nur Einer ὁ βασι-

λεύς war (c. 4); spricht Epiktet, wahrscheinlich unter Trajan, von dem καταφρονεῖν τῶν βασιλέων (diss. I, 29, 9), obwohl er den einen Kaiser meist als ὁ τύραννος vorstellt, und sagt Galenus in Anrede an den einen Kaiser ὑμῶν τῶν βασιλέων (ed. Kühn XIV, 659). Bei Anwendung der apostolischen Regel im wechselvollen Lauf der politischen Geschichte ergibt sich dann tatsächlich, daß die Christen schon der apostolischen wie der späteren Zeit für die aufeinanderfolgenden römischen Kaiser und sonstigen Inhaber fürstlicher Gewalt auf Erden beteten, ohne daß Pl auf dieses Nacheinander und Nebeneinander von βασιλεῖς besonders reflektirt zu haben braucht. Cf für dieses Nebeneinander Clem. I Cor. 61, 1, wonach die römische Gemeinde für eine Vielheit von Regenten betete, welchen Gott die Macht des Königtums verliehen hat, und für das Nacheinander Tertull. apol. 30 *precantes sumus semper pro omnibus imperatoribus*, worauf c. 31 das Citat aus 1 Tm 2, 2 folgt. Noch Anderes führt Lightfoot, Ign. Pol. I, 576 an.

20. Spuren eines Taufbekenntnisses 1 Tm 6, 12—16; 2 Tm 2, 2—8; 4, 1 cf meine Schrift: Das apostol. Symbolum S. 38—44; Haußleiter, Zur Vorgeschichte des ap. Glaubensbekenntnisses S. 32—39. Liest man 1 Tm 3, 16 nach cod. D ὁμολογοῦμεν ὡς, so könnte dieses Verb (cf 6, 12) auf ein formulirtes Bekenntnis hinzuweisen scheinen, und daß die so eingeleiteten Sätze nicht frei von Pl geschaffen sind, scheint mir sicher. Aber der poetische Schwung derselben führt eher auf einen Psalm, als auf ein Taufbekenntnis.

21. Während der Laodicenerbr. (GK II, 584) seine Grußüberschrift aus Gl 1, 1 und Phl 1, 2 zusammensetzt und also auch die solenne paulinische Form des eigentlichen Grußes (χάρις ὑμῖν καὶ εἰρήνη κτλ.) anwendet, sehen wir letztere nur Tt 1, 4 (nach den besseren Hss.) wenigstens einigermaßen festgehalten; dagegen ist 1 Tm 1, 2; 2 Tm 1, 2 das von Pl nie an solcher Stelle verwendete ἔλεος (cf jedoch Gl 6, 16; 2 Jo 3) zwischen χάρις und εἰρήνη gestellt, und im übrigen ist hier in allen drei Briefen eine Fülle teils überhaupt, teils in Grußüberschriften von Pl nicht gebrauchter Gedanken und Worte angebracht. Das unbegreiflichste von allem wäre, daß ein Fälscher, um eine solche Überschrift zu Stande zu bringen, sich Anfang und Schluß des Rm zum Muster genommen hätte, wie Holtzmann S. 116 in bezug auf Tt 1, 1—4 behauptet. Über den Sprachgebrauch handeln weitläufig genug Holtzmann, Pastoralbr. 84—118, Kölling I, 17—206; kurz und gut Hofmann VI, 57f. 211f. 320; Lightfoot, Bibl. Essays p. 401f. cf auch die obigen Bemerkungen zum Sprachgebrauch des Eph und Kl S. 366ff. Mit dem grundfalschen Urteil Schleiermachers, welcher S. 77 den Pl einen Schriftsteller nennt, „dessen Sprachsatz bekanntlich so sehr beschränkt ist", cf das Urteil von E. Curtius oben S. 50 A 18. Einer S. 364 belegten Gewohnheit des Pl entsprechen zunächst solche entweder nur in 1 Tm und Tt oder nur in 2 Tm mehrmals gebrauchte Wörter, welche man sonst bei Pl nicht oder in anderer Bedeutung gebraucht findet, wobei natürlich, auch abgesehen von dem nur einmaligen Vorkommen, gewöhnliche Bezeichnungen von Personen und Sachen, auf welche Pl sonst nicht zu reden gekommen ist, wie μάμμη 2 Tm 1, 5; βιβλία, μεμβράνα, φελόνης, χαλκεύς 2 Tm 4, 13f.; στόμαχος 1 Tm 5, 23 außer Betracht zu lassen sind. — A) Dem 2 Tm eigentümlich sind unter den wiederholt gebrauchten Wörtern: κακοπαθεῖν und συγκακοπαθεῖν 1, 8; 2, 3. 9; 4, 5 (cf Jk 5, 10. 13); προκόπτειν 2, 16; 3, 9. 13 (cf jedoch Gl 1, 14); ἐπαισχύνεσθαι, ἀνεπαίσχυντος 1, 8. 12. 16; 2, 15 (nur noch Rm 1, 16 ähnlich); σωρεύω, ἐπισωρεύω 3, 6; 4, 3; εὔχρηστος 2, 21; 4, 11 (Phlm 11). — B) Dem 1 Tm und Tt eigentümlich sind erstens einige Ausdrücke der Grußüberschrift: γνήσιον τέκνον ἐν πίστει resp. κατὰ κοινὴν πίστιν (cf Phl 2, 20. 22 γνησίως . . τέκνον), ἐλπίς, κατ' ἐπιταγὴν (τοῦ σωτῆρος ἡμῶν) θεοῦ. Letzteres ebenso Rm 16, 26 (cf 1 Kr 7, 6; 2 Kr 8, 8; Tt 2, 15) in einem mit Unrecht dem Pl abgesprochenen Stück (oben S. 272f.), wo noch andere Berührungen mit Tt 1, 2f., nämlich χρόνοι αἰώνιοι (dies auch 2 Tm 1, 9), φανεροῦν, κήρυγμα, welche nur zum Teil auch 1 Tm 3, 16 (μυστήριον . . ἐφανερώθη . . ἐκηρύχθη ἐν τοῖς

ἔθνεσιν) wiederkehren. Eigentümlich sind ferner dem 1 Tm und Tt eine Menge von Attributen der zu bestellenden Bischöfe und Diakonen (Tt 1, 6—9, 1 Tm 3, 1—13 und an verwandten Stellen): ἀνέγκλητος Tt 1, 6. 7; 1 Tm 3, 10, für welches dem Pl sehr geläufige Wort jedoch 1 Tm 3, 2; 5, 7; 6, 14 ἀνεπίληπτος, ferner μιᾶς γυναικὸς ἀνήρ (cf auch 1 Tm 5, 9 und oben S. 485), τέκνα ἔχων κτλ., μὴ πάροινος, μὴ πλήκτης, φιλόξενος, νηφάλιος 1 Tm 3, 2. 11; Tt 2, 2, αἰσχροκερδής 1 Tm 3, 8; Tt 1, 7, σεμνός, σεμνότης 1 Tm 2, 2; 3, 4. 8. 11; Tt 2, 2. 7 (doch auch Phl 4, 8); σώφρων, σωφρόνως, σωφρονίζειν 1 Tm 3, 2; Tt 1, 8; 2, 2. 4. 5. 12, nur einmal 2 Tm 1, 7 σωφρονισμός. Neunmaligem εὐσέβεια (1 Tm 2, 2; 3, 16; 4, 7. 8; 6, 3. 5. 6. 11; Tt 1, 1), wozu noch εὐσεβεῖν 1 Tm 5, 4; εὐσεβῶς Tt 2, 12 hinzukommt, entspricht nur je einmaliges εὐσέβεια und εὐσεβῶς 2 Tm 3, 5. 12. Es fehlen dem 2 Tm einige der die verkehrten Lehrer betreffenden Ausdrücke: ἑτεροδιδασκαλεῖν 1 Tm 1, 3; 6, 3 (cf καλοδιδάσκαλος Tt 2, 3); μῦθοι καὶ γενεαλογίαι 1 Tm 1, 4; Tt 1, 14; 3, 9 (nur μῦθοι allein 2 Tm 4, 4); προσέχειν 1 Tm 1, 4; 3, 8; 4, 1. 13; 6, 3 (med.). Neben dem von den älteren Briefen her geläufigen ἔργον ἀγαθόν (Rm 13, 3; 2 Kr 9, 8; Eph 2, 10; Phl 1, 6; Kl 1, 10; 2 Th 2, 17), welches sich in allen drei Briefen findet (besonders in der Verbindung πρὸς oder εἰς πᾶν ἔργον ἀγαθόν Tt 1, 16; 3, 1; 2 Tm 2, 21; 3, 17; ἐν παντὶ ἔργῳ ἀγαθῷ 1 Tm 5, 10; Kl 1, 10 cf auch 1 Tm 2, 10; 2 Tm 4, 18), liest man καλὸν ἔργον (sing. und plur.) nur Tt 2, 7. 14; 3, 8. 14; 1 Tm 3, 1; 5, 10. 25; 6, 18, niemals im 2 Tm. Der 1 Tm ist mit dem gleichzeitigen Tt, ähnlich wie der Eph mit dem ihm gleichzeitigen Kl, eben deshalb und wegen der Ähnlichkeit der zu behandelnden Gegenstände im Wortschatz näher verwandt als mit irgend einem anderen Brief des Pl mit Einschluß des 2 Tm. C) Aber es zeigt sich auch eine gewisse Gemeinsamkeit des Sprachgebrauchs zwischen 2 Tm und 1 Tm oder Tt oder den drei letzten Briefen des Pl zusammen. Dahin gehört schon, was vorhin unter B über εὐσεβεῖν, σώφρων, πρὸς πᾶν ἔργον ἀγαθόν bemerkt wurde. Wenn der Gebrauch von καλὸν ἔργον im 2 Tm fehlt, so ist doch bemerkenswert, daß καλός, welches Pl in allen übrigen Briefen nur 16 mal gebraucht, in diesen 3 kleinen Briefen 24 mal vorkommt, und daß, während es Pl sonst nur als Prädikat (Gl 4, 18; 1 Kr 5, 6; Rm 7, 16 cf 1 Tm 1, 8; 2, 3; 4, 4) oder substantivisch gebraucht (Rm 7, 18. 21; 2 Kr 13, 7), hier 21 mal als Attribut vorkommt, und zwar auch 2 Tm 1, 14; 2, 3 (κ. στρατιώτης cf 1 Tm 1, 18); 4, 7 (κ. ἀγών cf 1 Tm 6, 12). Ferner ist zu erwähnen παρατίθεσθαι, παραθήκη 1 Tm 1, 18; 6, 20; 2 Tm 1, 12. 14; 2, 2 (anders 1 Kr 10, 27); πιστὸς ὁ λόγος mit oder ohne weiteren Zusatz 1 Tm 1, 15 (über 3, 1 s. oben S. 484); 4, 9; 2 Tm 2, 11; Tt 3, 8; διαμαρτύρομαι ἐνώπιον κτλ. 1 Tm 5, 21; 2 Tm 2, 14; 4, 1 (cf 1 Th 4, 6 auch zur Einschärfung eines Gebots). Während διδαχή sonst (Rm 6, 17; 16, 17; 1 Kr 14, 6. 26; so auch Tt 1, 9) die vorgetragene Lehre oder den einzelnen Lehrvortrag bezeichnet, wird es 2 Tm 4, 2 von der Lehrtätigkeit gebraucht. Umgekehrt bezeichnet διδασκαλία, welches in unseren Briefen 15 mal, in allen übrigen nur 4 mal vorkommt, nicht nur wie Rm 12, 7; 15, 4 die Lehrtätigkeit oder die Belehrung (1 Tm 4, 13. 16; 5, 17; 2 Tm 3, 10. 16; Tt 2, 7), sondern auch wie Kl 2, 22; Eph 4, 14 (?) die vorgetragene Lehre: Tt 2, 1. 10; 1 Tm 1, 10; 4, 1. 6; 6, 1. 3, vielleicht auch Tt 1, 9; 2 Tm 4, 3. Über gesunde Lehre s. oben S. 488 A 16. — Ferner βέβηλοι κενοφωνίαι 1 Tm 6, 20; 2 Tm 2, 16; λογομαχία, — εῖν 1 Tm 6, 4; 2 Tm 2, 14; ἀστοχεῖν 1 Tm 1, 6; 6, 21; 2 Tm 2, 18; τυφοῦσθαι 1 Tm 3, 6; 6, 4; 2 Tm 3, 4; ἄνθρωποι κατεφθαρμένοι τὸν νοῦν 2 Tm 3, 8 cf 1 Tm 6, 5; εἰς ἐπίγνωσιν ἀληθείας (ἐλθεῖν) 1 Tm 2, 4; 2 Tm 2, 25; 3, 7 cf Tt 1, 1; 1 Tm 4, 3, wobei zu bemerken ist, daß ἐπίγνωσις überhaupt erst in den Gefangenschaftsbriefen häufiger vorkommt, nämlich 8 mal in Eph, Kl, Phlm, Phl, sonst nur noch im Rm 3 mal. Eine Fortentwicklung des Sprachgebrauchs scheint unverkennbar, und zwar auch in bezug auf die Glaubensgegenstände. Pl stellt auch sonst Christus als σωτήρ vor (Eph 5, 23; Phl 3, 20), spricht nicht nur von einer rettenden Tätigkeit Gottes (1 Kr

1, 21 cf 2 Tm 1, 9), sondern auch von einer solchen Christi (Rm 5, 9 cf 1 Tm 1, 15); aber es wird doch als ein veränderter Sprachgebrauch empfunden, daß uns nun „unser Heiland“ als ein regelmäßiger Titel bald Christi (Tt 1, 4; 3, 6; 2 Tm 1, 10), bald Gottes (1 Tm 1, 1; 2, 3; 4, 10; Tt 1, 3; 2, 10; 3, 4) und einmal sogar „unser großer Gott und Heiland Christus Jesus“ (Tt 2, 13) begegnet. Es hat wohl seine Analogie an 2 Th 2, 8, ist aber doch neu, daß hier die zukünftige Erscheinung Christi, von welcher Pl doch sonst nicht ganz selten geredet hat, regelmäßig ἡ ἐπιφάνεια heißt Tt 2, 13; 1 Tm 6, 14; 2 Tm 4, 1. 8, während dasselbe Wort auch von der ersten Erscheinung Christi gebraucht wird 2 Tm 1, 10 cf Tt 2, 11; 3, 4. Wenn der Zusammenhang, in welchem jenes zweimal vorkommt, auf den Wortlaut einer Urgestalt des Taufbekenntnisses hinweisen möchte, könnte man sich durch dieses an den Namen und anfänglichen Sinn des uralten Epiphanienfestes erinnern lassen.

Lippert & Co. (G. Pätz'sche Buchdr.), Naumburg a/S.